U0858054

# 平湖市公安志

平湖市公安志编纂委员会 编

中国文史出版社

**图书在版编目（CIP）数据**

平湖市公安志 / 《平湖市公安志》编纂委员会编
. -- 北京 : 中国文史出版社, 2021.6
ISBN 978-7-5205-2986-0

Ⅰ. ①平… Ⅱ. ①平… Ⅲ. ①公安工作－概况－平湖
－1949-2015 Ⅳ. ①D631

中国版本图书馆 CIP 数据核字(2021)第 086530 号

责任编辑:蔡丹诺

出版发行：中国文史出版社
社　　址：北京市海淀区西八里庄路 69 号　　邮编：100412
电　　话：010-81136606　81136602　81136603（发行部）
传　　真：010-81136666
印　　装：平湖市亨达印刷有限公司
经　　销：全国新华书店
开　　本：889*1194　1/16
印　　张：48
字　　数：836 千字
版　　次：2021 年 7 月北京第 1 版
印　　次：2021 年 7 月第 1 次印刷
定　　价：228.00 元

# 《平湖市公安志》编纂委员会



# 《平湖市公安志》编纂委员会办公室

# 《平湖市公安志》编审人员

**主　　编**　汤洪成

**副 主 编**　李中华

**执行副主编**　盛　飞

**编　　辑**　魏　坚

**特约编审**　郭杰光

**资料收集**　**早期资料收集（1949—1989年，含明清及民国时期大事记）**

江定邦　朱敏炎　王燕成

**中期资料收集（1990—2005年）**

吴有祥　王燕成

**后期资料收集（2006—2015年，含早中期部分）**

魏　坚　沈龙明　李　珏　高云根　张国华　沈碧端　姚荣华

张国良　朱　凤　殷　英　王春玲　汝卫东　王小玲　张　斌

黄　婷　陆亚燕　何　慧　殳金燕

# 序

盛世修志，修志存史，历来是中华民族的优良传统。编撰公安专志，是新时代赋予公安机关的历史使命。是一项传承过去、见证历史、服务当前的重大举措。《平湖市公安志》的问世出版，是公安文化建设的一项重大成果，从此平湖公安机关有了一部系统回顾、总结、学习、传承平湖公安精神的传世之作，是平湖公安史上的一件盛事，可喜可贺！

《平湖市公安志》是平湖警察有史以来首部以志书形式出现，全面、真实、系统地反映平湖公安的发展史。全志重点记述 1949 年 5 月 11 日平湖解放后，6 月 1 日县人民政府公安局成立至 2015 年 12 月间，市（县）公安局在地方党委、政府和上级公安机关的领导下，在社会主义革命和建设，特别是改革开放以来的伟大实践中，坚决贯彻执行党在各个历史时期的路线、方针和政策，坚持专门工作与群众路线相结合的公安工作方针，坚持以人民为中心，努力践行全心全意为人民服务的根本宗旨，认真履行宪法和法律赋予的神圣职责和光荣使命，为捍卫政治安全、维护社会安定、保障人民安宁做出了不可磨灭的历史功勋。

《平湖市公安志》运用大量的史实资料，真实地反映了平湖公安机关和广大公安民警的优良传统与作风，充分展现了人民公安在履行“打击犯罪、保护人民、服务经济建设”中所发挥的职能作用，以及“一手抓业务、一手抓队伍建设”所取得的丰硕成果。全志内容丰富、史料翔实、图文并茂，融思想性、科学性、资料性、可读性于一体，既可以存史、资治，为研究和探索新时代公安工作提供重要依据，又可启迪后人，催人奋进，是一部教育全体公安民警的生动教科书。

《平湖市公安志》回顾了平湖公安的发展史，见证了民警队伍不断壮大，公安业务不断拓展，警用装备日益精良，科技信息化程度不断提升。它既是一部公安工作艰苦奋斗的创业史，又是一部公安工作与时俱进的发展史。从平湖解放后县公安局成立第一天起，一代又一代公安民警怀着对党、对祖国、对人民的无限忠诚，艰苦奋斗、顽强拼搏，为巩固新生人民政权，为维护社会长治久安，为改革开放跨入新世纪、适应新形势，有效地应对各种风险和挑战，以实际行动践行立警为公、执法为民的庄严承诺。同时不断推进公安工作机制创新和公安队伍管理创新，特色亮点不断，人民群众安全感、满意度不断提升，走出了一条体现时代特色，具有平湖公安特点的发展之路。

志书作为历史的见证，可以“镜往事、诫来兹、鉴兴废、考得失”。全体公安民警在今后的工作中要以史为鉴，深入学习贯彻习近平总书记关于加强新时代公安工作的重要思想，牢记“对党忠诚、服务人民、执法公正、纪律严明”的总要求，坚持实在实干实效实绩“四实导向”，不忘初心，牢记使命，努力开创新时代平湖公安工作新局面，为“金平湖”新崛起创造更加安全稳定的政治社会环境。

《平湖市公安志》的编纂是一项繁浩而复杂的工程，从点滴史料的收集到付诸成书，它凝聚了几代修志人员的辛勤付出，凝聚了众人的心血。在此，我谨向编修人员和所有关心、支持、指导修志工作的领导、同志们表示崇高的敬意和衷心的感谢！

平湖市副市长、市公安局局长 汤洪成

2021 年 7 月

# 凡　例

一、本志以马克思列宁主义、毛泽东思想、邓小平理论、“三个代表”重要思想、科学发展观和习近平新时代中国特色社会主义思想为指导，坚持辩证唯物主义和历史唯物主义的立场、观点和方法，全面客观地记述平湖公安工作和队伍建设的发展历史，全志突出专业特色、时代特点和地方特色。

二、本志记述年限，上限追溯至事物发端，下限断至2015年12月。其中概述、大事记及部分章节的内容适当上溯下延。

三、本志为章节体，设26章135节，采用述、记、志，结合图、附表等形式。概述和大事记总括全志，各章节按照公安业务分类兼顾机构设置情况，全志横排门类，纵述史实，叙而不论。

四、本志中“解放”指1949年5月11日平湖解放；“新中国成立”指1949年10月1日中华人民共和国成立；“文化大革命”指1966年5月至1976年10月；“市”前未加特定地名时，专指平湖市；各个时期的地名、职务均按当时称谓。

五、本志业务术语，尊重历史习惯。法律术语用法，1997年3月《中华人民共和国刑法》修订前，依据当时有关政策法规表述，此后按现行法规表述。

六、本志纪年，1949年5月平湖解放前沿用历史纪年，括注相应的公元纪年，解放后用公元纪年，以阿拉伯数字表示。

七、数字和标点符号用法，数字执行1995年12月国家技术监督局发布的《出版物上数字用法的规定》。标点符号执行2012年6月国家质量监督检验检疫总局、国家标准化管理委员会发布实施的《标点符号用法》。

八、本志沿用“生不立传”原则，立传对象仅限于在公安保卫工作和维护社会治安过程中作出突出贡献并英勇献身的烈士等先进人物。人物简介、名录及记事不受此限。

九、本志所采用的史料来源于市公安局综合档案室及各业务部门提供，少数来自浙江省、嘉兴市、平湖市档案馆及平湖市图书馆、博物馆的旧档案、旧县志、旧报刊、上海《申报》等，一般不注出处，不作注释。

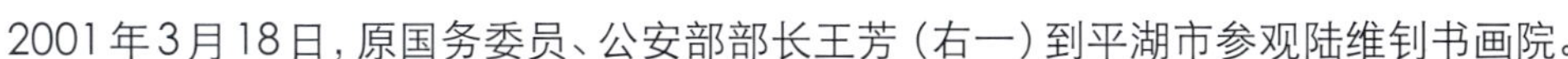

2001年3月18日，原国务委员、公安部部长王芳（右一）到平湖市参观陆维钊书画院。

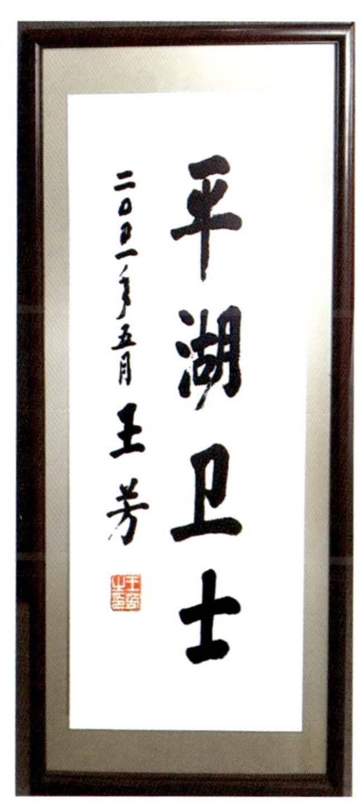


2001年5月，王芳为平湖市公安局题词“平湖卫士”。

1979年4月24日，公安部副部长于桑（前排左六）到平湖县公安局与干警座谈，听取意见和建议，并合影。

2001年10月19日，浙江省委副书记、政法委书记周国富（左三）到01省道平湖全塘省际卡点视察，检查指导上海APEC会议安全保卫工作。

2014年5月12日，浙江省委副书记、政法委书记王辉忠（左三）到平湖市公安局检查指导上海亚信峰会安保工作。

1990年12月26日，浙江省委常委、政法委书记，省公安厅党委书记、厅长夏仲烈（前一）到平湖视察乍浦港，听取县公安局工作汇报。

2008年3月11日，浙江省委常委、副省长葛慧君（左二）到平湖市新埭派出所办证窗口调研新居民服务管理工作。

1998年6月19—20日，浙江省委政法委副书记，省公安厅党委书记、厅长俞国行（左三）到平湖乍浦港检查指导公安工作。

2015年7月14日，浙江省委常委、政法委副书记，省公安厅党委书记、厅长刘力伟（右三）到平湖市公安局调研指导工作。

2016年11月10日，浙江省委常委，省公安厅党委书记、厅长徐加爱（后排右一）专程前往世界互联网大会·乌镇峰会平湖安保驻地，慰问一线民警和协警。

2019年1月2日，浙江省副省长，省公安厅党委书记、厅长王双全（左三）到平湖开展“三服务”工作，视察当湖派出所民警集中办案区。

2010年7月16日，浙江省公安厅党委副书记、常务副厅长张景华（右一）先后到上海世博会“环沪护城河”平湖金沙卡点和六平申航道大桥检查站，慰问一线民警、警校学员和武警官兵。

2015年7月30日，浙江省公安厅党委副书记、常务副厅长洪巨平（右三）到平湖市公安局调研指导公安改革工作。

1999年7月5日，浙江省公安厅党委副书记、副厅长邬兴华（左二）到平湖视察洪灾，在市公安局民警家属院察看灾情。

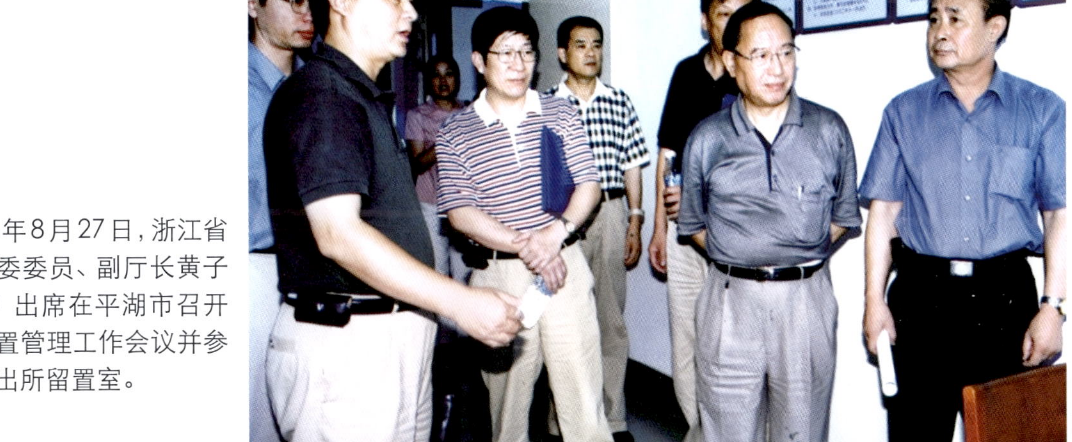

2003年8月27日，浙江省公安厅党委委员、副厅长黄子钧（右二）出席在平湖市召开的全省留置管理工作会议并参观当湖派出所留置室。

2009年11月20日，浙江省公安厅党委委员、副厅长凌秋来（左二）到平湖市公安局视察上海世博会“环沪护城河”水陆卡点建设情况。

2013年9月16—18日，浙江省公安厅党委委员、副厅长郑兴军（左二）到平湖市公安局交警大队，开展下基层当普通民警活动。

2014年3月11日，浙江省公安厅党委委员、副厅长陈石春（右二）到01省道平湖市金沙卡点、平廊公路新庙卡点检查工作。

2015年3月15日，浙江省公安厅党委委员、副厅长金伯中（左二）到平湖市公安局当湖派出所调研指导工作。

2015年10月28日，浙江省公安厅党委委员、副厅长、纪委书记王海仁（右二）到平湖市公安局当湖派出所检查指导公安改革试点工作。

2016年4月7日，浙江省公安厅党委委员、副厅长华远平（右三）到平湖市看守所调研公安监管工作。

2017年1月6日，浙江省公安厅党委委员、副厅长黎伟挺（右二）出席在平湖市召开的全省公安机关刑事案件相对集中办案机制建设经验交流会。

2005年6月29日，嘉兴市委书记黄坤明（中）率市党的先进性教育工作组成员到挂钩联系点平湖市公安局听取工作汇报。

2010年4月12日，嘉兴市委书记陈德荣到平湖市公安局检查指导上海世博会“环沪护城河”安保工作。

2018年12月12日，嘉兴市委书记张兵（右一）到平湖市林埭派出所看望在“三大活动”和“最多跑一次”改革中涌现出来的好民警丁秋美、赵斌。

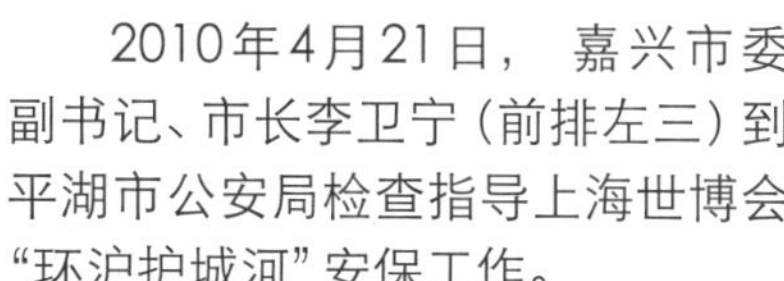

2010年4月21日， 嘉兴市委副书记、市长李卫宁（前排左三）到平湖市公安局检查指导上海世博会“环沪护城河”安保工作。

2008年8月21日，嘉兴市委副书记、政法委书记朱伟（左二）到平湖市当湖派出所检查指导工作。

2010年4月7日，嘉兴市委副书记、政法委书记鲁俊（左二）到平湖市公安局检查指导上海世博会“环沪护城河”安保工作。

2016年8月20日，嘉兴市委副书记、政法委书记孙贤龙（左四）到平湖市公安局督导“护航二号”集中统一行动。

1996年10月，嘉兴市委常委，市公安局党委书记、局长李立定（中）出席平湖市公安局召开的“严打”斗争总结表彰大会。

2001年8月30日，嘉兴市委常委，市公安局党委书记、局长刘冬生（右一）到平湖市公安局考察农村社区警务工作。

2005年8月23日，嘉兴市委常委，市公安局党委书记、局长王惠敏（前排左一）到平湖市公安局调研指导公安工作。

2009年2月18日，嘉兴市委常委，市公安局党委书记、局长梁群（左三）到平湖市当湖街道水洞埭社区调研指导社区警务工作。

2010年4月14日，嘉兴市委常委、常务副市长裘东耀（左一）到平湖市六平申航道大桥检查站，出席上海世博会“环沪护城河”安保启动仪式。

2015年5月19日，嘉兴市委常委，市公安局党委书记、局长金志（右三）到平湖市当湖派出所调研指导公安工作。

2018年10月25日，嘉兴市副市长，市公安局党委书记、局长叶忠华到平湖市公安局调研指导公安工作。

1993年5月4日，嘉兴市公安局领导和平湖市委、市政府领导出席市公安局人民警察首次授衔仪式，并与授予三级警督以上的民警合影。左上图嘉兴市公安局局长许全训在会上讲话，右上图平湖市委书记朱干生（左一）在会上讲话。

1951年7月，平湖县委书记戴奎（前排左四）到县公安局检查指导剿匪工作，后与局长孙明成（前排左二）及全体剿匪公安干部合影。

2003年8月10日，平湖市委书记万亚伟（中）慰问在高温下坚守岗位的执勤交警。

2010年7月20日，平湖市委书记盛全生（中）前往世博安保执勤卡点，慰问高温下执勤的武警官兵。

2016年8月25日，平湖市委书记盛付祥（左二）到01省道平湖金沙公安检查站慰问在高温下坚守岗位的执勤民警和协警。

2017年1月27日，平湖市委书记祁海龙（中）到市公安局检查指导公安交管工作。

20世纪50—70年代，位于城关镇解放东路121号（老城隍庙内）县公安局机关大院。

20世纪50年代，位于乍浦镇北河滩18号乍浦派出所。

20世纪70年代初，位于新埭镇后新街新埭派出所。

20世纪70年代中叶，位于全塘公社友谊大队金丝娘桥派出所。

20世纪70年代末，位于新仓镇白洋头新仓派出所。

20世纪80年代中叶，位于城关镇城北路40号县公安局机关大院，大院内西南角为交警队办公楼，大门外北侧为消防中队。

20世纪90年代，位于城关镇北弄3号经改建后的市公安局看守所、行政拘留所正门（朝向环城北路）。

20世纪80—90年代乡镇派出所初建时旧貌：

1.前进乡派出所　2.钟埭镇派出所　3.广陈镇派出所　4.全塘镇派出所　5.南桥乡派出所
6.秀溪乡派出所　7.林埭镇派出所　8.黄姑镇派出所　9.前港乡派出所　10.共建乡派出所
11.胜利乡派出所　12.徐埭镇派出所　13.城北乡派出所　14.瓦山乡派出所　15.新庙镇派出所

01

02

04

05

07

08

09

10

11

12

13

14

15

现位于当湖街道胜利路66号市公安局全貌（2017年9月建成启用）。

左图现位于钟埭街道钟埭村南港27号平湖市看守所（2020年9月建成启用）。右下图原位于当湖街道福臻路看守所（1995年建成启用，2008年扩建）。

现位于当湖街道曹兑路803号市公安局交警大队全貌（2015年5月建成启用）。

现位于当湖街道当湖西路320号市公安局消防大队全貌（1999年建成启用，2001年扩建）。

现位于当湖街道当湖西路271号当湖派出所全貌（2013年2月扩建后启用）。

现位于曹桥街道曹桥北路110～114号曹桥派出所全貌（2000年5月建成启用）。

现位于当湖街道当湖东路352～396号水上派出所全貌（1997年9月建成启用）。

现位于钟埭街道永兴路经开大厦西侧钟埭派出所全貌（2019年10月建成启用）。

现位于独山港镇文明路34号独山港派出所全貌（2013年1月启用）。

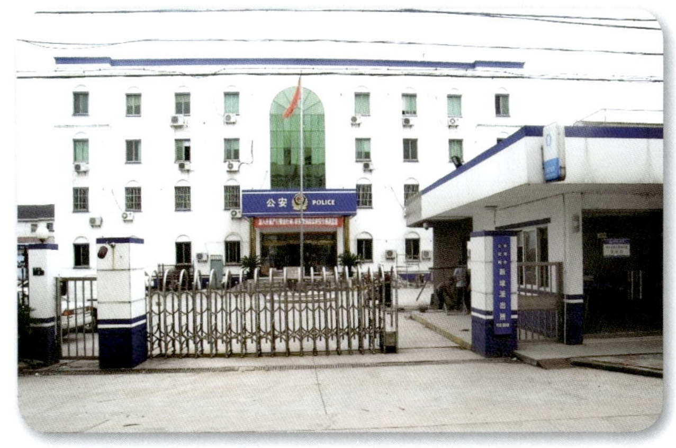


现位于新埭镇新杨路1号新埭派出所全貌（1999年建成启用）。

现位于新仓镇芦川新街405号新仓派出所全貌（1999年建成启用）。

现位于林埭镇林金路222号林埭派出所全貌（2009年2月建成启用）。

现位于广陈镇港中村广陈派出所全貌（2018年6月建成启用）。

20世纪50年代，县公安局内办公室一角。

20世纪50年代，穿着制式服装的公安特派员。

1951年，东湖派出所全体同志合影。

1954年10月，水上派出所民警合影。

1960年5月，乍浦派出所民警合影。

1954年10月，城关派出所民警合影。

20世纪60年代，县公安局第一辆幸福两轮摩托车。

1959年1月，乍浦派出所民警在派出所大院内合影。

20世纪70年代，县公安局第一辆天津产吉普车。

20世纪70年代，城关派出所老式厢房办公室一角。

20世纪70年代末，城关派出所首次易地新建的办公楼及院内附属用房。

1980年5月，预审股全体民警在城关镇北弄3号看守所大院内合影。

1987年，全局民警统一穿着83式警服在城关镇城北路40号新址合影。

1987年底，县公安局派出所工作检查组人员在前港乡与乡派出所民警合影。

1995年11月，市公安局在局机关大院内举行巡警大队、特警大队成立仪式。

2000年12月28日，市公安局全体民警在局机关大院举行人民警察99式警服换装宣誓仪式。

2010年1月28日，市公安局举行独山港派出所揭牌仪式。

2011年12月6日，新埭派出所举行建所50周年庆典活动。

2021年2月1日，第十八任局党委成员合影。

2021年7月1日，市公安局举行升国旗、重温入党誓词仪式。右上图副市长、公安局党委书记、局长汤洪成领誓并讲话。

1952年4月13日，县人民政府公安局在城关镇南门广场召开公审大会，匪首谢友胜被执行枪决。

1952年10月19日，平湖县政法系统在城关南门广场举行公审大会。

1990年6月20日，县公安局在平湖剧院召开“严厉打击严重刑事犯罪分子”大会。

2005年10月28日，市公安局在当湖街道关帝庙商城召开“打黑除恶”公开处理大会。

2008年10月8日，市公安局在广陈镇召开打击经济犯罪处理大会。

2009年6月27日，市公安局在当湖街道大润发广场召开打击抢劫、毒品犯罪公开处理大会。

2009年11月6日，市公安局在当湖街道大润发广场召开依法打击传销犯罪公开处理大会。

2010年6月10日，市公安局在当湖街道大润发广场召开打击盗窃“两车”公开处理大会。

2011年8月17日，市公安局召开"清网"(网上追逃)行动新闻发布会。

案例一：1957年10月23日，破获非法组织"中国民主联合党"反革命集团案，缴获的入党志愿书与印章。

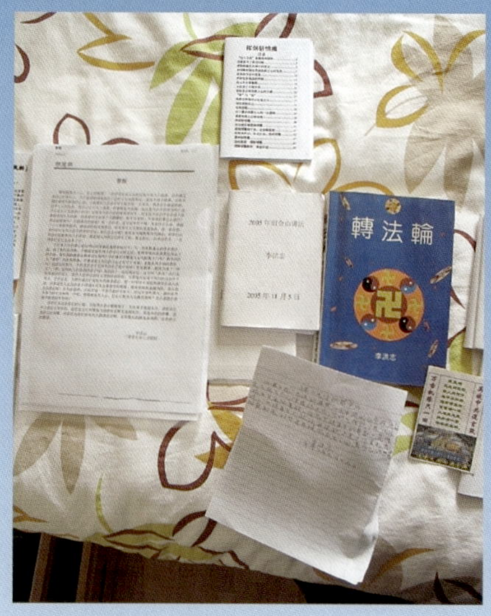


案例二：2010年4月26日，破获戴某某向境外法轮功组织联系案，从其住处查获的书籍等物品。

案例三：1979年7月6日，破获"3·26"白泾河杀人分尸案，缴获的作案工具及被害者的海鸥牌手表。

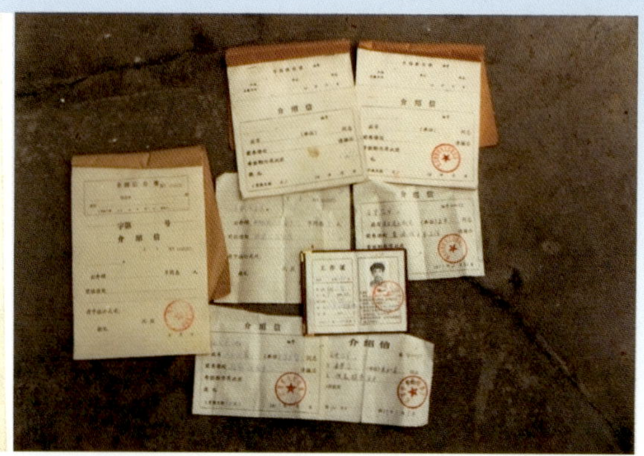

案例四：1989年4月5日，破获"1988·1·15"城关镇环城北路政法宿舍枪支被盗案及"1988·8·20"城北乡福臻村道路抢劫杀人案，缴获案犯张若飞盗窃的54式手枪、子弹及伪造的证件等。

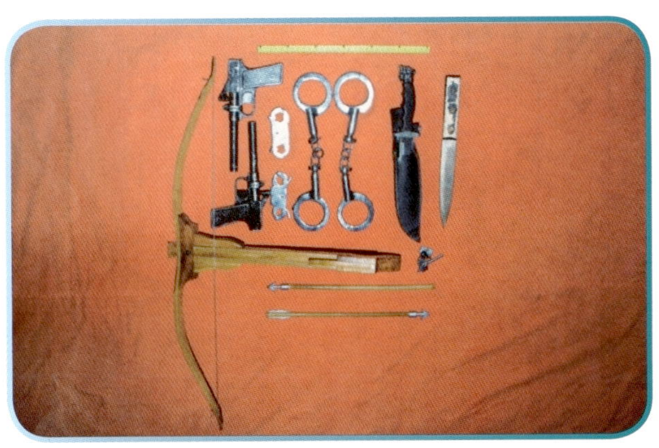

案例五：2005年12月19日，破获“12·18”绑架案，缴获的火药手枪、手铐等作案工具。

案例六：2007年4月9日，破获“4·4”杀人分尸案，罪犯指认犯罪现场。

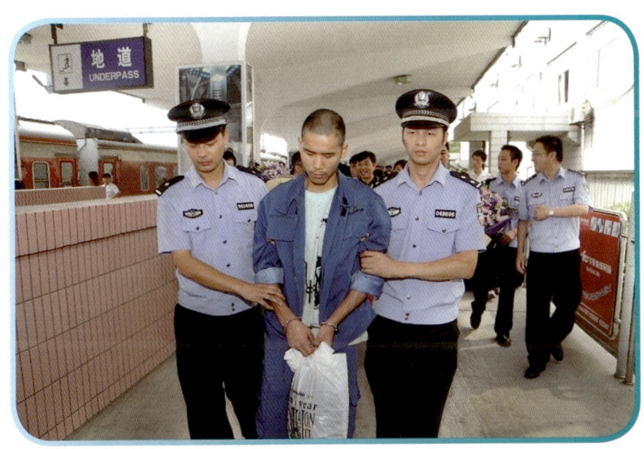


案例七：2008年8月28日，破获“8·25”当湖街道环城北路入室抢劫杀人案，专案组将案犯从昆明押解回平湖。

案例八：2009年6月10日，破获“6·3”乍浦杀人劫金案，案犯押解回平湖。

案例九：2009年9月3日，破获黑恶团伙案，案犯押解回平湖。

案例十：2012年3月16日，破获特大非法集资诈骗案，缴获的名表及豪车。

案例十一：2012年6月24日，破获贩毒案缴获的冰毒。

案例十二:2016年3月23日，破获“2015·9·17”特大电信网络诈骗案查获囤放假药的仓库及部分药品。

案例十三：2016年8月16日，破获一起网络跨省非法买卖枪支案缴获的仿真枪支。

钟埭派出所举行村级专业巡防队启动仪式。

水上派出所开展治安巡查。

民警携带警犬巡逻。

警民社区徒步巡逻。

派出所开展夜间路面巡查。

市公安局开展城乡社区警务室建设。

20世纪80年代，城关派出所组织开展安全居民区竞赛活动。

市公安局举办交通安全文明出行签名活动。

市公安局在平师附小设立少年警校。

市公安局开展“6 · 26”国际禁毒宣传日活动。

社区禁赌宣传

2012年12月17日，平湖市"生命阳光"社区戒毒服务社在当湖派出所举行揭牌仪式。

销毁淫秽光碟

销毁赌博机

1997年5月15—16日，苏浙沪16市（区、县）第30次治安联防协作会议在平湖召开。

2011年12月9—10日，杭州湾地区警务协作会议在平湖召开。

市公安局开展“110、119、122”三台合一宣传活动。

驻村民警在田头宣传报警服务。

1991年6月28日至7月1日，平湖撤县设市安全保卫。

1989年7月10—19日，首届平湖西瓜灯会安全保卫。

2009年9月，西瓜灯节安全保卫。

2010年上海世博会期间，平湖省际卡点车辆检查。

2010年10月29日，中央级新闻、媒体到市公安局采访上海世博会“环沪护城河”安保工作。

2016年世界互联网大会乌镇峰会期间，市公安局驻桐乡乌镇第一防区民警徒步巡逻。

2016年二十国集团（G20）杭州峰会期间，平湖省际卡点车辆检查。

典型经验一：1991年6月7日，嘉兴市公安信访工作经验交流会在平湖供销大厦召开。

典型经验二：1999年7月6—7日，全省深入开展人民满意110活动会议在平湖召开。

典型经验三：2003年10月15日，在嘉兴出席全国部分省（区、市）农村消防教育现场观摩会的公安部消防局、省消防总队领导及15个省（区、市）消防部门的有关负责人，专程到平湖市新埭镇观摩农村消防宣传教育工作。

典型经验四：2017年1月6日，全省公安机关刑事案件相对集中办案机制建设经验交流现场会在平湖市政府行政服务中心召开。

典型经验五：2018年11月27日，嘉兴市一体化办案单轨制运行推广现场会在市公安局召开。

典型经验六：2018年11月27日，嘉兴市刑侦系统铁拳护航大会战集中打击行动部署会暨远程取证工作现场会在市公安局召开。

市行政服务中心
公安户籍办证窗口

市行政服务中心公安出入境办证窗口

钟埭派出所办证窗口

市公安局交警大队车辆管理所办证窗口

全塘派出所流动警务站民警上门为企业员工办理暂住证。

当湖派出所为行动不便老人上门办理居民身份证。

出入境管理大队民警向外籍人员讲解办理证件流程。

出入境管理大队民警到外资企业走访了解。

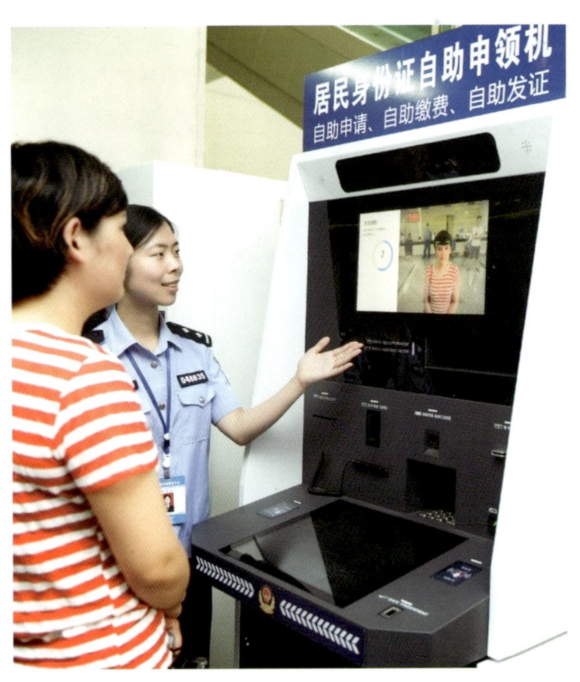


2016年12月14日，全省首台居民身份证自助领证机在市行政服务中心当湖派出所户籍窗口投入使用。

2005年5月18日，全国县级公安机关开门大接访期间，平湖市委常委、市公安局局长司宏毅亲自接待来访群众。

2018年7月31日，市公安局召开“最多跑一次”改革新闻发布会。

2003年12月27日，平湖首届警察开放日活动在市公安局大院内举行。

2007年2月10—17日，根据公安部统一部署全市警务室开展警民相约警务室活动。

1999年6月下旬，当湖派出所民警在洪水中救助孤寡老人。

2007年10月8—11日，抗台防洪期间交通民警帮助老人过马路。

2010年12月18日，消防大队官兵独山港化工厂实施火灾扑救。

2009年3月19日，消防大队官兵在当湖街道实施井下救援。

民警清理道路积雪，确保交通畅通。

市公安局欢送民警援川救灾。

市公安局举行抗震救灾捐款仪式。

2013年1月10日，市社会应急联动中心成立。

市公安局110指挥中心全貌

交警大队交通指挥中心

当湖派出所综合指挥室

消防大队二级指挥室全貌

街面、道路高清视频监控摄像头及道路卡口机

民警安装报警器

车载式测速仪

酒精测试仪

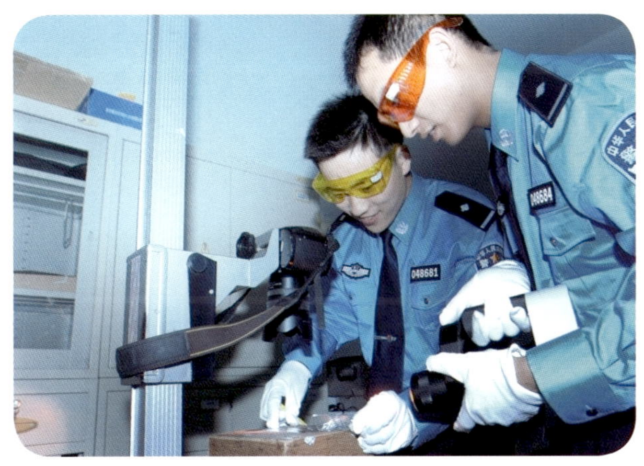

DNA 实验室

法医物证室

电子物证室

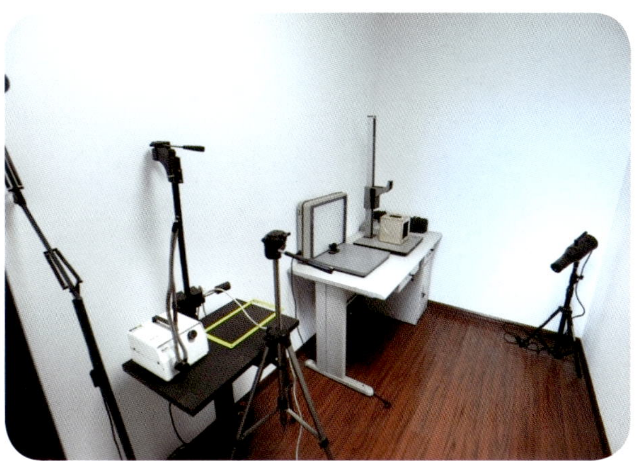

痕迹检验室

新型特警巡逻车

32米曲臂登高消防车

32米高喷消防车

无人侦察机

信息技术培训

网上督察中心

多波段光源机

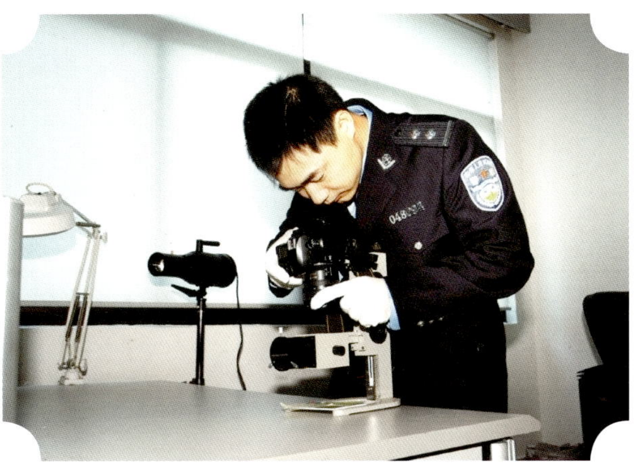

同轴偏振光摄像机

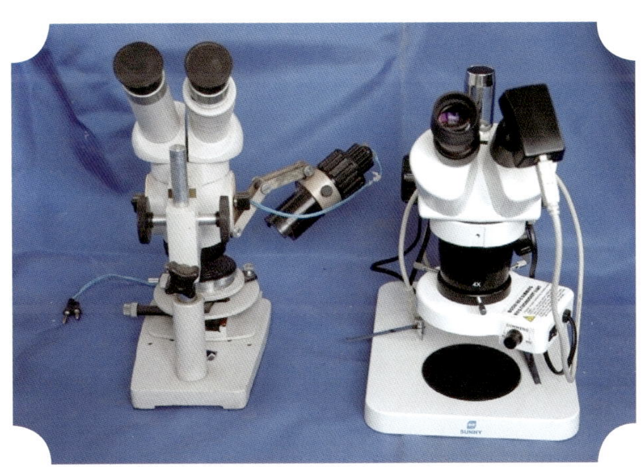

三维视屏显微镜

全景照相系统

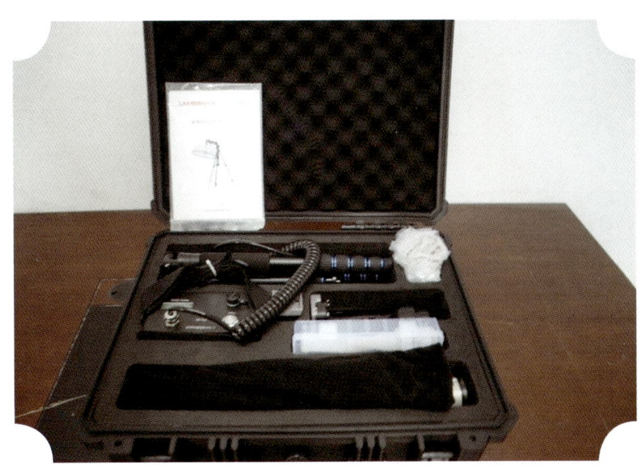

便携式502熏显系统

移动式多功能照明装置

2015年3月16日，市公安局召开反腐倡廉建设暨深化纪律作风专项教育整改行动会议。

2005年9月22日，嘉兴市公安队伍正规化建设现场会在平湖召开。

市公安局举行新警入警仪式。

民警观看公安部警示教育片。

民警参观警示教育基地。

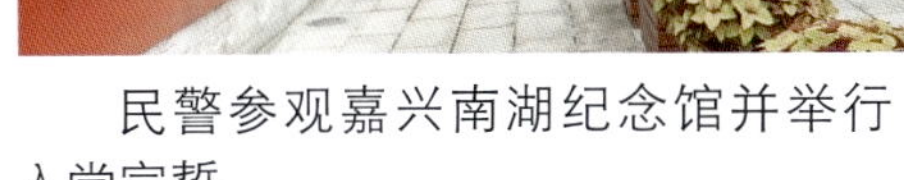

民警参观嘉兴南湖纪念馆并举行入党宣誓。

督察民警现场督察。

市公安局召开特邀监督员座谈会。

市公安局召开乡科级领导干部述职述廉会议。

2005年5月，浙江省领导与全国先进工作者当湖派出所民警王建林（三排左六）合影。

1997年8月，交警大队民警许春法（二排左四）参加浙江省公安系统行风建设先进集体和先进个人表彰会。

局党委成员与1992年度局级党员积极分子及先进党支部代表合影。

2010年12月27日，平湖市公安局治安大队副大队长孟鹏飞（右二）光荣出席在北京人民大会堂召开的中国2010年上海世博会总结表彰大会。

局党委成员与1993年度局级先进集体代表合影。

2005年5月，全国先进工作者王建林载誉归来与青年民警一起分享会议收获。

2001年11月11日，市公安局召开秋季大练兵动员会议。

2006年9月10日，市公安局在当湖派出所召开集体二等功表彰会。

局党委成员与2017年度十佳平湖卫士合影。

局党委成员与2017年度十佳贤内助合影。

市公安局组织开展拔河比赛。

市公安局组织开展足球比赛。

民警参加平湖市第十三届运动会。

巡特警民警雪后搏击训练。

市公安局组织开展比武练兵。

市公安局开设摄影、美术、书法培训班。

2011年4月23日，平湖公安专版创刊仪式。

2016年6月7日，平湖市警察协会召开理事会议。

2020年1月9日，平湖市公安局召开《平湖市公安志》评审会。

会后，与会专家与公安志编委办工作人员合影。

# 目　录

## 第九章 公安派出所



## 第十章 群众治安保卫



## 第十一章 查禁社会丑恶现象



## 第十二章 户政与人口管理



## 第十三章 治安行政管理



## 第十四章 水上与林业治安管理



## 第十五章 经济文化保卫与警卫



## 第十六章 出入境与边防管理



## 第十七章 道路交通安全管理

## 第十八章 消防安全管理



## 第十九章 情报指挥



## 第二十章 警务协作与信息化



## 第二十一章 公安法制与信访



## 第二十二章 文秘档案与警务保障



## 第二十三章 政治工作



## 第二十四章 警营建设



## 第二十五章 内部监督



## 第二十六章 人物

# 概 述

平湖位于东海之滨，地处浙江省东北部杭嘉湖平原，南临杭州湾，东北与上海市金山区交界，西与嘉兴市南湖区接壤，西南与海盐县为邻，西北与嘉善县相接，南北长约 30.8 千米，东西宽约 30.6 千米，全市陆地面积 537 平方千米，海域面积 1086 平方千米，海岸线长 26.7 千米。境内地势平坦、河网密布，四季分明、气候宜人，享有“金平湖”之美誉。

距今 6000 年的新石器时代，就有先民在平湖县境从事渔猎、农耕等活动。春秋时，平湖为越国武原乡。秦王政二十五年（公元前 222 年）置海盐县，县治曾两度设在平湖境内。明宣德五年（1430）从海盐县析出大易、武原、齐景、华亭 4 乡建平湖县，属嘉兴府，县治设当湖镇。其地汉时陷为当湖，“其后土脉坟起，陷者渐平，故名平湖”。此后，县境长期不变。

1949 年 5 月 11 日，平湖解放。解放后，县境曾有三次变动。1950 年，调整区乡规模时，划骑莲乡 10 个村归海盐县，埭乘乡 4 个村归嘉善县；1958 年，建立人民公社时，海盐县西塘公社和嘉兴县钟埭、曹桥公社划入平湖县；1961 年，西塘公社仍划归海盐县。1982 年底，全县辖 3 个镇、20 个公社。1983 年，实行政社分设，全县辖 4 个镇、20 个乡。1991 年 6 月，经国务院批准，撤销平湖县建制，设立平湖市（县级）。

平湖撤县设市后，全市乡镇区划又有四次调整。1992 年 6 月，撤销黄山、瓦山两乡建制，并入乍浦镇；1999 年 7 月，调整部分乡镇区划，设当湖、乍浦、新埭、新仓、全塘、黄姑、广陈、林埭、钟埭 9 个镇及曹桥乡；2004 年 5 月，撤销当湖镇、钟埭镇、曹桥乡建制，将钟埭镇和曹桥乡及林埭镇的虹霓村并入主城区，设立当湖、钟埭、曹桥 3 个街道；2009 年 12 月，撤销全塘、黄姑两镇建制，设立独山港镇。至 2015 年末，全市辖当湖、钟埭、曹桥 3 个街道及乍浦（2010 年后由嘉兴港区代管）、独山港、新仓、新埭、广陈、林埭 6 个镇，户籍人口 49.15 万人，暂住人口 29.4 万人。改革开放以来，平湖经济快速发展，跨入全国县域经济百强县（市）。目前，正朝着经济强市型、文化旅游型、现代化港口新市型的方向快速发展。

## （一）

平湖警察机构源远流长，据市博物馆馆藏手抄民国县志记载，始建于清末光绪二十八年（1902），设县警察所。光绪三十二年（1906），改称县巡警总局。民国元年（1912），县巡警总局改为县警察署。民国 2 年（1913），改称县警察事务所。民国 3 年（1914），复称县警察所。民国 16 年（1927），改称县警察总所。民国 18 年（1929），改称县公安局。民国 24 年（1935），撤销县公安局，并入县政府民政科，设公安股。民国 26 年（1937），复称县警察局。11 月 5 日，日军入侵平湖。民国 34 年（1945）8 月 25 日，侵华日军投降，县长关震东率员进入平湖县城，接管日伪政权，重建县警察局。

1949 年 5 月 11 日傍晚，中国人民解放军二十军第五十八师解放平湖，国民党平湖政权覆灭，其警察机构随之彻底瓦解。5 月 14 日，解放军三十一军第九十二师政治机关及所属二七六团接替二十军五十八师，成立军事管制委员会，接管国民党政权。5 月 26 日，中共平湖县委与军管会社会科接管民国政府警察局。6 月 1 日，成立平湖县人民政府，建立县人民政府公安局，开启人民公安的新篇章。从此，确立人民公安机关打击敌人、保护人民，惩治犯罪、维护治安的重要职能。1955 年 11 月 30 日，经平湖县第一届人民代表大会第三次会议决定，改称县公安局。

1968年4月13日，县公安局实行军事管制，建立中国人民解放军平湖县公安机关军事管制组。11月7日，成立县革命委员会人民保卫组，与军管组实行两块牌子，一套班子，取代公、检、法三机关。1973年2月15日，县公安局恢复，撤销县革命委员会人民保卫组，军事管制组人员陆续撤离。1991年6月29日，县公安局随平湖撤县设市更名为市公安局。

## （二）

解放初期，平湖残余反动势力猖獗，匪患严重，国民党残余武装军队尚盘踞在沿海岛屿，继续招兵买马搜罗海盗扩充匪部，叫嚣与新生的人民政权“争地争民”，多次派遣武装匪特到我沿海乡镇，与潜伏的土匪勾结，袭击、劫持解放军指战员，进行抢劫、暗杀、收集情报等破坏活动，妄图推翻新生的人民政权。同时，旧社会遗留下来的黄、赌、毒等社会丑恶现象蔓延，社会治安十分复杂。公安机关在中共平湖县委、县人民政府的领导下，坚持群众路线和专门工作相结合，全力投入巩固新生人民政权的斗争。

1949年8月至1951年1月，公安干警配合人民解放军，贯彻执行“军事清剿、政治瓦解和发动群众自卫，以发动群众自卫为主”的方针，开展剿匪、肃特斗争。通过剿匪、肃特斗争，打击和瓦解残余反革命势力，稳定社会秩序，保卫土地改革、抗美援朝、镇压反革命运动的顺利进行，巩固新生的人民政权。同时，积极开展清除旧社会遗留下来的黄、赌、毒等社会丑恶现象。1952年，全县彻底禁绝卖淫嫖娼，吸贩毒品也基本绝迹。1955年，赌博歪风得到基本刹住。

1950年11月至1953年6月，根据中央人民政府公布的《中华人民共和国惩治反革命条例》和浙江省委《关于贯彻执行中央坚决镇压反革命分子的指示》精神，公安机关在全县范围内发动群众，大张旗鼓地开展镇反运动，全面贯彻“镇压与宽大相结合”的政策，举办反动党团特分子思想改造训练班，取缔反动会道门等。镇压和审判一批土匪、恶霸、特务、反动党团骨干和反动会道门头子等五方面的反革命分子。

1956年2月至1959年1月，根据中央和省委、地委指示，在机关、企业、学校内部开展肃清一切暗藏反革命分子的群众运动（简称“内部肃反”）。通过五期内部肃反，清查出一批隐藏在内部单位的反革命分子和坏分子，肃反运动持续至1965年春结束。

1956年3月至9月，根据《全国农业发展纲要（草案）》精神，对有活动能力的地主、富农、反革命分子采取群众评议，政府批准，分批规划入社。老实守法，表现较好的评为正式社员，政治上、经济上享有同社员同等的权利和义务；基本守法，表现一般的评为候补社员；表现不好的继续监督劳动；有违法破坏活动的实行依法管制。通过群众评议，逐步规划入社，促进地主、富农、反革命分子的内部分化瓦解和加速改造。

1958年，全国第九次公安会议确定大抓改造方针，坚持“少捕、多管、大改造”，贯彻“监督劳动与政治教育相结合、惩办与改造相结合”的政策，采取群众监督、社办劳动教养、短期集训等改造方法，开展“大改造”工作。推行“三包一保证”（包生产、包教育、包改造，令被改造分子订立保证书）和“十个好人夹一个坏人”的改造方法，建立“日记、月考、季评、年升降”等改造制度，从而使“四类分子”的监督改造工作走上正规化、制度化轨道。

1959年至1961年，国民经济发生暂时困难，暗藏的反革命分子乘机进行造谣、煽动、组织反革命集团、张贴反动标语等破坏活动，城乡社会治安问题突出，因生活困难引起的群众性小偷小摸案件大量增加，盗窃、抢劫、诈骗、投机倒把等刑事案件多发。公安机关依靠广大人民群众，加强人民民主专政，及时侦破一批有组织的反革命集团案件和“三类”（反动标语、传单、信件）案件，依法严厉打击现行反革命破坏活动和各种刑事犯罪活动。

公安机关在保卫大规模社会主义经济建设取得显著成绩的同时，由于受“左”倾错误思想影响，也曾发生过一些失误。一度对敌情估计偏高，打击面偏宽；在防范、破案、减少事故和创安全单位等方面，提出一些不切实际的高指标，导致产生浮夸甚至虚假现象；有的地方对人民内部矛盾处理欠慎重，伤害了一些群众等。

1962年7月至1963年2月，根据省委、地委指示，公安、检察、法院三机关组成联合清案工作组，开展对1958年公社化以来至1961年6月所判决的案件进行全面复查。对错案予以平反纠错。通过清案复查，平反冤假错案，密切党群关系，挽回党在群众中的威信。

1964年起，全县推广毛泽东主席亲自指示肯定的浙江省诸暨县枫桥区“发动和依靠群众，坚持矛盾不上交，就地解决，实现捕人少，治安好”的对敌斗争经验（简称“枫桥经验”），发挥基层治保组织作用，依靠群众监督改造“四类分子”，就地教育帮助有轻微违法行为的人，有效减少犯罪，社会治安明显好转。1964年至1965年，全县捕人数和发案率为解放后最低，社会风气好，可称之为“路不拾遗，夜不闭户”，促进国民经济较快恢复，战胜三年暂时困难。

“文化大革命”期间，林彪、江青两个反革命集团提出“彻底砸烂公、检、法”的反动口号，大批公安干警被迫离岗进学习班，基层治保组织解体，公安工作陷入瘫痪状态，社会秩序失控，打、砸、抢成风，各类犯罪活动猖獗。“群众专政”“群众办案”代替公安机关专政职能，错误地把专政矛头指向人民群众，制造一批冤、假、错案。

1973年2月，县公安局恢复，公安工作逐步走上正常轨道，继续学习推广“枫桥经验”。1974年，县公安局广大干警连续发表8封致县委的公开信，及时挫败平湖某些帮派骨干妄图篡夺公安机关领导权的阴谋。

1976年10月，粉碎江青反革命集团，“文化大革命”宣告结束。在“文化大革命”期间遭受迫害的公安干警得到纠错平反，清除混入公安机关内部的“三种人”（造反起家、打砸抢分子、帮派骨干），纯洁公安队伍，公安机关的优良传统和作风得到恢复和发扬。通过贯彻第十七次全国公安会议精神，分清公安工作的大是大非，使公安工作走上快速恢复和发展的轨道。

1978年7月，根据中央文件精神，县公安局在县委的领导下，组织专门班子，开展平反冤、假、错案工作，复查清理历次运动特别是“文化大革命”期间，由公安机关处理的政治案件和刑事案件，复查中对冤假错案分别召开群众大会，大会实况录音后向全县广播，公开宣布平反，恢复名誉，对因冤假错案造成致死、致残或生活困难的，落实善后工作，在经济上作适当抚恤和补助。复查平反冤假错案工作得到省公安局的肯定，在全省公安工作简报上予以刊登。

## （三）

1978年12月，中共十一届三中全会召开，开启改革开放新时期。全体公安民警认真学习贯彻中共十一届三中全会精神，积极参与“实践是检验真理的唯一标准”大讨论，在指导思想上拨乱反正，把公安工作的重点从以阶级斗争为纲转移到以保卫社会主义现代化建设为中心的轨道上来，公安机关集中力量整顿社会治安秩序，公安工作出现新的面貌。

1979年2月至4月，县公安局根据中共中央《关于地主、富农分子摘帽问题和其子女成分问题的决定》，在全县范围内开展对“四类分子”评审摘帽工作，通过群众评议和县革命委员会批准，对多年来遵守政府法令、老实劳动、不做坏事的“四类分子”宣布摘帽，占总数95.7%。并对已摘帽的地、富子女一律按照他们当时的职业改变成分。至1983年底，最后1名坏分子宣布摘帽，历时30多年对“四类分子”的监督改造工作完成历史使命。

20世纪80年代，公安机关把维护政治稳定和治安稳定，保卫改革开放和社会主义经济建设的顺利进行作为公安工作的中心任务。开展社会治安秩序整顿，严厉打击各种刑事犯罪活动，积极推进社会治安综合治理。在机关、团体、企业、事业单位全面推行内部安全保卫责任制。充分发挥各级治保组织的作用，开展群防群治，依靠群众教育挽救失足青少年，安置和教育刑满释放和解除劳教的人员。会同宣传、教育、共青团等部门，将违法青少年的帮教作为维护社会治安的一项重要工作，依靠社会、家庭、学校力量做好教育转化工作，青少年违法犯罪率逐年下降。

1983年8月，县公安局根据全国人大常委会《关于严惩严重危害社会治安的犯罪分子的决定》，贯彻中央依法“从重从快、一网打尽”的方针，开展为期3年的严厉打击刑事犯罪斗争。

先后组织3大战役，10次集中打击，集中收捕一批杀人、抢劫、强奸、流氓、盗窃等刑事犯罪分子，摧毁多个流氓、抢劫、盗窃犯罪团伙，从严惩处一批严重危害社会治安的刑事犯罪分子，狠狠地打击犯罪分子的嚣张气焰。通过“严打”斗争，扭转社会治安形势被动的局面，城乡治安状况明显好转，刑事发案数大幅度下降，人民群众有了安全感。

20世纪90年代，随着计划经济向市场经济转变和对内搞活、对外开放政策的进一步贯彻，城乡个私、民营企业蓬勃发展，外来用工数量上升，公共娱乐场所增多，黄、赌、毒等社会丑恶现象开始蔓延，刑事犯罪高峰再现。针对严峻的治安形势，公安机关贯彻落实《中共中央关于加强公安工作的决定》，坚持服从和服务于经济建设的指导思想，进一步加大打击、管理力度。破大案、挖团伙、追逃犯，深入持久地开展“严打”整治斗争，相继组织开展“三打一禁”（打击团伙犯罪、打击拐卖妇女儿童犯罪、打击车匪路霸，严禁卖淫嫖娼）“打流氓、破大案、促防范”“反盗窃、打流氓、堵漏洞”“打流、扫丑、破大案”“打防大会战”等专项行动，使全市发案率明显降低，破案率不断提高。

1996年2月，为方便群众报警、求助，市公安局开通110报警服务电话，实行24小时服务。在公安内部初步形成以指挥中心为龙头，巡特警、交警和派出所等多警种的接处警工作网络和快速反应机制。1997年5月，建成嘉兴市首个自动化110报警服务台，并向社会推出“有警必接、有险必救、有难必帮、有求必应”的服务承诺。1998年5月，开通110紧急救助中心，实现多部门联动。110报警服务台被市政府评为人民满意单位，全省深入开展创人民满意110活动现场会在平湖召开。

1999年4月，全市开展学习推广“枫桥经验”，维护农村治安稳定，在乡镇创新建立治保调解中心，使矛盾化解在基层，消灭在萌芽状态。7月至10月，根据中央关于取缔“法轮功”邪教组织的部署与要求，市公安局在各级党委和政府的领导下，先后组织开展两次取缔“法轮功”统一行动，摧毁“法轮功”在平湖的组织体系，依法打击少数从事“法轮功”邪教组织活动的顽固分子，以后又开展对“法轮功”重点骨干人员的教育转化工作，有效防范“法轮功”骨干分子的串联聚会、公开练功等事件的发生，打击、取缔“法轮功”工作获全省先进。

## （四）

进入21世纪后，市公安局围绕党委、政府的中心工作，树立为经济社会发展，为改革开放服务的指导思想，加强各项公安工作和队伍建设，全力维护国家政治安全和社会稳定，扎实推进平安平湖建设。把反恐维稳作为压倒一切的首要任务，开展反邪教斗争，取缔“法轮功”“实际神”等邪教组织，严密防范和打击恐怖分子的破坏活动。坚持“严打”方针不动摇，始终保持对刑事犯罪的高压态势。摧毁一大批犯罪团伙，破获一大批大案、要案，抓获一大批犯罪嫌疑人，有力打击了刑事犯罪活动。2008年至2019年连续12年实现命案全破，并多次获浙江省、嘉兴市破案工作先进单位。

严密社会治安管控，改革治安管理工作，突出的社会治安问题得到有效整治，社会治安持续稳定。以北京奥运会、广州亚运会、上海世博会、世界互联网大会·乌镇峰会、二十国集团“杭州峰会”和国庆七十周年、上海进博会等重大活动安保工作为载体，严密重点人员、重点部位和重点物品的治安管理，确保重要活动和重要节点的安全。加强和改革派出所工作，坚定不移推进社会治安防控基层基础建设，实施城乡社区警务战略，坚持和发展新时代“枫桥经验”，开展创建“枫桥式”公安派出所活动，基层基础工作得到进一步巩固和加强。

进一步健全公安法制，开展执法规范化建设。成立案件管理中心，实施行政案件快速办理机制、刑事案件相对集中办案机制、一体化办案单轨制，开展远程取证，实施见证人制度、简单刑事案件智能快办机制等创新举措。2001年至2015年连续15年荣获全省公安机关执法质量优秀单位称号。2020年8月，市公安局被公安部命名为“全国公安机关执法示范单位”。加强和改进公安信访工作，开展“无信访积案县公安局”创建，坚持发展新时代“枫桥经验”，全力推动

"最多访一次"活动，做到局长开门接访常态化，拓宽"线上""线下"信访受理渠道，增设"在线信访"窗口，设立派出所信访受理窗口、社区警务室信访站，构建局、所、室三级接访体系，融入市政府"信访超市"，推进信访接待"一站式"服务。信访工作曾先后多次被评为嘉兴市、浙江省及全国先进单位，2000 年 11 月被评为全国公安重点信访治理先进单位，2013 年至 2019 年连续 7 年被评为浙江省公安信访考核县级优秀单位。

坚持科技强警方针，公安信息化建设得到全面提升，公安机关动态防控和快速反应机制进一步强化。刑事技术快速发展，新增各种先进勘查器材及无人机、警犬等警用装备，建成嘉兴市第二家 DNA 实验室和首家电子物证室，刑事科学技术室达到全国一级标准。创新建立局合成作战中心（视频侦查室）、派出所综合指挥室，构建迅速、有力、规范的可视化作战体系，视频侦查工作达到全省一级标准。视频监控技术广泛应用于治安、交通、消防、监所管理和公安执法，电子警察遍布街头、路面，社会治安动态视频监控进入全市城乡居民小区，智能门禁、人脸识别等先进科学技术广泛应用于安防系统，智安小区创建工作成效明显。

全面深化公安工作改革，特色亮点不断。开展 110 接处警勤务机制改革，提升 110 社会联动效应，成立社会应急联动指挥中心，为群众排忧解难。农村消防教育、公安装备智能化管理等领跑全国。新居民服务工作入选浙江省改革开放 30 周年百件典型事例和浙江省 2010 年度十大民生工程。多警种联合查处毒驾、禁毒社工队伍建设、刑事案件相对集中办案机制建设、一体化办案单轨制、远程取证、简单刑事案件智能快办机制等工作均处于领先地位。

坚持以人民为中心，公安机关的优良传统进一步发扬光大，人民警察为人民的服务意识进一步提升。坚持文明办事，热情服务，推出一系列便民利民措施。不断深化警务公开，积极开展创人民满意科所队、爱民月、爱民实践、警营开放日、警民相约警务室、警民恳谈、"最多跑一次"等活动。在 2018 年的全省"最多跑一次"改革中，涌现了林埭派出所女民警丁秋美的先进典型，得到省委书记车俊批示表扬。

## （五）

加强公安队伍的自身建设，是做好公安工作的根本保证。人民公安机关建立以来，始终将政治建警摆在首位，坚持党建统领，突出政治建警，长期坚持从严治警方针，造就一支对党忠诚、服务人民、执法公正、纪律严明、高素质过硬的公安铁军。新中国成立后，平湖公安队伍不断发展壮大，目前已形成一支集户籍、治安、刑事、巡（特）警、缉毒、网警、外事、交通等多警种的人民警察队伍，队伍总量和整体素质不断提高。尤其是进入 21 世纪，公安机关大力推行队伍正规化建设，深入开展廉洁为民和立功创模活动，进一步完善民警教育、培训、聘任、考核、激励、监督、问责机制。加强党风廉政建设，建立公安机关惩治和预防腐败体系，创建清廉警队。加强党内纪检、行政监察、内部审计和警务督察工作，严肃查处违法违纪案件，取得队伍、业务双丰收。先后获 2003 年、2010 年、2013 年、2014 年、2017 年、2018 年、2019 年度嘉兴市优秀公安局称号；先后获 2014 年、2015 年、2016 年、2018 年度全省公安队伍正规化建设优秀单位称号。

全体公安民警和武警官兵在各个历史时期均经受住严峻的考验，以政治坚定、刚正不阿、忠于职守、无私无畏、廉洁奉公、乐于奉献的高尚情操，勤奋工作，涌现出一大批先进模范人物，有的为保卫人民群众的生命财产献出了年轻宝贵的生命。新中国成立以来至 2015 年 12 月，先后有 2 名消防官兵在灭火救灾中英勇牺牲，被公安部授予革命烈士称号，颁发二级英模荣誉奖章；1 名公安民警被国务院授予全国先进工作者称号；1 名公安民警被中共中央、国务院评为上海世博会先进个人；4 名公安民警获全国优秀人民警察称号；9 名公安民警获全省优秀人民警察称号；2 名公安民警获浙江省劳动模范称号；2 名公安民警获嘉兴市劳动模范称号。荣立个人一等功民警 2 人、二等功民警 7 人、三等功民警 163 人次、四等功民警 2 人。

回顾过去，信心倍增。平湖公安机关及几代公安民警经过长期战斗历程的考验，谱写了辉煌篇章。无论是在保卫人民民主政权，保卫社会主义革命和建设，保卫改革开放和经济建设，保卫人民生命财产安全等方面，均取得显著成绩，交出满意的答卷。展望未来，任重道远。新世纪赋予公安工作新的使命，面对21世纪经济社会的新发展、新变化，全体公安民警将不负众望，深入学习贯彻习近平总书记关于加强新时代公安工作的重要思想，不忘初心，牢记使命，继承和发扬人民公安机关的光荣传统，坚持政治建警、改革建警、科技兴警、从严治警，努力开创新时代平湖公安工作新局面，为“金平湖”新崛起创造更加安全稳定的政治社会环境，把平湖打造成中国最平安城市再创辉煌。

# 大 事 记

## 明

### 宣德五年（1430）

7月，县署始建监狱，与县署一并建造。

## 清

### 光绪二十八年（1902）

平湖县始设警察所于城区城隍庙赐履堂，租城区潘大盛栈房为拘留所。

### 光绪三十二年（1906）

平湖县警察所改称县巡警总局，下设乍浦、新埭、新仓3个分局。

## 中华民国

### 民国元年（1912）

2月13日，新埭镇聚集数百民众，将民团局、警察局、禁烟局及戴元升之屋捣毁，以泄对他们借查赌之名，行敲诈之实之公愤。

6月5日，嘉防游击队陆殿奎部与驻地乍浦巡警发生冲突，相互斗殴，商民惊惶罢市。

7月1日，奉浙江省政府令县巡警总局改称县警察署。

### 民国2年（1913）

平湖县警察署改称县警察事务所，乡、区设立派出所。

### 民国3年（1914）

秋，县警察事务所改称县警察所，乡、区改设警察分所。

### 民国4年（1915）

5月，县城师生强烈反对签订“二十一条”卖国条约，张贴标语，举行游行，街头演讲，持续半月。

### 民国8年（1919）

5月中旬，衙前、乍浦成立爱国青年组织“十人救国团”，通过演戏、演讲，宣传抵制日货。

### 民国9年（1920）

1月8日凌晨4时，城区东门外横街同泰顺南货店失火，燃烧3小时之久，烧毁邻近店面54间，拆毁60余间。

夏，青黄不接之时，城区米价昂贵，每石售价15元，并有米商囤积居奇，致民间惊慌。近郊数千乡民手持箩筐、米袋到城区米铺、米行抢米，使商店闭门罢市。商会报县派警察驱赶，仍无效果。转请营兵弹压，开枪示威，击毙乡民5人，伤者数十人，始逃离，计抢去米1000余石。

### 民国10年（1921）

6月25日（农历五月二十日）分龙日，乍浦消防会在大教场进行演龙比赛，历时1小时，潜安龙射水最远，乾安次之，泰安最短。新仓也进行芦江演赛，东中西3处“洋龙”参赛，中市保安龙最好，水力强而远，东、西两龙瞠乎其后。

## 民国11年（1922）

6月，县救火联合会成立。

## 民国13年（1924）

3月31日上午，新埭乡火叉浜有盗匪10余人，手持枪械，面涂花脸，到陆姓家搜劫，劫走钱及衣饰等物。

4月28日，县警察所在县政府大堂前焚烧一批烟土、烟具。

12月10日黄昏7时，西门大街同兴当铺失火，各义龙赶赴施救，警察所长朱鹏也到场视察。

## 民国14年（1925）

6月上旬，上海发生“五卅”惨案的消息传来，县城各界集会、游行、罢工、罢课、罢市，声援上海工人罢工。

7月26—27日，《平湖日报》转载《中国共产主义青年团对于最近时局宣言》，县知事李树慈认为有违省令，由警察所长朱鹏查封，主笔徐尚彼及印刷工人被拘押。

9月10日上午，全公亭沿海垦荒居民数百人，冲向全公亭警察分所，砸毁所内文件、杂物、枪械，并焚烧，致使1名警士受伤。起因为全公亭白沙坊沿海居民，由三余设栈收租，与垦户引起矛盾，全公亭分所派警查办而结怨。浙江省省长夏超电令平湖县知事李树慈，将闹事首犯阿四和尚缉解究办，劝令其余民众各安生业，勿得再滋事端。

## 民国15年（1926）

5月5日夜，虎啸桥惯窃李某某，在摸奶庙附近偷窃耕牛被事主抓获，将李的双眼挖出，放在庙内。

6月11日，新仓镇第一警察分所对门，义乌人开的麻饼店主陈某某，用刀杀妻后自刎，其妻尚可治疗，陈却喉管已断，气管尚连，抬在城区北寺内皇殿存放，15日清晨死亡。

7月21日下午3时45分，城区学前街杨广济堂药店发生大火，延烧至裕盛兴烟店、张建记纸号、协太顺皮货店、协泰衣庄、冯万厢鞋店等10余家商店。

11月30日，城区仓弄豆腐店店主吴某某将其妻施氏金珠首饰赌押一空，后借口去沪取赎，又将其妻私蓄偷去输光。施氏气愤，当日服砒霜自杀。

## 民国16年（1927）

1月5日，城区老凤祥银楼被匪抢劫，且枪伤路人蒋某某。事后查实系朱芝田、朱九小所为。经县知事张鹏审讯判处死刑，电呈总司令部核准，于1月9日在大南门外枪决。

2月12日下午，新仓警察分所遭百余人打砸，离任分所长胡步云也被殴致伤，警察4人受伤。起因为11日在三叉河捉拿赌贩干勉之等9人（判罚保释），干兄干凯军唆集数百人闯入警所闹事，县知事张鹏令新任萧警佐查办。

3月31日，新埭第八初级小学校长黄某某，由校返镇途中被人勒死，弃尸河中，后查明系其父指使凶手庄某等两人所为。

5月24日，乍浦海面发现海盗船，乍浦警所报警，县警长朱鹏率警赴乍浦协防，海盗船近岸时，警队开枪射击，盗贼离去。

## 民国18年（1929）

2月13日，荷兰人在乍浦游猎，枪伤乡民王某某（女）。经交涉，领事馆具函道歉，赔偿损失1076元。

3月18日夜，金丝娘桥赵某某之子遭人绑架后，绑匪索价4万元。

3月23日晚，衙前保卫团遭穿黑衣服、戴呢盆帽的20余人冲入团部，恰逢团长外出，只剩门岗1人，劫得快机4支、枪弹100发后，向东北方向逃走。

4月9日夜，金丝娘桥北二里张某某家，闯入10余名武装土匪，殴打、火熏张之老母及雇工2人，其中有个叫阿金的，被匪枪击毙命。

4月16日上午，大易乡青莲寺永宁桥安乐王庙，在东、西两村民协商不同意的情况下，少数人继续搞迎神赛事。青莲寺警察所长率警长前往劝阻，与村民王某发生口角，将王某带至警所。9时许，村民龚某某带五六百人在警所前鸣锣吹笛，一哄而入，用砖击伤巡长，砸毁器具门窗，王某也被劫去。

5月1日，奉省政府令县警察所改为县公安局。

6月，乍浦北河滩徐某某家，使用煤油炉不慎失火，涉及杨家，烧毁50余间，烧死1人。

11月3日，北扶行村农民陆某某在田间劳作，被3名打猎的法国人疑以为兔，用鸟枪射击致伤。后由法驻沪领事与浙江省交涉，平湖县政府协商，赔偿800元结案。

## 民国19年（1930）

2月初某天傍晚，衙前镇西协裕南货号1名店员收取账款后，在金丝娘桥返店途中，遭3名匪徒尾随，店员吹灭灯笼奔逃中，被匪击倒，头部被刺，劫去130元，急回金丝娘桥报告警方。在白沙湾捕获劫匪1人，追回赃款45元，作案者为退伍水警。

2月26日，新仓保卫团戴姓排长，曾因私自藏匿手枪1支被副团长撤职，戴认为是同部林姓排长报告，迁怒于林，发生斗殴。被劝开后，戴仍不甘心，去驻新仓的省保安队，煽动同乡，持枪械在关帝庙内再次斗殴，经双方长官喝住，将戴押解新仓公安分局。

3月2日凌晨3时，徐天雄（太保阿书）率部自刘家堰进入新仓，击毙6名步哨后与省保安队发生枪战，军警退至广陈泗里桥。交战中巡长叶振荣及长警4名战死。次日下午2时半，又在三里桥发生激战，徐天雄部撤退，傍晚收复新仓。

3月，徐天雄部被省保安队清剿后，散于乡间，到处抢劫。3月22日，在衙前东界河汤家桥北，连劫8家。24日夜在旗杆底乡间抢劫3～4家，25日夜抢劫南放港张某生家，26日夜在衙前附近抢劫张某山家。

7月3日下午，乍浦西乡难民四五百人到乍浦城内升太顺、穗泰等米店抢米数十担，在总管弄抢劫未成，复在海盐弄徐某某米店抢劫柜台银洋。傍晚6时许，另有五六十人从西门进城到四牌楼震兴米店抢劫食米710余石。

7月27日下午4时，平湖庆记轮船公司开往上海（夜班）宁馨轮满载西瓜，并拖带驳船5艘，因拖载过重，由码头驶向吕公桥时，未行桥之中洞，而入靠西偏洞，洞低船高，轮上烟囱猛撞洞石，顿时沉没，幸未伤人。

10月7日夜10时，匪船20余艘，盗匪百余人，各持木壳枪在林家埭镇抢劫，劫去警所枪械5支，巡长杨超被匪殴伤，预备警2名也告失踪，全镇大小商店、住户遭劫，镇东姚姓家被劫银洋、首饰5000余元。俞德泰花米行主俞某某身上遭匪烧灼，须发被拔，伤势颇重。名医焦某某所备女儿出嫁衣物饰品被劫去，次日晨2时许，匪鸣枪整队而去。

## 民国20年（1931）

2月2日夜，城区南门外教场右角叶某某所开的平湖造纸厂，生产粗纸纸筋，发生火灾，烧毁草屋5间及屋内之物，踏纸筋黄牛1头烧死，1头仅存一息。

6月23日凌晨2时，省保安队第七团四营十六连在二排排长周迪玉（延玉）及班长王金初等6人的策划下，潜入新仓镇，将连长郭斌绑住后哗变。并闯入新仓区公所，向区长朱晨光索钱10万元无果，将朱晨光、区党部常委马其彬枪击致伤。又到新仓公安分局抢去枪械6支，放掉拘押匪犯蒋来荣等7人，并令其带路洗劫全镇商店，计17000余金。以后又往三叉河、虎啸桥镇抢劫。中午11时窜到乍浦抢劫，抢得乍浦公安分局枪械后，到典当及百货店抢劫。午后拥到海塘，拟下海船逃往余姚。时遇省里派出保安队一连（由杭州乘汽车直接驶乍），开火交战，海盐保卫队也赴乍加入战斗，当场捕获27名叛兵，下午相继又捕获15人，缴获长枪4支、手枪1支。此次哗变，被叛军枪击致死2人，致伤3人。此后在平湖、海盐共抓捕叛军72人，其中65人分别科罪，为首的排长周迪玉等7人经军法处判处死刑。

8月13日，省保安队第七团团长沈国成率特务连连长陈天经带兵士一排，押赴7名哗变案犯，在新仓朱家弄底刑场执行枪决。

8月25日午夜，刚新建完工的周家圩镇永兴碾米厂突然塌毁，睡在屋内11人未及逃避，均被压伤。

## 民国21年（1932）

10月，平湖救火联合会（民间组织）借北寺新民戏院演剧筹款，开场三日卖座不多，至第四日，天气晴好，卖座较好。在验票时，发现法警葛某、浦某等数人无票占座头等座位，与之论理时，葛等竟向林姓验票员拍打巴掌，又狂呼开枪，秩序顿乱。救火会中人闻知大怒，认为县政府既不设消防队，又纵容法警捣乱，即鸣锣告知全城各消防分会，将消防水龙抬送县府。后由公安局巡官将肇事法警拘住，并由商会会长汤元伯等劝说，得以平息。

10月30日，驻沪英人马某等两人在南扶行坊狩猎，击中在田间割草农民费某某颈项。附近乡人将马某等两人扭送到乡公所，并送县暂行看管。后接省府指示，将该案移送上海市政府及英驻沪领事馆处置。

## 民国23年（1934）

3月4日，乍浦南门外岑义记咸鱼店失火，延及火神弄口至埠头弄口一带，烧毁17间，死1人。

3月18日，驻沪外国人在乍浦龙王塘后浜持枪行猎，在田间劳动的农民阿大被击中后倒地受伤。

9月1日，乍浦四乡700余农民，因饥荒所迫，蜂拥进镇，夺取豪富粮食。

## 民国24年（1935）

2月4日，沪杭公路局检定员王某某驾驶客车在平乍线试车，在虹霓堰附近与浙江省主席黄绍竑之汽车相遇，避让时撞倒路上的硖石女孩陆某某致死。王欲开车逃跑，被省主席警卫马弁出枪喝止，通知公安局处理。

5月14日深夜，独山海滩停有万国商团英人汽车，其车旁的帐篷内有4名男女夜宿。附近农民在盗窃汽车内物品后，又欲破坏汽车机件时，触动喇叭开关，引发喇叭鸣声，即被洋人发觉，向乍浦公安局报警。分局长章荣和率员警搜捕，捕获郭文昌等4名嫌犯。

6月间，乍浦方家埭盐枭，因与曾任缉私营船长的方官有怨仇，将方官捆绑后，放置柴堆上灌油燃烧，活活烧死，有围观者说“罪过”即遭盐枭殴打。烧死方官后将残骨及肠肚装在板钉如船形物体上，抛入海中。此事被沪、杭报纸登载。省方密令驻乍炮兵会同海盐公安局、保卫团到方家埭搜捕，捕获方家埭乡长在内的37名涉案人员。

10月10日下午3时半，由乍浦开往上海的嘉沪联运汽车，在金山嘴57公里间，潜伏于车内二名穿长袍匪徒，突然拔出手枪迫令停车，停车后路边一持砍刀匪徒登车，将车轮砍破，搜劫车内乘客银洋2300余元，临逃时还开枪示威。

10月14日夜11时，乍浦税警顾元芳、阮有成在押解4名盐贩由虹霓赴乍浦，途经戴墓墩时，盐贩用扁担猛击两警致死。后在嘉兴抓获案犯，对凶犯刘士元、王文义判处死刑，刘玉勤因未满十六岁判十年徒刑，毕孟勤以贩私盐罪判6个月。

10月，撤销县公安局，并入县政府一科（民政科），设公安股。

## 民国25年（1936）

5月16日上午，由平湖开往上海的平沪联运客车浙字4534号，载有4名乘客，途经近乍浦1公里的野猫墩，由随车修理工替代司机驾驶，车向左侧翻入沟中，致4名旅客受伤，修车工被拘押。

7月3日晚上6时，城区汉水桥旁恒泰祥绸庄发生火灾，火自楼上烧起。大街金山、小街寿山水龙参与扑灭。

8月17日，县警局在沪平路汽车乘客黄金龙身上搜出藏匿手枪，黄供出金丝娘桥镇上陆阿大、陆阿怀也有手枪，便派督察员率侦缉组、带黄金龙前往缉拿。在金丝娘桥镇上茶店将陆姓兄弟抓获，准备返县城时，有百余人号呼追赶，为防中途劫去，即将陆姓兄弟各击一枪，阿怀倒地、阿大立死，黄金龙逃脱。县长汪浩接报后，率武装警士及乍浦驻军驰往，人踪全无，伤者及尸首均不见。

## 民国26年（1937）

1月，奉省政府令，县政府一科公安股复称县警察局。

11月5日凌晨，侵华日军在金山卫、全公亭一带登陆，中国驻军奋起抵抗，百余官兵壮烈牺牲。是日，金丝娘桥、全公亭、衙前、新仓等先后陷敌，日军沿途烧杀、抢掠。

11月6日，日本飞机连续轰炸平湖县城，居民死伤百余人。县署内监狱被炸毁，犯人带镣逃跑，逃犯之中有谢友胜者。

11月15日下午2时，日机在东小街投下燃烧弹，中法药房及一批民房被毁，大火延烧至晚10时熄灭。

11月17日，南城外男女数十人到城区，抢掠私宅及店铺物资后至东城，闻日机声，急入城门躲避，8人被炸身亡。

11月18日，日军侵入县城，平湖沦陷。

## 民国27年（1938）

2月1日，成立县"治安维持会"。

4月5日，日军焚烧吕公桥至洁芳桥一带民房。25日，又焚烧西门外至花家弄民房。

5月17日，沪杭抗日游击队第一大队陈新民率县抗敌自卫团一部，在赵家桥西南杨老太庙与日军激战，毙敌20余人，战斗中陈不幸中弹牺牲。

## 民国28年（1939）

1月21日，县抗敌自卫团及警察队共300余人，于凌晨反攻县城，日军在报本寺组织火力反击，攻城未成，部队撤退。2月5日，再次攻城未成。

3月，平湖县党政军各界民众4000余人，在新仓镇公共运动场举行追悼大会，公祭攻城牺牲的政府军陆协和、姚仁荣、宋芬雨、周补生、钟少余、俞老虎等6名烈士，由县长许敏中主祭献花圈，报告烈士史略，烈士陆协和妻子在会上向与会者鞠躬致谢。会后游行，沿途高唱追悼会歌，呼口号。

## 民国30年（1941）

3月25日，平湖县城内施家坟居民叶阿二等4家，男女老少13人，被日军枪杀。

4月3日，政府军暂编三十二师攻克乍浦城，毙日军50余名，枪决日伪商会会长陶德坤后撤离。

4月12日，日伪东湖坊（镇）长沈锦言被抗日游击队击毙。

5月6日，日伪军劫掠东乡七镇，新庙、新仓、广陈、泗里桥、全公亭、衙前、虎啸桥诸镇均遭其祸。

6月7日，日军从金山窜至衙前镇，沿途抓捕老百姓，在磨子桥附近集体坑杀136人，后人称为"百人坑"。

## 民国31年（1942）

9月23日，日伪军分路侵占平湖东乡大小集镇。县长唐伯钧渡钱塘江南去。

## 民国32年（1943）

9月24日夜，驻新仓日伪保安队哗变，包围伪警察所，迫令缴械。次日，虎啸桥伪军哗变，枪杀伪警长，警士11人。

## 民国33年（1944）

1月1日，抗日游击队数十人，将日伪乍浦警察所包围并缴械。

## 民国34年（1945）

8月15日，日本宣布无条件投降。8月25日，县长关震东率员进平湖县城，接管日伪政权。

9月3日，盘踞在县城的日本警备队吉岗少尉以下130余名日军，作为战俘被集中遣送。

9月6日，县城召开各界人士大会，热烈庆祝抗日战争胜利，城镇均张灯结彩。

10月9日，新四军浙东纵队司令员何克希率部北撤途中，在新埭遭国民党军2个团兵力袭击，激战2个多小时后向东撤离。

10月13日，第十区护航大队黄百器（黄八妹）部奉令改编为县第三自卫大队。

## 民国35年（1946）

3月11日，县城300余名袜厂工人罢工。不久，酱园业工人也举行罢工，要求增加工资。

3月21日，城区荣华银楼被劫纹银300余两。

4月29日，驻乍浦自卫队第一中队长刘吉元，因过错被免职，由苏应南接任。5月1日凌晨1时，刘唆使士兵向苏索讨3个月欠饷时，将苏枪杀，后率士兵100余名挨户洗劫，劫走军粮23吨，搭海船逃逸。

5月10日夜，盘踞滩浒岛的自卫大队一中队叛变官兵，由水口登窜至虎啸桥镇抢劫商店100余家及大户20余家，计劫得钱物2000余万元。到镇公所劫走机枪1挺，步枪10支、木壳枪3支。12日夜又在新庙洗劫后，撤退金山县边境。

6月20日凌晨2时，城内东小街老元兴祥成记银楼遭抢劫，劫去黄金28两9钱，银币300元，现钞36万元及衣物等。

6月28日中午，县城西门外徐婆桥30余名持枪械武装匪徒抢劫西鼎丰酱园、计泰源竹行、王万昌、源康、振昌、公记、盛协等米行，劫后鸣枪向西北方向离去。

10月13日，城区消防总队补成立典礼，并有10队参加演习。

12月25日，平湖至山阳航班下午返航驶至白泖港口时，在牛尾巴港附近遇歹徒5人拦劫，船工6人、旅客4人被杀害，制造了震惊平湖的“山阳班惨案”。案犯于次年相继被捕，主犯黎阿迷被处决，余犯被判刑。

## 民国36年（1947）

1月10日，十区保安司令部何目远率嘉兴保警队士及内河水警汽艇，在嘉善大云寺举行嘉兴、嘉善、平湖三县会哨（演习），参加警士百余名。

3月5日上午，原政府军三十师连长孔庆士抗战时率部叛变，聚众携械横行于金山、松江、嘉兴、平湖一带，在钟埭被十区保安司令部所属部队捕获。

4月26日早上，平湖至嘉善航班在途经钟埭姚庄桥地方被预伏船内7名盗匪洗劫，1名身藏现钞300万元的乘客跳河逃跑，幸免于劫。

5月9日下午，苏浙边境乡民三四百人在金丝娘桥抢米，经地方人士劝解，每人给白米2升，始离开。翌日中午，来自东南沿海民众4000余人在新仓邵鸿章、谢品仙、沈合升等米行抢米，抢走米行大米、黄豆200余石。县政府出动自卫队镇压。

12月13日，国立高级水产职业学校学生与乍浦镇鼎泰纸号店发生纠纷，学生扭打店员任某某，后又殴打东方印刷所店主徐某某，激起众怒，乍浦保警队到场弹压。

## 民国37年（1948）

1月17日凌晨1时，城区东城门口天源昌糖果店因烘制炉饼不慎失火，第一消防队金山龙首先赶到施救。县长范文治也到火场指挥施救，于凌晨3时扑灭，烧毁天源昌、方恒生糖果店，龚美盛烟纸店、胡恒泰酱园、荣大银楼、泰和祥茶叶店等房屋14间。

2月9日夜，丁锡山残部4人，持木壳枪在新仓长沼赵姓茶店抢劫法币300余万元及衣物等，后被3名衙前乡自卫队员捕获，解送嘉兴保安司令部。

秋，嘉兴师范200余名学生举行示威游行，向县政府请愿，要求改善学生待遇。县警察局出动警察镇压，逮捕学生4名。经各校学生及社会人士声援，当局被迫释放。

11月6日，上海经济管制督导员蒋经国由

沪至乍浦，听取当地情况汇报，即日赴杭。

### 民国38年（1949）

2月1日夜，城区东门外聚升油酒店店员沈某某，因赌博借款，债主逼讨，羞怒交迫，用步枪自杀。西门外汉塘镇公所任务班长陈某某因经济压迫，是夜拨动步枪扳机自杀。

5月6日，县警察局长赵补天代理县长职务，原县长楼正华转移至嘉兴县兴善寺隐蔽。

5月10日深夜，国民党驻军暂编八师二团扣押代理县长赵补天。次日黎明又包围县政府及警察局，搜出赵补天等人密藏的部分枪支弹药。后赵被押解去上海。

## 平湖解放

### 1949年

5月11日傍晚，中国人民解放军二十军第五十八师进驻县城，国民党暂编第八师溃退，平湖宣告解放。

5月14日，中国人民解放军三十一军第九十二师二七六团在师政委张英带领下，接管平湖。

5月18日，组建中共平湖县委员会，戴奎任书记。

5月26日，中共平湖县委派南下干部孙明成、薛汉孝、绪广中等与军管会社会科，接管民国政府县警察局和县司法处看守所。接收短枪10支，步枪多支及留守的旧警人员260名（至7月9日，留用登记旧警人员67名）。

5月，一股武装匪徒在祥圩乡华家村用机枪扫射过境解放军部队，2名解放军战士中弹牺牲。

6月1日，平湖县人民政府成立。

同日，县人民政府公安局成立，南下干部孙明成任副局长，主持全面工作。

6月12日，杭州市军管会，驻平三十一军九十二师保卫科，县公安局联合破获以经创波、金色五为首的中统在平湖的特务组织“孙文主义革命同盟”，逮捕9人，缴获电台1部、手枪2支及文件等。

6月24日，驻军二十三军六十八师二〇四团警卫连指导员，被匪特中队长杜秀岐等人杀害于埭乘乡11村7组，劫去快机驳壳枪1支、子弹50发。

7月19日，平湖县大队城区中队部分战士在骑莲乡遭匪徒伏击，1名战士牺牲。

7月24日中午，平湖城郊区青莲寺（现属海盐县）被60余名武装匪特包围，城郊区中队战士傅德成被打死，曹炳森被推入河中（幸未淹死），劫去手枪3支、子弹150发。

8月，成立平湖县剿匪委员会，由县委书记戴奎兼任主任，公安局副局长孙明成、县大队李玉棠为副主任，共有7名成员组成。

8月，剿匪部队先后在城关以北、钟埭以东地区剿灭“东南人民反共救国军”海北纵队直属第二支队20余人，捕获支队长方仁远，缴获机枪1挺、短枪3支、步枪3支和子弹数百发；在海盐西塘桥镇捕获“国防部青年救国军浙东义勇总队”十一支队三大队大队长陆明生及所属的冯云卿、冯玉观、刘其荣等3名中队长，后该部另一股11名匪徒也相继捕获，缴获手枪4支；在新仓、全公亭一带击溃海北纵队直属三支队二大队80余名匪徒，大队长周立潜逃到上海，后也被捕获。

9月24日，国民党飞机6架侵扰平湖城区半小时。

## 中华人民共和国

### 1949年

10月1日，中华人民共和国成立。全县军民举行庆祝集会和游行，公安机关做好庆祝活动的安全保卫工作。

10月，剿匪部队在西门外胡家埭（现曹桥街道勤安村）抓获海北纵队直属三支队二大队五中队中队长袁良等匪徒8人，后又根据俘匪提供线索，剿灭活动在平湖南顾乡一带及嘉兴交界地区的其余武装匪徒16人，缴获短枪7支、子弹64发及印章、黄金等物；在虎啸桥、全公亭剿灭海北纵队直属第三支队一大队一中队27名匪徒，缴获步枪4支、手枪2支。

10月，县公安局先后破获“国防部第二厅”海北策反大队特务组织，捕获组长戴玉贞等7人，收缴手枪3支；破获以谭锦棠、周海门、陈季子等为首的戡乱团特务组织，收缴手枪2支、子弹5发及证件等物；破获“国防部青年救国团”2个特务小组，捕获11名人员，收缴手枪4支。

11月14日，国民党飞机侵扰空袭平湖，群众逃往农村。驻军及公安人员加强巡查，维护社会治安秩序，保护群众财产。

## 1950年

2月23日，国民党飞机空袭平湖城区，造成1名解放军战士和1名居民死亡，1名居民受伤。

2月，县公安局在乍浦筹建成立全县首个公安派出所。

3月28日，县公安局经过周密侦察，捕获“青年救国军剿匪司令部”支队长潘健章。4月2日，又将大队长朱保其等10名匪特抓获，收缴证件等一批。

3月，县公安局在城区南河头49号设立俘管队。

5月10日，“东南人民反共救国军”海北纵队联络组成员翁天福，指使匪徒朱阿二、李阿大，用牛刀杀害新仓区广泗乡第11村农会主任范某某。

5月11日，剿匪部队捕获“东南人民反共救国军”苏浙边区指挥部直属沪杭行动总队独立大队大队长孙自康、副大队长陆志康、联络站第二分站站长周鸿鸣等人。

5月18日，旧警察吴某某勾结薛某某、杨某某，持枪到县城西大街张某某诊所，敲诈人民币45万元（旧币），薛、杨被抓获。

5月20日，12名武装匪特偷袭在新仓区赵家桥剿匪的县大队，打伤县大队战士3名，劫去左轮手枪1支。

5月27日，“东南人民反共救国军”海北纵队副司令谢友胜率武装匪徒20余人从黄姑水口海滩登陆平湖。

5月29日，剿匪部队捕获“苏浙人民反共救国军”自卫第一支队支队长谢凤其（又名谢凤玉、谢家华）。

5月30日夜，剿匪部队捕获“江苏省人民反共自卫救国军”第三纵队独立大队上尉行动组组长应乾康，中尉行动组组长沈桂泉、蔡中桂。

5月31日，剿匪部队捕获“东南人民共救国军”苏浙边区指挥部直属沪杭行动总队大队长刘剑雄、大队附张美仁（兼副官），第一中队长朱明康、二中队长田胡子、三中队长陈补林、三中队二分队长张明山、四中队沈有法、沈有良（又名沈引军）、士兵金祥荣、徐飞来。同日抓获总队长李剑英、副中队长金彪、南顾乡联络站站长兼组长郑金昌（又名郑志昂）。

5月，南下干部孙明成任平湖县人民政府公安局第一任局长。

6月8日，县公安局召开会议，决定将司法案件、公安事务分开处理，并建立公文档案。

6月12日，匪特李文昌的情报员李炳金混入村自卫队，在黄姑镇马家埭遇到该镇镇长宋喜柱，劫夺宋的手枪，并开枪射击（未击中），被闻声赶来的群众和当地驻军捕获。

6月13日，剿匪部队捕获“东南人民反共救国军”海北纵队少校联络组长、中校行动大队长李文昌等13名，收缴手枪1支、手榴弹1枚及电台等。

6月15日，县公安局党支部成立，由局长孙明成任书记，共有党员6人。

7月4日，县公安局召开城区9支民间消防队负责人会议，下午在城关镇中山公园举行消防演习。

7月，俘管队改名为劳动教养队，搬迁至桑园弄，后称劳动改造队。

8月7日，土改队捕获匪首谢友胜之婿张小弟，同时捕获的还有匪徒吴世广。

8月9日，县公安局召开首次全县各区公安员会议，部署农村“侦情”建设，反动党团登记、剿匪反特、保卫土改等各项工作。

8月13日，对匪徒李文昌、李炳金执行死刑。

8月26日，乍浦驻军演炮，山湾居民苗某某8个月的孙女被弹片击中致死，苗的胞弟苗某弟受伤。县公安局配合部队做好善后工作。

8月，县公安局破获新埭区地下反动组织，逮捕新埭区地下“区长”戈某某，收缴“区长”派令、长戳、印章。后又捕获区“指导员”“区干事”及埭乘、泖南两个“乡长”。

9月4日，对匪徒张美仁执行死刑。

10月6日，县人民法院成立，公安局长孙明成兼任院长。

10月15日，建立城关公安派出所，挂牌并发公告。

10月26日，平湖匪特首恶严聪明、汤孝弟、胡正华、孙阿金、朱阿余、朱才根、张国强等7人分别在平湖、新仓、乍浦三地被执行枪决，严等均系“东南人民反共救国军”海北纵队匪首黄八妹的亲信。

10月，浙江省人民政府公安厅边防保卫局乍浦分局（县级）成立，又称浙江省嘉兴区乍浦海防公安分局，首任副局长张鑫。

11月25日，举办平湖县思想改造训练班，对全县77名反动党团骨干、特务及军政主要人员集中教育，至12月24日结束。

11月，根据中央指示，在全县开展镇压反革命运动。

12月10日，县公安局在黄姑渡船桥乡教家浜捕获“东南人民反共救国军”海北纵队副司令谢友胜之子谢其荣，缴获手枪1支。

12月19日，平湖各界举行“抗美援朝、保家卫国”万人群众大会和游行，县公安局及驻军、县大队做好大会及游行保卫工作。

同日，县人民政府公安局在城关镇南门广场召开公审大会，对国民党平湖县县长范文治、县警察局刑警队长苏庭章等12名反革命分子进行公开审判，范文治、苏庭章被执行死刑，万余群众参加。

12月24日，县人民政府颁布《平湖县反动党团特务人员登记实施办法》，并建立登记处。从12月25日至次年1月7日，共有1036名反动党、团、特、军、政、警、宪人员前来登记。

## 1951年

1月17日，县公安局经过周密侦察，在全塘乡七村金某某家中，抓获“东南人民反共救国军”海北纵队副司令员谢友胜。

1月26日，吸毒、贩毒分子赵邠（平湖县汉塘镇人）被平湖县人民法院判处死刑，剥夺公权终身。5月29日执行枪决。

3月5日，城郊区马厩乡一村村民吕某某等人为判处死刑的吕关其鸣冤叫屈，煽动群众闹事，扬言劫刑场。县公安局逮捕吕某某等8人，平息群众骚乱。

5月13日，在押匪特胡某某等15人阴谋策划越狱，被看守干警及时发现，越狱未遂。

5月，根据中央指示开展清理“中层”“内层”工作，对全县党、政、群机关和中、小学校教职工分批集中于嘉兴地委干校，号召坦白交代，检举揭发，查清政治问题。

6月25日，县公安局在乍浦沿海加强警卫组织建设，至9月底，成立港口治安委员会9个，瞭望哨79个、盘查站150个。

7月21日，新埭区泖口乡乍乔村朱某某等5人，煽动群众捆绑干部，破坏参军，区委书记率武装平息事态。朱某某等5人被逮捕。

7月，平湖县委书记戴奎到县公安局检查指导剿匪工作，听取局长孙明成剿匪工作汇报。

8月12日，新仓区建新乡黄圩村张某某、姚某某等人煽动群众，破坏参军，张、姚2人被逮捕。

8月18日，强台风袭击平湖，海水倒灌，农作物被淹，公安干警与党政干部一起投入抗台救灾。

11月，在县级机关和国营企业中开展“三反”（反贪污、反浪费、反官僚主义）运动，至次年6月结束。

12月12日，城区光启中学教师张某某持刀砍伤校长、书记、事务主任、教师等4人，张被逮捕。

## 1952年

1月8日，省公安厅决定将区乡武装治安委员会改为治安保卫委员会，平湖遵照执行更改。

3月，平湖县公安队改编为中国人民解放军平湖县公安队，实行部队编制。

4月13日，县人民政府公安局在城关镇南门广场召开公审大会，匪首谢友胜被执行枪决，万余群众参加。

5月12日晚，中法药房老板毛某某、崔某某、奚某某3人对“五反”（反行贿、反偷税漏税、反盗窃国家财产、反偷工减料、反盗窃国家经济情报）运动不理解，同时服毒自杀。

5月28日，乍浦边防分局撤销。

8月13日，成立县禁毒委员会，开展禁毒工作。至10月17日结束，查获贩毒分子146人，逮捕处理毒贩36人，收缴毒品2.22千克、毒具124件。至此，县内基本禁绝烟毒祸害。

9月29日，县组建司法改革委员会，由县长任主任，县公安局局长、县法院院长为副主任，县委组织部、宣传部、文化馆和工、青、妇等部门负责人为委员。

10月31日，县人民政府发布《通告》，取缔一贯道、九宫道、同善社等反动会道门组织。

11月3日，开展中小道首登记。5日起，道徒退道。

## 1953年

1月6日，城关镇梯云桥小学六年级学生，得悉夏季高小毕业未能全部升入初中，甲、乙两班部分学生，进行罢课等活动。后学校配合家长制止闹事，平息事态。

2月5日，县人民政府公安局建立水上民主改革委员会，由公安局局长任主任，治安股股长、城关镇镇长任副主任，城工部部长、航务站站长、派出所所长、工会主任为委员，开展水上民主改革。

2月12日，平湖县边防治安委员会成立。由县委书记国静波任主任、公安八一团团长邱明月、县长李开元任副主任，县公安局局长孙明成等7人组成。沿海区、乡成立边防治安委员会，村成立治安小组。

3月，县公安局局长孙明成离职调训，5月调往省公安厅。

4月10日，成立城关镇水上派出所、乍浦镇水上派出所，同时撤销东湖派出所。

5月22日，刘德芳任第二任县公安局局长。

7月1日零时，开展第一次全国人口普查。

9月7日下午2时，乍浦兵痞李某某报复杀人，在大街上持刀追杀居委会干部李某某、章某某、丁某某、胡某某等人，砍伤2人，其中胡某某被砍成重伤，当天凶手被抓获归案。

9月11日，新埭区双桥乡扶行村夏家浜发生凶杀案，村民陈某某因索讨债款被顾某兴、顾某三等5人用木棍砸死，推入上海塘河中。5名凶犯被依法追究刑事责任。

## 1954年

5月，县公安局局长刘德芳调往省公安厅。

6月15日，县公安局设政治协理员办公室。

7月6日，各区公安助理员改为公安特派员，属公安局编制。

7月26日深夜，在城郊区新桥乡吴家门农民吴某三、横河村施某某（吴、施2人均系洋山回来的匪徒）等人煽动下，200余名群众到乡政府，以要求发放购粮证为名，围攻殴打乡干部。根据县委指示，县公安局协理员李胜功、城郊区指导员王立志和公安队队长翟尚宽带领6名武装人员，连夜赶赴乡政府，平息事态。后将组织策划闹事者吴某三、施某某、吴某宝、金某某、富某某、吴某清逮捕。

9月，县劳动改造队撤销。

11月18—20日，全县第一次治保干部会议召开，出席代表65人。会议总结5年来治安保卫工作，明确过渡时期工作的方针和任务，部署下阶段的治保工作。

## 1955年

4月24日，县人民政府任命高传功为县公安局第三任局长。

5月25日，中共平湖县委批转政法党组关于农村治安保卫工作意见，成立城郊、黄山、新仓、新埭4个政法小组，以掌握对粮食统购统销、农村互助合作化运动中的社会动态，打击现行破坏活动。

7月23—30日，根据国务院《关于专、县公安部队改编为人民武装警察的命令》及省公安厅《关于专、县公安部队改编为人民武装警察的指示》，县公安部队集体转业，移交县政府公安部门，改编为人民武装警察。8月1日起，改称为中国人民武装警察部队平湖县警察队，属公安建制，实行薪金制。

8月31日，全县开展集中搜捕，参战干警139人，共搜捕违法犯罪人员61人。

9月6日，召开全县第二次治安模范代表会，出席代表92人，评选出县治安模范9人、省模范代表1人。

9月18日，县委统一抽调公安、民政、宣传、统战、团委等有关部门组成突击队，分赴主要乡镇开展宗教界肃清反革命运动。

11月25日，县公安局捕获隐藏在家中地洞内达5年之久的民国政府新仓镇镇长张春鹏。

同日，抓获民国政府东泗乡乡长（匪首黄八妹下属的第七大队副大队长）刘照根。

11月30日，根据平湖县第一届人民代表大会第三次会议决定，县人民政府改称县人民委员会，县人民政府公安局改称县公安局。

## 1956年

3月，全县开展对地主、富农、反革命分子规划入社改造。

4月10日，县公安局成立刑事侦察小组，副局长顾阿掌分管，祝德新任组长，有组员4人。

7月31日至8月2日，强台风袭击平湖，风力达11级，倒塌房屋9225间，伤125人，冲毁海塘3处，公安干警和党政干部一起分赴重点地区，投入抗台救灾。

7月，根据中央指示，开展大规模的内部肃反运动，至1959年1月结束。

12月，自开展向残余的反革命和刑事犯罪分子的政治攻势以来，全县有356名各类人员向公安部门投案自首。

## 1957年

1月24日，成立平湖县消防委员会，治安股股长高庆科任主任，城关镇义务消防会陈加生等3人为副主任。

1月25日，县人民委员会任命冯峰为县公安局局长。

5月29日，县公安局破获预谋盗窃枪支、抢劫信用社的盗窃团伙案，逮捕顾某某等2人。

8月31日晚上，平湖县电影放映队在新埭镇放映电影，因机器故障未能及时放映，引起观众不满，发生争吵和殴斗，经乡镇干部劝解平息。

10月23日，县公安局破获反革命组织“中国民主联合党”，捕获陆某某等6名犯罪分子，缴获入党志愿书及印章等物。

12月24日，县公安局破获反革命组织“反共救国军”，胡某某等7名犯罪分子全部捕获。

## 1958年

3月18日，上海内河航运公司船队开往海盐，途经甪平申航道泗顾桥时，撞向桥墩而发生船只倾翻，600包肥田粉沉入河中，经济损失1万余元。

3月，城北乡放生村惯窃犯纪阿五被平湖县人民法院判处死刑，执行枪决。

4月11日中午，中共中央副主席朱德到乍浦沿海视察，县公安局局长冯峰、副局长施来昌率干警参加警卫。

4月17日，召开全县政法积极分子会议，贯彻省委政法会议精神，掀起政法工作大跃进，部署开展安全运动，彻底铲除治安“七害”（残余反革命、反革命破坏、盗窃分子、火灾、赌博、流氓阿飞、巫婆神汉），实现安全县。

9月1日下午，乍浦各界集会，举行“拥护周总理声明，抗议美军武力威胁”示威游行。大桥乡地主分子陈某某在大街上用雷管引爆，3名群众被炸伤。

10月27日，全县开展第一次打击现行破坏战役，民兵基层干部900多人、驻军30多人及部分公社脱产干部共1000多人参加，共逮捕犯罪分子139人。

11月20日，全县开展第二次打击现行破坏的战役，共逮捕犯罪分子160人。

11月25日，西塘公社（原属平湖）粮仓建筑工地发生塌墙事件，压伤建筑工人10人，其中2人重伤，事故原因为工程质量引起。

11月26日，根据中央“有事办政法，无事办生产”的方针，县公安局办起砖窑厂、机械修配厂，种试验田6亩，建小高炉4只。

12月15日上午，中共中央副主席陈云在省委书记江华陪同下到乍浦视察，会见县委副书记唐彦彬，乍浦公社党委副书记俞寿根。县公安局局长冯峰、副局长施来昌率干警参加警卫。

## 1959年

1月9日，经县人民委员会批准建立县教养队。

1月27日，在海宁召开的嘉兴地区政法会议上，平湖、桐乡、海宁县被评为优胜县。

1月28日，西塘公社（原属平湖）炸药厂发生爆炸，死2人，重伤9人，炸毁楼房6间及家具等物。

6月13日晚，胜利供销社畜牧场因用火不慎，发生火灾，烧毁草屋29间，烧死猪91只，损失7540元。

9月29日，举办新中国成立10周年政法展览，参观群众达2.7万余人。

9月，县教养队撤销。11日，新生总厂撤销，清理在押人员。

10月29日晚，嘉航平湖营业站509号轮，在吉方桥下检修，因桥面石折断倒塌，砸死2人，砸伤3人，船体也遭损坏。

## 1960年

1月29日晚，前港公社前进一队耕牛场，用火不慎引起火灾，烧死耕牛16头，烧毁房屋3间，经济损失8871元。

6月19日，县公安局在平湖淡水养鱼场举办集训班，查清水上盗窃案件，捕办处理一批盗窃分子，收缴一批赃款赃物。

7月2日，平湖针织厂化工皂素车间，因职工操作不慎，使石油醚流入沸水锅，引起火灾，致5人重伤、6人轻伤，经济损失9000余元。

## 1961年

2月，县委成立精简职工压缩城镇人口整编领导小组，动员城镇居民下放农村，支援农业第一线。

11月29日，全塘公社渔业队22名社员到达岸岛砍柴，遇天下雨，其中11人乘舢板返回到木帆船避雨，途中因船小人多浪大，舢板沉没，11人全部落水，其中8人死亡。

7月10日，新埭镇居民311人食用新埭食品转运站加工的不洁猪肉中毒，其中44人较为严重，经抢救全部脱险。

12月6日，经县人民委员会批准，增设黄山、新仓、新埭、城郊4个派出所。

## 1962年

1月22日，省公安厅向全省批转平湖县新埭公社平南大队制止赌博的经验报告。

2月5—9日，举办全县政法展览，1.9万余名群众参观。

6月，县公安局破获张某某、朱某某等为首的企图偷越国境案，张某某在广州被抓获归案。

7月29日，根据“有反必肃，有错必纠”的精神，成立县清案领导小组及办公室，对4年来所办案件全面复查。

8月20日，平湖第三中学（乍浦中学）参加夏令营活动的79名师生，因食变质海虾引起食物中毒，抢救及时未发生人员死亡。

12月6日，全塘公社金桥信用社保险箱被盗窃分子撬开，盗去现金1800元。县公安局当天破获，追回赃款。

12月17日，乍浦棉花加工厂动力车间，因漏油发生火灾，烧毁房间6间及发电机、电瓶、机柴油等物，经济损失7901元。

12月1日夜，看守所暂押的沈某某（女），因入监时检查不严，导致其用裤子带自缢身亡。

## 1963年

4月30日，县公安局破获“新党反2号”反革命组织，缴获了一批罪证，杭某某等3名犯罪分子被依法逮捕。

10月22日，新仓镇文化馆在修建房屋时发生倒塌事件，受伤6人，重伤5人。

## 1964年

3月2日傍晚5时，秀溪公社抽水机站站长曹某某在秀溪坍牌楼新开河港河段检查一艘上海南汇籍贩运大米船时，被船主范良才（上海市松江县人）推入河中溺死。凶手范良才在逃跑时被当地群众发觉，抓获归案。后范良才被判处死刑，于12月31日执行枪决。

4月1日晚8时，港中公社谢张大队发生凶杀案，死者为金山吕巷公社许某某。经公安机关侦查于4日将凶手孙顺法抓获归案。后孙顺法被判处死刑，缓期二年执行。

7月1日零时，开展第二次全国人口普查。

## 1965年

6月29日凌晨2时，黄山公社长桥大队5队林某某报复杀人，杀死生产队长时某某（女）及社员胡某某（女），致杨某某（女）重伤，后林某某投河自杀。

8月6日晚7时，林埭虹霓合作商店刑满释放人员屈永康报复杀人，将店经理朱某某拖入河中淹死。后屈永康被判处死刑。

9月23日，中共浙江省委批转平湖、长兴两县贯彻执行依靠群众专政的调查报告，肯定了平湖县依靠党的领导，依靠群众，充分发挥群众性的治保、调解等组织作用，监督、教育、改造“四类分子”，调解处理人民内部矛盾，专政工作加强了，社会治安情况比较好，政法部门的工作也比较主动。

11月3日，中共嘉兴地委办公室转发《关于黄姑公社依靠群众专政、依靠群众办案的调查报告》至全地区公社党委，黄姑经验在嘉兴地区全面推广。

## 1966年

1月21日，城关派出所破获诈骗案，作案者徐某某（系杭州供电局线路工）被抓获，缴获现金1700元、自行车1辆及半导体收音机等。当日由杭州市供电局保卫科将徐某某提回处理。

3月15日，中共浙江省萧山社教工作团第一分团委员会（即平湖社教工作团）批转县公安局、县法院《关于在社教运动中整顿治保、调解两个组织的报告》。

3月20日，县人民委员会下发《关于撤并公安派出所，调整管辖范围的通知》，撤销黄山派出所，派出所个数减少至5个。

6月21日，城关镇施家坟发生凶杀案，孙阿金（胜利公社利民大队人）用水果刀捅死情妇鲁某某（白马公社金星大队人），凶犯孙阿金被群众当场抓获，扭送至城关派出所。后孙阿金被判处死刑，于1968年1月23日执行枪决。

7月7日，黄姑公社民丰大队12队社员胡某某行凶杀人，用镰刀砍死高某某，砍伤杨某某（女）后，自杀身亡。

9月2日，新仓公社和平大队“红卫兵”到荷花池生产队陈某某家造反搜家，从陈家屋梁上搜得快机（手枪）1支、子弹12发。次日，又在陈家附近河滩挖出3号木壳枪1支。

## 1967年

1月25日晚，县公安局造反派联合检察院、法院造反派，非法接管公、检、法三机关。

4月30日，胜利公社安浜卫生分诊所女护士吴某某与部队卫生员方某某通奸殉情，方某某开枪杀死情妇吴某某后自杀身亡。

8月31日，南桥公社有30个生产队施农药除虫，因违反操作规定，致使78名社员中毒，其中轻微55人、较重19人、死亡4人。

## 1968年

2月7日零时30分，县公、检、法三机关遭到200名造反派打砸抢，被砸办公室13间，档案、公文橱20只，办公桌21只，保险箱1只。被劫走在押刑事犯罪人员档案及人民来信、空白户口迁移证、飞行员政审绝密文件、干警笔记本等涉密资料一批。

4月13日，根据《关于公安机关实行军事管制的决定》，由六二八四部队姜其月、县人武部部起则等10人组成的中国人民解放军平湖县公安机关军事管制组，接管公安、检察、法院三机关。

7月20日，“两派”造反组织在南门发生武斗事件，双方用土枪、土炮，开枪对射，有人员伤亡。

8月10日上午8时，城关镇徐某某伙同赵某某、叶某某等3人利用派性，将饮服合作商店职工阮某某殴打致死。徐、赵、叶等3人均被逮捕，后徐因病保外就医死亡未追刑，赵、叶均被追究刑事责任。

10月19日，县公安机关军管组破获一起与台湾敌特机关挂钩联络信案件，抓获作案者陈某某。

10月28日，由县公安机关军管组决定，原平湖县公、检、法干警实行“三脱离”（脱离城市、脱离机关、脱离家庭），集中到平湖师范参加“清理阶级队伍”学习班。

11月7日，县革命委员会成立，取代中共平湖县委和县人民委员会。同时建立县革命委员会人民保卫组（以下简称人保组），取代公安、检察、法院职能，由县革会副主任（县公安机关军管组组长）姜其月兼任人民保卫组组长，实行两块牌子，一套班子。

## 1969年

8月29日，胜利公社广播站部队转业干部金某某在大南门桥上被上港二区陈某某驾驶的货车撞伤，坠河致死。

11月14日，省革命委员会人民保卫组转发《平湖县新埭镇革命委员会狠抓阶级斗争，充分发动群众，加强无产阶级专政的总结》，简称“三靠一办”（靠毛泽东思想、靠革委会一元化领导、靠广大人民群众，办毛泽东思想学习班）。

## 1970年

1月7日至5月14日，大桥、白马、前港、林埭、曹桥等地连续发生抢劫下伸店系列案件，县军管组组织力量开展侦查。10月10日破案，抓获抢劫团伙成员沈某某等4人。

2月3日，全县23个社镇组织干部群众8320人，设水陆卡374处，进行清查行动，清查各类违法犯罪人员154人。

3月，共建、徐埭公社先行恢复重建基层治保组织。至6月，全县全部恢复重建治保组织，撤销原社镇及县属企业革命委员会人民保卫组。

4月8日，根据县革命委员会指示，撤销县群众专政指挥部。

7月7日至10月6日，县公安机关毛泽东思想宣传队进驻黄姑公社新桥、陆沼、运港3个大队，调查纠正“文化大革命”前期的3起冤假错案。

7月8日晚，新仓公社五星大队刘某某及其3个儿子、刘母一家5口，被前夫徐某某杀害。徐作案后写有遗书，自己上吊自杀，原因为刘与徐离婚后，徐怀恨在心，遂灭绝刘全家。

## 1971年

1月18日，嘉兴地区党的核心小组决定任命六二八四部队陈永铭为平湖县人民保卫组组长，毕家俭为副组长，县人武部武善庆，地方干部张兴华、王元积为副组长。

2月5日，白马公社红建大队畜牧场，被胡某某纵火烧毁草屋18间，烧死肉猪20头及黄豆、柴草等，经济损失5140元。

6月3日，县军管组侦破与敌特机关挂钩联络信案件一起，抓获海盐县海塘公社海塘大队社员周某某。周曾3次到平湖城关镇投寄挂钩信件。

12月1日，恢复社镇一级革命委员会人民保卫组。

## 1972年

7月14日，乍浦拆船工地职工因违反操作规定，致使在拆的万吨货轮起火，烧毁全部驾驶室及雷达设备，经济损失5万余元。

9月23日上午9时，在城关镇南门广场召开万人大会，判决一批犯罪分子，全县各公社、生产队均派代表参加。

## 1973年

2月15日，县公安局恢复，并启用新印章。下设政保、治保、检察、预审、秘书、看守等6个股及城关、乍浦、新埭等3个派出所。

2月24日，王某某驾驶的西渡至乍浦线客车，在全塘金桥附近翻倒，驾驶员死亡，旅客中2人重伤，24 人轻伤。

4 月 18 日，施来昌任县公安局局长。

5 月 29 日，南桥公社南阳大队与上海市金山县廊下公社中丰大队交界处的泖口塘河中发现一具中度腐烂的男性尸体。经现场勘查，死者为南阳大队下乡知青陆某某。6 月 20 日破案，抓获凶手邵金锁。后邵被判处死刑，执行枪决。

5 月 15 日，建立县公安局专职消防队。

7 月 17 日下午 4 时许，徐埭公社红卫大队社员徐菊田因侮辱下乡女知青杜某某遭拒，便怀恨在心，趁杜在河埠淘米不备之际，用七齿鱼叉向杜背部、头部、臂部连续猛刺，幸被群众闻讯赶到，夺下凶器，杜才得救，致杜重伤。10 月 15 日，徐菊田以反革命报复杀人罪判处死刑，执行枪决（1980 年 12 月 27 日经嘉兴地区中级人民法院复查，改定被告徐菊田杀人罪，原判刑罚不变）。

12 月 4—8 日，县公安局恢复后首次全县治保工作会议在县革命委员会招待所召开。

## 1974 年

1 月 4 日，县公安局消防队实行义务兵役制，首批 10 名义务制消防兵入驻平湖。

10 月 26 日，省公安厅批准平湖新建金丝娘桥派出所，定员 7 人，以配合做好上海石化地区社会治安工作。

## 1975 年

1 月 29 日凌晨 1 时，平湖袜厂化纤前纺车间，因漏电起火发生火灾，经济损失 3 万余元，参加灭火的一名消防战士受伤。

2 月 1 日，金丝娘桥派出所正式对外办公。

3 月 21 日，曹桥公社东方红大队第 11 生产队牧场，因乱丢烟蒂引起火灾，烧毁房屋 10 间，烧死耕牛 1 头，烧死、烧伤母猪 28 头，经济损失 5000 元。

5 月 6 日凌晨，城关镇一名 7 岁幼女被犯罪分子强奸后杀死在西小街方桥头甘弄一女厕所内。

9 月 9 日，根据中央指示对在押的原国民党县、团以上党、政、军、特人员一律释放。12 月前后姚宝兴、吴羽军、王澍、倪坤秀、杨士忠等 5 人先后释放回平湖，由当地政府安置。

9 月 20—25 日，根据华东地区六省一市协作会议决定，开展打击流窜犯罪清查行动，共组织 6900 多人次，设水陆卡点 480 处，审查违法犯罪人员 44 人，破获刑事案件 20 起，收缴赃物一批。

10 月 14—16 日，开展打击流窜犯罪“杀回马枪”统一行动，共组织 4980 人次，设水陆卡点 372 处，审查违法犯罪人员 32 人，破案件 25 起，收缴赃款赃物一批。

12 月 11 日，平湖县成立由县委副书记王庭珍为组长、县公安局局长施来昌为副组长的县公安中队改编工作领导小组。

12 月 20—22 日，开展元旦春节前集中清查行动，共组织 5180 人次，设水陆卡 472 处，审查违法犯罪人员 6 人，破获扒窃案件 8 起。

## 1976 年

1 月 11 日，按国务院规定，全国县（市）公安中队移交公安机关建制领导。1 月 19 日，县公安中队改编为平湖县公安局武警中队，并启用新印章。

1 月 19—21 日，全县开展打击流窜犯罪清查行动，共组织 4048 人次，设水陆卡 325 处，清查重点户口 8 户，检查船只 360 余艘，查获违法犯罪人员 13 人，破刑事案件 11 起。

5 月 25 日，县防疫站救护车由杭州返回平湖途中，在胜利公社安浜翻车，车内 5 人中死亡 1 人，车辆报废。

6 月 17 日，曹桥公社人民大队严家门小队摆渡船因超载沉没，船上 24 名学生落水，其中 2 名女学生溺水死亡。

8 月 11 日凌晨，家住城关镇县后底一名女精神病患者半夜外出遭遇歹徒强奸并抢劫手表一块。城关派出所经过 5 天 2 夜侦查，破获此案，抓获犯罪嫌疑人韩某某（聋哑人）。

9 月 9 日，毛泽东主席逝世，全县人民怀着极其悲痛的心情，举行各种哀悼活动，停止一切娱乐，机关下半旗志哀。18 日下午，全县各界干部群众在城关镇南门广场举行毛泽东主席追悼大会，县公安局全体干警全副武装佩枪参加会场安全保卫工作。

10月中旬，粉碎江青反革命集团的消息传来，城乡一片欢腾，群众自发游行，全局上下相互转告，热烈庆祝粉碎江青反革命集团的伟大胜利。

10月下旬，县公安局召开全局干警大会，学习中央文件，揭批江青反革命集团篡党夺权，破坏公、检、法的罪行。

## 1977年

2月14日晚，全塘公社建中大队窑厂窑工倪四余采用电击方法将烧窑师傅沈某某（浙江嘉善人）杀害，劫走现金120元、进口手表1块和香烟6条等物。3月3日，凶犯倪四余抓获归案。后倪四余被判处死刑。

4月20—23日，全县开展水陆治安清查，组织5522名人员，设卡344个，查获违法犯罪人员36人。

## 1978年

1月20日晚9点52分，平湖橡胶一厂脱硫罐发生爆炸，5名工人被炸死。事故原因为脱硫罐盖20只千斤螺丝，工人擅自减少10只，超负荷以致螺丝断裂，有关责任人处以刑事或行政处罚。

5月13日，城北公社革命大队城关下放女知识青年潘某与同队农民顾某某用电线捆绑一起，投河自杀身亡。

5月23—24日，召开全局干警总结评比会。城关派出所被评为先进集体，袁守之等5名民警被评为先进个人，15名干警受到表扬。推选城关派出所所长韩锦忠、治安股民警袁守之及武警中队民警徐明泉，出席省公安司法先进表彰大会。

7月，根据中央文件精神，县公安局在县委的领导下，组织专门班子，复查清理历次运动特别是“文化大革命”期间由公安机关处理的政治、刑事案件，开展平反冤、假、错案工作。

8月10日，县公安局召开落实干部政策大会，县委常委兼公安局局长、支部书记施来昌宣布，推倒江青反革命集团强加于广大公安干警的污蔑不实之词，撤销对吕某某、郭某某两人的错误处理结论，否定曹某某的历史问题结论。

9月27日至11月15日，县公安局根据省、地区公安处指示，开展对全县“四类分子”年度评审工作。通过群众评议，报经县革命委员会批准，有1035名“四类分子”宣布摘帽。

10月12日，县人民法院、县公安局、城关镇革命委员会在工人俱乐部礼堂联合召开揭批江青反革命集团落实政策大会，为遭受迫害的陆某某、吴某某等人平反。

11月20日，县公安局副局长王元积带领工作组到黄姑公社复查案件，召开2000余人的平反大会，纠正“文化大革命”期间14起冤假错案，为454名受害者平反昭雪。

## 1979年

1月12日，中央作出关于地主富农分子摘帽决定。自2月中旬至4月5日，通过群众评议，报经县革命委员会批准，有1978名“四类分子”宣布摘帽，并对已摘帽的地、富子女一律按照他们当时的职业改变成分。

1月20日晚上6时40分，南桥公社长新大队机手陈某某驾驶8吨挂桨船，从金山装氨水返回，船上搭客5人，在尖刀汇解缆放农船时，与另一船发生碰撞，当场沉没，船上7人全部落水，4人泅水上岸，3人死亡。

同日夜8时，新埭农机厂7吨挂桨船，从金山装5吨钢管返厂，在途经上海塘大悲渡转弯时，船失重心，翻船，8人全部落水，幸有绍兴运输船经过，奋力抢救，救起6人，2人死亡。

3月26日，县公安局接一捕鱼者报案称，在平湖与金山交界白泾河发现尸块。经现场勘查，死者为新庙公社跃进大队扎布箔竹丝匠。7月6日破案，抓获凶手王金法。后王被判处死刑，执行枪决。

4月24日，公安部副部长于桑到县公安局视察，听取公安工作汇报及干警政治、经济待遇和着装等意见。

8月20日起，县公安、粮食部门组织工作班子，办理部分下放人员户粮回收工作，历时6

个月，共回收下放人员602户，1038人。

10月10日，建立中共平湖县公安局党组。

10月中旬，县公安局开始对“文化大革命”十年中的拘留、戴帽、定性三种案件427人，进行复查，查明冤假错案97人（其中政治性案件84人，刑事案件13人），占总人数22.7%。

## 1980年

1月20—25日，召开全县治保干部代表大会，出席574人，交流经验，表彰先进集体32个，先进工作者78人，部署全年公安保卫工作。

6月21日夜12时，黄山公社王家大队民兵武器库被盗制式手榴弹7枚。

6月25日夜12时，城北公社三港大队武装民兵值班室遭犯罪分子袭击，投掷3枚制式手榴弹，因手榴弹在室外爆炸，故无人员伤亡。

8月2日，乍浦中学因电器短路引发火灾，烧毁楼房3间及家具等，经济损失1.5万余元。

## 1981年

1月13日晚上6时40分，看守所在押人员许某某、俞某某越狱逃跑，当夜捕获。追捕过程中，水上派出所副所长张仁根，被武警战士误击致腿脚受伤。

3月18日晚8时30分许，城关镇一女青年在东湖电影院女厕所内，遭到一歹徒持刀威胁，剥下裤子，强行侮辱，并击昏倒地，满头是血。经医生检查，该女青年头部左侧太阳穴、左眼上睑、颈部等多处出现裂口出血。

4月10日，全县复查纠正113名错划右派，占错划右派总数97.4%。

8月24日，县公安局在平湖剧场召开“整顿社会治安打击刑事犯罪活动”大会，公开宣布逮捕20人、拘留1人。

8月31日中午，上海旅客瞿某某违章携带违禁品，在乍浦车站候车时，火药瓶落地爆炸，炸伤其本人及相邻旅客5人。

10月5日，城关镇五金厂自制气化炉爆炸，死3人，重伤致残1人，轻伤4人。

12月20—22日，县公安局召开全县消防工作会议，城关镇政府领导及各义务消防队负责人、保险公司代表出席。城关镇16支义务消防队，进行灭火演练，县消防中队还做了油类起火的扑救演练。

12月22—24日，县公安局组织开展以城关镇为重点的社会治安清查，共有3170人参加，审查各种对象66人，破获刑事案件13起，缴获赃物一批。

## 1982年

3月15日，钟埭公社综合商店职工部某某，为求得恢复与女友的恋爱关系，遭女方拒绝后，即去女方工作单位绣衣厂，用双手卡女友颈部，使其致窒息死亡，作案后投案自首。

4月19日，黄山公社农民马某某搞迷信“赶鬼治病”，将岔路桥9队农民王某某捆绑达1天，折磨致死。

7月1日零时，开展第三次全国人口普查。

8月24日，县公安局破获重大盗窃票证案件一起。城北粮管所职工周某某多次利用销毁票证方便，盗窃离根的粮票18500千克和饲料票11400千克，调成通用粮票和饲料票出售，销赃中被抓获。

8月27日，驻乍浦海军三七八四部队警卫通信班宿舍一支“54式”手枪被盗。9月4日破案，抓获作案者方某。

9月25日深夜，平湖地毯厂一女工中班返家行至林埭虹霓途中，被2名歹徒劫持到竹园内强奸。县公安局经7天侦查，抓获案犯包某某、刘某某2人。

10月25日，乍浦镇西河滩下埭2号居民因用火不慎，烧毁5开间两层楼房和披屋258平方米及现金、家具等，经济损失1.89万元。

## 1983年

1月8日下午，城北公社双桥大队6队一女青年（系癫痫病患者）在徐埭公社齐心大队6队大港北圩遭齐心大队3队沈某某强奸，沈某某被依法追究刑事责任。

1月29日，平湖标准件厂临时工郑某到胜

利公社钱家大队第15生产队前女友家，将前女友戳死后自杀身亡。

4月7—13日，全省刑事侦察工作会议在平湖二轻总公司会议室召开，县公安局副局长祝德新介绍平湖刑侦工作经验。

5月9日，平湖模具厂职工邱某某因其胞姐与公婆家关系不和，为泄私愤，闯入其姐公婆家，将其姐的婆婆杀死，公公砍成重伤。

5月25日下午，林埭公社共和大队一儿童在麦秆草堆旁玩火，引起火灾，烧毁麦秆草1250千克，玩火者及另外2名儿童被烧死。

6月30日晚，城关镇针织内衣厂2名女工下班回家途经角棉巾桥时被抢去手表2块，尼龙伞1把。后在“严打”斗争中抓获犯罪嫌疑人王某某等3人，均被依法追究刑事责任。

6月，县公安局根据上级公安机关的统一部署，开展取缔“呼喊派”反动组织。

8月22日凌晨，全县开展严厉打击严重刑事犯罪第一战役第一仗集中收捕行动，驻平部队配合参加，首次集中收捕刑事犯罪分子94人。严打斗争历时3年，共集中收捕各种刑事犯罪分子744人。

8月，县公安局成功摧毁城关镇以王某某和王某为首的2个流氓团伙，30名涉案人员被依法追究刑事责任，其中3人被判处无期徒刑。

12月，城关镇最后1名坏分子通过年终评审宣布摘帽，监督改造“四类分子”工作完成历史任务。

## 1984年

1月1日深夜，城关镇玻璃纤维厂财务室保险箱被盗（整箱），内有现金7215.75元，银行存折2146.10元，国库款3000元，粮票950斤。县公安局经20天侦查，抓获作案者叶某某，缴获全部赃款赃物。叶被判处无期徒刑，剥夺政治权利终身。

1月29日晚，全塘乡南星村农民顾某某因玩弄邻居家幼女遭指责，后在家中服农药自杀身亡。2月25日，其父及4个哥哥冲到被害者家，将家中东西打砸一光。

2月16日晚，平湖县举办首次闹元宵舞龙表演，观众达5万～6万之多，县公安局动用全局警力参与现场秩序维护，确保舞龙表演顺利进行。

同日晚，城关镇西门外油车埭20号陈某某（女，44岁）及其女儿郑某某（11岁）被犯罪分子勒颈致死，尸体被藏匿于家中卧室床底下。17日傍晚，周围邻居发现向公安机关报案。

2月28日下午4时，全塘乡建中村蔡某某家即将竣工的3开间两层楼房在纠偏墙体时突然倒塌，当场压死1人、重伤18人、轻伤3人。

4月19日早晨，上海籍犯罪分子万震亚持弹簧刀闯入黄姑信用社独山分社抢劫，出纳盛莲娣及会计陶宏伟和闻讯赶到的村民宋补荣一起同罪犯搏斗，均被刺伤。后在独山驻军的协助下，将万震亚抓获。万被判处死刑。

4月，县公安局专线电话开通。10月下旬设电话总机。

5月23日夜，新埭乡北堰村有赌博恶习的钱某某不听恋爱对象陆某某的规劝，女方及其父母提出中断关系。钱怀恨报复，守候在陆某某家附近，当陆回家时将其刺死，钱服农药自杀。

6月16日，新埭乡大隆村精神病患者郭某某用铁耙将胞兄砸成重伤，生母被砸死。

7月10日下午5时，新埭下坊渡口附近，平湖磷肥厂实习驾驶员违章超越前方船只，操舵失灵，撞翻扒螺蛳船，船内毛某某（女）及4岁小孩落水淹死。

9月24日，全塘镇星华村粮食加工厂因职工乱丢烟蒂发生重大火灾，烧毁主厂房1幢及全部生产设备，经济损失5.5万元。

10月28日，黄姑镇新桥村服装厂因烟蒂引起火灾，烧毁厂房7间、缝纫机17台及服装原料等一大批物资，经济损失9万余元。

11月3日，建立中共平湖县公安局委员会。

## 1985年

2月4日，县公安局信访室被评为1984年度全省公安系统信访先进集体，信访室干部马平被评为全省公安系统信访工作先进个人。

2月20日至5月24日，县公安局与宣传部、政法委、检察院、法院、司法局等11个单位，联合举办“打击刑事犯罪活动展览”，参观人数达8.2万余人次。

3月4日，曹桥乡陈家浜村村委会主任陈某某等人，私设公堂，刑讯逼供，吊打一盗窃嫌疑人员致死。陈某某等5人被依法追究刑事责任。

4月8—9日夜，城关镇胡某等人结伙他人两次到林埭虹霓镇打砸闹事。正逢省公安厅厅长张秀夫在县公安局视察，得悉此情况，指示严肃处理。10日中午，胡某等21名涉案人员被收容审查。经审理，对涉案人员胡某等4人逮捕判刑，3人送劳动教养。

6月9日，秀溪乡七星村村民王某某被杀死于水田中。经县公安局侦查，此案系因三角恋爱引发的凶杀案。作案后，凶手钟卫良与王某某女友吴某某一起潜逃。3天后，钟、吴被抓获归案。后钟卫良被判处死刑。

6月14日，林埭镇开丰村女青年李某某被杀。7月14日破案，抓获凶手刘月良。县公安局刑侦队获集体三等功。后刘月良被判处死刑。

6月19日晚9时50分，胜利乡丝织厂一名女工下班回家，途经百步桥平湖煤球厂处遇一歹徒追赶，将其掀倒在百步桥南埆东侧稻田里，采用卡颈部等手段，实施暴力强奸。

6月，全塘镇等13个乡镇派出所和白马乡等7个民警值勤室相继建立，共招聘合同制民警93人。乡镇派出所和民警值勤室受当地政府和县公安局双重领导。

9月，县公安局交通中队成立，属地方事业编制。

10月29日晚，黄姑镇服装总厂一女工在下班回家途中遭犯罪分子强奸，并抢走手表1块和手电筒1个。公安机关仅用6小时破案，抓获犯罪分子倪某某。

11月14日晚，瓦山乡西门村服装厂发生火灾，烧毁设备及服装价值2.6万元，2名值班女工烧成重伤。

## 1986年

1月6日，乍浦林场发生火灾，烧毁树木3900余棵，损失1.17万元。

1月18日，新埭镇后新街43号居民家因漏电引起火灾，烧毁房屋450平方米及大批家具物资，经济损失5万余元。

2月7日，城关镇玻璃纤维厂附近居民燃放烟花，火星落入该厂木堆，引发火灾，烧毁机器设备及胶合板、木板等，经济损失3.41万元。

2月27日，乍浦家具厂因乱丢烟蒂发生火灾，烧毁仓库、车间750平方米，成品家具304件，木材29立方米及机器设备，经济损失9.56万元。

6月5日，城关平湖电器厂因排风箱内积聚物油漆受高温引起燃烧，烧毁成品半成品日光灯镇流器7000只、烘箱2只、油漆500余千克及厂房93平方米，经济损失4.29万余元。

8月31日深夜，新庙乡海沙村发生入室强奸、抢劫案，被害者手脚被捆绑后用床单蒙住全身，并劫走现金500元。9月2日破案，抓获犯罪分子孙某某。

9月30日，县公安局结束历时8年多的案件复查工作。共复查“文化大革命”前办理至今仍在申诉、“文化大革命”中和“文化大革命”后办理案件274件，涉案712人，平反纠正198件、636人，对冤假错案及涉案人员做好善后工作。

10月4日晚上，下肢残疾的张某某伙同聋哑人吴某某，将黄山乡刘家村村民刘某某，以有香烟出售为名诱骗至陈山村小平山，将刘砍成重伤。作案后潜逃。不到24小时，两凶犯被公安机关抓获归案。

## 1987年

4月8日，沪浙五县第二次水上联防会议在平湖召开，上海市航运公安局，金山、青浦、松江、嘉善、平湖等县局领导及水上派出所负责人参加。

8月16日，县看守所7号监房在押人员蒋某等3人撬开监房门，逃出监房，在围墙内徘徊，被执勤的武警发现，逃跑未遂。

8月21日，县公安局刑侦队在杭州仙洲旅社抓获平湖第一大盗高某某，破获城北、胜利、徐埭三乡盗窃案件8起，案值近万元。

9月23日，县公安局建立工会组织。

11月19日，全县民用枪支全面清理结束，对全县2088支枪支进行验枪验证，发现无证枪支338支，报废281支，土制火药枪217支。

## 1988年

1月15日下午，城关镇环城北路政法宿舍301室发生盗窃案，犯罪分子盗走“54”式手枪1支、子弹12发、现金2600元。县公安局经过1年多的侦查，于1989年4月5日破案，作案者系上海川沙籍犯罪分子张若飞。

1月23日，平湖地毯厂墙纸车间PVC墙纸生产烘箱爆炸，引发火灾，经济损失3.17万元。

4月5日，乍浦汽车站正在修理中的汽车起火，引起火灾，烧毁1辆通道客车，烧坏停在附近2辆客车的部分车厢和窗户，经济损失1万元。

5月6日，钟埭镇永丰村村民张某某与妻关系不和，用锄头将其妻砸死后，自己服毒自杀。

5月22日，全塘乡穗轮村一名孕妇在该镇南星村生塘桥附近油菜田遭一歹徒强奸，并抢去现金30多元。案发后，县公安局经过半月侦查破案，抓获犯罪嫌疑人胡某某。

7月20日，县长陆林根、县委副书记寿焕根，人大常委会主任姜浩发等，携饮料等物品慰问高温下执勤的交警。

7月23日，平湖县保安服务公司成立。

8月21日凌晨，城北乡邵家村1组村民陆某某乘上海夜班客轮返家途中，被犯罪分子枪杀于平钟公路福臻村俞家浜的路旁水沟里。1989年4月5日破案，作案者系上海川沙籍犯罪分子张若飞。

9月3日凌晨1时许，新埭杨庄浜彭某某携带匕首、铁弹等作案工具潜入农业银行新埭营业所镇东储蓄所，打伤值班人员，逼其打开保险箱和办公室抽屉，因无现金而离开，案发后2小时被抓获。

11月24日，城关镇第一百货商店办公室仓库发生盗窃案，犯罪分子打开保险箱，窃走现金8100元、18K嵌宝戒9只，总价值1.2万余元。

## 1989年

1月8日上午，胜利乡大南门村4组徐某某（女，84岁）在床上睡觉时不慎倒翻脚炉，引起被褥着火而被烧死。

1月27日夜，黄山乡陈山村服装二厂出纳朱某某盗窃厂部办公室写字台内现金3250元，后纵火。

2月1日，胜利乡大兴村6组冯某某（女，78岁）在床上睡觉时不慎倒翻脚炉，引起被褥着火而被烧死。

2月25日，新庙乡中华村8组一农户在建楼房在做屋顶时倒塌，当场压死2人，受伤23人。原因为连续阴雨，墙壁承受力差。

3月9日，前港乡曹港村11组顾某某（86岁），在家生煤炉时引燃旁边稻草而丧生。

3月29日晚，新庙乡庆丰村再生塑料厂驾驶员张某某驾车从上海返厂途中，在距厂800米处被金山廊下的张某、钱某某、高某某、阮某某等人拦截，并遭殴打，抢去现金30余元及价值400元的9捆塑料膜。次日，作案人员全部被抓获归案。

4月5日，胜利乡大兴村7组河浜内发现一具男尸，且被绑上重达35千克的石磨盘，法医鉴定为凶杀。2天后查明，死者为曹桥庄基村精神病患者李某某。其父母怨其经常行凶惹事，于1988年11月22日晚上将其捆绑后，用船运到胜利大兴村，抛入河中。

4月13日下午，县公安局将盗枪杀人犯张若飞从上海押回平湖，城关镇群众倾城观看。同年8月21日张若飞被执行枪决。

5月8日，全塘镇三八村8组一农户在建楼房屋顶倒塌，压死2人，伤11人。原因为雨天施工进度快，在混凝土未坚固下，交叉施工，承受力差所致。

7月9日，全塘镇张沙桥村胶塑厂因电线短路引起火灾，烧毁厂房128平方米、缝纫设备42套、手套4200多副，经济损失8万余元。

7月10—19日，平湖县举办西瓜灯会，在城关镇东湖公园、儿童公园、莫氏庄园、南河头、当湖第一桥、平湖针织厂等地设6个展区，展出西瓜灯1000余盏，县公安局组织警力做好安全保卫工作。

9月1日，随着白马乡民警值勤室改为乡派出所，全县实现一乡（镇）一所的建制。

9月20日，县公安局经长期侦查，破获入

夏以来城关镇系列蒙面入室侮辱、强奸妇女案，作案者系水产公司职工沈申观，沈被判处死刑。

11月8日，新庙乡跃进村4组妇女沈某某因分娩时大出血死亡，其家属以抢救不力为借口，抬尸到新仓卫生院产台，上百名群众围观，卫生院无法工作。县公安局、检察院、卫生局会同乡政府和村干部做疏导工作，当晚平息抬尸闹事事件。

7月上旬至12月底，县公安局组织专门班子开展对卖淫嫖娼活动的专项整治，查获卖淫妇女14人，嫖客及淫乱活动人员45人，“皮条客”2人。分别作出劳动教养、治安拘留、罚款等处罚。

## 1990年

1月27日晚9时，黄山乡岔路桥小商店店主符某某（79岁）被人用斧头砍死。2月10日破案，抓获凶手金良飞。县长陆林根、县委副书记杨补培，连夜慰问参战的公安干警和黄山乡党政干部。后金良飞被判处死刑。

2月，徐埭镇中心村村民金某某化名金静忠，自称松江西林寺尼姑，在全塘镇三八村非法建庙，以迷信骗取钱财，被县公安局查获，送劳动教养。

3月30日上午7时，县公安局在乍浦至湖州的客车上，抓获5名从事走私倒卖鳗苗活动的违法人员。

6月21日，省公安厅汪树根副处长一行3人到平湖检查“严打”工作。

6月20—24日，县公安局开展“严打”第一次统一行动，先后在城关、全塘镇召开“严厉打击严重刑事犯罪分子”大会。

7月1日零时，开展第四次全国人口普查。

7月22日，林埭镇机械厂厂长缪某某收到匿名恐吓信，向其敲诈现金3万元。经县公安局侦查，抓获作案者戚某某。

10月14—28日，城关镇举办商品交易会，县公安局派出民警和联防队员参加保卫和维护秩序。

12月26日，省委常委、政法委书记、公安厅厅长夏仲烈到平湖视察乍浦港。

12月30日，县公安局在平湖剧院召开“严打”处理大会，对16名刑事犯罪分子执行逮捕。

同日，县公安局建立妇女工作委员会。

## 1991年

1月23日晚10时，城关镇城南新村43幢201室一居民在楼下焚烧亡母衣物时，地下化粪池沼气外泄，遇火爆炸，被当场炸死，其弟及侄儿炸伤，旁边自行车棚炸毁。

1月24日，全塘镇渔业村服装三厂因亏损停产拖欠职工工资，200多名村民踢门、破窗进入厂内仓库，哄抢价值6.6万元的服装面料。县公安局及时组织警力赶赴现场，平息事态。

3月12日，地处乍浦的平湖拆船公司职工在拆卸苏制“切宝星”号鱼类加工万吨轮时，因氧割不慎引发火灾，嘉兴、上海、湖州、杭州共28辆消防车，320多名官兵，经20小时扑救，将大火扑灭。

4月2日晚9时30分，瓦山乡金联村陈某某（女）从服装厂下班返家途中被一歹徒强奸后杀害，抛尸于距自家屋200米处的池塘中。9月21日破案，抓获作案者黄金培。黄被判处死刑。

4月20日凌晨2时，新仓派出所民警缪德山巡逻至特种灯泡厂时，与正在行窃的案犯徐某某展开搏斗，将案犯抓获归案。6月3日，嘉兴市公安局给予记个人三等功一次。

6月28日下午，在城关南门体育场召开撤县建市暨建党70周年庆祝大会，并首次电视实况转播。从当日起至7月1日连续4天在东湖公园等5个景点举行西瓜灯展，著名影星马德华等应邀到平湖演出。县公安局精心做好安全保卫工作，确保庆典活动安全。

6月29日，县公安局更名为市公安局，启用新印章。7月2日，所属各科、所、队、室也同时启用新印章。

7月20日下午，新庙乡北新村2组陆某某（27岁）因分家不满，纵火焚烧自己住房，并烧毁邻家房屋2间，经济损失4000余元。

10月12日上午，浦江县礼张乡老年妇女王某（60岁）在钟埭农贸市场，标价出卖仅出生7天的女婴，被钟埭派出所当场抓获。经审查，王某交代已有7名女婴被其从浦江带到嘉兴一带贩卖，获利3000余元。

10月24日，四川盐亭籍贩卖妇女的人贩子杜某在胜利乡曹兑港村贩卖女青年陈某某时，被胜利派出所民警当场抓获，女青年陈某某被及时解救。据杜交代，其以介绍做工为名，已拐卖4名女青年，从中牟利。

12月21日，市公安局查获香烟走私案，收缴三五、良友、希尔顿、万宝路等香烟123箱，案值20万余元。

## 1992年

1月23日，市公安局邀请人大代表、政协委员召开座谈会，局长凌浙鹃通报1991年公安工作情况。

1月29日，市人大常委会主任周庆义等一行4人视察市公安局看守所。

2月，市公安局查获孙中云为首的流窜盗窃团伙一个，抓获3名犯罪嫌疑人，破获城关、乍浦及海盐、上海南汇、江苏吴江等地盗窃案件17起，案值5.58万元。主犯孙中云被判处死刑，缓期二年执行。

4月14日深夜10时30分，平湖制药厂一名女工下班回家，途经林埭镇花园港村13组时，被尾随的一歹徒用刀威吓，挟持至路北面的麦田里实施强奸。

4—5月，黄山乡金门村部分群众为征地拆迁等问题，多次拦路、设障，阻挠嘉兴电厂施工，市公安局配合政府进行教育疏导。

7月16日，市公安局在乍浦镇召开全市暂住人口管理经验交流大会，各乡镇派出所分管领导、内勤及户籍协管员参加。

8月6日，市人民政府出台文件，鼓励农民和外来人员进城兴业落户，办理“绿卡户口”。

9月2日，市委书记朱千生、市委政法委书记卢德俊参加市公安局党委会议并讲话。

9月14日，市委政法委在全塘镇召开现场会，研究部署对虾捕捞安全保卫工作，沿海有关派出所所长参加，政法委书记卢德俊在会上做部署并讲话。

10月6—10日，“1992商品交易会暨服装设计大奖赛”在城关镇举办，市公安局精心组织，制订安全保卫方案，参与安全保卫和维护现场秩序。

11月底，乍浦镇山湾村部分村民阻挠拆船公司巨轮冲滩上岸，市公安局组织警力参与劝说教育工作。

12月10日上午，市公安局在平湖剧院召开“严厉打击严重刑事犯罪分子大会”，对30名刑事犯罪分子宣布逮捕。

## 1993年

2月13日晚，安徽籍陈某某等4人冒充民警，以查户口为名，闯到停泊于黄姑卫国河3号桥沈某某父子废品船上，将船主打伤后，劫走现金40元，手表一块等物。15日，在海盐将案犯全部抓获。

3月15日，共建乡星火村陶某纠集部分群众到乡政府，要求政府为非法建庙拨款，遭拒绝后煽动闹事，被公安机关当场制止。

3月27日，市委组织有关部门到共建乡韩庙集镇拆除非法建造的庙宇。集资建庙组织者陶某煽动当地一批不明真相的群众围攻殴打维持秩序的公安干警，有13名民警和数名干部被石块、砖头打伤，7辆警车被推翻，现场围观群众达数千人。

4月28日凌晨，前进乡水产村渔民沈某某停船于马厩水域，遭持刀歹徒抢劫，劫去现金、金戒指、金耳环、衣物、电风扇、自行车等。次日案件破获，抓获焦某、罗某某等5名贵州、四川籍案犯。

5月4日，市公安局人民警察首次授衔仪式在局公安礼堂举行，市委、市政府及嘉兴市公安局领导应邀出席，全局169名民警分别被授予人民警察警衔。

6月18日上午11时许，秀溪乡丁桥村俞明中到新生村预制厂俞某某住处借款，双方为抵押一事引起争吵，俞明中用铁锤将俞某某砸死，又用开水浇在被害人身上，并从被害人身上劫走金戒指一枚及现金70元。后俞明中被判处死刑。

7月3日夜，市公安局组织新埭、秀溪派出所开展联合巡逻，抓获上海金山籍嫌疑人员叶某某等4人，破获平湖至新埭公路连续发生4起拦路抢劫案件。

8月7日夜11时30分，乍浦南荡村小商店店主王某某被四川籍赵某、冯某某等4人捆绑，用砖砸击致伤后，劫去现金1000元及部分香烟等物。

9月27日，市公安局破获冒充医生，盗窃病员及家属财物案件，抓获江苏兴化茅山镇籍犯罪嫌疑人孙某某，破获第一人民医院、红十字会医院及中医院等住院部病房盗窃案件40起，案值6000余元。

10月14日下午，平湖公路段养路工发现平斜公路汤家桥南400米路边水沟有一具用野草遮盖的女尸。经现场勘查，死者系前进乡斜桥村3组一女青年，生前遭歹徒强奸后扼颈致死。

12月9日夜，全塘镇前进村陆某某窜到乍浦张家村黄某某商店实施抢劫，连刺女店主18刀后逃跑，逃跑时留下血衣。公安机关通过现场勘查、排摸，锁定案犯，遂即将其抓获归案。

12月，市公安局开展公安报警点建设，依托水陆沿线企业建成13个公安报警点，以方便群众报警。

## 1994年

3月5日夜，一犯罪分子以匿名信敲诈新仓镇一企业老板李某某3万元。7日，在约定取款时，又用火药枪击伤送款人。5月25日破案，抓获案犯张某某。

3月10日夜，5艘停泊在独山外海域的黄姑海塘村捕捞鳗苗的渔船，因风大浪高，遭不同程度损坏，部分村民迁怒于位于该处平湖拆船公司独山工地。11日上午，70名群众涌到工地办公室，围攻工地负责人，殴打干部职工，砸碎玻璃窗、热水瓶等物。黄姑镇党委、政府和公安干警赶赴现场，平息事态。

3月23日，黄山乡金门村200名村民因不满安置到市政府上访，市公安局组织警力进行劝说疏导，使安置工作得以顺利进行。

6月20日凌晨，6名湖南桑植人窜到全塘镇金桥村治保主任冯某某家，持菜刀劫走现金4000元。23日破案，并追回被劫赃款。

6月21—22日，省委常委、政法委书记、公安厅厅长斯大孝到平湖检查指导工作，在市政法委、城关派出所看望政法公安干警，强调公安工作的出路在于改革创新，探索新路子。

7月24日夜，4名贵州籍蒙面人闯入新埭镇西陆村徐某某家，将徐夫妇俩捆绑后，劫走现金8000元、有奖储蓄1000元。次日破案并抓获案犯。

11月4日夜9时30分，广陈三里堰水面满载石子的20吨水泥挂桨船在行驶中沉没，萧山籍倪某某及妻子和4岁女儿均溺水死亡。

11月16日下午，20多艘40多名江苏籍船民，在林埭轮窑厂为装砖与当地群众发生争执，并发生殴打事件。17日上午，林埭派出所与水上派出所前往查处时，闹事船民拒绝传唤，并扣留窑厂负责人做人质。市公安局组织40多名干警赶赴现场，营救企业负责人，对2名为首肇事者处以治安拘留。

11月22日上午10时30分，全塘镇当湖村曾某某与建中村陆某某为经济纠纷，在衙前集镇发生争执，继而扭打，曾父闻讯，助子殴打，致陆某某颅内损伤，医治无效死亡。

12月16日晚上6时，南桥乡洋圩村毛某某摆渡船，载新埭杨庄浜村7名村民至新埭，在大悲渡横渡上海塘时，与由北向南行驶的铁驳船相撞，渡船沉没，8人全部落水，其中5人死亡。

## 1995年

1月16日上午，内蒙古呼和浩特市籍杨某驾驶上海出租车，在城关镇向农桥因违章被交警截获。后经查明，杨于15日在上海杀死大众出租车公司驾驶员李某某，劫车后到平湖。

3月1日凌晨，市总工会职工疗养旅游部的一辆载有烧香客49人的旅游客车，途经乍王公路新丰镇东青龙桥处，从桥北侧坠入河中，造成23人死亡、8人重伤的特大交通事故。

3月14日凌晨1时，5名蒙面人闯入乍王公路胜利乡长胜村金龙饭店，将店主夫妻俩捆绑，劫去现金、手表、自行车，案值4400元。

3月31日，市公安局经过近一年的专案侦查，抓获抢劫犯罪嫌疑人陈明显，破获自1994年4月起发生在城关、胜利等地8起系列抢劫单个妇女金项链案件、1起强奸案件。陈被判处死刑。

5月11日凌晨，当湖桥施工工地值班员（黄姑建筑工程队）金某某被杀。1996年2月14日破案，马宗三等3名犯罪嫌疑人外逃。

7月30日上午7时，24辆个体中巴车集结在市政府大门口非法示威。市公安局配合有关部门，将24辆车予以扣留，后对5名车主给予治安拘留处罚。

10月11日夜，3名歹徒闯入城北乡龙口村丁某某商店，用刀刺伤丁夫妻，劫去现金、香烟、放像机等总价值5000余元。

11月18日晚，位于乍浦镇汤山东路新升废品收购部店主陶某某，被犯罪分子用皮带和电话线勒颈窒息死亡，劫去现金6500元。

11月24日中午，乍浦高公山东山脚，因烟蒂引燃路边枯草，后蔓延高公山林区，引发火灾，过火面积5万平方米，经济损失30万余元。

12月13日夜，停靠在城西白马堰黄沙市场的兴化运 –11224 号船上的张某某（女）被犯罪分子杀死，抢走金项链、金戒指及现金若干。

12月25日晚7时30分，曹桥乡小商品市场发生火灾，过火面积105平方米，17个摊位衣物、鞋帽等小百货被烧毁，经济损失6.7万元。

## 1996年

1月1日，市公安局巡（特）警大队正式上路执勤。

1月5日，城关镇天龙池浴室发生以陆某、李某某为首的流氓群斗事件，涉案人员30余人。

2月3日，市公安局组成“1995·5·11”凶杀案追捕组赴安徽，14日深夜，将潜回家中过年的案犯马某金抓获。连夜突审，马交代了与马宗三、马某好、马某良，在当湖桥工地盗窃电焊机时，被值班员发现，后将其杀害的作案过程。马宗三等3名犯罪嫌疑人外逃。

2月5日，市公安局成立“110”报警服务台（内称指挥室），统一接听群众报警电话。地点在局机关主楼底层东间，隶属于秘书科。

4月23日，省委常委、政法委书记、公安厅厅长斯大孝到平湖检查“严打”工作。

7月23日，市公安局抓获乍浦染店村林某某，破获九龙山系列强奸案。

8月14日，市公安局抓获4名河南籍刘某某、李某某、黄某、王某某等出售假人民币的犯罪团伙、缴获假币3900元。

8月15日傍晚，黄姑轮窑厂吴某某等3名四川长宁籍民工，为购买棉布与该镇开店的金华商贩发生争执，后发生持械斗殴。黄姑派出所民警和联防队员到现场处置，将为首者带回派出所审查，遭围攻抢人，锯断手铐逃跑。18日，市公安局组织100余名民警，对轮窑厂31名肇事民工传唤审查，收缴已被锯断的手铐，对吴等4人收审，李某某等16人行政拘留。

10月，嘉兴市委常委、公安局局长李立定出席市公安局召开的“严打”斗争总结表彰大会，并讲话。

11月22日中午12时，在城关镇城南路农业银行宿舍顾某某家，江苏昆山籍冯某某用匕首刺伤顾的儿子，并用手铐铐住双手，惊醒午睡的顾父，起床与之搏斗，被歹徒刺伤，父子呼救，歹徒逃跑。接警后，民警驾车追缉至嘉善商城，终将犯罪分子冯某某抓捕归案。

11月26日晚，城关镇联防队在一居民区内抓获正在盗窃作案的张某某，破获发生在城关镇、白马乡傍晚系列盗窃案件。审查中，张某某拒不交代，公安机关以查获的犯罪证据，零口供认定其盗窃作案17起，案值3.63万元。张被判处无期徒刑，剥夺政治权利终身。

12月1日，市公安局开通CK自动报警服务。

## 1997年

1月10日，市公安局在城关镇举行首个“110宣传咨询日”活动，治安、交警、消防等业务部门民警上街参加咨询。

2月6日，新庙乡海沙村冯某某为婚姻纠纷，到草龙村2组赵某某商店行凶刺伤3人。

3月7日，市公安局刑侦大队及新庙派出所民警，经过20天工作，在金山钱圩镇抓获4名轮奸、抢劫团伙犯罪嫌疑人。

3月22日，市公安局抓获犯罪嫌疑人沈滔（系追捕2年未获的在逃犯）等2人，破获平湖、嘉兴及上海金山等地“白日闯”盗窃居民家电案件36起，案值8.8万元。沈滔被判处死刑，缓期二年执行。

4月3日凌晨，四川威远籍唐某某等4人持刀和土制枪，对停泊在新埭青阳汇的海宁籍船户朱某某进行抢劫。刑侦大队和水上派出所连夜出击，在海盐县秦山派出所协助下，将案犯抓获，并收缴土制枪2支及赃款2850元。

4月7日夜，乍浦派出所抓获林埭镇全丰村张某、吴某某、倪某某等3名抢劫犯罪嫌疑人，破获乍浦及城关两地持刀抢劫案件3起。

4月28日夜12时，“110”指挥中心根据CK区域自动报警系统报警，快速组织巡特警、刑警、城关派出所警力，赶赴城关光明变压厂，当场抓获盗窃作案者四川籍杨某某。

5月1日零时，市公安局启用自动化“110”报警服务台。

5月15—16日，苏浙沪16市（区、县）第30次治安联防协作会议在平湖宾馆召开，局长宋家聪作为轮值单位作协作组织工作报告，会上还确定协作组织会徽。

5月17日，徐埭中学一教师因交通事故遭对方当事人殴打，引发全校老师罢教。20日，市公安局组织警力查处，将殴打教师、干扰学校教学秩序的肇事者予以治安拘留，平息事态。

5月23日，省委常委、政法委书记、公安厅厅长斯大孝到平湖调研，在法院礼堂为全局干警做报告。

6月11日，市政府在新庙镇召开全市农村户口城市化管理工作会议。

7月25日凌晨，前进乡酚醛塑料厂树脂车间反应锅爆炸，50平方米的车间倒塌，机器设备受损，经济损失20万元。

11月6日夜，市公安局抓获倒卖国家三级文物恐龙蛋化石的徐埭镇徐丰村村民郭某某，缴获恐龙蛋化石3枚。

## 1998年

1月9日，城关镇关帝庙商城举办开业典礼，185名民警及400多名联防队员参加安全保卫和维护秩序。

1月，市公安局破获平湖市哈爱食品有限公司何某某非法集资案，案值460多万元，为平湖首例非法集资案。

2月21日夜，在城关镇关帝庙举办闹元宵活动，有小学鼓号队、腰鼓队、秧歌队，舞龙队等行街表演，并燃放烟火，观众达10万人。市公安局组织260名民警及991名驻平部队、武警官兵、治安联防队员参加保卫和维护秩序。

3月2日夜，白马堰嘉兴汽校建筑工地施工人员陆某某等4人抓获在工地上偷窃脚手架铁扣件的高某某，对其进行吊打后，送白马派出所，于次日晨死亡。陆等4人以非法拘禁致人死亡，被追究刑事责任。

4月1日，以公安“110”为龙头，会同建设、邮电、电力、卫生等13个部门组成的“110”紧急求助网络开始运行。

4月6日，市公安局与市电视台联合举办“平湖110”节目开播仪式。4月8日首播。

5月6日，停泊在乍浦港区货运码头一艘温州“瓯11号”空货轮发生爆炸，船上作业的船员张某某、王某某炸伤，王的一只脚被炸断。

6月19—20日，省委政法委副书记、公安厅厅长俞国行到平湖乍浦港、城关派出所检查指导工作。

8月1日，市公安局民警培训学校正式开学，嘉兴市政法委办公室主任黄明权作《刑法学》讲座，省厅法制处等领导也到校讲课，全局67名刑警受训。

8月24日，乍浦镇西门村刘某某为婚姻问题，到其妻娘家染店村，将汽油浇在其妻和其本人身上，并搬来液化气瓶，扬言引火同归于尽。乍浦派出所及巡特警大队民警闻讯赶到现场，经6个小时教育疏导，成功制止。

9月4日，上海、嘉兴跨区域消防演习在乍浦港区举行，沪嘉两地12支消防队、21辆消防车、200名消防官兵参加油罐灭火演习。

9月23日，全塘镇金桥村冯某某与孙某因非婚怀孕引发纠纷，孙指使外地人将冯绑架至上海闵行马桥镇。9月25日凌晨，在沪平两地警方配合下，冯被成功解救。

9月，建立共青团平湖市公安局委员会。

10月6日，市公安局破获一起非法制造、贩卖枪支案。黄姑营建村一对父子自制火药枪后贩卖，收缴火药枪10支、气枪1支。

10月20日，市公安局建成以治安、户籍为主，融出入境、消防于一体的公安办证中心，地点在城关镇环城北路44号。

10月27—30日，全国政协部分提案承办单位工作会议在平湖召开，中共中央、国务院、全国政协、中央军委办公厅等40多个单位参加，全国政协副主席杨汝岱及80多名负责人参加会议。市公安局组织警力参与会议保卫。

11月11日，省公安厅党委委员、副厅长周宝兴到平湖市公安局"110"指挥中心、乍浦边防派出所检查指导工作，并对抓好警务公开，加强边防管理提出要求。

11月，市公安局查获集盗窃、运输、销赃于一体的重庆南川籍特大盗窃摩托车犯罪团伙一个。抓获张某志等4名犯罪嫌疑人，破获发生在平湖城关、乍浦及上海闵行等地的摩托车、助动车被盗案件15起，案值17万元。

## 1999年

1月15日深夜，乍浦金门村陆某某因对其妻提出离婚不满，迁怒于岳母家，持火药枪冲到黄姑新兴镇其岳母承包的独山供销社杂货部，砸门入室，开枪击中岳父，随后用刀杀死4岁儿子，又割颈畏罪自杀未遂。

1月18日，暂住胜利乡梅园村8组出租房的房客李某某被杀，并劫去现金1200元。案发后，市公安局组织警力，经26天的艰难追缉，辗转浙、沪、闽、赣4省市，于2月13日将作案者毛书盘抓获，2月14日上午押回平湖。后毛书盘被判处死刑。

2月4日上午9时，萧山籍个体运输户陆某某驾驶65吨满载石子的货船，途经秀溪诸仙汇渡口时与摆渡船相撞，造成摆渡船5名乘客及渡工陆某某落水，其中3名乘客溺水死亡的重大交通事故。

3月9日，嘉兴市委常委、公安局局长李立定到平湖调研，对市公安局实行全员聘任制作出肯定，并对派出所提出在硬件、软件管理上要高标准、高起点，使派出所成为保一方平安的主要阵地。

6月6—7日，全省公安机关深入开展"创人民满意110"活动会议在平湖召开。

6月下旬，平湖遭受历史上罕见的洪涝灾害，市公安局全力投入抗洪救灾，协助有关部门及时转移危房内的群众，抢救受淹物资，共转移受灾居民182户，抢救老弱病残人员205人，转移物资143吨。

6月，市公安局破获非法吸收公众存款案一起。平湖南国实业有限公司以高额利息为诱饵非法吸收公众存款1699.06万元、美金1.2万元，公司法人代表及行政主管等4名涉案人员均被依法追究刑事责任。

7月5—7日，省公安厅党委副书记、副厅长郛兴华到平湖慰问救灾干警，检查指导工作。5日下午，郛兴华蹚水到水淹的民警宿舍区，察看灾情，看望民警家属。6日、7日，又先后到巡特警大队、城关、乍浦派出所检查指导工作。

7月22日，市公安局根据党中央的决定，在全市开展取缔"法轮功"邪教组织统一行动。

8月27日上午10时，位于当湖镇人民路2号桥丝绸服装厂发生火灾，市消防大队、城关所、巡特警、交警赶赴扑救。嘉兴消防支队直属一、二大队、嘉善消防大队也闻警增援。火灾烧毁厂房600平方米，经济损失64.7万元，未造成人员伤亡。

9月28日晚7时，国庆五十周年大型行街表演在当湖镇举行，由5辆彩车、15支方队组成，从南市广场沿新华路到平湖中学，近10万群众观看。市公安局组织601名民警、保安、联防队员参加保卫维护秩序。

## 2000年

2月29日中午，黄姑派出所新民警毛骏下社区工作结束后乘坐由协警驾驶的侧三轮摩托车，从共建韩庙返回周圩警组途中，在韩庙村支路发生车祸致重伤，经抢救无效，毛骏于当日因公殉职。

5月29—31日，市公安局副局长顾照荣率指挥处、治安、刑侦、经侦大队负责人赴上海宝山公安分局，参加苏浙沪16市（区、县）第35次警务合作组织会议，并作《全力抓好派出所、国内安全保卫基础工作》的经验介绍。

6月5日晚，乍浦镇建新村9组出租车驾驶员在天妃路接客时遭犯罪分子杀害。7月18日破案，抓获犯罪嫌疑人谈家强、谈军两人。

6月26日，市公安局开展禁毒宣传日活动，100余幅禁毒宣传画和禁毒斗争成果图片在当湖镇关帝庙商城展出，并焚烧收缴的6465株罂粟原植物。

7月4日，市公安局经侦大队破获平湖历史上最大的购买并虚开增值税发票案，抓获犯罪嫌疑人全某某等22人，全部追究刑事责任。

7月22日，市公安局利用DNA技术，经公安部鉴定，成功解救发生于1999年8月江西南昌市西湖区龚某某4岁女儿被汤某某（平湖籍）及其妻（江西籍）拐卖至平湖，后改名的钱某某。

7月30日凌晨1时，新埭飞越制衣公司发生火灾，过火面积1000平方米。经勘查认定为纵火，8月1日破案，抓获纵火者顾某某。

9月20日，市公安局破获“瘦肉精”案件一起，抓获作案人员张某某（白马新群养猪户）。张将喂过“瘦肉精”的33头猪出售个体屠宰户流入金山，造成上海金山区两企业37名职工集体中毒。

9月25日晚，市公安局在青少年宫广场主办迎国庆“金盾之光”文艺晚会。省公安厅、嘉兴市公安局领导及市领导与近万名群众观看文艺演出，省、嘉兴及市新闻媒体现场报道。

11月1日零时，开展第五次全国人口普查。

12月9日下午，林埭虹霓霆霆制衣厂厂长陈某某的2岁儿子被厂内安徽籍职工汝某绑架，用刀架在小孩脖子上，勒索10万元。刑侦大队、林埭派出所迅速出警，成功解救人质。

## 2001年

2月3日晚，乍浦镇马家荡村女青年王某下班回家途中被人杀死。2月12日破案，抓获犯罪嫌疑人钟美根。钟被判处死刑。

2月22日，曹桥乡庄基村河道中发现一具女尸。经勘查，死者系海盐海利玩具厂女工李某某。3月2日破案，抓获犯罪嫌疑人陆建华。陆被判处死刑。

3月18日，原国务委员、公安部部长王芳到平湖参观陆维钊书画院，市公安局负责全程安全保卫工作。5月，王芳为平湖市公安局题词“平湖卫士”。

3月，市公安局交警大队机动中队队长许春法被公安部授予全国优秀人民警察称号。

4月20日上午，市公安局在当湖镇南门体育场召开严打整治公开处理大会，对83名犯罪嫌疑人执行逮捕、刑事拘留。

5月2日，中共中央政治局常委、国家副主席、中央军委副主席胡锦涛在浙江省委书记张德江、省长柴松岳陪同下到嘉兴视察工作后途经平湖，中午在圣雷克大酒店作短暂休息。市委常委、公安局局长司宏毅率民警参加警卫工作。

5月20日深夜，曹桥出租车驾驶员陈某某被歹徒持刀抢劫。次日晨抓获刘某、尹某某等2名犯罪嫌疑人，并破获另外3起抢劫案。

6月1日上午，嘉兴市公安局在新仓镇召开社区消防工作现场会，新仓镇介绍社区消防工作经验。

6月16日晚上，当湖派出所民警费志联在东胜执勤点遭遇车祸致重伤，历时半月抢救无效，于7月1日因公殉职。

7月24日下午，市人大常委会主任施振泉、副主任金裕法、徐士元、杨补培、眭立仁、吕保忠、武圣平等一行18人，视察市看守所。

8月23日上午，市公安局举办交巡警合并授牌仪式。市长万亚伟，政法委书记何大利、嘉兴市公安局交巡警支队支队长董焕时参加仪式。

8月28日，市公安局在钟埭定云村张某某家，抓获张某某及四川籍梁延兵、张光奎等4名贩毒人员，当场缴获毒品海洛因195克。

8月30日，嘉兴市委常委、公安局局长刘冬生到平湖考察农村社区警务工作。

9月26日，市公安局在乍浦镇、新埭镇分别召开严打整治公开处理大会，对70名犯罪嫌疑人执行逮捕，并对“2·3”杀人埋尸案凶犯钟美根、“2·22”杀人抛尸案凶犯陆建华执行死刑。

10月19日，省委副书记、政法委书记周国富一行到平湖东西大道全塘省际卡点视察，检查上海APEC会议的安全保卫工作。

11月13日，全省派出所留置室管理工作会议在平湖召开，省厅治安总队总队长叶寒冰、纪委副书记朱志华、法制处副处长何卸洪出席并讲话。

11月24日上午，“1995·5·11”当湖桥工地杀人案的犯罪嫌疑人马宗三押回平湖。12月7日下午，同案犯马某良、马某好从新疆乌鲁木齐押回平湖。

## 2002年

1月9日傍晚，当湖镇建国南路周某某因夫妻关系破裂，将其妻杀死，后自杀身亡。

1月，市公安局首次被省公安厅授予2001年度全省公安机关执法质量优秀单位称号。

2月28日至3月1日，嘉兴市监管工作会议在平湖召开。省公安厅监管处处长沈鑫祥到会并讲话。

3月6日，市公安局召开全市公安工作会议，贯彻省、嘉兴市公安工作会议精神，总结上年公安工作，部署当年公安工作，表彰先进集体和个人，市委副书记、市长万亚伟到会并讲话。

5月16日，市公安局召开公开处理大会，47名涉嫌抢劫、盗窃、诈骗犯罪嫌疑人被逮捕和刑事拘留，并向企业、单位及群众发还价值222万余元的赃款赃物。

6月7—8日，苏浙沪16市（区、县）第39次警务合作会议在江苏启东召开。平湖市公安局获评最佳合作单位，并在会上作题为《实行交巡警驻所制，扎实开展交通管理基础工作》的经验介绍。

7月1日，《人民公安报》头版头条刊登平湖市公安局实行“AA制”考核的报道文章。

7月11日，市公安局在当湖镇关帝庙商城召开“反窃车”打击处理大会，对51名盗窃、抢劫等犯罪嫌疑人执行逮捕、刑事拘留及劳动教养。市委政法委员会及检、法、司等部门领导出席会议，会上向群众发还300余辆被盗摩托车和自行车。

9月26日，嘉兴市公安局局长、政委会议在平湖召开，市委常委、公安局局长司宏毅作平湖推行农村社区警务工作经验介绍，市委书记万亚伟、代市长马邦伟等领导出席。

10月24日，市公安局在乍浦镇召开全市严打整治“大排查”公开处理大会，对20名涉嫌抢劫、盗窃犯罪嫌疑人宣布刑事拘留和逮捕。发生于1995年5月11日晚当湖桥工地抢劫杀人案案犯马宗三，由嘉兴市中级人民法院宣布执行死刑。

11月27—28日，全省警务督察部门留置报备现场会在平湖召开，市公安局在会上作经验介绍，与会人员还参观市公安局留置报备及远程监管系统。

12月16—17日，以公安部朱伟芳处长为考核组长一行5人，对平湖市看守所申报全国一级看守所进行考核。

12月30日晚5时，就读于当湖镇东湖中学初一学生徐某某遭歹徒绑架，向其父亲敲诈30万元。2003年1月3日破案，抓获黄某某等3名犯罪嫌疑人。

## 2003年

1月14日凌晨6时，当湖镇环北二路华城制衣厂工地工人唐某某发现有人盗窃建筑扣件，在追抓盗窃分子时，被多名歹徒用铁锹、木棍打死。市公安局快速侦破，当日下午抓获作案者罗某某、李某某，晚上7时又在九里亭出租车城卡点，抓获租车欲逃跑的康某、康某某两人。

1月20日，市政府通令嘉奖市公安局侦破“2002·12·30”绑架人质敲诈案专案组，并颁发奖金6万元。

1月25日凌晨2时，数名犯罪分子窜到全塘海辰制衣厂二楼女工宿舍，以持刀威逼、殴打、捆绑等手段，劫去任某某等11名女工现金3.4万余元及金耳环等物。

2月11日，以公安部人事训练局副局长李民真为组长的“五条禁令”检查组一行3人，到平湖检查贯彻落实“五条禁令”情况。

2月16日，2003年闹元宵活动在当湖镇举办，东湖公园至关帝庙解放路行街表演，东湖广场南村书堆戏曲表演，晚上燃放烟火，整个活动有数万人观看。市公安局精心组织，确保活动安全。

3月24日，省公安厅厅长王辉忠到平湖检

查指导工作。

3月31日，市公安局当湖刑侦队破获曹桥百寿村庞某某非法制造枪支案，缴获自制钢珠枪6支及制枪工具、火药、钢珠等违禁物品。

4月17日，市公安局举行全国一级看守所挂牌仪式，省公安厅、嘉兴市公安局及市有关党政领导参加。

4月23日中午12时，新埭镇石桥村赵某某家被人为安放的土制炸弹炸伤，引起省公安厅、嘉兴市公安局领导高度重视，通过技术勘查与排查，抓获犯罪嫌疑人张某某。

5月6日下午，广陈镇高新村一出租屋内七旬老妇王某某被歹徒杀害，并劫走财物。5月27日破案，抓获犯罪嫌疑人张友明（上海市金山区人）。后张友明被判处死刑。

6月18日，省公安厅签发命令，平湖市看守所和侦破“2002・12・30”绑架案专案组各记集体二等功一次。

7月18日，市公安局经侦大队在杭州、台州等地抓获跨省系列票据诈骗案犯罪嫌疑人方某某等3人，破案5起，案值181万元。主犯方某某被判处无期徒刑。

8月10日，市委书记万亚伟慰问在高温下坚守岗位的执勤交警。

8月27日，全省留置室管理工作现场会在平湖召开，省公安厅党委委员、副厅长黄子钧、纪委书记董晓伟及全省各县市有关部门人员参加会议，并在当湖所、督察队实地考察留置室及远程监控系统建设。

8月28日，省公安厅党委委员、副厅长黄子钧在新埭镇听取市公安局、消防大队，新埭镇党委、政府，派出所关于开展农村消防宣传教育活动的工作汇报。

9月8日晚10时，乍浦镇染店桥村2名女工下班回家途经14组路段被歹徒用铁棍殴打，致1名女工死亡，抢走金手链、金戒指等。10月28日破案，抓获犯罪嫌疑人张小虎、牛二伟。张被判处死刑，牛被判处死刑，缓期二年执行。

9月12日，根据公安部刑警总队2003年第1341号文件，当湖刑警队被评为全国一级责任区刑警队。

9月24—28日，一年一届的西瓜灯文化节在当湖街道举行，参加活动群众达30万人，接待中外客商300多人。市公安局精心组织、科学使用警力，圆满完成灯节期间的各项安全保卫工作。

10月15日，在嘉兴出席全国部分省（区、市）农村消防教育现场观摩会的公安部消防局、省消防总队领导及15个省（区、市）消防部门的有关负责人，专程到新埭镇观摩农村消防宣传教育工作。

10月25日，市公安局抓获河南潢川籍贩卖、持有、使用假币的胡某某等8名涉案人员。该团伙从原籍携带2.5万元假币到平湖，利用乘出租车、擦皮鞋，使用假币兑换真币。

12月2日，公安部警务督察局副局长何筱艾、督察指导处处长齐平平，到平湖市公安局警务督察队和当湖派出所，实地检查警务督察情况和留置远程监控实施情况。

12月11日，董某某等10余人手持马刀、狼牙棒，在当湖镇关帝庙茶楼将对方一人打成重伤，数人轻伤。此案被省公安厅列为打黑除恶挂牌督办案件，后市公安局抓获涉案人员13人，均被依法追究刑事责任。

12月27日，市公安局举办首届“警察开放日”活动。局领导和民警与数千名社会各界代表参加各主、分会场活动。

## 2004年

1月，市公安局首次荣获2003年度嘉兴市优秀公安局称号。

3月12日，市公安局在当湖镇关帝庙广场召开“反盗抢”打击处理大会，对20名抢劫、盗窃犯罪嫌疑人宣布执行刑事拘留，向群众发还价值30余万元被盗摩托车等物。

4月1日，省委副书记、政法委书记夏宝龙到平湖检查指导公安工作，并实地考察南河头社区警务室。

5月12日，省公安厅交警总队总队长陈重天到平湖调研道路交通管理工作，副市长马雪腾、市公安局领导参加调研汇报会。

6月8日，公安部监管局一处副处长余伟到平湖市看守所检查指导工作，对看守所加强在押未成年人的延伸帮教，强化科技监管工作表示满意。

6月24—25日，全省场所特业和出租房屋治安管理工作会议在平湖召开。市公安局作《强化日常监管，促进行业自律，积极探索场所特业星级化管理工作》的经验介绍。

7月上旬，市公安局查获省公安厅挂牌督办的流氓恶势力团伙犯罪案，先后抓获王某某等13名犯罪嫌疑人。

7月26日，省委书记、省人大常委会主任习近平到平湖视察嘉兴电厂二期工程建设，对平湖社会治安管理工作给予充分肯定。

7月28日，乍浦派出所在该镇满天星歌舞厅223包厢内，查获集体吸毒案，抓获10名男子、7名女子，作拘留罚款处理。

8月20日，市公安局破获蒋某某（平湖籍人）、郭某某（江苏江都籍人）以招收赴柬埔寨务工人员为名，骗取中介费30余万元，并将平湖籍女工20余人非法带出境的案件。

8月22日晚，邓某、吴某在下班步行至新埭镇平新公路社中路段时，被赵某某伙同他人持刀刺伤，邓某经医院抢救无效死亡。案发后，市局立即开展案件侦破工作，当场抓获张某等6名犯罪嫌疑人。主犯赵某某及其同伙车某潜逃外地。

9月6日，省公安厅监管处领导陈章一行到平湖市看守所，为再创全国一级看守所进行实地检查和综合论证。

9月18—23日，平湖西瓜灯文化节在当湖街道举办，市公安局精心组织，制订方案，派出足够警力，确保各项活动安全。

9月29日，市公安局举行全市镇（街道）专职消防队成立授牌仪式。

10月12日晚8时，平湖东西大道林埭段一辆装载15吨浓硝酸运输车发生泄漏着火，消防、交警、治安大队、特勤中队、林埭、乍浦派出所，快速赶赴现场抢险灭火，历时4个小时，火势及泄漏被控制，未造成更大事故。

11月14日凌晨，新仓飞龙童车厂厂区宿舍遭蒙面歹徒持刀抢劫，厂长沈某某夫妇被劫去现金、白金项链、手机及笔记本电脑等价值4万余元。12月18日破案，抓获韦某某、蒙某某等3名犯罪嫌疑人。

12月12日，市公安局举办第二届“警察开放日”活动。平湖市电视台、嘉兴日报社平湖分社等新闻媒体应邀参加开幕式，观摩警技表演，开展警民互动等活动。

## 2005年

1月10日，市公安局召开新闻发布会，通报2004年公安工作和110报警服务台运作情况。

2月2日，嘉兴市委书记、嘉兴市保持共产党员先进性教育活动领导小组组长黄坤明到联系点市公安局检查指导。其间，黄坤明还走访慰问困难老党员宣月丽、民警刘玉观家庭，并送上慰问品和慰问金。

2月6日，当湖街道宝塔桥居委会鱼池头南侧河道发现女尸一具和电瓶车一辆，经现场勘查，系他杀。19日破案，抓获犯罪嫌疑人马永林（当湖街道人）。

2月22日，省委“保持共产党员先进性教育活动”督导组到平湖市公安局检查指导党员先进性教育活动。

3月3日，市人民法院审理裴某某不服市公安局以扰乱机关办公秩序对其作出治安拘留一案，市委常委、公安局局长司宏毅首次出庭应诉，经3个小时审理，法院当庭作出维护市公安局处罚决定的判决。

4月30日，当湖派出所民警王建林被国务院授予“全国先进工作者”称号，赴北京出席全国劳动模范和先进个人表彰大会，受到党和国家领导人接见。

5月8—12日，全塘、黄姑镇部分渔民，因对白沙湾至水口围海工程的渔业补偿政策不满，在乍全公路东西大道聚集，影响车辆通行，还在渔业政策处理办公室及当地镇政府闹事。市公安局配合有关部门进行教育疏导。

5月18日，全国县级公安机关开展“开门接访”活动。市委常委、公安局局长司宏毅分别于活动当日及21—22日、30日，7月5日、15日亲自接访6天，接待来访群众56人次。

5月19日下午1时，市公安局110指挥中心根据线索，调集警力，在钟埭独黎公路处，成功拦截两辆满载68名贵州籍民工的中巴车，收缴铁管20多根、大砍刀5把，避免一次群殴流血事件。

6月29日，市公安局举行巡特警大队恢复成立仪式。

8月4—6日，全局民警投入抗击第9号台风（麦莎）抢险救灾工作，检查危房754家，紧急救助群众130人次，排除险情325次，协助转移群众6728人次，维护强台风期间的社会治安和交通秩序。

8月23日，嘉兴市委常委、公安局局长王惠敏到平湖调研指导公安工作。

8月24日，根据省公安厅的通知文件，公布2004年度全国一级派出所名单，当湖派出所名列其中。派出所所长于智勇被评为全国优秀人民警察。

8月26日，市公安局举行交警大队新埭中队、新仓中队挂牌仪式，市委常委、公安局局长司宏毅出席并作讲话。

11月19日，市公安局根据嘉兴市公安局统一部署，举办"和谐社会·警民共创"为内容的第三届警察开放日活动。

11月25日，市公安局经侦大队抓获特大合同诈骗犯罪嫌疑人郭某某，案值504万元。郭被判处有期徒刑15年。

11月30日至12月2日，苏浙沪16市（区、县）第46次警务合作会议在平湖召开。

12月18日晚上7时45分，乍浦镇一公司法人代表吕某妻子被歹徒绑架，向吕索要50万元赎金。19日下午5时破案，在海盐西塘桥抓获犯罪嫌疑人何某某、方某某，并从其轿车后备箱内将吕妻解救。

12月28日晚，市公安局经侦大队根据新仓派出所提供的情报，抓获使用假币的犯罪嫌疑人顾某某，当场从其轿车内缴获假港币10万余元、假美钞200元。

## 2006年

1月13日，公安部"预防重大治安灾害事故，保障公共安全"专项活动第九督察组组长、重庆市公安消防总队副政委徐烛一行到平湖市公安局消防大队督查指导消防工作。

1月13—14日，平湖市举办"中国载人航天展"开幕式和宇航员杨利伟科普报告会，市公安局精心做好活动期间的安全保卫工作。

1月16日，公安部监管局副局长刘树根到市看守所调研运用ISO9001质量管理模式，推进监管工作正规化建设。

1月23—24日，全市范围开展以"抓现行、治丑恶、严检查、强防控"为内容的春节前集中统一行动。抓获违法犯罪嫌疑人53人，采取刑事强制措施11人，治安处罚42人，破刑事案件11起，缴获赃款赃物总价值6.64万元。

1月24日，市社会治安综合治理委员会在当湖街道东湖广场举行社会治安巡逻防控启动仪式。

1月26日，省委常委、政法委书记、省公安厅厅长王辉忠及厅党委委员、副厅长郑兴军到平湖检查"春运"工作。

2月27日，市委政法委召开禁赌和打击"两抢一盗"犯罪公开处理大会，公、检、法、司单位领导参加。市公安局对20名犯罪嫌疑人公开宣布执行逮捕和刑事拘留，嘉兴市中级人民法院依法对"2005·2·5"杀人犯马永林，宣布执行死刑。

3月13日，全塘镇平湖市维克斯交通器材厂财务室保险箱被盗现金及金银首饰价值34万余元。6月9日破案，抓获向某某等17名盗窃犯罪嫌疑人。系一流窜盗窃团伙，先后在平湖、上海、江苏等地作案19起，案值69.41万元。

3月17日，市人民法院开庭审理姚某不服市公安局以卖淫嫖娼对其作出的罚款处罚一案，市委常委、公安局局长司宏毅出庭应诉，法院审理后当庭作出维护市公安局处罚决定的裁决。

4月27—29日，根据嘉兴市公安局的统一部署，全市开展以流动人口和废旧金属收购业专项整治为重点的集中行动。共破获刑事案件13起，治安案件8起，抓获违法犯罪嫌疑人52人，其中公安部网上逃犯2人。

4月30日，市公安局在当湖街道、乍浦镇分别召开"打黑除恶、禁毒、禁赌"打击处理大会，对60名涉及寻衅滋事、非法拘禁、敲诈勒索、聚众斗殴、贩卖毒品、抢劫、盗窃等犯罪嫌疑人公开宣布逮捕。

6月4日，市公安局在07省道九里亭卡点抓获公安部督办的上海“7·26”毒品专案在逃主要犯罪嫌疑人夏某某、金某某，缴获冰毒500克、K粉535克、摇头丸120颗、毒资7000余元和运输毒品用的汽车2辆。

6月5—6日，市公安局开展“亮剑1号”抓捕涉黑涉恶违法犯罪集中统一行动，破刑事案件17起，查处治安案件11起，抓获各类违法犯罪嫌疑人41人，其中刑事拘留6人，治安拘留27人。

6月28日，市公安局在当湖街道召开全市打黑除恶公开处理大会，对50名涉嫌故意杀人、故意伤害致人死亡、聚众斗殴、寻衅滋事、抢劫等犯罪嫌疑人宣布逮捕和刑事拘留。

7月20日，省公安厅监管总队助理调研员陈章率等级化考核组到平湖市看守所进行上半年度达标检查考核。

9月29日晚至30日凌晨，市公安局开展“迎国庆·保平安”集中行动，查获违法犯罪嫌疑人47人，破刑事案件5起，查处治安案件12起。

11月13—15日，根据嘉兴市公安局部署，市公安局开展“打击感染艾滋病人员违法犯罪活动”统一行动，破获刑事案件17起，抓获违法犯罪嫌疑人25人。

12月21—23日，市公安局组织开展打击“黄、赌、毒”“两抢一盗”及聚众斗殴、寻衅滋事、故意伤害等违法犯罪为重点的治安清查，查处违法犯罪嫌疑人83人，其中刑事拘留5人，治安处罚78人。

## 2007年

1月9日，省公安厅经侦总队总队长陈晓明到平湖调研指导打击企业主恶意欠薪逃匿工作。

1月15日晚6时，林埭镇徐家埭车站饭店商品房3楼北室发生抢劫杀人案，事主朱某某与其中一名犯罪嫌疑人何某某搏斗时被刺伤，朱某某经抢救无效死亡。市公安局接报后，快速反应进行围堵，当晚9时将另一名犯罪嫌疑人龙某某抓获归案。

1月22—23日和2月12—13日，市公安局组织开展两次以“春雷”为代号的集中统一行动，共破获刑事案件28起，查处治安案件29起，抓获违法犯罪嫌疑人142人，缴获赃款赃物总价值4万余元。

2月2日，市公安局在当湖街道召开打击赌博违法犯罪公开处理大会，对40名抢劫、杀人、赌博等犯罪嫌疑人执行刑事拘留、逮捕和劳动教养，同时对缴获的200多台赌博游戏机现场销毁。

2月10日，市公安局根据公安部的统一部署，组织开展“警民相约警务室”活动，市委常委、公安局局长刘国强到当湖派出所王建林警务室与群众进行面对面交流。

4月1日晚，当湖街道百花东村沈某某（女）在通往家中的楼梯间内被犯罪分子杀害。

4月4日，当湖街道曹兑村水域发现一女性头颅。经现场勘查，死者为金某某。9日破案，抓获犯罪嫌疑人蔡海华（曹桥街道大桥新村人，37岁）。蔡被判处死刑。

同日，市公安局在嘉兴一酒店内抓获盗窃轿车犯罪嫌疑人张某某等3人，破获平湖及周边地区汽车被盗案件14起，案值162.54万元。张某某等2人被判处无期徒刑。

4月4—5日和28—30日，市公安局根据嘉兴市局部署，先后开展两次“攻命案、打盗窃、扫丑恶、除隐患”为重点的治安清查，抓获违法犯罪嫌疑人77人，破刑事案件46起，捣毁盗窃销赃汽车犯罪团伙1个。

4月12日，林埭派出所徐家埭警务站民警在处理开尔制衣厂民工治安纠纷时，遭30余名河南籍民工围攻冲击，警务站部分电脑及摩托车被砸坏，5名协警受轻微伤。市公安局立即启动应急处置预案，27名涉案人员被及时抓获。

5月17日，省公安厅指挥中心副主任周源祥一行3人到平湖调研指导“三台合一”“110”现场取证、着装、携装等工作。

6月8日20时至9日凌晨及14日20时至15日凌晨，市公安局先后开展两次以“打盗抢、扫丑恶、除隐患、强防范”为主要内容的清查行动，查获违法犯罪嫌疑人86人，抓获公安部网上逃犯5人，破刑事案件23起，缴获被盗车辆25辆。

8月10日晚至11日凌晨，市公安局开展治安大清查，抓获违法犯罪嫌疑人38人，采取刑事强制措施 7 人，行政处罚 31 人，破刑事案件 45 起。

9 月 13 日，市公安局消防大队副教导员兼消防中队指导员李继文、战士潘志毅在扑救林埭镇徐家埭集镇喜福门木门厂火灾中身负重伤，经抢救无效英勇牺牲。

9 月 25 日，省委常委、政法委书记、省公安厅厅长王辉忠到平湖调研指导新居民服务管理工作，并专程到市公安局消防大队慰问全体消防官兵。

10 月 8—11 日，全局民警投入 16 号超强台风（罗莎）排涝抢险救灾工作，加强社会治安面控制，落实各项抢险救灾措施，检查危房 988 家，救助群众 2119 人次，排除险情 66 次，转移群众 1045 人次。

11 月 7 日凌晨，市公安局会同市烟草专卖局在乍嘉苏高速公路王江泾收费站截获厢式货车一辆，缴获南京、黄果树、云烟等各种香烟 8350 条，案值 99.24 万元，抓获犯罪嫌疑人王某某、钱某某，成功破获一起集采购、运输、销售于一体的非法经营卷烟案件。

12 月 21—22 日，市公安局开展以“打盗抢，严防范”为重点的治安清查，抓获违法犯罪嫌疑人 55 人，破获刑事案件 55 起，采取强制措施 18 人，行政处罚 37 人。

12 月 29 日，市公安局在当湖街道虹霓集镇召开打击“两抢一盗”犯罪活动处理大会，对 40 名犯罪嫌疑人执行刑事拘留、逮捕，并公开发还赃物。

## 2008年

1 月 20 日，市公安局接到嘉兴市秀洲区李某某在平湖失踪报案，立即开展侦查，于 22 日晚抓获犯罪嫌疑人盛桂亭（37 岁，住当湖街道），盛交代谋财杀人后又埋尸的犯罪事实。后盛桂亭被判处死刑。

1 月 21—22 日，市公安局开展以“打盗抢、严防范”治安清查，抓获违法犯罪嫌疑人 82 人，采取刑事强制措施 12 人，行政处罚 70 人，破刑事案件 15 起。

1 月 31 日中午，广陈镇前港村一房东报案称一名安徽籍妇女陈某被杀死在王河浜 21 号租房内。2 月 10 日破案，在贵州印江县杉树乡大寨村抓获凶犯隆益兵。后隆益兵被判处死刑，缓期二年执行。

2 月 18 日，在公安部召开的 2007 年全国公安机关“三考”总结表彰电视电话会议上，市公安局获县级公安机关法律基本知识考试三等奖，广陈派出所获基层所队法律基本知识考试一等奖，民警冯东风、傅晓波获法律基本考试个人一等奖。广陈派出所所长盛保法及民警冯东风、傅晓波等出席北京主会场，受到公安部部长孟建柱等领导接见。

3 月 11 日，省委常委、副省长葛慧君到平湖调研新居民服务管理工作。

4 月 9 日，嘉兴港区党工委书记俞四兴，平湖市委常委、公安局局长刘国强，嘉兴边防检查站站长丁尤勤出席乍浦边防派出所获评二级公安边防派出所，荣立集体三等功授牌仪式。

4 月 28—29 日，市公安局开展整治盗抢犯罪专项清查行动，查获违法犯罪嫌疑人 57 人，摧毁盗窃团伙 1 个 6 人，破获刑事案件 121 起。

4 月 30 日，市公安局在钟埭街道召开全市打击盗抢犯罪公开处理大会，对 40 名犯罪嫌疑人执行拘留和逮捕，并公开发还赃物。

7 月 9 日晚，在全塘镇从事非法摩托车营运的李某某，遭山东汶上县籍的程某某等 3 人抢劫被刺死，并被劫去摩托车一辆。市公安局于 11 日在江苏镇江将 3 名犯罪嫌疑人抓获。

7 月 20 日 20 时至 22 日 8 时和 8 月 6 日 20 时至 7 日 8 时，市公安局组织两次“奥运安保攻坚”清查行动，查获违法犯罪嫌疑人 87 人，破刑事案件 30 起，查处治安案件 25 起，抓获公安部网上逃犯 1 人。

8 月 1—24 日，01 省道全塘省际卡点等 6 个通往上海的陆上卡点和甪平申航道水上卡点，实行 24 小时检查赴沪车辆和人员，确保奥运上海赛区的绝对安全。

8 月 20 日，省公安厅党委委员、副厅长凌秋来到平湖督查指导“环沪护城河”工程，并到水上和陆上卡点进行检查。

8 月 21 日，嘉兴市委副书记、政法委书记朱伟到当湖派出所指导工作。

8月25日晚，当湖街道环城北路37号301室发生抢劫杀人案，一对老夫妻被歹徒杀死。28日破案，抓获犯罪嫌疑人赵攀等5人。5人分别被判处死刑、死缓和无期徒刑。

10月8日，市公安局在广陈镇召开“打击破坏社会主义市场经济秩序”处理大会，对7名涉嫌经济犯罪的企业主执行逮捕和刑事拘留。

11月3日夜11时许，01省道黄姑塘桥西堍发生特大交通事故一起，上海耀尚木业公司杨某某驾驶的普通客车与横穿道路的骑自行车者发生碰撞后，冲出隔离带后又与一小型普客相撞，致7人死亡、1人受伤及3车损坏。

11月7日19时至8日凌晨2时，市公安局开展打击和防范“两抢一盗”，涉黄、涉赌、涉毒等社会丑恶现象，预防道路交通和消防安全事故为重点的治安清查，破获刑事案件13起，查处治安案件10起。

11月8—9日，市公安局抽调警力做好中共中央原政治局委员，全国政协副主席杨汝岱在平湖考察期间的警卫工作。

11月18日，市公安局经侦大队在当湖街道梦佳娜保健食品店查获非法传销案件一起，抓获林某某（女）等5名首要分子，查获传销产品及宣传资料一批，涉案金额1650万余元。5人均被依法追究刑事责任。

12月10日，市公安局开展“警民恳谈·问计于民”活动，局领导分别到各联系派出所、警务站、企业、社区、行政村参加座谈。

12月23日，市公安局破获非法吸收公众存款案。犯罪嫌疑人马某某夫妇以高利息、高分红回报为诱饵，虚构投资开发房地产的事实，采用短期借款的名义非法吸收公众存款2862万元，同时骗取他人资金235万元。

12月26日，市公安局在钟埭街道市民广场召开严厉打击严重刑事犯罪公开处理会，对30名抢劫杀人、盗窃、抢劫、寻衅滋事、敲诈勒索犯罪嫌疑人执行刑事拘留或逮捕。

## 2009年

1月10日，市公安局在新埭镇召开严厉打击严重刑事犯罪和经济犯罪公开处理大会，依法对30名故意伤害致死、盗窃、抢劫、寻衅滋事、敲诈勒索及欠薪逃匿企业主等犯罪嫌疑人执行刑事拘留或逮捕。

1月20日20时至23日8时，市公安局开展“严清查、反盗抢、促防范、保安全”为内容的治安清查行动，破获刑事案件15起。刑事拘留11人，查处赌博等治安案件17起，缴获被盗摩托车5辆、电动自行车6辆。

2月6日，市公安局抽调警力参加中共中央政治局常委、全国人大常委会委员长吴邦国，途经市境内高速路段的安全警卫。

2月18日，嘉兴市委常委、公安局局长梁群到平湖调研指导工作，并视察当湖派出所王建林警务室。

3月9日，当湖街道孟秀新村一出租房内发生一起凶杀案，房客黄某某（女）被杀死。13日破案，抓获犯罪嫌疑人岳远振等3人。岳被判处死刑。

3月23日，市公安局在当湖街道大润发广场召开“严厉打击抢劫、抢夺违法犯罪暨整治治安乱点”公开处理大会，对30名杀人、故意伤害、抢劫、抢夺、盗窃、聚众斗殴、非法拘禁、开设赌场、贩卖毒品等犯罪嫌疑人执行刑事拘留或逮捕。

3月25日20时至26日24时和4月22日20时至23日20时，市公安局根据嘉兴市局的统一部署，组织开展两次代号为“雷霆”的打击“两抢一盗”（抢劫、抢夺、盗窃）犯罪的集中行动，抓获违法犯罪嫌疑人35人，破刑事案件21起，查处治安案件9起，查获可疑摩托车4辆，电动自行车5辆。

4月16日，嘉兴市委深入学习科学发展观活动平湖指导组组长沈炳康到市公安局检查指导。

5月5日，省公安厅纪委书记华远平到平湖市公安局指导工作。

5月31日晚，市社会治安综合治理委员会在市体育馆举行全市机关工作人员治安大巡防活动启动仪式，市委书记盛全生作动员讲话。

6月3日凌晨，乍浦镇南大街134号东梯401室发生命案，珠宝店女店主在家中被杀，抢去项链、手镯、戒指等黄金首饰2.5千克，价值50万余元。经公安机关侦查于6月10日在内蒙古呼伦贝尔市的宾馆内，将安徽肥东籍的犯罪嫌疑人陶厚福抓获归案。后陶厚福被判处死刑。

6月27日，市公安局在当湖街道大润发超市广场召开打击抢劫、毒品犯罪处理大会，对30名涉嫌抢劫、杀人、贩毒的人员执行刑事拘留，逮捕。

7月9日，市公安局按照内宾三级警卫部署，圆满完成全国政协副主席孙家正在莫氏庄园、李叔同纪念馆视察参观的警卫任务。

7月21日，副市长金玉珍、市关工委主任陆致远与市政法委、司法局、法院、检察院、团市委等部门，到市看守所开展对在押未成年人“真情唤回归、关爱建和谐”主题帮教活动。

7月22日上午，平湖发生日全食，一时天空黑暗如夜。市公安局严密各项安保措施，维护社会秩序，没有发生刑事、治安案件及交通事故。

8月10日20时至24时，市公安局开展“打击整治两抢犯罪宣传日暨两抢案件零发案”集中行动日，抓获犯罪嫌疑人26人，破“两抢”案件2起，查处治安案件13起。

9月3日凌晨，嘉兴、平湖两地公安机关组织100余名警力在辽宁、平湖、上海等地实施抓捕行动，抓获涉案人员20余人，查获涉黑资金86万元及枪支弹药、砍刀、双节棍，吸毒、赌博工具等，成功摧毁盘踞平湖10余年的以辽宁籍李某某为首的黑恶团伙。15人被依法追究刑事责任，为首分子李某某被判处有期徒刑15年。

10月9日，嘉兴市公安局港区分局成立。平湖市公安局乍浦分局同时撤销。

11月4—5日，市公安局会同工商部门及当湖、钟埭街道，开展打击传销违法犯罪集中行动，破获涉嫌传销案1起，取缔窝点70个，教育400余人。6日上午，在当湖街道大润发广场召开打击传销公开处理大会，刑事拘留66人、逮捕45人。

11月20日，省公安厅党委委员、副厅长凌秋来到平湖视察角平申水上卡点、01省道全塘卡点和平廊公路新庙卡点。

11月23日，嘉兴市委副书记、政法委书记鲁俊到平湖视察当湖派出所视频监控分中心。

12月8日凌晨3时，入住钟埭街道富丽雅大酒店的日本电产日籍职员遭入室抢劫。市公安局于当日抓获作案者钱某某（28岁，安徽籍）、陈某某（32岁，云南籍）2人，缴获被抢全部物资。日本驻沪领事馆对平湖警方快速破案，表示赞赏和感谢。

12月16日，嘉兴市政协主席刘冬生到平湖视察世博安保执勤卡点前期准备工作情况。

## 2010年

1月28日，市公安局举行独山港派出所揭牌仪式。

2月13日晚，钟埭街道白马池浜新村42号西侧水渠内发现一具被掩埋的女尸。经现场勘查，死者为暂住池浜新村43号302室刘某某。2月14日破案，抓获犯罪嫌疑人周柳城。后周柳城被判处死刑，缓期二年执行。

3月29日，上海解放日报社、文汇报社、新民晚报社、劳动报社、天天新报社、上海电视台、上海广播电台、东方网等主流新闻媒体组成的采访团，到平湖角平申水上检查站等上海世博会“环沪护城河”卡点实地采访。

4月7日，嘉兴市委副书记、政法委书记鲁俊到平湖检查指导上海世博会“环沪护城河”安保工作。

4月12日，嘉兴市委书记陈德荣到平湖检查指导上海世博会“环沪护城河”安保工作。

4月14日，省委常委、政法委书记、省公安厅厅长王辉忠到平湖角平申水上检查站、全塘检查站等地检查“环沪护城河”安保工作。

同日，嘉兴市委常委、常务副市长裘东耀到平湖角平申航道大桥检查站，出席上海世博会“环沪护城河”安保启动仪式。

4月21日，嘉兴市委副书记、市长李卫宁到平湖检查指导上海世博会“环沪护城河”安保工作。

5月30日，市公安局圆满完成对中共中央原总书记、国家主席、中央军委主席江泽民到平湖参观李叔同纪念馆的警卫工作。

7月16日，省委常委、政法委书记、公安厅厅长王辉忠，厅党委委员、副厅长凌秋来到嘉兴市第一人民医院看望慰问因公受伤的平湖市公安局交警大队民警金贤明。

同日，省公安厅党委副书记、副厅长张景华先后来到上海世博会“环沪护城河”平湖金沙卡点和角平申航道大桥检查站，慰问一线民警、警校学员和武警官兵。

7月20日，市委书记盛全生前往世博安保执勤卡点，慰问高温下执勤的武警官兵和公安民警。

8月29日晚，公安部“公安文化基层行”文艺小分队赴平湖慰问奋战在世博安保第一线的基层公安民警。

9月11日，市公安局圆满完成全国政协副主席厉无畏在平湖李叔同纪念馆、浙江莎普爱思药业公司、日本电产公司参观视察期间的安全保卫工作。

10月26—27日，全省流动人口服务管理工作会议在平湖召开，省委副书记夏宝龙，省委常委、政法委书记、省公安厅厅长王辉忠，省委常委、副省长葛慧君等领导到会并讲话。

10月29日，公安部新闻中心主任郭林率新华社、人民日报社、人民公安报社、中央电视台、中央人民广播电台等10余家中央新闻媒体到平湖采访世博安保工作。

11月1日零时，开展第六次全国人口普查。

11月12日，在广西南宁警方配合下，市公安局破获跨省特大组织、领导传销活动案，查获从广西潜逃回平湖的涉嫌违法人员100余人，其中C级传销头目10人，涉案金额1000万余元。

12月13—20日，市公安局交警大队民警金贤明赴京参加公安部2011年春节电视文艺晚会集体婚礼节目录制，其间于17日下午受到国务委员、公安部部长、部党委书记长孟建柱及部党委成员的接见。

12月27日，市公安局治安大队副大队长孟鹏飞出席在北京人民大会堂召开的“中国2010年上海世界博览会总结表彰大会”，获上海世博会先进个人称号，受到国务委员、公安部部长、部党委书记孟建柱等部领导的接见。

## 2011年

1月10日，市公安局组织主题为“开门评警·走进110”爱民实践宣传活动，向人民群众宣传110报警台、防盗防骗等安全防范知识。

1月13日，市公安局在当湖派出所举行公安部基层所队执法示范单位授牌仪式。

1月24—25日，市公安局组织开展禁赌扫黄集中统一行动，查获赌博案件13起，治安处罚76人，收罚财物19万余元，收缴赌博机65台、管制刀具6把。查获卖淫嫖娼类案件2起，治安处罚4人。

1月，市公安局被评为2010年度嘉兴市优秀公安局。

3月21—25日，市公安局开展打击整治“两盗”犯罪第一次行动周的统一行动，破获“两盗”刑事案件6起、抓获网上逃犯4人，查获各类违法犯罪人员40余人。

3月31日，市公安局在独山港镇召开警民恳谈会，邀请独山港镇领导、“两代表一委员”、企业经理、村干部、被盗企业代表、媒体记者及各界人士参加，广泛征求意见、建议。

4月15日，《平湖公安》报首期出刊，市委常委、公安局局长刘国强作《创刊词》。

4月18日，省委副书记、省长吕祖善，副省长葛慧君到平湖调研，视察独山应急排涝工程、广陈粮食功能区，市公安局派出警力全程做好安全保卫工作。

4月23日中午，当湖街道朝南埭小区附近河道中，发现一旅行箱内藏有一具女尸。经勘验为他杀，公安机关经28小时的侦查，抓获犯罪嫌疑人邓昌福。邓被判处死刑。

4月26日，嘉兴市委常委、公安局局长梁群到钟埭街道伊思佳服饰有限公司、当湖街道虹霓村和警务室走访调研，听取企业主、街道和村干部、群众对公安工作的意见建议。

4月28—29日，市公安局组织警力537人次，在全市范围开展场所内涉黄涉赌违法犯罪活动的集中清查，整治涉黄涉赌重点区域13处，取缔洗浴场所1家。梳理涉黄涉赌线索12条，查处涉黄涉赌案件7起，治安处罚20人，收缴赌博机22台，收罚财物1万余元。

5月4日，市公安局摧毁“碰瓷”（故意制造假交通事故）敲诈团伙1个，在当湖、钟埭及嘉兴港区等地抓获犯罪嫌疑人张某等10余人，破获平湖、嘉善和嘉兴南湖区等地“碰瓷”案件

22起，涉案价值14万余元，5名涉案人员被依法追究刑事责任。

5月6日晚，平湖与海盐两地公安机关开展集中抓捕，抓获海盐西塘桥镇顾某某等4名屠宰病死猪并销售的违法犯罪嫌疑人。

5月16日，嘉兴市公安机关打防控考核工作会议在平湖召开，市公安局被评为2010年度打防控优胜单位。

5月20日，嘉兴市公安局集结1000余名民警在钟埭街道开展“排雷8号”行动，查获盗窃机动车犯罪嫌疑人3人，抓获在逃犯罪嫌疑人1人、吸毒违法人员3人，破获1起特大盗窃案件。

7月初，市公安局刑侦队会同新埭派出所4次赴宁波、广州等地调查，为土耳其、美国、俄罗斯等国的境外客户追回被骗价值48万美元货款。7月4日，土耳其籍客户专程从土耳其赶来向市公安局赠送锦旗，表示感谢。

8月17日，市公安局召开“清网”（清除网上逃犯）行动新闻发布会，新闻发言人常务副局长于智勇通报开展网上追逃专项“清网”行动情况，来自嘉兴、平湖的新闻媒体10余名记者参加。

8月24—25日，公安部省际交叉互检组到平湖督察检查“清网”行动开展情况，对平湖的“清网”经验给予高度评价。

9月17日，市公安局在黑龙江双鸭山抓获潜逃6年之久的“2004·8·22”杀人案犯罪嫌疑人车亮（28岁，安徽利辛县人）。后车亮被判处死刑，缓期二年执行。

10月15—20日，省公安厅政治部主任华乃强一行到平湖调研“经济社会发展面临问题与矛盾”，征求对省政府和上级公安机关的意见和建议。

10月19日，市公安局在当湖街道吉祥小区抓获涉嫌贩卖毒品的犯罪嫌疑人胡品芳等3人，缴获冰毒560克。根据线索又于11月11日在杭州、绍兴、平湖等地抓获犯罪嫌疑人吴小明等3人，缴获冰毒1035克，毒资13万元。

10月24日，新埭利安制衣厂法人姚某、曹某夫妇拖欠227名职工工资共约300万余元后逃匿。市公安局迅速调集警力，做好维稳工作，同时派员赶赴福建、江西等地追捕，28日在福建省福鼎市将姚、曹抓获，顺利处置欠薪事件。

10月25日，市公安局下发《强服务解企忧保稳定八项制度》，建立企业走访常态制、帮困服务提速制、侵企案件严查制、企业权益保护制、涉企信息传递制、涉企矛盾加入制、安全防范指导制、社会舆情引导制等八项帮扶中小型企业制度，主动服务社会经济发展。

12月6日，市公安局在新埭镇举办新埭派出所建所50周年庆典活动。

12月9—10日，杭州湾地区第四次信息情报警务协作会议在平湖圣雷克大酒店召开，与会人员实地考察全国执法示范单位当湖派出所。

12月16日，公安部“两个专项治理”（涉案人员非正常死亡问题专项治理、涉案财物管理专项治理）交叉检查组到平湖，实地检查曹桥、当湖、林埭派出所，对平湖工作高度评价。

12月17日，市公安局组织开展以“合心合力·平安和谐”为主题的第九届警察开放日活动。

12月22—23日晚12时，市公安局在全市范围内开展“严防控、强检查、防隐患”为内容的集中清查行动，破刑事案件5起，查处治安案件4起，捕获网上逃犯1人、违法犯罪嫌疑人14人，其中采取刑事强制措施6人，行政处罚8人。

12月29日，嘉兴市公安局副局长李新宝到平湖走访老局长靳启民及因公殉职民警毛骏、费志联家属，致以慰问并送上鲜花和慰问金。

## 2012年

1月16日，“平湖公安”新浪微博正式开通。

2月4日23时20分许，当湖街道商业文化广场棋牌室发生一起特大入室抢劫案件，被抢财物10余万元。经公安机关侦查于2月13日在上海、嘉善等地抓获胡某某等5名犯罪嫌疑人。

3月16日，市公安局破获平湖史上非法集资诈骗第一大案，犯罪嫌疑人陆燕以高额利息诱惑群众出资，经其转手再以更高额利息转借他人，骗取利息差额。案值高达24429万余元。陆被判处死刑，缓期二年执行。

3月22日，在嘉兴市公安局的统一组织下，平湖、南湖、秀洲三地公安机关联合行动，抓获周某某等6名盗窃变压器案件的犯罪嫌疑人，破获平湖及周边地区的变压器被盗案件11起，案值57.3万元。

同日，市公安局经过专案侦查破获嘉兴市首例“地沟油”犯罪案件，在新仓镇新庙集镇抓获袁某某等3名犯罪嫌疑人，2名被依法追究刑事责任。

4月19—20日，嘉兴市公安机关打防控考评工作研讨会议在平湖召开。

5月14日凌晨，市公安局治安大队、新仓派出所、巡特警大队及钟埭派出所等多警种联动，在钟埭街道翡翠花苑某住房内摧毁一特大有组织赌博犯罪团伙，当场抓获违法犯罪嫌疑人73人，缴获赌资53万余元，17名涉案人员被采取刑事强制措施。

5月16日下午，钟埭派出所接报案称：富丽雅大酒店女服务员萧某于4月9日失踪。18日破案，市公安局追捕组在河北霸州至西安列车上缉获杀人分尸案犯罪嫌疑人高建东。高被判处死刑，缓期二年执行。

5月23日，市公安局摧毁跨区域“碰瓷”犯罪团伙，并先后在绍兴、上海等地抓获犯罪嫌疑人裴某某等5名涉案犯罪嫌疑人，破获系列案件20余起。

6月24日晚，市公安局在当湖街道世纪名苑抓获从广东汕头运输毒品至平湖的潘继明等4名犯罪嫌疑人，当场缴获冰毒20.7千克，汽车2辆。后又相继在上海、广东等地抓获3名犯罪嫌疑人，该案贩毒数量达34千克，案值达2000万元，为当时嘉兴市第一贩毒大案。省委常委、公安厅厅长刘力伟作出批示予以充分肯定。

7月25—26日，嘉兴市公安局局长、政委会议在平湖召开。

8月7日，嘉兴市保安协会一届三次理事会在平湖召开。

8月10日，市公安局查处嘉兴市首例违反《保安服务管理条例》刑事案件，涉案金额约130万元。

8月14日晚9时，市公安局在当湖街道池海小区抓获犯罪嫌疑人倪某某、凌某某，并在其租住的房间内发现一具女性被害人的尸体和部分尸块，协助上海金山区公安分局破获杀人分尸案一起。

8月16日，平湖市反恐怖工作会议在市公安局召开。

8月，市公安局通过专案侦查，在新仓镇秦沙村、钟埭街道联丰村查获屠杀病死猪窝点1个、储藏病死猪窝点2个，生产、销售病死猪半成品窝点3个，抓获涉案人员3人，均被依法追究刑事责任。

9月12日，省公安厅警察协会副主席、秘书长顾凤高到平湖调研基层警察协会工作。

11月14日，全市社会应急联动工作会议在市政府会议中心召开。

12月17日，平湖市生命阳光社工服务社揭牌仪式在当湖派出所举行，市委常委、公安局局长傅金明出席仪式并揭牌。

## 2013年

1月8日，嘉兴市公安局党委委员、副局长姚钰明到平湖走访慰问因公牺牲民警家属。

1月10日，市社会应急联动指挥中心揭牌仪式在市公安局举行。

1月30日，市公安局召开第五届特邀监督员聘任大会。

2月3日凌晨，当湖街道城南新村2幢2单元一女青年下班回家，在3楼过道楼梯间被一歹徒强奸。当晚破案，在钟埭街道三星精密不锈钢公司抓获犯罪嫌疑人李某某。

2月4—5日，市公安局开展“迎新春保安全·零点集中统一行动”，共出动警力1393人次，清查旅馆、出租房屋、网吧、建筑工棚、娱乐等场所1268家，刑事拘留6人，破获刑事案件38起，行政处罚23人。

3月11日，市公安局成立由局长任组长的死猪处理工作领导小组，抽调警力，在进出平湖边界设置临时检查卡点，开展全天候设卡检查。

4月7日晚，市公安局组织开展“扫毒害保平安”严打整治集中统一行动，破获刑事、治安案件4起，抓获吸贩毒嫌疑人6人。

5月8日，市公安局接事主报案称：收到湖南卫视《我是歌手》栏目组场外二等奖的中奖短信，对方以收取保证金和税费为由骗取2万元。

6月27日破案，在北京西城区抓获犯罪嫌疑人符某等人。

5月10日，市公安局抓获全国重大涉枪案件挂牌督捕在逃人员王某某（28岁，贵州人）。

5月31日，市公安局召开打击防范电信（网络）诈骗犯罪专项行动工作会议。

6月5日，省公安厅党委委员、副厅长郑兴军到平湖调研指导公安交管工作。

6月19日，市公安局召开实施《出境入境管理法》新闻通气会。新华社、钱江晚报社、浙江经视、新蓝网等省内外16家媒体到会进行采访。

6月20日，市公安局与上海市金山区公安分局建立反恐警务协作例会制度。

6月25日，市禁毒委员会在当湖派出所召开新闻发布会。南湖晚报、平湖电视台、平湖电台、《嘉兴日报·平湖版》、“平湖网”等多家新闻媒体记者参加。

8月1日，省委常委、公安厅厅长刘力伟到平湖检查指导公安工作。

8月5日，市公安局在嘉兴市公安局有关部门的配合下，迅速侦破“7·26”特大涉企敲诈勒索案，抓获犯罪嫌疑人王某某（32岁，四川省宜宾市人），涉案金额达50万元。

8月12日，嘉兴市刑侦工作推进会在平湖召开。

8月14—15日，市公安局组织60余名警力在平湖、嘉兴南湖区和杭州萧山等地展开集中收捕行动，抓获罗某某等13名犯罪嫌疑人，缴获病死甲鱼骨1万余斤，破获收购、加工、贩卖病死甲鱼骨案件一起，共贩卖病死甲鱼骨2.5万余斤，案值480万余元。6名涉案人员被追究刑事责任。

8月28日，市公安局破获非法倾倒工业污泥案件一起，抓获犯罪嫌疑人王某某，王被依法追究刑事责任。

8月30日7时38分，平湖市独山港镇穗轮工业园区申平塑胶有限公司发生火灾，造成8人死亡、6人受伤。

8月，建立平湖市森林公安局（森林警察大队）。

9月16—18日，省公安厅党委委员、副厅长郑兴军到平湖交警大队开展下基层当普通民警活动。

9月19日下午，市公安局接群众报案称：林埭镇徐家埭村寺桥头河面发现一具女尸。经现场勘查，死者系同村暂住人员徐某某。20日破案，抓获犯罪嫌疑人王艳青。王被判处死刑，缓期二年执行。

10月28日，召开中国共产党平湖市公安局机关第一次代表大会，选举产生机关党委、纪委第一届委员会组成人员。

10月30日，市看守所组织开展监所对外开放日活动。市政协副主席方晓烈及人大代表、政协委员、驻所检察官、特约监督员等23人参加。

11月15日，浙江省平湖市、上海市金山区反恐怖部门第二次警务协作例会在平湖召开。

12月13日，平湖市召开反恐怖工作会议。市委副书记、政法委书记潘川弟出席会议，并与相关成员单位签订责任书。

12月17日晚，市公安局首次实施每日点评会商制度。

## 2014年

1月8日，市公安局组织全市警务室开放日活动，介绍各派出所实施“城乡防控一体化”以来取得的工作实效，普及法律知识，预警新型犯罪，提高群众自我防范意识。

1月17日，苏浙沪15市（区、县）第61次警务合作会议在平湖召开，会议通过情报信息数据交换工作暂行办法，举行各地情报数据交换仪式。

1月30日，市公安局被评为2013年度嘉兴市优秀公安局。

1月，市公安局被省公安厅评为2013年度全省公安信访考核县级优秀单位。

2月15日20时至16日20时，全市开展以整治黄赌为重点的“零点”集中统一行动，抓获违法犯罪嫌疑人员92人，查处黄赌案件11起，采取强制措施4人，治安处罚74人。

2月28日，市公安局召开党的群众路线教育实践活动暨深化作风建设部署会议。

3月10日，嘉兴市公安机关治安特警工作会议在平湖召开。

3月11日，省公安厅党委委员、副厅长陈石春到01省道平湖金沙卡点、平廊公路新庙卡点检查指导工作。

3月20日，市公安局召开“打侵财·保平安”新闻发布会，省、嘉兴和平湖10余家新闻媒体记者参加。

4月11日，省委群众路线教育实践活动驻平湖督导组组长龚震源一行到市公安局检查指导工作。

4月17日，嘉兴市县出入境审批权限一体化改革现场推进会暨全市公安出入境管理工作会议在平湖召开。

4月29日上午9时至24时，全市组织开展上海亚信峰会“环沪护城河”安保社会面治安管控整治集中统一行动，查获刑事案件1起，采取强制措施3人，抓获网上逃犯1人。查处行政案件7起、行政处罚20余人。

4月30日，市公安局召开座谈会，欢迎获浙江省劳动模范称号的独山港派出所民警汪东晓载誉归来。

5月4日，嘉兴市公安局党委副书记、副局长姚钰明到平湖检查指导上海亚信峰会“环沪护城河”安保工作。

5月5日，市公安局在市委党校召开上海亚信峰会安保工作对接会议，欢迎浙江警察学院增援警力抵平。

5月6日，嘉兴市委副书记、政法委书记胡海峰到平湖视察上海亚信峰会“环沪护城河”安保工作。

5月12日，省委副书记、政法委书记王辉忠到平湖检查上海亚信峰会安保工作。

5月20日，省公安厅副督察长、督察总队总队长施亚夫到平湖检查上海亚信峰会安保工作。

5月22日，市公安局为服务经济发展，在全局范围内推行实施由局领导带头，各派出所及局相关业务部门正职干部联挂，社区民警全面参与的重大项目警官制。

5月，市公安局接群众举报，发现一条有组织的涉嫌销售假药犯罪线索。6月29日，在平湖一宾馆内抓获犯罪嫌疑人胡某某，即成立“6·29”专案组，开展侦查。此案获得公安部和省公安厅批准指定由平湖市公安局管辖。至11月，专案组先后在北京、广西及浙江等地查获4个制售假药犯罪团伙，抓获犯罪嫌疑人38人，生产、销售的假药有肉毒素、溶脂针、美白针等22个注射类美容药品，16名涉案人员被依法追究刑事责任。

7月4日，省公安厅法制总队副总队长傅勇慧到平湖就申报全国公安机关执法示范单位评选暨规范使用执法办案区“四个一律”专项工作和半年度执法质量等进行检查。

7月5日，全市2014年禁毒工作会议在市政府会议中心召开。

7月7日，市公安局成功破获一起骗取保险金案件。在当湖街道、嘉兴港区等地抓获犯罪嫌疑人潘某某等4人，主犯麦某某（广东增城市人）在逃。11日，麦某某到公安机关投案自首。经审查，5人利用投保的机动车，故意制造交通事故，以骗取保险金，案值9.8万余元。5人均被依法追究刑事责任。

7月29日，全市反恐工作专题会议在市公安局召开。

9月2日，公安部法制局执法监督处处长姚会率公安部检查组到平湖开展规范使用办案区“四个一律”专项检查活动。

9月26日，嘉兴市社会信息资源整合工作会议在平湖召开，平湖市局党委副书记、常务副局长李中华及嘉善县局副局长张志良分别作交流发言。

10月10日，省公安厅刑侦总队副总队长蔡鸿鸣一行到平湖调研指导预审办案工作。

10月16日，市公安局组织召开以“警民警媒携手·共同防范诈骗”为主题的预防打击通讯（网络）诈骗犯罪新闻发布会，并进行现场发赃，省、嘉兴和平湖10余家媒体记者参加。

10月17日，市公安局召开群众路线教育实践活动总结会议。

11月9日，市公安局被省公安厅记集体二等功一次，成为全省执法规范化建设首批四家获此荣誉的单位之一。

12月11日，由省禁毒办组织，各地市级禁毒办、六家省禁毒社工队伍建设示范单位参加的禁毒社工队伍建设现场观摩活动在平湖举行。

12月15—18日，中央电视台新闻频道记者专程到平湖，对市公安局破获的一起特大生产、销售假药案进行专题采访，并在中央电视台“每周质量报告”栏目中播出。

12月29日，市公安局组成境外追逃组，在柬埔寨金边一服装加工厂内将涉嫌拒不支付劳动报酬和信用卡诈骗犯罪的逃犯张某某抓获归案。

## 2015年

1月10日，市公安局在当湖街道名媛百货中心广场开展110宣传日暨社会应急联动宣传咨询活动。

1月14日，省公安厅督察总队会同治安、消防总队到平湖督察火灾防控工作。

同日，嘉兴市“猎狐2014”专项行动点评会在平湖召开，市公安局赴柬埔寨缉捕组作大会介绍。

1月15日，省公安厅党委委员、副厅长、纪委书记王海仁到平湖检查指导工作，实地查看当湖派出所综合指挥室及“办案、案管、物证”三大中心。

1月21日，省公安厅刑侦总队总队长聂展云到当湖派出所综合指挥室，“办案、案管、物证”三大中心及合成作战中心，实地视察执法办案，听取有关工作，并就如何做好基层刑事侦查工作作深入交流。

1月23日，市公安局被评为2014年度嘉兴市优秀公安局。

1月26日，市公安局首次被省公安厅评为2014年度全省公安队伍正规化建设优秀单位。

2月6日，上海市金山区及浙江省嘉善县、平湖市公安反恐部门第四次警务协作会议在平湖召开。

3月4日，嘉兴市公安机关纪委书记工作例会在平湖召开，嘉兴市公安局党委委员、纪委书记刘保民对平湖市公安局网上督察中心建设所取得的成效予以充分肯定。

3月12日，嘉兴市公安机关执法化建设座谈会在平湖召开，市委常委、公安局局长傅金明作交流发言。

3月15日，省公安厅党委委员、副厅长金伯中到平湖调研指导工作。

3月16日，市公安局召开反腐倡廉建设暨深化纪律作风专项教育整改动员会议。会议通报民警违纪案件情况，回顾总结上年反腐倡廉工作，部署2015年反腐倡廉工作和深化纪律作风专项教育专项整改行动。

3月26日，市公安局召开特邀监督员座谈会。

4月7—8日，市委常委、公安局局长傅金明应邀出席全省刑侦工作会议，并在会上就案审队建设作经验交流。

4月10日，市公安局召开“我为平湖公安献一计”警媒座谈会暨“百城禁毒”会战通报会。

4月15日，市公、检、法联席会议在市公安局召开。

5月6日，全市反恐工作会议在市公安局召开。

5月15日，全市行政案件快速办理机制联席会议在市公安局召开，省公安厅法制总队政委徐芳出席会议并讲话。

5月19日，嘉兴市委常委、公安局局长金志到平湖调研指导公安工作。

5月20日，嘉兴市公安机关“保平安、强服务、惠民生”四大专项行动第二督导组到平湖开展专项督导。

6月15日零时，平湖114社会化移车服务热线开通。市公安局通过市电信公司114百事通，整合公安交管六合一系统数据，提供24小时全天候移车服务。

6月23日，市公安局破获一起境外网络赌博案件，在福建霞浦抓获开设赌博网站的犯罪嫌疑人吴某某。后嘉兴、平湖两地公安机关成立专案组，分别于8月、10月实施异地统一行动，对33名犯罪嫌疑人采取刑事强制措施，查扣银行卡50余张、电脑40台，涉及全国20余个省份，涉案资金2.8亿元。

7月14日，省委常委、公安厅厅长刘力伟到平湖调研指导公安工作。

7月30日，省公安厅党委副书记、常务副厅长洪巨平到平湖调研指导公安改革工作。

8月27日，省公安厅刑侦总队副总队长蔡鸿鸣到平湖调研指导案审队建设工作。

9月17日，省公安厅网警总队政委裘永进到平湖参加网警大队当湖网警中队揭牌仪式。

同日，市公安局接受害人丁某报案称在某公司网站购买减肥产品后，被犯罪嫌疑人冒充的专家、教授、医院院长等多次诱骗购买假药，共损失1.7万余元。

10月8日，嘉兴市公安机关“黑卡”治理、“净网”专项行动推进会在平湖召开。

10月28日，省公安厅党委委员、副厅长、纪委书记王海仁到平湖检查指导公安改革试点工作。

11月4日9—24时，市公安局组织开展“百日维稳攻坚大会战”集中统一行动，破获刑事案件14起、行政案件13起，清除乱点隐患12处。

11月5日，省公安厅监管总队政委蔡高提到平湖检查指导看守工作。

11月9日，市公安局圆满完成“纪念毛泽东同志新仓经验指示60周年”座谈会安保任务。

11月10—11日，公安部法制局副处长张巨文、省公安厅法制总队政委徐芳根率杭州、嘉兴、金华等地公安局法制部门负责人到平湖参加行政案件快速办理机制试点工作座谈、交流会。

11月16—17日，省公安厅交通管理局副局长冯金寿率省厅立案突出问题专项治理领导小组一行到平湖检查督导立案突出问题专项治理工作。

11月19日，市公安局网警大队会同当湖派出所快速破获一起利用伪基站发送诈骗短信，破坏公用电信设施案件，抓获犯罪嫌疑人华某某等2人，缴获伪基站设备一套。

11月28日，市公安局成功破获首例非法获取计算机信息系统数据案，在桐乡一酒店内抓获3名涉案人员，缴获作案工具电脑4台。

12月11日，市公安局成功破获一起利用网络煽动聚众集访事件。华人国际公司因资金链断裂，楼盘预售被禁后，在微信、QQ群内发帖子，煽动网民以聚众堵门、举标语、拉横幅等形式围攻政府部门，以达解禁项目预售证之目的。

12月12日，省公安厅党委委员、纪委书记张钢到平湖检查指导“乌镇峰会”安保工作，并实地视察01省道金沙卡点。

12月15日，市公安局独山港派出所教导员戴明忠在第二届世界互联网大会乌镇安保总指挥部受到国务委员、公安部部长、部党委书记郭声琨及省、市党政领导的接见。

12月16日，市公安局破获首例扰乱无线电管理秩序案，会同市文化广电新闻出版局在钟埭街道查获“黑电台”2部、笔记本电脑2台、无线电发射器2台。

12月24日，建立市纪委驻市公安局纪检组，市委组织部任命华国庆为第一任纪检组组长。

## 2016年

1月10日，市公安局在当湖街道大润发超市开展“110宣传日”活动，司法局、城管局、市场监督局、水务集团等社会联动部门一同参与。

1月，市公安局被省公安厅评为2015年度全省公安队伍正规化建设优秀单位。

2月2日8时至2月3日24时，市公安局在全市范围内组织开展以“强打击、除隐患、保安全”为重点的“春雷一号”集中统一行动。

2月3日，市公安局召开警媒迎春座谈暨打击和预防通讯（网络）诈骗通报会。

2月，市公安局被省公安厅授予2015年度全省公安机关执法质量优秀单位（已连续15年）。

3月3日，市公安局调集巡特警、刑侦、派出所共100余名警力，会同市场监督管理局30余名工作人员，在林埭、独山港、当湖、广陈等地查获6个生产“毒腐皮”的制销窝点，抓获20名生产销售“毒腐皮”犯罪嫌疑人，并缴获加工用的桐油和已制成的“毒腐皮”一批。

3月8日，市公安局经过4个多月的调查取证，成功破获一起通讯（网络）诈骗案件，涉案金额达11万余元。在广东番禺警方的协助下，抓获以黎某某（广东海丰人）为首的12名犯罪嫌疑人，当场缴获假冒电视机、电脑、电话等作案工具一批。

3月15日，省公安厅党委委员、副厅长金伯中到平湖调研指导工作。

3月23日、25日，市公安局经6个月的缜密侦查，组织200余名警力，在武汉市江夏区开展集中收网抓捕行动，破获“2015·9·17”网络推销假劣减肥药的特大跨省通讯（网络）诈骗案件，抓获涉案人员290人，刑事拘留178人（移送起诉176人），破案750余起，查获服务器及电脑250余台、赃款1300万余元，创单案嘉兴打处数之最。

4月7日，省公安厅党委委员、副厅长华远平到平湖调研指导禁毒、监管工作。

4月16日，公安部证件核心技术中心主任邱延明、处长何枫、综合事务部处长尚希明、质量控制部处长杜春等一行到平湖调研指导出入境管理工作。

4月28日，市公安局在全市范围内组织开展“清雷”行动第一次集中统一行动，清除各类安全隐患38处，查处道路交通违法行为918起，破获刑事案件7起、行政案件6起，抓获犯罪嫌疑人6人、违法嫌疑人17人。

5月4日，市公安局召开微信公众平台建设工作会议，推广“平湖公安”微信公众号。

5月31日，市公安局根据《中华人民共和国反恐怖主义法》有关规定，对当湖街道一宾馆处以10万元罚款。

6月1日，经市机构编制委员会批准市公安局增设行动侦查大队。

6月7日，市公安局召开警察协会成立大会，并举行揭牌仪式。

6月22日，由省看守所副所长王斌玲，省公安厅监管总队、绍兴市监管支队负责人组成的“三无一防”百日查改整饬检查组到平湖检查指导监管工作。

6月30日19时许，当湖街道东方宾馆305房发生一起因感情纠纷引起的杀人案件，被害人仲某某（女，钟埭街道人）被当场杀死。当晚8时40分，犯罪嫌疑人潘某某（钟埭街道人）向公安机关投案自首。

6月，市公安局警犬驯养基地在曹桥街道建成，配备1名民警和7名训导员，有防暴、搜毒、搜爆、血迹搜寻等犬种7条，业务归属刑侦大队。10月1日，警犬首次在城区街面亮相，参加国庆安保巡查。

7月15日，市公安局召开打击“盗抢骗”犯罪专项行动新闻通报会。

7月26—27日，省公安厅党委委员、驻厅纪检组组长、副督察长张钢带领督察总队有关人员到平湖检查G20峰会安保工作。

7月28日，市公安局组织安监、环保、消防、卫生等联动部门参与“金山、嘉善、平湖”三地反恐应急演练，常务副局长李中华全程现场指挥，并前往金山观摩交流。

8月2日，上海市政府副秘书长陈靖到平湖对接G20安保工作。

8月5日，市公安局组织参与G20峰会沪浙水上安保联动联勤应急演练。

8月10—11日，市公安局在全市范围内组织开展“护航1号”集中统一行动。

8月15日，市公安局召开见义勇为表彰座谈会。政委夏中良为胡浩强、陈庚两名见义勇为牺牲人员家属颁发荣誉证书和奖金，林埭镇政府、人力社保局和林埭派出所相关负责人参加会议，平湖电视台、电台、嘉兴日报社平湖分社等媒体对表彰活动进行采访报道。

8月20日，嘉兴市委副书记、政法委书记孙贤龙到平湖督导“护航2号”集中统一行动。

8月20—21日、30—31日，市公安局在全市范围内先后组织开展“护航2号”“护航3号”社会治安大清查、大整治集中统一行动。

8月23日，嘉兴市委常委、公安局局长金志到平湖01省道金沙公安检查站检查指导G20安保工作。

8月25日，市委书记盛付祥慰问高温下坚守岗位的峰会安保执勤人员，并送上慰问品。

9月21日，省公安厅党委委员、副厅长黎伟挺到平湖检查指导案审中心运作工作。

9月28日，嘉兴市禁毒工作例会在平湖召开，市公安局禁毒大队和交警大队分别就毒驾治理作经验介绍。

9月，钟埭派出所新业务技术大楼由平湖经济技术开发区投资1.2亿元，在钟埭街道永兴路经开大厦西侧破土动工。

10月13日，市公安局联合市司法局召开律师参与公安机关涉法涉诉信访工作启动仪式。

10月27—29日，市公安局开展护航乌镇峰会社会治安大清查大整治集中统一行动。共出动警力2400余人次，检查流动人口落脚点9800余处，新登记流动人口480余人，检查车辆3250余辆。

11月4日，嘉兴市委常委、公安局局长金志到“乌镇峰会”第一防区（平湖）指挥部检查指导安保工作。

11月10日，省委常委、公安厅厅长徐加爱到“乌镇峰会”第一防区（平湖）检查指导工作。

12月6—7日，省禁毒委副主任、财政厅常务副厅长罗石林到平湖督导禁毒工作。

12月14日，全省首台居民身份证自助领证机在公安办证窗口当湖派出所户籍窗口正式投入使用。

12月21日，国家禁毒委督导组组长、中国人民银行反洗钱局副局长杨兰平一行到平湖检查指导禁毒工作。

## 2017年

1月6日，全省公安机关刑事案件相对集中办案机制建设经验交流现场会在平湖召开，市公安局作经验介绍。

1月13日和20日，市公安局在全市范围内组织开展两次“保平安促和谐”集中统一行动。

1月13日，公安部公安改革项目实施效果第三方评估小组组长、中国人民公安大学治安学院教研室主任、教授伍先江一行到平湖检查指导公安改革工作。

1月25日，市公安局被省公安厅评定为2016年度全省公安信访考核县级优秀单位，自2013年起连续4年蝉联省优。

1月27日，市委书记祁海龙到市公安局检查指导工作，并向坚守在岗位上的全体民警、辅警致以新春问候。

1月，市公安局被省公安厅评为2016年度全省公安队伍正规化建设优秀单位（连续3年）。

2月7日，省公安厅督察总队派出督察六队到平湖督察内部人员泄露公民个人信息专项治理工作。

3月14日，公安部在当湖派出所召开《公安机关办理行政案件程序规定》修订调研座谈会，公安部法制局副巡视员包红霞一行及省公安厅党委委员、副厅长王建等出席会议。

3月30日，嘉兴市公安机关行政案件快速办理现场推进会在当湖派出所召开，市公安局常务副局长李中华作经验介绍。行政案件快速办理机制被公安部评为第三批优秀执法制度在全国推广。

3月，广陈派出所办公楼在广陈镇港中村开工建设，征地面积5333平方米，共投资1600万元。

4月14日，市公安局破获一起通讯（网络）诈骗案件，案值100余万元。抓获方某某等6名犯罪嫌疑人，当场查获作案电脑20余台，扣押赃款10余万元。

4月17日，市公安局被浙江省禁毒委评为2016年度全省禁毒工作先进集体。

4月27日，新埭派出所会同钟埭片区刑侦队民警破获一起非法买卖枪支案，在河北省藁城市抓获犯罪嫌疑人张某某（河北人），张在河南省郑州市金水区租房内，利用QQ平台，支付宝付款，快递运输等方式出售仿真枪100余支，从中获利10万余元，张被刑事拘留。

5月25—26日，省公安厅党委委员、副厅长王海仁率法制总队总队长徐芳根等人到曹桥街道曹桥村、景兴集团、当湖街道北河漤社区、东升警务室，与街道、村、企业负责人和群众代表座谈，广泛征求意见建议。

5月，市公安局在局域网设立“曝光台”专栏，对民警（含警务辅助人员）违法违纪违规案件和督察中发生的问题进行实名通报，从源头上最大限度地预防和减少民警违法违纪违规问题发生。

6月19日，省公安厅党委委员、副厅长沈亚平到平湖检查指导工作。

6月20日，全省国保专项工作现场会在平湖召开，市公安局作经验介绍。

7月31日晚，当湖街道新华北路70号内发生一起故意伤害案件，倪某某（独山港镇人）与李某某（女，桐乡市人）因纠纷发生争执，倪持刀捅李胸部，李经120抢救无效死亡。当日晚，犯罪嫌疑人倪某某被抓获归案。

8月4日，市委书记祁海龙到当湖街道胜利路新华路口交警执勤点，慰问在高温下执勤的交警和协警，并送上防暑降温用品。

8月11日，市公安局信访室被省公安厅评定为2016年度全省公安机关信访积案集中攻坚化解活动成绩突出集体。

8月29日，嘉兴市首列“网上视频会见”

在市看守所进行，在押人员钱某通过网上视频会见系统，与远在四川的妻儿进行一场双向视频会见，达到“温情感化”的效果。

9月14日，市公安局刑事科学技术室（公安司法鉴定中心、公安物证鉴定室）正式取得国家认可的“检验检测机构资质认定证书”。

9月19—20日、29—30日和10月9—10日、16—17日，市公安局在全市范围内组织开展中共第十九次全国代表大会安保决战阶段4次集中统一行动，共抓获违法犯罪嫌疑人162人、逃犯5人，破获各类案件120起。

9月22—25日，市公安局出动警力1000余人次，确保“中国·平湖西瓜灯文化节”期间21个艺术、经贸和灯展类系列活动的安全。

9月26日，市公安局成功破获“7·21”部督非法控制计算机信息系统案件，先后抓获犯罪嫌疑人60余人，查获服务器及电脑120余台。获车俊、袁家军等省委领导的批示肯定。

同日，市公安局整合指挥中心和情报中心设立情指联勤中心，科通科并入警务保障室，情报中心反恐职能并入国内安全保卫大队。成立刑事犯罪侦查中心，管辖刑事犯罪侦查大队、经济犯罪侦查大队、网络警察大队、禁毒大队和案审大队。

9月28日，市公安局搬入当湖街道胜利路66号新业务技术大楼办公。

11月1日，平湖市区禁止燃放、销售烟花爆竹（简称“双禁”）首日，市公安局共查处非法燃放烟花爆竹案件10起，处罚违规燃放烟花爆竹人员10人。同时，会同市安监局取缔无证销售烟花爆竹1家。

11月10日，浙江刑侦信息专业应用系统应用推进会在平湖召开，市公安局作经验介绍。

11月29日，嘉兴市委常委、公安局局长金志到“乌镇峰会”第一防区（平湖）检查指导工作。

12月27日，嘉兴市委常委、公安局局长金志到林埭派出所检查指导工作。

12月29日，市公安局综合档案室被省公安厅、省档案局评定为省级“示范数字档案室”。

同日，市看守所在钟埭街道农牧场举行主体工程开工仪式。

## 2018年

1月19日，公安部物证鉴定中心副主任葛百川、副巡视员班茂森一行到平湖调研刑事技术工作。

1月23日，根据中共中央、国务院发出《关于开展扫黑除恶专项斗争的通知》精神，为期3年的扫黑除恶专项斗争在全市范围内展开。

1月26日雪夜，当湖派出所民警干海浪与协警袁晓骏、李春健等3人跳入东湖救起一名轻生男子。事迹被人民公安报、平安时报、浙江法制报、钱江晚报等多家报社及全国20多家网络媒体报道。

1月29日，嘉兴市委副书记、政法委书记孙贤龙到平湖检查指导扫黑除恶专项斗争工作。

2月2日，省公安厅正风肃纪、扫黑除恶督导组一行到平湖检查指导工作。

2月5—9日，公安部物证鉴定中心专家组到平湖开展“送教上门”活动。

2月28日至3月1日，3月5—6日、13—14日和19—20日，市公安局先后组织开展4次“除隐患、强管控、保稳定”集中统一行动。

2月，市公安局被评为2017年度嘉兴市优秀公安局。

3月14日，嘉兴市公安局党委副书记、常务副局长姚钰明到平湖检查指导“最多跑一次”改革工作。

3月，市机构编制委员会同意交警大队增设广陈中队、林埭中队。

4月2日，市公安局召开“2015·9·17”特大通讯网络诈骗案发赃大会，来自全国各地82名受害者领回300万余元的被骗款。

4月27日，市公安局主动与检察、法院、司法局等部门沟通协商，在全省率先创新实施案件见证人制度。

4月27—28日，市公安局组织开展“除隐患、保稳定”集中统一行动。

5月9—10日，公安部物证鉴定中心副主任葛百川、痕迹检验处处长蒋雪梅、副处长白艳平、法医病理损伤技术处副处长何光龙等4名专家，到平湖开展刑事技术信息化建设与应用、命案现场法医勘验、非正常死亡事件法医学处置等业务培训。

5月11日，市委副书记、市长刘中华带队督查居住出租房屋“旅馆式”管理、中心城区重点路段交通秩序严管、城区停车管理等三个重点破难项目。

同日，金嘉平（金山、嘉善、平湖）三地反恐部门第十次警务协作例会在平湖召开。

5月15日，市政协第51号重点提案办理协商会在市公安局召开，会议就公检法涉案财物集中管理中心建设工作开展协商。

5月24日，市居住出租房屋“旅馆式”管理工作领导小组在新埭镇召开工作推进会，市委常委、常务副市长仲旭东出席会议并讲话。

5月，市公安局被评为2017年度嘉兴市优秀公安局。

6月1日至12月31日，全局开展“压警情、破小案、创满意”捕鼠专项行动，实行半月一通报制度，列入年终派出所工作考核。

6月15日，市公安局运用政法一体化办案系统，开通简易刑事案件网上单轨制办理机制。

同日，广陈派出所搬入广陈镇港中村新址办公。新办公大楼有综合办公楼、业务用房及辅助用房等，总建筑面积3309.29平方米。

6月28日，市公安局召开全市禁毒、治理通讯（网络）新型违法犯罪工作会议。

同日，市公共安全体验馆、禁毒教育中心在市民广场举行开馆仪式。

6月，为做好市政府引进生态能源项目维稳工作，市公安局成立维稳领导小组，下设一办十组七专班，抽调警力赴独山港镇，启动等级响应，实现从项目公布到选址公示期间不聚集、不串联、不闹事的目标，受到市委书记祁海龙的充分肯定和高度评价。

7月26日，首届中国国际进口博览会“环沪护城河”公安检查站查控工作，上海、平湖两地对接协调会在平湖召开。

7月31日，市公安局召开“最多跑一次”新闻通气会，钱江晚报、南湖晚报、嘉兴电视台、平湖在线等多家新闻媒体记者参加。

8月28日18时40分，当湖街道城南新村发生一起命案，被害人刘某某（女、湖南人）因感情纠葛被男方用美工刀划伤颈部致死，犯罪嫌疑人王某（平湖人）于当晚在嘉兴南湖区新丰镇抓获归案。

8月30—31日，市公安局组织开展“护航北京峰会”治安大清查大整治集中统一行动。

8月，市公安局通过专案侦查成功破获以陈某为首的高利放贷，并暴力讨债的涉黑犯罪团伙，抓获以山东汶上县籍陈某为首的犯罪嫌疑人员21人。7名犯罪嫌疑人被依法追究刑事责任，首犯陈某被判刑24年。

9月7日，市公安局组织开展“珍爱生命、铁拳护航，交通安全大会战”百日攻坚整治行动。

9月14日，市公安局利用地下空间建成的600平方米智能化警用装备管理中心投入使用。

9月20—25日，市公安局投入警力1000余人次，圆满完成一年一度平湖西瓜灯文化节安全保卫任务。

10月10日，市公安局摧毁一个以公司化运作的犯罪团伙，破获一起特大侵犯公民个人信息犯罪案件。专案组从上海、山东、嘉善、海盐及平湖等地抓获违法犯罪嫌疑人员28人，缴获信息数据200余GB。

10月15—16日、22—23日和29—30日，市公安局先后组织开展3次“铁拳护航”重大安保活动系列大清查大整治集中统一行动。

10月16日，市公安局破获一起特大骗取贷款案。在钟埭街道抓获犯罪嫌疑人俞某某。俞某某采用伪造合同、应收账款确认等手段，虚构质押标，骗取平湖一商业银行贷款，案值达4000万余元。

10月18日，法制日报社、人民公安报社、人民法制网、浙江日报社、平安时报社、浙江电视台新闻频道、浙江经济广播、嘉兴日报社、嘉兴电视台等20多家中央、省、市级媒体记者，到市公安局采访简易刑事案件单轨快速办理工作。

10月23日，省公安厅党委委员、副厅长金伯中率厅情指联勤中心、治安监督管理总队、交通、高速总队负责人，到平湖金沙卡点检查系列重大活动安保工作。

10月25日，市公安局调集各部门骨干民警

（辅警）共45人，进驻世界互联网大会·乌镇峰会第一防区。

10月25日，嘉兴市副市长、公安局局长叶忠华到平湖检查指导工作。

10月30日，省公安厅扫黑除恶督导组麻中虎一行到平湖督导扫黑除恶工作。

11月1日，嘉兴市副市长、公安局局长叶忠华到世界互联网大会·乌镇峰会第一防区（平湖）检查指导安保工作。

11月2日，市委书记祁海龙，市委副书记、政法委书记王道平等，到市公安局督导交通大会战工作并检查事故隐患点。

11月27日，嘉兴市一体化办案单轨制运行推广现场会在平湖召开，与会人员还实地参观公、检、法物证管理中心和警用装备管理中心。

同日，嘉兴市刑侦系统铁拳护航大会战集中打击行动部署会暨远程取证工作现场推进会在平湖召开。

11月30日至12月1日，市公安局组织开展“铁拳攻坚”首次集中统一行动。其间，共出动警力1300余人次，破获各类案件40余起，采取强制措施31人，行政处罚19人。

12月6日，省委书记车俊在林埭镇徐东村村民谢健连长女的一封感谢信上作出批示“对这样的民警要表扬”（林埭派出所女民警丁秋美帮助解决28年“黑户”居民）。

12月9日，省公安厅刑侦总队副总队长章宏庆率省扫黑除恶督导组到平湖检查指导扫黑除恶工作。

12月12日，嘉兴市委书记张兵一行专程到林埭派出所看望在“三大”活动和“最多跑一次”改革中涌现出来的好民警丁秋美、赵斌和受助群众谢健连一家，并慰问一线民警、辅警。

12月20日，省一体化办案创新项目复评组到平湖检查指导工作。

12月26日，中新社、浙江之声、平安时报社、浙江法制报社、杭州网、都市快报社、钱江晚报社、民生996电台、新蓝网、浙江电视台新闻频道等10多家中央、省级媒体记者，到林埭派出所采访“最多跑一次”改革工作。

12月27日，嘉兴禁毒工作专项督导组第四组组长陆志芬率队到平湖检查禁毒工作。

## 2019年

1月1日，嘉兴市公安局港区分局举行乍浦边防派出所转改官兵集体换装仪式，统一换着人民警察制服。边防派出所改称园区派出所。

1月2日，浙江省副省长、公安厅厅长王双全到平湖开展“三服务”活动，实地视察林埭派出所，慰问户籍民警丁秋美，并召开座谈会与基层所队民警面对面交流。

1月19日零时21分，当湖街道百花西村出租房暂住人员张某某被犯罪分子持刀威胁，捆绑手脚，毛巾塞嘴，劫走现金2300元。公安机关经过现场勘查、视频侦查、DNA比对，于当日下午2时50分在钟埭街道将犯罪嫌疑人冯某某（黑龙江大兴安岭人）抓获归案。

1月21日，市公安局消防大队转改官兵举行授衔和换装仪式，统一换着火焰蓝消防救援制式服装。转改后改称平湖市消防救援大队，隶属嘉兴市消防救援支队。

2月4日，市委副书记、市长仲旭东到当湖街道实地检查春节安全保卫工作。并在市局情指联勤中心，通过视频向春节期间坚守岗位的全体民警、辅警致以新春问候。

2月26日，市公安局在市政府会议中心召开全市公安工作会议。

2月，市公安局被省公安厅评为2018年度全省公安队伍正规化建设优秀单位。

3月8日，嘉兴市公安机关“警医邮”经验推广会在平湖召开，市公安局作经验介绍。

3月21日，嘉兴市公安局发布关于2018年度各县（市、区）综合实绩评估结果的通报，市公安局蝉联嘉兴市优秀公安局。

3月26日，嘉兴市公安局扫黑除恶督导组到平湖督导检查。

4月12日，市委书记祁海龙到市局调研扫黑除恶专项斗争。

4月29日，市十五届人大常委会第二十二次会议任命汤洪成为平湖市人民政府副市长、市公安局局长。

5月6日19时许，市公安局接被害者亲属报案称当湖街道沈某某（女）被人杀死在一租房内。经侦查于次日凌晨2时许，在乍浦镇长安桥村一废弃农宅内将犯罪嫌疑人李某某（59岁，独山港镇人）抓获。

5月7日，市政府召开全市反恐怖工作会议，传达全国、全省反恐怖工作会议精神。

同日，市新生儿证件联办处在市第一人民医院举行揭牌仪式。

5月15日，嘉兴市副市长、公安局局长叶忠华到平湖开展“三服务”活动，先后到张江长三角科技城展示中心，新埭派出所、综合执法中队、司法所调研，并进行座谈交流。

5月16日，市公安局“1·11”网络赌博专案组调集120名警力，兵分3组，在重庆、深圳、成都等地抓获犯罪嫌疑人32人，其中27人采取强制措施，打掉一个跨省特大网络赌博犯罪团伙，涉案金额5.42亿元。次日，省委常委、政法委书记王昌荣作出批示：“好！要严厉打击，并公布于众。”

5月21日，市公安局破获一起嘉兴市公安局督办的网络诈骗案件，在重庆市连续捣毁3个诈骗窝点，抓获涉案嫌疑人12人，缴获作案电脑4台、手机50余部，扣押赃款20余万元，冻结27万元，6人被采取刑事强制措施。

5月28日19时许，市公安局接到一男子报案称其妻在独山港镇一出租房内被人杀死。通过多警种合成作战，于次日上午在该镇另一租房内将犯罪嫌疑人宋某某（30岁，黑龙江省大庆市人）抓获。

6月4日，嘉兴港区管委会副主任、公安局局长汪新汉一行到市公安局考察交流，双方就相关工作进行对接。

6月28日，市公安局召开居住出租房屋“隐患大排查、环境大整治”百日行动动员部署会。

6月29日，市政府召开2019年禁毒工作会议暨创建全省禁毒示范县（市、区）动员部署会。

同日，市公安局在全市范围内开展“6·29”反诈宣传日活动。

7月1日，市公安局依托市卫健局数据中心，在公安法医伤情鉴定室建成PACS影像工作站，实现伤情鉴定部门间“最多跑一次”。

7月14日下午，新居民胡孝钦（湖南吉首人，44岁）在扑救新埭镇大齐塘村民宅火灾中，冒着煤气罐爆炸的危险，两次冲入火场，救出被困邻居夫妇，自己全身多处烧伤。被市政府记三等功一次。11月20日，出席全省见义勇为先进人物表彰大会，被省政府记一等功，并授予“浙江省见义勇为先进分子”称号。

7月25日，上海市金山区副区长、公安局局长马雪波带队到平湖市公安局考察交流警务工作，并参观公安陈列馆。

7月31日，市委书记祁海龙、市政协副主席许静到市区当湖路与新华路口，慰问在高温下执勤的交警、辅警。

8月2日，嘉兴市副市长、公安局局长叶忠华到当湖派出所和交警曹桥集中整治点实地视察指导。

8月10日，市公安局将潜逃15年之久的“2004·8·22”命案逃犯主犯赵某某（37岁，安徽省利辛人）从黑龙江押解回平。至此，全案犯罪嫌疑人均被抓获归案。

8月18日傍晚，广陈派出所民警黄列彬在接处警过程中，通过心肺复苏急救措施及时挽救一名醉酒男子，被记个人三等功一次。

8月20—22日，市公安局组织开展新中国成立70周年大庆安保1号集中行动，出动民警、辅警1585人次，破获刑事、治安案件9起，采取刑事强制措施14人，抓获逃犯1人。

8月28日，嘉兴全市公安机关“净网2019”专项行动新闻通报会在平湖召开。平湖市局党委委员、副局长唐叶明通报“1·11”专案侦办情况。中央、省、嘉兴市级共22家新闻媒体应邀采访报道。

9月11—12日，市公安局在全市范围内组织开展新中国成立70周年大庆安保2号集中行动，出动警力1200余人次，整改隐患39条，破获刑事案件6起，采取刑事强制措施10人，办理治安案件10起，行政处罚12人，查获饮酒驾驶3人。

9月12日，省公安厅督导检查组孔忠调研员一行到平湖督导检查新中国成立70周年大庆维稳安保工作。

9月23日，独山港镇黄姑工业园区合力叉车厂员工孔某某（51岁，山东省人）在车间内因纠纷被同车间赵某某（52岁，陕西省人）用铁锤击头部致死，赵某某被当场抓获。

9月25日，省厅党委委员、副厅长刘静率省厅出入境管理局、禁毒总队等部门主要领导到平湖独山港镇、新埭镇督导检查新中国成立70周年大庆维稳安保工作。

10月1日晚，市委副书记、市长仲旭东到市公安局检查指导大庆安保和抗台工作，并慰问坚守岗位的民警、辅警。

10月2日14时许，当湖街道吾悦广场三楼楼梯间发生奸淫幼女案件一起，犯罪分子以找厕所为名，将一名8岁幼女诱骗至三楼消防通道阴暗处，强行对其实施奸淫。公安机关接报后经视频侦查、信息研判，于当晚23时许在独山港镇黄姑老街西街42号租房内，将犯罪嫌疑人郑某某（17岁，贵州省毕节市人）抓获归案。郑某某被依法追究刑事责任。

10月8日，钟埭派出所搬入钟埭街道永兴路经开大厦西侧新址办公。新办公大楼由主楼11层及裙楼一幢、附属楼2层一幢，总建筑面积9700平方米。

同日晚18时许，独山港镇小营头村海塘发生拦路抢劫案件，歹徒持刀威胁抢去现金600元，驾车逃离现场。公安机关快速破案，于21时30分在海宁皮革城附近将犯罪嫌疑人姜某某抓获，缴获作案工具匕首一把。

10月12日，市公安局召开援疆民警出征座谈会。

10月17日，公安部装财局巡视员刘玉庆带队到平湖调研指导警务装备工作。

10月24日，嘉兴市公安机关简单刑事案件智能快办机制现场推进会在平湖召开，市公安局党委副书记、常务副局长李中华作经验介绍。

10月25日，市公安局成功摧毁一个网络套路贷违法犯罪团伙，在福建厦门、四川德阳、湖北武汉等地共抓获犯罪嫌疑人34人，其中刑拘5人、取保候审9人，查冻涉案资金7268万元。

10月29日，省公安厅党委委员、副厅长金伯中到“环沪护城河”平湖金沙卡点检查指导上海进博会安保工作。

11月2—3日，市公安局在全市范围内组织开展上海进博会安保集中清查行动。共出动警力1095人次，动员社会力量659人次，破获刑事案件5起，刑事处罚3人，行政案件9起，行政处罚14人。

11月6日，嘉兴市副市长、公安局局长叶忠华到“环沪护城河”平湖角平申水上检查站检查指导上海进博会安保工作。

同日上午，市公安局接新华医院财务人员报警称财务室保险箱内11万余元现金被盗。通过DNA比对认定犯罪嫌疑人陈某某（52岁，福建人）。7日中午，在诸永高速东阳服务区将其抓获，当场缴获现金20万余元及电钻、开锁工具、手套、帽子、口罩等作案工具一批。

11月8日，全国公安装备工作座谈会在平湖召开。公安部装财局相关部门负责人，北京、上海、江苏、浙江等11个省（市）公安厅（局）警务保障部门和青岛、武汉、南宁、成都4个市公安局警务保障部门主要负责人参加会议，并实地考察市局警用装备智能化管理中心和钟埭派出所警用装备智能化管理分中心。

11月19日，嘉兴市公安局“最多跑一次”“红船E警”模块工作会议在平湖召开，市公安局作经验介绍。

11月19日，嘉兴市公安局打击侵财犯罪暨反诈宣传新闻发布会在平湖召开。平湖市副市长、公安局长汤洪成介绍破获“11·6”跨省系列盗窃医院财务室案件情况。省、嘉兴市及平湖传媒中心等20多家媒体记者应邀采访报道。

12月5日，省公安厅法制总队副总队长傅勇慧率全国执法示范单位评选实地核查组到平湖检查指导工作。

同日，省反恐办副主任、省公安厅反恐怖总队副总队长王一初带队到平湖调研指导海域反恐怖防范省级试点工作。

# 第一章　清末和民国警察机构

## 第一节　清末警察机构

警察为国家的重要专政工具和武装行政力量，历来为统治阶级所重视，在清末以前，实施警察职能的机构和官吏，名称不一，多种职能混合，并无独立的警察机构和特定的警务。社会治安的维持主要依靠驻扎地方的绿营、民间团练等军事力量，以及保甲和官府衙役。1901年清末光绪实行“新政”，在全国推广警察制度。

据平湖博物馆馆藏民国编《平湖县续志》记载，平湖警察机构始于清末光绪二十八年（1902），县设警察所于城区城隍庙赐履堂，租城区潘大盛栈房为拘留所。光绪三十二年（1906）称巡警总局，下设乍浦、新埭、新仓3个分局。乍浦分局，下设3个分所，分别设在广仁堂、埠头弄、海塘街；新仓分局，下设2个分所，分别设在武圣宫和西林寺；新埭分局，下设2个分所，分别设在新东坊东岳庙和新西坊大慈禅院。

宣统二年（1910），分局以下分所减少至6个。县巡警总局有正巡官，巡董、教习、巡记、水陆巡长、陆巡警，水巡警、柁工等69人。乍浦分局有副巡官、巡董、巡长、陆巡警等23人；新仓分局有副巡官、巡董、巡长、陆巡警等16人；新埭分局有区长、巡董、巡长、陆巡警等19人。巡警总局、分局的经费来源为县府拨款、民间捐款及违禁罚款等。

## 第二节　民国警察机构

民国光复后，浙江省警务隶属于军政府之政事部，后据浙江省警官复议修正案而隶属民政司。各县设警察署，设署长、警官、书记等职，署长由省民政司委任。区、乡商埠及繁盛市镇设分署或派出所。

民国元年（1912）7月1日，奉省政府令县巡警总局改称警察署。址设老县政府东侧（现当湖街道解放西路水务集团），隶属民政司，受县知事指挥监督。民国2年（1913）改警察署为警察事务所，设所长。各乡、区一律改为派出所，所设所员，也有称警佐的（警佐为主管），均直隶于浙江行政公署。民国3年（1914）秋，县警察事务所改称警察所，设所长。乡、区派出所冠以各地地名称警察分所，设分所长等职。民国6年（1917）春，齐耀珊为浙江省省长，主张行政集权于县知事，县警察所长一职由县知事兼任，警察事务由所长或知事推荐的警佐处理。据民国13年（1924）资料，县所长为一等警佐。下设乍浦分所，分所长为三等警佐；新仓分所和新埭分所，分所长为四等警佐；全公亭分所，分所长为五等警佐。全县有警察199人，伙夫19人。民国16年（1927），恢复县警察总所名称，下设城区、乍浦、新埭、新仓、全公亭警察分所，设总所长、分所长、巡长、巡官、雇员等职员350人。城区警察分所，兼设警察补习所，教授警士应有之常识。民国17年（1928），平湖县内还驻有浙江省内河水警第九队。

民国18年（1929），省民政厅以各县住屋捐的收入组建公安局。是年5月1日，平湖遵省令将县警察总所改组为公安局，下设城区、乍浦、新埭、新仓、全公亭公安分局。配局长、分局长、巡长、警察等185人。

民国20年（1931）10月，城区公安分局改称第一分局，下设：第一派出所（址公安局内）、第二派出所（址庙街）、第三派出所（址西门城楼上）、第四派出所（址南河头）、第五派出所（址北门城楼）、第六派出所（址南门城脚下）；乍浦公安分局改称公安第二分局，下设：第一派出所（址公安分局内）、第二派出所（址南河滩）、第三派出所（址包公庙）、第四派出所（址林埭镇）；全公亭公安分局撤销，改为第五派出所（址全公亭镇）；新埭公安分局改称公安第三分局，下设：第一派出所（址公安分局内）、第二派出所（址新埭镇）；新仓公安分局改称公安第四分局，下设：第一派出所（址公安分局内）、第二派出所（址新仓镇西市）、第三派出所（址衙前镇）。此时，平湖县城区还有省属水警第九队，一分队驻于虹桥斗角、二分队驻黄家弄底。据民国 22 年（1933）11 月统计数据，全县共有警官警佐 23 人，员警 181 人。民国 23 年（1934）全县警察达 370 人之多。

民国 24 年（1935）2 月，县府拟将公安局裁撤三分之一人员，裁撤 198 人。6 月，将警察机关改局为科，乡镇仍称分局，对未经过训练的警员一律裁撤。经训练所和补习所毕业的员警，经由民政厅考验专员考试，合格者留任。机构也作调整：第一分局在城区，辖两个派出所，一所驻分局内，二所驻东门；第二分局在乍浦，辖两个派出所，一所驻乍浦，二所驻全公亭镇；第三分局在新埭，设一个派出所；第四分局在新仓，辖两个派出所，一所驻新仓镇，二所驻衙前镇。警察队由 4 棚裁去 2 棚（每棚 13 人）26 人，全局仅 154 人。10 月，汪浩任平湖县长，成立区署，又进行一次改革，公安局归并县政府第一科（民政科）掌理，设公安股。

民国 25 年（1936）1 月，复将公安第一分局改称城区公安局，直属县府，下设第一、二、三派出所；公安第二分局裁撤改称乍浦警察派出所，下辖全公亭、青莲寺两所，分别称全公亭警察派出所和青莲寺警察派出所；公安第三分局裁撤改为新埭警察派出所；公安第四分局裁撤改为新仓警察派出所；另设警察队和特侦组。警员总数为 181 人。

民国 26 年（1937）1 月，奉省政府令将县政府一科公安股改为警察局。是年 11 月，日军入侵，改警察队隶属县政府警佐室，随政府流亡于农村。

民国 34 年（1945）8 月 26 日，县长关震东率属进城，接收汪伪政府。谢恺等人奉令接收汪伪警察局，共有警员 166 人。是年 10 月恢复平湖县警察局，址仍在三条桥崔宅。冯彦斌任警察局长。

民国 35 年（1946），省民政厅颁发编制表，警察机构作了调整，将乍浦、新埭、新仓分驻所改为警察所。城区除已设东、西门分驻所和派出所外，又增设南、北门直属派出所。徐埭分驻所改为直属西门派出所，此外还在青莲寺、全公亭增设派出所。7 月，金焘康接任警察局长。9 月经省民政厅批准同意成立警察队。10 月奉省令将县地方武装部队民众自卫队，改编为保安警察队（简称保警队），隶属于县警察局，全公亭、青莲寺派出所改为分驻所。是年，浙江省政府根据各县地理位置、政治经济地位、警员多少，重新将警察局划为甲、乙、丙三等，平湖为全省 37 个甲等局之一。

民国 36 年（1947）2 月，张正聪再次出任警察局长，为加强苏浙边界防范，4 月起，将由新仓警察所派驻衙前派出所的警力移驻新庙镇，全公亭分驻所另派警 5 名接驻衙前镇。7 月 2 日，警察局由三条桥崔宅搬迁至城隍庙东首民众教育馆。全县的警力已达 295 人。12 月，韩灿澄接任警察局长。

民国 37 年（1948）1 月，增设黄山派出所，范围以黄山风景区为限，受黄山建设委员会行政股指挥。10 月，赵补天任警察局长，全县警力 293 人。民国 38 年（1949）1 月，全公亭分驻所改为全平警察所，其余机构设置未变，直至平湖解放。

**附：汪伪警察机构**

民国 26 年（1937）11 月 5 日，日军入侵，平湖沦陷。县政府、县警察机关均被日军炸毁，社会治安靠东、南、西、北及城中守望团维持。

民国 27 年（1938）2 月 1 日，平湖成立“治安维持会”，由日驻平湖宣抚班班长玉井琢郎委任高鉴为会长，设置治安科、警察大队及东门、西门警察分驻所，原东门、西门及城中守望团撤销。4 月 16 日，邑人胡树芬出任维持会长，并着手筹建汪伪警察机构。5 月 1 日，成立汪伪“警察局”，由日军特务部平湖班班员黑泽秀三为警视总监，邑人周鹏飞出任局长。同年 10 月改称“警察所”，址在城内三条桥崔宅。成立初期设城区分所及警务、卫生、交通三课，警务课下设督察处、司法股、文书股、人事股等，因治安之需增设侦缉组。

民国28年（1939），奉“省警务处”令设水巡队。后裁撤机构，改为第一科（总务）、第二科（业务）、第三科（勤务）和警察队。在城区设东门（学宫内）、西门（西门水城门东民房）和北门（伪知事公署内）3个分驻所。在乍浦、新埭、新仓（广陈）、虎啸桥设4个警察分所。

民国31年（1942）10月，复称“警察局”。民国33年（1944），有分驻所6个、派出所3个，有巡官以上36人、雇员106人、警长46人、警士460人。至民国34年（1945）8月，仍有汉塘分驻所、东门分驻所、城西警察所、乍浦警察所及警察队等机构。民国34年（1945）8月抗战胜利后，汪伪警察机构由民国政府接管。

表1-1　　民国时期平湖县警察（公安）署、所、局长名录

| 机构名称 | 姓名 | 职务 | 任职时间 |
|---|---|---|---|
| 县警察署 | 杨　恺 | 署长 | 民国2年4月 |
| 县警察事务所 | 郑福奎 | 所长 | 民国2年11月 |
| 县警察所 | 王则明 | 所长 | 民国10年6月 |
|  | 来壮飞 | 所长 | 民国10年9月 |
|  | 朱　鹏 | 所长 | 民国13年4月—14年8月 |
|  | 杨禄纯 | 所长 | 民国14年8月—15年11月 |
|  | 王锦堂 | 所长 | 民国15年11月—16年3月 |
| 县警察总所 | 朱　鹏 | 所长 | 民国16年3月—17年10月 |
|  | 陈　中 | 所长 | 民国17年10月—18年11月 |
| 县公安局 | 王公权 | 局长 | 民国18年11月—20年3月 |
|  | 姜宏勋 | 局长 | 民国20年3月—20年11月 |
|  | 黄雄普 | 局长 | 民国20年11月—21年6月 |
|  | 张正聪 | 局长 | 民国21年8月—22年9月 |
|  | 左纯铮 | 代局长 | 民国22年9月 |
|  | 吴三青 | 局长 | 民国22年9月—23年8月 |
|  | 徐　励 | 局长 | 民国23年10月—24年5月 |
| 县公安科 | 张孝植 | 兼科长 | 民国24年6月—24年12月 |
| 县公安局 | 程　鹏 | 局长 | 民国25年5月 |
|  | 沈时可 | 局长 | 民国25年10月—26年1月 |
| 县警察局 | 周鹏飞 | 局长 | 民国27年5月—30年6月 |
|  | 宋继祖 | 局长 | 民国30年6月—32年3月 |
|  | 董先儿 | 局长 | 民国32年3月—33年5月 |
|  | 胡志遗 | 局长 | 民国33年5月—33年7月 |
|  | 盛　刚 | 局长 | 民国33年7月—34年3月 |
|  | 董金渡 | 局长 | 民国34年4月—34年5月 |
|  | 董先儿 | 局长 | 民国34年5月—34年8月 |
|  | 谢　恺 | 局长 | 民国34年8月—34年10月 |
|  | 冯颜斌 | 局长 | 民国34年10月—35年7月 |

续上表

| 机构名称 | 姓名 | 职务 | 任职时间 |
|---|---|---|---|
| 县警察局 | 金焘康 | 局长 | 民国35年7月—36年2月 |
| | 张正聪 | 局长 | 民国36年2月—36年12月 |
| | 韩灿澄 | 局长 | 民国36年12月—37年10月 |
| | 赵补天 | 局长 | 民国37年10月—38年5月 |

**表1-2　民国时期平湖县乡镇警察所、公安分局长名录**

| 机构名称 | 姓名 | 职务 | 任职时间 |
|---|---|---|---|
| 乍浦警察分所 | 丁志望 | 警佐 | 民国11年3月 |
| | 王润泉 | 所长 | 民国13年4月—15年5月 |
| | 沈　恺 | 所长 | 民国15年5月—16年1月 |
| | 端木和 | 所长 | 民国16年3月—19年7月 |
| 乍浦公安分局 | 端木和 | 局长 | 民国18年9月 |
| 第二(乍浦)公安分局 | 程戎周 | 局长 | 民国20年8月—21年2月 |
| | 钱法铭 | 局长 | 民国21年2月—21年6月 |
| | 黄　羽 | 局长 | 民国22年5月—22年12月 |
| | 洪　淖 | 局长 | 民国22年12月—23年7月 |
| | 周　瀛 | 局长 | 民国23年7月—23年10月 |
| | 章荣和 | 局长 | 民国23年11月—24年5月 |
| 乍浦警察分所 | 毛　锐 | 所长 | 民国25年 |
| | 曹森严 | 所长 | 民国33年 |
| | 张恒龙 | 所长 | 民国34年8月 |
| | 潘锡如 | 所长 | 民国34年9月 |
| | 王端周 | 所长 | 民国34年 |
| | 徐　伟 | 所长 | 民国35年5月—35年11月 |
| | 李旭芬 | 所长 | 民国35年11月—36年 |
| | 金　谷 | 所长 | 民国36年12月—37年8月 |
| | 姚士魁 | 所长 | 民国37年8月—38年1月 |
| | 竺士珩 | 所长 | 民国38年1月—38年5月 |
| 新仓警察分所 | 杨X X | 警佐 | 民国9年2月 |
| | 沈　恺 | 所长 | 民国14年3月—15年2月 |
| | 胡步云 | 警佐 | 民国15年9月—16年2月 |
| | 萧X X | 警佐 | 民国16年2月 |
| | 方秉林 | 所长 | 民国16年7月—8月 |
| | 沈　恺 | 所长 | 民国16年9月 |
| 新仓公安分局 | 沈　恺 | 局长 | 民国18年9月 |
| 第四(新仓)公安分局 | 夏克寮 | 局长 | 民国20年8月 |

续上表

| 机构名称 | 姓名 | 职务 | 任职时间 |
| --- | --- | --- | --- |
| 第四（新仓）公安分局 | 崔　参 | 局长 | 民国20年11月—22年3月 |
| | 杨　辉 | 代局长 | 民国22年3月—22年12月 |
| 新仓警察分所 | 冯云亚 | 所长 | 民国33年 |
| | 关　中 | 所长 | 民国33年4月 |
| | 李克明 | 所长 | 民国34年9月—34年10月 |
| | 赵如炳 | 所长 | 民国34年10月 |
| | 刘友元 | 所长 | 民国36年12月—38年5月 |
| 全公亭警察分所 | 王润泉 | 警佐 | 民国10年 |
| | 周生慎 | 警佐 | 民国10年 |
| | 单　林 | 警佐 | 民国13年 |
| | 汪　捷 | 警佐 | 民国13年 |
| | 沈宁愚 | 警佐 | 民国14年 |
| | 姚志安 | 所长 | 民国16年7月—10月 |
| | 林　侠 | 所长 | 民国16年10月 |
| | 斯　道 | 所长 | 民国17年8月 |
| 全公亭公安分局 | 朱继松 | 局长 | 民国18年8月 |
| | 程泰昌 | 局长 | 民国19年1月 |
| | 方孟庚 | 局长 | 民国20年8月15日查办 |
| | 张焕文 | 局长 | 民国20年8月 |
| 衙前派出所 | 蒋俊豪 | 警长 | 民国35年1月 |
| | 金汉光 | 所长 | 民国37年10月—38年5月 |
| 全公亭分驻所 | 詹寿山 | 巡官 | 民国35年1月 |
| | 赵文跃 | 所长 | 民国35年4月 |
| | 马超健 | 所长 | 民国35年10月 |
| | 桂德良 | 所长 | 民国36年12月 |
| | 吕怀来 | 所长 | 民国37年3月 |
| | 陈天仇 | 所长 | 民国37年8月 |
| | 王德荣 | 所长 | 民国37年10月—12月 |
| | 楼天雄 | 所长 | 民国38年1月—38年5月 |
| 新埭警察分所 | 壮　姓 | 警佐 | 民国10年6月前 |
| | 留骏成 | 警佐 | 民国10年6月—11年3月 |
| | 徐同书 | 所长 | 民国16年4月—17年11月 |
| | 王士杰 | 所长 | 民国17年11月—18年10月 |
| | 姚友梅 | 所长 | 民国20年11月 |
| 第三（新埭）公安分局 | 胡庭芳 | 局长 | 民国22年12月 |
| 新埭警察分所 | 田志贤 | 所长 | 民国31年10月—33年3月 |

续上表

| 机构名称 | 姓名 | 职务 | 任职时间 |
|---|---|---|---|
| 新埭警察分所 | 殷企孟 | 所长 | 民国33年 |
| | 张德龙 | 所长 | 民国33年4月—34年2月 |
| | 王　金 | 所长 | 民国34年2月—34年6月 |
| | 郭良启 | 所长 | 民国34年 |
| | 胡光跃 | 所长 | 民国34年 |
| | 周克斌 | 所长 | 民国34年1月—34年12月 |
| | 沈　诚 | 所长 | 民国35年1月 |
| | 沈家骥 | 所长 | 民国35年4月—35年8月 |
| | 金海云 | 所长 | 民国35年8月—36年2月 |
| | 徐　伟 | 所长 | 民国35年2月—36年11月 |
| | 金大生 | 所长 | 民国36年12月—37年10月 |
| | 楼赞禹 | 所长 | 民国37年12月—38年5月 |
| 第一（城区）公安分局 | 黄雄普 | 兼局长 | 民国20年11月 |
| 城区警察所 | 方祥林 | 所长 | 民国24年8月 |
| 东门分驻所 | 凌其英 | 所长 | 民国24年8月 |
| | 曹观鹏 | 所长 | 民国34年10月 |
| | 王伯森 | 巡官 | 民国34年 |
| | 王　国 | 巡官 | 民国35年2月 |
| | 邱葆泉 | 所长 | 民国36年12月—37年8月 |
| | 朱庭显 | 所长 | 民国36年12月—37年8月 |
| 西门警察分所 | 方　刚 | 所长 | 民国24年 |
| 西门派出所 | 徐振声 | 所长 | 民国34年10月 |
| 城西警察所 | 徐雁秋 | 所长 | 民国34年 |
| 南门派出所 | 赵国栋 | 所长 | 民国34年10月 |
| 北门派出所 | 陈家荣 | 所长 | 民国34年10月 |
| 青莲寺派出所 | 吴培松 | 巡官 | 民国35年3月 |
| | 钱章鼎 | 巡官 | 民国36年12月 |

# 第二章　人民公安机关

## 第一节　公安行政机构

### 一、县（市）公安局

1949年5月11日，平湖县解放。6月1日，成立县人民政府公安局，隶属浙江省嘉兴专署公安处（浙江省人民政府第一区专员公署公安处）管辖。1955年11月30日，经平湖县第一届人民代表大会第三次会议决定，更名为平湖县公安局。

1968年4月13日，平湖县公安局实行军事管制，建立中国人民解放军浙江省平湖县公安机关军事管制组。11月7日，建立平湖县革命委员会人民保卫组，实行两块牌子，一套班子，取代公、检、法三机关。1973年2月15日，根据省委指示精神，恢复平湖县公安局，县人民保卫组不再行使职能，军管组人员陆续撤离，县公安局隶属嘉兴地区公安处管辖。1983年12月31日，随嘉兴撤地设市（地级市）后市公安局的建立，县公安局隶属嘉兴市公安局管辖。1991年6月15日，经国务院批准，平湖撤县设市（县级）。29日，县公安局更名为市公安局。

### 二、公安分局

1950年10月，成立浙江省人民政府公安厅边防保卫局乍浦分局（又称浙江省嘉兴区乍浦海防公安分局），隶属省公安厅边防保卫局和专署公安处双重领导。1952年6月7日撤销。

1997年6月6日，经省公安厅批准同意设立平湖市公安局乍浦公安分局，定编30人，所需人员编制从平湖市已有行政编制中划拨，经费由平湖市财政解决。10月6日，正式挂牌成立，为副科级建制单位。内设办公室、刑（经）侦中队、治安中队、交警中队等4个副股级科室（局址设在乍王公路71号，原乍浦检察室）。分局局长、政委分别由市公安局副局长金小弟、副政委潘照其兼任。1998年10月，分局机关内设科室撤销，保留办公室，与乍浦派出所合署办公，实行两块牌子一套班子，分局局长由派出所所长兼任，另增设政委一名。2009年10月9日，嘉兴市公安局港区分局成立，撤销平湖市公安局乍浦分局。

### 三、业务部门

1949年6月，根据中共浙江省委关于建设各级公安组织的指示，县公安局机关内设秘书室、侦察保卫股（一股）、治安股（二股）、审讯股（三股）及看守所。因法院尚未建立，审讯股兼管看守所犯人的看押和民事审判工作。

1950年3月，设立俘管队（城关镇南河头49号），负责管训所俘武装匪特。7月，俘管队改为劳教队（城关镇桑园弄），后改称劳改队（1951年5月迁至北弄3号，1954年9月撤销）。8月，增设司法科（10月撤销）。1952年，保卫股改称政保股、秘书室改称秘书股。1954年6月，设立政治协理室。1955年3月，审讯股改称预审股。

1968年4月13日，县公安机关军事管制组设立侦破（一办）、治安（二办）、办案（三办）、秘书（四办）等4个办公室及看守所。11月，县革命委员会人民保卫组成立后，与军管组两块牌子，一套班子。

1973年2月15日，县公安局恢复，正式对外办公。同时恢复政保、治保、预审、秘书股及看守所，后治保股改称治安股。3月，消防总会恢复，由民间组织改为县公安局下属事业编制单位。5月，建立公安专职消防队。9月，增设检察股（1978年7月撤销）。1979年10月，增设刑警队（1980年4月更名为刑侦队，1993年3月更名为刑事侦察大队）。11月，增设内保股。

1984年3月1日，根据省厅《关于更改部分公安机关机构名称的通知》，局机关原各股更名为科。10月，增设消防科（由消防中队现役军人组成,1994年5月撤销）。11月，增设政工科、装备科。

1985年9月，增设交通中队（地方事业编制、合同制民警），队长为在编民警。1987年12月，根据国务院文件精神，改革道路交通管理体制，将原属交通局管辖的交通监理站并入县公安局，更名为交通警察队，负责全县道路交通和车辆管理工作。1991年4月15日，根据公安部、省公安厅关于统一交通管理机构和省编委浙编〔1989〕32号文件等精神，交通警察队更名为交通警察大队。1993年5月9日，经市政府批准，定为副科级事业单位。

1986年12月，增设行政拘留所，与看守所合署办公（1988年，易名为治安拘留所）。1988年5月，增设户政科（1997年7月并入治安大队）。6月，成立平湖县保安服务公司，属县公安局下属事业单位（2013年7月与公安机关脱钩）。

1990年5月，增设法制科（2008年9月更名为法制室，2011年12月更名为法制大队）。1991年1月，增设监察室，属县监察局派驻机构，业务受公安局和监察局双重领导。1993年3月，设立机动车驾驶员培训班。

1995年11月，建立巡（特）警大队（2001年8月改称特警中队并入交警大队；2003年3月改称特勤中队，2004年6月并入治安警察大队；2005年6月恢复巡特警大队建制）。1996年2月，设立指挥室，隶属秘书科。

1997年7月，市公安局按照市级机关“三定”（职能配置、内设机构、人员编制）工作实施方案，进行内设机构调整，秘书科与指挥室合并成立指挥处（增设计算机管理监察科）；户政科与治安科合并成立治安警察大队；看守所与预审科合并成立预审监管大队（保留看守所建制）；水上派出所更名为水上警察大队（保留水上派出所建制）；原政工科、内保科、装备科分别更名为政治处、经济文化保卫科、后勤科；增设经济案件侦察大队、出入境管理科（与政治保卫科合署办公），公路巡逻民警队（与交通警察大队两块牌子，一套班子）。

1998年5月，增设警务督察队，预审监管大队更名为监管大队（预审职能划入刑事侦察大队）。1999年9月，根据《中华人民共和国看守所条例》的有关规定，平湖市公安局看守所更名为平湖市看守所。

2003年3月，撤销经济文化保卫科（经保职能并入治安大队，文保职能并入国保大队）。政治保卫科更名为国内安全保卫大队，原出入境管理科为单列科室，指挥处更名为办公室（加挂信访室、指挥中心牌子），计算机管理监察科为单列科室，更名为公共信息网络安全监察大队（2012年10月22日更名为网络警察大队），刑事侦察大队更名为刑事侦查大队，经济案件侦察大队更名为经济犯罪侦查大队。政治处内设干部科、警务教育科、宣传科。6月，增设行政复议办公室（与法制科合署办公）。11月，当湖、乍浦、新埭3个责任区刑侦队保留编制并入所在地派出所。

2007年2月，科技信息通信业务从公共信息网络安全监察大队析出，单设科技信息通信科（2008年9月并入指挥中心）。12月8日，建立嘉兴安邦护卫分公司平湖守押大队，为省公安厅浙江安邦护卫有限公司嘉兴分公司下属企业，业务归口嘉兴分公司领导，大队长、教导员由市公安局派出民警担任（2015年8月1日与公安机关脱钩）。

2008年9月，根据公安部《关于县级公安机关机构设置的指导意见》和省公安厅《县级公安机关机构设置实施方案》，市公安局机构设置调整，撤销干部科、警务教育科、宣传科，相关职能归口政治处，为构建大宣传格局，增设宣传中心（对外）。后勤科更名为警务保障室，治安警察大队更名为治安管理大队，出入境管理科更名为出入境管理大队，法制科更名为法制室，科技信息通信科更名为科技通信科，相关职能并入指挥中心。水上警察大队更名为水上治安管理大队、相关职能并入治安管理大队，恢复水上派出所。撤销监管大队称谓，单称看守所。警务督察队更名为警务督察大队。调整后设指挥中心（加挂办公室、信息通信科牌子）、国内安全保卫大队、治安管理大队（加挂水上治安管理大队牌子）、刑事侦查大队（加挂禁毒大队、市禁毒委员会办公室、刑事科学技术室牌子）、经济犯罪侦查大队、交通警察大队、公共信息网络安全监察大队、出入境管理大队等8个执法勤务机构；

政治处（加挂宣传中心牌子）、法制室（加挂行政复议办公室牌子）、警务保障室等3个综合管理机构和监管机构看守所（加挂拘留所牌子）、直属机构巡（特）警大队及纪委、监察室、警务督察大队（审计室）等机构。

2009年11月，设立禁毒大队，与平湖市禁毒委员会办公室合署办公。2011年12月，增设公共关系办公室（简称“公关办”，隶属政治处）。2012年6月，增设审计室，与警务督察大队合署办公（加挂审计室牌子）。2013年5月，增设情报中心。

2015年12月，撤销局纪委、监察室，设立市纪委、市监委驻局纪检监察组。是年底，市公安局设有驻局纪检监察组、指挥中心、情报中心（科技通信科）、政治处、公共关系办公室、警务督察大队、审计室、警务保障室、法制大队（行政复议室）、国保大队、刑侦大队、经侦大队、禁毒大队、治安（水上治安）管理大队、巡特警大队、出入境管理大队、网警大队、交警大队、看守所、治安拘留所等20个职能部门。

**四、公安派出所**

1949年6月1日，平湖县人民政府成立。7月，全县境内划分为城区、乍浦、新仓、新埭4个行政区19个乡镇。县公安局针对杭州湾北侧沿海地区武装土匪活动猖獗的现状，于1950年2月在乍浦镇筹建设立全县第一个公安派出所。5—7月，又先后在城区东湖镇及沿海的全平镇、黄姑镇组建东湖、全平、黄姑、白沙湾等4个公安派出所。10月，乍浦、全平、黄姑、白沙湾4个派出所由省人民政府公安厅边防保卫局乍浦分局管辖。10月15日，建立城关派出所。县公安局管辖东湖、城关等2个派出所。

1951年5月，全平、黄姑派出所撤销。1952年6月，省人民政府公安厅边防保卫局乍浦分局撤销，白沙湾派出所亦同时撤销，保留乍浦镇派出所。是年底，县公安局管辖城关、东湖、乍浦等3个公安派出所。1953年3月，新建乍浦镇水上派出所，与乍浦镇陆上派出所两块牌子、一套班子。10月，东湖派出所改为城关镇水上派出所。是年底，县公安局管辖城关镇陆上、水上派出所，乍浦镇陆上、水上派出所等4个派出所。1954年12月，城关镇水上派出所撤销，并入城关派出所；乍浦镇水上派出所撤销，并入乍浦派出所。全县有城关、乍浦2个公安派出所。

1961年12月，平湖县行政区域调整，重新设区。增设城郊、新埭、新仓、黄山等4个区农村公安派出所，兼管片内所属公社。是年底，全县设6个公安派出所。

1966年3月20日，平湖县人民委员会下发《关于撤并公安派出所，调整管辖范围的通知》，撤销黄山派出所，调整管辖范围，经调整后，全县共设派出所5个。乍浦派出所管辖大桥、黄山、黄姑、全塘、林埭等公社及乍浦镇，城郊派出所管辖胜利、城北、徐埭、曹桥、前进、白马、钟埭等公社，新仓派出所管辖新仓、新庙、港中、共建等公社及新仓镇，新埭派出所管辖新埭、秀溪、南桥、前港等公社及新埭镇，城关派出所管辖城关镇。

1968年6月6日，城关、乍浦、城郊、新仓、新埭派出所更名为平湖县公安机关军事管制组城关、乍浦、城郊、新仓、新埭派出所。“文化大革命”前期，仅有城关、乍浦派出所有民警开门办公，办理户口，其余派出所均停止办公，派出所工作处于瘫痪状态。

1970年，贯彻全国、全省第十五次公安会议精神。5月18日，县军管组、人保组派出原政法干部韩锦忠、退伍老战士洪其华分别为城关、乍浦两派出所临时负责人，城关所配备民警3人，乍浦所配备民警2人。5月26日，派出原公安干部张承忠、老战士沈允泉分别为新仓、新埭派出所临时负责人，各配备民警1人，筹建新仓、新埭两个农村派出所，开始了“文化大革命”后期最初的派出所重建和恢复工作。6月1日，城关、乍浦两镇派出所恢复正常办公，新埭、新仓两个农村派出所根据省军管会会议纪要精神暂缓恢复。1971年12月，恢复新埭镇公安派出所，管辖新埭镇范围，配备民警3人。1973年2月15日，恢复县公安局时有城关、乍浦、新埭等3个城镇公安派出所。

1974年10月26日，为配合保卫上海金山石化总厂，经省公安局批准增设金丝娘桥派出所（1975年2月正式对外办公，1986年12月与全塘镇派出所合署办公，1995年8月14日经省公安厅批准更名为全塘派出所）。1979年9月，恢复建立水上派出所，管辖全县水域（1997年7月改称水警大队，保留水上派出所称谓）。11月，恢复新仓派出所。

1985年，为适应农村经济发展，根据省公安厅印发的《组建乡公安派出所的暂行规定》（征求意见稿），全县试行乡镇派出所制度。采取乡镇政府自筹资金，招收合同制民警的方法，建立乡镇派出所（民警值勤室），所领导由县公安局选派正式民警或符合条件的乡镇公安员担任，民警按公安部、劳动人事部《关于吸收人民警察的规定》，在本乡青年中招收录用。是年6月，先后在全塘镇、黄姑镇、黄山乡、瓦山乡、林埭镇、徐埭镇、前进乡、新庙乡、前港乡、南桥乡、胜利乡、城北乡、曹桥乡等13个乡镇建立派出所，在白马乡、共建乡、秀溪乡、新埭乡、新仓乡、广陈乡、钟埭镇等7个乡镇建立民警值勤室，9月10日起启用13个乡、镇派出所印章。是年底，全县共有公安派出所6个，乡镇派出所13个，乡镇民警值勤室7个。全县派出所警力从原来25人增至92人。

1986年10月，广陈镇民警值勤室改为派出所。12月，全塘镇派出所与金丝娘桥公安派出所合署办公。1987年1月，钟埭镇民警值勤室改为派出所。3月，新埭乡民警值勤室改为派出所，5月底并入新埭派出所。12月，新仓乡民警值勤室并入新仓派出所。1988年1月，秀溪乡民警值勤室改为派出所。10月，共建乡民警值勤室改为派出所。1989年9月1日，白马乡民警值勤室改为派出所。至此，全县7个乡镇民警值勤室先后完成改建为乡镇派出所或并入所在地公安派出所的任务，实现一乡（镇）一所的派出所建制。

1995年8月，经省公安厅和平湖市编委批准，乡镇派出所全部转为公安派出所。全塘镇派出所与金丝娘桥公安派出所合并后改称全塘公安派出所，至此，全县有城关、乍浦、新埭、新仓、黄姑、黄山、瓦山、林埭、徐埭、钟埭、城北、白马、胜利、曹桥、前进、新庙、共建、广陈、秀溪、南桥、前港、全塘、水上等23个公安派出所。至1997年底，全市23个公安派出所共有警力155人。

1997年10月，新增乍浦边防派出所（武警现役），由市公安局协管。1998年2月和1999年3月，为理顺乍浦撤乡并镇后派出所管辖范围，黄山、瓦山两派出所先后并入乍浦派出所。至1999年3月，全市共有22个派出所（含水上、边防派出所各1个）。

1999年7月，经浙江省政府批准，平湖市乡镇建制撤并，城关镇更名为当湖镇。9月20日，经省公安厅批准城关派出所更名为当湖派出所；29日，撤销白马、胜利、城北、秀溪、南桥、共建、新庙、前港、徐埭、前进10个派出所建制，白马、胜利、城北3个派出所并入当湖派出所；南桥、秀溪2个派出所并入新埭派出所；共建派出所并入黄姑派出所；新庙派出所并入新仓派出所；前港派出所并入广陈派出所；徐埭派出所并入林埭派出所；前进派出所并入曹桥派出所。乡镇建制调整后全市有当湖、乍浦、新埭、新仓、林埭、黄姑、广陈、钟埭、全塘、曹桥及水上、边防等12个公安派出所。2004年5月，经省政府批准，撤销当湖镇、钟埭镇、曹桥乡建制，设立当湖、钟埭、曹桥3个街道，派出所名称不变。

2009年10月，乍浦、边防派出所划归嘉兴市公安局港区分局管辖。是年底，全市派出所总数减少至10个。2010年1月5日，经省公安厅批准，黄姑派出所更名为独山港派出所，撤销全塘派出所建制。是年底，全市设当湖、钟埭、独山港、新埭、新仓、曹桥、林埭、广陈和水上等9个公安派出所。

表2-1 平湖公安局历任正、副局领导名录

| 任 次 | 姓 名 | 职 务 | 任职时间 | 备 注 |
|---|---|---|---|---|
| | 孙明成 | 副局长 | 1949.06—1950.05 | |
| 首 任 | 孙明成 | 局 长 | 1950.05—1953.05 | |
| | 张启先 | 副局长 | 1950.06—1951.04 | |
| 第二任 | 刘德芳 | 局 长 | 1953.05—1954.05 | |

续上表

| 任次 | 姓名 | 职务 | 任职时间 | 备注 |
| --- | --- | --- | --- | --- |
| 第二任 | 高传功 | 副局长 | 1954.05—1955.04 | |
| 第三任 | 高传功 | 局长 | 1955.04—1956.08 | |
| | 谢其伟 | 副局长 | 1954.12—1956.07 | |
| | 顾阿掌 | 副局长 | 1954.12—1957.01 | |
| | 吕虹 | 副局长 | 1954.12—1957.01 | |
| 第四任 | 冯峰 | 局长 | 1957.01—1961.10 | |
| | 顾阿掌 | 副局长 | 1957.01—1959.10 | |
| | 吕虹 | 副局长 | 1957.01—1959.11 | |
| | 高庆科 | 副局长 | 1957.01—1958.01 | |
| | 沈祥春 | 副局长 | 1959.11—1961.12 | |
| | 施来昌 | 副局长 | 1959.11—1961.12 | |
| 第五任 | 姜魁钧 | 局长 | 1961.12—1962.06 | |
| | 姜魁钧 | 教导员 | 1962.06—1968.04 | |
| | 丁家业 | 副局长 | 1962.06—1968.04 | |
| | 沈祥春 | 副局长 | 1961.12—1965.11 | |
| | 施来昌 | 副局长 | 1961.12—1968.04 | |
| 第六任 | 施来昌 | 局长 | 1973.04—1978.12 | 县委常委 |
| | 王元积 | 副局长 | 1973.04—1979.10 | |
| | 张兴华 | 副局长 | 1973.06—1980.02 | |
| | 袁来顺 | 副局长 | 1973.10—1979.10 | |
| 第七任 | 靳启民 | 局长 | 1979.10—1984.02 | |
| | 王元积 | 副局长 | 1979.10—1981.04 | |
| | 袁来顺 | 副局长 | 1978.12—1984.02 | |
| | 祝德新 | 副局长 | 1980.02—1984.02 | |
| | 张兴华 | 副教导员 | 1980.02—1984.02 | |
| | 袁来顺 | 副局长 | 1984.02—1984.10 | 主持工作 |
| | 祝德新 | 副局长 | 1984.02—1984.10 | |
| | 孙伟鋆 | 副教导员 | 1984.02—1984.10 | |
| | 靳启民 | 正局级巡视员 | 1984.02—1984.10 | |
| 第八任 | 凌浙鹃 | 局长 | 1984.10—1986.01 | 1985.09—1987.07 免职读书 |
| | 李保云 | 政委 | 1984.10—1986.02 | |
| | 孙伟鋆 | 副政委 | 1984.10—1986.01 | |
| | 袁来顺 | 副局长 | 1984.10—1986.01 | |
| | 祝德新 | 副局长 | 1984.11—1986.02 | |
| | 靳启民 | 正局巡视员 | 1984.11—1986.01 | |
| 第九任 | 袁来顺 | 局长 | 1986.01—1987.07 | |

续上表

| 任　次 | 姓　名 | 职　务 | 任职时间 | 备　注 |
| --- | --- | --- | --- | --- |
| 第九任 | 孙伟鋆 | 副政委 | 1986.01—1990.12 | |
| | 朱　峥 | 副局长 | 1986.02—1987.07 | |
| | 陆　瀛 | 副局长 | 1986.02—1987.08 | |
| | 靳启民 | 正局巡视员 | 1986.02—1987.12 | |
| | 祝德新 | 副局巡视员 | 1986.02—1987.08 | |
| 第十任 | 凌浙鹃 | 局　长 | 1987.07—1992.06 | 1990.02县委委员 |
| | 袁来顺 | 政　委 | 1987.08—1990.02 | |
| | 徐士元 | 政　委 | 1990.02—1990.06 | |
| | 袁伟成 | 政　委 | 1990.06—1992.06 | |
| | 孙伟鋆 | 副局长 | 1990.12—1992.06 | |
| | 朱　峥 | 副局长 | 1987.08—1990.12 | |
| | 陆　瀛 | 副局长 | 1987.08—1992.06 | |
| 第十一任 | 袁来顺 | 局　长 | 1992.08—1995.08 | |
| | 袁伟成 | 政　委 | 1992.06—1993.05 | |
| | 孙伟鋆 | 副局长 | 1992.06—1995.08 | |
| | 陆　瀛 | 副局长 | 1992.06—1995.08 | |
| | 金小弟 | 副局长 | 1992.09—1995.08 | |
| | 朱　峥 | 副局长 | 1993.05—1995.08 | |
| 第十二任 | 陆　瀛 | 局　长 | 1995.08—1996.12 | |
| | 袁伟成 | 政　委 | 1995.08—1996.12 | |
| | 朱　峥 | 副局长 | 1995.08—1996.12 | |
| | 金小弟 | 副局长 | 1995.08—1996.12 | |
| | 孙伟鋆 | 副局长 | 1995.08—1996.12 | |
| 第十三任 | 宋家聪 | 局　长 | 1996.12—1997.12 | 市委常委 |
| | 袁伟成 | 政　委 | 1996.12—1997.12 | |
| | 朱　峥 | 副局长 | 1996.12—1997.12 | 1997.06常务副局长 |
| | 金小弟 | 副局长 | 1996.12—1997.12 | |
| | 孙伟鋆 | 副局长 | 1996.12—1997.12 | |
| 第十四任 | 姚钰明 | 局　长 | 1997.12—2000.06 | 市委常委 |
| | 袁伟成 | 政　委 | 1997.12—2000.06 | |
| | 朱　峥 | 副局长 | 1997.12—2000.06 | 常务副局长 |
| | 顾照荣 | 副局长 | 1997.12—2000.06 | |
| | 金小弟 | 副局长 | 1997.12—2000.06 | |
| | 潘照其 | 副局长 | 1997.12—2000.06 | |
| | 姚　勇 | 副局长 | 1999.12—2000.06 | |
| 第十五任 | 司宏毅 | 局　长 | 2000.06—2006.12 | 市委常委 |

续上表

| 任　次 | 姓　名 | 职　务 | 任职时间 | 备　注 |
| --- | --- | --- | --- | --- |
| 第十五任 | 袁伟成 | 政　委 | 2000.06—2002.05 | 任正局级巡视员至2004.12 |
| | 高海忠 | 政　委 | 2002.05—2006.12 | |
| | 潘照其 | 副政委 | 2000.06—2006.12 | |
| | 朱　峥 | 副局长 | 2000.06—2002.03 | 常务副局长2002.03病故 |
| | 顾照荣 | 副局长 | 2000.06—2006.12 | 2006.12常务副局长 |
| | 金小弟 | 副局长 | 2000.06—2006.03 | |
| | 姚　勇 | 副局长 | 2000.06—2006.12 | |
| | 徐勤昌 | 副局长 | 2002.05—2004.10 | |
| | 朱勤明 | 副局长 | 2005.12—2006.12 | |
| | 李寿林 | 副局长 | 2006.04—2006.12 | |
| 第十六任 | 刘国强 | 局　长 | 2006.12—2011.11 | 市委常委 |
| | 顾照荣 | 政　委 | 2007.01—2009.10 | |
| | 傅金明 | 政　委 | 2009.12—2011.11 | |
| | 潘照其 | 副政委 | 2006.12—2011.11 | |
| | 姚　勇 | 副局长 | 2006.12—2010.05 | |
| | 朱勤明 | 副局长 | 2006.12—2011.11 | |
| | 李寿林 | 副局长 | 2006.12—2010.08 | |
| | 于智勇 | 副局长 | 2007.06—2011.11 | 2010.06常务副局长 |
| | 顾建良 | 副局长 | 2007.06—2011.06 | |
| | 张跃明 | 副局长 | 2007.06—2011.11 | |
| 第十七任 | 傅金明 | 局　长 | 2011.11— | 市委常委 |
| | 于智勇 | 政　委 | 2012.03—2013.09 | |
| | 夏中良 | 政　委 | 2013.09— | |
| | 华国庆 | 副政委 | 2011.12—2015.12 | |
| | 李中华 | 副局长 | 2012.03— | 常务副局长 |
| | 朱勤明 | 副局长 | 2011.11— | |
| | 张跃明 | 副局长 | 2011.11— | |
| | 马卫锋 | 副局长 | 2012.03— | |
| | 李寿林 | 副局长 | 2014.12— | |

### 表 2–2　平湖县公安机关军事管制组（县革命委员会人民保卫组）组长、副组长名录

| 任　次 | 姓　名 | 职　务 | 任职时间 | 备　注 |
| --- | --- | --- | --- | --- |
| 军管组首任 | 姜其月 | 组　长 | 1968.04—1970.09 | 军代表 |
| | 兰　伟 | 副组长 | 1968.04—1970.09 | 军代表 |
| | 范元春 | 副组长 | 1969.09—1970.09 | 军代表 |
| | 郜起刚 | 副组长 | 1968.03—1969.07 | 军代表 |

续上表

| 任　次 | 姓　名 | 职　务 | 任职时间 | 备　注 |
|---|---|---|---|---|
| 第二任 | 陈永铭 | 组　长 | 1970.09—1973.02 | 军代表 |
| | 兰　伟 | 副组长 | 1970.09—1972.12 | 军代表 |
| | 范元春 | 副组长 | 1970.09—1971.12 | 军代表 |
| 人保组首任 | 姜其月 | 组　长 | 1968.11—1970.09 | 军代表 |
| 第二任 | 陈永铭 | 组　长 | 1971.01—1973.02 | 军代表 |
| | 毕家俭 | 副组长 | 1971.01—1973.02 | 军代表 |
| | 武善庆 | 副组长 | 1971.01—1973.02 | 军代表 |
| | 张兴华 | 副组长 | 1971.01—1973.02 | |
| | 王元积 | 副组长 | 1971.01—1973.02 | |
| | 施来昌 | 副组长 | 1972.05—1973.02 | |

## 表 2-3　平湖公安局机关业务科（室）、大队正、副负责人名录

一、政治（协理、政工、公共关系）处（室、科）

| 部门名称 | 任　次 | 姓　名 | 职　务 | 任　职　时　间 |
|---|---|---|---|---|
| 协理室 | 首　任 | 李胜功 | 协理员 | 1954.06—1954.08 |
| | 第二任 | 高庆科 | 协理员 | 1956—1956.12 |
| | 第三任 | 沈祥春 | 协理员 | 1959.03—1965.11 |
| 政工科 | 首　任 | 张世龙 | 科　长 | 1984.10—1987.11 未到职 |
| | 第二任 | 柴士宗 | 科　长 | 1987.04—1990.03 |
| | 第三任 | 沈杏观 | 科　长 | 1990.03—1996.01 |
| | | 朱丽娜 | 副科长 | 1992.04—1996.01 |
| | 第四任 | 潘照其 | 科　长 | 1996.06—1997.07 |
| | | 朱丽娜 | 副科长 | 1996.01—1997.07 |
| 改称政治处 | 第五任 | 朱丽娜 | 主　任 | 1997.12—2007.05 |
| | | 陈正观 | 副主任 | 1998.05—2003.03 |
| | | 张剑云 | 副主任 | 1999.03—2003.03 |
| | | 华国庆 | 科　长 | 2003.03—2007.05（干部科） |
| | | 贾仿良 | 科　长 | 2003.03—2008.09（警务教育科） |
| | | 范良兴 | 副科长 | 2003.03—2008.09（宣传科） |
| | 第六任 | 华国庆 | 主　任 | 2007.07—2011.12 |
| | | 范良兴 | 副主任 | 2008.09—2016.05 |
| | | 唐　跃 | 副主任 | 2008.09—2012.06 |
| | | 高丽林 | 副主任 | 2008.09—2009.09 |
| | | 刘璟珺 | 副主任 | 2010.04—2014.05 |
| | | 侯四海 | 副主任 | 2010.04—2013.03 |
| | | 王剑蓉 | 副主任 | 2012.06（全面负责）—2012.12 |

续上表

| 部门名称 | 任 次 | 姓 名 | 职 务 | 任职时间 |
|---|---|---|---|---|
| 政治处 | 第七任 | 王剑蓉 | 主 任 | 2012.12— |
| | | 张国权 | 副主任 | 2012.07— |
| | | 黄福东 | 副主任 | 2013.03— |
| | | 顾建珊 | 副主任 | 2014.05— |
| 公关办 | 首 任 | 范良兴 | 主任兼 | 2011.12— |
| | | 李 杨 | 副主任 | 2012.06— |

二、指挥（秘书、指挥、计算机监察、办公室、信访、科技通信）中心（室、股、科、处）

| 部门名称 | 任 次 | 姓 名 | 职 务 | 任职时间 |
|---|---|---|---|---|
| 指挥处 | 首 任 | 陶学康 | 主 任 | 1997.03—2003.03 |
| | | 李永根 | 副主任 | 1997.03—1999.03 |
| | | 沈华初 | 副主任 | 1997.03—1998.02 |
| | | 盛美良 | 副主任 | 1996.05—2003.03 |
| | | 杜在良 | 副主任 | 1999.10—2003.03 |
| | | 张 斌 | 副主任 | 1999.03—2003.03 |
| 办公室 | 第二任 | 陶学康 | 主 任 | 2003.03—2008.09 |
| 增设信访室 | | 盛美良 | 副主任 | 2003.03—2008.09 |
| | | 冯东风 | 副主任 | 2003.03—2003.06 |
| | | 陆保林 | 副主任 | 2003.07—2008.05 |
| | | 黎星军 | 副主任 | 2004.09—2008.09 |
| | | 高留法 | 副主任 | 2003.03—2007.05（兼信访室主任） |
| 改称指挥中心（科通科） | 第三任 | 张剑云 | 主 任 | 2008.09—2009.11 |
| | | 张 斌 | 教导员 | 2008.09—2010.04（兼通信科科长） |
| | | 盛美良 | 副主任 | 2008.09—2010.04 |
| | | 黎星军 | 副主任 | 2008.09—2010.04 |
| | | 朱驭洲 | 副主任 | 2008.09—2010.04 |
| | | 钱 焱 | 副主任 | 2008.09—2014.11 |
| | | 魏洪斌 | 副主任 | 2008.09—2010.04 |
| | 第四任 | 盛美良 | 主 任 | 2010.04—2012.06 |
| | | 张 斌 | 教导员 | 2010.04—2011（兼科通科科长） |
| | | 黎星军 | 副主任 | 2010.04—2012.06 |
| | | 朱驭洲 | 副主任 | 2008.09—2011 |
| | | 魏洪斌 | 副主任 | 2010.04—2012.07 |
| | 第五任 | 黎星军 | 主 任 | 2012.06—2013.05 |
| | | 张 斌 | 教导员 | 2012（兼科通科科长）—2013.05 |
| | | 朱驭洲 | 副主任 | 2010.04—2013.07 |

续上表

| 部门名称 | 任　次 | 姓　名 | 职　务 | 任　职　时　间 |
|---|---|---|---|---|
| 指挥中心 | 第五任 | 姚勇军 | 副主任 | 2010.04—2012.06 |
| | | 盛　飞 | 副主任 | 2012.06— |
| | | 姚永林 | 副主任 | 2012.07—2015.11 |
| | | 董　伟 | 副主任 | 2015.11— |
| | 第六任 | 唐叶明 | 主　任 | 2013.05— |
| | | 朱驭洲 | 教导员 | 2013.07—2014.11 |
| | | 钱　焱 | 教导员 | 2014.11— |
| 秘书股（室） | | 高秉义 | 负责人 | 1951—1952 |
| | 首　任 | 高秉义 | 副股长 | 1952—1955 |
| | | 高秉义 | 股　长 | 1955—1955 |
| | 第二任 | 沈以固 | 副股长 | 1955—1956 主持工作 |
| | 第三任 | 沈听生 | 副股长 | 1957—1957 主持工作 |
| | 第四任 | 袁寄萍 | 副股长 | 1958—1958 主持工作 |
| | 第五任 | 沈祥春 | 股长（兼） | 1959—1960 |
| | 第六任 | 赵光荣 | 股　长 | 1961—1961 |
| | | 沈寿明 | 副股长 | 1961—1962 |
| | 第七任 | 沈寿明 | 副股长 | 1962—1968.10 主持工作 |
| 军管组四办 | | 王克华 | 主　任 | 1971.03—1973.02 |
| | | 宋应明 | 副主任 | 1971.03—1973.02 |
| 秘书股 | 第八任 | 沈寿明 | 副股长 | 1973.09—1979.11 |
| | | 郑思宁 | 副股长 | 1973.09—1979.11 |
| | 第九任 | 王书桂 | 股　长 | 1979.11—1984.10 离休 |
| | | 沈寿明 | 副股长 | 1979.11—1984.10 |
| 秘书科 | 第十任 | 陆　瀛 | 副科长 | 1984.11—1986.02 |
| （内设指挥室） | 第十一任 | 沈杏观 | 科　长 | 1986.02 副职—10 正职—1990.03 |
| | | 陶学康 | 副科长 | 1987.02—1990.03 全面负责—1992.04 |
| | 第十二任 | 陶学康 | 科　长 | 1992.04—1996.01 |
| | | 张其发 | 副科长 | 1992.04—1996.01 |
| | 第十三任 | 陶跃忠 | 科　长 | 1996.01—1997.03 |
| | | 张其发 | 副科长 | 1996.01—1997.07 |
| （指挥室） | | 符云舟 | 主　任 | 1996.01—1997.03 |
| | | 李永根 | 副主任 | 1996.01—1997.03 |
| 科技通信科 | 首　任 | 俞小平 | 科　长 | 2007.02—2008.09 并入指挥中心 |

三、情报中心（科技通信科）

| 部门名称 | 任　次 | 姓　名 | 职　务 | 任　职　时　间 |
|---|---|---|---|---|
| 情报中心（科通科） | 首　任 | 黎星军 | 主　任 | 2013.05—2015.05 |
| | | 张　斌 | 教导员 | 2013.05（兼科通科科长）—2017.09 |
| | | 李伟东 | 副主任 | 2013.05—2017.09 |
| | | 徐挺烽 | 副主任 | 2013.05兼职— |
| | | 姚永林 | 副主任 | 2013.05兼职—2015.11 |
| | 第二任 | 叶　杰 | 主　任 | 2015.05— |

四、警务保障（行政装备、后勤）室（科）

| 部门名称 | 任　次 | 姓　名 | 职　务 | 任　职　时　间 |
|---|---|---|---|---|
| 行政装备科 | 首　任 | 赵渭洲 | 科　长 | 1984.10副职—1989.12—1989.01 |
| | | 李士荣 | 副科长 | 1984.10—1989.01 |
| | | 吴玲明 | 副科长 | 1987.04—1989.01 |
| | 第二任 | 符云舟 | 科　长 | 1989.01—1995.12 |
| | | 李士荣 | 副科长 | 1989.01—1995.12 |
| | | 吴玲明 | 副科长 | 1989.01—1992.04 |
| | 第三任 | 祝海平 | 副科长 | 1995.12—1997.07 |
| | | 陈金华 | 副科长 | 1995.12—1997.07 |
| 改称后勤科 | 第四任 | 胡喜明 | 科　长 | 1997.07—1999.03 |
| | | 陈金华 | 副科长 | 1997.07—1999.03 |
| | 第五任 | 李永根 | 科　长 | 1999.03—2003.03 |
| | | 陈金华 | 副科长 | 1999.03—2003.03 |
| | 第六任 | 张跃明 | 科　长 | 2003.03—2004.06 |
| | | 方　冶 | 副科长 | 2003.03—2004.06 |
| | 第七任 | 鲁勤飞 | 科　长 | 2004.06—2008.09 |
| | | 方　冶 | 副科长 | 2004.06—2008.09 |
| | | 刘　平 | 副科长 | 2004.06—2008.09 |
| 改称警务保障室 | 第八任 | 鲁勤飞 | 主　任 | 2008.09—2014.05教导员—2014.11 |
| | | 方　冶 | 副主任 | 2008.09—2015.05 |
| | | 刘　平 | 副主任 | 2008.09— |
| | 第九任 | 蒋乃斌 | 主　任 | 2014.05— |
| | | 唐林中 | 副主任 | 2015.05— |
| | | 王水良 | 教导员 | 2015.08— |

五、国内安全保卫（政治保卫、出入境管理）大队（股、科）

| 部门名称 | 任　次 | 姓　名 | 职　务 | 任　职　时　间 |
|---|---|---|---|---|
| 政保股 | 首　任 | 张启先 | 股　长 | 1950.05 |
| | 第二任 | 薛汉孝 | 股　长 | 1950.11副职—1952正职—1953.02 |

续上表

| 部门名称 | 任　次 | 姓　名 | 职　务 | 任　职　时　间 |
|---|---|---|---|---|
| 政保股 | 第二任 | 张志寅 | 副股长 | 1952—1953.02 |
| | 第三任 | 谢其伟 | 股　长 | 1953.04副职—1954.06正职—1954.12 |
| | | 张志寅 | 副股长 | 1953.02—1954.03 |
| | 第四任 | 施来昌 | 股　长 | 1954.10副职—1956.12正职—1959.12 |
| | | 沈祥春 | 副股长 | 1955.01—1958 |
| | | 袁寄萍 | 副股长 | 1957—1959.12 |
| | | 朱雪明 | 副股长 | 1959.04—1959.12 |
| | 第五任 | 袁寄萍 | 股　长 | 1960—1961.10 |
| | | 朱雪明 | 副股长 | 1959.12—1961.10 |
| | | 吕秉文 | 副股长 | 1960.03—1961.10 |
| | 第六任 | 吕秉文 | 副股长 | 1961.10—1968.04 |
| | | 朱雪明 | 副股长 | 1961.10—1968.04 |
| | | 罗家铭 | 副股长 | 1962—1965.08 |
| 一办 | | 张兴华 | 主　任 | 1971.03—1973.02 |
| | | 徐全荣 | 副主任 | 1971—1973.2（军代表） |
| 恢复政保股 | 第七任 | 袁来顺 | 股　长 | 1973.09—1978.10 |
| | | 吕秉文 | 副股长 | 1973.09—1978.10 |
| | 第八任 | 吕秉文 | 股　长 | 1978.10—1984 |
| | | 郭卫平 | 副股长 | 1979.11—1984 |
| 改称政保科 | 第九任 | 吕秉文 | 科　长 | 1984—1995 |
| | | 郭卫平 | 副科长 | 1984—1993 |
| | | 陶跃忠 | 副科长 | 1992.04—1995.12 |
| | 第十任 | 沈杏观 | 科　长 | 1996.01—1999.03 |
| 增设出入境管理科（合署办公） | | 时秀根 | 副科长 | 1996.02—1999.03 |
| | 第十一任 | 陈志强 | 科　长 | 1999.03—1999.12 |
| | | 时秀根 | 副科长 | 1999.03—1999.12 |
| | | 周祖飞 | 副科长 | 1999.03—1999.12 |
| | 第十二任 | 时秀根 | 科　长 | 1999.12—2003.03 |
| | | 周祖飞 | 副科长 | 1999.12—2001.11 |
| | | 王进良 | 副科长 | 2001.11—2003.03 |
| 改称国保大队 | 第十三任 | 王进良 | 大队长 | 2003.03—2008.09 |
| | | 张雪强 | 教导员 | 2003.03—2008.09 |
| | 第十四任 | 盛龙根 | 大队长 | 2008.09—2009.12 |
| | | 张雪强 | 教导员 | 2008.09—2009.12 |
| | 第十五任 | 毛明芳 | 大队长 | 2009.12—2013.05 |
| | | 张雪强 | 教导员 | 2009.12—2012.06 |

续上表

| 部门名称 | 任　次 | 姓　名 | 职　务 | 任　职　时　间 |
| --- | --- | --- | --- | --- |
| 国保大队 | 第十五任 | 盛美良 | 教导员 | 2012.06—2015.05 |
| | | 张月东 | 副大队长 | 2012.06— |
| | 第十六任 | 贾仿良 | 大队长 | 2013.07— |
| | | 施勤良 | 教导员 | 2015.05— |

六、出入境管理大队（科）

| 部门名称 | 任　次 | 姓　名 | 职　务 | 任　职　时　间 |
| --- | --- | --- | --- | --- |
| 出入境管理科 | 首　任 | 时秀根 | 科　长 | 2003.03—2008.06 |
| （改称大队） | | 时秀根 | 大队长 | 2008.06—2017.08 |
| | | 贾仿良 | 教导员 | 2008.09—2009.12 |
| | | 丁　威 | 副教导员 | 2010.12—2012.06副大队长—2012.11 |
| | | 张雪强 | 教导员 | 2012.06— |
| | | 朱　慧 | 副大队长 | 2013.03— |

七、治安（水上）管理（治安、户政、经文保）大队（股、科）

| 部门名称 | 任　次 | 姓　名 | 职　务 | 任　职　时　间 |
| --- | --- | --- | --- | --- |
| 治安大队 | 首　任 | 李鲁平 | 大队长 | 1997.07—1997.09 |
| | | 魏　坚 | 教导员 | 1997.07—1997.09 |
| | | 张建林 | 副大队长 | 1997.07—1997.09 |
| | 第二任 | 徐勤昌 | 大队长 | 1997.09—1998.05 |
| | | 魏　坚 | 教导员 | 1997.09—1998.05 |
| | | 张建林 | 副大队长 | 1997.09—1998.05 |
| | 第三任 | 李中华 | 大队长 | 1998.05—2003.02 |
| | | 魏　坚 | 教导员 | 1998.05—1999.03 |
| | | 李品其 | 教导员 | 1999.03—2000.03 |
| （办证中心） | | 许安平 | 副主任 | 1999.03—2003.03 |
| | | 盛龙根 | 副大队长 | 1999.03—2000.03 |
| | | 盛龙根 | 教导员 | 2000.03—2003.02 |
| | | 张建林 | 副大队长 | 1998.05—2003.03 |
| | 第四任 | 张建林 | 大队长 | 2003.03—2006.03 |
| | | 盛龙根 | 教导员 | 2003.03—2008.09 |
| | | 张宏伟 | 副大队长 | 2003.03—2008.09 |
| | | 张国权 | 副大队长 | 2003.03—2008.09 |
| | | 胡仲恒 | 副大队长 | 2003.03—2008.09兼守押大队大队长 |
| （办证中心） | | 沈晓燕 | 主　任 | 2003.03—2008.09 |
| | 第五任 | 陆连忠 | 大队长 | 2008.09—2013.07 |
| | | 张国权 | 教导员 | 2008.09—2012.07 |

续上表

| 部门名称 | 任　次 | 姓　名 | 职　务 | 任　职　时　间 |
|---|---|---|---|---|
| 治安大队 | 第五任 | 吴仲恒 | 副大队长 | 2008.09—2009.11 |
| | | 孟鹏飞 | 副大队长 | 2008.09—2012.07 教导员—2013.07 |
| | | 沈国光 | 副大队长 | 2008.09—2013.03 |
| | | 胡登攀 | 副大队长 | 2010.04—2014.11 |
| | | 张　鸿 | 副大队长 | 2012.07—2014.05 |
| | | 沈晓燕 | 副大队长 | 2008.09—2015.05 |
| | 第六任 | 孟鹏飞 | 大队长 | 2013.07— |
| | | 倪美根 | 教导员 | 2013.07— |
| | | 汤朝阳 | 副大队长 | 2013.03—2015.05 |
| | | 黄东明 | 副大队长 | 2014.05— |
| | | 胡国锋 | 副大队长 | 2015.05— |
| （办证中心） | | 张昱霞 | 副大队长 | 2015.05— |
| 治安股 | 首　任 | 绪光忠 | 股　长 | 1950.05—1953.06 |
| | | 项光希 | 副股长 | 1952.10—1954.10 |
| | 第二任 | 项光希 | 股　长 | 1954.10—1955.01 |
| | 第三任 | 吕　虹 | 股　长 | 1954.08—1954.12 |
| | 第四任 | 高庆科 | 股　长 | 1955—1955 |
| | | 祝德新 | 副股长 | 1955.01—1959.04 |
| | | 顾照荣 | 副股长 | 1956.12—1960.03 |
| | 第五任 | 程洪鹏 | 股　长 | 1959.04—1960.02 |
| | | 祝德新 | 副股长 | 1959.04—1961.12 |
| | | 张承忠 | 副股长 | 1959.04—1960.03 |
| | 第六任 | 张承忠 | 股　长 | 1960.03—1961.12 |
| | | 赵渭洲 | 副股长 | 1960.03—1961.05 |
| | | 赵渭洲 | 副股长 | 1961—1962.03 |
| | | 平玉林 | 副股长 | 1961.12—1962.07 |
| | 第七任 | 祝德新 | 股　长 | 1963—1968 |
| 军管组二办 | | 祝德新 | 副主任 | 1969.11—1971.03 |
| | | 武善庆 | 主　任 | 1971.03—1973（军代表） |
| | | 祝德新 | 副主任 | 1971.03—1973 |
| 恢复治保股后改称治安股 | 第八任 | 祝德新 | 股　长 | 1973.09—1978.04 |
| | | 潘志鹤 | 副股长 | 1973.09—1978.04 |
| | | 张兴元 | 副股长 | 1973.09 兼消防队队长—1979.11 |
| | 第九任 | 黄庆桂 | 股　长 | 1978.04—1979.11 |
| | | 张仁根 | 副股长 | 1978.04—1979.11 |
| | | 张顺林 | 副股长 | 1978.03—1979.11 |
| | 第十任 | 柯慧生 | 股　长 | 1979.11—1981.12 |

续上表

| 部门名称 | 任 次 | 姓 名 | 职 务 | 任 职 时 间 |
|---|---|---|---|---|
| 治安股 | 第十任 | 袁守之 | 副股长 | 1979.11—1982.01 |
| | 第十一任 | 王樟权 | 股 长 | 1982.01—1991.07 |
| | | 袁守之 | 副股长 | 1982.01—1984.10 |
| 改称治安科 | | 高留法 | 副科长 | 1984.10—1992.12 |
| | 第十二任 | 李鲁平 | 科 长 | 1993.02—1997.07 |
| | | 徐勤昌 | 副科长 | 1993.12—1996.01 |
| | | 叶经能 | 副科长 | 1996.01—1997.07 |
| 户政科 | 首 任 | 张顺林 | 科 长 | 1988.05—1996.01 |
| | | 朱丽娜 | 副科长 | 1988.05—1992.04 |
| 1997.7并治安 | 第二任 | 魏 坚 | 科 长 | 1996.01—1997.07 |
| 内保股 | 首 任 | 李登亭 | 股 长 | 1979.11—1983.03 |
| | | 张兴元 | 副股长 | 1979.11—1983.03 |
| | 第二任 | 张兴元 | 股 长 | 1983.03—1984.10 |
| 改称内保科 | | 张兴元 | 科 长 | 1984.10—1993.12 |
| | | 姚 勇 | 副科长 | 1984.11—1987.04 |
| | | 朱士新 | 副科长 | 1987.03—1996.01 |
| 改经文保科 | 第三任 | 张顺林 | 科 长 | 1996.01—1998.06 |
| | | 朱士新 | 副科长 | 1996.01—1997.07 |
| | | 叶经能 | 副科长 | 1997.07—1998.02 |
| | 第四任 | 盛龙根 | 科 长 | 1998.06—1999.03 |
| 2003.5并治安 | 第五任 | 冯水根 | 科 长 | 1999.03—2003.05 |

八、刑事侦查（刑警、刑事侦察、预审、办案、检察）大队（队、股、科）

| 部门名称 | 任 次 | 姓 名 | 职 务 | 任 职 时 间 |
|---|---|---|---|---|
| 刑警队 | 首 任 | 韩锦忠 | 队 长 | 1979.11—1984.10 |
| 刑侦队 | | 赵渭洲 | 副队长 | 1980.03—1984.10 |
| | | 张顺林 | 副队长 | 1979.11—1981.10 |
| | | 吴有祥 | 副指导员 | 1981.10—1984.10 |
| | 第二任 | 张顺林 | 队 长 | 1984.09—1986.02 |
| | | 沈华初 | 副队长 | 1984.10—1986.05 |
| | | 李鲁平 | 副队长 | 1984.11—1986.10 |
| | | 金小弟 | 副队长 | 1984.10—1985.09 |
| | | 沈杏观 | 副指导员 | 1984.10—1986.02 |
| | 第三任 | 李鲁平 | 队 长 | 1986.02副—1986.10—1992.12 |
| | | 朱仕新 | 副队长 | 1986.02—1987.03 |
| | | 顾照荣 | 副队长 | 1986.05—1992.12 |
| | | 姚 勇 | 指导员 | 1987.06—1993.07 |

续上表

| 部门名称 | 任　次 | 姓　名 | 职　务 | 任　职　时　间 |
|---|---|---|---|---|
| 刑事侦察大队 | 第四任 | 顾照荣 | 大队长 | 1993.07—1997.07 |
| | | 华国庆 | 副大队长 | 1993.12 —1996.01 |
| | | 华国庆 | 教导员 | 1996.01—1997.07 |
| | | 孙金良 | 副大队长 | 1996.01—1997.07 |
| | | 潘照其 | 副大队长 | 1993.12—1996.06 |
| | | 刘　洪 | 副大队长 | 1993.07—1997.07 |
| | 第五任 | 李中华 | 大队长 | 1997.07—1998.05 |
| | | 孙金良 | 副大队长 | 1997.07—1998.05 |
| | | 刘　洪 | 副大队长 | 1997.07—1998.05 |
| | | 朱亦林 | 副大队长 | 1998.01—1999.03 |
| | | 于智勇 | 副大队长 | 1997.07—1999.03 |
| | 第六任 | 刘　洪 | 大队长 | 1999.06—2005.06 |
| | | 孙金良 | 教导员 | 1998.05—2003.03 |
| | | 杨忠林 | 副大队长 | 1999.03 —2003.03 |
| 刑事侦查大队 | | 杨忠林 | 教导员 | 2003.03—2005.06 |
| | | 顾建良 | 副大队长 | 1998.05—1999.03 |
| | | 高雪峰 | 副大队长 | 1999.03—2003.03 |
| | | 顾　刚 | 副大队长 | 1999.03—2004.09 |
| | | 黄春雷 | 副大队长 | 2003.03—2005.06 |
| | | 黄利民 | 副大队长 | 2003.03—2005.06 |
| | | 吴中林 | 副大队长 | 1999.11—2005.06 |
| | | 王剑蓉 | 副大队长 | 1998.06—2005.06 |
| | 第七任 | 吴建明 | 大队长 | 2006.01—2010.09 |
| | | 杨忠林 | 教导员 | 2005.06—2010.04 |
| | | 王　周 | 副教导员 | 2008.09—2010.09 |
| | | 黄春雷 | 副大队长 | 2005.06—2008.09 |
| | | 吴中林 | 副大队长 | 2005.06—2008.09 |
| | | 黄利民 | 副大队长 | 2005.06—2010.04 |
| | | 黄利民 | 教导员 | 2010.04—2010.09 |
| | | 王剑蓉 | 副大队长 | 2005.06—2010.09 |
| | | 朱川兴 | 副大队长 | 2008.09—2010.04 |
| | | 毛林峰 | 副大队长 | 2008.09—2013.05 |
| | | 徐　杰 | 副大队长 | 2010.04—2011.03 |
| | 第八任 | 黄利民 | 大队长 | 2010.09—2013.05 |
| | | 王剑蓉 | 教导员 | 2010.09—2012.06 |
| | | 王　周 | 副教导员 | 2008.09—2011.09 |
| | | 吴　戎 | 教导员 | 2012.07—2014.05 |

续上表

| 部门名称 | 任 次 | 姓 名 | 职 务 | 任 职 时 间 |
|---|---|---|---|---|
| 刑事侦查大队 | 第八任 | 曹跃平 | 副大队长 | 2012.07—2014.05 |
| | | 曹跃平 | 教导员 | 2014.05— |
| | | 徐挺烽 | 副大队长 | 2010.12—2015.06 |
| | | 黄洪波 | 副大队长 | 2012.06—2013.03 |
| | | 黄东明 | 副大队长 | 2012.07—2014.05 |
| | 第九任 | 吴中林 | 大队长 | 2013.07—2015.11 |
| | | 高纯伟 | 副大队长 | 2013.03—2013.08 |
| | | 陆军杰 | 副大队长 | 2013.08— |
| | | 顾跃其 | 副大队长 | 2013.08—2015.05 |
| | | 沈 健 | 副大队长 | 2013.07—2015.11 |
| | | 黄洪波 | 副大队长 | 2013.08—2015.01 |
| | | 金 君 | 副大队长 | 2014.05—2015.05 |
| | | 郑煜俊 | 副大队长 | 2014.05— |
| | | 高纯伟 | 副大队长 | 2014.10—2015.08 |
| | | 高纯伟 | 副教导员 | 2015.08— |
| | | 江 超 | 副教导员 | 2014.11—2015.01 |
| | | 沈国民 | 副教导员 | 2015.01—2015.08改任副大队长— |
| | | 陆 俊 | 副大队长 | 2015.01— |
| | | 金 峰 | 副大队长 | 2015.05— |
| | | 王 周 | 副大队长 | 2015.08兼— |
| | 第十任 | 吴 戎 | 大队长 | 2015.11— |
| 当湖片区刑侦队 | 首 任 | 陆军杰 | 队长（兼） | 2013.08— |
| | | 金 君 | 指导员兼 | 2013.08—2014.05 |
| | | 陆 俊 | 指导员兼 | 2014.05—2015.01 |
| | | 江 超 | 指导员兼 | 2015.01— |
| 钟埭片区刑侦队 | 首 任 | 顾跃其 | 队长（兼） | 2013.08—2015.05 |
| | | 金 峰 | 指导员兼 | 2013.08—2015.05 |
| | 第二任 | 金 峰 | 队长（兼） | 2015.05— |
| | | 陈汤立 | 指导员兼 | 2015.05— |
| 独山港片区刑侦队 | 首 任 | 黄洪波 | 队长（兼） | 2013.08—2015.01 |
| | | 沈国民 | 指导员兼 | 2013.08—2015.01 |
| | 第二任 | 陆 俊 | 队长（兼） | 2015.01— |
| | | 王利杰 | 指导员兼 | 2015.05— |
| 当湖（城关）刑侦队 | 首 任 | 于智勇 | 队 长 | 1999.03—2003.03 |
| | | 陈 伟 | 副队长 | 1999.03—2003.03 |
| | | 褚金法 | 副指导员 | 1998.06—2003.03 |
| | 第二任 | 高雪峰 | 队长（兼） | 2003.03—2003.11 |

续上表

| 部门名称 | 任　次 | 姓　名 | 职　务 | 任　职　时　间 |
|---|---|---|---|---|
| 当湖刑侦队 | 第二任 | 马卫峰 | 副队长 | 2004.06—2008.09 |
|  |  | 褚金法 | 指导员 | 2003.03—2010.04 |
| 乍浦刑侦队 | 首　任 | 李寿林 | 队　长 | 1999.03—2001.11 |
|  |  | 陶建华 | 副指导员 | 1999.03—1999.07 副队长—2003.11 |
|  |  | 吴建明 | 指导员 | 1999.06—2003.03 队长—2006.01 |
| 新埭刑侦队 | 首　任 | 朱勤明 | 队　长 | 1999.03—2003.03 |
|  |  | 陆年根 | 副指导员 | 1998.09—1999.07 副队长—2003.03 |
|  |  | 冯东风 | 副指导员 | 1999.07—2003.03 |
|  | 第二任 | 沈伟泓 | 队　长 | 2003.08—2003.11 |
|  |  | 张明华 | 指导员 | 2003.03—2004.05 |
| 新仓刑侦队 | 首　任 | 吴建明 | 队　长 | 1999.03—1999.06 |
| 1999.7 并新埭刑侦队 |  | 冯东风 | 副指导员 | 1999.03—1999.07 |
| 预审股 | 首　任 | 黄　海 | 副股长 | 1950.05—1952 |
|  | 第二任 | 曾光荣 | 副股长 | 1952—1954 |
|  | 第三任 | 黄庆桂 | 副股长 | 1957 —1960.03 |
|  |  | 黄庆桂 | 股长 | 1960.03—1968.10 |
| 办案办公室 | 第四任 | 王元积 | 主　任 | 1971.03—1973 |
|  |  | 洪建忠 | 副主任 | 1971.03—1973（军代表） |
|  |  | 杨兆熊 | 副主任 | 1971.03—1973.02 |
| 恢复预审股 | 第五任 | 黄庆桂 | 股　长 | 1973.09—1978.04 |
|  |  | 王樟权 | 副股长 | 1978—1978.04 |
|  | 第六任 | 李登亭 | 股　长 | 1978.04—1979.11 |
|  |  | 王樟权 | 副股长 | 1978.04—1979.11 |
| （改称科） | 第七任 | 黄庆桂 | 股　长 | 1980 —1984 科长—1990.12 |
|  |  | 柴士宗 | 副股长 | 1979.11 —1984 |
|  |  | 柴士宗 | 副科长 | 1984—1990.12 |
|  |  | 叶经能 | 副科长 | 1987.04—1990.12 |
|  | 第八任 | 张仁根 | 科　长 | 1992.12—1996.01 |
|  |  | 叶经能 | 副科长 | 1990.12—1992.12 |
|  | 第九任 | 沈华初 | 科　长 | 1992.12—1996.01 |
|  |  | 叶经能 | 副科长 | 1992.12—1996.01 |
| 1997.9 撤销 | 第十任 | 徐勤昌 | 科　长 | 1996.01—1997.09 |
|  |  | 俞进其 | 副科长 | 1996.01—1997.07 |
|  |  | 堵笠倩 | 副科长 | 1996.01—1997.07 |
| 检察股 | 首　任 | 马文加 | 股　长 | 1973.09—1979.06 |
| 1979.6 撤销 |  | 郭卫平 | 副股长 | 1978.04—1979.11 |

九、经济犯罪侦查（经济案件侦察）大队

| 部门名称 | 任　次 | 姓　名 | 职　务 | 任　职　时　间 |
| --- | --- | --- | --- | --- |
| 经济案件侦察大队 | 首　任 | 华国庆 | 大队长 | 1997.07—1999.03 |
| | | 张雪强 | 教导员 | 1997.07—1999.03 |
| | | 叶经能 | 副大队长 | 1998.02—1999.03 |
| | 第二任 | 陆连忠 | 大队长 | 1999.03—2004.08 |
| | | 张雪强 | 教导员 | 1999.03—2003.03 |
| 经济犯罪侦查大队 | | 朱友良 | 教导员 | 2003.03—2004.08 |
| | | 徐建根 | 副大队长 | 1999.03—2003.03 |
| | | 孙伟泓 | 副大队长 | 1999.03—2003.03 |
| | | 姚士良 | 副大队长 | 2003.03—2004.08 |
| | | 谢　静 | 副大队长 | 2003.03—2004.08 |
| | | 唐叶明 | 副大队长 | 1999.11—2003.03 |
| | 第三任 | 顾　刚 | 大队长 | 2004.09—2017.03 |
| | | 朱友良 | 教导员 | 2004.08—2008.09 |
| | | 谢　静 | 副大队长 | 2004.08—2008.09 |
| | | 谢　静 | 教导员 | 2008.09—2011.08 |
| | | 盛保法 | 教导员 | 2012.07—2013.07 |
| | | 黄爱华 | 教导员 | 2013.07—2015.08 |
| | | 唐叶明 | 副大队长 | 2003.03—2008.09 |
| | | 姚士良 | 副大队长 | 2004.08—2008.09 |
| | | 孙伟泓 | 副大队长 | 2008.09— |
| | | 金勤峰 | 副大队长 | 2008.09—2013.07 |
| | | 谢英杰 | 副大队长 | 2013.07— |
| | | 冯东风 | 教导员 | 2015.08— |

十、禁毒大队

| 部门名称 | 任　次 | 姓　名 | 职　务 | 任　职　时　间 |
| --- | --- | --- | --- | --- |
| 禁毒大队 | 首　任 | 吴中林 | 副大队长 | 2009.12—2010.04 |
| | 第二任 | 杨忠林 | 大队长 | 2010.04—2012.04 |
| | | 吴中林 | 副教导员 | 2010.04—2012.07 |
| | | 褚金法 | 副大队长 | 2010.04—2010.09 |
| | 第三任 | 冯东风 | 大队长 | 2012.04—2014.05 |
| | | 吴中林 | 教导员 | 2012.07—2013.07 |
| | | 施勤良 | 教导员 | 2013.07—2015.05 |
| | | 谢文韬 | 副大队长 | 2013.07— |
| | 第四任 | 吴　戎 | 大队长 | 2014.05—2015.11 |

续上表

| 部门名称 | 任　次 | 姓　名 | 职　务 | 任　职　时　间 |
|---|---|---|---|---|
| 禁毒大队 | 第四任 | 王进良 | 教导员 | 2015.05— |
| | 第五任 | 胡跃健 | 大队长 | 2015.11— |

十一、法制（科、室）大队

| 部门名称 | 任　次 | 姓　名 | 职　务 | 任　职　时　间 |
|---|---|---|---|---|
| 法制科 | 首　任 | 俞进其 | 副科长 | 1990.05—1992.12 |
| | 第二任 | 张仁根 | 科　长 | 1992.12—1996.01 |
| | | 俞进其 | 副科长 | 1992.12—1996.01 |
| | 第三任 | 沈华初 | 科　长 | 1996.01—1997.06 |
| | 第四任 | 盛保法 | 科　长 | 1997.07—2003.03 |
| | | 俞金其 | 副科长 | 1999.03—2003.03 |
| | 第五任 | 顾跃良 | 科　长 | 2003.03—2008.09 |
| | | 俞金其 | 副科长 | 2003.03—2008.09 |
| | | 黄爱华 | 副科长 | 2003.03—2008.09 |
| 改称法制室 | 第六任 | 顾跃良 | 主　任 | 2008.09—2012 |
| | | 黄爱华 | 副主任（兼） | 2008.09—2012 |
| | | 何　慧 | 副主任 | 2010.04—2011.12 |
| | | 胡高泉 | 副主任 | 2008.09—2009.11 |
| | | 罗红进 | 副主任 | 2008.09—2011.12 |
| | | 王　周 | 副主任 | 2011.09—2011.12 |
| 法制大队 | 第七任 | 顾跃良 | 大队长 | 2011.12—2014.04病故 |
| | | 罗红进 | 教导员 | 2012.07—2015.08 |
| | | 黄爱华 | 副大队长（兼） | 2011.12—2013.07 |
| | | 沈玉明 | 副大队长 | 2012.07— |
| | | 王　周 | 副大队长 | 2011.12—2013.07 |
| | | 何　慧 | 副大队长 | 2011.12—2016.05 |
| | | 高纯伟 | 副大队长 | 2013.08—2014.10 |
| | 第八任 | 冯东风 | 大队长 | 2014.05—2015.08 |
| | 第九任 | 罗红进 | 大队长 | 2015.08— |
| | | 黄爱华 | 教导员 | 2015.08— |
| | | 姚俊杰 | 副大队长 | 2015.08— |
| | | 施一澄 | 副大队长 | 2015.11— |
| 行政复议室 | 首　任 | 黄爱华 | 主　任 | 2008.09—2013.07 |
| | 第二任 | 王　周 | 主　任 | 2013.07— |

十二、网络（安全监察）警察大队

| 部门名称 | 任　次 | 姓　名 | 职　务 | 任　职　时　间 |
|---|---|---|---|---|
| 网监大队 | 首　任 | 张　斌 | 大队长 | 2003.03—2008.09 |
| （科通科） | | 俞小平 | 教导员 | 2003.03—2007.02 |
| 网警大队 | 第二任 | 黄春雷 | 大队长 | 2008.09— |
| | | 王进良 | 教导员 | 2008.9—2015.05 |
| | | 俞金其 | 副大队长 | 2008.9—2015.05 |
| | | 金　君 | 教导员 | 2015.05— |
| | | 谢　正 | 副大队长 | 2015.05— |

十三、巡特警大队

| 部门名称 | 任　次 | 姓　名 | 职　务 | 任　职　时　间 |
|---|---|---|---|---|
| 巡特警大队 | 首　任 | 李希祥 | 大队长 | 1995.11—1999.03 |
| | | 姚志良 | 教导员 | 1996.02—1999.03 |
| | | 钱　群 | 副大队长 | 1997.07—1999.03 |
| | 第二任 | 吴海勤 | 大队长 | 1999.03—2001.08 |
| | | 俞小平 | 教导员 | 1999.03—2001.08 |
| | | 张宏伟 | 副大队长 | 1999.03—2001.08 |
| 恢复巡特警大队 | 第三任 | 杨少峰 | 大队长 | 2005.06—2012.07 |
| | | 沈志明 | 副教导员 | 2005.06—2008.09 |
| | | 张宏伟 | 教导员 | 2008.09—2012.07 |
| | | 马根良 | 副大队长 | 2008.09—2010.04 |
| | | 张中华 | 副大队长 | 2008.09—2012.07 |
| | | 邓艾辉 | 副大队长 | 2008.09—2012.07 |
| | | 简志强 | 副大队长 | 2009.11—2015.05 |
| | 第四任 | 张宏伟 | 大队长 | 2012.07—2015.08 |
| | | 邓艾辉 | 副教导员 | 2012.07—2013.07 |
| | | 汤朝阳 | 副大队长 | 2012.07—2013.03 |
| | | 沈国光 | 教导员 | 2013.03— |
| | | 郭松海 | 副大队长 | 2013.07— |
| | | 张中华 | 副大队长 | 2013.07—2014.11 |
| | | 高云杰 | 副大队长 | 2014.11 |
| | | 徐　跃 | 副大队长 | 2015.05— |
| | 第五任 | 陆林强 | 大队长 | 2015.11— |

十四、交通警察大队（交通队、交巡警大队）

| 部门名称 | 任　次 | 姓　名 | 职　务 | 任　职　时　间 |
|---|---|---|---|---|
| 交通队 | 首　任 | 李其荣 | 副队长 | 1985.12—1986.11 主持工作 |
| | 第二任 | 张世龙 | 队　长 | 1986.11—1995.08 |

续上表

| 部门名称 | 任　次 | 姓　名 | 职　务 | 任　职　时　间 |
|---|---|---|---|---|
| 交通警察队 | | 李其荣 | 副队长 | 1986.11—1988.12 |
| | | 冯水根 | 副队长 | 1989.03—1995.08 |
| 交通警察大队 | 第三任 | 朱　峥 | 兼队长 | 1995.08—1997.01 |
| | | 冯水根 | 副队长 | 1998.08—1997.01 |
| | | 陆荣根 | 副队长 | 1995.08—1997.01 |
| | 第四任 | 冯水根 | 大队长 | 1997.04—1998.11 |
| | | 陆荣根 | 教导员 | 1997.01—1999.12 |
| | | 俞小平 | 副大队长 | 1997.04—1998.05 |
| | | 张士良 | 副大队长 | 1997.04—1999.12 |
| | | 程华明 | 副大队长 | 1997.07—1999.03 |
| | | 陶跃中 | 副大队长 | 1998.05—1999.03 |
| | 第五任 | 陆荣根 | 大队长 | 1999.12—2001.01 |
| | | 陈志强 | 教导员 | 1999.12—2001.08 |
| | | 程华明 | 副大队长 | 1999.12—2001.08 |
| | | 陶跃中 | 副大队长 | 1999.03—2001.08 |
| | | 张士良 | 副大队长 | 1999.12—2000.01 |
| | 第六任 | 李中华 | 大队长 | 2003.02—2005.06 |
| | | 陈志强 | 教导员 | 2003.02—2005.06 |
| | | 李希祥 | 副大队长 | 2003.02—2005.06 |
| | | 张剑云 | 副大队长 | 2003.02—2005.06 |
| | | 陶跃中 | 副大队长 | 2003.02—2003.04 |
| | | 顾建良 | 副大队长 | 2003.02—2005.06 |
| | 第七任 | 于智勇 | 大队长 | 2006.02—2007.07 |
| | | 陈志强 | 教导员 | 2005.12—2006.09 |
| | | 李希祥 | 副大队长 | 2002.12—2007.06 |
| | | 张剑云 | 副大队长 | 2005.12—2007.06 |
| | | 顾建良 | 副大队长 | 2005.12—2007.06 |
| | 第八任 | 张跃明 | 大队长 | 2007.07—2010.08 |
| | | 李希祥 | 教导员 | 2007.07—2010.08 |
| | | 张剑云 | 副大队长 | 2007.06—2008.09 |
| | | 郭建光 | 副大队长 | 2007.05—2010.08 |
| | | 朱益强 | 副大队长 | 2007.05—2010.08 |
| | | 戴建平 | 副大队长 | 2008.09—2010.08 |
| | | 俞善根 | 副大队长 | 2008.09—2010.08 |
| | 第九任 | 吴建明 | 大队长 | 2010.08—2015.04 |
| | | 李希祥 | 教导员 | 2010.08—2015.04 |
| | | 郭建光 | 副大队长 | 2010.08— |

续上表

| 部门名称 | 任　次 | 姓　名 | 职　务 | 任　职　时　间 |
|---|---|---|---|---|
| 交通警察大队 | 第九任 | 朱益强 | 副大队长 | 2010.08— |
| | | 戴建平 | 副大队长 | 2010.08— |
| | | 俞善根 | 副大队长 | 2010.08— |
| | 第十任 | 李希祥 | 大队长 | 2015.04— |
| | | 张雪平 | 教导员 | 2015.04— |
| 交巡警大队 | 首 任 | 陆荣根 | 大队长 | 2001.08—2003.01 |
| | | 俞小平 | 副教导员 | 2001.08—2003.03 |
| | | 吴海勤 | 副大队长 | 2001.08—2003.03 |
| | | 张宏伟 | 副大队长 | 2001.08 —2003.03 |
| | | 李希祥 | 副大队长 | 2001.08—2003.02 |
| | | 程华明 | 副大队长 | 2001.08—2003.02 |
| | | 陶跃中 | 副大队长 | 2001.08—2003.02 |

十五、看守所（治安拘留所、监所管理大队、预审监管大队）

| 部门名称 | 任　次 | 姓　名 | 职　务 | 任　职　时　间 |
|---|---|---|---|---|
| 看守所 | 首　任 | 曾光荣 | 所　长 | 1950.07—1951.04 |
| | 第二任 | 牛加德 | 所　长 | 1952—1952.10 |
| | 第三任 | 项光希 | 副所长 | 1952.10—1953.09 |
| | 第四任 | 孙锦明 | 所　长 | 1954—1955 |
| | 第五任 | 徐双喜 | 所　长 | 1955—1958 |
| | 第六任 | 栗衍正 | 所　长 | 1962.07—1967.11 |
| | 第七任 | 陈学明 | 所　长 | 1971.12—1973.09 |
| | | 潘祖荣 | 副所长 | 1971.12—1973.09 |
| | 第八任 | 潘祖荣 | 所　长 | 1973.09—1984.10 |
| | | 王月明 | 副所长 | 1982—1984.01 |
| | 第九任 | 王月明 | 所　长 | 1984.01—1996.01 |
| （行政拘留所） | | 王燕成 | 副所长 | 1986.05—1992.04 |
| | | 吴玲明 | 副所长 | 1992.04—1996.01 |
| | 第十任 | 吴有祥 | 所　长 | 1996.01—1997.07 |
| | | 吴玲明 | 副所长 | 1996.01—1997.07 |
| 监管大队 | 第十一任 | 鲁勤飞 | 大队长 | 1998.05—2004.06（看守所所长） |
| 看守所 | | 朱友良 | 教导员 | 1998.05 副职—1999.06 正职—2003.03 |
| （治安拘留所） | | 程华明 | 教导员 | 2003.03—2004.06 |
| | | 殳玉观 | 副大队长 | 1998.05—2004.06（副所长） |
| | | 沈金华 | 副大队长 | 1999.03—2004.06（副所长） |
| | | 胡惠林 | 副大队长 | 2003.03—2004.06（副所长） |
| | 第十二任 | 倪美根 | 大队长 | 2004.06—2008.09 所长 |

续上表

| 部门名称 | 任　次 | 姓　名 | 职　务 | 任　职　时　间 |
|---|---|---|---|---|
| 看守所 | 第十二任 | 程华明 | 教导员 | 2003.03—2008.09 |
| （治安拘留所） | | 殳玉观 | 副大队长 | 2004.06—2008.04 |
| | | 沈金华 | 副大队长 | 2004.06—2008.09 |
| | | 胡惠林 | 副大队长 | 2004.06—2006.02 |
| | | 方剑良 | 副大队长 | 2006.02—2008.09 |
| | 第十三任 | 张雪平 | 所　长 | 2008.09—2012.04 |
| | | 程华明 | 教导员 | 2008.09—2010.04 |
| | | 孙良华 | 教导员 | 2010.04—2014.11 |
| | | 韦振凯 | 副所长 | 2008.09—2014.11 |
| | | 姚勇军 | 副所长 | 2008.09—2010.04 |
| | | 简志强 | 副所长 | 2008.09—2009.11 |
| | | 宋在飞 | 副所长 | 2010.04— |
| | | 倪贤龙 | 副所长 | 2010.04—2012.06 |
| | | 龚江春 | 副所长 | 2010.04—2010.09 |
| | | 褚金法 | 副所长 | 2010.09— |
| | 第十四任 | 杨忠林 | 所　长 | 2012.04— |
| | | 王建军 | 副所长 | 2012.06— |
| | | 邓艾辉 | 副所长 | 2013.07— |
| | | 张中华 | 副所长 | 2014.11— |
| | | 胡登攀 | 教导员 | 2014.11— |
| 预审监管 | 首　任 | 李鲁平 | 大队长 | 1997.07—1998.05 |
| 大队 | | 顾建良 | 副大队长 | 1997.07—1998.05 |
| | | 朱士新 | 教导员 | 1997.07—1998.06兼看守所所长 |
| | | 朱友良 | 副大队长 | 1997.07—1998.05兼看守所副所长 |

### 表2-4　　公安派出所所长（教导员）、副所长（副教导员）名录

一、当湖派出所（含城关、东湖、城郊、胜利、城北、白马派出所）

| 派出所名称 | 任　次 | 姓　名 | 职　务 | 任职时间 |
|---|---|---|---|---|
| 当湖派出所 | 首　任 | 徐勤昌 | 所　长 | 1999.07—2003.03 |
| | | 姚志良 | 指导员 | 1999.07—2003.03 |
| | | 顾跃良 | 副所长 | 1999.07—1999.11 |
| | | 唐华根 | 副所长 | 1999.09—2003.03 |
| | | 马云峰 | 副所长 | 1999.09—2003.03 |
| | 第二任 | 于智勇 | 所　长 | 2003.03—2006.02 |
| | | 姚志良 | 教导员 | 2003.03—2006.02 |
| | | 褚金法 | 副教导 | 2003.11—2006.02 |

续上表

| 派出所名称 | 任次 | 姓名 | 职务 | 任职时间 |
|---|---|---|---|---|
| 当湖派出所 | 第二任 | 倪美根 | 副所长 | 2003.03—2004.06 |
| | | 陈伟 | 副所长 | 2003.03—2006.02 |
| | | 马根良 | 副所长 | 2003.03—2006.02 |
| | | 高雪峰 | 副所长 | 2003.11—2006.02 |
| | | 钟立新 | 副所长 | 2004.06—2006.02 |
| | | 袁知峰 | 副所长 | 2004.06—2006.02 |
| | | 马卫锋 | 副所长 | 2004.06—2006.02 |
| | 第三任 | 陈伟 | 所长 | 2006.02—2009.05 |
| | | 姚志良 | 教导员 | 2006.02—2007.05 |
| | | 马根良 | 副所长 | 2006.02—2009.05 |
| | | 袁知峰 | 副所长 | 2006.02—2008.09 |
| | | 马卫锋 | 副所长 | 2006.02—2008.09 |
| | | 钟立新 | 副所长 | 2006.02—2009.05 |
| | | 高丽林 | 副所长 | 2006.02—2008.09 |
| | 第四任 | 马卫锋 | 所长 | 2009.05—2012.03 |
| | | 盛保法 | 教导员 | 2008.09—2012.07 |
| | | 钟立新 | 副所长 | 2009.05—2012.07 |
| | | 孙柳健 | 副所长 | 2008.09—2015.11 |
| | | 孙颖健 | 副所长 | 2008.09—2012.06 |
| | | 朱杰 | 副所长 | 2008.10—2009.11 |
| | | 吴戎 | 副所长 | 2008.10—2012.07 |
| | | 高纯伟 | 副所长 | 2010.04—2013.03 |
| | 第五任 | 袁知峰 | 所长 | 2012.04— |
| | | 钟立新 | 教导员 | 2012.07— |
| | | 李伟东 | 副所长 | 2012.06—2013.05 |
| | | 王章伟 | 副所长 | 2012.07— |
| | | 陆军杰 | 副所长 | 2012.07—2013.08 |
| | | 金君 | 副所长 | 2013.03—2013.08 任副教—2014.05 |
| | | 毛林峰 | 副所长 | 2013.05— |
| | | 陆俊 | 副教导员 | 2014.05—2015.01 |
| | | 江超 | 副教导员 | 2015.01— |
| | | 沈健 | 副所长 | 2015.11— |
| 城关派出所 | 首任 | 薛汉孝 | 所长 | 1950.09—1950.11 |
| | 第二任 | 绪广忠 | 兼所长 | 1950.12—1952.09 |
| | 第三任 | 牛加德 | 所长 | 1952.10—1955.02 |

续上表

| 派出所名称 | 任　次 | 姓　名 | 职　务 | 任职时间 |
|---|---|---|---|---|
| 城关派出所 | 第三任 | 赵光荣 | 副所长 | 1954.10—1955.04 |
| | 第四任 | 曾光荣 | 所　长 | 1955.04—1956.09 |
| | | 赵光荣 | 副所长 | 1955.04—1956.09 |
| | 第五任 | 魏大明 | 所　长 | 1956.09—1956.12 |
| | | 赵光荣 | 副所长 | 1956.09—1960.03 |
| | | 黄清连 | 副所长 | 1956.10—1958.03 |
| | 第六任 | 岳福同 | 所　长 | 1957.04—1958.07 |
| | | 黄清连 | 副所长 | 1957.04—1958.03 |
| | 第七任 | 祝德新 | 所　长 | 1958—1959.10 |
| | 第八任 | 顾照荣 | 所　长 | 1960.03—1961.12 |
| | 第九任 | 张承忠 | 所　长 | 1961.12—1962.09 |
| | | 刘宝林 | 指导员 | 1961.12—1963 |
| | 第十任 | 赵光荣 | 所　长 | 1963—1964.11 |
| | | 刘宝林 | 指导员 | 1963—1964.12 |
| | 第十一任 | 顾照荣 | 所　长 | 1964.12—1968.10 |
| | | 刘宝林 | 指导员 | 1964.12—1965 |
| | | 潘祖荣 | 副指导员 | 1964.02—1964.12 |
| | 第十二任 | 洪其华 | 副指导员 | 1968.11—1971.09 主持工作 |
| | 第十三任 | 韩锦忠 | 所　长 | 1971.12—1979.11 |
| | | 陈宽雁 | 指导员 | 1971.12—1973.09 |
| | | 李士荣 | 副指导员 | 1973.09—1980.03 |
| | 第十四任 | 王樟权 | 所　长 | 1979.10—1982.01 |
| | | 张世龙 | 指导员 | 1979.11—1982.10 |
| | | 魏　坚 | 副所长 | 1979.11—1984.10 |
| | | 张顺林 | 副所长 | 1981.10—1984.10 |
| | 第十五任 | 张世龙 | 指导员 | 1982.01—1984.10 主持工作 |
| | | 朱　峥 | 副指导员 | 1983.06—1984.10 |
| | 第十六任 | 朱　峥 | 所　长 | 1984.10—1986.02 |
| | | 韩锦忠 | 指导员 | 1984.10—1989.01 |
| | | 魏　坚 | 副所长 | 1984.10—1992.04 |
| | | 朱丽娜 | 副所长 | 1984.10—1986.02 |
| | 第十七任 | 沈华初 | 所　长 | 1986.02 副职 1986.10 正职—1992.12 |
| | | 魏　坚 | 指导员 | 1992.04—1992.12 |
| | | 朱丽娜 | 副所长 | 1986.02—1988.05 |
| | | 张雪强 | 副所长 | 1989.09—1992.04 |

续上表

| 派出所名称 | 任　次 | 姓　名 | 职　务 | 任职时间 |
|---|---|---|---|---|
| 城关派出所 | 第十七任 | 李中华 | 副所长 | 1992.04—1992.12 |
| | | 曹龙弟 | 副所长 | 1992.04—1992.12 |
| | 第十八任 | 高留法 | 所　长 | 1992.12—1993.07 |
| | | 魏　坚 | 指导员 | 1992.12—1993.07 |
| | | 李中华 | 副所长 | 1992.12—1993.07 |
| | | 曹龙弟 | 副所长 | 1992.12—1993.07 |
| | 第十九任 | 姚　勇 | 所　长 | 1993.07—1997.07 |
| | | 魏　坚 | 指导员 | 1993.07—1996.01 |
| | | 李付根 | 指导员 | 1996.01—1997.07 |
| | | 李中华 | 副所长 | 1993.07—1996.01 |
| | | 曹龙弟 | 副所长 | 1993.07—1996.01 |
| | | 杜在良 | 副所长 | 1996.01—1997.07 |
| | | 钱　群 | 副所长 | 1996.01—1997.07 |
| | 第二十任 | 盛龙根 | 所　长 | 1997.07—1998.06 |
| | | 杜在良 | 指导员 | 1997.07—1999.03 |
| | | 顾跃良 | 副所长 | 1997.07—1999.07 |
| | 第二十一任 | 徐勤昌 | 所　长 | 1998.06—1999.07 |
| | | 姚志良 | 指导员 | 1999.03—1999.07 |
| 东湖派出所 | 首　任 | 钱玉祥 | 副所长 | 1950.05—1950.09 主持工作 |
| | 第二任 | 高庆科 | 副所长 | 1950.09—1953.10 主持工作 |
| 城郊派出所 1968.10 并城关所 | 首　任 | 张承忠 | 所　长 | 1961.12—1962.09 |
| | 第二任 | 袁来顺 | 副指导员 | 1965.10—1968.10 |
| 胜利派出所 1999.09 并当湖所 | | 刘炳祥 | 负责人 | 1985.06—1986.12 |
| | 首　任 | 吴有祥 | 所　长 | 1986.12—1989.09 |
| | 第二任 | 张祥根 | 所　长 | 1990.05—1992.04 |
| | 第三任 | 张雪强 | 所　长 | 1992.04—1997.07 |
| | 第四任 | 孙良华 | 所　长 | 1997.07—1999.03 |
| | 第五任 | 朱亦林 | 所　长 | 1999.03—1999.09 |
| 城北派出所 | | 姚志良 | 负责人 | 1985.06—1987.01 |
| 1999.09 并当湖所 | 首　任 | 冯明其 | 副所长 | 1987.01—1989.09 主持工作 |
| | 第二任 | 吴有祥 | 所　长 | 1989.09—1993.04 |
| | 第三任 | 钱　群 | 副所长 | 1993.04—1996.01 |
| | 第四任 | 曹龙弟 | 所　长 | 1996.01—1997.07 |
| | 第五任 | 马云峰 | 所　长 | 1997.07—1999.09 |
| | | 朱士新 | 指导员 | 1998.06—1999.09 |
| 白马民警值勤室 | | 俞三俭 | 负责人 | 1985.06—1989.09 |

续上表

| 派出所名称 | 任　次 | 姓　名 | 职　务 | 任职时间 |
| --- | --- | --- | --- | --- |
| 白马派出所<br>1999.09并当湖所 | 首　任 | 曹普祥 | 副所长 | 1989.09—1992.04 |
| | 第二任 | 葛明荣 | 所　长 | 1992.04—1995.05 |
| | | 李付根 | 负责人 | 1995.05—1996.01 |
| | 第三任 | 李中华 | 所　长 | 1996.01—1997.07 |
| | 第四任 | 时秀根 | 所　长 | 1997.07—1999.03 |
| | 第五任 | 唐华根 | 副所长 | 1999.03—1999.09 |

二、钟埭派出所

| 派出所名称 | 任　次 | 姓　名 | 职　务 | 任职时间 |
| --- | --- | --- | --- | --- |
| 钟埭派出所 | 首　任 | 姚志良 | 副所长 | 1987.01副职1992.04正职—1996.01 |
| | 第二任 | 姚士良 | 副所长 | 1996.02副职1997.08正职—1999.11 |
| | 第三任 | 顾跃良 | 所　长 | 1999.11—2003.03 |
| | | 杨明华 | 副所长 | 1999.07副所1999.11指导员—2003.03 |
| | 第四任 | 毛明芳 | 所　长 | 2003.03—2004.06 |
| | | 俞小平 | 教导员 | 2003.03—2004.06 |
| | | 许安平 | 副所长 | 2003.03—2004.06 |
| | 第五任 | 张跃明 | 所　长 | 2004.06—2007.07 |
| | | 毛明芳 | 教导员 | 2004.06—2007.08 |
| | | 褚金法 | 副所长 | 2004.06—2007.08 |
| | | 沈玉明 | 副所长 | 2004.06—2007.08 |
| | 第六任 | 周祖飞 | 所　长 | 2007.08—2012.04 |
| | | 倪美根 | 教导员 | 2008.09—2011 |
| | | 褚金法 | 副所长 | 2007.08—2010.04 |
| | | 沈玉明 | 副所长 | 2007.08—2008.09 |
| | | 韩　毅 | 副所长 | 2007.05—2011 |
| | | 陈永滨 | 副所长 | 2008.09—2012.02 |
| | | 陶春海 | 副所长 | 2010.04—2011 |
| | 第七任 | 高雪峰 | 所　长 | 2012.04—2014.01 |
| | | 倪美根 | 教导员 | 2012—2013.07 |
| | | 姚士良 | 教导员 | 2013.07—2015.05 |
| | | 韩　毅 | 副所长 | 2012—2013.07 |
| | | 陶春海 | 副所长 | 2012—2013.07 |
| | | 陆跃平 | 副所长 | 2012.02—2015.05 |
| | | 金　峰 | 副教导员 | 2013.08—2015.05 |
| | | 黄洪波 | 副所长 | 2013.03—2013.08 |
| | | 阙冬栋 | 副所长 | 2013.07— |

续上表

| 派出所名称 | 任 次 | 姓 名 | 职 务 | 任职时间 |
|---|---|---|---|---|
| 钟埭派出所 | 第八任 | 陆林强 | 所 长 | 2014.01—2015.11 |
| | | 姚 宏 | 副所长 | 2014.11—2015.11 |
| | | 汤朝阳 | 副所长 | 2015.05— |
| | | 顾跃其 | 教导员 | 2015.05—2015.11 |
| | | 陈汤立 | 副教导员 | 2015.5（兼片区刑队指导员）— |
| | 第九任 | 顾跃其 | 所 长 | 2015.11— |
| | | 唐 跃 | 教导员 | 2015.11— |
| | | 方剑耀 | 副所长 | 2015.11— |
| 钟埭民警值勤室 | | 冯全法 | 负责人 | 1985.06—1986.12 |

三、独山港派出所（含全平、白沙湾、金丝娘桥、全塘、黄姑、共建派出所）

| 派出所名称 | 任 次 | 姓 名 | 职 务 | 任职时间 |
|---|---|---|---|---|
| 独山港派出所 | 首 任 | 马云峰 | 所 长 | 2010.01—2013.05 |
| | | 盛龙根 | 教导员 | 2010.01—2012.06 |
| | | 戴明忠 | 副教导员 | 2010.01—2013.03任正职 |
| | | 杨明华 | 副所长 | 2010.01—2011.03 |
| | | 胡跃健 | 副所长 | 2010.01—2012.07 |
| | | 宋在飞 | 副所长 | 2010.01—2010.04 |
| | | 汤朝阳 | 副所长 | 2010.04—2012.07 |
| | | 徐 跃 | 副所长 | 2012—2015.05 |
| | | 张中华 | 副所长 | 2012.07—2013.07 |
| | | 沈国民 | 副所长 | 2012.07—2013.08任副教—2015.01 |
| | 第二任 | 马根良 | 所 长 | 2013.05— |
| | | 胡国锋 | 副所长 | 2013.07—2015.05 |
| | | 徐 杰 | 副所长 | 2014.11— |
| | | 陆跃平 | 副所长 | 2015.05— |
| | | 陈 一 | 副所长 | 2015.05— |
| | | 王利杰 | 副教导员 | 2015.05（片区刑队指导员）— |
| 全平派出所 | 首 任 | 薛汉孝 | 所 长 | 1950.07—1950.09 |
| | 第二任 | 钱玉祥 | 副所长 | 1950.09—1951.05主持工作 |
| 白沙湾派出所 | 首 任 | 史希安 | 副所长 | 1950.07—1951.10 |
| | 第二任 | 钱玉祥 | 所 长 | 1951.10—1952.05 |
| 金丝娘桥派出所 | 首 任 | 沈允泉 | 副所长 | 1975.01—1978.04主持工作 |
| | 第二任 | 符云舟 | 副所长 | 1978.04—1978.08主持工作 |
| | | 沈允泉 | 副所长 | 1978.04—1978.08 |
| | 第三任 | 赵桃金 | 所 长 | 1978.08—1979.11 |

续上表

| 派出所名称 | 任　次 | 姓　名 | 职　务 | 任职时间 |
|---|---|---|---|---|
| 金丝娘桥派出所 | 第三任 | 沈允泉 | 副所长 | 1978.08—1979.11 |
| | | 符云舟 | 副所长 | 1978.08—1984.10 |
| | 第四任 | 符云舟 | 所　长 | 1984.10—1986.12 |
| | | 沈水良 | 副所长 | 1984.10—1985.06 |
| | | 陈明其 | 副所长 | 1984.10—1985.06 |
| 全塘镇派出所 | | 沈龙明 | 负责人 | 1985.09—1986.12 |
| 与金桥所合署 | 首　任 | 符云舟 | 所　长 | 1986.12—1988.12 |
| | 第二任 | 邱炳洪 | 所　长 | 1988.12—1990.09 |
| | 第三任 | 陈明其 | 所　长 | 1990.09—1992.04 |
| | | 邱炳洪 | 指导员 | 1990.09—1992.04 |
| | 第四任 | 胡喜明 | 所　长 | 1992.04—1995.08 |
| | | 陈明其 | 指导员 | 1992.04—1993.06 |
| | | 邱炳洪 | 指导员 | 1993.06—1995.08 |
| 更名全塘派出所 | 首　任 | 胡喜明 | 所　长 | 1995.08—1996.01 |
| | | 邱炳洪 | 指导员 | 1995.08—1996.01 |
| | 第二任 | 李品其 | 副所长 | 1996.01—1997.07 正职—1999.03 |
| | | 张明华 | 副指导员 | 1996.01—1997.07 |
| | 第三任 | 张跃明 | 所　长 | 1999.03—2003.03 |
| | | 张金林 | 副指导员 | 1999.03—2003.03 |
| | 第四任 | 马云峰 | 所　长 | 2003.03—2008.09 |
| | | 张金林 | 教导员 | 2003.03—2008.09 |
| | | 杨明华 | 副所长 | 2003.03—2008.09 |
| | | 孟鹏飞 | 副所长 | 2007.05—2008.09 |
| | 第五任 | 高雪峰 | 所　长 | 2008.09—2009.12 |
| | | 袁知峰 | 教导员 | 2008.09—2009.05 |
| | | 杨明华 | 副所长 | 2003.03—2010.01 |
| | | 徐　跃 | 副所长 | 2008.09—2010.01 |
| 黄姑派出所 | 首　任 | 崔叶富 | 副所长 | 1950.07—1951.05 |
| | 第二任 | 沈水良 | 所　长 | 1985.6 负责人—1986.12 所长—1989.02 |
| | 第三任 | 沈龙明 | 副所长 | 1988.10—1992.04 |
| | 第四任 | 陈志强 | 所　长 | 1992.04—1997.07 |
| | | 沈龙明 | 副所长 | 1992.04—1996.01 |
| | 第五任 | 张明华 | 所　长 | 1997.07—2003.03 |
| | | 蔡秀根 | 副所长 | 1999.03—2003.03 |
| | 第六任 | 朱亦林 | 所　长 | 2003.03—2008.09 |
| | | 孙良华 | 教导员 | 2003.03—2008.09 |

续上表

| 派出所名称 | 任　次 | 姓　名 | 职　务 | 任职时间 |
|---|---|---|---|---|
| 黄姑派出所 | 第六任 | 蔡秀根 | 副所长 | 2003.03—2008.09 |
| | | 陶建华 | 副所长 | 2003.11—2008.07 |
| | | 胡跃健 | 副所长 | 2007.05—2008.09 |
| | 第七任 | 马卫锋 | 所　长 | 2008.10—2009.05 |
| | | 张金林 | 教导员 | 2008.10—2009.11 |
| | | 胡跃健 | 副所长 | 2008.10—2009.05 |
| | | 宋在飞 | 副所长 | 2008.10—2009.05 |
| | 第八任 | 袁知峰 | 所　长 | 2009.05—2009.12 |
| | | 吴仲恒 | 教导员 | 2009.11—2009.12 |
| | | 胡跃健 | 副所长 | 2009.05—2009.12 |
| | | 宋在飞 | 副所长 | 2009.05—2010.04 |
| 共建派出所 | | 郭志高 | 负责人 | 1985.06—1988.08 |
| | 首　任 | 朱友良 | 副所长 | 1988.08—1992.04 |
| | 第二任 | 盛保法 | 副所长 | 1995.11—1997.07 |
| | 第三任 | 张国良 | 副所长 | 1997.07—1999.03 |
| | 第四任 | 王进良 | 所　长 | 1999.03—1999.09（并入黄姑所） |

四、新埭派出所（含新埭乡、南桥、秀溪派出所）

| 派出所名称 | 任　次 | 姓　名 | 职　务 | 任职时间 |
|---|---|---|---|---|
| 新埭派出所 | 首　任 | 栗衍正 | 所　长 | 1961.12—1962.07 |
| | | 张锦堂 | 副所长 | 1961.12—1965.09 |
| | 第二任 | 陈其桂 | 所　长 | 1965.10—1968.10 |
| | | 李士荣 | 副指导员 | 1965.10—1968.10 |
| | 第三任 | 柯慧生 | 所　长 | 1971.12—1973.09 |
| | 第四任 | 沈允泉 | 副所长 | 1973.09—1975.01 |
| | | 胡祥荣 | 指导员 | 1973.09—1979.11 |
| | 第五任 | 戴维安 | 副所长 | 1979.11—1984.10 主持工作 |
| | | 朱金根 | 指导员 | 1982.09—1984.10 |
| | 第六任 | 胡有祥 | 所　长 | 1984.10—1987.01 |
| | | 朱金根 | 指导员 | 1984.10—1987.01 |
| | | 戴维安 | 副所长 | 1984.10—1987.01 |
| | 第七任 | 蔡雪根 | 所　长 | 1988.05—1996.01 |
| | | 朱金根 | 指导员 | 1987.01—1996.01 |
| | | 盛龙根 | 副所长 | 1987.11—1996.01 |
| | | 戴维安 | 副指导员 | 1987.01—1988.10 |
| | 第八任 | 盛龙根 | 所　长 | 1996.01—1997.07 |

续上表

| 派出所名称 | 任　次 | 姓　名 | 职　务 | 任职时间 |
| --- | --- | --- | --- | --- |
| 新埭派出所 | 第八任 | 陆其明 | 副指导员 | 1996.03—1997.02 |
| | 第九任 | 莫定根 | 所　长 | 1997.07 副职—1999.03 正职—2003.03 |
| | | 杨明华 | 副所长 | 1999.03—2003.03 |
| | | 方剑良 | 副所长 | 1999.07—2003.03 |
| | 第十任 | 吴海勤 | 所　长 | 2003.03—2004.07 |
| | | 陈正观 | 教导员 | 2003.03—2004.07 |
| | | 方剑良 | 副所长 | 2003.03—2004.07 |
| | | 张明华 | 副所长 | 2003.03—2004.07 |
| | 第十一任 | 陆连忠 | 所　长 | 2004.08—2008.09 |
| | | 陈正观 | 教导员 | 2004.08—2008.09 |
| | | 方剑良 | 副所长 | 2004.08—2006.02 |
| | | 张明华 | 副所长 | 2004.08—2008.09 |
| | 第十二任 | 马云峰 | 所　长 | 2008.09—2009.12 |
| | | 姚士良 | 教导员 | 2008.09—2009.12 |
| | | 傅晓波 | 副所长 | 2007.05—2009.11 |
| | | 孙　平 | 副所长 | 2008.09—2009.11 |
| | | 陆跃平 | 副所长 | 2008.09—2009.12 |
| | 第十三任 | 袁知峰 | 所　长 | 2009.12—2012.04 |
| | | 姚士良 | 教导员 | 2009.11—2012.04 |
| | | 孙　平 | 副所长 | 2009.11—2012.07 |
| | | 陆跃平 | 副所长 | 2009.12—2012.02 |
| | | 顾跃其 | 副所长 | 2010.04—2013.07 |
| | 第十四任 | 唐叶明 | 所　长 | 2012.04—2013.05 |
| | | 姚士良 | 教导员 | 2012.04—2013.07 |
| | | 陈永滨 | 副所长 | 2012.02—2013.03 |
| | | 冯　勤 | 副所长 | 2012.07 副所—2013.08 副教—2014.05 |
| | | 王　晓 | 副所长 | 2013.03— |
| | 第十五任 | 黄利民 | 所　长 | 2013.05—2015.09 |
| | | 顾跃其 | 副教导员 | 2013.07—2013.08 |
| | | 姚　宏 | 副所长 | 2013.07—2014.11 |
| | | 冯　勤 | 教导员 | 2014.05— |
| | | 姚俊杰 | 副所长 | 2014.11—2015.08 |
| | | 马建平 | 副所长 | 2015.08— |
| | 第十六任 | 吴中林 | 所　长 | 2015.11— |
| 新埭民警值勤室 | | 鲁勤飞 | 负责人 | 1985.06—1987.03 |
| 新埭乡派出所 | | 鲁勤飞 | 负责人 | 1987.03—1987.05（并入新埭所） |

续上表

| 派出所名称 | 任　次 | 姓　名 | 职　务 | 任职时间 |
|---|---|---|---|---|
| 南桥乡派出所 | 首　任 | 谢培根 | 副所长 | 1987.01—1988.10 |
| | 第二任 | 戈仁根 | 所　长 | 1988.10—1993.02 |
| | 第三任 | 张国华 | 副所长 | 1993.02—1996.01 |
| | 第四任 | 施康生 | 副所长 | 1996.01—1998.05 |
| | 第五任 | 方剑良 | 副所长 | 1998.06—1999.09（并入新埭所） |
| 秀溪民警值勤室 | | 陆其明 | 负责人 | 1985.06—1988.01 |
| 秀溪乡派出所 | 首　任 | 陆其明 | 副所长 | 1988.01—1996.01 |
| | 第二任 | 张雪平 | 所　长 | 1996.01 副职—1998.09 正职—1999.03 |
| | 第三任 | 孙良华 | 所　长 | 1999.03—1999.09（并入新埭所） |

五、新仓派出所（含新庙派出所）

| 派出所名称 | 任　次 | 姓　名 | 职　务 | 任职时间 |
|---|---|---|---|---|
| 新仓派出所 | 首　任 | 祝德新 | 所　长 | 1961.12—1962.06 |
| | | 潘祖荣 | 副指导员 | 1961.12—1962.08 |
| | 第二任 | 张承忠 | 所　长 | 1962.09—1968.10 |
| | | 潘志鹤 | 副指导员 | 1965.10—1968.10 |
| | 第三任 | 胡祥荣 | 指导员 | 1979.11—1984.10 |
| | | 李士荣 | 副所长 | 1980.03—1981.10 |
| | 第四任 | 胡祥荣 | 所　长 | 1984.10—1986.12 |
| | | 李永根 | 副所长 | 1984.10—1986.12 |
| | 第五任 | 李永根 | 所　长 | 1986.12—1996.01 |
| | | 吴有祥 | 指导员 | 1992.02—1996.01 |
| | 第六任 | 胡喜明 | 所　长 | 1996.01—1997.07 |
| | | 张金林 | 副指导员 | 1996.03—1997.07 |
| | 第七任 | 张金林 | 所　长 | 1997.07—1998.07 |
| | | 毛明芳 | 副所长 | 1998.06—1999.03 |
| | 第八任 | 贾仿良 | 所　长 | 1998.07—2003.03 |
| | | 张海萍 | 副指导员 | 1999.07—2003.03 |
| | | 毛明芳 | 副所长 | 1999.07—2003.03 |
| | 第九任 | 李寿林 | 所　长 | 2003.03—2006.03 |
| | | 王水良 | 教导员 | 2003.03—2006.04 |
| | | 陆林强 | 副所长 | 2003.03—2006.04 |
| | | 孙伟泓 | 副所长 | 2003.12—2006.04 |
| | 第十任 | 陆林强 | 所　长 | 2006.04—2008.09 |
| | | 王水良 | 教导员 | 2006.04—2008.09 |
| | | 孙伟泓 | 副所长 | 2006.04—2008.09 |

续上表

| 派出所名称 | 任　次 | 姓　名 | 职　务 | 任职时间 |
|---|---|---|---|---|
| 新仓派出所 | 第十任 | 冯　勤 | 副所长 | 2007.05—2009.12 |
| | 第十一任 | 冯东风 | 所　长 | 2008.09—2012.04 |
| | | 孙良华 | 教导员 | 2008.09—2010.04 |
| | | 马根良 | 教导员 | 2010.04—2012.04 |
| | | 曹跃平 | 副所长 | 2008.09—2012.07 |
| | | 徐　亮 | 副所长 | 2008.09— |
| | 第十二任 | 马根良 | 所　长 | 2012.04—2013.05 |
| | | 孙颖健 | 教导员 | 2012.06—2013.05 |
| | | 高云杰 | 副所长 | 2012.07—2014.11 |
| | 第十三任 | 孙颖健 | 所　长 | 2013.05— |
| | | 金勤峰 | 教导员 | 2013.07— |
| | | 张　伟 | 副所长 | 2014.11— |
| 新仓民警值勤室 | | 蔡秀根 | 负责人 | 1985.06—1986.12（并入新仓所） |
| 新庙乡派出所 | 首　任 | 胡喜明 | 所　长 | 1985.06负责—1985.07所长—1992.04 |
| | 第二任 | 朱友良 | 所　长 | 1992.05—1997.06 |
| | 第三任 | 邵玉祥 | 副所长 | 1997.07—1998.07 |
| | 第四任 | 张海萍 | 副所长 | 1998.07—1999.09（并入新仓所） |

六、林埭派出所（含徐埭派出所）

| 派出所名称 | 任　次 | 姓　名 | 职　务 | 任职时间 |
|---|---|---|---|---|
| 林埭派出所 | | 黄补根 | 负责人 | 1985.06—1988.01 |
| | 首　任 | 刘炳祥 | 所　长 | 1988.01副职—1992.04所长—1996.01 |
| | 第二任 | 顾建良 | 副所长 | 1996.01—1997.07 |
| | 第三任 | 顾建雄 | 所　长 | 1997.07—1999.07 |
| | 第四任 | 王进良 | 所　长 | 1999.07—2001.11 |
| | | 顾建雄 | 指导员 | 1999.07—2001.11 |
| | 第五任 | 李寿林 | 所　长 | 2001.11—2003.03 |
| | | 周祖飞 | 副指导员 | 2001.11—2003.03 |
| | 第六任 | 朱勤明 | 所　长 | 2003.03—2004.06 |
| | | 周祖飞 | 教导员 | 2003.03—2004.06 |
| | | 黄华林 | 副所长 | 2003.03—2004.06 |
| | 第七任 | 戴建平 | 所　长 | 2004.06—2007.05 |
| | | 周祖飞 | 教导员 | 2004.06—2006.02 |
| | | 黄华林 | 副所长 | 2004.06—2009.11 |
| | 第八任 | 高雪峰 | 所　长 | 2007.05—2009.09 |
| | | 曹国庆 | 副所长 | 2007.05—2009.09 |

续上表

| 派出所名称 | 任　次 | 姓　名 | 职　务 | 任职时间 |
|---|---|---|---|---|
| 林埭派出所 | 第九任 | 陆林强 | 所　长 | 2008.09—2014.01 |
| | | 黄华林 | 教导员 | 2008.09—2009.11 |
| | | 唐叶明 | 教导员 | 2009.12—2012.04 |
| | | 王建军 | 副所长 | 2008.09—2012.06 |
| | | 冯　勤 | 副所长 | 2009.12—2012.07 |
| | | 魏洪斌 | 教导员 | 2012.07—2014.01 |
| | | 吴元先 | 副所长 | 2012.06— |
| | | 张　伟 | 副所长 | 2012.07—2014.11 |
| | 第十任 | 魏洪斌 | 所　长 | 2014.01— |
| | | 刘珺璟 | 教导员 | 2014.05— |
| | | 韦振凯 | 副所长 | 2014.11— |
| 徐埭派出所 | 首　任 | 杜在良 | 所　长 | 1985.09负责—1986.12副—1992.04正—1996.01 |
| | 第二任 | 陆连忠 | 所　长 | 1996.01副—1997.07正—1999.03 |
| | 第三任 | 毛明芳 | 副所长 | 1999.03—1999.09（并入林埭所） |

七、广陈派出所（含前港派出所）

| 派出所名称 | 任　次 | 姓　名 | 职　务 | 任职时间 |
|---|---|---|---|---|
| 广陈派出所 | | 张金林 | 负责人 | 1986.10—1987.01 |
| | 首　任 | 沈龙明 | 副所长 | 1987.01负责—1988.01副—1988.10 |
| | 第二任 | 谢培根 | 所　长 | 1988.10—1992.04 |
| | 第三任 | 缪德山 | 副所长 | 1992.05—1996.02 |
| | 第四任 | 杨明华 | 副所长 | 1995.11—1999.03 |
| | 第五任 | 张建林 | 所　长 | 1999.03—2003.03 |
| | | 王水良 | 指导员 | 1999.09—2003.03 |
| | 第六任 | 盛保法 | 所　长 | 2003.03—2008.09 |
| | | 张海萍 | 教导员 | 2003.03—2008.09 |
| | | 孙　平 | 副所长 | 2003.03—2008.09 |
| | 第七任 | 朱亦林 | 所　长 | 2008.09—2012.04 |
| | | 沈玉明 | 教导员 | 2008.09—2012.07 |
| | | 沈金华 | 副所长 | 2008.09—2015.05 |
| | | 丁　渊 | 副所长 | 2010.04—2011.01 |
| | | 陶春海 | 副所长 | 2007.05—2010.04 |
| | 第八任 | 张雪平 | 所　长 | 2012.04—2015.04 |
| | | 胡跃健 | 教导员 | 2012.07—2015.11 |
| | | 徐　杰 | 副所长 | 2011.03—2014.11 |

续上表

| 派出所名称 | 任　次 | 姓　名 | 职　务 | 任职时间 |
|---|---|---|---|---|
| 广陈派出所 | 第八任 | 薛春冰 | 副所长 | 2014.11— |
| | 第九任 | 黎星军 | 所　长 | 2015.05— |
| | | 金　耀 | 副所长 | 2015.05— |
| | | 孙柳健 | 教导员 | 2015.11— |
| 广陈民警值勤室 | | 张金林 | 负责人 | 1985.06—1986.10 |
| 前港乡派出所 | | 陆其明 | 负责人 | 1985.06—1986.11 |
| | 首　任 | 陆其明 | 副所长 | 1986.11 —1987.12 |
| | 第二任 | 鲁勤飞 | 所　长 | 1987.07 副职—1991.12 正职—1996.02 |
| | 第三任 | 孙良华 | 副所长 | 1996.02—1997.07 |
| | 第四任 | 王水良 | 副所长 | 1997.07 负责—1998.05 副—1999.03 |
| | 第五任 | 王水良 | 所　长 | 1999.03—1999.09（并入广陈所） |

八、曹桥派出所（含前进派出所）

| 派出所名称 | 任　次 | 姓　名 | 职　务 | 任职时间 |
|---|---|---|---|---|
| 曹桥派出所 | 首　任 | 汤根良 | 副所长 | 1986.12—1992.05 |
| | 第二任 | 盛龙根 | 副所长 | 1992.05—1996.02 |
| | 第三任 | 贾仿良 | 所　长 | 1996.01 副职—1997.07 正职—1999.03 |
| | 第四任 | 戴建平 | 副所长 | 1998.07—2004.06 |
| | | 张雪平 | 指导员 | 1999.07—2003.03 |
| | 第五任 | 朱勤明 | 所　长 | 2004.06—2005.12 |
| | | 杜在良 | 教导员 | 2003.03—2006.02 |
| | | 张立力 | 副所长 | 2003.03—2004.04 |
| | | 戴明忠 | 副所长 | 2004.06—2006.02 |
| | 第六任 | 周祖飞 | 所　长 | 2006.02—2007.08 |
| | | 杜在良 | 教导员 | 2006.02—2006.08 |
| | | 戴明忠 | 副所长 | 2006.02—2007.08 |
| | 第七任 | 毛明芳 | 所　长 | 2007.08—2009.12 |
| | | 戴明忠 | 副所长 | 2007.08—2008.09 教导员—2010.01 |
| | | 施勤良 | 副所长 | 2007.05—2009.12 |
| | | 蔡秀根 | 副所长 | 2008.09—2009.12 |
| | 第八任 | 高雪峰 | 所　长 | 2009.12—2012.04 |
| | | 吴仲恒 | 教导员 | 2009.12—2012.04 |
| | | 蔡秀根 | 副所长 | 2008.09—2014.05 |
| | | 戴明忠 | 副教导员 | 2010.01—2009.12 |
| | | 施勤良 | 副所长 | 2007.05—2013.07 |

续上表

| 派出所名称 | 任　次 | 姓　名 | 职　务 | 任职时间 |
| --- | --- | --- | --- | --- |
| 曹桥派出所 | 第九任 | 吴仲恒 | 所　长 | 2012.04— |
| | | 唐　跃 | 教导员 | 2012.06—2015.11 |
| | | 顾建珊 | 副所长 | 2013.07—2014.05 |
| | | 沈陈胤 | 副所长 | 2014.05— |
| | | 张　鸿 | 副所长 | 2014.05— |
| | | 姚永林 | 教导员 | 2015.11— |
| 前进乡派出所 | 首　任 | 俞根龙 | 所　长 | 1985.06负责—1986.12副—1992.04正—1996.01 |
| | 第二任 | 张宏伟 | 副所长 | 1996.01—1999.03 |
| | 第三任 | 张雪平 | 所　长 | 1999.03—1999.09（并入曹桥所） |

九、水上派出所（水警大队）

| 派出所名称 | 任　次 | 姓　名 | 职　务 | 任职时间 |
| --- | --- | --- | --- | --- |
| 水上派出所 | 首　任 | 曾光荣 | 所　长 | 1953.10—1954.10 |
| | 第二任 | 赵桃金 | 所　长 | 1979.11—1995.12 |
| | | 张仁根 | 副所长 | 1979.11—1984.10 |
| | | 李付根 | 副指导员 | 1983.06—1990.03 |
| | | 曹普祥 | 副所长 | 1988.10—1989.09 |
| | | 徐照根 | 指导员 | 1992.04—1996.12 |
| 水警大队 | 第三任 | 高留法 | 所　长 | 1995.12—2000.03 |
| （1997年7月） | | 鲁勤飞 | 指导员 | 1996.01—1998.05 |
| | | 俞小平 | 指导员 | 1998.05—1999.03 |
| | | 胡喜明 | 指导员 | 1999.03—2000.03 |
| | 第四任 | 李品其 | 大队长 | 2000.03—2003.03 |
| | | 胡喜明 | 指导员 | 2000.03—2003.03 |
| 水上派出所 | 第五任 | 孙金良 | 大队长 | 2003.03—2012.10 |
| （2008年9月） | | 胡喜明 | 教导员 | 2003.03—2007.05 |
| | | 张海萍 | 教导员 | 2008.09—2010.04 |
| | | 程华明 | 教导员 | 2010.04—2012.07 |
| | | 戴建平 | 教导员 | 2007.05—2008.09 |
| | | 马越洲 | 副所长 | 2008.09—2009.11 |
| | | 朱川兴 | 副所长 | 2010.04—2010.08 |
| | 第六任 | 张金林 | 所　长 | 2012.10—2013.07教导员—2015.05 |
| | 第七任 | 陆连忠 | 所　长 | 2013.07— |
| | | 姚士良 | 教导员 | 2015.05— |

十、乍浦派出所（含乍浦分局、黄山、瓦山派出所）2009.10 由嘉兴市公安局港区分局管辖

| 派出所名称 | 任 次 | 姓 名 | 职 务 | 任职时间 |
|---|---|---|---|---|
| 乍浦派出所 | 首 任 | 赵立顺 | 所 长 | 1950.02—1950.10 |
| | 第二任 | 周茂萃 | 所 长 | 1950.10—1952.05 |
| | 第三任 | 顾阿掌 | 所 长 | 1953.04—1954.10 |
| | 第四任 | 魏大明 | 所 长 | 1954.10—1955.08 |
| | 第五任 | 岳福同 | 所 长 | 1955.08—1957.04 |
| | | 孙锦明 | 副所长 | 1956.02—1956.03 |
| | | 洪石林 | 副所长 | 1956.12—1957.04 |
| | 第六任 | 曾光荣 | 所 长 | 1957.04—1958.03 |
| | | 洪石林 | 副所长 | 1957.04—1961.12 |
| | 第七任 | 顾照荣 | 所 长 | 1961.12—1964.01 |
| | | 潘祖荣 | 副指导员 | 1964.02—1965.10 |
| | 第八任 | 柯慧生 | 指导员 | 1965.10—1968.10 |
| | | 潘祖荣 | 副指导员 | 1965.10—1968.10 |
| | 第九任 | 张承忠 | 所 长 | 1971.12—1988.10 |
| | | 孙美良 | 指导员 | 1971.12—1973.09 |
| | | 吴伟民 | 副所长 | 1973.09—1978.01 |
| | | 柯慧生 | 指导员 | 1973.09—1979.11 |
| | | 李士荣 | 副指导员 | 1978.10—1981.10副所长 |
| | | 唐春耕 | 副所长 | 1984.10—1988.10 |
| | | 曹普祥 | 副所长 | 1986.12—1988.10 |
| | 第十任 | 沈水良 | 所 长 | 1988.10—1996.01 |
| | | 张承忠 | 指导员 | 1988.10—1991.01 |
| | | 唐春耕 | 副所长 | 1988.10—1992.04指导员—1996.01 |
| | | 潘学勤 | 副所长 | 1988.10—1992.04 |
| | | 张跃明 | 副所长 | 1992.04—1996.01 |
| | 第十一任 | 陶学康 | 所 长 | 1996.01—1997.07 |
| | | 唐春耕 | 指导员 | 1996.01—1997.07 |
| | | 陈明其 | 副所长 | 1996.01—1997.07 |
| 局所合署办公 | 第十二任 | 陶跃忠 | 兼副局长 | 1997.07—1998.05（所长） |
| | | 沈水良 | 兼副局长 | 1997.07—2003.03（所长） |
| | | 陈明其 | 指导员 | 1997.07—1998.03 |
| | | 张跃明 | 指导员 | 1998.02—1999.03 |
| | | 华国庆 | 指导员 | 1999.03—2003.03 |
| | | 倪美根 | 副所长 | 1999.03—2003.03 |
| | 第十三任 | 曹龙弟 | 兼局长 | 2003.03—2006.03（所长） |
| | | 莫定根 | 教导员 | 2003.03—2006.03 |
| | | 唐华根 | 副所长 | 2003.03—2006.03 |

续上表

| 派出所名称 | 任　次 | 姓　名 | 职　务 | 任职时间 |
|---|---|---|---|---|
| 乍浦派出所 | 第十三任 | 徐建根 | 副所长 | 2003.03—2006.03 |
| （局所合署办公） | | 吴建明 | 副所长 | 2003.11—2005.06 |
| | 第十四任 | 张建林 | 兼局长 | 2006.03—2009.11（所长） |
| | | 陈志强 | 政　委 | 2006.09—2009.11 |
| | | 金　丽 | 主　任 | 2003.03—2009.11（办公室） |
| | | 莫定根 | 教导员 | 2006.03—2009.11 |
| | | 唐华根 | 副所长 | 2006.03—2009.11 |
| | | 徐建根 | 副所长 | 2006.03—2009.11 |
| | | 柯志强 | 副所长 | 2008.05—2009.11 |
| 黄山派出所 | 首　任 | 柯慧生 | 副指导员 | 1961.11—1965 |
| | | 洪石麟 | 副所长 | 1961.12—1965 |
| | 第二任 | 陈志强 | 副所长 | 1985.06—1987.01 |
| | 第三任 | 葛明荣 | 所　长 | 1988.10—1992.07 |
| | | 陈志强 | 副所长 | 1988.10—1990.03 |
| | 第四任 | 潘学勤 | 所　长 | 1992.04—1995.12 |
| | 第五任 | 张跃明 | 所　长 | 1996.01—1998.02 |
| | | 潘学勤 | 指导员 | 1995.12—1998.02（并入乍浦所） |
| 瓦山派出所 | | 陈明其 | 负责人 | 1986.12—1990.09 |
| | 首　任 | 顾建荣 | 副所长 | 1992.04—1993.06 |
| | 第二任 | 陈明其 | 所　长 | 1993.06—1996.01 |
| | 第三任 | 王进良 | 所　长 | 1996.02 副职—1998.02 正职—1999.03 |
| | | 陈明其 | 指导员 | 1998.02—1999.03（并入乍浦所） |
| 省边防乍浦分局 | 首　任 | 张　鑫 | 副局长 | 1950.10—1952.05 主持工作 |
| 平湖市乍浦分局 | 首　任 | 金小弟 | 兼局长 | 1997.10—2003.03（市局副局长） |
| | | 潘照其 | 兼政委 | 1997.10—2003.03（市局副政委） |
| | | 陶跃忠 | 兼副局长 | 1997.10—1998.05（乍浦所长） |
| | | 沈水良 | 兼副局长 | 1997.10—2003.03（乍浦所长） |
| | 第二任 | 曹龙弟 | 兼局长 | 2003.03—2006.03（乍浦所长） |
| | 第三任 | 张建林 | 兼局长 | 2006.03—2009.11（乍浦所长） |
| | | 陈志强 | 政委 | 2006.09—2009.11 |

## 第二节　党群组织机构

### 一、党的组织机构

#### 中共平湖市（县）公安局委员会

县公安局成立初期，仅有党员 2 人，建立党小组 1 个，孙明成（副局长）任小组长，隶属县政府支部。1950 年 6 月 15 日，成立党支部，孙明成（局长）任书记，有党员 6 人，隶属县级机关总支。1959 年 3 月，公、检、法三机关合建政法党支部，隶属县级机关党委。1965 年，根据政法党组意见，公、检、法三机关单独成立党支部。

6月22日，恢复建立县公安局党支部，丁家业（副局长）任书记，施来昌（副局长）任副书记，隶属县级机关党委。

1966年5月，“文化大革命”开始。1968年4月13日，公安机关实行军事管制。10月28日，公安干警集中进学习班，搞“斗、批、改”运动，大批公安干警惨遭迫害，调离原单位，党组织陷于瘫痪。1970年1月，建立县革命委员会人民保卫组党支部，姜其月（军代表）任书记，蓝伟（军代表）任副书记。

1973年11月，恢复建立县公安局党支部，施来昌（局长）任书记，王元积（副局长）、张兴华（副局长）任副书记，隶属县级机关总支，共有党员29人。1979年10月10日，经县委常委会议讨论，报嘉兴地委批准建立平湖县公安局党组，靳启明（局长）任党组书记，张兴华（副教导员）任党组副书记，王元积（副局长）、袁来顺（副局长）任党组组员。

1984年11月3日，经县委批准建立县公安局党委，设委员制。首届党委会由李保云（政委）任党委书记，凌浙鹃（局长）、袁来顺（副局长）任党委副书记，祝德新、孙伟鋆为党委委员。此后在一段时间内曾将治安科长王樟权结合进局党委。1990年起，改由局长任党委书记、政委及一名常务副局长任党委副书记。以后根据工作需要，又陆续将政治处主任、交警大队长结合进局党委。2015年又将指挥中心主任、当湖派出所所长结合进局党委。

**中共平湖市（县）公安局机关委员会**

1983年6月18日，经县机关党委批准建立县公安局机关党支部，张兴华（副教导员）任支部书记，祝德新（副局长）任支部副书记。1984年11月，机关党支部撤销。

2013年10月28日，根据市级机关党员工作委员会的统一部署，建立市公安局机关党委，经机关党员代表会议选举，由夏中良（政委）任党委书记，张国权（政治处副主任）、盛保法（督察队长兼监察室主任）任党委副书记。2016年12月，选举产生第二届机关党委，由潘新华（政委）任党委书记，王剑蓉（政治处主任）、盛保法（驻局纪检监察组副组长兼督察队长、审计室主任）任党委副书记。

**中共各科、所、队、室支部委员会**

1980年6月10日，经县委组织部批准建立消防中队党支部，隶属县公安局党组（1987年3月，归口嘉兴市消防大队党委管理）。1985年2月7日，经县委组织部批准建立秘书、政保、刑侦（含治安、水上）等3个党支部。1987年6月29日，增设交通中队党支部。1988年9月，调整党支部设置，除交通警察队支部外，原秘书支部调整为秘书支部、政工支部，原政保支部调整为政保支部、预审支部，原刑侦支部调整为刑侦支部、治安支部、水上派出所支部等8个支部，党员82人。

1990年12月17日，增设保安服务公司党支部。1991年5月，增设离退休干部党支部。6月，报经县委组织部批准撤销政保、刑侦队、水上派出所支部，调整为政工、治安、预审、秘书、交警队、离退休干部、保安服务公司等7个支部。1996年，增设巡特警大队党支部。1997年增设乍浦分局党总支和经侦大队党支部。1999年8月30日撤销乍浦分局党总支，设乍浦派出所（分局）党支部。

2001年9月，撤销巡（特）警大队（因机构合并）党支部。至2005年5月，局党委管辖支部有政工、办公、刑侦、经侦、治安、交警、监管、水警、保安、离退休等10个支部，党员229人。

2006年5月18日，贯彻浙江省委组织部、浙江省公安厅委员会关于《调整城市公安分局和全省公安派出所管理体制》的文件精神，报经市委组织部同意，于6月30日起全市公安派出所党员组织关系由原镇、街道党委（党工会）管理调整为市公安局党委统一管理，改变了新中国成立后长期委托所在地乡镇党委管理的模式。增设当湖、乍浦、曹桥、林埭、黄姑、全塘、新仓、广陈、新埭、钟埭等10个派出所党支部。是年底，局党委管辖党支部总数达到20个，党员335人。

2008年9月19日，根据县（市）级公安机关机构设置改革后，调整原支部设置，原办公室支部更名为指挥中心支部，原监管支部更名为看守所支部，原水警支部更名为水上派出所支部，交警支部更名为交警党总支（内设第一、第二、第三、第四支部），当湖派出所支部更名为当湖派出所党总支（内设第一、第二、第三支部），新建巡特警大队、警务保障室、国内安全保卫大队党支部。至此，局党委管辖党总支2个（分支部7个），党支部21个，党员390人。

2010年5月3日，因行政区划调整和机构变更，市公安局党委下发《关于部分党组织调整设置的通知》，撤销交警第三支部委员会、乍浦分局支部委员会、全塘派出所支部委员会和黄姑派出所支部委员会，成立独山港派出所支部委员会。至2015年底，局党委管辖党总支2个（分支部6个），党支部19个，共有党员435人。

## 二、群、团组织

### 共青团组织

1950年8月，建立中国新民主主义青年团平湖县公安局支部委员会（简称“青年团”），团员37人。1951年3月10日，建立团总支，隶属县级机关第二总支，下设局机关、派出所、公安队3个团支部。1957年5月，按照全国第三次团代会的决定，中国新民主主义青年团更名为中国共产主义青年团（简称“共青团”）。建立政法团支部，由公安、检察、法院等3个单位团员组成。

1960年5月，武装民警团员从政法团支部分离，单独成立支部。共青团政法支部进行改选，共有团员16人，公安局朱雪明任团支部书记（党支部副书记兼），检察院顾在明任团支部副书记。“文化大革命”期间，团组织陷于瘫痪状态，团员活动停止。

1973年2月，县公安局恢复后，青年干警逐年增多，团员人数也随之增多。1985年9月，建立共青团县公安局总支委员会，下设机关支部1个、交警支部1个，有团员26人（派出所团员组织关系归口所在地乡镇团委）。

进入20世纪90年代，公安队伍不断发展和壮大。1998年，团员总数达到71人。9月，报请团市委批准建立市公安局团委。12月16日，召开第一次团员代表大会，选举产生首届团委，由张剑云、黄惊峰、吴东伟、朱益强、顾雪琴等5人组成，张剑云任团委书记、黄惊峰任团委副书记。2003年8月和2010年9月，先后召开两次团员代表大会，选举产生第二届、第三届市公安局团委。至2010年，有交警团总支1个，刑侦、巡特警团支部各1个，团员47人。

2011年4月6日，经共青团平湖市委批准，派出所民警团员组织关系全部从乡镇团委转入市公安局团委。增设3个派出所支部，撤销刑侦、巡特警支部。2015年3月31日，共青团市公安局委员会召开第四次团员代表大会，选举产生第四届委员会，由李杨任团委书记、郭松海任团委副书记。是年底，局团委管辖机关支部、交警支部、派出所第一支部（当湖、曹桥、林埭）、派出所第二支部（独山港、新仓）、派出所第三支部（新埭、钟埭、广陈）等5个团支部，共有团员88人。

### 工会组织

1987年2月，根据县总工会关于在机关事业单位中建立工会组织的精神，县公安局开始筹建工会组织。在完成各项筹备工作后，报请平湖县总工会批准，于9月19日召开工会代表大会，选举产生首届工会委员会组成名单。9月23日，县总工会批复同意建立平湖县公安局工会。工会委员会由7人组成，副政委孙伟鋆任工会主席，政工科长任工会副主席，并设组织、宣教、业务、生活福利、财务等委员。

1998年9月，市公安局工会换届选举，增设工会经费审查委员会，由李付根、陈金华、刘平等3人组成工会经费审查委员会，李付根任主任。2009年9月，换届选举，增设女职工委员会，由王剑蓉、黄爱华、谢静、方冶、许晶晶等5人组成，王剑蓉任主任。2014年8月，召开第四次会员代表大会，出席大会的会员代表55人，选举产生第四届委员会、经费审查委员会及女职工委员会。

### 妇委会组织

1990年12月19日，根据县妇女联合会关于在各系统中建立妇委会组织的精神，县公安局开始筹建妇委会组织。12月30日，经县妇女联合会批准建立县公安局妇女工作委员会，首届妇委会由朱丽娜任主任，卢才根任委员。

县公安局妇委会建立后先后于1994年8月和1997年12月进行两次换届。以后，妇委会人员一直保持不变。2013年3月8日，召开全局女民警大会进行换届选举产生第四届妇委会，由王剑蓉、刘珺璟、方冶、黄爱华、张昱霞等5人组成，王剑蓉任主任，刘珺璟任副主任。

表 2-5　　中共平湖市（县）公安局（人保组）历任书记、副书记名录

| 机构名称 | 任　次 | 姓　名 | 职　务 | 任职时间 |
|---|---|---|---|---|
| 县公安局党小组 | | 孙明成 | 小组长 | 1949.10—1950.06 |
| 县公安局党支部 | 首　任 | 孙明成 | 书　记 | 1950.06—1951.01 |
| | 第二任 | 张启先 | 书　记 | 1951.01—1951.05 |
| | | 绪光忠 | 副书记 | 1951.01—1951.05 |
| | 第三任 | 绪光忠 | 书　记 | 1951.05—1952.06 |
| | 第四任 | 薛汉孝 | 书　记 | 1952.06—1953.08 |
| | 第五任 | 刘德芳 | 书　记 | 1953.08—1954.07 |
| | | 高庆科 | 副书记 | 1953.08—1954.07 |
| | 第六任 | 高传功 | 书　记 | 1954.08—1955.02 |
| | | 李胜功 | 副书记 | 1954.08—1955.02 |
| | 第七任 | 高传功 | 书　记 | 1955.03—1959.03 |
| | | 吕　虹 | 副书记 | 1955.03—1959.03 |
| 县政法党支部 | 首　任 | 吕　虹 | 书　记 | 1959.03—1960.05 |
| | | 杨其国 | 副书记 | 1959.03—1960.05 |
| | | 沈祥春 | 副书记 | 1959.03—1960.05 |
| | 第二任 | 李作鸿 | 书　记 | 1960.05—1961.10 |
| | | 朱雪明 | 副书记 | 1960.05—1961.10 |
| | 第三任 | 吕　虹 | 书　记 | 1961.10—1963.01 |
| | | 施来昌 | 副书记 | 1961.10—1963.01 |
| | | 朱雪明 | 副书记 | 1961.10—1963.01 |
| | 第四任 | 顾阿掌 | 书　记 | 1963.01—1964.11 |
| | 第五任 | 丁家业 | 书　记 | 1964.11—1965.06 |
| | | 顾阿掌 | 副书记 | 1964.11—1965.06 |
| | 第六任 | 丁家业 | 书　记 | 1965.06—1968.04 |
| | | 施来昌 | 副书记 | 1965.06—1968.04 |
| 县人保组党支部 | 首　任 | 姜其月 | 书　记 | 1970.01—1971.12 |
| | | 兰　伟 | 副书记 | 1970.01—1971.12 |
| | 第二任 | 陈永铭 | 书　记 | 1971.12—1973.02 |
| | | 兰　伟 | 副书记 | 1971.12—1973.02 |
| 县公安局党支部 | 首　任 | 施来昌 | 书　记 | 1974.01—1979.04 |
| | | 王元积 | 副书记 | 1974.01—1979.04 |
| | | 张兴华 | 副书记 | 1974.01—1979.04 |
| | 第二任 | 张兴华 | 书　记 | 1979.04—1979.10 |
| | | 祝德新 | 副书记 | 1979.04—1979.10 |
| 县公安局党组 | 首　任 | 靳启明 | 书　记 | 1979.10—1984.11 |

续上表

| 机构名称 | 任　次 | 姓　名 | 职　务 | 任职时间 |
|---|---|---|---|---|
| 县公安局党组 | 首　任 | 张兴华 | 副书记 | 1979.10—1984.11 |
| 县公安局党委 | 首　任 | 李保云 | 书　记 | 1984.11—1986.07 |
| | | 凌浙鹃 | 副书记 | 1984.11—1986.07 |
| | | 袁来顺 | 副书记 | 1984.11—1987.08 |
| | 第二任 | 袁来顺 | 书　记 | 1987.08—1988.12 |
| | | 凌浙鹃 | 副书记 | 1989.01—1990.02 |
| | 第三任 | 凌浙鹃 | 书　记 | 1990.02—1992.06 |
| | | 徐士元 | 副书记 | 1990.02—1990.06 |
| | | 袁伟成 | 副书记 | 1990.06—1994.01 |
| 市公安局党委 | 第四任 | 袁来顺 | 书　记 | 1992.08—1995.08 |
| | | 陆　瀛 | 副书记 | 1993.05—1995.08 |
| | 第五任 | 陆　瀛 | 书　记 | 1995.08—1996.12 |
| | | 袁伟成 | 副书记 | 1995.08—1996.12 |
| | 第六任 | 宋家聪 | 书　记 | 1996.12—1997.12 |
| | | 袁伟成 | 副书记 | 1995.08—1997.12 |
| | | 朱　峥 | 副书记 | 1997.06—1997.12 |
| | 第七任 | 姚钰明 | 书　记 | 1997.12—2000.06 |
| | | 袁伟成 | 副书记 | 1997.12—2000.06 |
| | | 朱　峥 | 副书记 | 1997.12—2000.03 |
| | 第八任 | 司宏毅 | 书　记 | 2000.06—2006.12 |
| | | 袁伟成 | 副书记 | 2000.06—2002.05 |
| | | 朱　峥 | 副书记 | 1997.12—2002.03（病故） |
| | | 高海忠 | 副书记 | 2002.05—2006.12 |
| | 第九任 | 刘国强 | 书　记 | 2006.12—2011.11 |
| | | 顾照荣 | 副书记 | 2006.12—2009.10 |
| | | 傅金明 | 副书记 | 2009.12—2011.11 |
| | | 于智勇 | 副书记 | 2010.06—2011.11 |
| | 第十任 | 傅金明 | 书　记 | 2011.11— |
| | | 于智勇 | 副书记 | 2011.11—2013.09 |
| | | 夏中良 | 副书记 | 2013.09— |
| | | 李中华 | 副书记 | 2012.03— |

**表 2–6　　共青团平湖公安局委员会历任正、副书记名录**

| 组织称谓 | 年　份 | 届　次 | 书记姓名 | 副书记姓名 |
|---|---|---|---|---|
| 团支部 | 1950.08 | | 褚广忠 | 吕梦旦 |
| 团总支 | 1951.03 | | 褚广忠 | 吕梦旦 |

续上表

| 组织称谓 | 年　份 | 届　次 | 书记姓名 | 副书记姓名 |
|---|---|---|---|---|
| 政法团支部 | 1960.05 | | 朱雪明 | 顾在明（检察院） |
| 团总支 | 1985.09 | | 陶跃忠 | |
| 团委 | 1998.12 | 首　届 | 张剑云 | 黄惊峰 |
| | 2003.08 | 第二届 | 杨少峰 | 王晓东 |
| | 2010.09 | 第三届 | 侯四海 | 吴　平 |
| | 2015.03 | 第四届 | 李　杨 | 郭松海 |

**表 2–7　　平湖公安局工会历任委员名录**

| 年　份 | 届　次 | 主　席 | 副主席 | 委　员 |
|---|---|---|---|---|
| 1987.09 | 首　届 | 孙伟鋆 | 柴士忠 | 陶跃忠、沈水良、李士华、姚勇、卢才根（女） |
| 1998.09 | 第二届 | 潘照其 | 朱丽娜（女）、胡喜明 | 孙金良、张跃明、姚志良、张士良、俞小平、杜在良 |
| | 经费审查 | 李付根（主任） | | 陈金华、刘平 |
| 2009.09 | 第三届 | 潘照其 | 华国庆、鲁勤飞 | 唐跃、张国权、张斌、李希祥、盛保法、王剑蓉（女） |
| | 经费审查 | 唐叶明（主任） | | 张雪强、姚勇军 |
| | 女职工 | 王剑蓉（主任） | | 黄爱华、谢静、方冶、许晶晶 |
| 2014.08 | 第四届 | 华国庆 | 蒋乃斌、朱驭洲 | 黄福东、倪美根、李希祥、钟立新、曹跃平、黄爱华（女） |
| | 经费审查 | 盛保法（主任） | | 刘平、倪贤龙 |
| | 女职工 | 黄爱华（主任） | | 刘珺璟、方冶、李珏、张昱霞 |

**表 2–8　　平湖公安局妇委会历任委员名录**

| 年　份 | 届　次 | 主　任 | 副主任 | 委　员 |
|---|---|---|---|---|
| 1990.12 | 首　届 | 朱丽娜 | | 卢才根 |
| 1994.08 | 第二届 | 朱丽娜 | | 姚秀娟、李东平 |
| 1997.12 | 第三届 | 朱丽娜 | | 李东平、姚秀娟 |
| 2013.03 | 第四届 | 王剑蓉 | 刘珺璟 | 黄爱华、方冶、张昱霞 |

## 第三节　公安监督机构

### 一、党内纪检组织

1987 年 4 月，县公安局始设专职纪检干部。1990 年 5 月 30 日，经县委组织部批准，设专职纪检员。1991 年 1 月 7 日，经县纪委批准，建立县公安局纪检组，由局党委副书记（政委）任组长，专职纪检员、专职监察员为组员。1996 年 3 月，经市纪委批准，设立市公安局纪律检查委员会，由局党委副书记（政委）任纪委书记、配备专职副书记 1 名。2013 年，根据上级党委的统一部署，在派出所党（总）支部设立纪检小组，首个纪检小组于 8 月 27 日在新仓派出所党支部设立（11 月，当湖、独山港、钟埭、新埭、林埭、广陈、曹桥等 7 个派出所党支部都设立纪检小组）。2013 年 10 月 28 日，建立局机关党委纪律检查委员会，由警务督察队长兼监察室主任盛保法任纪委书记。2015 年 12 月，纪检体制改革，实行上一级纪委派驻制度，撤销市公安局纪律检查委员会，设立市纪委驻市公安局纪检组，由局党委委员华国庆任组长，周祖飞、盛保法（兼任）任副组长。

**二、行政监察机构**

1990 年 5 月 30 日，经县委组织部批准，县公安局设立专职监察员，1991 年 1 月 31 日，建立县公安局行政监察室，属县监察局派驻机构，受县公安局和县监察局双重领导。2015 年 12 月，行政监察体制改革，实行上一级监察委员派驻制度，撤销市公安局监察室，设立市监委驻局监察组，与纪委合并，统称驻市公安局纪检监察组。

**三、警务督察机构**

1997 年 6 月 20 日，国务院 220 号令《公安机关督察条例》发布施行。1998 年 5 月 28 日，市公安局警务督察队正式成立。设督察长，副督察长、督察队长，督察长由副政委兼任，局长助理兼任副督察长、队长，选调一名中层干部任副队长。2008 年 9 月，改称警务督察大队。2014 年 11 月，督察长由公安局长兼任，有专职督察民警 3 人，负责对全局民警依法履行职责，行使职权和遵守纪律的情况进行监督。2015 年 5 月，增设副督察长 2 人，由副政委及督察大队长兼任。

**四、内部审计机构**

20 世纪 80 年代前，公安机关内部审计工作由局后勤部门兼管，财会人员为兼职审计员。1991 年，省公安厅下发《关于组建公安机关内部审计机构和配备专职审计干部的通知》，公安审计工作逐步进入正规化建设，但仍无专门机构。1998 年 5 月，建立警务督察队后，审计职能并入警务督察队，但不挂牌，无印章。2012 年 6 月，增设审计室，与警务督察大队合署办公，实行两块牌子一副班子，由一名副大队长兼任审计室副主任，开始启用审计室印章。2015 年 5 月，由督察大队长兼任审计室主任。

**表 2–9　　中共平湖市（县）公安局纪律检查委员会人员名录**

| 机构名称 | 任次 | 姓名 | 职务 | 任职时间 |
|---|---|---|---|---|
| | | 胡祥荣 | 纪检干部 | 1987.04—1990.05 |
| | | 柴士宗 | 专职纪检员 | 1990.05—1991.03 |
| 局纪检组 | 首　任 | 袁伟成 | 组长 | 1991.01—1993.08 |
| | 第二任 | 朱　峥 | 组长 | 1993.08—1996.03 |
| | | 李付根 | 副组长 | 1993.03—1996.03 |
| 局纪委 | 首　任 | 袁伟成 | 书记 | 1996.03—1999.01 |
| | | 沈水良 | 副书记 | 1996.03—1997.07 |
| | | 李付根 | 副书记 | 1997.07—1999.01 |
| | 第二任 | 袁伟成 | 书记 | 1999.01—1999.05 |
| | | 李付根 | 副书记 | 1999.01—1999.04 |
| | 第三任 | 潘照其 | 书记 | 1999.12—2003.01 |
| | | 顾建良 | 副书记 | 1999.12—2004.12 |
| | 第四任 | 陆荣根 | 书记 | 2003.01—2007.09 |
| | | 张雪平 | 副书记 | 2003.05—2008.09 |
| | | 冯东风 | 副书记 | 2004.12—2008.09 |
| | 第五任 | 潘照其 | 书记 | 2007.09—2011.12 |
| | | 陶学康 | 副书记 | 2008.09—2011.12 |
| | | 唐叶明 | 副书记 | 2008.09—2011.12 |
| | 第六任 | 华国庆 | 书记 | 2011.12—2015.12 |
| | | 陶学康 | 副书记 | 2011.12—2013.08 |

续上表

| 机构名称 | 任次 | 姓名 | 职务 | 任职时间 |
|---|---|---|---|---|
| 局纪委 | 第六任 | 盛保法 | 副书记 | 2013.08—2015.12 |
| 机关党委纪委 | 首　任 | 盛保法 | 书记 | 2013.10— |
| 驻局纪检监察组 | 首　任 | 华国庆 | 组长 | 2015.12— |
| | | 周祖飞 | 副组长 | 2015.12— |
| | | 盛保法 | 副组长 | 2015.12— |

## 表 2-10　平湖市（县）公安局监督机构人员名录

一、监察室

| 部门名称 | 任　次 | 姓　名 | 职　务 | 任　职　时　间 |
|---|---|---|---|---|
| 监察室 | 首　任 | 柴士宗 | 主　任 | 1991.03—1993.01 |
| | | 李付根 | 副主任 | 1991.03—1993.01 |
| | 第二任 | 李付根 | 主　任 | 1993.01—1996.01 |
| | 第三任 | 沈水良 | 主　任 | 1996.01—1997.06 |
| | | 李永宏 | 副主任 | 1996.01—1997.06 |
| | 第四任 | 李永宏 | 主　任 | 1997.06—2003.03 |
| | | 陆其明 | 副主任 | 1997.06—1998.05 |
| | 第五任 | 张雪平 | 主　任 | 2003.03—2008.09 |
| | | 陆其明 | 副主任 | 2003.03—2008.04 |
| | 第六任 | 陶学康 | 主　任 | 2008.09—2013.07 |
| | 第七任 | 盛保法 | 主任（兼） | 2013.07—2015.12 |

二、警务督察（队）大队

| 部门名称 | 任　次 | 姓　名 | 职　务 | 任　职　时　间 |
|---|---|---|---|---|
| 警务督察队 | 首　任 | 潘照其 | 兼队长 | 1998.05—1999.03（督察长） |
| | | 陈志强 | 副队长 | 1998.05—1999.03（副督察长） |
| | | 陆其明 | 副队长 | 1998.05—1999.03 |
| | 第二任 | 顾建良 | 队　长 | 1999.03—2003.07（督察长） |
| | | 陆其明 | 副队长 | 1999.03—2003.03 |
| | | 李永宏 | 副队长 | 1999.03—2003.03 |
| （改称大队） | 第三任 | 冯东风 | 大队长 | 2003.07—2008.09 |
| | | 陆其明 | 副大队长 | 2003.03—2008.09 |
| | | 许春法 | 副大队长 | 2003.03—2008.09 |
| | 第四任 | 唐叶明 | 大队长 | 2008.09—2009.12 |
| | | 陈正观 | 教导员 | 2008.09—2009.12 |
| | | 叶　杰 | 副大队长 | 2008.09—2009.12 |
| | 第五任 | 贾仿良 | 大队长 | 2009.12—2013.07 |

续上表

| 部门名称 | 任　次 | 姓　名 | 职　务 | 任　职　时　间 |
| --- | --- | --- | --- | --- |
| 警务督察大队 | 第五任 | 陈正观 | 教导员 | 2009.12—2012.08 |
| | | 叶　杰 | 副大队长 | 2009.12—2012.08 |
| | | 叶　杰 | 教导员 | 2012.08—2015.05 |
| | | 倪贤龙 | 副大队长 | 2012.06—2015.05 |
| | 第六任 | 盛保法 | 大队长 | 2013.07— |
| | | 沈　亮 | 副大队长 | 2015.05— |
| | | 倪贤龙 | 教导员 | 2015.05— |

三、审计室

| 部门名称 | 任　次 | 姓　名 | 职　务 | 任　职　时　间 |
| --- | --- | --- | --- | --- |
| 审计室 | 首　任 | 倪贤龙 | 副主任兼 | 2012.06—（主持工作） |
| | 第二任 | 盛保法 | 主任兼 | 2015.05— |

## 第四节　行业公安机构

为加强平湖森林资源、生态环境的管理，2013年8月，根据国家林业局、公安部等有关文件精神，报经平湖市编委同意，设立平湖市农业经济局森林公安局，并加挂平湖市公安局森林警察大队牌子，为正股级内设机构，系森林公安专项编制，实行国家公务员管理。编制5人，设局长1人、副局长1人，实有4人。森林公安局实行市农业经济局、市公安局双重领导的管理体制，纳入公安序列。党政工作以农业经济局管理为主，公安业务工作以市公安局管理为主。其主要职责：负责保护辖区内的森林资源、生态环境，加强森林消防，预防、制止和查处发生在辖区内的各类破坏森林和野生动植物资源的刑事、治安及林业行政案件等。2014年8月，根据省编办〔2014〕24号文件，平湖市农经局森林公安局更名为平湖市森林公安局，由平湖市农经局内设机构调整为直属机构，仍加挂平湖市公安局森林警察大队牌子。

## 第五节　企业公安机构

1981年10月，为做好平湖客运码头治安管理工作，嘉兴市公安局航运派出所曾在平湖营业站建有民警值勤室1个，民警2人。民警来源为公司职工，属企业编制。1997年，企业改制，嘉兴航运派出所撤销，平湖客运码头民警值勤室也随之撤销。

1986年5月13日，经平湖县人民政府同意，报省汽车运输公司嘉兴分公司、嘉兴市公安局及省公安厅批准，建立平湖县公安局乍浦汽车站派出所，定编民警5名（属企业编制）。民警来源由车站管理人员内部调配，首批吸收民警3人，成为平湖历史上唯一的企业派出所，业务上受县公安局指导。1991年7月，汽车运输公司从乍浦迁至平湖，乍浦汽车站车站派出所更名为平湖市公安局汽车站派出所。2004年2月，根据上级公安机关关于撤销所有企业派出所之精神，车站派出所撤销，民警按照录用人民警察的有关程序，经统一考试，符合条件的转入公安编制。

## 第六节　公安现役部队

### 一、边防部队

1950年10月，乍浦边防分局设置公安武装部队。1952年6月7日，边防分局撤销，原分局的公安武装调往镇海，与宁波地区镇海分局的公安武装合并为1个连。之后，平湖不设边防部队，沿海地区的边防保卫工作由县公安局负责。

20世纪90年代，随着乍浦港的开发建设和发展，1996年1月，国务院发出《关于同意浙江乍浦港对外籍船舶开放的批复》。6月3日，武警浙江省边防总队定编组建平湖边防工作站（乍浦边防公安派出所）。1997年1月15日开始筹建，站址设在乍浦镇龙王路东侧。10月，正式建立，有干部9人、战士25人。系边防保卫机关的基层战斗单位，承担边检工作，同时行使沿边沿海地区的户口、治安管理职能，有依法进行治安行政管理的裁决权和处罚权，由平湖市公安局协管。1999年5月18日，嘉兴边防检查站正式成立，平湖边防工作站划归嘉兴边防检查站。乍浦边防派出所由嘉兴边防检查站代管，平湖市公安局协管。2009年10月，由嘉兴港区公安分局协管。

**二、消防部队**

20世纪50—60年代平湖公安局无专职消防队，灭火救灾均由群众性义务消防队负责。1973年5月建立平湖县公安局消防队（为地方事业编制，人员暂定8人），队长、指导员由公安局委派干警担任。9月10日启用新印章。10月，国务院、中央军委发出《关于公安消防队伍领导关系问题的通知》，决定公安消防部队纳入公安部队编制，实行义务兵役制，政治教育、业务训练和后勤保障由公安统一管理。1974年1月4日，有10名新兵入伍补充进入县公安局消防队，改称消防中队，过渡时期保留原职业消防队员，实行职业消防员与义务消防兵混编的人员结构。3月5日启用平湖县公安局消防中队新印章。1978年12月，取消职业消防队员，消防中队干警全部为现役军人，纯属部队编制，队长、指导员从军人中选拔。

1983年12月，根据省公安厅《关于颁发全省各级消防管理机构的设置和人员编制试行方案》，县公安局消防中队纳入中国人民武装警察部队序列。1984年5月，建立平湖县公安局消防科（副营级），下辖消防中队，受嘉兴市公安消防大队（副团级）及平湖县公安局双重领导。

1990年8月，嘉兴市公安局消防大队升格为消防支队（正团级）。1994年5月，市公安局消防科改称为市公安局消防大队（升格为正营级），下辖消防中队。受嘉兴市公安局消防支队和平湖市公安局双重领导。大队主要负责辖区内机关、团体、企事业单位的防火监督、建筑工程消防审核验收、开业前消防检查、消防知识普及、消防业务培训和对所属中队的管理等业务；所属消防中队主要担负着辖区内的灭火救援、社会救助等任务。

**表2–11　　武警乍浦边防公安派出所历任主官名录**

| 部门名称 | 任次 | 姓名 | 职务 | 任职时间 |
|---|---|---|---|---|
| 乍浦边防派出所 | 首　任 | 钱新根 | 所　长 | 1998.12—2001.03 |
| | 第二任 | 陈小平 | 教导员 | 2001.03—2004.03 |
| | 第三任 | 陈　波 | 所　长 | 2004.04—2008.03 |
| | | 沈鸣涛 | 教导员 | 2004.04—2005.12 |
| | 第四任 | 罗建芳 | 所　长 | 2008.03—2012.03 |
| | | 张一龙 | 教导员 | 2008.03—2009.03 |

注:2009年10月,由嘉兴市公安局港区分局协管。

**表2–12　　平湖公安（武警）消防部队历任主官名录**

| 部门名称 | 任次 | 姓名 | 职务 | 任职时间 |
|---|---|---|---|---|
| 消防中队 | 首　任 | 张兴元 | 副指导员 | 1974.01—1979.02 |
| | | 朱文峰 | 副中队长 | 1974.01—1976 |
| | 第二任 | 费卫清 | 副中队长 | 1979.10—1983.11 |

续上表

| 部门名称 | 任 次 | 姓 名 | 职 务 | 任 职 时 间 |
| --- | --- | --- | --- | --- |
| 消防中队 | 第二任 | 沈阿忠 | 副指导员 | 1978.12—1983.05 |
| | 第三任 | 苏章茂 | 中队长 | 1983.01—1984.08 |
| | | 卜红明 | 指导员 | 1983.05—1984.08 |
| | 第四任 | 王国友 | 中队长 | 1984.08—1985.09 |
| | | 费卫清 | 指导员 | 1984.08—1985.09 |
| | 第五任 | 童正华 | 副中队长 | 1988.07—1988.12 |
| | | 王国友 | 指导员 | 1988.01—1991.01 |
| | 第六任 | 戴金田 | 副中队长 | 1988.12—1994.01 |
| | | 童正华 | 副指导员 | 1988.12—1991.05 |
| | | 黄锡云 | 指导员 | 1991.05—2001.01 |
| 消防大队 | 第七任 | 马光清 | 副大队长 | 1994.06—1996.12 |
| | | 赵月龙 | 副教导员 | 1994.07—1996.08 |
| | | 朱根良 | 教导员 | 1996.09—1996.12 |
| | 第八任 | 朱根良 | 大队长 | 1997.01—1998.01 |
| | 第九任 | 赵月龙 | 大队长 | 1998.01—2000.01 |
| | 第十任 | 黄锡云 | 大队长 | 2000.01—2004.04 |
| | 第十一任 | 周永棋 | 大队长 | 2004.05—2007.03 |
| | | 许 斌 | 副大队长 | 2004.05—2005.06—2007.03（副教导） |
| | 第十二任 | 许 斌 | 大队长 | 2007.03—2008.06 |
| | | 丁立勇 | 教导员 | 2007.03—2008.06 |
| | 第十三任 | 段 涛 | 大队长 | 2008.06—2010.05 |
| | | 许 斌 | 教导员 | 2008.06—2009.01 |
| | | 张挺松 | 教导员 | 2009.01—2010.08 |
| | 第十四任 | 黄文良 | 大队长 | 2010.06—2011.10 |
| | | 张挺松 | 教导员 | 2010.09—2011.09 |
| | 第十五任 | 朱利明 | 大队长 | 2011.10—2013.05 |
| | | 骆月明 | 教导员 | 2011.10—2013.05 |
| | 第十六任 | 皇甫笑江 | 大队长 | 2013.05— |
| | | 朱利明 | 教导员 | 2013.05—2014.05 |
| | | 吴小峰 | 教导员 | 2014.06— |
| 消防科 | 首 任 | 马光清 | 负责人 | 1984.05—1985.09 |
| 消防科 | 第二任 | 费卫清 | 副科长 | 1985.09—1987.12 |
| | 第三任 | 王国友 | 副科长 | 1988.01—1989.11科长—1992.05 |
| | 第四任 | 马光清 | 副科长 | 1992.03—1993.05科长—1994.05 |

## 第七节　武装警察部队

1949年6月1日，平湖县人民政府公安局成立。8月，建立公安武装排，人员大部分是旧警察留用人员，下设看押班、警察班，看押班专门负责看押犯人工作，警察班专门负责城市治安工作。

1950年1月，全国公安武装统一整编为中国人民公安部队。5月，进行整编，改称为公安队，属各级政府公安机关建制供给，其军事训练、行政管理、政治工作由公安部队司令部代管。1951年春，队伍扩大，下设2个排（6个班），改编为中队，由公安局治安股长任队长。1952年3月，公安队划入中国人民解放军序列，隶属军事系统，由县人民武装部领导。

1955年7月23—30日，根据中国人民解放军浙江省公安部队政治部、浙江省公安厅《关于公安部队改编为人民武装警察的通知》精神，干部、战士集体转业，由部队划归公安建制。8月1日起改称为县人民武装警察队，复归县公安局领导。

1961年11月，中央批转公安部党组《关于改进人民武装警察部队领导体制的报告》，人民武装警察恢复军队建制，干部、战士集体转为现役，享受解放军同等待遇，受军队和公安机关双重领导。武装警察中队实行义务兵役制，服役年限为3年。1962年1月，中央决定恢复“中国人民公安部队”番号。1963年2月1日，平湖武装警察中队复称县公安队，接受军事系统与公安部门双重领导。

1966年7月1日，执行中共中央、中央军委撤销中国人民公安部队番号决定，改编为中国人民解放军平湖县中队（连建制），并遵照南京军区、省军区命令，划归县人民武装部领导。1968年11月，嘉兴军分区所属10个县中队对调，平湖县中队调驻德清县，德清县中队调驻平湖，指导员蔡崇志随德清县中队调至平湖。

1975年12月，根据国务院、中央军委国发〔1975〕160号文件和省革命委员会关于县、市中队交由公安机关建制领导的通知精神，县公安局完成县中队接收工作。1976年1月1日，平湖县中队改编为平湖县公安局人民武装警察中队。1月19日，启用新印章。1980年2月，县人民武装警察中队隶属嘉兴地区公安处人民武装警察大队，受浙江省人民边防武装警察总队和地区公安处双重领导。

1982年6月，根据中央决定，公安部建人民武装警察总部，省、地分别建总队、支队。12月，建立中国人民武装警察部队浙江省平湖县中队。新组建的武警中队是公安部门的一个组成部分，在县委、县政府和县公安局的领导下进行工作，并接受嘉兴地区武警支队的领导。1984年1月，武警平湖县中队隶属武警嘉兴市支队，同时接受地方政府和公安局双重领导。此后，武警平湖县（市）中队建制一直保持不变。

**表2–13　　武警平湖市（县）中队历任主官名录**

| 部门名称 | 任 次 | 姓 名 | 职 务 | 任 职 时 间 |
|---|---|---|---|---|
| 公安武装排 | 首　任 | 褚广忠 | 排长 | 1949.08—1950.06 |
| 县公安部队 | 第二任 | 褚广忠 | 队长 | 1950.06—1952.03 |
| | | 桑介亭 | 分队长 | 1950.06—1952.03 |
| | | 魏大明 | 副分队长 | 1950.11—1951.07 |
| | 第三任 | 张凤文 | 队长 | 1952.04 |
| | | 吴　辉 | 指导员 | 1952.04 |
| | | 瞿尚宽 | 副队长 | 1953—1955.07 |
| | | 李增根 | 副队长 | 1954 |
| 县武装民警队 | 第四任 | 李海清 | 副队长 | 1956.07—1962 |

续上表

| 部门名称 | 任次 | 姓名 | 职务 | 任职时间 |
| --- | --- | --- | --- | --- |
| 县武装民警队 | 第四任 | 陈锦宽 | 副指导员 | 1956.04—1962.07 |
| 县公安队 | 第五任 | 朱伟祥 | 副队长 | 1962.07—1963 |
| | | 陈锦宽 | 指导员 | 1962.07—1964.06 |
| 县中队 | 第六任 | 姚其哲 | 副中队长 | 1964.03—1967.02 |
| | | 孙正恕 | 指导员 | 1964.07—1967.02 |
| | 第七任 | 朱宝才 | 中队长 | 1967.02—1968.11 |
| | | 孙正恕 | 指导员 | 1967.02—1968.11 |
| | 第八任 | 朱伟祥 | 副中队长 | 1968.11—1970 |
| | | 蔡崇志 | 指导员 | 1968.11—1970 |
| 武警县中队 | 第九任 | 缪世新 | 中队长 | 1970副职—1976任正职—1978.07 |
| | | 胡忠才 | 指导员 | 1970.11—1975.12 |
| | | 潘才林 | 副指导员 | 1976.01—1978.07 |
| | 第十任 | 陈忠央 | 中队长 | 1978.07—1980.08 |
| | 第十一任 | 缪世新 | 中队长 | 1980.08—1981.03 |
| | | 陈忠央 | 指导员 | 1980.08—1981.03 |
| | 第十二任 | 吴明龙 | 中队长 | 1981.03—1982.10 |
| | | 徐明泉 | 副指导员 | 1982.01—1982.10 |
| | 第十三任 | 刘顺标 | 副队长 | 1983.10—1984.08 |
| | | 徐明泉 | 副指导员 | 1982.10—1984.10 |
| | 第十四任 | 芮文生 | 中队长 | 1984.10—1986.03 |
| | | 孙志华 | 副指导员 | 1984.10—1986.03 |
| | 第十五任 | 孙志华 | 中队长 | 1986.03副—1987.03正—1988.03 |
| | | 刘顺标 | 指导员 | 1987.03—1988.03 |
| | 第十六任 | 刘修德 | 中队长 | 1988.07副—1991.08正—1994.04 |
| | | 刘顺标 | 指导员 | 1988.03—1990.07 |
| 武警市中队 | 第十七任 | 张　强 | 中队长 | 1994.04—1995.03 |
| | | 刘修德 | 指导员 | 1994.04—1995.03 |
| | 第十八任 | 刘成胜 | 中队长 | 1995.03副1997.02正—2000.02 |
| | | 刘修德 | 指导员 | 1995.03—1996.03 |
| | | 洪佩成 | 指导员 | 1996.03—1998.02 |
| | | 姚建光 | 代指导员 | 1998.02—1999.02 |
| | 第十九任 | 姜威峰 | 中队长 | 2000.02副—2001.07正—2005.12 |
| | | 姚建光 | 指导员 | 1999.02—2002.02 |
| | | 徐建彪 | 指导员 | 2002.02—2003.01 |
| | | 徐阿峰 | 指导员 | 2003.01—2004.02 |

续上表

| 部门名称 | 任 次 | 姓 名 | 职 务 | 任 职 时 间 |
| --- | --- | --- | --- | --- |
| 武警市中队 | 第十九任 | 裘腾军 | 指导员 | 2004.02—2004.07 |
| | | 程兴国 | 代指导员 | 2004.07—2005.02 |
| | 第二十任 | 郦仕达 | 代中队长 | 2005.12—2006.03 |
| | | 程兴国 | 指导员 | 2005.02—2006.03 |
| | 第二十一任 | 高生留 | 中队长 | 2006.03—2009.02 |
| | | 程兴国 | 指导员 | 2006.03—2007.02 |
| | | 王年丰 | 指导员 | 2007.07—009.02 |
| | 第二十二任 | 陆维传 | 中队长 | 2009.02—2011.04 |
| | | 王年丰 | 指导员 | 2009.02—2010.07 |
| | 第二十三任 | 张坚飞 | 中队长 | 2011.04—2013.04 |
| | | 姜　恺 | 指导员 | 2010.07—2014.01 |
| | 第二十四任 | 吴春雷 | 中队长 | 2013.04—2014.03 |
| | | 刘忠旭 | 指导员 | 2014.01— |
| | 第二十五任 | 张汤杰 | 中队长 | 2014.03— |

# 第三章　维护国家安全

1949年6月，县人民政府公安局设侦察保卫股（一股），1952年改称政治保卫股（以下简称“政保股”），承担全县政治案件的侦察及出入境管理，经济、文化等内部单位的安全保卫工作。“文化大革命”期间，政保机构被取消。1973年2月，恢复政保股。1979年11月，经济、文化保卫业务从政保股析出。1984年3月，改称政保科。1997年7月，出入境管理业务从政保科析出。2003年3月，更名为国内安全保卫大队。

20世纪50—60年代，平湖政保工作全面发展。解放初，匪患猖獗，敌特复辟活动频繁，一批土匪、恶霸、特务、反动党团骨干、反动会道门头子、旧军政官吏不甘心失败，相互勾结，猖狂进行反革命活动，政保部门在大规模的剿匪肃特，开展反动党团登记，镇反肃反、取缔反动会道门，打击披着宗教外衣的特务间谍活动的同时，积极开展政保基础工作调查。进入社会主义经济建设时期，政保工作进一步在隐蔽斗争战线上发挥重要作用，破获一批隐藏较深的反革命组织，打击了敌特机关的心战、派遣、情报、暗杀、挂钩联络等现行破坏活动。

“文化大革命”期间，林彪、江青两个反革命集团，恶毒诬蔑政保工作是“资敌、养敌、通敌”，是情报专政，“坏人当道”，是“黑中之黑”，要“彻底砸烂”，政保机构被取消，政保干部深受其害，成为公安工作中被破坏最为严重的部门。1976年，粉碎江青反革命集团后，政保工作拨乱反正，得到恢复和加强。中共十一届三中全会后，清除左倾路线的影响，工作走上正轨，发挥了应有的作用。

20世纪80年代，随着国家安全机关的建立，公安机关反间谍职能划归国家安全部门。政保工作重点从着重于侦察破案，打击现行反革命转移到面向社会，灵通情报信息，强化基础工作，取缔“呼喊派”反动组织。1987年始，在城镇派出所建立政保联系民警制度。90年代，在全县乡镇派出所全面推行。1999年7月，在嘉兴市公安机关首推政保工作改革，将部分政保业务下放到基层派出所，以加强对社会面的管控。此经验被省、嘉兴市两级公安机关肯定，予以推广，并在省厅刊发的《浙江政保》上作专题介绍。2012年4月，根据嘉兴市局部署试点开展派出所国保工作室建设。至7月，全市8个派出所均建立国保工作室，落实分管领导，配备专管民警。

进入21世纪，国内安全保卫工作以反恐维稳为目标，强化情报信息工作的先导和中心意识，加强对不安定因素的排查与化解，组织开展国保工作基础调查，取缔“法轮功”等邪教组织，开展对“法轮功”等邪教组织重点人员的帮教和转化工作，严密防范敌对势力的渗透与恐怖破坏活动，维护国家安全和社会政治稳定。

## 第一节　剿匪肃特

1949年5月28日，中共浙江省委发出《关于野战军在浙各部队参加新区工作的指示》，省委书记谭震林和副书记谭启龙也在《六、七、八三个月工作提纲》中强调，要建立革命秩序，肃清在各地的散兵游勇、土匪、特务武装。6月7日，中共平湖县委发出剿匪工作八条指示，要求发动群众，建立县、区两级武装和情报组织。7月24日，从驻平湖的二十三军中抽调109名营连干部和战士成立中国人民解放军平湖县大队，下设2个连及城区、乍浦、新埭、新仓4个区中队。8月，成立平湖县剿匪委员会，县委书记戴奎兼任主任，公安局副局长孙明成任副主任。组织驻军二十七军和解放军平湖县大队及公安局的武装人员为剿匪主要力量，各区还成立由5～7人组成的社会调查组，各乡成立乡、村民自卫队，县筹建农民协会，成为农村中剿匪的依靠力量。是年底，全县有区、乡、村农民协会组织258个，会员1.76万人。

在剿匪肃特斗争中，贯彻“军事清剿、政治瓦解与发动群众相结合”的方针，开展政治攻势，宣传党的“镇压与宽大相结合”“首恶必办，胁从不问，立功受奖”等政策，把剿匪和肃特反霸有机结合，使之互相促进。广泛发动群众，组织民兵封锁交通要道、站岗放哨、盘查行人、村村联防、昼夜巡逻，建立情报网络，及时掌握匪情。运用内线侦察、“以匪反匪”等策略，分化瓦解，采取密捕密放，教育匪徒戴罪立功，达到全歼匪帮。1950年5月底，县剿匪委员会在匪特较为严重的乍浦、新仓两地设立自首投降登记处，有50多名匪特前来自首登记。

1949年8月至1951年1月，历时一年半的剿匪肃特斗争，共歼灭“海北纵队”及其他股匪、惯匪、特务1616人，缴获电台3部，机枪3挺，手枪、步枪、冲锋枪、卡宾枪等枪支60余支、子弹5000余发及指令、证件、印章等物。通过剿匪肃特斗争，粉碎了敌人的破坏活动，稳定社会秩序，保卫土地改革、抗美援朝、镇压反革命运动的顺利进行，巩固新生的人民政权。

**一、匪患**

解放前，平湖的匪徒主要是以谢友胜、黄八妹（女、原名黄百器）夫妇为首的两股武装匪徒，1937年冬合并，后属军统嫡系，分布于全县各地。抗日战争胜利，收编为“平湖县保安大队”，黄八妹出任省参议员、杭州湾护航行动总队总队长，兼任一区戡乱团副团长。

解放前夕，黄八妹执行汤恩伯、毛森的应变方针和计划，将其旧部下原“平湖县保安队”“海盐县保警队”以及一些零散武装合并组成“京、沪、杭总司令部苏、浙沿海游击第一纵队”，自任司令，其夫谢友胜为副司令。并将该支武装匪徒一分为两，一部分潜伏大陆，另一部分以杨品生所属的武装匪徒百余人，携带大米、食品等大量物资，于1949年5月9日晚上，乘坐渔船，逃往舟山大洋山岛，以国民党军队控制的舟山群岛为依托，占据海岛，继续招兵买马，搜罗海盗扩充匪部达400余人，进行整训，改名“东南人民反共救国军海北纵队”，自任正、副指挥。并在滩浒岛成立匪“平湖县政府”，黄、谢任正、副县长，并委任一些下属充任各级职务。叫嚣与新生的人民政权“争地争民”，还布置其部属“抓到或杀掉一个共产党区长（乡长）赏大洋500元”，先后多次派遣武装匪徒潜入沿海地区，与潜伏的匪徒相勾结，袭击、劫持解放军指战员，进行抢劫、暗杀、收集情报等活动。1950年5月，舟山群岛解放前夕，黄八妹逃往台湾，谢友胜率部继续在大陆潜伏。

1949年5月，一股武装匪徒在祥圩乡华家村用机枪扫射过境解放军部队，2名解放军战士中弹牺牲。6月24日，驻平解放军二十三军六十八师二〇四团警卫连指导员被匪徒杜秀岐等3人劫持至埭乘乡11村7组杀死，抢去手枪1支、子弹50发。7月19日，解放军平湖县大队城区中队部分战士在骑莲乡遭匪徒伏击，1名战士牺牲。7月24日中午，城郊区中队在骑莲乡青莲寺遭60多名武装匪徒包围，1名战士被打死，1名战士被抓去推入河中（幸未淹死），劫去步枪3支、子弹150余发。据统计，1949年5月至1951年5月，全县共发生袭击、劫持解放军指战员的重大事件8起，杀死解放军干部战士11人，中弹致残1人，抢去长、短枪8支，子弹200多发。

1949年8月28日，匪徒杜秀祺诬指流动卖烟糖的新埭镇第四村村民朱大发是解放军密探，将其杀死。1950年4月16日，“海北纵队”中校行动大队长李文昌（又名李白）率匪徒10余人，携带手枪6支和手榴弹1箱，在黄姑水口海滩登陆后，在城区、新仓镇、三叉河、衙前、广陈镇、泗里桥及金山朱泾、闵行等地建立联络站，委任翁天福、金金奎等10余人为联络员、情报员。在新仓、广陈、山塘、赵家桥一带威胁群众，强行派米，进行抢劫、掠夺。5月10日夜，匪徒翁天福、朱阿二用牛刀杀害广泗乡十一村农会主席范明德。5月18日深夜，一伙匪徒在新仓镇7村抢劫时，将户主陈桂昌打死。6月12日，黄姑镇镇长宋喜柱在下乡工作途中，遭混入村自卫队的李炳金（系黄八妹部下李文昌情报员）袭击，夺得宋的手枪并开枪射击（未射中），李被群众和剿匪部队捕获。是月，城区东鼎丰酱园收到署名“中国人民反共救国军苏、浙自卫第一支队”支队长高鹤龄的恐吓信，敲诈大米50担。

二、清剿

平湖的剿匪斗争可分两个时段。第一时段为1949年8月至1949年12月，主要围剿海北纵队潜伏和流窜匪徒。

1949年8月，县公安局武装人员和剿匪部队先后对盘踞在平湖境内的武装匪徒进行清剿，在城关以北、钟埭以东地区全歼“东南人民反共救国军”海北纵队第二支队20余人，捕获支队长方仁远，缴获机枪1挺、手枪3支、步枪3支和子弹数百发；在新仓、全公亭一带击溃海北纵队直属三支队第二大队行动大队中校大队长周立带领的80余名匪徒，一部分被剿灭，其余四散逃遁，周立逃回后被黄八妹再次任命为三支队上校代支队长。

1949年10月，剿匪部队在海盐西塘桥镇捕获“国防部青年救国军浙东义勇总队”十一支队三大队大队长陆明生及冯玉观、冯云卿、刘其荣等3名中队长，后该部另一股的11名匪徒也相继捕获，缴获手枪4支；在西门外胡家埭抓获海北纵队直属三支队二大队五中队中队长袁良等匪徒8人；后又根据俘匪提供线索，剿灭活动在平湖南顾乡一带及嘉兴交界地区的其余武装匪徒16人，缴获短枪7支、子弹64发及印章、黄金等物；在虎啸桥、全公亭全歼活动于平湖与海盐交界处的海北纵队第一大队一中队王雪荣部27人，缴获步枪4支、短枪2支。同时，剿匪部队在军事清剿的基础上，对潜入乍浦一带活动的海北纵队三支队上校代支队长周立等匪徒发动政治攻势，副支队长葛虎泉等5名匪徒主动自首，缴出电台1部及手枪5支，代支队长周立潜逃至上海被捕获。至1949年12月，潜伏和流窜在平湖境内的“海北纵队”股匪被全部歼灭。

第二时段为1950年6月至1951年1月，主要围剿海北纵队登陆匪徒。

1950年4月16日，“海北纵队”中校行动大队长李文昌率匪徒10余人，携带手枪6支和手榴弹1箱，在黄姑水口登陆。5月22—23日，“海北纵队”副指挥谢友胜指挥集结于舟山滩浒岛的“东南人民反共救国军海北纵队”200余名武装股匪，分多股从平湖黄姑水口、海盐长川坝一带登陆，妄图向内陆推进，窜入太湖地区开展“敌后游击”活动。27日，副指挥谢友胜率武装匪徒20余人，在李文昌的接应下，登陆黄姑水口海滩，后因去太湖的道路已被解放军堵截，感到走投无路，遂令登陆匪徒暂时潜伏，按兵不动，等待王德均登陆后听从王的指挥，谢友胜则独自潜逃。5月30日深夜，“海北纵队”指挥部副官、独立大队大队长王德均，带领20余名武装匪徒，在独山附近海滩登陆，即被当地民兵发现，鸣枪报警，王德均弃其部属逃窜。

6月13日，根据上海市金山县大队提供线索，掌握李文昌一伙登陆匪徒在平湖的行踪。新仓区区长唐世全即率剿匪武装与金山县大队一起在赵家桥一带捕获“东南人民反共救国军”海北纵队少校联络组长、中校行动大队长李文昌及部属13人，缴获电台1部及部分枪支弹药。同月，新仓区政府接到群众报告，抓获一可疑人员。经审查此人系黄八妹旧部“海北纵队”第六支队陶可皆部下，在舟山洋山岛接受黄八妹布置任务登陆潜回平湖，后慑于剿匪部队强大的军事声威，上街购买衣服，准备乔装潜逃，并得知陶一伙隐藏在三叉河附近等情况，区长唐世全带领剿匪武装到三叉河陶匪藏匿之处，一举歼灭陶等9名匪徒。通过审讯，后又捕获潜伏于乍浦的“海北纵队”第六支队宋哲文一伙匪徒8名。截至7月20日，县公安局和剿匪部队将偷渡登陆的武装股匪全部歼灭。共歼敌193人，其中大队长以下45人，缴获电台1部、机枪2挺、长短枪47支及子弹3900余发。12月10日，武装匪徒谢其荣（匪首谢友胜之子）在平湖渡船桥乡教家浜藏匿地落网，缴获手枪1支。12月29日，谢其荣在黄山区执行枪决。

1951年1月17日，匪首谢友胜在全塘乡七村其原勤务兵金某某家抓获归案（1952年3月12日经浙江省人民政府批准判处死刑，4月13日在城关执行枪决）。另一名武装匪徒王德均潜逃后隐瞒身份，化名逃窜至浙江省建德县白沙乡，伪装积极，贿赂村干部，钻进新安江水电站土木工程队，窃取民工组长之职，于1958年8月26日被浙江建德专署公安处捕获，1961年11月移送平湖县公安局处理。1975年6月判处死刑，缓期二年执行，1977年11月改判无期徒刑，1980年4月改为有期徒刑16年，1982年5月根据第五届全国人民代表大会常务委员会的决定，予以宽大释放，并给予政治权利。

### 三、肃特

1949年6月12日，县公安局采取行动，破获“孙文主义革命同盟”特务组织一个。捕获军统局乍浦直属组情报员、平湖组组长、军统第三战区海北特派员办公室驻平湖特种工作站站长周海宁，国民党平湖县党政军联席会秘书、三青团主任金沧波和县党部副书记、“戡乱建国委员会委员”金色五等9名国民党特务，缴获电台1部、手枪2支。10月，通过侦察手段，破获“浙江第一区反共戡乱团”情报组，捕获组长谭锦棠及联络组成员周海门、陈季子等人，缴获手枪2支、子弹4发及文件等物。同时破获“国防部二厅海北策反大队”匪特组织，捕获以戴玉真为组长的7名匪特，缴获手枪3支。

1950年3月28日，县公安局经周密侦察，破获潜伏于新埭地区的“青年救国军剿匪司令部”匪特组织，逮捕支队长潘建章。后利用4月2日集中开会之际，又将大队长朱保其等10名匪特抓获，该匪特组织被全部剿灭。5月22日，通过内线侦察，破获“江苏省人民自卫反共救国军”第三纵队行动队匪特组织谍报组3个、行动组2个，捕获行动队队长殷建康等19人（含自动归案2人）。5月29—31日，又先后捕获“苏浙人民反共救国军”自卫第一支队支队长谢凤其（又名谢凤玉、谢家华），“江苏省人民反共救国军”第三纵队独立大队上尉行动组长、中尉行动组长等3人及“东南人民反共救国军”苏浙边区指挥部直属沪杭行动总队独立大队大队长刘剑雄、副大队长张美仁（兼副官）等22名匪特，缴获指令8份及印鉴等物。8月，破获“东南人民反共救国军”海北纵队指挥部联络组和平湖县政府联络组两个潜伏匪特组织，逮捕6人。

## 第二节　反动党团特集训与登记

为从思想上、政治上瓦解分化反动党团特务人员，审查其反动罪行，搜集和发现反革命组织线索，主动打击反革命分子的破坏活动，以巩固革命秩序，根据省军管会指示精神，组织开展对反动党团特务分子集训和登记工作。

### 一、集训

1950年9月，县公安局开始对全县的反动党团特、军政骨干人员调查摸底，11月18日开始“平湖县思想改造训练班”的筹备工作，11月25日宣布正式开班学习，12月24日基本结束，历时一个月。参加集训班的对象为：国民党区分部书记以上；三青团区队长以上；青年党区支部书记以上；民社党区分部书记以上；国民党特务组长级以上；军政官员校官级与区长以上，以及恶霸中有进行反革命活动危险者。为防止扩大与充数现象，集训名单由县公安局提交，经县委、县人民政府审查后呈报地委、专署公安处批准，集训班由县公安局长兼任班主任，按人数配备干部，并配备武装班担任警卫。集训采取“争取多数，打击少数，分化瓦解”的政策，分为稳定思想、形势教育、政策教育、坦白交代四个阶段，有目的、有计划地进行。经地委、专署公安处批准平湖共有77名集训对象，1名因严重疾病未参加，实际参加集训76人，其中国民党县党部委员11人、区分部委员29人、三青团县分团部委员3人、区队长2人、分队长3人，武装匪特中队长以上14人，中、军统组长5人，蒋匪军政警9人。集训期间收缴各种军刀、子弹324件，电话机、发报机及零部件25件，各种证书、证件、委任状、证章522件。76名集训人员中，拘押2人、继续管制45人、教育释放29人。

### 二、登记

在集训的基础上，1950年12月24日，平湖县人民政府发布《平湖县反动党、团、特务人员登记实施办法》，通过张贴公告、标语，召开大、小会议等方式，进行广泛宣传。全县设1个总登记处（址在城关镇东石街2号），2个分处（内部分处与乍浦分处），内部分处以县委组织部为核心，各单位、各部门党支部组织小组负责内部登记。1950年12月25日至1951年1月7日，登记人员总数为1036人，其中：国民党员596人、三青团员140人、民社党员7人、中（军）统特务23人、黄八妹武装匪特177人、其他93人。缴获各种反动证件、派令、证章924件，文件印信214件，短枪1支，子弹35发等。

附：民国时期平湖国民党团特组织

中国国民党

民国13年（1924），国民党浙江省党部派平湖籍早期党员陈廉斋、丁济美（眉荪）来平湖秘密发展党员，在城区、乍浦、新仓、新埭相继成立区分部。民国14年（1925）9月，成立国民党临时县党部，推伊寿昌（隐樵）为县党部常务委员，主持全县党务工作，设秘书处及组织、宣传、农民、商民、工人、青年等部，下属有4个区党部,11个区分部，有党员78名。民国16年（1927）3月，北伐军光复平湖，国民党组织公开。4月14日，召开国民党平湖县第一次党员代表大会，伊寿昌等人担任执行委员，下设4个区党部，23个区分部，有党员719人。“四一二”政变后的6月，县党部伊寿昌、顾建中等6人遭右派打击被捕，县党部停止活动。8月，浙江省清党委员会委派刘棣华任平湖清党委员，进行清党，并由刘棣华等7人组成县党部。清党委员会中，刘任指导员，进行清党登记。10月，召开第三次代表大会，产生县党部临时执行委员会，张松年为执行委员会常务委员，下属4个区党部,21个区分部，党员锐减至37人。

民国17年（1928）7月，召开第四次代表大会，成立县党部指导委员会，张庭治、黄祖廉为常务委员，进行党务整理及办理党员登记，12月，全县有党员247人（农民33人，工人3人，教职员90人，学生13人，政界2人，商人62人，军警2人，自由职业42人）。民国18年（1929）2月，召开第五次代表大会，选举产生县党部第一届执行委员会，干凯军、陈迪为执委会常务委员，下属3个区党部，12个区分部，2个直属区分部，有党员246人。

民国19年（1930）3月至民国25年（1936）11月，先后召开11次代表大会，相继成立县党部第二至第八届执行委员会，下设秘书处和组织、宣传、训练等部。常务委员先后由陈迪、杨造时、陈恢等人担任。民国26年（1937）抗日战争爆发，11月8日，平湖沦陷，党务中断。民国27年（1938）2月，省党部派杨造时（化名吕俊安）为党务特派员，恢复平湖县党部。12月，改特派员为书记长。民国28年（1939）5月，书记长杨造时辞职，干凯军接任，党部设在新仓近郊草创庙阮家宅基，下设秘书处和宣传、组训、总务等部，时有2个区党部，6个区分部和直属乍浦区分部，370名党员。

民国36年（1947）3月，成立党团指导委员会。4月，召开第十九次代表大会，选举产生县党部第十届执行委员会和监察委员会，下仍设秘书处、组训、宣传、总务、民运等部。时省立嘉兴师范分部划归平湖县党部管辖。10月，根据国民党六届四中全会决定，成立党团统一委员会，实行党团合并，陈恢任书记长，张铁亚任副书记长。12月，全县重新登记党团员，有党团员2396人。民国38年（1949）2月，书记长陈恢辞职，由县长楼正华兼任，时有区党部4个，区分部48个，直属区分部4个。

三民主义青年团（以下简称“三青团”）

民国28年（1939）9月，“三青团”海盐分团派人到平湖，并成立工作组，负责“三青团”的组建，归属海盐管辖。民国35年（1946）8月，“三青团”平湖分团成立，主任为张铁亚，书记金色五，设宣传、组训、总务等股。据民国36年（1947）10月统计，全县有“三青团”区队22个，区分队66个。是月，根据国民党六届四中全会决定，党团合并，成立党团统一委员会，张铁亚任副书记长。12月，全县三青团员全部转为国民党员。

军统组织

军统为国民党政府军事委员会调查统计局的简称。军统的调查工作和搜集情报，主要依靠各县警察局的督察员、分所长、巡官等人，这些警察机构的官员，大都在中央警官学校受过训，均要承担军统的收集情报任务，以维持自身的职务持久和提升。

平湖地区军统组织，始于民国25年（1936），军统浙江站任命蒋剑民为杭州分站站长，指导嘉兴、平湖、乍浦等海北地区特务工作。并在乍浦新店头设立分组，分组长由蒋剑民兼任，分组下设行动、情报、人事3个小组，有电台1部。民国29年（1940），蒋剑民赴金华，组长由沈葆祺担任。不久，组长沈葆祺与行动小组长茅西林叛变投日，译电员王梦熊被人枪杀，邱桂林病死，周海门被日本人所捕，组长由缪显清充任。

民国34年（1945）8月，抗日胜利后，军统组织改组为保密局。乍浦组成员缪显清、顾克家、方士君、王宏亮、刘声扬、周海门、何秉楷、何敏予一度调至杭州待命，乍浦分组无形撤销。在杭期间，缪显清因贪污被禁闭3个月，调汉口劳动特训班受训6个月，后返平湖，任劳动服务团主任。在待命的其他人员中，王宏亮调任嘉兴组组长，约半年后该组被撤销；刘声扬调平望军官总队，最后任枫泾火车站巡官；方士君、周海门返回原籍；何秉楷随蒋剑民充任副官；顾克家先调湖州军官总队待命，后也回原籍，军统组织一度解散，活动停止。

民国37年（1948）秋，毛万里任军统浙江站站长，军统组织恢复活动，委派何兰舟为嘉兴组组长，负责嘉兴、嘉善、平湖、海盐、桐乡、崇德等县调查工作，并委任郑贵麟为平湖通讯员，郑因贪污等故后被撤职，继任者为时任劳动服务团主任缪显清，直至解放。当时的劳动服务团，也是被军统掌控的一个机构，在工会内发展情报员，搜集情报。

**中统组织**

中统组织是国民党中央执行委员会调查统计局的简称。其前身为国民党中央组织部下属的调查统计科，民国27年（1938）与中央组织部调查处合并，称中央执行委员会调查统计局。民国36年（1947），中统局改组为通讯局。民国38年（1949）又改内政调查局。中统特务组织在平湖有国民党县党部督导室、县政府会报秘书及戡乱建国运动委员会。

民国25年（1936），沙大馨受浙江省党部特务室委派，以县府督察身份在平湖组建中统组织，并联络盐务督导郑志远、地政处钱选青，吸收发展张一苇、方元灿、俞葆初等人，从事活动。并在沙寓所（南门外）设情报、训练两股，由张用寰、蔡石如分别负责，并在南门医院开办训练班。民国26年（1937）11月，沙调往省，继任的调查员为张志海、许德昭。民国27年（1938）间，为何汝楹、徐以尊。

民国27年（1938）春，浙江省政府令浙西各县沦陷区建立政权，平湖建立行动委员会，设立特务队（即中统情报机构），并受省党部调查统计室领导，特务队队长何汝楹、副队长徐以尊均为中统驻平湖调查员。特务队下还有若干名队员及交通员。6月，行动委员会撤销，改称县府特务队。后特务队撤销，即组建平湖县党政情报室，仍由何汝楹为负责人。

民国29年（1940），朱学愚经何汝楹介绍充任中统驻平湖调查员，时军统势力强于中统，故中统活动曾一度处于停顿状态。民国34年（1945）8月，抗日胜利，中统省室迁往杭州，平湖中统活动又开始。首任驻平湖调查员罗瑞兴（8月），二任康伟民（10月），三任奚铭玉（11月），四任陆冠荣（民国35年3月），五任（解放前夕）陆士恒。

抗日胜利后，平湖中统人员不但以驻县调查员名义分布全县境内，还在县政府内设会报秘书室，直属省室联合秘书处领导，该秘书处系中统分子担任，对外界革命运动搜集情报，秘密监视党、政、军机关内部进步人士动态和活动情况，便于控制内部。该秘书室还主持县的会报会议；出席会议者均系中统、军统特务、党、团、军、政负责人，以中统为主，吸收军统及党、政、军人员参加，交流情报。

民国35年（1946）6月14日，平湖中统成员奚复一创刊《建国日报》，聘请国民党CC系（国民党中央俱乐部）头目陈立夫、国防部四厅联勤总司令部通讯署署长黄家祯（平湖籍国民党中将），为该报的高级顾问、名誉社长等职。该报除负责收集情报外，还控制进步报刊、书籍的发行等活动。民国36年（1947）1月，国民党政府行政院通令各省《动员戡乱建国，完成宪政实施纲要》。

民国37年（1948）1月，根据浙江省政府令《各县、市戡乱建国运动委员会组织细则》，成立平湖县戡乱建国运动委员会，平湖县长范文治兼任主任，副主任为国民党县党部书记长陈恢（心树），常务委员为县参议会议长徐清扬（眉轩）、国民代表大会代表许敏中、县警察局长韩灿澄，另有委员张铁亚、陈惟俭、陆再甡、干凯军、黄百器（黄八妹）、张庭治、俞雄胜、何汝楹、钱涤心、蒋柏年、范影华、孙祥祯、邱宝顺、朱宜梁、姚民选、钱公侠，并选陈祥甫为总干事，施幼甫为秘书，陈无尘为总务组组长，马建辉为宣传组组长。会址设在县党部内。该组织主要活动为搜集情报，如共产党的地下组织活动，社会人士的动态，由范文治、金沧波等人召集开会，经搜集汇总后，转呈省戡乱会。2月23日，召开“平湖县戡乱建国委员会”第一次常务委员会议，由范文治传达浙江省省长沈鸿烈的七条要点，内容为：乡、镇级人员有不能达到戡乱动员任务者，可随时予以调整；保警队集中调用，注重城防，组训自卫队与清剿、清乡为三位一体；组训是准备，清剿是前驱，清乡是后盾；尽速成立自卫总队部；集中自卫队，实施训练；调查及修理碉堡；筹集绥靖经费。7月，范文治离职，楼正华继任主任，因经费等原因，该组织活动处于停顿状态。至民国37年（1948）前后，全县范围内的中统组织已发展至2个，特务60人左右。民国38年（1949）3月11日奉政府训令，停止活动。

平湖解放前夕，中统汇报秘书金色五以“进步”面目出现，拉拢一批知识分子组织了所谓“孙文主义革命同盟”，张贴一些反蒋标语，企图通过这些活动混入革命队伍，达到从内部进行破坏之目的，直到解放才被勒令解散。

## 第三节　镇反肃反运动

平湖解放后，经过剿匪肃特斗争，公开的武装股匪被消灭，残余反革命分子仍伺机反扑，他们采取“化整为零”“日散夜聚”等手法，猖狂地进行反革命破坏活动。同时，解放初期由于干部管理制度不完善，内部单位管理不严，一些反革命分子趁机混入国家机关和内部单位，虽为数不多，但危害极大。县公安局在县委和县政府的领导下，紧紧围绕中心，密切配合行动。1950年11月至1953年6月，开展镇压反革命运动，镇压和审判一批包括土匪、恶霸、特务、反动党团骨干和反动会道门头子等五方面的反革命分子。1951年5月至1952年和1956年2月至1965年春，先后开展清理中、内层和肃反（清理）运动，对隐藏在党、政、群机关和企业、学校等单位内部的反革命分子进行清查，以纯洁干部队伍和内部单位。

### 一、镇压反革命运动

1950年10月10日，中共中央发布《关于镇压反革命活动的指示》，强调“为了打击帝国主义的阴谋破坏和彻底消灭蒋介石匪帮，为了保证土地改革与经济建设的顺利进行，必须镇压一切危害人民的土匪、特务、恶霸及其他反革命分子”。10月30日，浙江省委发出《关于贯彻执行中央坚决镇压反革命分子的指示》，要求各级党委既要纠正乱捕乱杀的“左”的偏向，又要纠正片面宽大的“右”的倾向，并部署在全省开展镇压反革命的运动。11月，平湖县开展镇压反革命运动，至1953年6月基本结束。历时两年半的镇压反革命运动，经过三个阶段，共打击处理国民党残留下来的土匪、特务、恶霸、反动党团骨干和反动会道门头子等五个方面的反革命分子1471人，按《中华人民共和国惩治反革命条例》的规定，全县先后共逮捕1084人（其中判处死刑375人、死刑缓刑17人、判处徒刑537人、徒刑缓刑和监外管制42人、自杀4人、病死9人、教育释放100人）、依法管制332人、剥夺政治权利55人。通过镇反运动，巩固新生的人民政权，安定社会秩序，稳定民心，促进工农业生产。

第一阶段：“高潮”镇反（1950年11月至1951年10月）。

（1）制订计划，宣传发动。1950年11月20日，平湖县委出台《关于认真执行镇压反革命分子的实施方案》（高潮镇反计划），召开各种会议，进行广泛的宣传发动。1951年4月，在县一届三次各界人民代表会议上，通过《关于严厉镇压反革命分子的决议》，并把“协助政府，检举和监视一切反革命分子，消灭反革命谣言，坚决镇压反革命活动”写进《平湖县各界人民共同爱国公约》，在全县掀起检举、揭发反革命分子的群众运动高潮。县公安局则通过举办展览会，向广大群众揭露反革命分子的罪行，参观人数达2.95万人。广大群众经过教育，纷纷起来向政府提供反革命分子的线索和行踪，据不完全统计，1950年11月至1951年5月，共收到群众检举揭发信121件。

（2）建立机构，加强审判。1950年10月6日，平湖县人民法院成立。11月10日，又组建平湖县人民法庭，各区建立分庭，县委委员、民运部部长张宗邦任审判长，公安局副局长张启先任副审判长。为加强党的领导，县委成立由县委书记、县长、公安局局长、人民法院院长等负责人组成的裁判委员会。同时，为镇反运动收押人犯需要，是年 11 月，县公安局把原在城关仓弄面积狭窄、条件较差的看守所，搬迁至经扩建的北弄 3 号徐氏宗祠。

（3）清理积案，推动镇反。群众发动起来了，案件数量剧增，大批案件积压。截至 1951 年 5 月底，全县尚有积案 357 件。为迅速清理积案，县委抽调 12 名干部，与公安、法院、人民法庭的审讯人员一起，开展积案清理。在清理中，严格按照中央人民政府颁布的《中华人民共和国惩治反革命条例》，按照党的“镇压与宽大相结合”的政策，进行审慎的研究，慎重拟定逮捕名单，经县委审核，报地委批准后执行逮捕。由于宣传发动广泛，镇反运动迅速掀起高潮，一批反革命分子落入法网。

从 1950 年 11 月至 1951 年 10 月，全县共逮捕五个方面（土匪、特务、恶霸、反动党团骨干和反动会道门头子）的反革命分子 735 人，其中判处死刑 307 人、死缓 27 人、无期徒刑和有期徒刑 323 人、管制 18 人。其他处理 60 人。通过公判大会，处决范文治、许敏中、干凯军等一批反革命首要分子，俞杏生、杜秀祺、徐阿二等一批怙恶不悛的反革命分子和杨福生、范顺元、俞老虎等一批在解放后特别是经过宽大处理后仍继续作恶的反革命分子。

第二阶段：“中潮”镇反（1951 年 10 月至 1952 年 11 月）。

经过“高潮”镇反运动，反革命分子受到沉重打击，敌人的嚣张气焰有所收敛，但对那些“越打越少、越打越精”的潜伏、隐藏较深的残余反革命分子，仍不甘心失败，他们以更狡猾的手段、更隐蔽的活动方式，继续散布反革命谣言，张贴反动标语，煽动群众制造动乱。在 1952 年 5—12 月，城关镇、南厍乡、黄姑乡、新仓镇等地先后出现恶毒攻击党和人民领袖的反动标语。在沿海地区晚上还经常出现信号弹，破坏社会安定。此外，尚未受到打击的反动会道门组织仍在继续祸害人民。

（1）制订计划，开展宣传。为进一步深挖敌人，打击反革命分子的反动气焰，在总结前段镇反工作基础上，平湖县委、县政府于 1951 年 12 月 6 日制订《关于今冬明春镇压反革命工作计划》（即“中潮”镇反计划），开展“中潮”镇反运动。召开全县区、乡干部大会和全县政法工作会议进行部署，发动群众开展检举揭发。工作部署上，在继续打击残余土匪、恶霸、特务，清查反动党团骨干分子的同时，有计划、有步骤地开展取缔反动会道门，打击反动会道门头子。县委抽调 16 名干部组成工作组，到基层检查指导镇反工作，公安局局长、法院院长分别到黄山区和新仓区，了解潜伏的、漏网的反革命分子情况。

（2）选择典型，进行公判。1952 年 3 月 16 日上午，县人民政府公安局在城关镇南门广场召开各界人民公审反革命分子何介明、王士华大会。何犯在解放前曾任日本海军炮艇队密探组长，解放后混入浙江省交通管理局公路局，1950 年 7 月转入浙江省联运公司。该犯在日伪时期捕杀抗日志士，经常随同日寇下乡扫荡，足迹所至，群众蒙受祸害。王犯在解放前曾任国民党三战区分站长、平湖汉塘镇镇长等职。解放前夕组织反动应变武装，任江南先遣一纵队第四师十五旅副旅长，在平湖、金山地区从事反革命活动。解放后，又伪装积极，混入县各界人民代表组织。在公审大会上，有 10 多名苦主上台揭发控诉。大会宣布判处反革命分子何介明、王士华两犯死刑，就地执行枪决。4 月 13 日，县人民政府公安局又在城关镇南门广场召开万人大会，公审匪首谢友胜。解放后，谢亲率匪徒，携带电台、武器、潜入平湖，继续其反革命活动，是平湖地区反革命势力的首要分子。大会宣布判处谢友胜死刑，就地执行枪决。通过几次公判大会对典型案例的处理，群众纷纷起来检举揭发或提供反革命分子线索。公安机关经过查证核实和上级批准，于 1952 年 1 月、6 月和 10 月，先后组织 3 次集中收捕，共抓获反革命分子 71 人。

第三阶段：镇反复查与水上镇反（1952 年 12 月至 1954 年）。

经过“高潮”“中潮”两个阶段的镇反运动，五个方面的反革命分子受到严厉的打击，但运动发展不平衡，主要是水上人口中隐藏着反革命分子和封建把头，还未受到打击，封建把头制度未彻底铲除。根据省公安厅的部署，以开展水上镇反，组织镇反复查、搜捕漏网的反革命分子为重点，以进一步深挖敌人。

（1）镇反复查。镇反复查的内容是查清敌情，搜捕漏网，整顿管制反革命分子，整顿治保组织，做好争取教育反革命家属工作，其中查清敌情是基本方法，搜捕漏网为主要任务。1952年12月26日，县公安局根据嘉兴专区公安处和专员公署《关于通过民主建政结合完成逐乡复查工作的指示》，组织开展镇反复查，选择黄山区黄姑乡为试验乡，为期一月，通过排队摸底，查清了敌情，提出处理意见，整顿健全了治保组织，在取得试点经验的基础上全县开展。全县46个乡、镇，镇反彻底的有16个乡，基本彻底的有30个乡镇。从打击情况看，对土匪、恶霸、反动道会门头子打击彻底，对反动党团员骨干、特务打击基本彻底。通过复查摸底，准备再逮捕反革命分子35人（土匪25人、恶霸5人、其他5人）。复查发现，在农村中对管制政策执行混乱，管制不严。根据公安部《管制反革命分子暂行办法》，对全县的管制工作进行整顿，凡造谣惑众，进行煽动、骚扰、破坏者，查清事实后予以逮捕；对管制期已满，无悔改表现者，不轻易宣布解除管制；对老实守法者，予以鼓励，缩短或解除管制。通过复查，落实了管制措施。各地还通过召开妇女会等形式，向反革命分子家属宣传党的政策，使他们消除疑虑和对立情绪，协助政府做好对反革命分子教育、改造、转化工作。同时，根据公安部制订的《治安保卫委员会暂行组织条例》，整顿乡镇治保委员会和村治保小组。1953年7月，全省公安会议将镇反复查改为镇反判定，此项工作持续至1954年结束。

（2）水上民主改革。1953年2月5日至6月20日，县公安局根据第五次全国公安会议决议及省公安厅统一部署，在县委、县政府的领导下，组织开展水上民主改革运动（简称“民改”）。“民改”工作的方针是依靠船工和贫苦船民，团结一般船民（包括船主及船、渔业资本家），打击反革命分子、封建霸头，以达到肃清反革命分子，建立水上人民民主专政，发挥民船运输能力，提高和发展航运事业。2月5日，成立县民船工作委员会，由公安局局长任主任（兼任嘉兴运河水系镇反指挥部成员），治安股股长、城关镇镇长任副主任，从公安、工会、航务、税务、城工部及城关镇政府等部门抽调干部、民警及积极分子共38人组成3个工作组，分赴城关、乍浦、新埭等地开展工作。“民改”运动历时5个月，有船、渔民及船工共898人参加，分三个阶段（前期准备、行动斗争、建立组织）进行。通过“民改”，在高、中潮镇反运动的基础上又清理出反革命分子7人，肃清水上的反革命分子，并掌握了有一般政治历史问题的人员188人。同时，经群众推荐和上级批准，成立县船民协会（设乍浦、新埭分会），改选县渔民协会筹备会，改中国海员工会为内河航运工会，改木帆船联合运输社为民航船联合运输社，整顿轮船同业公会，取消民航船同业公会，成立水上治安保卫委员会3个、小组6个。

**二、内部肃反运动**

1951年5月21日，中共中央发出《关于清理“中层”“内层”问题的指示》（“中层”是指清查隐藏在我军政机关内部的反革命分子，“内层”是指清查隐藏在我党内的反革命分子）。县公安局根据县委指示，结合“中潮”镇反，与有关部门抽调的6名干部组成清理中、内层的专门班子，主要对全县党、政、群机关和中、小学教职员共1806人，分批集中于嘉兴地委干校，组织学习有关文件，采取“忠诚坦白，交清历史”，号召有问题的人用真诚老实的态度，向国家（党）交代自己的历史，坦白隐藏的问题，并检举所知道的反革命分子、嫌疑分子或别人隐藏的问题。至1952年，共查出有政治问题的431人，其中属土匪、特务、恶霸、反动党团骨干和反动会道门头子等五个方面反革命分子64人，捕办4人、管制13人、剥夺政治权利3人，其余分别采取调离要害部门或控制使用等办法处理，清除了隐患。

1955年，中央决定在全国范围内开展一场肃清暗藏的反革命分子运动，以巩固人民政权，保证社会主义建设和社会主义改造的顺利进行，并先后下发一系列文件和指示，确定肃反工作的方针、政策和主要对象。1956年初，中共嘉兴地委根据中央和省委的部署，下发《今明两年肃反规划的意见》，确定1956—1957年肃反斗争的任务，提出肃反运动的步骤、方法和要求。

1956年2月，县委根据中央及浙江省委、嘉兴地委的部署，建立肃反领导小组（即5人小组），县委常委、宣传部部长葛德中为组长（后组织部部长左成君为组长），下设办公室。3月26日，县委召开全委会，通过县委肃反领导小组关于1956—1957年开展内部肃反斗争初步意见，抽调82名干部，建立肃反工作班子，组织领导全县肃反工作。全县划分为党群、政法、财贸一口、财贸二口、粮食、合作等6个口，各建肃反3人小组。以后随运动的深入，又建立甄别定案组和专案指导组。

1956年7月至1959年1月，采取自上而下，先机关后基层单位，分期分批，层层发动，开展大规模的内部肃反运动，共分5批，有21524人参加。查出反革命分子、坏分子374人，根据政策，分别作出处理，其中判刑53人，管制、劳教179人（行政留用管制85人、行政开除管制35人，管制、劳动教养59人），免于刑事处理85人（继续留用56人、开除处分23人、劳动教养6人），下降为一般政治历史问题处理40人，另转外处理的各种刑事犯罪分子17人。同时在全县13个公社中共清查出反、坏分子29人，其中免于刑事处分留用12人、留用管制4人、开除管制8人，管制、劳动教养2人，逮捕3人。在内部处理人员中，被清除出党38人（其中1名反革命分子混入党内，窃取区委书记职务）。

在运动开始阶段，由于对敌情估计过于严重，曾在一段时间内发生涉及对象过宽的偏向，发现后及时予以纠正。大规模的内部肃反运动过后，为有计划、有分析、实事求是地再给敌人一次有力打击，县委又根据省委、地委的部署，先后于1960年11月和1963年3月组织两次内部肃反（清理）运动，延续至1965年春社会主义教育运动开始，肃反（清理）工作停止，肃反专班干部返回原单位。

1960年11月17日，县委提出在全县范围内继续开展肃反（清理）运动的意见，恢复建立5人小组，县委书记处书记葛德中任组长，检察长李作鸿任副组长，抽调专职干部40人，下设办公室和甄别、定案小组，按党政、工交、财贸、文卫4个口，实行各口垂直领导。工交口垂直下伸到公社邮电所和设在公社的县属工厂；文卫口下伸到公社村校、民校、卫生所；财贸口下伸到公社供销社及下伸商店、粮管所、银行营业所和信用社；各公社所办企业由公社负责。列入清理运动的单位156个，12529人。采用分口包干（包调查、包斗争、包小组结案），依靠群众，强调实事求是，重调查研究，严防刑讯逼供，以免造成扩大化，出现冤假错案。至1962年7月结束，通过肃反清理运动，共清理出反革命分子20人，坏分子6人。

1963年3月，县委提出继续完成中、内层肃反（清理）工作意见，再次恢复肃反组织机构，重建5人小组，县委副书记左成君任组长、公安局教导员姜魁钧任副组长，抽调专职干部34人成立办公室。此次肃反（清理）范围为：公社的党、政机关和群众团体，全民所有制的文教、卫生、农水、工交、财贸等182个单位7020人（其中250人是未经肃反运动文卫、农水系统的高校与中专毕业生），按党群、工交、文卫、商业、供销、粮食、金融7个口，分别成立3人领导小组，组成专职队伍。工作对象为：漏网的特务、反革命分子以及其他坏分子；经过宽大处理又重新进行破坏活动的反革命分子；从反革命阶级中滋生出来的新的反革命分子；劳动人民中蜕化变质的新的反革命分子；里通外国的叛国分子。工作中不搞群众运动，采取人事审查，排队摸底，调查研究和专案审查。至1965年春，清查出坏分子4人（判刑3人、劳教1人），查清314人的一般政治历史问题。同时审查县委、县人委、邮电、电厂等7个要害部门和部分要害部位的472名工作人员，发现有28人不宜在要害部门工作，建议6人调离，22人在原单位控制使用。

## 第四节　取缔反动会道门

平湖历史上的反动会道门组织主要有一贯道、九宫道、同善社，其中以一贯道、九宫道为主，历史较长、道徒众多、势力较大。这些会道门组织以讲经传道、慈悲行善为名，行愚弄群众、诈骗钱财之实。解放后，被反革命分子操纵、利用，制造政治谣言，散布改朝换代变天等反动言论，抵制国家的法律法令，破坏土地改革、抗美援朝、镇压反革命等各项政治运动，扰乱社会治安，煽动群众与共产党对抗，形成一股反动势力。

为维护社会秩序，保障人民利益，县人民政

府根据嘉兴地委批转专署公安处《取缔反动会道门工作计划》，于1952年10月31日发布通告，明令取缔在平湖境内的一贯道、九宫道和同善社等反动会道门组织。坚决惩办操纵反动会道门的反革命分子，如反动党、团骨干、特务分子、恶霸、不法地主、反动军官和罪恶重大的道首；登记一般道首和一般办道人员，责令道首交组织、交活动、交道产、交迷信工具和武器；教育号召道徒退道，控诉道首，以争取多数，打击少数顽固分子。11月1日起在城关镇东石街（县公安局）设立平湖县取缔反动会道门登记总处，并在城郊、黄山、新埭、新仓等4区设立分处，由各区区长任分处主任。在登记总处领导下，办理各乡镇登记工作。11月3日登记，5日退道。在集中取缔运动中，宣传党和政府对取缔反动会道门的方针、政策和范围，揭露反动会道门的反动性、危害性、欺骗性及具体罪行。召开各种大、小会议997次，演出专题戏《解放的幸福》38场，放映幻灯片9场，同时还举办反动罪证展览等，使全县90%以上成年人受到教育，基本上达到家喻户晓，人人皆知。通过广泛宣传发动群众，大家纷纷起来检举揭发，收到群众和道徒检举信81件，很多道徒现身说法，控诉、揭发反动会道门的罪行。至1953年春，集中取缔运动基本结束，全县共取缔反动会道门坛、堂、盘123个，逮捕反动道首13人（其中一贯道点传师6人、台主4人，九宫道支付领盘主1人、盘主2人），交群众管制8人（其中一贯道点传师1人、台主4人，九宫道盘主3人）。登记中小道首209人，退道道徒3049人。查获道产43万元（旧币）、房屋2座及“乾坤册”（组织名单册）4本，书刊、法衣、道具等450余件，彻底摧毁平湖境内的反动会道门组织。

**附：平湖主要反动会道门组织**

**一贯道**

一贯道最早渗入平湖的是杭州派。1944年4月，杭州派通过嘉兴点传师赵殷荣、周景良到平湖城区西门外花街弄设坛活动，设有1个总坛，2个分坛，4个家坛。另一派是上海派。同年5月，上海派点传师钱应莲、赵启宇在城区分金弄设坛活动，设有1个总坛，11个分坛，14个家坛。赵死后，由平湖点传师闻人标、顾引璋（女）负责。1945年春，上海派一贯道易名“孔孟大道”，并由城区扩展到新仓、广陈一带。1947年，为有别于杭州派，又将“孔孟大道”改称“中庸大道”，范围扩张至钟埭等地。1948年春，又提出“信观音，免杭州”（即入道设坛，不必去杭州烧香）口号，由城镇转入农村隐蔽活动。1949年6月将坛划为3个组。1949年2月，上海派以庄妙涛为首化名“中华道德会”（德一道），从浦东到平湖城区、新仓、黄山地区活动，设有1个总坛，4个分坛，21个家坛。一贯道在平湖的组织共有大小坛44个（3个总坛、15个分坛、26个家坛），分布于城区（2个总坛、4个分坛、3个家坛）、城郊（6个分坛、4个家坛）、新仓（1个总坛、5个分坛、19个家坛），中小道首162人（点传师9人、坛主包括三才119人、一般办道人员包括组长34人），道徒2338人。解放后，纷纷转入秘密活动。1950年5月，上海派点传师钱应莲又到平湖“讲经”，后平湖点传师沈茂昌，坛主陶彩云等在城关水洞埭召集妇女开会，散布“解放军要退了”等谣言。

**九宫道**

九宫道又名龙华会。1944年道首正支领主谢昶泉及副支领主钱长桂到平湖设盘，初仅有道徒10余名。1945年发展新盘3个，后不断扩大到农村，建1个支领盘，设有4个分盘，33个小盘。1948年，正支领谢昶泉在绍兴参加盘主以上道首会议，旨在巩固组织，发展道务。有大小盘38个，中小道首57人（支付领盘主1人、盘主29人、佛堂主含机手27人），道徒557人。1949年1月，该道勾结国民党政府上层改称“中国普济慈善协会”，盘主均领有会员证，并着手印制募收道费收据，准备骗取钱财。平湖解放前夕撤去盘堂转入隐蔽活动。解放后，扮水鬼闹恐怖，散布谣言。

**同善社**

创始于1918年，由施凤石到杭州得“四层功”（恩职）地位后，在南门外绍兴会馆建立，以油酱、瓷麻业的老板、职工居多。1920年迁址到城区儒学弄瓷麻业公所，入社达400多人。以后逐渐衰落。1927年被国民党当局查封后，改名“先觉祠”，社长陆新章、副社长计炳文，两人死后曾一度停止活动。后由海盐县孙仲郭到平湖，与张宝均、徐定和共同组织后又开始活动，设社长、恩职、文牍、交际、经理、庶务等课。1946

年后，仅徐华一人在家念佛坐功。到取缔时有社堂3个，中小道首5人（社长1人、三层功2人、四层功2人），道徒108人。

## 第五节　打击以宗教为掩护的非法组织

新中国成立后，人民政府给正当教会制订了“自治、自传、自养”的“三自爱国”方针和政策，深得全国各族人民，包括教会绝大多数教徒的坚决支持和热烈拥护，县公安局多次组织对全县教会场所调查登记，对教徒开展社会主义思想教育，开展宗教界肃反运动，及时发现和打击混入宗教内部的反革命分子。1979年后，敌对势力乘中国对外开放之机，以宗教为掩护建立反革命组织网点，市公安局坚决贯彻执行中央指示，明令取缔“呼喊派”“法轮功”“实际神”等邪教组织，以维护国家安全和社会政治稳定。

### 一、打击混入宗教界的反革命分子

解放初期，平湖受上海天主教内以龚吕梅为首的反革命集团的毒害，天主教中反政府气焰嚣张，个别教堂受毒严重。1955年9月18日，在中共嘉兴地委的领导下，平湖县委统一抽调公安、民政、宣传、统战、团委等有关部门，由16名干部组成的突击队，在县长王金山带领下，分头深入城关、乍浦等主要乡镇，以西门、新浜天主堂为重点，开展宗教界肃清反革命运动。在掌握大量证据的情况下，于27日晚依法逮捕西门天主堂神甫曾某某，并对该教堂实行武装警戒。28日，在该村召开村民大会，会上大家一致拥护政府的决定，开展清算曾某某利用宗教进行反革命活动的罪行，并以此为典型教材，通过召开群众大会、教徒会议、教徒代表会议等形式，开展宣传教育，揭露天主教“圣母军”反动组织的罪行。运动中，受教育教徒达1064人，占成年教徒总数的80%以上。11月19日，又依法逮捕4名核心教徒中的反革命分子。经过打击和教育，大多数神职人员以口头或书面形式表示拥护人民政府这一措施。12月5日，经省公安厅批准，撤销对西门天主堂的武装警戒。此后，平湖境内天主教摆脱帝国主义势力的控制，以政府倡导的“自治、自传、自养”的“三自爱国”宗教工作方针，开展正常、公开的宗教活动。

### 二、取缔邪教组织

#### 取缔“呼喊派”反动组织

“呼喊派”是国内基督教中极少数流亡在国外的反动分子，在国外反动势力的支持和资助下，利用宗教形式，渗透到国内进行反革命活动的反动组织。1962年，原“基督徒聚会处”头子李常受在美国创立“呼喊派”组织。1979年，李常受乘中国对外开放之机，向国内进行渗透，策划建立和扩展“呼喊派”的组织和活动，先在广州建立秘密据点，后又把活动扩展到全国20多个省市。上海是重点渗透地区之一，平湖受上海影响，也相继出现“呼喊派”非法聚会点。平湖的“呼喊派”骨干杜某某等人与上海“呼喊派”联成一体，积极发展组织，先后在城关镇花家弄、黄姑、黄山、前进等地建立非法聚会点。

1983年6月，县公安局根据上级公安机关的统一部署，组织开展取缔披着宗教外衣的“呼喊派”反动组织。对城关镇花家弄、黄姑、黄山、前进等地的“呼喊派”6个聚会点予以取缔，对少数骨干分子举办学习班，进行政策和守法教育，引导他们走“三自爱国”道路。取缔后，398名教徒一度停止活动。

随着我国改革开放力度的进一步加大，平湖“呼喊派”骨干杜某某乘机继续进行串联，搞非法集会，曾先后到海盐、嘉兴和平湖林埭等地进行活动，并继续与上海“呼喊派”保持往来。平湖个别地方在杜某某等人的煽动下，又形成新的聚会点，至1986年上半年，原已取缔的6个聚会点有3个继续活动，同时新增聚会点2个，参加人数100多人。

1986年8月31日晚，县公安局根据公安部和省公安厅关于继续取缔“呼喊派”的通知精神，组织警力开展第二次取缔“呼喊派”活动，对前进乡一聚会点进行冲击，当场查获参加非法聚会人员21人，并收缴一批非法宗教宣传品。1987年12月20日晚，又对“呼喊派”的主要活动场所城关镇花家弄聚会点进行冲击，并责令其主要骨干写出书面检查，视其认识态度再做进一步处理。

1989年8月，县公安局组织开展对“呼喊派”

活动情况的全面调查，发现有非法聚会点5个，与取缔时相比仅减少1个，其中2个是在取缔后新产生的，人员从取缔时的400人减少到60人，骨干分子由9人减少到6人。通过调查对非法聚会点进行冲击取缔，骨干分子进行严肃处理。至1990年全县仍有4处活动点，参与人数有40多人，活动形式以家庭聚会为主。后又经多次取缔、打击和经常性的教育，但少数骨干分子仍不思悔改，相互串联，拉拢旧基础人员，搞非法聚会，妄图东山再起。

1995年5月至1996年4月，市公安局开展对"呼喊派"及其骨干分子的情况调查，摸清全市有"呼喊派"5个聚会点、9名骨干分子及130多名信徒的基本活动情况，发现个别骨干分子，特别是原"呼喊派"中心人物杜某某多次参与非法交通聚会，跨地区传教的非法活动，公安机关通过多次正面教育，使骨干分子及聚会点的非法活动有所收敛，活动规模也有明显缩小。1996年6月底，根据全省统一部署，对"呼喊派"进行集中打击取缔行动，9名骨干分子分别给予传唤教育和上门训诫，缴获10多册违禁书籍，并依法取缔全市5个"呼喊派"非法聚会点，对骨干人员落实了管理措施。

1997年3—6月，市公安局会同市民宗局组织开展制止非法宗教活动专项斗争，依法取缔前进乡图泽村"呼喊派"非法聚会点，收缴宗教非法出版物78册，对前进乡原"呼喊派"成员进行谈话教育。经过多年打击取缔和宣传教育，"呼喊派"在平湖的组织体系瓦解，大批基督教徒基本认清正当宗教活动与非法活动的界限，自觉脱离"呼喊派"反动组织，其中有许多信徒转而参加"三自爱国运动委员会"所属的教堂或活动点。

进入21世纪，原"呼喊派"中心人物杜某某又继续开始非法串联聚集活动。2012年3月，在嘉善大云参与骨干非法聚会活动被行政拘留处罚，后仍不思悔改，又发现其与福建籍"呼喊派"人员有非法串联活动，市公安局即组织专案侦察。2014年7月5日上午8时许，由杜某某经事先策划，纠集福建籍7名"呼喊派"人员到平湖，与当地"呼喊派"人员共50余人，在当湖街道砖塘桥聚会点进行非法聚集活动，被市公安局事先发现，迅速制止，并予以取缔。杜某某等5人被行政拘留处罚，其余参与人员均具结保证，及时制止"呼喊派"在平湖抬头之势。

**取缔"法轮功"邪教组织**

"法轮功"属我国实行改革开放后出现的伪科学邪教组织。头目李洪志，原是吉林省社会上一名无赖政治骗子，自命法力无边，胜过佛祖如来上千上万倍的"救世主"，指使骨干组织策划，煽动不明真相的"法轮功"练习者，公然对抗《中华人民共和国宪法》，在全国多处制造围攻党和人民政府事件。"法轮功"被明令取缔，李洪志逃往国外，依附海外敌对势力，又以人权为幌子，大肆攻击党的方针政策和社会主义制度，成为损害国家主权和危害国民生命安全的民族败类。

平湖境内的"法轮功"活动始于1992年7月，通过当地2名退休教师从北京带回"法轮功"书籍及音像资料，开始在平湖的同事、朋友中传教"法轮功"，并逐渐发展练功人员，形成平湖辅导点（与武汉辅导总站和浙江辅导站挂钩联系）。辅导点下设6个练功点：城关镇解放路点、儿童乐园点、水洞埭点、白马乡白马村点、三友村点、前港乡点（此外还有乍浦、新仓规模不大、活动较少的点）。1996—1998年，多名平湖的"法轮功"骨干分子，曾参加浙江省"法轮功"辅导站培训班学习。1997年1月开始，在城关镇公共场所公开练功，开展弘法活动。1999年3月，在城关镇实验小学召开有200余人参加的"法轮功"学习心得交流会。至1999年7月，全市共有练功人员138人，其中骨干人员13人。

1999年7月22日，党中央决定全国统一行动取缔"法轮功"邪教组织并禁止其非法活动，市委成立取缔"法轮功"办公室（简称"610"办公室）。市公安局依照《中华人民共和国民政部关于取缔"法轮大法"研究会的决定》和《中华人民共和国公安部通告》精神，组织开展取缔"法轮功"邪教组织统一行动，共收缴各种"法轮功"非法宣传物品3770件，其中书籍875本、录音带503盒，录像带34盒，讲义资料2086份，挂图像片100张，宣传条幅8条，其他164件。10月，开展取缔"法轮功"第二战役，对全市138名"法轮功"人员进行帮教，做到"见一次面，谈一次话"，使原骨干分子的顽固思想逐步得到化解，组织活动停止。是年，先后行政拘留10人次、送劳动教养2人，收缴各种“法轮功”书籍、磁带及非法宣传资料500余件。并对全市各练功点进行巡查，防止集体练功，巩固已有的成果，打击、取缔“法轮功”工作得到省委“610”办公室的充分肯定和好评。是年，平湖未发生“法轮功”人员外出串联或赴杭进京上访闹事，被评为全省打击、取缔“法轮功”先进集体。

2000年以后，市公安局把对“法轮功”的工作作为维护社会政治稳定的首要任务来抓，贯彻中央、省委处理“法轮功”的方针政策，强化深挖打击，突出稳控抓防范，落实帮教抓根本，在“打、防、教”字上下功夫。严密监控“法轮功”骨干分子非法活动情况，随时掌握其动向，做到早发现、早报告、早处置。多次组织打击“法轮功”违法犯罪活动的集中统一行动，及时查处“法轮功”案件，依法严厉打击进行“法轮功”活动的组织者和首要分子，彻底粉碎境内外“法轮功”分子的破坏活动。2010年4月，查获一起与境外“法轮功”组织勾联案件，涉案人员戴某某（女）自2009年5月至2010年3月，利用手机向境外“法轮功”组织发送所谓“三退”（退党、退团、退少先队）人员信息，共计900余人次，并联系境外“法轮功”组织替部分受打击处理“法轮功”人员发表悔过声明书6次。2011年3月21日，平湖市人民法院以利用邪教组织破坏法律实施罪判处戴某某有期徒刑3年、缓刑4年。2000—2015年，共查处制作、传播“法轮功”及散发“法轮功”宣传资料案件26起66人，其中追究刑事责任1人，劳动教养4人、治安拘留43人、具结悔过14人、移交外地警方处理4人。

市公安局在严厉打击的同时，本着“团结大多数、教育大多数，解救大多数”的政策，以民警与“法轮功”练习者交朋友等形式，配合有关单位与部门，主动参与“三包一”“多包一”的帮教小组，加强对“法轮功”重点对象的帮教转化工作，努力实现“无进京滋事、无公开练功、无非法聚会”的“三无”目标。2001—2005年，平湖实现了连续5年“法轮功”人员“零赴京”“零上访”“零滋事”。2008年，以确保奥运会安全稳定为重要目标，对“法轮功”重点对象逐人落实教育转化措施，制订年度转化计划。2009年，严密“取缔法轮功10周年”敏感时段的稳控措施，积极开展教育转化工作，转化一批原“法轮功”练功者。2013—2015年，根据上级布置的天鹰计划，开展“法轮功”专案调查，分年度落实教育转化任务。2015年，全市有法轮功重点人员20人，至年底，完成4名重点人员的年度教育转化任务。

**取缔“实际神”邪教组织**

“实际神”又称“能力主”“东方闪电”“闪电派”“全能神”，是20世纪90年代初从“呼喊派”反动组织分化演变而来。1999年下半年，桐乡市首次发现“实际神”邪教组织活动。2005年3月5日，平湖境内首次发现“实际神”邪教活动，市公安局在曹桥街道愚桥村牛桥浜抓获正在进行“实际神”邪教活动的王某某（59岁，桐乡市梧桐镇人），查获“实际神”邪教书籍、光碟及印刷品一批，后王某某被劳动教养。嘉兴市委常委、公安局局长王惠敏为此作“此案破得很好”的批示。

2012年，“实际神”邪教组织以宣传“世界末日论”为幌子，开展非法秘密活动和违法犯罪活动。市公安局根据上级公安机关的统一部署，组织开展取缔“实际神”邪教在平湖境内活动。至12月，先后查处7起“实际神”邪教案件，9名涉案人员分别予以治安拘留处罚。2013年，市公安局下发《深化对“实际神”邪教组织处置工作方案》，明确各警种、各单位职责。在各镇、街道建立由综治办主任、派出所分管国保工作领导参加的反邪教季度工作例会制度，并开展专案调查。至2015年“实际神”邪教未出现反弹现象。

## 第六节　打击现行反革命

平湖解放后，为巩固新生的人民民主政权，县公安局政治保卫部门执行“长期打算、内线侦察、依靠群众、适时破案”的侦察工作方针，运用专案侦察手段，积极开展反革命案件的侦破工作，有力地打击了现行反革命破坏活动，维护了国家安全。自1957年至1996年12月共侦破特务间谍、反革命集团、反动会道门复辟、反革命挂钩信等各类政治案件290起。

**一、侦破反革命集团案件**

1957—1963年期间，县公安局政保部门经过专案侦察，先后破获名为“社会主义鸣争团”“中国民主联合党”“反共救国军”“团结党”“中国社会民主党”“新党反2号”等有组织、有计划、有政治纲领的反革命集团案件，有力地打击了反革命破坏活动。

1957年10月23日，县公安局政保股破获乍浦、全塘沿海地区以陆某某为首由6名人员参加的“中国民主联合党”反革命组织。该组织攻击共产党领导，散布反动言论，刻制该党印章，印制“入党志愿书”等，秘密集会，选举主席、组织、内务、宣传、外交部长，以黄姑新兴镇自行车修理行为联络点，打算发展知识分子及复员军人加入其组织，阴谋杀害解放军，抢夺枪支。该组织4名人员被逮捕法办。1958年1月7日，平湖县人民法院判处陆某某无期徒刑，杨某某有期徒刑15年，汤某某有期徒刑11年，桑某某有期徒刑8年。

1957年12月24日，县公安局政保股破获城郊地区以胡某某、张某某为首，纠合徐某某、陶某某、黄某某、王某某、胡某幸等人组织的“反共救国军”反革命组织。该组织7名成员，相互封官许愿，设主席、元帅、军区军长、省长等职务，盼望蒋介石反攻大陆和第三次世界大战爆发，还阴谋策划暗杀解放军，夺取枪支，抢劫银行到诸暨上山为匪，以配合蒋介石“反攻”大陆。1958年6月2日，平湖县人民法院依法判处胡某某、张某某无期徒刑，陶某某、徐某某分别被判处有期徒刑17年、15年，黄某某、胡某幸分别被判处有期徒刑5年、3年，王某某有立功表现，从宽判处训诫处分。

1963年4月30日，县公安局政保股破获以杭某某为首组织的“新党反2号”反革命集团，缴获一批罪证，逮捕杭某某、沈某某、郭某某等3人。该集团制订“反共迎蒋，顽抗到底”的行动纲领，3月开始活动，至4月底，发展到5人。为首分子杭某某还化名与平阳、安徽等地联系，企图扩大组织，并采取日归晚出的办法，进行秘密集会，多次策划企图劫持公安干部、民兵的枪支，筹措反革命经费，阴谋上山为匪，配合蒋介石“反攻”大陆。1965年7月14日，平湖县人民法院分别判处杭某某有期徒刑7年，沈某某有期徒刑5年、郭某某有期徒刑3年。

20世纪70年代后，反革命集团案件数量锐减。1997年10月1日起，新修订的《中华人民共和国刑法》施行，以“危害国家安全”取代“反革命”概念，从法律角度将危害国家的犯罪行为规定为危害国家安全犯罪。

**二、侦破反革命标语、传单、信件案件**

解放初期，新生政权刚建立不久，境内外敌特分子破坏活动严重，谣言四起，反动标语、传单、信件案件（以下简称“三类”案件）不断发生。1953年1月6日，城关镇一完小校内，发生学生组织罢课，散发对抗政府的反动传单，经校行政领导及时予以制止，但已使学校造成混乱，影响极坏。1954年9月，在沿海大桥乡天主教堂墙上发现辱骂毛主席的反动标语1起，后又在新仓镇发现有人将反动词句涂写在人民币上的反动标语1起，自8—10月先后在新埭、新仓及大桥等地发现反动标语案件6起。针对日益增多的反动标语案件，县公安局政保股组织力量，积极开展侦破工作，及时有力地打击反革命分子的嚣张气焰。

1956年，全县发生重大反动标语案件1起，反动谣言、反动信件案件各1起。乍浦镇1名反革命分子家属两次涂写反动字句，被公安机关查获。是年，县公安局制订《对于侦破反动标语，投寄反动信件的几点参考意见》，从发现案件、现场勘察，分析研究、确定对象，线索查证、获取罪证，破案处理等，提出可行性意见，以指导全县开展对“三类”案件的侦破工作。

1957年下半年，平湖“三类”案件发案数直线上升，6—9月发生27起，全年共发生“三类”案件42起，超出解放后历年来所发“三类”案件的总和，其中反动标语案件36起、反动传单案件3起、反动信件案件3起。7月，县公安局组织专门力量开展侦破工作，共破获“三类”案件16起（反动标语13起、反动信件2起、反动传单1起）。通过侦破，依法捕办6人，劳动教养1人，教育处理4人。12月25—30日，先后在林埭、城关等地破获反动信件案件和反动标语案件各1起，抓获作案者2人。

1958年4—6月，县公安局根据省政法会议精神，组织开展侦破战役。7月，掀起以破案为中心的侦破大决战高潮，至8月底，共侦破政治案件50起，新案、积案侦破率均达100%，实现了无政治积案县。至年底，全年共破获政治案件75起（其中当年“三类”案件32起、年前积案33起），依法捕办22人、拘留15人、劳动教养5人，管制2人，转外地处理2人，有力地打击了敌人的现行破坏活动。

1959年，县公安局贯彻“两条腿走路”的方针，一手抓破案，一手抓预防，尤其是抓好对青少年的教育工作，通过打击和防范，有效遏制了“三类”案件的发生，使全县“三类”案件发案数明显下降。全年共发生反动标语、词句案件14起，比1958年下降50%，当年全部破获，破案时间最短为11个小时，长则不超过4天，达到了案件随发随破的要求，保证了侦破案件月月清。对查获的4人作案者按情节轻重分别作出处理，其中逮捕1人，依法管制1人，开除工作送农村监督劳动1人，教育批判1人。

进入20世纪60年代，“三类”案件发案数逐年下降，1962—1965年共发生反革命信件和反动标语案件12起（立案案件）。1964年11月，县公安局破获10月4日发生在乍浦的大幅反革命传单案件。1965年7月7日，破获3月14日发生在城关镇后街邮箱内的反革命信件和城北公社长江大队大道上的反动标语案件。

“文化大革命”期间，扩大对“三类”案件的立案范围，把对林彪、江青两个反革命集团不满或失手损坏领袖图像的行为均列为“三类”案件，致使“三类”案件大幅度增加，造成一批冤假错案。1978年后，县公安局根据中央和浙江省有关复查平反纠正冤假错案的文件精神，对“文化大革命”前、中、后的案件逐一进行复查，平反纠正一批冤假错案。1980年，县公安局根据中共中央〔1980〕25号文件精神，清理“文化大革命”十年动乱期间，因刘少奇冤案牵连造成的冤假错案，对其中尚未彻底平反或情况不明的14起所谓“现行反革命”案件进行复查平反，落实了党的实事求是政策。

进入80年代，“三类”案件明显下降，除1982年、1988年各发生一起反动标语案件外，经报告上级业务部门作登记备案处理。其余年份均未发案。1990年11月，市公安局按照省公安厅召开的全省现行反革命案件侦破工作会议提出的要求，进一步做好对“三类”案件的侦破工作。是年，发生反革命标语案件2起，其中1起调查处理，1起登记备查，破获2起，2起案件均发生在学校，系在校学生作案。1996年发生反动标语案件2起，均登记为备查。1997年10月1日起，新修订的《中华人民共和国刑法》施行后，“三类”案件列为备查案件，不再立案侦破。

### 三、侦破反革命挂钩信案件

20世纪60年代，由于受台湾特务机关“心战”电台的煽动，大陆一些人员主动去信与敌特机关联络，提供情报，获取经费。1962年，平湖收听敌台广播的案件开始增多。县公安局根据上级指示，加强反敌特“心战”教育，禁止收听敌台广播，对偷听敌台的一般人员配合有关部门进行教育制止，对有搭线联络和越境投敌企图的组织力量开展侦察和控制。1965年，平湖发生首起向台湾国民党特务机关投寄挂钩信案件（简称“挂钩信案件”），被公安机关及时破获。以后此类案件逐年增多，为逃避打击，犯罪分子采用伪造笔迹，利用报刊文字剪接拼凑合成、异地投寄等手段，县公安局加强对挂钩信案件的侦破力度，严格执行1962年1月和10月省公安厅下发的《关于向敌人“心战”广播的听众通讯处写信案件的侦察处理意见》及《补充意见》，区别对待作案人员，严格区分两类不同性质的矛盾，对积极与敌特机关联络，要求参加敌特组织，搞反革命集团、提供情报、逃跑投敌的分子，依法予以逮捕，从严惩处；对于受敌人反动广播欺骗，乞求救济和要求帮助寻找亲友的，在查明确无其他反动行为的，则进行教育、责令检讨悔过，并积极开展防范工作，有力地粉碎了敌特的“心战”阴谋。

80年代，县公安局采用多种形式开展反“心战”宣传，通过翻印反“心战”宣传提纲、结合已破获的挂钩信案例编写反“心战”宣传材料，分发至农村各生产大队、城镇各居委会、企业、事业单位、学校等，教育群众严禁收听敌台和收藏“心战”宣传品，做到对反动广播不听、不信、不传播，对“心战”宣传物品（食品）不吃、不用、不藏、不传看，尤其是做好在校学生的反“心战”教育。并利用县电影院放映电影之际，插播放映反“心战”幻灯片，以提高广大群众反“心战”的意识，预防和减少挂钩信案件的发生，起到了一定的成效。1985 年，县公安局将反“心战”幻灯片利用农村放映队到乡村进行轮流放映宣传，大大降低挂钩信案件的发案率，全年仅发生属调查处理的挂钩信案件 1 起，通过侦查，作案人员系一在校学生，写信索要歌星照片及点播歌曲，对其进行教育，并具结保证。发案数比 1984 年下降 75%。1987 年，我国进入改革开放后台湾海峡两岸形势虽有所缓和，但台湾当局对大陆“心战”策反活动从未停止，通过海漂传单、电台广播等形式，继续向大陆进行策反活动，县公安局根据省公安厅通知精神，积极做好沿海出海渔船和广大群众的教育工作。

进入 90 年代，挂钩信案件发案数呈下降趋势。1991—1996 年共发生挂钩信案件 15 起，公安机关均及时予以调查处理，未发现出于反革命目的的挂钩信案件，作案人员分别是在校学生、企业职工（个别党员）及原国民党老兵等，查获后均予以批评教育，责令具结悔过，是党员的给予党纪处分。

表 3–1　　1957—1996 年平湖特务、反革命案件发破一览表

| 年份 | 发生数（起） | 破获数（起） | 年份 | 发生数（起） | 破获数（起） |
|---|---|---|---|---|---|
| 1957 | 46 | 20 | 1980 | – | – |
| 1958 | 42 | 42 | 1981 | 3 | 2 |
| 1959 | 15 | 15 | 1982 | 8 | 7 |
| 1960 | 9 | 8 | 1983 | 4 | 2 |
| 1961 | 10 | 6 | 1984 | 3 | 3 |
| 1962 | 9 | 3 | 1985 | 1 | 1 |
| 1963 | 9 | 5 | 1986 | – | – |
| 1964 | 6 | 5 | 1987 | – | – |
| 1970 | 47 | 47 | 1988 | – | – |
| 1971 | 116 | 70 | 1989 | – | – |
| 1972 | 21 | 11 | 1990 | 2 | 2 |
| 1973 | 8 | 6 | 1991 | – | – |
| 1974 | 7 | 3 | 1992 | 2 | 2 |
| 1975 | 1 | – | 1993 | 5 | 4 |
| 1976 | 10 | 7 | 1994 | 1 | 1 |
| 1977 | 8 | 7 | 1995 | 4 | 4 |
| 1978 | 3 | 3 | 1996 | 6 | 4 |
| 1979 | 1 | – | | | |

注：特务、反革命案件统计范围：指派遣特务、发展特务及投敌叛变、聚众叛乱、窃取机密出卖情报、反革命集团、反动会道门复辟、反革命爆炸、反革命放火、反革命杀人、反革命破坏事故、反革命投毒、反革命标语、反革命传单、反革命信件、反革命挂钩信等反革命案件。

## 第七节　防范打击恐怖犯罪

2011 年 10 月 19 日，第十一届全国人大常委会第二十三次会议表决通过《关于加强反恐怖工作有关问题的决定》，形成我国第一个专门针对反恐怖工作的法律文件。2015 年 12 月 27 日《中华人民共和国反恐怖主义法》经第十二届全国人大

常委会第十八次会议通过予以颁布，2016年1月1日起施行，为我国依法防范和惩治恐怖犯罪提供了强有力的法律依据。

2003年3月28日，市公安局根据上级公安机关的统一部署建立反恐怖工作领导小组，由局长任组长，其他局领导任副组长，在指挥中心设立办公室（以下简称“反恐办”），由常务副局长兼任“反恐办”主任，指挥中心、国保大队、刑侦大队等部门负责人兼任副主任，并明确领导小组及“反恐办”的工作职责。2004年2月，“反恐办”移至治安大队，由治安大队大队长兼任“反恐办”主任，副大队长兼任副主任。2010年8月，根据公安机关内部业务分工，反恐业务又回归指挥中心。2013年5月，调整至情报中心，由常务副局长兼任主任，情报中心、国保大队负责人兼任副主任。2017年9月，县级公安机关实行大部门大警种制改革，指挥中心与情报中心合并，原情报中心反恐业务并入国保大队，“反恐办”也移至国保大队。

市“反恐办”建立以来，认真贯彻上级反恐部门的指示精神，切实履行安全防范职责，组织反恐怖宣传，加强反恐怖基础建设，打击恐怖组织和恐怖活动人员，确保社会政治稳定。

**一、基础建设**

20世纪90年代，境外敌对势力加紧对我国进行渗透破坏，国内恐怖活动增多，严重危害国家安全，反恐维稳是公安机关的第一要务。从1999年开始，市公安局根据上级公安机关的统一部署，组织开展反恐基础排查，做到定人、定位，及时发现和掌握可疑情形，以确保全市社会稳定。

2001年10月，市公安局根据省公安厅的指示精神，制订《处置严重暴力恐怖事件工作预案》，分别从指导思想、处置原则、适用范围、组织指挥、职责分工、工作要求等六个方面进行了系统的规范。

2008年，市委、市政府进一步加强对反恐怖工作的领导，根据中央、省委统一部署，于5月5日成立市反恐怖工作协调小组，由市委副书记、政法委书记任组长，市委常委、公安局局长及一名副市长任副组长，由市委办、市府办、人武部、政法委、公安局等23个成员单位组成，各成员单位办公室主任为联络员，在市公安局设立“反恐办”，由公安局常务副局长兼任“反恐办”主任，市委办、市府办各一名副职兼任“反恐办”副主任。印发《2008年全市反恐怖工作要点》和《平湖市反恐怖工作协调小组成员单位工作职责》，明确反恐工作的目标任务及各成员单位的工作职责，形成“党政统一领导、部门各尽其职、各方齐抓共管”的反恐怖工作大格局。

此后，市委、市政府每年召开一次全市性反恐怖工作会议，贯彻上级会议精神，部署全市反恐工作。2013年12月12日，市反恐怖工作协调小组更名为领导小组。

**二、防范建设**

2012年，根据嘉兴市“反恐办”的统一部署，市“反恐办”组织开展两级反恐目标单位的确定工作，确定平湖市行政中心、平湖汽车站、古横桥自来水厂、平湖供电局电力调度大楼、圣雷克大酒店等5个单位为嘉兴市级反恐怖重要目标单位，平湖天然气公司CNG站、平湖绿阳饭店等2个单位为平湖市级反恐怖重要目标单位，并在重要目标单位建立防范联席会议制度。

此后，市“反恐办”每年针对重大节庆、重要会议、敏感时期等对上述单位开展不定期检查，形成检查情况通报，下发有关成员单位及重要目标单位，落实整改。

2013年7—9月，为推进维稳反恐，在市政府的统一部署下，开展全市社会信息资源整合工作，在全市26个成员单位实行信息资源共享。市公安局利用“大情报”平台，建立涉恐、涉稳、涉访信息每日会商、研判报送和重大事件预警机制。

2014年8月，按照嘉兴市府办转发嘉兴市公安局、嘉兴市反恐办制定的《嘉兴市部分单位行业反恐怖安全防范规范》，签订安全防范责任书，落实各项反恐措施。建立每月一次对反恐目标单位及医院、商场、学校、公交车等人员聚集场所及部位的反恐检查通报制度，及时通报情况、整改隐患，推进重点行业、单位的反恐防范规范化建设。

**三、反恐演练**

为全面提升公安机关反恐防暴应急处置能力及反恐成员单位间各种力量与群防群治力量的

协调配合、快速反应能力，市“反恐办”每年组织1～2次反恐防暴处置实战演练。为应对暴恐突发事件，市公安局在巡特警大队组建应急小分队，并针对刀砍、驾车冲撞等四类警情开展联合训练，提升反恐综合作战能力。

2011年6月16日下午，市公安局在市民兵训练基地举行平湖市重大群体性事件处置实战演练，由市委副书记、政法委书记胡水良主持，市委常委、公安局局长刘国强为现场指挥长，全局200余名民警参加此次演练活动，参加观摩的有中央、浙江省、全省各地市、嘉兴各县市、平湖各乡镇政法、维稳、公安及省安全厅、武警总队等各级领导，对演练给予高度评价。此次演练参演人数之多，观摩领导人数之多，规格之高在平湖历史上尚属首次。

2014年9月21日晚，市公安局在平湖商业闹市区大润发超市举行模拟两名暴徒携带刀具，在超市收银台抢劫财物，遭制止后恼羞成怒用刀向周围群众、工作人员乱砍，并劫持一名工作人员这一情景进行实战演练。通过启动预案、组织疏散、集结警力、心理疏导、特警强攻等方法，成功解救人质，当场制服暴徒，并带离现场，演练达到预期效果。

2016年7月28日下午，市公安局组织安监、环保、消防、卫生等联动部门参与“金山、嘉善、平湖”三地反恐应急演练，演练模拟围堵拦截潜逃的多名恐怖分子，及时处置企图在平湖煤气供应站实施的恐怖袭击。常务副局长李中华全程现场指挥，并前往上海金山观摩交流。指挥中心、情报中心、刑侦、巡特警、交警、当湖派出所等部门参加演练。

# 第四章　刑事犯罪侦查

解放初期，县公安局不设专门的刑事侦察机构，刑事案件的侦破由治安股负责，建有3人的破案小组。1956年4月，根据浙江省公安厅刑事侦察工作会议精神成立刑事侦察组，由副局长顾阿掌分管，治安股副股长祝德新兼任组长，抽调平玉林、赵渭洲、宋长根、吕秉文等4人为刑事侦察工作专职干部，负责侦破全县重大刑事案件，一般案件则由下乡干部及治保干部负责查破。“文化大革命”期间，刑事侦察工作遭到干扰和破坏，刑侦专业手段被取消，犯罪分子趁机活动，刑事案件频发，一度出现犯罪高峰。粉碎林彪、江青两个反革命集团后，经过拨乱反正，逐步恢复各项刑侦业务。

1979年10月，县公安局增设刑警队，1993年改称刑侦大队。1995年10月，大队内设技术、情报探组及城关郊、沿海、新仓、新埭等4个侦察探组，后又增设重案探组。1997年，刑侦机制改革，建立队所协作机制，探组改称中队。1998年5月，推行“侦审合一”，预审职能并入刑侦大队，设办案指导队。1999年3月，增设城关、乍浦、新埭、新仓4个责任区刑侦队；7月，新仓刑侦队并入新埭刑侦队。2003年11月，责任区刑侦队保留编制，并入所在地派出所，刑侦队领导兼任派出所副所长，专管刑事侦察工作，实行所长领导下的刑侦工作机制。2013年8月19日，重组当湖、钟埭、独山港3个片区刑侦队。11月，推行“专业合成一体化”警务机制建设，以刑侦、治安大队为主体，由相关派出所领导、民警和协警参加，混合编组，成立打击现行便衣侦查队、视频侦查队、打黑除恶专业队、打击黄赌毒、食品药品和环境污染犯罪专业队等，以进一步提高刑事侦查能力。后食药环案件侦查由巡特警大队负责。2014年9月办案指导队更名为案审队。

平湖的刑事侦察工作由弱变强，始终遵循“依靠群众，抓住战机，积极侦察，及时破案”的刑事侦察工作方针，广泛收集和积累情报信息资料，应用刑事科学技术，做好阵地控制，紧紧抓住恶性案件和重特大案件，组织专案侦破，带动和指导基层派出所，就地侦破一般刑事案件，试行派出所破案实绩积分制，建立刑侦大队、片区刑侦队、派出所三级刑事打击架构，加强队所合作机制，努力构建大刑侦工作格局，有效地打击各类刑事犯罪活动，确保社会治安稳定，使人民群众有安全感。

## 第一节　立案与破案

### 一、立案

刑事案件的立案依据各个历史时期政治、经济形势的变化，由公安部根据案件性质、社会危害程度大小和损失数额多少等情况，分为一般案件和重大、特大案件。

1950年至1955年，县公安局管辖杀人、抢劫、盗窃、敲诈、赌博、伤害、投毒、爆炸、割电线、扰乱金融、拐骗、违禁品、破坏生产、造谣等15类刑事案件。1956年，公安部发布《关于刑事案件统计登记报告制度的几项规定》，对刑事案件始有明确界限及立案标准。公安机关管辖的案件有凶杀、毒害、纵火、抢劫、盗窃（包括偷窃、扒窃）、侵吞公有财产、诈骗、破坏交通和公用设施、破坏水利、破坏农业作物、破坏生产工具、有意杀害（毒害）牲畜进行报复、投机倒把、走私、制贩毒品、私藏枪支、制贩军火、破坏金融管理、伪造图章证件、强奸和猥亵侮辱妇女、赌博等共21种。并规定一般盗窃、诈骗案件的立案标准按损失财物折合人民币大城市25元以上，中、小城市和农村15元以上；重大盗窃、诈骗案件为150元左右；特别重大盗窃、诈骗案件为3000元左右。同时规定“凡盗窃、诈骗外宾、外侨、民主人士等财物，或盗窃、诈骗贫苦群众的财物、造成生活困难的，以及使用挖墙、破锁、割包和其他破坏手段盗窃的，不论损失财物多少都统计为刑事案件。是年，全县共立刑事案件109起，其中重大案件13起。

20世纪60年代初，全县刑事案件发案上升，重大刑事案件不断发生。1962年，共立刑事案件184起，其中重大案件15起。1963年，随着国民经济的恢复，加强犯罪预防，刑事犯罪上升势头得到遏制。是年，共立刑事案件86起，其中重大案件13起，全部刑事案件立案数比1962年下降53%。1964年，全县掀起学习“枫桥经验”的热潮，加强预防犯罪，实现了“捕人少、治安好”的良好局面，刑事发案下降，全年共立刑事案件47起，其中重大案件10起。

“文化大革命”期间，“打、砸、抢”成风，刑事案件上升。据统计，1971年立刑事案件447起，为1964年的9.51倍，其中重大案件67起。1973年2月，恢复县公安局后，加大对刑事案件的侦破力度，刑事案件发案开始回落。是年，共立刑事案件112起，其中重大案件15起。

1980年，刑事立案执行公安部《关于刑事侦察部门分管刑事案件及立案标准和管理制度的规定》，管辖杀人、伤害、抢劫、投毒、放火、爆炸、决水、强奸、流氓、盗窃、诈骗、抢夺、敲诈勒索以及伪造国家货币、贩运伪造的国家货币，伪造有价证券，伪造票证，伪造公文、证件、印章，投机倒把，走私，拐卖人口，制造贩运毒品，非法制造、贩运枪支、弹药，制造、贩卖假药，破坏生产等24种刑事案件。1984年8月，省公安厅根据公安部《关于修改盗窃案件立案标准的通知》规定，将一般盗窃案件的立案标准改为城市80元以上、农村40元以上，该标准也适用诈骗、抢夺案件。1987年12月，增加劫持飞机、持枪杀人、持枪抢劫、劫持人质、特大爆炸、投毒等严重暴力案件。此外，在扰乱社会秩序、利用迷信骗财害人、强迫妇女卖淫、引诱容留妇女卖淫、走私制作贩卖传播淫秽物品、赌博等6类案件中受刑事处罚的，列入刑事案件统计。是年，公安部规定，盗窃、诈骗、抢夺案件重大和特大案件的立案标准的损失数额分别为1000元和1万元以上。

进入80年代，随着人、财、物的大流动，全县刑事发案呈逐年上升趋势。1980年，全县共立刑事案件206起，其中重特大案件19起。1981年，全县共立刑事案件415起，其中重特大案件26起。1983年8月起，在全国范围内开展为期3年的严厉打击严重刑事犯罪活动，刑事案件高发态势才得以遏制。1987年，全县刑事发案又开始回升，全年共立刑事案件223起，重大案件立案数创平湖解放后最高纪录，其中重大盗窃案件超过1982年至1986年立案的总和。损失财物价值创平湖历史纪录，损失价值在3000元以上的是1980—1986年总和的3倍，5000元以上的是1980—1986年总和的2倍。以后刑事案件立案数逐年升高。

90年代初，刑事发案数继续呈上升趋势，尤其是财杀、“两抢”、诈骗、盗窃等侵财型案件多发。1990年，全县共立刑事案件700起，其中侵财型案件664起。全部刑事案件立案数比1989年增加176起，其中重特大案件133起，比1989年增加4起。1992年3月，公安部再次修改盗窃案件立案标准，盗窃数额在600元以上为一般刑事案件；2000元以上或虽不足2000元但情节后果严重的列为重大刑事案件；盗窃数额在2万以上或虽不足2万但情节后果特别严重的列为特别重大案件。对于盗窃财物不足立案数额标准的，一般列为治安案件查处。立案标准调整后，全市刑事案件立案数有所下降。是年，共立刑事案件721起。比1991年减少103起。1993年，全市刑事立案数增至859起，全部刑事案件和重大刑事案件均比往年有大幅度增长，居嘉兴市第二位。

90年代中叶，刑事发案直线上升。1994年，首次突破1000起，共立刑事案件1072起，其中重大案件374起，全部刑事案件比1993年上升24.80%，重大刑事案件比1993年上升79.81%。1998年，再次突破2000起，共立刑事案件2121起。1999年，全面推行刑侦案件立、破回告、致歉和现场勘查防范建议制度。是年，回告刑事案件立、破案1449次，致歉220次，下发防范建议书482份。

进入21世纪，市公安局贯彻执行公安部《采取有力措施从根本上纠正统计不实问题的通知》

和《关于刑事案件如实立案的通知》，对于公民报案、控告、举报或者犯罪嫌疑人自首的，均如实登记，并将是否如实立案纳入对部门的考核指标，加强对刑事案件受理、立案、统计工作的监督，重视如实立案。

2001年起，公安部实行新的刑事案件统计报表制度，取消刑事案件统计中一般、重大、特大的统计分组，按照刑事犯罪性质和危害程度划分；将盗窃、抢夺、诈骗等侵财案件根据财物损失数额分档统计；取消刑事案件中的“团伙”统计，增设“集团”“黑社会性质组织”和“恐怖组织”等指标；将放火、爆炸、劫持、杀人、伤害、强奸、绑架、抢劫等案件定为八类严重刑事犯罪。是年，全县立刑事案件2572起。后逐年增多，至2002年，刑事立案达4340起，连续8年在4000多起高位徘徊。2010年起开始下降至3364起，至2015年，每年均在3500起左右。

2003年，市公安局推行刑事案件网上受理登记、网上审批立案的网上流转机制。同时设立语音查询电话，报案群众可查询案件的受理、立案等情况，建立案件回访制度，提高了对公民报案受理、立案的透明度。

2004年，刑侦大队及其责任区刑侦队全面推行立案、破案、办案“三公开”制度，内容包括：公民的报案、控告、举报处理结果和常见的刑事案件立案标准；破案结果及犯罪嫌疑人的处理情况、检验鉴定情况、赃款赃物收缴处理情况，3个月内未破获的重大案件的办理情况；办理刑事案件的程序、时限，被害人、证人、犯罪嫌疑人的诉讼权利及义务，取保候审犯罪嫌疑人、担保人的权利和义务，结案情况。

2009年，市公安局贯彻主动警务战略，以命案防控为切入口，围绕易受侵害对象、隐性命案犯罪主体，重点场所防控和现行命案快速侦破4个重点，探索建立命案防控工作机制，命案发案下降。是年，发生命案6起，比2008年下降14.3%。2014年9月，刑侦部门及各派出所建立案件查办信息告知查询监督系统，方便群众随时查询案件的侦办情况。

2015年5—12月，贯彻公安部“4·29”全国公安机关立案突出问题专项治理动员部署电视电话会议精神，开展立案突出问题专项治理，对2014年12月21日至2015年4月20日的刑事警情及立案底数进行全面摸底排查，对群众举报投诉和检察机关立案监督案件进行倒查，开展自查自纠，切实做到“三必三实”（有案必受、受案必核、立案必查，立案实、统计实、整改实）。10月，成立案件管理中心，在法制大队设立办公室，实行受立案分离和立案归口管理制度。

**二、破案**

1956年，县公安局贯彻全省刑事侦察工作会议精神，确定同刑事犯罪斗争坚持“以防为主，预防和侦破相结合”的方针，首次采用“破案率”指标考核对刑事犯罪的打击力度，提出降低发案率、提高破案率的工作目标。至年底，共破获各类刑事案件44起，破案率为40%。1957年，全县开展反盗窃、反破坏公共秩序和其他犯罪活动的斗争。3—5月，根据省“三长”（公安局局长、检察长、法院院长）会议统一部署，组织侦破运动，各乡镇成立破案小组，侦破一批现行案件及年前积案。是年，县公安局《侦破工作总结》被嘉兴专员公署公安处印发全区各县公安局，要求各地仿效。1958年4—6月，根据省委政法会议精神，组织开展侦破战役。7月，掀起以破案为中心的侦破大决战高潮，现行案件及年前积案侦破率均达100%，实现无积案县。但当时由于受“大跃进”形势的影响，在破案中曾提出“大案不过三（天），小案不过天”的不切实际口号，组织群众直接破案，出现虚报数据的现象，事后开展案件复查工作，及时纠正破案不实的问题，把打击刑事犯罪的工作引上正确轨道。

20世纪60年代初至“文化大革命”开始前，全县刑事案件破案率持续保持较高水平。1962年，全部刑事案件破案率为70.1%，其中重大案件破案率为88.9%。1963年，全部刑事案件破案率为89.5%，其中重大案件破案率为86.7%。1964年4月，为发现和打击要犯、惯犯、集团犯，县公安局运用刑事专案侦察手段，及时侦破凶杀、毒害、纵火、抢劫、强奸、重大盗窃、诈骗、投机倒把等重大刑事案件、集团案件和重大预谋案件，有力地打击严重刑事犯罪活动。是年，全部刑事案件破案率为80.9%，其中重大案件破案率为90%。

“文化大革命”期间，刑事侦查工作遭到破

坏，刑事案件破案率大幅度下降。据统计，1971年、1972年全县刑事案件破案率分别为36.91%和26.27%。1973年2月，县公安局恢复后，刑事案件破案率开始上升。是年底，全部刑事案件破案率达到45.54%。

粉碎江青反革命集团后，1977年9月13—17日，县公安局召开全体干警会议，讨论研究公安工作如何大干快上，两个侦破（刑事案件、政治案件）如何迅速赶上全国破案水平，鼓实劲，组织破案战役，大打破案翻身仗，充分发挥派出所就地查破一般刑事案件的作用，提高两个侦破工作水平。城关派出所破案率从原来的12.5%上升至70%，后又跃至91.1%，破案成效显著，辖区社会治安良好，县局向全局转发城关派出所的破案报告。是年，全县刑事案件破案率上升至71.89%。1978年2月5日，省公安局《公安工作简报》第7期以《平湖城关派出所大打破案翻身仗战果显著》为题予以介绍。1979年，全县刑事案件破案率为72.5%，比1978年提高9.77个百分点。

80年代开始，刑事案件破案率逐年提高。除1984年、1986年和1989年未达到70%外，其余年份破案率均保持在70%～80%的水平。1980年，全部刑事案件破案率为80.57%，比1979年提高8.07个百分点；重大案件破案率为94.7%，比1979年提高19.7个百分点。1982年，全部刑事案件破案率为80.05%，重特大刑事案件破案率为94.44%，全部案件和重特大案件破案率都超额完成上级下达的指标，同时破获年前积案和外地案件一批。1983年8月起，结合为期3年的“严打”斗争，抓住杀人、抢劫、强奸、重大盗窃等重大案件，通过破现行案件带动破积案，积极组织侦破战役，并针对严重暴力犯罪活动不断增多，进一步加大对暴力性案件的侦破力度，全县刑事案件得到有效遏制。1987年8月15日，制订《处置严重暴力案件的预案》（以下简称《预案》），成立指挥小组，建立以刑侦、治安、武警为主体的战斗组，在局机关成立机动组，参与严重暴力案件的处置工作。要求全体民警学习《预案》，把《预案》各项措施落到实处，从思想、组织、信息、训练等方面提高同暴力犯罪作斗争的能力，并组织模拟演习，为实战应用提供经验。是年，全部刑事案件破案率为76.68%，比上级指标数提高11.68个百分点，比1986年提高6.68个百分点，其中重大案件破案率为96.15%，名列嘉兴市首位。

进入90年代，刑事破案率进一步提升。1990年，共破获刑事案件378起，破获重特大案件85起，全部案件和重特大案件破案率均高于嘉兴市平均水平，全部刑事案件破案率位于嘉兴市第二，重特大案件破案率位于嘉兴市第三。

1994年，市公安局在刑侦大队探索试行破案责任制，划分城关郊、沿海、新仓、新埭4个破案片组，各指定一名负责人，将市局下达的破案任务分到各个片组，破案责任制的推行，调动了干警的工作积极性，发挥了刑侦大队的整体战斗力。是年，共破获全部刑事案件813起，破案率为75.83%；破获重大案件283起，破案率为75.67%；全部案件破案数和重大案件破案数分别比1993年增加220起和148起，均列嘉兴市第二位，重特大案件破案绝对数比1993年翻了一倍。

1995年8月，开展以破案责任制为重点的刑侦机制改革，在刑侦大队试行探长制，分设6个探组，既有专业探组，又有侦察探组，分解破案指标，提高侦察破案能力，破案率得到提升。同时在强调如实立案的基础上，提高破案实绩，提出“命案必破”的硬任务，刑事案件破案绝对数逐年增多。

1997年10月，按照全国、全省公安派出所工作会议和刑侦机制改革会议精神，全面推行派出所、刑侦工作“两制”改革，实行刑侦大队、刑侦中队、派出所刑侦专管组成的分级侦察破案机制，建立覆盖全市的刑侦队伍。通过改革，设立6个刑侦中队，刑侦总警力达到49人。1998年，破获刑事案件1436起，其中重大刑事案件360起，全部案件和重大案件的破案绝对数分别比1997年上升143%和159%，破案实绩列嘉兴市五县两区首位，获嘉兴市侦察破案优胜单位称号。

1999年，责任区刑侦队在各自包干辖区，以乡镇为中心设置警民联系箱，共收到各类案件线索40余条，破获刑事案件60余起，拓宽了违法犯罪线索来源，有效打击违法犯罪活动，这一做法得到嘉兴市局的肯定。是年，共破获刑事案件1155起，其中重特大案件387起，六类案件立18起，破18起。

进入21世纪，随着刑事立案数的不断增加，采取分解破案任务，细化破案指标，破案绝对数逐年递增，进一步提升公安机关打击刑事犯罪的效能。2001年，破获各类刑事案件1604起，破案率为62.4%，其中杀人和强奸案件破案率均为100%，抢劫案件破案率达82.4%，万元以上入室盗窃案件破案率为62.1%，均居嘉兴市首位。

2004年，严格执行严重刑事犯罪侦破责任制，充分发挥责任区刑侦队在侦察破案中的骨干作用，着力打击故意杀人及其他严重刑事犯罪活动，全年杀人和强奸等五类恶性案件破案率均为100%，名列全省前茅。2005年，共破获刑事案件2052起，同比上升2.3%，其中命案和五类案件（强奸、绑架、爆炸、放火、劫持）破案率为100%，打击处理违法犯罪嫌疑人员1072人，同比上升27.6%。

2006年起，根据嘉兴市公安局提出的“破小案累积大和谐”理念，加大对涉及千家万户的入室盗窃和偷盗自行车、电动车、摩托车等案件的侦破，努力提高人民群众的安全感。

2009年，市公安局下发《刑侦绩效考核办法》，从破案打击、追逃工作、刑侦基础工作执法质量、重点工作等全方位进行考核，有效地推动了刑事破案工作。9月，成立打击有组织犯罪侦查中队（打黑专业队），至2010年底，打击黑恶势力团伙总数及判决黑恶势力人员总数名列嘉兴市第一。

2011年，市公安局印发《侦破重特大刑事案件预案》，建立快速侦破工作机制，迅速出警，攻坚克难，缉凶破案。是年，挖掘各类涉黑涉恶线索270余条，打掉黑恶势力团伙20余个100余人，打黑除恶实绩列嘉兴各县市区首位。连续4年实现命案全破。2012年，刑事破案绝对数、破案率、打击处理犯罪嫌疑人员数都比2011年增加，命案侦破工作连续5年保持100%，获全省公安机关成绩突出集体称号。同时，侦破食品安全犯罪案件30起，追究刑事责任68人，成功侦破“地沟油”、病死猪肉、死甲鱼以及毒蘑菇等系列案件，破获公安部督办案件2起，省公安厅督办案件5起。

2013—2015年，市公安局以命案侦防、打击多发性侵财犯罪、黑恶势力犯罪、电信（网络）诈骗犯罪为重点，加大打击防控力度，全力挤压犯罪空间，营造良好的治安环境。创新建立合成作战中心，运用“大数据”引领破案，建立打击通讯（网络）诈骗犯罪专业队，并与全国26个省市的公安机关建立快速侦查协作机制。以上措施的运用，极大地提高了刑事破案效率，尤其是命案破案率持续8年保持全破。

表4-1　　1955—2015年平湖刑事案件立案破案一览表

| 年份 | 立案（起） | 破案（起） | 年份 | 立案（起） | 破案（起） |
|---|---|---|---|---|---|
| 1955 | 225 | 118 | 1972 | 255 | 67 |
| 1956 | 109 | 44 | 1973 | 112 | 51 |
| 1957 | 174 | 102 | 1974 | 135 | 48 |
| 1958 | 172 | 169 | 1975 | 136 | 54 |
| 1959 | 94 | 94 | 1976 | 130 | 54 |
| 1960 | 73 | 69 | 1977 | 217 | 156 |
| 1961 | 122 | 111 | 1978 | 220 | 138 |
| 1962 | 184 | 130 | 1979 | 131 | 95 |
| 1963 | 86 | 77 | 1980 | 206 | 166 |
| 1964 | 47 | 38 | 1981 | 415 | 312 |
| 1971 | 447 | 165 | 1982 | 346 | 277 |

续上表

| 年份 | 立案（起） | 破案（起） | 年份 | 立案（起） | 破案（起） |
|---|---|---|---|---|---|
| 1983 | 316 | 223 | 2000 | 2335 | 1449 |
| 1984 | 257 | 169 | 2001 | 2572 | 1604 |
| 1985 | 160 | 114 | 2002 | 4340 | 1613 |
| 1986 | 196 | 133 | 2003 | 4297 | 1794 |
| 1987 | 223 | 171 | 2004 | 4770 | 2006 |
| 1988 | 328 | 236 | 2005 | 4463 | 2052 |
| 1989 | 524 | 353 | 2006 | 4295 | 2054 |
| 1990 | 700 | 378 | 2007 | 4158 | 2057 |
| 1991 | 824 | 471 | 2008 | 4028 | 2076 |
| 1992 | 721 | 450 | 2009 | 4110 | 2098 |
| 1993 | 859 | 593 | 2010 | 3364 | 1830 |
| 1994 | 1072 | 813 | 2011 | 3334 | 1845 |
| 1995 | 1021 | 856 | 2012 | 3161 | 1859 |
| 1996 | 903 | 746 | 2013 | 3188 | 1973 |
| 1997 | 1363 | 826 | 2014 | 3076 | 1908 |
| 1998 | 2121 | 1436 | 2015 | 3595 | 1973 |
| 1999 | 1944 | 1155 | | | |

## 第二节　预审办案

预审办案是刑事侦察工作的延续，是公安机关处理刑事案件的最后一道程序，担负着对刑事拘留和逮捕人犯的审讯任务。通过预审，搞清人犯的全部犯罪事实，移送检察院起诉。1949 年 6 月，县人民政府公安局设审讯股（三股），专门负责案件审查、移送起诉工作，后改称预审股。“文化大革命”时期为军管组第三办公室，行使办案、预审、检察、审判职能。1973 年 2 月，恢复预审股，增设检察股，公安机关同时行使预审、检察职能。1978 年 8 月，恢复检察院后撤销检察股，公安回归预审职能。1997 年 7 月，县级公安机关机构改革，预审科与看守所合并，改称预审监管大队。1998 年 5 月，实行“侦审合一”，预审职能并入刑侦大队，内设办案指导队，行使刑事案件审核及审理、报捕、移送起诉和办案指导等职能。2014 年 9 月 25 日，改革办案机制，办案指导队改称预审办案队。2017 年 9 月，单建制成立案审大队。预审工作地位被进一步确立。

### 一、逮捕拘留

解放初期，法制尚未健全，逮捕与拘留未加严格区分，相互混用，统称逮捕或拘捕。同时在看守所关押的还有临时扣审人员（1963 年取消）。1949 年 12 月 24 日，中共浙江省委印发的《浙江省逮捕人犯暂行办法》规定，逮捕人犯一概由公安或司法机关依照法定手续执行，逮捕人犯时必须持有县以上公安局或司法机关负责人签发的逮捕证。凡属现行犯，不论何人，作为紧急措施进行逮捕，逮捕后必须 24 小时内通知或送往公安、司法机关处理。对已逮捕的人犯不得施以刑讯逼供或其他任何侮辱行为，有逮捕人犯的公务人员如利用职权图报私怨或收受贿赂释放人犯，要依法加重处罚。

1951 年 2 月，县公安局启用浙江省公安厅统一规定逮捕证格式，原逮捕证停止使用。3 月 1 日，省人民政府公安厅、人民法院下发华东军政委员会公安部、最高人民法院华东分院有关指示：要求各地严格执行华东军政委员会公布的《逮捕人犯暂行条例》，进一步规范逮捕人犯的具体操作办法，切实纠正草率逮捕的现象。

1954 年 12 月 20 日，《中华人民共和国逮捕拘留条例》（以下简称《逮捕拘留条例》）公布实施，开始区分逮捕与刑事拘留的界限。《逮捕拘留条例》规定：逮捕是剥夺犯罪分子人身自由，并予羁押的一种强制手段，它适用于主要犯罪事实已经查清，可能判处徒刑以上而有逮捕必要的人犯，并须经人民法院决定或人民检察院批准，由公安机关执行。逮捕时必须持有“逮捕证”，并且向被逮捕人宣布。逮捕后还必须把逮捕原因和羁押处所告知被逮捕人家属。拘留是一种临时剥夺人犯人身自由的紧急措施，只有公安机关可以行使拘留，拘留后需要逮捕的，应在 3 天内通知本级人民检察院，在特殊情况下，拘留可延长 4 天，人民检察院应在接到通知后的 3 天内批准逮捕或不批准逮捕，不批准逮捕的应立即释放。

1955 年 2 月，公安部发出《关于各级人民公安机关必须严格遵守宪法和法律的指示》，就公安机关拘留、逮捕人犯和预审工作中必须遵守的法律程序、内部审批权限以及要注意的问题等作出规定。5 月，县人民检察院和县公安局召开联席会议，拟定呈批逮捕程序的意见稿，后使用公安部统一格式的《逮捕报告书》《逮捕搜查证》《拘留证》《释放证》《被逮捕人犯家属通知书》及审讯笔录、搜查记录、扣押物品清单等法律文书，使逮捕、拘留工作逐步走向规范。

1958 年，“公社化”运动时，公、检、法三机关合署办公，盲目追求办案数量，强调办案进度，司法程序混合，检察、审判职能削弱，案件质量下降，错案增加。

1961 年，县公安局贯彻全省政法工作会议精神，纠正公、检、法三部门合署办公的做法，强调捕人要严格控制。恢复公安、检察、法院三机关“分工协作、互相制约”的工作机制。

1964 年，贯彻中共中央关于“基本上实行一个不杀，大部不捉，依靠群众力量，把绝大多数四类分子改造成为新人”的决定，落实全国第十三次公安会议提出的“依靠群众力量，加强人民民主专政，把绝大多数四类分子改造成为新人”的方针，严格控制逮捕人数。全县捕人明显减少，共逮捕 22 人，刑事拘留 19 人。1965 年，宣传贯彻《农村社会主义教育运动中目前提出的一些问题》（即二十三条），全县逮捕人数更少，仅 11 人，刑事拘留 12 人。

“文化大革命”期间，公、检、法三机关被取消，《逮捕拘留条例》中断执行。县革命委员会有拘留、逮捕权，可以决定对干部、群众实行“暂留”“行政看管”，严重违背法律规定，公民人身自由和民主权利得不到法律保障。

1973 年 1 月，县人民法院恢复。2 月，县公安局恢复预审股，增设检察股，同时行使检察院审理批捕、起诉案件职能。公安机关加强对拘留、逮捕人犯的控制。11 月，执行省委批转省公安局和省高级人民法院的报告，逮捕人犯须经地委批准，严禁非专政机关随意抓人、关人，严禁私设公堂。1978 年 8 月，重建县人民检察院，审理批捕、起诉案件职能又从公安局回归至检察院。公、检、法三机关“分工协作、互相制约”的机制得到全面恢复。

1979 年 2 月 23 日，全国人大常委会重新颁布《中华人民共和国逮捕拘留条例》（以下简称《逮捕拘留条例》）。县公安局按照《逮捕拘留条例》规定，及时将在押 7 名拘留人犯全部清理完毕，并严格控制刑事拘留。6 月，中央批转最高人民检察院党组《关于认真执行逮捕拘留条例简化案件批转手续的请示报告》和《关于取消党委审批案件制度的决定》。至此，普通刑事案件的批准逮捕权交由县人民检察院独立行使，不再报送党委审批。是年，县公安局共拘留人犯 9 人，比 1978 年下降 58%，对新收拘留人犯都在法定时间内作出处理，纠正“以拘代捕、以拘代惩、以拘代侦”的“一拘三代”现象。

1980 年 1 月 1 日，全面施行《中华人民共和国刑法》（以下简称《刑法》）和《中华人民共和国刑事诉讼法》（以下简称《刑事诉讼法》），逮捕、拘留工作走上法制化轨道。公安预审部门负责对刑事拘留、提请逮捕、移送起诉和直接起诉案件的审查。对杀人、抢劫等重特大案件，采取提前介入，做到快审、快结、快移诉。

1995 年，公安法制部门承担部分刑事拘留、提请逮捕、直接起诉案件的审查把关。1997 年 1 月 1 日，按照新修正的《刑事诉讼法》的规定，实行由预审部门统一负责对各办案单位的刑事拘留、提请逮捕、直接起诉案件进行审核，统一管理法律文书。1998年5月，预审科撤销后，报捕案件由刑侦大队办案指导队负责审查，办理提请报捕的法律手续。2011年9月21日，为规范刑事执法，刑事拘留、提请逮捕、直接起诉案件审核由法制部门负责。

### 二、案件审理

解放初期，对拘捕在押土匪、特务、恶霸等案件的审查由县公安局审讯股负责，弄清组织系统、活动范围、罪恶事实，追缴武器弹药、反动证件，分清大小主次及扩大线索等。至1949年底，共收押剿匪、吸毒、赌博等政治、刑事、治安及民事诉讼案件的涉案人员1005人，当年结案处理815人，其中10名匪特审判核准后执行死刑、取保候审604人、教育释放120人、短期劳役6人、转送外地75人。

1950年10月，全县掀起镇压反革命高潮，全年共抓捕1375人。为适应镇反运动，建立统一的领导机构审判委员会，由县长、公安局局长分任正、副领导，采取人民法庭与公安审讯部门集中办公，公安局的审讯股股长、审讯员同时兼任人民法院的审判员，审理剿匪中捕获的土匪、特务及“镇反”运动中的反革命犯。1950年11月至1951年12月，审讯股参与审理反革命及刑事犯罪案件，计判处死刑283人、死缓12人、徒刑245人、管制39人、转外地处理31人、释放149人。

1953年，审讯股在审理案件中发现1950年11月破获的特务佘光济案件有假案之疑，与政保股联系后，经复查确认为假案，及时予以纠正。1954年，审讯完毕并被判处徒刑224人、管制4人、转外地处理10人、释放45人。

1955年，公、检、法三部门成立联合办公室，采用分工包干办案。对批准逮捕案件，公、检、法三部门领导共同审阅、研究，实行公开审理。7月24日、8月31日，全县两次集中搜捕反革命分子和刑事违法犯罪分子61人。至年底，共收捕164人，检察院批准逮捕141人（其中反革命分子121人）。当年审结164人，计判处死刑2人、徒刑95人、管制44人、转外地处理9人、释放14人。同时，通过对在押人员开展政治攻势，收到多条犯人举报线索，其中有价值的9条。

1956年，公安部颁发《预审工作守则》，强化预审职能，保证了办案质量和合法手续。在预审工作中，坚持“打击现行，保卫中心”，全年审结102人，后被法院判处无期徒刑的2人、有期徒刑72人、管制8人、释放19人、转外地处理1人。

1958年，“公社化”运动时，公、检、法三机关一度合署办公，实行“一长代三长”（公安局局长同时代理检察长、法院院长职责）、“一员代三员”（公安员同时代理检察员、审判员职责）的“一竿子到底”的错误办案方法，盲目追求办案数量，强调办案进度，司法程序混合，案件质量下降。

1961年，贯彻全省政法工作会议精神，纠正公、检、法合署办公的错误做法。1963年，县公安局预审股干警学习贯彻公安部《预审工作细则（试行草案）》，按规定开展逮捕、拘留、搜查、审讯、搜集证据和案件审理等工作。1965年3月，贯彻全国预审、看守工作会议精神，开展反对逼供讯教育，预审干警依法办事的自觉性明显提高。

1968年4月，县公安局实行军事管制，案件审理由县军管组第三办公室（即办案办公室）包揽审查、逮捕、预审、起诉、判决等办案程序，出现“群众定罪”“群众判刑”的极端做法，在这一特殊历史阶段，虽然也惩办一些刑事犯罪，但造成一批冤、假、错案。

1974年，县公安局贯彻毛泽东主席“应一律废除法西斯式的审查方式”的重要指示，组织全体预审干警学习，整顿预审工作，清理未决犯。

1979年，贯彻第三次全国预审工作会议精神，组织干警认真学习新《刑法》和《刑事诉讼法》，积极做好“两法”实施前的准备工作。是年，14名逮捕犯及时预审结案，平均43.5天。同时，预审起诉（积案）10人，起诉率达100%，做到年底无积案。通过预审，还本着实事求是的精神查清强奸错案1件。

1980年，严格按新《刑事诉讼法》规定办案，实行两人办案，逮捕和拘留案件的审查，均在法定时限内完成，做到事实清楚，证据可靠，法律手续完备。是年，移送检察院审查起诉的42名罪犯，无一件退查。同时，通过预审，扩大战果，共挖出同案犯13人，查破案件44起，追缴赃款1500余元和赃物一批，计价值5800余元。

1981年下半年，执行中央21号文件，贯彻对“六类案件”从重从快打击处理的方针，受理大要案犯16人，平均每人审理时间为27.7天，比上半年缩短一半。10月，贯彻地区会议后，办结的4名大要案犯，平均在13天内审结，在原有的基础上又缩短一半以上。1982年，“六类案件”和一般案件审结时间同时减少，“六类案件”平均审结时间为20.9天，一般案件审结时间为34.8天。

1983年8月，根据全国人大常委会《关于严惩危害社会治安犯罪分子的决定》及省、地公安机关的部署，平湖开展“严打”斗争。“严打”第一战役期间，为充实预审力量，在集中收捕后，抽调全局各科所队干警，借调部分公社公安员和内部单位专职保卫干部共60人，组成审讯班子，划分5个战斗组，由各科所队领导任组长，较快地审结了大批案件。后改为抽调干警统一由预审科安排，案件质量由预审科把关，做到快审、快结、快移送起诉，确保“严打”期间的办案质量。同时还采取重大案件公、检、法三家联合办案的做法，公安做到快审、快结、快移送起诉，检察做到快向法院提起公诉，法院做到快审、快判决，达到对严重刑事犯罪分子依法从重从快打击的效果。“严打”斗争历时3年，共审结报捕案件401件、615人，经批准逮捕467人，移送起诉442人。

1986年下半年，县公安局预审科根据嘉兴市公安局《关于在全市推行预审工作目标管理试行方案》，制订《预审工作目标管理岗位责任制》，岗位责任制的推行，进一步提高了案件审结的质量和速度，下半年与上半年相比，案件审结平均时间缩短7.85天，其中杀人、放火、抢劫、强奸等七类案件审结平均时间下半年比上半年缩短25.88天。11月下旬，嘉兴市公安局组织预审办案质量检查，抽查13起案件15名案犯，进行阅卷检查，肯定平湖预审部门办理的重大案件速度快，质量高，取得较好的成绩。

1987年，县公安局预审科审结案件55起68人，平均审结时间为21.87天，比1986年缩短7.03天；审结七个方面案件30起38人，平均审结时间为22.06天，比1986年缩短5.61天；审结七类案件14起15人，平均审结时间为11.43天，比1986年缩短4.47天。同时，通过深挖犯罪，查破刑事案件48起（其中重大案件9起），查破治安案件14起，挖出犯罪线索8条（其中重大线索1条），新增罪名5个，逮捕1人，被列入被告起诉15人，缴获赃款赃物折价2.53万元。是年，在嘉兴市预审系统年度评比中，获预审工作目标管理第二名。

1989年，县公安局预审科进一步修正完善《预审目标管理细则》，将案件落实到人，实行办案承包责任制，并加强督促检查，使责任更加到位。同时，在案件审理中做到“案不漏人、人不漏罪、罪不漏赃”。是年，通过深挖犯罪，共查破刑事案件228起，比1988年增长一倍以上；其中重特大案件47起，比1988年增长15倍以上；挤出犯罪线索44件，挖出违法犯罪分子一批，其中逮捕23人，比1988年增长22倍；直接起诉16人，缴获赃款赃物折价合计22.5万余元，比1988年增长10倍以上。深挖犯罪工作成效明显，预审科被嘉兴市公安局记集体三等功一次。

20世纪90年代，县公安局预审科根据《浙江省预审目标管理方案》，进一步推行预审工作目标管理，落实目标岗位责任制，确保预审办案质量，提高审结时间。1990年，全年审结逮捕案件平均时间17天，审结七个方面案件平均时间16.1天，审结杀人、放火、抢劫、强奸等七类重大案件平均时间10.9天，移交公诉案件107件179人，无冤假错案发生。1995年，建立健全疑难、复杂案件集体讨论制度，提高攻坚能力。是年，对4起疑难案件进行集体讨论，通过讨论，不仅提高了办案质量，同时也使年轻民警增长业务水平，提高业务素质。

1996年，市公安局预审科配合“严打”斗争，对搜捕的违法犯罪分子做到快审、快结、快起诉，利用3天时间内完成第一次行动中54名犯罪分子的转捕工作，1个月内完成预审消化，起诉至检察院，无一退查。同时，强化深挖意识，通过对盗窃自行车团伙一案的深挖，查破积案，使被告人数由原来的2人增至11人，深挖逮捕对象8人，直诉对象1人，新增罪名1个，深挖案件247起，追缴赃车247辆。全年通过深挖犯罪，查破各类刑事案件412起，其中特大案件1起，重大案件31起，追缴赃款赃物22.88万元，查获违法犯罪分子94人，其中逮捕34人，免诉

26人，治安处罚34人，新增罪名1个。1994—1996年，预审工作连续3年达标，预审科被嘉兴市公安局荣记集体三等功一次。

1997年7月，预审科与看守所合并，成立预审监管大队。是年，预审监管干警以新修正的《刑事诉讼法》实施为契机，加强学法，以尽快适应机构调整后执法和办案工作的需要。1998年5月，实行“侦审合一”后，刑侦大队办案指导队加强对刑事案件的源头管理，通过不断建立、健全各项办案工作责任制度，理顺办案、指导关系，严格审核把关，切实履行办案及指导职能，并多次组织民警到法院旁听庭审，以增强办案民警的证据意识、诉讼意识和法律意识，使全局的刑事办案质量不断提高。

2001年，在办案指导队和责任区刑侦队建立《刑事案件主办民警责任制度》和《刑事案件考核评分奖惩制度》，进一步落实办案责任。是年，刑拘转处率为93.4%、报捕批捕率为99.4%、退查率0.3%、起诉率和准确率均达100%，在嘉兴市五县两区刑事办案质量综合评定中居首位，办案指导队获2001年度省级优秀刑侦中队称号。

2002年，办案指导队推出《刑事办案质量百分考评制度》，得到省厅和嘉兴市局办案部门的肯定和推广。通过设立特审室，购置高科技设备，应用于实际刑事办案取证，既提高了办案质量，又增强了打击犯罪的实效。2003年，建立每月办案质量点评制、跟踪制和错案追究制，落实办案责任制，强化办案效率意识，加快消化处理进度。

2004年，建立刑事案件办案质量跟踪卡、刑拘逮捕案件办案情况上墙、刑事案件四级审核把关、内部二级审核把关、办案时限催办和重大、疑难案件集体议决等六项制度。同时根据《浙江省公安机关刑侦部门预审办案工作规范》，实行刑事立案、破案、办案“三公开”制度，主动接受社会和群众监督。2005年，进一步完善公、检、法联席会议制度，在办理疑难案件过程中，邀请检、法提前介入，确保打击的精确度。

2009年，根据嘉兴市公安局的统一部署，组织预审、技术、信息、情报等专业中队开展深挖追赃竞赛活动，通过审讯深挖各类案件186起。2012年，刑大办案指导队积极更新执法观念，健全制度，严格贯彻落实《刑事案件质量考评制度》，加强与检察、法院机关的会商协调及办案衔接，主动接受法律监督。全年共受理刑事拘留1074人，移送起诉1491人，取得批捕率、起诉率均达到100%的优异成绩。同时，通过深挖破案700余起，追回赃款赃物共计百余万元。

2014年9月25日，改革办案机制，成立预审办案队，配备中层领导1名，民警9名，设置2个办案小组（七类重大刑事案件和侵财案件组，毒品、黄赌、食品药品及环保等案件组），承担移送案件的办理、提请批准逮捕、移送审查起诉和余罪深挖等职能，这一改革措施得到嘉兴市公安局的肯定，在平湖召开现场会，在嘉兴市推广。

2015年4月7日，平湖改革办案机制的做法在全省刑侦工作会议作经验交流。10月16日，省委常委、公安厅厅长刘力伟作出批示，建议厅办公室以“内部参考”形式，将平湖市局相对集中办案机制建设经验印发各地借鉴。是年，预审办案队共办结各类刑事案件464件涉案900人，深挖破获各类刑事案件80余起，深挖团伙5个，突破零口供、疑难案件25起，提供打击对象30余人，追回赃款赃物100余万元。

## 第三节　侦破刑事犯罪案件

### 一、严重暴力犯罪案例

**城关镇“1988·1·15”盗枪案和城北乡“1988·8·21”持枪杀人案**

1988年1月15日下午，城关镇环城北路政法宿舍一干部放在家中抽屉里的一支“54”式手枪和12发子弹、2680元现金被盗。案发后，县公安局成立专案组开展侦破工作，省、嘉兴市公安机关领导亲自坐镇指挥破案，并向周边公安机关发出协查通报，开展并案侦察。1月28日深夜，江苏省无锡县羊尖乡廊下村一农户家发生一起入室盗窃未遂案件，被主人发觉，案犯开枪后逃跑。经勘验，刑侦部门认定该案所用枪支系平湖“1·15”被盗手枪。3月22日，海盐县武原镇朝阳路政法宿舍一干部家中又被盗“54”式手枪子弹25发、“64”式手枪子弹20发。经勘查，发现该案与平湖“1·15”盗枪案手段相似，认定为同一案犯所为。8月21日凌晨，平湖县城北乡邵家村服装厂外勤人员陆某某从上海乘夜班轮船返回平湖回家途中遭枪杀，并抢走陆随身携带的密码箱等物。经勘验，作案者使用的枪支仍为平湖“1·15”被盗手枪。

1989年3月，据上海市川沙县公安局一在押犯检举称：1987年被川沙县公安局收审期间，结识同县的张若飞。1988年1月15日，两人曾结伙前往平湖县城关镇“白闯”作案，张在偷到现金的同时，还偷到一支手枪和子弹。接到川沙县公安局通报后，平湖县公安局和嘉兴市公安局立即组织力量赶赴川沙县公安局进行调查核实，确认犯罪嫌疑人张若飞。4月5日，在上海市公安局、川沙县公安局的协助下，在武汉仙桃市将张若飞抓获归案。经审讯，张若飞（28岁，上海市川沙县五港乡人）交代在平湖盗窃枪支，到无锡持枪抢劫，再到海盐盗窃枪支，又回到平湖持枪抢劫，开枪打死陆某某的犯罪事实。张若飞犯盗窃枪支、弹药罪，惯窃罪，抢劫罪，故意杀人罪，判处死刑，剥夺政治权利终身，1989年8月21日被执行枪决。

**新仓镇“1994·3·5”恐吓信敲诈案**

1994年3月5日夜，新仓镇大进村3组李某某收到威吓敲诈现金3万元的匿名纸条，犯罪分子用尖刀将纸条插在李家灶间的门上。在约定取款的7日夜，犯罪分子又用火药枪击伤送款人。案发后，市公安局通过笔迹鉴定，于5月25日在新仓长寿村抓获犯罪分子张某某，成功破获此案。经审查，张某某对写恐吓信敲诈供认不讳，同时，还交代曾持刀抢劫同镇幸福村全某某现金1050元的余罪。1994年8月8日，平湖市人民法院以抢劫罪、敲诈勒索（未遂）罪判处张某某有期徒刑8年。

**乍浦镇“2005·12·18”绑架案**

2005年12月18日，乍浦镇一公司法人代表吕某妻子钱某遭绑架，案犯向吕某索要50万赎金。经平湖、嘉兴两级公安机关侦查，于12月19日下午5时在海盐县西塘镇将犯罪嫌疑人何某某、方某某抓获，成功解救人质钱某，并缴获犯罪工具短管火药手枪2支，手铐、匕首各一副。经查明，犯罪嫌疑人何、方两人事先预谋、踩点、准备作案工具，于12月18日对钱某实施绑架，硬逼钱某、吕某交钱赎人。何某某犯绑架罪、非法持有枪支罪被判处有期徒刑14年，方某某犯绑架罪被判处有期徒刑10年。

**二、杀人犯罪案例**

**南桥公社“1973·5·29”杀人抛尸案**

1973年5月29日，平湖县南桥公社南阳大队与上海市金山县廊下公社中丰大队交界处的泖口塘河中发现一具中度腐烂的男性尸体，经上海市金山县公安局尸源查证为平湖县南桥公社南阳大队下乡知识青年陆某某。平湖县公安局在上海市公安局和金山县公安局的协助下，于6月9日锁定犯罪嫌疑人邵金锁（平湖县新埭镇人，系与死者同队下乡知识青年），并在上海、平湖两地发出通缉，6月20日晚在上海县漕宝路7号桥抓获归案。经审讯，邵交代5月26日深夜12时许，在自己住处趁前来玩耍的知青陆某某酒后熟睡之际，用啤酒瓶猛击头部、扼脖子等手段将其杀死，后移尸于金山县交界处的泖河中。6月9日凌晨，携带劫得的北京牌全钢手表一块、红雷牌五管半导体收音机一架及被害者的随身衣裤、现金等全部财物后潜逃的犯罪事实。邵金锁被判处死刑，1974年7月25日执行枪决。

**新庙公社“1979·3·26”杀人分尸案**

1979年3月26日下午，两名捕鱼者在平湖县与金山县交界的白泾河中发现一具无名尸体，尸体被用塑料薄膜雨衣捆包，并绑有两块大青砖，即向公安机关报案。接案后，县公安局及时组织力量侦破，经查死者系新庙公社跃进大队扎布筘竹丝匠张某某，于1978年12月5日失踪，曾多方查找，均无着落。经过3个多月的连续作战，在上海市、金山县及嘉兴地区、浙江省公安机关的协助下，于1979年7月6日将犯罪嫌疑人王金法在其家中抓获归案。并缴获被害人的手表、粮票等罪证。案犯王金法交代1978年12月5日以同去卖布筘为名，将张骗入自己房内，用竹工刀将其杀死后分尸，并在灶间掩埋、焚烧尸块，为逃避公安机关侦查后又移尸于白泾河沉下，窃得手表等钱财后畏罪潜逃至萧山、富阳等地的犯罪事实。1980年1月27日，王金法被平湖县人民法院判处死刑，剥夺政治权利终身。5月8日经浙江省高级人民法院核准，执行死刑。

**瓦山乡“1991·4·2”杀人奸尸案**

1991年4月2日夜，瓦山乡金联村妇女陈某某从服装厂下班返家途中，被一犯罪分子拦截后推倒在路边油菜田里，欲对其实施强奸，陈反抗，被扼颈、捂嘴窒息死亡，并奸尸。后将尸体绑上石块沉于距受害者住屋200米处的池塘中。县公安局在现场勘查时，及时提取受害人体内的精液，在划定的侦查范围内开展DNA技术比对，经公安部第二研究所鉴定，认定黄金培是该案的犯罪嫌疑人。9月21日，黄金培被刑事拘留，交代全部犯罪事实。此案为浙江省首例利用DNA技术破案的案例。黄金培犯故意杀人罪，判处死刑，剥夺政治权利终身。

**乍浦镇“2001·2·3”杀人埋尸案**

2001年2月3日晚，乍浦镇马家荡村女青年王某下班回家途中被人杀死。经过一个多星期的专案侦破，2月12日将犯罪嫌疑人钟美根抓获归案。经审讯，钟交代2月3日晚9时许，在乍浦镇看完录像骑车回家路上，尾随一单身女青年王某至佳乐制衣厂北侧交叉路口，追上前去将其按倒在地，进行侮辱，遭该女反抗，钟唯恐罪行败露而起意杀人，用双手叉被害人颈部，致其窒息死亡。嗣后，又剥去被害人衣裤，对尸体进行侮辱后埋尸灭迹，次日上午潜逃至金山的犯罪事实。2001年6月15日，嘉兴市中级人民法院以故意杀人罪判处钟美根死刑，剥夺政治权利终身。钟美根不服，提出上诉，被浙江省高级人民法院驳回，维持原判。9月26日执行死刑。

**曹桥乡“2001·2·22”杀人沉尸案**

2001年2月22日下午，曹桥乡马厩塘庄基村河道中发现一具无名女尸，死者身体被电线捆绑。经侦查，死者为原海盐海利玩具厂女工李某某。3月2日凌晨，抓获犯罪嫌疑人陆建华。经审讯，陆交代与李因感情纠葛，为摆脱李的纠缠，即萌生杀人恶念。1月5日、6日、7日，将李诱骗至桐乡濮院一旅馆，在旅馆内连续三次试图用安眠药放入饮料中骗其服用，均未致李死亡。8日，两人在濮院一租房内再次发生争吵，陆采用掐颈、捂嘴等手段将李杀死，用电线及塑料绳将被害人尸体捆绑后装进编织袋，再取来水泥预制板一块，一并装入纸箱，骑摩托车沉尸于海盐西塘桥镇东塘桥下河中的犯罪事实。2001年8月3日，嘉兴市中级人民法院以故意杀人罪判处陆建华死刑，剥夺政治权利终身。陆不服，提出上诉，被浙江省高级人民法院驳回，维持原判，9月26日执行死刑。

**乍浦镇“2003·9·8”抢劫杀人案**

2003年9月8日晚10时许，乍浦镇染店桥村两名女工下班回家途经14组路段被歹徒持铁棍殴打，抢走金手链、金戒指等物，受害人朱某某抢救无效死亡。案发后，市局成立由40名干警参加的专案组，根据现场勘查，专案组准确划定侦查范围，认真分析刻画犯罪嫌疑人条件、逐人逐户排摸，张贴悬赏通告、阵地布控、秘密调查等多种措施并举。10月28日凌晨，确定两名重大犯罪嫌疑人，3时开始专案组兵分两路，昼夜兼程赶赴安徽蒙城县和固始县，于当晚11时许将犯罪嫌疑人张小虎、牛二伟抓获归案。经审查，两名犯罪嫌疑人分别交代9月8日晚10时许，对一女工实施抢劫作案后因恐罪行败露，用铁棍猛击被害人朱某某头部并致朱死亡的犯罪事实。此外，两人还犯有盗窃等罪行。张小虎犯故意杀人罪、抢劫罪、盗窃罪，判处死刑，剥夺政治权利终身；牛二伟犯故意杀人罪、抢劫罪、盗窃罪，判处死刑，缓期二年执行，剥夺政治权利终身。

**当湖街道“2007·4·4”杀人分尸案**

2007年4月4日下午，当湖街道曹兑村水域发现一女性头颅，通过走访，查实死者为金某某。经侦查于9日中午抓获犯罪嫌疑人蔡海华（平湖市曹桥街道人），蔡交代因婚外情纠纷于3月28日晚用榔头将情妇金杀死后分尸抛尸的犯罪事实，同时还主动交代2005年3月28日将其妻杀害后抛入自家后院已废弃水井，并填上砖块等加以掩盖。事后，谎编其妻离家出走来掩人耳目的犯罪事实。蔡海华被判处死刑，剥夺政治权利终身。

**钟埭街道“2012·5·16”杀人分尸案**

2012年5月16日下午，钟埭派出所接到辖区富丽雅大酒店服务员张某报案称：同在酒店工作人员萧某某（女，42岁，四川三台人）于4月9日早晨7时左右离店后失踪。经侦查，作案者系其亲属高建东（20岁，河北霸州人），于5月18日凌晨，在河北霸州至西安列车上将高建东缉获。经审讯，高交代在4月9日因贪图钱财与有亲戚关系的萧某某发生口角，遂起冲突，采用扼颈、捂嘴等手段将其杀害，后用菜刀分尸，将尸块抛弃于当湖街道城西路与平湖大道路口西北侧窨井等处，后又将死者银行卡 3 万余元取出逃离的犯罪事实。高建东被判处死刑，缓期二年执行，剥夺政治权利终身。

**林埭镇“2013·9·19”杀人抛尸案**

2013 年 9 月 19 日下午，市公安局接群众报警称林埭镇徐家埭村寺桥头河面漂浮一具女尸。接案后，迅速调集刑侦、网警、派出所等警力组成专案组，连夜开展侦查工作。从死者的身份信息调查着手，通过对发案地附近网吧的上网人员信息进行海量检索、碰撞和分析，查明死者系暂住出租房的徐某某（女，15 岁）。同时，发现与其交往密切的王艳青有重大作案嫌疑，此人已逃离平湖。9 月 20 日晚，追捕组长途跋涉 6 小时后在安徽蒙城县一招待所内将犯罪嫌疑人王艳青抓获。经审查，王交代 9 月 14 日晚在其租房内与徐某某因琐事发生纠纷，将徐杀害，后藏尸 3 天。17 日凌晨，抛尸于租房南侧河道内，18 日潜逃回老家。王艳青被判处死刑，缓期二年执行，剥夺政治权利终身。

**三、抢劫、抢夺犯罪案例**

**黄姑乡信用社独山分社抢劫案**

1984 年 4 月 19 日上午 7 时，犯罪嫌疑人万震亚（江苏宜兴县人）持弹簧跳刀闯入平湖县黄姑乡信用社独山分社实施抢劫，出纳员盛莲娣大声呼救，并拿起饭桌上的一把菜刀与万搏斗。搏斗中，万用弹簧跳刀刺伤出纳员盛莲娣、信用社会计陶宏伟及闻声赶到的乡村医生宋补荣，万从信用社后门逃跑，连续游过两条河后被当地群众抓获，并在独山驻军的协助下送交公安机关。6 月 6 日，嘉兴市中级人民法院依法判处万震亚死刑，剥夺政治权利终身。万不服，提出上诉，被浙江省高级人民法院驳回，维持原判，核准死刑。

**城关镇、胜利乡系列抢劫、抢夺单身妇女金项链案**

1994 年 4 月至 1995 年 3 月，城关镇连续发生多起夜间单身妇女金项链被抢案件。经专案侦查，于 1995 年 3 月 31 日抓获抢劫犯罪嫌疑人陈明显，破获自 1994 年 4 月以来发生在城关镇、胜利乡等地的 8 起夜间系列抢劫单个妇女金项链案件，劫得金项链 6 条、金手镯 1 只、金耳环 3 只，案值 1.83 万余元。同时破获 1994 年 4 月 22 日抢劫过程中，对被害人实施强奸案件一起，破获 1995 年 1 月中旬某夜，抢夺他人金耳环一副，价值 1000 余元。1995 年 11 月 1 日，嘉兴市中级人民法院以抢劫罪、强奸罪、抢夺罪判处陈明显死刑，剥夺政治权利终身。陈不服，提出上诉，被浙江省高级人民法院驳回，维持原判，核准死刑。

**城关镇当湖桥工地抢劫杀人案**

1995 年 5 月 11 日凌晨，城关镇当湖桥工地值班员金某某被人杀害。案发后，市公安局组织专案组，开展专案侦察，经过 8 个月的侦察，查明犯罪分子系安徽临泉马宗三等 4 人。1996 年 2 月 14 日在安徽将其中一名同案犯马某金抓获，交代了伙同马宗三、马某良、马某好等人，在当湖桥工地盗窃电焊机时被值班员发现并追上，马宗三用铁管将值班员杀害的作案过程。马宗三等 3 人长期潜逃在外，时隔七年后于 2001 年 11 月、12 月分别将马宗三、马某良、马某好等 3 人从新疆等地抓获归案。2002 年 6 月 7 日，嘉兴市中级人民法院作出一审判决，被告人马宗三犯抢劫罪、盗窃罪，判处死刑，剥夺政治权利终身，马某好、马某良犯盗窃罪，分别判处有期徒刑 1 年 6 个月、有期徒刑 1 年的刑罚。马宗三不服，提出上诉，被浙江省高级人民法院驳回，维持原判，10 月 24 日被执行死刑。

**乍浦镇抢劫杀害出租车司机案**

2000 年 6 月 5 日晚，乍浦镇建新村 9 组出租车驾驶员陆某某，驾驶出租车在乍浦天妃路接一男子上车后失踪。市公安局接报后，迅速成立专案组，开展侦查。7 月 18 日，专案组分别在安徽舒城和平湖市乍浦镇抓获安徽籍犯罪嫌疑人谈家强和谈某 2 人。经审查，2 人分别交代 6 月 5 日晚用事先准备好的铁链等作案工具杀害驾驶员陆某某，抢走桑塔纳汽车一辆和三星手机一部及现金 600 余元，案值 10.40 万余元。作案后由谈某驾驶劫得的出租车逃至安徽舒城。次日深夜，谈家强将被害者尸体埋于自家院内，将劫得的出租车藏匿于自己承租的门面房内。谈家强犯抢劫罪，判处死刑，剥夺政治权利终身；谈某犯抢劫罪，判处无期徒刑，剥夺政治权利终身。

**当湖街道“2008·8·25”抢劫杀死夫妇两人案**

2008 年 8 月 25 日晚，当湖街道环城北路 37 号 301 室朱某某家发生入室抢劫，夫妇俩被犯罪分子砍伤致死。案发后，平湖、嘉兴两级公安机关组成专案组，开展侦查。28日下午在杭州西湖区抓获重大作案嫌疑人赵攀（安徽怀远县人）、李建（陕西佛坪县人）及孙戈（陕西洋县人）等3人。经审查，3人交代25日晚伙同另2名作案人员杨洪玉（云南昆明市人）、鲁某某（陕西兴平市人）持刀在当湖环城北路东侧伺机抢劫未遂，后合谋窜至一居民楼，发现一住户房门未关，闯入室内，将朱家夫妇用刀砍伤致死，抢走手机3部、现金400元的犯罪事实。鲁、杨2人分别于9月8日、9月14日抓获归案。2009年4月9日，嘉兴市中级人民法院对以上5名被告作出判决，赵攀、李建犯抢劫罪，判处死刑，剥夺政治权利终身；孙戈、杨洪玉犯抢劫罪，判处死刑，缓期二年执行，剥夺政治权利终身；鲁某某犯抢劫罪，判处无期徒刑，剥夺政治权利终身。

**当湖街道“2009·3·9”抢劫、强奸、杀人案**

2009年3月9日，当湖街道孟秀新村45幢147号102室发生一起凶杀案，租房客黄某某（女，海宁市人），被扼颈窒息死亡。案发后，市公安局迅速抽调刑侦、网警、治安及派出所警力开展专案侦查，从死者黄某某的身份信息调查着手，对相关信息进行海量检索、碰撞和分析，终于在几十万条信息中，发现一个叫岳远振（山东微山县人）的人有大量与本案互相联系的线索，具有重大作案嫌疑，后通过印证、甄别和扩线侦查，掌握另一个犯罪嫌疑人徐某某（湖北大冶市人），立即采取技术定位，并组成两个抓捕小组实施抓捕。3月13日，犯罪嫌疑人岳、徐分别在上海和福建落网。3月16日，犯罪嫌疑人段某某（湖北大冶市人）在武汉被抓获。经审讯，3名犯罪嫌疑人对3月4日晚抢劫、强奸、杀人的犯罪事实供认不讳。岳远振犯抢劫罪、强奸罪，判处死刑，剥夺政治权利终身；徐某某、段某某犯抢劫罪、强奸罪，分别被判处有期徒刑18年，剥夺政治权利5年。

**钟埭街道“2010·2·13”抢劫杀人埋尸案**

2010年2月13日晚，钟埭街道白马池浜新村42号西侧水渠内发现一具被埋女尸，经勘查，死者为暂住池浜新村43号302室刘某某。案发后，市局迅速启动命案侦破机制，经嘉兴、平湖两级公安机关侦查，2月14日，在湖南祁东县双桥镇丁塘村将作案后潜逃回家的犯罪嫌疑人周柳城抓获归案。经审讯，周交代因赌博输钱，1月26日晚8时许，爬屋顶进入隔壁租房行窃，被下班回屋的事主发现，将其杀死，劫取其身边的少量现金，后移尸至池浜新村42号西侧水渠掩埋，并将被害人租房内的生活用品焚毁，以制造被害人突然搬离租房假象的犯罪事实。周柳城犯抢劫罪，判处死刑，缓期二年执行，剥夺政治权利终身。

**当湖街道“2011·4·23”抢劫杀人抛尸案**

2011年4月23日中午，当湖街道朝南埭小区附近河道内发现一旅行箱，内有一具女尸。经勘查，系他杀，死者为暂住当湖街道三北村武某某。市局迅速启动命案侦查机制，调集全局警力组成物证访问、场所排摸、社区调查、车辆走访、信息研判等15个专案工作组，综合运用多种侦查手段，开展全方位调查走访和排查工作。经平湖、嘉兴两级公安机关侦查，在28个小时内成功告破，抓获犯罪嫌疑人邓昌福（福建顺昌县人）。邓交代因赌博输钱，于4月19日晚，以介绍客人为由，将被害人骗至自己租房内将其杀死，劫取现金、手机及银行卡等（价值2万余元），于4月21日凌晨抛尸当湖街道新华桥西侧河道内的犯罪事实。邓昌福犯抢劫罪，判处死刑，剥夺政治权利终身。

**当湖街道“2012·2·4”持枪抢劫案**

2012年2月4日23时20分许，5名歹徒携带砍刀、匕首、假枪，蒙面闯入位于当湖街道叔同路商业文化广场一棋牌室，采用持假枪威胁、刀砍等暴力手段，对在棋牌室内等10余名人员实施抢劫，造成轻伤、轻微伤各1人，抢走大量现金及金项链、金挂件、金戒指等物品，共计价值21万余元。案发后，市公安局组织专案侦破。13日，在嘉兴市局相关警种配合下，在上海、嘉善等地抓获胡某某（黑龙江省人）等5名犯罪嫌疑人，缴获被抢赃款10余万元。胡某某犯抢劫罪，判处无期徒刑，剥夺政治权利终身；其余4名涉案人员分别被判处13～11年不等的有期徒刑及剥夺3～1年不等的政治权利。

**四、流氓、涉黑、涉恶犯罪案例**

**王某某和王某等流氓团伙案**

20世纪80年代初，城关镇以王某某和王某为首的两个流氓团伙，均为社会闲散人员，相互纠集，一起合影聚餐，结盟发誓，并还建有联络点和联络暗号等，形成较为紧密的组织体系。他们经常在平湖城乡拦路侮辱、强奸妇女，殴打无辜，抢劫，抢夺，诈骗他人钱财，寻衅滋事，聚众斗殴，称霸乡里，严重危害社会治安。1983 年 8 月，全国“严打”斗争开始后，这两个流氓团伙被成功摧毁，并依法从重从快予以惩处。

王某某流氓集团案 10 人经平湖县人民法院一审、嘉兴地区中级人民法院再审和浙江省高级人民法院复核，分别以流氓罪、抢劫罪、抢夺罪、诈骗罪和盗窃公文罪依法追究刑事责任。首犯王某某被判处无期徒刑，剥夺政治权利终身；盛某某、周某某、钱某某被判处有期徒刑 20 年；陈某平被判处有期徒刑 15 年，其余 5 人分别被判处 9 ～ 2 年不等的有期徒刑。

王某流氓案 20 人经平湖县人民法院一审、嘉兴市中级人民法院再审，分别以流氓罪、强奸罪、盗窃罪、诈骗罪和敲诈勒索罪依法追究刑事责任。其中王某、李某某被判处无期徒刑，剥夺政治权利终身；2 人被判处有期徒刑 20 年，剥夺政治权利 5 年；2 人被判处有期徒刑 15 年，剥夺政治权利 5 年；1 人被判处有期徒刑 14 年、剥夺政治权利 5 年；2 人被判处有期徒刑 13 年，剥夺政治权利 4 年；1 人被判处有期徒刑 12 年、剥夺政治权利 4 年；其余 6 人分别被判处有期徒刑 8 ～ 2 年、剥夺政治权利 3 ～ 1 年不等；4 人分别被判处有期徒刑 4 ～ 2 年不等。

**城关镇“1996·1·5”流氓火拼案**

1996 年 1 月 5 日下午，城关镇天龙池浴室发生两流氓团伙持械火拼事件，造成一人重伤、一人轻伤，损失物品 1000 余元，浴室外聚集上百名群众围观，交通严重受阻。经专案侦查，市公安局摧毁以全塘镇无业青年陆某及城关无业青年李某某为首的流氓团伙，19 名涉案人员分别以流氓罪被依法追究刑事责任，其中陆某被判处无期徒刑，剥夺政治权利终身；李某某被判处有期徒刑 14 年，剥夺政治权利 3 年，其余 17 名涉案人员分别被判处 9 年、8 年 6 个月、8 年、7 年 6 个月、7 年、6 年不等的有期徒刑。

**李某某等黑恶团伙案**

2009 年 8 月 2 日，市公安局根据线索深挖，发现以李某某（34 岁，辽宁省普兰店市瓦窝镇人）为首的东北籍黑恶势力团伙，涉案 20 余人，平时相互支持，在平湖开设赌场、敲诈勒索、故意伤害、雇用杀手用尖刀挑断手筋、脚筋，非法拘禁、聚众斗殴等。此案列为省厅督办案件，开展专案侦查。通过侦查，在获取大量证据的基础上，嘉兴、平湖两级公安机关于 9 月 3 日凌晨，组织 100 余名警力，在辽宁、平湖、上海等地实施抓捕，当夜共抓获涉案犯罪嫌疑人 20 余名，查获涉黑资金 86 万元，收缴枪支 4 支、子弹 3 发，扣押汽车 2 辆、砍刀 29 把、双节棍 2 根及数十套吸毒、赌博工具。成功摧毁一个已盘踞平湖 10 余年的以辽宁籍李某某为首等黑恶团伙，共涉案 53 起。2010 年 12 月 28 日，平湖市人民法院对此案作出一审判决，李某某等 15 人分别以组织、领导、参加黑社会性质组织罪、故意伤害罪、聚众斗殴罪、寻衅滋事罪、非法拘禁罪、非法持有枪支罪、开设赌场罪、赌博罪、容留他人吸毒罪、窝藏罪等 10 项罪名追究刑事责任，为首分子李某某被判处有期徒刑 15 年，其余 14 名涉案成员分别判处 11 年、10 年、9 年、8 年、7 年 8 个月、5 年 4 个月、3 年 4 个月、2 年 4 个月、2 年、1 年 10 个月、1 年 4 个月、6 个月不等的有期徒刑及拘役 6 个月、缓期 1 年的刑罚。

**五、强奸犯罪案例**

**林埭镇“1982·9·25”特大轮奸案**

1982 年 9 月 25 日深夜 11 时，平湖地毯厂女工赵某某中班返家到林埭虹霓，途中被 2 名犯罪分子劫持至路边一竹园处，采用暴力进行轮奸。县公安局接报后组织警力，经过七个昼夜连续奋战，抓获包某某、刘某某（均系瓦山公社农民）等 2 名犯罪分子。经审理，包某某、刘某某对劫持妇女进行轮奸犯罪事实供认不讳，两犯同时还犯有盗窃罪，分别被判处有期徒刑 9 年、6 年。

**全塘镇“1988·5·22”拦路强奸案**

1988 年 5 月 22 日下午，全塘镇穗轮村一孕妇回婆家途经该镇南星村生塘桥（金沙村一组通往金山乡永联村）附近，被一犯罪分子持刀威胁抢劫，见其拎袋内无钱，又将其推、拖至油菜田里，用拎袋捆住其双手，进行强奸，并抢走现金 30 元。奸后，又用田内的草绳将被害人双手捆扎加固后逃离现场。案发后，县公安局组织警力开展侦破，经过半个月侦查，抓获犯罪嫌疑人胡某某，胡某某对强奸、抢劫的犯罪事实供认不讳，被判处有期徒刑10年。

**城关镇系列入室强奸案**

1988年4月至1989年9月，在城关镇平湖师范、平湖中学、城关中学女生宿舍，解放路小学服装培训女工宿舍及平湖袜厂经编车间、平湖酒厂、平湖标牌厂女工宿舍发生多起蒙面入室强奸案件。案发后，公安机关组织警力开展侦破，于1989年9月20日在夜间巡逻中将伺机作案的犯罪分子沈申观（平湖水产公司原职工）抓获归案。经查，1986年4月至1989年9月间沈采用蒙面闯入学校女生宿舍、工厂女工宿舍，以胁迫、威吓手段侮辱、猥亵妇女30人次、强奸妇女4起。1989年12月25日，嘉兴市中级人民法院以流氓罪、强奸罪依法判处沈申观死刑，剥夺政治权利终身。沈申观不服，提出上诉。1990年3月4日，经浙江省高级人民法院裁定，驳回上诉，维持原判，核准死刑。

**新庙镇特大系列轮奸、抢劫案**

1996年12月至1997年2月，新庙镇乡村道路多次发生夜间下班女工遭犯罪分子拦路强奸、轮奸案件。案发后，市局组成以刑侦大队和新庙派出所为主的专案组开展侦查，奋战21个昼夜，踏遍发案周围4个镇26个村，排查嫌疑对象1843名，于1997年3月7日，在上海金山区钱圩镇抓获王某某（系钱圩镇双圩村人）等4名轮奸、抢劫团伙犯罪嫌疑人。经审查，1996年12月以来，该团伙成员时分时合，闲逛于平湖市新庙镇新衙公路、新杉支路等路段，选择夜间下班女工为作案对象，采用捂嘴、威胁、殴打等手段，结伙进行轮奸、抢劫作案4起（1起既遂）。从而使震惊上海金山、平湖新庙两地特大系列轮奸、抢劫大案胜利破获。王某某被判处无期徒刑，剥夺政治权利终身；朱某某被判处有期徒刑20年，剥夺政治权利3年；其余2人分别判处有期徒刑2年6个月、2年。

**六、盗窃犯罪案例**

**惯窃纪阿五案**

1956年3—10月间，平湖县人委机关、农村信用社、供销社，剧团、商店及居民、农宅连续发生盗窃案件，被窃手表、绒线、闹钟、钢笔、衣服、球鞋、套鞋、雨伞及储蓄券74元、公债券10元和人民币100多元。经县公安局侦查，于10月26日，查获惯窃纪阿五（平湖县城北乡放生村人）。1957年6月4日，县人民法院依法判处纪有期徒刑7年。后在县看守所劳改时纪又4次越狱潜逃，继续行窃，1957年10月28日被群众捕获，押送归案。1958年3月，纪在看守所再次越狱潜逃，当日被抓获归案。纪被平湖县人民法院依法判处死刑，剥夺政治权利终身。该案系新中国成立后第一起因犯盗窃罪被判处死刑的案件。

**城关镇“1984·1·1”盗窃保险箱案**

1984年1月1日深夜，位于城关镇西小街的玻璃纤维厂财会室整只保险箱被盗，内有现金、银行存折、国库款等价值1.17万元，为平湖首起盗窃保险箱案件。案发后，县公安局组织专案组，经过20天的侦查，抓获案犯叶某某（系内部职工），并在其家中缴获被盗巨款及毁坏的保险箱。叶被判处无期徒刑，剥夺政治权利终身。

**徐埭、城北、胜利三乡系列盗窃大案**

1987年5月24日至7月11日，徐埭、城北、胜利三乡发生白闯、夜窃案件8起，被盗现金、存款、物品等价值近1万元，是平湖历史上首起系列盗窃大案。县公安局成立以刑侦队为主要力量，抽调发案地派出所警力组成的专案组，进行攻坚克难，历时40天，在杭州仙洲旅社将高某某抓获归案，破获全案。高某某被判处有期徒刑10年，剥夺政治权利3年。

**孙中云等特大流窜盗窃团伙案**

1992年2月，市公安局通过一封匿名信件提供的线索，查获以孙中云（平湖市人）为首的特大流窜盗窃犯罪团伙。1989年9月至1992年2月，团伙人员单独或结伙，先后在城关镇、乍浦镇，海盐县斜桥镇、富亭乡、石泉镇，上海市南汇县，江苏省吴江县盛泽镇等地，采用撬门窗、翻阳台等手段，盗窃作案17次，窃得烟、酒、二轮摩托车、自行车、船用柴油机、挂桨机、拖拉机配件、电瓶、电瓶汽车篷布等物品以及现金、国库券等，总计价值5.58万元。经嘉兴市中级人民法院一审、浙江省高级人民法院裁定，主犯孙中云被判处死刑，缓期二年执行，剥夺政治权利终身；江某某被判处有期徒刑15年，剥夺政治权利3年；尤某某被判处有期徒刑2年，缓刑3年。

**城关镇、白马乡系列盗窃案**

1994年9月至1996年11月，城关镇、白马乡居民区连续发生傍晚盗窃案件。市公安局将此案列为1996年“双百会战”（百日破案、百日防范）重点案件全力攻坚，组织57名民警、20名联防队员晚上连续守候14天，于11月26日晚将正在作案的犯罪嫌疑人张某某抓获归案。经查明，张某某在1975年至1992年间因犯盗窃罪先后4次判刑。刑满释放后，1994年9月至1996年11月，采用翻围墙、爬阳台、爬窗、撬锁、插片等手段，疯狂进行盗窃作案。审查中，张拒不交代，公安机关凭现场留下的痕迹鉴定及缴获的赃物等证据，以零口供认定盗窃作案17次，案值3.63万元。1997年6月20日，嘉兴市中级人民法院判处张某某无期徒刑，剥夺政治权利终身。

**城关、乍浦两镇特大盗窃家电案**

1997年1月起，城关镇、乍浦镇连续发生居民住宅白天被盗彩色电视机、录像机等重特大案件。市公安局组织警力，开展专案侦察，并与邻近相关地区发案进行串并。3月22日，抓获犯罪嫌疑人沈滔（上海青浦县人，系追捕2年未获的在逃犯）等2人。经查，沈滔等2人自1996年3月至1997年3月，先后在嘉兴市及上海市金山县等地盗窃居民家电，作案36起，案值8.80万元。沈滔被判处死刑，缓期二年执行，剥夺政治权利终身；徐某某被判处有期徒刑7年。

**张某志等特大盗窃摩托车团伙案**

1998年8—10月间，城关镇连续发生盗窃摩托车案件。市公安局接报后，运用各种侦查措施和手段，缜密侦查，一举摧毁集盗窃、运输、销赃于一体的重庆南川籍特大盗窃摩托车团伙，抓获流窜作案的犯罪嫌疑人张某志等7人，破获1998年5—10月发生在平湖市城关镇、乍浦镇及上海闵行区等地盗窃摩托车、助动车案件15起，总案值17万余元。7名涉案人员被依法追究刑事责任，其中张某志、韦某生、张某权、韦某贵等4人分别以盗窃罪判处有期徒刑10年、7年6个月、4年3个月和4年，另3人分别以销售、收购赃物罪判处有期徒刑1年6个月、缓刑2年，有期徒刑1年、缓刑1年6个月，有期徒刑6个月、缓刑1年的刑罚。

**张某某等盗窃轿车大案**

2006年12月，当湖、乍浦等地发生多起盗窃轿车案件，涉案价值巨大，此类案件在平湖历史上属于首例。市公安局组织专案组，全力开展破案攻坚。经缜密侦查，于2007年4月4日，在嘉兴一酒店内抓获犯罪嫌疑人张某某、刘某某等3人，后于11日，抓获另一名犯罪嫌疑人。经审查，自2006年12月至2007年3月间，该团伙先后在平湖市当湖、乍浦镇及嘉兴市南湖区、嘉善县魏塘镇、江苏省苏州市、绍兴市越城区等地，采用撬锁等手段，作案14起，盗窃汽车14辆，案值162.54万元。张某某、刘某某被判处无期徒刑，剥夺政治权利终身；戴某某、柯某某分别判处有期徒刑11年、7年6个月。

**周某某等盗窃变压器案**

2012年2月22—26日，当湖街道发生3起变压器被盗案件，电力主干线路遭到破坏，社会影响很大。案发后，市公安局调集刑侦大队、当湖派出所组织专案侦破，经案件串并，嘉兴市范围内多地发生此类案件，通过调查走访、视频侦查等手段，最后锁定盗窃变压器团伙的人员信息和活动轨迹。3月22日深夜，在嘉兴市局的统一组织下，平湖、南湖、秀洲三地公安机关联合行动，组织上百名警力在南湖东栅、秀洲新城及王江泾展开统一收网行动，抓获周某某（四川高县人，公安部网上逃犯）等6名盗窃、收赃犯罪嫌疑人。经审讯，周某某等6人结伙流窜于平湖、南湖、秀洲、海宁、桐乡等地盗窃变压器、电缆线案件11起，案值57.32万元。周某某犯盗窃罪、脱逃罪，判处有期徒刑14年；熊某某、谭某某分别判处有期徒刑12年、10年；其余2人分别被判处有期徒刑7年6个月、6年；另1人犯掩饰、隐瞒犯罪所得罪，判处有期徒刑6个月、缓刑1年。

**七、食药环犯罪案例**

**袁某某等生产、销售“地沟油”案**

2011年9月，市公安局接群众举报位于新仓镇新庙集镇杀牛场经营人员袁某某等人用动物油的废料生产“地沟油”的线索，即成立专案组展开专案侦查，此案后被公安部定为“10·21”专案。2012年3月22日对该案进行收网，当场抓获主要犯罪嫌疑人袁某某（安徽利辛县人）等2人。经查，2007—2010年，袁某某等人在新仓镇开设的炼油厂内利用废弃的牛脂肪提炼动物牛油，销售给食用油生产企业上海市仕明油脂有限公司，计220余吨，销售金额达130余万元。成功破获嘉兴市首例“地沟油”犯罪案件。2名涉案人员被依法追究刑事责任，分别以生产、销售有毒、有害食品罪，判处有期徒刑3年，1年6个月、缓刑2年。

**杨某某等生产、销售病死猪肉案**

2012年2月，市公安局通过对一套牌小型汽车的审查，获取非法收购病死猪的线索，后组织专案侦查，经过近6个月的缜密侦查和专案经营，查获杨某某（海盐县人）、谢某某（平湖市人）、盛某某（平湖市人）等9人的犯罪团伙，当场查获屠杀病死猪窝点1个，储藏病死猪窝点2个，生产、销售病死猪半成品窝点3个。经查，2009年8月起，杨某某等人从平湖广陈、新埭、嘉善姚庄、海宁、海盐西塘桥等地以低价收购病死猪，后在平湖市新仓镇秦沙村、钟埭街道联丰村租房中进行屠杀，将病死猪分割后分别在上海石化、嘉定、江苏苏州、南通及浙江温州等地农贸市场进行销售。杨某某、谢某某、盛某某等3名涉案人员被依法追究刑事责任，分别以生产、销售不符合安全标准的食品罪，判处有期徒刑2年、1年2个月、7个月。

**罗某某等收购、加工、贩卖病死甲鱼骨案**

2013年7月，市公安局在“打四黑除四害”的排摸工作中发现曹桥街道孔家堰村有部分村民从事收购加工病死甲鱼骨进行出售牟利的犯罪线索，即成立专案组开展专案侦查。通过外侦内调，结合话单分析及网上作战，查证、固定犯罪证据。历时2个月，锁定罗某某（江西丰城市人）等一伙犯罪嫌疑人。8月14日、15日，组织60余名警力在平湖、嘉兴南湖区和杭州萧山等地展开集中收捕行动，抓获罗某某等13名犯罪嫌疑人，缴获病死甲鱼骨1万余斤。经查，2008年7月至2013年8月，罗某某等人收购、加工、贩卖病死甲鱼骨2.5万余斤，案值480万余元。该案6名涉案人员分别以生产、销售伪劣产品罪追究刑事责任，罗某某、周某某被判处有期徒刑4年6个月；另1人被判处有期徒刑1年6个月；其余3人分别判处有期徒刑1年6个月、缓刑2年，6个月、缓刑1年，拘役5个月、缓刑10个月不等的刑罚。

**王某某非法倾倒工业污泥案**

2013年8月28日，市公安局成功侦破安徽籍犯罪嫌疑人王某某等人非法倾倒含有镍、铬等重金属有毒物质工业污泥案件。经查，2013年6月间，王某某伙同他人经与平湖市广陈镇三红村一屠姓村民商量，由王某某联系船只并提供污泥，另一人负责装卸填埋。事后，王某某将10余船，5000余吨的有毒污泥倾倒在位于广陈镇三红村北滩汇屠姓村民承租的鱼塘内，造成10.96亩农用土地种植条件重度损毁，基本功能丧失。2014年7月18日，平湖市人民法院以污染环境罪判处王某某有期徒刑1年2个月。

## 第四节　集中打击与专项斗争

### 一、集中打击

1955年，为保卫农业合作化高潮的到来，县公安局在县委政法委员会党组的组织下，先后于7月24日和9月1日进行两次集中搜捕残余反革命分子和各种刑事犯罪分子61人（其中反革命分子51人、刑事犯罪分子10人）。此后，又陆续逮捕反革命分子3人、刑事犯罪分子11人，召开2次审判大会，处决1名刑事犯。在两次搜捕中，收缴各种反动委令状、证件、田契、刑事犯罪赃物等罪证材料97件，同时还收到群众的检举材料397份。慑于法律威力，有81名反革命分子、刑事犯罪分子及复杂分子向政府自首坦白。根据群众的检举揭发，公安机关经过缜密侦查，于11月25日、26日捕获隐藏在家中地洞暗室的反革命分子张春鹏（37岁，历任国民党区党部书记、民国政府乡长、镇长）和土匪刘照根（41岁，解放后曾去过洋山）。

1958年，根据全国同刑事犯罪作斗争会议精神和省、地两级公安机关的统一部署，于10月27日和11月20日，先后组织两次集中搜捕行动，出动民兵956人、当地驻军39人及部分公社干部1000余人，搜捕各类犯罪分子302人。

1983年8月，遵照全国人大常委会《关于严惩严重危害社会治安的犯罪分子的决定》，开展三年为期的严厉打击严重刑事犯罪活动斗争（简称为“严打斗争”），执行“依法从重、从快惩治”方针，对重大案件推行公、检、法三机关联合办案制度。8月22日凌晨，“严打斗争”第一次集中行动开始，抓获各类刑事犯罪分子94人。三年“严打斗争”，先后发起3个战役、10次集中打击行动，摧毁盗窃、流氓犯罪团伙14个。共收捕各类人犯744人，依法逮捕杀人、抢劫、强奸、流氓、诈骗和重大盗窃等各种刑事犯罪分子467人。依法判处徒刑442人、其中判处有期徒刑428人、无期徒刑6人、死刑（含死缓）8人，依法决定送劳动教养33人，判刑后押送大西北劳动改造24人。狠狠地打击犯罪分子的嚣张气焰，扭转社会治安的非正常状况，城乡公共秩序明显改观，人民群众有了安全感。

1996年4—9月，根据中央政法委和公安部的统一部署，继续开展严厉打击严重刑事犯罪活动斗争。先后组织4大战役5次集中统一行动，破获各类刑事案件578起（其中重大盗窃案件142起），摧毁各类犯罪团伙31个，召开5次公开打击处理大会，共逮捕211人，其中有5名罪大恶极的盗窃犯、流氓犯、强奸犯被执行枪决。

2001年4月起，中央决定在全国范围内开展两年为期的“严打整治”斗争。市公安局根据上级公安机关的统一部署，先后于2001年4月和2002年6—9月，组织开展“打黑除恶”专项斗争，“两反一禁”（反盗窃电动自行车、摩托车，反诈骗及禁毒）专项整治。在两年“严打整治”斗争中，共破获各类刑事案件3217起，其中重特大案件179起。通过“严打整治”斗争，破案率和打击能力稳步提升，重点地区和行业的治安状况明显好转，社会各界和群众参与斗争的积极性明显增强。

## 二、专项斗争

新中国成立后，县公安局针对各个阶段刑事发案特点，根据上级公安机关的统一部署，不定期地开展打流窜水陆统一行动，进行治安清查，以严厉打击刑事犯罪分子的嚣张气焰，确保一方平安。20世纪80年代，为应对严峻复杂的治安形势，专项斗争开始增多，尤其是进入21世纪，专项斗争和专项治理持续不断。

1980年5—6月，贯彻嘉兴地区治安工作会议精神，组织集中打击流窜犯罪。县公安局抽调18名干警，由局领导带班，分5个组，分片到23个社、镇，通过调查摸底，报经地区公安局批准对11名流窜犯和流窜犯罪重大嫌疑分子进行收容审查，破获大小刑事案件52起（立案28起），其中年前积案2起，并协助外县、外省破获案件24起（立案10起），缴获赃款1.35万元和电视机、手表、衣裤等赃物一批。

1981—1982年，根据上级公安机关部署，县公安局先后组织7次集中打击流窜犯统一行动，共收容审查流窜犯和重大流窜嫌疑人87人，破获案件255起，其中年前积案40起，外地案件12起；查明和摧毁犯罪团伙19个，涉案人员75人；破获案件62起（其中重大案件7起）。逮捕27人，行政拘留4人。

1986年5—6月，根据嘉兴市局的统一部署，在全县范围内组织开展反盗窃专项斗争，各乡镇及重点单位成立反盗窃斗争办公室，开会动员，下发通告，张贴标语，号召检举揭发、投案自首，召开宽严大会，兑现党的政策。反盗斗争期间，城关镇先后召开各种动员宣传会议468次，张贴标语通告5313份，全镇有100名犯有盗窃及其他违法犯罪行为的人主动前来投案自首。对主动投案，改过自新，能积极退赃的一律不予处罚。对拒不投案自首，顶风作案的则予以严厉打击，运动前后共打击盗窃犯10人，其中逮捕9人，送劳动教养1人。通过反盗窃斗争，全县盗窃案件明显下降。

1990年3—4月，针对全县城乡自行车盗窃案件频发，县公安局组织反窃车专项斗争，印刷通告3000份，在城乡广泛张贴，利用广播、电视，广泛开展宣传，对来历不明的、无牌无证的自行车进行认真查验，发动群众检举揭发，抓获盗窃自行车犯罪嫌疑人221人，收缴可疑自行车569辆，追回赃款1.9万元。召开发赃大会，将150辆自行车发还失主，有效地遏制城乡盗窃自行车犯罪活动。

1992年，市公安局组织第二次反窃车专项斗争，缴获机动车8辆、自行车658辆，依法逮捕犯罪分子10人。是年，还先后开展“反入室盗窃”和“打流氓、破大案，促防范”专项斗争，破获内部单位盗窃案件27起，其中重大案件3起，缴获赃款赃物价值1万余元；查获违法犯罪人员 19 人，其中盗窃团伙 1 个，涉案人员 10 人，逮捕 5 人。

1993 年 5 月起，根据省公安厅的统一部署，开展为期一年的打击团伙犯罪、打击拐卖妇女儿童犯罪、打击车匪路霸，严禁卖淫嫖娼为内容的“三打一禁”专项斗争，组织 5 次战役，召开 2 次打击处理大会。破获刑事案件 112 起，摧毁犯罪团伙 3 个，收捕违法犯罪嫌疑人 34 人，逮捕 13 人；查获卖淫嫖娼案件 73 起，逮捕涉案犯罪嫌疑人 6 人、劳教 5 人、治安拘留 28 人，取缔介绍、容留卖淫嫖娼的个体旅店 5 家。

1994 年 8—10 月，根据全国、全省农村社会治安综合治理工作会议的精神，以“治乱”为突破口，在流氓恶势力活动猖獗，治安混乱的沿海乡镇和城关郊地区开展专项治理。8—10 月上旬第一仗查获流氓团伙 4 个、犯罪嫌疑人 16 人；抢劫团伙 2 个、犯罪嫌疑人 20 人。10 月中旬第二仗查获盗窃团伙 16 个、犯罪嫌疑人 51 人，侦破盗窃案件 813 起。

1997 年，市公安局先后组织开展“严打冬季行动”“春季严打整治行动”以及“秋冬破案会战”，突出打现行、破大案、打团伙、追逃犯，先后破获一批抢劫、强奸和盗窃等重特大系列案件。在 3 个多月的“秋冬破案会战”期间，共破获刑事案件 517 起、其中大案 108 起，破案数分别占全年破案总数的 62.59% 和 47.79%；抓获犯罪嫌疑人 671 人，摧毁犯罪团伙 29 个 112 人，缉捕逃犯 4 人。缴获赃款赃物折价 413.28 万元。

1998 年，市公安局继续不间断地开展严打整治斗争，先后开展“春季反盗破案战役”“夏季严打整治行动”和“冬季打防大会战”等一系列专项斗争，破获一批抢劫、盗窃等重大系列案件。仅冬季“打防大会战”期间，破获各类刑事案件 666 起、大案 236 起，摧毁犯罪团伙 23 个 101 人，缉捕逃犯 4 人。全年破案实绩列嘉兴市五县二区首位，获嘉兴市侦察破案优胜单位称号。

1999 年，市公安局组织开展以“反盗窃、打流氓、堵漏洞”为重点的专项斗争，以“追逃、反盗、打丑、打击流氓恶势力”为主要内容的夏季严打整治斗争和“打流、扫丑、破大案”冬季破案专项行动，先后破获嘉兴市局挂牌督办的当湖镇系列机关事业单位被盗案、系列攀爬落水管入室盗窃案等。在追逃专项斗争中，发挥网上作战的优势，多措并举，抓获各类逃犯 68 人，其中公安部上网逃犯 64 人，有 4 名本地籍逃犯主动到公安机关投案自首。

2000 年，市公安局先后开展“打拐、禁毒、破案、抓防范”为重点的春夏严打整治行动和“反盗、除恶、追逃”为重点的冬季破案会战，取得显著成效。打拐实绩名列全省前十位，受到省公安厅通报表彰，破案工作名列嘉兴市前茅。

进入 21 世纪，市公安局持续不断地开展严打整治、破案会战、网上反盗抢、打黑除恶、打击“两抢一盗”（抢劫、抢夺、盗窃）犯罪、打击涉电犯罪和街面“两抢”犯罪、打击盗窃破坏“三电”（供电、邮电、电信）等设施、治理“三车”（摩托车、电动自行车、助动车）被盗、打击通信（网络）诈骗犯罪等专项行动，不断提升破案打击水平。

2003—2006 年，市公安局组织开展网上反盗抢，指纹破案、秋冬百日破案、百日侦防大会战，打击涉电犯罪和“两抢一盗”（抢劫、抢夺、盗窃）、“打黑除恶”等专项斗争和专项行动，破案打击水平进一步提升。

2008 年，围绕“平安奥运”，开展强攻命案，整治盗抢犯罪，组织“攻坚 1、2、3 号”系列专项整治行动和“防命案、追逃犯、强基础”百日大会战。在整治盗抢犯罪专项行动中，加大对入室盗窃、抢劫、抢夺等“两抢一盗”案件的打击力度，先后成功破获系列夜盗农宅案、系列盗窃企事业单位电缆线案件、系列盗窃企业缝纫设备案件、系列丢捡物品诈骗案件、系列飞车抢夺案件等一大批侵财刑事案件，确保奥运期间全市社会治安稳定。

2009 年，市公安局根据上级公安机关的统一部署，精心组织打黑除恶“猎狐 1 号”专项行动，共铲除涉黑团伙 70 余个，破获各类涉黑刑事案件 150 余起，抓获涉恶犯罪嫌疑人 300 余人。组织开展打击整治“两抢”（抢劫、抢夺）犯罪大会战、“两抢”案件零发案集中统一行动等，打击防控“两抢”犯罪取得明显成效，共破获“两抢”案件 87 起，破案率上升 56.63%，摧毁“两抢”犯罪团伙 17 个 56 人，打击“两抢”犯罪嫌疑人 120 人，同比上升 12.5%，移送起诉“两抢”

犯罪嫌疑人107人，打击、防控“两抢”犯罪实绩名列嘉兴市前茅，“两抢”案件比2008年下降43.6%。

2010年，根据嘉兴市委政法委和嘉兴市局的统一部署，开展打击整治盗窃“两车”（摩托车、电动自行车）犯罪专项行动，先后组织8次反盗窃“两车”集中统一行动日，共破获“两车”案件113起，摧毁盗窃“两车”犯罪团伙2个7人，打击盗窃“两车”违法犯罪人员74名，移送起诉盗窃“两车”犯罪嫌疑人51人，追缴被盗“两车”67辆，发还被盗车辆59辆，盗窃“两车”案件比2009年下降41.7%。是年，还开展为期3个月的打黑除恶“猎狐2号”夏季集中专项行动，共打击各类涉黑涉恶犯罪嫌疑人122人，打掉3人3起以上涉黑涉恶犯罪团伙10个，共计54人，破获涉黑涉恶犯罪案件200余起。

2011年5月26日至11月20日，市公安局根据公安部的统一部署，开展“清网行动”（抓捕上网逃犯），共抓获外省逃犯115人，其中2名为公安部A级通缉逃犯，抓获浙江省老库（即网上逃犯信息库）逃犯27人，本省老库逃犯、外省逃犯、平湖市年前逃犯减少率、重点逃犯等四个考核项目名列嘉兴市第一名，平湖市在册67名逃犯抓获61人，减少率为91.04%，列嘉兴市第三名，全省各县（市）区第十二名，清网行动得到公安部省际交叉互检组的高度评价。同时，开展打击整治“两盗”（盗窃居民住宅、盗窃单位）犯罪、“打盗抢、追逃犯、压发案、创满意百日大会战”和“秋冬会战”等专项行动，破获系列性“两盗”刑事案件18串183起，打掉职业性盗窃犯罪团伙12个52人；抓获公安部通缉“两盗”犯罪逃犯38人，追回赃款赃物价值52万余元；刑事拘留两盗犯罪嫌疑人163人，同比上升31.5%；治安处罚“两盗”违法人员86人，同比上升21.1%。“两盗”发案同比下降18.95%，破案率同比上升30个百分点。

2012年，根据嘉兴市公安局统一部署，开展打击整治多发性侵财犯罪专项行动，先后共组织8次“猎鼠”集中行动、3次集中宣传日和4次打击多发性侵财犯罪行动周，共破获侵财类刑事案件1454起，同比上升22.3%；刑事拘留、取保候审盗抢骗犯罪嫌疑人616人，同比上升75.5%。破获系列性侵财类刑事案件64串900余起，打掉职业犯罪团伙28个116人，抓获侵财类逃犯37人，追回赃款赃物价值338万元。

2013年，市公安局根据省、嘉兴市公安机关统一部署，开展打击防范通信（网络）犯罪专项行动，共打掉电信网络诈骗团伙8个，抓获犯罪嫌疑人39人，追回损失40余万元，名列嘉兴市前茅。组织5次通信（网络）诈骗犯罪防范宣传周，利用银行、学校、电视、网络、移动联通电信营运平台等多种渠道开展防骗宣传，从而有效遏制此类案件的高发态势。

2014年2—5月，市公安局根据嘉兴市公安局的统一部署，组织开展“两打两保”（打击侵财、黄赌违法犯罪，保卫人大、政协会议）春季专项行动，抓获侵财类犯罪嫌疑人267人，移送起诉139人；侦破黄赌刑事案件45起，采取强制措施169人，办理黄赌行政案件162起，处罚632人。7—10月，组织开展“两车”违法犯罪百日侦防行动，共侦破“两车”案件103起，采取行政强制措施56人，行政处罚21人，“两车”刑事警情同比下降32.84%。

2015年，市公安局根据嘉兴市公安局的统一部署，开展打黑除恶“铁拳”行动，并作为专门议题列入每月局长办公会议，对所有侦办的涉黑涉恶案件实行案后倒查。通过梳理近两年重点警情、来信来访、未破案件、排查“投资咨询”类公司，利用媒体平台发动群众有奖检举揭发等形式，全面搜集深挖涉黑涉恶线索。采取每周对各业务大队和派出所工作战果排名通报，对成效不明显的单位上门约谈主要负责人。至10月，共打掉涉黑涉恶团伙10个，刑事处理犯罪嫌疑人57人。是年，共摧毁黑恶团伙29个，工作实绩名列嘉兴市前茅。

## 第五节　刑事科技

1956年4月，县公安局建立专门刑侦组织，民警赵渭洲、平玉林等曾先后参加省公安厅刑事侦察培训班第一、二期学习，并由地区公安处配发现场勘查包和照相机等设备，刚开始仅有一只勘察包和一只135德国造照相机。20世纪60年代，因先前配发的照相机不能正常使用，到地区公安处调换一只海鸥120照相机。治安股民警袁守之、陈全生等在省公安厅参加刑事技术培训，通过培训作为初级技术人员，开始50—60年代平湖早期的刑事案件现场勘查工作，主要是提取现场指纹、足迹，并对现场进行照片固定。

“文化大革命”期间，刑事技术遭受破坏，致使破案下降，发案增多。1973年2月，县公安局恢复后，刑侦技术逐步得到恢复和发展。当时刑技人员严重缺乏，治安股民警袁守之一人包揽全县刑事、治安案件及交通事故等现场的勘查任务。为加强对刑侦技术人员的培养，在民警中开办刑事技术学习班，提倡“干中学”，要求每个民警都要掌握一般的现场指纹及足迹的采集知识和方法。

进入80年代，县公安局进一步重视刑技人员的培养，加大刑侦器材、设备的投入，添置勘察工具和较先进的照相器材，为勘察犯罪现场、采集犯罪痕迹提供硬件保障。1983年起，先后输送金小弟、沈杏观、朱仕新、潘其高、潘照其、孙金良等刑侦人员赴省公安厅学习刑事技术，成为第二代刑技人员。12月始设专职法医。1984年5月，建成三级刑事技术点，设有痕迹、法医、照相等专业，有技术人员4人。能处理凶杀、盗窃等各类案件现场勘查、提取痕迹，进行技术鉴定，为侦察破案提供确凿证据，准确认定案犯提供科学依据。1985年，进一步强化刑事技术，制定痕迹、照相、法医岗位责任制，建立案件现场勘查档案和指纹档案。是年，经嘉兴市局培训，开展法医、物证检验。1986年，刑事技术室建立现场痕迹物证档案、鞋印档案和单指纹卡档案，开展鞋印整体分离痕迹、撬压痕迹、擦划痕迹的实际运用，其中赤脚足迹项目填补嘉兴市公安系统空白，法医工作得到上级业务部门和领导的好评。9月，出席全省法医学术经验交流会，提交学术论文二篇，论文《口服电解液致水消化道灼伤》在大会上交流。1988年3月，设立文件检验专业，派出潘照其学习笔迹鉴定，开展笔迹、印刷文件、印文印章、损坏与变造文件、压痕文字等检验。

90年代，随着刑事案件的逐年增多和犯罪手段的日益智能化、技术化，刑事侦察工作任务日益繁重，刑事技术工作进一步得到加强，刑侦大队从设立技术组、技术探组，后改设技术中队（刑事科学技术室）。1991年，有2名技术人员赴公安部第二研究所学习培训。1994年，有3名民警取得嘉兴市公安局颁发的刑事技术痕迹鉴定资格证书。1995年，法医增至2人。1996年，在全市派出所选用13名民警担任兼职技术员，组织业务培训，定期召开例会，互通信息，提高现场勘查和初检能力，初步形成全市性刑事技术网络。1997年，市公安局投资12万元，购置多波段光源等先进技术器材，并将十指纹资料纳入微机管理。至年底，建库13000余份。1999年，建立指纹远程比对工作站，采用计算机筛选，为快速比对、认定犯罪嫌疑人提供便捷方法，攻克了批量指纹人工筛选无法展开的难题，全年通过指纹自动识别系统，共认定犯罪嫌疑人18人，破获案件80余起，其中大案19起。

进入21世纪，刑事技术室以构建现场勘查工作质量控制体系为突破口，优化设备更新和人员培训，全面提升刑事技术在侦查破案中的攻坚能力。

2001年，在制订一系列规章制度的基础上，对技术工作的各个环节加以规范，有效地确保了现场勘查机制的正常运转。2002年下半年，建立现场足迹库，实行计算机管理，为全市范围内流窜性案件的串并工作搭建了一个工作交流平台，利用电脑网络浏览、查询案件信息，使案件串并工作达到快捷、高效的目的。至年底，已录入现场鞋印300余枚，利用足迹库串并跨县市的撬保险箱、防盗门盗窃企业等流窜案件10余起。

2003年，刑事技术室经嘉兴市公安局、省公安厅考核验收，被公安部评定为“全国二级刑事科学技术室”。2005年，市公安局对外增挂刑事科学技术室（刑事物证鉴定室）牌子。有法医、痕迹、照相等技术人员11人（主检法医师1人、法医师2人、工程师2人、助理工程师4人，技术员2人）。是年，勘查各类现场1414起，提取各类痕迹物证1984件，提取率达88%，通过技术手段破获刑事案件237起，出具各类鉴定书1245份，串并案件36串339起，各类刑事技术指标均比往年提高。刑事科学技术室被公安部评定为“全国一级刑事科学技术室”。

2009年，市公安局添置16套新型现场勘查箱（其中10套分发至派出所），更新了现场勘查光源系统及3部新型优质数码相机。此外，为配合全省推行指纹活体采集系统建设，购入20套活体指纹采集仪，并完成安装调试第一期的11个采集点。

2010年，刑事科学技术室新增2辆现场勘查车，同时把全警提高指纹活体采集数量和质量、强化即时比对率，作为有效提升破案率和打击犯罪的重要突破口及全年刑事技术工作的重要内容。增加指纹远程工作站的人员配置，落实专管民警，选聘协警，建成24小时指纹比对工作站，实现指纹实时比对。是年，储存指纹达到3.1万份，通过及时、深度、反复比对等一系列方法，共比对可疑人员指纹1.8万余份，认定嫌疑人80人，破获案件135起。

2011年，引进PU-AFIS3.0公安指纹自动识别系统，该系统在指纹比对工作中特别是在对积案指纹的比对中发挥了重要的作用。是年，开展现场勘查机制改革，从原来的分级分类现场勘查逐步转换为无论案值大小，只要有勘查条件的，均由技术室专人勘查的现场统勘制度。至年底，全市十类案件现场勘查率已达100%，列嘉兴市首位。有效痕迹物证提取率达85%，其中指纹、足迹、DNA提取率分别达到40%、50%、10%，利用技术手段直接认定一大批刑事案件，为侦查破案、诉讼办案提供强有力的技术支撑。

2013年8月20日，市公安局投资420余万元，建成面积200平方米的嘉兴市第二家DNA实验室，分设耗材存放室、常用物证提取室、微量物证提取室、检测室、扩增加样室、数据分析室等区间。购置3500基因分析仪、PCR扩增仪、自动化提取工作站等一批先进仪器设备，配备民警2人，招聘生物工程专业大学生2人，为侦破各类刑事案件，认定无名尸体，查找失踪人员提供技术支撑。（2017年9月，实验室通过省质量技术监督部门组织的资质认定现场评审，取得授权许可具有出具鉴定文书资格。）是年，还建成嘉兴市第一家电子物证室，购置一套以色列最先进的电子物证勘查仪、二套便携式取证设备和固定取证设备、临侦设备各一套，配备2名民警，开展对涉案手机等电子数据信息的恢复、提取、固定等专业技术工作，并加入省公安厅组建的第一批电子物证技术团队。2014年，又新增4名技术员。是年，指纹、足迹、DNA等生物检材提取率分别为32.82%、44.10%和22.91%，均超过业务上级考核要求。

2015年，积极探索刑事技术工作机制改革。加大电子物证实验室、DNA实验室和法医解剖室的硬件投入，投入20万元升级电子物证实验室，60万元保障DNA实验室正常运转，投入100万元对法医解剖室进行重新建设。同时，加大刑技队伍建设，先后派遣7人次分别到嘉兴市公安局、省公安厅及公安部跟班学习，形成脱产培训、模拟培训、跟班培训、针对培训、以会代训和个案培训等多种培训方式，推行侦技一体化，促进刑技民警业务水平的提升。2014—2015年，通过指纹、DNA技术认定犯罪嫌疑人数分别为165人、121人，位列嘉兴市前茅。至2015年底技术中队有法医、痕迹、照相、DNA等专职技术人员15人、协警12人。

## 第六节 情报资料与信息化

20世纪50—60年代，县公安局政保部门为侦破政治“三类”案件（反动标语、反动传单、反动信件）所需，开展人员文字笔迹的收集积累及建档，开始早期的情报资料工作。

1980年，县公安局刑侦队开始建立刑事犯罪个人档案（指纹、罪犯姓名）和未破积案档案。至年底，共建立刑事犯罪和嫌疑人员个人档案948份，未破积案档案207份。1983年6月，对收容审查、逮捕、拘留及判刑人员采集照片、指纹等信息资料，填写刑事犯罪情报卡片，进行手工储存。1985年，根据公安部《关于刑事犯罪情报资料工作暂行规定》，开始刑事犯罪情报资料的收集工作，初期只限于对送劳改、劳教场所的犯罪分子制作人员资料和十指纹，采取手工收集、制卡建档。1986年6月，执行省公安厅《关于严格按规定开具刑事犯罪情报资料登记凭证的通知》，建立刑事犯罪情报资料登记凭证制度。办案单位抓获违法犯罪分子后，必须先行填妥情报资料登记表交刑侦部门，凭刑侦部门验收合格后开具的刑事犯罪情报资料登记凭证，方可关押至羁押场所。

90年代，随着公安信息化应用程度的不断提升，刑侦信息化建设进一步加强，在刑侦大队设立信息中队，由传统工作模式向网上作战、精确打击方向发展，运用网上排摸、网上串并、网上查证、网上追逃等主动进攻型作战方式，有效地提升了侦查效能和打击的精确度。

1991年，刑事犯罪情报资料被进一步重视和加强，在刑侦大队落实1名专管员和1名抄卡员，专门从事情报资料工作，并添置办公用具，制订规章制度，使情报资料工作走上规范化之路。同时，通过举办各乡镇派出所及机关部分科室参加的刑事犯罪情报资料培训班，提高基层资料员的业务水平。是年，共制作刑事犯罪人员资料卡片1125份，案件资料428份，其中派出所制作人员资料卡片760份，全部资料卡片总量达到2000份，储存管理的有1672套，案件资料达到100%，人员资料卡片在数量上达到上级规定的指标。

1994年，开展情报资料工作目标化管理，对原有的人员资料卡片进行全面清理，重新编排存放，并开始向嘉兴刑侦支队上报人员资料卡片。是年，上报资料卡片2686份，提供检索服务30余次，提供线索10余条，破获重大案件2起。1995年，结合反盗窃自行车专项斗争，将历年被盗自行车信息输入计算机，建立被盗自行车数据库，便于查询，在反窃车斗争中发挥了重要作用。全年共提供检索服务70余次，提供线索70条，破获刑事案件100多起，其中重大案件39起。

1997年，贯彻嘉兴市公安局《情报资料上报、利用工作规定》，实现情报资料从单纯收集到综合利用的转变，以高质量、高效率为目标，积极收集各类资料，及时反馈信息，运用单机版计算机应用软件，快速存储，定期拷贝上报嘉兴刑侦支队，实现情报资料计算机全面自动化管理。是年，收集刑事犯罪人员资料草表1900份，制卡1800份，收集案件资料1140套，累计输入电脑信息8633条。提供检索服务132次，提供线索140余条，利用情报资料直接或快速破案132起，其中特大案件53起。

1998年，按照省公安厅“三个一”（一台电脑、一部外线电话、一台调制解调器）要求，建成点对点的简单网络，以点对点的方式向上一级公安机关报送情报资料数据。1999年，启用省厅研发的刑事犯罪综合信息系统，该系统涵盖违法犯罪人员、案件、逃犯、被盗抢机动车、可疑物品、两劳释放人员、协查通报等12类信息资料，集储存、查询、分析、统计等多功能于一体，有效提高信息资料的收集时效和应用时效。是年，共收集人员资料2300份，案件资料2219份，检索资料600余次，提供破案线索250余条，协助破案333起，其中重特大案件120起，分别占全年破案总数的28.8%和31%；协助抓获犯罪嫌疑人113人。7月，根据上级公安机关的统一部署，开展网上追逃工作，刑侦大队及各责任区刑侦队建立8个追逃网上工作站，实行24小时昼夜值班，先后抓获各类逃犯68人，其中公安部网上逃犯64人。

进入21世纪，随着信息化程度的普及，情报信息主导警务的理念进一步确立。通过综合性地搜集、分析和使用情报信息，提高警务决策的准确性，提高警力资源的使用率，以达到预防和打击犯罪、维护社会秩序之目的。

2001年5月20日，按照省厅“刑侦信息化建设方案”要求，创新建立“治安处罚人员资料登讫制”“人员资料按份奖励制”“人员资料收集情况网上公布”等制度，制订《刑事犯罪信息资料搜集管理规范》，明确各警种的搜集任务和工作要求，并与局考核挂钩，落实奖惩制度。在9—12月的全省破案追逃战役中，充分发挥网络优势和科技手段，破获刑事案件826起，抓获公安部网上逃犯63人，其中省厅督捕的3名逃犯全部缉捕归案，综合排名列全省二类地区前茅。

2002年，刑事犯罪信息资料工作在坚持量质并举，规范信息资料搜集的基础上，提高利用意识，发挥信息破案效能。全年共搜集违法犯罪人员信息2954份，案件信息2969份，抓获人员信息2680份，在逃人员信息61份，被盗抢机动车信息312份，二手机（旧手机）信息997份，其他信息450份。利用各类信息破案289起，破案率为17.9%；协破案件645起，协破率为40%。同时，利用信息抓获网上逃犯33人。

2004年8月，市公安局推广应用省公安厅研发的打防控信息主干应用系统网上作战平台，业务归口指挥中心，由一名副主任专职负责。派出所建立标准化信息采集室，确定信息员，组织业务培训，提高信息采集率。信息采集类型扩展到物品、可疑线索、失踪人员、无名尸体、现场勘查信息、办案信息等相关内容，同时延伸到上网人员、二手物品出售人员等社会信息。建立打防控系统信息每日质量通报、每周排名、年度考评制度，每年对打防控成绩优异的科所队进行表彰奖励。

2005 年，为适应 2004 版打防控信息系统的需要，创建信息研判中心网站，设立“打防控专栏”，建立打防控信息录入每日通报、反馈、评分、排名、公示等制度。全年信息研判中心通过信息研判，发布专门性预警通报和警情分析 96 篇。在各派出所设立综合信息室，增设信息民警，将综合信息室建成集受理接待、定性分流、查询比对、信息研判、辅助决策等功能为一体的实战信息应用支撑部门，综合信息资源，开展网上作战。通过网上查证、网上串并、网上控嫌、网上控赃、网上缉捕等网上作战手段，破获各类案件 100 多起。市局编写的《运用网上战术成功侦破一起涉枪案件》一文在省厅“典型案例征集评比”中入围，成为嘉兴地区报送入围的两个典型案例之一。是年，获全省公安机关年度打防控工作优胜单位。以后又在 2009—2012 年连续 4 年获全省打防控考评优胜单位。

2008 年，刑侦大队信息中队充分发挥情报信息在支持决策、预测预警和引导打击、预防、控制违法犯罪的作用，先后发布各类刑事案件预警通报 88 篇，刑事案件发破分析 47 篇，缉控预警库中红色、蓝色及黑色报警人员共计 45776 人次，网上发布高危预警人员信息 74 篇，涉及违法犯罪前科人员 395 人，为防范和破案做好先期预警工作。

2010 年，市公安局建立资源共享、协作追逃的捆绑连带式工作模式，实行定目标、定措施、定时间、定任务，加强各类社会信息的采集应用，采取网上追捕与地面追捕相结合的立体作战方式，并在实战单位展开追逃竞赛，追逃工作取得明显效果，共抓获网上在逃人员 310 人，上网年前逃犯减少率为 53.8%，在嘉兴市打防控缉捕追逃考核中排名第三。

2011 年，依托全市社会治安动态视频监控系统，开展以刑侦为主的视频侦查战法研究，进一步拓宽侦查破案渠道，通过视频信息深度应用，协助抓获犯罪嫌疑人 24 人，破获一批性质恶劣、影响重大的刑事案件。

2012 年 3 月，市公安局设立视频信息中心，落实 3 名民警、5 名协警，专门从事视频信息研判、侦查工作。各派出所建立视频侦查队伍，采取 24 小时值班制度。是年，编写、上报各类研判材料、案件预警共 110 余篇，发布刑侦动态、简报及经验交流材料 231 篇，信息协破案件 348 起，破案协作率达 30% 以上。同时，通过手机采分系统采集 SIM 卡信息 3500 多人次，采集通讯录 15 万余条，采集地名地址信息 20 万余条。

2013 年，市公安局以视频信息中心为依托，投入 1500 余万元，建立专业合成作战中心，设置“情报研判室”“合成作战室”“区域合作室”，研发合成作战平台，整合案件侦查、阵控管理、社会信息采集、视频应用、GPS 应用、信息导航等八大模块，实现专业合成作战的互动、流水作业，发挥侦查破案的最大效能。此做法得到省委常委、公安厅长刘力伟等省、嘉兴市领导的高度肯定，在嘉兴市刑侦会议上予以推广。2014 年，制作“案人智能分析模型”，在发案录入后，自动抽取案件，进行匹配分析，极大提高工作效率与打击精准度。2015 年，建立每周例会制度，合成作战机制运作进一步规范、完善，与情报、网警等部门合署办公，整建制参与作战，成效明显。

# 第五章 经济犯罪侦查

20世纪50—70年代，中国处于计划经济时期，国家实行统购统销、计划供应政策，用统购统销物资和某些紧张物资实施计划分配凭票供应来保障群众正常物资需要，经济领域犯罪主要是投机倒把，尤其是在50年代中叶至60年代更为严重，案件数量上升。为维护市场秩序，县、社（镇）两级均建有专门的打击投机倒把办公室，县公安局积极配合工商行政管理部门狠抓投机倒把案件的侦破工作，打击投机倒把犯罪，保卫计划经济建设。

1978年，中共十一届三中全会以后，伴随经济体制改革的渐进和市场开放程度的扩大，国家放宽经济政策，逐步取消对上市品种的限制，投机倒把案件数量开始回落。1980年1月1日，《中华人民共和国刑法》（以下简称《刑法》）正式实施。根据《刑法》有关规定，破坏社会主义市场经济秩序犯罪（以下简称经济犯罪）案件由公安机关和检察机关分工管理。县公安局把打击经济犯罪活动作为规范市场经济秩序的重要工作，公安刑侦部门及时受理立案侦查和县委交办的经济犯罪案件，加强同经济领域中严重犯罪活动的斗争。

1996年3月17日，《中华人民共和国刑事诉讼法》（修正案）对刑事案件的管辖作出调整。1997年1月1日起，原由检察机关负责侦查的大部分经济犯罪案件交由公安机关管辖。为适应打击经济犯罪的需要，1997年7月31日，市公安局成立经济犯罪案件侦查大队（以下简称“经侦大队”），专司经济犯罪案件的侦查职能。大队根据经济犯罪案件的发案性质、特点，积极组织开展“专项行动”“联合行动”和“集中整治”，并通过加强经侦基础业务建设、破案机制建设和队伍建设，不断提高惩治经济犯罪的能力，及时侦破一批严重破坏社会主义市场经济秩序、影响社会稳定，侵害群众利益的经济犯罪大案、要案，有效遏制经济犯罪案件上升的势头，确保全市经济社会的健康发展。

## 第一节 立案与破案

经济案件的立案与破案工作，在经侦大队未建立前归口县公安局刑侦大队。20世纪80年代，平湖境内诈骗案件增多。1982年2月21日，城北公社电镀厂、城北花园大队电镀厂发生被犯罪分子使用伪造的“中国人民银行信汇凭证（回单）”冒名永嘉县朱徐福利综合厂王银金诈骗去电镀纽扣35.89万粒，价值90.39万元的重大经济犯罪案件。接报案后，县公安局即组织警力前往浙江永嘉侦查，经过8天时间的紧张工作，确定林某某系这一案件主犯，鉴于林犯长期流窜在外，报捕后全省通缉。1985年，平湖乡镇企业局被鞍山市黄某某以代购钢材为名，骗取现金20万元。县公安局组织力量三次赴鞍山市，追回赃款19.6万元及录像放映机一台。

90年代初，随着改革开放政策的进一步贯彻，一些犯罪分子打着办公司、办实业的旗号，利用人们急于图利赚钱的心理，虚构事实，编造谎言，进行诈骗犯罪，合同诈骗和票据诈骗案件增多。1990年9月，上海中南橡胶厂平湖分厂与一单位签订合同后发现被骗19.8万元，县公安局先后于1991年8月、11月分两次追回被骗款项18.4万元。1991年10月，市物资局农机公司被骗78万元，市公安局又为农机公司追回损失70万元。

1993年是平湖合同诈骗案件发生最突出的一年，全年共受理合同诈骗案件20起，总标的达1056.22万元，共追回赃款赃物折价932.7万元。5月19日，上海闵行区云达物资公司赵某某等人伙同上海华星工贸公司，以可供5万张印尼三合板为名，与平湖市地方工业供销公司签订经济合同，骗取297.5万元。立案后，组织警力赶赴上海侦查，在闵行区公安分局的协助下将被骗款全部追回。

1997年7月31日后，市公安局经侦大队严格按照新刑法规定和刑事诉讼法确定的侦查管辖原则，认真做好经济犯罪案件的受理立案工作，对受害人（单位）报案，群众来信来访检举和其他行政执法机关移送的案件认真受理，如确有经济犯罪嫌疑且属公安机关管辖的，制作受理登记表和有关笔录，及时立案，落实专人开展侦查。同时又谨慎立案，克服地方保护主义，杜绝越权办案和插手经济纠纷。是年，受理报案105起，立案66起，破获64起，查获违法犯罪人员36人，挽回经济损失794.4万元。

1998年，市公安局经侦大队受理报案116起，立案侦查68起，破获66起，破案率97.06%（其中特大案件发27起、破25起，重大案件发36起、破36起），追缴赃款赃物折价396.87万元，追赃率为57.71%。

2001年，省公安厅下发《关于浙江省公安机关刑事案件管辖分工规定》，对刑事案件的管辖分工进一步予以明确，规定县（市）公安机关经侦部门主要管辖《刑法》分则第三章“破坏社会主义市场经济秩序犯罪”中的74种案件和第五章“侵犯财产罪”中的3种案件，共计77种。是年，市公安局经侦大队开展经侦工作规范化建设，制订《侦查破案责任制实施办法》《经济案件办案纪律》等，建立“统一受案”“集体议案”和“疑难案件会审”制度。设立案件受理室，确定专人受理，统一把关，对符合立案标准的案件报经分管局领导批准后予以立案侦察，使经济犯罪案件从受理、破案至起诉整个办案程序更加规范有序。全面推行主办侦查员责任制，三级破案责任制等，该经验得到省公安厅经侦总队肯定和推广。全年共受理群众和单位报案81起，经初查后立经济案件67起，破获65起，破案率为97.01%。追缴价值数列嘉兴市第一，追究刑事责任数列嘉兴市第二。

2003年12月，市公安局经侦大队推行经侦业务向社会公开，印制《经济犯罪侦查工作服务指南》，将经侦部门受理管辖的案件、全国各级经侦机构的设置名称、市公安局经侦大队举报、咨询电话及地址、网址和报案须知等内容向社会公开，方便群众报案。是年，共受理群众报案53起，立案37起、破获37起，破案率为100%。立案、破案数列嘉兴市第一，起诉犯罪嫌疑人数列嘉兴市第二。

2004年，市公安局经侦大队创新成立预防经济犯罪法律咨询服务中心和经济犯罪案有奖举报中心，其主要职责是为社会提供法律帮助，做好服务文章；充分利用社会资源，发动群众提供违法犯罪线索，举报不法分子，形成全社会与经济犯罪作斗争的良好氛围。至2005年两个“中心”共受理单位和个人来人来电咨询、举报90余人次，侦破经济案件15起（其中合同诈骗案件11起），抓获犯罪嫌疑人12人，挽回经济损失155万元。该经验曾在浙江《平安时报》、嘉兴《公安周刊》等新闻媒体进行专题报道。

2004—2005年，平湖连续发生私营企业主、建筑工地承包商欠薪逃匿，并由此引发集体上访、哄抢财物、上街游行、堵塞交通等群体性事件。市公安局经侦大队打破一般经济犯罪案件的侦查途径，积极探索“主动出击”新思路，根据逃匿事件有可能隐藏的经济犯罪事实，准确予以定性并立案侦查后予以打击。通过调查取证，辗转广东、湖北、河南等地，将涉案欠薪逃匿的企业主陆某某、张某、吴某某等4名犯罪嫌疑犯人抓获归案，分别以合同诈骗罪、虚开增值税发票罪、拒不执行判决、裁定罪，依法追究刑事责任，挽回经济损失850余万元，开创了一条打击企业主欠薪逃匿的新途径，荣立集体三等功一次。此后，每年组织一次集中打击企业主欠薪逃匿专项行动，以维护社会稳定。此做法在2007年1月16日召开的全省公安机关打击恶意欠薪逃匿行为电视电话会议作经验介绍，全省推广。

2005年，全市共立经济案件44起，破42起，破案率95.45%，抓获违法犯罪人员28人，移送起诉犯罪嫌疑人22人，挽回经济损失680.84万元。挽回经济损失数列嘉兴市第一，破案数和打击处理数列嘉兴市第三。2006年，在经侦大队内部完善办案搭档制度，成立4个固定办案小组，推行主、协办相互监督机制，提高办案效率。2007年，运用互联网开通平湖经侦信息网，开设举报窗口，设立专栏接受有关企事业单位、公民网上咨询，拓宽经济犯罪案件的受案渠道。

2008 年，市公安局经侦大队查办涉众型经济犯罪案件 6 起，涉及受害群众 600 余人（其中企业主欠薪逃匿案 5 起、传销案 1 起），涉案金额 800 余万元。成功破获涉案金额 450 万元，集采购、运输于一体的非法经营卷烟团伙犯罪案件，抓获 5 名犯罪嫌疑人。同时会同烟草、高速交警查获 5 万元以上涉烟案件 24 起，涉及假冒、走私烟 1.24 万条，案值 112.18 万元，真烟 3.53 万条，案值 324.45 万元，维护了烟草市场的经济秩序。2009 年，经侦大队与河南郑州、山东济宁等地经侦部门建立保护知识产权协作机制。

2011 年 7 月，《刑法修正案（八）》颁布，为侦破企业主拒不支付经济报酬提供法律依据。市公安局经侦大队主动会同检察、法院进行会商研究，依法成功办理全省首例企业主欠薪逃匿案件，远赴吉林、长春等地将犯罪嫌疑人张某某抓获归案，张被依法追究刑事责任。是年，先后配合有关部门妥善处置 7 起企业主欠薪逃匿事件，涉及职工 388 人，工资 220 万元。

2015 年，市公安局经侦大队加强新常态下经济犯罪案件的研判，不间断开展经济领域不稳定因素排查，依托经侦专业手段，最大限度发挥“银行联网核查”“JASS”系统“资金查控平台”等经侦专业手段的效能，强化对非法集资等涉众型经济犯罪案（事）件，非法传销等违法犯罪行为的侦查和打击，严格按照上级经侦部门部署开展的立案突出问题专项治理工作要求，扎实做好受案、立案等关键环节工作。

表 5-1　　1997—2015 年平湖经济犯罪案件立案破案一览表

| 年份 | 受理（起） | 立案（起） | 破案（起） | 破案率（%） | 抓获人员数（人） | 挽回经济损失（万元） |
|---|---|---|---|---|---|---|
| 1997 | 105 | 66 | 64 | 96.97 | 36 | 794.40 |
| 1998 | 116 | 68 | 66 | 97.06 | 68 | 396.87 |
| 1999 | 113 | 101 | 100 | 99 | 82 | 1117.96 |
| 2000 | 109 | 109 | 108 | 99.08 | 58 | 1013.25 |
| 2001 | 81 | 67 | 65 | 97.01 | 60 | 712.93 |
| 2002 | 91 | 77 | 76 | 98.70 | 52 | 184.94 |
| 2003 | 53 | 37 | 37 | 100 | 40 | 231.80 |
| 2004 | 57 | 44 | 40 | 90.91 | 33 | 314.06 |
| 2005 | 57 | 44 | 42 | 95.45 | 28 | 680.84 |
| 2006 | 22 | 19 | 19 | 100 | 14 | 189.00 |
| 2007 | 82 | 58 | 44 | 75.86 | 19 | 591.00 |
| 2008 | 64 | 64 | 60 | 93.75 | 41 | 969.68 |
| 2009 | 56 | 56 | 55 | 98.21 | 29 | 228.13 |
| 2010 | 79 | 79 | 79 | 100 | 58 | 725.64 |
| 2011 | 85 | 82 | 82 | 100 | 74 | 669.26 |
| 2012 | 219 | 209 | 158 | 75.6 | 356 | 2730.45 |
| 2013 | 67 | 67 | 66 | 98.5 | 119 | 2294.7 |
| 2014 | 85 | 85 | 85 | 100 | 134 | 737.39 |
| 2015 | 70 | 70 | 70 | 100 | 146 | 2000.00 |

## 第二节 侦破经济犯罪案件

### 一、诈骗犯罪案例

**“2003·7·9”特大票据诈骗案**

2003年7月9日，市公安局经侦大队接到青岛纺联集团六棉有限公司报案称，6月29日两名犯罪嫌疑人以向该公司购买棉纱为名，用虚假汇票骗取信任，将该公司15.99吨40S针织用纱（价值34.38万元）在运抵平湖某出租房后转移至河北牌照货车上潜逃。接报后，迅速组织力量开展侦破。通过下发协查通报，发现案犯在浙江省已作案多起，上报省厅定为督办案件。经过9昼夜奋战，在杭州、台州等地抓获跨省系列性票据诈骗案主犯方某某（台州路桥人）及同案犯胡某杭、胡某虎（杭州富阳人）等3人。经查，3人于2003年4—7月，采用上述手段先后在平湖及海盐、海宁、嵊州、浦江等地作案5起（其中1起未遂），共诈骗山东、青岛、河南、安徽、湖南等企业21支棉纱12吨、32S棉纱26吨、40S棉纱29.99吨，价值181万余元，追回赃款40余万元。2003年12月31日，嘉兴市中级人民法院以票据诈骗罪判处方某某无期徒刑，剥夺政治权利终身；判处胡某杭有期徒刑10年6个月；判处胡某虎有期徒刑9年。方等3人不服，提出上诉，被浙江省高级人民法院驳回，维持原判。

**郭某某特大合同诈骗案**

2005年6月，市公安局经侦大队对东达电子（嘉兴）有限公司涉嫌合同诈骗一案进行立案侦查。专案组历时5个月，于11月25日在嘉兴将犯罪嫌疑人郭某某（原公司总经理，宁波市江东区人）抓获归案，予以刑事拘留，12月2日逮捕。经审查，2005年2—4月间，郭某某在明知工商执照已被吊销，未取得土地使用证，不具备建造厂房的条件下，以非法占有为目的，虚构公司建造总造价2400万元厂房项目，对外进行招投标，骗取平湖（浙江）华洋建设有限公司等7家竞标单位和个人保证金504万元。2006年5月17日，嘉兴市中级人民法院以合同诈骗罪判处郭某某有期徒刑15年，剥夺政治权利5年。

**潘某某等特大合同诈骗案**

2010年2月，市公安局经侦大队通过立案侦查，破获特大结伙合同诈骗案一起，于2月20日、3月5日分别抓获犯罪嫌疑人潘某某、陆某某、胡某某等3人。经查，2009年5月，潘某某等3人在未实际出资的情况下，在上海租房成立上海龙彬服装有限公司，对外宣称公司实力雄厚且自身有外贸服装单子，生产需要面辅料，并以公司名义与客户签订供销合同，以先履行小额合同或部分履行合同的手段，诱骗当事人继续签订或履行合同骗取货物。6—9月间，先后骗取成都世兴羽绒有限公司羽绒28.18吨，价值186万余元。2010年9月17日，平湖市人民法院以合同诈骗罪判处潘某某、陆某某有期徒刑12年；胡某某有期徒刑11年6个月。

### 二、涉税犯罪案例

**全某某等特大虚开增值税专用发票案**

2000年7月4日晚，市公安局经侦大队专案组根据有关线索，抓获涉税犯罪嫌疑人全某某。通过内审外调，侦破平湖历史上最大的购买并虚开增值税专用发票系列案。经查，涉案人员22人，于1997年7月至2000年6月间，主犯全某某为他人或让他人为自己共虚开增值税专用发票183份，计税额67.54万元，已抵扣税款65.97万元。其余21人也分别让他人为自己虚开或介绍他人虚开份数不等的增值税专用发票，此案22名犯罪嫌疑人全部被移送起诉，创嘉兴市税案起诉人数之最。2001年3月7日，平湖市人民法院以虚开增值税专用发票罪判处全某某有期徒刑10年；上海精山机械电器有限公司罚金5万元；其余17名涉案人员分别判处3年以下有期徒刑、缓刑4年以下不等的刑罚；4名涉案人员分别判处6个月以下拘役、缓刑10个月以下不等的刑罚。

**沈某某等虚开增值税专用发票案**

2011年7月30日，市公安局经侦大队根据线索查获平湖大海贸易有限公司虚开增值税专用发票案一起。以沈某某（公司负责人）为首的7名涉案人员分别被抓获归案。经查，2010年8月至2011年6月，沈某某在没有业务往来的情况下，采用支付开票费的方式，让他人虚开增值税专用发票46份，计税额60.62万元，王某某让他人虚开增值税专用发票14份，计税额18.85万元，其余4名涉案人员介绍或虚开数量不等的增值税专用发票。同时涉案人员王某某、毛某某还侵占公司财物548万余元。2012年4月1日，平湖市人民法院以虚开增值税专用发票罪判处平湖市大海贸易有限公司罚金30万元；对沈某某以虚开增值税专用发票罪判处有期徒刑13年8个月；王某某、毛某某以职务侵占罪分别判处有期徒刑14年6个月、10年；其余4名涉案人员分别以虚开增值税专用发票罪判处3年以下有期徒刑、缓刑5年以下不等的刑罚。沈等人不服，提出上诉，被嘉兴市中级人民法院驳回，维持原判。

**三、职务侵占犯罪案例**

**张某某等贪污、受贿案**

2004年7月，市公安局经侦大队侦破案值达159万元的张某某、杨某某职务侵占案。经审理，2001年8—9月间，张某某在任平湖市乍浦液压机械厂厂长（市教育局委派）期间，伙同副厂长杨某某（市校企公司委派）及会计，采用虚开送货单，虚构原材料交易方法，将该厂历年虚增成本所隐匿的利润159万余元虚列为应付款，予以隐匿，并于2003年12月通过他人渠道转入张个人账户，同时两人又利用职务便利，非法收受他人财物。张某某、杨某某分别被嘉兴市中级人民法院以贪污罪、受贿罪判处有期徒刑18年、15年。张等人不服，提出上诉，被浙江省高级人民法院驳回，维持原判。

**岳某等特大职务侵占案**

2008年11月，市公安局经侦大队侦破涉案价值182万元的特大职务侵占案，抓获涉案犯罪嫌疑人岳某等5人，为浙江省嘉兴化工园区投资发展有限公司挽回了全部经济损失。2008年4月26日晚，岳某等4人在为嘉化工业园投资发展有限公司承运工业硫磺过程中，使用仿造的过磅单及出门证等手段，将负责承运的工业用硫磺运至平湖市宏伟化工有限公司，低价变卖，赃款占为已有，案值182万余元。2009年5月25日，平湖市人民法院以职务侵占罪判处岳某有期徒刑10年8个月；判处伍某某、沈某明、沈某良有期徒刑7年2个月、5年7个月、5年2个月；1名涉案人员以掩饰、隐瞒犯罪所得罪判处有期徒刑3年、缓刑4年6个月。

**李某某特大挪用资金案**

2010年1月，市公安局经侦大队侦破涉案价值142万余元的特大挪用资金案，抓获涉案犯罪嫌疑人李某某。2005年10月至2009年1月间，李某某利用担任平湖市龙兴水处理有限公司业务员负责货物销售和回收货款的职务之便利，采取收取业务单位货款不上交公司的方法，多次挪用公司资金，计142万余元。平湖市人民法院以挪用资金罪判处李某某有期徒刑5年。

**四、涉众型经济犯罪案例**

**何某某非法集资案**

1998年1月，市公安局经侦大队陆续接到群众报案称：平湖市哈爱食品有限公司向公众集资，后因管理不善经营严重亏损，300多万元无法兑付。经侦查，1995年7月至1997年11月间，公司法人何某某以单位名义，以高于银行同期存款利率为诱饵，采用出具借据、收款收据等形式，向社会公开非法吸收公众资金，先后吸收52名群众资金，计460多万元。1999年8月23日，平湖市人民法院以非法吸收公众存款罪判处何某某有期徒刑6年。此案为平湖首起非法集资案。

**夏某某等非法集资案**

1999年6月，市公安局经侦大队陆续接到群众报案称：平湖市南国实业有限公司向公众集资，到期后无法兑付，出现群众哄抢闹事苗头。12月，市公安局成立专案组展开调查，查封该公司的原始账目、凭证和有效资产，抓获公司法人代表夏某某。经过对1064名出资户的调查取证，查明1995—1999年，平湖市南国实业有限公司未经人民银行批准，以高额利息为诱饵，采用出具收款收据、借款借据等形式大肆吸收公众存款，计人民币1699.06万元、美元1.2万元。2000年6月28日，平湖市人民法院以非法吸收公众存款罪判处平湖市南国实业有限公司罚金30万元，判处夏某某有期徒刑9年；其余3名涉案人员分别判处有期徒刑5年、4年、3年。夏等人不服，提出上诉，被嘉兴市中级人民法院驳回，维持原判。

**马某某等非法集资案**

2008年11月，市公安局经侦大队在排查中发现平湖籍马某某夫妇有非法集资嫌疑，立即成立专案组进行调查。12月23日，抓获马某某夫妇。经查，2005年12月至2008年6月，马某某以支付高额利息为诱饵，非法吸收公众存款2862万元。同时，马某某夫妇在明知自己没有归还能力的情况下，大量骗取他人资金，马某某参与235万元，其妻张某某参与39万元。2009年9月25日，平湖市人民法院以集资诈骗罪、非法吸收公众存款罪判处马某某有期徒刑14年，剥夺政治权利2年；以集资诈骗罪判处其妻张某某有期徒刑2年。

**陆燕等特大非法集资案**

2011年底，市公安局经侦大队通过反洗钱及银行资金监测机制，发现平湖籍陆燕的4个银行账户现金流动十分可疑，涉嫌非法集资，即立案侦查。2012年3月15日，因资金链断裂，数十名受害者聚集在陆家中讨债。接到报案后，于16日、19日分别将犯罪嫌疑人陆燕、郑某抓获，破获重大集资诈骗案一起。经审查，2009年8月至2012年3月，陆在没有任何实际经营的情况下，虚构“做资金生意，帮企业资金调头”等用途，以承诺支付高额利息为诱饵，先后向150余名被害人非法集资24429万余元，实际骗取资金17440万余元，陆将骗取的资金用于还本付息和日常挥霍，先后购置4处不动房产、高档别墅和宝马、奔驰等跑车，频繁出入高档美容会所、玉器珠宝店，将集资款挥霍一空。此案系平湖史上非法集资诈骗第一大案。2013年7月26日，嘉兴市中级人民法院以集资诈骗罪判处陆燕死刑，缓期二年执行，剥夺政治权利终身；郑某以非法吸收公众存款罪判处有期徒刑3年，缓刑4年。同年9月4日，经浙江省高级人民法院复核裁定，判处陆燕死刑，缓期二年执行，剥夺政治权利终身。

**五、假币犯罪案例**

**李某等出售假币案**

1999年5月3日，市公安局根据获取的情报，在当湖镇一饭店内，当场抓获正在进行假币交易的李某（安徽省利辛县人）、关某（安徽省太和县人）等2人，缴获假币6910元，后又从其租房内缴获假币1.97万元。李某以出售假币罪、持有假币罪判处有期徒刑2年，关某以出售假币罪判处拘役6个月。

**顾某某购买、使用假币案**

2005年12月28日晚，市公安局经侦大队根据新仓派出所提供的情报，发现顾某某（上海市金山区人）有使用假币的情况，及时出击，将其抓获，并当场从其驾驶的轿车内缴获假港币10万余元、假美钞200元（合计折合人民币10万余元）。经查，顾为谋取非法利益，于2005年12月中旬，在明知所购是假币的情况下，以70元人民币比1000元假港币的比例，从广东汕头购买进假港币、假美钞，带至平湖使用。2006年2月20日，平湖市人民法院以持有假币罪判处顾某某有期徒刑5年。

**六、其他有影响的经济犯罪案例**

**曹某某等非法经营案**

2007年11月7日凌晨，市公安局经侦大队会同市烟草专卖局在乍嘉苏高速公路王江泾收费站处截获一厢式货车，从车内查获南京、黄果树、云烟等各类卷烟8350条，价值99.24万元，当场抓获犯罪嫌疑人王某某、钱某某等2人，后又分别在嘉兴、苏州等地抓获犯罪嫌疑人曹某某、秦某某等2人，缴获收购款71.41万元。成功破获一起集采购、运输、销售于一体的非法经营卷烟案件。经查，2007年11月5日，曹某某、秦某某在广东深圳组织货源，由王某某、钱某某开车从深圳将卷烟运输至嘉兴销售，4名涉案人员均被依法追究刑事责任。主犯曹某某、秦某某犯非法经营罪，判处有期徒刑5年6个月；从犯王某某判处有期徒刑3年、缓刑4年，钱某某判处有期徒刑1年6个月、缓刑2年。

**林某某等非法传销案**

2008年11月中旬，市公安局经侦大队根据线索发现平湖市当湖梦佳那保健食品店有从事传销活动嫌疑，经立案侦查，系一个成员众多、组织严密、涉案金额巨大的全国性传销组织。根据处置传销类涉众型经济犯罪案件打小、打早、主动打的原则，18日清晨出动警力将该组织一举摧毁，林某某（女）等5名首要分子被刑事拘留，行动中查获传销产品1100余盒，传销宣传资料600多本计1万余页。经查，2006年7月至2008年11月间，林某某、陈某某伙同顾某某（女）、曹某某、张某某（女）注册成立梦佳那保健食品店，以购买产品返利，发展他人成为加盟商或经营商，获取资金提成，进行非法传销活动。5人共发展加盟商、经销商286人，非法经营额达1650余万元，非法获利77万余元。2009年6月9日，平湖市人民法院以组织、领导传销活动罪判处林某某有期徒刑3年；陈某某、顾某某有期徒刑2年6个月；曹某某、张某某有期徒刑2年、1年10个月。

**顾某某等假冒注册商标案**

2010年12月，市公安局经侦大队在打击侵犯知识产权中查获一起假冒“艾莱依”羽绒服案件。平湖籍涉案人员顾某某（女）、田某某（女）等5人，在2010年11—12月间，擅自组织生产假冒品牌“艾莱依”羽绒服，并在网上进行销售。在被公安机关查获时，已组织生产2766件，销售1300余件。同时还缴获仿“艾莱依”标牌、合格证、吊牌、售后服务牌等标志标识上万余张。2011年6月8日，平湖市人民法院以销售假冒注册商标的商品罪判处顾某某有期徒刑3年、缓刑4年；以假冒注册商标罪判处田某某有期徒刑2年6个月、缓刑3年6个月，其余2人有期徒刑2年、缓刑3年，1人有期徒刑2年、缓刑2年6个月。

## 第三节　集中整治与专项斗争

1967年7月20日至1968年10月20日，全县抽调力量，组织专业队伍，集中开展打击投机倒把活动。据15个月的数据统计，先后共查获较大案件55起65人，倒卖粮票30吨、化肥68.5吨、电线67千米、耕牛400头、柴油机56台、砖瓦486万张、马达38台、变压器5台、房屋23间，还有沥青、农船等。判刑21起27人，其中判刑15年1人、12年2人、10年1人、9年2人、7年1人、6年2人、5年2人、4年2人、3年2人、管制9人，押解原籍处理4起。

1997年7月和1998年6月，市公安局经侦大队针对平湖信用卡诈骗犯罪较突出的情况，先后集中开展两次信用卡恶意透支专项整治，共立案侦查信用卡诈骗案件25起，查获犯罪嫌疑人24人，追回赃款13.85万元。

2000年，市公安局经侦大队先后开展打击保险诈骗和贷款诈骗等金融犯罪、打击制贩假币违法犯罪、整治利用移动通信违法犯罪专项行动和打击涉税犯罪专项斗争，先后逮捕6名金融犯罪及假币犯罪嫌疑人，追缴移动电话恶意欠费39.75万元；查获涉税案件46起，总案值999.29万元，起诉涉税犯罪嫌疑人26人，为国家追回税款601万元。

2001年，根据公安部、省公安厅和嘉兴市公安局的统一部署，组织开展打击虚开增值税专用发票犯罪、金融票据诈骗犯罪、房地产业和建筑业偷税犯罪等专项行动，查获增值税专用发票团伙1个12人，全部起诉；抓获利用金融票据诈骗财物的犯罪嫌疑人5人，逮捕3人；立案侦查15起房地产业和建筑业偷税案件，抓获犯罪嫌疑人12人，为国家追缴税款和非法所得466.2万元。

2003年6—9月，市公安局经侦大队开展房地产中介市场专项整治行动，破获平湖市首起利用房屋中介合同诈骗案，后又连续破获此类案件2起，为受害方挽回经济损失20余万元。10月，根据省公安厅、中国人民银行杭州中心支行《关于转发公安部、中国人民银行关于深入开展打击假币犯罪的通知》，组织开展反假币专项斗争，摧毁犯罪团伙1个，刑事拘留8人，共缴获假币2.5万余元。同时加大宣传力度，提高广大人民群众对假币的识别能力和防范意识，有效地遏制假币犯罪上升的势头。

2004年，市公安局经侦大队先后开展打击虚开货物运输发票和制售假发票等涉税违法犯罪专项整治行动、打击经济犯罪保护企业权益暨清理信访破积案专项行动及移动通信专项整治等。在打击涉税违法犯罪专项行动中，共立涉税案件12起，破案10起，挽回税款损失266.25万元，抓获犯罪嫌疑人11人，移送起诉10人，另查获假发票700余份。同时在清理信访破积案专项行动中，为企业挽回经济损失150万余元。

2005年，市公安局经侦大队深化整顿和规范市场经济秩序，组织开展打击企业主欠薪逃匿专项整治行动，打击处理5名犯罪嫌疑人，为国家、集体和企业职工挽回经济损失2000万余元，受到社会各界好评。同时还开展反假币、打击非法劳务输出、房地产领域经济犯罪专项整治及保护知识产权专项行动等，均取得明显成效。

2005年7—8月和2006年上半年，市公安局经侦大队组织开展两次打击涉税违法犯罪专项行动，立案侦查涉税案件11起，破案10起，抓获犯罪嫌疑人14人，办结外来涉税协查案件34起，办理国税移送案件8起，为国家挽回经济损失350万余元。

2007年7月，市公安局经侦大队根据全国打击传销集中行动的统一部署，先后开展5次集中统一行动，清查摧毁窝点8处，查获传销人员100余人。上报的《关于永乾生物特大传销犯罪组织的情况报告》，被省公安厅评为一级情报信息，并引起公安部的高度重视，责成广西警方对该传销组织进行取缔，对李某某为首的11名犯罪嫌疑人采取强制措施。是年，继续开展涉税犯罪专项整治，共受理涉税案件36起，立案侦查22起，破获17起，移送起诉犯罪嫌疑人7人，办结外来涉税协查案件12起，为国家挽回税款损失近250万元。由于成绩突出，受到省公安厅、省国税局、省地税局的通报表彰，被评为全省打击制售假发票专项行动先进单位。

2009年，市公安局经侦大队先后组织开展打击假币犯罪“09行动”、打击整治发票犯罪专项行动，打击传销百日联合执法行动、打击信用卡诈骗犯罪专项行动。查获假币案件9起，摧毁团伙1个，刑拘犯罪嫌疑人8人，抓获假币网上逃犯2人，处理违法人员11人，收缴假币16.2万元；查获虚开增值税发票案件10起，刑拘犯罪嫌疑人8人，起诉5人，挽回税款损失60万余元；查处涉案价值1600万余元的梦佳娜非法传销案，查获传销案件14起，刑拘犯罪嫌疑人66人，逮捕42人；查获信用卡诈骗案件13起，刑拘犯罪嫌疑人3人，起诉2人。是年，经侦大队被嘉兴市局评为全市打击假币犯罪先进单位。

2010年，以维护世博会社会稳定为契机，继续全力推进“发票、银行卡、传销”三个专项行动，侦破假发票案3起，抓获查处3名犯罪嫌疑犯人，收缴假发票5000份，摧毁窝点1个。侦破银行信用卡诈骗案件25起，抓获犯罪嫌疑人16人，挽回经济损失30万余元。取缔传销窝点23个，教育遣返200余人，以涉嫌非法拘禁犯罪立案侦查4起，破案4起，刑事拘留14人，逮捕14人。

2011年，开展打击制售伪劣商品犯罪“亮剑”专项行动和打击银行卡犯罪“天网”专项行动，两次行动共立案68起（其中列为全国督办案件1起）、破案68起，刑事拘留、取保候审71人、抓获逃犯15人、移送起诉71人，摧毁团伙5个，捣毁窝点60余个，查获各类假冒品牌羽绒服1.2万余件、已上网销售近4万件，总涉案价值近4000万元；查获假烟1.36万条，价值167万元。

2012年3—8月，根据公安部的统一部署，开展全面打击经济犯罪“破案会战”专项行动，通过在村、居委会及人员聚集场所张贴线索征集大型彩色宣传画报，互联网发布平湖警方公开征集经济犯罪线索的通报，公布举报电话、信箱，形成强大的打击声势，建立与检察、法院协调会商联席会议制度，构建打击经济犯罪大格局。会战期间，共立经济犯罪案件203起，破获123起，抓获犯罪嫌疑人285人，其中逮捕45人、取保候审240人，移送起诉285人，并成功侦破9起大要案。

2013—2014年，根据公安部的统一部署，开展打击制假售假犯罪、打击整治发票犯罪、打击传销犯罪等3个专项行动，破获传销案件2起，清查传销窝点39个，查获传销人员139人，打击处理犯罪嫌疑人3人，教育遣返136人，并全部录入黑名单库。破获制假售假案件44起（其中公安部督办案件2起），打击处理犯罪嫌疑人79人。破获虚开增值税专用发票案件5起，打击处理犯罪嫌疑人7人。

2015年，根据省、嘉兴市公安机关的统一部署，开展“2015云剑”打击制假售假、“2015安宁”打击保险诈骗、打击假币及打击利用离岸公司和地下钱庄转移赃款等专项行动。办理涉假案件58起，抓获犯罪嫌疑人101人。破获假币案件1起，保险诈骗案1起，掩饰、隐瞒犯罪所得案件2起，上述专项行动均获得嘉兴市前三名的优异成绩。同时，开展“投资咨询”类公司的专项整治，先后组织4次排摸，对重点单位进行约谈，确保风险可控，以维护金融市场稳定。

## 第四节　经侦基础

### 一、公安联络室

1998年2月，市公安局驻国（地）税局、烟草专卖局、工商局、技术监督局及各大银行等9家公安联络室成立，联络室成员由经侦大队和所在单位派员联合组成，业务受市公安局和所在单位双重领导。首批由4名从中层领导岗位退下来的民警分别派驻国税、地税、烟草、金融单位联络室任专职主任。公安联络室的建立延伸经侦工作触角，扩大工作覆盖面和信息来源渠道，充实和加强办案力量。是年，公安联络室配合国税局办理涉税案件20起，追缴税款及罚款26.57万元，协助国税、地税稽查部门进行漏征漏管户、偷税抗税户的专项整治，协助对20个乡镇200余家企事业单位拖欠市财政资金的情况进行清理，为国家挽回400万余元损失。配合银行查清利用信用卡恶意透支人员76人，透支款息64.63万元，收缴32.97万元。同时，以联络室为纽带，定期或不定期交流情况，探讨预防经济犯罪的对策，很大程度上抑制制假、售假、金融犯罪等经济犯罪的产生。

进入21世纪，公安联络室数量增加。2003年12月11日，市公安局驻中国人民保险有限公司平湖支公司联络室挂牌成立。至2004年，全市公安联络室总数达到15家，初步形成重大案件提前介入，定期会晤、信息交换和案件移送等四项日常工作制度。

2005年，根据嘉兴市公安局《关于进一步规范公安联络室建设的通知》精神，继续抓好公安联络室数量建设、人员配备和业务督导的同时，着重从制度、日常运行机制等方面加大对联络室的建设力度，从而使联络室在制度上更规范、运行机制上更合理。是年，公安联络室与所驻单位共联合执法140次，查获各类违法卷烟80万余元，协助办案80余起，检查各类企事业单位440余家，移送案件4起，立案1起，破案1起，移交线索20多条，打击处理犯罪嫌疑人4人，行政处罚3人，挽回经济损失70万余元。

2013年始，市公安局经侦大队以公安联络室为依托，定期开展收集违法犯罪人员前科基础信息工作，全年共收集经侦情报信息1000余条，并上报上级经侦部门录入黑名单库，通过信息比对、串并，拓展案源。至2015年，除地税、国税、烟草等3个联络室继续保持有专职民警常驻外，其余均由大队领导或民警兼职。经侦大队依托公安联络室，通过信息共享、案件移送、联合执法等方式深入合作，有效形成打击经济犯罪合力。

**二、派出所经侦探组**

2000年1月19日，市公安局经侦大队在嘉兴市率先推行聘请派出所领导、驻所刑警担任经侦联络员（2006年改称经侦兼管员），并下发文件，全市共确定派出所经侦联系领导10人、责任区刑队驻所刑警经侦联络员10人。并明确经侦联系领导、联络员的六项工作职责，以进一步夯实基础，整合资源，实现经侦工作向基层派出所延伸，使基层派出所成为发现、防范和控制经济犯罪的前沿阵地，推动经济犯罪防控工作向纵深发展。同时，向社会聘请财会、外语专业人士担任办案专业顾问，提升经侦部门实际办案能力。

2010年，市公安局经侦大队根据嘉兴市公安局制定的《全市公安机关部分派出所试行设立经侦探组实施方案》，在当湖派出所试点设立经侦探组，在其他派出所设立经侦专干。其基本职能是：侦办部分经济犯罪案件（一般的假币类、假发票类、传销类、信用卡诈骗类及职务类经济犯罪案件），开展经济犯罪案件防范宣传，负责收集经侦情报信息等基础工作。

2014年，贯彻落实《全省公安派出所办理经侦部门管辖经济犯罪案件暂行规定》，推进经侦工作向派出所延伸，进一步明确派出所经侦专干的工作职责，协助开展经济犯罪情报收集、案件侦破、防范宣传、涉案维稳和重点人员控制工作。自办派出所辖区内持有、使用假币案，出售非法制造的发票案，恶意透支类信用卡诈骗案及涉案金额10万元以下的职务侵占案、挪用资金案等5种案件。印发《关于进一步规范经济犯罪重点人员管控处置工作的通知》，对经侦重点人员的管理工作予以规范。2015年，派出所自办经济犯罪案件38起，采取强制措施101人，移送起诉89人。派出所经侦专干作用发挥好，成效明显，得到了嘉兴市局相关领导的高度肯定。

**三、警企联络与法制宣传**

2001年，建立市公安局经侦部门领导与全市大型企业的挂钩联系制度，定期或不定期到企业进行法律、法规等法律知识的宣传和典型案例通报、分析，揭露犯罪，增强公民和企业法人的自我防范意识和防范能力。2003 年，经侦部门在全市各乡镇的一些重点企业建立经侦联络点，实行重点保护。创办《企业经济之窗》（后改名为《企业经侦之窗》），定期向企业发放，内容包括法律知识、预警通报、防范建议、案例分析、经侦重大工作动态等。通过发放预警通报、防范建议、定期上门走访、以案说法、举办法制培训等形式，构建企业内部防控机制，实现经侦工作向企业延伸。

2007 年，在强化传统预警防范工作的同时，运用互联网开通平湖经侦信息网，把最新的经济犯罪动态、特点、手段等信息，在最短的时间内向党委、政府、企业法人、社会公众发布，开设举报窗口，设立专栏接受有关企事业单位、公民网上咨询。以《企业经侦之窗》书面发布、手机短信发布、网络媒体发布、咨询中心答疑、重点企业走访、上门举办法制课等方式进行预警防控。是年，成功预防"高分子"诈骗、汽车租赁诈骗、虚假房产诈骗、短信诈骗、合同诈骗等多发性案件 10 多起，避免经济损失 100 万余元。

2008 年，全球金融危机爆发，市公安局积极主动应对国际金融危机带来的影响和冲击，与劳动、工商、税务等部门协作，开展劳资纠纷隐患企业及社会不安定因素滚动排查，建立劳动招工、用工备案、劳动密集型企业工资发放监管，欠薪保证金、欠薪急用周转金等制度，开展争创劳动保障诚信企业活动，提高用工单位遵守劳动保障法律、法规意识和劳动者的维权意识，企业主欠薪逃匿行为得到有效遏制，由欠薪逃匿引发的群体性苗头减少。企业主欠薪逃匿预警防范机制获全省公安机关 2006—2008 年度警务创新奖。2009 年，推出帮扶企业五条举措、保护知识产权八项措施、受害企业回访、涉企案件攻坚会战、涉企犯罪专场咨询等，使服务企业、保护企业的力度更大，措施更加全面。

2012—2015 年，市公安局经侦大队坚持主动警务，积极帮助指导企业做好内部矛盾的排查化解工作，会同相关单位强化企业周边群众法制宣传，教育群众自觉维护企业治安秩序，在保障企业发展上营造"零干扰"环境。同时，选择破获的典型案例、不同时段的工作亮点，通过报纸、电台和电视台等媒体进行广泛宣传，利用"3·15"消费者权益日、"5·15"经侦工作宣传日，开展不同主题的打击和防范经济犯罪宣传，提升全社会防范经济犯罪能力。

# 第六章　禁毒

平湖地处海滨，境接淞沪，交通便利，烟毒流行由来已久。解放后，县委、县人民政府在领导群众进行剿匪反霸斗争的同时，发动群众开展禁毒斗争，20 世纪 50 年代初期毒品基本上被禁绝。此后 40 多年里，毒品在平湖基本绝迹。

90 年代末，随着外来人口的增多，受周边地区毒品犯罪的影响，涉毒违法犯罪活动在平湖死灰复燃。进入 21 世纪，毒品进一步蔓延，涉毒案件不断增多。市公安局贯彻全国人大常委会颁布的《关于禁毒的决定》，严厉查处涉毒案件，严格禁毒管理，最初在刑侦大队情报中队设置打击毒品犯罪探组，后又增设禁毒中队，开展缉毒侦查工作。2002 年 1 月，市政府为切实加强对禁毒工作的领导，成立平湖市禁毒委员会，下设办公室，由公安局副局长（禁毒委员会副主任）兼任办公室主任。2007 年 12 月 29 日《中华人民共和国禁毒法》颁布，2008 年 6 月 1 日正式实施。2009 年 11 月，市公安局禁毒大队挂牌成立，与市禁毒委员会办公室合署办公，配备禁毒民警 2 人，专司禁毒工作。2010 年，禁毒民警增至 5 人，禁毒工作力度进一步得到提升。

## 第一节　打击毒品犯罪

### 一、民国时期的禁毒

民国时期，平湖境内有较多吸食鸦片和白粉（海洛因）等毒品的烟民，以及提供毒品的贩毒者。尤以日伪时期最盛，当时城镇有官办烟土行和公开吸毒场馆，四乡也有吸毒，烟毒泛滥成灾，估计烟民有数千人，以吸食白粉者为多数。

民国 17 年（1928），平湖县成立禁烟处，由县长兼任主任，县警察所长、内河水警第九队队长兼任副主任，开展禁烟工作。民国 24 年（1935）10 月，县设戒烟所于城区仓弄。为深入农村及集镇禁绝鸦片、白粉等烟毒，还在新埭镇同仁诊疗所、乍浦镇诚济医院、新仓镇区署等地设立戒烟分所，用于收容烟犯、强制戒毒。是年，缉获烟案 8405 件人犯 954 人，没收鸦片 5912 千克，烟具 1516 件。民国 25 年（1936）4 月，制订禁烟（毒）计划，饬令警方和司法部门严查严办。据民国 24 年（1935）11 月至民国 25 年（1936）11 月统计，共查办涉毒案件 484 起，涉案 954 人，禁止烟毒收到一定成效。

民国 26 年（1937）11 月，日军入侵，平湖沦陷，烟毒再次泛滥。抗日胜利后，民国政府虽也明令禁毒，但因政府腐败，禁毒措施不力，收效甚微。不少政府官员和警察私下包庇毒贩，有的甚至合伙经营，毒品有增无减，贩毒成为一批地痞、流氓、盗匪之职业。烟毒的萌生蔓延，既伤害身体，败坏家业，又危害社会。

### 二、新中国成立后打击毒品犯罪

解放初期，平湖吸食毒品（鸦片、白粉）依然流行，尤以城区及乍浦、新埭、新仓、黄姑、林埭等集镇最为严重。一批毒贩趁党和政府集中力量剿匪肃特之机，猖狂地进行贩毒，以牟取暴利。新埭镇一批伪职人员伙同社会上流氓成立贩毒组织，设立指挥部，有正、副部长，正、副司令，在区中队个别不纯分子包庇下，大肆贩毒，人员多达 70 余人；乍浦镇贩毒人员集资合股，贩运毒品，转卖给沿海一带盐民、渔民；新仓镇有“白粉司令”之称的马某某，曾勾结旧警刑侦队长等人贩毒，解放后继续猖狂活动；城区毒贩者勾结轮船职工，利用水上运输便利，大肆贩毒，严重危害社会治安。

1950 年 2 月 24 日，中央人民政府政务院颁布《关于严禁鸦片烟毒的通令》，浙江省人民政府也于 4 月 13 日颁发《严禁鸦片烟毒令》，要求各地根据政务院通令，限期禁绝烟毒。遵照政务院和浙江省政府通令，平湖县委和县人民政府在剿匪反霸的同时，发动群众开展禁毒斗争，以城镇和沿海地区为重点，认真细致侦查，公安机关在新埭区共逮捕大小毒贩40余人，在城区共破获吸、贩毒品案82件。汉塘镇吸毒、贩毒分子赵郊因屡教不改被判处死刑，执行枪决。据1949年10月至1952年4月统计，共破获吸毒、贩毒案件131件，涉案159人，收缴毒品白粉2.15千克、鸦片0.9千克，取得禁毒斗争初战告捷。

1952年4月15日，中共中央发出《关于肃清毒品流行的指示》，明确指出“毒品流行对于国家损失最大，对人民毒害最深，是旧中国社会遗留下来的一种污毒，为了根除这种旧社会的恶劣遗毒，在全国范围内有重点地、大张旗鼓地发动一次群众性的运动，来一次集中的彻底扫除”。8月12日，嘉兴专署公安处召开公安局长会议，传达贯彻中央指示精神，部署全地区禁毒运动。

1952年8月13日，县人民政府颁布《禁毒令》，建立以县长、公安局局长为正、副主任的禁毒委员会，并抽调干部成立工作班子，设立行动组、登记组、宣传组和审讯组，各区也相应建立3～5人的禁毒小组。组织县级机关科、局长和宣传报告员，深入乡镇、农村广泛宣传，共召开机关干部、治保干部、居民、工人、工商、民兵、妇女代表会议和毒贩家属座谈会328次，达到家喻户晓。26日，召开县镇（城关镇）干部大会，县委书记国静波作动员报告，号召各级干部行动起来，开展禁毒斗争。27—28日，全县城乡统一行动。县禁毒委员会在城关镇设立登记站（县公安局内），办理登记城关及城郊地区吸毒、贩毒人员自首登记，各乡镇的吸毒、贩毒人员到区禁毒小组登记。同时动员对保存或种植毒品原植物（罂粟）的群众，交出毒品及原植物，拔除毒苗（罂粟）。10月16日，县人民法院分别在城关、乍浦、新埭、新仓等地召开宣判大会，对在押和管训的毒贩，依法判处有期徒刑35人，管制34人。城关镇贩毒惯犯张某某、新仓镇贩毒犯马某某等分别判处有期徒刑5年和4年。历时65天的群众性禁毒运动，查获贩毒分子146人，逮捕毒贩36人，对65名可捕可不捕毒贩，由公安局集中管训，登记悔改58人，对200多名一般涉毒人员，通过对政策、法律、前途的上大课教育，责令坦白交代问题，交出毒品、毒具，共收缴毒品海洛因（白粉）2.22千克，毒具124件。通过此次禁毒运动，毒品在平湖基本绝迹。

20世纪90年代后期，由于受到国际毒源的影响和毒品重点地区的辐射，平湖境内开始出现外来人口吸毒现象。1998年8月11日，乍浦派出所民警在乍浦国贸宾馆709客房内查获平湖首例吸毒案件，2名江苏吴江籍吸毒人员分别被处2000元治安罚款。8—9月间，乍浦派出所先后在国贸宾馆、迎宾楼宾馆及南司弄租房等地查获3起4名外来人员吸毒案件，分别作出治安罚款处罚。

进入2000年后，平湖吸食和注射毒品人员逐年增多，尤其在宾馆、酒店、浴室及娱乐场所等易涉毒的地方更为严重，随之贩毒、容留他人吸毒及非法持有毒品案件也不断上升，流行的毒品种类由海洛因（白粉）发展到冰毒（甲基苯丙胺）、K粉（氯胺酮）及摇头丸等新型毒品，严重危害社会治安。

2000年12月30日，上海市金山区干巷镇居民庄某某在当湖镇朝阳路一出租房内将0.125克海洛因出售给郭某某时被当湖派出所查获，庄某某因贩毒于2001年1月6日被刑事拘留。后经查明，庄先后在当湖镇贩卖毒品海洛因1.27克。4月26日，平湖市人民法院以贩卖毒品罪判处庄有期徒刑2年，并处罚金3000元。庄不服，提出上诉，被嘉兴市中级人民法院驳回，维持原判。此案成为平湖进入21世纪后查获的首例贩毒案件。2000年，同时还查处外来人员吸毒案4起，吸毒违法人员15人，劳动教养1人，行政处罚14人、强制戒毒14人。

2001年，全市组织开展“查线索、打毒贩、挖团伙、端毒窝”为重点的严打整治行动，取得显著成效。破获贩毒案件2起（其中特大贩毒案1起）5人，吸毒案件3起4人，缴获海洛因200余克。追究刑事责任5人，行政处罚4人，强制戒毒4人。2002—2003年，破获贩毒案件2起3人，吸毒案件9起18人。依法追究刑事责任3人，行政处罚18人，强制戒毒17人。

2004年，根据省公安厅和嘉兴市公安局的统一部署，在全市范围内组织开展歌舞娱乐休闲场所涉毒问题专项整治，通过分阶段实施，稳步推进，明察与暗访相结合，抓住重点，兼顾全面，整治工作取得明显成效，得到嘉兴市公安局及省公安厅的高度评价。是年，共破获贩毒案件2起2人，吸毒案件3起23人，缴获海洛因2克、摇头丸14颗、K粉22.5克。依法追究刑事责任2人，劳动教养2人，行政处罚21人，强制戒毒21人。

2005年，市公安局在上级业务部门的统一部署下，组织开展“铁拳”扫毒行动、遏制毒源，禁毒人民战争等专项行动，加大对涉毒违法犯罪活动的打击力度。是年，共破获贩毒案件3起4人，吸毒案件15起64人，缴获海洛因6.2克、摇头丸40颗、K粉28克。追究刑事责任4人，劳动教养3人，行政处罚61人，强制戒毒37人。

2006年起，毒品种类不断翻新，不断衍生新的替代品冰毒、麻古等，新型毒品冰毒在平湖占毒品种类的90%以上。为有效遏制新型毒品在全市蔓延，市公安局积极开展扫毒行动和禁毒人民战争，坚持“逢吸毒必查贩毒，逢贩毒必查上下家”的缉毒侦查工作原则，以“遏制毒品来源、遏制毒品危害、遏制新吸毒人员滋生”为目标，通过多渠道，采取多种方法，进一步加强缉毒侦查工作，破获一批贩毒大案，抓获一批毒贩，有力地打击了毒品违法犯罪的嚣张气焰。是年，共破获贩毒案件8起11人，吸毒案件37起148人，缴获海洛因46.5克、“摇头丸”23颗、冰毒9.5克、麻古77颗。依法追究刑事责任11人，劳动教养4人，行政处罚144人（其中治安拘留137人），强制戒毒23人。并协助上海警方破获一起特大贩毒案，抓获公安部督办的上海“7·26”毒品专案2名在逃主要犯罪嫌疑人，当场缴获冰毒500克、K粉535克、摇头丸120颗、毒资7000余元及运送毒品用的汽车2辆。

2007年，市公安局继续保持对涉毒违法犯罪的严打高压态势，破获毒品刑事案9起22人，吸毒案件60起154人（其中吸食海洛因17人，吸食冰毒等新型毒品137人），缴获毒品海洛因3.2克、冰毒100.98克、K粉2克、麻古90.5克。依法追究刑事责任22人，劳动教养4人，行政处罚150人（其中治安拘留143人），强制戒毒31人。

2008年，市公安局认真贯彻落实省、市两级政府禁毒工作会议精神，以“破大案、缴毒品、抓毒枭、摧网络”为核心任务，深入开展缉毒破案专项行动。破获贩毒案件33起51人，吸毒案件78起148人。依法追究刑事责任51人，劳动教养2人，行政处罚146人、强制戒毒20人。是年，出台《平湖市禁毒工作举报奖励办法》，号召广大群众检举揭发，推进缉毒破案。2009年，破获贩毒案件24起41人，吸毒案件96起161人。依法追究刑事责任41人，行政处罚161人，强制戒毒17人。

2010年，市公安局禁毒大队结合世博安保工作，加强与交通、邮政等相关职能部门的协作配合，完善落实堵源截流工作机制，组织一线相关工作人员禁毒业务培训，特别是世博安保卡点，查缉可疑车辆和人员的意识和能力得到全面提高。通过查缉工作，对300余名涉毒可疑人员进行现场尿样检测，抓获吸毒人员34人，防止了涉毒人员流入上海。是年，共破获毒品刑事案件47起74人，吸毒案件180起322人（其中吸食海洛因41人，吸食冰毒等新型毒品281人），缴获毒品海洛因15.34克、冰毒160克。依法追究刑事责任74人，行政处罚322人，强制戒毒32人。2011—2012年，共破获毒品刑事案件74起97人，吸毒案件316起529人。依法追究刑事责任97人，行政处罚529人，强制戒毒37人。

2013年，根据省、嘉兴市两级政府禁毒委员会的统一部署，市公安局禁毒大队先后于1月24日至5月9日和8月8日至11月20日，组织开展“扫毒害保平安”严打整治专项行动和“肃毒害创平安”百日攻坚会战，两次行动共破获涉毒刑事案件117起，采取刑事强制措施127人，缴获各类毒品300余克，破获公安部级、嘉兴市级毒品目标案件各1起，工作成效明显，列嘉兴市第二。是年，共破获毒品刑事案件127起133人，吸毒案件266起444人。依法追究刑事责任133人，行政处罚444人，强制戒毒68人。

2014年10月至2015年3月，根据公安部、省公安厅统一部署，组织开展为期半年的全国百城禁毒会战，实行禁毒、情报、治安、巡特警、网警等多警种同步上案，多手段捆绑作战，有效提高打击效能。破获公安部级、省级毒品目标案件各1起，摧毁6人团伙案件3起，3人团伙案件4起，打击毒品犯罪嫌疑人120人，查获吸毒人员410人，处置强制隔离戒毒70人，作出社区戒毒115人，缴获各类毒品13.5公斤及仿真枪1支、子弹2盒，综合战果列嘉兴市第一，被省公安厅评为全省公安机关百城禁毒会战成绩突出集体。2014—2015年，共破获毒品刑事案件176起215人，吸毒案件669起958人。依法追究刑事责任215人，行政处罚958人，强制戒毒199人。

**三、侦破毒品犯罪案例**

**赵邠吸毒、贩毒案**

解放初期，平湖吸毒、贩毒分子赵邠（平湖县汉塘镇人），因吸毒、贩毒，曾被公安机关多次查获，尤其在劳改释放后，仍不思悔改，继续吸毒、贩毒。1951年1月26日，由平湖县人民法院判处死刑，剥夺公权终身。赵不服，提出上诉，先后经浙江省人民法院嘉兴分院、最高人民法院华东分院审核，驳回上诉，维持原判，5月29日执行枪决。

**“2001·8·28”贩卖、运输毒品案**

2001年8月28日，市公安局刑侦大队根据有关线索，在钟埭镇定云村张某某家破获平湖市首起特大贩毒案，抓获张某某及四川筠连籍贩毒犯罪嫌疑人梁延兵、张光奎等4人，当场缴获毒品海洛因195克。后组织警力赴四川、绍兴追逃。于9月11日又抓获四川筠连籍贩毒犯罪嫌疑人陈光虎等2人。经查，梁延兵等人自1999年开始多次从云南昭通购得毒品海洛因后前往浙江省绍兴市、嘉兴市进行销售，梁延兵参与贩卖、运输海洛因490.10克；陈光虎、张光奎参与贩卖、运输海洛因395.10克；李某武（女）参与贩卖、运输海洛因225.10克；李某某（女）、张某某分别参与贩卖、运输海洛因85克、65克。经嘉兴市中级人民法院一审、浙江省高级人民法院再审和最高人民法院核准，梁延兵、陈光虎、张光奎被判处死刑，缓期二年执行，剥夺政治权利终身；李某武（女）被判处无期徒刑，剥夺政治权利终身；李某某（女）、张某某被判处有期徒刑15年，剥夺政治权利5年。

**“2011·10·19”贩卖、运输毒品案**

2011年9月初，市公安局禁毒大队经过深入侦查，及时获取一批涉毒线索，成立专案组，集中优势警力循线攻坚。10月19日，先后在当湖街道吉祥小区抓获胡品芳（平湖市人）等3名犯罪嫌疑人，当场缴获冰毒560克。后循线深挖，于11月11日在杭州、绍兴新昌、平湖等地抓获正欲潜逃的广东籍贩毒犯罪嫌疑人吴小明等3人，缴获冰毒1.035千克，毒资13万余元。经查，吴小明贩卖、运输毒品冰毒1.004千克，胡品芳贩卖、运输毒品冰毒0.589千克，沈越运输毒品冰毒1.004千克，其余3人分别贩卖毒品冰毒22.9克、5.2克、1.6克。2012年10月8日，嘉兴市中级人民法院依法判处吴小明死刑，剥夺政治权利终身；判处胡品芳、沈越死刑，缓期二年执行，剥夺政治权利终身；判处王某有期徒刑12年，剥夺政治权利2年；判处朱某某有期徒刑5年、蒋某某有期徒刑2年。胡等人不服，提出上诉，被浙江省高级人民法院驳回，维持原判。该案被省公安厅评为2011年度浙江省缉毒十大优秀案件之一。

**“2012·6·24”贩卖、运输毒品案**

2012年3月，市公安局禁毒大队发现上海籍潘继明在平湖及广东汕头和揭阳、上海普陀等地进行毒品交易的线索后，组织专案侦查。6月24日晚，在当湖街道世纪名苑将从广东汕头运输毒品至平湖的潘继明等4名犯罪嫌疑人抓获，当场缴获冰毒20.7千克，汽车2辆。经平湖、嘉兴两级公安机关综合运用各种侦查手段，循线追踪，历时3个半月，辗转上海、广东等省市调查取证，又相继抓获3名犯罪嫌疑人，成功侦破特大贩毒案。切断一条从广东经浙江到上海的贩毒通道。经查，潘继明贩卖、运输冰毒32.349千克，林秋林贩卖冰毒27.097千克，刘雪峰贩卖冰毒10.400千克，蔡亚舍贩卖冰毒2.655千克。2013年11月25日，嘉兴市中级人民法院依法判处潘继明、林秋林死刑，剥夺政治权利终身；判处刘雪峰、蔡亚舍死刑，缓期二年执行，剥夺政治权利终身，其中对刘雪峰限制减刑。潘等人不服，提出上诉，被浙江省高级人民法院驳回，维持原判。该案系嘉兴市公安机关迄今查获毒品数量最大的一起贩毒案件。省委常委、公安厅厅长刘力伟作出批示，予以充分肯定，专案组被省公安厅记集体二等功一次。

表 6-1　　1950—2015 年平湖查处毒品案件一览表

| 年份 | 贩卖、容留、非法持有毒品案件 | | 吸毒案件 | | 强制戒毒人员 | | | 劳动教养（人） | 行政处罚（人次） | 刑事责任（人） |
|---|---|---|---|---|---|---|---|---|---|---|
| | 案件数（起） | 人员数（人） | 案件数（起） | 人员数（人次） | 小计（人） | 外地户籍 | 本地户籍 | | | |
| 1950—1951 | – | 40 | – | 119 | – | – | – | – | – | 1 |
| 1952 | – | 146 | – | 200 | – | – | – | – | – | 69 |
| 1998 | – | – | 3 | 4 | 4 | 4 | – | – | 4 | – |
| 2000 | 1 | 1 | 4 | 15 | 14 | 14 | – | 1 | 14 | 1 |
| 2001 | 2 | 5 | 3 | 4 | 4 | 1 | 3 | – | 4 | 5 |
| 2002 | 2 | 3 | 3 | 6 | 5 | 1 | 4 | – | 6 | 3 |
| 2003 | – | – | 6 | 12 | 12 | 8 | 4 | – | 12 | – |
| 2004 | 2 | 2 | 3 | 23 | 21 | 3 | 18 | 2 | 21 | 2 |
| 2005 | 3 | 4 | 15 | 64 | 37 | 16 | 21 | 3 | 61 | 4 |
| 2006 | 8 | 11 | 37 | 148 | 23 | 16 | 7 | 4 | 144 | 11 |
| 2007 | 9 | 22 | 60 | 154 | 31 | 22 | 9 | 4 | 150 | 22 |
| 2008 | 33 | 51 | 78 | 148 | 20 | 10 | 10 | 2 | 146 | 51 |
| 2009 | 24 | 41 | 96 | 161 | 17 | 8 | 9 | – | 161 | 41 |
| 2010 | 47 | 74 | 180 | 322 | 32 | 20 | 12 | – | 322 | 74 |
| 2011 | 45 | 59 | 181 | 289 | 21 | 5 | 16 | – | 289 | 59 |
| 2012 | 29 | 38 | 135 | 240 | 16 | 5 | 11 | – | 240 | 38 |
| 2013 | 127 | 133 | 266 | 444 | 68 | 23 | 45 | – | 444 | 133 |
| 2014 | 75 | 91 | 302 | 451 | 89 | 30 | 59 | – | 451 | 91 |
| 2015 | 101 | 124 | 367 | 507 | 110 | 43 | 67 | – | 507 | 124 |

注：2008 年 6 月 1 日执行《禁毒法》后，吸毒人员取消劳动教养。

## 第二节　禁毒宣传

进入 2000 年后，市公安局针对平湖禁毒工作的严峻形势，在市禁毒委的统一领导下，结合每年“6・26”国际禁毒日，开展形式多样、内容丰富的禁毒宣传教育活动，激发广大群众自觉抵制毒品、参与禁毒斗争的正义观和积极性，为禁毒工作奠定坚实的群众基础。

2000 年“6・26”国际禁毒日期间，市公安局制作 100 多幅禁毒宣传画和禁毒斗争成果图片在城区关帝庙商城展出，并焚烧收缴的 6465 株罂粟原植物，现场有数千人观看，社会反响良好。

2001 年，结合“6・26”国际禁毒日，重点加强对青少年、外来流动人口、社会闲散人员等重点易涉毒高危人群的宣传教育，会同各成员单位深入镇、街道社区、学校，展出禁毒宣传图片，分发禁毒宣传资料，给外来民工、中小学校学生和社区居民上禁毒法制课，扩大禁毒宣传教育覆盖面。

2004 年“6・26”国际禁毒日期间，市公安局在城区关帝庙广场播放“为了生命”等大型禁毒宣传教育系列片，展示毒品仿制样品，举行禁毒宣传咨询活动。在市看守所举办以“远离毒品 关爱未来”为主题的大型宣传活动与禁毒成果展览。

2006年6月，开展“集中禁毒宣传月”活动，禁毒民警深入中小学校开展“参与禁毒斗争，构建和谐社会”学生联合签名活动；开辟青少年宫禁毒图片展览，组织青年团员参观；开展外来人口聚居地禁毒宣传片播放等活动，以提高广大群众“知毒、识毒、拒毒”的意识和能力。

2008年，贯彻实施《中华人民共和国禁毒法》(以下简称《禁毒法》)，市禁毒委出台《平湖市〈禁毒法〉集中宣传行动方案》《平湖市禁毒集中宣传实施方案》和《平湖市禁毒工作举报奖励制度》。公安、司法、工商、教育等部门，以及各镇、街道和禁毒委各成员单位，扎实开展形式多样的禁毒宣传教育工作，在全市各镇（街道）设置禁毒举报箱和禁毒宣传栏，围绕“6·26”国际禁毒日、“12·1”世界防艾日和“12·4”法制宣传日等重点时段，开展进社区、进村、进企业、进场所、进学校、进家庭的“六进”禁毒宣传。举办以“依法禁毒、构建和谐”“不让毒品进我家”和争创“无毒家庭”等主题宣传活动。在平湖电视台和嘉兴日报的协助下，制作涉毒典型案例和“离毒品远一点、再远一点”的专题报道，在国际禁毒日当天予以播放和刊登，以增强公民的禁毒意识。共发放禁毒宣传册3万余份，上街咨询20余场次、文艺演出3场次，禁毒广播宣传覆盖农村每个家庭。

2009年6月27日，市公安局在当湖街道召开声势浩大的打击毒品犯罪公开处理大会，公开对20名涉毒犯罪嫌疑人宣布刑事拘留和执行逮捕的决定，会场吸引上千名群众观看，禁毒志愿者向群众发放禁毒宣传册1000余份，张贴禁毒公告200余份。

2010年，全面落实国家《全民禁毒教育实施意见》，推动禁毒宣传教育工作规范化、法制化和社会化。积极协调报纸、广播、电视、网络等宣传媒体，开展新型毒品危害宣传。制作专题宣传片，以钟埭街道一吸食新型毒品而出现类似精神病症状为例，从吸毒人员家庭背景、社会交往、成长史、违法犯罪经历等，对涉毒原因、新型毒品危害、如何防范新型毒品等方面进行深入剖析。此片在市电视台及各中小学校播出后，取得了很好的宣传和警示作用。

2011年，市公安局继续加大对新型毒品危害的宣传力度，开展禁毒宣传“进社区、进学校、进农村、进单位、进家庭、进场所”活动。组织禁毒“流动课堂”活动15次，发放各类宣传品2.85万余件，接受群众咨询4500余人次，使公众普遍知晓新型毒品的危害，增强自觉抵制新型毒品的能力。同时，在城郊新居民聚居地发放《致平湖新居民的一封信》计5000余份，受到新居民的普遍欢迎。

2012年，市公安局根据浙江省禁毒委提出的分级预防工作思路，针对吸毒人群、易涉毒高危人群和一般人群的特点，积极实施毒品问题分级预防教育行动计划，利用“平湖便民手册”插印禁毒宣传资料；利用广播、电视、楼宇广告牌、户外数字广告牌、公交车车载广告、出租车、车站等平台插播禁毒宣传资料；互联网开通微博“平湖禁毒宣传”；交警电子屏播放禁毒宣传标语；制作合成毒品危害与预防宣传读本及小册子、珍爱生命远离毒品宣传纸、学生禁毒宣传笔；在出租车、公交车粘贴禁毒宣传贴纸；组织人员开设禁毒宣传讲座、举办禁毒宣传版画展览等。通过宣传，广大群众识毒、防毒能力、参与禁毒斗争的积极性和毒品常识的知晓率进一步提高。

2013年，市公安局结合全市禁毒形势，紧紧围绕以“青少年和合成毒品”为主题，以“减少毒品社会危害”为目标，以青少年、外来务工人员为重点宣传对象，设计禁毒宣传课件，深入社区、学校、外来人口集居地和易涉毒场所，采取召开专题讲座、印发宣传手册现场宣传及社区文艺汇演等形式，开展禁毒宣传。利用实名认证官方微博、微信，定期发布各类禁毒知识，与当地网站、论坛合作开展禁毒宣传。联合文化广电新闻出版局在各镇、街道设立“禁毒图书角”。在当湖、钟埭、独山港等街道（镇）及客运中心设置大型禁毒公益广告牌。

2014年11月至2015年4月，市公安局在为期半年的全国百城禁毒会战中，拍摄和撰写一大批禁毒工作题材新闻，被省级媒体录用稿件68篇，其中5篇在中央电视台、中央人民广播电台和《人民公安报》等家媒体播出刊登，“百城禁毒”宣传考核中位列各县市第一名，嘉兴全市“百城禁毒”宣传工作会议在平湖召开，并作经验介绍。

## 第三节 禁毒管理

### 一、禁种铲毒工作

平湖城乡民间历来有着私种罂粟的习惯，城镇用于观赏，农村用于治疗小猪白痢病，此行为在解放初20世纪50年代的禁毒运动中已明确禁种，就此基本绝迹。“文化大革命”期间，由于无人管理，私种罂粟情况开始增多，尤其是70年代，全县大部分社镇都有私种罂粟情况，个别社镇还比较严重。

1973年5月3日，县公安局会同县卫生局联合下发《关于严禁擅自种植罂粟，加强麻醉药品管理的通知》，通知明确规定私种罂粟是违法行为，必须迅速制止。通过排查，对全县20个社镇的私种罂粟，组织铲除，由于当时管理机制不健全，至1975年仍有17个社镇，200余农户私种罂粟2万余株。1975年5月3日，县革命委员会下发《关于进一步做好查禁私种罂粟工作的通知》，要求在原有清查的基础上，进一步做好重点地区、重点大队的清查工作，发现私种的罂粟，坚决就地拔除，集中销毁，并进行法纪教育。经过1973年、1975年两次大规模的查禁，私种面与量明显减少。以后，县公安局会同县卫生局又先后在1979年4月13日和1981年4月11日先后两次下发通知，进一步明确私种罂粟是一种违法行为，要求利用4—5月罂粟开花结果成熟季节，全面开展查禁工作。经过持续不断的清查铲除，有效遏制了私种罂粟现象，但仍未彻底禁绝。

1982年，私种毒品原植物罂粟又在新仓、黄山、共建、全塘等社镇抬头，涉及7个公社34个生产大队，119户。县公安局会同县卫生局在各社、镇党委、政府的统一领导下，于4月2日至5月10日，组织居委会和大队治保干部、赤脚医生，会同有关部门卫生人员，结合生产、卫生大检查和血防查螺等，开展统一铲除行动，共查获毒品原植物罂粟1.06万株，就地监督烧毁。

1984年4月，县人民政府下发文件，批转县卫生局、公安局《关于开展查禁罂粟的报告》，进一步重申罂粟是制造鸦片的原料，是一种易成瘾的毒性药品。党中央、国务院曾多次明令禁止私自种植，各地要组织力量，采取有力措施，认真进行清查，彻底禁绝私种罂粟现象。把严禁种植罂粟列入“乡规民约”，实行限期禁绝，限期于5月1日前铲除上缴，逾期不缴或继续收藏，传播种子者，依据情节分别处以5～20元罚款处理，情节恶劣，屡教不改者，给予行政拘留直至依法惩处。是年，在全县范围内开展声势浩大的铲除行动。通过自觉铲除后清查发现乍浦镇、共建、黄姑乡7户私种的64株罂粟，全部拔除销毁。以后，铲除毒品原植物工作作为禁毒工作的一项长期任务，坚持常抓不懈。

1990年，县公安局在胜利乡大南门村朱某家查获私种罂粟223株，对其给予治安罚款。事后，会同卫生局联合下发《关于严禁私种罂粟的通知》，专门组织人员对全县10个重点乡镇进行现场调查，向群众宣传、查处私种罂粟，提高群众禁止种植毒品原植物的自觉性，私种罂粟情况有明显好转，但仍时有抬头。1992年，全市查处1起非法种植罂粟案件，铲除罂粟723株。1997年7月29—30日，全市组织开展禁赌禁毒斗争集中统一行动，铲除私自种植的毒品原植物罂粟6800株。

进入21世纪，市公安局在各级党委政府的领导下，紧紧依靠基层组织，落实乡镇、村（居）禁种铲毒工作责任，确保毒品原植物“零种植”。抓住每年毒品原植物开花的有利时机，深入各村农户摸清非法种植罂粟情况，对重点人员和重点地方开展排查，组织踏查铲毒工作，并对非法种植者给予治安处罚。2001—2007年期间，先后在当湖镇长塘村陈家浜、黄姑镇新桥村、新仓镇利群村、乍浦镇先锋村、林埭镇华丰村、广陈镇港中村等地查处种植毒品原植物案件9起，在铲除的同时，对9名涉案人员分别予以治安罚款，从而使农村中非法种植毒品原植物的情况得到有效遏制，达到基本绝迹，2010—2015年连续多年保持“零种植”。

### 二、娱乐场所管理

2004年，根据省、嘉兴市两级禁毒委员会的统一部署，市公安局制订《平湖市歌舞娱乐休闲场所涉毒问题专项整治方案》，成立以公安、文化、工商行政管理部门组成的工作组，明确各部门工作重点和工作措施，开展对全市歌舞娱乐休闲场所涉毒问题专项整治。公安机关会同工商、文化等部门，通过暗访和清查等形式，加强娱乐场所“三步曲”（禁毒宣传、从业人员和业主禁毒培训、与场所业主签订禁毒责任状）防毒管理机制建设，对场所业主和管理人员组织禁毒业务培训，制作业主、管理人员、从业人员禁毒责任书和禁毒宣传画板、宣传画贴纸，在全市300余家休闲娱乐场所开展禁毒责任书的签订及禁毒宣传画的张贴工作，并在场所中建立信息联络员，扩大对休闲娱乐场所控制的触角。由于整治有力，得到嘉兴市局及省公安厅的高度评价。

2005年，市公安局以《浙江省禁毒条例第十条、第二十一条适用问题的解释》（简称“解释”）出台为契机，进一步强化娱乐场所管理，深化歌舞娱乐休闲场所涉毒问题专项整治工作，在KTV包厢房中的视频点歌系统中，安装禁毒宣传插播软件，开展定期和不定期的明察暗访，对派出所执行《解释》情况进行逐案检查，从而使场所内涉毒问题得到有效遏制，场所业主对涉毒问题认识和参与禁毒工作的积极性得到明显提高。

2006年，市公安局进一步加大对歌舞娱乐场所群体性吸食新型毒品案件的查处力度，组织对各场所进行定期和不定期的暗访，通过暗访，发现问题及时查处。4月17日晚，位于当湖街道的东方罗马夜总会发生群体性吸毒案件，该场所被处罚款2万元，并停业整顿1个月。2006—2009年，先后共查处涉毒场所15家，分别予以警告、罚款和停业整顿，有力地推动了场所禁毒工作的深入开展。

2010年，市公安局组织开展对全市场所从业人员与禁毒信息系统比对，比对出涉毒前科人员进行定期与不定期的尿检和宣传教育，严密场所管理，确保全市场所涉毒问题持续下降。2011—2015年，开展对娱乐场所业主、从业人员防范新型毒品知识培训，并在场所显著位置张贴防范新型毒品的宣传标志、警语和招贴画，使各场所识毒、防毒、拒毒及加强与执法部门合作的能力得到进一步提高。

**三、易制毒化学品管理**

2001年，根据国家经济贸易委员会、公安部、国家工商行政管理局联合下发的《关于加强易制毒化学品生产经营管理的通知》，市公安局刑侦大队缉毒中队组织专门调查，共排摸出31家企业和单位，采取上门培训，并向全市化工企业下发公开信，明确告知列入国家一类管制的易制毒化学品的生产、经营、使用、仓储等方面的有关法律规定，对平湖市海达化工有限公司（使用一类易制毒化学品）进一步建立和完善易制毒化学品管理制度，明确职责，严密管理。

2002年1月起，根据国家经济贸易委员会、公安部、国家工商行政管理局文件和《浙江省禁毒条例》的有关规定，在全市范围内对生产、经营、使用易制毒化学品实行“易制毒化学品生产、经营备案证明”“易制毒化学品购用证明”“易制毒化学品管理专用章”制度（简称“二证一章”制度）。

2005年，市公安局与工商、安监部门配合，对全市240余家易制毒化学品企业实行严管、严查、严控，对相关企业生产、经营、运输、储藏情况，进行联合检查，严防易制毒化学品流入非法渠道，开展对企业主和内部从业人员的法制教育和禁毒预防教育，健全企业内部管理机制，以确保易制毒化学品的绝对安全。11月1日，国务院《易制毒化学品管理条例》颁布实施，对易制毒化学品企业的监管力度进一步加大。

2006年3月，贯彻执行国务院《易制毒化学品管理条例》，在全市易制毒化学品企业推行责任书制度，进一步明确企业在易制毒化学品管理中的责任和义务，增强企业的责任感，市公安局与100余家企业签订易制毒化学品管理责任书。是年，共开具易制毒化学品购买备案证明1100余份、运输备案证明400余份。

2008年，贯彻省政府“5·29”会议和44号文件的有关精神，制订《平湖市易制毒化学品管理工作机制》，进一步规范管理，堵塞漏洞。同时，对易制毒化学品企业实行信息化管理，全市229家易制毒化学品企业全部安装易制毒化学品管理信息系统，安装率达100%。

2009年，市公安局与工商、安监等部门密切配合，对全市范围内的易制毒化学品企业的生产、经营、运输、储藏等情况组织多次联合检查，通过多部门联合检查，对2家企业发放整改通知书，健全内部管理机制。年底，根据省公安厅下发的《浙江省易制毒化学品企业等级管理办法

（试行）》的相关要求，经初评申报，由嘉兴市公安、安监、药监等部门考核评审，报请嘉兴市禁毒委审定，评定平湖凯新五交化批发部（当湖街道）、平湖海达化工有限公司（广陈镇）、平湖化工试剂厂（独山港镇）等3家企业为2009年度平湖市易制毒化学品甲级企业，由嘉兴市禁毒会授予铜牌。至2015年，甲级企业数增至7家。

2010年，市公安局围绕上海世博会安保工作，通过有效开展易制毒化学品企业等级化管理，继续强化对易制毒化学品涉及企业的监管力度。是年，先后组织两次相关涉及企业专题业务培训，对重点企业进行上门检查，以提高相关企业依法经营、使用和管理易制毒化学品的意识和能力，坚决堵截4种涉爆易制毒化学品非法流入上海，确保上海世博会安全。同时通过现场监管，对3家企业发放整改通知书，限期整改。至2012年底，全市共有易制毒化学品企业299家。2013年，在派出所设立易制毒化学品专管民警，加大监管力度，增加对企业的检查监督频率，及时纠正一些企业在经营使用中存在的安全隐患。是年，共检查企业213家次，行政处罚6家、责令整改45家，没收易制毒化学品65.61吨。

2015年，市公安局结合第二届世界互联网大会·乌镇峰会安保工作，开展易制毒化学品专项整治。通过整治，行政处罚企业1家，刑事拘留1人，责令整改45家，专项整治被评为嘉兴市级先进集体。是年，共审核购买申请2204份、运输申请209份。经营企业对易制毒化学品购买许可（备案）电子证明网上核查率达100%、购买证明和运输证明网上核销率分别为99.9%、100%。是年底，全市共有易制毒化学品企业427家，其中生产企业2家、经营企业18家，使用企业407家。

## 第四节　禁吸戒毒

进入2000年后，平湖公安机关查处吸毒人员人数成倍增多。2000年查获吸毒人员15人（均系外地户籍），以后逐年增多，并由外地户籍向平湖户籍蔓延。2006年登记在册吸毒人员179人，至2010年在册吸毒人员达到769人。4年间，全市查获的吸毒人员上升幅度达329.61%。截至2015年12月20日，吸毒人员在册数为1865人，其中平湖籍吸毒人员1023人，当地人增幅明显，毒情形势严峻。

市公安局在市禁毒委员会的领导下，紧紧依靠各级党委、政府，以禁吸戒毒为中心，创建“无毒社区”“社区戒毒（康复）示范单位”为载体，在全市各镇（街道）全面落实社会帮教责任制，并在机制保障、队伍建设、戒毒管控、帮扶安置等方面不断创新、不断探索、不断总结，帮助吸毒人员戒除毒瘾，降低复吸率，逐步形成具有平湖特色的社区戒毒（康复）工作新模式，维护了社会稳定。

2001年3月，市公安局根据嘉兴、平湖两级禁毒委员会的统一部署，在全市范围内开展创建“无毒社区”活动，作为全市社会治安综合治理的一项重要内容，每年进行一次考核验收，并多次开展吸毒人员排查收戒及人员核查，通过面上大排查及资料核对、走访调查、网上搜寻等方法，摸清当地实有吸毒人员底数，落实禁吸帮教工作。

2008年，以贯彻实施《禁毒法》为契机，深入开展对吸毒人员的大排查、大收戒、大帮教活动，制订《社区戒毒工作实施方案》《戒毒康复人员就业安置实施办法》，做好对吸毒人员的社区戒毒和帮教工作，使吸毒人员树立生活信心，提高戒毒巩固率。

2009年，全市10个镇（街道）全部建立禁毒领导机构，在综治办设立禁毒工作领导小组和社区戒毒（康复）办公室，禁毒工作纳入社会治安综合治理和平安建设考核。各镇、街道与社区（村）签订禁毒工作责任书，落实专（兼）职社区戒毒工作人员及专项禁毒经费。制订《社区戒毒（康复）工作规范》，统一制作社区戒毒（康复）工作流程和工作手册，建立社区戒毒和社区康复帮教小组，与相关吸毒人员签订戒毒协议书，开展帮教工作，通过定期尿检和帮教谈话，及实时掌握吸毒人员动态。公安机关对社区专（兼）职人员进行业务培训，相关人员达到能操作运用禁毒信息系统和对吸毒人员进行尿检等，全市社区戒毒工作更趋规范。9月，确定平湖市红十字会医院为全市美沙酮药物维持治疗机构，首批接收12名吸食海洛因人员自愿参加美沙酮药物维持治疗，达到戒除毒瘾。此后每年经常保持在20名左右的治疗人数。

2010年，市公安局围绕上海世博会安保工作，以吸毒人员大排查、强化管控和打处工作为重心，进一步强化吸毒人员管控工作。开展社区戒毒（康复）人员档案管理、定期检测、走访谈话、就业帮扶等工作，有效帮助戒毒者增强信心，戒除毒瘾，融入社会。是年，全市社区戒毒有效执行率达到91.78%，高于浙江省平均水平，确保了世博会期间，吸毒人员不惹事、不出事的工作目标。

2011年6月26日，国务院《戒毒条例》颁布实施，依法规范自愿戒毒、社区戒毒、强制戒毒和社区康复等工作。市公安局在市禁毒委的领导下，全力推进社区戒毒工作，进一步充实社区禁毒办公经费，组织检查考核，确保每个镇、街道有专门办公室、有专兼职工作人员、有规范的工作台账，使社区戒毒、康复工作得到细化，落到实处，社区戒毒有效执行率始终保持在90%以上，吸毒人员复吸率进一步降低。

2012年，市公安局创新建立嘉兴首家专业禁毒服务机构平湖市“生命阳光”社工服务社，推进帮教服务“实体化”运作，12月17日上午在当湖派出所举行揭牌仪式。服务社有专职禁毒社工26人。并在8个镇（街道）建立服务站，人员从社会招聘，经费由政府拨款，在全市形成一支具有较高综合素质和业务技能的禁毒社工队伍。社工服务社成立后，全市吸毒人员复吸率下降12%，社区戒毒（康复）人员有效执行率提高20%。

2013年5月，市禁毒办根据国家禁毒委员会通知精神和省禁毒工作要求，部署开展社区戒毒社区康复示范点创建活动，新仓镇通过全省首批示范点评审，被省禁毒办命名为全省社区戒毒（康复）示范点。

2014年3月，“生命阳光”社工服务社被定为全省禁毒社工建设六家试点单位之一。是年，根据嘉兴市禁毒办的统一部署，开展吸毒人员“大排查、大管控”行动，平湖综合成绩评估列嘉兴市第一。12月11日，省禁毒办在平湖举办禁毒社工队伍建设试点工作现场观摩活动。年底，“生命阳光”社工服务社通过3A级评估，获2014年度平湖市优秀社会组织称号。独山港镇、钟埭街道等被省禁毒办命名为全省社区戒毒（康复）示范点。

2015年4月23日，“生命阳光”服务社社工费渊作为浙江省社工代表出席全国社区戒毒、社区康复工作师资培训交流会，平湖禁毒社工品牌在全国形成一定的知名度。是年，市禁毒办进一步加强社区戒毒、社区康复工作，先后有90多名吸毒人员自愿参加平湖市红十字会医院开设的美沙酮药物维持治疗，达到戒除毒瘾。全市社区戒毒、社区康复有效执行率分别达96%、98%，戒断3年未复吸的占比40.7%。12月，市禁毒委被命名为“全省社区戒毒社区康复示范单位”。

# 第七章　网络安全管理

网络安全管理，早期称公共信息网络安全监察，是20世纪90年代公安机关的一项新兴业务，是社会公共安全工作的重要组成部分。90年代中叶，国际互联网开始进入中国，进入21世纪，互联网在国内“超常规”高速发展，用户规模迅速扩大，应用领域不断扩展。信息网络在社会、生活和各行各业中日益普及，作用日益明显。同时，信息网络安全问题随即产生，计算机病毒时有爆发，网络违法犯罪活动增多。

为适应信息化时代公安工作的需要，加强计算机信息的安全保护，打击网络违法犯罪活动，市公安局于1997年7月在指挥处设立计算机管理监察科，开始对互联网的安全监察工作。2003年3月，单设公共信息网络安全监察大队，配备民警4人，专司互联网安全监察之职。2012年10月22日，更名为网络警察大队。2015年9月17日，网警大队当湖中队挂牌成立。网络安全监察工作从无到有，不断加强，在维护信息化时代的互联网安全，提高对“虚拟社会”的治安管控能力，打击网络违法犯罪活动中发挥着极其重要的作用。

## 第一节　打击网络违法犯罪

随着互联网的普及与发展，现实社会中的各类违法犯罪行为逐步向网络蔓延。尤其是进入21世纪，网络淫秽色情传播、网络盗窃、网络诈骗、网络赌博、网上贩卖枪支、销售假冒伪劣商品、传播散布虚假有害信息等网络违法犯罪案件逐年增多，与传统案件相比，涉网案件侦破难度更大。市公安局网警部门积极开展涉网案件的侦查，依法予以打击处理。2012年，在全市8个派出所建立网警联络室，拓宽涉网案件线索来源渠道。2013年，网络侦查体制进一步优化，建立市公安局合成作战中心网侦工作室，通过网警与其他警种既分工负责又协同作战的网侦工作新格局，加强涉网线索的发现与研判，提高涉网案件侦办效率，实现对涉案嫌疑人实时布控、精确抓捕。

### 一、开展专项行动

2004年7月起，根据中共中央总书记胡锦涛等中央领导关于开展打击淫秽色情网站的批示精神，市公安局在市委、市政府的统一领导下，会同市委宣传部、市委政法委等有关部门，在全市范围内开展为期3个月的大规模、跨部门的协作打击淫秽色情网站专项行动，成功破获平湖首例利用互联网传播淫秽影片案件一起，对网吧网络管理员及在线网吧分别予以治安罚款。

2007年，市公安局根据嘉兴市公安局的统一部署，开展依法打击网络淫秽色情专项行动，发现江苏徐州、安徽滁州等地淫秽色情网站2个，均采用类似QQ聊天软件方式注册会员并登录服务器，通过购买点数方式观看色情演出，组织网上传黄活动，网警部门在做好相关信息收集整理后上报嘉兴市局，移送当地警方处理。

2008年2月，根据全国、全省“依法打击整治网络色情等有害信息专项行动”的统一部署，开展对全市网吧内电影服务器设置及电信机房、市政府信息中心、教育网机房等网站专项检查，严禁出现涉黄网络视频节目及博客类网站。4月，开展网上违禁品专项清查行动，发现从事网上广告经营活动网站1家，消除销售违禁品信息1条。

2009年4—12月，市公安局网警部门根据省公安厅的统一部署，组织开展以打击网络淫秽、网络诈骗、网络盗窃、网络赌博等多发性网络犯罪为主题的“09亮剑”专项行动，破获首例以网络代练游戏等级的网络诈骗案件一起，抓获犯罪嫌疑人4人，均被依法追究刑事责任。

2013年5月29日，市委办、市府办向全市各镇（街道）转发嘉兴市委办、市府办《关于在全市开展打击防范电信（网络）诈骗犯罪专项行动的通知》。市公安局在全市范围内组织开展打击防范电信（网络）诈骗犯罪专项行动，破获一批极有影响的电信网络诈骗案件。共打掉电信网络诈骗团伙 8 个，抓获犯罪嫌疑人 39 人，追回损失 40 余万元，在嘉兴市名列前茅。是年，共办理涉网案件 24 起，查获违法犯罪人员 78 人，其中追究刑事责任 69 人。

2014 年，市公安局继续加大对通讯（网络）诈骗案件查处打击的力度，深入持久地开展集中打击涉网犯罪专项行动。据统计，截至 10 月 15 日，共侦破通讯（网络）诈骗案件 35 起，抓获犯罪嫌疑人 17 人，摧毁团伙 4 个，追缴赃款赃物 47 万余元。此外在银行汇款阶段成功防范通讯（网络）诈骗案件 12 起，避免损失 45.8 万元，有效遏制通讯（网络）诈骗案件高发的势头。

2015 年 4 月，市公安局网警部门根据公安部及省公安厅的统一部署，开展电话“黑卡”治理专项行动。截至 12 月，共检查销售实体店 233 家次，上报涉“黑卡”类违法信息 1214 条、违法网站（栏目）206 个，查处“黑卡”信息高发的违法网站（栏目）177 个；查处一批涉“黑卡”刑事案件和治安案件，专项行动实绩列嘉兴市第二名。

**二、配合破案追逃**

市公安局网警大队依托技术优势，资源优势，在服务破案追逃、依法打击刑事犯罪，特别是实施命案必破等重特大刑事案件侦查中发挥了重要的作用。2003 年 5 月，协助刑侦部门开展侦破“5·6”杀人案，对案发地周围 4 家网吧进行彻底检查，将各网吧电脑中存有的上网人员有关历史记录全部复制，并对这些记录逐一进行破解密码和查看分析，为破案排除了一批疑点。6 月，通过对一犯罪嫌疑人的网络聊天号码进行网上监控，确定 IP 地址具体位置，在一网吧内将 1 名重大盗窃犯罪嫌疑人抓获归案。

2005 年 3 月，网警部门对涉抢案件的 2 名犯罪嫌疑人进行网上布控，经过 17 天的网上守候，发现 2 名犯罪嫌疑人的落脚地点，抓捕小组根据线索分别在宁波市区“新春天”网吧和上海市松江区“东方网吧淞汇点”网吧将 2 名犯罪嫌疑人抓获。是年，利用网吧安全管理软件的实时比对功能及其他技术手段，抓获违法犯罪嫌疑人员 36 人，其中公安部网上逃犯 19 人。

2009 年 3 月 9 日，当湖街道孟秀新村租房发生一起抢劫、强奸、杀人案件。市公安局网警部门依托专业技术从死者身份信息调查着手，对相关信息进行海量检索、碰撞和分析，终于在几十万条信息中发现 1 名重大作案嫌疑人，通过信息印证、甄别和扩线侦查，又发现另 2 名犯罪嫌疑人，后采取技术定位，将 3 名犯罪嫌疑人抓捕归案，成功破获此案。

2013 年 9 月 19 日，林埭镇徐家埭村寺桥头发生一起杀人抛尸案，网警部门通过网侦手段确定死者虚拟身份及生前照片，并进一步确定死者身份，为顺利侦破此案起了关键性作用。据 2004—2015 年数据统计，共协助抓获犯罪嫌疑人 544 人，其中公安部网上逃犯 292 人。

**三、侦破网络犯罪案例**

**“2009·12·21”利用网络代练游戏等级诈骗案**

2009 年 12 月 21 日，当湖街道网民顾某因找人代练网络游戏等级被对方骗走 12 万余元。案发后，市公安局迅速抽调刑侦、网警等警力开展专案侦查。在嘉兴市局网监支队的协助下，通过网络技术手段及传统侦察手段相结合的方式，确定犯罪嫌疑人。专案组赶赴广东湛江，依靠当地公安技侦部门，于 2010 年 1 月 5 日、7 日分别在广东省湛江市抓获犯罪嫌疑人冯某、李某某及彭某某等 3 人，当场扣押银行卡、假身份证及用于作案的电脑等作案工具一批，后又抓获同案犯何某某。经审查，4 名犯罪嫌疑人交代在网上设立代练游戏等级网站，提供 QQ 号，发布虚假代练信息，以事主付款金额不符合，需要再次付款等为借口，作案 2 次，共骗取事主顾某 20.5 万余元的犯罪事实。犯罪嫌疑人冯某等 4 人被依法追究刑事责任，其中主犯冯某、李某某、何某某、彭某某分别以诈骗罪判处有期徒刑 5 年、4 年 6 个月、3 年 10 个月和 2 年 4 个月不等的刑罚。

**“2010·8·12”利用手机贩卖淫秽视频案**

2010 年 8 月 12 日，市公安局网警部门在独山港镇白沙湾、穗轮村通讯店破获两起店主利用手机贩卖淫秽视频案件。安徽籍犯罪嫌疑人李某某与江苏籍犯罪嫌疑人袁某分别于4—5月间，在各自开设的通讯店内，从互联网下载淫秽视频，利用电脑拷贝的方式，多次向他人贩卖，从中牟利。李某某复制、贩卖淫秽视频40余部，袁某复制、贩卖淫秽视频62部，两人分别以复制、贩卖淫秽物品牟利罪判刑，李某某被判处有期徒刑6个月，袁某被判处拘役4个月。

**“2011·10·12”网络盗窃案**

2011年10月12日，平湖发生首例网络盗窃案。当湖街道龙湫湾工地财务叶某某于11日晚在网上卖游戏账号过程中泄露网银信息，被盗银行卡账23.13万元。案件受理后，市公安局迅速抽调网警及当湖派出所等相关部门警力组成专案组，开展专案侦查。网警大队通过对案犯使用的钓鱼网站所遗留信息进行甄别、检索，最终成功挖掘出犯罪嫌疑人所使用的网络身份，并锁定其真实身份落脚地，于10月18日在黑龙江省牡丹江宁安市一网吧内将涉案犯罪嫌疑人付某某抓获，后又在当地抓获犯罪嫌疑人皮某某、赵某及王某某等人，并从犯罪嫌疑人家中追回赃款21万元。皮某某等4人被依法追究刑事责任，分别以盗窃罪判处6～5年不等的有期徒刑。该案为平湖首起网络盗窃案件。

**“2013·7·25”利用QQ短信诈骗案**

2013年7月25日，市公安局网警大队接到当湖街道张某某报案称，有人盗用其女儿QQ从美国发来短信，谎称自己就读的大学老师之弟在中国宁波做生意急需钱，从美国汇款要3天才能使用，自己已收了老师3万美金，要求家里汇款，事主按对方提供的汇款地址已通过网上银行汇款24.4万元（经与女儿核实，并无此事）。接报后，通过一个多月的网络侦查，发现一个以潘某某为首的广西宾阳籍网络诈骗团伙，即组织力量，赶赴广西，9月2日下午在广西忻城警方的配合下抓获潘某某等8名涉案人员，扣押电脑10台、手机7部、银行卡40余张，赃款24.4万元及一大批上网设备、身份证、账本等物。经审查，该团伙通过加入境外出国华人留学QQ群，再以租房、交友等方式添加好友，在聊天过程中发送木马病毒盗取QQ号，利用QQ和截取的视频对其国内的亲友实施诈骗，破获发生在平湖的诈骗案件一起，案值24.4万元，潘某某以诈骗罪判处有期徒刑5年2个月。

**“2013·11·5”利用网络贩卖枪支案**

2013年9月初，市公安局网警大队通过信息监控发现有市民用“暗语”在论坛交流枪支改装线索，即成立专案组，开展专案侦查。11月5日，侦查员在数万条数据中发现网民均通过QQ单线联络，运用淘宝网交易平台进行资金交割，向他人购买枪支弹药。进一步侦查，发现犯罪嫌疑人陈某利用互联网建立“雄鹰俱乐部”QQ群，通过“BHCK营销店”“淘尽天下1966”等淘宝店向全国16个省200余人售卖枪支、弹药，涉案价值100余万元。12—16日，专案组分赴浙江杭州、桐乡、南湖及上海等地实施抓捕，抓获7名涉案人员，收缴各类仿真枪支21支、子弹2万余发。诸某某、陈某、付某等3名犯罪嫌疑人被刑事拘留，沈某某被取保候审。经审查，诸某某等人自8月起，以开设淘宝店铺、支付宝直接付款，后以快递公司派送的方式进行枪支、弹药交易，从中获利。诸某某非法买卖以压缩气体为动力的仿真枪2支、非法持有以压缩气体为动力的仿真枪5支；陈某非法买卖以压缩气体为动力的仿真枪2支；沈某某非法持有以压缩气体为动力的仿真枪2支；付某非法持有以压缩气体为动力的仿真枪4支。诸某某犯非法买卖枪支罪、非法持有枪支罪，被判处有期徒刑3年；陈某犯非法买卖枪支罪，被判处有期徒刑2年；沈某某犯非法持有枪支罪，被判处有期徒刑6个月、缓刑1年；付某犯非法持有枪支罪，被判处有期徒刑1年8个月。

**“2014·5·20”特大通讯诈骗案**

2014年5月20日，林埭镇发生一起特大通讯诈骗案件，一居民报案称自1月以来被人以话费充值、款项退回等手段骗取37万元。接报后，市公安局抽调刑侦大队、网警大队、独山港片区刑侦队、林埭派出所精干警力成立专案组，展开侦查工作，通过调查犯罪嫌疑人使用的汇款账户，视频追踪等手段，成功锁定3名江西瑞金籍犯罪嫌疑人，并通过轨迹查询、动态分析进一步掌握3人行踪。6月24日，在嘉兴市局有关部门的协助下，专案组在福建省龙岩抓获黄某某、邓某某、唐某某、周某某等6名犯罪嫌疑人，一举捣毁该诈骗团伙，缴获作案工具电脑1台、声讯电话14部、手机13部及电话卡、充值卡、身份证等。经查，黄某某、邓某某、唐某某、周某某以非法占有为目的，伙同他人采用虚构事实，隐瞒真相的手段，骗取他人财物，案值57.79万元。邓某某、黄某某、唐某某被判处有期徒刑6年10个月，周某某被判处有期徒刑5年8个月。

**“2015·9·17”利用网络推销假劣减肥药案**

2015年9月17日，市公安局接受害人丁某报案称，在某公司网站被犯罪嫌疑人冒充专家、教授、医院院长等多次诱骗购买减肥产品，损失1.7万余元。接报后成立专案组，开展多警种、大兵团跨省合成作战。经过6个月不间断的侦查经营，一个公司化运作、涉案百余人的特大诈骗团伙浮出水面。2016年3月23日、25日，在省厅刑侦总队和嘉兴市局刑侦支队、技侦支队的指导下，局党委委员、分管刑侦副局长马卫锋率200余名警力，对藏匿在武汉市江夏区的犯罪窝点集中收网，一举抓获294名涉案人员，刑事拘留178人，查获服务器及电脑250余台及赃款200万元，成功破获2015年“9·17”网络推销假劣减肥药的跨省通讯（网络）诈骗案件，以陈某为首的36名犯罪嫌疑人被依法追究刑事责任。2017年5月19日平湖市人民法院以诈骗罪一审判处主犯陈某有期徒刑13年；其余20名涉案人员分别被判处有期徒刑11年8个月至9个月20日；12名涉案人员分别被判处有期徒刑2年10个月至6个月、缓刑3年6个月至1年不等的刑罚；3名涉案人员分别被判处拘役5个月至4个月、缓刑8个月至6个月不等的刑罚。周某某等5人不服一审法院判决提出上诉。2017年9月7日，经嘉兴市中级人民法院裁定驳回上诉，维持原判。

表7-1　　2004—2015年办理涉网案件及协助抓获案犯一览表

| 年份 | 办理涉网案件情况（起） | | | | | | 查处人员情况（人） | | | | 协助抓获案犯情况（人） | |
|---|---|---|---|---|---|---|---|---|---|---|---|---|
| | 合计 | 案件性质分类情况 | | | | | 合计 | 处理情况 | | | 合计 | 其中CCIC |
| | | 盗窃 | 诈骗 | 赌博 | 传播淫秽 | 其他 | | 刑事责任 | 治安处罚 | 其他 | | |
| 2004 | 1 | – | – | – | 1 | – | 1 | – | 1 | – | 15 | 4 |
| 2005 | 1 | – | – | – | 1 | – | 1 | – | 1 | – | 36 | 19 |
| 2006 | – | – | – | – | – | – | – | – | – | – | 24 | 22 |
| 2007 | 3 | – | – | – | – | 3 | 3 | – | 3 | – | 29 | 26 |
| 2008 | 2 | – | – | – | – | 2 | 2 | – | 2 | – | 34 | 25 |
| 2009 | 1 | – | 1 | – | – | – | 4 | 4 | – | – | 48 | 36 |
| 2010 | 12 | – | – | 1 | 11 | – | 13 | 8 | 5 | – | 80 | 60 |
| 2011 | 1 | 1 | – | – | – | – | 4 | 4 | – | – | 50 | 36 |
| 2012 | 12 | 1 | 6 | 2 | 1 | 2 | 16 | 11 | 5 | – | 32 | 9 |
| 2013 | 24 | 3 | 15 | 2 | 2 | 2 | 78 | 69 | 9 | – | 93 | 22 |
| 2014 | 73 | 7 | 35 | 10 | 5 | 16 | 165 | 151 | 13 | 1 | 45 | 15 |
| 2015 | 134 | 10 | 25 | 14 | 13 | 72 | 359 | 343 | 14 | 2 | 58 | 18 |

注：1.涉网案件指刑事、治安案件。

2.案件分类其他栏指传播法轮功案件、利用网络销售假冒伪劣商品案件、发布虚假恐怖信息案件。

3.协助抓获案犯其中CCIC指公安部级逃犯。

## 第二节　重要信息系统安全保护

1997年，市公安局组织技术人员对全市使用计算机的金融单位进行检查、督促、指导，传授防止病毒侵入的有关知识。1998年10月，贯彻公安部《金融机构计算机信息系统安全保护工作暂行规定》，结合平湖实际，从安全防范设施，安全防范管理，事故与案件的处理，奖励与处罚等方面，对金融机构计算机信息系统安全保护工作进行规范，并会同市保密委、人民银行、电信、气象等部门开展各类计算机信息系统的安全检查。

1999 年 6 月至 2000 年 1 月，市公安局根据市政府《关于解决“计算机 2000 年问题”的工作意见》和《平湖市“计算机 2000 年问题”应急过渡计划的通知》精神，配合银行、保险等金融单位研究落实“2000 年问题”应急过渡的具体措施，切实保障全市金融单位计算机信息系统“2000 年零点”平稳过渡。

2001 年 12 月至 2002 年 1 月，针对银行卡使用中暴露的漏洞，在全市银行、邮政储蓄网点组织开展银行卡计算机信息系统专项检查，以消除隐患，确保银行资金安全。

2003 年，市公安局对互联网接入服务单位、上网服务营业场所、固定 IP 地址单位和重要门户网站等进行多次检查，保证平湖互联网信息安全。6 月，根据省公安厅的统一部署，组织开展 2003 年计算机病毒疫情暨网络安全状况调查活动，通过对电信、广电、财税等计算机重点应用单位的调查，将调查获得的数据整理上报，为上级业务部门分析、掌握计算机病毒疫情状况，维护计算机信息系统安全奠定基础。

2006 年 2—4 月，市公安局根据省公安厅、省信息化工作领导小组办公室《关于开展全省信息系统安全等级保护基础调查工作的通知》精神，组织市政府有关部门、金融、广电、通信等 30 家单位，联系走访计算机信息系统重点应用单位，并将调查数据上报嘉兴市局，为领导决策提供依据。

2007 年，开展计算机信息系统等级保护工作，成立由市公安局牵头的等级保护工作协调小组。是年，全市有重点网站、论坛 11 家，均达到三级保护单位。同时，在市政府信息中心推行安装安全管理系统，该系统可对政府网内每一台计算机进行监管和信息过滤，一旦发生网络安全事件，则可通过此套系统所记录的上网信息进行倒查，加强政府网内部安全管理，杜绝安全隐患。

2008 年 11 月，市公安局贯彻省公安厅《关于开展信息安全等级保护专项检查工作的通知》精神，要求各单位进一步加强信息安全保护的工作力度，建立完善计算机网络安全组织，成立领导小组，制订安全管理规章制度，确定 1 名联络员，在发生安全事故或计算机违法犯罪案件时，及时向公安机关报告。是年，为确保奥运期间重要信息系统的安全，网监部门会同市政府信息中心运用专业检测软件，对所有政府网站进行一次全面检测，共检测政府网站 52 家，发现一批安全漏洞，对安全隐患严重的 3 家网站进行通报，采取关闭整改措施。其余存在一些安全漏洞的网站，在通报的同时，督促网站加强日常管理，并尽快完善网站安全、规范工作。以后，每年组织开展一次安全检测，及时发现安全漏洞，督促指导整改，确保党政机关、通信、电力、交通、银行等重要信息系统的网络运营安全。

2011 年，市公安局积极部署开展网上警务室的创建工作。3 月 24 日，首个市政府信息中心网上警务室正式成立。至 2015 年，先后在市政府信息中心、农经局、教育局等重点单位，电信、联通、移动等网络运营商、重点门户网站建立 7 个网上警务室，落实人员，负责日常工作联系，监督指导单位网络信息安全。

## 第三节　互联网安全监督与管理

### 一、网络安全基础管理

1994 年，互联网正式进入中国商业应用，互联网在百姓中普及程度提升，起初平湖互联网用户不多，管理较严。1996 年，公安部印发《关于对与国际联网的计算机信息系统进行备案工作的通知》。1997 年 3 月，市公安局以抓备案工作为切实点，摸清全市接入互联网单位底数，对个人加入因特网进行登记，开展对互联网的基础管理。是年，共受理加入因特网（互联网）52 个，并对全市 200 多家互联网专线用户办理备案手续。1998 年，办理 80 余份国际互联网络用户登记备案。此后，又主动与电信、联通等部门联系，简化手续，在用户办理入网手续时，直接填写“备案表”，确保了全市互联网的备案率，至 2000 年底，全市互联网用户备案数达 1785 家。

2001 年，随着全市互联网用户的快速增多，市公安局下放备案审批权，进一步简化备案手续，对互联网用户基础信息采集管理，由原纸质备案表改为由电信、联通等互联网接入服务（简称 ISP）单位直接以数据报送的方式进行。

2002—2006 年，市公安局根据上级公安机关的部署，多次组织开展互联网基础调查，对互联网接入服务、信息服务及单位与个人设立的网站等进行全面的调查摸底。至 2007 年底，全市有各类网站 204 个，其中重点门户网站 3 个（政府网、教育网、平湖互联星空），政府网站 75 个，企业网站 101 个，教育网站 19 个，个人网站 9 个（其中交互式栏目网站 15 个），后经多次整顿关闭、兼并一些网站。2012 年，全市共有当地网站 112 个（其中新闻网 1 个、论坛 4 个），营业性上网服务场所（网吧）55 家，非营业性上网服务场所（宾馆）38 家。

2013 年 5 月，开展互联网基础大排查工作，互联网基础数据排摸率和网吧核查率、网站论坛、上网宾馆与专线用户核查率均达 100%，完成重点论坛版主、栏目负责人实名登记、网民手机实名注册认证工作及用户端口留存、登录日志保存等工作。

2014 年，开展公共无线 WIFI 场所基础排查、上网宾馆审计系统升级，百兆专线用户排查和审计系统安装等工作，55 家上网宾馆完成审计系统升级改造，76 家百兆专线用户完成审计系统安装。

2015 年，协调电信、移动、联通等运营商，开展公共无线 WIFI 场所安全审计建设，安装无线安全审计系统 787 个，并于 10 月提前完成重点部位（MAC 采集）前端建设目标 350 个。截至 2015 年底，平湖有企业类网站 387 个，政府机关、事业单位网站 132 个，交互式论坛 3 个。

## 二、上网服务场所安全管理

市公安局网监部门以依法开展网吧、上网宾馆的安全审核、安全管理（技术）系统建设和日常监督、检查为重点，加强对互联网公共场所的安全监管工作。

### 网吧安全管理

随着互联网在百姓中普及程度的提升，营业性网吧等场所开始出现，初期不成规模。1997 年上半年，城关镇建国北路文化馆娱乐中心内，由当地人开设游戏机、台球等场所，同时还摆放电脑 5 ～ 6 台，供人上网玩游戏，后出现专供上网的营业性服务场所网吧。1999 年 3 月，省公安厅、省邮电管理局、省文化厅、省工商行政管理局联合印发《关于规范网吧经营行为加强安全管理的通知》，嘉兴市公安局出台全市统一的网吧安全管理规定，市公安局贯彻上级有关规定，会同文化、工商等部门开展对网吧的清理整顿，按照开设网吧必须有电脑 100 台，并与网吧业主签订安全责任书，实行网吧安全合格证制度，以规范全市的网吧经营活动。

2001 年 4 月，市公安局结合学校周边治安整治，对全市 33 家网吧进行安全检查，下发整改通知书 29 份，停业通知书 4 份。6—9 月，贯彻省公安厅、省邮电管理局、省文化厅、省工商行政管理局《关于加强互联网上网服务营业场所专项清理整顿工作的通知》精神，于 7 月 11—16 日，会同工商、文化等部门，对全市 64 家网吧进行检查，下发整改通知书 46 份。8 月 20 日，再次复查，对整改不到位的网吧再次下发整改通知书 15 份，责令限期整改。

2003 年，市公安局贯彻公安部《互联网上网服务营业场所管理条例》（以下简称《条例》），要求业主严格按照《条例》规定经营网吧，对上网消费者进行有效身份证件登记及在网吧安装并使用安全管理软件。9 月，根据嘉兴市局统一要求，开展上网人员 IC 卡实名登记制度，全市 65 家网吧安装实名制“一卡通”管理软件，安装率达到 98.4%。11 月 21—26 日，会同工商、文化、教育等部门对当湖镇网吧开展专项检查，依据《条例》对“新潮网吧”等 4 家未按规定登记的网吧进行行政处罚，并由文化部门对“金海洋网吧”接待未成年人进行严肃处理。是年，累计检查网吧 150 余次，对情节严重的 24 家网吧根据《条例》规定，分别处以警告并处罚款。并结合年审，重新制订《网吧管理制度》，以公开信的形式，下发全市网吧业主。

2004 年 3—8 月，市公安局会同文体、工商等部门开展网吧等互联网上网服务营业场所专项整治。全年累计上门检查 270 余次，下发整改通知书 22 份，对违反《条例》规定情节严重的 20 家网吧分别处以警告并处罚款。并主动与软件代理公司联系，对全市 67 家网吧进行网络改造，使所有在网吧上网的消费者身份资料及浏览资料全部能够上传到服务器，为网上侦控提供保障，实现了网吧安全管理软件和病毒防治软件安装率100%，网吧安全管理软件的上线率基本保持在95%以上，安全员持证上岗率等“四率”均达到省厅规定的标准。

2005年，市公安局在当湖街道试点推出“网吧实时视频监控系统”，依托电信设备，安装摄像机，民警通过专门网站访问，对网吧内部及进出人员进行实时监控，并在全市推广。是年，网吧内部上网人员实名登记准确率、安全管理系统在线率和上网日志60日备份数据保存完好率等三项指标均达到省厅“打防控”考核标准。2006年，通过加强日常上门检查，继续抓好网吧的规范化管理，累计检查网吧200家次，对42家违规经营网吧进行当场处罚，对违规严重的23家网吧根据《条例》规定分别作出警告并处罚款。

2007年5—7月，开展网吧实名登记集中整治专项行动。公安网监部门实地检查网吧158家次，网上抽查网吧241家次，实地核查上网消费者有效身份证件1468人次，其中219人次身份证件登记错误，网上抽查2600余人次。经过集中整治，网吧实名登记率均达到90%以上，网吧处罚数比2006年下降52.3%，罚款总数下降39%，协助抓获各类违法犯罪人员上升20.8%。是年，当湖街道网吧业主自发举行网吧实名登记自律承诺活动，签订自律承诺书，自觉做好网吧实名登记工作。

2008年，贯彻嘉兴市公安局《互联网上网服务营业场所信息网络安全审核审批规定》，设立、变更互联网上网服务营业场所实行审核审批制度，对已开办的网吧进行重新审核，网吧业主与辖区派出所签订网吧经营管理安全责任书，网监部门每月对网吧实名制登记情况进行抽查通报。同时，开展文明星级网吧评创活动，进一步加强互联网上网服务营业场所管理，规范经营活动，推进互联网上网服务营业场所健康、有序发展。

2010年，由市公安局倡导，市文体部门牵头建立网吧协会，业主民主选举协会会长，市公安局分管副局长被聘任为名誉会长，进一步完善了自我管理、自我约束的自律机制建设。2013年，为更好地实现对网吧的实时监控，对网吧内安全监控系统统一升级，将视频信号集中至运营商机房进行管理，管理部门通过互联网，利用电脑客户端平台，对各网吧经营情况进行实时监管，发现问题秩序混乱，经营不规范等情况后及时联系纠正。2014—2015年，通过对场所的目标考核，落实网吧主体责任，开展专项整治、加强业主培训教育，加大处罚力度等措施，使网吧秩序良好有序。

**取缔“黑网吧”**

公安机关在加大有证网吧管理的同时，针对无证“黑网吧”在全市城乡不断增多的趋势，积极配合工商、文化、电信等部门联合执法，组织开展多次集中取缔“黑网吧”行动。2005年5月31日，出动40多名执法人员，分两个行动组，对钟埭街道存在“黑网吧”的重点地区进行全面清查，分别在东小港新村、三友小区等多处居民出租房内查获正在营业的“黑网吧”4家，当场查获电脑主机57台、电脑联网设备4台，所有上网电脑等均由工商部门依法查扣并作后续处理。2006年在全塘、当湖等地查获非法无证经营的“黑网吧”4家，查扣用于上网的电脑22台。2009年，确定钟埭街道为“黑网吧”重点整治区域，展开联合整治，电信部门以切断网络信号等方式实施断网取缔“黑网吧”36家，通过集中取缔“黑网吧”行动，促进该行业的有效管理。

**上网宾馆安全管理**

进入21世纪，随着互联网的广泛运用，一些较大的宾馆在客房免费为旅客提供上网服务，出现非营业性上网服务场所。2006年，根据省公安厅《关于全面实施上网宾馆安全管理系统》的总体部署，组织开展上网宾馆安全管理系统推广工作。经摸底调查，全市有上网条件的宾馆31家，首批对全市13家较大规模的宾馆安装（分布式）安全管理软件，并与18家暂不安装安全管理软件的宾馆签订不得向旅客提供上网服务承诺书。至2007年底，安装安全管理系统的上网宾馆达到25家。2008年系统升级，对中小型上网宾馆安装（集中式）安全管理系统。至2010年安装（分布式）安全管理系统25家，安装（集中式）安全管理系统13家。2013年，为加强和规范上网宾馆的管理，在全市38家上网宾馆安装上网行为审计系统，同时还对76家百兆专线用户（宽带达百兆以上的企事业单位）安装上网行为审计系统。2014年，对全市上网宾馆审计系统进行硬件升级改造，55家上网宾馆完成审计系统升级改造，改造后的系统对在宾馆住宿人员的上网行为管理更加完备，实现实时记录、上传等安全管理功能。

### 三、互联网违法信息巡查处置

市公安局网警部门在互联网监管工作中，针对网络信息不断发展的趋势，把互联网有害信息巡查、应急处置、舆情导控作为网上信息监控工作的重心，按照“统一指挥、协调行动、主动慎重、防止危害”的原则，积极组织开展网上有害信息巡查处置，做好网上舆情导控工作，对网上造成或可能造成危害的各类有害信息、舆情热点和故意炒作积极进行疏导、化解，引导正确的舆论方向，努力维护互联网信息安全，构建和谐网络。

2002年7—12月，市公安局组织开展互联网有害信息专项整治工作，对互联网接入单位、固定IP上网单位、校园网和互联网上网服务营业场所进行全面安全检查，控制和防范有害信息在当地互联网上的传播、扩散。通过对全市9家重点单位、27家企业、79家网吧多次检查、突击抽查，符合条件的81家，手续不全的33家，无证经营的网吧3家。分别予以处理。

2003年，市公安局贯彻以当地网站监控为重点的网上信息监控原则，充分运用网络搜索引擎系统和人工搜索相结合的方法，提高网上情报信息的时效和质量。严密监控境内外敌对势力、敌对分子和“法轮功”邪教组织的网上活动情况，特别是“美伊战争”、国内“两会”、防治非典、国庆和中共十六届三中全会召开期间，对全市几个主要网站及论坛进行网上监控，确保当地互联网不出现煽动性的、反动的言论及其他有害信息。通过技术手段获悉境内网站有害信息4条上报嘉兴市公安局网警支队。

2005年7—10月，在全市范围内组织网站专项整治工作，及时发现和防止网上有害信息传播，净化互联网环境。对市内托管主机和虚拟空间服务单位进行调查摸底，开展安全组织、安全管理制度及安全技术措施等情况的自查，通过自查，进一步增强网站管理维护者的网络安全意识。同时网监部门继续加大对网站的日常监控力度，全年发现当地网站不良信息36条，有害信息8条，按规定及时进行封堵、删除，对26条外地网站不良信息作截屏并上报处理。同时，开展网上集中应急处置演练活动，根据省厅网警总队公布的“有害信息”内容，对市内论坛迅速进行监控，并将发现的疑为“有害信息”帖子按应急处置方案截屏保存、迅速删除、及时上报进行处置，通过集中应急处置演练，提高网监民警的网上应急处置能力。

2007年，市公安局开展网上社会防控力量建设，重点列管单位成立安全组织并设立安全专管员，在当地门户网站、热门论坛设立信息审核员，加强和改进网上信息监控技术手段，进行网络安全监控系统建设，提高网上信息的监控力。开展网上淫秽色情等有害信息清理行动，对于当地交互式栏目上发现的有害信息，依法进行严厉查处，全年共查处3起网上发布有害信息案件。2008年，围绕维护北京奥运会，改革开放30周年，扎实开展网上涉奥、涉恐大排查，实施论坛版主实名制、信息发布审核制，签订论坛管理承诺书。

2009年，市公安局网警部门配备高档电脑、3G上网卡等上网设施，进一步强化网上有害信息监控巡查处置机制。贯彻嘉兴市局印发的《关于全市公安机关应对和处置网络舆情工作意见》，组建网络评论员队伍，制订《涉警舆情危机处置工作预案》和《互联网紧急事件处置预案》，妥善处置各类网上舆情危机，提升网络舆情引导能力。年内成功制止、妥善处置网上重大舆情突发事件2起，删除300余条负面、有害信息。

2011年，在当地各主要论坛网站设立“报警岗亭”、推出虚拟警察，实行全天候接受网民报警求助、网上违法信息、网络案件的举报和网上巡查。2012年，市公安局制订《涉警网络舆情处置规范》，进一步规范网络舆情处置。建立24小时网上值班监控制度，加大对互联网违法有害信息的巡查处置力度；建立与网络运营商、论坛、网吧等单位日常联系机制，编辑每周一期《互联网舆情信息》，以电子邮件形式通过公安网下发至局党委成员及全局各单位；建立以国保、网警、刑侦、治安等13个警种为实战会商成员单位的情报会商平台，通过例会和专题会商制度，将网络舆情动态趋势，可能引发舆论炒作的热点问题及涉网案件提交会商平台，充分利用不同警种的相关信息、综合网上网下信息进行研判会商，整合情报信息资源，强化舆情导控，提升实战效能。是年，累计处置不良信息 1200 余条，落地查证 20 余人，发布舆论引导信息 150 余条。

2013 年，市公安局投入 35 万元，建成四级互联网监控中心。设立网络侦查、安全监管、舆情导控等专业岗位（2014 年通过省厅网警总队三级验收），建立 24 小时网络巡查值班制度，发现当地网上有害信息及时删除，并通过互联网监控系统上报公安部十一局；发现异地网上有害信息及时通过互联网监控系统通报异地公安机关网警部门处置。是年，共上报异地专项有害信息 3371 条，违法网站栏目 3000 余个，违法关键字 2000 余个。填报处置涉稳涉警舆情 112 起。由于措施得当，处置及时，全市辖区未发生规模性的负面舆情炒作事件。

2014 年，根据上级公安机关的统一部署，开展对涉枪涉爆、政治谣言、暴力恐怖音视频等违法有害信息的清理工作，上报异地专项有害信息 553 条。是年起，涉稳涉警舆情大幅度下降，共处置 24 起。

2015 年，加强网上巡查和情报信息收集力度，强化当地重点人员网上管理，清理整治网上违法有害信息，删除当地各类违法有害信息 800 余条，上报公安部和省厅互联网情报信息 150 余篇，获公安部采用 48 篇、省厅采用 6 篇。全市涉稳涉警舆情较 2014 年又有所下降，全年共处置 15 起。

# 第八章　监所安全管理

## 第一节　监所沿革

### 一、明清时期监狱

平湖监狱始建于明宣德五年（1430）7月，与县署同时建造，址在县署内仪门西侧，监狱由狱主堂（也称萧王堂，供奉汉丞相萧何塑像）、狱舍组成，狱舍分东西两排。万历三十五年（1607），知县萧鸣甲将县署东西廊分置六房，南为仪门，西为监狱。清同治六年（1867）知县郭惇典（又名恩观）重修建监狱，计狱主堂3间，狴犴（即监狱）门1座，提牢禁卒房4间、外监5间、内监3间、女监1间、伴婆1间、灶间1间等呈四合院状的监狱一座，沿用至清末、民国。

### 二、民国时期看守所

民国初，监狱归监狱署管理。民国17年（1928）1月，平湖奉省令成立看守所，划归地方法院管理。民国26年（1937）11月6日，日本飞机轰炸平湖城，县署内监狱尽毁，犯人戴镣逃逸。汪伪时期，借县戒烟所为监所（县城仓弄）。抗战胜利后，监狱属县司法处管理。民国34年（1945）11月，在原址修建监所，耗资30万，修建成男监舍6间、女监舍1间及办公室、炊事房等颇具规模的监所。

### 三、解放后看守所建设

1949年5月11日，平湖解放。5月26日，中共平湖县委派南下干部孙明成、薛汉孝、绪广中等与军管会社会科接管民国政府县司法处看守所。6月，沿用旧址建立县公安局看守所。1950年10月，县人民法院成立，院长由公安局长兼任。县法院看守所与县公安局看守所合用一处监所，所长由法院委任，看守员由公安局选派。11月，经省公安厅批准，借城关镇北弄3号徐氏宗祠为看守所，扩建成“T”字型监房11间及预审室、炊事房等设施（1951年5月3日搬入）。

1951年2月9日，遵照中央人民政府司法部、公安部“关于监狱、看守所和劳改队移转归公安部门领导”的指示，看守所统一由县公安局领导、管理。

1970年、1982年，县公安局看守所曾两次在原址翻建，从平房到多孔水泥预制板两层楼，监房从11间增至14间，并设有武警哨兵岗楼，结构坚固，监房宽敞，通风良好，监房内有冲洗装置，还建有审讯室、办公室、炊事房、医务室等附属设施。1995年5月，迁至城郊城北乡福臻村，监房增至40间，并有工场间、图书室、医务室、值班室、审讯室、炊事房等设施，东侧建有担任警戒的武警中队营房。1999年9月，市公安局看守所更名为平湖市看守所。

1996—2009年，先后共投入资金428万元，用于看守所扩建、硬件改造和科技装备的投入。1996年6月，安装40只监房探头的监控系统。2004年，完成看守所西大门、防冲门的改造，购置发电机，新建接待受理中心、标准化信息采集室和荣誉室。2006年，安装数字监控系统、民警巡视管理系统、周界控制系统和安检门。2008年，扩建新监房18间，标准押量580人。2009年，对看守所办公场所、录像监控等设施进行改造，监室安装对角探头，同时增加提审室、接待中心视频探头，以保障安全。

2013年，扩建10个提审室，新建监视电视墙，配备数码摄像机、数码照相机、蓝光DVD、门禁系统等，更换60台液晶电视机用于在押人员收看电视和大课教育，新增、改造监控96个，并在各监室配有紧急报告装置及检察信箱。2015年，为切实解决看守所存在的超容量关押问题，看守所（治安拘留所）迁建工程被列入市政府重点建设项目。5月，进入立项报批、设计准备阶段。

**附：治安拘留所**

1957年10月，《中华人民共和国治安管理处罚条例》公布实施。公安部在《关于执行治安管理处罚条例的问题解答》中指出：治安管理处罚是行政处罚，不是刑罚，受到治安管理处罚并不意味着被剥夺政治权利，被裁决拘留的人不是罪犯，不能和犯人（已决犯和未决犯）以及依照拘留逮捕条例拘留的现行犯、嫌疑犯关押在一起。同时公安部还规定，市、县公安局、公安分局，应当在看守所之外设置拘留所，用以拘留裁决拘留处罚的人。

在20世纪50—60年代，平湖受关押条件的限制，未单设拘留所，只是在看守所内划出一个监区专门关押行政拘留人员，实行男女分室关押。并依据规定，被拘留人的伙食费，由其自己负担，不能缴纳伙食费的，用劳动代替。“文化大革命”开始后，《治安管理处罚条例》停止执行，行政拘留室取消。

1980年，《中华人民共和国治安管理处罚条例》重新恢复执行，但治安拘留对象关押仍沿用以前的方式，在看守所内专门划出一个监区实行男女分室关押。1986年12月，为适应新《中华人民共和国治安管理处罚条例》的执行，拘留所与看守所分离，将看守所7间旧监室进行整修改造，分成男女监室，建立平湖县公安局行政拘留所，并正式对外挂牌。1988年2月，根据公安部下发《治安拘留所管理办法》(征求意见稿)，行政拘留所易名为治安拘留所。1995年5月，治安拘留所随看守所易地搬迁至城北福臻村，设有5间监室，实行男女分室关押。2005年新增4间监室，监室总数达到9间。拘留所内部管理进一步规范，先后制订对被拘留人教育谈话、请假离所、提前解除等工作规程，从制度上杜绝民警私自会见被拘留人员或私自安排被拘留人员会见他人以及违反规定办理请假、提前解除等执法问题的出现。2012年，根据公安部的有关要求，在监室推行床位制，完善拘留所多功能用房，达到公安部规定的硬件和软件标准，被评定为三级治安拘留所。

## 第二节　监所管理

解放后，彻底废除旧监所及其管理制度。根据《中华人民共和国看守所条例》和公安部对看守工作的有关规定和工作制度，收押人犯凭逮捕证、拘留证、提押票等收押。看守所由公安队（武警）担任警戒，公安干警负责看守，做到勤巡查、勤观察、勤记录，及时消除各种漏洞隐患，防止发生自杀、逃跑、行凶等事故，确保监所安全。

20世纪80年代开始，不断创新管理方法，推行看守工作目标管理，通过开展“创文明监室”、召开宽严兑现会、短刑已决犯春节茶话会、家属座谈会等，促进在押人员的教育管理。90年代中叶，开展看守所等级化评定。21世纪，引进企业ISO9001质量管理体系，推行看守勤务模式改革，监所管理水平不断提升。平湖的监所管理工作始终保持领先地位，多次受到省、嘉兴市业务部门的表扬，并作为经验推广。1998年度跨入三级看守所行列，2000—2001年被省公安厅评定为二级看守所，2002年和2004—2005年先后被公安部评定为全国一级看守所，2003年和2006—2015年被省公安厅评定为二级看守所。

### 一、管理制度

解放初期，看守所初步建立起收押、检查、看管、提审、生活卫生、财物保管、组织劳动、犯人出所等制度。但因当时条件差，关押犯人多，监室又不坚固，看管难度大，在押犯逃跑事故多发。1950年11月13日晚，县公安局在清理积案中发现监室内有数名要犯密谋组织暴动，企图夺取卫兵枪支后越狱逃跑，被及时发现、制止而未得逞。1954年8—9月，看守所曾发生6次犯人逃跑事故。1957年7月，执行省公安厅劳改局通知，看守所划归公安预审部门领导。1959年下半年，公安预审部门针对看守所逃跑事故不断发生的情况，在清案的基础上开展看守所内部整顿工作，进一步建立健全各项规章制度，因而使逃跑事故得到有效制止。

1962年3月，根据公安部的统一部署，开展对1959—1962年2月期间看守所关押人犯的清查工作，此段时间共关押各种人犯1652人，其中逮捕451人，扣押审查963人，刑事拘留27人，行政拘留211人，全部按期释放。截至2月底，尚存在押犯145人，其中逮捕78人，扣审67人。12月4日，公安部颁发《看守所工作制度（试行草案）》，健全收押、看守、提审、押解、劳动、卫生、接见、人犯财物管理、出监等规章制度，监所管理工作得到加强。

“文化大革命”期间，原看守民警调离，新充实一批退伍军人，由于受极“左”思潮影响，在管理上出现打骂、体罚犯人现象。1974年，贯彻毛泽东主席“应一律废除法西斯的审查方式”的重要指示，对看守所的管理方式进行检查，并着手改进，打骂、体罚犯人违规现象得以纠正。重新修订看守工作规章制度，改善监所管理，放风做到每天一次，伙食按规定不扣不超，理发、洗衣按季节变化而定，治病与人民医院特约等。

1976年，粉碎江青反革命集团后，看守工作秩序重新恢复正常，严格按照公安部《看守所工作制度》的各项规定办事，收押犯人凭逮捕证、拘留证和有关证明文件（寄押证），收押时，对犯人人身和携带物品详细进行检查、登记，防止危险物品带入监内，并向犯人宣布监规，责令遵守。同时，做好犯人的现金、物品保管工作，建立犯人存款存单和购买生活日用品制度。提审犯人一律凭提票，严格签字登记。看守干警对每名在押犯做到“四知道”（知姓名、年龄、原单位和简历；知所犯的主要罪行和同案犯；知其家庭人员和主要社会关系；知其认罪态度和思想动向）。由于严格管理，自1973年起至1979年连续7年没有发生自杀、行凶和逃跑等事故。

1980年，全面实施《中华人民共和国刑法》和《中华人民共和国刑事诉讼法》后，进一步改进监所管理，严格执行收押、检查、押解、接见和物品、信件制度。坚持人道主义精神，实行人性化的管理，对人犯不打骂、不体罚、不侮辱人格。建立“一卡（关押情况活动卡）、二表（关押分监一览表和公、检、法三家办案时效一览表）、三登记（拘捕入监登记、时效变动登记和监房调动登记）”及在押犯一人一档制度。同时，建立罪犯照相册和指纹卡，设置拘捕人犯活页卡（一式二本），其中一本存放岗亭，便于哨兵了解在押犯的基本情况。10月上旬，看守所及时发现两起在押犯企图伏击看守人员，抢夺武装执勤战士枪支，然后越狱逃跑的严重事件，采取果断措施，消除安全隐患。

1986年7月，根据嘉兴市公安局印发的《看守工作目标管理试行方案》，推行看守工作目标管理和干警岗位责任制，将“一班子（班子建设）四管理（依法、严格、文明、科学管理）”的标准进行分解，建立所长、看守员、内勤、狱医和炊事员岗位责任制，实行“分线、定监、包人”的责任制度，制订紧急情况处置预案。是年，在嘉兴市看守所年度考评中被评为第二名，实现了连续5年安全无事故，被省公安厅授予5年安全奖，记集体三等功一次。

1987年3月开始，看守所创新开展“文明监室”流动红旗活动，其内容：一是认真悔改，认真学习，深挖犯罪思想根源，在监内不交谈自己的案情，揭发他人违法行为；二是遵守监规，服从管教，不打、骂、哄闹，互相不打招呼，不传授犯罪伎俩，不隐藏违禁物品；三是讲究卫生，做到三个一线（指牙刷、口杯、毛巾摆放）；四个整洁。同时，开展在押人犯“个人记优”，并给予少量的物质奖励。通过“文明监室”创建，监房内风气明显好转，人犯间相互监督，起到连坐作用，效果较好，促使人犯坦白交代，认罪服法。

1988年，看守所发动民警认真总结吸取1987年8月16日人犯逃跑未遂事件教训，狠抓监所安全工作。召开执勤武警战士座谈会，修订紧急情况处置预案，召开看守所周围居民座谈会，依靠群众监督监所安全，同时对不利于监所安全的某些制度作出修改。是年，消除自杀、逃跑等事故苗头5起，确保了监所安全，被省公安厅授予“秉公执法、文明办事”优胜单位。1989年8—11月，根据嘉兴市局统一部署，开展看守所百日安全竞赛活动，建立每天由所长带班进监室检查制度，及时发现和消除不安全因素。

1990年3月，执行新颁布的《中华人民共和国看守所条例》，实行凭逮捕证、刑事拘留证或者追捕、押解人犯临时寄押证明文书收押人犯，收押人犯时，进行健康检查，不符合要求的，不予收押。加强看守所的监内管理教育，武警中队的外围警戒，看守所周围群众的监督“三条防线”建设，定期召开会议，建立由看守所、预审科、监检科和武警中队参加的“小四家”联席会议制度，抓好收押、提审、治病、放风、接见、押解、投劳、劳动等八个现场管理，确保安全无事故。是年，在嘉兴市局开展的看守所两个百日安全竞赛活动中被评为优胜单位。

1994年，进一步完善文明监室评比活动，对短刑犯同时开展评优记分，每月评优一次，凡是评到文明监室的人犯可给予奖励食品，服刑犯凡是记优5次以上的可以考虑减刑。全年评出文明监室19个，一等记优121人次、二等记优69人次，三等记优27人次，全年有21名服刑犯减刑。

1997年，预审监管大队针对上半年狱情严峻，看守干警转变工作作风，将办公室全部搬到监区，目标管理分解到每个民警，并以签订责任书的形式加以落实，组织开展打击牢头狱霸，起诉2人，带铐处理23人，强化了管理。5月，省公安厅转发公安部《看守所等级评定办法》，在全国看守所实行等级化管理，使看守所工作进一步法制化、科学化、规范化。

1998年，根据公安部《看守所等级评定办法》，开展创建规范化看守所活动，先后制订监室、服刑犯“百分制”考核办法、在押人员监规、行为规范考核等。坚持每天由所领导、狱医、值班民警检查监室制度，掌握监室在押人员动态，检查监室安全设施，并从监室卫生、队列规范、物品摆放等八个方面对监室逐一记分考评，坚持每月一次以上安全大检查制度，及时发现违禁品，清除安全隐患。

1999年1月5日，调整看守所武警警戒形式，原执勤武警哨兵撤至看守所外岗楼履行职责，监所楼道的警戒巡查由看守民警承担。为适应警戒形式的转变，看守所及时修订处置各类突发事件预案，并分别于上半年和下半年各进行一次预案演练，以增强快速反应能力。是年，设立未成年人监室、女监室和服刑人员过渡监室，实行分押制度，并在监区设置管教室。

2003年，贯彻公安部新修订的《看守所等级评定办法》，坚持“依法管理、严格管理、科学管理、文明管理”和“管、教、矫、治”并举，开展监所等级达标活动。

2004年，进一步规范看守所内设机构，分设管教、巡查、狱侦、综合等4个中队，增设严管室。推行管教民警主、辅班，巡查、监控民警“二岗合一”制度，在巡查中队实行“四班三运转”24小时巡查制。制订“三不（不打骂、不侮辱、不歧视）三要（要尊重人格、要关心疾苦、要照顾弱小）”规定，建立在押人员（家属）约见检察官制度。新建接待受理中心，设置接待在押人员家属及所长、驻所检察官接待、法律援助等窗口，为在押人员家属提供送衣、送钱等日常生活用品及诉讼、法律服务。5月，推行嘉兴市公安监管执法“一信（致在押人员家属一封信）三卡（在押人员入所告知卡、出所调查卡、所长联系卡）”制度。

2005年7月，看守所在监管工作中创新推行ISO9001质量管理体系，把监管各项工作、操作规程、安全管理以质量为目标管理的形式予以界定和控制，达到人、信息、机制的有机结合，年内通过中国方圆标志认证委员会浙江省方圆标志认证审核中心考核，使监管工作标准化、规范化和目标化。2006年，看守所被列为嘉兴市公安监管系统信息应用示范单位，使监所管理科技含量得到新的提高。

2009年，根据嘉兴市公安局的统一部署，开展以“强责任、查漏洞、除隐患”为主题的监所执法检查，完成监室双向监控改造，制订在押人员生活、劳动、学习三大现场管理规范，实行宽管、严管、普管。1—9月，对31名改造突出、有悔改表现的在押人员申报减刑，对10名有检举揭发等立功表现的在押人员建议司法部门从轻、减轻处罚，对6名有严重违规行为的在押人员实行严管。强化狱情动态预警研判机制建设，建立管教民警、中队、大队三级信息收集网络，有效防止事故发生。是年，在全省开展的监所百日安全竞赛中被评为优胜单位。

2011年，看守所积极探索勤务模式改革，实行巡控、管教专业分工，落实以“两人搭档制”为主要内容的管教民警包监室管理责任制，巡查民警巡视、监控“二岗合一”的在岗包安全责任制。增配女看守民警一名，专司看押、管理女性在押人员。是年底，根据公安部监所管理局〔2010〕160号通知精神，举办社会开放日活动，并形成制度。每年一次邀请人大代表、政协委员作为特邀监督员及新闻媒体记者到看守所视察监区，实地参观未决犯监区、医务室、留所服刑犯监区、生产劳动区、食堂，近距离了解在押人员的生活、学习情况。并向社会公布联络电话，展示看守所依法、严格、科学、文明的管理方式，增强看守所羁押情况的透明度。

2012 年，看守所为缓解警力不足，开始面向社会公开招聘协警，协助看守民警做好监所管理工作。首批招聘 5 人。2014 年，又招聘 4 名女性协警。至 2015 年，协警总数达到 20 人。

2013 年，看守所推行在押人员风险评估和每日警情研判制度。按照现实表现、身份情况、家庭情况、身体健康状况及心理和精神健康状况分为重大安全风险 1—3 级和一般安全风险。设置医生、巡控、值班领导等每日警情岗位模块，实现监所各岗位情报动态信息共享。通过安全评估和每日警情制度，增加对在押人员安全风险的可预见性判读，提前做好各种安全防范，有效防止在押人员非正常死亡及相关安全事故的发生，保障监所的安全和稳定。

2014 年，根据公安部监所管理局〔2014〕32 号文件，部署开展监管场所“五化建设”（勤务模式科学化、执法行为规范化、管理方式精细化、管理手段信息化、设施保障标准化）。对照标准，全面调查摸底，明确重点，强化责任，定期督促检查和讲评。年底，经上级验收达标。同时，以省厅监管总队部署的“三除一创”（消除麻痹懈怠、排除安全隐患、清除内务脏乱，着力创建平安整洁监所）百日活动为载体，投入资金，检修监控、电器、门窗、管道，粉刷监区，在监所办公区、监区通道悬挂名人格言与教育图片，推进平安监所创建。

2015 年，进一步强化值班领导每日带班巡视督查制度，落实多岗位联动机制。通过管教、狱医、巡控岗位每日警情共享，进行安全评估，提前做好各种安全防范，监所管理由过去一对一的单一管理模式向多层次、大纵深、互动型模式迈进，管理效能大提高。

## 二、教育改造

教育改造人犯是看守所的主要任务之一。看守所建立以来，始终坚持“严密看管与思想教育相结合”的方针，坚持依法管理，保障人犯合法权益。特别对未成年人犯，采取教育、感化、挽救的方法，进行法制、道德、形势和劳动教育。教育一般采取集中上大课训话及个别谈心等形式进行，有时也邀请公、检、法、司“四长”到所进行形势、政策、前途教育。同时还邀请社会上先进人物、从看守所出去的归正人员作报告，鼓励人犯努力改造，早获新生。

1952 年，看守所按省公安厅《教育提纲》，对人犯每周上大课 3 小时，进行爱国主义教育、前途教育和认罪服法教育。1956 年，对人犯开展形势、政策教育，选择“宽、严”典型，收到较好效果。1959 年 9 月，全国人大常委会发布《中华人民共和国主席特赦令》后，对在押犯开展政治攻势，组织 3 次上大课，号召坦白检举，共检举线索材料 127 件，其中有价值的 10 件。1979 年，在监室内安装广播喇叭，收听早、中、晚中央和省电台新闻广播，订《浙江日报》供犯人学习。20 世纪 80 年代初，增订《人民日报》《新生报》，购置图书，丰富在押犯的文化生活。

1982 年，看守所在检察院监所科的配合下，向在押人犯宣讲全国人大常委会通过的《关于严惩严重破坏经济的罪犯的决定》和《关于宽大释放全部在押国民党县团以下党政军特人员的决定》，经过大会宣讲和小组讨论，9 名在押犯补充交代大小案件 19 起，有 26 名在押犯检举揭发违法犯罪线索 124 起。同时，在掌握在押犯思想动态的基础上，运用宽严案例教育和家属来信规劝教育等方法，因人施教，收到较好效果。

1983 年 8 月，为期三年的“严打”（严惩严重危害社会治安的犯罪分子）斗争开始后，看守所对在押犯加强思想教育，积极开展政治攻势，每次集中收捕后，邀请公、检、法、司“四长”到所进行政策、法制、形势、前途教育。平时根据人犯思想动态采取集中教育和个别谈话教育相结合方法，促使人犯端正态度，坦白交代，检举揭发，配合预审深挖余罪，搞清线索。

1985 年，看守所采取对留所改造的短刑犯，在释放前召开座谈会，吸收部分已决和未决犯参加，选择宽严典型召开大会宣布，开展政治攻势，教育人犯检举揭发，交代余罪。组织短刑犯劳动，以劳动收入购买物品，给改造表现好的人犯发奖。对“严打”以来释放的短刑犯进行回访，以他们中已改邪归正的实例，在人犯中开展教育，增强改造信心，取得较好效果。此做法在嘉兴市公安局《情况反映》简报上介绍。

1986 年，看守所配合全县反盗窃斗争，在监室播放县长讲话录音，张贴嘉兴市公安局通告及宣传标语，邀请公、检、法、司“四长”到所进行教育。在押犯反映强烈，震动很大，积极交代余罪并检举揭发他人犯罪，有52名人犯检举盗窃线索154条、内部盗窃线索112条，有7名在押犯补充交代余罪16条。全年召开宽严大会4次，同时邀请刑满释放人员到所谈重获新生后自食其力，遵纪守法的体会，收到较好效果。

1987年春节，看守所创新召开短刑犯春节茶话会，组织28名短刑犯，由所长和民警一起参加。会上对他们一年来的改造给予肯定，并指明会后怎样服从管教，遵守监规，加速改造，会议气氛很好，发言热烈，促进了教育改造工作，并形成制度，每年一次。这一做法被嘉兴市公安局和嘉兴市检察院在嘉兴市转发。1988年，组织在押犯学习宪法，进行闭卷考试，对成绩优秀者给予奖励。1987—1989年，由于重视对人犯的教育，降低了出所人员的重新犯罪率，3年间刑满释放的90名人员中，重新犯罪仅1人。

1991年，看守所加强对在押犯的教育改造，采用集体教育与个别教育相结合，监内教育与亲人规劝相结合，召开宽严大会，兑现政策相结合等多种形式，收到较好的教育效果。全年对认罪服法，接受改造，有悔改表现的服刑犯人减刑13人，假释1人，占总服刑人数的31.8%。1999年9月10日，首次召开服刑犯家属座谈会，邀请10名表现好的服刑犯家属到所座谈，向他们汇报工作，收到良好效果，促进服刑犯的改造。

2000年4—7月，遵照省公安厅部署，看守所积极配合“打击人贩子，解救拐卖妇女儿童”专项斗争，开展狱内破案工作。通过在押犯检举线索，查获犯罪嫌疑人4人，协助破获拐卖女婴案件9起。2002年，创新教育方法，做好未成年在押人员的转化教育，开展延伸帮教，与机关、学校和乡镇、“关工委”等单位结成帮教对子，签订帮教协议，举办联谊活动。市关工委、市妇联、当湖镇等单位经常到看守所开展帮教座谈、爱心演出。组织服刑人员现身说法，归正人员（刑满释放）跟踪考察教育，减少重新犯罪。邀请司法局宣教科和福臻中学教师定期来所上法制教育和文化补习课，邀请省未成年人管教所的专家到所上课。设立道德教育长廊，利用广播、黑板报、学习园地、公民道德教育图片展、知识竞赛等多种教育形式，增强在押人员的公民道德意识，并将教育转化工作纳入看守民警岗位责任制。

2004年，推动看守所监区文化建设，开办图书室、扫盲班、文化提高班、法制辅导班和劳动技能培训班，定时播放监室电视，组织在押人员收看《新闻联播》《法制在线》等节目，订阅《嘉兴日报》《浙江法制报》《嘉兴公安报》等报刊，自办《当湖新生报》月刊。是年，在公安部关于《全国公安监管场所深挖犯罪专项行动》的统一行动中，组织开展监所深挖犯罪行动。共深挖各类犯罪线索433条，协助破获刑事案件396起，抓获犯罪嫌疑人54人、网上逃犯1人，追缴赃款赃物折价20余万元。破案数和抓获犯罪嫌疑人数分别比2003年增长150.6%和68.8%，狱侦破案被评为全省优胜单位。

2007年，贯彻省公安厅《看守所留所服刑罪犯管理工作若干问题的决定》，制订《留所服刑罪犯管理办法》，采用百分制考核，每月一考，张榜公布结果，表现好的给予物质奖励，符合减刑条件的，申报减刑。

2008年，看守所被市纪委确定为全市领导干部警示教育基地，开展对党员领导干部的反腐败教育。此后，每年有多批机关公务员前来参观教育，充分发挥看守所面向社会开展法制教育和警示教育的特殊阵地作用。

2009年7月，市委政法委、司法局、法院、检察院、团市委等多个部门组织人员到市看守所，对未成年在押人员开展“真情唤回归，关爱建和谐”主题帮教活动，副市长金玉珍、市关工委主任陆致远等领导亲临活动现场，并为他们送去书籍等，鼓励他们好好改造，重塑新生。1—9月，在押人员中共有坦白、检举184人次，获取犯罪线索479条，自破、协破各类刑事案件415起，抓获犯罪嫌疑人20人。平湖狱侦破案综合成绩连续多年列嘉兴市和全省监管系统前列。

2011年，看守所与全市各乡镇及机关各部门建立长期互动帮教协作关系，乡镇司法所经常主动到所对当地的典型涉案人员做面对面的帮教工作，市关工委、妇联等单位经常来所开展帮教座谈、爱心演出，教育改造效果明显。

2012年，市公安局会同市司法局在看守所开设法律援助中心工作站，通过联席会、律师座谈会等形式，为在押人员提供法律援助。局关心下一代工作委员会还在看守所设立青少年法制教育工作站，组织离退休老干部定期为未成年在押人员进行法制宣传和帮教工作。

2013年，开展“文化、法律、科普知识进监区”活动，与新华书店建立长期协作关系，购置法律、科普、人文类图书供在押人员学习，开展监区文化教育，制作宣传板用于告知在押人员合法权益、一日生活制度等。邀请友好单位安排技术人员面对面指导留所服刑人员生产培训，为服刑人员回归社会掌握一技之长奠定基础。

2014年3月15日，市“阳光小屋”青少年成长服务中心在看守所举办“社会在呼唤，亲人在等待”为主题的延伸帮教文艺演出，体现了政府和社会各界对失足人员的关怀，起到了对在押人员自觉接受改造，走向新生的推动和促进作用。

### 三、生活劳动

#### 伙食标准

解放初期，人犯的衣被自带解决，确无衣被者，由看守所供给。伙食归人犯自办，无专职炊事员，每天二粥一饭，由看守所派一名干部监督。1954年，看守所囚粮款（包括医药费）标准按专署公安处规定，使人犯基本能吃饱饭和吃到一定数量的蔬菜。1965年，在押人犯的囚粮一律按月供应成品粮27市斤（与居民相同），并按在押犯数量雇用炊事员名额，禁止使用人犯充当做饭人。

“文化大革命”期间，取消看守所在押犯生活费用全部由国家包干制度。1968年10月20日，县公安机关军事管制组下发《关于拘留待判犯（包括逮捕待判犯）生活费用自行解决的通知》，规定凡本人有固定收入的一切生活费用全部自行解决；没有经济收入的，应根据其家庭经济状况酌情交伙食费，家庭经济确实困难的，或无家庭接济的，凭公社或镇以上政权机关证明，方可由看守所解决。从10月20日起按此规定执行，伙食费标准每月7.85元，粮票28斤，油票4两，暂定每月交付一次。

1972年，在押人犯伙食标准定额每人每月6元，粮食定量28斤，每月大小荤3次，逢节日大荤。以后，公安部、财政部多次调整看守所在押人员伙食标准，劳动犯、病号犯伙食标准略高于一般人犯。1986年，伙食标准增至每人每月17元，粮食定量按原标准不变，每周吃到1餐荤菜，逢年过节，可增加伙食，春节、国庆节连续开荤4天，能吃到鱼、肉、鸡、蛋，还有少量糖果。对少数民族在押犯，尊重其民族习惯，给予适当照顾。

20世纪90年代初，伙食标准再次调整至每人每月70元。并从1991年下半年开始保持每周吃到2餐荤菜。进入21世纪，在押犯伙食标准进一步提高，至2009年9月，伙食标准实际额已达到每人每月169元，超过省定标准3元，同时还开设少数民族餐、病号餐、生日餐、节日餐等。截至2015年底在押人员伙食标准每人每月达到176元。

#### 生活规范

看守所对在押人犯坚持每天放风1次，每天上午、下午各供应一次开水，并经常理发、洗澡。搞好四防（防病、防暑、防疫、防寒），夏天做好防暑降温，监房内喷洒消毒药水，设置防蚊蝇纱窗，冬天做好防冻保暖工作，对外地的无衣被人犯，发放御寒衣被及生活用品。2000年后，对在押人员的生活实行规范化管理，每名在押人员的物品均制作统一的物品包，规范一日生活制度，从起床洗漱到早操训练、从学习劳动到吃饭就寝、从体会反思到坐岗排班都有章可循，使在押人员自觉约束言行，养成良好的生活习惯。2008年，开发一日生活制度计算机软件，将在押人员一日生活制度分冬、夏两季编成音乐闹铃程序定时准点播报，由巡视和管理民警协同配合敦促在押人员严格遵照执行。

#### 医疗卫生

解放初期，看守所因条件差，犯人生病得不到及时治疗。1952年、1953年、1956年、1965年均发生有犯人病毙监内的情况，后随着医疗条件的改善，基本上没有发生类似情况。1974年，看守所与人民医院建立在押犯特约治病制度，采取定期巡回或有病来所诊治方法，同时在所内备有常用药，做到小病不请医，自己治理，还根据季节变换，及时打防疫针，做好易发病预防。

1984年2月，贯彻执行公安部、卫生部《关于在押犯、收审人员传染性疾病防治工作的通知》，对看守所疾病防治和卫生状况进行大检查，对新入监人犯询问病况，建立健康档案，健全卫生制度，做到炊具消毒、饭菜加罩、蔬菜洗净后切烧等。1985年，设立监所小药房。1995年5月，设立医务室，配备专职狱医一名，处理人犯一般性疾病，较重病犯仍由市人民医院医生负责治疗。

2003年，根据卫生部、省公安厅对“非典”防治工作的总体部署，按照“早发现、早报告、早隔离、早治疗”的原则和“严密再严密，强化再强化、落实再落实”的要求，实现看守所“零非典”。

2004年，组织在押人员每天进行身体锻炼，定期进行监区消毒，每天清洁环境卫生，每周进行个人卫生大清理，定期体检，备足备好常用药品，使在押人员的常见病、多发病在监所就能得到及时医治，并在市第一人民医院急诊室开通在押人员疾病救治“绿色通道”。

2009年，平湖境内发现甲流H1N1病例，市看守所为控制疫情发生，采取多种措施，积极应对，严格收押体检、隔离观察、流动巡诊、消毒防疫、应急处置等多道防线，由于宣传到位，措施得力，在押人员无一感染。是年，所卫生室狱医增至2人，并经市卫生局重新审查通过，发给行医执照。同时，为缓解狱医不足，由市中医院派驻值班医生每天到看守所担任夜间医务值班，建立医务人员24小时在所值班制度。

2013年，所医务室按照公安部监所基本卫生医疗设备配置标准，增配输液椅、便携式氧气瓶、制氧机、氧气袋、担架车、电动吸引器、开口器、舌钳、紫外线消毒车、压力灭菌器、小夹板、颈托、医用冰箱等专业医疗设备，狱医增至3人。与市疾控中心、市第一人民医院、市中医院等建立医疗合作关系，定期开展对在押人员健康普查和艾滋病、结核病等的筛查。

2015年，按照省公安厅、省卫计委《关于印发浙江省公安监管场所医疗卫生专业化建设工作实施方案》及嘉兴市公安局有关通知精神，采取所院协办方式，设置看守所卫生所。7月15日挂牌成立，由市第一人民医院和市中医院选派10名具有5年以上临床经验且政治可靠的医生和2名护士，轮流到看守所从事专业医疗工作，实行24小时常驻看守所，对在押人员进行健康检查，开展日常巡诊、治疗及卫生防疫等工作。

**生产劳动**

20世纪80年代，鉴于余刑不满一年的短刑犯增多，看守所在保证监所安全和不影响审讯、审判工作的前提下，组织小规模的生产劳动，创收所得用于添置劳动工具、改善人犯伙食，多余部分上缴财政。曾饲养肉鸡、生猪，后因养殖禽畜风险大，且影响环境卫生，1986年起转变劳动生产项目，先后为城关镇标牌厂、变压器厂、印刷厂、玩具厂等单位进行产品外加工，经济效益较好。1995年5月，看守所搬入城北福臻新址后，利用场地大的优势，为乡镇个私企业箱包厂、服装厂等单位进行产品外加工。1997年，在生产劳动中实行已决犯和未决犯分开管理的方法，确定4名干警现场监管，制订劳动纪律，做到不失控、不脱管，全年劳动创收20万元。

2000年后，看守所承接电脑元件外加工业务，经济效益更好。2004年，组织对所有劳动项目和劳动工具进行审核，严禁不利于监所安全的劳动项目进入监区，并对劳动工具进行改良，严格控制劳动时间，强化现场管控，落实一名副所长专门分管生产劳动，确保生产劳动在保证安全，不妨碍侦查、起诉、审判活动的前提下进行。

2007年，制订《留所服刑人员生产劳动管理规定》，设置劳动场所，开办缝纫机技术培训班，配备高速缝纫机24台，在押人员每天劳动不超过8小时。生产劳动的净利润达60万元之多。此后，为确保安全，对劳动项目多次削减。2015年，监区劳动项目主要为杭州环爱纸品有限公司糊纸盒子及有时穿插为本地箱包企业做拉链头等加工业务。

**四、通信会见**

看守所主要关押未决犯，一般不准对外通信会见。1980年10月，从革命人道主义和有利于教育改造人犯考虑，经过批准，人犯可以与亲属通信（明信片）、会见。案件起诉后，人犯接到起诉书副本后，受委托的律师或人民法院指定的律师可以与人犯接见、通信。每当犯人判决生效后，投入劳改前夕安排家属接见，以配合做好押犯的思想工作，促使其认罪服法，安心改造。对留所服刑犯人家属接见时，介绍监内表现，家属勉励其努力改造，争取早获新生。平时看守所实行每月一次由人犯家属送衣物、牙膏、肥皂等日用品制度。同时，严格在押人员信件检查制度，看守所按《看守所条例》规定，接受办案单位委托，处理检查在押人员信件，并建立登记制度，发现有碍侦查、起诉、审判工作的，均予以扣留，转交办案单位处理。

**附：解放初期的劳改（俘管）队、劳教队**

1950年3月，县公安局设立俘管队，地址在城关镇南河头49号，负责管训俘虏的武装匪特。7月，俘管队改为劳教队，地址迁至桑园弄，后改称劳改队，负责对已决犯组织生产劳动。1951年5月，又迁至北弄3号。

在劳改工作中执行“改造第一、生产第二”的方针，对犯人实行“政治改造与劳动改造”相结合。促使他们重新做人。解放初期公安局干部缺少，劳改队未配专职干部，由看守所干部兼管。1951年6月，劳改队始配专职干部，队长宋喜柱（南下干部），工作人员有王景隆（留用旧警察）及尤匡彦、胡凤祥（又名郑思宁）等人。

建队初期，有犯人80名。1951年增至160人，从事打草绳、开荒、做杂工等。1951年1月，筹建小型织袜厂，袜机向私营袜厂借用，后因袜子销路不好而停办。以后生产规模有所扩大，有锯木柴（做燃料用），修建房屋，饲养家畜家禽等。

1952年1月，建服装厂，有缝纫机1台。4月，扩大经营农业生产，在新埭区的丁桥乡、旧埭乡、泖口乡及前眉乡（现广陈前港）等地有水田197亩、旱地15亩，种植水稻等农作物。是年，水稻平均亩产520市斤。后又在黄山区渡船桥（现属独山港镇）建有农场，有土地105亩。1953年，共有水稻178亩，最高亩产740市斤，平均亩产537市斤（当时属于高产水稻）。还养殖耕牛4头、骡子1头及肉猪156头。

1954年1月，劳改队开展对队内人员进行“评改”活动，以严肃法令，争取教育多数，达到政治上使其认罪服法，安心改造。9月7日，政务院颁布实施《中华人民共和国劳动改造条例》。鉴于当时劳改队土地分散，既无武装看押，又缺少干部管理，经省公安厅批准劳改队撤销，对年龄18～50岁、无恶性传染病和慢性疾病、具有正式判决手续的罪犯，送嘉善县窑厂劳动改造。

1958年4月，参照外地经验，结合“安全运动”，各乡镇以农业社为单位建立劳动教养队，故在当时称之为社办劳教队，最多时有120个，主要对表现不好的地主、富农、反革命和坏分子及懒汉、二流子进行集中改造，有1800多人。12月，根据上级指示予以撤销。1959年1月，经县人民委员会批准建立县劳教队。9月11日撤销，清理在押人员。

**表8-1　　1949—1958年平湖看守所收押、处理案犯一览表**

| 年份 | 收押人犯数 | 年度累计处理人犯数 | | | | | | |
|---|---|---|---|---|---|---|---|---|
| | | 合计 | 死刑 | 死缓 | 徒刑 | 管制 | 转出 | 释放 |
| 1949 | 1005 | 815 | 10 | – | 6 | – | 75 | 724 |
| 1950 | 1375 | 1283 | 84 | – | 68 | – | 311 | 820 |
| 1951 | 721 | 759 | 283 | 12 | 245 | 39 | 31 | 149 |
| 1952 | 152 | 126 | 5 | 5 | 95 | 13 | 8 | – |
| 1953 | 37 | 103 | 3 | – | 88 | 2 | 2 | 8 |
| 1954 | 272 | 283 | – | – | 224 | 4 | 10 | 45 |
| 1955 | 164 | 164 | 2 | – | 95 | 44 | 9 | 14 |
| 1956 | 147 | 102 | – | – | 74 | 8 | 1 | 19 |
| 1957 | 167 | 83 | – | – | 51 | 8 | 8 | 16 |
| 1958 | 411 | 383 | 1 | 1 | 350 | 17 | – | 14 |

注：年度累计处理人犯数（包含上期结存转入本年度处理数），个别年份出现收押数少于累计处理数。

表 8-2　　1959—1970 年平湖看守所收押、处理案犯一览表

| 年份 | 收押人犯数 | | | | 年度累计处理人犯数 | | | | | | | |
|---|---|---|---|---|---|---|---|---|---|---|---|---|
| | 合计 | 逮捕 | 拘留 | 扣审 | 合计 | 死刑 | 死缓 | 徒刑 | 管制 | 劳教 | 转出 | 释放 |
| 1959 | 575 | 90 | 104 | 381 | 331 | – | – | – | 13 | 71 | 43 | 204 |
| 1960 | 579 | 156 | 7 | 416 | 144 | – | – | – | 60 | 84 | – | – |
| 1961 | 143 | 108 | 7 | 28 | 65 | – | – | – | 10 | 51 | – | 4 |
| 1962 | 196 | 48 | 44 | 104 | 25 | – | – | – | – | 4 | 10 | 11 |
| 1963 | 151 | 59 | 92 | – | 61 | – | – | – | – | 12 | 13 | 36 |
| 1964 | 51 | 22 | 29 | – | 48 | 1 | – | – | 15 | 12 | 5 | 15 |
| 1965 | 33 | 15 | 18 | – | 37 | – | – | 24 | 6 | 4 | – | 3 |
| 1966 | 39 | 6 | 33 | – | 46 | – | – | 2 | 31 | – | – | 13 |
| 1967 | 132 | 29 | 103 | – | 76 | – | – | 14 | 24 | 1 | 6 | 31 |
| 1968 | 208 | 54 | 154 | – | 118 | 2 | – | 42 | 23 | – | 6 | 45 |
| 1969 | 26 | 20 | 6 | – | 25 | – | – | 15 | 6 | – | – | 4 |
| 1970 | 119 | 119 | – | – | 87 | – | 1 | 24 | 39 | – | – | 23 |

注：表中所列1960、1969年均为第一季度数据。

表 8-3　　1971—1990 年平湖看守所收押、处理案犯一览表

| 年份 | 收押人犯数 | | | 年度累计处理人犯数 | | | | | | | | | | | |
|---|---|---|---|---|---|---|---|---|---|---|---|---|---|---|---|
| | 合计 | 逮捕 | 拘留 | 合计 | 死刑 | 死缓 | 无期徒刑 | 有期徒刑 | 管制 | 拘役 | 缓刑 | 劳动教养 | 其他 | 转外处理 | 释放 |
| 1971 | 25 | 4 | 21 | 15 | – | – | – | 4 | – | – | – | – | – | – | 11 |
| 1972 | 70 | 30 | 40 | 49 | – | 2 | – | 31 | 1 | – | – | – | – | 1 | 14 |
| 1973 | 119 | 52 | 67 | 93 | 1 | – | – | 47 | 1 | – | – | – | – | 5 | 39 |
| 1974 | 55 | 24 | 31 | 39 | 1 | – | – | 20 | – | – | – | – | – | – | 18 |
| 1975 | 130 | 67 | 63 | 54 | 2 | – | – | 32 | 1 | – | – | – | – | – | 19 |
| 1976 | 65 | 35 | 30 | 24 | 1 | – | – | 8 | – | – | – | – | 11 | 4 | – |
| 1977 | 66 | 34 | 32 | 90 | 3 | 1 | – | 77 | 3 | – | – | – | 6 | – | – |
| 1978 | 48 | 25 | 23 | 54 | 1 | – | – | 27 | 3 | – | – | – | 3 | 7 | 13 |
| 1979 | 26 | 17 | 9 | 54 | – | – | – | 24 | – | – | – | – | – | 3 | 27 |
| 1980 | 76 | 39 | 37 | 46 | 1 | – | – | 25 | – | – | – | – | – | – | 20 |
| 1981 | 155 | 95 | 60 | 65 | – | – | – | 44 | 1 | – | – | – | – | 1 | 19 |
| 1982 | 115 | 62 | 53 | 99 | – | 1 | – | 59 | 7 | 4 | – | – | – | 4 | 24 |
| 1983 | 229 | 186 | 43 | 118 | 5 | 1 | – | 93 | – | 2 | 1 | – | – | – | 16 |
| 1984 | 174 | 162 | 12 | 194 | 3 | 1 | 6 | 138 | 5 | 3 | 3 | – | – | – | 35 |
| 1985 | 109 | 95 | 14 | 105 | – | 2 | – | 73 | – | – | – | – | – | – | 30 |
| 1986 | 98 | 81 | 17 | 93 | – | – | – | 63 | – | – | 1 | – | – | – | 29 |
| 1987 | 98 | 71 | 27 | 71 | 1 | 1 | 1 | 50 | – | – | – | – | – | – | 18 |

续上表

| 年份 | 收押人犯数 | | | 年度累计处理人犯数 | | | | | | | | | | | |
|---|---|---|---|---|---|---|---|---|---|---|---|---|---|---|---|
| | 合计 | 逮捕 | 拘留 | 合计 | 死刑 | 死缓 | 无期徒刑 | 有期徒刑 | 管制 | 拘役 | 缓刑 | 劳动教养 | 其他 | 转外处理 | 释放 |
| 1988 | 146 | 108 | 38 | 86 | – | 1 | – | 61 | – | – | – | – | – | – | 24 |
| 1989 | 228 | 150 | 78 | 148 | 1 | 2 | 1 | 95 | – | – | – | – | – | – | 49 |
| 1990 | 218 | 161 | 57 | 144 | 4 | 1 | – | 102 | – | – | – | – | – | – | 37 |

## 表 8–4 1991—2015 年平湖看守所收押、处理案犯一览表

| 年份 | 收押人犯数 | | | | 年度累计处理数 | | | | | | | | |
|---|---|---|---|---|---|---|---|---|---|---|---|---|---|
| | 合计 | 拘留 | 逮捕 | 其他 | 合计 | 死刑 | 死缓 | 无期徒刑 | 有期徒刑 | 管制 | 拘役 | 释放 | 其他 |
| 1991 | 131 | 32 | 99 | – | 116 | 2 | 2 | 1 | 73 | – | – | 33 | 5 |
| 1992 | 277 | 49 | 228 | – | 139 | – | – | – | 105 | – | – | 31 | 3 |
| 1993 | 204 | 47 | 157 | – | 197 | 2 | – | – | 140 | – | – | 50 | 5 |
| 1994 | 216 | 20 | 195 | 1 | 182 | 1 | 1 | 2 | 137 | – | – | 38 | 3 |
| 1995 | 215 | 48 | 167 | – | 168 | 1 | 1 | – | 114 | – | 2 | 42 | 8 |
| 1996 | 407 | 60 | 347 | – | 345 | 5 | 2 | 6 | 268 | – | 3 | 56 | 5 |
| 1997 | 466 | 273 | 193 | – | 271 | – | – | – | – | – | – | – | – |
| 1998 | 458 | 291 | 167 | – | 327 | – | – | – | – | – | – | – | – |
| 1999 | 610 | 345 | 265 | – | 363 | – | – | – | – | – | – | – | – |
| 2000 | 371 | 361 | 10 | – | 361 | – | – | – | – | – | – | – | – |
| 2001 | 385 | 376 | 9 | – | 396 | 3 | 1 | 1 | 284 | – | 24 | 18 | 65 |
| 2002 | 361 | 346 | 13 | 2 | 347 | 3 | 3 | 4 | 236 | – | 39 | 15 | 47 |
| 2003 | 444 | 428 | 5 | 11 | 468 | 2 | 1 | 6 | 352 | 1 | 59 | 22 | 25 |
| 2004 | 728 | 687 | 6 | 35 | 647 | 2 | 4 | 1 | 411 | – | 138 | 30 | 61 |
| 2005 | 909 | 871 | 12 | 26 | 827 | 2 | 1 | 2 | 612 | – | 192 | 14 | 4 |
| 2006 | 951 | 926 | 9 | 16 | 891 | 1 | 1 | 3 | 783 | – | 103 | – | – |
| 2007 | 838 | 821 | 9 | 8 | 804 | 3 | 6 | 5 | 685 | – | 104 | – | 1 |
| 2008 | 1015 | 998 | 6 | 11 | 913 | 2 | 2 | 3 | 754 | 2 | 143 | – | 7 |
| 2009 | 1088 | 1025 | 8 | 55 | 937 | 4 | 2 | 4 | 806 | – | 109 | – | 12 |
| 2010 | 1145 | 1123 | 3 | 19 | 1108 | 2 | 3 | 3 | 920 | – | 175 | – | 5 |
| 2011 | 1254 | 1134 | 10 | 110 | 1076 | 3 | 4 | 1 | 808 | – | 255 | – | 5 |
| 2012 | 1525 | 1352 | 23 | 150 | 1373 | 2 | 5 | 6 | 926 | – | 425 | – | 9 |
| 2013 | 1462 | 1235 | 25 | 202 | 1046 | 3 | 6 | 2 | 639 | 1 | 394 | – | 1 |
| 2014 | 1345 | 1129 | 14 | 202 | 1345 | 1 | 1 | – | 543 | – | 402 | 332 | 66 |
| 2015 | 1476 | 1296 | 24 | 156 | 1476 | – | 4 | – | 532 | – | 233 | 545 | 162 |

注：1. 收押人犯中的其他栏包括：收回取保候审、监视居住，暂予监外执行、保外就医罪犯收监，逃犯追回，外省、本省区市其他所转来。

2. 2003年起统计数据来自计算机信息。2003年4月试用在押人员信息管理系统单机版，2006年升级为网络版。

## 第三节 武装警戒

1949年6月，公安武装组织建立以来，承担着看守所的武装警戒、清剿残匪、镇压暴乱、搜捕人犯、押送罪犯、执行枪决、维护治安、抢险救灾和参与地方经济建设等。进入21世纪，又增加处置突发事件、反恐维稳等任务。

### 一、执勤勤务

武警中队与看守所严格落实各项联管制度，切实抓好监区看守勤务的落实，发挥“内部管理、外围警戒、群众监督”三道防线作用，定期与看守所开展敌社情、安全形势分析，进行监室检查，清查违禁品，严格控制在押犯动态，消除安全隐患，确保监室绝对安全。

20世纪50年代，看守所附设劳改队，在新埭、前港等地建有农场，武警中队前身公安队除负责看守所在押人犯的看守工作外，还要承担劳改队现场的监管任务，看守、看押任务较重。

1978年，武警中队制定看守执勤规则，做到不体罚、不打骂犯人。在执勤中坚持勤巡回、勤观察、勤记录的“三勤”制度，并及时向看守所提供押犯违监情况。

80年代，随着“严打”斗争的深入和改革开放形势的发展，看押对象的成分发生较大变化，绝大部分是刑事犯罪分子，具有较大的凶残性和破坏性，不服改造、不守监规、企图逃脱的现象有所增加，给部队的看押工作带来一定难度。1981年1月15日始，武警中队实行带班哨制度，有效提升执勤水平。并与看守所建立由检察院监所检察科一起参加的每月一次碰头会制度，共同协作，确保监所安全。1982年，根据人员现状及哨位和周围环境等变化，改原来的大轮班站哨为监房哨和自卫哨分开执勤制，以提高执勤哨兵的工作责任性。1983年5月，根据看守勤务的特点与要求，在全队推行执勤责任制，制订《执勤工作责任制试行规则》，试行奖罚制度，该经验被武警嘉兴支队肯定，以〔1983〕13号文件转发，要求嘉兴地区武警中队从7月1日起仿照试行。1984年，在看押工作中推行多种形式的责任制，对监房哨、自卫哨、临时公差等分别由各班落实承包，定期轮换。1986年，执行《内卫勤务条例》，建立出勤考核登记制度。1987年，推行《执勤工作目标管理责任制》，坚持以执勤为中心，完善执勤设施，加强勤务训练，提高执勤能力。8月16日零时50分，看守所7号监房流窜犯蒋某、盗窃犯朱某、扒窃犯朱某等用事先准备好的铁钉撬掉监门挂锁的铁扣回钩脚，将锁和铁扣拔出，推开监门，溜出监房，企图越墙逃跑，被执勤哨兵高洪年发现，拉响警铃，及时制止一起在押犯逃跑事件。

90年代，武警中队执勤工作进一步规范。1998年，组织开展执勤工作“三个一”活动（即一检查、一走访、一分析），逐一消除事故隐患，促进执勤规范，提高官兵的执勤能力。1999年1月5日，根据上级指示精神，武警中队顺利完成警戒形式“内转外”工作，将原内外均由武警担负警戒的执勤形式，改为武警的主要任务是负责对外围的警戒，监室则由看守民警负责。

进入21世纪，随着公安机关打击犯罪力度的不断加强，看守所关押人犯数逐年上升，武警中队的目标执勤和长途押解勤务量越来越大。

2003年，全年日看守犯罪嫌疑人达210人左右，完成押解任务25次，处决犯人2名，确保目标执勤和押解勤务安全无事故。2004年，在完成固定目标看守任务的同时，担负押解勤务18次，出动兵力66人次；担负处决勤务3次，出动兵力36人次，圆满完成任务。

2005年，按照《执勤正规化等级评定标准》要求，成立执勤工作领导小组，坚持支部议勤、主官抓勤，全年完成日均300人固定目标看守任务。同时，担负押解勤务48次，出动兵力96人次；担负处决勤务一次，出动兵力10人次。

2006年，根据嘉兴武警支队的统一部署，组织开展以“三防”（防止犯罪分子逃跑、暴乱、袭击执勤目标）为重点的勤务教育整顿和“三个一遍”（执勤目标检查鉴定一遍、到目标单位及其上级走访一遍、对执勤情况分析研究一遍）活动，抓好执勤中“常见病，多发病”的治理，积极协助看守所搞好每月一次的监室安全检查，消除执勤事故隐患，确保执勤目标安全。

2007年，组织开展执勤隐患专项治理，及时拆除监墙内固连体建筑，投入执勤设施经费8000余元，使执勤设施质量得到提高。全年圆满完成日均450人固定目标看守任务，出动兵力128人次，押解犯人317名。年度有1名干部和1名战士分别被省武警总队评为优秀班干部和优秀哨兵。

2008年，进一步密切与看守所联系，加强队所联防，与看守所联合开展执勤隐患的清查整治，建立《出入监门登记簿》，安装监控探头，并接入中队勤务值班室，有效规范监门哨的执勤秩序。

2010年，武警中队新营房建成后，加强信息化建设，全面改造中队作战勤务值班室，建成哨位互控、实时录像、联动报警等功能齐全的信息平台，增大了目标安全防范系数。全年执勤目标安全无事故，完成长途押解54次，出动兵力102人次，押解犯人323人。

2011年，武警中队组织开展“四防一体化”建设，执勤战备能力进一步提升，看守目标连续16年安全无事故，得到支队、总队领导的好评，中队哨兵连续2次因执勤形象好受到总队电话表扬。

2012年，武警中队严格落实嘉兴支队《恶劣天气条件下执勤工作》相关制度，对执勤进行量化考评、每日讲评，有力提升执勤质量，并将哨位的铁门改换为防盗门，提高执勤哨兵的安全系数。

2015年，武警中队重点加强监门哨管理和应急班的情况处置训练，建成人脸识别系统，与看守所联合制定“三不让”规定，即没有有效证件不让进出；不穿工作制服不让进出；没有人脸识别不让进出，便于哨兵管控。实行中队值班轮班制，进一步规范哨兵情况处置“六步法”，练就哨兵7秒快速装填子弹本领，以适应监门哨随时可能出现的新情况、新问题。

**二、军事训练**

解放初，因部队执勤任务重，20世纪50年代后期，又因大跃进等群众运动，军事训练较少。自1962年5月实行义务兵役制后，武警部队步入正规，军事训练及业务训练加强，军事训练的内容参照人民解放军的队列操练、射击、刺杀及投掷手榴弹和班组单兵进攻等，业务训练以擒拿格斗、捆绑、押解、看守（看押）犯人等内容。1964年，开展郭兴福训练教育法。1965年，开展军事大比武运动，坚持从难从严、重实战出发的大练兵，在投弹、瞄准“天天练”活动中，涌现了射击能手、军事训练的“小老虎”等先进模范，军事、业务素质明显提高。

80年代，实行改革开放后，武警中队以省武警总队提出的“加强管理、搞好训练、确保执勤”为指导思想，以军政训练大纲为基础，联系实际，因地制宜订计划，军政素质进一步提高。

进入21世纪，严密组织各项军事训练，认真落实会操考核制度，集中开展以勤务、方案演练、擒敌技术、刺杀、射击、体能、400米障碍、器械等为主要内容的军事训练，训练中，多次获荣誉。

2003年，在军事训练中突出“反恐”针对性训练，提高部队的“反恐”作战能力，退伍老兵徐立峰在省总队“反恐”汇报比武中获得狙击步枪第一的好成绩。2004年，完成部队共同条令、执勤业务、队列、擒敌、射击、战术、体能、教学法等规定课目的训练内容，训练水平有了新的提高，在支队组织的冬训体能会操和防爆小分队比武中均名列第二。2005年，开展“培育战斗精神”教育活动，调动官兵士气，努力营造当兵习武，执勤就是战斗的氛围。年内完成训练项目84个，参训率达75%以上。2008年，以“两官”自身训练带动部队训练水平的整体提高，在年内举行的基层干部比武中，中队干部取得3个单项第一名，1个单项第三名和团体第三名的好成绩。对士官训练实行能者上，庸者下的良性互动机制，有效激发士官的训练热情，并把练体能、练技术与练战术、练作风结合起来，有效提升训练水平。

2012年，按照武警总部要求武警中队成立反恐应急班，开展特战人员的战术训练、人装结合训练和防暴车驾驶员、狙击手专业训练，修订完善各类预案，开展重要和敏感时期安保工作演练，组织中队官兵进行防暴队形以及紧急出动相关的操作训练。2013年，结合冬季大练兵活动，开展以基础体能、基础技能为主的“五小练兵”活动。2014年，中队与看守所启动联合演练，有效提高中队官兵的应急处突能力。2015年，突出干部及公勤人员训练，加强以基础科目为主要内容的军事训练，强化官兵基础体能储备，提升军事素质，并以每周一次流动红旗竞赛，激发官兵训练热情。

三、拥政爱民

20世纪50—60年代，武警中队前身公安队同时还承担县委、县府首脑机关的警卫和银行的护款押运等任务。此外，人民法院因法警人少，重大案件的开庭、审判，也请武警中队协助。“文化大革命”期间及“全国学习解放军”的运动中，武警中队还参与当地中、小学的军事训练及校外政治辅导员等活动。80年代，武警中队积极投身“严打”斗争，配合公安部门开展严厉打击刑事犯罪活动。

进入21世纪，武警中队配合公安机关开展武装巡逻、抓捕罪犯、押运高考试卷、处置突发事件、重大节日和重大活动安全保卫、抢险救灾及反恐维稳等任务。同时，积极开展警民共建活动，为学校和企事业单位开展军事训练，帮助敬老院打扫卫生，做好事等。

2003年6月23日，武警中队协助嘉兴市公安局，在当湖街道紫云旅馆内成功抓捕一名负案潜逃到平湖的杀人犯，中队长姜威峰、一班长董经科被记三等功一次，班长宋国辉、退伍老兵徐立峰受支队嘉奖。2005—2015年，武警中队先后与当湖街道永丰社区、万安桥社区、新仓镇友联村、新埭镇姚浜村及市供电局、烟草专卖局、农业银行、工商银行、平湖中学、新华中学等10多个单位结成对子，开展多种形式的警民共建活动。

四、生产劳动

武警中队长期以来都有参加农业生产劳动的优良传统，20世纪60年代初，部队给养标准低，每天伙食仅0.43元，中队在钟埭公社定云大队有农田数亩，种植水稻，由官兵进行耕作。部队驻地营房附近，辟有蔬菜地，种植蔬菜瓜豆，同时养殖生猪，除自给外，还供应市场，直至90年代营房附近的土地被政府征用为止。以后部队虽然给养标准提高了，但仍不忘劳动本色，利用驻地周围闲置空地，种植蔬菜。2011—2015年，中队菜地蔬菜品种由原先的4种增至8种，达到蔬菜自给，成为支队生产自给试点模范单位。

# 第九章　公安派出所

解放后，为加强社会治安，维护公共秩序，保护公共财产，保障公民权利，县公安局先后在县城及沿海重要城镇设立公安派出所。1954 年 12 月 31 日，国务院颁布《公安派出所组织条例》，加强各地公安派出所建设。“文化大革命”前期，公安派出所处于瘫痪状态。1970 年，贯彻全国、全省第十五次公安会议精神，公安派出所开始逐步恢复。20 世纪 80—90 年代，全县公安派出所实现一乡一所建制。同时积极探索派出所工作改革，通过开展派出所达标、规范化建设、创人民满意等活动，派出所工作逐步走向法制化、正规化、规范化。进入 21 世纪，深化派出所工作改革，开展派出所等级评定，推行社区警务，实现警力下沉、管理前移，派出所工作得到全面巩固和加强。

## 第一节　规范化建设

20 世纪 50 年代至“文化大革命”开始前，公安派出所在县公安局和所在地乡镇党委、政府的领导下，紧紧围绕各个时期党的中心工作，认真做好以户口管理为基础，重点人口管理为中心的基层基础工作，开展防奸、防谍、防火、防盗的“四防”活动；协助上级公安机关查破反革命和刑事犯罪案件；依法管制和监督地主、富农、反革命分子和其他坏分子；维护治安秩序，预防违法犯罪，保卫社会主义改造和建设的顺利进行，取得明显成效。

“文化大革命”前期，全县公安派出所基本停止工作，公安基层基础工作被取消。1973 年 2 月，县公安局恢复后，重视和加强派出所建设，在组织领导关系上进一步明确，公安派出所的地位逐步提高。3 月 27 日，县革命委员会批转县公安局《关于加强公安派出所组织领导的请示报告》，明确城关、乍浦两个派出所由县公安局直接领导，接受同级党委的监督，新埭派出所受县公安局和同级党委双重领导。

1977 年 9—12 月，县公安局开展公安工作大干快上，组织破案战役，大打破案翻身仗。在破案战役中，派出所民警充分利用“人熟、地熟、情况明”的优势，充分发挥打击效能，保一方平安，取得了显著成效。是年，城关派出所破案率从原来的 12.5% 上升至 70%，后又跃升到 91.1%，高于历史上任何一年的同期水平，破案成效显著，辖区社会治安良好。1978 年，城关派出所被评为浙江省公安、司法战线先进集体，所长韩锦忠赴杭出席省政府召开的先进表彰大会。

1982 年 11 月 8—16 日，为推动派出所基础工作，县公安局组织“文化大革命”结束以来首次派出所基础工作检查考核，先后对城关、乍浦、新埭等 3 个城镇公安派出所的基础工作，采取一听、二看、三测试、四座谈、五评议的方法，进行全面考核评估，使各所看到不足之处，明确努力方向，促进派出所基础工作。

1985 年，县公安局贯彻全国、全省政法会议精神，围绕严厉打击严重危害社会治安的犯罪分子的斗争，积极探索公安工作改革，加强基层基础建设，推进社会治安综合治理，开展创先进派出所评比活动，派出所工作被进一步重视和加强，一批乡镇派出所和民警值勤室相继建立，派出所数量大幅度增加，公安基层基础工作的触角向全县农村地区延伸。是年底，城关派出所被评为嘉兴市级先进公安派出所，乍浦派出所被嘉兴市局通报表扬。

1986 年，贯彻嘉兴市公安派出所长会议精神，继续加大派出所基础工作的力度，在抓好公安派出所建设的同时，重点抓好乡镇派出所建设。10 月 15—21 日，县公安局抽调 33 名干警，分组对全县 17 个乡镇派出所和 7 个民警值勤室的基础工作进行检查考核，新庙乡派出所成绩名列前茅。是年，新庙乡派出所被评为嘉兴市级先进派出所，并确定为省厅领导挂钩联系单位。

1987年3月5日，县公安局下发《转发城北乡派出所岗位责任制的通知》，在各乡镇派出所推行民警岗位责任制，以规范全县乡镇派出所工作。3月17日，县委办公室转发县公安局党委《关于加强乡镇派出所建设的报告》，进一步加强全县乡镇派出所建设。4月，在乍浦派出所开展派出所目标化管理试点。之后，城北、胜利、新埭等乡镇派出所也逐步试行目标管理。11月25日，县公安局印发《全县公安派出所、民警值勤室工作检查考核实施方案》，进一步规范全县派出所检查考核工作。

1988年2月，省公安厅转发公安部《关于改革城市公安派出所工作若干问题的意见》，派出所工作重心由原来的以户口管理为基础，重点人口管理为中心转移为以户口管理为基础，治安管理为中心的基层基础工作。4月，全省治安工作会议后，县公安局积极推行派出所工作改革，实行工作重心转移，以治安管理为中心，全面提高派出所运用基础工作就地查破一般刑事案件的能力。城关派出所率先进行改革，将全所划为四大组（刑侦、治安、户籍、内勤），制订各组的任务和目标，实行目标化管理。是年，城关派出所、瓦山派出所分别被嘉兴市公安局记集体三等功和集体嘉奖。

1989年10月16日，县公安局为加强乡镇派出所的领导，在乡镇派出所推行所长助理制度，通过组织考察，按照条件，经局党委研究决定聘任张海萍等11名招聘民警任乡镇派出所所长助理。

1991年1月，组织开展乡镇派出所招聘民警异地交流，除城北、新仓、南桥等3所招聘民警暂不交流外，首批交流17名民警，占招聘民警总数的25%。是年，省公安厅下发《公安派出所达标纲要》，在全省开展公安派出所达标活动。县公安局在城关派出所进行达标工作试点，后在全市6个公安派出所全面开展，使派出所工作更好地为现实斗争服务，形成融打、防、建、管于一体，确保一方平安的战斗实体。

1992年4月27日，在市公安局礼堂举办首次基层基础工作业务知识竞赛，通过激烈竞争，新埭派出所、城关派出所二队、一队分别获一、二、三等奖。在此基础上组成参赛队，由城关派出所指导员魏坚带队参加嘉兴市公安局基层基础工作业务知识竞赛，获嘉兴市第一名，奖金500元。是年，全市6个派出所全部达到嘉兴市公安局制订的达标考核标准，其中评定为一级达标所2个，二级达标所4个。

1993年开始，根据省公安厅文件精神，将派出所达标活动改为创规范化建设活动。3月，市公安局在乍浦派出所召开公安派出所规范化建设现场会，新埭、新仓派出所全体干警参加会议，通过大会介绍，现场参观学习，统一全体干警创规范化建设的思想，明确具体做法，使派出所规范化建设在平湖扎实开展。

1994年，贯彻省公安厅《关于加强派出所规范化建设意见》，把改革派出所勤务制度列入规范化建设的重要内容，率先在城关派出所实行所长领导下的警长负责制，设立三区（中东、西南、城南警务区）一组（综合办案警组）二室（内勤室、户籍室）。实行勤务制度改革后，全所干警责任明确，积极性高涨，改革成效明显。

1995年1月，城关派出所率先推行“警民联系卡”制度，将印有民警姓名、BP机号码、报警电话、监督电话的“警民联系卡”分发给辖区群众，后在全市派出所推广。自1991年开展派出所达标活动和规范化建设以来，至1995年，城关、乍浦、新仓、新埭和水上派出所分别连续4年、3年、2年评为省级规范化派出所，城关派出所连续2年评为嘉兴市十佳公安派出所。

1996年，根据省政府批转《关于加强公安派出所建设的意见》和省公安厅《关于争创优秀公安派出所活动》的要求，市公安局下发《关于进一步深化派出所规范化建设活动的意见》，围绕“严打”斗争，基层基础大排查和行风评议等活动，苦练基本功，组织派出所民警开展“串百家门，办百家事”活动，全面推进派出所规范化建设。同时，部署开展对全市18个由乡镇所转为国办所后的首次规范化建设考核。

1997年，市公安局贯彻全国、全省公安派出所工作会议和刑侦机制改革会议精神，推行派出所、刑侦工作“两制”改革。围绕“发案少、秩序好、群众满意”的工作目标，把派出所工作重心转移到管理、防范上来。7月，在城关派出所试行“一区一警”制，将辖区划分为13个民警责任区，建立“一区一警、一警多能、责任到人”的警务责任制。后在全市派出所推行，全市共划分95个责任区，落实责任区民警95人。是年，城关派出所被评为嘉兴市“人民满意派出所”、优秀公安派出所，记集体三等功一次。

1998年3月，结合派出所规范化建设，在全市派出所部署开展以“发案少、秩序好、群众满意”为目标的创“人民满意派出所”活动，推行警务公开，深化“串百家门，办百家事”活动。实行派出所防范管理工作奖罚制度，奖励20～300元不等，扣罚20～150元不等。经年终考核评定，全市20个公安派出所中除白马、南桥派出所外，其余18个派出所全部达到省厅制订的派出所规范化建设标准，其中城关、乍浦派出所连续7年合格，新仓派出所连续6年合格，黄姑、全塘、前进、前港派出所连续3年合格，城北、胜利、新埭、广陈、新庙、曹桥、林埭、钟埭派出所连续2年合格，共建、徐埭、秀溪派出所定为当年度合格。城关、乍浦、城北、黄姑、新埭、新仓、全塘、曹桥、徐埭、秀溪等10个公安派出所被命名为平湖市年度“人民满意派出所”，城关、乍浦派出所被命名为嘉兴市年度“人民满意派出所”。

1999年5月，市公安局在城关派出所试点推行派出所责任区警务工作规范化管理，建立责任区民警职、权、利三者相统一的警务工作新模式，规定派出所责任区民警八个方面目标、任务和五项职权。改进考核方法，建立民警个体考查、案前管控考查、窗口服务考查及网上通报制度。10月，在全市派出所推行。是年底，对全市乡镇区划调整后设置的10个公安派出所进行考核，全部达到规范化建设标准。当湖、乍浦派出所连续8年合格，新仓派出所连续7年合格，黄姑、全塘派出所连续4年合格，新埭、广陈、曹桥、林埭、钟埭等派出所连续3年合格。当湖、乍浦、黄姑、新埭、新仓、广陈、全塘、曹桥、林埭等9个派出所被评为平湖市年度“人民满意派出所”，当湖派出所被评为浙江省年度“人民满意派出所”。

2000年1月，派出所责任区警务工作规范化管理做法在嘉兴市治安工作会议上作经验交流。11月，市公安局在乍浦派出所开展正规化建设试点，制订派出所重点业务工作、实有人口管理工作、派出所防范工作、隐蔽力量建设工作标准及操作规范，民警下责任区工作规范等，以责任区警务工作规范为载体，推动派出所整体业务工作的全面正规化建设，这一做法得到嘉兴市局领导的肯定。2001年3月，乍浦派出所记集体三等功一次，并被省厅评为“全省派出所规范化建设示范单位”。

2002年，市公安局认真贯彻公安部杭州会议精神和派出所等级评定办法、公安派出所执法执勤规范，加强和改革派出所工作，扎实开展派出所等级评定活动。建立由市委常委、公安局局长司宏毅任组长，分管治安副局长任副组长，其他局领导及相关业务科室领导参加的领导小组，在治安大队设立办公室，日常工作由治安大队负责，并组织开展调查摸底、制订当年及三年创建规划、自查评定及上报工作。

2003年1月，全市12个派出所通过嘉兴市公安局组织的首次派出所等级评定考核，当湖、乍浦、钟埭、林埭派出所评定为三级公安派出所，其余8个公安派出所评定为四级公安派出所。3月，嘉兴市公安局《公安简报》以《平湖市局强化“三个考查”，实行一个通报，推进派出所规范化建设》作专题介绍。10—11月，在全市派出所推行“多警联动”新模式。当湖所设立处警巡逻队、社区民警队、治安队、刑侦队、综合队，乍浦所设立办公室、社区民警队、治安队、刑侦队、交巡警队、消防队，其余8个派出所均设立两队两组，即社区民警队、消防队及专业警组、交巡警组，充分发挥派出所集打击、管理、防范、服务于一体的实战功能。是年起，派出所等级评定每年申报评定一次。通过开展派出所等级评定活动，派出所办公用房和后勤保障得到明显改善，小文化室、小健身房、小食堂、小浴室、小洗衣房等“五小”工程及警用装备配备齐全，派出所各项业务工作和队伍建设取得了飞跃的发展，民警素质进一步提高，服务态度进一步改进，纪律作风进一步好转。

2004年，根据省公安厅《关于进一步加强和改进公安派出所工作的决定》，提高派出所领导的职级，在嘉兴率先完成全市9个公安派出所所长进入所在地镇（街道）党委领导班子，任镇（街道）党委委员，享受副科级领导干部待遇。

2005年，根据公安部、省公安厅和嘉兴市公安局的统一部署，开展派出所外观标识的统一规范工作。至年底，全市12个（含水上、边防）公安派出所全部使用公安部统一规定的标识，共安装竖式标牌12个，标识灯箱12个，路边指示标识灯箱24个。是年，当湖派出所被命名为全国一级公安派出所，记集体二等功一次。

2006年，开展派出所统一建筑外观施工，年内完成当湖派出所、新埭派出所、水警大队的统一建筑外观的施工。至2007年，全市12个派出所外观形象全部达到公安部统一规定的样式标准，实现全国统一的派出所外观形象。

2007年，市公安局制订以刑事案件控案为主要目标的《派出所安全防范刚性考核办法》，成立安全防范刚性考核领导小组，在治安大队设立办公室。全市以派出所为单位划分为102个防区，落实108名责任民警、851名协警。指挥中心每月一次刑事警情排名，派出所每天公布各防区刑事警情，实行局、所两级考核机制，每季一次考核，通过考核奖惩制度，切实提高派出所治安防控能力。7月，当湖派出所获“全省优秀公安派出所”称号。

2008年，市公安局开展以“强防范、促和谐”为主题，以“访民情、解民忧”为主要内容的“百警进万家，警民零距离”活动。全市派出所民警开展入户调查，掌握常住人口、房屋出租和暂住人口情况，摸清实有人口底数，发放警民联系卡，宣传安全防范知识，了解社情民意、各类治安情况和不安定因素，收集情报信息，听取意见建议。截至12月底，共入户走访5.6万户。

2009年4月，市公安局制订《派出所防范管理工作量化计分办法》，建立基础工作挂牌整治制度，对考评排名后三位的派出所作为重点整治单位，责成派出所制订具体整改措施，落实责任领导和民警，组织力量进行重点整治。同时依据嘉兴市局文件精神，出台《关于服务和保障派出所工作的八条措施》，对连续从事派出所工作20年、30年以上的优秀民警颁发银质、金质荣誉奖章，鼓励广大派出所民警扎根基层，服务群众。

2010年6月，在全市派出所全面推行《监管场所在押对象案前管控责任倒查暂行规定》，由治安部门组织开展每月一次高危人口（有危害社会治安嫌疑的人员）管控工作倒查通报，对符合高危人口管控而漏管、失控的，对责任民警实行经济扣罚。这一做法得到嘉兴市公安局的肯定，并在治安支队网页上作为经验予以介绍。

2012年12月14日，市公安局下发《关于规范全局派出所勤务模式的通知》，在当湖、钟埭、独山港派出所实行“一室三队”（综合指挥室、社区警务队、执法办案队、巡逻防控队），新埭、新仓、林埭、广陈、曹桥派出所实行“一室二队”（综合指挥室、社区警务队、执法办案队）运作模式，同时明确派出所内设机构的工作职责。

2013年，在全市派出所建立融指挥调度、情报研判、视频应用、勤务管理“四室合一”的派出所综合指挥室，进一步提高派出所维护稳定、驾驭治安、服务群众的整体效能，全面深化社会治安防控体系建设。当湖派出所综合指挥室被嘉兴市局确定为全市示范点。同时，积极推行“警调衔接”机制建设，建立司法局驻派出所人民调解工作室，镇（街道）综治、司法人员进驻派出所，开展矛盾纠纷调解工作。

2015年4月，市公安局贯彻落实嘉兴市公安局进一步加强和改进派出所建设十六条常态措施，制定责任分解，具体落实责任局领导和责任部门，建立每半年一次上报制度，在上报市局派出所工作领导小组办公室（治安大队）的同时上报嘉兴市局派出所工作领导小组办公室（治安支队）。截至2015年，当湖派出所为一级所，新仓、林埭、新埭、独山港、水上派出所为二级所，钟埭、曹桥、广陈派出所为三级所。

## 第二节　城乡社区警务

新中国成立后，县公安局为加强公安基层基础工作，严密户口管理，在建有派出所的城镇设立户籍民警，以一名户籍民警管辖500户左右（相当于一个居委会），组织宣传和发动群众，开展各项公安基础工作。在农村则推行公安员制度，按区公所设置公安员，1 名公安员管辖 4 ～ 5 个乡的治安工作。

20 世纪 80—90 年代，户籍民警改称为责任区民警，根据辖区户数多少，治安情况复杂程度，将辖区划分为若干个民警责任区，一个责任区内有 2 ～ 3 个居委会，有 1500 ～ 2000 户，统管户籍、治安等公安业务，推行“一区一警、一警多能、一包到底”的警务模式。

进入 21 世纪，开展新农村建设，乡镇村、居撤并，规模扩大，建立社区居委会。随着村居一级社区基层群众自治组织的建立和发展，贯彻落实“专群结合，依靠群众”的方针，进一步发挥公安民警在宣传、组织、发动群众广泛参与社区治安积极性中的作用，密切警民伙伴关系，参照国外社区警务的做法，开展城镇社区警务建设，后逐步向农村辐射，在全市城乡开展社区警务建设，分管民警称之为社区和驻村民警，后统称为社区民警。

2001 年，根据省公安厅《关于进一步加强社区警务工作的通知》，市公安局依靠乡镇各级党委、政府，首先在当湖、乍浦两镇着手建立社区警务站，推行社区警务工作。首个标准化社区警务站在当湖镇松枫社区建立，警务站同时履行消防监督职能，加挂消防监督站牌子，并统一警务站的硬件设施和工作台账。是年底，城关、乍浦两镇建成社区警务站 26 个，配备社区民警 28 人。

2002 年 7 月，市公安局借鉴城镇社区警务工作经验，从构筑完善农村“打防控”一体化机制出发，探索开展农村社区警务工作，在嘉兴率先推行集农村定点警务站、室与流动警务站（车）于一体的农村社区警务模式。在全市农村乡镇人口相对聚集的小集镇、治安情况较复杂的公路沿线的中心村、规模大效益好的工业园区、农业园区建立警务站和流动警务站（车），在各村设立警务室。并规定定点警务站、室及流动警务站（车）的硬件标准，统一警务站（室）的标志、标识，社区民警工作职责、工作制度、考核办法等，制订台账表式，印制社区警务工作手册，研发有关社区警务工作软件。首个农村标准化警务站、警务室分别在林埭镇虹霓村（集镇）、陈匠村建立，首个流动警务站（车）在全塘镇建立。至年底，全市 10 个乡镇建成定点警务站 23 个，警务室 129 个，流动警务站（车）10 个。9 月 26 日，嘉兴市农村社区警务工作现场会议在平湖召开，农村警务经验被嘉兴市公安局评为 2002 年度嘉兴市十大公安新闻之一。

2005 年，市公安局贯彻嘉兴市公安局社区警务室分级制建设工作意见，开展城镇一级警务站创建活动，当湖街道水洞埭社区、南河头社区及钟埭街道红建社区通过嘉兴市公安局的考核验收。以后又对警务室的布局不断作出调整，突出“三重一覆盖”（重城区、重集镇、重治安复杂村居，以中心站向周边辐射，达到城乡全覆盖），出现了联村警务室、集镇警务室等，每个警务站（室）都有独立的办公用房，建筑面积均在 25 平方米以上，统一外观标志和警务公开栏，一级警务站及农村撤乡并镇后原乡镇所在地集镇警务室均配备电脑，开通公安专网。为提高社区民警的工作责任感和辖区群众中的知晓度，一级警务站曾在一段时间内推行以社区民警姓名命名的做法。

2008 年 1 月 26 日至 2 月 1 日，全市各派出所根据公安部的统一部署，组织开展“警民相约警务室”活动。其间，共举办警民恳谈活动 516 场次，参加人员 9161 人次，其中人大代表、政协委员 232 人次。通过发放宣传资料、张贴标语、悬挂横幅、现场咨询等方式，开展防范宣传，讲解防范常识，发放宣传资料 4.18 万份，收到建议意见 93 条，逐一落实办理。5 月，贯彻嘉兴市公安局城乡社区警务站（室）勤务、保障、评估、激励等四个机制，对城乡社区警务站（室）建设作出刚性规定和考核标准，以所辖警务区治安复杂程度，按照“社区和驻村民警＋协辅警＋治保干部”的模式，配备警务站（室）力量。进一步规范日常运作，一级警务站及农村撤乡并镇后原集镇警务站需 24 小时“有人、开门、亮灯”，其余警务室实行弹性工作制。明确民警以警务站（室）为工作平台，在警务区开展工作，承担做好群众工作、掌握社情民意、管理实有人口、组织安全防范、维护治安秩序等工作职责，并在社区（驻村）民警中开展“每季之星”评选活动。

2009 年 6 月 30 日，平湖社区警务网上平台（博客群）在互联网上正式启用，及时发布各类治安和防范信息，社区警务的信息化程度进一步得到提升，为民服务的范围进一步扩大。次年，又在新浪网推出平湖社区民警微博。同时，发动社区民警加入小区业主QQ群，及时了解业主对公安工作的意见、建议，在第一时间向业主通报小区发案情况、接受政策咨询、宣传治安防范知识，借助业主力量督促物业管理部门落实治安防范措施。

2012年，市公安局为使社区民警扎根社区，融入社区，会同市委组织部及民政等部门，在有条件的村级组织中逐步推行“民警当村官”新举措。是年，独山港、新仓、广陈等地党委政府任命7名年富力强的社区民警兼任所属村党支部副书记或村长助理，成为首批民警村官。此后，全市铺开。是年起，市局每年开展一次优秀警务室和优秀社区民警评选、表彰活动。

2013年5月，市公安局贯彻嘉兴市公安局“一体化警务”现场会议精神，对社区警务室进行调整分类，确定一类警务室13个，二类警务室22个，三类警务室9个，配备专职社区民警82人，协辅警332人，新居民协管员541人。在一类警务室推行“社区事务听证会、社区矛盾调解会、社区民警评议会”制度，并为全市社区民警每人配备一台警务通和二代证读卡仪。是年，建立局党委成员每月一次督查派出所和警务室制度。2014年，市公安局党委发文对11个社区警务站站长高配为副所级，享受副所职级待遇。

2015年，社区民警专职化建设达到50%，8个派出所分管领导全部兼任社区民警，其余27名所领导全部实行联系警务室制度。同时，在8个派出所和7个治安复杂的警务室设立人民调解工作室，聘请阅历丰富、有经验的调解员参与辖区民间纠纷的调解工作。

## 第三节　管制与监督改造

新中国成立后，人民政府为维护社会治安，保卫土改成果，巩固人民民主专政，对地主分子、富农分子、反革命分子和坏分子（以下简称“四类分子”）由群众对其实行改造，把他们改造成为自食其力的新人，这是对反动阶级和反动残余势力实行专政的一项基本政策。

### 一、解放初期的管制工作

1951年，平湖县开展镇压反革命运动，在高潮镇反后期，公安机关对于一部分罪行较轻，不须逮捕判刑的反革命分子和其他犯罪分子，实施交群众就地进行管制。7月，遵照华东军政委员会《管制反革命分子试行办法》和《关于土地改革完成地区管制改造地主的规定》，对一般反革命、不法地主、官僚资本家等反动分子实行管制。管制对象分为政治性、社会性两类，政治性类即土匪、特务、恶霸、反动党团、反动道会门头子、反动军政人员、地主恶霸、曾进行反革命活动而受刑事处分者等。社会性类即刑事类犯罪。开始阶段管制的面较宽，有地主、反革命分子，还有伪职、伪军警人员、反动党团分子、卖过壮丁的、吸过毒品的、流氓、小偷、地主儿子、佛婆、懒汉及因贪污违法被撤职的干部等，以群众自发性管制为主。9月，县公安局根据浙江省第二届治安会议精神，抽调干警下乡，采用群众讨论、乡政府同意、区公所提出意见、县公安局批准，决定管制对象，然后宣布管制、订出管制规约、落实具体管制措施。在城区、乍浦、黄山、城郊、新埭等乡村居委会先行开始，后全县铺开。至年底，全县共有被管制分子989人，其中政治性858人、社会性131人。

1952年，贯彻公安部《管制反革命分子暂行办法》，规定管制对象是：反革命特务分子；反革命党团骨干分子；反动会道门头子；坚持反动立场的地主分子；坚持反动立场的蒋伪军政官吏；其他应予管制的反革命分子。统一管制期限为三个月以上，最高不超过三年，必要时可延长缩短。是年，根据嘉兴专区公安处和专员公署《关于通过民主建政结合完成逐乡复查工作的指示》，组织开展镇反判定，逐乡复查，对管制工作进行检查整顿，全县除人民法院判决外，均由县公安局审批，治安保卫委员会具体执行。全县原有管制分子3826人，经过1952—1953年两次整顿，至1954年减少至321人。1955年底，通过群众评议，逐级批准，全县有管制分子218人，其中反革命分子212人，刑事犯罪分子6人。

1956年4月，县公安局对全县218名管制分子发动群众进行一次评审，根据好坏表现分别处理，其中期满撤管48人、提前撤销5人、改为其他处理2人，重新管制2人。11月16日，第一届全国人大常委会第51次会议通过《关于宽大处理和安置城市残余反革命分子的决定》和《关于对反革命分子的管制一律由人民法院判决的决定》。管制人犯需经人民法院判决，后交付公安机关执行，把行政管制处罚转变为刑罚，县公安局不再履行管制审批权。公安机关的职责是组织基层派出所、公安员、保卫部门，依靠基层治保会发动群众对管制分子进行监督改造，制订外出、来客须向治保会报告，每月向治保会汇报思想改造，迁居经公安机关批准等制度，使其在管制期间接受监督，遵守法令，悔过自新，自觉改造，期满后通知本人，并向群众宣布解除管制。至年底，全县共有管制分子170人，分别为反革命分子164人、刑事犯罪分子6人，占全县总人口的0.62‰。

**二、“四类分子”的监督改造工作**

1956年3—9月，根据《全国农业发展纲要（草案）》（四十条）规定：在农业合作化运动中，开展对地主、富农、反革命分子的评议，吸收入社改造。经群众评议，政府批准，分批规划入社。经过规划入社，促进对地主、富农、反革命分子的内部分化瓦解和加速改造。全县列入规划入社的地主、富农、反革命分子共6008人，除年老病残16人未参加评议外，对5992名地主、富农、反革命分子，经群众评议、政府批准，其中对老实守法，表现较好的936人评为农业生产合作社正式社员；对基本守法，表现一般的3807人评为候补社员；表现不好的1126人继续监督劳动；有违法破坏活动的123人依法实行管制。

1957年，开展对已规划入社的地主、富农、反革命分子进行一次全面评审，通过评审发现不少地主、富农、反革命分子又有新的抬头，公开参与群众闹事，进行反攻倒算，针对我党的各项中心任务进行破坏等活动，各地针对这一情况进一步落实措施，加强对地主、富农、反革命分子的监督改造工作。是年，对严重破坏社会秩序的刑事犯罪分子中，属剥夺政治权利而不判刑的定为坏分子，与地主、富农、反革命分子一并列入监督改造，以后通称为“四类分子”监督改造工作。

1958年，全国第九次公安会议确定大抓改造方针，坚持“少捕、多管、大改造”，贯彻“监督劳动与政治教育相结合、惩办与改造相结合”的政策，采取群众监督、社办劳动教养、短期集训等改造方法，开展“大改造”工作。推行“三包一保证”（包生产、包教育、包改造，令被改造分子订立保证书）和“十个好人夹一个坏人”的改造方法，建立“日记、月考、季评、年升降”等改造制度，灵活运用有批评、有鼓励、有升有降、有摘有戴的策略，由基层治保组织对“四类分子”进行思想、守法、劳动等方面的考查，组织群众评议，年终开展面对面或背靠背评审，根据表现由社（镇）提出升降意见，县公安局批准，分别为改变成分、摘掉帽子、解除管制、恢复政治权或戴回帽子等，依法管制由人民法院判决，从而使“四类分子”的监督改造工作走上正规化、制度化轨道。是年，城关镇创新对“四类分子”的改造方法，建立每月三次集中学习、外出请销假、来客报告、定期思想汇报等四项基本制度，这一做法得到了嘉兴地区公安处的肯定，作为典型经验在嘉兴地区推广。

1959年，贯彻省公安厅《关于社会改造工作中几个政策界限问题的解释意见》和中央规定的六条改造标准，对“四类分子”进一步明确“政治上区别对待，经济上同工同酬”政策。是年，对全县7349名“四类分子”进行夏、秋两次季评和两个半年度的升降评审，评定为正式社员2652人、候补社员2462人、监督劳动1658人、依法管制577人。至1961年，通过三年来的“大改造”，改变成分摘帽的有1213人，占总数的15.5%；表现不好重新戴帽的502人，占总数的6.4%，社会改造收到极大的效果。

1962年6月，全县共有“四类分子”6952人，通过评审被评为正式社员2475人、候补社员1883人、监督劳动1954人、依法管制501人、未分类139人（年老未包、剥夺政治权利分子）。

1964年1月，中共中央发出《关于依靠群众力量，加强人民民主专政，把绝大多数“四类分子”改造成为新人的指示》，并转发浙江省诸暨县枫桥地区对敌斗争的经验，全县开展学习和推广“枫桥经验”，提高监改工作水平，加速对“四类分子”的监督改造工作。黄姑公社党委多次组织公社脱产干部、大队支部书记和治保、调解主任，认真学习毛泽东主席关于依靠群众专政的思想和中央指示以及“枫桥经验”，全社建立143个群众性的监督改造小组，有607名治安积极分子参加，专门负责对“四类分子”的监督改造工作，全年未捕一人，治安秩序良好，黄姑经验在全县推广。是年，各社（镇）要求逮捕的46名四类分子，借鉴黄姑经验，通过发动群众斗争制服后，做到了一个不捕。全县社会秩序安定，刑事、民事案件减少。与1963年相比，刑事案件减少50%；政治案件减少30%；捕人减少52%；刑事拘留减少60%。偷窃、拐骗案件年年下降。同时，赌博、迷信等活动也显著减少。

1965年8月，县公安局总结推广全塘公社友谊大队依靠群众监督改造“四类分子”的经验，并以专题报告的形式向县委及地区公安处汇报，得到上级领导的肯定。9月23日，中共浙江省委〔1965〕253号文件批转平湖、长兴两县贯彻执行依靠群众专政的调查报告，肯定了平湖县依靠党的领导，依靠群众，充分发挥群众性的治保、调解等组织作用，监督、教育、改造“四类分子”，调解处理人民内部矛盾，专政工作加强了，社会治安情况比较好，政法部门的工作也比较主动。11月3日，中共嘉兴地委办公室《工作通讯》第21期《关于黄姑公社依靠群众专政、依靠群众办案的调查报告》发至全区公社党委予以推广。

“文化大革命”期间，“枫桥经验”被否定，“四类分子”作为阶级敌人的“活靶子”，不分改造好坏，任意批斗、抄家，戴高帽子游街，监督改造工作受到严重破坏。

1970年开始，县人民保卫组恢复对“四类分子”的评审工作，各项监督制度也随之重新执行。4月20日至7月25日，由点到面对全县4468名“四类分子”开展群众评审。通过评审，摸清“四类分子”的底数和改造表现，经群众评议、领导批准，摘帽677人，重新戴回帽子35人。

1971年12月，县人民保卫组根据省人民保卫组《关于加强对“四类分子”的监督改造，严厉打击阶级敌人的破坏活动的通知》，会同城北公社革命委员会组织9名大队治保干部，以点带面，在大力大队开展对“四类分子”年终评审工作试点。通过试点，整顿健全治保组织和监改小组，建立和健全每月向监改小组进行一次思想汇报，每季向群众进行一次检查交代，外出请假、回来销假，来客报告，半年初评，年终总评等经常性的监督改造制度，加强群众专政。试点经验向全县各公社、镇人保组、派出所下发，用以指导全县对“四类分子”年终评审工作。至1972年3月，完成对全县4123名“四类分子”的年终评审工作，对确已改恶从善，历年来守法表现较好的，经群众评议，队、社镇两级研究，报请县委批准摘帽的共111人，占总数的2.55%；对顽固坚持反动立场，抗拒改造，继续进行犯罪活动，重新戴回帽子的共9人，占总数的0.2%。同时，对在几年来接受监督改造有悔改表现，愿意重新做人的59名监督对象升为候补社员。

1973年9月3日，县委批转县公安局《关于掀起一个学习和推广“枫桥经验”的热潮，加强对“四类分子”的监督改造的意见报告》，把学习、推广“枫桥经验”与搞好对“四类分子”的监督改造工作紧密结合起来，落实群众性的监改组织和监改制度。

1978年，在全县普遍推广“枫桥经验”的基础上，进一步落实党的对敌斗争政策，贯彻浙江省、嘉兴地区公安局“关于在评审中，对多年来接受改造，老实守法的‘四类分子’均应摘掉帽子，给予公民权的指示”，于8月23日至9月5日，县公安局组织力量在全塘公社开展试点。9月26—27日召开现场会部署全县评审工作，经过一个半月时间，完成20个公社、3个镇的评审工作，共评审戴帽“四类分子”3222人，通过群众评议，报经县革委会批准予以摘帽1035人，占31.14%，其中地主406人，占39.2%；富农333人，占32.2%；反革命234人，占22.6%；坏分子62人，占6%。同时，对8名管制期已满的反坏分子解除管制，列入监督劳动；对3名确属错戴对象，经县革命委员会批准予以纠正，恢复公民权，有效地促进“四类分子”的分化和改造。

1979年，贯彻中共中央《关于地主、富农分子摘帽问题和其子女成分问题的决定》，自2月中旬至4月5日，对全县20个公社、3个镇的2068名“四类分子”开展全面评审，经过群众评议，县革命委员会批准，对多年来遵守政府法令、老实劳动、不做坏事的1978人宣布摘帽，占总数的 95.76%；纠正错戴帽 10 人；继续监督改造 80 人（地主分子 1 人、富农分子 1 人、反革命分子 20 人、坏分子 58 人），占 3.87%。全县除黄山公社 1 名地主分子、钟埭公社 1 名富农分子（长期外流）外，其他地主、富农分子已全部摘帽，并对已摘帽的地主、富农分子的子女一律按照他们当时的职业改变成分。全县有 1 个公社和 194 个大队、19 个居委会实现无戴帽“四类分子”。

1983 年 3 月，中央办公厅转发公安部党组《关于给现有“四类分子”摘掉帽子的请示报告》，明确要求各地现有的“四类分子”一律摘掉帽子，给予公民权。年底全县最后 1 名坏分子通过评审予以摘帽。1984 年 7 月 30 日，县公安局向省公安厅写出《全县完成“四类分子”摘帽工作的报告》，平湖县监督改造“四类分子”工作历时 30 多年，完成历史使命。

表 9–1　　1956—1983 年平湖“四类分子”一览表

| 年　份 | 合　计（人） | 分　类　情　况（人） | | | |
|---|---|---|---|---|---|
| | | 地主分子 | 富农分子 | 反革命分子 | 坏分子 |
| 1956 | 6008 | 2666 | 3008 | 334 | – |
| 1957 | 7846 | 3084 | 3271 | 716 | 775 |
| 1958 | 6547 | 2512 | 3128 | 410 | 497 |
| 1959 | 7349 | 3133 | 2926 | 982 | 308 |
| 1960 | 7244 | 3021 | 2865 | 981 | 377 |
| 1961 | 7064 | 3087 | 2780 | 900 | 297 |
| 1962 | 6952 | 3063 | 2778 | 826 | 285 |
| 1963 | 7037 | 3096 | 2774 | 900 | 267 |
| 1964 | 7035 | 3028 | 2683 | 994 | 330 |
| 1965 | 7295 | 3084 | 2596 | 1191 | 424 |
| 1969 | 4468 | 1694 | 1173 | 1169 | 432 |
| 1970 | 4313 | 1649 | 1128 | 1084 | 452 |
| 1971 | 4123 | 1599 | 1071 | 1027 | 426 |
| 1972 | 3964 | 1518 | 1025 | 1017 | 404 |
| 1973 | 3840 | 1468 | 1005 | 968 | 399 |
| 1974 | 3740 | 1418 | 984 | 947 | 391 |
| 1975 | 3633 | 1370 | 964 | 917 | 382 |
| 1976 | 3628 | 1370 | 962 | 916 | 380 |
| 1977 | 3222 | 1277 | 873 | 738 | 334 |
| 1978 | 2243 | 816 | 505 | 561 | 361 |
| 1979 | 2068 | 740 | 446 | 512 | 370 |
| 1980 | 80 | 1 | 1 | 20 | 58 |
| 1981 | 21 | – | – | 1 | 20 |
| 1982 | 4 | – | – | – | 4 |
| 1983 | 1 | – | – | – | 1 |
| 1984 | – | – | – | – | – |

注：以上数据摘自专政对象评审工作总结、年度公安工作总结及少量公安部《专政对象统计年报表》《五类分子情况统计报表》（均减去右派分子数据）。

## 第四节 监外执行监督管理

1979年，公安部下发《关于管制、缓刑、假释、监外执行（保外就医）等四种罪犯具体执行办法的通知》，县公安局开始对判处管制、徒刑缓刑、假释、监外执行（保外就医）等“四种罪犯”的监督考察工作，由各公社（镇）派出所、公安员依靠群众落实监督改造、考察措施，在监外执行罪犯的居住地村、居委会建立监督考察小组，根据不同的对象，建立每月一次思想汇报、外出请销假、每季一了解，半年一考察等制度。

20世纪80年代初，对“四种罪犯”的监督考察工作曾一度存在底数不清，措施不实等问题。1982年11月27日至12月15日，县公安局会同检察、法院等部门组织开展对“四种罪犯”执行情况的大检查，通过实地走访、查阅案卷、摘录判决书、摸清底数、建立考察档案，整理成全县“四种罪犯”的准确名册，达到公安与检察部门掌握“四种罪犯”底数的一致性，同时也使广大群众知晓对“四种罪犯”监督考察的有关规定。在检查中发现平湖印刷厂从综合治理出发，抓好对管制对象的监管教育工作，作为全县综治工作的典型经验进行总结、推广。是年，全县有管制、缓刑、假释和监外执行的罪犯共37人，由于监管措施落实，无一重新犯罪。

1983年，县公安局按照上级公安机关的有关通知精神，下发通知，进一步落实对“四种罪犯”的监督考察措施，制作管制、假释、监外执行（保外就医）的监督改造表现，徒刑缓刑考察表现等两种表格，要求各有关派出所、公安员认真做好“四种罪犯”年终监督考察工作。

1984年，建立对管制、徒刑缓刑、假释、监外执行等“四种罪犯”半年考察汇总制度，启用“四种罪犯”监督考察表现情况表，每人三份，一份留底，两份报县公安局，以规范监督考察工作。

1986年，依据公安部关于《公安机关对被管制、剥夺政治权利、缓刑、假释、保外就医罪犯的监督管理规定》，增加对剥夺政治权利的监督考察，由原“四种罪犯”改为“五种罪犯”。

1987年，全县共有“五种罪犯”38人，建立考察小组38个136人，实行半年一次考察制度，通过考察年内有2名监外执行罪犯因重新犯罪被依法收监。

1988年5月，贯彻嘉兴市公安局、嘉兴市检察院通知精神，按照全省统一部署，进一步健全对“五种罪犯”进行半年一次考察检查工作，凡是在平湖范围内的对象逐个考察，在考察的同时，对考察对象逐个写出书面材料和监督考察小组评议材料，改变以填表形式上报考察表现，材料不详尽的状况。

1989年，县公安局会同县检察院对85名“五种罪犯”组织考察，经考察，表现好，刑满撤销监督考察的34人，转外单位考察的6人。对“五种罪犯”监督考察工作坚持做到交付执行及时、准确，考察小组健全、人员落实，考察情况随时记载、归档。对保外就医罪犯，及时掌握病情，经医院检查，病情好转即送交原执行机关予以收监，以维护法律的严肃性。至年底，全县有“五种罪犯”45人，其中管制15人。

进入90年代，随着经济犯罪、交通肇事罪等犯罪案件的日益增多，判处缓刑、假释、取保候审等监外执行罪犯逐年上升，个别乡镇出现对这一类罪犯监管措施落实不力的情况。

1990年11月，贯彻嘉兴市政法委关于对监外罪犯监督考察工作组织联合检查的通知，县公安局抽调人员会同检察、法院组成联合检查组对监外罪犯较多的城关、黄姑、徐埭、胜利、全塘、钟埭等乡镇进行突击检查。通过联合检查，进一步加强公安与检察、法院的联系，建立每年一次“五种罪犯”名单核对及联合检查等制度，确保无脱管。

1993年，市公安局配合检察院监控科、法院刑庭在全塘镇进行监外“五种罪犯”管理试点，由派出所牵头，落实专人，调查监外“五种罪犯”的现实表现，建立监管小组，随时掌握其动向，后在全市推广，收到很好的效果。

1995年2月21日，公安部下发《公安机关对被判管制、剥夺政治权利、缓刑、假释、保外就医罪犯的监督管理规定》，要求落实专人，依法监管，对“五种罪犯”全部建立档案，一人一档，分类管理，做到交付执行及时、准确，手续齐全，考察情况有记载，平时与法院、检察院密切配合，并自觉接受检察院的监督。

1998 年，执行省公安厅关于调整所外被监管人员统计制度，建立半年一报，认真做好对监外执行罪犯的数据统计，减少漏管、失控。是年底，全市共有“五种罪犯”116 人，其中缓刑 87 人、假释 14 人，监外执行、保外就医 10 人，剥夺政治权利 5 人。

1999 年 7 月，市公安局下发《关于加强对监外执行“五种罪犯”管理的通知》，规范监管工作及档案管理，建立监督考察档案，将对“五种罪犯”的监督考察工作纳入每年公安执法考核内容，做到管理更严格、措施更落实、工作更规范。

2006 年 6 月，根据省公安厅《关于扩大社区矫正试点范围的通知》要求，市公安局积极参与市司法局、法院、检察院等有关部门在钟埭街道开展的“五种罪犯”社区矫正试点工作，制订《平湖市社区矫正工作意见》，明确人民法院、检察院、公安机关及司法行政机关各部门的职责，在市司法局建立社区矫正工作委员会，各镇（街道）成立社区矫正办公室，在综治办的领导下，单独办公，由司法所负责，经费按每名矫正对象每年 2000 元的标准由财政列支。12 月 20 日，全市派出所与司法所完成 321 名被判处管制、剥夺政治权利、缓刑、假释、保外就医罪犯的交接工作。

2007 年，全市社区矫正工作正式实施，共聘请 20 名专职社区矫正工作者，协助司法机关抓好对监外执行罪犯的监督考察工作。各镇（街道）均组成由派出所社区民警、司法所工作人员和专职社区矫正工作者组成的“三结合”社区矫正工作队伍。在司法所建立矫正档案，派出所建立监管档案，推行定期联系、监管记分制度。对拒不接受社区矫正或违反社区矫正规定的对象由社区矫正办会同派出所共同进行教育，并给予扣分，并按照法律程序，对重新违法犯罪的，及时依法处理。对期满的矫正对象，由其本人写出期满自我小结，填写社区矫正对象期满鉴定表，由乡镇司法所、派出所、乡镇社区矫正工作领导小组、市司法局、公安局分别签字盖章，由所在地派出所对其宣布，予以按期解除矫正。

2012 年 3 月 15 日，嘉兴市中级人民法院、市人民检察院、市公安局、市司法局根据最高人民法院、最高人民检察院、公安部、司法部《社区矫正实施办法》，制订《嘉兴市社区矫正人员监督管理办法（试行）》，进一步明确公安与司法两部门的工作职责，“五种罪犯”除被判处剥夺政治权利在社会上服刑的罪犯以公安机关监督、司法机关配合外，其余均由县级司法行政机关社区矫正机构进行监督管理和教育帮助，乡镇司法所承担社区矫正日常工作。公安机关对违反治安管理规定和重新犯罪的社区矫正人员及时依法处理。公安派出所配合司法所共同做好对本辖区社区矫正人员的监督管理工作。

2013 年，市公安局建立社区矫正人员信息系统，将全市社区矫正人员基本情况表（含乍浦）及辖区司法所联系方式，在公安局域网治安大队网页“社区警务”栏内公布，并实时更新。从 6 月 8 日起，公安执法部门在执法办案过程中对矫正人员予以治安管理处罚或者采取刑事拘留、逮捕或者取保候审等强制措施的，应在 3 日内通报矫正人员所在辖区司法所，未及时通报造成后果的追究经办人责任，进一步落实社区矫正工作。

2014 年 7 月，市公安局被评为浙江省社区矫正工作先进集体。至 2015 年，全市共有“五种罪犯”654 人（其中被判处剥夺政治权利的 21 人），全部落实社区矫正。

2016 年 4 月 22 日，公安部废止 1995 年 2 月 21 日下发的“五种罪犯”监督管理规定，执行“两高两部”（最高人民法院、最高人民检察院、公安部、司法部）《社区矫正实施办法》，将对“五种罪犯”的监督考察改为社区矫正，公安机关配合司法部门共同做好对社区矫正人员的监督管理工作。

表 9-2　　1982—2015 年平湖“五种（四种）罪犯”一览表

| 年份 | 年末数（人） | 年份 | 年末数（人） |
|---|---|---|---|
| 1982 | 37 | 1999 | 145 |
| 1983 | 15 | 2000 | 207 |
| 1984 | 39 | 2001 | 231 |
| 1985 | 37 | 2002 | 246 |
| 1986 | 35 | 2003 | 230 |
| 1987 | 38 | 2004 | 291 |
| 1988 | 85 | 2005 | 252 |
| 1989 | 45 | 2006 | 321 |
| 1990 | 73 | 2007 | 207 |
| 1991 | 85 | 2008 | 295 |
| 1992 | 84 | 2009 | 292 |
| 1993 | 120 | 2010 | 231 |
| 1994 | 118 | 2011 | 301 |
| 1995 | 132 | 2012 | 315 |
| 1996 | 136 | 2013 | 372 |
| 1997 | 129 | 2014 | 573 |
| 1998 | 116 | 2015 | 654 |

注：1. 1982 年监督考察对象为依法判处管制、宣告缓刑、裁定假释、暂予监外执行（保外就医）四种，简称“四种罪犯”。
2. 1986 年监督考察对象为依法判处管制、宣告缓刑、裁定假释、暂予监外执行（保外就医）、剥夺政治权利五种，简称“五种罪犯”。

# 第十章　群众治安保卫

解放后，为巩固新生政权，县公安局在各级党委、政府的领导下，坚持贯彻专门工作与群众路线相结合的公安工作方针，在全县城乡村（居）委会及单位普遍建立群众性的治安保卫组织。“文化大革命”前期，基层治保组织瘫痪。1970年，贯彻全国、全省第十五次公安会议精神，治保组织开始逐步恢复。改革开放后，公安机关积极推进社会治安综合治理，在加强治保会建设的同时，以治保会为主体的多种形式的群防群治队伍不断发展壮大，在协助公安机关维护社会治安中发挥着极其重要的作用。

## 第一节　治安保卫组织

治安保卫委员会是我国宪法确定的群众性自治组织，是我国基层政权的重要组成部分，是党和政府动员组织群众，维护社会治安秩序的桥梁和纽带，是公安机关贯彻群众路线的主要形式和途径。新中国成立初期，在镇反运动中，县公安局根据全国公安会议和浙江省二届治安会议精神，开始建立基层治安保卫组织。

1951年5月，中央作出“全国各地必须在此次镇压反革命的伟大斗争中，普遍地建立群众组织的治安保卫委员会，担负起协助人民政府肃清反革命、防奸、防谍、保卫国家和公众治安的责任”指示。9月，全县城乡采取自下而上的方式，先以村、居为单位，建立治安保卫小组，后由治保小组产生委员，以城镇为单位建立治安保卫委员会、在农村建立武装治安委员会。10月12日，城关镇在完成25个治安保卫小组建立的基础上成立城关、东湖两个治安保卫委员会。是年底，全县建立城镇（城区、乍浦）治安保卫委员会3个，小组41个，有委员54人、小组长41人、组员157人。农村（黄山区、城郊区、新仓区、新埭区）建立武装治安委员会43个、小组509个，有委员242人、小组长509人、组员1017人。

1952年1月8日，县公安局根据省厅治安工作意见，将区乡武装治安委员会统一改称为治安保卫委员会。全县城区、城郊区、新仓区、新埭区、黄山区、乍浦镇等五区一镇共有治安保卫委员会46个，治保小组550个，治保人员1686人。7月31日至8月1日，平湖县第一届防奸治安模范代表会议在城关镇召开，会议回顾总结平湖解放以来的镇反工作及社会治安工作，肯定成绩，分析存在的问题，提出今后的工作任务，会议还对评选出的48名防奸治安模范进行表彰。8月，公安部公布试行《治安保卫委员会暂行组织条例》，明确治安保卫委员会是群众性的治安保卫组织，在基层政府和公安保卫机关的领导下进行工作，其委员由群众选举产生。治保会的主要任务是：密切联系群众，对群众经常进行防奸、防谍、防火、防盗与镇压反革命活动的宣传，以提高群众的政治警惕性；组织与领导群众协助政府、公安机关检举、监督和管制反革命分子；组织与领导群众协助政府、公安机关对反革命家属进行教育和思想改造工作，争取他们拥护政府的政策措施；发动群众共同制定防奸爱国公约，并组织群众认真执行，以维护社会治安。

1954年，为保卫农村互助合作，开展治保会的建立、健全和整顿工作。规定农业合作社50户以上建立治保会，50户以下建立治保小组，培养提拔治保会正副主任75人、委员320人、村治保小组长187人、组员606人。通过建立、健全和整顿工作，群众性的治保优势基本确立，农村阵地更加巩固。11月18—20日，召开第一次全县治保干部会议，出席会议代表65人，会议贯彻全国、全省第六次公安会议决议，总结解放五年多来公安工作所取得的伟大成绩和主要经验，明确过渡时期工作的方针和任务，部署今后的治保工作。1955 年 9 月 7 日，全县治安保卫委员会模范功臣代表会在城关镇召开，大会表彰县级治安模范 9 人、推荐出席省级治安模范 1 人。

1956 年，根据嘉兴地委批转地区公安处《关于在农业合作社中建立治保组织的意见》，进一步健全农业合作社治保组织。全县有 727 个农业合作社建立治保组织（高级社 59 个，低级社 668 个）。其中治保委员会 167 个、治保小组 298 个，其余单设治保员，共有治保人员 1991 人。

1957 年，结合整社并社，对治保组织再次进行全面规划，全县 264 个农业合作社都建立治保组织，其中治保委员会 174 个，治保小组 21 个，其余单设治保员，共有治保人员 1378 人。同时，建立治保干部登记卡，分片组织业务培训，全年培训治保骨干 339 人。

1958 年 8 月，公社化运动开始。年底，对治保组织再次进行整顿改组，以公社、大队、生产队为单位建立治保组织，公社建立治保委员会，生产大队建立治保分会，小队建立治保小组，全县建立治保组织 1151 个，有治保干部 4306 人。

1962 年 11 月，公安部公布试行《治保委员会工作细则》，确定治保会的主要任务是做好四防、检举揭发反革命和刑事犯罪、依法管制和监督改造“四类分子”。全县各级治保会在监督改造“四类分子”、搞好四防、维护地方治安方面发挥较好的作用。1963 年 1 月，在全县部署开展五好治保干部评选活动。12 月，在全县治保干部先进表彰会上表彰先进治保会 27 个，五好治保干部 62 人。

1964 年 1 月，毛泽东主席作出“依靠群众专政，少捕，矛盾不上交”的指示，中共中央下发《关于依靠群众力量加强人民民主专政，把绝大多数四类分子改造成为新人的指示》，并转发浙江省诸暨县“枫桥经验”。2 月 2—7 日，县公安局组织开展治保干部集中教育训练，贯彻中央指示和“枫桥经验”。会后黄姑公社党委以贯彻会议精神为动力，认真学习中共中央指示和“枫桥经验”，确定由党委书记亲自抓治保工作，全公社 16 个生产大队的治保会共有治保人员 298 人，组织有 607 名治安积极分子参加的监督改造小组 143 个，落实对“四类分子”的监督改造工作，协助公安机关破案 17 起，查处一般偷盗案件 41 起，全年未捕一人，治安秩序良好。黄姑公社的做法得到嘉兴地区公安处的肯定，作为典型经验在全区转发。

1965 年 9 月 23 日，中共浙江省委批转《平湖县贯彻执行依靠群众专政的调查报告》，肯定平湖县依靠党的领导，依靠群众，充分发挥群众性的治保、调解等组织作用，监督、教育、改造“四类分子”，调解处理人民内部矛盾的经验和做法，表扬平湖县社会治安情况好，政法工作主动。1966 年 3 月，县公安局提出《结合社会主义教育运动整顿健全治保组织的报告》，由社教分团批转各工作队党委执行。

“文化大革命”期间，基层治保组织瘫痪，许多治保干部遭受迫害。“社会治安指挥部”“社会治安大队”“群众专政指挥部”等取代治保组织，治保工作一度处于停止状态。

1970 年 3 月，县人民保卫组、军事管制组根据省革命委员会文件联合下发通知，要求各公社（镇）、机关、学校、工厂、企事业单位建立治保会，生产大队、居民区、工厂车间建立治保小组。4 月 8 日，撤销县群众专政指挥部。最先恢复重建治保组织的有共建、徐埭等公社，至 6 月 19 日，全县 23 个社（镇）全部完成治保会恢复重建，并启用新印章，原公社（镇）及县属各单位人民保卫组印章同时作废。8 月 16—23 日，全县治保工作会议召开，会议贯彻浙江省第四次公安机关军管工作会议精神，学习先进，鼓足干劲，治保战线开展争创“四好单位五好个人”活动。10 月 23 日，对公社以下大队和生产队两级治保组织建制作适当调整，大队称治保领导小组，生产队称治保小组。是年，全县社（镇）共重建治保会 48 个，治保小组 395 个，共有治保干部 2339 人；县属单位重建治保会 24 个，治保小组 12 个，有治保干部 164 人。

1971 年 11 月 8 日，根据县委批转《平湖县公安保卫会议纪要》精神，恢复社（镇）一级保卫机构，各公社配一名专职保卫干部（2 万人以上的配 2 名），并吸收“脱产”或“半脱产”干部组成社（镇）保卫组，由一名社（镇）党委委员分管，专职保卫干部任组长或副组长。12 月 1 日，原社（镇）治保会复称保卫组。12 月 19—

27 日，召开全县专职保卫干部会议，会议贯彻中央《关于依靠群众力量，加强人民民主专政，把绝大多数“四类分子”改造成为新人》的指示，学习全国、全省第十五次公安会议纪要提出的十条任务，交流经验，掀起学习推广“枫桥经验”的热潮。

1973 年 12 月 4—8 日，恢复县公安局后首次全县治保工作会议在城关镇县革委会招待所召开，参加会议的有农村生产大队、城镇居委会、工厂、企事业单位治保主任，县属工交、财贸、文卫等部门的保卫、治保干部，社镇革委会专职保卫干部及县公安局、法院全体工作人员共 502 人，是继 1964 年后规模最大的一次会议。会议的主要任务是贯彻地区公安保卫工作会议精神，学习推广毛泽东主席亲自肯定的《枫桥对敌斗争经验》，总结交流当地公安保卫工作经验，讨论部署 1973 年冬季和 1974 年春季的公安保卫工作任务。

1977 年 12 月 10 日，中共平湖县委下发文件，批转县公安局《关于贯彻执行省、地委指示，大力推广落实“枫桥经验”的请示报告》，开展推广落实“枫桥经验”活动，确定县及公社（镇）两级试点单位，至 1978 年底争取达到基本普及。同时要求加强治保队伍建设，调整充实生产大队（居委会）治保委员会和生产队治保小组，建立起一支能协助公安机关，带领群众，完成对敌斗争任务的治保队伍，从组织上保证“枫桥经验”的推广落实。

1978 年 4 月 27—30 日，县公安局召开全县治安保卫工作会议，参加会议的有各公社、镇保卫干部，主管局人事保卫干部和各工厂、学校、企事业、生产大队、居委会基层治保干部代表及公安干警共 500 余人，会议认真学习党中央对公安工作的重要指示，联系公安治保工作的实际，揭批江青反革命集团及其帮派体系破坏公安治保工作的罪行，研究部署第十七次全国公安会议提出的各项战斗任务，掀起比学赶帮超的革命竞赛。

1980 年 1 月，公安部重新公布《治保委员会暂行组织条例》（以下简称《条例》）。1 月 20—25 日，召开全县治保干部代表会议，出席会议的有各工厂、学校、企事业、生产大队、居委会基层治保会和退休工人治安组的代表，内保单位的保卫干部，社、镇公安员及公安局全体干警共 574 人，会议贯彻《条例》，总结和交流经验，研究和部署 1980 年的公安治保工作，同时表彰 1979 年度治保战线先进集体 32 个，先进工作者 78 人。

1982 年，全县各级治保组织针对青少年违法犯罪率不断上升的突出治安情况，组织开展大帮教工作，采取工厂企业包职工、学校包学生、街道包社会青年、家长包子女的“定人、定对象、定任务”的帮教措施。是年，全县有 129 名帮教人员对 94 名对象进行帮教，其中 76 名取得效果，停止和基本停止违法犯罪。

1984 年 2 月 7 日，贯彻省公安厅《关于对有特殊贡献的治保人员、治安联防队员和治安积极分子授予荣誉奖章的暂行规定》，规定授予荣誉奖章的条件及审批手续，荣誉奖章分为一、二、三等，并分别发给 80 元、50 元、30 元奖金或奖品，同时发给奖章证书。是年，开展对 1983 年以来，特别是在严厉打击刑事犯罪活动中有特殊贡献的治保人员、治安联防队员和治安积极分子的表彰奖励工作。该规定一直沿用至 21 世纪，随着年代的推移，奖金的额度有所递增。

1985 年，县公安局就农村治保力量薄弱等问题，开展农村治保会的调查研究工作，在胜利乡进行如何加强农村治保队伍建设的试点，结合重点人口大排查，开展全县治保组织大整顿，在大排查中整顿治保组织 985 个，占总数的 88.5%，整顿后的治保人员的平均年龄在 30 岁以下，初中以上文化程度占绝大部分，提升了治保组织的战斗力。1987 年，城关派出所针对辖区内个体经营户发展迅速，成立全县首个个体劳动者协会治安保卫委员会，按地段设 9 个治保小组，有治保人员 28 人，并制订有关规章制度，提高个体户的自我防范意识。

1988 年 9 月，公安部下发《新形势下加强城乡治保会工作的意见》，将治安保卫委员会的工作重点转向宣传教育群众增强法制观念和安全防范意识；帮教违法犯罪青少年；协助公安机关保护犯罪现场，积极提供破案线索；配合有关部门及时疏导和调解有可能激化的社会矛盾，积极参与社会治安综合治理。

1989 年，县公安局充分发挥各级治保会的作用，认真做好对违法青少年的帮教工作，并以停止违法活动和改好率为衡量指标，共有帮教对象1017人，落实帮教人员2991人。至年底，有922名帮教对象停止违法活动，帮教工作取得明显成效。是年起，全县治保干部经济报酬纳入政府统一解决，享受村、居干部同等补贴。

1990年，县公安局组织开展治保队伍的整顿和业务培训工作，进一步明确新形势下治保工作的职责和任务，建立健全每月一次治保例会制度。通过整顿，治保队伍年轻化、知识化程度进一步提高。全县共有治保会474个，治保小组925个，治保人员2578人，平均年龄37.1岁，初、高中文化程度以上的有1592人，占61.72%。全年协助公安机关侦破刑事案件116件，查处治安案件139起，调解各类纠纷1067件，参加抗灾救险58次、994人次，参加治安清查及巡逻5205人次，配合公安机关抓获违法犯罪人员326人。1991年，县公安局为适应新时期对治保工作的要求，及时对新埭镇东六村、林埭镇陈匠村、胜利乡大南门村的治保工作经验进行总结并在全县推广。

1995年，市公安局根据中央社会治安综合治理委员会、公安部、民政部、农业部《关于加强农村治保会工作的意见》，开展对治保会的整顿、充实调整，健全各项规章制度，同时对治保战线上的先进人物事迹进行总结表彰。11月，城关镇南河头居委会治保主任张善容（女）被授予“全省优秀治保工作者”称号，受到省公安厅表彰。

1998年，市公安局结合派出所工作重心调整，进一步加强治保会建设，完善每月一次例会制度，组建以治保会为主体的群防群治队伍，全面开展平安社区创建活动。是年底，全市有4个镇达到平安社区标准，198个村达到“平安村”标准，达标率为72%；城关镇建成17个平安小区，占该镇居民总户数的60%。

1999年4月，市公安局根据市委政法委的统一部署，抽调警力在新仓、全塘、黄姑、曹桥等4个乡镇试点，开展学习推广“枫桥经验”，维护农村治安稳定活动，对原有治保组织进行调整和整顿。为加强个私、民营企业内部治安管理，在职工200人以上的企业建立治保委员会，建立健全各项规章制度，并在全市各乡镇建立治保调解中心，使矛盾化解在基层，消灭在萌芽状态。

进入21世纪，各级基层治保组织在公安派出所的指导下，不断探索治保工作新路子。结合公安基层基础工作，宣传、组织和发动群众，开展创建“安全小区”“平安村居”等活动，加强群防群治，组织老工人、老干部、老党员开展义务巡逻，参与流动人口管理，定期开展以防火、防盗为主要内容的四防安全检查等，涌现了当湖街道解放路社区老年义务巡逻队、全塘镇老党员护村队等一批先进典型，成为群防群治队伍的中坚骨干力量。在全市乡镇形成以派出所为中心，城乡社区警务室为依托，群众性治保组织为基础，多形式群防群治力量构成的全方位、立体型的安全防控网络，确保城乡治安秩序的稳定。截至2015年底，全市共有治保会385个1563人，治保小组959个3087人，广大治保干部在协助公安机关维护社会治安，保卫人民生命财产安全，为维护平湖的治安稳定作出较大的贡献。

## 第二节　治安联防组织

### 一、乡镇治安联防队

20世纪70年代后期至80年代初，城镇夜间盯梢、拦路侮辱女青年案件频发。为维护城镇社会治安，从1979年起，城关、乍浦、新埭三镇恢复和加强夜间巡逻。城关镇则抽调大系统基干民兵，肩背步枪（无子弹），在镇委干部和公安干警的带领下，分东、西两片进行夜间武装巡逻，并建立情况记载和报告制度，维护职工上下班安全。据1980年城关派出所统计，通过夜间巡逻共抓获各种违法犯罪人员38名和流窜嫌疑人员4名。在巡逻中，还发现一些不安全因素和漏洞，及时向有关单位和户主提出，起到很好的防范作用。

1981年4月，县公安局针对城关镇治安突出问题，成立整顿治安领导小组及其办公室，依靠全镇各企事业单位，组织97个大小单位，抽调人员，全镇划分12个联防区，每区安排1～2个执勤小组，每组3～4人，每晚19个执勤小组巡逻，实行分片包管，区域联防，成为平湖最早组建的区域联防组织。执勤2个月，共查获各种违法犯罪人员30人，发现并制止结伙打群架7起，消除各种不安全因素20多起，取得一定的成效。6月29日，县革命委员会批转县公安局《关于继续加强治安联防维护社会秩序的报告》，乍浦、新埭、新仓、钟埭、黄姑、林埭等治安情况比较复杂的集镇，也都仿效城关镇的做法，开展区域联防。

1982年1月20日，城关镇创新建立专职治安联防队，实行队员固定，由单位选派，享受原单位待遇，隶属镇政府和派出所双重领导，改变过去按单位划片分组，轮流执勤的办法，消除区域联防队员变动频繁，管理难度大的弊端。联防队队长由派出所副所长兼任，专职副队长在单位抽调人员中物色，指导员由镇人武部长兼任。有队员38人，设3个分队，包管白天和夜间治安巡逻。专职联防队建立后仅一年时间，共抓获盗窃、扒窃、流氓、赌博等各种违法犯罪人员283人，协助公安机关破获大小案件141起，制止打架和调处纠纷199起，发现和消除各种安全隐患154条，全镇各类刑事案件同比下降18.3%，流氓侮辱妇女案件同比下降88.9%，违法青少年犯罪减少13.2%。

1985年初，城关派出所在县、镇两级党委政府的支持下，采取单位集资办联防的办法，在全省率先建起首支招聘制联防队。根据联防队预算定出收费标准，由县人民政府发文，规定企业单位全年每人2.5元，机关事业单位全年每人1元，委托城关镇政府统一收取，集资经费实行专款专用，收支情况向镇人代会汇报。派出所统一向社会招聘队员，聘任期两年，签订协议书，到期表现好的续聘，队员从近郊农村优秀复退军人、民兵骨干、治保干部中挑选，镇人武部和派出所共同审定。对原受聘保留的在职职工实行留职停薪，其工资、奖金等直接由联防队结算。规定正副分队长的职务补贴及奖金标准，建立临时党、团支部。4月16日正式执勤，重组1个月，抓获各类违法犯罪分子36人，处理治安纠纷20起，制止流氓斗殴事件3起。至年底，共抓获违法犯罪人员205人。5月27日，嘉兴市公安局《公安工作简报》第19期专门介绍城关镇治安联防中队的典型经验。

1986年2月，参照城关镇经验，建立海涂养殖区专职治安联防队，招聘队员6人，有效地维护了海涂养殖区的治安秩序。至1989年底，全县建有治安联防队21支、队员145人，其中专职治安联防队增至18支，队员122人；兼职治安联防队3支，队员23人。联防经费分别由财政拨款、单位集资和抽调单位供给等三种来源加以确保。治安联防队在所在地党委、政府的领导和派出所的业务指导下，积极开展夜间巡逻，维护一方平安。据对城关、乍浦、新埭三镇治安联防队组建后工作成效的统计，城关（1982—1989年）、乍浦、新埭（1985—1989年）三镇，共协助公安机关抓获违法犯罪人员3256人，破获各种案件409起，消除各种安全隐患3069条，为群众办好事476件。城关镇治安联防队建队后成绩显著，连续七年被城关镇评为先进单位，1983年度被评为平湖县治安战线先进集体，1987—1988年先后被评为嘉兴市和浙江省先进集体，城关镇治安联防队事迹在1986年3月《中国法制报》上刊登。

1991年8月，市人民政府召开首次全市治安联防工作表彰大会，省公安厅、嘉兴市公安局及平湖市领导应邀出席，会上表彰19名先进个人、2个先进集体。是年，市公安局专门印制并下发“治安联防执勤臂章”和“治安联防检查证”。1992年8月2日，水上治安联防队成立，招聘专职联防队员8人，配合水上派出所维护水上治安。至1992年底，全市20个乡镇有专职联防队20支、142人，水上专职联防队1支、8人，业余联防队62支、1264人。

1993年10月，市公安局根据省公安厅关于加强整顿治安联防队的通知精神，对全市联防队进行调查摸底，同时对个别联防队乱收费、乱罚款情况进行调查，并予以制止。1995年，全市有9名优秀专职联防队员被授予三等荣誉奖章。1996年，结合基层基础大排查，对治安联防队进行调整充实，至年底，全市共有治安联防队25支、182人。全年提供各类线索610件，协助破获治安案件807起、刑事案件317起、重大刑事案件83起。

1997年3月20日至4月30日，根据省公安厅《关于全面清理整顿保安、联防队伍着装的通知》要求和公安部《关于加强治安联防队伍建设的通知》精神，开始对治安联防队进行清理整顿，清退不合格人员，清理乱着装问题，对5个乡镇的专业联防队进行调整，进一步规范治安联防队组织。自5月1日起，全市联防队统一使用由嘉兴市公安局监制的“治安联防工作证”。至1999年，全市有治安联防队22支（含水上），联防队员265人。

1997—1999年，全市治安联防队共协助公安机关查处治安案件2512起，协破一般刑事案件1279起、重大刑事案件430起，抓获各类现行违法犯罪分子4950人、逃犯61人，其中流窜犯2175人，制止各类违法犯罪行为3421起，调处各类纠纷2206起，共追回赃款赃物折价289万余元，为群众做好事2225件。3年中共有44名联防队员被授予三等治安荣誉奖章，29人次获嘉奖，62人次获其他奖励。

进入21世纪，随着社会主义市场经济的发展，根据国务院关于大力发展社会保安事业的精神及公安部〔2000〕13号文件规定，2001年3月20日，全市完成撤销治安联防队组建社区保安队工作。4月10日，在南门体育场举行社区保安分队授牌仪式，10个乡镇及水上共建社区保安分队11支，保安队员294人。经费由乡镇政府统筹解决，队员由保安公司统一招聘，统一签订劳动合同，日常管理委托所在地派出所负责，分队长由各派出所分管所领导兼任，专职副队长从保安队员中选拔。在市公安局治安大队设立社区保安队办公室，负责对社区保安分队的工作指导和考核。

**二、农村护村巡逻队**

解放初期，在农村有群众自发组织的巡逻放哨队。1958年，全县开展安全运动，群众积极参与治安防范热情空前高涨，全县有70个农业社群众自动组织巡逻放哨，有670多人参加。至1959年全县有巡逻放哨队408支、2667人，联防队16支、354人。

20世纪80—90年代，为维护农村地区社会治安，根据刑事犯罪呈季节性高发的特点，县公安局在乡村建立护村队，开展季节性的护村值班巡逻，防止偷盗案件发生，维护农村治安，其中曹桥、瓦山、共建、胜利、徐埭等乡护村队的经验在全县推广。

1988年1月，曹桥派出所针对入冬后农村偷盗活动有所抬头的情况，组织公路沿线靠近嘉兴郊区治安较复杂的百家湾、勤安、石龙三个村和地处三村的乡办客车厂、石灰厂、预制场等11个村办企业，由派出所牵头，筹集经费，抽调16人，开展村厂联防，轮流巡逻执勤。是年，全县农村有季节性巡逻队67支279人。至1991年底，全市22个乡镇中18个乡镇建有护村队。

1998年，全市农村护村队数量大幅度增加，瓦山派出所所辖各村及单位，形成以联防队为主体，护村队为基础，实行村村联防，控制夜间发案，收到较好效果，是年1—11月刑事案件比1997年下降15%。至年底，全市有护村队541支，队员4704人，这支队伍在维护农村治安中发挥了积极作用。

进入21世纪，随着农村经济的快速发展，为维护农村治安，护村队从季节性转入常年性。2006年，在市委政法委的组织下，首支村级常年巡防队在黄姑镇渡船桥村成立，后在全市31个重点村（小集镇）建立常年巡防队，所需补助经费由市、镇（街道）、村（社区）三级各承担三分之一。

2009年，开展村级巡防队规范化建设，实行“五统一”（组建模式、岗前培训、安排巡逻、装备报酬、管理考核）管理模式，建立制度完善、责任明确、监督有力、运转高效的村级治安专业巡防队伍，在业务上纳入派出所统一管理。至年底，全市组建村级治安专业巡防队119支，队员1207人。村级专业治安巡防队成立以后，成效显著。是年，农村地区刑事发案同比下降18.7%，其中“两抢”案件下降63.6%，维护了农村地区治安秩序。

2012年，市财政继续加大对村级专业巡防队经费的投入，共投入资金190万元，用于这支队伍的考核补助。截至2015年，全市有村级专业巡防队111支、队员824人。

**三、城镇义务巡逻队**

解放初期，平湖县城内有工人纠察队、居民巡逻队等群众性治安义务组织，开展夜间巡逻，并作为治安保卫的一支群众力量参与重大庆典的保卫工作。1951年10月26日晚12时，城关镇保安桥居民委员会巡逻队巡逻至龙梢里26—27号门前，发现电话线被人折断，即向辖区东湖派出所汇报。1952年4月19日凌晨，城关镇东小街居民巡逻队在巡逻中当场抓获一名盗窃中国人民银行平湖支行的犯罪分子，缴获农业生产有奖储蓄存单3捆。1956年，城关镇工人纠察队参加庆祝社会主义改造胜利大会的保卫工作。

20世纪70年代，为维护城镇社会治安，城关、乍浦、新埭三镇均建有老工人治安小组。1978年，三镇共有50名退休老工人义务协助公安机关维护地方治安。是年底，县公安局报请县财政，地区公安局下拨奖励经费150元，每人奖励3元。

80年代，城关镇开始由企事业单位出资建造职工宿舍，形成多个居民新村。1984年，西林寺新村第一个建成，有15幢职工住宅楼。城关派出所针对新村"白闯"（白天入室盗窃）案件多发这一突出治安问题，动员建房单位，出资构筑围墙，聘请退休工人，建立治安值班室，实行封闭式管理。城关镇党委、政府十分重视，成立城关镇楼群治安管理委员会，由一名分管副镇长及有关单位保卫干部、派出所民警共同组成。首个治安值班室在西林寺新村试点，所长韩锦忠不厌其烦多次上门协调该新村涉及的棉纺厂、水泥厂等6个建房单位，动员单位出资构筑围墙，设置治安值班室。每月集资160元作为执勤补贴，建立老工人巡逻队伍，维护新村治安。在取得经验的基础上，第二个新村治安值班室在杨家浜建成。至1987年，全镇有西林寺、杨家浜、梅园、百花、城南、虹桥等6个居民新村、200多幢楼群，建立治安值班室，实行封闭式管理，聘用18名退休工人进行值班巡逻，有效地预防居民新村"白闯"案件的发生。

1989年10月，城关派出所在城关镇党委政府的重视和支持下，提出"人人为我，我为人人，群防群治，共保安宁"的口号，首先在东片（街道）4个居委会试点，组建老工人义务巡逻队。是年底，全镇20个居委会共组织931名离退休干部、职工，不分刮风下雨，坚持每天出动三分之一的人员，佩戴派出所统一制作的治安执勤红袖章，进行巡逻执勤。队伍成立仅2个月，抓获盗窃犯2人，破获刑事案件8起，其中重大刑事案件2起，发现可疑人员18人。进入12月全镇仅发生"白闯"案件2起，"白闯"案件比1988年同期下降66.7%。这一做法得到了上级公安机关的肯定，作为组织、宣传、发动群众开展群防群治的典型经验进行总结推广。

1991年4月5日，省公安厅《公安工作简报》第8期以《适应城镇治安特点，广泛动员群众参与，平湖县城关镇群防群治队伍日益巩固》为题，专题介绍城关派出所开展群防群治工作的经验。截至1993年底，城关镇居民义务巡逻队总人数达到1005人，称之为"三老（老党员、老工人、老干部）"千人义务巡逻队，在全县城乡推行。

1999年3月，新仓派出所通过镇综治办倡导成立社会治安志愿者巡逻队，全镇有135名普通群众应招成为新仓镇社会治安志愿者，每天臂戴"治安志愿者"红色袖章，在村头巷尾参与巡逻执勤，从而有效地预防和打击了农村地区违法犯罪活动，全年重大刑事案件与1998年相比下降33.3%。

进入21世纪，居民区义务巡逻这一传统的群防群治形式一直保留不变。2012年开始，各派出所又利用环卫保洁员分布面广、早上出工早，在城乡环卫保洁员中组建治安志愿者队伍，把群防群治力量向集镇和农村同步延伸，兼顾白天和凌晨，借助社会力量，弥补巡防"盲区"，截至2015年底有1000余名保洁员加入治安志愿者队伍。

**四、城镇义务反扒队**

1976年，城关派出所针对街头扒窃活动十分突出这一严重的治安问题，组建一支以退休工人为主的义务反扒队，以精神鼓励为主，每月发放几角钱的执勤补贴，在城关镇的小猪行、百货商店、第一棉布商店、轮船码头、汽车站等闹市地段实行公开与秘密相结合的方法，开展反扒窃工作。1978年，乍浦、新埭等镇也相继建立老工人反扒队。根据不完全统计，乍浦镇老工人反扒队在1978—1979年共抓获各种犯罪分子21人，破获大小案件66起，其中立案17起，缴获赃款赃物一大批，扒窃案件比前两年下降78%。城关镇反扒队在1980年抓获扒窃分子26人，1982年抓获扒窃分子57人，其中外地流窜扒窃37人，破获扒窃案件99起，其中立案17起。至1982年，城关、乍浦、新埭三镇共有老工人反扒队员39人。

1985年，城关派出所针对辖区复杂场所、商店摊贩增多，增加反扒队员，在执勤补贴上采取公安补贴与受益单位补贴相结合，以受益单位补贴为主的方法，补贴金额从原来的每天4角增至8角，是年共有队员22人。1986年，考虑到义务反扒队员年老，体力不支，在重点场所采用义务反扒队员与联防队员混合编组，分工合作，由反扒队员观察，联防队员适时捕捉，成效明显。是年，查获流窜扒窃犯23人，其中依法捕办3人、治安处罚4人、收容审查9人、遣送7人，破获挂牌案件3起、一般案件13起。城关镇有3名反扒能手还参加嘉兴市大型商品交易会活动场所的反扒工作，获上级公安机关的好评。以后随着队伍老龄化程度的加剧，人员逐渐减少。1994年底，老工人反扒队撤销。

## 第三节　保安服务组织

### 一、保安服务公司

保安服务组织是新型治安防范组织，是新时期群防群治工作的新形式。20世纪80年代中期，随着改革开放、商品经济的发展，为适应社会主义市场经济新形势的需要，1984年12月18日，深圳蛇口组建全国第一家保安服务公司。1985年1月，全国政法工作会议对这一新生事物给予了肯定，国务院批准公安部《关于组建保安服务公司的报告》，随后，保安服务公司在全国各地蓬勃发展。

1988年6月，经县编委批准建立平湖县保安服务公司。7月23日正式挂牌，为社会提供有偿保安服务。初期为县公安局下属全民事业单位，经济上实行企业化管理，独立核算，自收自支。公司负责人由公安机关委派，实行经理负责制，配备管理人员7人，内设一室二部（经理办公室、人防服务部、保安器材服务部），主要向机关企事业单位提供守护、门卫、巡逻人员，经销、安装防盗、防火等保安设备和安全保卫专用器材。保安队员从部队复退军人及有一定社会经验的社会青年中招聘，实行计划外劳动合同制，经上岗培训合格后由公司派往所需要的机关、企事业单位，按驻点单位设保安队或保安分队。公司成立初期暂借县公安局大院内一间15平方米办公室，1997年，在城关镇环城东路新建保安大楼一幢，后因旧城改造拆除。2007年1月，迁至当湖街道东湖新区祥中路318号，为四层办公大楼，建筑面积2473.74平方米。

1988年6月，公司开始从农村招聘第一批保安队员共20人，经过短期培训后，于6月30日进驻乍浦九龙山旅游区海滨浴场，为浴场提供有偿保安服务，受到派驻单位的好评。以后，随着要求派驻单位的增多，保安队员逐步增多。是年底，共聘用保安队员81人，分别派驻全县11个工厂、企事业单位。至1990年底，全县有21个单位聘用保安队员，公司有22个分队，保安队员达到120人。

1991年，公司贯彻省保安工作会议精神，狠抓优质服务，开展以“守护型”为主的保安业务轮训，对城关镇20个分队107名队员分4批进行短期轮训。重新修订《保安队员奖惩条例》，4月起改季度奖为月度奖，对有立功表现和有明显失职造成后果者，及时进行奖罚。落实队员的医药费和安置费，凡工作满半年的保安队员可享受每人每月5元的医药费，合同期满终止合同的正常离队队员，每满一年按一个月的基本工资发给生活补助费，以解后顾之忧。

1994年，贯彻落实省公安厅《关于进一步加强保安服务公司建设的通知》和嘉兴全市治安工作会议精神，加强保安宣传、发展保安事业，拓宽保安服务、抓好保安队伍建设，采取下发征求意见函、召开聘用单位保卫科负责人座谈会及不间断地上门走访了解聘用单位等多种形式，随时听取整改意见和建议，推进和发展保安服务事业。

1996年，根据省、嘉兴市公安机关的统一部署，开展创规范化保安服务公司活动，在派驻单位开展创“三无”（无刑事案件、无治安案件、无火灾事故）单位活动，年底，“三无”单位达到90%，服务质量满意率达到95%。是年，公司保安器材服务部升格为技防工程部，派驻单位数和聘用保安队员数分别从1995年的27个130人增加至37个170人，取得社会效益和经济效益的双丰收。

1997年3月20日至4月30日，根据省公安厅《关于全面清理整顿保安、联防队伍着装的通知》，组织开展全市保安、联防队伍着装的清理整顿工作，共收缴警帽228顶、警徽236个、领花377副、臂章398张、肩章391副。撤销城关镇3家场所特业未经批准建立又乱穿滥着警服的单位自建保安队（部），制止了保安、联防队伍乱穿滥着警服现象。3月，市保安服务公司通过嘉兴市公安局组织的保安服务公司规范化建设考核验收，经省公安厅考核，授予1996年度浙江省规范化保安服务公司称号。

1998年2—7月，根据公安部、省公安厅《关于清理整顿保安服务业的意见》，开展清理整顿工作。对公司进行重新登记，对自建保安组织进行全面整治，先后对11个自建保安组织进行调查摸底，对85名单位自建保安队员重新登记，撤销不符合条件的4支自建保安队，清退不合格保安队员17人。制订《单位自建保安组织管理暂行办法》，加强对单位自建保安队伍的管理，开展向规模较大的公共场所、特种行业派驻保安员工作。对保安队员实行上岗证制度，首批169名保安队员分2批经嘉兴市局治安支队培训合格，统一发放省公安厅制作的保安员上岗证。是年，公司被评为浙江省1997—1998年度规范化保安公司。

2000年，贯彻嘉兴市公安局《关于保安服务公司规范管理若干问题的通知》，抓好保安队伍的纪律教育、行风管理，开展创“上级满意、客户满意、社会满意、公司满意、自身满意”的“五满意”活动，不断开拓用户单位，拓宽保安技防服务领域，壮大保安力量，公司声誉在群众中得到进一步提升。至年底，公司共有91个分队354名保安队员，分别比1999年增长106.8%和102.2%。是年，公司再次被评为浙江省优秀保安公司。

2001年，贯彻嘉兴市公安局《关于认真做好保安员资格证、上岗证换发及年审工作的通知》，开展保安队员统一领导、统一培训考核、统一证件、统一服装标志的“四统一”清理整顿工作，统一换发“浙江省保安资格证”“上岗证”（以下简称“双证”），有463名企业派驻保安队员经嘉兴市公安局培训，取得“双证”。是年，公司经省公安厅、省技防办批准为安全防范工程设计、施工三级资格单位，主营各种防盗报警设备、安防系统工程、视频监控联网工程的设计施工安装及有关公共安全技术防范的咨询服务，拓宽技防服务领域。2002年，公司被评为浙江省2000—2002年优秀保安公司。

2003年，贯彻嘉兴市公安局《关于在全市保安队员中进一步深入开展学习贯彻落实“五条禁令”活动的通知》，加大保安队伍的教育管理，开展签订“五条禁令”责任状、发放“五条禁令”监督卡活动。6月，改革派驻保安管理体制，改公司直管为公司与派驻地派出所共同管理，公司负责队员招聘、录用等人事管理，派驻地派出所负责日常业务指导、检查和督促，遇重大突发性事件可紧急征用，派驻保安有向居住地派出所提供相关信息的义务，使保安资源得到充分利用。至2004年，由派驻地保安向派出所提供各类线索53条，抓获和协助抓获违法犯罪分子43人，调解、制止治安纠纷56起。

2004年6月，市保安公司参照公安机关警务督察办法，在人防部增设教育督查大队。配备2名专职督察员、一辆督察专用工作车，建立保安督查工作制度，对全市200多个岗点实行全天候24小时查违纠错，每天上报督查情况，严格队伍管理。同时，逐步提高低收入队员工资和增加工龄工资，为保安队员上缴养老保险等“四金”和购买人身意外伤害险，组织5年以上分队长和年度双十佳保安队员观光度假等一系列“从优待保”措施，稳定保安队伍。

2005年5月，根据嘉兴市公安局《关于开展保安有偿护款服务的通知》，公司增设护款押运部，由公司人防部经理兼任押运部经理。确定押运保安4名，配备警车1辆、运钞箱及防护器械等。主要为石油公司加油站、高速公路收费站和大型商场等提供营业款收缴押运保安服务。是年，先后与平湖石油公司各加油站网点、农业合作银行各储蓄网点签订营业款收缴押运保安服务合同。2009年，改配专用防弹运钞车1辆。2011年，防弹运钞车增至2辆，队员增至5人。至2015年底，建立固定客户点41个。

2005年，公司规模和业务总量空前壮大和提高，有保安分队294个，保安队员1335人。2006年，业务总量再次上升，派驻单位、企业达343家，聘用保安队员达1584人，分别比2005年增长13.9%和29.5%，并在乍浦增设办事处1个。

2007年5月，市公安局在治安大队增设保安管理中队，专司监管职能。推行浙江省保安管理信息系统，全面开展保安服务业清理整顿工作。在调查摸底的基础上，由各派出所将各自聘用的协警和辖区内自建保安登记成册，录入保安业清理整顿系统。做好协警转保安工作，更换自行购置的协警服装标志。是年，完成全市协警调换保安肩章和统一编号工作。

2009年，进一步加强公司技防队伍建设，技防工程部拥有技术专业人员5人，是一支技术精湛、能够从事工程设计、安装及维修的专业队伍，全年建成联网监控报警客户580家，实现技防用户档案规范化、信息化管理。10月，公司投资建成机动车安全性能检测站，与交警大队、车管所密切配合，为全市汽车、摩托车车主提供安全性能检测服务。10月13日，国务院颁布《保安服务管理条例》(以下简称《条例》)，保安服务市场逐步向社会开放。

2010年，市公安局组织开展保安服务市场的调查摸底工作，重点对自行招用保安员的单位和物业服务企业情况排摸，开展保安队伍的清理整顿工作，对原有的保安员资格进行重新审查。整顿中，对钟埭街道2家外资企业违反《条例》，向不具备保安服务资质的物业公司聘请人员从事保安服务，依法进行查处，从而进一步规范平湖保安市场。是年底，全市共有派驻单位399家，保安队员2144人。自行招用保安员单位43家630人，其中机关团体、企事业单位30家，物业公司12家，其他1家。2011年10月28日至11月15日，根据《条例》规定，市公安局共组织79场、2272名保安队员参加国家级保安员职业资格考试，有2263名保安队员获国家认可的初级保安员资格。

2012年，市公安局组织开展全市保安服务市场清理整治专项行动，登记备案自行招用保安员单位102家，备案率超过95%。查处嘉兴市首例违反《条例》刑事案件2起，行政案件1起，5名涉嫌非法经营罪的犯罪嫌疑人被依法采取刑事强制措施。12月20日，首家由民营资本运作的欣龙保安服务有限公司经省公安厅批准，在平湖经济开发区正式挂牌成立。

2013年7月，市保安服务公司完成改制，与市公安局脱钩，为市国资委下属企业，原有民警全部撤回并入治安大队，公安机关依法履行对保安服务行业的监督、服务之责。截至2015年底，全市有保安服务公司2家，保安队员2032人，为397家单位提供驻勤保安服务。

2015年11月，市公安局根据省公安厅、省人力资源与社会保障厅、省教育厅联合下发的《关于加强保安队伍职业化建设的通知》精神，在市人力社保局等单位的大力支持和密切配合下，经省公安厅批准，在市职业中专挂牌成立市保安技能职业培训学校。抽调市公安局有关部门骨干力量组成教学团队免费给全市保安队员开展职业技能培训，内容涵盖保安基础理论及治安、消防、交通、现场急救、应急处突等，实现保安职业技能培训工作的常态化、制度化。是年底，完成264名初级、150名中级保安职业资格培训。

平湖保安服务公司成立以来，有一大批保安队员曾多次获平湖市及浙江省、嘉兴市优秀保安队员称号。据1996—2015年统计，先后有169名保安队被评为嘉兴市级优秀保安队员，20名保安队员被评为省级优秀保安队员。2016年10月18日，保安员陆学军作为嘉兴市唯一获第四届全国先进保安员，出席由公安部、全国总工会、共青团中央联合在北京人民大会堂举办的第四届全国先进保安公司先进保安员评选表彰大会，受到党中央领导的接见，成为平湖保安的骄傲。

**二、安邦护卫(守押)大队**

金融单位的武装护款守押是一种高危、高风险职业。解放初期，平湖银行网点较少，护款押运任务由公安队战士承担，20世纪80年代后改为由经济民警承担。2003年6月，国家取消经济民警建制，金融单位的护款押运任务由各大银行保卫部门负责，其人员由原经济民警转制的临时工承担，管理较为松散。

2007年，根据浙江省公安厅的统一部署，全省护款守押任务由浙江安邦护卫有限公司承担，分设省、市两级公司、各县(市)区设大队，实行企业化管理，是一支隶属于公安机关的武装性质的护卫队伍。12月8日，嘉兴安邦护卫有限公司平湖守押大队挂牌成立，大队长、教导员由市公安局选派民警担任，招聘工作人员2名，任内勤、督察员。守押队员从退出现役的复员、退伍军人中择优录用，由嘉兴市公司统一组织培训，配置统一制式服装、防暴武器。大队内设队部、合作银行中队、农业银行中队和联合中队，设置内勤、督察、驾驶员、押运员、交接员等岗位。建队初期有队员 35 人，配备押运车辆 6 辆、警车 1 辆、防暴枪 4 支、橡皮棍 2 根、对讲机 15 台、防弹背心 20 件、防弹头盔 21 个。至 2015 年底，共有队员 61 人，配有警车 1 辆、押运车 14 辆（其中 3 辆备用车）、防暴枪 11 支、橡皮棍 11 根、催泪瓦斯 11 瓶、对讲机 16 台及防弹背心 55 件、防弹头盔 45 个。成立初期办公地点设在当湖街道当湖路，后迁至祥中路保安大楼，2015 年 6 月 18 日迁至合作银行附属楼 4 楼。

2008 年 1 月开始，平湖守押大队逐步接收各大银行的护款押运业务，是年接收工商银行、中国银行平湖支行。2009 年接收农业银行平湖支行；2010 年接收建设银行平湖支行；2012 年接收平湖合作银行；2013 年接收嘉兴银行、兴业银行；2014 年接收绍兴银行；2015 年接收湖州银行，护款押运业务覆盖全市金融系统。

平湖守押大队以队伍正规化、业务规范化、服务优质化为目标，通过建章立制，内部督察、安全教育、岗位练兵、理论培训、技能训练、专项安全检查、应急预案演练及桌面推演比武、设置银行网点征求意见表等，切实加强守押队员的思想教育、纪律作风教育和业务培训，提高业务操作能力和应急处置能力，为银行提供优质服务。

2015 年 8 月 1 日，根据上级公安机关的统一部署，大队完成体制改革，与公安机关脱钩，公安民警不再任守押大队长，归省国资委安邦护卫集团公司嘉兴有限公司，平湖队队长直接由嘉兴有限公司任命，第一任队长为俞伟明，公安机关依法履行对武装守护押运行业的监督、服务之责。

## 第四节　倡导见义勇为

见义勇为行为是指公民在法定职责和义务之外，为保护国家、集体利益和他人的人身、财产安全，不顾个人安危，同违法犯罪行为作斗争或者抢险救灾的行为，是中华民族的传统美德。表彰见义勇为先进人物，倡导见义勇为，弘扬社会正气，形成互助互爱的良好社会气氛，是贯彻公安工作依靠群众，走专门机关与群众路线相结合方针的一项重要体现，是公安工作的群众基础和力量源泉。

新中国成立后，在各级党委和人民政府的倡导下，广大人民群众勇于发扬见义勇为精神，在对敌斗争、制止违法犯罪以及同各种灾害事故斗争中，为抢救国家财产和保护人民利益挺身而出，不怕牺牲，无数群众因此受伤致残，甚至献出宝贵生命。对于见义勇为的有功人员，在 20 世纪 80 年代以前，一般由本单位党政组织或公安机关予以表彰和奖励，牺牲者加以抚恤。

1994 年 12 月 3 日，市人民政府下发《关于维护社会治安见义勇为的奖励办法的通知》，明确了对见义勇为者的救治、康复、抚恤、保护的规定。12 月 6 日，市财政局拨款 20 万元设立市政府见义勇为奖励基金，由市财政局、市综治办共同管理（2003 年 9 月，省政府下拨 20 万元奖励基金）。12 月 9 日，市社会治安综合治理委员会成立维护社会治安见义勇为评定委员会，由市委副书记、政法委书记任主任，政法委副书记任副主任，公、检、法、司、综治办、民政等部门主要负责人任委员。每年申报评定一次，由市政府每年在全市政法综治工作会议上对见义勇为先进个人进行表彰，并通过电视台、广播电台、平湖报和以后的政府信息网进行宣传报道，以弘扬社会正气。

1999 年 5 月，市公安局印发《举报奖励的若干规定》，积极鼓励全市人民群众踊跃检举、揭发各类违法犯罪线索，进一步倡导见义勇为精神，营造人人参与维护社会治安的良好氛围。2003 年，制订《平湖市出租车驾驶员提供信息协助破案奖励办法》。是年底，有 6 名出租车驾驶员被评为治安积极分子，4 名出租车驾驶员被授予平湖市级“见义勇为驾驶员”称号。

2011 年 8 月 25 日，省人民政府根据省九届人大常委会颁布的《浙江省见义勇为人员奖励和保障条例》，出台《浙江省见义勇为人员奖励和保障工作若干规定》（以下简称《规定》），确立“党委统筹、政府领导、公安牵头具体负责、各相关部门共同参与、全社会形成合力”的见义勇为权益保障机制。市公安局认真贯彻《规定》，对历年来涌现的见义勇为人员进行一次全面整理、逐一建档，及时了解掌握他们的生活、工作情况。是年始每年元旦、春节期间，组织派出所民警开展对见义勇为先进人物及其家属慰问活动，发放慰问金，慰问金额度按受表彰的级别而定，并逐步建立起见义勇为人员及其家庭的帮扶工作机制。

2012 年 1 月 18 日，市公安局在政治处设立见义勇为工作办公室，由政治处主任兼任主任，在全市 8 个镇（街道）设立工作站，由派出所教导员兼任站长，聘请镇（街道）综治办人员兼任副站长，对见义勇为行为实行每半年申报一次，特殊情况随时申报制度。

2013 年 3 月 21 日，市公安局调整见义勇为确认领导小组及办公室，由政委任组长，分管治安副局长和政治处主任任副组长，交警、治安、刑侦、法制及公共关系办公室（简称“公关办”）等部门负责人为组员，办公室设在“公关办”，并明确各派出所教导员为确认工作责任人，由专职民警负责，遵循公开、公平和公正的原则，按照《嘉兴市公安机关见义勇为确认工作程序》进行收集、调查、确认和上报，实现见义勇为确认工作制度化、规范化。

2014 年 12 月，市政府下发《平湖市见义勇为人员奖励和保障办法》。2016 年 11 月，省政府决定将每年 11 月 22 日定为“浙江省见义勇为宣传日”，以普及见义勇为知识，大力倡导、弘扬见义勇为精神，是年起平湖每年开展一次见义勇为宣传日活动。

2018 年 9 月，市公安局制定《平湖市见义勇为确认工作程序》，调整见义勇为确认领导小组成员名单，增加督察、情指、警务保障室等部门领导，并将领导小组办公室调整至治安大队，由分管治安副局长任办公室主任。

1994—2015 年，见义勇为人员受到平湖市、嘉兴市及浙江省三级政府表彰奖励共有 84 人次，其中获省级表彰 1 人，嘉兴市级表彰 8 人，平湖市级表彰 75 人。

**附：见义勇为事例**

1980 年 7 月 30 日晨，上海南汇县两名流窜盗窃犯在林埭虹霓堰以低价出售自行车，被大桥公社张家大队陆金富发现可疑，即向林埭公社报告。两犯弃车出逃，陆和在场的钟宝观、龚春尧等紧紧追赶，在追捕途中，又有多名群众协助，共追出十多里路，游过五条河，最终在嘉兴新丰公社项前大队窑厂职工的协助下将其抓获归案。县公安局对积极协助公安机关追捕流窜盗窃犯的俞三兴、陆金富、吴德洪分别发给奖金和奖品，对其他协助追捕的钟宝观、龚春尧、顾宝德、潘跃进、姚金生和嘉兴新丰公社项前大队窑厂职工杨补根给予表扬，同时对明知公安机关正在追捕而放纵罪犯的黄山公社王家大队拖拉机手给予罚款处罚。

1994 年 2 月 20 日晚，曹桥乡野马村褚建芳（女）与工友小沈（女）两人从乡玩具厂下班骑车回家，途经九场公路附近，一骑车歹徒故意将后面的小沈碰撞后，将其掀倒在地伺机进行强暴。褚听到呼救声，不顾一切冲上前去与歹徒进行搏斗，褚本人头部多处受伤，面对凶恶歹徒，褚不畏强暴，搏斗中抓伤、咬伤歹徒多处。脱险的小沈高声呼救，歹徒心慌意乱，弃车逃离。公安机关根据报案，迅速将歹徒钟某抓获归案。褚建芳获 1994 年度平湖市见义勇为先进个人和嘉兴市级见义勇为先进个人称号。

2001 年 4 月，钟埭街道社区保安队员赵海荣在走访排查中，发现长期流窜在外而突然返乡的钟埭镇定云村张某某有贩毒之嫌。与派出所民警一起，将张某某抓获，同时在张某某家中抓获 3 名四川籍贩毒犯，缴获海洛因 205 克，破获平湖首例特大贩毒案。赵海荣因协助破案有功获平湖市 2001 年度见义勇为先进个人。2002 年 10 月，出席由省委宣传部、省综合治理委员会、省公安厅、浙江日报社、省见义勇为基金会等五单位举办的浙江省第七届见义勇为表彰大会，获浙江省见义勇为先进个人称号，奖金 1 万元。

2004 年 3 月 5 日 19 时许，市天龙汽车运输公司出租车驾驶员沈志明通过车载对讲机得知当湖镇滨湖新村发生一起色情抢劫案件，3 名犯罪分子极有可能搭乘出租车逃离的信息后，对搭载乘客格外留意，车行至当湖路时，有 3 名（2 男 1 女）外地乘客上车，沈发现 3 人神色诡秘，他们以回湖北老家为由让车开往嘉兴，沈迅速将车开至九里亭出城检查服务站办理登记，下车时沈发现女乘客将一包东西藏匿在座位下，便示意执勤人员检查车座，经检查，发现一部手机和一枚金戒指。经审讯，3名抢劫犯供认用色相勾引事主至滨湖新村一车库内，抢劫总案值6000余元的犯罪事实。沈志明获2004年度平湖市见义勇为先进个人称号。

2005年12月31日晚8时许，黄姑镇社区保安队员夏东健，在非工作时间，发现两名盗窃摩托车嫌疑人员，出于职业的警觉上前盘问，遭歹徒砍伤，鲜血浸透毛衣领子，夏死死抓住歹徒不放，并夺下歹徒手中砍刀，直至同事赶到将歹徒制服后才去医院包扎，伤口缝了8针。夏东健获2005年度平湖市见义勇为先进个人、2007年嘉兴市见义勇为模范和2008年度“感动平湖人物”等称号。

2012年11月3日下午，一辆轿车行驶在市郊三港路村道上，由于新手开车，慌乱中，车头撞上了停靠在河边的一大船边舷，连车带人扎入河中。听到撞击声，在大船一旁开饭店的大厨俞海根冲出饭店，奋不顾身跳进河中救人，将4名落水者（其中2个小孩）顺利施救上岸，此时河水已没过车顶，整辆车被河水淹没。俞海根英勇救人的事迹在当地传为佳话。2013年，俞海根被嘉兴市政府授予见义勇为勇士称号。

2015年4月14日18时许，浙江威驰管道维护公司3名员工在广陈镇前港利百加箱包厂门口窨井处对污水管进行检修，木梯突然断裂，3人跌入井中，1人爬上井口求援。接警后，广陈派出所协辅警俞夏龚与队友一起火速赶到现场，经询问尚有2人被困井下，生死未卜，时间就是生命，俞夏龚在没有防毒面具的情况下毅然下井营救，一口气连续救起2人，当救起第2人时，由于在井下吸入大量沼气已感四肢无力，最终在队友们的帮助下，拉出井口，及时送往医院，经抢救脱险。俞夏龚冒着生命危险救人的英勇事迹在当地传为佳话。俞夏龚获2015年度嘉兴市见义勇为勇士称号。

**表10-1　荣获浙江省见义勇为积极分子名录**

| 年度 | 姓名 | 性别 | 工作单位或住址 |
|---|---|---|---|
| 2002 | 赵海荣 | 男 | 钟埭街道社区保安队 |

**表10-2　荣获嘉兴市见义勇为积极分子（勇士）名录**

| 年度 | 姓名 | 性别 | 工作单位或住址 |
|---|---|---|---|
| 1994 | 褚建芳 | 女 | 曹桥乡野马村 |
| 2007 | 夏东建 | 男 | 黄姑镇社区保安队 |
| 2011 | 金　浩 | 男 | 新仓派出所协警（见义勇为勇士） |
| 2013 | 俞海根 | 男 | 钟埭街道水上个体饭店（见义勇为勇士） |
|  | 韩　飞 | 男 | 当湖街道奔腾建筑构配件有限公司（安徽阜阳） |
|  | 俞春杰 | 男 | 当湖街道社区保安队 |
|  | 李冬磊 | 男 | 当湖街道社区保安队 |
| 2015 | 俞夏龚 | 男 | 广陈派出所协警 |

**表10-3　荣获平湖市见义勇为积极分子名录**

| 年度 | 姓名 | 性别 | 工作单位或住址 |
|---|---|---|---|
| 1994 | 张树忠 | 男 | 广陈镇泗泾村 |
|  | 沈水良 | 男 | 林埭镇陈匠村（市第二造纸厂） |
|  | 范连根 | 男 | 全塘镇穗轮村 |

续上表

| 年度 | 姓名 | 性别 | 工作单位或住址 |
|---|---|---|---|
| 1994 | 陈亚其 | 男 | 全塘镇联防队 |
| | 冯敏军 | 男 | 全塘镇联防队 |
| | 俞忠明 | 男 | 新仓镇新星村（平湖二轻水泥厂） |
| | 俞金杰 | 男 | 新仓镇新星村 |
| | 毛爱民 | 男 | 全塘镇穗轮实业公司 |
| | 张付林 | 男 | 平湖橡胶厂 |
| | 任志明 | 男 | 乍浦镇广电站 |
| | 褚建芳 | 女 | 曹桥乡野马村（并获嘉兴市级） |
| 1995 | 王忠杰 | 男 | 平湖市棉纺厂 |
| | 张跃良 | 男 | 平湖市会计服务公司 |
| | 黄良善 | 男 | 共建乡丰荡村 |
| 1996 | 龚忠良 | 男 | 新仓镇晨光村 |
| | 顾大雄 | 男 | 平湖市农业银行 |
| | 徐　瑛 | 男 | 平湖市第二招待所 |
| | 程根达 | 男 | 平湖市第四建筑公司 |
| | 潘中华 | 男 | 市茉织华印刷公司 |
| | 高燕飞 | 男 | 市茉织华印刷公司（新仓镇大进村） |
| | 陶群伟 | 男 | 浙江塑料厂 |
| | 陈　贵 | 男 | 乍浦镇总管弄 |
| | 许华弟 | 男 | 乍浦镇金门村胡家新村 |
| 1997 | 孙沈斌 | 男 | 平湖汽车站 |
| | 周进龙 | 男 | 平湖二轻水泥厂 |
| | 韩其根 | 男 | 黄姑镇海丰村 |
| | 邓志龙 | 男 | 新仓镇新星村 |
| 1998 | 赵建钢 | 男 | 城关镇治安联防队 |
| | 俞黎明 | 男 | 城关镇治安联防队 |
| | 蒋其根 | 男 | 新埭镇治安联防队 |
| | 丁阿尧 | 男 | 乍浦镇建港新村 |
| | 张吉祥 | 男 | 曹桥乡丁店村 |
| 1999 | 张永泉 | 男 | 平湖机械制造有限公司 |
| 2000 | 何国平 | 男 | 平湖金湖金属制品有限公司 |
| | 黄东升 | 男 | 新仓镇联防队 |
| | 沈海根 | 男 | 钟埭镇联防队 |
| 2001 | 赵海荣 | 男 | 钟埭街道社区保安队（并获浙江省级） |
| 2002 | 朱忠良 | 男 | 全塘镇人民政府 |
| | 陆跃明 | 男 | 曹桥乡勤安村 |

续上表

| 年度 | 姓名 | 性别 | 工作单位或住址 |
| --- | --- | --- | --- |
| 2003 | 包郑健 | 男 | 平湖天龙汽车运输有限公司旅游出租分公司 |
| | 王 枫 | 男 | 平湖市旅游公司 |
| | 姚志刚 | 男 | 平湖市旅游公司 |
| | 李永杰 | 男 | 平湖市旅游公司 |
| 2004 | 黄建祥 | 男 | 平湖天龙汽车运输有限公司 |
| | 王伟良 | 男 | 平湖市旅游公司 |
| | 顾正海 | 男 | 金平出租汽车有限责任公司 |
| | 沈志明 | 男 | 平湖天龙运输有限公司 |
| | 顾加龙 | 男 | 金平出租汽车有限责任公司 |
| | 顾学军 | 男 | 平湖天龙运输有限公司 |
| | 陈祖明 | 男 | 当湖街道城北路社区居委会 |
| 2005 | 戴玉英 | 女 | 广陈镇高新村 |
| | 夏东建 | 男 | 黄姑社区保安队（并荣获嘉兴市级） |
| | 张 明 | 男 | 当湖街道社区保安队 |
| | 杨徐巍 | 男 | 钟埭街道社区保安队 |
| | 郑金方 | 男 | 市公安局巡特警大队特种保安 |
| | 金美华 | 男 | 当湖街道社区保安队 |
| | 吴 斌 | 男 | 平湖市迅达出租汽车公司 |
| | 沈更生 | 男 | 钟埭街道红建花苑 |
| 2006 | 王 捷 | 男 | 农业银行平湖支行经济护卫队 |
| | 陆仕明 | 男 | 新仓镇联盟村 |
| | 周浩杰 | 男 | 广陈镇前港村 |
| | 沈更生 | 男 | 钟埭街道红建花苑 |
| 2007 | 彭世有 | 男 | 浙江饰美家洁具制造有限公司 |
| | 徐建明 | 男 | 平湖市旅游公司 |
| | 屠海滨 | 男 | 平湖市天元出租汽车公司 |
| | 张真理 | 男 | 新埭镇杨庄浜村 |
| | 沈更生 | 男 | 钟埭街道红建花苑 |
| 2008 | 屠振浩 | 男 | 当湖街道绣花里（杭州警察学院学生） |
| | 沈更生 | 男 | 钟埭街道红建花苑（个体摩托车修理） |
| | 沈康康 | 男 | 新埭镇社区保安队 |
| 2009 | 马跃平 | 男 | 平湖市城建监察大队 |
| | 马伟华 | 女 | 新仓镇红光村 |
| | 李成强 | 男 | 平湖莱恩达国际大酒店 |
| 2010 | 李 健 | 男 | 平湖杭浦高速浙沪主线收费所 |
| | 金 浩 | 男 | 新仓镇社区保安队 |

# 第十一章　查禁社会丑恶现象

民国时期，平湖城乡赌博成风，并有暗娼卖淫等社会丑恶现象，社会风气严重败坏。新中国成立后，在县委、县人民政府的领导下，发动人民群众开展禁赌禁娼斗争，全面禁止旧社会遗留下来的黄、赌等社会丑恶现象，维护社会治安，净化社会风气。20世纪50年代初期卖淫嫖娼被禁绝，60年代赌博歪风被刹住。“文化大革命”期间，赌博活动抬头，80年代卖淫嫖娼重新蔓延。进入21世纪，黄、赌等社会丑恶现象呈继续上升之势。县公安局在各级党委、政府的领导下，根据上级公安机关的统一部署，结合当地实际，适时组织专项治理和专项斗争，组建禁赌扫丑预备队，建立扫黄禁赌工作责任及问责制度，对查禁不力的，追究相关领导及民警的失察责任，有力地遏制了社会丑恶现象的蔓延之势。

## 第一节　查禁赌博

### 一、民国时期的禁赌

民国时期，平湖城乡赌博之风盛行，地痞、流氓勾结官府公开设赌，不少人为此倾家荡产，妻离子散，走上绝路。1949年2月5日上海《申报》报道：“平湖城厢东门外聚升油酒店伙友沈月书，在废历新正与人赌博，共负糙米25石之数，除将全部现款付出，尚欠10石左右，向经理胡佩卿借不成，又因债权金某等人逼讨，羞怨交迫，于深夜自杀。”

民国政府虽然也抓禁赌，但其警察暗地里向赌场台主收取“陋规费”后，就听之任之。民国36年（1947）2月，新埭镇东、西市开设“二十一门头”赌台两桌，每桌每月给警察所长抽头钿30万元（法币），新埭区9个乡镇的每个小茶店每月向警所交抽头钿2万元（法币）。民国37年（1948）9月，乍浦警察所巡官去戴墓墩抓赌，向赌徒罚处金圆券115万元自肥。由于警察机构明禁暗纵，赌风屡禁不止，反而越来越严重，对社会危害也更大。

### 二、新中国成立后的禁赌

新中国成立后，县人民政府十分重视禁赌工作，发布《禁赌布告》，严禁一切形式的赌博活动，县公安局借助镇反斗争的强大声威，依靠基层党政组织，派出专门力量，通过张贴布告、召开居（村）民大会，积极开展禁赌斗争，查处一批聚众赌博的赌头赌棍，教育和挽救了一批嗜赌分子，遏制了赌博歪风。

1953年，县公安局针对城郊区的胜利乡、三港乡、福臻乡，新仓区的共和乡、新港乡，新埭区的泖口乡、石桥乡、溪洋乡和黄山区的大桥乡、金家门乡、祥圩乡等地聚众赌博活动突出，积极依靠基层组织，开展查禁赌博活动。是年，有18名赌头赌棍被判刑。至1955年，先后对42名赌头赌棍追究刑事责任，分别由人民法院判处5年至2个月不等的有期徒刑。对赌博成性、屡教不改的胜利乡张某，在600多人参加的群众大会上将其公开逮捕，并通报全县各乡镇，给那些仍不思悔改的赌头赌棍以严正警示，对一般参赌群众，则根据不同情节，分别作出处理，由于政府加强禁赌工作，使赌博之风很快得到遏制。

1957年10月，《中华人民共和国治安管理处罚条例》（以下简称《治安管理处罚条例》）颁布施行。《治安管理处罚条例》明确规定“以推牌九、打麻将、打扑克、摸彩等方式进行赌博”是扰乱公共秩序行为之一，可给予警告、罚款或治安拘留处罚，把禁赌纳入法制化轨道。

1958年2月1日，县委批转县公安局《关于开展禁赌工作意见》，将麻将、牌九、骰子定为赌具，明确规定今后如发现打麻将、牌九等活动，不论赌博与否，一律要严肃处理；对于各机关、企业、学校等单位，将过去所存有麻将、牌

九、骰子等赌具在2月10日前一律上缴公安机关烧毁，如有抗缴者，按情节轻重给予应有处理；今后再发现以麻将、牌九等赌具为娱乐者，各机关、企业等单位可按照干部奖惩制度给予纪律处分。自禁赌布告公布日期起，一律禁止用麻将牌和牌九牌等赌具作为娱乐工具，凡有出售麻将、牌九的单位和旧货摊自禁赌布告公布后，进行一次检查，发现上述赌具一律禁止出售，并上缴公安机关统一烧毁。

1961年，新埭公社平南大队组织共产党员和生产队长以上干部集中学习，深入宣传赌博危害，充分发动群众，积极同赌博行为作斗争，在5天时间内刹住蔓延一年之久的赌风，禁赌成绩显著。1962年1月22日，省公安厅向全省批转省厅工作组《关于平南大队迅速有效制止赌风的报告》，认为平南大队制止赌博的经验很好，供全省各地参考。"文化大革命"期间，社会治安秩序陷入混乱，城乡出现用自制纸牌代替麻将、扑克进行赌博，赌博活动再次抬头、蔓延。

1974年1月10日，县革命委员会发布《禁赌布告》，各公社、镇结合中心工作，广泛宣传，发动群众，自觉地反对和抵制赌博。凡查获聚众赌博，用于赌博的桌椅板凳全部进行收缴，并对参赌人员举办学习班，黄山、港中公社分别对20多名参赌人员举办学习班，收到较好效果。

1979年5月，城关派出所依照上级公安机关关于在县委、县政府所在地恢复执行《治安管理处罚条例》的指示精神，对4名赌头处以行政拘留处罚，8名赌棍处以罚款处罚，11名参赌人员处以警告处罚。

20世纪80年代，随着经济的发展，赌博活动继续在全县城乡蔓延，且日趋公开化、普遍化，一些赌头、赌棍输赢额度不断增大，并伴有雇人设岗放哨，逃避打击。为制止赌博，公安机关继续加大对赌博活动的打击力度，虽经不断打击取缔，但仍屡禁不止。

1980年3月，全县城乡全面恢复执行《治安管理处罚条例》，加大依法查禁赌博的力度。5月8日，中华人民共和国工商总局、轻工业部、商业部、供销合作总社、公安部等7部门联合下发《关于禁止制造、销售赌具问题的通知》，县公安局贯彻上级精神，加强管理，禁止制造、销售花牌、麻将、牌九、骰子等赌具。11月29—30日，新埭公社举办参赌人员法制学习班，组织学习《中华人民共和国刑法》和《治安管理处罚条例》的有关条款及县革命委员会《禁赌布告》，进行法制教育，公社党委书记亲自到会讲话。对参加赌博情节严重、危害较大的3名惯赌由县公安局宣布执行治安拘留，并没收非法赢款和抽头所得款，对其他人员责令检查交代，具结保证，不得再犯。

1981年1月23日，县革命委员会批转县公安局《关于进一步禁止赌博活动的意见》，通过召开禁赌电话会议和禁赌广播大会，发动和依靠群众，开展查禁工作，有效制止了少数社镇赌风蔓延之势。1981—1982年，全县共举办禁赌法制教育学习班55期，参加人员1000余人。通过法制教育，挽救了一大批失足者，同时也打击处理了一批赌头赌棍和屡教不改的嗜赌人员。1983年，全县开展精神文明建设和严厉打击严重危害社会治安的犯罪分子的斗争，赌博活动有所减少。

1984年1月18日，县公安局下发《关于严禁赌博活动的通知》，继续重申严禁制造、销售花牌、麻将、牌九、骰子等赌具，凡违反规定继续制造、出售赌具的，除没收其生产工具和赌具（包括半成品）外，还要给予必要的处理。3月，对城关镇人防地下游艺场设立的用小圈套泥塑和打子弹中粒糖娱乐活动，经请示省公安厅后以变相赌博予以制止，维护法律的严肃性。

1985年1月，省人民政府颁发《关于查禁赌博的暂行条例》（以下简称《条例》）。县公安局印发省政府《条例》及《禁赌宣传资料》计万余份，发至全县各乡镇、村、组、居委会、县属内保各单位张贴宣传，掀起禁赌高潮。2月上旬，县公安局组织工作组赴赌博最为严重的全塘镇，会同镇政府开展集中禁赌工作，一周内查获赌场4处，抓获参赌人员29人，当场缴获赌资1179元，根据情节轻重和态度好坏，治安拘留4人，其余予以罚款处罚。8月，最高人民法院、最高人民检察院、公安部联合下发《关于严格查禁赌博活动的通知》，禁赌工作力度进一步加大。全年共查处赌博案件77起，占全年治安案件总数21%，共处罚142人，其中逮捕1人、劳动教养1人、治安拘留44人、治安罚款13人、收容审查4人，其他按省政府《条例》罚款 79 人，罚款总额 3.08 万元，没收赌资 8967 元及扑克、牌九等赌具一批。

1986 年 12 月 20 日，县人民政府发布《禁赌布告》，规定凡有赌博行为的人必须从布告之日起 15 天内，向当地公安派出所或乡镇人民政府、本单位保卫部门登记，讲清问题，揭发同伙，具结悔过，可依法从轻处罚或免予处罚，对不思悔改的赌头赌棍要追究其刑事责任，干部、国家工作人员参与赌博活动的要依法从严惩处，包括给予必要的政纪处分，县长陆林根发表广播动员讲话。全县 22 个乡镇成立禁赌工作班子，在宣传发动的基础上，对参赌人员进行普遍登记，近 2 个月时间，前来派出所、民警值勤室、企业保卫部门主动登记的有 4648 人，提供线索 87 起，收到群众检举揭发信 6 封，对一些屡教不改的嗜赌人员分别进行处理。

1987 年 5 月，县公安局在赌风十分严重的林埭镇陈匠村开展集中禁赌，通过调查取证，共处罚 59 名参赌人员。7 月 11 日，城关派出所查处以屠某某为首的聚众赌博案，行政拘留 21 人，罚款 33 人。惯赌屠某某被依法追究刑事责任，判处有期徒刑 1 年 6 个月，并处罚金 280 元。

1988 年，县公安局分别在 1—2 月和 6—8 月，先后开展“打现行、刹赌风、抓防范”和“打流氓、反盗窃、刹赌风”两次专项斗争。共排出参赌人员 1774 名，有 797 名参赌人员在规定的期限内向公安机关登记悔过，同时抓获现行赌博 35 场（次）187 人，缴获赌资 2400 余元，赌具 40 副，治安拘留 34 人、治安罚款 106 人、批评教育 47 人。城关派出所查获一个有 25 人参加的赌博团伙，依法逮捕 2 人，劳动教养 4 人，治安处罚 19 人。新庙乡集中 27 名赌徒举办禁赌学习班，收到较好效果。

1989 年，县公安局根据上级公安机关的统一部署，开展“扫六害”（卖淫嫖娼、制作贩卖传播淫秽物品、拐卖妇女儿童、私种吸食贩运毒品、聚众赌博、利用封建迷信骗财害人）专项行动。乡镇成立专门班子，召开广播大会，印发各种宣传资料 2 万余份，治安部门派出警力深入全塘、黄姑等赌风蔓延较为严重的乡镇开展集中禁赌，有力地刹住了赌风。全年查处赌博案件 159 起，处理 830 人，其中逮捕 6 人、劳动教养 5 人、治安处罚 745 人；没收赌具 172 件。

进入 90 年代，随着麻将、牌九等作为娱乐工具重新向公众开放，乡村、街道个体棋牌室兴起，赌博歪风趁之而入。公安机关禁赌力度进一步加大，每年组织禁赌专项斗争，从 1993 年起查处涉赌违法人员突破 1000 名，以后每年递增，至 1999 年查处人员数达到 4866 名。通过判刑、劳教、治安处罚等多种法律手段予以依法打击，赌博歪风才有所遏制。

1990 年 1—2 月，县公安局开展禁赌专项斗争，全县共成立 47 个禁赌班子，人员 317 人，印发禁赌布告 4500 份，排摸出参赌线索 142 条，接待参赌投案自首人员 62 人，冲击赌场 90 次，抓获参赌人员 552 人，捣毁赌窝 41 个，缴获赌资 9170 元，没收赌具 73 件，131 人受到治安处罚，292 人按乡规民约处理。11 月，针对新埭、林埭、上海线内河客轮上“飞牌”赌博活动较为突出，且有护赌“保镖”，先后 8 次组织警力随船跟踪，明察暗访，抓获赌徒 14 人，依法追究刑事责任 2 人，其余均予以治安处罚。

1991 年，贯彻浙江省人大常委会《浙江省禁止赌博条例》，坚持专门工作与群众路线相结合，教育与处罚相结合的原则，加强宣传教育，动员全社会力量，开展禁赌工作。以后又通过禁赌专项斗争，典型案例电视新闻宣传报道等，有力地遏制城乡赌风蔓延之势。

1998 年 12 月 15 日，市公安局下发《关于严厉打击赌博违法犯罪活动的通知》，进一步加大查禁力度，严厉打击公共场所、旅店业中的赌博活动，依法严惩从事赌博活动的赌头、赌棍和其他参赌人员，并规定对查禁不力的地区，将追究派出所领导及责任区民警的失察责任。

1999 年 1—3 月，全市开展禁赌、扫黄专项行动，建立市、镇两级领导班子，广泛宣传，层层发动，先后召开会议 131 次，广播宣传 157 次，张贴标语 2167 份，制作禁赌、扫黄专题片通过 110 节目进行播放。行动中摧毁赌博团伙 52 个，涉赌人员 260 人，破获刑事案件 80 起，查处治安案件 325 起，抓获违法犯罪人员 1641 人，其中涉赌人员 1373 人，依法追究刑事责任 5 人，劳动教养 2 人，治安处罚 1185 人，其他处理 89 人。全年共处理赌博人员 4866 人，其中追究刑事责任5人，劳动教养2人，治安处罚4770人，其他处理89人，是历年来查禁赌博处理人数最多的一年。

进入21世纪，赌博活动进一步升级，赌注数额增大，有组织的聚众赌博及暴力护赌、诈赌骗赌等重大涉赌案件在城乡不断增多，严重危害社会治安，公安机关加大对重特大赌博案件的查处，依法追究其刑事责任。

2001年7—10月，市公安局在全市开展夏季扫丑整治行动，严厉打击赌博违法犯罪活动，行动中共查处赌博案件139起，723人，其中依法追究刑事责任2人，治安处罚651人。10月15日晚，在当湖镇一居民区查获一起特大赌博案，台面总输赢额高达10万余元，当场缴获赌资17万元，房东徐某某因涉嫌赌博罪被依法追究刑事责任，判处拘役3个月，并处罚金3000元。

2003年3月，针对“黄赌毒”等社会丑恶现象屡禁不止，特别是聚众赌博、暴力护赌、以赌养恶现象时有发生的治安形势，市公安局在治安大队组建治安行动队，设队长1名、副队长1名，队长由1名副大队长兼任，落实专职办案民警2名，配备微型摄像机1台、现场勘查设备1套、汽车2辆、枪支4支、计算机2台、传真机1台、防护器材4套，专司治安查处工作，严厉查处涉黄、涉赌案件。

2005年，市公安局开展以查处打击暴力护赌及有组织的聚众赌博团伙为重点的禁赌专项行动，破获赌博案件239起，抓获涉案人员1213人，收缴赌资120万余元；摧毁有组织的聚众赌博团伙8个132人。是年，处理赌博人员2646人，其中依法追究刑事责任58人、劳动教养2人、治安处罚2586人，打破长期以来对赌博案件逮捕判刑少，打击力度不大的局面。

2006年，贯彻执行《中华人民共和国治安管理处罚法》，针对新形势下赌博活动不断升级的态势，打击力度继续加大，尤其在查处有组织赌博的刑事案件数量上逐年上升。1月18日，市人民法院、检察院、公安局、司法局四部门联合下发《关于严厉打击赌博违法犯罪活动的通告》，严厉查禁职业性豪赌、互联网赌博、赌球、跨境赌博、电子游戏机赌博、“六合彩”等形式的赌博行为；严厉打击以赌博为业，屡教不改的赌头、赌棍，暴力护赌、追逼赌债的流氓恶势力和发放高利贷、开设赌场等为赌博提供条件的违法犯罪分子；坚决取缔赌徒经常聚赌的宾馆饭店、棋牌室、游戏房、网吧、茶室等娱乐、服务场所和居民住宅等赌博窝点。1—8月，组织开展三个阶段的禁赌专项行动，共摧毁涉赌犯罪团伙25个，采取刑事强制措施89人，查处赌博治安案件159起，缴获赌资206万元，治安处罚825人，缴获一批暴力护赌枪、棍棒等凶器，有力地震慑了赌博违法犯罪活动。12月21日起，开展“百日禁赌”专项行动。是年，禁赌工作被嘉兴市公安局评为先进单位。

2007年1月30日，市委召开全市政法综治暨禁赌工作会议，部署全市禁赌工作，市纪委印发《关于党员干部和国家公职人员参与赌博问题的处理意见》，建立党政干部、国家公职人员涉赌、涉黄案件抄告制度。3月，成立市禁赌工作领导小组，由市委书记任组长，市委副书记、政法委书记任常务副组长，市委常委、公安局局长及一名副市长任副组长，成员由市法院、市检察院、市纪委（监察局）、市委组织部、市委宣传部、市委政法委（综治办）、市公安局、市司法局等21个单位主要负责人组成，在市委政法委设办公室，由政法委专职副书记任办公室主任，统一组织协调全市禁赌工作。至6月，先后组织开展两轮“百日禁赌”专项行动，共摧毁涉赌犯罪团伙13个，查获赌博刑事案件14起，同比增长40%；查处赌博治安案件721起，同比增长171%；追究刑事责任56人，同比增长35%；劳动教养6人，同比增长200%；治安处罚3393人，同比增长81%。缴获赌资705.06万元。至年底，在嘉兴市公安局通报的九项禁赌数据中，平湖有五项数据列嘉兴市第一，两项数据列嘉兴市第二,一项数据列嘉兴市第三。禁赌工作得到市委、市政府和嘉兴市公安局领导的肯定。当湖、钟埭街道和全塘镇被市委、市政府评为禁赌工作先进集体。

2008年2月19日，市公安局通过周密侦查，在全塘金桥集镇对“六合彩”赌博案组织搜捕行动，查获以朱某某、张某某为首的“六合彩”赌博团伙一个共6人，当场缴获大量“六合彩”赌博的印刷品及电脑等。在办案过程中，号召一般参赌人员主动到公安机关投案自首，从轻处罚，对组织“六合彩”赌博的5名主要成员依法追究刑事责任，刹住这一地区“六合彩”赌博歪风。

2009年2月，市公安局组织“2009-1号”禁赌扫丑专项行动，摧毁有组织赌博团伙6个，查处赌博案件297起1333人，追究刑事责任29人，劳动教养3人，罚没款292万元，收缴赌博机1848台，摧毁针对未成年人诈赌骗赌团伙7个，追究刑事责任14人。4月3日，在钟埭街道查获诈赌团伙1个，破获涉案金额达50万元的特大诈赌案，为首分子吴某某以诈骗罪被依法判处有期徒刑11年6个月，剥夺政治权利3年。6月，在全市10个派出所及巡特警大队组建“禁赌扫丑”预备队，推行跨单位调警，协同办案，提高攻坚克难能力。7月13日，在当湖街道一居民小区内成功破获有组织赌博犯罪团伙1个，抓获以陈某某为首的6名涉案人员，缴获马刀、汽车、赌具、现金及涉案赌资（筹码）近百万，6名涉案人员均被依法追究刑事责任。

2010年，贯彻省公安厅《打击组织强迫妇女卖淫和赌博违法犯罪活动六条严管措施》，市公安局以“冬季行动”、打击黄赌“利剑行动”等为抓手，严厉打击开设赌场犯罪，积极整治街面赌博现象，对赌博机存放点进行全面清理。截至12月20日，共办理赌博治安案件301起，治安处罚1346人，收缴赌博机2157台；查获赌博刑事案件42起，摧毁有组织赌博团伙9个，追究刑事责任68人，劳动教养5人；查获诈赌骗赌刑事案件9起，追究刑事责任32人；抓获开设赌场的在逃人员3人，劳教18人。

2011年，市公安局围绕全国统一开展的“打四黑除四害”专项行动，组织开展严厉打击涉赌涉黄违法犯罪百日攻坚行动，破获有组织赌博刑事案件37起，摧毁有组织赌博团伙17个，追究刑事责任91人；查处涉赌治安案件171起，处罚836人，罚没款188万余元，收缴赌博机1342台。黄赌案件打击处理数同比上升20%。10月，当湖派出所在辖区内连续摧毁3个有组织赌博犯罪团伙，抓获犯罪嫌疑人员42人，缴获赌资15万余元，查获轿车5辆，缴获牌九、遥控骰子等赌博工具以及对讲机、棒球棒等护赌工具一批，20名涉案人员被依法追究刑事责任，22名涉案人员被治安行政处罚。

2012年1月1日至5月20日，市公安局组织开展打击以有组织赌博、游戏机赌博，桑拿沐浴涉黄违法犯罪活动为重点的严厉打击涉赌涉黄违法犯罪“利剑”专项行动。先后破获独山港、新仓镇及钟埭街道等地多起重特大有组织赌博犯罪案件。共破获有组织赌博刑事案件20起，查处涉赌行政案件148起，处罚669人；摧毁有组织赌博团伙18个，追究刑事责任108人，劳动教养5人，罚没款168万元，收缴赌博机1067台。新仓、新埭、独山港派出所分别获专项行动前三名，被评为先进单位。

2013年，根据嘉兴市公安局统一部署，组织开展以打击和防范有组织涉赌涉黄犯罪为主要内容的“百日侦防大会战”，摧毁黄赌犯罪团伙24个98人，名列嘉兴市第一，其中范某某等10人利用互联网开设赌场案件被列为省厅督办案件，王某某等人开设赌场案成为一案逮捕10人以上的重点案件。

2014年起，市公安局成立由分管治安副局长为组长，巡特警大队大队长为副组长，各实战单位和派出所所长为成员的打处工作领导小组，在巡特警大队设立办公室，负责日常打处工作。至2015年，共查处赌博案件464起，处理2498人，其中追究刑事责任344人，治安处罚2154人，其中2015年追究刑事责任227人。

表11-1　　1953—2015年部分年份平湖查禁赌博处理人员一览表

| 年份 | 查处案件数 | 处理人数 | 查处人员情况 | | | | | |
|---|---|---|---|---|---|---|---|---|
| | | | 刑事处罚 | 劳动教养 | 治安处罚 | | | 其他 |
| | | | | | 警告 | 罚款 | 拘留 | |
| 1953 | – | 18 | 18 | – | – | – | – | – |
| 1954 | – | 18 | 18 | – | – | – | – | – |

续上表

| 年份 | 查处案件数 | 处理人数 | 查处人员情况 | | | | | |
|---|---|---|---|---|---|---|---|---|
| | | | 刑事处罚 | 劳动教养 | 治安处罚 | | | 其他 |
| | | | | | 警告 | 罚款 | 拘留 | |
| 1955 | – | 6 | 6 | – | – | – | – | – |
| 1979 | – | 23 | – | – | 11 | 8 | 4 | – |
| 1980 | 117 | 90 | – | – | 3 | 65 | 22 | – |
| 1981 | 185 | 203 | 5 | – | 22 | 138 | 38 | – |
| 1982 | 130 | 288 | – | – | 39 | 144 | 64 | 41 |
| 1983 | 57 | 88 | – | – | 8 | 53 | 27 | – |
| 1984 | 36 | 56 | – | – | – | 9 | 47 | – |
| 1985 | 77 | 142 | 1 | 1 | – | 13 | 44 | 83 |
| 1986 | 163 | 259 | 5 | 1 | 7 | 149 | 97 | – |
| 1987 | 85 | 591 | 1 | – | – | 440 | 150 | – |
| 1988 | 88 | 440 | 2 | 4 | – | 278 | 156 | – |
| 1989 | 159 | 830 | 6 | 5 | – | 587 | 158 | 74 |
| 1990 | 90 | 744 | 2 | – | – | 304 | 146 | 292 |
| 1991 | 103 | 577 | – | 1 | – | 444 | 92 | 40 |
| 1992 | 85 | 412 | – | 6 | – | 287 | 100 | 19 |
| 1993 | 291 | 1649 | – | – | – | 1558 | 85 | 6 |
| 1994 | 195 | 1225 | – | 3 | – | 1146 | 65 | 11 |
| 1995 | 266 | 1682 | – | – | – | 1566 | 104 | 12 |
| 1996 | 468 | 3187 | – | – | 1 | 3018 | 159 | 9 |
| 1997 | 359 | 2734 | 6 | 2 | – | 2595 | 131 | – |
| 1998 | 676 | 3922 | – | – | – | 3804 | 112 | 6 |
| 1999 | 936 | 4866 | 5 | 2 | – | 4608 | 162 | 89 |
| 2000 | 855 | 4636 | 2 | – | – | 4492 | 142 | – |
| 2001 | 739 | 3618 | 2 | – | – | 3511 | 105 | – |
| 2002 | 416 | 2525 | – | – | – | 2427 | 98 | – |
| 2003 | 410 | 2410 | – | – | – | 2369 | 41 | – |
| 2004 | 715 | 2915 | – | – | – | 2142 | 773 | – |
| 2005 | 429 | 2646 | 58 | 2 | – | 2424 | 162 | – |
| 2006 | 184 | 1476 | 89 | 3 | 2 | 1048 | 333 | 1 |
| 2007 | 721 | 3450 | 56 | 6 | – | 3066 | 322 | – |
| 2008 | 418 | 1976 | 57 | 6 | – | 1426 | 486 | 1 |
| 2009 | 400 | 1850 | 76 | 5 | 5 | 1316 | 445 | 3 |
| 2010 | 352 | 1474 | 100 | 23 | – | 996 | 350 | 5 |
| 2011 | 208 | 1080 | 91 | – | 4 | 614 | 369 | 2 |

续上表

| 年份 | 查处案件数 | 处理人数 | 查处人员情况 | | | | | |
|---|---|---|---|---|---|---|---|---|
| | | | 刑事处罚 | 劳动教养 | 治安处罚 | | | 其他 |
| | | | | | 警告 | 罚款 | 拘留 | |
| 2012 | 255 | 1247 | 197 | 5 | 4 | 612 | 429 | – |
| 2013 | 392 | 1884 | 203 | – | 5 | 1279 | 397 | – |
| 2014 | 270 | 1295 | 117 | – | – | 760 | 418 | – |
| 2015 | 194 | 1203 | 227 | – | – | 489 | 487 | – |

## 第二节　取缔卖淫嫖娼

民国时期，平湖虽没有妓院，但城镇也有暗娼存在。解放后，县公安局结合剿匪肃特、镇反肃反等斗争，加强城乡社会治安管理，开展禁娼工作。经调查发现城关、乍浦两镇共有暗娼15名，除城关镇7名暗娼中有4名在解放初已出嫁或从事其他正当职业外，尚有11名仍在继续从事卖淫活动。

1953年2月，为彻底铲除卖淫嫖娼这一社会丑恶现象，县公安局组织力量开展取缔暗娼、卖淫活动，在深入调查取证的基础上对3名暗娼予以收容教育。经过一段时间的宣传教育和查禁处理，把娼妓改造成为自食其力的劳动者，禁娼工作取得成效，卖淫嫖娼基本绝迹，在以后较长时间内没有再次出现。

进入20世纪80年代，随着商品经济的日益繁荣，流动人口大量增多，在拜金主义、享乐主义和国外“性自由”“性解放”思想毒素的影响下，卖淫嫖娼这一社会丑恶现象死灰复燃，在城镇再度出现，一些旅馆、舞厅、卡拉OK厅、KTV包房、美容美发、洗浴等公共娱乐服务行业以金钱为利益，用“三陪女”“按摩女”等形式，引诱、唆使、纵容、包庇妇女卖淫，使卖淫嫖娼活动日益泛滥。公安机关坚持发现一起，查处一起，有力地打击卖淫嫖娼违法犯罪活动。

1983年8月，县公安局在“严打”斗争第一仗中，发现2名当地女青年有利用钱物进行性交易情况，同时还涉嫌其他犯罪，经查证后少管1人，判刑1人。1987年8月25日，城关派出所在东湖旅馆查获从福建流入的卖淫女1人、嫖客2人，予以收容审查。

1989年5月中旬，城关派出所在辖区检查旅馆时，当场查获2名正在卖淫的当地女青年。经查，俩人以营利为目的，先后在城关镇、胜利乡和海盐、杭州等地旅馆、招待所分别向39名异性卖淫，得款1325元，俩人分别予以劳动教养处理。10月下旬至11月，县公安局根据公安部《关于在全国开展扫除卖淫嫖娼等六害统一行动方案》，报经县委同意，在全县部署开展“扫六害”（卖淫嫖娼、制作贩卖传播淫秽物品、拐卖妇女儿童、私种吸食贩运毒品、聚众赌博、利用封建迷信骗财害人）统一行动，抽调6名干警组成专门工作班子，查获卖淫女14人、“皮条客”2人、嫖客及淫乱人员45人，取缔卖淫窝点2个，处理卖淫嫖娼违法人员71人，其中逮捕1人、劳动教养6人、治安处罚64人。

1991年，全国人大常委会《关于严禁卖淫嫖娼的决定》和国务院《卖淫嫖娼人员收容教育办法》公布实施。3—9月，全县开展取缔卖淫嫖娼活动专项斗争，查处卖淫嫖娼人员65人，其中逮捕1人、劳动教养5人、治安处罚59人。

1993年5月至1994年5月，根据省公安厅的统一部署，在全市范围内组织开展以打击团伙犯罪、打击拐卖妇女儿童犯罪、打击车匪路霸和严禁卖淫嫖娼为内容的“三打一禁”专项斗争，一年内共组织5次集中战役，召开2次打击处理大会，查处卖淫嫖娼案件73起，逮捕6人，劳动教养5人，治安拘留28人次，罚款83人次，摧毁8个卖淫嫖娼窝点，取缔介绍容留卖淫嫖娼的个体旅店5家。全塘镇港湾、车站、新开等3家旅馆，因多次容留、介绍卖淫嫖娼，业主朱某某、沈某某（女）、李某某等3人被追究刑事责任，分别被判处有期徒刑5年6个月、5年、5年。

1995年，市公安局在治安部门组建扫丑行动队，积极侦破重特大卖淫嫖娼案件。8月，开展美容美发业的清理整顿，打击以美容美发为幌子进行卖淫嫖娼违法活动，查获卖淫嫖娼人员116人，破获刑事案件6起，其中大案2起，治安案件36起，依法逮捕1人、收容审查3人，劳动教养2人，治安处罚113人。10月，查获涉外卖淫团伙一个，以陈某某、谢某某为首的7名卖淫女，共卖淫40多人次，其中向6名外国人卖淫19人次，涉及日本籍1人、韩国籍5人，其中3人已回国，对尚未回国的3名韩国籍嫖娼人员进行依法传唤，按照中国法律作出治安处罚。

1996年3—4月，市公安局组织开展以城关郊和沿海乡镇为重点查禁卖淫嫖娼的专项行动。城关镇一个体饭店业主，为招徕顾客，教唆、介绍店内多名女服务员向顾客卖淫，并从中牟利，被依法追究刑事责任。

1998年6—8月，在夏季严打整治斗争中，查获新庙镇杏花楼以美容美发为掩护的卖淫窝点，将介绍他人卖淫的该店承包人彭某依法逮捕，后通过深挖，又将容留、介绍他人卖淫的该店店主殷某某绳之以法，以介绍他人卖淫罪判处彭某有期徒刑5年6个月，以容留、介绍他人卖淫罪判处店主殷某某有期徒刑5年。

1999年1—3月，全市组织开展禁赌、扫黄专项行动，建立市、镇两级领导班子，广泛宣传，层层发动，先后召开会议131次，广播宣传157次，张贴标语2167份，制作禁赌、扫黄专题片通过110节目进行播放。行动中，摧毁卖淫团伙7个31人，抓获卖淫嫖娼人员92人。依法追究刑事责任2人、劳动教养1人，治安处罚120人。12月，组织对全塘地区洗浴场所卖淫嫖娼的集中查禁工作，查获容留、组织、介绍卖淫大案一起，当场抓获10余名卖淫嫖娼人员，3名涉案人员被依法追究刑事责任，8名卖淫人员予以收容教育，20名嫖娼人员予以治安处罚。

2000年起，当湖、乍浦、新埭等地演艺场所多次出现淫秽色情表演，社会影响极坏。公安机关对此类案件做到发现一起，查处一起，决不使其蔓延。11月15日晚，市公安局在当湖镇新华路新世纪娱乐城查获嘉兴首例组织淫秽表演案，业主沈某某及演出团体两名直接责任人被依法追究刑事责任，以组织淫秽表演罪判处业主沈某某有期徒刑2年，另2名涉案人员分别判处有期徒刑2年、1年。2001年4月29日晚，在乍浦海辰宾馆查获一起淫秽表演案，该宾馆康乐部经理房某某被依法追究刑事责任，判处有期徒刑1年6个月。2000—2006年共查处5起淫秽色情表演案件，分别予以追究刑事责任和治安处罚。

2001年7—8月，当湖镇东湖广场、解放西路街心绿化带及当湖第一桥等繁华地段首现马路招嫖现象，市公安局治安大队会同当湖派出所组织两次“捉夜莺”行动，查处街头拉客卖淫案件41起、违法人员85人，其中劳教1人、治安处罚84人。12月，又组织开展为期3天的集中统一行动，共抓获涉嫌卖淫嫖娼违法人员41人，其中治安处罚12人，其余29人经教育后被遣送回原籍。2002年7月，再次组织警力对东湖广场马路招嫖现象进行集中整治，抓获卖淫女23人，收容教育3人，治安拘留20人。经过多次集中整治，使马路招嫖歪风基本刹住。

2002年1月5日，市公安局查获全塘金盛池浴室业主张某某夫妇组织卖淫案，当场抓获业主张某某夫妇及服务员共5人，卖淫嫌疑人员13人。业主张某某在浴室内设置暗包厢、安装内线电话，雇用卖淫女，实行统一食宿、编排工号，统一收取嫖资，并从中抽头，牟取暴利。张某某夫妇和3名协助组织卖淫的浴室工作人员均被追究刑事责任，以组织卖淫罪判处张某某（女）有期徒刑13年、协助组织卖淫罪判处其夫张某某有期徒刑3年，其余3名涉案人员中有2名分别判处有期徒刑2年，1名判处有期徒刑1年。

2006年7—8月，市公安局组织开展夏季扫黄专项行动，查破各类涉黄案件179起，处罚违法犯罪人员443人，捣毁隐藏在娱乐服务场所、出租房等处的涉黄窝点10个。2008年6月，部署开展全市美容美发场所的专项整治，查处卖淫嫖娼案件24起，其中容留、介绍案件3起，刑事拘留4人，治安拘留41人，治安罚款14人，取缔美容美发店42家。

2009年7—12月，根据公安部的统一部署，开展打击组织强迫妇女卖淫犯罪活动专项行动，查获组织、强迫、容留、介绍妇女卖淫案件9起，其中强迫未成年人卖淫案件1起，追究刑事责任13人，解救妇女4人（未成年人3人）。8月21日至10月21日，在全塘镇摧毁以山东籍张某（女）为首的强迫未成年人卖淫团伙1个，抓获6名涉案人员，当场解救被强迫卖淫的未成年少女3人。6名涉案人员分别被依法追究刑事责任，为首分子张某（女）被判处有期徒刑10年，其余5名分别被判处6年至3年6个月不等的有期徒刑。

2010—2012年，市公安局先后组织开展“冬季行动”“利剑行动”“百日攻坚”等专项行动，三年共办理卖淫嫖娼治安案件296起，治安处罚732人，劳动教养26人，查获组织、容留介绍卖淫嫖娼刑事案件38起，追究刑事责任62人。新仓、新埭、独山港派出所分别获2012年专项行动前三名，被评为先进单位。

2013年10月下旬，当湖街道多个宾馆酒店发现利用卡片招嫖，涉嫌有组织卖淫团伙，市公安局即成立专案组开展专案侦查。11月27日晚，抓获魏某某（女，陕西西安市人）、舒某某（云南镇雄县人）等8名犯罪嫌疑人，均被依法追究刑事责任。魏某某、舒某某分别以组织卖淫罪被判处有期徒刑10年和8年6个月，其余6名涉案人员以协助组织卖淫罪判处1年8个月至6个月不等的有期徒刑。至2015年，共查获卖淫嫖娼行政案件166起，容留介绍卖淫嫖娼刑事案件28起，追究刑事责任106人，治安处罚484人。

表11–2　　1983—2015年平湖查处卖淫嫖娼案件一览表

| 年份 | 案件起数 | | | 查处人员情况 | | | | | |
|---|---|---|---|---|---|---|---|---|---|
| | 合计（起） | 卖淫嫖娼 | 介绍、容留 | 合计（人） | 刑事责任 | 劳教（少管） | 妇教 | 治安处罚 | 其他 |
| 1983 | 2 | 2 | – | 2 | 1 | 1 | – | – | – |
| 1987 | 1 | 1 | – | 3 | – | – | – | – | 3 |
| 1989 | 32 | 28 | 4 | 198 | 1 | 10 | – | 187 | – |
| 1990 | 24 | 23 | 1 | 78 | – | 7 | – | 68 | 3 |
| 1991 | 25 | 20 | 5 | 65 | 1 | 5 | – | 59 | – |
| 1992 | 14 | 14 | – | 18 | – | – | – | 18 | – |
| 1993 | 73 | 69 | 4 | 138 | 1 | 2 | – | 135 | – |
| 1994 | 11 | 11 | – | 41 | – | 1 | – | 40 | – |
| 1995 | 74 | 70 | 4 | 175 | 1 | 5 | – | 169 | – |
| 1996 | 182 | 177 | 5 | 621 | 10 | 3 | – | 608 | – |
| 1997 | 255 | 255 | – | 805 | – | – | – | 805 | – |
| 1998 | 249 | 236 | 13 | 781 | 2 | – | – | 773 | 6 |
| 1999 | 226 | 223 | 3 | 695 | 5 | 1 | – | 687 | 2 |
| 2000 | 221 | 217 | 4 | 555 | – | – | – | 555 | – |
| 2001 | 203 | 198 | 5 | 499 | – | – | – | 499 | – |
| 2002 | 208 | 201 | 7 | 547 | 5 | – | 8 | 534 | – |
| 2003 | 181 | 175 | 6 | 409 | 3 | 8 | 9 | 389 | – |
| 2004 | 215 | 199 | 16 | 534 | – | – | – | 534 | – |
| 2005 | 194 | 183 | 11 | 483 | – | 5 | 8 | 470 | – |
| 2006 | 192 | 190 | 2 | 472 | – | 22 | – | 443 | 7 |
| 2007 | 156 | 153 | 3 | 374 | – | 22 | – | 352 | – |

续上表

| 年份 | 案件起数 | | | 查处人员情况 | | | | | |
|---|---|---|---|---|---|---|---|---|---|
| | 合计（起） | 卖淫嫖娼 | 介绍、容留 | 合计（人） | 刑事责任 | 劳教（少管） | 妇教 | 治安处罚 | 其他 |
| 2008 | 184 | 181 | 3 | 446 | 4 | 3 | – | 434 | 5 |
| 2009 | 176 | 167 | 9 | 429 | 16 | 2 | 3 | 406 | 2 |
| 2010 | 140 | 124 | 16 | 311 | 17 | 13 | – | 281 | – |
| 2011 | 109 | 97 | 12 | 275 | 15 | 9 | – | 251 | – |
| 2012 | 85 | 75 | 10 | 234 | 30 | 4 | – | 200 | – |
| 2013 | 68 | 61 | 7 | 177 | 23 | – | – | 154 | – |
| 2014 | 54 | 47 | 7 | 150 | 21 | – | – | 129 | – |
| 2015 | 72 | 58 | 14 | 263 | 62 | – | – | 201 | – |

## 第三节　查禁淫秽物品

新中国成立后，县公安局配合宣传、文化等部门及时查处淫秽物品案件，收缴社会上的淫秽图书、杂志和手抄本，遏制了淫秽物品的流传。20世纪70年代，淫秽书籍又开始露头，当时流传面较大的黄色手抄本《少女之心》，在城关等地部分中小学校学生中广为流传，使一些青少年受到毒害，随之流氓活动增多，学习成绩下降，严重污染社会风气。

1975年3—6月，城关派出所根据县委关于“加强对敌斗争，整顿社会治安秩序”的统一部署，查获黄色手抄本《少女之心》19本，并于5月6日在城关镇召开6000余人参加的批斗大会，选择影响广、危害大、气焰嚣张和民愤较大的2名流氓首犯和其他现行犯罪分子，组织工人、学生、居民和机关干部进行批斗，并当场宣布刑事拘留。会后有关学校，居民片区也召开批斗会，大刹流氓歪风，消除黄色手抄本《少女之心》带来的流毒。5月，嘉兴地委批转地区公安局《关于彻底追查、收缴黄色手抄本〈少女之心〉的报告》，县公安局积极会同学校和单位组织追查、收缴工作。并将《文汇报》4月15日刊登的《击退黄色手抄本的进攻》一文转发全县各单位（学校），配合单位、学校等部门加强对受毒害青少年的思想政治教育，对个别以传播黄色手抄本进行奸淫和流氓活动的犯罪分子依法处理。

进入20世纪80年代后，受国际社会影响，淫秽物品开始进入国门，数量和品种不断增多，有淫秽书刊、书画、录像、录音带、裸体扑克等，严重腐蚀毒害人们心灵。1981年4月4日，中宣部、公安部、商业部、文化部、交通部、旅游总局、工商行政总局、海关总署等八部门联合发布《关于查禁淫书、淫画和其他诲淫性物品的通知》。6月5日，县委宣传部、县公安局、交通局、商业局、文教局、工商局等六部门转发中宣部、公安部等八部门的通知，要求各社镇党委，县属单位党组织，县机关各部、委、办、局立即进行一次检查。12月14日，中共中央办公厅转发教育部、公安部、团中央《关于淫秽书刊在中学生中流传情况和处理意见的报告》，县公安局积极会同文化、教育等部门抽调人员组成工作班子开展查禁工作，抵制腐朽思想对青少年的侵蚀。

1983年8月，县公安局在“严打”斗争第一仗中，缴获黄色手抄本《少女之心》96本。12月7日，印发《关于应查禁收缴淫书、淫画等诲淫性物品和音像目录的通知》至全县各有关部、局、办，县属工厂、企事业单位人保科，要求根据目录积极做好淫秽物品的查禁收缴工作。

1984年1月26日，县公安局贯彻省政府《关于查禁淫秽书画和其他诲淫性物品暂行条例》，下发《查禁淫秽书画、物品和非法舞会的通告》，由各乡镇人民政府，县有关局办、各派出所分发到工厂、企业、机关、学校、乡、村、居委会进行张贴，开展宣传，组织收缴淫秽物品。并规定自通告之日起，对淫秽物品收缴一件上缴一件，县属单位由人事保卫部门负责，城关、乍浦、新埭三镇由公安派出所负责，各乡由公安员负责，统一上缴县公安局治安股，不得留存。是年，共收缴黄色手抄本《少女之心》36本，淫秽录音带29盘、图片照片2张、油印杂志1本、其他5件。

1985年7月底，根据国务院《关于查禁淫秽物品的规定》和省政府《关于查禁淫秽书画和淫秽物品暂行条例》，开展查禁淫秽录像专项斗争，清理整顿录像放映点。由县政法委员会牵头成立县查禁淫秽物品领导小组，在县公安局设立办公室，由公安、工商、文化、宣传等部门抽调5人组成。经过近2个月查禁工作，基本摸清全县录像放映机、片及片子的放映、来源等情况，发现禁映片17部、淫秽片1部，收缴后上缴省厅三处。同时，清理街头的部分不健康小报，没收黄色手抄本《少女之心》42本，查禁工作取得一定成效。

1987年5月，县公安局根据嘉兴市局的统一部署，在全县范围内组织开展“严厉打击流氓犯罪、查禁淫秽物品”的专项斗争。全县23个乡镇建立工作班子，采取多种形式广泛宣传发动，在全社会形成强大的声势。专项斗争中，有636人主动投案自首，收缴淫秽手抄本133本，淫秽书刊、画报、照片、扑克牌等93件，抓获各类违法犯罪人员169人。城关派出所排出违法人员45人，有26人前来自首，收缴流散在社会上的淫秽画报、扑克、打火机、手抄本44件。7月，会同工商、文化、广电、宣传等部门开展联合执法，对城关、乍浦两镇的个体租书摊，城乡23个录音磁带经销点进行突击检查，共查获淫秽图书200余部计500多册，非法翻录的磁带2000多盒，非法出版的小报245份。

1988年，县公安局先后在黄姑、新仓、城关等地查获多起利用乡镇录像室或在家中，组织播放淫秽录像案件。是年，依法逮捕2人、治安拘留5人、罚款12人，其他处理72人。收缴淫秽录像带8盒、录音带47盒、黄色手抄本《少女之心》7本、淫秽书刊24本、裸体扑克1048张、淫秽图像打火机1只、其他淫秽物品25件，没收彩电2台、放映机1台。

1989年10月下旬至11月，根据公安部《关于在全国开展扫除卖淫嫖娼等六害统一行动方案》（即卖淫嫖宿、传播淫秽物品、贩卖吸种毒品、拐卖妇女儿童、赌博、封建迷信骗财害人），县公安局抽调6名干警组成专门工作班子，以城关、乍浦两镇为重点，在全县范围内开展查禁淫秽物品、取缔卖淫嫖娼专项斗争，在城关镇查获复制传播淫秽录像带案件2起3人，2人以流氓罪判处管制，1人送劳动教养。通过对乍浦镇4名传播淫秽录像人员的审查，查获一批传黄案件，收缴淫秽录像带52盒，没收传黄工具彩色电视机13台、录像放映机10台，并在乍浦镇召开公开处理大会，宣布行政拘留12人、治安罚款40人，对其他主动交代问题的人员予以从轻处罚。

90年代，淫秽物品的种类从原来的黄色手抄本、淫秽书籍、录像带、裸体扑克等发展到淫秽激光磁盘、VCD光碟等，传播渠道发展到部分音像出租点、书店地下出租淫秽光盘和书刊，部分城乡录像室、茶室公开播放淫秽录像带和淫秽光碟，传黄活动进一步升级。

1990年，国务院召开除“六害”电话会议，公安部发出《关于严格依法办事，执行政策，深入开展除“六害”斗争的通知》，把查禁制作、贩卖、传播淫秽物品作为一害进行清除，县公安局组织开展除六害、扫黄专项斗争，严厉打击制作、贩卖、传播淫秽物品的违法犯罪人员，行动中有49人前来公安机关投案自首。是年，共查获涉案人员170人，依法逮捕1人、劳动教养2人、治安处罚122人次、其他处理45人，收缴淫秽录像带182盒、淫秽书刊1本、裸体扑克210张，暂扣（没收）录像机30台、电视机35台。

1991年，市公安局加大对个体录像室的查处力度，先后查获3起公开播放淫秽录像案件，共有30多人参与观看，查获淫秽录像带5盒。全塘派出所查获一起传播淫秽录像案件，逮捕1人，治安处罚8人，没收部分录像机和彩色电视机。

1993年5月，在开展“三打一禁”斗争中，因传播淫秽录像处以治安拘留18人，罚款136人次，收缴淫秽录像带120盒，没收录像机21台、彩色电视机3台。1994年10—11月，根据省公安厅统一部署，会同文化、工商等部门组织开展“扫黄打非”（扫除和打击制作、贩卖、传播黄色淫秽物品和非法出版物）统一行动，收缴淫秽录像带16盒、淫秽书1本、非法出版书刊292册、录像带76盒。

1995年2月，市公安局会同工商、文化、广电等有关部门，开展文化音像市场专项检查，在钟埭镇查获2家录像室营业性播放淫秽录像的重大案件，将2名店主依法逮捕判刑。是年，通过与有关部门的联合检查，收缴淫秽录像带75盒、有反动内容录像带3盒、淫秽激光磁盘4张、淫秽书445本、刊物105册、裸体扑克213张、明信片14张、图文散册51张、手抄本3本及非法出版录像带、录音带、各类书刊等一批，责令停业无证录像室9家。查获传播淫秽录像案件31起，处罚55人，其中逮捕2人、治安拘留10人，罚款43人。1996年5月，在乍浦镇一个体商行查获一起销售、传播淫秽物品案件，涉案20余人，商行店主逮捕法办，其余人员分别予以治安处罚。

1999年1—3月，市公安局结合全国开展的“扫黄打非”集中行动，在全市组织开展禁赌、扫黄专项行动，建立市、镇两级领导班子，广泛宣传，层层发动，先后召开会议131次，广播宣传157次，张贴标语2167份，制作禁赌、扫黄专题片通过110节目进行播放。行动中会同市文化市场管理办公室，取缔非法书刊、音像出租、出售摊点6家，缴获非法音像制品844件、非法出版物3586件，淫秽光碟659张、录像带2盒，破获贩黄、传黄案件38起，处罚涉案人员47人，其中治安拘留2人，治安罚款45人，没收传黄设备5件，处罚涉案单位29家。

随着各地办理淫秽物品案件和收缴数量的逐年增多，上级公安机关对淫秽物品的鉴定权逐级下放，最初由省公安厅负责，1996年下放至嘉兴市公安局。1999年6月1日，由嘉兴市公安局下放至各县（市、区）公安局（分局）。市公安局建立淫秽物品审查鉴定管理领导小组，由局长任组长，分管治安副局长任副组长，成员由治安、法制、督察等部门主要领导组成。确定2名年龄50周岁以上，作风正派的共产党员负责鉴定工作，鉴定人员参加嘉兴市局统一培训后上岗，并启用淫秽物品鉴定专用章，2009年起嘉兴市实行淫秽物品鉴定资格证制度。

进入21世纪，随着中国加入世界贸易组织，书刊、音像制品分销领域逐步放开，加之科技的发展，互联网的普及，传黄活动日益加剧。出现高清晰DVD光碟、淫秽短信及利用互联网网购淫秽光碟、传播网络色情电影、淫秽视频图片、文本等。

2001年起，针对制黄贩黄违法犯罪活动日趋增多之情况，市公安局与工商、文化等部门紧密协作，通过每年“扫黄打非”专项行动，以进一步建立健全文化市场各项经营、管理制度，从源头上预防、发现问题，遏制制黄贩黄违法犯罪活动。是年，通过行动，查获出售非法出版物摊点17处，收缴非法出版物3889册（盒），其中书刊1053册、VCD2836盒；收缴淫秽书刊18册，淫秽VCD光碟591盒，查处出售淫秽物品违法人员11人。

2002年3月25日，市公安局在当湖、钟埭两地查获2起利用互联网在网上购买淫秽VCD光碟案件，共追缴淫秽VCD光碟233张。在是年开展以净化校园及周边环境，查缴非法教材和非法读物，严厉打击贩卖、传播色情、淫秽光盘为重点的“扫黄打非”专项行动中，共出动警力1195人次，检查音像制品销售摊、点等经营场所1514家次，查处传黄贩黄案件61起，处罚违法人员91人，处罚违法场所14家，查缴淫秽色情VCD、DVD光碟及录像带计2554（盒），非法出版物71本，收缴法轮功宣传资料44件，依法没收电视机6台、功放器1台。新仓派出所在检查网吧时，发现9家网吧的计算机文件夹内收藏淫秽图片，及时予以查处。

2003年，市公安局会同工商、文化、广电等部门对当湖街道关帝庙商城音像、书摊进行3次集中整治，共抓获出售淫秽物品业主23名，缴获VCD光碟378版、淫秽书籍18册，查获非法出版物3000余册，3名贩卖淫秽物品的违法人员因屡教不改被送劳动教养，其余20名涉案人员均被治安处罚。

2004年7月起，在市委、市政府的统一领导下，市公安局会同市委宣传部、市委政法委等有关部门，在全市范围内开展为期3个月的打击淫秽色情网站专项行动，在当湖街道一网吧查获平湖首例利用互联网传播淫秽影片案，对涉案人员予以罚款3000元，所在网吧罚款1万元处罚。

2005年9月9日，在新仓镇一公司内查获一起利用互联网传播淫秽色情电影案件，扣押论坛服务器一台，当场查获淫秽电影14部，对涉案人员予以治安警告并罚款5000元处罚。

2006年7—10月，市公安局根据全国“扫黄打非”工作小组办公室、中央宣传部、中央政法委、新闻出版总署、公安部及省市公安机关的统一部署，组织开展为期100天的集中收缴盗版光盘及打击制贩传播淫秽物品专项行动。市局治安部门会同文体、工商等部门协作抽调11人组成检查组，在全市各镇（街道）进行突击检查，共收缴盗版、淫秽音像制品2745张，其中淫秽VCD光碟40张，处理违法人员2人。

2007年，根据上级公安机关关于加强“扫黄打非”工作和公安部《关于大力查缴各类非法出版物严厉打击侵权盗版犯罪活动的通知》，在全市范围内部署开展以查缴非法出版物，严厉打击贩卖、传播淫秽音像制品专项行动。8月17日，市公安局在全塘镇查获江苏兴化籍犯罪嫌疑人车某某非法贩卖淫秽光碟案一起，当场在其开设的商店中和租房内查获淫秽DVD、VCD光碟2969张，车某某被依法判处有期徒刑10年。是年，查获贩黄、传黄案件17起，追究刑事责任2人，治安处罚16人，缴获淫秽光碟3290张。

2008年，围绕奥运安保，市公安局会同工商、文化、城管等部门，组织开展以查缴非法出版物，严厉打击贩卖、传播淫秽音像制品专项行动，确定以当湖街道关帝庙市场、乍浦镇南大街临时沿街摊点和当湖、钟埭、乍浦的镇区及其他集镇的录像放映场所、音像制品商店为整治重点，先后于4月5—6日、7月15—18日集中警力开展全面检查和整治，共查获淫秽DVD、VCD光碟3501张，侵权、盗版DVD、VCD、CD光碟、书刊等非法出版物103张（本），依法处理违法人员34人，其中追究刑事责任7人、行政处罚27人。

2010年，随着互联网的普及，以淫秽光碟进行传黄活动案件明显减少，继而出现利用网络贩卖淫秽视频和淫秽小说案件。市公安局先后在独山港、新埭镇及当湖街道等地查获利用网络传播淫秽物品案件11起，传播淫秽视频文件2813个，淫秽文本文件1160个，先后对8名犯罪嫌疑人依法追究刑事责任。11月2日，新埭派出所查获安徽籍犯罪嫌疑人叶某某利用通讯店，将向湖北籍犯罪嫌疑人张某某处购得的淫秽视频，采用电脑复制至用户手机的方法进行贩卖，从中牟利，张、叶分别被依法判处有期徒刑1年6个月、缓刑2年，拘役4个月、缓刑6个月。

2011年，市公安局围绕全国统一开展的“打四黑除四害”专项行动，组织严厉打击涉赌涉黄违法犯罪百日攻坚行动，缴获淫秽DVD光碟1334张、淫秽视频文件1898个、淫秽文本文件7215个。破获制作、贩卖、传播淫秽物品刑事类案件10起，追究刑事责任24人；治安案件7起，处罚8人。2012年起，贩黄、传黄案件逞逐年下降趋势。

2013—2015年，建立由公安、文化、工商等职能部门参加的季度联席会议制度，结合不同阶段“扫黄打非”所暴露的问题和现象，提出整治和打击的内容、重点确保打击的效果，实现“扫黄打非”工作的常态化。

**表11-3 1975—2015年部分年份平湖查处制作、贩卖、传播淫秽物品案件一览表**

| 年份 | 案件数 | 处理人员数(人) | | | | | 收缴淫秽物品数(件) | | | | | | | |
|---|---|---|---|---|---|---|---|---|---|---|---|---|---|---|
| | | 合计 | 刑事 | 劳教 | 治安 | 其他 | 合计 | 手抄本 | 裸体扑克 | 录像带 | 光碟 | 书刊 | 图相片 | 其他 |
| 1975 | – | – | – | – | – | – | 19 | 19 | – | – | – | – | – | – |
| 1982 | – | – | – | – | – | – | 14 | – | – | – | – | 14 | – | – |
| 1983 | 63 | 63 | – | – | – | 63 | 101 | 96 | – | – | – | – | – | 5 |
| 1984 | 38 | 38 | – | – | – | 38 | 73 | 36 | – | 29 | – | 1 | 2 | 5 |
| 1985 | 41 | 43 | – | – | – | 43 | 43 | 42 | – | 1 | – | – | – | – |
| 1986 | 53 | 55 | – | – | – | 55 | 288 | 52 | 235 | 1 | – | – | – | – |
| 1987 | 149 | 169 | – | – | – | 169 | 726 | 133 | 78 | – | – | 500 | 15 | – |

续上表

| 年份 | 案件数 | 处理人员数(人) | | | | | 收缴淫秽物品数(件) | | | | | | | |
|---|---|---|---|---|---|---|---|---|---|---|---|---|---|---|
| | | 合计 | 刑事 | 劳教 | 治安 | 其他 | 合计 | 手抄本 | 裸体扑克 | 录像带 | 光碟 | 书刊 | 图相片 | 其他 |
| 1988 | 25 | 91 | 2 | – | 17 | 72 | 1160 | 7 | 1048 | 8 | – | 24 | – | 73 |
| 1989 | 138 | 179 | 2 | 2 | 97 | 78 | 362 | 10 | 173 | 170 | – | 9 | – | – |
| 1990 | 129 | 170 | 1 | 2 | 122 | 45 | 403 | 10 | 210 | 182 | – | 1 | – | – |
| 1991 | 3 | 9 | 1 | – | 8 | – | 142 | 1 | 54 | 38 | – | – | – | 49 |
| 1992 | 2 | 3 | – | – | 3 | – | 88 | – | 54 | 17 | – | 2 | 5 | 10 |
| 1993 | 50 | 154 | – | – | 154 | – | 230 | 1 | 85 | 120 | – | 24 | – | – |
| 1994 | 3 | 17 | – | – | 17 | – | 17 | – | – | 16 | – | 1 | – | – |
| 1995 | 31 | 55 | 2 | – | 53 | – | 913 | 3 | 213 | 75 | 4 | 550 | 65 | 3 |
| 1996 | 41 | 270 | 3 | – | 267 | – | 846 | – | 324 | 256 | 266 | – | – | – |
| 1997 | 35 | 60 | – | – | 60 | – | 181 | – | – | 79 | 87 | 15 | – | – |
| 1998 | 45 | 274 | 1 | – | 273 | – | 1083 | – | – | 114 | 891 | 16 | 16 | 46 |
| 1999 | 40 | 233 | – | – | 233 | – | 1289 | – | – | 8 | 1269 | 12 | – | – |
| 2000 | 65 | 134 | – | – | 134 | – | 679 | – | – | 3 | 676 | – | – | – |
| 2001 | 77 | 93 | 4 | – | 89 | – | 3661 | – | – | – | 3643 | 18 | – | – |
| 2002 | 61 | 91 | 3 | – | 88 | – | 2663 | – | – | – | 2628 | – | 35 | – |
| 2003 | 46 | 46 | 1 | 3 | 28 | 14 | 1264 | – | – | – | 1246 | 18 | – | – |
| 2004 | 50 | 92 | 3 | – | 89 | – | 2306 | – | – | – | 2275 | 31 | – | – |
| 2005 | 52 | 52 | 6 | – | 44 | 2 | 4183 | – | – | – | 4131 | 52 | – | – |
| 2006 | 22 | 24 | 2 | – | 22 | – | 465 | – | – | – | 465 | – | – | – |
| 2007 | 17 | 18 | 2 | – | 16 | – | 3290 | – | – | – | 3290 | – | – | – |
| 2008 | 91 | 92 | 7 | – | 85 | – | 4167 | – | – | – | 4167 | – | – | – |
| 2009 | 28 | 28 | 3 | – | 25 | – | 3693 | – | – | – | 3693 | – | – | – |
| 2010 | 13 | 30 | 10 | – | 20 | – | 4311 | – | – | – | 338 | – | – | 3973 |
| 2011 | 17 | 32 | 24 | – | 8 | – | 11247 | – | – | – | 1334 | – | – | 9913 |
| 2012 | 8 | 8 | – | – | 8 | – | 735 | – | – | – | 735 | – | – | – |
| 2013 | 2 | 2 | 1 | – | 1 | – | 469 | – | – | – | 469 | – | – | – |
| 2014 | 2 | 2 | 1 | – | 1 | – | 152 | – | – | – | 152 | – | – | – |
| 2015 | 1 | 1 | 1 | – | – | – | 64 | – | – | – | – | – | – | 64 |

# 第十二章 户政与人口管理

户政与人口管理是国家行政管理的一项基本制度，也是公安机关的一项重要的基础工作。20世纪50—80年代，此项工作由县公安局治安部门负责。1988年5月，县公安局增设户政科，专司户政与人口管理之职。1997年7月，户政、治安两科合并建立治安警察大队，户政管理重新回归治安部门。

新中国成立后，废除旧的户籍管理制度，逐步建立适应社会主义建设的城乡户籍管理制度。1950年6月，县人民政府公安局贯彻执行《浙江省各县市户口管理暂行办法》。1951年7月，贯彻执行中央人民政府公安部《城市户口管理暂行条例》，开展户口大登记准备，城镇户口建立四项变更制度。1958年1月，《中华人民共和国户口登记条例》颁布实施，户政管理工作纳入法制化轨道。“文化大革命”期间，户政管理工作遭受严重破坏。1973年2月，恢复县公安局后户政管理工作才得以恢复和加强。80年代，随着改革开放和经济建设的迅速发展，人口大流动，尤其是进入21世纪，城乡人口结构发生大变化，流动人口管理成为户政管理的一个重要组成部分，公安户政部门积极探索，不断创新常住人口和流动人口管理的方法和措施，进一步严密制度，加强管理，户政与人口管理工作始终处于嘉兴市领先地位，在维护社会秩序、保障公民合法权益和为社会主义现代化建设服务中发挥着重要的作用。

## 第一节 常住人口管理

### 一、户口登记

户口是指户与人的总称，明洪武三年（1370）平湖就有户帖制度，将姓名、年龄、籍贯、一家人口数填写在户帖上，经核对后用州县官府令记之，作为征税赋役依据。清承明制，一直沿用至民国。民国17年（1928）5月，举办户口调查，实行“村里制”。民国19年（1930），按《县组织法》，将“村里制”改为乡镇制，乡镇以下为闾邻制，以“5邻为闾，10户为邻”。民国20年（1931），公布《户籍法》，由乡镇公所掌管户籍及人事登记事务。民国21年（1932）举办清乡调查。民国23年（1934），乡镇以下改为保甲制度，以“10户为甲，10甲为保”。民国25年（1936）开展重查户口工作，补发户帖。实行国民户口异动登记，并在当湖镇建立户籍调查实验区，派警士负责户籍调查工作。

1949年6月，县人民政府公安局成立后即开始户口调查登记工作，将户口划分为普通户口、临时户口和特殊户口三种。召集管辖地区保甲户长联席会议，宣传户籍管理意义，并宣告各保甲长应负责本保甲一切治安工作与户口登记工作，使其将功折罪。同时开展改编门牌工作。7月核对统计完毕，8月建立登记、报告制度，开始解放后早期户口管理工作。

1950年6月，贯彻执行《浙江省各县市户口管理暂行办法》，凡在县内的居民，不论属何国籍、民族、职业，均可一律登记户口，报告变动，遵守管理。并且依照户口性质，将户口种类分为住家户口、工商户口、船舶户口、寺庙户口、公共户口等，建立户口异动管理与特种户口管理制度。同时，根据省人民政府颁布的《户口违警暂行处罚法》，对居住在境内的新旧户口，如有不报或谎报户口、故意编造情节者、企图逃避蒙混者、隐匿包庇他人不报户口者，均依法予以处罚。8月全县废除保甲制，城镇实行街组建制，按街组建立居民委员会。至10月，共建立居民委员会30个，居民小组361个，在居委会设立户政委员会，建立户口簿册，派出所设户籍民警，县公安局治安股指定专人负责户口管理工作。

1951年4月，省人民政府公布《浙江省城镇户口管理试行办法》。6月，县公安局在城关、乍浦两镇开展户口整顿，进行全城户口大核对，统一迁移证，健全户口管理。7月，贯彻中央人民政府公安部《城市户口管理暂行条例》，开展户口大登记准备工作。城关、乍浦两镇派出所进一步健全户口异动制度，新仓、新埭两镇户口均由镇人民政府文书负责管理，以上4镇均发放居民户口簿，建立迁出、迁入、出生、死亡等户口四项变更制度，并统一填报由中央人民政府公安部设置的《户口变动月报表》，户口管理日趋规范。

1953年2月，开展内河水域船舶户口登记，发放船舶户口簿，建立水上船舶登记、往返签证制度。4月，中央人民政府政务院公布《全国人口调查登记办法》。结合第一次“普选”，在全县城乡开展人口调查登记。1954年，城关派出所完成全镇居民户口簿的发放工作。12月30日，县人民政府要求各乡镇做好现有人口的核准工作，决定从1955年1月1日起全县城乡建立统一的户口登记制度。

1956年2月，国务院发布《关于建立经常性的户口登记制度》的通知。3月，公安部召开第一次全国户口工作会议，统一全国户口簿册、证件。6月，原由县人民委员会民政科掌管的农村户口登记管理工作移交至公安部门。县公安局针对前期农村户口管理中存在的问题，于9月13日下发《关于平湖县户口工作基本情况和今后工作意见》，明确各乡要以农业社为单位建立户口登记簿、迁出、迁入、出生、死亡等申报登记及按月上报等制度。11月4日又将黄姑乡户口登记管理工作调查报告通报全县各乡镇人民委员会，要求各乡镇结合当地实际情况，参照黄姑乡的做法，迅速建立与健全户口登记管理制度。11月13日，印发《建立农村户口登记管理制度的宣传工作参考资料》至各乡镇人民委员会，以宣传、启发广大群众自觉遵守户口登记制度。是年，城关、乍浦两派出所开展居民户口簿换发工作。

1957年7月，根据省公安厅《关于简化和改进户口申报登记手续、特种营业管理和改进户籍民警工作作风的几点意见的通知》，县公安局取消出生登记簿中“行次”“单生或双生”“父母年龄”“职业”等四个项目，增加民族一项；取消埋葬证制度，取消死亡登记簿中“婚姻状况”一项，增加“户主”一项，并改“年龄”为“出生年月”；取消“结婚离婚登记簿”“抚养认领登记簿”；变更更正只登记职业、文化、姓名、年龄的变更。是年，新仓、新埭两镇也都换发居民户口簿，并建立健全出生、死亡、迁出、迁入四项变更制度。至此，全县17个大乡均建立四项变更制度，其中有11个乡建立户口簿册，城乡户籍管理逐步走上正轨。

1958年1月，国务院颁布《中华人民共和国户口登记条例》(以下简称《户口登记条例》)，规定：户口登记工作以户为单位进行，一个公民只在一个经常居住的地方登记为常住户口，全部户口分为家庭户、集体户和船舶户，分别进行登记管理。城市实行常住、暂住、出生、死亡、迁出、迁入、变更更正七项内容的户口登记制度，农村实行常住户口的出生、死亡、迁出、迁入四项登记，全国户籍管理步入法制化轨道。11月，县公安局贯彻省公安厅《关于农村户口管理的几点意见的通知》，建立农村户口由人民公社、生产大队两级管理制度。

1962年起，根据公安部《关于加强户口管理工作的意见》，贯彻执行户口登记条例规定的各项基本登记制度，坚持户口登记以户为单位和在常住地登记为常住户口的原则，实行户口簿册制度。1964年，结合第二次全国人口普查，进一步加强户口管理工作。任命公社文书和大队会计担任社、队户口员，并普遍对户口员进行业务培训，明确公社文书担负户口员的职责是：办理四项变动登记；核对人口，进行人口统计；保管户口簿册、证件、资料；指导大队户口员工作；向县公安局反映全公社户口工作变动登记，农村户口管理逐步趋向制度化、规范化。

“文化大革命”前期，公安派出所不能正常办公，户口管理制度无人执行，户口变动无人登记，一些公社、大队的户口簿册损坏、失落严重，人口档案散失，空挂户口大量出现，户政管理处于瘫痪状态。

1970年，中央文件指出“进行普遍清查户口，重新登记户口，并建立和健全一些有利于加强社会治安，巩固无产阶级专政制度”。7月2日，县人民保卫组建立户口清查办公室，在城北公社开展试点，逐步恢复各项户口登记制度。通过户口清查，生产大队、居民委员会建立户口外册，公社（派出所）建立户口底册。

1971年全省第十五次公安会议后，公安派出所逐步恢复正常办公，各项户口登记管理制度才得以恢复，派出所主管城镇户口，农村户口仍委托公社文书代管。1979年，贯彻全省第十七次公安工作会议精神，进一步重视和加强户口管理工作，在派出所干警中开展户口调查，苦练熟悉人口情况基本功活动。

1981年，县公安局组织开展户口整顿，公社、镇重建户口簿册，恢复和建立各项户口登记制度，为1982年全国第三次人口普查打下基础。1982年2月，为巩固户口整顿成果，任命各公社文书为户口员，并颁发证书。6月，在城镇居委会和公社集镇新建居委会推行专职户口员制度（兼任居委会委员），经费由县财税局划拨，人选由政府物色报县公安局审批。8月30日，在新仓等14个公社及新埭镇任命17名专职户口员。10月29日，在城关、乍浦及徐埭等4个公社再次任命25名居委会专职户口员。

1986年3月4日，全塘镇、黄山乡等13个乡镇派出所户口专用章启用，理顺户籍管理关系，农村户口、城镇户口统一由派出所负责管理。至1989年9月，随着白马乡派出所的建立，平湖全面完成派出所接收乡政府管理户口的工作。同时在各派出所配备户口协管员，至1992年共配备户口协管员19人。

1996年6月，省公安厅根据国务院下发的《开展农村户口城市化管理工作意见》，制订印发全省《农村户口城市化管理实施意见》。市公安局贯彻国务院文件精神，根据上级公安机关的统一部署，制订《全市农村户口城市化管理实施意见》。9月起，会同市计划生育委员会、民政局（地名办）组织开展全市农村户口整顿和地名设置、门牌号编制工作，在新庙镇开展试点，至年底结束。共处理待定户口183人、绘制自然村方位图158张、安装门牌4726块、发放家庭户口簿4726本。

1997年6月11日，市政府在新庙镇召开全市农村户口城市化管理工作会议。会后，按照“村不漏组、组不漏户、户不漏人、人不漏项”的要求，对全市所有的农村户口、地名进行一次大整顿，并以自然村为单位确定门牌编号，绘制方位图。至年底，完成全市农村户口整顿，地名设置、门牌号编制、制作、安装等工作。通过该项工作，纠正户口项目差错2110条，解决待定户口2610人。编制、制作、安装农村门户牌100045块，自然村牌2681块，绘制方位图2701张，装订户口新常表（户口登记表）1265册，发放家庭户口簿93760本。对全市农村户口实行户籍、门牌号、方位图“三位一体”的管理制度，建立常住、暂住、出生、死亡、迁出、迁入、变更等七项登记。改变以往农村住房无门牌、家庭无户口簿的松散现象，实现城乡户籍管理的一体化。

1999年，为规范全市门楼牌的管理工作，经市政府协调会议商定，将原由民政局管理的门楼牌工作职责重新分解，推行地名命名由民政局地名办负责，门楼牌编制由公安局负责的新型管理模式。市公安局承担全市城乡门楼牌的编制、上牌等日常管理工作。

2002年8月，为进一步适应社会主义市场经济发展的需要，促进人口集聚和生产要素的合理流动，加快推进城市化进程，市公安局贯彻嘉兴市人民政府《关于深化户籍管理制度改革实施意见的通知》，逐步推行按居住地登记户口的管理制度。2005年起，根据民政部有关文件规定，地名命名和门楼牌编制工作由民政局地名办统一负责，建立门牌证制度，公安机关不再承担门楼牌编制工作。

2008年10月1日，根据嘉兴市委、市政府《关于改革户籍管理制度，推进城乡户口一体化的意见》，在全市取消农业户口、非农业户口性质划分，实行城乡统一的户口登记制度，按照公民经常居住地登记户口的原则，将公民户口统一登记为“居民户口”。至此，新中国成立后，户口的二元化管理模式在平湖成为历史。

2010年5月，市公安局印发《关于进一步规范公民变更更正姓名和出生日期办理工作有关事项的通知》和《关于进一步规范办理户口业务的通知》，规范操作程序，完善考核机制，将户政业务考核与民警奖惩制度相挂钩，提高户籍内勤民警的工作责任性与积极性。

2013年2月，市公安局贯彻省公安厅《浙江省常住户口登记管理规定》，下发《关于进一步严密户籍管理和加强户籍窗口内务建设工作的通知》，要求各派出所落实户籍内勤民警坐堂办公制度，实行户口登记管理责任追究终身制，严格户口登记调查审核，加强户籍资料管理和进一步规范户籍窗口内务管理等内容。

2014年，根据省公安厅人口服务管理总队《关于组织开展全省公安机关户口管理岗位技能等级认证工作的通知》的要求，在全市推行户口管理岗位等级认定制度。5月，全市22名户籍民警（含派出所分管领导）均通过省公安厅组织的户口管理岗位技能等级认证考试，18名户籍民警获二级资格认证，4名户籍民警获三级资格认证。

2013—2015年，根据公安部、省公安厅和嘉兴市公安局的统一部署，开展户口登记管理专项清理整顿工作。市公安局印发《深入推进户口登记管理专项清理整顿工作方案》，各派出所结合自身实际，制订切实可行的工作方案，层层落实责任，以上级业务部门下发的无相片人员、疑似死亡人员等存疑数据为重点，多途径开展重复户口、死亡未销、失踪未销、出国出境定居未销等人员清理、核查工作，共核查注销户口65人，其中重复户口16人，死亡注销4人，失踪注销45人。

### 二、户口迁移

户口迁移直接关系到人民群众的切身利益，从新中国成立建立户口登记管理制度后，公安机关根据各个不同的历史时期，制订不同的户口迁移政策，从而既控制城镇人口增长，又保障群众符合规定的正常迁移。解放初期，户口迁移证最初盖有平湖县人民政府方形朱印。1951年开始，户口迁移证样式全省统一。

1953年11月23日，国家对粮食实行统购统销政策（即粮食计划收购和计划供应），中央人民政府政务院颁布《关于实行粮食的计划收购和计划供应命令》。12月16日，城关、乍浦、新埭、新仓等镇开始实行粮食计划供应，以后逐步扩展至所有小集镇。1955年12月1日，平湖县全面实行以人定量、票证结合制度。本着“粮户一致”的原则，县公安局与粮食局共同管理城镇居民户口，也称之为商品粮户口，并对从农业户口转为商品粮户口的开始加以控制。1956年3月，公安部召开全国第一次户口工作会议，决定从5月1日起，启用公安部统一规定的“户口专用章”和“户口迁移证”。

1957年7月，县公安局根据省公安厅《关于简化和改进户口申报登记手续、特种营业管理和改进户籍民警工作作风的几点意见的通知》，规定：居民全户在县内迁移，不发迁移证，以户口簿代替；居民迁往县外或在本县非全户迁移的，仍发迁移证，不设公安派出所的乡（镇）也可以利用迁移证和迁移证的存根代替迁入迁出登记簿；机关、企业、学校、团体使用活页户口表的，户内人口在本县迁移时，用活页户口表代替迁移证。

1958年1月，国务院颁布的《户口登记条例》规定：人口移动超过户口管辖区（即乡镇、街道）的，必须办理迁出、迁入手续。从农村迁入城镇，必须凭招工录用证明、招生录取证明、婚嫁证明或公安机关签发的准予迁入证明，方可办理迁入户口申报登记手续。

20世纪60年代初，我国遭受自然灾害困难时期，执行公安部控制城镇户口迁移的政策。1961年2月，县委成立精简职工、压缩城镇人口整编领导小组，动员精简回乡，支援农业第一线，减少城镇人口，压缩商品粮供应人员。1964年3月，根据中共中央、国务院《关于动员与组织城市知识青年参加社会主义建设的决定（草案）》精神，到1965年，动员与组织两批初、高中毕业生和社会青年到平湖农村集体插队落户。1968年2月，知识青年上山下乡形成高潮，一大批初、高中知识青年响应国家号召，到农村去、到边疆去，接受贫下中农的再教育，城镇户籍人口进一步减少。7月，省革命委员会下发《关于当前处理户粮迁移问题的通知》，规定经批准招收的职工、录取的大中专学生和统一分配的大中专学生，随母申报户口的出生婴儿可以办理迁出、迁入和接受申报登记手续；对“文化大革命”中自农村盲目迁出户粮关系的，一律不准在城镇落户。

1970年8月，省革命委员会印发《关于城乡户粮迁移问题的若干规定》，对城乡户粮迁移作出新的规定，对由农村迁往城镇，由集镇迁往城市，或由生产队分配口粮改为国家供应商品粮者，严加限制，未经迁入县以上的革命委员会批准，不准迁移。户口迁移混乱现象得到扭转，并步入规范迁移的轨道。

1979年，国务院批转公安部、粮食部《关于严格控制农业人口转为非农业人口的意见报告》，对从农村迁往市镇，农业人口转为非农业人口，从城镇迁往大中城市的户口，实行从严控制；从镇迁往小城市，由农村迁往镇郊、农场、蔬菜队、经济作物区，进行适当控制。8月20日起，根据县委《关于下放人员有关户粮问题的批复》，县公安局会同粮食局组成处理精减下放户粮遗留问题办公室，开展办理部分下放人员“户粮回收”工作，同时开展大批知识青年“返城”的“户粮回收”工作，历时半年，精减下放人员和知识青年“户粮回收”工作基本告一段落。

1981年4月，县革命委员会成立专门领导小组，在县公安局设立办公室，继续做好“户粮回收”工作。1983年7月9日，县公安局下发《关于当前户口迁移工作改革问题的几点意见》，在既控制城镇人口增长，又保障正当户口迁移，对理由正当，确有实际困难，解决后获社会同情，而又不致引起连锁反应的户口问题，要尽快给予解决。改革审批手续，对公社、小集镇迁往直属镇的农业户口，除乍浦山湾渔业队、先锋大队，城关蔬菜队、公社水产队（均为吃国家拨产粮）外，不再报县局审批，由迁入地派出所直接办理。以后，为控制城关郊人口增长，对涉及城关郊的城北、胜利、白马三乡“农迁农”户口由县公安局负责审批。

1984年10月13日，国务院下发《关于农民进入集镇落户问题的通知》，对户口迁移政策进行重大改革，规定凡申请到集镇务工、经商、办服务业的农民和家属，在集镇有固定住所，有经营能力，或在乡镇企事业单位长期务工的，公安部门均应准予落常住户口，及时办理入户手续。为区别于城镇非农业户口，由公安部门发给红色封皮的“自理口粮户口簿”，统计为非农业人口，粮食部门发给“加价粮油供应证”，俗称“吃议价粮”。

1985年1月下旬，县公安局在乍浦镇开展农民进城落户试点。3月底，县政府召开农民自理口粮进集镇落户工作会议，在全县23个乡镇（除南桥乡）全面铺开。对在集镇有固定住所、有经营能力或在乡镇长期务工，有村委会证明办妥承包土地转包手续、持有工商营业执照或用人单位证明的，向居住地派出所申请，经批准发给自理口粮户口准迁证，办理户口迁移手续。8月底集中办理告一段落，转入日常办理至12月底。此后，自理口粮户口基本停止办理，并逐年开展对空挂自理口粮户口的清理回迁工作。

1989年10月，县公安局根据嘉兴市公安局《关于改进“农转非”户口审批工作的若干意见》文件精神，为体现“农转非”户口办理的公开、公平、公正性，推行“两公开一监督”制度（即公开审批条件、公开审批结果，接受群众监督），对符合“农转非”照顾条件的户口进行张榜公布，三天内群众无反映意见的，准予办理“农转非”手续。

1990年5月，“农转非”户口审批权上收至嘉兴市公安局，并增加公开“农转非”指标，推行“三公开一监督”办事制度。全县23个乡镇都建立有当地干部、群众参加的“农转非”户口监督评议小组，共有成员157人，对“农转非”户口实行民主评议。并对历年积压“农转非”户口申请进行清理，逐个登记造册，函告申请人，共清理积压“农转非”户口申请材料1143份。是年，受理“农转非”户口申请472份，接待群众来访1000多人次，来信238件，答复238件。

1991年3月12日，县公安局召开乍浦开发区农村户口迁移管理工作会议，贯彻嘉兴市政府办公室《转发市公安局关于切实加强农村户口迁移管理工作的意见》和县政府办公室有关文件，提高加强对开发区农村户口迁移管理工作重要性的认识。规定从3月起，凡迁往乍浦开发区，包括黄山、瓦山乡的农业户口一律由县公安局审批。

1992年1月，市公安局出台全市统一的适应城关郊和乍浦开发区的户口迁移政策，真正做到对重点地区户口实行从严控制、从严管理。8月，市政府出台《关于鼓励农民和外来人员进城兴业落户的若干规定》，首次突破“农转非”户口坚冰，允许农民“进城兴业”办理绿卡户口，即地方非农户口，不能办理外迁，属“当地需要、当地受益、当地负责、当地有效”的城镇居民户口，享有当地居民同等权益，履行同等义务。凡农业户口在城镇有住房或有直系亲属缴纳一定的“城市增容费”，可转为非农业“绿卡户口”，根据城镇的大小，按未成年人 0.5 万～1 万元，成年人 1 万～2 万元标准缴纳，发放绿色塑套封皮的户口簿，8 月 8—30 日为全市集中办理时间。以后对符合规定的转入正常申请办理，至 1994 年起暂停办理（1995 年“绿卡户口”改称“蓝印户口”）。

1993 年 1 月 1 日起，全省城乡取消粮食统销和定量供应制度，保留粮食户口。是年开始，市政府为适应民营（个私）企业的发展，乡镇工业用地的增多，在向上级土管部门报批的过程中，缩短时间，先行预撤建制，也称“内撤建制”（待上级土管部门批准后再正式办理撤建制手续），个人不需缴纳城市增容费，就地将部分失地农民的农业户口转为“蓝印户口”。陆续为全塘镇渔业村、黄姑镇渔业村、乍浦镇山湾村和乍浦商城办理一批预撤建制“蓝印户口”。

1996 年，市公安局印发《关于加强户籍管理，规范户口报批手续的通知》，严格户口分级审批制度，派出所负责市内非控制区跨乡镇同类户口性质的迁移，市公安局负责市内控制区（城关郊、开发区）及外省、市、县的户口迁移。同时，会同市民政部门联合下发关于申报收养户口的相关政策，解决多年来农村地区非法收养的难点。是年，根据市政府文件规定，加快小集镇建设步伐，结合浙江省小城镇户籍制度改革精神，在新庙镇开展办理进城兴业“蓝印户口”。

1998 年，黄姑镇被省政府列入浙江省综合改革试点镇。为适应小城镇户籍改革的需要，市公安局在黄姑镇开展户籍制度改革工作。对在黄姑集镇有固定住所，有稳定职业的，且办好承包田流转手续，并缴纳一定的“市镇增容费”，可转为集镇居民户口，即地方“蓝印户口”，鼓励农村人口向中心城镇集居，提高城市化水平。7 月 20—30 日，开展集中办理一批“蓝印户口”。7 月起，市公安局贯彻公安部《关于解决当前户口管理工作中几个突出问题意见的通知》，开始实行新生婴儿落户随父随母自愿的政策，同时放宽“三投靠”（子女、夫妻、父母投靠）的落户政策。

1999 年 1 月，根据国务院《批转公安部关于解决当前户口管理工作中几个突出问题意见的通知》和浙江省政府办公厅《转发省公安厅关于解决户口管理工作中几个突出问题实施意见的通知》精神，在全面实施“新生婴儿落户随父随母自愿”和放宽“三投靠”政策的同时，对原由嘉兴市公安局审批的投靠户口、投资入户、购房入户等户口下放至县（市）公安局审批，并简化审批手续。对原已办理“自理口粮”的，除部分“自理口粮”户口符合返回农村条件外，其余“自理口粮”户口统一转为非农户口，取消“自理口粮”户口称谓，地方“蓝印户口”统一转为非农户口，实现与非农业户口的并轨。8 月，为激活房地产市场，促进城市人口机械增长，加快城市化进程，市政府根据省政府和嘉兴市政府的有关规定，制订出台“购房入户”政策，下发平政发〔1999〕99 号文件，规定在当地城镇购买一定面积的商品住宅后可将农业户口转为非农业户口，凡个人购买当湖镇及建制镇范围内商品房面积达 55 平方米以上，购房人可将本人配偶、子女共 2 人户口迁入商品房所在地，购买 90 平方米以上，购房人可申请将其本人配偶和子女户口迁入商品房所在地。

2001 年 5 月 1 日，平湖正式取消粮食户口，粮食行政管理部门彻底退出户口管理。2002 年 8 月，为进一步适应社会主义市场经济发展的需要，促进人口集聚和生产要素的合理流动，加快推进城市化进程，市公安局进一步简化户口审批手续，放宽购房和投靠亲属的迁移入户政策及城镇户口迁移政策限制，积极鼓励技术移民、投资移民、“安居”移民和农民迁居城市、城镇，逐步取消二元制户籍结构，消除城乡分割。

2003 年，针对旧城拆迁，农村土地征用，在开发区、规划区、“红线区”等区域受征地补偿、拆迁补偿、土征工最低生活保障等经济利益的驱动，造成户口迁移及分户、立户等问题突出这一状况，市公安局在充分调研的基础上，及时报请市政府同意，下发《关于进一步规范红线区户口迁移问题的意见》，确保开发区、规划区、“红线区”户口的有序迁移。

2009年5月4日，为规范一元化户口的日常迁移工作，市城乡一体化户籍管理制度改革领导小组下发《平湖市城乡一体化户籍管理制度改革户口登记管理实施细则（试行）》，对城乡一体化户籍管理制度实施后的户口迁移原则、迁移条件（包括农村迁往城镇、城镇迁往农村、大中专毕业生及引进人才落户）、分户立户、规划区户口迁移、规范户口办理程序等五个方面都作了详尽的规定。

2012年，市公安局针对由于近年来城市拆迁、企业破产、房屋转让、新农村建设等原因造成城乡居民“人户分离”现象突出这一状况，进一步强化常住人口实际居住地登记工作，下发文件，组织集中整治，开展户口大动迁，以减少“人户分离”现象的存在。

**三、人口信息计算机管理**

1989年，县公安局在基本完成第一代居民身份证发证工作后，成立运用计算机管理人口信息系统开发领导小组，在户政科添置计算机2台，着手建立人口基本信息计算机管理系统。

1990年1月，县公安局印发《人口基本信息系统实施计划》，启动平湖县人口基本信息计算机管理。3—12月，专门聘用8名初、高中应届毕业生，以派出所户籍内勤、户口协管员为骨干，完成全县46万常住人口信息的编码、录入工作。1991年，完成人口基本信息的核对、修改。

1992年2月，建成单机版人口信息系统。4月，经省公安厅验收合格，开通使用。为确保数据的实时性，建立城镇派出所每月一次，农村派出所每季一次上报人口信息变动数据制度。是年，共采集出生、死亡、迁出、迁入、移居等5项变动信息32519条，及时录入计算机进行处理。并应用计算机自动生成16周岁人员居民身份证编号，自动打印底卡3472张，提高工作效率。

1994年10月，城关派出所自筹资金率先购置计算机一台，用于办理常住户口，并对原户籍室进行改造，铺设木地板，安装空调，建立微机房，聘用2名录入人员，进行业务培训，至12月10日完成城关镇4.7万人口信息的录入工作。1995年春节推向前台办公，成为全市第一个使用计算机办理户口的派出所。此后，各乡镇派出所也陆续开始购置计算机，用于常住人口管理。

1997年6月5—15日，市公安局举办首期人口信息计算机管理系统及计算机操作基本知识培训班，邀请嘉兴市公安局和电脑公司的技术人员进行辅导，各派出所户籍内勤、户口协管员参加。先后举办培训班2期，共培训53人次。同时在全市派出所开展常住人口信息计算机存储工作。至年底，全市22个派出所常住人口信息储存工作通过省厅质量验收，实现平湖市常住人口计算机联网，并全部推向前台办公。

1998年6月30日，平湖市人口信息完成与嘉兴市公安局三级联网，实现嘉兴市人口信息共享。8月，市公安局根据嘉兴市局的统一部署，开展全国人口信息“百城联网工程”建设，组织人员进行图像扫描，至1999年10月30日完成人口信息“百城联网工程”建设任务。此后，全市48万常住人口信息及照片可通过公安信息专网进行查询浏览，各派出所还可快速查询全国100个大中城市的常住人口信息。

2002年3月，开展“常口2000”系统推广应用工作，5月底全面完成，并在此基础上建成全市常住人口实时信息数据库，实现常住人口信息的实时维护和查询。2003年2—6月，全市开展常住人口信息系统数据集中整理工作，共核对人口信息近49万条，补录照片信息6.55万条，照片信息采集率达到98%，变更更正一大批主要项目和次要项目差错，并对身份证重号进行清理，及时予以纠正。同时，制订《办证窗口常口操作员工作制度》《数据安全维护制度》及《“常口2000”情况通报制度》等三项信息维护制度，落实长效管理。

2005年4月，全市各派出所完成“二代证”版常住人口信息管理系统改造升级工作，实施人口信息数据由市局数据库向嘉兴市公安局数据库集中转换，为全市集中换发“二代证”工作打下基础。10月，各公安派出所办证窗口实行全市户口迁移网上办理。

2007年，贯彻上级公安机关精神，组织开展常住人口信息数据质量和公民身份证号码专项清理纠错，结合换发“二代证”工作，集中组织开展户口核对，纠正一批人口信息数据差错项目和公民身份证号码重、错号。将人口信息数据质量纳入省厅组织开展的“打防控”工作考评，建立每月检查、通报制度。

2008年，结合日常户口登记管理、集中换发“二代证”等工作，切实加强人口信息管理系统建设和人口信息相片采集工作，全市人口信息相片采集率最高达到99.29%，人口信息数据质量处于嘉兴市领先地位。

2010年8—9月，组织“问题信息”集中清理核对，开展对重人、户口补录人员、更改两次以上姓名、当日更改姓名又更改出生日期人员及冷僻姓情况的全面核查工作，通过核查，发现和纠正重人3人，重号45个，摸清“冷僻姓氏”56人，纠错9人。

2012年5—6月，市公安局为确保常住人口信息的动态管理，针对近年来城市拆迁、企业破产、房屋转让、新农村建设等原因，造成大量“人户分离”这一情况，组织开展常住人口实际居住地址和电话号码信息采集专项治理。其间，组织人员进行随机抽查，抽查结果进行排名通报。通过整治，共采集常住人口“现住地”信息5396条，电话号码信息5156条，二项信息采集率均达到80%以上。同时，整改人口信息系统未标注已申领“二代证”10227人，并将此项工作作为重点基础工作纳入常态化管理。2014年9月，实现嘉兴市范围内户口迁移网上办理。

2015年3月初，根据公安部的统一部署，开展以16周岁以上无相片人员清理核对为重点的户口清理整顿工作。工作中，派出所户籍民警和社区民警互相配合，对无相片人员有针对性地开展宣传，上门逐个核查。同时通过无相片人员的婚姻、死亡、社保、征兵等信息，拓宽人员相片获取渠道，及时调取增补。内部建立每日工作进度通报制度，在局主页设立专门通报表，开展互相竞争，实现共同提速。截至3月25日，全市151名无相片人员全部核查清理完毕，完善相片信息，提前完成清理任务。

## 第二节　流动人口及居住地管理

### 一、流动人口管理

流动人口管理最早在户籍管理中称为申报临时户口制度。民国时期，就有办理居民留客申报制度。平湖解放初期，对暂住人口进行管理，主要是对寄居于城镇居民家中的人员登记管理及掌握外出人口和嫌疑户口动向；农村居民家中有外来客住宿，需向当地农会报告，查验证件，方可留宿，外出需由农会开具证明，经乡政府批准。

1949年8月，县人民政府公安局建立人口外出（旅行）和来客统计制度，统计表项目分为县内、县外，事由分为经商、游览、探亲、疗养、其他等，每月统计上报一次。1957年7月，县公安局根据省公安厅《关于简化和改进户口申报登记手续、特种营业管理和改进户籍民警工作作风的几点意见的通知》，继续实行在城镇暂住3天以上的申报登记制度，取消同一乡镇的暂住申报登记制度，对不超过预住期限的，不需办理离去申报手续。机关、团体、企业、学校等单位的人员申报寄住户口时，除由原单位户口员在户口表注明外，凭本人工作证向寄住地户口登记机关申报。20世纪50—60年代，广大群众户口观念普遍较强，自觉性较高，外出要到派出所办理外出证明，外来探亲访友要到派出所申报临时户口。“文化大革命”期间，派出所处于瘫痪状态，户口管理混乱，临时户口管理处于失控状态。

进入80年代，随着改革开放政策的深入实施，农村剩余劳动力进城务工、经商，城镇暂住人口急剧增加，起初均以县内跨乡镇流动为主，后不断有省内及外省、市县人口流入。

1984年9月10日，县公安局根据省公安厅《关于加强市镇暂住人口登记管理的通知》精神下发通告，在城关、乍浦、新埭3镇开展暂住人口全面清查登记，要求3镇各单位指定专人负责，做好这项工作。规定暂住3天以上的，需申报暂住登记，对拟住3个月、年满16周岁以上的实行“暂住证”制度，“暂住证”样式为本子式，由县公安局统一制作，每本收回工本费0.80元，3个月以下发单页纸质“暂住证”，每张收回工本费0.02元。是年底，城关、乍浦、新埭3镇共登记有暂住人口4226人，其中城关3191人、乍浦534人、新埭镇501人。

1985年10月，根据公安部颁布的《关于城镇暂住人口管理暂行规定》，县公安局召开城关、乍浦、新埭3镇派出所所长和户籍内勤会议，专门研究如何加强暂住人口管理工作。1986年1月，县政府批转县公安局《关于切实做好城镇暂住人口管理工作的报告》，同意在暂住人口数量较多的城关、乍浦、新埭、新仓等4镇从退休人员中聘请5名暂住户口协管员（城关2人，其余每镇各1人），不另设机构，聘用人员经费核定全年2400元，由县财政局列入公安局行政经费。

1987年6月，省人民政府颁发《浙江省城镇暂住人口登记管理办法》后，县公安局按照规定，明确暂住人口登记范围，建立暂住人口管理机构，落实暂住人口协管员，实行全省统一的“暂住证”申领制度。

1988年3月，在全县10个建制镇及城关镇郊城北、胜利乡全面部署暂住人口登记发证工作。6月，城关镇建立由1名党委委员、2名副镇长参加的暂住人口管理领导小组，在派出所设立办公室，制订《城关镇暂住人口管理条例》，并在暂住人口较为集中的蔬菜大队开展试点。乍浦镇政府向全镇各单位批转乍浦派出所制订的《关于暂住人口管理暂行规定》，开展乍浦镇范围内暂住人口清理整顿和登记工作。是年，全县共登记暂住人口8552人，发放“暂住证”6728人。

进入90年代，随着改革开放和经济发展，乡村个私企业兴起，暂住人口数量逐年增多，居住分布由城镇向农村延伸。全县各派出所狠抓建立管理组织，落实管理人员，提高暂住人口发证率，建立行之有效的管理制度。

1991年初，县政府批转县公安局《平湖县暂住人口登记管理办法》，统一登记对象、登记办法和管理措施，物价局核准黄山等12个乡暂住人口管理费收取标准。3月12日，县公安局在乍浦镇召开乍浦经济开发区暂住人口管理工作经验交流会，有关乡镇派出所所长、户籍内勤和协管员参加会议。是年底，全市共登记暂住人口8073人，发放暂住证6130人，发证率为76%。通过暂住人口管理，发现违法犯罪线索20条，破获刑事案件6起，查获违法犯罪人员63人，处理50人，其中逮捕4人，治安拘留9人。

1992年7月15日，市公安局在乍浦镇召开全市首次暂住人口管理经验交流大会，各乡镇派出所分管领导、内勤和户籍协管员参加会议，城关、乍浦、胜利等派出所作经验介绍。8月，全市20个乡镇建立由政府领导、派出所、工商所、房管所、计划生育、综合治理等部门参加的暂住人口管理领导小组，下设办公室，配备专职管理员23人，兼职61人。部署开展暂住人口清理整顿，换发嘉兴市统一的本子式“暂住证”。

1994年初，秀溪乡派出所针对平湖丝厂秀溪联营厂外来女工均来自四川省盐亭县，在乡政府的支持下，从盐亭县招聘1名女干部到厂专门负责管理女工生活、安全及有关事宜的协调，共同协商解决各种纠纷事件，防患于未然，既稳定女工队伍，又促进企业生产，推行“定向招工，以外管外”管理模式，取得明显效果。此经验在全市多家企业推广。

1995年1月27日，市政府办公室发文，建立平湖市暂住人口管理领导小组，由公安、工商、计划生育、劳动等相关职能部门领导组成，在市公安局户政科设立办公室。同时对乡镇领导小组及办公室进行充实调整，全市建有乡镇级领导小组21个163人，设置办公室23个84人。并在村（居）委会设立登记站，暂住人口300人的单位建专门工作班子，50人以上的单位落实专管员，共设立登记站和管理小组304个，配备专职协管员130人，兼职协管员272人。

1995年5月，《浙江省暂住人口管理条例》公布实施。6月9日，市政府召开全市暂住人口管理工作会议，各乡镇分管政法领导、派出所所长、劳动服务公司经理等部门负责人共140多人参加，城关镇党委政府、平湖橡胶厂和平湖丝厂秀溪联营厂进行交流，会议下发平政发〔1995〕64号文件，部署6—8月暂住人口集中整治工作。通过整治，提供各类线索109条，破获刑事案件83起，其中大案30起；查处涉案人员163人，其中劳教2人、逮捕9人、收容审查33人；查处治安案件51起，治安处罚119人，查获赃款赃物折价216万元。

1996年，市公安局根据《浙江省暂住人口管理条例》和公安部《暂住证申领办法》，进一步建立健全暂住人口登记、发证、函调、查验、考核、评比等日常管理制度。制订下发《办理暂住证程序》《暂住人口管理员工作职责》，协管员实行佩证上岗，推行暂住人口登记检索卡、每季一次定格清查及数据上报制度（1997年改为每月一次），建立暂住人口信息库，将各派出所每季上报的暂住人口变动情况统一输入计算机，确保数据库信息的鲜活性。是年，全市有专管民警23人、专管员23人、协管员299人，登记暂住人口1.4万人，应发证1.26万人，实发证1.19万人，发证率达94.7%。

1999年9—12月，市公安局开展暂住人口IC卡计算机综合管理信息系统建设，12月28日全市第一张IC卡“暂住证”在当湖派出所制作成功。2000年1月1日起，全市全面发放IC卡“暂住证”，至2001年共制作IC卡“暂住证”36536张。2002年6月10日，降低IC卡“暂住证”的收费标准，从原每证40元降至20元。2004年12月，为减轻农民工经济负担，取消IC卡“暂住证”，启用磁条本子式“暂住证”，每证5元。

进入21世纪，随着城乡基础设施建设规模扩大，工业园区招商引资步伐加快，外资企业的兴起，个私企业的壮大，全市乡镇个体、民营、中外合资等企业蓬勃发展，流动人口总量不断攀升，各级政府支持力度不断提高，经费投入进一步落实，各部门齐抓共管合力进一步形成。

2001年，市公安局创新流动人口和出租房屋管理模式，在各乡镇推行“员工公寓”“民工之家”“厂居共建”“旅馆式”等多模式、分层次管理。将暂住人口和出租房屋划分为重点、关注、一般等三个层次，有针对性地落实管理措施。全市建起民工之家92家，社会性民工公寓3家，入住外来人员2万余人。汇编印制《平湖市外来人口管理工具书》下发各派出所，用于指导管理。4月，完成暂住人口管理信息系统版本升级工作，实现市公安局与派出所及嘉兴市公安局三级暂住人口信息联网。

2002年，市公安局组织开展“千户百厂创规范”外来人口管理服务活动，以平湖经济开发区平湖华城“员工公寓”为样板，要求全市聘用20名以上外来员工的企业有条件的都要建立相应的“员工公寓”，实行规范、有序管理，共建员工之家178个，其中达到基本规范的有100个，达到规范化标准的有78个。是年，全塘派出所投资15万元，购置金杯牌警车一辆，车内安装电脑桌，配备笔记本电脑、数码相机各一部，并在电脑中安装全国逃犯系统，以警车流动巡逻办证，对流动人口即时登记、即时录入，实行登记、照相、录入、比对一次性完成，提高工效4～5倍，此做法在全市各派出所推广。

2003年，乍浦派出所在大中型企业推行“先用工，后发证”制度，派出所与企业主签订外来用工管理责任书，企业自行登记上报外来用工信息，派出所定期检查的企业自主管理模式。选择一批信誉好，内部管理机制健全的大中型企业，在企业内部确定外来人口专管员，将登记表下发企业，由厂方直接负责对外来务工人员的登记发证、信息采集和教育、服务、管理等工作，提高了工作效率，方便企业用工。是年，有42家企业实行这一模式。

2004年8月，市委、市政府下发《关于进一步加强和改进流动人口服务与管理工作的意见》，把流动人口服务与管理工作纳入全市经济、社会事业发展的总体目标，坚持“教育、服务、管理、维权”并重的方针，实行“市委领导、政府牵头、综治协调、公安为主、职能整合、分工负责”的工作机制，成立由市委副书记任组长的领导小组，在市委政法委设立办公室为常设机构，由政法委副书记任办公室主任。各乡镇建立相应的领导小组及办公室。组建流动人口服务中心及服务站，按流动人口500∶1或700∶1的标准配备专管员。服务中心设置办证、劳动、计生、调解等服务窗口，为流动人口提供就业信息、计生保健、技能培训、子女入学、法制教育、法律援助和生活救济等帮助。同时在流动人口居住相对集中的集镇或村、社区建立流动人口服务站点，就近方便服务。是年，建立乡镇流动人口服务中心10个，村（居）委会流动人口服务站279个，流动人口专管员225人。

2007年5月，市公安局利用互联网开通企业新居民远程申报工作，全市有34家300人以上新居民用工企业安装管理软件，实行网上申报。是年，市委、市政府为提高流动人口的认同感与归属感，将流动人口称为新居民，建立新居民服务管理领导小组，统筹和领导新居民服务管理工作。6月1日，挂牌成立市新居民事务局（列编），成为嘉兴全市乃至全国首个专门负责流动人口服务管理工作的常设机构，下设办公室、督察指导科、信息管理科。各镇、街道建立新居民事务所，设立办证服务大厅，设置劳动就业、司法维权、计生服务、居住证办理等服务窗口，实行一站式服务。11 月 20 日，在新埭镇试点推行新居民“居住证”制度。并出台《平湖市新居民居住证相关配套政策的若干意见》，将“居住证”与新居民在社保、就业、教育、医疗卫生、计划生育、居住等方面的权益进行挂钩，使持证者逐步享受同城待遇，按照新居民“两种证件、一证一策、管理科学”的“居住证”制度，实行分类管理。

2008 年，启动推行标准化新居民工作站活动，做到有牌子、有人员、有制度、有台账资料，全市建标准化新居民工作站 273 个，配备专职协管员 358 人，兼职协管员 682 人，专职协管员落实每人每年 2.6 万元的经费保障，由市、镇两级财政各半承担。有近一半以上的工作站配备电脑、数码相机、打印机等专用器材，共投入财政专项经费 593.7 万元。是年，通过流动人口管理，打击处理流动人口中违法犯罪嫌疑人员 182 人，其中刑事拘留 49 人，劳动教养 2 人，治安处罚 131 人。

2009 年 1 月 1 日起，根据国家发改委、财政部通知规定取消“暂住证”工本费，实行免费发放。3—6 月，市公安局组织开展新居民基本情况集中排摸专项活动，强化“两实”（出租房屋、新居民）工作。制订社区民警新居民管理工作八条职责，建立社区民警与协管员的捆绑式考核。确定重点整治镇（街道），推行挂牌整治，由于工作主动，措施有力，新居民登记办证率和出租房登记管理质量不断提高。全年新居民信息网上登记率平均达到 94.44%，人户一致率达到 85.56%，出租房屋信息网上备案率平均达到 100%，高危人口列管率达到 20.51%。10 月 1 日，《浙江省流动人口居住登记条例》正式实施，全市取消“暂住证”，统一实行“居住证”制度，在派出所启用流动人口居住登记专用章。

2010 年 10 月 26—27 日，省委、省政府在平湖市召开全省流动人口服务管理工作会议，省委书记夏宝龙出席会议并讲话。平湖市在新居民服务工作中的创新经验，受到中央有关部门和省领导的充分肯定，并入选“浙江省改革开放 30 周年百件典型事例”和“浙江省 2010 年度十大民生工程”。是年，通过流动人口管理，打击处理违法犯罪嫌疑人员 191 人，其中追究刑事责任 53 人，劳动教养 2 人、治安处罚 136 人。全市流动人口犯罪率同比下降 3.8%，实现“人口增长、犯罪下降”目标。

2013 年，为进一步做好新居民的登记发证工作，市公安局为社区民警配备移动警务通、“二代证”读卡仪、笔记本电脑，43 个社区警务室全部开通公安专网，16 个示范警务室配备“居住证”打印机，方便新居民就近办证。2014 年，为新居民协管员配发“流管通”，开展业务培训和实战比武活动。2015 年，通过嘉兴市公安局考核，平湖新居民登记发证率为 93.7%、人户一致率为 90.5%、出租房屋登记备案率为 100%，位列嘉兴市第一。

## 二、居住地管理

### 租赁房屋管理

20 世纪 80 年代后期，随着流动人口的增多，全县城乡房屋出租业兴起，尤其是在城郊接合部，农民将私有房屋改造后出租，出租户数增多，又逐步从城郊接合部扩展至乡村集镇、农户家中。管理混乱，易被犯罪分子落脚藏身，治安问题突出。公安机关将出租房屋管理作为流动人口管理工作一个重要环节来抓，开展对出租房屋的集中整治，落实“谁出租、谁负责”，建立健全出租房屋管理规章制度，加强对出租房屋的治安管理。

1989 年 8 月，城关派出所在镇党委、政府的重视和支持下，制订《私房出租户管理办法》，抽调 10 名工作人员摸清私房出租户户数，通过建立户口登记册，落实专人负责，定期检查、核实，做到人来登记，人去注销，严密管理。1992 年 3 月，该所结合暂住人口清理整顿，对出租房屋进行专项治理，全镇 296 名房东与镇暂住人口管理办公室签订治安责任书。

1993 年 2—3 月，市公安局选择胜利乡作为农村出租房屋治安管理试点，由乡政府下发《胜利乡出租房屋治安管理若干规定》十一条，摸清全乡私房出租户 118 户，暂住人口 578 人，发放由派出所制作的出租房屋准许证，建立出租房屋户口簿。3 月 21 日，在胜利乡召开现场会，全市推广。6 月，贯彻《浙江省城镇租赁房屋治安管理办法》，全市开展规模较大的暂住人口和出租房屋排查工作，对符合条件的出租房屋发放由省公安厅统一印制的“治安许可证”，房东与派出所签订治安责任保证书，并根据出租户数多少，按每户2元的标准收取出租房屋治安管理费。是年，全市有出租房屋1181户，居住租赁房屋的暂住人口2167人，房东与派出所签订治安责任保证书1181份，发放“治安许可证”1160张，出租房屋户口簿1160本。1995年8月，贯彻嘉兴市公安局文件精神，对已取得“治安许可证”的出租私房钉挂红色铝质出租房屋户牌，实行出租户户牌制度。

1996年7月，乍浦镇政府批转乍浦派出所《关于在全镇范围内实行房屋租赁治安责任保证金制度的报告》，根据房屋出租的面积、出租户数由房东缴纳100～500元不等的保证金，保期一年，续租可转入下一年。根据房东与派出所签订的治安责任条款，建立年终考评机制，年内无违反，保证金全额退回，违反按一定比例扣除。同时在出租房屋集中地参照旅馆业管理要求，以居委会暂住人口登记站为依托，推行旅馆式管理，建立当天变动当天报，每隔3天定期报，严密登记申报制度。是年，全市共有出租房屋1539户，“治安许可证”发放率、房东治安责任书签订率均达到100%。1999年，全市出租房屋实行“一户一档”制度，进一步规范管理。

2001年7月，市公安局针对城区个体经营的房屋出租中介机构增多，一些个体中介利用开店为掩护，私下进行中介活动，以致造成公安部门对城区居民整房出租底数不清，情况不明这一情况及时向市政府报告，要求将房屋出租中介机构纳入公共场所治安管理，实行“治安许可证”制度。经市政府同意，8月2日，市工商局、公安局、物价局、建设局等四部门联合发布《关于清理整顿房地产中介机构的通告》，规定：从事房地产咨询业务的，必须具有房地产及相关专业中等以上学历，从事经纪业务的，须取得“房地产经纪人资格证”；全市范围内从事房地产中介经营业务未办妥手续的，于2001年10月底前，补办“房地产经纪人资格证”、公共场所“治安许可证”和工商“营业执照”；从11月1日起，对无“三证”的中介机构一律予以取缔。

2003年6月1日，根据国务院关于取消行政审批项目的决定精神，全市取消出租房屋、房屋中介机构“治安许可证”，取消出租房屋户牌，实行登记备案制度。市公安局在出租房屋中继续推行“旅馆式”“委托式”“共管式”及“分层次”（重点、视线、放心）等管理模式。当湖派出所实行房产中介信息化管理，开通中介机构房屋租赁信息网，相关信息输入房产中介管理系统，便于备案查询。在城中村成立房东自我管理委员会，制订“自律公约”，创新推行联户管理模式。乍浦派出所对房东不在当地的出租房屋，通过委托中介机构和村（居）委会落实治安管理责任，全镇有委托出租户460户。是年，全市1.49万户出租房屋全部落实管理。

2006年6月，市委、市政府根据全市农村出租房屋管理工作意见，组织开展农村出租房屋专项整治。抽调公安、计生、司法、卫生、规划建设等部门人员组建市出租房屋管理办公室，与市流动人口服务与管理办公室合署办公，开展对全市城乡出租房按间编号，订制铝质室号，实施出租房屋租赁证制度，统一发放“出租房屋租赁证”“承租人员登记簿”。是年，公安机关加大对违法违规房东的处罚力度，全年共处罚房东576户。

2009年，市公安局依据新颁布的《浙江省流动人口居住登记条例》，进一步落实房东自我管理责任，修改原出租房屋治安管理责任书，将有关违法后应承担的法律责任向房东告知，改变原责任书一次性签订为每年签订。制订房屋中介机构治安管理责任规定，继续采用签约方式落实房屋租赁中介机构治安责任，进一步规范全市房屋出租中介机构的管理。

2011年，省人民政府《浙江省居住房屋出租登记管理办法》颁布实施。市公安局推出“三送”（送法律、送安全、送服务）活动，共举办各类讲座9场次，发放各类宣传资料1万余份，完成全市3.5万余份出租房屋治安责任书的续签工作。钟埭派出所创新管理，印制流动人口专管员联系卡，推出出租房东电话申报流动人口制度。同时，对多次不履行法律义务的房东加大处罚力度，全年共处罚房东319户。2014年9月，根据嘉兴市公安局的统一部署，对全市出租房屋实行二维码管理。截至2015年底，全市共有出租房屋3.92万户。

**建筑施工场所管理**

20世纪90年代，平湖进入大开发、大建设时期，房地产行业蓬勃兴起，建筑施工场所大量增多。建筑工地系流动人口集居之地，人员流动量大，偷盗、打架斗殴等治安问题突出。针对这一情况，市公安局将抓建筑施工场所治安管理作为流动人口管理工作的一个重要环节。

1993年10月，贯彻嘉兴市政府批转嘉兴市公安局《嘉兴市建筑施工场所治安管理暂行办法》，对建筑施工场所实行"治安许可证"制度。采取按建筑项目标的缴纳一定比例的治安保证金，与派出所签订治安责任保证书的形式，落实建筑施工场所的治安管理，发现漏登外来人员，有被盗自行车等，年底从保证金中予以扣除，无违反，保证金全额返回。11月，城关派出所建立建筑业治安管理委员会，设立办公室，落实分管所领导1名，聘请专职管理员1名。出台《城关镇建筑业治安管理委员会简章》和《设置城关镇建筑业治安联络员若干规定》，对全镇35个建筑工地分别签订治安责任书，缴纳治安保证金。并将建筑行业治保干部、安全员组织起来，建立一支由15人组成的工地治安联防队伍，统一配发联防队制服，由民警带班开展夜间巡查工作。组织开展"治安安全合格工地"评选活动。年底，全镇有14个工地被评为"治安安全合格工地"。1994年1月，市政府召开建筑施工场所治安管理工作会议，推广城关派出所建立行业自管组织这一做法，省电视台作专题报道。1997年9月2日，建筑施工场所缴纳保证金制度取消。

2003年6月1日，根据国务院关于取消行政审批项目的决定精神，取消"治安许可证"制度，对建筑施工场所继续实行登记备案，签订治安管理责任书制度。

## 第三节　人口统计与普查

### 一、人口统计

人口统计是国家整个统计工作的重要组成部分。新中国成立后，为及时掌握人口及其变动情况，为社会经济发展提供准确的人口数据，人民政府十分重视人口调查和统计工作。

20世纪50年代初开始，县公安局每年进行一次人口统计工作，但由于当时全县户口管理制度处于初建阶段，人口数据准确率不高。1957年12月，贯彻公安部、国家统计局召开的第一次全国人口统计工作会议精神，依靠基层组织，先核对户口，后进行人口统计，实行户口月报和半年一报制度，以适应经济社会发展的需要，报表按中央人民政府公安部设置的《户口变动统计月报表》和年报表规范填写。

1963年1月，县公安局贯彻全国第二次人口统计工作会议精神，加强对人口统计报表的审核，重申统计纪律，不得随意篡改统计数据，确保人口统计数据的准确性。"文化大革命"前期，户口登记管理制度被破坏，统计工作无法正常进行。

1971年起，人口统计工作逐步恢复。11月23日，县公安机关军事管制组、县革命委员会人民保卫组联合下发《关于做好一九七一年度人口统计工作的通知》，强调统计前的人口核实工作，对发现错、漏，要及时纠正，对出生、死亡率很高的现象，以及其他人口数变化较大的情况，要查明原因，写出文字说明，提出统计数据一定要及时、准确，严禁调整平衡数字。

1973年2月，县公安局恢复后，人口统计工作逐步走上正轨。1978年，贯彻全国第三次治安工作会议精神，要求人口统计工作做到及时、准确、以适应国民经济高速度发展的需要。县公安局下发《关于做好一九七八年度人口统计工作的通知》，进一步提高统计质量，防止多报，漏报。

80年代以后，人口统计工作被进一步重视和加强，根据上级公安机关的统一部署，县公安局每年11—12月召开年报会议，专门下发书面通知，组织统计业务培训，熟悉报表指标含义，落实专人与居（村）委会、乡镇计划生育办公室及人武部等相关单位核对户口，摸清待定户口。

90年代开始，建立统计质量全程监管制度，在乡镇完成年报统计后，随机抽查2个乡镇村居的人口统计质量，检验统计数据的准确率，发现问题及时整改，确保上报数据的绝对准确。同时加强暂住人口年报统计工作，按公安部统一的统计口径及表式，按时统计上报。

进入21世纪后，人口（常住、暂住）年报统计工作列入派出所工作考核评比，继续开展年报数据抽样调查，严把统计质量关，确保人口统计数据的准确性，市公安局人口年报工作曾连续多年获得嘉兴市公安局先进单位。

2008年10月1日，平湖市全面实施城乡一体化户籍管理制度改革，实行以取消户口性质划分为主要内容的城乡统一的新型户籍管理制度。9月，市公安局认真做好户改前的人口统计工作，组织全市各派出所相关负责人和民警进行业务培训，调整农业人口和非农业人口统计口径，用新老两种统计口径进行人口年报统计，以检验人口数据信息的准确性，如实反映公民的居住、职业状况和城市化水平，确保户改工作顺利进行。

## 二、人口普查

新中国成立后，根据中央国务院（政务院）的指示，平湖在1953年、1964年、1982年、1990年、2000年、2010年先后开展六次人口普查。

### 第一次人口普查

1953年4月3日，中央人民政府政务院根据为准备普选进行全国人口调查登记的指示，发布《全国人口调查登记办法》，平湖县开展第一次人口登记（简称“一普”）。此次普查结合第一次基层选举同步进行，调查登记标准时间为1953年7月1日零时。5月，县人民政府选择城郊同安乡进行人口调查登记和基层选举工作试点。6月15日，报经省人民政府批准，成立平湖县选举委员会，下设办公室，选举委员会办公室与县人口调查登记办公室合署办公。此后，全县46个乡（镇）也相应建立人口调查登记和选举工作班子。调查登记以户为单位，分家庭户、独居户、单位户、单位家庭户等，根据《全国人口调查登记办法》，以常住人口计算，调查项目有姓名、与户主关系、性别、年龄、民族等5项。调查登记工作至1954年4月完成统计汇总，通过调查登记，平湖全县共有72197户、290771人，其中男性145964人、女性144807人。内含回族12人、满族6人。此次人口调查，为新中国成立后首次普选人民代表提供确切的选民数据，同时也为以后的历次人口普查提供学习和可借鉴的经验。

### 第二次人口普查

1964年2月，中共中央、国务院决定进行第二次全国人口普查（简称“二普”）。调查登记标准时间为1964年7月1日零时，普查范围与第一次普查相同，项目比第一次增加本人成分、文化程度、职业等3项，其中本人成分、职业2项只登记不统计，浙江专门增加籍贯和何时从何地迁入2个项目。3月26日，平湖县人民委员会成立人口普查领导小组，并在县公安局设立办公室，同时各社（镇）建立相应的领导小组及其办公室，全县24个社（镇）共配备干部159人，抽调普查员1358人。普查结果：平湖全县共有84456户、351214人，其中男性176660人、女性174554人。内含回族、满族、朝鲜族、蒙古族等4个少数民族，共计45人，人口以回族为多。

### 第三次人口普查

1980年6月，中共中央、国务院决定进行第三次全国人口普查（简称“三普”）。调查登记标准时间为1982年7月1日零时，这次人口普查首次采用国际通用的圈填结合的办法，电子计算机汇总普查资料，普查登记项目从“二普”的8项增加至19项，其中以人填报有13项，以户填报有6项，普查采用按常住人口登记的原则，每个人都必须在常住地进行登记。1982年3月县人民政府在乍浦镇进行普查试点。此次普查从1980年下半年开始户口整顿至1985年1月全面完成普查任务，历时4年多。普查结果：平湖全县共有110103户、444072人，其中男性223190人、女性220882人。内含6个少数民族，共计67人，新增壮族、白族，人口仍以回族居多。

### 第四次人口普查

1989年9月，按照国务院和省人民政府关于进行第四次人口普查的通知要求，平湖县人民政府成立第四次人口普查领导小组，进行第四次人口普查（简称“四普”）。此次调查登记标准时间为1990年7月1日零时，人口普查对象与第三次相同，普查项目比第三次增加2项，共21项，按人填报15项，按户填报6项。普查共分准备、普查登记和手工汇总、编码、计算机录入和数据处理、资料开发和总结表彰5个阶段。普查结果：平湖全县共有128544户、463917人，其中男性232747人、女性231170人。内含11个少数民族，共计84人，新增藏族、苗族、侗族、黎族、畲族等5个少数民族，以回族居多。

### 第五次人口普查

1999年5月，根据国务院第五次全国人口普查办法，平湖市人民政府成立第五次人口普查领导小组，组织开展人口普查工作（简称“五普”）。这次调查登记标准时间为2000年11月1日零时。2000年1月，省、市两级人口普查户口整顿工作在平湖当湖镇试点。这次普查项目包括填写全国统一的人口普查短表、长表、死亡人口普查表、暂住人口调查表、外出人口调查表、具有28项指标的短表，具有49项指标的长表，按10比1的比例随机抽查填写。普查分为准备工作、调查登记、复查、编码和数据处理、普查资料开发和总结表彰4个阶段。普查结果：平湖全市共有142236户、507899人，其中男性249848人、女性258051人。内含19个少数民族，共计982人，新增布依族、瑶族、土家族、傣族、水族、土族、仡佬族、彝族等8个少数民族，人口以壮族居多，其次是土家族、苗族、回族、布依族等。

**第六次人口普查**

2009年11月，根据国务院第六次全国人口普查办法，平湖市人民政府成立第六次人口普查领导小组，进行第六次人口普查（简称“六普”）。这次调查登记标准时间为2010年11月1日零时。2010年5月中旬，在当湖街道园乐新村开展户口整顿试点。6月，全市各镇（街道）铺开，共抽调户口整顿指导员320人，入户调查员2099人。至8月全面完成户口整顿。本次人口普查主要调查人口和住户的基本情况，内容包括性别、年龄、民族、受教育程度、行业、职业、迁移流动、社会保障、婚姻生育、死亡、住房情况等。普查结果：平湖全市共有231241户、671834人，其中男性332806人、女性339028人。内含38个少数民族，人口7675人，其他未识别民族49人。新增维吾尔族、哈尼族、哈萨克族、傈僳族、佤族、高山族、拉祜族、东乡族、纳西族、景颇族、达斡尔族、羌族、撒拉族、毛南族、仫佬族、锡伯族、阿昌族、怒族、京族等19个少数民族，人口以苗族、壮族、土家族居多，其次是回族、彝族、布依族、满族、侗族、白族、仡佬族等。

表12-1　　1949—2015年平湖历年常住人口一览表

| 年份 | 户数（户） | 总人口（人） | | | 非农业人口数（人） | 年份 | 户数（户） | 总人口（人） | | | 非农业人口数（人） |
|---|---|---|---|---|---|---|---|---|---|---|---|
| | | 合计 | 男 | 女 | | | | 合计 | 男 | 女 | |
| 1949 | 59634 | 266556 | 132876 | 133680 | 34707 | 1964 | 85619 | 356275 | 179128 | 177147 | 40982 |
| 1950 | 59350 | 260636 | 130042 | 130594 | 39200 | 1965 | 85027 | 367924 | 184384 | 183540 | 41569 |
| 1951 | 63018 | 261955 | 131698 | 130257 | 39993 | 1966 | 85532 | 376752 | 188476 | 188276 | 40905 |
| 1952 | 62060 | 254480 | 127838 | 126642 | 36131 | 1967 | 86577 | 395586 | 192891 | 192695 | 42863 |
| 1953 | 64004 | 261361 | 131081 | 130280 | 38440 | 1968 | 87343 | 394779 | 197507 | 197272 | 40956 |
| 1954 | 64153 | 264966 | 132889 | 132077 | 40758 | 1969 | 91245 | 403843 | 202284 | 201559 | 40111 |
| 1955 | 65877 | 278529 | 139513 | 139016 | 48992 | 1970 | 93407 | 410198 | 205462 | 204736 | 37379 |
| 1956 | 66260 | 281868 | 141186 | 140682 | 44858 | 1971 | 94666 | 417750 | 208914 | 208836 | 39335 |
| 1957 | 67290 | 287579 | 145376 | 142203 | 45639 | 1972 | 95078 | 424013 | 211803 | 212210 | 39367 |
| 1958 | 87146 | 354342 | 174016 | 180326 | 58094 | 1973 | 96959 | 428864 | 214517 | 214347 | 39503 |
| 1959 | 89260 | 360866 | 178423 | 182443 | 51225 | 1974 | 97992 | 430413 | 215442 | 214971 | 38591 |
| 1960 | 90930 | 361380 | 178172 | 183208 | 49550 | 1975 | 99477 | 432510 | 216304 | 216206 | 37351 |
| 1961 | 82729 | 327583 | 161929 | 165654 | 46923 | 1976 | 101775 | 433654 | 216913 | 216741 | 37906 |
| 1962 | 85634 | 336982 | 167491 | 169491 | 43523 | 1977 | 103340 | 435082 | 217555 | 217527 | 37809 |
| 1963 | 85227 | 346561 | 172660 | 173901 | 43061 | 1978 | 104627 | 436265 | 218398 | 217867 | 39606 |

续上表

| 年份 | 户数（户） | 总人口（人） | | | 非农业人口数（人） | 年份 | 户数（户） | 总人口（人） | | | 非农业人口数（人） |
|---|---|---|---|---|---|---|---|---|---|---|---|
| | | 合计 | 男 | 女 | | | | 合计 | 男 | 女 | |
| 1979 | 103398 | 438084 | 219520 | 218564 | 44292 | 1998 | 137183 | 481076 | 239751 | 241325 | 88554 |
| 1980 | 104656 | 440040 | 220783 | 219257 | 46283 | 1999 | 136124 | 480702 | 239458 | 241244 | 92221 |
| 1981 | 109995 | 442758 | 222476 | 220282 | 47972 | 2000 | 137830 | 482281 | 239885 | 242396 | 96385 |
| 1982 | 114486 | 446572 | 224313 | 222259 | 52686 | 2001 | 139140 | 482980 | 240068 | 242912 | 105958 |
| 1983 | 115181 | 447670 | 224715 | 222955 | 53614 | 2002 | 139687 | 483166 | 239560 | 243606 | 111183 |
| 1984 | 116659 | 447261 | 224448 | 222813 | 53982 | 2003 | 147026 | 483569 | 239292 | 244277 | 137456 |
| 1985 | 123490 | 447143 | 224480 | 222663 | 76104 | 2004 | 141382 | 483676 | 238993 | 244683 | 152673 |
| 1986 | 125927 | 450802 | 226360 | 224442 | 66586 | 2005 | 142288 | 483121 | 238622 | 244499 | 154957 |
| 1987 | 129582 | 456484 | 229115 | 227369 | 67223 | 2006 | 143604 | 483477 | 238637 | 244840 | 165909 |
| 1988 | 133118 | 459785 | 230871 | 228914 | 68808 | 2007 | 144926 | 483651 | 238618 | 245033 | 173775 |
| 1989 | 135592 | 462921 | 232744 | 230177 | 68309 | 2008 | 146168 | 484395 | 238680 | 245715 | 230891 |
| 1990 | 135817 | 465889 | 234063 | 231826 | 66882 | 2009 | 146522 | 485113 | 238870 | 246243 | 232323 |
| 1991 | 137274 | 468580 | 235160 | 233420 | 67701 | 2010 | 146440 | 486996 | 239379 | 247617 | 232957 |
| 1992 | 139638 | 471740 | 236739 | 235001 | 71892 | 2011 | 146601 | 487797 | 239599 | 248198 | 233726 |
| 1993 | 139978 | 474169 | 237888 | 236281 | 75421 | 2012 | 146880 | 488939 | 239942 | 248997 | 234980 |
| 1994 | 140288 | 476077 | 238721 | 237356 | 78594 | 2013 | 147127 | 489628 | 240150 | 249478 | 238424 |
| 1995 | 140344 | 478148 | 239836 | 238312 | 81592 | 2014 | 147913 | 491379 | 240853 | 250526 | 240435 |
| 1996 | 142328 | 479522 | 240014 | 239508 | 83052 | 2015 | 148686 | 491479 | 240598 | 250881 | 242518 |
| 1997 | 137395 | 480640 | 239720 | 240920 | 85046 | | | | | | |

注：1. 常住户口是指公民依照《中华人民共和国户口登记条例》已在其经常居住地公安机关户籍管理部门办理常住户口登记的人口（包括居住在该地区，持出生、迁移、复员转业等证件未落常住户口的人口），统计时点为当年12月31日24时前。

2. 2008年10月1日，嘉兴市实施城乡统一户籍管理制度，取消农业与非农业户口性质划分。之后，农业人口、非农业人口统计数据是参照居民常住户口所在地的城乡性质划分进行统计的。其中，常住户口在城镇（含城市和建制镇）的统计为非农业人口，具体为：市区所辖街道办事处区域内的常住人口；镇所辖居民委员会或镇政府驻地村委会区域内的常住人口。

3. 表内数据含乍浦镇（嘉兴港区）。

## 表 12-2　　1954—2015 年平湖历年常住人口变动一览表

| 年份 | 自然变动 | | | | | | 机械变动 | | |
|---|---|---|---|---|---|---|---|---|---|
| | 出生人数 | 出生率 | 死亡人数 | 死亡率 | 自然增长人数 | 自然增长率 | 迁入人数 | 迁出人数 | 净增人数 |
| 1954 | 9487 | 32.16 | 3117 | 10.57 | 6370 | 21.59 | – | – | – |
| 1957 | 9834 | 30.81 | 3237 | 10.14 | 6597 | 20.67 | – | – | – |
| 1960 | 6819 | 21.22 | 4200 | 13.07 | 2619 | 8.15 | – | – | – |
| 1961 | 6009 | 18.53 | 3661 | 11.29 | 2348 | 7.24 | – | – | – |
| 1965 | 14312 | 39.52 | 3345 | 9.24 | 10967 | 30.28 | – | – | – |

续上表

| 年份 | 自然变动 | | | | | | 机械变动 | | |
|---|---|---|---|---|---|---|---|---|---|
| | 出生人数 | 出生率 | 死亡人数 | 死亡率 | 自然增长人数 | 自然增长率 | 迁入人数 | 迁出人数 | 净增人数 |
| 1968 | 11646 | 29.85 | 2585 | 6.63 | 9061 | 23.22 | – | – | – |
| 1971 | 10118 | 24.44 | 2433 | 5.88 | 7685 | 18.56 | – | – | – |
| 1973 | 6929 | 16.16 | 2580 | 6.02 | 4349 | 10.14 | 4300 | 3853 | 447 |
| 1974 | 4661 | 10.83 | 2760 | 6.41 | 1901 | 4.42 | 1741 | 1902 | –161 |
| 1977 | 4324 | 9.55 | 2978 | 6.85 | 1346 | 3.10 | – | – | – |
| 1978 | 4523 | 10.37 | 2561 | 5.87 | 1962 | 4.50 | 4634 | 5260 | –626 |
| 1979 | 5063 | 11.56 | 2717 | 6.20 | 2346 | 5.36 | 6798 | 7289 | –491 |
| 1980 | 4244 | 9.64 | 2816 | 6.40 | 1428 | 3.25 | 6012 | 5557 | 455 |
| 1981 | 6036 | 13.63 | 2809 | 6.34 | 3227 | 7.29 | 5637 | 5997 | –360 |
| 1982 | 6756 | 15.13 | 2620 | 5.87 | 4136 | 9.26 | 9801 | 9988 | –187 |
| 1983 | 4402 | 9.85 | 3166 | 7.08 | 1236 | 2.77 | 3932 | 4070 | –138 |
| 1984 | 3065 | 6.85 | 2999 | 6.70 | 66 | 0.15 | 3400 | 3950 | –550 |
| 1985 | 3665 | 8.20 | 3109 | 6.95 | 517 | 1.16 | 8484 | 8950 | –466 |
| 1986 | 6997 | 15.52 | 3074 | 6.82 | 3923 | 8.70 | 4358 | 4628 | –270 |
| 1987 | 9183 | 20.12 | 3141 | 6.88 | 6042 | 13.24 | 4875 | 5238 | –363 |
| 1988 | 6697 | 14.57 | 3386 | 7.36 | 3311 | 7.20 | 4486 | 4537 | –51 |
| 1989 | 6780 | 14.65 | 3441 | 7.43 | 3339 | 7.21 | 4200 | 4393 | –193 |
| 1990 | 6679 | 14.34 | 3329 | 7.15 | 3350 | 7.19 | 4012 | 4263 | –251 |
| 1991 | 5967 | 12.77 | 3259 | 6.98 | 2708 | 5.79 | 3864 | 3920 | –56 |
| 1992 | 6212 | 13.21 | 3342 | 7.11 | 2870 | 6.10 | 6192 | 5976 | 216 |
| 1993 | 6155 | 13.01 | 3366 | 7.12 | 2789 | 5.89 | 3238 | 3664 | –381 |
| 1994 | 5954 | 12.53 | 3608 | 7.59 | 2346 | 4.94 | 3848 | 4347 | –499 |
| 1995 | 5950 | 12.47 | 3646 | 7.64 | 2304 | 4.83 | 6018 | 6329 | –311 |
| 1996 | 5663 | 11.83 | 3565 | 7.45 | 2098 | 4.38 | 4400 | 5155 | –755 |
| 1997 | 4640 | 9.67 | 3403 | 7.09 | 1237 | 2.58 | 5271 | 5402 | –131 |
| 1998 | 4625 | 9.79 | 3504 | 7.29 | 1121 | 2.50 | 3956 | 4709 | –753 |
| 1999 | 3728 | 7.76 | 3354 | 6.98 | 374 | 0.78 | 6319 | 7059 | –740 |
| 2000 | 4805 | 9.97 | 3452 | 7.16 | 1353 | 2.81 | 7893 | 7738 | 155 |
| 2001 | 3579 | 7.41 | 3458 | 7.16 | 121 | 0.25 | 6289 | 5705 | 584 |
| 2002 | 3585 | 7.42 | 3571 | 7.39 | 14 | 0.03 | 5414 | 5232 | 182 |
| 2003 | 3363 | 7.0 | 3582 | 7.40 | –219 | –0.4 | 6466 | 5805 | 661 |
| 2004 | 3523 | 7.28 | 3310 | 6.84 | 213 | 0.44 | 5459 | 5546 | –87 |
| 2005 | 3318 | 6.86 | 3436 | 7.11 | –118 | –0.25 | 4411 | 4731 | –320 |
| 2006 | 3121 | 6.46 | 3244 | 6.71 | –123 | –0.25 | 3303 | 2703 | 600 |

续上表

| 年份 | 自然变动 | | | | | | 机械变动 | | |
|---|---|---|---|---|---|---|---|---|---|
| | 出生人数 | 出生率 | 死亡人数 | 死亡率 | 自然增长人数 | 自然增长率 | 迁入人数 | 迁出人数 | 净增人数 |
| 2007 | 2845 | 5.82 | 3289 | 6.80 | −444 | −0.92 | 3208 | 2352 | 856 |
| 2008 | 2833 | 5.85 | 3452 | 7.13 | −619 | −0.13 | 3498 | 1909 | 1589 |
| 2009 | 2905 | 5.99 | 3467 | 7.15 | −562 | −0.12 | 3141 | 1704 | 1437 |
| 2010 | 3636 | 7.47 | 3512 | 7.21 | 124 | 0.25 | 3212 | 1423 | 1789 |
| 2011 | 2738 | 6.33 | 3139 | 7.26 | −401 | −0.93 | 2109 | 1034 | 1075 |
| 2012 | 3536 | 8.16 | 3254 | 7.51 | 282 | 0.65 | 1769 | 1075 | 694 |
| 2013 | 3210 | 7.40 | 3079 | 7.10 | 131 | 0.30 | 1558 | 1009 | 549 |
| 2014 | 3998 | 9.81 | 3038 | 6.98 | 960 | 2.2 | 1768 | 1152 | 616 |
| 2015 | 3703 | 7.53 | 3722 | 7.57 | −19 | −0.04 | 2035 | 1486 | 549 |

注：1. 表内数据含乍浦镇（嘉兴港区）。
2. 出生率、死亡率、自然增长率均为千分之比率。
3. 空缺年份及空缺栏目系无原始资料和数据。

### 表 12-3　　1984—2015 年平湖历年暂住人口一览表

| 年　份 | 暂住人口数（人） | 年　份 | 暂住人口数（人） |
|---|---|---|---|
| 1984 | 4225 | 2000 | 13989 |
| 1985 | 4084 | 2001 | 46517 |
| 1986 | 8354 | 2002 | 64743 |
| 1987 | 7888 | 2003 | 100715 |
| 1988 | 8552 | 2004 | 211344 |
| 1989 | 7886 | 2005 | 253853 |
| 1990 | 6647 | 2006 | 225914 |
| 1991 | 8073 | 2007 | 260697 |
| 1992 | 8758 | 2008 | 265798 |
| 1993 | 11460 | 2009 | 252779 |
| 1994 | 10263 | 2010 | 263174 |
| 1995 | 11649 | 2011 | 322708 |
| 1996 | 13968 | 2012 | 322974 |
| 1997 | 13450 | 2013 | 293924 |
| 1998 | 15004 | 2014 | 279627 |
| 1999 | 14159 | 2015 | 294018 |

注：1. 表内数据含乍浦镇（嘉兴港区）。
2. 根据公安部统计时点，1999 年前为每年 11 月 30 日 24 时前实有暂住人口数，2000 年起为每年 6 月 30 日 24 时前实有暂住人口数。

## 第四节 居民身份证颁发与管理

早在民国36年（1947）平湖开始发放纸质“国民身份证”。9月，县政府在《申报》上刊登限于本月底从速向管理乡镇领取，逾期将予处罚的通知。纸质“国民身份证”，共4页，首页有姓名、性别、出生年月、本籍、寄籍、号码、发证日期等，第2～3页有持有人照片，教育程度、职业、役历、指纹符号等10多个项目，第4页则为家庭住址和注意事项，身份证上个人信息记载齐全。

新中国成立后，公安机关十分重视户籍管理工作，1987年开始发放第一代居民身份证。以后，随着使用范围的普及，信息化程度的提高，居民身份证的科技含量、防伪功能进一步提高，2004年发放第二代居民身份证。居民身份证成为居民出行、办事必不可少的一种证件。

### 一、居民身份证颁发

#### 第一代居民身份证

1985年9月6日，第六届全国人大常务委员会第十二次会议审查通过，并公布《中华人民共和国居民身份证条例》，在全国实行居民身份证制度，这是对现行户籍制度的一项重要改革。1986年8月，公安部颁发《居民身份证管理实施细则》，对申领、使用作具体规定。发证对象为年满16周岁的男女公民，其中16～25周岁发给有效期10年的居民身份有效证；26～45周岁发给有效期20年的居民身份有效证；46周岁以上的发给长期有效的居民身份有效证。居民身份证实行全国统一编号，由15位阿拉伯数字组成。

1987年1月，平湖县颁发居民身份证领导小组及发证办公室成立，并从相关部门抽调人员12人，启动第一代居民身份证的发证工作。全县22个乡镇都先后建立相应的发证机构，各乡镇自筹办公经费2.12万元，解决办公室用房74间，抽调公安干警67人、乡镇机关干部109人、其他部门人员256人，发证员1379人。发证工作分三批进行，4—5月在城关、黄姑两镇开展发证试点；6—8月在乍浦、钟埭等8个乡镇展开；9月5日，召开全县发证工作会议，由黄姑、乍浦、钟埭三镇作经验介绍，副县长吕继村作报告，部署第三批12个乡的发证工作。经过宣传发动、核对户口、重编门牌、组织照相、填写常住人口登记表、统一编码、上门核对、粘贴照片、打印底片、制作证件、分拣下发、资料汇集、检查验收等环节，至年底，完成制卡任务19.08万张。

1988年8月1日，将首次集中发证的34.2万余张居民身份证先后下发到群众手中。至1989年底，全县累计发证37.12万张，发证率为98.6%，超过公安部规定的90%指标。

1990年6月15日，根据省、嘉兴市两级颁发居民身份证领导小组和省公安厅、嘉兴市公安局文件精神，县公安局下发《善始善终搞好居民身份证颁发工作，迎接省市检查的通知》，各派出所开展自查。10月13—17日，组织推磨式检查验收。通过狠抓发证率，使全县1973年前出生的发证率由1989年的98.6%提高至99.2%，比标准的95%超过4.2个百分点，1974年出生人员发证率达到90%，比标准的80%超过10个百分点。在11月嘉兴市“发证办”检查和12月省“发证办”验收中，受到省、嘉兴市两级业务部门的表扬，被评为省级颁发居民身份证工作优秀单位。

1997年开始，进入首批十年期居民身份证集中换发证阶段。市公安局建立集中换发证工作领导小组和专门工作班子，聘请10名工作人员，制订换发证工作实施方案、工作计划，开展对派出所有关人员换发证业务培训。是年底，完成14个乡镇的十年期换证和年满16周岁居民的发证任务，至1998年底，完成9个乡镇的十年期换证及年满16周岁居民的发证任务，全市应换发证的6.82万人，按时换证6.22万人，换证率达到91%。年满16周岁应发证人数5614人，制证5378人，发证率95.2%。

1999年10月，根据国务院《关于实行公民身份证号码制度的决定》，居民身份证号码由15位升至18位数。市公安局组织开展公民身份证号码编制工作，至11月30日完成全市48万常住人口的公民身份证号码的升位工作。12月1日开始，全市开始签发18位号码的居民身份证。2006年1月1日，根据省公安厅部署，全市停止制发第一代居民身份证。

#### 第二代居民身份证

2004年1月1日，《中华人民共和国居民身份证法》正式施行。1月21日，公安部印发《关于认真做好全国换发第二代居民身份证工作的通知》（以下简称“二代证”）。9月14日，市政府成立换发“二代证”工作领导小组及其办公室（简称“二代办”），各镇、街道也成立相应的领导小组及其办公室。市“二代办”制订印发《换发“二代证”工作方案》，规定全市换发“二代证”工作的总体目标和工作步骤，按照宣传发动、门楼牌清理整顿、户口核对与信息纠错、人像信息采集、照片质量检验、上传人像信息、证件发放、收缴旧证等工作步骤，实行先试点后铺开、先易后难、先重点后一般、稳步推进的工作方法开展。是月，组织开展户口核对及信息纠错工作。至12月全面完成，全市共核对户口15万余户、49万余人，纠正信息中逻辑差错3296条，户口登记主要项目差错249项，次项目差错912项，注销一批应销未销的户口，落实一批应落未落的户口，达到人口信息数据“完整、准确、鲜活”的标准，为“二代证”的发证工作打下基础。

2005年5月13日起，市“二代办”抽调各镇（街道）发证工作人员65人，在当湖街道松枫、园乐、百步三个社区开展换发证工作试点，历时20天结束。6月22日，市政府在园乐社区举行全市换发“二代证”新闻发布会暨首发式，会上有20名领证者代表753名换发证人员领取“二代证”，市公安局通报换发证的工作情况，多家媒体就换发“二代证”的目的、意义、方法步骤、对象范围和工作安排等进行采访，并在“平湖110”栏目播放《如何申领“二代证”》的电视专题片。6月，换发证工作在全市各镇（街道）铺开。至年底，共受理“二代证”换发申请8.3万人，制作成品“二代证”8.2万张，占应换证人数的20.2%，有6.1万张“二代证”发到居民手中。

2006年10月，市公安局开展单位集体户口清理整顿工作，撤并集体户口36家，动迁人员633人，基本达到人户一致，为集体户“二代证”发放提供保障。至2008年底，全市完成“二代证”换发证任务。历时4年共累计受理群众申领“二代证”40.38万张，有38.1万名16周岁以上人员办理“二代证”，占16周岁以上应发证人员的92.20%，列嘉兴市第二名；已制“二代证”40.28万张，均发放到群众手中，制证信息合格率达到99.9%以上。

2009年1月，市公安局配合嘉兴市公安局开展对现役军人居民身份证的发证工作，共受理部队人员制证信息7人（市人民武装部），发放现役军人居民身份证7张。

2012年5月，根据省公安厅《关于进一步做好未标注已申领“二代证”人员信息清理和证件换发工作的通知》，做好未换领“二代证”人员的督促催办工作，采取逐人送达《换领第二代居民身份证事项告知书》的方法，提高“二代证”的换证率。截至年底，全市“二代证”换证率达到96%以上。

2013年1月起，全省停止使用第一代居民身份证。6—9月，为贯彻落实新修订的《中华人民共和国居民身份证法》，市公安局根据公安部、省公安厅的总体部署，开展居民身份证登记指纹信息工作，通过播放宣传片、张贴宣传挂图及公安门户网站、公安微博等媒体进行适度宣传，取得群众的理解和配合，采用“试点先行、以点带面、滚动推进”的方式进行。6月25日，在当湖派出所试点。8月12日，全市铺开。各派出所办证窗口都增添指纹采集器、阅读（验证）机及指甲钳、毛巾、纸巾等便民用品。至9月29日，全市共办理指纹信息登记3488张。此后，登记指纹信息作为群众日常申领、换领、补领居民身份证时的一道法定手续，以此保障公民合法权益、维护国家安全和社会稳定。

**临时居民身份证**

为解决群众应申领居民身份证但尚未领到或遗失、损坏等问题，便于居民正常活动，1989年9月15日，公安部发布《临时身份证管理暂行规定》，规定年满16周岁的公民应该申领、换领、补领或因常住户口待定而尚未领到身份证的可向常住地公安派出所申办临时身份证，经核准后由县（市）公安局、城市公安分局签发有效期为一年、二年的临时身份证（后缩短为半年）。10月5日，县公安局召开派出所户籍内勤会议，部署临时身份证发放工作。11月1日，开展临时身份证的办理业务，推行随来随办。至12月31日，共签发临时身份证199张。以后，办理临时身份证数量逐年攀升。1989 年至 1996 年共办理临时身份证 10638 张；1997 年至 2004 年每年均保持在 1000 张左右。

2005 年 10 月 1 日，公安部施行《中华人民共和国临时居民身份证管理办法》，签发有效期为三个月的临时身份证。全年共办理临时身份证 966 张。2007 年办理临时身份证 870 张。以后逐年增多，2008 年、2009 年、2014 年、2015 年临时居民身份证办理数分别为 1882 张、3950 张、4110 张、5177 张。2005—2015 年共办理临时居民身份证 35845 张。

**二、居民身份证管理**

1988 年 5 月 11—14 日，县公安局召开全县公安派出所内勤及部分乡镇文书参加的居民身份证日常管理工作培训会议。会后，乍浦派出所率先启用新《常表》。至 8 月 1 日前，全县 22 个乡镇（除白马乡外），全部启用新《常表》，并在各派出所户籍室增配居民身份证协管员，负责居民身份证的申领、换领、补领、缴销等日常管理工作。10 月，省、嘉兴市两级业务部门领导到乍浦、胜利两派出所进行检查，对两所居民身份证的日常管理工作非常满意。

**口卡室的建立**

早在 1961 年 1 月，为适应各公社开展户口普查的需要，县公安局根据省公安厅的通知精神，在全县实行人口卡签制度，人口卡签与户口登记簿册同是户口登记机关签发的户口证明文件。分为城镇、农村两种，每种均分男（绿色）、女（红色），城镇人口卡签分正卡、副卡，正卡每人填写 2 张，分别由派出所和集体单位保管，副卡是辅助性的卡片，根据需要，以户为单位填写一张，附插在户主的正卡后面。农村人口卡签分公社和生产队两种，每人各填一张，有口粮和工资登记项目的供生产队使用，有参加过何种反动组织之项目的供公社使用。人口卡签制度曾使用一段时间后停止。

1988 年 6 月，为充分发挥现有居民身份证底卡的社会效益，县公安局根据省发证领导小组、省公安厅制订的《关于居民身份证日常管理若干问题的意见》，在集中发证结束后，将身份证底卡保管、制证和公安业务建设结合起来，购置口卡柜，着手规划建立口卡室，对居民身份证底卡进行裁切，后按乡、村排列，分别装柜。1989 年 7 月，完成全县 36 万张底卡的编排工作。8 月 1 日，县公安局口卡室正式建立投入使用。至年底，共查阅卡片 291 张，准确率为 96%，其中为刑侦部门查找嫌疑对象 57 人，为台胞寻找亲人 2 人，为群众寻找亲人 1 人，为信访部门查找有关人员 4 人。口卡室的建立，为社会提供服务，替群众排忧解难，配合公安现实斗争起到积极的作用。

1991 年，口卡室配合全局打击卖淫嫖娼专项斗争，为专案组查阅居民身份证底卡 65 张，协助破获是年 4 月底发生在乍浦镇嘉兴军分区招待所强奸案件 1 起。1995 年，进一步健全口卡室管理制度，将历年积累的底卡 7.33 万张编制入柜，全年共查阅卡片 236 张，准确率为 98.2%，为侦察破案提供重要线索。

进入 21 世纪后，随着公安信息化程度的提高，口卡室被高度发展的信息化管理所代替，手工检索人口卡片不再行使。

**居民身份证查验制度**

1988 年，根据浙江省人民政府办公厅转发省发证领导小组《关于加快颁发居民身份证工作的意见》，要求已发证的地方，在办理有关事宜时，应使用居民身份证证明身份，以发挥证件的法律效力。6 月 15 日，县公安局召开由 17 个大系统参加的居民身份证使用商讨会，主动征求银行、邮电、商业等部门意见。会后，起草印发《关于全县实施使用居民身份证暂行规定的联合通知》，8 月 1 日起实行，金融单位在居民存储款时强调居民身份证的使用，预防和减少案件的发生，自 8 月至年底，全县无储蓄存单被冒领案件。10 月 20 日，县人民政府发布《关于在全县实施使用查验居民身份证制度的通告》，规定从 1989 年 1 月 1 日起在全县范围内开展查验工作。

1989 年 4 月，县公安局根据嘉兴市公安局《关于公安机关在公务活动中实施居民身份证查验制度的暂行规定》，规定办理户口、出入境、边境通行证、车辆驾驶证、交通管理、查阅卡片等 20 项公安业务必须查验或使用居民身份证，增强公安干警对居民身份证使用的意识。8 月 2 日，组织各乡镇派出所户籍内勤和户口协管员 30 余人，在瓦山派出所召开居民身份证日常管理工作现场会，推进全县居民身份证的日常管理。9

月，经国务院批准，公安部颁布《关于在全国实施居民身份证使用和查验制度的通告》，县公安局组织开展对居民身份证使用情况大检查，并充分运用广播电视、电影幻灯片、黑板报、墙报等多种形式，广泛深入地开展宣传教育，做到家喻户晓、人人皆知，以促进核查工作和核查制度的建立。是年，利用居民身份证资料，破获刑事案件141起，其中大案35起，查处治安案件114起，并为群众寻找到亲人18人，为银行、邮电、医院等部门服务351次，证件的作用得到了初步发挥。

随着高科技的发展，居民身份证造假现象突出，且制假造假技术越来越高，公安机关不断提高身份证防伪技术。1996年1月，运用新的防伪技术发放防伪居民身份证。同时，积极开展居民身份证防伪性能宣传，加大对制造假证窝点及利用假证登记身份信息等违法犯罪人员的查处打击力度。为提高依法查处能力，2006年4月至2010年5月，先后派出3名民警参加省公安厅举办的县级公安机关居民身份证鉴定资格培训，获得鉴定资格证书。2006—2015年共查获使用假身份证案件81起，收缴假“一代证”19张，假“二代证”62张，治安处罚使用假身份证的人员81人。

**身份证编号纠错工作**

根据《中华人民共和国居民身份证条例》的规定，居民身份证号为一人一号，终身不变。自居民身份证制度实施后，为确保人口信息的质量，保障群众的合法权益，开展4次较大规模的居民身份证编号清理纠错工作。

1998年，根据省、嘉兴市公安部门关于做好居民身份证编号清理纠错工作的通知，开展对已发居民身份证的重号、错号纠正工作。通过逐户上门逐人核对，清理底册，运用计算机逻辑排查和发函核对等方法，发现全市有2795张身份证重号、错号，均一一得到纠正，使平湖市在嘉兴市范围内无重号存在。

2000年，市公安局结合居民身份证号码的升位后户籍人口《常表》《户口簿》升位登录及第五次全国人口普查工作，先后两次对公民身份证号码进行清理纠错。纠正身份证号码73条，其中身份证重号35对，出生日期差错3条，达到全市计算机人口信息与《常表》《户口簿》、身份证号码的“三统一”。

2007年4—6月，根据公安部《关于集中开展纠正公民身份号码跨省重号工作的通知》，组织开展跨省重号集中纠错工作。以身份号码编码表作为认定的重要依据，通过逐个查阅户籍档案、户口迁移证、常住人口登记表、居民户口簿等，完成对406人重号人员户籍资料的核对，查清产生重号的原因，对5对确属身份号码录入及编码差错导致重号的，进行网上信息纠错和相关证件的换发工作。

2010年，根据公安部的统一部署，组织开展全国公民身份证号码重号纠正工作。纠正全国性重人3人、重号45人，当地编码重号纠错23人，纠错率为100%；第三方编码重号纠错20人，纠错率为90.91%。同时开展“问题信息”的集中清理核查工作，纠正冷僻姓录入错误9人。

表12-4　　2005—2015年平湖办理临时居民身份证一览表

| 年份 | 办理数 | 年份 | 办理数 |
|---|---|---|---|
| 2005 | 966 | 2011 | 4419 |
| 2006 | 900 | 2012 | 4541 |
| 2007 | 870 | 2013 | 4598 |
| 2008 | 1882 | 2914 | 4110 |
| 2009 | 3950 | 2015 | 5177 |
| 2010 | 4432 | | |

## 第五节 边境通行证发放

1963年10月，县公安局执行上级公安机关规定，加强边境地区治安管理，特别是进入黑龙江、内蒙古、新疆等省和自治区与苏联、蒙古接壤的边境地区，实行通行证管理，因公出差、居民探亲进入该区的，需向县局申领边境通行证。1965年9月1日，黑龙江省珲春县划为边境地区，前往该地区都应持“浙江省公安厅护照”（因公）或“前往边境禁区临时证明”（因私）。

1970年4月，县公安机关军管组向全县各公社（镇）、县属部门革委会转发新疆维吾尔自治区公安机关军管会《关于办理前往边境地区审批手续的通知》。规定自1970年2月25日起，凡因公（私）前往新疆伊吾、阿勒泰、吉木乃、布尔津、塔城等33个边境县人员，须持各省县以上公安机关签发的护照或边境地区通行证，并经新疆维吾尔自治区公安机关批准和签署后，方可前往。到达后，必须向当地公安机关或派出所进行登记。凡到伊宁市的人员，不论省内、省外，不论因公、因私，一律凭县（市）以上公安机关签署的证明信。

1975年6月，县公安局贯彻国务院、中央军委发布的《关于边境管理区安全保卫工作若干问题的规定（试行）》精神，制订《边境管理区通行审批发证工作意见》，对居民前往边境地区，实行申领“边境通行证”制度，规定凡在平湖报有常住户口的居民，因公出差、探亲、访友或有其他正当理由，需去边境管理区的，一般可以批准，但审批把关较严，须经地（市）级公安机关审批。

进入20世纪80年代，随着改革开放，鉴于要求去深圳经济特区的人越来越多，一度秩序混乱，走私贩私活动严重，给深圳地区建设造成严重困难。1984年4月，县公安局根据国务院、中纪委通知精神，下发《关于严格限制去深圳经济特区人员的通知》，规定各地、各部门派人去深圳经济特区执行公务须经地（市）级以上领导机关和单位批准，并持批准机关的介绍信到公安机关治安部门办理“边境通行证”；专程前往深圳经济特区进行参观的，须经中央各部门和省委或省政府批准，征得广东省委或省政府同意，并与深圳市委或市政府联系，方可派出；与深圳经济特区工作无关的会议，不准在深圳经济特区召开；对违反以上规定去深圳经济特区的人员，深圳经济特区不予接待。对寻找借口或未经批准而通过各种关系去深圳经济特区的人员，所在单位要令其立即返回并进行批评教育，对有违法乱纪活动者，要进行查处。

1985年，随着对外开放、对内搞活经济政策深入实施，平湖县与边境地区联系频繁，特别与深圳、珠海经济特区往来人员成倍增长。10月，按照国务院《关于深圳、珠海经济特区边防管理若干问题的规定》精神，审批权由地（市）下放至县级公安机关。县公安局本着服从、服务于经济建设需要，改进边境通行证管理，简化手续，凡经批准持有与前往的单位签订合同、委托、协议书或申请前往边境管理区从事地质勘探、承包工程、经商贸易、手工作业等活动的，均可凭《申请表》签发“边境通行证”，凡有组织的集体入、出边境管理区的人员，可采取一证多人的签证办法，有效期为1年，可以多次往返使用。是年，经审核批准签发“边境通行证”69张。以后，逐年增加，1987年办理149张。1988年，办理389张。1985—1990年共办理“边境通行证”1298张。

1991年7月1日起，使用新版“中华人民共和国边境管理区通行证”。同时，为提高证件防伪性能，防止不法分子涂改旧证和换贴照片制造假证，在签发证件上加盖“边境通行证专用章”钢印。是年，共审批签发“边境通行证”582张。1992年，进一步简化审批手续，缩短办证时间，做到随到随办，方便群众。是年，共签发“边境通行证”1400张，比上年增长近3倍。同时向上级申请40份“特办卡”，为经常出入边境地区的企业提供方便。1991—1998年共办理“边境通行证”5569张。

1999年9月，公安部颁发《中华人民共和国边境通行证管理办法》。香港回归后，进入深圳、珠海经济特区政策放宽，群众办理“边境通行证”量开始下降。是年，共办理“边境通行证”429张。1999—2002年共办理1732张。2003年办理297张，以后逐年下降，2004—2007年办理89张。

2008年1月16日，根据《国务院关于第四批取消和调整行政审批项目的决定》精神，取消办理前往深圳、珠海经济特区边境管理区通行证的审批与签发，其他边境地区继续签发，办证量明显减少，2008—2012年共办理“边境通行证”45张。2013年开始有所增多，办理65张，超过前5年总数。2013—2015年共办理“边境通行证”195张。

表12-5　　1985—2015年平湖办理边境通行证一览表

| 年份 | 办理数 | 年份 | 办理数 |
|---|---|---|---|
| 1985 | 69 | 2001 | 440 |
| 1986 | 80 | 2002 | 433 |
| 1987 | 149 | 2003 | 297 |
| 1988 | 389 | 2004 | 29 |
| 1989 | 310 | 2005 | 25 |
| 1990 | 301 | 2006 | 20 |
| 1991 | 582 | 2007 | 15 |
| 1992 | 1400 | 2008 | 7 |
| 1993 | 763 | 2009 | 8 |
| 1994 | 600 | 2010 | 4 |
| 1995 | 560 | 2011 | 11 |
| 1996 | 562 | 2012 | 15 |
| 1997 | 550 | 2013 | 65 |
| 1998 | 552 | 2014 | 76 |
| 1999 | 429 | 2015 | 54 |
| 2000 | 430 | | |

# 第十三章　治安行政管理

治安行政管理工作是国家行政管理的重要组成部分，是公安工作的一个重要方面。新中国成立后，县人民政府公安局为维护社会治安秩序，保障人民群众权利，保卫社会主义建设，建立起各种治安管理规章制度，逐步开展和加强治安行政管理工作。“文化大革命”期间，治安行政管理遭受严重破坏，刚建立不久的规章制度被取消，特种行业管理失控，枪支弹药流散社会，严重影响人民群众的人身安全和社会治安秩序。粉碎江青反革命集团后，各种治安管理法规逐步建立和健全，尤其是进入改革开放年代后，公安机关坚持“以法治国”的方针，不断探索新形势下治安管理工作的新路子，治安管理理念进一步提升，社会管理创新正在进一步深化。

## 第一节　特种行业治安管理

特种行业，早期又称特种营业，是指工商企业中经营项目特殊的一些行业，易被违法犯罪分子利用和藏身落脚的场所。解放初期，县人民政府公安局对旅栈业、印铸刻字业、旧货业、照相业、无线电器材业、钟表修理业及书场、戏院、茶室、酒店等均列为特种营业，加以管理，后照相业、钟表修理业及茶室、酒店退出特种行业管理。实行改革开放后，特种行业有了很大的发展，门类繁多，数量骤增。为适应形势发展的需要，又将特种行业分为特种行业和公共场所两类，实行分类管理。列为特种行业管理的主要是旅店业、印铸刻字业、旧货业和修理业等四大行业。进入21世纪，将废旧金属收购业、拍卖业、寄售业、典当业、机动车修理业、开锁业等列为特种行业。对特种行业实行登记备案与登记发证相结合的方法，加以管理。截至2015年仍保留公安发证的特种行业主要有旅店业、公章刻字业、典当业等。在派出所设立特种行业兼管民警，强化阵地控制，建立健全行业治保组织、设立行业治安员，加强对特种行业的治安管理。

### 一、旅店业管理

1950年3月，县人民政府公安局根据省政府公安厅的通知精神，开展对旅店登记，实行治安管理。是年，全县登记有旅馆7家，建立旅馆业每晚须向各辖区派出所报送旅客登记簿及派出所开展不定期检查等制度，在检查中破获强奸案件1起、赌博案件1起。1951年8月，公安部明确特种营业管理范围，县公安局对旅馆客栈颁发“特种营业许可证”。1957年，为适应私营工商业社会主义改造基本完成后特种行业经济体制改变的新情况，县公安局依靠各部门职工，建立各项规章制度，强调自主管理。7月，县公安局根据省公安厅《关于简化和改进户口申报登记手续、特种营业管理和改进户籍民警工作作风的几点意见的通知》，取消旅栈业的开业、歇业、变更审批手续，但事后应向公安机关备案；取消旅客循环登记簿的日报制度，由旅店自备登记簿一本，自行将来往旅客登记备查，并每月将旅客来往情况、人数统计报当地派出所，不再每日报告。

1962年，贯彻中央关于治安管理从严方针，县公安局于1月11日和8月12日先后两次下发《关于加强特种行业管理的意见》，明确规定凡是经营旅馆（招待所），不论属于全民所有制或集体所有制，均应列为特种营业，加强管理。并采取三条措施：一是对应列未列的抓好补列，今后开设的特种营业企业，应在向主管部门申请登记的同时，向公安机关进行申请，由两个部门共同研究办理审查批准工作；二是对非法经营的黑旅馆应坚决加以取缔；三是对特种行业管理必须加强领导和政治思想教育，建立健全各项安全制度和责任制度，建立健全治保组织。派出所、特派员应协同主管部门按不同行业规定服务人员应遵守的纪律。是年，组织开展对全县旅馆业进行重点调查，发现黑旅店 14 家，予以取缔。

“文化大革命”期间，特种行业管理废弛，旅馆业治安管理受到严重干扰。1971 年，贯彻中共中央一号文件和第十五次全国、全省公安会议精神，重启对旅馆业治安管理。1978 年，县公安局在深入揭批江青反革命集团罪行的同时，各项公安业务工作开始全面整顿、恢复和加强。1979 年 6 月，国家工商行政管理总局、公安部、商业部、轻工业部、全国供销合作总社、中国人民银行和中国农业银行等七部门联合下发《关于特种行业企业进行管理登记的通知》，规定对旅店业登记的范围是旅馆、车马店和住客的饭店、浴室等。公安机关对旅店业重新核发“特种行业许可证”。

1980 年 4 月，县公安局会同工商等部门，对全县旅馆业进行全面清理整顿，统一换发“特种行业许可证”，对符合开业规定的，换发或补发营业执照；对不符合规定和非法经营的，责令停业或予以取缔；对有违法活动的，依法进行处理。

1982 年，随着改革开放的进一步深入，公安机关进一步抓好旅馆业治安管理，建立治安保卫责任制，健全旅客住宿登记、贵重物品寄存等各项管理制度。7 月 8—10 日，县公安局与工商局、商业局、供销社联合召开全县特种行业负责人会议，进行治保业务培训，组织交流先进经验，平湖旅馆、乍浦旅馆作交流发言。

1983 年 7 月 4—5 日，县公安局与工商局、商业局、供销社联合召开全县特种行业负责人会议，贯彻省公安厅《关于旅馆业管理的暂行规定》，进一步加强对旅馆业等特种行业的治安管理工作，会上向作出显著成绩的乍浦旅馆颁发奖状。

1985 年 5 月，根据公安部、省公安厅《关于改革和加强特种行业管理工作的通知》精神，调整特种行业管理范围，改革开业审批手续。县公安局下发《关于改革和加强旅馆刻字等行业管理工作的通知》，规定旅馆开业审批，由主管部门批准，工商行政管理部门核准发证，向县公安局治安科申报备案，取消公安机关开业审批的制度。放宽审批手续后，由于日常监管措施滞后，旅馆内安全防范措施不落实，拎包、盗窃等案件增多，治安问题突出。

1986 年 4 月 8 日，城关派出所针对旅馆业实行备案登记，加强后续监管，组建成立行业自管组织城关镇旅馆业管理委员会。按照旅馆床位数和床位数营业额为基数提取治安保证金，委员会成员由全镇国营、集体、个体旅馆负责人组成，在派出所设立办公室，聘请县饮食服务公司退休保卫干部任专职管理员，协助派出所管理全镇旅馆。建立由民警带班，旅店负责人每晚轮流排班检查及每月一次例会制度，推行无证旅客到派出所办理住宿登记（收取手续费 2 角），凭住宿单到指定旅馆住宿，开展流动红旗竞赛及创安全文明旅馆活动，通过行业管理，全镇旅馆无刑事发案，仅发生 1 起治安案件，治安案件比 1985 年下降 66.7%，办理无证住宿 1500 人次，住店后未发现违法犯罪情况，确保旅客入住安全。旅馆查控犯罪能力有了明显提高，先后为派出所提供有价值线索 11 件，通过查证协破刑事案件 7 起，治安案件 5 起，查获各类违法犯罪人员 6 人，缴获赃款赃物计 4000 余元。

1987 年 3 月，乍浦镇旅馆业管理委员会建立。10 月，国务院颁布《旅馆业治安管理办法》（以下简称《办法》），明确旅馆业列入特种行业管理的规定。县公安局积极开展《办法》的宣传工作，印发《办法》600 余份，下发至全县各旅馆、招待所，重新对旅馆业进行整顿，并组织对旅馆从业人员的业务培训，对旅馆业进行规范管理。至年底，全县共有旅馆 60 家，其中国营 12 家、集体 30 家、个体 18 家。

1988 年，省公安厅下发《浙江省旅馆业治安管理办法实施细则》（以下简称《细则》）。《细则》第四条规定：申请开办旅馆，凡属单位经营的，应经上级主管部门批准；合作经营或个体经营的，须经旅馆开业所在街道或乡镇政府批准。办理批准手续后，向所在地市、县（区）公安局（分局）申请，经公安机关安全审查合格，发给“特种行业许可证”。再向工商行政管理部门申请登记，领取营业执照后，方可营业。县公安局重新启动对旅馆业开业审批，核发“特种行业许可证”制度。5 月，乍浦派出所在旅馆业中推行治安承包责任制度，派出所与各旅馆负责人签订以防火、防盗、防事故等5方面内容的安全承包责任书，具体规定加、扣分标准，加强旅馆业管理。

1989年，进一步严密旅馆业治安管理，严格住宿登记验证、会客登记、财物保管、值班巡查、夜间查房、情况报告等日常管理制度。严禁无证住宿，男女混住（夫妻关系应查验婚姻关系证明），禁止旅客将枪支弹药、管制刀具和易燃易爆、剧毒、腐蚀性、放射性等危险物品带入旅馆，旅客因公携带的枪支弹药，一律交旅馆所在地公安机关或军事部门代为保管。分片对从业人员组织业务培训，经过培训及业务测试，获得合格证者方可上岗。加强对旅店的日常检查，通过检查对发现有赌博违法行为的钟埭、全塘2家旅馆及有卖淫嫖娼违法行为的城关4家旅馆（招待所），责令停业整顿，并根据不同情节，分别给予治安处罚。

1990年，县公安局治安部门推行每季一次片会制度，以片为单位，推荐一名旅馆负责人为片组组长，由片组长召集会议，治安科领导及分管民警参与，会议采取交流学习与业务培训相结合，以提高旅馆从业人员的业务素质和管理水平，全年共召开片会8次。

1992年6—7月，贯彻省公安厅和嘉兴市公安局《关于全面换发浙江省“特种行业许可证”的通知》精神，建立换发“特种行业许可证”评审委员会，组织开展对全市旅馆业“特种行业许可证”的换发证工作。同时，抓好行业的自查自纠工作，对5家有赌博、卖淫嫖娼等违法行为的旅馆业主依法进行查处。

1993年，结合“三打一禁”专项斗争，重点对容留卖淫嫖娼的旅馆进行查处，全塘镇港湾、车站、新开等3家旅馆，因多次容留、介绍卖淫嫖娼活动，被吊销特业许可证，并依法对业主朱某某、沈某某、李某某追究刑事责任。是年，6家旅馆因违法被吊销“特业许可证”，处理旅馆业主6人，其中逮捕4人、拘留1人、罚款1人。

1994年，进一步加大对大中型宾馆和个体旅馆的管理力度，落实宾馆自身保卫力量，在新开办的乍浦宾馆、国贸大厦、市政府第二招待所建立保安部，电力宾馆设立联防保安部。对个体旅馆的开办实行总量控制，提高业主素质。同时，提高检查频率，全年共检查30多家次，通过检查，对乍浦凌波宾馆、徐埭旅馆等因发现赌博被限期整改，城关鸿运宾馆因多次发现旅客有卖淫嫖娼、赌博等违法活动被停业整顿。

1995—1996年，为进一步深化“严打”斗争，根据省、嘉兴市公安机关《关于进一步加强公共场所特种行业管理工作的通知》精神，组织3次公共场所、特种行业专项整治及集中清理整顿。乍浦金门村长安桥居民何某某非法经营旅馆，并容留他人卖淫嫖娼，被依法追究刑事责任，被判处有期徒刑5年。对24家（次）旅馆、宾馆因涉嫌卖淫嫖娼被逐一作出治安处罚。

1997年4—5月，市公安局在特种行业、公共场所开展规范化建设及争创治安安全文明场所活动，制订分行业治安安全制度、岗位责任制、创安全文明特业、安全文明场所规范标准等，规定硬件设施和软件规范，推行从业人员“治安培训合格证”制度。4月20日在城关镇试点，并同步在全市铺开。这一做法得到嘉兴市公安局的肯定，作为平湖经验在嘉兴市推广。年底，平湖鸿运宾馆、乍浦国贸大厦、多凌大酒店被评为年度嘉兴市“安全文明旅馆”。

1998年5月，市公安局下发《关于进一步加强公共场所特种行业规范化建设通知》，要求对已发证的宾馆，尽快督促其向市保安服务公司聘请保安队员或自建保安组织，有条件的应安装CK报警系统。8月，结合公共场所特种行业专项整治和年度许可证验审换证工作，推行旅馆业主与派出所签订治安责任书制度。是年，平湖宾馆、乍浦宾馆被评为年度嘉兴市“安全文明旅馆”。

1999年9月，全市推广旅馆业治安管理信息系统，从中高档旅馆开始，逐步扩大，全面铺开。首先在当湖、乍浦两镇的12家旅馆试点，后在30只床位以上的旅馆推广，对床位在30只以下的小型旅馆，则由所在地派出所建平台进行信息录入，12月18日建成全市旅馆业治安管理信息系统。

2000年1月16日，旅馆业治安管理信息系统正式启用，实现旅馆治安信息系统与暂住人口、常住人口、工作对象信息系统的信息共享和数据互访，与公安部通缉通报信息进行即时自动比对。是年底，全市有旅馆105家，床位3422只，全部实行电脑化管理，录入信息10万余条。通过旅馆业治安管理信息系统为查破案件提供违法犯罪线索 29 条，破获各类刑事案件 20 余起，查处治安案件 15 起，抓获违法犯罪嫌疑人员 67 人，其中刑事拘留 9 人，劳动教养 3 人，治安处罚 40 人。

2003 年 4—6 月，市公安局针对国务院取消部分娱乐、服务场所行政审批权限后，创新管理模式，强化后续监管措施，在全市旅馆业推行治安星级化管理。每月根据行业自查，民警检查情况评分，依据得分多少确定星级，分为三星、二星、一星和无星级 4 个等级，对连续 3 年被确定为无星级或 1 年内连续 2 次以上被治安处罚的旅馆，通报工商部门吊销营业执照。通过治安星级化管理，实现从发证式管理到事后监督管理模式的转变，突出公安机关管理与服务的职能，从而使旅馆业违规经营明显减少，旅馆业主和从业人员向公安机关主动提供线索的积极性明显提高，发生在旅馆业的刑事、治安案件明显下降。

2004 年，市公安局贯彻省公安厅印发的《关于进一步加强旅馆业治安管理的通知》，在全市旅馆业推行“实名、实时、实数、实情”（简称“四实”）登记制度，有效提高发现、控制和打击违法犯罪的能力。6 月 24—25 日，全省场所特业和出租房屋治安管理工作会议在平湖召开，平湖经验在全省推广。

2006 年 2 月 1 日，《浙江省旅馆业治安管理办法实施细则》正式实施，恢复旅馆业由公安部门核发“特种行业许可证”制度，并将通宵浴室纳入旅馆业管理范围。4 月中旬开始，在全市旅馆业和通宵浴室安装闭路电视监控设备工作，全市 15 家 50 间客房以上的宾馆和 14 家通宵浴室共安装摄像头数 442 个，安装率达 100%。4 月 24 日，市公安局下发通知，对通宵浴室实行核发“特种行业许可证”制度，全市有通宵浴室 14 家，按照旅馆业要求规定进行发证管理。

2007 年，市公安局进一步贯彻《浙江省旅馆业治安管理办法实施细则》，对已审核发证的旅馆按新规定进行重新审核整改，并将旅馆业消防安全制度、旅客住宿登记制度等统一规格、统一制作、统一悬挂于每家旅馆的显要位置，时刻提醒从业人员和旅客严格共同遵守，健全旅馆治安管理机制。

2008 年，为切实加强奥运安保工作，严密旅馆业治安、消防管理，建立派出所民警（分管所长，治安、社区民警）对辖区旅馆治安承包责任制，纳入局、所每月、每季度对派出所和民警个人实绩考核。8 月 12 日起，建立派出所每天 1 次、治安部门每周 1 次，对旅馆业治安消防安全及旅客住宿“四实”登记抽查制度，新制度执行第 1 周，派出所查处 18 家违反“四实”登记制度的旅馆、通宵浴室。治安部门对全市旅馆业进行 4 次随机抽查，处罚宾馆、旅馆 9 家。

2009 年，根据嘉兴市公安局的统一部署，开展旅馆业积分制管理。以旅馆治安状况、“四实”登记、信息系统建设、协助公安机关查处案件等内容为重点，设定计分标准，实行加分、减分，公安机关依据分值高低，采取针对性的管理措施，并实行旅馆超时数据周检查通报和“四实”登记月抽查通报制度。推广“二代证读卡器具”和无证住宿登记系统建设，截至 12 月，124 家旅馆安装“二代证读卡器具”和无证住宿登记系统，并投入使用。是年，通过旅馆业治安管理信息系统抓获公安部网上逃犯 15 人，查处发生在旅馆的刑事、治安案件 43 起，抓获违法犯罪人员 65 人，缴获赃款赃物 1.3 万元。

2010 年，在上海世博会期间，全市派出所对本辖区旅馆，尤其是“四实”登记较差的旅馆，建立“一天一查”制度。市局建立每周一查，轮回明察暗访 4 ～ 5 家，开房检查 3 间，抽查情况全市通报，以确保“四实”登记工作落到实处。2011 年，调整旅馆安装视频监控系统客房间数起点，规定凡有 20 间床位的旅馆均按要求安装视频监控系统。

2008—2012 年，市公安局根据《浙江省中、小旅馆治安消防安全管理工作若干规定》，连续 5 年在全市旅馆业组织开展治安、消防安全集中整治活动。在整治中，对现有旅馆进行全面的隐患排摸，并督促业主严格按照规定进行整改，开展治安、消防、住宿登记等业务培训。同时，在落实民警承包旅馆治安责任的基础上，将旅馆消防管理责任也同步落实到位。5 年内，全市有 84 家旅馆进行不同程度的隐患整改和暂时歇业，共培训旅馆从业人员 1573 人次。

2015 年，根据公安部治安管理局（三局）《关于组织开展旅馆业清理整治全面强化旅馆业治安管理和系统建设的通知》要求，精心组织部署全市旅馆业清理整治工作，强化对旅馆业的检查整治力度，共查处不按规定登记旅客信息案件202起，罚款3.9万余元，停业整顿旅馆2家，责令改正41家。

## 二、印铸刻字业管理

1950年3月，县人民政府公安局根据省政府公安厅的通知精神，开展对印铸刻字业登记管理，建立业务登记、报告制度。是年，全县登记有印刷厂3家，刻字店6家。1951年2月，全县有印刷厂8家，刻字店7家。8月，公安部明确特种营业管理范围，县公安局对印铸刻字业颁发特种营业许可证。1954年6月，组织开展印铸刻字业清理整顿，发现印章废品不上缴、未经送审承印公文纸、无营业登记簿等问题进行严肃处理，堵塞无证刻制公章漏洞，严格规章制度。1957年7月，根据省公安厅《关于简化和改进户口申报登记手续、特种营业管理和改进户籍民警工作作风的几点意见的通知》，对印刷刻字业本着“从严控制、手续从简、方便群众”的精神进行管理，取消印铸刻字业的开张、歇业、变更的审批手续，但事后应向公安机关备案。

1962年，贯彻中央关于治安管理从严方针，县公安局于1月11日和8月12日先后两次下发《关于加强特种行业管理的意见》，明确规定凡是经营印铸刻字、誊写、晒图等营业，不论属于全民所有制或集体所有制，均应列为特种营业，加强管理。对应列未列的抓好补列；新开设的，应在向主管部门申请登记的同时，向公安机关进行申请，由两个部门共同研究办理审查批准工作；对非法经营的民办誊印、刻字等都应坚决加以取缔。是年，通过调查，发现无证刻字5家，予以取缔。

“文化大革命”期间，特种行业管理制度被取消。印刷刻字业管理混乱，私刻公章，随便翻印重要文件等现象时有发生。1978年，县公安局在深入揭批江青反革命集团罪行的同时，各项公安业务工作开始全面整顿、恢复和加强。1979年6月，国家工商行政管理总局、公安部、商业部、轻工业部、全国供销合作总社、中国人民银行和中国农业银行七部门联合下发《关于特种行业企业进行管理登记的通知》，规定对印铸刻字业登记的范围是印刷、铸字、刻字、誊写、晒图拍摄文件资料等。公安机关对印铸刻字业重新核发“特种行业许可证”。

1980年4月，县公安局组织开展对印刷刻字业的全面清理整顿，统一换发“特种行业许可证”。1983年7月4—5日，县公安局与工商局、商业局、供销社联合召开全县印铸、刻字等特种行业负责人会议，进一步加强印铸、刻字行业治安管理工作，会上对在特种行业管理工作作出显著成绩的平湖印刷厂颁发奖状。1984年4月26日，县公安局、工业局、社队企业局根据上级通知联合下发《关于印刷厂实行印刷编号的通知》，6月1日起在全县印刷厂对印刷品实行统一编号制度。

1985年5月，县公安局贯彻公安部、省公安厅《关于改革和加强特种行业管理工作的通知》精神，下发《关于改革和加强旅馆刻字等行业管理工作的通知》，规定刻字业开业审批，由主管部门批准，工商行政管理部门核准发证，向县公安局治安科申报备案，取消公安机关开业审批、发证的制度。10月，根据省公安厅通知精神，不再将印刷业列入特种行业管理。

1987年7月，根据国务院颁发《关于严厉打击非法出版活动的通知》，重新将印刷行业纳入特种行业管理。9月，县公安局会同工商、宣传等部门联合召开全县印刷行业管理工作会议，贯彻国务院《关于严禁取缔非法出版物》等文件精神，通报全县印刷业情况。会后，组织对全县21家印刷厂进行整顿，特别是对新开个体、集体印刷厂进行重点检查，发现问题，及时整改。

1988年6月，执行《浙江省印刷业管理暂行办法》第三条规定，恢复对印刷业核发“特种行业许可证”，建立印刷品样张送县公安局报备制度。9月，县政府召开全县印刷行业会议，有关主管部门40余人参加会议，贯彻省政府《关于浙江省印刷业管理暂行办法》，工商、公安、文化等部门领导到会讲话，提出具体的任务和措施。会后，县公安局会同有关部门有重点地进行检查、督促。

1989年，县公安局会同工商部门组织开展对全县印刷企业专项检查，发现乍浦、林埭等地印刷厂未按规定送交印刷品样张和超范围经营，经教育后，及时予以制止。

1990 年，对全县 35 家印刷企业分片进行检查，发现黄姑新兴镇印刷厂未按规定印刷信封，提出整改。12 月，会同工商局、宣传部联合召开全县印刷业负责人会议，城北福臻等 3 个印刷厂介绍经验，重新学习《浙江省印刷管理暂行办法》，总结全县印刷业工作的经验教训。

1991 年，县公安局贯彻省公安厅发布的《浙江省刻字业治安管理办法》，成立由公安局、工商局、二轻局等部门组成的刻字业评审委员会，开展对全市刻字业的整顿工作，对符合条件的 8 家发放“特种行业许可证”，对 16 名从业人员进行培训考试，核发上岗证。规定刻制公章必须凭上级主管部门的证明及营业执照、法人代表、身份证，到公安部门申请，经审核批准后，由公安部门出具刻制公章委托书，到刻字店刻制。以后，随着对公章防伪技术要求的提高，公章刻制在一段时间内曾送嘉兴市局定点刻字部统一刻制。

1992 年 6 月，市公安局会同工商部门开展对全市印刷业的清理整顿，取缔 2 家无证企业。同时，针对印刷行业发展迅猛，成立平湖市印刷包装协会，促进行业自管。

1994 年，在印刷业建立特种印品的印刷申报制度，加强对国家增值税发票印刷单位的管理工作，核发印刷业务委托书，建立对接触特种印品的工作人员政审制度。在刻字业推行每月一次检查制度，通过检查，发现城关原子印刻公司及钟表刻字社擅自承接刻制公章业务，给予治安罚款处罚。

1996 年 9 月 16 日至 10 月 31 日，市公安局组织开展全市公共场所特种行业专项整治。其间，城关葆安刻字部和乍浦刻字部因不按规定刻制公章被依法处罚，同时对 2 家印刷厂因违章印刷，也被依法处理。是年，城北派出所在印刷业创新推行印刷业主与派出所签订治安责任书制度，加大对印刷业的治安管理。截至 1998 年 8 月，全市 147 家印刷企业、11 家刻字企业均实行这一制度。

1999 年 3—6 月，根据国务院《印刷业管理条例》的规定和浙江省新闻出版局、轻纺行业管理办公室、公安厅、工商管理局《关于对全省印刷业进行全面清理整顿的通知》，市公安局会同文化、工商、计经委等部门组织开展对全市印刷行业的清理整顿工作。在市政府的领导下，建立由文化、计经委、公安、工商等部门组成的工作小组，在文化市场管理办公室设立联合办公室，负责对全市 5 个乡镇 17 家印刷企业，对照条例进行逐个检查，重新换发“特种行业许可证”。通过整顿，发现有 13 家企业因存在各种隐患而暂缓发证，待整改完毕后，再予核发。是年，贯彻省公安厅《关于建立印章印鉴管理识别中心的通知》精神，组织对全市 1.01 万家机关、事业、集体单位和 1.61 万家私营企业、个体工商户开展印章印鉴采集及录入计算机工作，进一步规范印章印鉴管理，堵塞利用印章印鉴进行违法犯罪的渠道。

2001 年，贯彻《浙江省刻制业治安管理办法》，组织开展全市刻制业清理整顿工作，对当湖、乍浦、新埭等 9 家刻制公章的特种行业的凭证登记、委托刻制、场所设备和从业人员资质等情况进行逐家逐项检查，通过检查对违反规定的 4 家予以取缔，压缩刻字业总量，规范经营。

2003 年 6 月 1 日，建成平湖市印章治安管理信息系统，并与嘉兴市局联网，对印章制作审批和管理，通过网络系统进行，不再出具刻制印章委托书。全局各警种均可按权限访问，其他社会用户可通过公安机关管理系统获得印章信息的查询、比对、咨询服务，实现信息共享，提高公安机关预防、发现、打击伪造印章和利用伪造印章进行违法犯罪活动的能力。同日，市公安局根据国务院取消行政审批项目的决定，取消印刷业的开业审批，实行登记备案制度。继续按照国务院颁布实施的《印刷管理条例》中规定公安部门对印刷企业管理职责的规定和要求，会同工商、文化等部门，做好印刷、复印企业的日常监管工作。重点抓好对印刷行业中有价票证印制、公文承印等业务的监管，对印刷、复印企业有无承接具有政治性、色情等影响国家声誉、伤风败俗，影响人身健康的印刷品和复印品开展经常性检查，发现违规，及时查处，促使印刷行业守法经营、规范经营。

2005 年，市公安局贯彻省公安厅《关于进一步规范印章业治安管理工作的通知》，对全市印章刻制业加强规范管理和审批工作，全面换发印章业“特种行业许可证”，并在换发后的许可证上标明“公章刻制”字样，全市重新核准公章刻制企业5家。

2010年12月，根据嘉兴市公安局的统一部署，组织开展印章刻制业专项整治行动。通过检查，全市共有刻字业8家，其中公章刻制5家，公章刻制5家企业均与嘉兴市印章信息系统联网，共存储印章8444枚，提供查询72人次，未发现违规行为。

2011年9月，根据嘉兴市公安局的统一部署，开展公章、合同、发票等专用章入网情况清理整顿，严格按照印章业治安管理信息系统的要求做好印章的入网率，杜绝他人利用印章刻制进行违法犯罪活动。

2012年起，市公安局治安部门继续抓好以公章刻制企业治安管理为重点，严厉查处违法违规私刻公章活动。同时，严格把握新设立公章刻制单位审核审批关。截至2015年，全市共有刻字业9家，其中公章刻制5家。

**三、旧货业管理**

1950年3月，县人民政府公安局根据省政府公安厅的通知精神，开展对旧货店进行登记。是年，有旧货店4家。1951年2月，全县有旧货店（摊）23家，其中旧货店、寄售商店9家、旧货摊14家，但当时对这一行业尚未真正列入特种营业加以管理，只是作重点掌握。8月，公安部规定特种行业管理范围，明确将旧货业列入特种营业管理，不发证。1954年4月，县人民政府公安局下发《加强对旧货业管理的通知》六条规定：一是从业人员登记后领取特种营业执照；二是严禁收购来路不明的货物；三是不准收购违禁品；四是做好进出货详细登记；五是接受公安机关对进出货物进行检验，不得拖延、推诿、改装、隐匿和顶替；六是发现可疑应及时报告，违者或与盗窃犯勾结进行销赃，严肃处理。1956年7月，公安部规定旧货业不再列为特种行业管理。

1962年，贯彻中央关于治安管理从严方针，县公安局于1月11日、8月12日先后两次下发《关于加强特种行业管理的意见》，明确规定凡是经营旧货废品收购等营业，不论属于全民所有制或集体所有制，均应列为特种营业，加强管理。对应列未列的抓好补列；新开设的，应在向主管部门申请登记的同时，向公安机关进行申请，由两个部门共同研究办理审查批准工作；对非法经营的旧货掮客都应坚决加以取缔。

“文化大革命”期间，特种行业管理制度被取消。旧货废品收购业管理无章可循，处于混乱状态。1978年，县公安局在深入揭批江青反革命集团罪行的同时，各项公安业务工作开始全面整顿、恢复和加强。1979年6月，国家工商行政管理总局、公安部、商业部、轻工业部、全国供销合作总社、中国人民银行和中国农业银行七部门联合下发《关于特种行业企业进行管理登记的通知》，规定对旧货业登记的范围是旧货店、古玩店、寄售行和收购社会居民废品的收购站等。公安机关对旧货业重新核发“特种行业许可证”。

1980年4月，县公安局组织开展对废品旧货业的清理整顿，统一换发“特种行业许可证”。1982年7月8—10日，会同工商局、商业局、供销社联合召开全县特种行业负责人会议，进行治保业务培训，会上城关镇四新估旧商店和乍浦、胜利公社的畜产废品收购站进行交流。

1983年7月4—5日，县公安局与工商局、商业局、供销社联合召开全县旧货店、废品收购站、修理业（包括修理钟表、自行车、收音机、电视机、电讯器材、修配钥匙）等特种行业负责人会议，贯彻县政府办公室下发的《关于加强废品物资回收工作管理的通知》，会上城北、胜利、黄山等供销社的废品收购站作交流发言，并对做出显著成绩的城北废品收购站进行表彰。

1985年5月，为适应对内搞活经济，对外开放的新情况，根据公安部、省公安厅《关于改革和加强特种行业管理工作的通知》精神，县公安局下发《关于改革和加强旅馆刻字等行业管理工作的通知》，规定收购生产性废旧金属和信托寄卖行业开业审批，由主管部门批准，工商行政管理部门发证，报公安机关备案，公安机关重点做好日常监管工作。1986年，贯彻嘉兴市公安局会议精神，组织开展打击盗窃有色金属专项斗争，有3名违法犯罪人员到公安机关投案自首，查获一批涉水刑事案件，依法逮捕5名进行水上盗窃作案的犯罪分子。

1987年，县公安局在盗窃有色金属较为严重的前进、瓦山、曹桥三乡通过排队摸底，治安清查等，查获水泵、铝线、工业用铁等大量可疑物资。1988年12月20日，在非法收购废旧金属较为严重的全塘镇金桥地区进行突击清查整顿，清查船只51艘，查扣非法收购废旧金属船只7艘，缴获各种钢材等有色金属材料10吨。1989年4月，会同县供销社、工商局等单位联合下发《对全县废旧物资回收工作加强管理的通知》，加大对这一行业日常检查的力度。

1990年1月，城关派出所创新建立废品收购业治安管理委员会，下设办公室，聘请3名工作人员，制订管理措施，与全镇16家废品收购点签订治安责任书，建立每月一次例会制度。通过行业管理，提供各类线索31条，协助破案26起，其中大案5起，协助抓获各类违法犯罪人员15人，其中逮捕7人，治安处罚8人。11月，县公安局会同县计委、供销社、工商等对38家收购业重新进行审核、登记。至年底，全县共有旧货业41家，其中废品收购门市部38家，信托寄存业3家。

1991年，县公安局开展废旧金属收购市场集中整治，破获水上刑事案件6起，查获违法犯罪人员7人，逮捕4人，缴获挂桨机船4艘，自行车6辆、赃款赃物折价9994元。1992年6月，会同工商部门开展对废旧金属收购业的清理整顿，为规范管理，对34家废品收购店建立专门的登记簿册。

1994年1月，公安部颁布《废旧金属回收业治安管理办法》(以下简称《办法》)，规定收购生产性废旧金属的企业，应当由县级公安机关核发“特种行业许可证”，并向同级工商行政管理部门申请登记，领取营业执照后，方准开业。4月，市公安局根据上级公安机关的统一部署，组织开展对废旧金属收购业的清理整顿工作，对不符合要求的6家收购单位予以停业，对45家经营规范，遵纪守法的废旧金属回收单位重新核发“特种行业许可证”。9—10月，组织水上、治安等部门，开展对前港三华、前进村水上废旧金属收购市场重点整治，取缔2个非法市场，审查非法收购船只16艘，破获盗窃案件8起。全年共处罚非法收购人员41人，罚款4.42万元，没收赃款4.32万元。

1996年9月16日至10月31日，市公安局组织开展全市公共场所特种行业专项整治，处罚非法收购生产性废旧金属35家。同时，采取日常巡逻、设卡守候、定点清查等多种形式，对部分乡镇及城关郊附近水域停泊的收废船只进行重点清理整顿，全年共冲击取缔非法收购生产性废旧金属点15个，对201人次非法收购人员按《办法》进行处罚，计罚款26.22万元。

1997年3—6月，根据上级公安机关的统一部署，开展废旧金属收购站点的专项整顿，纠正收购点站过多过滥的状况，遵循“下决心砍掉一批”的原则，实施严管政策，缩减发证单位，除城关、乍浦外，其余各乡镇分别保留不超过1家，并在国家重点工程嘉兴电厂周边3000米内设置禁设区。对原发放的证照全部收缴，重新核发“特种行业许可证”，重新与派出所签订治安责任书。整顿中，行政处罚违反《办法》单位和个人60家（人）次，取缔1家非法收购生产性废旧金属单位，吊销特种行业许可证18家，重新核发特业许可证17家，重新发证率为49%。同时，开展对平湖境内水域收废船只的集中整治，共有91船次被依法查处，计罚款9.63万元。是年，平湖金平拍卖行列入特种行业，实行发证管理。

2003年6月1日，市公安局根据国务院取消行政审批项目的决定，取消对废旧金属收购业及旧货企业、旧货市场、个体工商户经营旧货等核发“特种行业许可证”之规定，对废旧金属收购业、拍卖业、寄售业等按特种行业管理，实行向公安机关报备登记制度。取消发证后，公安机关创新管理方法，与工商部门联手，取缔无证摊贩，保护有证合法经营，建立健全各项规章制度，进一步加强对旧货及废旧金属收购行业的日常监管工作。

2005年6—7月，根据上级公安机关的统一部署，开展以清理整顿废旧金属收购业、严厉打击销赃、窝赃等违法犯罪活动为重点的专项整治行动，取缔无证照（工商）及其他违规经营废旧金属收购站（点）128个，破获各类偷盗有色金属案件52起，打击处理犯罪嫌疑人员31名，依法没收、暂扣废旧金属14.2吨。在废旧金属收购业建立货物进出登记制度。

2006年5月31日，嘉兴市聚力源典当有限责任公司平湖分公司在当湖街道当湖路207～215

号开业，按公安部《典当业治安管理办法》，列入特种行业，实行发证管理。

2006年8月至2007年3月，根据嘉兴市公安局的统一部署，会同工商部门组织开展废旧金属收购业专项整治行动，先后召开联席会议23次、开展法制培训22次、发放各类宣传资料2637份，签订行业治安管理责任书193份。检查收购站点2727家次，清理整治收购点1072家次，其中限期整改停业整顿37家，吊销营业执照、取缔40家。查破刑事、治安案件140起，其中盗窃等刑事案件99起、收赃等治安案件41起，打击处理62人，缴获赃款赃物57.05万元。通过整治，制订废旧金属收购业登记备案工作规范，建立废旧金属收购、机动车修理、二手机和金银首饰加工等行业登记簿册，责任区民警每天将所登记的物品录入“派出所工作平台”进行审核比对，发现可疑人员和物品及时报告和处理。

2007年1月，市废旧金属收购行业协会成立，在废旧金属收购行业实行“四统一”（服装、证件、车辆、挂靠行业协会），规范90个流动收购点（陆上80个、水上10个），促进行业自管。8月，开展废旧金属收购业专项整治，捣毁废旧收购点58个，限期整改停业整顿49家，吊销营业执照、取缔77家。破获刑事案件8起，查处治安案件16起，收缴“三电”赃物1.05吨，缴获赃款赃物价值1.28万元。抓获违法犯罪嫌疑人23人，其中刑事拘留7人，治安处罚2人，其他处理14人；破获犯罪团伙1个，人员5人。

2008年，结合全市开展的“三电”专项斗争，市公安局先后于4月29日、5月6日和奥运前夕，组织开展3次集中清查废旧金属收购站点统一行动，组织公安民警、工商干部及“三电”部门人员近2000人次，清查废旧金属和非生产性废旧金属收购站点239家，清查流动性废旧物资收购人员145人次，取缔非法收购站点8家，查破刑事案件5起、治安案件6起，刑事拘留3人、行政拘留12人，缴获赃款5.65万元。2009年，继续开展废旧金属收购站点专项整治，共查处违规收购禁止收购的有色金属物品行政案件62起，行政处罚65人。查处刑事、行政案件43起，处理违法犯罪人员46人，缴获赃款赃物价值1.2万元。

2010年，市公安局根据市社会治安综合治理委员会的统一部署，组织开展全市废旧金属收购业、机动车修理业治安整治专项行动。在成立整治班子的基础上，开展前期排查摸底、中期集中整治、后期每月“回头看”等工作。通过整治，查处收购违禁品行政案件7起，对171家废旧金属收购业规范登记制度。同时，配合市委保密局及经贸局、工商局等部门开展对废旧收购行业保密件安全大检查，严防废旧收购行业收购涉及国家、军事等机密件而造成重大泄密事件。

2011—2015年，市公安局进一步健全废旧金属收购业、典当业、寄售业及金银首饰加工等行业的物品如实登记，情况报告等制度。同时采取多策并举，现场监管和以案查物、以案查人等治安管理手段，落实长效管理机制。由于加强管理，守法经营户增多，违法违规行为减少，旧货流通市场治安秩序明显好转。

表13–1　　1950—2015年部分年份平湖特种行业一览表

| 年份 | 总数（家） | 特种行业分类情况 | | | | | | 备注 |
|---|---|---|---|---|---|---|---|---|
| | | 旅馆业 | 印刷业 | 刻字业 | 旧货 | 修理业 | 茶酒娱乐 | |
| 1950 | 385 | 7 | 3 | 6 | 4 | – | 365 | |
| 1951 | 53 | 7 | 8 | 7 | 23 | 8 | – | |
| 1952 | 24 | 6 | 8 | 6 | 4 | – | – | |
| 1962 | 41 | 16 | 3 | 4 | 18 | – | – | |
| 1979 | 72 | 16 | 3 | 4 | 27 | 22 | – | |
| 1982 | 93 | 17 | 5 | 5 | 45 | 21 | – | |
| 1983 | 146 | 24 | 10 | 8 | 42 | 62 | – | |

续上表

| 年份 | 总数（家） | 特种行业分类情况 | | | | | | 备注 |
|---|---|---|---|---|---|---|---|---|
| | | 旅馆业 | 印刷业 | 刻字业 | 旧货 | 修理业 | 茶酒娱乐 | |
| 1984 | 140 | 24 | 10 | 8 | 40 | 58 | – | |
| 1985 | 105 | 47 | 10 | 7 | 41 | – | – | |
| 1986 | 114 | 55 | 10 | 7 | 42 | – | – | |
| 1987 | 130 | 60 | 21 | 7 | 42 | – | – | |
| 1988 | 145 | 67 | 32 | 9 | 37 | – | – | |
| 1989 | 148 | 73 | 39 | 9 | 27 | – | – | |
| 1990 | 152 | 63 | 39 | 9 | 41 | – | – | |
| 1991 | 168 | 68 | 49 | 8 | 43 | – | – | |
| 1992 | 224 | 73 | 96 | 7 | 48 | – | – | |
| 1993 | 252 | 76 | 117 | 12 | 47 | – | – | |
| 1994 | 244 | 78 | 113 | 8 | 45 | – | – | |
| 1995 | 246 | 80 | 118 | 10 | 38 | – | – | |
| 1996 | 252 | 82 | 127 | 13 | 30 | – | – | |
| 1997 | 284 | 93 | 160 | 12 | 19 | – | – | |
| 1998 | 268 | 92 | 147 | 11 | 18 | – | – | |
| 1999 | 270 | 91 | 142 | 10 | 27 | – | – | |
| 2000 | 594 | 105 | 130 | 9 | 350 | – | – | |
| 2001 | 607 | 110 | 135 | 10 | 352 | – | – | |
| 2002 | 584 | 110 | 112 | 10 | 352 | – | – | |
| 2003 | 607 | 142 | 115 | 10 | 340 | – | – | |
| 2004 | 627 | 187 | 117 | 10 | 313 | – | – | |
| 2005 | 694 | 202 | 179 | 10 | 303 | – | – | |
| 2006 | 908 | 194 | 221 | 12 | 481 | – | – | |
| 2007 | 937 | 194 | 221 | 12 | 448 | 62 | – | |
| 2008 | 861 | 184 | 175 | 10 | 364 | 128 | – | |
| 2009 | 799 | 177 | 145 | 12 | 277 | 188 | – | |
| 2010 | 934 | 142 | 155 | 8 | 306 | 323 | – | |
| 2011 | 854 | 159 | 177 | 9 | 240 | 269 | – | |
| 2012 | 874 | 156 | 146 | 15 | 330 | 227 | – | |
| 2013 | 1045 | 157 | 228 | 17 | 371 | 272 | – | |
| 2014 | 985 | 166 | 136 | 9 | 426 | 248 | – | |
| 2015 | 984 | 168 | 135 | 9 | 408 | 264 | – | |

注：1950年茶酒娱乐栏分别是茶店337酒店21浴室3戏院1书场3。

## 第二节　公共场所治安管理

公共场所是治安管理的一个重要阵地。解放初期，县人民政府公安局把书场、戏院、茶室、酒店等均列为特种营业，加以管理，后茶室、酒店退出特种营业管理。

“文化大革命”期间，公安机关对公共场所治安管理不能正常进行，治安秩序失控。1973年2月县公安局恢复，对公共场所的治安管理逐步恢复正常，公安机关在依靠场所自身力量抓好秩序维护的同时，采用设立治安值班室，聘请退休老工人佩戴治安执勤红袖章进行巡查执勤，维护场所内部秩序，依法严厉打击在公共场所侮辱妇女、聚众闹事、寻衅滋事的流氓分子，公共场所治安秩序得到明显好转。

进入20世纪80年代，随着文化市场的放开，文化娱乐场所发展迅速，国营、集体、个体等不同经济体制并存，公共场所数量增加，而且门类繁多，除原有的影剧院、书场、茶室、酒菜馆、浴室外，还新增录像厅、咖啡厅、歌舞厅、卡拉OK厅、音乐茶座、溜冰场、桌球摊、电子游戏室等，个别场所业主，为招徕生意，开始出现用色情招徕顾客，治安问题日益增多。1988年3—4月，县公安局根据浙江省人民政府颁布的《浙江省公共场所治安管理办法》，对符合发证条件的570家公共场所颁发“公共场所治安许可证”。6月，城关派出所探索成立由派出所、工商、文化、个体劳协等单位组成的公共场所治安管理委员会，开展行业自管。1989年6月，乍浦镇公共场所治安管理委员会建立。

进入90年代，全县城乡公共场所大量增多，新增美容美发、洗浴按摩、足浴等场所。1991年5—8月，县公安局根据嘉兴市公安局的统一部署，会同工商、文化等部门开展对公共场所清理整顿，取缔不符条件的公共场所13家，停业整顿10家，限期整改5家。整顿工作名列嘉兴市第一，嘉兴市公安局在平湖召开现场会，印发专题简报，同时受到省公安厅三处领导的肯定和赞赏。

1995年8—9月，根据省、嘉兴市公安机关的统一部署，开展公共场所、特种行业集中整治，查处场所、特业18家，停业整顿16家，取缔（含自动停业）38家，责令停止营业15家，查获卖淫嫖娼人员116人，破获刑事案件6起、治安案件36起，依法逮捕1人、收容审查3人，劳动教养2人，治安处罚113人。被评为嘉兴市特业场所集中整治工作优胜单位。

1996年，为建立长效管理机制，全市各派出所积极会同工商、供销、文化、商业等部门，建立公共场所治安管理委员会14个，在与公共场所业主签订治安责任书的同时，各地还创新推行治安责任保证金制度。

1997年4月，开展特种行业、公共场所规范化建设和争创治安安全文明特业、场所活动，推行从业人员“治安培训合格证”制度，实行持证上岗。通过这一活动，全市公共场所治安秩序良好，该制度作为“平湖经验”在嘉兴市推广。

1998年5月，在公共场所推行派驻保安制度，并对有条件的场所安装CK自动报警系统。1999年，贯彻公安部《公安派出所实行公共娱乐服务场所治安管理责任暂行规定》，开展二级（分管局领导与各派出所负责人、各派出所与场所业主）责任书的签订工作，做到各有关方责任明确，强化公共场所治安管理。

2003年6月，市公安局针对公共场所取消审批发证制度后可能出现的新情况、新问题，在全市歌舞娱乐、按摩服务、饮食服务、电子游戏、录像放映等场所创新开展“星级化管理”，对连续3年被评为无星级的或1年内连续出现2次以上被治安处罚的场所通报工商部门吊销营业执照，实现从发证式管理到事后监督管理模式的转变，从而使场所违规经营明显减少。2004年6月24—25日，全省场所特业和出租房屋治安管理工作会议在平湖召开，推广“平湖经验”。

2015年，市公安局创新开展场所“红黄绿”三色动态管控，确定一批红色管控单位，给予重点管理。下发《关于进一步明确场所特业管控工作的通知》，以进一步理顺场所治安管理责任主体，有效预防和遏制场所内“黄赌毒”等案件的发生。

### 一、餐饮、服务业管理

1949年12月，县人民政府公安局开展对茶馆业的登记管理，并建立平湖县茶店商业同业公会，实行行业自管。1950年3月，根据省政府公安厅的通知精神，全县开展特种营业普查，共有茶店337家、酒饭店21家、浴室3家。1951年8月，公安部明确规定茶馆、酒饭店不列入特种营业管理范围。

20世纪80年代后期，随着个体经济的发展，个体茶室、酒菜馆等场所不断增多。1988年3—4月，县公安局贯彻《浙江省公共场所治安管理办法》，向全县321家酒菜馆、2家浴室、109家茶室核发“公共场所治安许可证”，实行发证管理。

1990年，县公安局会同工商、文化、卫生等部门对乡村茶室开展定期与不定期的检查，全年共组织联合检查9次，对5家有赌博活动的茶室进行处理，同时对公路沿线的个体饭店组织清查，及时查处违法活动。

1991年5—8月，开展全市餐饮服务行业清理整顿，对有卖淫嫖娼违法行为的城关一个体酒店，会同工商等部门吊销治安许可证，并通过广电部门将此案例在平湖及省、嘉兴市电视新闻中播放，起到宣传、震慑作用。

1993年，市公安局根据省政府办公厅《关于加强文化市场管理工作的通知》，明令禁止美容美发、浴室等场所开设异性按摩等经营项目，违者予以取缔，开展拆除内设封闭式包厢、隔离帘，规范硬件。是年，查处有卖淫嫖娼活动的路边饭店6家，罚款5家，吊销治安许可证1家。

1994年，针对城乡棋牌室发展迅速，加大对棋牌室（茶室）的治安管理，从中查获赌博案件19起，涉赌人员100人，治安拘留6人，罚款94人。

1995年2月，市公安局针对新生服务业美容美发店内色情服务较为突出这一新的治安问题，报经市政府批准，在嘉兴全市率先将美容美发业纳入公共场所发证管理。7月18日下发通知，明确规定从7月20日起，正式将美容美发行业列入公共场所治安管理，并对开设美容美发业作了特别规定，营业场所面积不得小于8平方米，不得开设在小巷小弄，不得设置包厢和任何遮蔽物，不得安装有碍店堂透明的门窗，不得兼作卧室，夜间营业时间不得超过24小时及严禁从事颈部以下异性按摩，建立从业人员治安上岗培训制度等。8月，开展美容美发业的清理整顿，拆除包厢、屏障物，规范硬件设施。通过突击检查，依法查处美容美发店4家，罚款4家、治安拘留5人，对符合发证条件的100家美容美发店逐一签订治安责任书，发放“公共场所治安许可证”，使全市美容美发业走上规范管理的轨道。

1996年4—6月，贯彻《嘉兴市美容美发场所治安管理暂行规定》，组织开展全市美容美发场所清理整顿，查处违法经营场所7家，吊销治安许可证3家，查处违法犯罪人员26人，其中逮捕1人、治安拘留3人、治安罚款16人。经清理整顿后，全市有美容美发场所87家，其中国营1家、个体86家，从业人员216人，逐一建档管理。

1998年，市公安局针对足浴场所的大量出现，场所内提供色情服务现象突出，报经市政府批准，对足浴行业纳入公共场所治安管理范围。11月16日，制订下发《平湖市足浴场所治安管理暂行规定》，组织开展足浴场所清理整顿，在此基础上由公安机关发放治安许可证，实行依法规范管理，保障足浴行业健康有序发展。

1999年3—4月，市公安局会同工商、劳动、卫生等部门组织开展清理整顿按摩服务场所，严厉打击非法经营活动的专项整治工作，对原有的191家按摩服务场所组织专项检查104次，发现隐患87条，下发整改通知书42份，收回35家因软硬件条件不符而自动歇业的“治安许可证”，吊销“治安许可证”2家，督办“治安许可证”19家，重新换发“治安许可证”154家。查处治安案件18起，查处场所17家，查获违法犯罪人员122名。通过整治，辖区派出所与场所业主签订《治安责任书》101份，培训经营、从业人员339人，发放“治安培训合格证”333人。

2003年6月1日，根据国务院取消行政审批项目的决定，取消餐饮、服务场所、按摩服务场所公安机关核发“治安许可证”制度，实行开业备案登记。市公安局积极应对改革形势，为加强后续管理，在按摩服务（浴室、包括桑拿洗浴按摩、美容美发、足浴等）、餐饮服务（茶室、酒吧、咖啡吧等）场所推行“星级化管理”。

2007年4月，市公安局下发《关于切实加强公共复杂场所治安管理工作的通知》，开展公共复杂场所全面整治，对场所中的酒吧、休闲浴室等公共复杂场所开展6次大规模治安集中清查行动，确保场所内的治安秩序。对全市6家迪吧、酒吧全部安装视频监控系统和金属安全探测设施，配齐保安队员。

2008年7—8月，组织开展美容美发场所治安秩序专项整治，共查处卖淫嫖娼案件24起，刑事拘留3人、治安拘留41人、治安罚款14人，取缔美容美发店42家。

2009年，为做好国庆60周年安全保卫工作，市公安局下发《关于进一步强化娱乐服务场所治安管控工作的意见》，开展对宾馆、KTV、酒吧、洗浴、美容美发等行业场所的专项整治。对当湖城区环北二路美容美发“一条街”开展为期一个月集中整治，查处卖淫嫖娼案件7起，处罚14人，行政处罚有证店4家，取缔无证店3家。

2010年，围绕世博安保工作，贯彻执行《嘉兴市公安机关维护娱乐服务场所正常秩序六条严管措施》，提高检查频率，增加参检民警，实行公开着装检查，建立派出所每月检查不少于3次、市局业务部门每月检查不少于1次的日常抽检制度。通过抽检，发现问题场所46家，取缔14家，停业整顿6家，下发整改通知书26份，查破涉黄、涉赌案件13起，抓获各类违法犯罪嫌疑人60人，其中追究刑事责任11人，治安处罚49人。

2012年，市公安局对洗浴按摩服务场所始终保持严查、严整、严打态势，组织集中整治，取缔无证经营，开展清查行动，促使业主规范经营行为，规范硬件设施。除通宵浴室执行旅馆业管理规定外，其余洗浴场所和美容美发店全部实行包厢设置通透门窗，内无反锁装置。是年，共查处各类违法犯罪案件64起，依法处理违法犯罪人员153人。

2014年初，市公安局针对中央电视台暗访曝光广东东莞桑拿洗浴行业存在较为严重的涉黄问题，召开洗浴场所业主座谈会，对全市148家洗浴场所下发《告知书》，开展自查自纠，规范管理。

2015年，市公安局对桑拿洗浴场所实施“四严”（严格排查摸底、严格设施规范、严格监督检查、严格责任追究）管理，建立台账档卡，严格规定硬件设施，全面落实辖区派出所治安管理责任，实行治安大队专管民警与派出所分管民警“捆绑”负责制。推行异地用警。2月11日晚，调集60余名警力对6家重点洗浴场所实行异地用警检查，查处3家，办理涉黄刑事案件1起、治安案件3起，抓获违法犯罪嫌疑人21人，其中追究刑事责任3人、治安处罚18人。

### 二、歌舞娱乐场所管理

1950年3月，县人民政府公安局根据省政府公安厅的通知精神，开展特种营业普查、登记、管理，对娱乐场所进行安全检查和对演员审查，规定对剧团的来去必须经县公安局审批，才准演出或离去，对戏院、书场实行每次演出申请报批许可制度。是年，平湖有戏院1家、书场3家，均在城关镇。1951年8月，公安部颁布《公共娱乐场所暂行管理规定》，县公安局对公共娱乐场所颁发特种营业许可证，进行依法管理。

20世纪60年代，县公安局贯彻中央关于治安管理从严的方针，依靠基层治保组织，加强对农村露天电影放映场地治安秩序的维护，在电影放映期间由社镇公安员、人武部干部分别带领治保干部、民兵维护秩序，执行警戒，确保场所内治安秩序稳定。70年代，城关派出所在东湖电影院每晚派驻民警进行值班，做到治安问题及早发现、及时处置。

80年代初，城关镇自发性露天舞会开始兴起。1980年7月6日，县公安局、文教局联合转发省公安厅、文化局转发的经中央书记处批准的公安部、文化部《关于取缔营业性舞会和公共场所自发舞会的通知》，下发至各社镇革命委员会、县属单位、派出所、文化站，在广大干部群众中传达贯彻。

1984年1月，县公安局下发《查禁淫秽书画、物品和非法舞会的通告》，由各乡镇人民政府，县有关局办、各派出所分发至工厂、企业、机关、学校、乡、村、居委会进行张贴宣传，禁止在公共场所自发举办舞会。

1987年，城关派出所针对辖区内录像厅、咖啡厅、音乐茶座、溜冰场相继开业，且夜间开放增多，治安问题多发，在治安问题多发的县总工会舞厅及西小街录像厅采取依靠单位自身防范的基础上，每晚派出8名联防队员进行巡回执勤，维持场所内治安秩序，对严重扰乱公共场所治安秩序的违法人员依法进行处罚。

1988年3—4月，县公安局贯彻《浙江省公共场所治安管理办法》，对全县20家影剧院、19家录像室核发“公共场所治安许可证”，实行发证管理。

1989年9月，县总工会工人俱乐部舞厅作为全县第一家营业性舞厅正式对外开放，一度秩序较乱，经常出现打架斗殴等流氓事件。城关派出所及时下发整改通知书，责令停业整顿，并派出联防队员，协助成立治安值班室，制订安全防范措施，严格控制人数，使舞厅秩序明显好转。随之平湖首家个体“白天鹅”舞厅也在城关镇东门轮船码头开张营业。此后电影院“月亮神”、粮食局“良友”、平航公司“绿宝石”等一批单位舞厅也陆续对外开放营业，城关派出所组织民警和联防队员加强对营业性舞厅的巡查工作，将治安问题消灭在初始阶段。

1992年9月，市公安局与文化局联合下发《关于做好歌舞厅、卡拉OK音乐茶（餐）座开业审批手续的通知》，进一步规范集体和个体开办营业性歌舞厅、卡拉OK音乐茶（餐）座等文化经营项目，加强文化市场管理。是年，通过检查，处理8家公共场所，其中吊销执照1家、停业整顿1家、限期整改2家、罚款3家、警告1家。

1993年，根据省政府办公厅《关于加强文化市场管理工作的通知》，市公安局会同文化、工商等有关部门对新开办的文化娱乐场所从严控制，严格审批，加强经常性的检查督促，严禁歌厅、舞厅、卡拉OK厅和其他营业性歌舞娱乐场所进行“三陪”（陪喝、陪唱、陪舞）等色情活动。至年底，全市共有发证文化娱乐场所143家。

1994年1月，贯彻省人大常委会《关于加强文化市场管理的决定》，为防止歌舞厅发展过热，市政府印发《批转市社会文化管理委员会关于进一步加强歌舞厅管理意见的通知》，对歌舞厅实行总量控制在29家之内，并明确规定，禁止“三陪”。是年初，由市公安局倡导、与文化局、卫生局联合发起在全市歌舞厅、卡拉OK厅中开展创优评选活动，每年进行一次。年底经过评选，星都娱乐总会、月亮神歌舞厅、红玫瑰歌舞厅、工人文化宫舞厅等被评为1994年度文明歌舞厅，良友、商业局职工之家、满天星、星辰歌舞厅被评为优胜单位，予以通报表彰。

1997—1998年，在全市娱乐场所开展规范化建设和创建安全文明场所活动，加大对安全隐患的整改力度，新开设透视窗326扇，拆除包厢锁243把，安装电源总闸105只，新置应急照明灯33只、灭火机143只。城关镇白天鹅歌舞厅被评为1997年度嘉兴市安全文明场所，城关镇平湖娱乐总汇、满天星歌舞厅被评为1998年度嘉兴市安全文明场所。

1999年，贯彻国务院《娱乐场所管理条例》，开展全市娱乐场所集中整治。通过对娱乐服务场所的检查，发现各类隐患188条，下发整改通知书92份，停业整顿1家，吊销治安许可证3家。专项整治行动中，破获刑事案件80起，查处治安案件325起，摧毁违法犯罪窝点59个，抓获违法犯罪人员1641人。

2000年6月30日起，根据上级通知，全市停止审批新的娱乐场所。7—9月，贯彻国务院办公厅有关通知精神，组织开展娱乐场所专项治理，对原有的歌舞娱乐场所调整布局，收回两证（治安许可证、文化经营许可证），下发限期整改、停业通知书，重新审核发证，并进行总量压缩，压缩总量33%。至2001年6月，歌舞厅从33家压缩至25家，音乐茶座从80家压缩至55家。同时，进一步规范演艺场所管理，禁止色情表演，采取派出所与场所业主、演出团体签订治安管理责任书，建立演出前告知、演出期间全程派员现场监督制度，使演艺场所的经营更加规范有序。并按市委办〔2000〕40号文件规定，在营业性歌舞场所，按照总人数或座位数的2%～5%比例配备保安队员，队员由保安公司派驻，实行定期换岗及轮训，落实工作责任，加强巡查，及时发现和整改治安消防隐患。

2001年10月，贯彻落实公安部、文化部、监察部及国家工商行政管理总局《关于开展整顿和规范歌舞娱乐服务场所秩序专项行动》，建立专项行动四部门联席会议制度，在公安局设立专项行动办公室。将利用场所进行卖淫嫖娼，营利性陪侍等违法犯罪活动作为打击的重点。专项行动其间，查处各类案件130起，查获处理违法人员1085人，其中传播淫秽物品案14起20人、卖淫嫖娼案54起151人，清退营利性陪侍64人，吊销音乐茶座、录像放映违法场所治安许可证3家，取缔擅自设立的场所1家，取缔“小舞池”3个，督促整改硬件设施18家，整改擅自增设经营项目场所11家，督促办理治安许可证8家。

2003年6月1日，根据国务院取消行政审批项目的决定，取消娱乐场所治安许可证制度，实行开业报备登记。市公安局积极应对改革形势，为加强后续管理，在歌舞娱乐场所（歌厅、舞厅、卡拉OK厅、音乐茶座等）及录像厅等场所推行“星级化管理”。

2006年3月，国务院《娱乐场所管理条例》颁布实施。开展对全市娱乐场所的集中整治，规范硬件设施，张贴“三禁”（禁赌、禁毒、禁黄）标志牌，制订安保方案，签订责任书，配齐保安人员。4月中旬开始，根据嘉兴市公安局的统一部署，开展娱乐场所安装闭路电视监控设备。至6月底，在全市56家歌舞娱乐场所的出入口、吧台、主要通道处共安装监控摄像头232个，完成率达到100%。

2007年，市公安局制订《娱乐场所安检门配备使用工作规范》，从而使娱乐场所的软硬件设施更趋完善。并多次组织对迪吧、KTV等娱乐场所集中治安清查，收缴管制刀具等可能用于作案的工具54把（件），确保场所内的治安秩序。是年，全市76家歌舞娱乐场所全部实行由保安服务公司派驻保安制度。

2008年7月23日，市公安局根据省、嘉兴市公安机关的统一部署，开展对全市娱乐场所社会信息采集系统建设。至年底，全市有71家娱乐场所建立社会信息采集系统，采集人员信息2968条，系统安装率和信息采集率均达到100%。通过信息系统抓获公安部网上逃犯1名。同时对歌舞娱乐场所工作人员及服务员制作IC卡，实行上下班刷卡制度，对人员的流向实行动态监管。并按照《娱乐场所从业人员信息卡使用管理规范》的要求，确保刷卡率达到100%。

2009年，为做好国庆60周年安全保卫工作，市公安局下发《关于进一步强化娱乐服务场所治安管控工作的意见》，开展娱乐场所从业人员办卡率、刷卡率日常抽查，开展禁黄赌毒、禁止接纳未成年人、禁止携带管制刀具和消防知识宣传等内容的警示宣传。建立娱乐场所每月警情对比制度，结合治安乱点整治“雷霆”行动，对刑事警情多发的公共娱乐场所实行挂牌整治，3个月内未发生突出问题的才可以摘牌。先后确定当湖街道英皇国际娱乐会所等4批13家娱乐场所为全市挂牌重点整治场所，同时对25家娱乐场所发出限期整改通知书，对13家场所业主进行“警示谈话”。通过挂牌整治、专项整治及日常抽查，全市娱乐场所刑事、治安警情数量同比下降46%。

2010年，围绕世博安保工作，贯彻执行《嘉兴市公安机关维护娱乐服务场所正常秩序六条严管措施》，提高对娱乐场所的检查频率，增加参检民警，实行公开着装检查，建立派出所每月检查不少于3次、市局业务部门每月检查不少于1次的日常抽检制度。

2012年，在全市歌舞娱乐场所推行治安责任承包制度，逐一明确责任单位、责任人。强化歌舞娱乐场所硬件设施，从业人员动态管理，全面实行从业人员上下班刷卡制度，组织开展治安、消防安全整治活动，严防火灾、群死群伤事故发生。

2014年，市公安局强化对娱乐场所安全检查，实施七个必查（即经营证照、安全隐患、安全条件、从业人员、专业保安、防控措施、“毒赌黄”活动），通过“七必查”，进一步规范场所经营秩序。

2015年7月，在全市24家娱乐场所安装ADT管控系统（流动人口管控系统），对所有娱乐场所从业人员制作联通考勤卡，确保娱乐场所从业人员刷卡率，提升管理实效。

### 三、桌球等游艺场所管理

20世纪50年代，在乍浦镇曾发现带有变相赌博性质的“康乐球”“高尔富”摊位，经请示省公安厅三处后，予以取缔。

80年代后期，城镇台球和电子游戏机迅速兴起，初期大部分经营者由福建等外来人员租用文化单位场地开办。随后，当地的一些城镇居民和进城农民相继参与此类经营活动，且不断增多，治安问题日益突出。

1988年8月，县公安局针对书摊、桌球、电子游戏机等文化娱乐业经营活动逐渐增多，秩序混乱的状况，根据浙江省人民政府颁布的《浙江省公共场所治安管理办法》，会同文化局、工商局联合下发《关于加强桌球等游艺场所管理的暂行规定》。规定桌球等游艺场所“治安许可证”的发放程序、临时个体户临时许可证的申领，定点经营，经营场所不得设在室外，开放时间最迟不得超过晚间 11 时等，以规范桌球、电子游戏机行业的治安管理。至年底，共有经营桌球、电子游戏机场所 129 家。1989 年，会同工商、文化等部门开展定期与不定期的检查，取缔无证经营。年内取缔无证经营的桌球摊（点）35 家，停业 1 家。

1990 年，县公安局会同工商、文化等部门共组织联合检查 9 次，取缔无证经营和有赌博现象的桌球台 10 家。以后，桌球行业随着有奖电子游戏行业的兴起，数量逐渐减少，公安机关重点加强对电子游戏行业的治安管理。

1993 年，全市有奖电子游戏行业发展较快，达到 35 家，拥有电子游戏机 200 多台，随之带来新的治安问题，经营者贪图营利，公开用于赌博活动，致使一些青少年沉迷其中，治安问题增多，群众对此反映强烈。4 月，市公安局下发《加强游戏机管理的通知》，召开会议，组织检查，严格管理。6 月中旬，召开业主会议，对 1 家业主作出罚款 2000 元，停业整顿处罚，取缔 2 家无证经营场所，并规定所有有奖电子游戏机全部停止，游戏室治安秩序明显好转。

1994 年，全面禁止有奖电子游戏机，市公安局进一步提升检查频率，全年共组织检查 20 多次，查获和处罚一批违规场所。1995 年 10 月，与市文化局联合下发《关于进一步加强电子游戏机管理的通知》，继续加大管理力度。

1996 年 11 月，根据国家有关取缔有奖电子游戏机经营活动的规定，继续开展对电子游戏机经营场所的整顿，对 45 家经营有奖活动的场所依法进行取缔，没收电路板 560 块、软盘 40 块，并于 12 月 17 日当众公开予以烧毁。经过清理后全市有经营电子游戏机场所 23 家，游戏机 169 台，均做到守法经营，场所治安面貌明显改观。

1997 年 4 月，在全市电子游戏行业制订治安安全制度，推行从业人员“治安培训合格证”制度，开展规范化建设和争创安全文明场所活动。1997—1998 年，市公安局先后多次下发加强电子游戏机娱乐场所管理的通知，彻底查禁有奖（赌博）电子游戏经营活动，对查禁不力的，要追究辖区派出所和责任区民警的失察责任。

2000 年 3—4 月，根据嘉兴市公安局的统一部署，组织开展对电子游戏机经营场所的专项整治，召开业主会议，会同文化、工商行政管理部门明察暗访，突击检查，集中打击利用游戏机进行赌博等违法活动，重点取缔校园周边 200 米内的游戏机经营场所和无证经营场所，严格执行非法定节假日未成年人不得进入电子游戏机场所的规定。整治期间，共检查电子游戏机场所 72 家，查处违法经营场所 6 家，涉案 9 起，治安处罚违法人员 24 人，责令关、停 5 家，限期整改经营场所 19 家，收缴非法电路板 21 块。5 月 25 日，贯彻省公安厅关于两年内暂停审批新设立电子游戏机经营场所的通知，暂停审批新的电子游戏机场所。7—9 月，贯彻国务院办公厅有关通知精神，再次组织开展电子游戏机经营场所专项治理，取缔无证经营场所 29 家，吊销治安许可证 9 家。根据市委办〔2000〕40 号文件规定，按电子游戏机台数的 3% ～ 5% 的比例配备场所保安队员，队员由保安公司派驻，加强场所内部管理。

2001 年 5—6 月，组织开展全市电子游戏经营场所集中整治行动，查获当湖文化经营服务公司、林埭子群游戏室、钟埭游戏厅等 5 家电子游戏经营场所利用国家明令禁止的麻将机、苹果机进行赌博活动，没收各类游戏机 9 台、电路板 27 块，抓获违法人员 16 人，对涉案的人员及场所分别作出治安处罚。8 月，贯彻省文化、工商、公安等三部门《关于进一步做好整顿压缩电子游戏经营场所工作的通知》，会同工商、文化等部门部署开展电子游戏经营场所压缩整顿工作，通过对照标准、重新审核，全市 28 家电子游戏场所整顿压缩至 11 家。

2003 年 6 月 1 日，根据国务院取消行政审批项目的决定，取消电子游戏场所治安许可证制度，实行开业报备登记。市公安局积极应对改革形势，在电子游戏场所开展“星级化管理”。同时，不间断地组织开展集中清查行动，收缴具有赌博功能的电子游戏机，确保电子游艺行业健康发展。

2007 年 4 月，市公安局组织开展游戏机场所治安集中清查行动，查缴“苹果机”“168”等具有赌博功能的电子游戏机446台，责令经营场所限期整改52家次，取缔设有赌博功能的电子游戏机场所12家，查处一批发生在场所内的治安案件，确保场所内的治安秩序。

2008年7—8月，市公安局组织开展查缴具有赌博功能电子游戏机，净化游艺场所秩序的专项整治工作，收缴销毁具有赌博功能电子游戏机及电路板2800余台，依法处理违法人员5人。

2012年，开展查禁赌博机专项整治年活动，全年共打击处理涉嫌赌博机犯罪嫌疑人5人，办理行政案件65起，行政处罚205人。收缴赌博机1200余台，97家游戏机场所被关停转业。是年，按照文化部规定目录，在嘉兴市首推游戏游艺机贴标准入制度。

2014年，针对各镇（街道）带有欺诈性的“抓烟机”游艺机蔓延，群众反映强烈，市公安局与相关部门专题会商，成立由文化执法大队牵头，工商、城管、公安、烟草参与的联合执法小组，先后于4月上旬、12月上旬组织专项整治，取缔“抓烟机”经营点48个，收缴“抓烟机”86台，业主自行撤回50余台，成效显著，社会反响良好。

2015年8月，针对福建连江籍经营者擅自将文化部门准入的海洋之星系列机型改装成具有赌博功能的游戏机，供他人赌博，开展专项整治。9月2日，组织派出所警力对全市24家游戏室开展突击检查，收缴具有赌博功能的海洋之星机型55台，依法停关游戏室18家。

**四、公园等游览景区管理**

1986年9月，县公安局城关派出所针对辖区内东湖公园近年来人口流量猛增，治安案件增多，主动与公园及其主管部门联系，采取由公园出资，派出所聘用联防队员，建立公园治安值勤室。10月1日正式挂牌成立，实行24小时巡逻值班制，治安值勤室建立后，未发生打架斗殴事件，公园内治安秩序明显好转。

1987年夏，乍浦九龙山海滨浴场正式对外开放，上海市及周边邻县游客慕名前来，游客数量急剧上升。1988年6月30日，县保安服务公司派驻保安队员，实行有偿服务。县公安局采取定期与不定期的方法派出警力协助浴场维护治安秩序，防止重大事故发生。1993年7—8月，为加强浴场游泳高峰期的治安管理，组织治安部门会同浴场所在地乍浦、黄山两地派出所临时抽调民警，建立民警值勤室，驻守浴场，制订民警值勤、值班制度，游客须知、场内工作人员安全制度以及出租车、摩托车进出须知等，进一步规范管理。1995年，建立一支由10人组成的季节性专业联防队，与浴场内部治保人员一起共同维护浴场秩序，以确保游客安全和及时处置各种治安事件。后随着九龙山风景区金海洋城海滨度假村的建立，海滨浴场停止营业。

20世纪90年代中叶至21世纪，随着平湖旅游业的开发，供群众休息浏览的景点增多，李叔同纪念馆、陆维钊书画院、当湖公园、案山公园、东湖景区、明湖公园、九龙山旅游度假区等一批旅游景点相继建成，吸引了省内外大批游客。市公安局协同旅游部门加大对公园等旅游景区的治安管理力度，在公园等场所建立保安室，以派驻保安的形式做好场所内治安秩序的维护，确保景区及游客的安全。

表13–2　　1988—2015年平湖公共场所一览表

| 年份 | 总数（家） | 公共场所分类 | | | | | 备注 |
|---|---|---|---|---|---|---|---|
| | | 饮食服务 | 文化娱乐 | 体育场所 | 旅游场所 | 集贸场所 | |
| 1988 | 600 | 432 | 168 | – | – | – | |
| 1989 | 649 | – | – | – | – | – | |
| 1990 | 692 | – | – | – | – | – | |
| 1991 | 687 | – | – | – | – | – | |
| 1992 | 682 | – | – | – | – | – | |
| 1993 | 811 | 668 | 143 | – | – | – | |

续上表

| 年份 | 总数（家） | 公共场所分类 | | | | | 备注 |
|---|---|---|---|---|---|---|---|
| | | 饮食服务 | 文化娱乐 | 体育场所 | 旅游场所 | 集贸场所 | |
| 1994 | 885 | 701 | 140 | 23 | – | 21 | |
| 1995 | 1427 | 1254 | 33 | 140 | – | – | |
| 1996 | 1177 | 1056 | 63 | 58 | – | – | |
| 1997 | 1045 | 841 | 142 | 42 | 5 | 15 | |
| 1998 | 939 | 740 | 141 | 38 | 5 | 15 | |
| 1999 | 1055 | – | – | – | – | – | |
| 2000 | 531 | 322 | 127 | 82 | – | – | |
| 2001 | 765 | 613 | 139 | – | 13 | – | |
| 2002 | 1410 | – | – | – | – | – | |
| 2004 | 1324 | 973 | 265 | 54 | 4 | 28 | |
| 2005 | 1430 | 1023 | 311 | 64 | 4 | 28 | |
| 2006 | 636 | 433 | 76 | 123 | 4 | – | |
| 2007 | 716 | 483 | 94 | 135 | 4 | – | |
| 2008 | 765 | 227 | 121 | 413 | 4 | – | |
| 2009 | 742 | 397 | 132 | 208 | 5 | – | |
| 2010 | 701 | 284 | 95 | 316 | 6 | – | |
| 2011 | 687 | 207 | 107 | 368 | 5 | – | |
| 2012 | 624 | 163 | 55 | 399 | 7 | – | |
| 2013 | 1038 | 449 | 48 | 535 | 6 | – | |
| 2014 | 1087 | 406 | 42 | 608 | 6 | 25 | |
| 2015 | 1088 | 410 | 53 | 591 | 6 | 28 | |

注：表内空白栏目系无原始资料。

## 第三节　危险物品治安管理

危险物品管理是公安机关治安管理的一项重要内容，对于维护社会公共安全起着至关重要的作用，列入管理的危险物品主要是枪支弹药、管制刀具器具，易燃易爆物品、化学危险物品及放射性物品等。

**一、枪支弹药管理**

**猎枪、气枪管理**

1958年，根据省公安厅《猎枪、鸟枪管理暂行办法》（简称《办法》），开始将猎枪、鸟枪列入枪支管理范围。《办法》规定：制造猎枪、鸟枪的铜匠、铁铺和工场，必须填写申请书，持乡（镇）人民政府或公安派出所的证明，经县公安局审查批准，领取许可证，方准修理。购买猎枪、鸟枪须向公安局申领准购证；凡持有猎枪、鸟枪的单位和个人，均应向当地公安机关领取持枪证。2月9日，县公安局在港中乡开展猎枪数量及持枪人政治状况的调查摸底工作，全乡共有猎枪50支，以火药枪为主，主要用于打鸟。通过对持枪人的政治审查，对符合《办法》规定的予以发证。此后在全县开始猎枪、鸟枪的登记、发证和管理工作。

“文化大革命”期间，平湖枪支弹药管理混乱，流散社会，两派武斗，自制土枪、土炮，造成危害。

20世纪80年代，枪支管理逐步规范。1981

年7月，县公安局贯彻公安部《关于贯彻国务院命令进一步加强枪支弹药爆炸物品管理的通知》和省公安厅转发国家经委、计委、公安部《关于加强对气枪管理的联合通知》精神，实施对射击运动枪支、狩猎有膛线枪、霰弹枪、火药枪、发射金属弹丸的气枪以及使用弹药进行登记、发证管理。规定持有气枪的个人或单位，必须向所在地公安机关申领“持枪证”，购买气枪应向当地公安机关领取“购买证”，凭证向指定商店（门市部）购买，建立民用枪支年检、年审制度。是年，在全县范围内组织开展民用枪支的清理、登记、发证。确定县百货公司二零部和乍浦百货公司经营组为气枪定销店，其他单位一律不准经销。同时，下发《收缴凶器通告》至全县各机关、学校、工厂、企事业和生产大队等单位，开展对散失在社会上的枪支、弹药、雷管、炸药和匕首、刺刀、三棱刮刀、自制火药枪等危险器具的收缴工作。

1982年，县公安局为方便群众办理持枪证，组织干警下社（镇）开展办理枪证业务，至年底，共登记发证民用枪支1682支，其中气枪336支、气步枪1支、气手枪5支、猎枪1316支、射击运动枪及注射枪24支，以上枪支属个人持有的1580支、单位公用的102支。同时，收缴无证枪支43支。1983年5月8日，下发《关于认真做好枪支登记工作的通知》，将新埭公社采取积极措施，认真做好枪支登记扫尾工作的做法转发至全县各公社管委会、镇人民政府，以此推动全县枪支登记发证扫尾工作。

1987年9—10月，围绕中共第十三次全国代表大会安全保卫工作，县公安局根据嘉兴市局的统一部署，在全县范围内组织开展民用枪支清查、验证工作。由政府出面，组建专门工作班子，全县有711人参加，其中党政领导30人、公安干警92人、治保干部589人。通过宣传发动、调查摸底，排摸出民用枪支2299支，其中无证枪支338支。在摸底的同时，进行验枪验证，对外出人员采用发放通知书，全县共发放通知书2000余份。这次共验枪、验证2088支，其中气枪705支、火药枪1383支，收缴报废枪支287支，查获土制火药枪217支，并对持枪人员进行安全培训教育。至1988年，全县共有各种民用枪支1722支。

1989年7—9月，开展对民用枪支全面清理整顿。县公安局下发清理整顿方案，利用广播电视进行宣传，通知到每个持枪者。整顿期间，共检查313个单位，没收枪支22支，报废枪支219支，新办持枪证254支。通过清理，全县共有民用枪支1652支，其中气枪782支、火药枪844支、小口径步枪26支。

1992年8月，围绕中共第十四次全国代表大会安全保卫工作，组织开展枪支弹药和民爆物品的清理整顿工作，对全市的气枪、猎枪进行验证、发证，收缴散失在社会上的枪支弹药和其他危险器具。9月，针对乍浦地区山林非法打鸟现象突出，组织民警在山上设卡检查枪支使用情况，发现6支无证枪支予以收缴。全年共收缴民用枪支7支。至年底，全市共有民用枪支1529支，其中气枪919支、火药枪578支、小口径步枪22支、气手枪10支。

1994年11月起，市公安局按照省公安厅部署开展为期40天的枪支弹药爆炸物品集中整治工作，共没收火药枪39支、气枪35支、炮弹1枚、雷管5发、电击枪24支、电警棍25根。至1995年，通过民用枪支年检年审，全市共有民用枪支1268支，其中小口径步枪22支、气手枪11支、火药枪414支、气枪821支。是年起，根据嘉兴市局的通知精神，停止销售民用枪支。

1996年5月，市公安局查获新埭镇百货商店批发部承包人陆某某伙同孙某某非法买卖气枪160支，予以追究刑事责任，分别被判处有期徒刑3年、4年。8月中旬，根据省公安厅和嘉兴市公安局的统一部署，在全市范围内组织开展宣传贯彻《中华人民共和国枪支管理法》（以下简称《枪法》）的统一行动，在公共场所、乡村企事业单位、居民区广泛张贴《枪法》，广播电台、电视台举办专题宣传，使《枪法》宣传家喻户晓，在此基础上开展民用枪支清理、登记、收缴工作。至9月底，全市共清理民用枪支2350支，其中收缴集中保管2199支，对151支破残枪支，由持枪（证）人写出枪支破残确认保证书。同时对由派出所代管的748支有证民用枪支也一并上缴。至此，平湖民用枪支全部收缴完毕。10月，《枪法》正式实施。

1998年，乍浦派出所针对山林非法打鸟较为严重，专门组织民警和联防队员上山巡查守候，当场抓获多名非法持有、携带和使用枪支的违法人员，依法处理8人，收缴民用枪支7支。是年，共没收非法制造使用枪支37支。

进入21世纪，市公安局进一步加大民用枪支管理力度，根据上级公安机关的统一部署，每年组织开展治爆缉枪专项行动，收缴枪支弹药，查处涉枪案件，打击涉枪违法犯罪活动。2001年4—8月，根据省公安厅统一部署，组织开展治爆缉枪专项行动，下发实施方案，设立办公室，公布110举报电话，在全市城乡张贴《通告》、印发宣传资料、开展媒体宣传报道。共查处涉枪案件11起，处罚违法人员11人，收缴非法枪支37支、军用子弹52发。在派出所推行民爆枪支治安管理责任书制度，由治安部门与各派出所签订，将枪支管理责任落实到基层。

2003年3月31日，市公安局破获曹桥百寿村庞某某非法制造枪支案，缴获自制钢珠枪6支及制枪工具、火药、钢珠等违禁品。案犯庞某某被依法追究刑事责任，判处有期徒刑10年6个月。

2005年，市公安局组织开展“缉枪除恶”打击流氓恶势力违法犯罪专项行动，破获涉枪案件4起，缴获仿制手枪5支、钢珠枪1支、子弹9发及管制刀具一批。

2006年8—9月，市公安局根据公安部、省公安厅及嘉兴市局统一部署，开展“禁止仿真枪进校园”集中宣传收缴和爆炸物品、枪支弹药、管制刀具集中整治统一行动。其间，分管治安副局长与派出所所长签订《集中整治责任状》，并向全市中小学校发送《致学生家长的公开信》3.71万份，开展禁止管制刀具、仿真枪进校园宣传73次。通过整治，收缴TNT炸药0.15千克，火药枪、自制枪3支、各类子弹20发，管制刀具297把，接到群众举报9次，查获违法犯罪嫌疑人员12人。

2008年2月，公安部下发仿真枪认定标准，明确规定鉴定工作由县级公安机关负责，市局派员参加嘉兴市局举办的全市仿真枪鉴定培训，获得鉴定资格证。2—11月，为确保奥运会的绝对安全，市公安局在全市范围内组织开展涉枪涉爆专项整治，共收缴气枪4支、铅弹108粒、仿真手枪31支、管制刀具95把、毒鼠强50瓶、废旧炮弹44枚，依法处理违法人员22人。同时，做好涉枪重点人员管理，对因涉枪违法犯罪曾被公安机关打击处理的人员，全部录入全国枪支管理信息系统，落实管理措施和具结保证，从严管理。

2009年3—12月，为确保新中国成立60周年大庆的安全，市公安局根据省公安厅统一部署，开展防范打击涉枪违法犯罪、集中收缴非法枪支弹药爆炸物品等系列专项行动。行动期间，刑侦大队会同乍浦派出所在乍浦镇中心花苑、荷花池新村抓获非法拘禁犯罪嫌疑人4人，缴获仿“64”式手枪1支。全塘派出所巡逻队在全塘穗轮村东侧树林抓获金山籍犯罪嫌疑人1人，缴获火药枪1支。截至12月下旬，共查处涉枪违法犯罪案件8起，打击处理涉案人员14人。收缴各类枪支42支，其中气枪3支、火药枪1支、猎枪1支、仿制枪1支、自制枪2支、仿真枪34支、军用子弹66发。

2010年，为确保上海世博会的绝对安全，市公安局根据省公安厅的统一部署，在全市组织开展治爆缉枪专项行动，全力加强枪支弹药的安全管理，继续推行涉枪重点人员监管制度，落实监管责任，严防涉枪案（事）件发生。同时，加大宣传力度，推进枪支弹药的收缴工作。新仓镇一涉枪犯罪嫌疑人迫于宣传声势的压力，主动到派出所投案自首，上缴20年前自制火药枪1支。是年，共立案查处非法持有枪支案件4起，抓获违法犯罪人员4人，刑事处理涉枪人员1人、行政处罚涉枪人员3人。收缴民用和非制式枪支5支、仿真枪91支、军用子弹105发、非制式子弹58发，实现上海世博会期间危险物品“不炸响、不打响、不流失”的工作目标。

2012年，市公安局严格执行省公安厅危险物品管理八条严管措施，扎实开展“治爆缉枪”专项行动。是年，侦破涉枪刑事案件2起，采取刑事强制措施4人，办理涉枪行政案件3起，行政处罚3人。查没收缴仿“64”式手枪1支、气枪19支、火药枪2支、仿真枪352支、军用子弹607发。

2014年，在“治爆缉枪”专项行动中，严厉打击网络贩枪违法犯罪活动，连续成功侦破7起网络贩卖枪支案件，抓获犯罪嫌疑人员9人，刑事拘留9人，摧毁网上非法贩卖枪支团伙2个，现场收缴气枪66支、气枪组装零部件13套，取得专项行动成绩列嘉兴市第一。

2014—2015年，共查获涉枪刑事案件14起17人，涉枪行政案件5起7人，收缴各种型号气枪109支、气枪组装零部件13套、电击枪3支、军用子弹5402发、铅弹钢珠1183粒。

**公务用枪管理**

公务用枪即非军事系统业务用枪，解放初期称为自卫枪支，后改称为公务用枪。20世纪50年代初期，由县公安局治安股负责管理。1953年7月，根据地区公安处意见改由侦保股负责管理。1989年6月，恢复治安部门负责管理。2008年5月，由治安部门和警务保障部门共同管理，警务保障部门负责武器库枪支保管。

解放初期，平湖配备干部自卫用枪范围较大，除政府部门之外，县供销合作总社、粮食局、邮政局、电话所、中百商店、乍浦中盐公司、土产公司、油脂公司、电管所、人民银行及其营业所等公营企业负责人都配有自卫用枪。1951年12月，县人民政府公安局根据公安部《枪支管理办法》，清理县、区、乡镇及公营企业干部自卫枪支，由省政府嘉兴区专员公署公安处核发“持枪证”。

1953年5月15日，根据省公安厅转发中央公安部《枪支管理暂行办法》之具体实施办法及地区公安处通知配备枪支的范围，县人民政府公安局下发通知，整顿枪支管理，明确平湖县配枪范围：县级机关之县委正副书记、各部正副部长、正副县长、法院正副院长、正副检察长、监察委员会正副主任、银行行长、合作社正副主任、税务局正副局长、粮食局正副局长、公安局正副股、所长以上及工作必要之办事员等人。对县府各科长原有枪者不交，缺者不补；工矿、企业、机关、学校、团体之保卫科、股长及以上之专职保卫干部予以配发；区级正副书记、正副区长、区公安员均可配发；政治交通班可根据工作需要发给木壳枪或自动武器或配发公枪。取消各公企业部门的经理负责人之自卫枪，对原所配枪支一律上缴县公安局。对符合配备自卫枪的人员应将申请书、照片及证件成本费上缴县公安局，向地区公安处领取“持枪证”。

1961年9月，根据嘉兴专员公署公安处《关于对干部自卫枪支立即进行一次整顿工作的通知》，县公安局对各级干部自卫枪支的使用情况进行一次普查登记，整顿干部自卫枪支，缩小配枪范围，限配发至县委主要领导，收缴镇、公社、科局领导配发的自卫枪弹，加强自卫用枪管理。至1963年4月，全县共收缴超范围配发的自卫枪支23支、弹药229发。

1968年1月13日，根据省军管会、省军区、二十军和省公安厅关于武器、弹药上缴集中保管的通知精神，县人武部下发《关于发放持枪证的紧急通知》(以下简称《通知》)。《通知》明确民兵留用的武器和有关企事业单位留作保卫、警卫用的枪支，武装干部使用的枪支由人武部办理“持枪证”手续，地方因保卫、警卫和机要部门工作需要留用的枪支由公安局办理“持枪证”手续。4月13日，县公安局实行军事管制，为防止枪弹流失，公、检、法干部使用的枪支统一由军管组接管。1973年2月，县公安局恢复后，恢复公务用枪配备。1979年2月，按照省公安局部署，进行公务用枪清理登记，换发“持枪证”。

1985年，针对全国各地枪支被盗、被抢案件屡有发生的情况，县公安局把枪支安全作为全年工作的重点，先后组织干警对全县有关持枪单位和持枪人员进行枪支安全检查，下发《枪支安全须知》，对安全使用及保护枪支均作了明确规定，有效地防止了枪支被盗、被抢案件的发生。

1986年9月，根据省公安厅、嘉兴市公安局关于开展公务用枪全面清理检查的紧急通报，开展对县局及其他配枪单位的全面检查，并及时转发省厅《关于进一步严密枪支管理的紧急通报》，抄送有关配枪单位，重申枪支管理的相关要求。

1987年4月，县公安局贯彻公安部《关于建立枪弹痕迹档案的通知》，对全县非军事用枪的种类、数量、枪支号码、持枪人员等情况进行全面检查，登记造册。5月初，集中送嘉兴市公安局进行痕迹检验，建立枪弹痕迹档案，对持枪人员重新登记，更换持枪证。同时，组织干警对银行及检察、法院、司法等持枪单位的枪支管理情况进行多次检查，发现问题，及时督促改进。

9月，公安部下发《公安机关和保卫部门枪支管理规定》，进一步规范公务用枪管理。

1988年，县公安局针对平湖“1·15”枪支被盗案件的发生，多次组织力量到各持枪单位对公务用枪开展安全检查，检查枪支的保存、使用、出入库登记等情况，发现问题，及时指出，以确保枪弹安全。至1990年，全县非军事系统配备军用枪支的单位有公、检、法、司和金融单位，棉纺厂经济民警队等，共有公务用枪212支，其中公安用枪136支。

1991年，县公安局建造符合安全要求的专用枪库，枪库除保管本局枪支外，同时为检察、法院等无专用枪库单位提供保管业务，枪库实行枪、弹分藏、双人双锁制度（1998年，枪库安装CK报警装置）。

1996年8月，市公安局在宣传贯彻《枪法》的统一行动中，根据上级部署，清理全市非军事系统的军用枪支弹药，对公、检、法、金融系统、棉纺厂经济民警队等7个配枪单位的221支枪支逐一审核上报，并落实安全保管制度。

1997年4月，贯彻省公安厅《转发公安部加强内部枪支管理的通知》，组织开展对公务用枪人员的培训考核，内容有枪支管理法规、警用武器基本知识及警用武器的分解、结合、保养及实弹射击等，在书面考试的基础上，分5批对公、检、法及金融系统（人民银行、工商银行、农业银行）公务用枪配枪人员206人进行实弹射击考核，合格率达80%，对合格的配枪人员统一换发新版“中华人民共和国持枪证”，培训考核工作被嘉兴市局评为优胜单位。

2001年7月，市公安局下发《公务用枪使用管理规范》，完善内部枪支弹药管理制度。组织力量对检察、法院、工商银行、农业银行、建设银行的公务用枪单位枪支弹药持有数量进行突击核对，并对枪支弹药领用登记情况、保管储存情况、库房人防技防措施落实情况等展开全面检查，及时发现问题，落实整改措施。

2002年底，刑侦大队、巡特警大队、看守所及11个派出所、4个驻所刑侦队均设置标准化枪库，配发由省厅统一制作的专用枪柜。是年，根据公安部、中国人民银行的统一部署，金融单位完成军用枪置换防暴枪任务。

2003年8月，市公安局贯彻《全省公安机关公务用枪管理使用办法》，开展公务用枪清理整顿工作，重新制订公务用枪携带、使用、审批、保管、保养、检查等六大制度，统一制作公务用枪管理基础台账，对管理、保管、持枪人员进行资格确认，并依据枪支管理法等相关法规规定，推行公务用枪管理责任书制度（分管副局长、派出所所长、配枪民警），落实管理与使用的责任。12月1日，将配发枪支送嘉兴市公安局进行第二次枪弹痕迹检验，重新建档。2005年11月，开展公务用枪信息化管理，对全市公务用枪及其配枪人员信息进行全面核对，于12月底完成枪支信息录入任务。

2008年8月，市公安局根据公安部《关于各级公安机关建立公务用枪管理委员会的通知》，成立公务用枪管理委员会及其办公室，由局长任主任，分管治安副局长、政治处主任任副主任，在治安大队设立办公室，明确配枪资格审查、枪支安全、日常保管等分别由政治处、治安大队和警务保障室负责，进一步规范公务用枪管理使用工作。建立每季一查，检查情况双方签字确认及公务用枪理论培训考试、实弹射击、持枪资格年度审核等制度。是年，金融单位防暴枪支转由嘉兴安邦公司平湖守押大队集中保管使用。

2009年3—12月，市公安局根据《全省公安机关公务用枪安全大检查工作方案》要求，组织开展对公、检、法及工商、农业、建设、合作银行等5家公务用枪单位安全大检查，采取枪弹见面清点核对、技防设施当场检测、防盗设施现场检查、登记台账如实核对、检查情况双方签字确认。并将公务用枪管理两级责任书签订工作延伸至检察、法院、金融等配枪单位，落实单位领导和配枪人员枪支管理责任。

2012年3—8月，市公安局根据上级公安机关的统一部署，组织开展公务用枪安全大检查，贯彻“对所有配枪单位一枪不落、一库不落、一岗一人不落”的检查整治精神，全面排查公务用枪中存在的问题和薄弱环节。4月10—16日，围绕枪支日常管理和枪弹储存库人防、物防、技防等，对14个配枪单位实施督导检查，对检查发现的问题及时落实整改，进一步严密公务用枪管理。至2014年，全市有公务用枪单位4家（公安、检察、法院及安邦护卫公司)。

2015年,市公安局投入近150万元,对9个公安内部配枪单位枪弹库进行智能化改造,并同步启动检察、法院两部门的枪弹库的改造工作。同时,按照公安部统一部署,组织全局470名配枪民警进行枪支管理使用知识考试,并对《全国枪支管理信息系统》开展信息清理,注销实际不存在的枪支信息,确保枪支信息的准确性。

## 二、管制刀具器具管理

### 特种刀具管理

县公安局对特种刀具实施管理始于1983年,其目的是为了防止不法分子用刀具作凶器进行犯罪活动。4月,公安部颁发《对部分刀具实行管制的暂行规定》,规定凡匕首、三棱刀、带自锁装置的弹簧刀,以及其他似单刀、三棱尖刀,均列入管制范围。10月14日,县局下发《关于贯彻执行对部分刀具实行管制的暂行规定的通知》,从10月20日起,凡需购买特种刀具(包括三棱刀、机械加工用的三棱刮刀),带有自锁装置的弹簧刀(跳刀)以及其他相类似的单刀、双刀、三棱尖刀,均由购买单位申请向公安机关领取"特种刀具购买证",向批准经销的商店购买。确定平湖五金公司、乍浦交电五金商店、新埭国商五金门市部、新仓供销社五金门市部等为经销单位。同时对65家使用单位进行登记编号,建立领用、保管等安全责任制度。是年,全县有特种刀具118把。至1989年,使用管制刀具的单位增至83家,有特种刀具128把。

1991年11月,针对销售、使用管制刀具底数不清的状况,在全面调查的基础上,狠抓查处工作。1992—1993年,查获4起违反特种刀具管理案件,依法进行治安处罚,收缴管制刀具237把。

2003年,国务院取消公安机关对管制刀具的行政审批项目,凭证购买这一制度也同时被取消。随着国家政策的放宽,销售管制刀具的摊点不断增多,加之流动人口大量涌入,非法携带管制刀具人员数量呈逐年上升趋势,由此而引发的凶杀、故意伤害等侵害人民生命案件不断发生。市公安局主动适应社会治安面临的新形势,本着"严管、严控、严治"的原则,继续依法加强对管制刀具的日常管理工作。

2006年4月,嘉兴市公安局下发《管制刀具鉴定工作规定》,市局4名民警获得由嘉兴市公安局颁发的"管制刀具鉴定资格证书",依法从事管制刀具认定工作。7月,省公安厅下发《浙江省管制刀具认定工作规定》。9月中旬,根据公安部、省公安厅的统一部署,开展禁止管制刀具、仿真枪进校园集中宣传收缴行动,下发致学生家长公开信3万余份,组织校园宣传73次,收缴管制刀具297把。2007年1月,公安部出台《管制刀具认定标准》,进一步细化管制刀具认定标准。

2008年6月,为确保奥运会的安全,市公安局贯彻公安部《关于切实加强管制刀具管理工作的通知》,全面排查,严格落实管制刀具生产备案、销售登记制度。组织开展专项整治工作,翻印《浙江省公安厅关于收缴非法枪支弹药、爆炸物品、剧毒化学品和管制刀具的通告》2000份,编印宣传资料1000份,发放到各乡镇、街道、居委会及外来人口集中居住区和企事业单位、公共场所等醒目位置进行张贴宣传,促使广大群众自觉主动配合公安机关做好危险物品专项整治工作,是年,收缴管制刀具93把。

2009年6月下旬,为确保新中国成立60周年大庆的安全,根据上级公安机关的统一部署,开展收缴管制刀具专项行动,共收缴各类管制刀具74把。全年,共收缴管制刀具142把、弩1把。

2010年,为确保上海世博会的绝对安全,市公安局在全省统一开展的治爆缉枪专项行动中,严格执行省厅危险物品"八条严管措施",全力加强管制刀具的安全管理。对经销管制刀具的单位,明确要求经营业主实行实名登记制度和"三禁止两报告"制度,即对行为异常、精神异常和未成年人等三类人员实行禁售,对行为异常、精神异常人员购买管制刀具及时向公安机关报告。建立特种刀具安全管理责任制(市局、派出所、责任民警、刀具经营单位),逐一签订安全责任书,层层落实责任,逐级明确各自的监管职责、任务和工作要求,严防涉刀案(事)件发生。全年共查处非法持有管制刀具案件104起、处罚104人、收缴管制刀具603把。

2011—2015年,市公安局继续推行管制刀具生产经营单位与公安部门签订安全监管责任书制度，特种刀具步入常态化管理。同时，加强网上贩卖信息的监管，组织专项性、区域性集中整治行动，整改安全隐患，删除网上贩卖信息，收缴管制刀具，共收缴管制刀具1407把、弩6把。2013—2015年，共查处涉刀行政案件121起，处罚121人。至2015年底，全市有刀具经营单位81家。

**射钉器弹管理**

射钉器弹是指射钉器、射钉弹，是利用火药能量发射射钉的坚固器材，主要用于军工舰船和装甲车辆的快速修补，在民用建筑、安装领域也得到广泛应用。2010年10月，公安部提出切实加强射钉器、射钉弹治安管理工作，并部署拉网式的摸底排查。2015年8月，公安部下发《关于加强射钉器射钉弹管理工作的通知》，进一步规范对射钉器具经营使用单位的管理。市公安局会同工商、质监等部门，开展对射钉器经营使用单位摸底工作，建立台账，实行报备登记制度，组织集中学习培训和安全教育。是年底，全市有射钉器弹经营使用单位10家。

**三、易燃易爆物品管理**

**炸药、雷管管理**

1954年，县公安局开展收缴战争年代遗留下来的军用爆炸物品，共收缴炮弹35个、手榴弹63枚、步枪子弹29.5千克，统一上缴县人民武装部。1958年，从海盐县划入平湖境内的西塘公社建有炸药厂一家，县公安局根据国务院批准发布的《爆炸物品管理规则》和公安、化工、一机等八部门联合下发的《关于爆炸物品管理的补充规定》，认真做好对炸药厂的日常监管工作。1959年，该炸药厂因职工违反操作规定，发生重大爆炸事故，后停办。

1965年12月17日，经省军区批准建立黄山采石场，初建时场址分别在黄山公社牛粪山和骑龙庵山脚二处小山头，主要为保护海塘取石之用，县公安局切实加强对采石场使用雷管、炸药的管理。

1971年6月，省人民保卫组下发《化学、易燃、爆炸物品安全管理暂行规定》，县人民保卫组及时转发各社镇、学校、工厂企业单位，并开展对化学、易燃、爆炸物品的安全检查，对存在的安全隐患，落实整改措施。

1979年，公安部发布《关于加强爆炸物品管理的通知》，重申以往对爆炸物品管理的有关规定，县公安局贯彻公安部通知，积极会同有关单位，加强对黄山采石场爆炸物品的运输、储存、使用等环节的安全检查，进一步严密管理。

1982年，县公安局在检查安全生产，落实安全措施时发现曹桥石灰厂近年来对烧窑时形成的结石，多次采用炸药爆破，严重违反爆炸物品使用规定，在立即制止的同时报告县政府，停止采用炸药爆破结石的违章做法，消除安全隐患。

1984年1月，国务院《民用爆炸物品管理条例》(以下简称《条例》)公布实施。县公安局下发通知，组织开展宣传《条例》，做好使用爆炸物品单位的管理和流散在社会上爆炸物品的收缴工作。

1985年4月6日，经平湖县政府批准新建益山采石场，场址位于黄山乡金门村。同时，新建黄姑东海鞭炮厂（开业不久后停办）。是年，因嘉兴电厂基建需要，由市人武部、农机水利局、农林局在乍浦与原黄山采石场合建采石场，名称沿用黄山采石场（90年代更名为平湖采石场），地址设在乍浦王家村。县公安局对两个石场的爆破器材、爆破作业实行严格管理，核发爆破器材“运输证”“安全员证”，设立专用库房、定量储存、落实专人管理、专人购买使用制度，会同劳动、农机水利等部门开展不定期的安全检查，发现隐患，及时落实整改。

1987年9月，县公安局会同劳动、水利农机等有关部门在益山采石场召开全县民用爆炸物品管理现场会，对益山采石场丢失雷管事故，按《治安管理处罚条例》进行罚款处理，同时帮助石场完善有关规章制度，整顿安全秩序。

1988年7月8—11日，县公安局在黄山采石场举办由黄山、益山采石场爆破员、监炮员、押运员、仓库保管员等参加的以爆炸物品储存、使用、保管为主要内容的培训班，邀请嘉兴市局治安科爆品专管员到会讲课，此次培训是平湖采石场建场以来首次比较正规的系统性、针对性的业务培训。

1989年，贯彻省政府《浙江省民用爆炸物品管理实施细则》，在全县范围内开展清理整顿民用爆炸物品专项治理，县公安局会同水利农机、劳动、工业、乡镇企业等部门，加强对采石场的爆炸物品安全检查，建立每月一查制度。全年通过检查共发现事故隐患 15 条，当场整改 13 条。同时，适时根据情况向石场职工传达有关文件通报，消除事故隐患，确保石场安全无事故。

1993 年，市公安局安全完成在浙江塑料厂、嘉兴发电厂及乍金公路等地实施的拆除爆破任务，成功实施平湖历史上首次一次性爆破药量达 144 千克的拆除全塘镇金沙村二只砖窑的爆破，确保乍金公路土方工程的顺利进行。是年，查处 2 起外地民工非法携带爆炸物品案件，没收炸药 28.5 千克，雷管 57 枚、导火索 10 米。

1995 年 5 月 24 日，经市计经委批准建立平湖三联采石场，至此，全市有采石场 3 个。是年，市公安局在做好石场爆炸物品的运输、储存、使用等环节安全监管的同时，做好进入嘉兴电厂原煤中夹带未爆雷管的收缴工作，协助厂保卫科制订发现雷管奖励制度和保管、收缴制度，由公安内保部门不定期收缴并组织销毁。至年底，共收缴雷管 248 枚，全部销毁，确保了电厂发电机组的安全。

1996 年 4 月 3 日，市公安局召开民用爆破器材管理工作会议，部署民爆器材专项清理整顿，对平湖、益山、三联等 3 个采石场及陈山隧道工程爆破器材的储存、使用进行重新审核。督促市化建公司与炸药厂签订炸药安全运输协议，进一步强加对爆破、押运、保管、安全等四大员的业务培训和资格证的发放工作。同时，会同劳动局、计经委等部门坚持每月一次安全检查，并多次清库盘底，尤其是对新增的陈山隧道临时工程，实行每月清库，确保安全。

1998 年，益山采石场停产。9 月 25 日，乍浦派出所与平湖、三联采石场法人代表签订民爆物品安全管理责任书，将安全管理的有关条款以责任书的形式加以细化，予以落实。1999 年 9 月 1 日，改由市局治安部门与石场法人代表签订。

1999 年 7—12 月，为新中国成立 50 周年和澳门回归创造良好的治安环境，根据上级公安机关的统一部署，组织开展大规模的清理收缴爆炸物品，强化管理防范措施，严打涉爆犯罪专项斗争，制订下发工作方案，张贴公安部通告，会同水利、劳动、计经委等部门对平湖、三联采石场、滨海大道爆破点和物产有限公司等爆炸物品重点单位的爆破器材、爆破场地、火工品使用、供应等情况进行安全检查，共检查 61 次，发现安全隐患 89 条，按职责范围，督促整改。收缴废雷管 2591 枚，过期炸药 7 吨，导火线 130 米，火雷管 1429 发，毫秒雷管 981 发等爆炸物品一批。并针对物资局经营体制改革，爆破经营主体变更，组织对物产责任有限公司从事爆炸物品经销的从业人员业务培训。

2001 年 4—8 月，根据省公安厅和嘉兴市公安局的统一部署，在全市范围内组织开展治爆缉枪专项行动，编印《涉爆无小事》宣传资料 2 万份，分发至全市各企事业单位和村（居）民。开展对火工品供应单位市物产有限公司，火工品使用单位平湖采石场、三联采石场及乍浦九龙山通天大桥水陆爆破工程、嘉兴电厂二期临时爆破工程等现场的爆破器材保管、值班制度、领退手续、现场监护、库房技防设施等情况进行专项检查。通过检查，对两采石场火工品仓库落实了安装红外线对射、防劫按钮等技防设施，增强了防止火工品被盗、被抢的能力。行动期间，共查处涉爆案件 5 起，处罚违法人员 5 人，收缴旧雷管 2064 枚、旧炮弹 1 枚。

2002 年，为中共第十六次全国代表大会顺利召开创造良好的社会治安环境，市公安局根据上级公安机关的统一部署，组织开展危化物品专项整治工作。会同市经贸局、水利局、嘉兴发电厂二期施工现场保卫科开展对涉爆单位平湖采石场、三联采石场、嘉兴电厂二期临时爆破现场，进行爆破器材储存、运输、使用等诸环节专项检查。整治中，收缴旧炮弹 9 枚。是年，制订《爆炸物品办证工作规范》，进一步明确市公安局治安部门与派出所工作职责，规范管理。

2003 年底，乍浦九龙山开发建设，三联采石场、平湖采石场停办。2004 年 1 月 17 日，在三联采石场作业现场对库存爆品实施集中销毁，结束平湖自行采石历史。以后，公安机关对民用爆炸物品管理重点转向临时爆破工程的监管。

2006—2009 年 7 月，市政府部署对乡镇轮窑厂分批实施压窑还耕烟囱拆除临时爆破。2006—2008 年 5 月，乍浦九龙山生态园实施分段临时爆破。两项临时爆破任务作业点分散、作业时间紧、持续时间长，市公安局切实加强对临时爆破作业场所的安全监管工作，严格按照临时爆破工程安全操作规程进行把关审核报批，认真做好火工品的购买、准运审批许可，严密火工品的购买、领用登记造册等工作，并在临时爆破现场派出足够的警力，进行警戒，由于监管措施到位，确保以上临时爆破安全无事故。

2008年，为确保北京奥运会的安全，市公安局根据公安部、省公安厅及嘉兴市局的统一部署，开展治爆缉枪专项行动，印发省厅《通告》、公安部《举报奖励办法》及其他宣传资料共8100份，悬挂宣传横幅、张贴标语926条（张），组织开展图片展和进街道、社区法规知识咨询活动8次，接受群众咨询4885人次，利用警务通报会进社区通报宣传68次，广播电视等媒体宣传9次，宣传橱窗宣传33次。专项行动中，收缴TNT炸药0.15千克。

2009年，为确保新中国成立60周年大庆，贯彻公安部治爆缉枪专项行动领导小组办公室《关于开展集中收缴非法枪支弹药、爆炸物品统一行动的通知》，收缴各类废旧炮弹、手榴弹、手雷、电雷管等577枚，消除社会隐患。

2010年，为确保上海世博会的绝对安全，全力加强全市爆炸物品的安全管理，做好市区汽车南站内进沪人员实名登记、携带物品查验，防止旅客携带易燃易爆物品上车。与客货运、寄递行业等单位签订《查禁危险物品安全监管责任书》，严格落实人、货、物100%过机、开包检查制度，严防涉爆案（事）件发生，实现上海世博会期间危险物品“不炸响、不打响、不流失”的工作目标。

2011年，市公安局在林埭派出所建造标准化危险物品储存库，总面积为30平方米，彻底改变长期以来无危险物品专用库的现状，以确保危险物品存放安全、规范。2011—2015年，在做好临时性爆破作业场所安全监管的基础上，根据每年开展的治爆缉枪专项行动，积极开展对失散在社会上的爆炸物品的收缴工作。

**烟花爆竹管理**

进入20世纪80年代，平湖经销烟花爆竹的单位越来越多，销售量不断增加，由于没有统一管理，致使在经营、贮存等方面存在严重的安全隐患，不同程度地危及集体财产和人身安全。

1984年2月14日，贯彻公安部、轻工业部、农牧渔业部、商业部、供销合作社及国家工商行政管理局《关于加强销售烟花爆竹安全管理的紧急通知》，县公安局、二轻局、供销合作社、工商行政管理局等五部门联合下发《关于加强销售烟花爆竹安全管理的紧急通知》，决定对全县销售烟花爆竹的单位和个体商贩进行全面整顿，货源统一由县供销社果菜日杂公司组织，办理批发业务，定点销售，由县公安局发给许可证，县工商行政管理局核发营业执照后，方可销售。3月20日，首批批准城关生活商店等44个商店门市部准许兼营烟花爆竹类危险物品，下发“烟花爆竹经营临时许可证”。4月23日，再次批准城关光明日用杂品合作商店一部等38个单位予以发证。以后，随着人们对烟花爆竹需求量的增多，销售网店逐年增多。至1986年，全县烟花爆竹销售点总数达到128个。

1987年9月，县公安局对乍浦光明商店非法经销烟花爆竹，按《民用爆炸物品管理条例》进行没收处理，同时帮助部分烟花爆竹销售店完善有关规章制度，整顿安全秩序。11月下旬，会同供销、工商、商业等部门联合召开全县烟花爆竹安全管理工作会议，进一步强化管理。

1988年，全县烟花爆竹销售商店增至319家。县公安局在做好发证、验证、换证工作的同时，积极会同工商、供销、商业等部门，做好对从业人员的业务培训和转批点及销售网点的日常安全检查，尤其是每年元旦、春节前后销售旺季，加大抽检力度。是年，先后查获无证销售店79家，没收爆竹3.24万只、鞭炮4612包。同时，依靠政府部门加强对群众燃放烟花爆竹的安全教育。2月8日，城关镇政府印发《关于燃放烟花爆竹的通告》，明确规定镇区解放路、建国路及车站、码头、影剧院、医院、商场、市场等公共场所为禁放区域，确保安全。

1989年初，县公安局会同工商、供销等单位组织开展对销售网点清理整顿，调整布局后有销售网点320个，转批点4个。为确保春节期间燃放安全，拟定《燃放烟花爆竹须知》，分发有关单位，并在公共场所张贴，开展安全教育，确保燃放安全。4月，会同县日用工业品公司对6

个有关乡镇的73家商店进行突击抽查，发现无证经营5家，对其按规定没收所有烟花爆竹，并给予治安处罚。通过检查，销毁不合格爆竹1.53万只、鞭炮2000余包。12月，会同县供销社、商业等单位组织开展一次烟花爆竹安全管理竞赛活动。

进入90年代，平湖烟花爆竹经销店迅猛发展。1990年全县有烟花爆竹经销单位486家，1994年为720家，1999年达到918家。市公安局坚持货源统一由供销系统日用工业品公司独家负责组织，负责对乍浦、新埭、新仓等转批点的批发业务，其他任何单位都不准经营、批发的管理原则，每年对烟花爆竹经销店审验换证，开展以查进货渠道、查存放制度为内容的安全大检查，取缔无证经营，加大对非法贩卖、运输、销售劣质烟花爆竹案件的查处力度，实行严格管理，杜绝乱批发、乱经营现象。

1990年11—12月，县公安局组织对全县经销烟花爆竹单位统一清理整顿和换证工作。12月29—30日会同县供销社、商业局、工商局、个体劳动者协会及日用工业品公司，联合召开有550多人参加的全县烟花爆竹管理会议，并向各经销店下发《烟花爆竹安全管理规定》。是年，依法查处5起非法生产、贩运、销售烟花爆竹的案件。对城关信誉第一百货商店非法购进2万只火炮案，查处后在省、县电视台进行专题宣传报道，有效地制止非法经销活动。

1992年，市公安局组织对烟花爆竹经销店进行大规模抽查，发现非法经销外来伪劣烟花及无证经营情况较多，经查处后，又会同有关部门，对全市400多家烟花爆竹经销店从业人员进行安全知识培训，对培训合格的发给“治安培训合格证”，使经销店从业人员全面掌握烟花爆竹的运输、使用、保管、销售等安全知识，提高安全意识，确保安全。

1996年，针对全市烟花爆竹经销网点面广量大的状况，市公安局在做好验证、换证的同时，继续加大对非法贩卖、运输、销售劣质烟花爆竹案件的查处。先后在全塘、徐埭、林埭、前进等乡镇查获非法销售、运输的劣质烟花爆竹800余箱，价值10万余元，并对违法人员中7人予以治安拘留、20人予以罚款处理，取缔非法销售点107家，吊销许可证9家。

1997年11月，市公安局积极探索烟花爆竹规范化管理，下发《关于加强经销烟花爆竹管理工作的通知》，规定凡批准经营烟花爆竹的单位和个人都必须与当地派出所签订《销售烟花爆竹物品治安责任书》。凡经销烟花爆竹行业有关人员，都应经公安机关培训合格，取得“治安培训合格证”，方准上岗，治安培训工作每年进行一次，建立健全安全经销等规章制度。年内对全市813家烟花爆竹经销点通过年度许可证验审后，逐一建立档案，实行动态管理。

1999年7—12月，为给新中国成立50周年和澳门回归创造良好的治安环境，根据上级公安机关的统一部署，组织开展大规模的清理收缴爆炸物品，强化管理防范措施，严打涉爆犯罪专项斗争。制订下发工作方案，张贴公安部通告，会同市日用工业品公司组织对烟花爆竹批发、销售网点的安全检查，收缴伪劣烟花爆竹329箱。是年，全市有从事烟花爆竹批发（代批）点4个，销售网点918家，签订治安责任书922份。

2000年12月，对原有的销售点进行清理整顿，重新审核发放“烟花爆竹销售许可证”550家，关停压缩不符合安全条件的销售点370家，压缩面达40.2%。对符合条件的销售点实行统一编号，规范管理，钉挂“平湖市烟花爆竹销售点”铝牌，开展亮牌经营。

2001年3月，市公安局根据省厅通报部署开展以非法生产、储存、运输、销售烟花爆竹为重点的大清查行动，出动检查人员157人，检查出租房、闲置房261间，检查销售网点690多家，发现和整改安全隐患57条。4月，根据公安部统一部署开展治爆缉枪专项行动，在《平湖110》制作烟花爆竹安全管理专题节目5次，电台节目3次，实行滚动播放。印发《烟花爆竹安全宣传提纲》5000余份，进一步增强市民防患意识。行动中，收缴假冒伪劣烟花爆竹207箱，处罚销售点5家，治安拘留1人、罚款4人。是年，共收缴销毁伪劣烟花爆竹301箱，处罚销售点14家，治安拘留1人，治安罚款13人。

2002年，为规范日常检查，市公安局向烟花爆竹专批单位供销社银安公司（原日用工业品公司）发放“安全检查证”，实行佩证检查。在危化物品专项整治中，通过对银安公司批发仓库及各烟花爆竹销售点安全检查，发现隐患10条，下发整改通知书4份，依法查处非法储存、销售伪劣烟花爆竹案件28起，治安拘留6人，罚款25人，警告1人，收缴没收伪劣烟花爆竹853箱。

2003年，市公安局对全市烟花爆竹批发、销售网点开展以落实安全措施为主要内容的安全整治工作，对少数屡次违反管理规定销售网点予以吊证处理。此次整治中共检查销售网点234家次，督促整改各类安全隐患279条，其中责令迁移烟花爆竹仓库2个，配备各类灭火机528只，配备铁皮柜（箱）295只，吊（注销）非法销售烟花爆竹销网点26家，查处非法储存、出售伪劣烟花爆竹治安案件19起。

2005年，根据中央编委《关于进一步明确民用爆炸物品安全监管部门职责分工的通知》及省安监局和省公安厅执行中编委的联合通知精神，于5月31日下午在市公安局举行烟花爆竹安全监管职能移交仪式。市公安局、市安监局领导和业务部门负责人分别在《平湖市烟花爆竹安全监管职能移交工作确认书》上签字和盖章，市公安局将原核发“烟花爆竹销售许可证”的烟花爆竹销售点清册（共528家）移交安监局，完成监管职能交接手续。调整监管职能后，公安机关重点加大对运输路线、禁放工作、生产厂点四邻安全、烟火晚会燃放许可及侦查非法生产、买卖、储存、运输、邮寄烟花爆竹的刑事、治安案件等工作力度。

2006年1月21日，国务院《烟花爆竹管理条例》颁布实施。6月，市公安局部署开展集中整治爆炸物品专项行动，会同市安监局、工商局、质监局等部门组织经销烟花爆竹从业人员业务培训，开展对烟花爆竹专营批发及销售网点的联合检查，发放燃放安全宣传资料，查禁无证经营及劣质烟花爆竹，加大对烟花爆竹购买、运输、销售、燃放等环节的行政许可、安全监管工作。行动期间，共收缴假冒烟花爆竹190箱。以后在每年的元旦、春节烟花爆竹销售旺季，由治安部门每天落实2辆检查车、4名民警，会同经销单位银安公司对全市烟花爆竹储存仓库和销售网点进行巡回检查，及时查处违规行为，消除安全隐患。

2008年，为确保北京奥运会安全，市公安局根据公安部、省公安厅及嘉兴市局的统一部署，开展治爆缉枪专项行动，对全市385家烟花爆竹经销网点进行一次安全大检查，对2家烟花爆竹经营公司仓库全部落实技防措施。在奥运期间，确定10家销售网点正常营业，其余销售网点一律停止销售。

2010年12月24日，按照嘉兴市公安局转发的《关于立即组织开展烟花爆竹专项检查整治行动的紧急通知》和《浙江省公安机关烟花爆竹专项检查整治行动工作方案》要求，市公安局会同市安监局、工商局、质监局等部门开展联合检查，共检查烟花爆竹零售点400余家次，查处非法储存烟花爆竹案件2起，行政拘留3人，查扣非法烟花爆竹335箱。2011—2015年，累计共查处非法储存、非法运输烟花爆竹行政案件17起，治安拘留26人，确保烟花爆竹市场安全有序。

**四、化学危险物品及放射性物品管理**

化学危险物品不仅是化工生产的重要原料和产品，还是农业生产、国防、科研及制药行业的重要物资，但同时由于其毒害性剧烈，若使用管理不当将会发生严重事故，甚至会给社会带来巨大的灾难。

20世纪60年代，县公安局根据国务院批转国家经委、化学工业部、铁道部、商业部、公安部试行的《关于中小型化工企业安全生产管理规定》及化学危险物品储存管理、凭证经营、采购运输、违反处罚等暂行办法，对生产、贮存、使用化学危险物品的单位进行登记、管理。进入80年代，随着社、队办企业的快速发展，企业内部生产、销售、使用化学危险物品逐年上升，公安机关进一步加强对化学危险物品的管理。

1984年5月31日，县公安局下发《关于化学危险物品签证运输的通知》，明确化学危险物品的签证范围及办理购买证、运输证等相关规定。6月10日，下发《平湖县民用液化气安全管理规定》，对民用液化气供应站、液化气用户、禁止事项及其他等作出具体的规定，确保全县使用液化气的安全。1985年，会同县乡镇企业局对120名安全员分三批进行业务培训和发证工作，实行凭证上岗，规范管理，减少事故发生。至1986年底，共发放“安全员许可证”151张。

1987年，县公安局根据国务院《化学危险物品安全管理条例》(简称《条例》),会同县计经委和物资局等部门,抓住流通环节,对固、液体易燃易爆、剧毒、腐蚀等化学危险物品加强管理,规定化建、五金、燃料三公司按经营范围划分统一管理。对化学危险物品购买、运输证的办理实行由公安消防部门(消防科)与所辖地派出所分级办理制度,派出所负责办理化学易燃物品以外的危险化学品相关证照。

1988年3月4日,县公安局会同县乡镇企业局、劳动局、二轻总公司等主管部门召集12家使用氰化物等剧毒危险物品的单位负责人和安全管理员,组织学习国务院《条例》,为进一步加强管理商讨对策。6月,对全塘白沙湾化工厂超范围生产香蕉水、二甲苯等化学危险物品,并擅自销售和违章装运予以停产整顿和经济处罚。7月,贯彻落实嘉兴市公安局文件精神,对全县化学危险物品生产、经营、贮存和使用单位全部实行“化学危险物品安全许可证”制度,凭许可证副本向公安(消防)部门签发危险物品购买、运输证。推行剧毒化学品“五双管理”(双人保管、双人领取、双人使用、双人签字、库房双锁)制度,建立健全管理台账(出入库登记、交接班记录、安全检查记录)。至1989年,全县有使用化学危险物品单位127家、其中使用氰化钾单位8家。

1990年,县公安局会同县有关主管部门对全县使用化学危险物品单位进行摸底造册。年底,对全县使用单位和派出所办理危险物品运输证、购买证情况进行调查、检查,发现问题,落实整改。是年,全县有使用化学危险物品单位142家。

1991年,市公安局针对化学危险物品管理上存在的不到位问题,邀请剧毒物品经销单位县化建公司及部分使用单位负责人召开座谈会,会后下发通知,开展全面调查,在此基础上制订全市化学危险物品管理制度,邀请市计经委等部门座谈、修改。1992年1月正式印发《平湖市化学危险物品管理制度》,进一步落实“五双管理”,杜绝事故的发生。

1999年5月,根据省公安厅全省剧毒物品管理专项整治工作方案,在全市范围内开展以摸清底数、依法登记、重新审定剧毒物品“五类”单位为重点,督促剧毒物品单位依法经营,规范管理为目标的专项整治工作,成立由常务副市长任组长,公安、工商等有关局领导为成员的领导小组,市政府向各大系统、乡镇发文,批转下发市公安局有关专项整治工作方案。专项整治中,检查涉毒单位301次,并对利用流动货车(担)销售剧毒物品的不法商贩进行地毯式检查,共发现各类隐患50条,下发整改通知书6份,查处违法人员1人。收缴禁用鼠药269瓶,其中“三步倒”45瓶。通过整治,重新审定剧毒物品“五类”单位194家,从业人员336人。是年,将原下放到各派出所发放“准购证”“准运证”办理权重新收回至市公安局。

2001年7月23日至8月25日,市公安局根据《浙江省治爆缉枪专项行动实施方案》的统一部署,在全市范围内组织开展以杜绝流失、消除重大公共安全隐患为重点的剧毒物品、放射性物品安全大检查活动,与全市使用、销售、运输剧毒、放射性物品的单位签订《剧毒物品安全管理责任书》,进一步健全和完善仓库保管、物品领用还库、现场监护、购买运输等各项制度、措施。

2002年,贯彻国务院《危险化学品安全管理条例》,市公安局会同市经贸局组织开展全市危险化学品专项整治,整治中针对一些曾使用过剧毒物品企业由于转制或破产,给剧毒物品安全管理带来的隐患,重点做好这类企业中剧毒物品的收缴工作,共收缴剧毒物品49.5千克,其中氰化钾3千克、氰化钠16千克、氰化铜18千克、“三步倒”等鼠药9.5千克,统一送嘉兴市局集中销毁。下发《剧毒化学品安全管理工作规范》,进一步规范对危化物品的日常管理。

2003年9—10月,市公安局根据国务院、省政府统一部署,在全市范围内开展3次毒鼠强清理收缴的专项整治行动,通过对经营鼠药摊点的检查,收缴含毒鼠强成分的鼠药0.46千克,消除危害公共安全隐患。是年,为规范剧毒物品安全管理,全市统一使用剧毒化学品《安全检查清单》《出(退)库清单》《入出(退)库登记簿》和《领(退)库登记簿》。

2006年6月,市公安局根据《浙江省公安机关危险化学品治安管理工作暂行规定》,会同有关部门,深入开展以道路交通、水上交通、危险化学品生产(储存)及运输安全为重点的安全生产专项整治。通过整治，对22家剧毒化学品生产销售使用单位全部实行备案制，推行逐级逐岗管理责任制，建立派出所每月不少于一次检查、局治安部门每季不少于一次抽查，适时进行专项督察，每次检查都记录在案，发现安全隐患当场发出书面整改意见，做好日常监管，确保安全无事故。

2007年，市公安局组织警力对全市23家剧毒物品经营、使用单位开展季度安全检查，发现安全隐患21条，发整改通知书9份，当场整改12条，及时消除安全隐患。

2008年，为确保奥运会的安全，市公安局贯彻省政府颁发的《浙江省特定种类危险化学品监督管理暂行办法》，严格执行购买审批制度和购销经办人员实名登记制度，加强人防、物防和技防建设，建立健全企业内部安全责任制和安全防范措施。开展涉危从业单位安全检查36次，发现各类隐患76条，下发整改通知书135份。6月底，完成全市17家剧毒物品仓库、投料场所的CK报警和闭路电视安装。下发《特定种类危险化学品管理建档要求》，对危化物品企业由辖区派出所实行建档备案制，规范管理。是年，收缴毒鼠强等剧毒化学品0.5千克。

2009年8—9月，根据公安部的统一部署组织开展剧毒、放射性物品安全隐患排查整治工作，共排查剧毒化学品从业单位26家、从业人员206人，放射性物品单位24家、从业人员28人，特定种类危险物品单位179家、从业人员337人，对涉及剧毒化学品的从业人员全部签订安全责任书，发现、整改各类安全隐患9条。

2010年，为确保上海世博会的绝对安全，根据省公安厅统一部署，开展危化物品专项整治，对全市剧毒化学品使用单位、放射源、射线装置使用单位，逐一排摸审查，签订《世博安保责任书》，推行专管民警负责制和涉危单位领导24小时在岗带班制。整治期间，对3家涉危单位给予行政处罚，收缴剧毒化学品101千克，易制爆化学品50千克，整改安全隐患58条，整改率达100%。涉危单位新增视频探头67个，放射源使用单位启动“放射源在线监控系统建设”，实现上海世博会期间危险物品“不炸响、不打响、不流失”的工作目标。

2012年，严格执行省厅危险物品管理八条严管措施，提高对危化行业的检查频率，规范危险物品收缴工作。是年，共收缴剧毒化学品5800克。

2013—2015年，市公安局按照公安部《剧毒化学品放射源存放场所治安防范要求》，对全市剧毒化学物品从业单位、放射源使用单位重新进行普查登记，在企业自查自纠的基础上，组织警力进行全面检查和“回头看”，就发现的问题分别下发监管情况通报和治安防范建议书、责令整改通知书。通过整治整改，实现全市剧毒化学品、放射源单位人防物防和技防达标率100%，易制爆单位网上报备率100%。2015年底，有剧毒化学品从业单位12家、放射物品使用单位14家、易制爆从业单位43家。

## 第四节　大型活动安全保卫

大型活动安全保卫是治安管理工作的一个重要内容。20世纪50—60年代，平湖城内大型活动较少。1956年，中共平湖县委在城关镇召开全县庆祝社会主义改造胜利大会，参加大会的有驻军、机关、企业、手工业、工商界、文卫、学校、船民和农民近千人，会后举行盛大的群众游行活动。为确保这一重大盛典的顺利举行，县公安局在大会筹备委员会的统一领导下，设立大会治保股，由局长任股长，负责统一指挥，制订保卫工作计划、游行队伍注意事项，抽调公安、驻军、工人纠察队等力量，分工负责，参加现场保卫，做到万无一失，确保活动顺利进行。

80—90年代，随着改革开放的深入，经济建设的发展，各类商品交易会、展销会、体育赛事、彩票现场摸奖、明星演唱会、开业庆典及春节、元宵节、国庆节、西瓜灯节等大型群众性活动不断增多。

1984年2月16日，平湖组织历史上首次闹元宵舞龙表演，全县各乡镇及周边地区群众从四面八方聚集城关观看长久未见的舞龙表演，观众达5万至6万之多。当时城关镇区范围小，街道狭窄，警力尚少，安全保卫任务十分艰巨。晚6时整，当龙头从县政府大门刚舞出，顷刻间观众如潮水般地涌向舞龙队伍，县公安局动用全局警力和治安联防队员参与现场秩序维护，由于指挥得当，预测及时，在确保安全的前提下，途中临时变更线路，未发生踩踏事故，确保舞龙活动的顺利进行。

1989年7月10—19日，平湖县举办首届西瓜灯会。其间，在东湖公园、儿童乐园、莫氏庄园、南河头一条街、当湖第一桥、平湖针织厂内等设6个瓜灯展区，展出西瓜灯1000余盏，同时还在东湖公园举办西瓜灯会、儿童乐园拍电视、徐埭镇快船追西瓜、乍浦海滨浴场沙滩足球赛、城关镇人民路举办县商品交易会等多种大型活动，县公安局积极做好活动场所的安全保卫工作。

1990年元旦春节期间，县商业、供销等部门联合在城关镇人民路搭建简易棚，举办迎春商品交易会，此次商交会商品之多，规模之大，尚属首次。县公安局共派出警力450人次，昼夜执勤，维护场内秩序，确保商品交易会的安全，受到群众的称赞和主办单位的表扬。是年，先后做好2次商品交易会、1次沙滩舞会及第十一届亚运会火炬接力赛等8次大型活动的安全保卫工作，确保活动场地的安全。

1991年6月28日下午，城关镇南门体育场举行平湖撤县建市暨建党70周年庆祝大会，首次采用电视实况转播。6月28日至7月1日期间，在城关镇举行系列庆祝活动，儿童乐园、东湖公园、东湖中学、莫氏庄园、南河头景点等地设置西瓜灯展区，著名影星马德华等应邀到平湖演出，人民路举办商品交易会等多种大型活动。围绕这一庆典，县政府成立活动总指挥部，设置安全保卫办公室，统一抽调保卫力量。县公安局在县委、县政府的领导下，切实做好庆典活动的安全保卫工作，多次勘查现场，活动期间没有发生一起重特大案件和事故，确保活动顺利进行。

1998年2月21日晚，平湖市各界群众在城关镇关帝庙举办闹元宵欢庆活动，有小学鼓号队、腰鼓队、秧歌队、舞龙队等行街表演，并燃放烟火，观众达10万余人。抽调公安民警260名及驻平部队、武警官兵、治安联防队员、民兵及青年志愿者共1200余人维持秩序，确保活动顺利进行。6月18—20日，平湖举办西瓜灯节和商贸洽谈会，市公安局精心研究制订保卫方案，22次勘查现场，9次修改方案，绘制图表6套，并在平湖“二台一报”刊登《观灯须知》，向沿途单位居民发公开信。开幕式当天，观看群众10万余人，出动保卫力量1000余人，冒雨执勤，多处护栏出现险情，执勤民警组成人墙，确保开幕式和演出场地安全，没有发生治安及伤亡事件。是年，共圆满地完成10项大型活动的安全保卫任务，受到平湖市委、市政府和广大人民群众的好评。

1999年，正值新中国成立50周年和澳门回归两大喜事，各类节庆活动增多。体育彩票摸奖、商业庆典邀请明星剪彩、关帝庙商城闹元宵等大型活动相继在当湖镇举办。为确保大型活动的安全，市公安局准确预测各类活动的规模及可能发生治安事故，制订周密细致的安全保卫工作方案，逐点、逐口、逐路落实保卫人员，并对各类安全措施进行全程监督，确保节庆活动既热烈又有序地进行。9月28日晚，平湖市举行新中国成立50周年大型行街表演，由5辆彩车、15支方队组成，观众人数多达10万人以上，市公安局组织601名民警、保安及联防队员参与现场秩序维护。是年，圆满完成国庆50周年大庆、平湖解放50周年及西瓜灯节等7项大型活动的安全保卫工作。

进入21世纪，各类福利彩票摸奖、体育赛事、商业性演出、群众性庙会等活动进一步增多，市公安局严格按照公安部《群众性文化体育活动治安管理办法》和省公安厅《浙江省公安机关大型活动安全保卫操作规程》规定要求，贯彻“谁主办，谁负责”的原则，认真落实主办方的治安保卫责任，认真做好临时性大型活动的审核审批工作，形成一套完整的风险评估、工作预案和规范的操作程序，由于准备充分，工作扎实，措施有力，从未发生重特大案件和事故，得到平湖市委、市政府和上级公安机关的高度评价。

2001年5月，市公安局下发《关于重申大型活动治安管理有关规定的通知》，进一步规范全市大型活动的治安管理。是年，圆满完成元宵节文艺晚会、1000万元福利彩票摸奖、“五一节”广场文艺晚会、西瓜灯节焰火晚会等11项大型活动及32项群众性文化体育活动的安全保卫工作。

2003年9月24—28日，中国平湖西瓜灯文化节在当湖镇举行，先后举办15场系列活动，参加各类活动的市民达到30万人次，接待中外客商有300多人。此次灯节是历届西瓜灯文化节中规模最大、参与人数最多、影响最大的一届。市公安局在市政府西瓜灯文化节安全保卫指挥部的统一领导下，紧密配合有关部门，多次实地踏勘现场，根据实际情况，几易工作方案，重点加强烟火燃放点附近的现场清理和隔离工作以及贵宾驻地的治安、消防安全检查工作，科学分配使用有限的保卫力量，确保西瓜灯文化节期间各项活动安全有序进行。是年，圆满完成西瓜灯文化节等大型节庆活动25项及各种群众性文化体育活动68项，是历史上大型活动最多的一年。

2007年，贯彻执行公安部《群众性文化体育活动治安管理办法》和《浙江省公安机关大型活动治安管理工作规范》，严格审批制度，加强监督管理。从实地踏勘、充分分析活动现场及周边安全，活动设施安全，到活动保卫方案、应急预案的制订落实等，早准备、早部署，做到万无一失。是年，确保了西瓜灯文化节系列活动、大型明星演唱会等39项临时性大型活动的安全有序。

2008年，市公安局把做好奥运安保工作作为全年公安工作的首要任务，开展涉奥涉恐基础大排查工作，摸清可能影响奥运安全的重点人员及落脚点，制订和完善各类大型活动处置工作预案，强化对奥运火炬重点人员、目标的防范控制，确保奥运火炬在嘉兴传递万无一失。是年，结合奥运安保，完成平湖西瓜灯文化节、乍浦九龙山度假区皇家礼炮王者杯马球赛等大型活动的安全保卫工作。

2009年，市公安局结合国庆安保，同步筹划落实上海世博会安保“护城河工程”。开展与上海接壤地区线路的治安情况调查，精心编制上海世博安保“护城河工程”平湖境内工作方案及卡点建设，及早与上海警方取得联系，做好对接工作。是年，圆满完成平湖市庆祝新中国成立60周年迎国庆焰火晚会、祖国颂全市红歌大合唱会演、平湖龙舟大赛、新居民迎国庆文艺晚会等5项艺术系列活动和4项经贸、灯展系列活动为主要内容的“中国平湖西瓜灯节”及当湖报本寺、新仓法华寺、黄姑小营头新圣庵庙会等一批大型群众性活动的安全保卫工作，确保活动现场安全有序。

2010年，市公安局结合世博安保，进一步严格大型活动审核审批，按照“谁主办、谁负责”的原则，明确举办大型活动安全责任单位，严格落实大型活动安全工作措施，督促主办单位及时消除安全隐患，落实安保措施，严防发生重大事故。对每项大型活动都做到早筹备、早部署，制订严密的保卫方案和应急预案。圆满完成平湖服装城开工典礼、“外国使节走进嘉兴”平湖九龙山休闲体验活动、省十四届运动会（平湖站）火炬传递、2010环杭州湾国际产业合作峰会及平湖西瓜灯文化节等40多项大型活动的安全保卫工作，确保上海世博会期间的安全。10月29日，公安部新闻中心主任郭林率人民日报、中央电视台、中央人民广播电台、人民公安报等10余家中央级新闻媒体记者到市公安局实地采访上海世博“环沪护城河”安保工作。

2011年6月25—27日，2011中国·平湖西瓜灯文化节在当湖街道举行，其间有灯节开幕式暨庆祝撤县设市20周年文艺晚会、焰火晚会、纪念建党90周年红歌会、放飞心愿湖面放灯活动等16个艺术、经贸和灯展类系列活动，国内外社会各界知名人士和市民参与人数逾10万人。市公安局会同有关部门，投入保卫力量3500余人次，确保西瓜灯文化节期间全市各项大型活动的顺利进行和社会治安、交通秩序稳定。年内还完成对平湖报本禅寺大年夜进香、签证官看民企走进嘉兴平湖九龙山度假区、“4·16”乍浦外蒲山法会、2011浙江（九龙山）海洋休闲经济国际合作峰会等17项大型活动的安全保卫工作。是年起，市公安局建立大型活动安全风险评估制度。开展对承办大型活动的单位，在开办前进行一次安全风险评估，进一步规范大型活动安全许可审批程序、安全监管程序和方法。

2012年，市公安局认真贯彻执行“安全第一、预防为主”的工作方针，对大型活动严格安全许可，严格督促承办单位落实安全防范措施，做到“早加入、早动员、早部署”，先后圆满完成独山港镇小营头传统庙会、第三届长江三角洲城市足球友谊赛及平湖西瓜灯文化节等大型群众性活动的安全保卫工作。

2015年5月，市公安局认真贯彻落实浙江省人民政府颁布的《浙江省大型群众性活动安全管理办法》，进一步规范和强化全市大型群众性活动安全管理工作水平。是年，圆满完成中国·平湖西瓜灯文化节等大型群众性活动安保工作21项36场，指导派出所做好本辖区各类群众自发聚集大型活动安全监管工作15项，有效实现“本地不出事、不添乱、风险隐患不输出，不肇祸”的安保任务。

## 第五节　预防和处置群体性事件

预防和处置群体性事件是公安机关维护社会治安，确保治安秩序稳定的一项重要工作。长期以来，公安机关在各级党委、政府的领导下，认真贯彻“可散不可聚，可解不可结，可顺不可激”的处置原则，制订工作预案，采取多警种协作，开展不安定因素排查，落实专案经营，切实做好各类重大矛盾纠纷和不安定因素预防化解工作，力争把群体性、突发性治安事件消除在萌芽状态和初始阶段，对故意制造事端，妨碍执行公务的为首分子及其组织者给予严厉打击，全力维护社会治安稳定。

新中国成立初期，针对城乡出现的群众闹事、闹社，围攻殴打镇村干部等群体性事件，公安机关原则上不作正面处理，主要由所在地党委、政府出面加以解决。公安机关的职责主要是分析闹事性质、起因、事态等和维持秩序，并极力挖掘别有用心的敌对阶级分子和坏分子等，经过调查研究取得证据，于事态平息后在群众面前予以揭露，教育群众提高政治觉悟。

1961年2月20日，为快速处置群体性闹事、骚乱事件，在县委直接领导下，成立平湖县治安指挥部，由县委书记处书记高桂香任总指挥，县人武部部长李长清、〇四九一部队副团长常仁德、县公安局局长冯峰分任副总指挥，指挥部设在县人武部，由公安局、人武部密切联系，具体办理日常工作。各公社、镇建立相应的治安小组，制订《平湖县防（反）暴乱作战预案》，成为平湖首个处置群体性事件工作预案。

20世纪80—90年代，平湖乡村因婚姻家庭、医患纠纷等引起的非正常死亡案件增多，一度“闹丧”成风。1993年，钟埭、全塘、林埭等地多次发生“闹丧”事件。是年，共及时平息处理“闹丧”事件11起，是历年来处理此类事件最多的一年。进入90年代，随着改革的深化，因企业改制、农村征地、城建拆迁、劳资纠纷、环境污染等而引发的群体性事件逐年呈上升趋势，处理难度增大，因群体性事件引发妨害执行公务案件也不断增多，尤其是进入21世纪更为突出。

1994年，市公安局针对各种闹事苗头不断出现，为及时平息各种突发事件，做到临事不乱，制订《关于处置突发事件的预案》。对处置突发事件的基本原则、领导指挥和组织准备、对反革命骚乱事件、非法游行示威闹事、大型文体活动中闹事、罢工、罢课、集体上访事件的处置及首脑机关、要害部位保卫、纪律和注意事项等都作了详尽的部署，确保快速、果断，及时平息事态。是年，共处置突发性群体性事件13起。

1997年，为迎接香港回归和中共第十五次全国代表大会召开，根据省公安厅和嘉兴市公安局的统一部署，组织开展对各种不安定因素的排查工作，对排查出的不安定因素进行个案登记，归类分析整理，建立档案，并逐个落实调处措施，对可能引发群体性事件的各类苗头、隐患，及时提请乡镇党委政府督促有关部门采取措施解决问题，消除隐患。

1999年6月，市公安局根据省、嘉兴市公安机关下发的预防和处置群体性事件工作意见，制订《处置群体性事件工作预案》，明确了适用范围、组织指挥、警力配置、职责分工、处置原则、相应对策、处置措施、工作要求等八个方面的内容，规范对非法集会、游行、示威事件；聚众包围、冲击党政机关事件；较大规模的罢工、罢课、上访、请愿事件；聚众堵塞交通、拦截车辆事件；大型文体、商贸活动中骚乱事件；聚众哄抢公私财物；聚众械斗等七类群体性事件和案件的处置方法。并在派出所设立20名情报信息专管员，共收集各种不安定因素91条，在各级党委、政府的领导下，都得到及时、妥善的处理。全年无群体性闹事和造成较大社会影响后果事件的发生，确保全市的社会稳定。

2001年上半年，市公安局下发《关于做好矛盾纠纷排查工作的通知》，通过排查，共收集各类不安定因素132条，并对排查时发现的闹事苗头及时依靠党委、政府开展疏导、化解、处置工作。10月，根据省公安厅的指示精神，针对当前群体性事件增多，涉恐案件上升的严峻治安形势，对前几年制定的处置群体性事件工作预案修订、完善，分别制订《处置群体性治安事件工作预案》和《处置严重暴力恐怖事件工作预案》。全年共处置集访、闹丧、哄抢等群体性事件6起。

2003年，全市各基层派出所进一步建立健全情报信息网络，统一信息收集上报的标准，规范情报信息上报制度，认真做好情报搜集上报工作，增强预警能力，切实掌握社会动态，努力维护社会稳定。是年，在党委、政府的统一领导下，依法妥善处置群体性事件22起。

2007年，贯彻嘉兴市公安局《嘉兴市公安机关重大群体性事件隐患专案经营工作意见》。开展不安定因素大排查，对可能引发重大群体性事件隐患，实施专案经营，预防事态扩大。是年，共排查梳理出百人以上重大不安定因素27起，妥善化解矛盾纠纷25起，因劳资纠纷等不安定因素引发的群体性治安事件相比2006年同期有较大降幅。

2008年，市公安局积极主动应对国际金融危机带来的影响和冲击，创新企业主欠薪逃匿预警防范机制。深入开展劳资纠纷隐患企业及社会不安定因素滚动排查，建立每日一报、每周一分析制度，加强与劳动、工商、税务等部门的协作，落实劳动招工、用工备案、劳动密集型企业工资发放监管，欠薪保证金、欠薪急用周转金等制度，企业主欠薪逃匿行为得到有效遏制，由欠薪逃匿引发的群体性苗头减少。同时，加大预防处置群体性事件预案演练，以巡特警大队为主体，全局各警种策应，做到“领导、警力、装备”三落实，确保一旦发生重大紧急事件，能快速反应，及时处置。全年共成功处置各类群体性事件33起。

2009年，市公安局积极开展百人以上重大不安定因素专案经营，通过落实专人负责，提前防范、主动介入，对在征地拆迁中当湖街道东升新村屋顶加层居民集体上访和全塘白沙湾浙江华能集团工地施工等2起百人以上重大不安定因素及其他重大矛盾纠纷开展专案经营，确保矛盾纠纷妥善解决，得到有效化解。全年共成功处置各类较大群体性突发事件27起。

2010年，围绕世博安保工作，市公安局继续深化重大群体性事件隐患专案经营机制，充分运用“打防控”考核这一有效杠杆，着力在预防上下功夫，超前掌握重大群体性事件活动内幕和事态发展动向。全年共排查处置不安定因素56起，其中涉及土地征用、环境污染、旧城改造、拆迁安置28起，承包租赁、债务劳资纠纷21起，医患纠纷3起，交通事故4起。

2011年，市公安局进一步健全情报信息综合应用平台建设，加大对情报信息的收集、分析、研判力度，确保及时、妥善、应对处置各类群体性事件。紧紧围绕征地拆迁、劳资纠纷、环保污染等矛盾易发领域，开展不间断的排查化解工作，全年共排查各类矛盾纠纷123起，均在第一时间化解。处置化解群体性、突发性事件48起，其中稳妥处理企业主欠薪逃匿事件10起，保护职工合法权益800余人次，挽回经济损失115万余元，维护社会治安和谐稳定。

2012年，市公安局围绕中共第十八次全国代表大会安保工作，重新修订《处置群体性治安事件工作预案》和《处置严重暴力恐怖事件工作预案》，并以情报信息为导向，专案经营为抓手，大力开展矛盾纠纷滚动排查和调处。2013年，创新推行每周情报会商制度。2014年，与司法局建立“警调衔接”机制，从源头上预防群体性事件发生。是年，调解纠纷7454起。

2015年，围绕劳资纠纷、城市综合体、环境污染、投资理财类等维权群体开展矛盾纠纷“拉网式”滚动排查，利用每日、每周情报会商，逐件开展风险评估，全力做好不安全安定因素的化解、重点人员管理等工作。由于公安机关主动加入，积极履职，群体性事件明显减少。

**附：群体性事件典型事例**

1951年7月21日、8月12日，新埭区泖口乡乍桥村、新仓区建新乡黄圩村先后发生煽动群众，捆绑干部，破坏参军的暴力事件。区公所派出武装平息事态，县公安局派员前往侦查，对煽动者朱某某等7人依法逮捕。

1953年4月29日上午，黄山区韩庙乡发生聚众扰乱事件。400多名不明真相的群众在民兵小队长的带领下，冲击乡政府，将现场维护秩序的一民兵强行拖至附近厕所把头揿入粪桶，区人武部干部拔枪喝令制止，事态才得以平息。事件起因系该乡双庙村民陈某以迷信治病骗人，招徕附近区、乡及邻县千余名群众前来求仙治病，区人武部长找陈某谈话教育，陈便在群众中制造谣言，谎称自己遭民兵毒打，致使矛盾激化。县公安局配合县委对此事件进行调查核实，经县委领导批准，于5月4日上午对迷信骗人治病者陈某及8名聚众闹事的首要分子予以逮捕法办，并进行广泛宣传教育，安定群众。

1954年7月26日深夜，在城郊区新桥乡吴家门村吴某某及横河村施某某的煽动下，200余名群众到乡政府以要求发放购粮证为名，围攻殴打乡干部，根据县委指示，县公安局协理员李胜功、城郊区指导员王立志和公安队队长带领6名武装力量连夜赶赴乡政府，平息事态，后将组织策划闹事分子吴、施等6名犯罪分子依法逮捕。

1988年9月1日，新庙乡草龙村村民周某某之妻带女儿去村幼儿园报名，因差4元钱而未获准，一气之下服农药自杀身亡。周某硬说是因4月其妻人工流产后身体虚弱，带来经济紧张而引起，便煽动一批不明真相的人到村办公室砸窗毁物，殴打前去调解的村干部，硬逼村干部签字赔偿，围观群众达数百人之多。县公安局接报后，即组织警力前往处置，通过宣传党的政策和国家的法律，使不明真相的群众得到教育，平息了事态。对违反治安管理的周某等6人，治安拘留3人，罚款及警告处理3人，严肃了法纪。

1989年11月8日，新庙乡跃进村4组产妇沈某在新仓卫生院因分娩时大出血导致死亡，其家属以院方抢救不力为借口，抬尸到新仓卫生院产台，招来上百名群众围观，致使卫生院无法正常工作。县公安局接警后配合县检察院、卫生局会同乡政府和村干部做疏导工作，当晚平息抬尸闹事事件。

1992年4月10—18日，位于黄山乡的国家重点工程嘉兴电厂因土地征用，房屋拆迁、经济赔偿、劳动力安置等问题引发纠纷。黄山乡村民在沪杭公路及通往电厂施工区道路设置障碍，阻碍施工，致使沪杭公路受阻，市公安局调集警力，进行现场疏导后恢复通车。事发后，嘉兴市委书记梁平波带领嘉兴市公安、土管、政府办公室等有关部门人员赶赴平湖，会同平湖市领导、嘉兴电厂、乍浦开发区、平湖市公安局等单位负责人召开协调会，做好事态平息和清障工作。19日，平湖市公安局对暴力妨碍执行公务的方某进行刑事拘留，对扰乱电厂生产秩序的徐某等3人治安拘留，电厂施工秩序恢复正常。

1993年3月27日，市委组织有关部门到共建乡韩庙集镇拆除非法建造的庙宇。集资建庙的组织者陶某煽动当地一批不明真相的群众围攻殴打维持秩序的公安干警，有13名干警和数名干部被石块、砖头打伤，推翻7辆警车，现场围观群众达数千人。事发后，公、检、法迅速组织力量，开展调查。30日晚，平湖电视台播放市公、检、法三机关《关于严肃查处“3·27”暴力妨碍公务损坏公私财物重大治安事件的通告》，动员广大干部群众揭发违法犯罪活动，敦促违法犯罪人员投案自首。4月21日上午，在平湖剧院召开1000多人参加的处理大会，对参与“3·27”重大治安事件的5名犯罪嫌疑人执行逮捕，治安拘留违法人员10人。

1996年8月15日傍晚，黄姑轮窑厂四川长宁籍民工吴某某、蒋某某等在黄姑镇为购买棉布与金华商贩发生争执后打架，吴纠集民工手持铁棒、榔头、菜刀等凶器，企图行凶，黄姑派出所民警和联防队员接警后到现场制止，遭吴、蒋等人殴打，民警将吴、蒋带回派出所审查，大批四川籍民工冲击派出所，锯断手铐，强行将吴、蒋抢回。当晚，市公安局组织警力将蒋某某抓获拘留，并勒令吴某某交回手铐听候处理。次日，数十名四川籍民工围攻轮窑厂部、到派出所扰乱办公秩序，要挟公安机关放人。18日，市公安局组织100多名干警，对轮窑厂31名肇事民工传唤审查，收缴锯断的手铐，对吴某某、蒋某某等4人进行收容审查（逮捕2人），治安拘留16人。

2001年9月6日，新埭镇清算小组前往倒闭企业裕联制衣厂处理善后事宜，在下午的发放职工工资过程中，原已离厂职工、债权人及其家属闻讯聚集至厂，索要前几年欠发的工资和拖欠的债务，一时未允，便抢走工作人员手中的工资单，打砸办公设施，哄抢物资，派出所民警劝阻无效。至晚上局面失控，遭大批群众哄抢，厂内物品被洗劫一空，门窗、卫生设施损坏，直接损失数万元。市公安局接警后，迅速组织警力前往处置，当夜事态得以控制。7日，在当地党委、政府的配合下，通过发布通告、法制宣传、传唤审查等，敦促参与哄抢人员主动投案自首交出哄抢物品，至晚上大部分群众主动上缴哄抢物品。16日，市公安局对纠集他人进厂哄抢的陆某某、故意毁坏财物的孙某某等依法予以拘留，追回绝大部分被哄抢的物品，妥善处置这一哄抢事件。

2005年2月4日下午3时许，曹桥街道百寿、马厩村部分村民因对征地、房屋拆迁政策不满，故意毁坏曹桥街道办事处会议室、食堂财物，堵塞公路，并暴力阻碍民警执行公务。当晚8时许，一些社会闲杂人员聚众冲击曹桥派出所，15名民警受伤，曹桥街道办事处和派出所价值2万余元的物品被损坏。市公安局迅速出警平息事态，刑事拘留10人，治安拘留3人，治安警告1人。

2007年4月12日晚8时许，林埭派出所徐家埭警务站民警在处置开尔制衣厂民工纠纷时，遭30余名河南籍民工冲击，警务站部分电脑及摩托车被砸坏，5名协警受伤。市公安局迅速调集警力，及时处置，平息事态，刑事拘留犯罪嫌疑人27人。

2008年7—8月，全塘镇白沙湾村民对白沙湾至水口围海工程的渔业补偿政策不满，堵塞海塘、堵塞交通引发群体性事件。此起事件时间跨度长达两个月，市公安局出动警力，平息事态，对该事件中涉嫌妨碍公务、非法侵入他人住宅、聚众斗殴的犯罪嫌疑人依法予以严肃处理，使该事件最后能得到圆满解决。

2013年5月26日上午，当湖街道恒大名都房产因违规销售引发部分准购房者聚集“维权”的群体性事件，部分准购房者情绪激动，拥堵恒大名都房产售楼部及交通要道。市公安局在市委、市政府的统一领导下，全警动员，制定应急处置预案，全力做好教育疏导、网络舆情监管、现场秩序维护等工作。6月2日上午，“维权”活动进一步升级，在恒大房产门口再次出现大规模群众聚集，现场人数达到近200人。9时许，少数情绪激动者，欲打开事先准备好的横幅进行示威，被现场执勤民警及时发现并加以阻止。同时积极联系房产公司负责人出面与购房者协商，平稳购房者的情绪。至中午11时，准购房者陆续散去，聚集事件得到有效稳控，“6·2”恒大名都房产“维权”事件得到妥善处置。

## 第六节　治安管理处罚

1957年10月22日，第一届全国人大常委会第八十一次会议通过并公布施行《中华人民共和国治安管理处罚条例》（以下简称《条例》），共34条，规定案类有扰乱公共秩序、妨害公共安全、侵害公民人身权利、损害公私财物等。处罚分为警告、罚款、拘留3种。11月12日，全县依据《条例》开展查处治安违法行为，明确批准权为：建有派出所的由派出所批准，未建派出所的乡镇由县公安局报请县委同意后，委托各乡镇人民委员会审批，落实专人办理。至12月24日全县共处理违反治安管理人员149人，其中县局治安部门处理39人、派出所处理9人、各乡镇人民委员会处理101人；149名人员中处警告2人、罚款9人、行政拘留138人。通过执行治安处罚条例，城乡社会风气大为改观。据新埭镇报告执行《条例》前后对比明显，以往镇上放映电影、召开物资交流大会期间，违反治安管理的人员较多，执行《条例》后没有发生一名群众违反治安管理，秩序井然，《条例》的颁布实施对稳定城乡治安秩序起到积极作用。

1958—1960年，在执行治安处罚方面强调从严，曾一度出现行政拘留面过宽，行政拘留成主要处罚手段，忽视了以教育为主，处罚为辅的原则。据统计，1958年，全县发生违反治安管理案件84起，处理案件84起，处理86人，其中拘留72人，罚款2人，不予处罚12人。1960年，处理违反治安管理106人，拘留106人。1961年9月，根据省公安厅指示，收缩行政拘留的实施范围，县级公安机关取消行政拘留处罚。

“文化大革命”期间，“群众专政”盛行，法制废弛，治安管理工作遭受严重破坏，《条例》无法继续实施。

1979年5月，县公安局根据上级公安机关通知精神，《条例》率先在城关镇恢复执行。城关派出所针对赌博较为严重这一治安状况，根据1957年《条例》，对4名赌头处以行政拘留处罚，8名赌棍处以罚款处罚，11名参赌人员以警告处罚。至年底，共治安处罚61人，其中行政拘留26人、罚款11人、警告24人。

1980年2月22日，全国人大常委会重新公布1957年10月22日第一届全国人民代表大会常务委员会第八十一次会议通过的《中华人民共和国治安管理处罚条例》（以下简称《条例》）。3月，公安部发出《关于执行治安管理处罚条例几个具体问题的通知》，开始在全县城乡恢复执行《条例》，警告及5元以下罚款授权派出所，未设派出所的由公社裁决。8月，根据省公安厅通知对上半年执行《条例》情况进行一次检查。据统计，上半年共发生各种违反治安管理案件248起，其中第二季度发生165起，比第一季度83起上升一倍。查处201起，处罚各种违法人员89人，其中行政拘留53人，罚款26人、警告10人，没有发生错处和滥罚。是年，共立治安案件426起，查处352起，治安处罚237人，其中警告34人、罚款95人、行政拘留108人。

1983年8月至1986年，通过历时3年多的严厉打击刑事犯罪斗争，打击处理了一大批刑事犯罪分子，全县城乡公共秩序明显好转，治安案件有了较大幅度的下降。据1985年3月统计数据显示，以1983年8月底为界，打击前一年半内治安案件共发生683起，打击开始后一年半内治安案件共发生372起，前后对比下降45.53%，其中城关镇下降39.38%，降幅最为明显。

1984年11月，公安部发出《关于查破和处理治安案件的通知》，规定对扰乱公共秩序案、流氓滋扰案、殴打伤害他人案、偷窃财物案、诈骗财物案、抢夺财物案、哄抢财物案、毁坏公私财物案、赌博案、利用迷信骗取财物案、卖淫奸宿案，制作、贩卖、传播淫秽物品案，伪造证件、票券案，违反枪支、刀具管理案，私种少量、吸毒案，妨害公共安全案、妨害公务案、违反危险物品管理案、违反户口管理案等20种违法犯罪行为的案件，情节较轻，不够立刑事案件的，立为治安案件，治安案件的立案由公安派出所所长批准。1985年，执行新规定，全年共查处治安案件295起，治安处罚393人，其中治安拘留166人次。

1986年9月5日，第六届全国人大常委会第十七次会议通过《中华人民共和国治安管理处罚条例》（以下简称新《条例》），共5章45条，从1987年1月1日起施行。新《条例》规定对扰乱公共秩序、妨害公共安全、侵害公民人身权利、损害公私财物、妨害社会管理秩序、违反消防管理、交通管理、户口管理或居民身份证管理等8类73项行为进行处罚。10月，县公安局下发通知，在全县干部群众和全局干警中掀起宣传、学习新《条例》的活动，要求全体治安民警熟悉、掌握新《条例》，认真依法办案，同时做好申诉复查和应诉工作，保障当事人的合法权利。

1987年是执行新《条例》第一年，全县共受理治安案件323起，比1986年上升1.57%，查处310起，查处率95.97%，比1986年提高29.17个百分点。处罚违反治安管理行为人1033名，比1986年上升104.15%，其中警告处罚人数上升59.38%，罚款处罚人数上升201%，治安拘留处罚人数上升38.69%。全年没有发生向法院提起行政诉讼的治安案件。

1988年8月，县公安局统一组织力量对各派出所、民警值勤室执行新《条例》情况进行全面检查，确保做到定性准确、取证充分、处罚得当、程序合法、手续完备。同时，新增送达回执等18种法律文书，规范治安案卷档案装订，并对裁决后1个月内未执行的，向派出所下发催办通知单，对2名长期未执行的治安拘留人员予以强制执行。

1989年，县公安局对新《条例》实施两年的情况进行检查总结，发现经裁决后未执行现象较为突出，为维护法律的尊严，树立公安机关的执法权威，重点抓好已裁决案件的执行，提高执行力，对无正当理由，被裁决人拒不执行的，建议经办派出所予以强制执行，全年共强制执行行政拘留60多人。

1991年11月，贯彻嘉兴市公安局《关于抓紧治安处罚裁决执行工作的通知》，在全市范围内组织开展对1987年以来治安处罚裁决未执行对象的集中执行工作。通过专人清理、逐个登记造册，下发《限期执行治安处罚裁决通知书》，予以限期执行，对逾期仍不执行的，组织专门班子，依法强制执行。同时，针对全市办理治安案件的情况，分别以片为单位召开治安案件办理工作交流会，通过交流，纠正错误认识和做法，推广成功的经验。

1992 年 3 月，市公安局下发《切实加强处罚执行工作的通知》，建立处罚执行月报、年度通报制度，做到当月裁决，当月执行，逾月未执行的，由法制部门填发《执行处罚催办通知》，办案单位接此通知后，无特殊理由，未在限定期限内完成对被处罚人执行的，法制部门下发《纠正违法通知书》，凡年内 3 次接到《纠正违法通知书》的单位，取消其评比年度先进的资格。先后下发催办通知书 40 份，纠正违法通知书 5 份。执行力明显提高，特别是个别遗留一二年裁决拘留未执行的“老大难”处罚对象予以执行。4 月，贯彻公安部《关于修改盗窃案件立案统计办法的通知》，提高盗窃案件的立案标准，实行新的统计办法，把原属刑事案件的一部分盗窃案件划入治安案件统计，使全年的治安案件总数大幅度上升，从 1991 年的 470 起猛增至 1495 起。

1993 年 5 月，市公安局贯彻公安部关于执行《条例》当场处罚有关问题的批复精神，进一步规范全市执行当场处罚的程序，规定当场处罚后，要及时填写当场处罚登记表，对当场处罚的案件，仍按一般治安案件统计上报。9 月，公安部印发《关于报警案件统计中几个问题的解答的通知》规定，对未列刑事案件的盗窃、诈骗案件都应作为治安案件统计，被盗自行车价值达到盗窃案件数额标准的立为刑事案件，其他均作为治安案件查处，统计口径的进一步调整，导致治安案件数量继续上升。

1994 年 5 月 12 日，第八届全国人大常委会第七次会议通过并公布施行《关于修改〈中华人民共和国治安管理处罚条例〉的决定》。是月，公安部印发《关于贯彻实施全国人大常委会〈关于修改中华人民共和国治安管理处罚条例〉的决定的通知》，对在建立社会主义市场经济体制过程中，社会治安出现的新情况、新问题，在治安管理处罚条款上进行增补，使之更加完善。

1997 年 12 月，市公安局针对一些基层所队“重处罚轻执行”现象仍然存在的情况，下发《关于抓紧治安处罚裁决执行的通知》，将 1995 年后裁决拘留尚未执行的名单以局名义发文公布，在全局开展“治安处罚执行月”活动，以体现法律的严肃性。

2001 年 4 月，市公安局为能客观掌握全市治安的真实情况，切实纠正近年来对治安案件存在立案不实的现象，下发《关于切实纠正治安案件立案不实的通知》，重申如实立案，做到发一起，立一起。针对刑事案件立案标准调整后，与治安案件立案标准出现空档案件的实际情况，制订八类治安案件 28 种行为的立案标准，进一步规范治安案件的立案，确保立案的准确性。

2002 年 10 月，针对全市治安案件查处率下降，市公安局印发《关于要求加大治安案件查处力度的通知》，要求各基层办案单位对年内未查处的治安案件进行梳理，加大查破力度，提高办案效率。是年，全市各基层办案单位执行嘉兴市公安局印发的《全市治安案件立案规范》，进一步加大对治安案件的立案、查处力度。

2004 年 5 月，市公安局对依据《中华人民共和国治安管理处罚条例》《中华人民共和国道路交通安全法》等法律法规作出的行政处罚，当事人有异议以及案情较为复杂的治安行政案件，实行听询制度。年内，先后对 74 起案件的 90 名当事人进行听询，维持办案单位处罚意见 62 件 77 人，建议撤销处罚意见 3 起 3 人，建议改变处罚意见 1 起 1 人。实施治安行政案件听询制，有效保护当事人的合法权益，提高民警的办案能力和办案质量。

2005 年 6 月 20 日，市公安局推行部分行政案件网上审核、审批制度，内部法律文书不再打印，基层办案单位不再向市局提交案件材料。9 月 23 日，扩大网上审核审批的范围，对个人处罚款 2000 元以下、单位处 1 万元以下的案件，违法行为人（单位）对违法事实、处罚无异议，且对违法人员没收违法所得、非法财物不超过 2000 元的案件全部实行网上审核审批，进一步提高行政处罚案件的办案质量和办案效率，节约办案成本。是年，全市查处治安案件 1543 起，处罚治安违法人员 4197 人次，其中治安拘留 1297 人次。

2006 年 3 月 1 日，《中华人民共和国治安管理处罚法》(以下简称《治安管理处罚法》)正式实施，新法规定五大类238种违反治安管理应予处罚的行为，在原条例的基础上增加124种。执行《治安管理处罚法》至年底共受理治安案件1.19万起，是历年受理数最多的一年。2008年以后，治安案件受理数呈逐年下降态势。市公安局在强调如实立案的同时，加大对治安案件的查处。查处率从最低的40%左右提高到60%，有效地遏制了治安案件高发的态势。2015年，共受理治安案件5167起，查处2828起，查处率为55%。处罚违法人员2067人次，其中治安拘留1690人次。

表13-3　1957—2015年部分年份平湖查处治安案件一览表

| 年份 | 受理起数 | 查处起数 | 查处违法人员数(人数) | | | | | | | |
|---|---|---|---|---|---|---|---|---|---|---|
| | | | 合计 | 移送 | 劳教 | 治安处罚 | | | | 其他 |
| | | | | | | 小计 | 警告 | 罚款 | 拘留 | |
| 1957 | – | 298 | 149 | – | – | 149 | 2 | 9 | 138 | – |
| 1958 | 84 | 84 | 86 | – | – | 74 | – | 2 | 72 | 12 |
| 1960 | – | – | 106 | – | – | 106 | – | – | 106 | – |
| 1979 | – | 122 | 61 | – | – | 61 | 24 | 11 | 26 | – |
| 1980 | 426 | 352 | 237 | – | – | 237 | 34 | 95 | 108 | – |
| 1981 | – | 529 | 476 | – | – | 476 | 48 | 201 | 227 | – |
| 1982 | – | 568 | 789 | – | – | 789 | 121 | 406 | 262 | – |
| 1983 | – | 282 | 356 | – | – | 356 | 22 | 184 | 150 | – |
| 1984 | – | 250 | 300 | – | – | 300 | 9 | 166 | 125 | – |
| 1985 | 369 | 295 | 393 | – | – | 393 | 20 | 207 | 166 | – |
| 1986 | 318 | 240 | 506 | – | – | 506 | 32 | 200 | 274 | – |
| 1987 | 323 | 310 | 1033 | – | – | 1033 | 51 | 602 | 380 | – |
| 1988 | 314 | 309 | 908 | – | – | 908 | 36 | 408 | 464 | – |
| 1989 | 304 | 299 | 1254 | – | – | 1254 | 61 | 621 | 572 | – |
| 1990 | 312 | 312 | 883 | – | – | 883 | 8 | 457 | 418 | – |
| 1991 | 470 | 424 | 1196 | 5 | 6 | 1073 | 54 | 673 | 346 | 112 |
| 1992 | 1495 | 585 | 1071 | 21 | 16 | 918 | 36 | 481 | 401 | 116 |
| 1993 | 2443 | 1016 | 2699 | 4 | 5 | 2631 | 21 | 2245 | 365 | 59 |
| 1994 | 2149 | 754 | 1967 | 11 | 27 | 1882 | 23 | 1516 | 343 | 47 |
| 1995 | 2042 | 744 | 2650 | 1 | 6 | 2576 | 47 | 2046 | 483 | 67 |
| 1996 | 1269 | 1266 | 5139 | 11 | 3 | 5086 | 16 | 4399 | 671 | 39 |
| 1997 | 1178 | 1170 | 4347 | – | 4 | 4275 | 11 | 3579 | 685 | 68 |
| 1998 | 1392 | 1366 | 5568 | 4 | – | 5540 | 22 | 5075 | 443 | 24 |
| 1999 | 1624 | 1530 | 6187 | – | 6 | 6170 | 11 | 5657 | 502 | 11 |
| 2000 | 1909 | 1589 | 6136 | – | – | 6136 | 1 | 5474 | 661 | – |
| 2001 | 2043 | 1944 | 5500 | – | – | 5500 | – | 4635 | 865 | – |
| 2002 | 2382 | 1646 | 4077 | – | – | 4077 | 4 | 3191 | 886 | – |

续上表

| 年份 | 受理起数 | 查处起数 | 查处违法人员数（人数） | | | | | | | |
|---|---|---|---|---|---|---|---|---|---|---|
| | | | 合计 | 移送 | 劳教 | 治安处罚 | | | | 其他 |
| | | | | | | 小计 | 警告 | 罚款 | 拘留 | |
| 2003 | 3047 | 1567 | 3951 | – | – | 3951 | 13 | 3057 | 881 | – |
| 2004 | – | 1714 | 4585 | – | – | 4585 | 5 | 2714 | 1866 | – |
| 2005 | 5096 | 1543 | 4197 | – | – | 4197 | – | 2900 | 1297 | – |
| 2006 | 11902 | 5570 | 7547 | – | 35 | 6522 | 2160 | 2446 | 1916 | 990 |
| 2007 | 11227 | 4431 | 7635 | – | 31 | 7242 | 986 | 4549 | 1707 | 362 |
| 2008 | 9310 | 3957 | 5274 | 1 | 20 | 4894 | 414 | 2525 | 1955 | 359 |
| 2009 | 9230 | 5071 | 5866 | 5 | 14 | 5531 | 499 | 3513 | 1519 | 316 |
| 2010 | 7648 | 4027 | 4106 | – | 11 | 3784 | 703 | 1604 | 1477 | 311 |
| 2011 | 8184 | 4919 | 4308 | – | 6 | 3982 | 823 | 1779 | 1380 | 320 |
| 2012 | 8172 | 4632 | 4062 | 2 | 4 | 3657 | 1415 | 987 | 1255 | 399 |
| 2013 | 8005 | 4818 | 4658 | – | – | 3919 | 1243 | 1441 | 1235 | 739 |
| 2014 | 7613 | 4606 | 4002 | 2 | – | 3003 | 807 | 660 | 1536 | 997 |
| 2015 | 5167 | 2828 | 2400 | – | – | 2067 | 1 | 376 | 1690 | 333 |

# 第十四章　水上与林业治安管理

平湖位于东南沿海，属水网地带，内河通过上海塘与黄浦江相接，境内河道纵横密布，素有“鱼米之乡”美称。20世纪80年代，全县河道总长2525.7千米，水域面积46.47平方千米，主要河道有上海塘、嘉兴塘、海盐塘、乍浦塘、嘉善塘、黄姑塘、新港河、盐船河、卫国河、丰收河、大寨河、放港河、牛桥港等16条，水路交通发达，运输繁忙。同时，濒海地区自西向东有低丘18座，其中汤山至益山连绵7千米，俗称九龙山，1993年建立九龙山森林公园，1997年更名为九龙山国家森林公园。1998年景点开发旅游，2002年建成九龙山旅游度假区，后建造至外蒲山的跨海铁索“通天桥”一座，开发“小普陀”景区。水上和林业治安管理也是整个治安管理工作的两个重要方面。

解放初期，水上治安管理由城关镇东湖派出所兼管。1951年3月30日，建立平湖县交通联合检查站，由航务局会同公安局、税务局、卫生院等四部门组成，站长由航务局局长兼任。同时，建有海员工会、渔民协会、工人纠察队等组织，以维护水上治安。1953年4月，增设乍浦水上派出所，与乍浦派出所合署办公。10月，城关镇东湖派出所改为城关镇水上派出所。1954年12月，城关、乍浦水上派出所撤销，分别并入城关、乍浦派出所，实行水陆统管。1979年9月，恢复建立水上派出所，负责全县水域治安，办理船舶进出港签证手续（1990年底取消），同时负责嘉航平湖站、平湖航运公司的常住户口登记管理。1997年7月，改称水上警察大队（保留水上派出所名称）。9月5日，水上常住户口移交城关派出所管理。2008年9月，规范县级公安机关机构设置，取消水上警察大队称谓，复称水上派出所。

2012年前，平湖未设立专门的林业公安机构。林业治安管理工作由农林部门和公安机关管理。2013年8月，根据国家林业局、公安部等有关文件精神，建立平湖市农业经济局森林公安局（正股级内设机构），纳入国家森林公安序列，外挂平湖市公安局森林警察大队牌子，此后平湖林业治安管理工作有了专门的行业公安机关。2014年8月，更名为平湖市森林公安局。

## 第一节　内河船舶船民牌证管理

新中国成立后，县公安局通过水上民主改革，有计划地开展船民教育、船舶户口登记管理等工作，逐步理顺水上船舶、船民户口管理。据资料统计，1950年7月，全县有汽船、小驳船、小渔船、手摇船、驳船、江北船等各类船只130艘，船渔民868人。至1951年底，全县有民船90艘、航船59艘、渔船97艘、汽轮船25艘、做小生意船32艘、渡船12艘，总计315艘，船渔民1600人。1953年2月，全面开展内河水上船舶户口登记，发放船舶户口簿，建立水上船舶登记、往返签证制度。1958年，全县登记各类船只491艘，船渔民户口1658人。

1964年3月，省公安厅印发《浙江省内河船舶户口登记管理暂行办法》，规定对常年以船舶在内河、内江从事生产、运输或其他职业和以船为家的人，均作为船舶户口登记管理；工厂、企业、机关等单位和人民公社、生产大队临时驾船在内河、内江生产、运输的人，以及陆上有家，白天在船上生产、运输而晚上回家住宿的人，按陆上户口登记；作为船舶户口登记管理的，不论船舶类型、大小和人数多少，都以船为单位立户，以船舶立户的船舶，均发给船舶户口簿，随船携带使用，进一步规范船舶户口登记管理。是年，平湖重新开展船舶户口簿的发放工作。“文化大革命”期间，内河船舶户口登记管理中断，水上户口管理混乱，重漏差错现象严重。

20世纪80—90年代，随着党的搞活经济政策的贯彻实施，平湖水上运输业蓬勃发展，各类船只大量增多。80年代初，据不完整统计，全县有从事运输业的有证机船4000多艘，农用船（含划白船、网船、鸭子船）2.1万多艘，另有江苏、上海及本省外县流入的有2000余艘，至1990年全县大小船只总数达到2.7万艘。

1982年5月，省公安厅转发公安部《关于重新统一内河船舶户口簿、船民证、临时船民证的通知》（1982年10月1日起在全国内河统一实行）。根据省厅通知精神，9月3日，水上派出所开始新版内河“船民证”“临时船民证”的发放工作。发证工作分二批进行，9月底前发放出嘉兴地区和省外的船只，其次是发放平湖范围内流动的水上人员，至10月底，共发放“船民证”962张、“临时船民证”1732张。12月24日，委托各公社对需要临时外出的船舶和人员发放“临时外出证明”，作为身份凭证，使用时间从1983年1月1日起，有效期为15天。1984年7—9月，根据省公安厅〔1984〕97号文件精神，对原发“临时船民证”人员，现常年从事水上运输的，可换发“船民证”。

1985年3月8日至4月29日，县公安局根据省公安厅召开的内河水系工作会议精神，抽调10名干警会同城北乡政府开展“水上船只普查，钉制船牌照”的试点工作。通过调查登记，摸清该乡船舶底数，全乡共有各类船只2429艘，破获刑事案件8起，查获赃船4艘，追回赃物折价5000余元，查获违法人员12人。5月，县政府批转县公安局《关于加强水上治安管理工作的报告》。6月初，全县实行船舶登记、发放船牌照。至12月底，全县共有各类船只2.13万艘，已发放船牌照2万艘，发放率为94.4%。查获违法人员17人，其中逮捕5人，追回赃物价值约6000元。1987年，船牌照发放工作委托各乡镇派出所办理，提高发牌率。

1988—1989年，根据省公安厅文件规定，县公安局水上派出所着重做好对从事水上运输作业的船员核发“临时船民证”和“船民证”的验审工作，共发放“船民证”1774张，“临时船民证”3267张，换证1122张。1989年，开展水上暂住人口的登记、发证工作，为221名船员办理“暂住证”。

1992年9月19日，根据省公安厅及嘉兴市局关于重新换发“船舶户口簿”“船民证”“临时船民证”及船牌照的通知精神，市公安局水上派出所开展“船舶户口簿”、船牌照的集中发放和“船民证”“临时船民证”的换发工作。在全市21个乡镇设立办证点，方便船民办证。至年底，全市5000艘机动船发放船牌照及“船舶户口簿”4112本，占82.24%，发放“船民证”“临时船民证”2177张，发放“船舶户口簿”4112本。

1993年1月1日，全市机动船舶统一使用由嘉兴市公安局监制的新“船舶户牌”。3—4月，根据嘉兴市局统一部署，组织开展船舶户籍证件联合检查，设卡45天，检查各种船只773艘，船民1546人，查处违反户口管理治安案件51起，罚款1805元，查扣可疑物资9000千克，价值2.5万元。是年，共发放“船舶户口簿”5588本、船舶户牌5583块，“临时船民证”5428张、“船民证”641张，船舶发证发牌率达86%，船民办证率达91%，居嘉兴市之首。

1994年9月5日至10月15日，根据嘉兴市公安局“海盐会议”精神，再次开展水上船舶户籍证件联合大检查，查获无船舶户牌77艘，破获刑事案件1起，治安案件1起。通过检查、查处，办证率进一步提高。

1995年5月3日至9月30日，市公安局水上派出所根据上级通知对全市内河水域各类船舶统一换发“浙江户牌”。建立新埭、城关郊两个发证工作组，对全市从事水上生产、作业的机动船舶收回原发放的“嘉兴船舶户牌”，统一换发大、小“浙江船舶户牌”及副本，共发放“浙江船舶户牌”及副本4314艘，发牌率79.6%，至1996年发牌率达到85.13%。

1997年11月10—29日，市公安局水警大队针对农用机动船舶户牌发放率低，非机动船舶登记率不高等突出问题，根据全省水上治安工作会议精神，全面开展内河水域“船舶户牌”“临时船民证”申领换发工作，组织20名工作人员先后到全市18个乡镇的23个轮窑厂定点定时流动上牌，共发放省公安厅监制的“农用机动船舶户牌”755张。并对非机动船舶所有人或船主进行登记，发放“非机动船舶登记证”，共登记非机动船舶1767艘，发证1600艘。

1998年7月27—31日，组织全市水上船舶、船牌证管理工作专项检查，共检查各类船只526艘，船民446人次，查处治安案件1起，查处违反规章9起，处罚75人，罚款67人，缴获赃款计1000元，补办船民证124张，补领户牌21张，整改隐患11个。同时，为方便船民办证，水警部门将水上户牌证件办理范围、程序、审批权限、时效、收费标准向船户公开，印制3000本《便民服务手册》，在办证时发放到船民，坚持天天办理，不让船民跑第二趟。

进入21世纪，随着公路运输业的发展，水上运输开始走向低谷，船只数量逐年减少，大吨位船只增多。2002年4月起，市公安局水警大队贯彻省、嘉兴市两级公安机关《关于换发内河水域机动船舶浙江户牌及编号分配等事项的通知》精神，开始换发新分配的船舶户牌编号。2003年4—6月，组织开展对“浙江户牌”换发工作专项整治，在省际水域卡点和上海塘水域沿线悬挂宣传横幅，在全市3个渔政管理站及相关乡村发放宣传资料，并会同当地派出所与电视台、广播站取得联系，加大对小型机动渔船换牌的宣传力度，使许多渔船主动前来换牌，对未上牌的下发通知，特别对来去不定的242艘渔船寄发挂号信，促进“浙江户牌”换发专项整治活动的开展，提高上牌率。

2008年5月，开展对运输船舶申领、审验船舶证件状况进行专项检查整治。对未申领过“船舶户牌”“船民证”的船民进行法制教育，下发《责令补办手续通知书》，督促船民回船籍地公安机关办理相应证件，并根据情节轻重，按照《浙江省内河水域治安管理办法》的有关规定分别给予罚款处罚。整治期间，共检查船舶465艘，处罚52人。

2009年1月起，根据浙江省政府第二批取消暂停征收部分行政事业性收费项目和降低部分收费标准的通知精神，全面取消内河“船舶户牌”“船民证”“临时船民证”“船舶户口簿”工本费，实行免费发放。至2011年底，全市共上牌、发证919艘，上牌、发证率为93.1%；船舶年审357艘，年审率为95.1%；办理船民证890张，发证率为100%。

2011年12月31日，浙江省人民政府决定废止《浙江省内河水域治安管理办法》。2012年1月，根据省政府法制办通知，全面取消内河“船舶户牌”“船民证”“临时船民证”“船舶户口簿”等一切证件。

2013年3月1日，根据省公安厅《关于开展内河船舶、船民信息备案登记工作的意见》，恢复“船舶户牌”“船民证”发放及年审。至2015年累计上牌、发证船舶291艘，船舶年审1594艘，办理船民证3336张。

## 第二节　集中整治与打击涉水犯罪

解放初期，平湖水域政治、治安情况复杂，潜伏和暗藏的敌特、反革命分子、土匪水霸混入其中，严重危及新生政权。1953年2—6月，根据第五次全国公安会议决议及省公安厅统一部署，县公安局组织开展水上民主改革运动（简称“民改”），通过“民改”，肃清混迹在水上敌特、反革命分子和土匪水霸，为水上治安管理创造有利条件。

1958年5月25—28日和7月25—28日，县公安局先后开展两次打流窜水上清查行动，对全县境内290条水港停泊和过往船只进行清查，共破获盗窃案件623起，缴获金戒指、金圈、铜器、银子、大米、粮票、军用电线、布匹及现金等赃款赃物价值8043元，抓获流窜惯犯71人，分别给予捕办18人、教养4人、送长兴强制开矿16人、县教养19人、转外地14人。

1960年6月18日，县公安局破获地方国营平湖淡水养鱼场内部以孙某、杨某为首的水上盗窃集团案，19日举办为期1个月的集训班。该集团组织严密，四处流窜，大肆盗窃钢铁、煤炭等国家主要建设物资，案值达12万元，并还胁迫渔民参与盗窃，腐蚀企业干部。在查清全案的基础上，依法逮捕5人，判处管制7人，送劳动教养1人，交群众监督劳动2人。

1973年9月，根据嘉兴地区公安处的统一部署，县公安局先后组织两次打流窜反革命分子和刑事犯罪分子的水陆统一社会大清查。两次行动共出动公安干警40人、治保干部1442人、民兵5144人、社镇干部304人，设水陆卡点263个，出动巡逻船只208艘，对全县水上所有的河道进行全面清查，检查登记船只186艘，发现可疑19艘，查获流窜犯18人，破获刑事案件76起，缴获收音机1架、闹钟5只、五斗橱1个以及被单、衣服等赃物一批。

1975年9—12月，县公安局先后开展三次打流窜水陆集中统一行动，分别是9月20—25日华东地区六省一市清查打击流窜犯水陆统一行动，10月14—16日打流窜水陆“回马枪”行动和12月20—22日打流窜水陆集中清查。共设卡604处（次）、出动船只242艘、检查船只1923艘、其中“三无”（无粮食、无户口、无正当职业）杂船128艘、审查犯罪嫌疑对象74人，破获重大盗窃和投毒凶杀案件各1起，一般刑事案件53起，缴获赃款赃物一批。

1977年4月20—23日，根据全国、全省铁路工作会议和公安部、铁道部“3·29”通知精神，在全县城乡开展水陆治安大清查，共出动人员5522人，巡逻艇、船7艘，汽车1辆，设卡344个。查获违法犯罪人员36人，缴获电视机、电唱机、电风扇、缝纫机、手表各1只，电表、收音机各2只，化肥640千克，原煤500千克，水泥5包，生猪98头及现金168元。

1979年2月23日，县公安局贯彻省、地区公安局通知，在全县范围内组织开展“三无”杂船的调查摸底工作。经调查，在全县水域的“三无”杂船有上百艘之多，均系苏北流入平湖，平时以换糖、扒螺蛳、拾破烂为主，也有进行盗窃、销赃等违法犯罪活动。11月，报请县委同意，由县革命委员会印发《禁止“三无”杂船流入加强水上治安管理通告》，下发至全县各生产队，在全县范围内开展对“三无”杂船的清理工作。

1986年5月，县公安局水上派出所根据上级公安机关的统一部署，开展有规模、有声势的水上反盗窃斗争，建立工作班子，张贴布告及宣传标语，设置检举箱，运用广播宣传，敦促自首。在反盗窃斗争中有3名违法犯罪人员到公安机关投案自首，查获一批涉水刑事案件，依法逮捕5名进行水上盗窃作案的犯罪分子。1987年，在盗窃有色金属较为严重的前进、瓦山、曹桥3乡组织水上反盗窃、打流窜专项斗争，查获水泵、铝线、工业用铁等大量可疑物资。同时，开展对全县境内“三无”杂船的清查登记工作，采取查证件、查人员和户口簿、查物资来源，进行登记造册，对14岁以上的要求每人上缴照片，以加强对“三无”杂船的管理。

1988年12月20日，县公安局在非法收购废旧金属较为严重的全塘镇金桥地区进行突击清查整顿，清查船只51艘，查扣非法收购废旧金属船只7艘，缴获各种钢材等有色金属材料10吨。是年，破获水上刑事案件17起，其中重大案件1起，抓获犯罪嫌疑人8人（盗窃团伙1个5人），其中6人被依法追究刑事责任，缴获14吨农船1艘、3吨水泥挂机船1艘、自行车7辆及有色金属一批。

1989年1—6月，县公安局水上派出所针对城北、前进、徐埭等乡镇部分农民开着挂桨机船（水泥船加柴油机动力）盗窃煤炭活动较为突出这一治安情况，展开专项治理，采取“一教、二查、三卡、四堵”等方法，经过3个月的专项治理，刹住这一歪风。同时开展对偷盗有色金属的专项打击，年内先后在前进、全塘、黄姑等乡镇开展集中清查10次，查获有色金属35吨，塑料粒子1吨。是年，共破获水上盗窃案件3起，其中重大案件1起，抓获违法犯罪人员5人，均被依法追究刑事责任，缴获赃物折价2万余元。

1990年，县公安局水上派出所根据华东六省一市统一组织的水网行动，开展水上打流窜专项斗争，先后组织水上打流窜、抓逃犯、反窃车、设卡口等大清查7次，出动干警114人次，治保、司法、检察、税务、工商干部159人次，汽艇33艘次。破获刑事案件17起（其中重大案件1起），查获违法犯罪人员6人，其中5人被依法追究刑事责任，1人被依法收容审查。缴获水泥挂桨机船3艘、3～6吨位水泥手摇船3艘、木质划白船1艘，永久、凤凰、大雁牌自行车7辆及其他赃物一批，总价值2.51万元。

1991—1993年，市公安局水上派出所针对水上盗窃案件增多的治安状况，组织开展水上反盗窃、“反窃车”“打流氓、破大案、保防范”等专项斗争，破获刑事案件21起，其中重大案件6起，查获违法犯罪人员18人（其中犯罪团伙3个14人），逮捕14人，缴获挂桨机船4艘、自行车49

辆及其他赃款赃物一批，总价值5.66万元。同时，协助金山县公安局破获盗窃集团1个，抓获违法犯罪分子5人，缴获赃物价值3万余元。

1994年9—10月，市公安局水上派出所结合贯彻《浙江省内河水域治安管理办法》，组织水上、治安等部门，针对前港、前进两乡盗窃有色金属案件居高不下，水上非法收购生产性废旧金属情况突出，开展水上废旧金属收购市场重点整治，取缔非法市场2个，审查非法收购船只16艘，挖出水上盗窃团伙2个11人，破获各类刑事案件31起，其中重大案件6起，缴获赃款1.1万元，赃物折价1.51万元。处罚非法收购人员41人，罚款4.42万元，没收赃款4.32万元。

1995年4—6月，根据省公安厅的统一部署，开展全市内河水域社会治安集中整治行动，市政府印发《关于集中整治内河水域社会治安的通告》，建立由副市长挂帅及公安、交通、工商、水产、航运管理所等相关部门参加的领导小组和工作班子，采取普遍检查与重点检查相结合，设卡检查与全面检查相结合，开展水上清查。通过3个月的集中整治，共捣毁犯罪团伙2个，抓获水上盗窃犯罪分子25人，依法逮捕5人，查获刑事案件38起，其中重特大案件16起，查获赃物折价3万余元，治安处罚40人。是年，通过开展内河水域治安执法检查，依法对68艘无牌无证船作出处罚，共计罚款4.27万元。

1996年4—12月，开展水上“严打”斗争，先后组织“反窃车”“双百会战”“冬季行动”等，共破获刑事案件25起，其中大案6起，查获违法犯罪人员11人，其中盗窃团伙2个6人，依法逮捕8人，直接起诉3人。缴获农船、废铁、自行车、原煤、玉米等赃物一批，总价值4万余元。同时，开展对全塘镇、前港乡、前进乡、秀溪乡及城关镇周边乡镇水域停泊的收废船只清理整顿。是年，共冲击取缔非法收购生产性废旧金属点15个，对201人次非法收购人员依法进行处罚，累计罚款26.22万元。

1997年5月，市公安局水警部门结合春季严打整治行动，组织开展严厉打击水上非法收购生产性废旧金属活动，对平湖境内非法收购生产性废旧金属的收废船只依法查处91船次，罚款9.63万元。12月8—12日，根据嘉兴市公安局的统一部署，组织全市水上治安大检查。查获无牌无证船只104艘，无证船民161人，查获收赃船3艘，查处各类案件10起，抓获违法犯罪人员63人，缴获赃款赃物折价1.61万元。查获废品船25艘，废旧金属75吨，价值8万余元。是年，破获“4・2”青阳汇特大持枪抢劫运输船主钱财案件一起。全年共破获涉水刑事案件5起，抓获违法犯罪嫌疑人员7人，均依法追究刑事责任，并协助杭州运河水上派出所抓获重大持刀抢劫犯1人。

1998年，根据上级公安机关的统一部署，先后于6月16—19日、7月22—24日、7月27—31日、12月15—17日，4次共集中15天时间在全市范围内组织开展水上治安大清查，共参加人员195人次，其中公安民警91人次，联防队员104人次，出动汽艇36航次，检查各类船舶340艘次，船民580人次，查处调解各类案件6起，处罚人员11人次，罚款1.8万元，缴获赃款赃物8万余元。

1999年9月10—20日，根据省公安厅的统一部署，围绕全省“追逃、扫丑、除恶”夏季严打整治斗争，组织全市夏季水域治安大检查，投入力量780人次，其中公安民警280人次，联防队员320人次，出动汽艇30航次，检查各类船只1680艘，船民2520人次，查获废品船14艘、无船舶户牌25艘，无船民证45人及收赃船2艘，缴获有色金属价值8000余元。

2000年5月，开展对当湖城区环城水域固定停靠船只的调查摸底工作，分门别类，登记造册，查找安全隐患。组建外来人口自管会，选择外来人口中的治安积极分子担任自管会委员，由派出所下发聘书，与陆上派出所一起加强水上固定船只的外来人员管理。

进入21世纪，市公安局水警部门开展多种形式的水上治安排查整治工作。2002年3月，开展以各类船舶、水域相关场所、行业为重点的水上治安大排查，通过排查，发放IC卡暂住证36张，整改安全隐患45条，调解各类纠纷26起，化解不安定因素2起。6—7月，开展水上反窃车专项行动，通过排查摸底，设卡检查，宣传发动，号召检举揭发等，收缴无证自行车21辆，其中赃车5辆，发还9辆，查处购赃违法人员5人。

2003年起，针对全市轮窑厂外来停靠船只多，船舶及船上从业人员无牌无证现象严重的状况，连续8年组织警力进行专项整治，对外来无牌无证船只及船上从业人员进行登记和查处。通过集中整治，调整充实轮窑厂信息员队伍，加强对水上运砖、运泥市场的阵地控制，规范水上运输秩序。

2004年起，连续2年会同海事部门开展对"三无"船只的集中整治，在角平申航道大桥海事所，专门派出一艘公安艇和2名民警、3名保安，对水上"三无"船只进行集中整治，查处一批"三无"船只，严厉打击各类无证船舶，收到较好的效果。

2005年3—9月，根据嘉兴市公安局的统一部署，在全市水域开展收购废旧金属船舶集中整治，采取摸清底数，逐艘登记，录入信息，法制教育，编印下发《水上废旧金属收购管理规定》，制订具体管理措施等方法，建立船舶和从业人员、废旧金属收购物品收购登记，实行船舶集中停泊、停靠变动、船舶进出港须向水警部门报告，严禁在船上使用氧割器械等措施，进一步强化管理。行动中破获省公安厅挂牌的第一个水上督办案件，摧毁水陆勾结专门盗窃陆上企业原材料的特大盗窃团伙1个，破获盗窃案件60余起，价值60万余元，抓获犯罪分子8人，其中水上销赃犯罪分子2人，整治工作得到嘉兴市局通报表扬和省厅业务部门的充分肯定，并在嘉兴市专项整治会议上进行介绍。

2006年3月，贯彻嘉兴市公安局《收废船舶治安管理工作规范》，组织开展水上"打盗窃，保安全"专项整治行动。行动中，水警大队会同刑侦、涉案地派出所，经过一个多月的努力，成功破获一个盗窃变压器等农电设备的特大盗窃团伙，抓获案犯4人，涉及盗窃变压器20台，价值约15万元。是年起，结合全市"创卫"工作，连续6年开展全市水域生活杂船的专项排摸、整治，对当湖、钟埭"水上村"停泊居住的船只逐一排队编号，对外来收废船和当湖街道生活船以船为单位建立人口档案，搜集相关资料（照片、电话号码、表现情况等）全部录入系统，发放致船民公开信，制订船民公约，建立自我管理组织，协助管理船户间的事务，签订安全责任书，落实治安责任。通过整治，"水上村"船民生活有序，治安秩序良好。

2011—2015年，市公安局水上派出所先后组织33次水上治安清查行动，特别对水上收废船只、外来流动船舶及生活船进行重点检查，累计检查盘问各类船舶4698艘、检查证件8351人，破获各类刑事、治安案件44起，打击处理违法犯罪人员43人，其中追究刑事责任4人，治安处罚39人。同时，按照市政府的要求，积极配合渔政、城管等相关部门开展对市区河道非法捕捞专项整治，做好对非法捕捞人员的劝阻和查处工作。

## 第三节　水陆共管与信息化建设

### 一、推行水陆共管

1990年11月，县公安局根据嘉兴全市水上派出所所长会议精神，推行水陆共管制度，水警部门与乡镇派出所密切协作，走水陆共管，创条块结合的新路子。除城关镇外，在全县21个陆上派出所确定水上治安兼管民警21人，形成水上治安网络化管理。是年，由于实行水陆共管，水上信息反馈快，迅速破获平湖县境内涉水刑事案件2起，并协助嘉兴新丰派出所破获刑事案件1起，抓获案犯6人。

1991年2月10日，市公安局召开水上治安兼管员会议，规范兼管员职责、任务：协助水上派出所处理本辖区水上治安管理；侦破本辖区水上一般刑事案件；掌握本辖区的船只、船民、重点人口、暂住人口；协助水上派出所处理水上突发事件；每月书面汇报水上治安、刑事案件、调解案件等情况。开展对水上治安兼管员业务培训，会后将兼管员分成5个小组，集中两天时间，登上平湖开往上海、海盐、全塘班线客轮，组织抓赌博行动，用以实战。

1997年7月，市公安局印发《水警大队工作职责》七条和《派出所水上协管民警工作任务》六条，进一步明确水陆共管工作职责。1998年，以乡镇派出所为单位建立船舶户口册，将全市已上牌的6687艘船只以所建册，下发给派出所水上协管民警，由船舶所在地派出所进行日常管理，并建立考核联系制度。1999年7月，随着乡镇行政区域调整，派出所合并，重新确定水上兼管员10人。进入21世纪，水陆共管这一制度仍保持不变，在打击水上刑事犯罪，查处水上治安案件，调解治安纠纷中继续发挥着积极的作用。

**二、治安信息化建设**

1997年3月，市公安局水上派出所购置电脑，开始单机版船舶牌证信息的计算机管理。1999年7月，省公安厅印发《关于推广运用全省船舶、船民信息管理系统软件的通知》，开展水上船舶户牌证件全省计算机联网，实现信息共享，有效地加强水上船舶户口管理。

进入21世纪，推行信息警务，加强对水上情报信息的收集、分析、上报、研判工作。根据水上治安动态和发案特点，指导开展有针对性的水上巡逻和治安防控工作，建立信息预警机制，通报相关涉水单位，利用海事处张贴和宣传防范建议，提出预防措施，有效地防止了水上各类案件和事故的发生。

2003年4月，市公安局水警大队结合基层基础百日大会战，在全省率先成功开发具有查询和自动比对功能的水上治安管理信息系统。并在具有一定规模的涉水单位建立信息员队伍，共设立信息员68人，每季召开一次信息通报会，编制水上预警信息，通报发案情况，提出预防措施。年内共下发“水上预警信息”18期。预警机制的建立，水上刑事案件明显减少，全年共发生刑事案件6起，比2002年下降11.67%。

2004年3月，市公安局水警大队又成功开发具有自动检索比对、自动整理查询的水上流动人口登记比对系统，两个信息系统的开发建成，实现水上治安的信息化，为水上基础工作和动态管理发挥重要作用。

2009年，开展对乍浦、当湖等3个片内主航道的港口、码头普查，共排摸出码头68个，通过与原有资料核对，发现有11个码头部分项目变动，及时予以变更，对5个新增码头进行登记。通过普查，对各码头的名称、地址、经营物品、法人代表、联系电话等内容，逐一造册登记，建档，并把码头拍成照片存入档案，做到基本情况详细清楚，使码头档案规范化。同时，开展航道水域电子探头前期选址定位工作，确定23个电子探头安装点。

2013年，根据嘉兴市公安局关于“区域治安协作网”建设要求，全力推进水上视频监控建设，至年底，完成主要航道安装视频监控12个，统一纳入各属地派出所监控分中心管控。同时，结合水上发案现状，又新梳理拟增设监控点9个。至2015年底，全市建成水上视频监控点17个，以强化水上治安防控能力。

## 第四节　水上卡点与联防队

**一、水上治安卡点**

**东湖船舶寄存管理站**

平湖是全国闻名的西瓜之乡。早在20世纪50—60年代，每年夏天西瓜上市期是水上运输最繁忙的季节，县公安局城关镇水上派出所主动与航务管理站、联运公司等取得联系，分工负责，共同维护水上交通秩序的安全。采取指定船只停泊地点、有序挨号分排停泊，减少船只碰撞事故，并对瓜农和客商进行遵守秩序、防偷防窃教育，每当开船或到船时动员瓜农排队上下船，注意检查东西，防止遗失，同时要求船方多备防暑药物，夜间在船头船尾轮班照顾，防止发生意外，在码头上则组织船工巡逻放哨，确保瓜汛期水上运输安全。

进入80年代，县公安局水上派出所为严密水域管控，针对平湖县乡村农船较多，湖墩既是水路进出平湖的主要咽喉，外来船只的集中停靠点，每天有来自外省县市及平湖县各乡镇的百余艘船在此停靠，又是东湖公园，人流量大，针对治安问题不断这一情况，加强对东湖公园周边船只停靠码头的治安管理。

1984年5月1日，水上派出所会同航运管理所建立东湖船舶寄存管理站，地点设在东湖公园旁边，范围北起湖墩桥，南至东湖渡口水域，对过往船舶进行寄存管理。聘用8名管理人员，设站长1名，昼夜值班巡逻，凡有船只停靠，首先进行登记，后办理寄存手续。制订《寄存船舶须知》《寄存船舶价目表》，对从小划船到货驳等12种类型的船舶规定了1角至1.5元不等的收费标准，并下发通告。至年底，共寄存大小船只4.2万多艘次，平均每天寄存200多艘次。1986年扩大范围，船只寄存量增多，全年共寄存大小船只7.59万艘次。

据不完全统计，1984—1990年共寄存大小船只50.24万艘次，帮助打捞被大风刮散的船只90艘次，打捞落水小猪6只，抢救落水者4人，帮助船民传递信件90件，为群众办好事24件，制止和处理船民纠纷48起，协助公安机关查破刑事案件2起、治安案件3起，抓获违法人员8人。船舶寄存管理站的建立，改变了因乱停靠引起的交通堵塞，防范船只、物资丢失，各类发案大幅度下降，深受群众欢迎。1990年，实现既无刑事案件，又无治安案件的“双无”目标。

1993年12月，船舶寄存管理站增加治安报警服务功能，加挂平湖水上治安报警点牌子。1997年10月，又改称东门治安值勤室。船舶寄存费经市物价局重新核定，收费项目改为船舶停靠费，按吨位收取，15吨以下每天1元，16～30吨每天2元，30吨以上每天3元（除售粮、茧船及当地单位卸煤船只外）。2001年5月，因东湖水域改造而撤销。

**水上治安报警点**

1993年12月，在东湖船舶寄存管理站建立第一个东湖水上治安报警点。设立报警电话1部，落实4名工作人员昼夜值班，制订相应的值班备勤和管理制度，1994年1月正式开通，接受船民报警救助。

1997年8月，利用大桥监控点（吕公桥）及西门治安值勤室增设治安报警点2个，落实6名水上治安联防队员昼夜值班，方便过往船民报警求助，增强快速反应能力。是年，全市共有水上治安报警点3个。1998年，在创建“平安航道”的两条主航道增设治安报警点5个，治安报警点总数达到8个，配备工作人员16人。

2001年5月，因东湖水域改造，东湖水上治安报警点撤销。以后，随着创建平安航道范围及里程的调整，水上治安报警点也相应作出调整。同时，为缓解警力不足，改变水上报警点的运作模式，以航道沿线水上加油站为依托，组织加油站工作人员进行业务培训后任兼职接警员，最多时设置水上报警点10处。2012年，由于水上加油站布局的调整，水上治安报警点减少至6个。至2015年底，尚有水上治安报警点3个。

**水上治安值勤室**

20世纪90年代后期，随着改革开放的不断深化，城关镇西门外及东门吕公桥北水域自发形成水上建筑材料交易市场，场内一度敲诈勒索、打架斗殴、欺行霸市等治安问题频发。

1997年3月，筹备建立城关西门及东门两个水上治安值勤室。3月17日，市公安局下发《通告》，西门水上治安值勤室正式成立，办公地址设在西门外大街152号（即城西粮站内），落实4名联防队员昼夜值勤，管辖东起棉纺桥，西止界泾桥，全长800米水域治安。10月1日，原东湖船舶寄存管理站改称东门水上治安值勤室，落实3名治安联防队员昼夜值班巡查，管辖吕公桥北一带水域治安。

水上治安值勤室建立后，船舶停泊秩序良好，各类纠纷下降，治安秩序明显好转。东门治安值勤室后因东湖水域改造，于2001年5月撤销，西门治安值勤室也因建材市场萧条，于2002年10月撤销。

**水上治安检查站**

2001年1月，根据浙政发〔2000〕215号和浙公治〔2000〕88号文件精神，为严厉打击水上违法犯罪，规范水上治安检查执法行为，强化各项管理措施，严密水上治安管理，筹备建立市公安局水上治安检查站，3月1日正式挂牌。检查站以航管站为依托，设在角平申航道大桥监控站内（后升格为浙江省际治安检查站），配备民警2人、保安4人及汽艇1艘，由水警大队大队长兼任站长，1名保安任副站长，制作警务公开栏，建立站长、民警、保安队员职责，学习制度、值班制度等，规范台账资料。是年，共检查过往船只2.2万余艘次，督促办理船民证2060张、浙江户牌88张、IC卡暂住证654张、年审船舶户口簿1062本。同时加快接处警工作，快速出艇处警112起，为群众救助48起，打捞尸体25具。

2003年，增设新埭青阳汇、广陈两个水上治安检查站。2004年，增设全塘金桥水上治安检查站，并根据嘉兴市公安局印发的《嘉兴市水域设卡堵截预案》，制订《平湖市水域设卡堵截预案》，在全市水域形成快速反应堵控机制。是年，全市4个水上治安检查站共接受110处警指令97起，均予快速处置并立即反馈，反馈率100%，有效提高接处警的速度。

2007年10月2—14日，平湖大桥水上治安检查站为配合上海市做好“2007世界夏季特殊奥林匹克运动会”的安全保卫工作，进行全天候安全检查，历时13个昼夜，确保上海赛区的安全。

2008年8月1—24日，市公安局根据省公安厅关于奥运安保“护城河工程”的统一部署，在平湖大桥水上治安检查站实施24小时不间断查控，确保奥运会上海赛区的安全。

2010年初，为做好上海世博会“环沪护城河”安保工作，平湖大桥水上治安检查站作为浙江省水上通往上海市的一级卡点改名为甪平申水上治安检查站。成立甪平申治安检查大队，配备民警、武警、学员警、协警共47人。自4月15日至11月5日，共拦截、检查入沪船舶约9117艘，检查比对船民1.97万人。查获烟花爆竹、淫秽光盘书刊等违禁品39批，移交查处违法人员26人，劝返船舶32艘，查获假身份证1张，确保“可疑人、危险物”不从甪平申卡点流入上海，圆满完成世博安保的历史使命。

2012年，广陈、金桥水上治安检查站撤销，全市有水上省际治安检查站2个，分别是甪平申水上治安检查站和新埭青阳汇水上治安检查站，站点用房均借助于市海事处两地港航检查站。

2014年5月，根据上级公安机关的统一部署，开展上海亚信峰会“环沪护城河”安保工作。峰会期间，先后对进出上海的1701艘船舶进行信息登记，其中核查712艘，对565名船员信息通过公安网进行背景核查，对进入核心区的65艘船舶进行上船重点检查，拦截劝返3艘大型无证船舶，确保上海亚信峰会的安全。

2015年，调整水上治安检查站的日常运作模式，平时采取与属地派出所联动，不定期设卡的形式进行，确保检查站警力配置人员到位、责任落实，联动有力。

### 二、水上治安联防队

1992年8月2日，水上治安联防队正式成立，所需经费按平湖市物价部门核定，向船户收取每人每月4元的治安联防费，由水上派出所委托全市18个乡镇交通管理站及航运管理站代为收取，所收费用除按10%比例返回乡镇外，其余全额上缴财政后返回用于联防经费，聘请专职联防队员8人，确定一名民警具体分管，配合派出所维护水上治安。

1993年，进一步完善联防队内部规章制度，开展纪律作风整顿。是年，联防队协助派出所治安巡逻298次，协助侦破刑事案件6起，其中重大案件3起，抓获各类违法犯罪人员61人，查获水上赌博9起41人，制止违法犯罪5起。

1995年12月，市公安局根据市物价局规定，对执收治安联防费标准作适当调整，执收范围主要是平湖市港籍的船只，对外地船只如经常在平湖范围内航行的，也可收取。

1997年，联防队员人数增至14人，在原有2个巡逻分队的基础上，先后成立第三、第四联防分队（东门、西门治安值勤室）和财务发证室（联防费及船牌证），并在内部实行竞争上岗，优化组合，开展签约活动，推行工作目标责任制度。

2001年2月，随着全市乡镇联防队撤销，水上联防队也一并撤销，组建水上保安分队，继续协助派出所维护水上治安。至2015年底，共有保安队员8人。

## 第五节　渡口与码头安全管理

### 一、渡口安全管理

平湖地处水网地带，河流纵横，乡村渡口较多。清代就有圣塘浜、杨白地、三里塘等渡。民国时期平湖境内渡口多达23处，其中上海塘就达10处。

新中国成立后，20世纪50年代初，平湖境内仍有渡口23个。以后随着河面桥梁增多，全县渡口逐渐减少。至1988年，有东湖渡、青阳汇渡等渡口15个，分布于8个乡镇。1994年减少至12个，1995年减少至10个，渡船12艘，涉及6个乡镇，其中农村渡口9个，企业渡口1个。1996年1月，上海塘人口流量最大的青阳汇渡口，因广新公路青阳汇大桥的建成通车而撤销。1999年，渡口减少至8个。至2005年2月11日，曹家港桥建成，全市最后一个曹家港渡口撤销。

由于平湖境内渡口分散，安全隐患甚多，事故不断。据有关资料记载，曾多次发生渡船倾翻致人死亡等重大水上交通事故。1976年6月7日，曹桥公社严家门大队，因渡船超载发生沉没，船上24名学生落水，2名女生死亡。1994年12月16日下午6时，南桥洋圩村一摆渡船，载新埭杨庄浜7名村民至新埭，在大悲渡横渡上海塘时，与由北向南行驶的铁驳船相撞，渡船沉没，8人全部落水，其中5人死亡。1999年2月4日9时，萧山籍一个体运输户驾驶65吨装满石子的货船，在秀溪诸仙汇渡口与摆渡船相撞，渡工及乘客5名全部落水，其中3名乘客溺水死亡。

为切实加强对渡口的安全管理，确保无事故，早在50年代，县人民政府就颁布《渡口管理守则》。1961年，在东湖渡、青阳汇渡设置《渡口渡船安全守则》木牌。县公安局积极配合航运管理部门开展对渡口的日常安全检查，对渡工进行安全教育，落实安全防范措施。80年代，渡口所在地乡镇政府进一步重视渡口渡船管理。南桥乡人民政府作出《关于青阳汇等渡口管理的暂行规定》，青阳汇渡口因安全载客30余万人次被评为地、县两级安全渡口。

90年代后，县公安局采取层层签订安全责任书的形式，落实渡口安全责任制，每个渡口都建立安全规章制度，并立牌公布须知，规定在任何情况下都不能超载人员。每年组织警力会同交通局、航管所、渡口所在地乡村对渡口逐个进行安全检查，发现隐患及时落实整改，向渡工宣传安全知识，健全渡口管理安全责任制。每逢节假日，特别是春运期间和“十一”等节假日，派出民警帮助维护秩序。此外，还经常与港监部门一起进行航道检查，发现违章或超载的船只及时纠正和批评教育，降低水上交通事故的发生率，确保渡口安全。

**二、码头安全管理**

20世纪90年代前，平湖水路运输量大，在城关镇东湖建有客、货运码头各一个，码头人员进出频繁，流动性大，治安情况复杂，尤其是80年代，客运码头赌博、打架、拎包、扒窃等案件时有发生。1981年10月，嘉兴航运公司派出所在平湖营业站设立民警值勤室，值勤室民警与营业站治安员每天轮流到轮船码头值班巡查，并不定期沿线跟船，掌握各航班动态，抓苗头，及时发现和制止违法犯罪活动，确保码头及航班安全。水上派出所会同公司民警值勤室，积极依靠企业治保会，加强对客、货运码头的治安秩序管理，取得了明显的成效。1988年，查获打架斗殴、赌博、扰乱秩序等各类违法人员12人，处罚11人。

1990年，针对客轮上赌博、流氓等案件较为突出，先后8次组织干警51人次采取随船跟踪、明察暗访等方法，分别在客轮上抓获赌徒14人，流氓3人，依法追究刑事责任2人，有效地维护水上航运秩序。

1991年，贯彻《浙江省机关团体、企业、事业单位安全保卫工作条例》，水上派出所与客运公司签订安全保卫责任书，落实“谁主管，谁负责”的治安保卫工作责任制。在货运码头建立门卫制度，制订安全管理措施，推行站长负责制。

1994年，将客轮列入公共场所管理范围，按照《浙江省公共场所治安管理办法》实行“治安许可证”制度，6艘客轮经过安全检查，发放“治安许可证”。对从业人员进行业务培训，落实船老大（船长）治安安全责任制，开展对客轮的灭火、救生设备等安全检查，确保安全无事故，推行一年一度的“治安许可证”验审制度，此制度执行至1997年1月，客运航班取消后停止。

## 第六节　水上平安创建

1997年12月初，根据省公安厅关于“水上平安创建”工作精神，市公安局水警大队在平航公司船队、胜利粮管所城西粮站码头开展创建“平安船队”“平安码头”试点。1998年，经与航管、渔政等部门商定，确定甪平申线（平湖大桥至诸仙汇）、乍嘉苏线（平湖万盛桥至新丰交界航段）为创建“平安航道”；平湖东港、二轻、南桥、白马、共建等5个水泥厂及平湖油厂、石油公司、新码头、西门粮站等9个单位为创建“平安码头”；平湖航运公司9个船队为创建“平安船队”。水警大队分别与9个码头、9个船队签订创建“平安码头”“平安船队”责任书，在创建“平安航道”沿线设置2个水上治安报警点，建立两月一次检查制度，发现问题，及时整改。

1999年9月，建立由航管、渔政、公安三部门共同参加的全市内河水域深化创安工作领导小组，由市公安局常务副局长任组长，水警大队大队长任副组长，市航运管理所所长、市渔政站站长为成员，落实2名民警，3名联防队员开展工作。确定角平申线（东湖监控站至扶行段）、乍嘉苏线（东湖监控站至九里亭段）两条共25千米为创建"平安航道"段；平湖市热电厂（九里亭）、东港水泥厂、城西粮站、油厂及第一货运公司码头仓储站（新码头）等5个码头为创建"平安码头"；平湖航运公司7个、汽运公司航运分公司3个、林埭交通运输服务站2个共12个船队为创建"平安船队"。在"平安航道"沿线设置警示牌、警示标语、下发《告船民书》，增设3个水上报警点，总数达到5个，规定每月出艇巡逻10天以上，建立每季一次分析制度，扎实推进水上创安活动。

2002年，针对平湖市东湖水域开发、角平申市河段改道情况，重新确定嘉平申线（九里亭至东园桥）约20千米为创建"平安航道"；平湖热电厂、平湖水泥厂等2个码头为创建"平安码头"；平航公司、林埭运输队组成的9个船队为创建"平安船队"。投入1万余元，利用航道沿线桥梁、围墙刷写创安标语，形成警民携手共创平安的良好氛围。10月，创建水上平安工程考核获嘉兴市第二名。

2004年2月，为创建"平安码头"引进新机制，在平湖热电厂建立涉水企业警务站，严格控制、掌握外来的船舶和人员。至年底，共登记在册船民520人，船舶214艘。同时，强化对码头的巡逻检查，确保码头的平安。2006年，针对东湖新区开发，新增"平安景区"创建工作。至2008年，全市创建平安航道一条（嘉平申线）、平安码头2个（平湖热电厂、平湖水泥厂）、平安船队1个（平航公司）、平安景区1个。

2009年3月，根据近年来乍浦塘船只流量多，船舶吨位大，航道小，路线长，航道运载任务繁重及岸边码头多，容易引发各类事故及治安案件这一情况，将乍浦塘列入重点航道，关桥至虹霓桥7千米航段确定为第二条"平安航道"创建，同时把外来船只多，吞吐量大的芽芽建材码头，确定为第三个平安码头的创建。是年底，全市共创建平安航道2条（总长约27千米）、平安码头3个、平安船队1个、平安景区1个。2011年，平安船队增至2个。

2012—2015年，市公安局水上派出所认真抓好平安航道、平安码头、平安船队创建巩固工作，每年召开创安及相关涉水单位会议，签订协议，使创安工作形成常态化。同时，针对近年来夏季溺水事故高发的情况，以东湖水域为重点，通过报社、电台等发布安全知识及向群众发放宣传资料等形式，开展防溺水事故的宣传教育，做好溺水事故的预防工作。

## 第七节　林业治安管理

平湖地处东南沿海，濒海地区自西向东有低丘18座，均系砂岩结构，其中汤山至益山连绵7千米，形成天然屏障，南北宽0.2～1.2千米，俗称九龙山。据民国时期《中国经济》记载："虽南部有山，亦多荒秃，间有农民培植之苗木，亦未成林，民伐为柴薪出售。"

新中国成立后，党和人民政府十分重视植树造林工作。1955年，县委和县政府号召全县人民"苦干三年，消灭沿海光头山"。1960年3月创办平湖国营林场，从事山林育苗、植树、管护。到1976年，全县山地有林面积2.36平方千米。1987年，全场3.63平方千米山地全部植树。至2005年，南部沿海山丘森林覆盖率达82.74%。

### 一、护林与防火

#### 护林

从解放初期起，沿海九龙山每年造林后即封山育林。为管好山林，沿山乡村皆订立护林公约，立封山牌和护林宣传牌，林场建有护林员队伍，维护林区安全。2017年创新林区治安管理，建立九龙山森林警务联络室，推行警长制度，对林区实行网格化管理。2018年，深化林区警长制，推进管理数字化，为护林队员增配执法记录仪5只、巡逻警车1辆、警用无人机1架，使林区从原始的"执法盲区"转变为依靠网格化、信息化管理的"违法禁区"，提升管理效能。

#### 防火

森林火灾对森林资源的破坏性极大，1986

年 1 月 6 日，平湖林场曾发生一次火灾，教训深刻，烧毁林木 3900 支，经济损失 1.17 万元。为加强森林防火工作，90 年代开始市政府建立森林防火领导小组，下设指挥部，由分管副市长任指挥长，指挥部办公室设在市农业经济局，分管副局长任办公室主任，开通“96309”森林防火热线电话。林场防火实行场长负责制，护林员为兼职消防员，有队员 20 人。2014 年 11 月，建立半专业森林消防队，队员增至 25 人，配备对讲机 10 台，全地形消防车 1 辆。森林消防队平时每年组织灭火演练，坚持常年巡山制度。并在山顶安装森林消防专用探头 3 个，设立视频监控室，实行 24 小时监控。贯彻执行《浙江省森林防火条例》，结合“安全生产月”“清明”及“119”消防日等重要节点，在林区制作宣传横幅进行防火宣传，组织民警和护林员（半专业消防员）对林区的重点部位和重要场所进行消防安全检查。在日常巡查中，发现问题及时通知当事人或单位进行整改，整改不到位的，对其进行行政处罚，使森林防火意识深入人心，至今未发生过属于国家指标的山林火灾，确保了林区安全。

## 二、打击涉林违法犯罪

平湖森林公安局（森林警察大队）建立以来，充分发挥行业公安机关的职能作用，严厉打击涉林违法犯罪活动，维护森林和野生动植物资源安全。广泛开展林业法规的宣传，通过网络、媒体和发放宣传册等方式对辖区内发生的涉林违法犯罪及时通报，尤其是针对林区周围农户非法上山张网捕鸟行为屡禁不止的突出问题，根据省林业厅的通知精神，在全市组织开展以“依法保护鸟类，建设美丽浙江”为主题的野生动植物保护宣传月暨爱鸟周宣传活动，采用宣传启动仪式，发放宣传资料及倡议书等形式，对农户进行面对面走访宣传，组织护林员、保安员定期对九龙山非法捕鸟设施进行拆除，并与饭店、农家乐等经营户业主签订《不买卖野生动物承诺书》，提高全民保护生态环境和野生动植物资源的意识。每年根据全省森林公安系统的统一部署，组织开展整治涉林违法犯罪专项行动，取得了较好的成绩。2014—2018 年共查获涉林行政案件 13 起，其中非法狩猎案件 7 起，毁坏林木案件 3 起，滥伐林木案件 1 起，擅自改变林地用途案件 1 起，非法利用野生动物案 1 起，处罚 13 人。破获涉林刑事案件 25 起，其中非法狩猎案件 15 起，非法出售、非法收购濒危野生动物案件 6 起，掩饰隐瞒犯罪所得案件 4 起，追究刑事责任 49 人，有力地打击了涉林违法犯罪，维护了生态安全。

# 第十五章　经济文化保卫与警卫

新中国成立后，公安机关将经济、文卫、交通等单位的安全保卫作为公安工作的一项重要内容，简称内保工作，业务归口政保股。20世纪50—60年代，内保工作在内部单位各级党组织的领导下，依靠广大群众，贯彻“预防为主、确保重点、打击敌人、保障安全”的保卫工作方针，防范和打击反革命分子和刑事犯罪分子的破坏活动，开展防火、防盗、防爆炸、防破坏的“四防”活动，有效地维护内部单位的安全。“文化大革命”期间，内部保卫工作机制遭受严重破坏。粉碎江青反革命集团后，内部保卫工作得到恢复和加强。1979年11月，经济文化保卫业务从政保股分离，在嘉兴地区县级公安机关首个设立内保股。80年代后，随着改革开放深入，经济、文化事业蓬勃发展，公安机关切实改进和加强内部保卫工作，指导、督促内部单位落实安全保卫责任制，开展创建治安安全单位活动，大力加强人防、物防和技防建设，建立自治组织经济保卫协会，召开例会，互通信息，交流经验，内部单位安全保卫工作进一步得到加强。1984年3月，内保股更名为内保科，1997年7月，改称经济文化保卫科（简称“经文保科”）。2003年6月，经文保科撤销，经保业务并入治安警察大队，文保业务并入国内安全保卫大队。

警卫业务由县公安局政保部门负责（2003年3月更名为国内安全保卫大队），无单列机构。警卫任务一般先由嘉兴地（市）公安处（局）直接部署，县（市）公安局负责组织警卫班子，落实警卫措施，由局长亲临现场指挥，抽调政保（国保）、治安、交警及相关派出所干警维护警卫对象沿途线路及目的地的治安秩序，配合省、地（市）两级警卫部门做好各警卫级别来宾的警卫工作。警卫工作以“安全第一”为目标，实行专门工作与依靠群众相结合的方针，坚持“内紧外松，既要有高度的警惕，严密的措施，又要从实际出发，形式自然，方法灵活”的原则，确保安全。2012年，市公安局贯彻省公安厅《关于进一步加强和改进全省公安警卫工作的意见》，坚持固本强基，加大工作力度，强化组织保障，积极开展县级公安机关警卫工作规范化建设，以全面提升警卫工作水平。

## 第一节　单位保卫组织与经济民警

### 一、单位保卫组织

新中国成立初期，机关、学校、企业、事业单位无专职保卫干部，保卫工作由党支部副书记或一名支部委员负责。随着社会主义建设事业的不断发展，根据必须与可能的原则，在经济、文化单位逐步建立起保卫组织。1956年，平湖大同袜厂建立首个企业保卫股。10月20日，根据省农业厅、公安厅、粮食厅、人民银行等9个单位联合下发的《关于建立财贸企业保卫组织的通知》精神，县公安局先后在针织厂、农产局等5个单位成立和配备专职或兼职的保卫组织与保卫人员。1957年，在一些职工人数多、政治情况复杂的文保单位设置专职保卫干部。1959年6月28日，县公安局下发《关于1958年和当前工厂企业事故灾害情况及今后加强安全保卫工作的意见》，要求配强企业保卫力量，较大的企业设立专职保卫干部，50人以上的企事业单位确定一名党支部委员专抓安全保卫工作，不到50人的单位也应对治保组织加强领导，做好安全保卫工作。

“文化大革命”开始后，企事业单位保卫组织受“造反派”冲击，内保工作处于瘫痪状态。1973年2月，县公安局恢复后，内部单位安全保卫工作逐步恢复，重建治保会，但无专职保卫力量。

进入20世纪80年代，随着改革开放的不断深入，经济、文化事业蓬勃发展。1980年9月23日，县公安局根据国务院〔1980〕117号文件和中发〔1979〕64号文件关于企事业单位要按不少于职工总数千分之三的比例配备专职保卫干部，单独设立保卫组织的规定，向县委提出《抓紧配备内部单位专职保卫干部的报告》，要求凡职工人数在300人以上的单位，均应按照千分之三的要求，配齐专职保卫干部，并建议在标准件总厂、针织化纤厂、化肥厂和棉纺厂等4个中型企业设立与行政设置相适应的保卫组织；邮电、银行、电力、粮食等机密要害单位单设一名专职保卫干部；其他单位要在党支部设保卫委员和确定兼职保卫干部。10月20日，县委批转县公安局报告。至年底，标准件总厂、棉纺织厂、针织化纤厂、化肥厂等单位先后建立企业保卫科，配备专职保卫干部24人。

1981年1月5—10日，县公安局首次举办内部单位专职保卫干部业务基础训练班，嘉兴地区公安处内保科派员亲临指导，有22名专职保卫干部参加培训。是年底，保卫干部总数增至28人。企业保卫组织和专职保卫干部在组织安全防范，开展护厂巡逻、工作对象调查和帮教违法青工等工作中发挥了积极的作用，内部单位全年无重大和治安灾害事故发生，一般刑事案件的损失数比1980年下降71%。至1982年底，内部单位已建保卫科6个，配备专职保卫干部39人，兼职保卫干部28人。嘉兴地区公安处分别在1982年3月和12月的《公安简报》上向全区转发“平湖经验”。

1981年7月，县公安局针对社队企业发展迅猛，企业内部“三多一乱”（盗窃案件多、诈骗案件多、火灾和工伤事故多、内部管理混乱）的状况，向县革命委员会提出《抓紧配备社队企业专职保卫干部的报告》。8月，县革命委员会批转县公安局报告。11月27日，县公安局与社队企业局联合下发《关于迅速配备社队企业专职安全保卫干部的通知》，至年底，配备社队企业专职保卫干部22人。

1982年4月9—11日，县公安局与社队企业局联合召开首次社队企业专职保卫干部会议，传达贯彻省公安厅、省社队企业管理局绍兴会议精神，学习省政府《关于建立安全保卫责任制的若干规定》，分析全县社队企业安全保卫工作情况及存在问题，讨论和研究加强社队企业安全保卫工作的意见。

1984年下半年开始，在经济体制改革过程中，由于个别单位领导不能摆正保卫工作与企业生产的相互关系，出现撤并企业保卫科，削减专职保卫干部现象，保卫科减少至2个。12月19—20日，县公安局与乡镇企业局联合召开乡镇工业公司专职保卫干部会议，黄山、新庙等10个乡汇报、交流做好安全保卫工作的经验，并实地参观新庙乡乡办丝织、服装、童车等乡镇企业，会议针对近期部分乡村企业连续发生盗窃案件和火灾事故等情况，提出了加强领导，牢固树立安全第一；制订和健全各种安全保卫制度；严格值班和现金管理制度等工作意见。

1985年3月，公安部颁发施行《机关、团体、企业、事业单位保卫组织工作细则》，重申机关、企事业单位保卫组织的性质和地位。是年，保卫科增加至4个，专职保卫干部29人。

1986年9月，县公安局与县计划经济委员会联合下发文件，转发国家经委、公安部《关于在经济体制改革中加强和改革企业保卫工作的通知》，明确指出：在经济体制改革过程中，任何企事业单位内部安全保卫工作只能加强，不能削弱，进一步巩固了企事业单位的专职保卫队伍建设。是年底，全县共建立企业保卫科5个，有专职保卫干部31人，其中单设专职保卫干部的有15个单位。至1987年，专职保卫干部总数达到78人。

1988年5月，县公安局对专职保卫干部开展为期10天的业务大培训，有28个单位32名保卫干部参加，培训内容涵盖内保工作的业务理论知识、内部治安管理、刑事侦察、现场勘查和保护、照相、痕迹提取、制图基础知识及内勤工作的档案资料管理等，实行学完一门考一门，学习期满，全部课程考核及格者由县公安局发给“结业证书”。6—11月，根据省公安厅、省档案局的有关通知精神，按照保卫组织文件材料立卷归档规定，开展企业保卫科档案清理工作。通过清理，经上级验收，标准件总厂、棉纺织厂、第一针织厂、化肥厂等企业保卫科获档案管理合格证书。是年，新建保卫科2个，筹建和恢复保卫科各1个。人民银行、工商银行、农业银行平湖支行等均建立保卫科，配备专职保卫干部22人。

1989年9月，县公安局针对企业实行厂长、经理承包责任制后，部分企业领导注重经济效益，忽视安全保卫，实行优化劳动组合，精减压缩非生产人员，出现一兼多职的保卫干部，及时向县委、县政府提出《关于在内部列管单位配备专职保卫干部的报告》，重申内保单位设置保卫科及配备专职保卫干部的规定，保卫干部易岗应征得公安局内保科同意等，由县政府批转下发至各内部单位。开展整顿内部单位保卫组织和人员，新增保卫股2个6人。至年底，企业单设保卫科（股）8个、保卫干部41人；人事与保卫合并的14个、兼职保卫干部49人。

1990年1月，经省七届人大常委会第十二次会议通过的《浙江省机关、团体、企业、事业单位治安保卫工作条例》(以下简称《条例》)颁布实施。8月，县政府办公室批转县公安局关于贯彻《条例》实施意见的通知，必须建立健全企业保卫组织，明确要求各主管局（公司、社）设置保卫机构，配专职保卫干部，500人以上企事业单位设立保卫科，配2～3名专职保卫干部，500人以下配1名专职保卫干部，300人以下配1名兼职保卫干部。是年，在全市重点骨干企业开展组建保卫科工作，嘉兴发电厂（筹）和乍浦港务局嘉兴大庆成品油库保卫科先后建立，新庙服装厂、平湖溶剂化工厂、平湖铰链总厂、浙江茉织华印刷有限公司、嘉兴松冈制衣有限公司、嘉兴阳湖制衣有限公司、嘉兴吉成制衣有限公司、平湖第二造纸厂、钢质家具厂等一批民营企业也相继建立保卫科或配备专职保卫干部。至年底，共设立保卫科（股）11个，单设专职保卫干部的单位32个，有专职保卫干部82人。

1991年，加强大中型企业保卫科的基础工作建设，开展“一表、二图、三卡、九卷、十三簿”的规范化、目标化管理。嘉兴发电厂保卫科利用厂内的MIS系统和局域网，制作保卫科网站，在全省同行业中率先把档案和隐患管理纳入计算机管理，提高工作效率。平湖标准件总厂、化纤总厂、棉纺织厂、第一针织厂等单位保卫科完成资料清理、建档立卡等基础工作。10月，县公安局在内保系统开通无线对讲机通讯网络，进一步提升企业保卫部门快速反应能力。

1993年，针对大中型企业转换经营机制，企业撤并保卫科，保卫干部减少这一情况，做好稳定保卫队伍的工作。在撤并5个保卫科的情况下，通过努力，重建保卫组织2个，保卫科（股）总数达到12个，有专职保卫干部47人，使保卫队伍基本保持不变，并逐年增加。1995年，省经保协会平湖工作站建立，推动全市经济文化保卫工作的发展，增强保卫干部和经济民警队伍的凝聚力。至1996年底，全市企事业共建立保卫科（股）21个，单设专职保卫干部的单位32个，专职保卫干部85人。

1997年11月12日，新修改的《浙江省机关、团体、企业、事业单位治安保卫工作条例》公布实施，市公安局进一步加强内部单位保卫组织建设，组织业务培训，提高队伍素质，推行保卫干部资格证书制度，经考试合格，统一颁发由市公安局制发的保卫干部“工作证”。

进入21世纪，内部单位保卫机构撤并现象突出，企业保卫科再次被兼并，其工作职能并入企业综合管理部门，专职保卫干部这一组织形式逐步被兼职所代替。至2015年底，全市尚有单设保卫科的单位2个，分别是合作银行和水务集团，有专职保卫干部10人，其余列管单位设兼职保卫干部116人。

### 二、经济民警

经济民警是大型、重要企事业单位的一支武装守卫力量，受所在单位党政和保卫部门的领导，业务上受所在地公安机关的指导。其任务是负责本单位重要目标的守卫，重要物资、产品的押运，防破坏、防盗窃、防火灾、防爆炸，保障安全。经济民警队的建立，由单位提出申请，经本系统主管领导部门同意和所在地公安机关审核后，报省、自治区、直辖市公安厅、局批准。经济民警队的编制、人员配备、经费、装备、后勤供应及其他福利待遇均由本单位负责。变更编制和撤销民警队，须经原批准机关同意。

1952年，县公安局根据公安部《关于公营工厂矿山等企业警卫武装问题的初步意见》，在人民银行平湖支行设有警卫武装，简称“行警”，最初有2人（后增至一个班），经费开支由银行支付，配备长枪，武装守卫金库。1953年，根据中央军委、政务院下发《关于财经警卫武装领导问题的决定》，将警卫武装改为人民经济警察（简称“经济民警”）。1956年7月，平湖石油公司建立，在吕公桥石油仓库配备经济民警3人，持长枪警卫油库。1957年4月，县公安局根据嘉兴专员公署批转公安处《关于精简经济民警编制的意见》精神，撤销银行及石油公司经济民警。

1980年5月，国务院批转公安部《全国经济文化保卫工作会议纪要》，决定恢复经济民警。11月，省政府批转省公安厅《关于恢复建立经济民警的报告》。12月，国务院又转发公安部、国家计委等6个单位《关于建立经济民警的实施方案》，从1981年起，在重要大型厂、矿、企业、物资仓库、重要科研等要害单位，逐步建立经济民警，并对经济民警的性质、任务、领导关系以及组建范围、程序与要求作出规定。1982年12月19日，平湖第一支经济民警小队在棉纺织厂批准组建，1983年1月1日正式挂牌，共有队员9人，隶属厂保卫科。1987年9月，省公安厅转发公安部《经济民警管理工作规定（试行）》（以下简称《规定》），进一步明确经济民警的建制、条件和文化程度。1988年10月，县公安局按照《规定》要求，组建成立工商银行平湖支行经济民警队。至1988年底，全县建立经济民警小队2支，队员16人。1989年，新增农业银行、人民银行经济民警队2支17人。

1990年8月，县政府办公室下发文件，批转县公安局关于贯彻《浙江省机关、团体、企业、事业单位治安保卫工作条例》实施意见的通知中明确提出要加强经济民警队的建设，县公安局着手开展在乡镇骨干企业中组建经济民警队工作。1991年，新庙服装厂（后改称平湖亚鑫实业公司）经济民警队建立，配备警员12人。1992年，嘉兴发电厂（筹）经济民警分队建立。1993年，全塘溶剂化工厂、穗轮铰链总厂经济民警队先后建立（后改为浙江穗轮实业公司经济民警队），新增队员71人。1994年，浙江茉织华印刷有限公司、嘉兴松冈制衣有限公司、嘉兴阳湖制衣有限公司经济民警队建立（1999年5月撤销）。1995年，嘉兴吉成制衣有限公司、乍浦港务局嘉兴大庆成品油库（1996年11月撤销）、平湖第二造纸厂（后改称景兴纸业集团公司）、钢质家具厂（后改称嘉兴龙达集团有限公司）、平湖橡胶厂等经济民警队建立。

1995年4月，经省公安厅批准，成立平湖市经济民警大队及其直属中队，在市公安局内保科加挂经济民警大队的牌子，由内保科科长兼任大队长，一名民警兼任副大队长，专司经济民警管理之职。并召开首次全市经济民警管理工作会议，在经济民警队伍中开展为期2个月的思想作风纪律教育整顿活动，参加评议的165名警员中定为合格的163人，1人暂缓，1人不合格调离警队。是年底，全市共有经济民警队18支，其中中队1支、分队3支、小队14支，队员达230人。

1996年，先后开展两次经济民警队伍的整顿工作，撤销一支不合格的警队（嘉兴成品油库小队），并在全市经济民警中开展“双争双创”活动。至年底，全市实有经济民警队17支，警员196人。1997年3月，平湖市信用合作联社经济民警小队成立。1999年10月，建设银行嘉兴市乍浦支行经济民警小队成立。

2000年2月，中信实业银行嘉兴支行乍浦经济开发区分理处（2002年8月9日改为平湖市支行）经济民警值勤室建立，定编7人。2001年10月，嘉兴发电有限责任公司经济民警由分队建制改为中队建制，经济民警由原编制25人增至75人。是年底，全市实有经济民警队20支，经济民警318人。

自1982年12月平湖恢复经济民警以来，工厂、金融单位经济民警队在本单位党政领导和保卫组织的领导下，紧紧围绕维护稳定这个中心，开展争创优胜警队活动，实行警员“四严格”（即严格教育、严格训练、严格管理、严格执法）和警队“三化”（即规范化、目标化、法制化）管理，加强警队建设。全市经济民警为保卫平湖经济文化建设，维护企事业单位内部治安稳定，作出较大的贡献，涌现一大批先进集体和先进个人，工商银行、农业银行、建设银行平湖支行，平湖棉纺厂、嘉兴电厂等警队连续多年被评为平湖市及嘉兴市经济民警管理建设优胜警队，先后有64名经济民警被评为平湖市及嘉兴市优秀警员。1994年3月，嘉兴电厂警队被嘉兴市公安局给予集体嘉奖一次。

随着经济体制改革，保安服务业务范围的不断拓展，部分工厂开始聘用保安队员作为护厂力量，除金融系统继续保留经济民警作为守库押运力量外，企业经济民警队伍不断缩编，人员减少。2003年3月，公安部印发《改革经济民警试点工作方案》，在全国撤销经济民警队建制，取消经济民警称谓，取消统一制式的经济民警服装、标识。9月，全市各单位已建立的经济民警队分批撤销，人员分流。

## 第二节　治安保卫重点单位管理

### 一、列管单位

新中国成立初期，县公安局把县级党政首脑机关列为要害单位。1951年10月，贯彻省公安厅转发公安部《关于保卫要害保卫重点的十一条办法》，逐步把机关、团体、文教、医院及工厂、财贸、粮食、交通、供电、邮电通信、重要物资仓库等作为重点保卫管理。

1958年，全国第九次公安工作会议进一步明确指出：经济、文化保卫部门的根本任务是防范和打击反革命破坏活动和其他犯罪活动，保卫"技术革命""文化革命"，保卫生产大跃进、文化大跃进的安全。公社化运动后，各社镇的食堂、托儿所、幼儿园、畜牧场、国家仓库、生产队仓库等也被列为要害部位，加以管理，建立每季一清理制度，严格对其从业人员的政治审查，严格执行保密、保卫、防火、防爆炸等制度。

1962年，全县有内保单位76个，其中县级机关22个、群众团体5个、工业系统8个、粮食系统4个、交通系统2个、商业系统7个、供销系统4个、文教系统10个、卫生系统3个、邮电1个、银行1个、县属手工业系统7个、其他2个。1964年，列为要害管理的有食堂2426个，国家仓库444个，生产仓库2592个，托儿所、幼儿园1166个，畜牧场2479个。"文化大革命"开始，重点保卫单位列管工作被取消，重点要害保卫工作受到严重干扰和冲击。

1981年，贯彻《浙江省公安局关于内保单位列管规定》，经济文化保卫部门主要负责管理县以上机关、团体、科研机构、县直属和大中城市区直属以上的工厂、企业，县直属以上的国营农场、林场，县以上级财贸领导机构、专业公司、批发站，县直属重要物资仓库、城市税务分局，银行办事处，邮电支局，县直属中等以上学校、医院和文化单位。按上述列管标准，经县政府批准，全县有内保列管单位53个。1985年，全县有列管重点单位74个，其中工业系统15个、商业系统9个、供销系统9个、粮食系统6个、教育系统5个、卫生系统4个、文化系统6个、交通邮电系统6个，金融、物资、外贸系统6个，政府科委办8个。1988年，推行要害部位档案及重点人员卡片制度，有50个单位建立要害档案和人员卡片，购置档案柜191只。1989年，列管单位有18个系统74个单位，其中大型县级仓库23个，信用社、储蓄所26个，变电所8个，收棉站11个，茧站6个等。

1997年8月，市公安局调整内部单位保卫工作管理格局，按照"抓大放小、确保重点、分级管理、强化指导"的原则，建立以市局经文保科为主体，派出所为依托的两级管理体制，对重点单位由市公安局内保部门与基层派出所分级列管。一级列管单位由经文保科为主管理，派出所协助；二级列管单位由派出所为主管理，经文保科进行业务指导。调整后确定一级列管单位45个，二级列管单位31个。在城关、乍浦、黄山、黄姑、全塘、新仓、新庙、城北、曹桥等9个派出所建立经文保协管民警及内保单位治安信息员制度，至1999年全市有协管民警9人，治安信息员89人。

2003年6月，市公安局经文保科撤销，重点单位安全保卫工作分别纳入国保、治安部门业务管辖。文化、教育、重点科研单位，广电、新闻、出版部门，重点中学、大中专以上院校、纪念馆、博物馆、科技馆等为国保部门重点指导、监督单位；党政机关、金融单位、邮政、通信部门，事关国计民生的公用事业单位、重点建设工程等为治安部门重点指导、监督单位。

2005年1月，市公安局与市教育局联合下发《贯彻国务院企事业单位内部治安保卫条例实施意见》，将各镇（街道）所在地的中心小学、初级中学等均列为治安保卫重点单位。下半年，按照省公安厅《关于印发全省治安保卫重点单位确定工作实施方案的通知》，开展治安保卫重点单位确定工作，全市共确定重点单位 61 个。

2009 年 5 月，为适应社会经济的发展，根据国务院《企事业单位内部治安保卫条例》和省公安厅《关于全省治安保卫重点单位确定工作实施方案》规定要求，组织开展治安保卫重点单位的重新确认工作，对符合列管条件的新单位予以补列，经审核并报嘉兴市公安局、平湖市人民政府同意，确定市广播电视台等 68 个单位为治安保卫重点单位，实行归口、分级管理，国保大队直管 6 个，治安大队直管 21 个，派出所管辖 41 个。

2010 年，全市列管治安保卫重点单位增加至 97 个，分别是金融单位 17 个、供水单位 2 个、供电单位 1 个、供气单位 7 个、供油单位 7 个、广播电视 1 个、通讯单位 2 个、邮政单位 1 个、大型市场 12 个、中小企事业单位 47 个。

2014 年 10 月，贯彻嘉兴市公安局《治安保卫重点单位安全防范工作评估实施细则》，对原列管重点单位进行重新确认，经审核并报平湖市人民政府同意，确定市政府机关事务管理局等 88 个企事业单位为市级治安保卫重点单位，新增九龙山开发公司及医药、化工、金属、电镀等企业，并继续实施分级管辖，分别是治安大队直管 29 个、国保大队直管 4 个、派出所管辖 55 个。

## 二、政治清理与安全检查

### 政治清理

20 世纪 50—60 年代，为保卫新生的人民政权，恢复国民经济建设，县公安局在县委、县政府的统一领导下，以要害保卫为重点，组织力量对有关国计民生的重点单位的要害部门人员及新建、扩建的工厂企业内部人员进行政治清理，清查隐藏在内部的特务、反革命分子，纯洁职工队伍。

1951—1952 年，根据中央指示开展清理“中层”（是指清查隐藏在我军政机关内部的反革命分子）、“内层”（是指清查隐藏在我党内的反革命分子）。对全县党、政、群机关和中、小学教职员共 1806 人，通过分批集中、学习文件、真诚坦白，共查出有政治问题的 431 人，其中属土匪、特务、恶霸、反动党团骨干和反动会道门头子等五个方面反革命分子 64 人，捕办 4 人、管制 13 人、剥夺政治权利 3 人，其余分别采取调离要害部门或控制使用等办法处理，清除隐患。

1958 年 5 月 16 日，县公安局制订印发《1958 年内保工作意见》，要求各单位建立和健全治保组织，加强各项制度建设，加强重点防范，开展重要部门、要害部位人员政治清理，保证人员纯洁。11 月 25 日，会同县钢铁厂联合下发《关于加强钢铁生产保卫工作意见》六条：及时严厉打击各种敌人的现行破坏活动；加强人事审查，纯洁钢铁队伍；加强生产工人在操作中的责任制教育，保证土高炉生产的正常安全；建立义务消防队，制订防火公约；开展安全运动，提出“安全为了生产，生产必须安全”的口号；组建群众性的保卫队伍。通过对大办钢铁人员的审查，对查出的地、富、反、坏分子分别作出处理。

1959 年 5 月，县公安局下发《关于进一步加强经济文化保卫工作的意见》，继续加强要害部位和技术革新以及文化革命的保卫工作。结合整厂、整校，对要害部门和要害部位进行一次复审摸底，建立要害档案。通过对邮电、报社要害部位人员的政治审查，发现敌对阶级分子 1 人、“忠义救国军”通讯员 1 人，社会关系复杂分子 2 人，全部予以调离。是年，通过对要害部位人员的政治审查，清理出混入内部的反坏分子 9 人，其中贪污分子 1 人（捕后判刑 3 年）、历史反革命和政治不纯分子各 1 人（送劳动教养）、新发现坏分子 1 人（判管制 3 年）、开除历史反革命分子 4 人、留厂察看坏分子 1 人。另外对留用的 129 名地、富、反、坏分子，逐个建立“三包一保证”的社会改造制度。

1960 年上半年，县公安局先后两次对县属工厂、文卫、交通、公社畜牧场等 61 个单位，201 个要害部位的 373 个要害人员全面政治审查，清理“不纯分子”17 人。下半年，又组织开展沪杭战略公路两侧四社一镇 64 个生产队和 45 个县属工厂的政治清理，通过清理，新发现反动组织 134 个，挖出特务分子 27 人，长期隐匿的零星反革命分子 22 人。同时，根据省委关于办好食堂的“十项指示”，贯彻平湖县政法党组决定，对全县公共食堂进行调查，作出加强食堂保卫工作意见。是年，对全县 2276 个食堂及 1750 个托儿所、幼儿园，2488个畜牧场，2959个仓库进行多次清理，发现和清理一批“四类分子”和“不纯分子”。

1962年，县公安局组织开展对29个县属单位和要害部位的1421名干部职工的政治审查，查出重点对象45人，结合内部精简下放，调离22名政治危险分子，对暂时不能调离的重点对象，予以控制使用，保证安全。同时在开展内部“五反”（反行贿、反偷税漏税、反盗窃国家财产、反偷工减料、反盗窃国家经济情报）工作中共排查出“五反”对象52人，逮捕2人，行政处理2人。

1964年，县公安局继续组织开展内部政治清理，全县划入清理范围的共有120个单位6105人（工交14个单位1039人、财贸54个单位3287人、文卫40个单位1206人、党群12个单位574人），共挖出反坏分子16人，降为一般政治历史问题4人，转外部处理4人（判刑2人、劳教1人，调查1人），作其他处理8人。同时配合内部“四清”（清政治、清经济、清组织、清思想），清查要害人员，调整身居要害的危险分子15人。

**安全检查**

20世纪50—60年代，县公安局在做好重点要害部位人员政治清理工作的同时，指导内部单位建立保卫组织和群众性的治安保卫小组，进行防奸保密教育，建立健全安全防范制度，开展安全检查，预防治安灾害事故的发生。

1954年3月，县公安局根据省厅及嘉兴地区公安处对“护仓”（保护粮食仓库）工作的指示，在县委统一领导下，开展保卫粮仓工作。组织安全大检查，先后对新埭、黄山、城郊三区共343个粮仓进行安全检查，对检查发现的问题及时向党委反映，并向有关部门提出建议，落实整改措施，对不称职的粮库干部进行调动，加强对治保、民兵等群众性护仓组织的领导，建立保管、检查等工作制度。

1956年，县公安局利用肃反运动的有利时机，在经保单位组织开展反事故斗争和组织建设。据县合作社、粮食局、中纺公司等3个单位的摸底，1951—1956年共发生各类事故43起，损失32.82万元。在事故追查完毕的同时，先后在中百、中专、电厂等21个单位建立治保组织，在针织厂、农产局等5个单位成立和配备专职或兼职的保卫组织与保卫人员，使重点单位扭转毫无群众基础的被动局面。

1957年2月，县公安局抽调干警配合县粮食检查队，开展全县粮食安全大检查，通过对分布在城关、乍浦、新仓、广陈、新埭、林埭等乡镇的277座粮食仓库的检查，发现仓库普遍存在消防设备残缺不全，部分库房墙面破裂有倒塌危险，个别仓库周围有地主等阶级敌人和可疑人员居住，仓库分散、管理力量薄弱、制度不严，护仓组织流于形式等问题，对检查发现的问题逐个落实整改，切实加强粮食仓库的安全保卫工作。

1959年9—10月，根据县委批转县政法党组关于开展安全大检查的指示精神，成立由工交、财贸、粮食、商业、卫生、政法等部门负责人组成的安全检查领导小组，抽调23名干部成立办公室，集中42天时间，在全县78个工厂、企业、仓库、学校单位开展“人人搞生产，个个管安全”的群众性安全大检查运动。发现安全隐患945条，建立和健全安全责任、安全教育、安全检查、事故报告、值班会客等各类制度343个，新建治保组织8个，治保干部总数达到435人，新建义务消防队78支，有队员795人，增添太平缸、太平桶、灭火机、水龙等消防设备一批。

1962年，县公安局会同主管部门对工厂、企业、仓库等重要部门进行4次规模较大的安全检查，参与检查的有53人，分成16个检查组，检查69个单位，其中物资仓库42个，工厂22个、其他5个，发现各种安全隐患96条，其中火险63条、盗险23条、其他10条，当场整改13条。1964年，通过安全检查，发现安全隐患210条，当场整改102条，事后整改108条。

1973年2月，县公安局恢复后，进一步重视和加强内部单位的安全防范工作。9月28日，会同商业、粮食、工业系统，组织23人分5个小组，分别对三大系统的重点厂、仓库、门市部进行安全检查，共检查10个工厂的30个车间，26个仓库和4个门市部，发现有12个方面的安全隐患，提出了加强内部安全保卫工作的五点意见：各单位领导必须高度重视做好安全保卫工作；要加强对四类分子和危险分子的控制；要教育群众不要偷听敌台，严禁收听；要加强保密和要害部位的保卫工作；加强对危险物品的管理，及时整改安全隐患。12 月 28 日，乍浦派出所会同银行、粮管所召开全镇各单位、大队的财会、出纳和食堂会计共 115 人参加的专业会议，研究现金、票证的管理方法和制度。

1979 年 3 月 1 日，县革命委员会向各公社、镇革命委员会，县级机关有关局办，县属单位转发县公安局、商业局、粮食局、人民银行、供销社等部门联合制订的《关于加强现金、票证和物资管理和报告》，要求各单位做到：加强对安全保卫工作的领导，每年至少组织 2 ～ 3 次以防火防盗为重点的四防安全检查；严格现金票证管理制度；建立和健全夜间值班制度，重要部门必须坚持两人值班，对思想麻痹、玩忽职守、教育不改，或者仍未建立值班制度而造成现金、票证和物资损失的单位，一定要追究责任，严肃处理。

1982 年 9 月 24—27 日，县公安局采取统一组织、分组进行、普遍检查，重点抽查的方法，组织各内保单位保卫干部和主管局分管保卫干部共 137 人，分 23 个检查组，对 103 个内保单位分别进行检查。以省公安厅“八条要求”和“四防”工作为检查重点，对商业、供销的各个商店、门市部，主要采取晚上突出检查现金票证的存放保管和值班制度。通过检查，共查出安全隐患 78 条，逐条提出整改意见，并由县公安局发文通报主管局及各内保单位，督促整改。

1983 年 1 月 31 日，县公安局会同县人民银行、县农业银行联合下发《关于重申加强现金票证管理的联合通知》，要求各单位必须坚持“一定四查”制度（即确定人员，责任到人；经常检查值班人员是否坚守岗位；检查门窗和防火设备；检查过夜现金票证是否超过限额及其保管情况；检查保险箱、防护设备是否完好），发现漏洞，及时堵塞，确保安全。

1985 年，县公安局内保部门根据季节特点突出专项检查，春秋两季蚕茧收购期间，对全县 6 个茧站由部门组织进行两次检查；棉花收购期间，对全县 12 个收棉站、2 个轧花厂、2 个棉花仓库进行全面安全检查；粮食收购季节，召开全县粮站负责人会议，对安全收粮和安全储粮进行宣传，对粮库进行安全检查等，确保收茧、收棉、收粮工作的顺利完成。是年，采取单位自查、对口检查、全县大检查等多种形式检查 58 次，参加人员 1750 人次，发现安全隐患 242 条，完成整改 168 条。

1986 年 6 月，县公安局内保部门在内保列管单位推行每月自查制度，确定每月 24—30 日其中一天为“安全自查日”，要求每月将自查情况上报，通过建立每月自查制度，提早发现安全隐患，及时落实整改。1987 年开始，内保单位重视和加大技防资金投入。至 1988 年底，新增报警器 31 只、灭火器 203 只、保险箱 30 只、电击器 44 只及其他各种防范器具 124 件。

1990 年，全县内保单位共投入 30 多万元，用于加高围墙、加固门窗、添置报警器、对讲机、更换旧电线、增加消防设施等，提高企业内部安全防范能力。1991 年，在全市内保列管单位中确定重点要害部位 388 个，其中在 118 个要害部位安装防火、防盗报警设施 225 套。

1993 年，围绕企业转换经营机制，针对各种改革措施的出台，市公安局内保部门加强对列管单位的检查，督促单位内部自身保卫力量，做好安全保卫工作。粮食系统由于受粮食价格放开，企业由过去的计划经营转变为市场调节，系统保卫组织对安全保卫工作毫不放松，组织安全检查，及时整改隐患。为保证露天粮仓的防火工作，全系统新增灭火机 40 只，开展消防演练 44 次，投入安全防范经费 3.3 万余元。

1994 年，在全市内保列管单位开展财会室、保险箱安装“三铁一器”（即铁门、铁窗栅、铁皮柜、报警器）活动，对保险箱全部实行装甲化防护，安装各种报警装置 165 台，控制 194 个重点要害部位。严格财务制度，严禁夜间办公室存放公款和私款，组织夜间突击抽查，确保内部单位不发生保险箱被盗案件。全年组织各种治安大检查 6 次，发现安全隐患 234 条，整改 231 条。

1995 年，市公安局内保部门把贯彻执行《浙江省机关、团体、企业、事业单位治安保卫工作条例》（以下简称《条例》）的工作重心转移到依法检查、监督职能上来，对一些违反《条例》及在治安防范上存在重大隐患或发生重大案件的单位，下发隐患整改通知书，限期整改。是年，共向有关单位下发《隐患整改通知书》10 份。

1996年，结合“严打”斗争，开展“治安防范机制建设年”活动。在全市范围内开展以整治金融网点、重点工程，大、中院校内部及周边治安秩序的三项整治工作，确保重点要害单位的安全。全年共组织9次大规模的治安检查，参加人员共计170人次。通过检查，发现安全隐患150条，均及时得到整改。

1997年9—11月，结合国家《电力法》的贯彻实施，根据省公安厅的统一部署，在全市范围内开展以打击窃电、盗电和破坏电力设施以及其他严重妨害电力建设生产、供应与使用秩序的专项整治活动，会同电力部门对乍浦、黄姑等乡镇开展企业用电检查，检查用户195户，查获各项违章户44户，处罚电费4.7万元，追回损失20万元。

1999年，市公安局内保部门贯彻落实《国有企业治安保卫工作暂行规定》和《治安保卫工作条例》两个法规，切实加强供电、供水、重点工程、金融单位、广播电视、通讯、政府首脑及大中院校为重点的要害单位安全防范工作，组织开展以查岗工作为主的内部单位安全防范大检查，对在查岗检查中发现问题及时提出整改意见，通报检查情况，督促整改。

2005年，国务院《企业事业单位内部治安保卫条例》(以下简称《条例》)颁布实施，按照“单位负责，政府监管”的工作机制，公安机关的工作着力点转到依法指导、监管、检查上。2007年，公安部结合国务院《条例》的贯彻，下发《公安机关监督检查企业事业单位内部治安保卫工作规定》，将内部单位安全监管工作纳入法制化轨道。市公安局在治安保卫重点单位进一步规范和健全例会、检查、通报等工作制度。

2008年，结合北京奥运会保卫工作，对电力、电信、广播电视等重点单位进行安全保卫专项督查，提高“三电”单位内部自身安全防范能力。

2010年，围绕上海世博会“环沪护城河”安保工作，加强重点单位、要害部位安全防范，全面落实“单位负责、政府监管”的内保工作机制，建立每季一例会、一通报，半年一检查，并形成记录，发现治安隐患按隐患级别分别下发《治安防范建议书》和《责令限期整改治安隐患通知书》，进一步提高公安机关对治安重点单位的监管力度。全年共检查各类企事业单位270余个(次)，发现各类隐患75条，当场整改60条，发整改通知书3份、治安防范建议书5份，对14个违反国务院《条例》的单位当场处罚。

2011年8月开始，市公安局根据省、嘉兴市公安机关的统一部署，组织开展治安保卫重点单位治安信息系统建设工作。至年底，平湖广播电视台等38个单位首批完成入网与入网信息录入任务。2012年3月全部完成入网信息的录入，并正式启用。9月1日，市公安局驻供电局联络室揭牌成立，以加强电力设施保护。

2013年，以确保油气设施的绝对安全为目标，指导相关企业加强基础设施的安全保护，会同市政法综治办、安监局、发改局对途经曹桥街道6处违章占压输油气管道情况进行检查、拆除，消除隐患，确保输油气管道安全。

2015年11月4日，省社会治安综合治理办公室、省公安厅印发《全省治安保卫重点单位安全防范评估办法(试行)》。2016年1—6月，市公安局、市综治办会同行业(系统)主管部门，开展全市治安保卫重点单位的自查评估工作，并将评估工作作为年度平安单位、治安安全单位的推荐依据，评估为优秀的单位作为推荐上报对象。

表15-1　1957—2015年部分年份平湖经文保列管单位一览表

| 年份 | 列管单位数(个) | 年份 | 列管单位数(个) |
|---|---|---|---|
| 1957 | 78 | 1985 | 74 |
| 1962 | 76 | 1986 | 58 |
| 1981 | 53 | 1987 | 74 |
| 1982 | 103 | 1988 | 74 |
| 1983 | 107 | 1989 | 74 |

续上表

| 年份 | 列管单位数（个） | 年份 | 列管单位数（个） |
|---|---|---|---|
| 1990 | 74 | 2005 | 61 |
| 1991 | 74 | 2009 | 68 |
| 1992 | 76 | 2010 | 97 |
| 1993 | 74 | 2011 | 76 |
| 1994 | 76 | 2012 | 68 |
| 1995 | 76 | 2013 | 68 |
| 1996 | 78 | 2014 | 88 |
| 1997 | 86 | 2015 | 88 |

注:以上数据摘自经文保科年度工作总结。

## 第三节　金融与校园保卫

### 一、金融保卫

银行金库、营业所、储蓄所、信用社是货币集中的地方，是犯罪分子侵害的主要目标，金融单位是经文保工作的重点保卫部门之一。解放初期，平湖在银行设立“行警”负责金库的保卫工作。

“文化大革命”开始后，1967年1月11日，中共中央、国务院、中央军委发出紧急通知，明确各地银行一律由人民解放军和公安部门负责保护，以加强对银行信用社的保卫工作。

20世纪80年代，随着经济体制改革的深入开展，银行业务快速发展，机构、营业网点迅速增加。1987年，工商银行针对营业房的特点增添灭火机和安装报警器，加强技术防范措施。1988年8月，贯彻落实“一部五行”《关于加强银行系统安全保卫工作的通知》，县公安局下发《关于进一步加强银行系统安全保卫工作的通知》，在原有制度的基础上增加五项措施：实行领导负责制；早、中、晚短长值班，要保持双人值班；下班时，办公室抽屉禁止存放公私现金、公章、有价证券、单位介绍信、贵重物品等；上下班之前要对门窗、桌柜勤检查；在办理存领款业务时，要保持高度警惕，做到勤观察，发现可疑，要积极想方设法拖延时间，及时报告有关部门。

1990年，全县金融系统结合《浙江省机关、团体、企业、事业单位治安保卫工作条例》贯彻，建立行领导夜间突击查岗查哨制度，教育全体职工提高警惕，做好安全防范工作。工商银行平湖支行连续5年无事故，被总行评为治安保卫工作先进集体。是年，针对农业银行系统基层储蓄所，信用社点多面广，保卫力量相对薄弱，县公安局会同农业银行平湖支行在金融干校举办为期5天的保卫业务培训，有32名保卫干部参加集中培训，提高基层保卫干部的业务水平。

1993年，贯彻公安部《银行营业场所风险等级和防护级别的规定》（以下简称《规定》），实施“风险等级防护级别”分级评定。按照《规定》要求，首次对全市87家营业网点风险等级和防护措施逐一进行填表登记和分类，确定一级风险单位2个、二级风险单位29个、三级风险单位55个，四级风险单位1个。

1994年，贯彻落实国务院金融系统“三防一保”电话会议精神，组织各大银行进行安全大检查，发现隐患及时整改，对新建或修建的营业场所和网点严格按风险等级规定落实各项防范设施和工作措施，各营业场所网点均配备防盗报警器、电警棍，工商银行、农业银行、中国银行平湖支行等在有关重点要害部位安装电视监控设备，有效地提高了银行的安全防范能力。12月，市公安局与银行系统联合发文，成立银行营业场所风险等级和防护级别判定领导小组及验收小组，负责三级以下营业场所风险等级和防护级别的判定和验收，每年进行一次。

1995年，针对全国各地金融系统发生重特大案件不断增多的严峻治安形势，市公安局内保部门进一步做好对金融网点的安全防范工作。全年组织安全大检查4次，发现9个经营场所和网点存在重大隐患，及时会同市人民银行向有关银行下发限期整改通知书9份，消除安全隐患。是年底，全市有26个营业场所达到三级防护等级标准，1个营业场所达到四级防护等级标准。

1996年7月和1997年5—7月，市公安局会同人民银行连续开展金融秩序专项整治。通过整治，清理网点周边摊点22个，停车位8个。发现网点内部安全隐患95条，对47个风险等级防护设施未达标的网点下发整改通知书，落实整改。并投入大量资金进行技防改造，改建营业网点21个、改装运钞车13辆。建立网点保安室，启动网点安装“110”自动报警系统工作。至1997年底，全市124家金融营业网点中有103家安装“110”防盗报警装置，接入公安“110”报警服务台，安装电视监控73套、区域监控系统13套。结合整治，制订完善处置突发事件应急预案，并组织演练，以确保安全。

1999年，根据上级公安机关的部署，组织开展全市金融安全防范大检查，对检查出现问题隐患在每季度保卫工作例会上进行通报，并抄报上一级部门，全年共下发书面整改通知书78份，口头整改82次。是年，市公安局与人民银行联合发文要求各金融单位、邮政局停止到企业上门收款，规范运钞作业，谨防各类事件发生。

2003年，以开展“金融防范设施建设年”活动为载体，强化金融单位安全防范设施建设，按照中国人民银行、公安部《关于印发金融机构营业场所、金库安全防护暂行规定的通知》标准，全市营业网点全部达标。同时，在全市金融系统营业场所推行重大案件行政责任倒查制，提高全员防范意识和各项防范措施的落实，针对省内一些地方发生ATM机被盗情况，组织开展全市ATM机的安全大检查，对一些不符合安全要求的，提出整改意见，以确保安全。

2004年9月，公安部下发新的《银行营业场所风险等级和防护级别的规定》，对原定的级别进行调整，将四级改为三级，同时新增视频电子监控、“110”联网等硬件技术标准。

2005年，市公安局会同人民银行、市银监办作出全市金融营业网点技术监控设施向街面延伸的决定，整合沿街金融网点监控设施，外移金融网点监控设施113个，外移监控点安装率达到100%，金融单位营业网点及周边地区治安防控能力得到增强。2007年，开展对全市11个金融机构114家营业网点的安全评估和检查，发现52条安全隐患，予以落实整改。

2010年，围绕世博安保工作，在全市金融网点推行“签约式”警银联防机制建设。通过签订《警银联防协议》、召开每季银行业金融机构安全保卫工作例会，促进警银联防合作市场化、常态化，切实加强金融机构的安全管理。

2011年2—7月，围绕建党90周年安全保卫工作，市公安局会同市银监办开展对全市银行营业网点、自助设备和案件多发单位治安隐患大检查，以安全防范制度、应急预案、安防设施建设等为检查重点，通过查阅各金融营业网点的台账簿册，回放监控录像，实地走访与查看，检查金融营业网点68个，发现隐患38条，逐一落实整改，并开展全市银行业网点自助机具防护舱安装工作。

2013年6—10月，开展对全市15家金融机构的111家营业网点、178台存取一体机设备、211台取款机设备、28台自助终端设备进行安全评估检查，对检查中发现的42条安全隐患全部整改，以规范金融机构安全管理，进一步提高金融机构安全防范能力。

2014年3月至2015年9月，市公安局为有效遏制通讯（网络）诈骗案件高发势头，根据省公安厅、省银监局通知精神，持续深入地开展以“防盗、防骗、防抢、防火”为主题的金融安全“心防工程”建设活动，建立金融防范长效机制。通过防范宣传、建立治安金融微信群、案件倒查、止损奖励、联席会议等措施，进一步加强金融保卫。其间，成功堵截电信诈骗案件19起，挽回经济损失57.2万元。中国银行平湖支行1名业务经理因止损有功，获市公安局颁发的三等治安荣誉奖章。

2015年，市公安局继续加大对金融网点的检查整改力度，全市金融单位共投入174.2万元，完成整改任务。5—10月，会同市银监办对全市18家金融机构、122个营业网点、90个自助银行、123个自助设备进行第四轮安全评估，其中17家金融机构被评为安全防范优秀单位，1家为安全防范合格单位，安全防范达标率为100%。通过检查评估，发现并整改一批安全隐患，加大人防、物防、技防设施的投入，提升银行业金融机构安全防范能力。是年，工商、建设、嘉兴银行平湖支行及平湖农村合作银行等被嘉兴市公安局、中国银监会嘉兴监管分局评定为成绩突出集体，予以通报表彰。

**二、校园保卫**

1951—1952年，县公安局根据上级公安部门的指示，在全县中小学校教师队伍中开展内部肃反、清理工作，发现有政治问题330人（其中土匪3人、特务21人、反动党团骨干44人、恶霸1人），分别作出处理，以纯洁队伍，并在平湖师范，县第一、第二中学建立治安保卫小组，负责学校内部的治安保卫工作。

1960年5月，县公安局根据中央和省委指示，在全县各中等学校、公社中心小学开展全民安全、保密大检查运动，方法采取条块结合、领导与群众结合，重点与一般结合的自查、互查和有领导、有组织的大检查，以学校的食堂、畜牧场、财务会计室等为重点，检查各种火险、盗险，各种毒品和易燃易爆物品的管理情况，通过大检查，把各种安全隐患挖深、挖透、挖尽，并实行彻底整改。同时加强制度建设，对原有的治保组织进行一次全面整顿，在中学和完小成立治保分会，村小设治保小组，受分会领导，使学校治保组织成为保卫学校安全的一支骨干力量。

20世纪90年代末，随着治安形势的变化，中小学校及幼儿园的治安问题不断增多。1998年2月，公安部印发《关于集中整顿中小学校治安秩序，落实管理防范工作责任制的通知》，市公安局贯彻通知精神，建立由各派出所负责辖区校园及周边治安的责任制度，将中小学校治安保卫工作纳入派出所和责任区民警的职责范围，由所领导和责任区民警担任法制副校长、法制辅导员，协助学校做好法制教育，传授防范知识，帮教有劣迹学生，加强学校内部安全保卫等项工作。

1999年6—9月，贯彻中央综治委、教育部、公安部联合召开的全国学校治安综合治理工作电视电话会议精神，根据省、嘉兴市公安机关的统一部署，在全市组织开展学校及周边地区治安秩序集中整治专项工作，组织治安清查24次，投入警力273人次，检查周边单位237家，发现各类隐患27条，下发整改通知书9份，取缔场所1家、限期整改3家，签订治安责任书149份，建立自防组织25个117人，调整充实治保力量81人，建立治安岗亭5个，安装防盗设施174家（处）。破获刑事案件20起，查处治安案件60起，抓获违法犯罪人员191人，刑事拘留3人，治安处罚169人，其他处理19人。

进入21世纪，校园及周边治安秩序集中整治工作进入常态化，每年进行一次。2001年4月，市公安局下发《关于进一步加强学校安全保卫工作的通知》。各派出所积极会同教育、文化、工商等有关部门，对辖区所有学校开展“四查（查思想、查制度、查措施、查整改）四防（防盗、防火、防破坏、防治安灾害事故）”安全大检查活动。10月，根据省厅通知精神，组织校园及周边治安秩序整治工作，共组织安全检查80次，投入警力584人次，发现各种安全隐患300条，其中当场整改263条，限期整改37条，关闭学校周边200米以内网吧7家、搬迁3家，治安处罚电子游戏经营场所19家，吊销治安许可证2家，取缔非法书摊、音像制品摊点14家。破获以学校师生为侵害对象的刑事案件28起，查处违法犯罪人员75人。是年始，先后在平湖中学、当湖中学建立校园保安室，由市保安公司派驻保安队员负责学校的日常巡逻、值班，切实加强学校的安全保卫力量。

2005年6月，贯彻公安部加强校园安全保卫工作“八条措施”，会同市教育局，开展创建“平安校园”活动，向全市中小学校全面推行派驻保安制度，建立校园保安室。2007年底，全市有30所中小学校（含幼儿园）建立保安室，共派驻保安队员78人。至2010年，全市101所幼儿、中小学校建立保安室，共派驻保安189人，配备“七件套”防护器材162套，安装紧急报警按钮装置和视频监控探头各101只。

2010年，针对全国各地涉校恶性案件频发的严重治安状况，多措并举强化校园及周边治安秩序专项整治。市委、市府印发《关于进一步加强学校（幼儿园）及周边安全保卫工作的意见》，在市公安局治安大队设立校园安保办公室。开展对辖区内中小学校、幼儿园特别是民工子弟学校、无证经营的托儿所、幼儿园等涉及校园安全隐患的排查工作。加强对内部重点人员及食堂、危化物品管理等重点岗位人员排查，内部安全检查及周边治安、交通秩序的双整治。建立上学、放学等重点时段，民警、协警巡查护送制度，全力保障学校师生安全。

2011年5月3—5日，市公安局组织人员对全市部分中心小学、幼儿园安全防范落实情况进行专项检查，指导、落实学校的“三防”安全措施及涉校工作对象管理措施。5月13日晚，新埭镇发生一起在校学生因琐事发生纠纷，引发双方聚众斗殴，致一名在校学生死亡的恶性案件，市公安局及时下发《关于进一步加强学校安全管理工作的通知》，提醒各辖区派出所认真吸取该案教训，引以为戒。

2012年7月25日，市公安局国保大队在市教育局设立公安联络室，落实一名民警与教育局安全管理科合署办公，着重对全市中小学、幼儿园落实出入登记、守卫看护、巡逻检查等内部治安保卫措施情况开展检查，配合学校共同做好校园安保工作。

2013—2015年，根据省、嘉兴市公安机关的统一部署，积极开展“护校安园”专项行动和校园安全大检查，建立定期检查通报制度，进一步推进校园人防、物防、技防及消防安全“四个能力”建设。“护校安园”专项行动被省综治办、省公安厅、省教育厅评定为2015年度成绩突出集体，受到通报表彰。

## 第四节　安全保卫责任制与创安活动

### 一、安全保卫责任制

新中国成立初期，县公安局对县党政首脑机关、重点公营企业以及供电、通信、粮油加工、重要仓库等事关国计民生的单位加强内部保卫，在建立保卫组织和群众治保组织的基础上，建立门卫、会客、保密等安全保卫制度。

1953年，贯彻公安部及地区公安处通知精神，在全县国营、地方国营、公私合营企业进一步建立和巩固内部安全保卫制度，杜绝反革命分子破坏活动，保卫职工生命与国家财产的安全。认真落实有关招工、保密、人员出入、参观会客、值班警卫、居住安全、事故报告处理、交接班、消防安全等制度。随着社会主义建设的发展，全县企业、事业单位都建立行之有效的内部安全保卫制度。

1957年初，县公安局在企业推行保卫合同制度，与县供销社、中百公司等两大企业订立为期一年的保卫合同，两大企业建立各项安全保卫制度，并将保卫工作通过《财贸通讯》刊物登载，作为教育干部的资料，作用很大，全年没有发生重大事故。

1958年，县公安局下发《1958年内保工作意见》，将加强内保单位各项制度建设作为限制敌人破坏和刑事犯罪活动的主要措施之一，开展对原有制度的整顿工作，本着既能防止敌人破坏和刑事犯罪分子活动，又能有利于生产和群众的原则，取消不合理的内容，保持合理的方面，建立新的制度。整顿后，发动群众，严格执行，加强管理。

20世纪60年代初，县公安局根据省公安厅的统一部署，对管钱、管物、管票证的单位，指导建立健全内部安全管理制度，将以门卫安全防范为主的人员出入管理，延伸至加强内部钱、财、物管理的全面防范与管理。

“文化大革命”期间，安全保卫制度受到严重破坏。中共十一届三中全会以后，经过拨乱反正，内部单位的安全保卫制度逐步得到恢复和健全。

1980年9月，省人民政府第九次常务会议批准颁发《关于建立安全保卫责任制的若干规定》。10月31日，县公安局会同人民银行、农业银行、商业局、供销社、粮食局等单位联合下发《关于建立现金、票证安全保管责任制的联合通知》，明确建立现金、票证安全保管责任制的五项具体规定，加强现金、票证的管理。

1981年8月2日，县革命委员会批转县公安局《关于贯彻落实安全保卫责任制的情况和今后意见的报告》，下发至各社镇，县级机关各部、委、办、局及县属各单位，在内保列管单位全面推行安全保卫责任制。是年底，县公安局专门召开内保单位保卫干部会议，分析全县 96 个内保单位贯彻落实安全保卫责任制的情况，提出进一步落实安全保卫责任制的工作意见。

1982 年 10 月 22 日，县公安局会同县计经委下发《关于对内部单位安全保卫责任制落实情况的检查验收提纲》。11 月 22—29 日，会同县计经委、县财贸办公室，按照省政府关于“落实安全保卫责任制八条要求”，组织开展内保列管单位贯彻落实安全保卫责任制的检查评比工作，参加检查评比的工业、商业、二轻、供销、卫生、教育、文化、邮电、供电、粮食、物资、交通、银行等 13 个系统 54 个单位，抽调人员 111 人，分 18 个小组进行。通过检查，评出平湖标准件厂等 12 个单位为基本符合“八条要求”的先进单位，印刷厂等 35 个单位基本做到“制度、责任、奖惩”三落实，检查评比情况由县人民政府发文通报。12 月 30 日，省第五届人大常委会第十八次会议审议通过《浙江省机关、团体、企业、事业单位安全保卫责任制条例》（以下简称《责任制条例》）。

1983 年，县公安局经文保部门依据《责任制条例》，结合当地实际制订《实施细则》，按照“谁主管、谁负责”的原则，把安全保卫责任制纳入厂长（经理）和行政领导负责制一起考核，指导列管单位将内部安全保卫纳入企业行政管理，与经济责任制、岗位责任制相结合，与奖惩制度挂钩。至 1985 年，全县有 26 个单位修订安全保卫责任制，37 个单位将安全保卫责任制纳入企业管理，9 个单位实行与经济挂钩。

1986 年 3 月，县公安局在县政法委牵头下，组织人员在新庙乡进行治安承包责任制试点。推行“一包”（承包人职责：即负责保卫本单位的国家、集体、公民合法财产安全）、“二定”（定承包项目即健全治保组织、完善各项规章制度、开展法制宣传和普法教育、做好帮教和四防工作、减少各种案件；定奖惩措施即实行半年一考核、一年一总评的百分考核制）、“三落实”（承包人员、措施、奖金）。是年，有 6 个乡镇推行。至 1988 年，全县有 315 个村（居）委会、476 个企业开展治安承包责任制推广工作。

1986 年 9 月，县公安局会同县计经委联合转发国家经委、公安部《关于在经济体制改革中加强和改革企业保卫工作的通知》，要求各主管局、县属单位、乡镇政府及工业公司必须把企业安全保卫工作纳入生产、经营管理范围，列入厂长（经理）负责制，实行同计划、同布置、同检查、同评比、同总结，把安全保卫责任制同企业经济责任制挂钩。10 月，选择平湖标准件厂进行安全保卫承包责任制试点，采取三级承包的形式，把安全保卫工作作为厂长（经理）、科长、车间主任经济承包的考核指标，纳入企业目标管理的大纲之中，彻底改变过去单位内混、散、乱的不安全状况。同时，县农资公司、副食品公司等一些单位也都将安全保卫责任制纳入经济承包责任制中，与经济挂钩，考核至门市部、柜台。全县有 37 个单位做到与经济挂钩，19 个单位部分与经济挂钩。12 月 10—13 日，抽调 7 名干警，会同县保险公司，组织开展对工业、商业、粮食、供销等 4 个系统 34 个单位及 13 大公司和一个贸易中心的 32 个基层商店门市部、仓库进行检查考核，评出 90 分以上单位 21 个、80 分以上单位 9 个、60 分以上单位 1 个。平湖标准件厂、棉纺织厂、农资公司等被评为 1986 年度落实安全保卫责任制先进单位。

1988 年，进一步抓好内保单位安全保卫岗位责任制的落实，据统计，补充各项规章制度的有 21 个单位，对原有制度进行修改的有 47 个单位，全县 79 个内保单位均落实安全保卫责任制。至年底，有 18 个单位被评为保卫工作先进单位。1989 年，治安保卫责任制分级落实效果明显，落实到厂长、经理负责制和企业经营管理的有 53 个单位，落实到车间班组的有 320 个，治安保卫责任制在工厂、企业单位进一步得到强化。

1990 年 8 月，县政府办公室批转县公安局关于贯彻《浙江省机关、团体、企业、事业治安保卫工作条例》实施意见的通知，进一步明确各单位要把治安保卫工作纳入单位领导责任制和行政管理、企业管理责任制，把治安保卫任务层层分解，落实到科室、车间和职工个人身上，并作为检查、考核、评比、奖惩的条件之一。平湖标准件厂保卫科结合条例贯彻，用图表形式建立起一套内部治安管理网络，分工明确、责任到人、措施落实、考核有目标。至 1991 年 11 月底，全市有58个内保列管单位制订本单位《治安保卫工作实施办法》，修订治安保卫的规章制度，将责任落实到人，健全内部防范机制。

1998年，市公安局内保部门采取与单位签订《安全保卫责任状》的方式，明确单位法人的安全保卫责任，加强安全保卫工作的软硬件建设。结合创安活动，指导制订领导负责制和值班巡逻等制度，健全内部安全防范机制，督促内部单位加大资金投入，落实技术防范，全面提升内部单位整体防范能力。

进入21世纪，市公安局贯彻国务院《企业事业单位内部治安保卫条例》，以执法检查为重点，监督企事业单位依法履行《治安保卫条例》的法律义务，不断深化重点单位安全保卫责任制的落实，对部分涉恐单位按照嘉兴市反恐安全防范规范，签订安全防范责任书，落实各项反恐措施。组织开展“三电”（广电、电信、供电）、输油气管道生产治安秩序专项行动和企事业单位财务室保险柜治安隐患专项治理，采取与“三电”单位签订安全保护工作责任书，与各列管单位签订安全保卫责任状等，各列管单位安全保卫责任进一步落实。

**二、创建治安安全单位**

1958年4月19日，县公安局根据嘉兴地区公安处的统一部署，在全县22个乡镇开展安全运动。在继续贯彻肃清残余反革命、侦察破案和两个改造（地、富、反、坏分子改造和懒汉、二流子改造）的基础上，推行“爱国公约”，建立调处委员会等。制订安全乡镇的标准为“四无”（无火灾、无赌博、无偷窃、无反革命重大破坏事故）。同时在全县工厂、机关、学校等内部单位开展分类创安活动，一类是有保卫组织，工作基础较好，问题较少的单位要求达到“十无”（无破坏事故、无反动标语信件传单、无不良分子、无火灾案件、无捣乱案件、无窃密案件、无暗藏反革命分子、无5元以上的盗窃案件，无凶杀、投毒、暗害、爆炸案件，无纠合性反革命集团案件）安全单位；二类是有兼职保卫干部或没有保卫干部、治保组织和各项制度尚未建立健全的单位要苦战3个月，实现“八无”（无破坏事故，无盗窃案件，无火灾，无反动标语、传单，无不良分子，无捣乱案件，无窃密案件，无暗藏反革命分子）安全单位。

1988年8月23日，县公安局、乡镇企业局、县保险公司联合在林埭镇召开各乡镇政法副乡镇长、乡镇企业专职保卫干部参加的乡镇企业创安工作现场会，推动全县乡镇企业的“二室一库”（财务室、办公室、仓库）创安活动。

1989年2月，省公安厅部署在全省范围内开展企业创建治安安全单位活动。4月，县公安局向各内保列管单位下发《关于在企业开展创建“治安安全单位”活动的通知》，以省厅《创安十条标准》为要求，进一步提高单位内部安全防范能力，抓好内部单位的制度化、规范化、目标化管理，并在平湖标准件总厂、棉纺织厂开展试点。11月20日至12月15日，根据创安要求，组织内保单位创安检查总结评比，以推动面上创安工作。

1990年7月，县公安局在试点取得经验的基础上，结合《浙江省机关、团体、企业、事业单位治安保卫工作条例》的贯彻实施，根据嘉兴市公安局的统一部署与县计经委、县保险公司联合发文，在全县机关、团体、企业、事业单位开展创建“治安安全单位”活动，下发省公安厅《创安十条标准》。对开展创安活动一年以上，可申请达标验收，由县公安局会同计经委、县保险公司和各主管部门进行百分制考核，总分达95分以上的，可评为“治安安全单位”。

1991年，全市有54个单位开展创安活动。至年底，有47个单位达到“三无”（无案件、无违法犯罪、无灾害事故）标准，17个单位被评为年度争创治安保卫单位先进集体，25名保卫干部被评为年度治安保卫工作先进个人。化纤总厂、棉纺织厂、浙江塑料厂等3个单位获评平湖市“治安安全单位”。1992年，有63个单位达到“三无”标准。棉纺织厂获评浙江省“治安安全单位”。以后评定申报工作每年进行一次。

1996年，市公安局以治安防范建设年活动为契机，进一步深化机关、团体、企业、事业单位创安活动。至年底，全市创安单位达标率大有提高，达到93.5%。全市有56个单位达到创安标准，其中45个单位获评平湖市“治安安全单位”。棉纺厂、化纤总厂、东方床罩厂、油厂、橡胶厂及人民、建设、中国、农业等4大银行平湖支行和农村信用合作社等10个单位获评嘉兴市“治安安全单位”，第一针织厂获评浙江省“治安安全单位”。

1997年，进一步加强创安工作的组织领导，市公安局成立创安领导小组，并设立办公室。各企事业单位各自成立创安领导小组，实行单位一把手工程，制订创安活动规划和措施，进一步落实人防、技防和物防措施，加强内部管理，建立健全各项安全制度。经年终考核验收，参加创安的68个单位中有54个单位达到创安标准，达标率为79.41%。建设银行平湖支行、化纤厂、茉织华印刷有限公司、橡胶厂、莫氏庄园等5个单位获评嘉兴市“治安安全单位”，平湖金瓶纺织有限责任公司、人民银行平湖支行获评浙江省“治安安全单位”。

1999年，市公安局下发《关于进一步改革和加强经文保工作的意见》，扩大“治安安全单位”创建范围，将职工人数100人以上或年产值300万元以上的企事业单位、各乡镇政府机关和信用社、供销社、卫生院及中心学校以上中、小学校等具有法人资格的重点单位列入“治安安全单位”创建范围。全市有263个单位开展创安活动，比1998年的139个增加124个。至年底，全市有258个单位达到创安标准，达标合格率为98.1%。市邮政局等49个单位分别达到省、嘉兴市“创安”标准，119个单位达到平湖市“创安”标准。人民银行平湖支行等12个单位获评浙江省“治安安全单位”，其中金瓶纺织有限公司连续3年获评浙江省“治安安全单位”，该厂保卫科科长被记个人二等功一次；人民银行平湖支行连续2年获评浙江省“治安安全单位”，该行保卫科科长被记个人三等功一次。

2000年，全市参加“创安”活动的单位有327个，经考核合格有313个，其中247个单位获评平湖市“治安安全单位”。平湖市政府机关事务管理局等53个单位获评嘉兴市“治安安全单位”，中国人民银行平湖支行等13个单位获评浙江省“治安安全单位”。平湖民营企业华城茂麓制衣公司获评浙江省2004—2005年度“治安安全示范单位”称号。

2006年，贯彻国务院《企业事业单位内部治安保卫条例》，根据省公安厅《关于在全省机关、团体、企业事业单位继续深化创建治安安全单位活动的通知》和嘉兴市公安局有关文件精神，结合市综治委组织开展的“综治进企业”活动，继续开展创安活动。民营企业华城茂麓制衣公司专门落实资金和人员进行具体操作。市农村合作银行在对相关营业网点进行装修整顿的同时，投入各项安全经费200万余元，完成金库建造和监控数字化改造。是年底，全市315个创安单位中有310个单位达到创安标准，其中获评平湖市“治安安全单位”287个、获评嘉兴市“治安安全单位”20个、获评浙江省“治安安全单位”3个。

2009—2010年，市供电局等27个单位和市邮政局等26个单位获评嘉兴市“治安安全单位”，市供电局获评浙江省“治安安全示范单位”。2013年，建设银行平湖支行、平湖农村合作银行、市供电局、市政府机关事务管理局等26个单位获评嘉兴市“治安安全单位”。

2013—2015年，建设银行平湖支行、平湖农村合作银行、平湖银安烟花爆竹有限公司、供电局、平湖水务投资集团有限公司、平湖白金汉爵大酒店等单位获评浙江省创安活动成绩突出单位，其中平湖合作银行、供电局、水务投资集团有限公司等单位连续2年受到省政府通报表彰。

## 第五节　重要警卫工作

1958年4月11日，中共中央副主席朱德到乍浦沿海视察，县公安局局长冯峰、副局长施来昌率干警参加警卫。在乍浦期间，朱德会见海军驻乍部队领导及乍浦镇委书记田盛祥，作了“大办地方工业，支援农业生产”和“要向海洋进军，向大海争土地”的指示。后又到全塘海天寺附近下车，视察日寇登陆处。

1958年12月15日，中共中央副主席陈云在省委书记江华的陪同下到乍浦视察，县公安局局长冯峰、副局长施来昌率干警参加警卫。在乍浦期间，陈云和县委副书记唐彦彬、乍浦公社党委副书记俞寿根亲切谈话。陈云很关心广大社员的生产和生活情况，曾问到今年农业大丰收后的分配情况和食堂种的蔬菜够不够吃等问题，并指示“要大力发展多种经营，进一步增加社员的收入和社队的公共积累”。

1998年10月27—30日，全国政协部分提案承办单位工作座谈会在平湖召开，全国政协副主席杨汝岱出席。市公安局副局长朱峥率干警参加会议期间的警卫。

2001年5月2日，中共中央政治局常委、国家副主席、中央军委副主席胡锦涛在浙江省委书记张德江、省长柴松岳等陪同下参观嘉兴南湖中共“一大”会址后途经平湖，中午在平湖圣雷克大酒店作短暂休息，下午赴嘉善参加学习贯彻“三个代表”座谈会。市委常委、公安局长司宏毅率干警会同省、嘉兴市警卫局共同完成警卫任务。

2008年11月8—9日，中共中央原政治局委员，全国政协副主席杨汝岱到平湖考察。市公安局配合上级警卫部门做好警卫工作。

2009年7月9日下午，市公安局按照内宾三级警卫部署，完成全国政协副主席孙家正在平湖莫氏庄园、李叔同纪念馆等地视察参观的警卫任务。

2010年5月30日，中共中央原总书记、国家主席、中央军委主席江泽民到平湖参观李叔同纪念馆。市公安局抽调警力，会同省、嘉兴市警卫局共同完成警卫任务。

2010年9月11日，全国政协副主席厉无畏到平湖李叔同纪念馆、浙江莎普爱思药业股份有限公司、日本电产（浙江）有限公司等地视察。市公安局抽调警力，会同省、嘉兴市警卫局共同完成警卫任务。

# 第十六章　出入境与边防管理

出入境管理工作是国家赋予公安机关的重要职能之一，是国家涉外管理的一个重要组成部分。新中国成立后，为维护国家安全和旅外同胞的利益，县公安局根据国家有关出入境管理的法律和法规，逐步建立和健全出入境管理机构和制度。1957 年起，县公安局政治保卫股开始受理签发往来港澳通行证,1958 年开始受理出国申请。20 世纪 80—90 年代，随着改革开放的不断深入，国家逐步放宽出国出境的限制，出入境人员逐年增多。1997 年 7 月，市公安局建立出入境管理科，与政治保卫科合署办公，落实外管兼职民警 2 人，依法受理出入境申请、接待、审批、发证等工作。进入 21 世纪，国内“三资”（中外合资、中外合作、外商独资）企业不断增多，公民自费出国出境旅游兴起。出入境人数骤增。2003 年 3 月，出入境管理科为单列科室。2008 年 9 月，县级公安机关机构改革，更名为出入境管理大队，有民警 7 人。2012 年 9 月 1 日，出入境管理大队入驻市行政服务中心，总面积 250 平方米的现代化接待大厅开始启用。公安机关进一步简化出入境手续，不断推出多种便民利民措施，创新拓宽服务领域，实施市县出入境审批权限一体化改革，落实外管工作机制，依法加强对公民因私出国出境和境外人员到平湖的管理。

平湖同时又是东南沿海城市，有长达 26.7 千米的海岸线，边防保卫也是公安机关的一项重要职能。新中国成立后，省人民政府公安厅边防保卫局曾于 1950 年 10 月在乍浦成立边防分局（县级），又称嘉兴区乍浦海防公安分局，隶属省公安厅边防保卫局和嘉兴地区专署公安处双重领导，负责平湖沿海地区的边防保卫工作，下辖乍浦、全平、黄姑、白沙湾等 4 个公安派出所。1952 年 6 月 7 日，乍浦边防分局撤销，公安武装调驻宁波镇海。90 年代，随着乍浦港的开发与建设，为有效加强沿海边防辖区的治安管理，省公安厅、武警总队决定在乍浦设立边防工作站。1997 年 10 月，乍浦边防公安派出所（平湖边防工作站）成立，由平湖市公安局协管。乍浦边防公安派出所贯彻执行解放军和武警部队的各种条令、条例，加强军事和业务训练，实施“爱民固边”战略，积极做好沿边沿海地区的社会治安工作，严密边防口岸管理，在维护海上渔船渔民的生命安全，打击走私、偷渡、贩毒和其他违法犯罪活动等方面作出显著成绩，2008 年被省公安厅评定为二级公安边防派出所。2009 年 10 月起，乍浦边防公安派出所由嘉兴市公安局港区分局协管。

## 第一节　中国公民出境入境管理

### 一、一般公民出入境

20 世纪 50—60 年代，平湖仅有往来港澳人员，但人数极少，实行“从严审批”原则，无确切正当理由，一般都予以劝阻，不予批准。1957 年，县公安局政保股开始受理签发往来港澳通行证，经局长批准后发证。是年，共批准发放港澳通行证 9 张。1961 年，县公安局受理申请出境 3 人，经审查，获准出境 2 人，不准出境 1 人。

1962 年 5—6 月，根据省公安厅和地区公安处《关于严密出入境管理制度，防止窃取、冒领出入境证件的通知》精神，县公安局组织开展对历年来申请往来港澳的案件及通行证签发进行检查，经检查，未发现证件缺少，基本上能做到签发、领用、收缴，严密出入境管理制度。此后，政保股确定一名副股长亲自保管、签发往来港澳通行证，并将签发人亲笔签字翻拍成照片上报省公安厅，对损坏作废的及时加盖“作废”印章，建立每月一次局长检查制度，防止窃取、冒领或骗取等事件的发生。7 月 6 日，省公安厅三处下发《关于改进出入境管理工作的通知》规定：对申请出国和往来港澳的案件，不论理由是否正当，都应给予及时审批和答复；出国和去港澳的申请，一律由市县公安局受理，除机关、学校、企业、事业等内部单位的人员由本单位出具介绍信外，其余不必向他们索取，对于申请出国的案件，由市县公安局局长审批后，直接上报省公安厅复核发证，对于申请去港澳的案件仍由市县公安局审批发证；改进调查方法，缩短调查时间。县公安局贯彻省厅通知精神，认真做好出入境审批工作。

1963年，县公安局贯彻执行省公安厅《关于加强公民因私出境管理工作，严防反坏分子外逃的通知》，对申请出国、去港澳人员，开展认真调查，查明申请人有否投机倒把、贪污盗窃行为，严防反坏分子外逃，严格审批制度。

“文化大革命”期间，对出国出境申请人需经严格的政治审查，写出专门的政治审查报告报省人民保卫组审批，一般公民因怕受海外关系牵连，都不敢申请出国出境，公民因私出国出境工作处于停顿状态。

1973年2月，县公安局恢复后，依照国务院〔1971〕48号文件精神，恢复出入境审批。1974年起，为减轻香港人口急剧增加的压力，对公民因私去香港实行限额审批办法。1976年，受理出境申请4件4人（香港），经审查，报省公安局批准2人出境。1979年，国家实行对外开放政策，逐步放宽出国出境的限制。是年，受理出国出境申请9件，经审查批准6人出国、1人出境。

80年代开始，申请出国出境人数逐年增多。1984年，中共中央书记处、国务院批转公安部《关于放宽因私出国审批条件的请示》，进一步放宽申请出国定居、探亲、访友、结婚、继承财产、治病、就业、旅游等出境限制。4月起，对因私去澳门也实行限额审批，对定居港、澳者“从严掌握”。1985年11月22日，第六届全国人大常委会第十三次会议通过《中华人民共和国公民出境入境管理法》，自1986年2月1日起施行。1986年12月3日，国务院批准《中华人民共和国公民出境入境管理法实施细则》和《中国公民因私往来香港地区或澳门地区的暂行管理办法》。国家继续放宽中国公民因私出国出境审批条件。1987年11月2日起，台湾当局准许一般民众经由第三地赴大陆探亲。此后，县公安局根据公安部规定开始受理大陆公民到台湾探亲、治病、奔丧或处理其他事务的申请，被批准的，转道香港入台。1988年，公民因私出国、出境人数继续增多，共受理24件，比1987年上升41.67%。当年完成审批22件，22人出国出境。

进入90年代，出国出境人员从以往单一的因私探亲、留学、定居出国（境），逐步转向去境外商务、考察、旅游、劳务输出等，申请出国（境）人数逐年增加。为使出入境审批工作进一步适应对外开放的新形势，为平湖的经济建设服务，县公安局出入境管理部门对申请出国、出境的公民，严格依照出入境法律法规，认真审查材料，坚持面见申请人和与申请人谈话询问制度，严格把关，规范操作。

1990年，公安出入境管理部门公开张贴《申请须知》《出国出境条件》及《干警守则》，严格依法办事。1991年，受理出境出国申请35人次，申请数比1990年增长52%，批结30人次。1992—1993年上半年，由于公费旅游人数增多，使出国出境申请数呈上升趋势，共受理申请出国出境人员224人次，批准出国出境209人次，其中出国出境旅游162人次。下半年，国务院关于禁止公费旅游文件下发后，出国出境申请数开始回落。

1994年开始，公民自费旅游开始升温，市公安局利用市电台及时向群众宣传有关出入境审批的条件及相关规定。在审批中，严格依法办事，把好材料审核关，上报材料合格率达到100%。全年共受理出国出境77件，办结63件，批准63人出国出境，分别为日本9人、美国5人、新加坡3人、法国和瑞典各1人，赴东南亚旅游27人，批准去香港14人、台湾3人。1995年，公民因私出国出境案件大幅度增加，全年共受理出国出境119件，办结115件，批准115人前往15个国家和地区进行探亲、旅游和定居。

1996年8月1日，公民赴台启用“大陆居民往来台湾通行证”，采用计算机打印，市公安局受理、审核，报嘉兴市公安局审批，省公安厅制证签发。是年，共受理公民因私出国出境174件，上报获准182人次出国出境，其中出国132

人次，分别是旅游、商务、探亲、定居、留学、就业、培训等，主要前往国有日本、美国、新加坡、澳大利亚和东南亚等地；出境50人次，分别是旅游、探亲和定居。

1997年5月20日起，执行内地居民赴港澳地区定居审批新办法。实施预约登记，电脑评分，依照规定和得分高低顺序，排队放行。推行“四统一”（申请办法、审批条件、审批进度、收费标准）、“四公开”（审批名额、审批条件、计分标准、得分结果）制度，做到公开、公平、公正，改变以往出国出境申请时间与审批时间跨度较长的局面，进一步增加审批工作的透明度。

1998年4月，公民出国审批权由省公安厅下放至地市级公安局。是年，为严密防范法定不准出境人员骗取证件非法出境，执行最高人民法院、最高人民检察院、公安部、安全部、司法部“两院三部”制订的《关于实行对法定不准出境人员通报备案制度的规定》，推行不准出境人员通报备案制度。以后又将报备制纳入派出所年终考核，实行漏报责任追究制，定期开展报备对象清理，更新报备台账，取保候审人员全部列入报备，对于采集上报的法定不准出境人员信息均在24小时内录入信息库，并进行细致核对和及时登记归档。同时，做好不准出境人员的查控工作，及时阻止一批法定不准出境人员出境。

1999年，平湖出国出境人数大幅度上升，出国商务、培训人员明显增多。是年，共受理公民因私出国出境836件，批准836人，其中出国商务、培训210人，就业275人，自费旅游351人次。

随着全市出国出境申请人员大量增加，特别是外向型企业中出国商务、培训人员及自费出国出境旅游人员成倍增长。为把好出国出境人员审查关，2000年开始，大部分出国出境申请人员的审查工作下放至户籍所在地派出所把关。7月27日，市公安局向全市各派出所下发《关于做好出国（境）申请人员情况审查工作的通知》，对审查对象、审查内容、审查要求及审查意见的填写一一作出明确的规定，确保全市出入境管理工作规范、有序。

2002年7月23日，市公安局针对2001年以来个别出国劳务人员为逃避务工年龄限制，曾多次发生冒用他人身份证，甚至伪造身份，骗取出国出境证件之情况，下发《关于加强对出国（境）人员审核工作的紧急通知》，要求各派出所必须进一步规范审核程序，严把审核关，堵塞漏洞，确保申请表内容属实，申请人照片与资料相符，凡发现民警参与弄虚作假的，将按局纪局规严肃查处，情节严重的，追究法律责任，并对材料审核质量，列入年终派出所综合考核评分。

2003年起，平湖市被国家列为第三批按需申领护照的县级市。9月1日，出入境审批实施公民按需申领护照制度。公民史如康成为按需申领护照第一人，改变长期以来公民因私出国（境）按条件审批的方式，实行即时受理、即时审核、上报，公民只要携带身份证、户口簿到公安机关出入境接待大厅，完成照相和填写出国申请表，申请人只要一次就可以完成出国出境的申请手续，出国出境证照的办理时间也从原来的20个工作日缩短至10个工作日。

2006年5月1日，启用新的大陆居民往来港澳受理审批工作规范。出入境管理部门先后向100多家企业发出通知，要求对单位内拟派遣至港澳商务人员实施登记备案，至年底有165家企业实行该制度。通过登记备案，查获多起挂靠单位港澳商务申请，规范正常的出境秩序。是年，共受理审批公民因私出国（境）申请6466人次，其中出国申请2334人次，比2005年增长15.5%；出境申请4132人次（赴港澳申请4113人次，赴台申请19人次），比2005年增长39.1%。

2008年7月11日，根据嘉兴市公安局的统一规定，市公安局开始受理当地居民前往台湾地区旅游的申请。

2011年8月20日至11月20日，根据嘉兴市公安局统一部署，在全市范围内统一开展办理公民因私出入境证件清理倒查专项行动，清理2007—2011年期间，涉及需倒查的数据2784条，通过数据分配、数据比对和原始纸质档案的核查，未发现有违规办证及受理时违规处理报警情况。10月，为提升我国护照国际信誉和防伪性能，根据公安部统一部署，改革现行护照签发制度，筹备办理电子护照各项准备工作，投入30多万元添置设备，更新出入境窗口硬件设施。2012年5月15日，市公安局出入境接待窗口与公安部同步启动普通电子护照受理业务。

2013年3月，根据嘉兴市公安局的统一部署，平湖率先在全省范围内开展省内居民跨户籍地办理出入境证件、出入境档案数字化、出入境无纸化审批等三项试点。4月18日，嘉兴市公安出入境管理工作会议在平湖召开。7月1日起，实施《中华人民共和国出境入境管理法》，原《中华人民共和国公民出境入境管理法》同时废止。是年，平湖出国出境数据质量考核列嘉兴市第一。

2014年3月21日，经省公安厅报公安部批准，市公安局出入境管理大队成为全国首个“市县出入境审批权限一体化改革”试点单位，试行前台窗口受理，后台审核审批，数据不经报送地市级出入境部门，直接发送省厅制证或县级自行打印签证（注），办证提速30%。同时推行出入境“三表合一”（出国护照、港澳、台通行证）。4月17日，嘉兴市县出入境审批一体化改革现场推进会暨全市公安出入境管理工作会议在平湖召开。9月15日，根据公安部和省公安厅出入境管理局统一部署，平湖正式签发启用电子往来港澳通行证（2014版），进一步为群众赴港澳提供便利。

2015年6月8日，启动出国（境）证件自动审批工作，安排专职人员进行材料初审，并在前台配备3名民警进行集中受理，同时落实后台数据复核力量。自动审批后，平均每天70%的申请数据纳入自动审批程序，缓解证件审批民警与业务量激增之间的矛盾，实现办证时效再提速。并从7月1日起，推出全预约（网上预约、网上预受理、网上先填表）办证便民举措。是年，受理、审批中国公民因私出国（境）申请29602人次，其中出国申请14875人次（全国异地申请护照109人）、赴港澳申请13694人次、赴台申请1033人次。

### 二、特定岗位人员出入境

2003年7月中旬，市公安局召开全市特定岗位（以下简称“特岗”）人员因私出国报备管理工作会议，开展信息采集，新建特定岗位工作人员报备数据库。2012年5月，根据公安部有关规定，按照不低于5%的核查比例，以发函形式开展“特岗”人员出国出境申请随机核查，确认情况，并建立相关核查台账，此后每年一次。2015年，根据嘉兴市委组织部（嘉组通〔2015〕22号）通知精神，开展违规办理和持有因私出国（境）证件专项治理工作。是年，新增“特岗”人员279人，更新254人、撤销133人。

表16-1　　1979—2015年平湖出入境人员一览表

| 年份 | 公民出国出境人次 | | | | 外国人及港澳台同胞入境人次 | | | | | 境外常住人员 |
|---|---|---|---|---|---|---|---|---|---|---|
| | 受理数 | 批准（受理）出国出境 | | | 总数 | 分类 | | | | |
| | | 总数 | 出国 | 出境 | | 外国人 | 港澳 | 台胞 | 华侨 | |
| 1979 | 9 | 7 | 6 | 1 | – | – | – | – | – | – |
| 1980 | 11 | 4 | 1 | 3 | 40 | 6 | 32 | – | 2 | – |
| 1981 | 17 | 5 | 1 | 4 | 30 | 3 | 23 | – | 4 | – |
| 1982 | 12 | 8 | 5 | 3 | 49 | 7 | 36 | 1 | 5 | – |
| 1985 | 17 | 14 | – | – | 31 | – | 31 | – | – | – |
| 1986 | 19 | 11 | 1 | 10 | 79 | 46 | 33 | – | – | – |
| 1987 | 14 | 11 | 2 | 9 | 48 | – | – | – | – | – |
| 1988 | 24 | 22 | – | – | 120 | – | 23 | 97 | – | – |
| 1989 | 17 | 10 | 1 | 9 | 192 | – | – | – | – | – |
| 1990 | 24 | 14 | 14 | – | 169 | – | – | – | – | 2 |
| 1991 | 35 | 30 | – | – | 140 | – | – | – | – | 3 |

续上表

| 年份 | 公民出国出境人次 | | | | 外国人及港澳台同胞入境人次 | | | | | 境外常住人员 |
|---|---|---|---|---|---|---|---|---|---|---|
| | 受理数 | 批准（受理）出国出境 | | | 总数 | 分类 | | | | |
| | | 总数 | 出国 | 出境 | | 外国人 | 港澳 | 台胞 | 华侨 | |
| 1992 | 108 | 103 | – | – | 130 | – | – | – | – | 13 |
| 1993 | 116 | 106 | – | – | 374 | – | – | – | – | 36 |
| 1994 | 77 | 63 | 46 | 17 | 469 | – | – | – | – | 23 |
| 1995 | 119 | 115 | – | – | 518 | – | – | – | – | 62 |
| 1996 | 174 | 182 | – | – | 489 | – | – | – | – | 77 |
| 1997 | 327 | 318 | 278 | 40 | 1159 | 1021 | 86 | 46 | 6 | 34 |
| 1998 | 445 | 422 | 141 | 281 | 1394 | 981 | 231 | 137 | 45 | 31 |
| 1999 | 836 | 836 | 435 | 401 | 1574 | 1259 | 181 | 117 | 17 | 58 |
| 2000 | 1177 | 1177 | 933 | 244 | 2462 | 2001 | 284 | 172 | 5 | 79 |
| 2001 | 1493 | 1493 | 925 | 568 | 3475 | 2763 | 382 | 330 | – | 78 |
| 2002 | 2746 | 2746 | 2134 | 612 | 6297 | 5153 | 541 | 603 | – | 151 |
| 2003 | 2658 | 2658 | 1567 | 1091 | 7408 | 6194 | 517 | 692 | 5 | 368 |
| 2004 | 3955 | 3955 | 1937 | 2018 | 11189 | 9480 | 683 | 1007 | 19 | 694 |
| 2005 | 4990 | 4990 | 2020 | 2970 | 8351 | 6922 | 672 | 757 | – | 722 |
| 2006 | 6466 | 6466 | 2334 | 4132 | 12162 | 10277 | 733 | 1073 | 79 | 738 |
| 2007 | 5663 | 5663 | 1968 | 3695 | 12194 | 10215 | 1133 | 792 | 54 | 831 |
| 2008 | 5785 | 5785 | 2338 | 3447 | 12701 | 10576 | 873 | 1155 | 97 | 835 |
| 2009 | 6189 | 6189 | 2246 | 3943 | 12452 | 10345 | 917 | 1109 | 81 | 881 |
| 2010 | 9770 | 9770 | 3345 | 6425 | 15807 | 13028 | 1131 | 1518 | 130 | 945 |
| 2011 | 10803 | 10803 | 3752 | 7051 | 14886 | 13363 | 545 | 934 | 44 | 981 |
| 2012 | 13971 | 13971 | 4800 | 9171 | 44078 | 42278 | 445 | 1328 | 27 | 1006 |
| 2013 | 18796 | 18796 | 7510 | 11286 | 56172 | 53656 | 657 | 1832 | 27 | 980 |
| 2014 | 27127 | 27127 | 9613 | 17514 | 23632 | 19801 | 938 | 2858 | 35 | 1059 |
| 2015 | 29602 | 29602 | 14875 | 14727 | 19169 | 15090 | 1207 | 2835 | 37 | 906 |

## 第二节　境外人员入境出境管理

20 世纪 70 年代前，平湖入境人员较少，均以探亲为主，对入境的外国人及华侨、港澳台同胞，坚持执行住宿登记和户口申报制度，查验证件，掌握流量和情况。一般都采取由县公安局政治保卫部门事先接到业务上级通知后派员上门服务的方式进行，办理户口申报，密切注意和掌握境外有可疑联系人员的动态，做好入境人员在平湖期间的安全保卫工作。

进入 80 年代，随着对外开放政策的实施及台湾当局开放一般民众前往大陆探亲，入境人数逐年增多。1984 年，为使入境管理工作进一步适应对外开放的新形势，县公安局政保部门根据中央和省公安厅的有关规定，不断改进管理方法，简化住宿登记手续，改革原来的临时户口申报办法，对进入平湖的外国人和华侨、港澳台同胞，凡住宿饭店、宾馆、招待所、机关、学校、团体、企事业单位的，由留宿单位填写《临时住宿登记表》，离开时予以注销；住宿城镇或农村居民家中的，由本人或亲属在24小时内（农村72小时）到住地公安派出所申报，填写《临时住宿登记表》，离开时申报注销，并在登记过程中查验护照、“港澳同胞回乡证”和“台湾同胞证明书”。

1985年，县公安局针对在外事活动中出现的一些问题，及时召开涉外单位负责人及保卫干部会议，学习有关文件，明确有关涉外交往中应注意的问题及外国人来平湖应办的手续，防止外国人违章旅行事件的发生。

1986年，随着外向型经济的发展，外商到平湖洽谈贸易、参观考察及技术人员到平湖进行机器设备安装、调试等人员增多。公安出入境管理部门在外管工作中，融管理、服务为一体，切实把好审核、签证关，实行“急事急办”“特事特办”，方便外商办事，创造良好的投资环境。同时，依靠各涉外单位，进行外事知识、外事纪律、安全保密等教育，共同做好对外国人的管理和港澳台胞、华侨的住宿登记工作。

1987年11月，台湾当局开放一般民众前往大陆探亲，此后来平湖的台湾同胞也逐渐增多。11月17日，县公安局召开全县旅馆负责人会议，宣传有关出入境管理法规，接待港澳台同胞和外国人住宿旅馆应办的手续和注意事项，同时在全局干警会议上贯彻做好台胞接待工作的有关文件。

1988年，国务院批准平湖列入沿海经济开放区，外商到平湖投资办企业大量增多，随之到平湖经商、技术交流、参观、考察、探亲、旅游的外国人、华侨和港澳台胞也越来越多。是年，到平湖的外国人达80多人次，华侨和港澳台胞达120多人次，其中台胞97人次。为方便台胞，简化户口申报手续，采取上门登记，开展便民服务。

1989年，县公安局下发《关于对外国人、华侨及港澳台同胞临时住宿登记管理的通知》，并在平湖宾馆举办旅店服务员外管知识学习班，播放外管知识录像，进行宣传，提高户口申报率，配合有关部门做好外宾和外国技术人员的安全保卫工作。

进入90年代，平湖出现部分内资企业聘用境外管理人员的新情况，到平湖的外国人和港澳台同胞继续增多，从投资、商贸、旅游、探亲扩大至外籍老师到平湖任教等。面对境外人员的大量增多，市公安局进一步加大对境外人员的服务与管理工作。1992年，通过派出所加强对宾馆、饭店及散居在居民家中的外国人和港澳台侨胞的户口管理，进一步提高户口申报率。

1994年10月，贯彻上级公安机关关于将部分外管工作下放到基层的精神，将境外人员管理工作纳入基层派出所日常业务范围，年底前在城关派出所完成试点工作。12月，市公安局会同市外事办选择5家设施较完备、条件较好、服务人员素质较高的宾馆确定为“涉外饭店”。经综合评估，平湖宾馆等5家饭店定为“涉外饭店”。12月20日，在平湖宾馆举行授牌仪式。

1995年，全市推广部分外管工作落实到基层派出所，将外管工作纳入派出所基础考核内容。在派出所建立外事联系民警18人，由派出所分管此项工作的领导及相关责任区民警担任，颁发嘉兴市公安局统一制作的“外事警察证”。

1996年，市公安局部署开展“外管工作落实到基层推进年”活动，加大外管网络建设，建立以“三资”企业涉外单位“联络员”、涉外宾馆、饭店“户管员”及村（居）委会“信息员”为主的“三员”队伍，形成以出入境管理部门与派出所外管联系民警为主体，涉外“三员”为依托的三级管理体制。是年底，全市有外事联系民警32人，“三资”企业外管“联络员”28人，宾馆、饭店“户管员”5人，村（居）委会“信息员”355人。同时，在全市涉外宾馆、饭店和部分“三资”企业等单位对境外人员信息实行计算机管理，出入境管理部门配置外管专用计算机，推行境外人员住宿登记单网上传输制度。

1998年，公安出入境管理部门与派出所建立“出入境管理工作反馈单”和“出入境管理工作联系单”双向联系制度，落实对责任区民警的双月考评。

1999年，开展派出所出入境管理规范化建设活动，制订《派出所出入境管理工作量化考核办法》，完善出入境管理科、派出所民警和“三员”（联络员、户管员、信息员）管理网络，根据派出所撤并后的情况，重新确定外事联系民警，对全市“三员”队伍进行整顿，重新确定“三资”企业外管“联络员”73人、涉外宾馆“户管员”34人、村（居）委会涉外“信息员”286人。做好涉外宾馆计算机联网和涉外宾馆前台登记员的业务培训，经培训考试合格，由市公安局统一颁发“户管员上岗证”，推行佩证上岗。

2000年8月1日，市公安局为加强在华外国人和港澳台同胞的安全保卫工作，下发《关于切实加强在华外国人及港澳台同胞安全保卫工作的通知》，组织辖区派出所开展以查隐患、堵漏洞的全市境外人员居住、活动场所安全大检查。并采取三条措施：对境外人员居住的地区，加强治安巡逻；印制下发中英对照的住宿登记须知，进行安全防范提示；依靠基层外管队伍，及时掌握境外人员居住及流动情况，做到底数清、情况明，确保境外人员在平湖工作、生活的安全。

2001年11月10日，市公安局完成全市30家涉外宾馆，10个公安派出所集中输入点的境外人员临时住宿登记管理信息系统的安装、调试，建成境外人员临时住宿登记管理信息系统，实行临时住宿登记信息化管理，并对全市107家旅馆业负责人、宾馆和派出所信息录入员进行业务培训，12月正式投入运行。该系统的建成，为实时录入境外人员临时住宿数据提供了科技支撑。

2004年，贯彻公安部《公安机关外国人管理分工配合机制》，进一步明确派出所民警外管工作职责，在全市10个派出所重新确定外管工作分管领导和兼管民警，从事出入境管理工作，使外管工作落实到派出所这一制度进一步加以深化。

2006年，市公安局出入境管理大队组织相关派出所分管领导和重点责任区民警，参加由嘉兴市局出入境管理局举办的涉外业务培训班，就有关涉外证照的识别、涉外案件处置的警种分工和查处原则、境外常住人员管理等进行系统的培训，提高基层派出所涉外管理的能力。是年，市公安局出入境管理部门在嘉兴市率先利用《中华人民共和国治安管理处罚法》对信息录入较差的接待单位人员实施当场处罚，全年共处罚7人，达到了以罚促教的目的。

2007年4月25日，市公安局建立外国人管理领导小组，由政委顾照荣任组长，出入境管理及治安部门负责人任副组长，局相关部门负责人任组员，在出入境管理部门设立办公室，进一步加强对外管工作的领导。将境外人员管理工作纳入派出所实有人口管理，进行刚性考核，建立每季通报制度。部署开展外国人管理基本情况专项排查，共登记外国人774人、港澳台胞212人。

2008年4月15日至7月15日，市公安局围绕奥运安保工作开展外国人管理基础排查专项行动，查处境外人员非法居留案件3起，不按规定申报临时住宿登记2起，处罚违法人员5人。

2009年7—8月，为切实做好新中国成立60周年大庆活动涉外安全保卫工作，组织开展为期2个月的外国人专项排查整治工作。通过排查，排出境外人员在平湖租购建房200多处，破获涉外刑事案件1起，查处涉外治安案件2起，发现非法入境外国人1名，查处非法居留外国人3人，查处违反住宿登记外国人1人。

2010年，市公安局出入境管理部门为切实提高旅馆业涉外数据登记准确率，建立每日上午10时通过短信群发方式向各宾馆总经理、客房分管副总、前台负责人通报上一日差错，实行每日排名，督促整改。

2011年6月，在全市各派出所推行境外人员“三访”（办证初访、重点走访、涉案回访）工作制度，并纳入外管基础工作。截至10月，全市各派出所共走访境外人员227人，其中外国人206人、台湾居民21人。11月25日，嘉兴市公安局出入境管理局副局长陈建兴到平湖检查工作时，对平湖外管工作及派出所境外人员“三访”成效给予充分肯定。

2013年7月1日起，实施《中华人民共和国出境入境管理法》（以下简称《出境入境管理法》）及其配套的《中华人民共和国外国人入境出境管理条例》（以下简称《外国人入境出境管理条例》）。12月12日，市公安局出入境管理大队召开全市近70家涉外单位负责人会议，对《出境入境管理法》实施半年来的情况进行总结回顾，并对重点条文进行分析讲解，促进《出境入境管理法》和配套的《外国人入境出境管理条例》在境外人员管理工作中顺利、有效实施。

2014年3月21日，经上级公安机关批准，市公安局出入境管理大队获得签发外国人签证证件、台胞签注签发证件、境外人员签证（注）审批权限，使境外人员签证（注）的受理、审批、签证（注）制作全部在平湖当地完成，真正实现方便百姓、便利企业。

2015年7月1日，市公安局出入境管理大队率先在嘉兴市推出外国人签证业务办理递交接待单位信誉等级证制度。8月13日，嘉兴市首个公安出入境服务分中心（境外人员服务站）在平湖经济技术开发区（钟埭街道兴平二路666号社区睦邻生活馆）挂牌成立，投资近100万元，总面积140平方米。内设接待大厅、照相室、谈话室等，就近为境外人员进行住宿登记，受理出入境证件办理等业务。

## 第三节 “三资”企业安全管理

20世纪80年代开始，随着对外开放和外向型经济的发展，平湖积极吸引外商投资，开办中外合资、中外合作和外商独资企业（以下简称为“三资”企业）。1986年，平湖首家中外合资企业浙江良幸时装有限公司在黄山乡开办。

进入90年代，随着平湖外向型经济的不断发展，“三资”企业逐年增加。1990年，全县有“三资”企业9家，有常驻外商人员2人。为加强对外方人员的管理，县公安局会同县外事办召开全县外事工作会议，并在“三资”企业和有关乡镇、主要出口企业设置外管联络员，要求接待单位申报《接待外方人员情况表》，健全管理制度。

1991年，县公安局采取提前加入，从项目论证开始即参与，掌握工作的主动权，使有关企业单位领导懂得执行《中华人民共和国公民出境入境管理法》和《中华人民共和国外国人入境出境管理法》的重要性，主动配合公安部门做好对外方人员的管理。

1992年，全市“三资”企业增至43家，到平湖的外国人和港澳台侨胞数量大幅度上升，市公安局加大对涉外法律法规的宣传，发放接待外国人、港澳台人员登记表，将市政府批转市公安局《关于在执行出入境管理法规中应严格注意的几个问题的通知》印发各“三资”企业，推行“三资”企业外方常住人员年检验证制度。

1994年，市公安局出入境管理部门在全市116家“三资”企业尝试分层次管理，确定27家有境外常住人员的企业为重点，加强涉外宣传，确定涉外联络员。

1999年4月，开展“三资”企业基本情况大调查，制订分类管理标准，全市126家“三资”企业按标准划定列入一类管理的25家、二类管理的25家、三类管理的76家。

2003年4—5月，贯彻嘉兴市公安局《全市公安基层基础工作百日大会战境外人员大排查工作实施意见》，在全市范围内组织开展大排查工作，共排摸出“三资”企业、外商机构203家，常住境外人员220人，境外人员租购建房103人，境外人员经常涉足的娱乐场所25处。通过排查，全面了解掌握全市“三资”企业、涉外单位的基本情况和常住境外人员的居住、工作情况，完善原有的工作台账，落实安全管理制度。

2006年2月，针对平湖外资企业密集，境外临时住宿及常住人员分布面广，为提高入境人员登记率，对重点企业实施备案制度，要求每个备案单位人事部门落实1～2名联络员，建立专门档案，完善联络员交接制度，至年底，有备案重点企业116家。

2010年5月，市公安局出入境管理大队分别在独山港区台湾独资企业（浙江荣成纸业）及平湖经济开发区巴西独资企业（平湖福莱斯乐摩擦有限公司）试点推行境外人员信息社会化采集，为企业在互联网上提供信息采集端口，企业所属境外人员证照信息可直接进行网上申报，提高申报效率。至年底，共开通13家，录入信息201条。该做法得到业务上级的肯定，在全省推广。

2015年7月1日，市公安局出入境管理大队根据《浙江省外国人邀请接待单位登记备案及信誉等级评定办法》，率先在嘉兴市实施外国人签证业务办理递交接待单位信誉等级制度，单位一旦进行登记备案，获得相应的信誉等级证书，在办理外国人签证业务时递交等级证书就能享受很多便利。这一举措既强化公安部门对外国人邀请接待单位的管理，也便利信誉等级优良单位的外国人证件办理，受到各涉外单位的一致好评。

## 第四节　查处涉外案(事)件

20世纪80年代，到平湖的外国人、华侨、港澳台同胞逐渐增多，涉外案（事）件时有发生。以后，随着入境人员的持续增多，涉外案（事）件不断增多。县（市）公安局本着“涉外无小事”的原则，依照中华人民共和国的有关法律，积极开展涉外案（事）件的查处工作，依法打击境外人员在中国的违法犯罪活动，并积极会同有关部门对涉外企业发生的火灾、劳资纠纷、意外事故、中毒、外国人死亡等案（事）件进行妥善处置，保障境外人员在中国生命财产的安全，为外商创造一个良好的投资环境。

1985年，县公安局政保部门通过对外国人及港澳台同胞的户口管理，发现和制止一起可能演变成政治与经济相互掺杂的诈骗案，对打着日本东京高科技开发公司驻沪办招牌的情况及时调查，并向县委汇报建议，停止这种不正常关系的发展，避免损失。1986年3月至1988年12月，政保部门派员负责查处平湖一华侨企业案值203万余元的特大经济案件，专案组通过10个多月的努力，追回损失11万余元，挽回现金42万余元，为国家挽回重大经济损失，保护华侨、港澳台同胞家属的利益。1988年11月30日，刑侦部门及时破获29日晚发生于城关镇工业宾馆303房间的意大利工程技术人员帕来西克被窃100美元及兑换券100元的涉外盗窃案，并如数缴获全部赃款，受到外宾的好评。

90年代中叶开始，各类涉外案（事）件逐年增多。1995年10月，市公安局查获一重大涉外卖淫团伙，7名卖淫女8次向6名外国人卖淫19人次，涉及日本籍1人、韩国籍5人，其中1名日本籍、2名韩国籍已回国，对尚未离境的3名韩国籍嫖娼人员进行依法传唤，依据《中华人民共和国治安管理处罚条例》作出治安处罚。是年，共查处涉外案（事）件4起。

进入21世纪，随着入境人员的大量增加，涉外案（事）件呈明显上升趋势。2006—2008年，根据上级公安机关的统一部署，市公安局组织开展集中打击和治理“三非”（非法入境、非法居留、非法就业）外国人专项行动，查处“三非”案件15起。

2007年1月19日晚，1名台资企业常住人员因醉酒驾驶机动车造成被害人死亡的重大交通事故，肇事后又驾车逃逸。依据《中华人民共和国刑法》构成交通肇事罪，被依法追究刑事责任，判处有期徒刑3年，缓刑5年。

2009年，是历年来查处涉外案（事）件最多的一年，全年共查处52起，其中刑事案件11起、治安案件9起、非法居留案件6起、宾馆人员不按规定办理境外人员临时住宿登记2起、其他事件24起。12月9日，刑侦大队及时破获8日凌晨3时发生在钟埭街道富丽雅大酒店日籍职员遭入室抢劫一案，缴获全部被抢物资，受到日本驻沪领事馆高度赞赏和感谢。

2012年10月26日，市公安局经侦大队对一名台资企业常住平湖总经理卢某某挪用企业资金案予以立案侦查，卢被平湖市人民法院以挪用资金罪判处有期徒刑6年，并责令所涉资金全部退赔公司。12月25日晚，一名台资企业管理人员（台湾人）因醉酒驾驶机动车被交警当场查获，被依法追究刑事责任，判处拘役1个月10日，并处罚金4000元。

2014年，出入境管理大队对4名非法入境、非法居留的缅甸人进行拘留审查，并将3名人员遣送出境，成为平湖首例境外人员遣送案件。9月24日，对平湖籍俞某某姐妹俩相互冒用身份信息骗领护照出国打工。之后，两人又多次使用骗领护照偷越国（边）境一案予以立案侦查，两人均被依法追究刑事责任。以偷越国（边）境罪对俞某某姐妹俩分别判处拘役5个月、缓刑7个月，并处罚金5000元和拘役3个月、缓刑5个月，并处罚金3000元的刑罚。

2015年5—10月，根据省公安厅、嘉兴市公安局的统一部署，在全市开展清理打击毗邻国家人员“三非”专项行动，查获毗邻国家“三非”案件7起7人次，拘留审查缅甸人4人次（3人）、越南人2人、印度人1人，除对1名缅甸人（系孕妇）实施限制活动范围外，其余5名人员实施遣送出境的强制措施。

表 16–2　　1985—2015 年部分年份平湖查处涉外案（事）件一览表

| 年份 | 查处数（起） | 涉外案（事）件分类情况（起） | | | | |
|---|---|---|---|---|---|---|
| | | 刑事案件 | 治安案件 | 非法居留案件 | 违反临时住宿登记 | 其他 |
| 1985 | 1 | 1 | – | – | – | – |
| 1986 | 1 | 1 | – | – | – | – |
| 1988 | 1 | 1 | – | – | – | – |
| 1995 | 4 | 1 | 1 | 2 | – | – |
| 1996 | 6 | 1 | – | 5 | – | – |
| 1997 | 8 | – | – | 3 | 1 | 4 |
| 1998 | 13 | 1 | – | 10 | 1 | 1 |
| 1999 | 1 | 1 | – | – | – | – |
| 2000 | 5 | – | – | 2 | – | 3 |
| 2001 | 3 | – | – | 1 | – | 2 |
| 2002 | 9 | 1 | 1 | 5 | – | 2 |
| 2003 | 17 | 3 | 2 | 11 | – | 1 |
| 2004 | 11 | 1 | 1 | 6 | – | 3 |
| 2005 | 12 | 4 | 2 | 4 | – | 2 |
| 2006 | 20 | 4 | 3 | 6 | 1 | 6 |
| 2007 | 23 | 5 | 3 | 5 | 2 | 8 |
| 2008 | 36 | 7 | 8 | 4 | 5 | 12 |
| 2009 | 52 | 11 | 9 | 6 | 2 | 24 |
| 2010 | 30 | 5 | 8 | 3 | – | 14 |
| 2011 | 27 | 5 | 14 | 3 | – | 5 |
| 2012 | 36 | 6 | 16 | 4 | – | 10 |
| 2013 | 30 | 7 | 2 | 6 | 5 | 10 |
| 2014 | 16 | 3 | 2 | 4 | 3 | 4 |
| 2015 | 21 | 3 | 1 | 10 | 1 | 6 |

## 第五节　口岸边防检查

20 世纪 50 年代初，县公安局积极配合驻乍浦边防部队及省边防保卫局乍浦分局加强对沿海重点口岸的武装警卫和检查工作。乍浦分局撤销后，此项工作由县公安局负责。改革开放后，乍浦港定为国家二类口岸。1998 年，平湖边防工作站（乍浦边防派出所）依照《中华人民共和国出入境边防检查条例》之规定，正式行使对乍浦口岸边防检查工作。是年，边筹建边工作，实现业务工作“开门红”。全年共检查出入境中外籍船舶 289 艘次，其中外国籍船舶达 232 艘次；办理出境中外籍海员 4971 人次，其中外国籍海员 3301 人次；查处违反《边防检查条例》案件 11 起，涉及船舶 3 艘，教育处理 21 人次。1999 年 5 月 18 日，嘉兴边防检查站正式成立，平湖边防工作站划归嘉兴边防检查站，乍浦边防派出所不再同时承担边检业务，主要负责沿海地区及海上的治安管理和对出海渔船、渔民的管理。

2001 年 5 月 1 日，嘉兴市乍浦港口岸通过国家海关总署验收并正式对外开放，准予往来乍浦港口岸的外籍船员登陆。由嘉兴边检站负责对往来乍浦港口岸的外籍海员签发“船员登陆证”和“船员住宿证”。乍浦边防派出所与嘉兴边检站执勤业务科开展“科所联勤”，推出“十分钟办结”现场办公，联检联勤等服务机制，提供信息预告、预约进港、停港维修、离港补给等人性化服务，加强对港区货运码头船舶的管理，主动服务港区经济建设。

## 第六节　沿海治安管理

解放初期，沿边沿海地区治安管理工作曾由省边防保卫局乍浦分局（后称嘉兴区乍浦海防分局）管辖较短时间，后一直由县公安局负责，重点是发放出海船舶户口簿和船民证，做好出海渔船和渔民的管理。1951 年 11 月，根据县人民政府的指示，组织开展对乍浦沿海岛屿的调查工作，加强对沿海岛屿的管理。

1953 年 2 月 12 日，根据中央关于执行第五次全国公安会议决议的指示，成立平湖县边防治安委员会，成员由县委、部队、农会、人武部、公安局等部门领导组成，其任务：在沿海各乡组建治安委员会、村组建治安小组；在渔民中开展排查，将政历清白，热心为我工作的渔民组织起来，建立群众治安边防力量；对外来船只进行检查，严格控制外来复杂分子混进大陆。10 月 19 日，制订《平湖县沿海边防工作草案》，调整县边防治安委员会（由县委、公安及公安八一团 5 人组成），成立黄山、新仓区边防治安委员会（由指导员、区长、区公安助理员、人武部长及公安部队连长 5 人组成），沿海各乡建立边防治安委员会（由驻军排长或工作组长参加指导）。并对各级委员会的方针、任务和要求及注意掌握的几个问题等均做了详细的阐述。1954 年，开展对沿海乡镇渔船出海捕捞作业生产情况的调查。同时，建立外来海船登记制度。据 1 月 1 日至 6 月 30 日统计，乍浦镇登记外来海船 1073 艘次，船员 3943 人，从中发现复杂分子 95 人。

1956 年 1 月 30 日，中共平湖县委针对机构变动、人员调动，对县边防治安委员会成员做出调整，由县委、公安十八团、兵役、公安、农业生产互助合作部及黄山区、新仓区、乍浦镇等部门领导组成，共 9 人，县委第二书记李开元任主任委员，县长王金山、公安十八团二营营长为副主任委员。8 月，县委作出关于加强沿海边防保卫工作的三点指示：加强在边防地区乡村干部群众的形势教育；加强港口检查；加强对沿海镇乡治保会的领导。

1958 年 6 月 19 日，县公安局会同县兵役局联合下发《严防敌人空降和偷渡活动》的通知，要求各乡镇人委组织民兵和治保干部进行巡逻放哨，在沿海以白沙湾、水口、乍浦三个地区为重点，建立临时检查站，组织民兵开展巡查，加强对外来船只的控制。

进入 20 世纪 60 年代，县公安局进一步加强沿海反偷渡斗争。1962 年紧急战备以来，密切配合有关部门，加强武装守卫和治安管理工作，会同人武部门组织基干民兵在沿海 15 个村建立 15 个海防小组，15 个对海瞭望哨所。县局组织每年进行一次考察总结，以提高沿海反偷渡斗争能力。是年，根据县委和业务上级的指示精神，开展对沿海地区全塘、黄姑、乍浦公社和乍浦镇的反偷渡、反空降工作检查，提出四条整改意见：迅速健全、整顿，加强对海、对空的观察哨；切实加强治安行政管理，严格海船出入港的检查登记；进一步加强秘密控制工作；注重做好结合工作。1963 年 5 月，在驻军、防疫等单位的参加下成立海港检查站，规定船只停靠地点，建立船只出入港检查制度。

1964 年，根据省公安厅《关于建立健全沿海船舶户口登记管理制度》的有关规定，对出海渔民发放“船民证”和“船舶户口簿”，“船民证”分为长期、临时两种，长期证为红色、临时证为白色，对未摘帽的地、富、反、坏分子经审查准许下海生产的临时证为黄色。结合发证工作，对出海渔民进行政治审查。通过审查，沿海四社一镇有专门从事海上渔业生产的全塘、黄姑、山湾等 3 个渔业大队，共有渔船 85 艘，发放“船舶户口簿”85 本，“船民证”293 张，“临时出海证”50 张。“文化大革命”前期，出海、运输的渔民、船民户口登记管理中断，严重影响沿海治安管理工作。

1970 年 7 月 16 日，县公安机关军事管制组、县革命委员会人民保卫组联合下发《关于启用新船民证的通知》，凡出海、运输的渔民、船民，由本人填写登记表，所在大队革命委员会提出意见，报县人民保卫组审核发证，企事业单位由所在单位革命委员会审查，报县人民保卫组审核发证，换发证工作至10月底完成。1972年11月1日起，根据上级业务部门的指示精神，换发出海船民证时统一使用“平湖县公安局”钢印。同时，在乍浦派出所恢复船舶进出港往返签证制度。

1983年7月26日，县公安局在乍浦派出所召开换发出海船舶户口簿和船民证会议，全塘、黄姑、山湾海洋渔业队，全塘、黄姑营建、黄山金门农业大队的党支部书记（大队长），县水产公司及涉及社镇分管渔业生产负责人一并参加会议，部署全县换发证工作。1984年1月1日，统一使用新证。1989年6月，开展对全县出海捕捞渔船的调查登记工作，全县有出海渔船500多艘，其中渔业生产队210艘，其余均属农业村，大部分出海人员没有出海渔民证，按规定及时予以办证。同时，加强对乍浦海港码头的外来海船停泊管理，严格进出港登记，全年办理船舶进出港登记800余航次，及时掌握船只及人员的停留情况。

1997年10月，建立乍浦边防公安派出所，依照公安部颁发的《边防公安派出所工作细则》《浙江省沿海船舶边防治安管理规定》，由武警边防部队行使沿边沿海地区的户口、治安管理、沿海边防船舶管理职能，并具有依法进行治安管理的裁决权、处罚权。建所初期，海防区划定，以乍浦开发区为主及沪杭公路西侧，有出海渔船的行政区域。总人口39321人，出海船舶1097艘。1998年2月，新增乍浦山湾渔业村和海塘街码头为派出所辖区。是年，重点抓渔船民管理，全年共发放渔船民证件713本，查处海上违规船只45艘，查破辖区内刑事、治安案件各1起。

1999—2000年，根据省边防总队的统一部署，组织开展海上专项整治活动。在打击小额成品油走私专项斗争中，查获10艘违法购买走私柴油的船只，予以罚款处理。在全省反偷渡联合行动中，发现违规船只412艘、违规人员2700人，查处违规船只35艘。

2003年3月起，开展公安基层基础工作百日大会战，对沪杭公路西起海盐包家埭接壤处，东至平湖采石场，以南延伸至平湖海面岛屿区域进行全面摸底，摸清该区域内的人口、岛屿、出海渔船、渔民及企业、公共复杂场所的基本情况。同时，进一步严密反偷渡工作措施，组织专门工作小组。深化边防警务机制改革，规范警务区工作秩序，建立工作联系制度和船舶档案制度。

2004年，针对沿海一线的治安状况，加强外来施工船舶和人员及当地重点出海船舶和人员的管理，建立与海事、渔政部门互相协作制度，开展海上联合执法，有效地预防重大事故和恶性案件的发生。

2005年9月1日起，乍浦边防公安派出所辖区调整为嘉兴港区周边的山湾村、雅山村和西巷社区，陆地面积9.6平方千米，海岸线达26.7千米。同时负责辖区内3个村（居）的户籍管理，有常住人口2345户7718人，暂住人口6800余人；辖区内有企业98家，其中大型化工企业11家，公共场所、特种行业23家。是年，针对沿海一线大开发，外来船舶增多，证件不全、渔民法制意识差等特点，采用上船送法、举办法制培训班，推行与船老大签订治安责任书等形式，开展“两反”（反偷渡、反走私）宣传。同时，加大查港查船和违规处罚力度，全年共出动警力近900人次，检查各类渔船676艘次，船民2809人次，处罚各类违规人员96人，船舶34艘，罚款4.58万元。

2008年，乍浦边防公安派出所结合奥运安保，在做好辖区陆地安保工作的同时，加强海上治安管理，联合二支队海警巡逻艇加强对杭州湾跨海大桥、秦山核电厂码头、新世纪石化码头及海上输油管道等重点奥运安保目标的海上巡逻，并与500余艘出海船舶签订“保钓和反偷渡”工作责任状。是年，先后组织开展“反盗抢”“港口治安专项整治”、打击赌博、卖淫嫖娼等专项行动，成功破获一批有影响的刑事案件，有力地维护辖区社会治安稳定。

2009年，以国庆60周年安保为中心，做好渔（船）民信息录入和证件发放工作，加强对出海船舶、渔（船）民检查力度，定期会同当地渔政部门，开展对杭州湾跨海大桥、秦山核电站码头等沿海重点单位、区域海上巡逻。是年，共检查出海船舶327艘次，船员636人次，查处违规船舶15艘，船员35人次。

表 16-3　　1998—2009 年出海渔船审验、检查和查处违规一览表

| 年份 | 审验渔船、渔民证 | | 检查渔船、渔民 | | 查处海上违规渔船、渔民 | |
|---|---|---|---|---|---|---|
| | 船只 | 人次 | 船只 | 人次 | 船只 | 人次 |
| 1998 | 140 | 289 | 357 | 890 | 45 | 50 |
| 1999 | 152 | 300 | 385 | 1054 | 30 | 37 |
| 2000 | 188 | 488 | 415 | 1286 | 40 | 79 |
| 2001 | 190 | 405 | 505 | 1501 | 11 | 18 |
| 2002 | 209 | 371 | 1180 | 2084 | 31 | 35 |
| 2003 | 391 | 851 | 1021 | 2050 | 87 | 101 |
| 2004 | 422 | 908 | 870 | 1780 | 38 | 58 |
| 2005 | 471 | 1085 | 676 | 2809 | 34 | 96 |
| 2006 | 505 | 1048 | 375 | 1346 | 13 | 54 |
| 2007 | 688 | 851 | 368 | 1527 | 22 | 36 |
| 2008 | 406 | 925 | 491 | 1034 | 22 | 45 |
| 2009 | 424 | 956 | 327 | 636 | 15 | 35 |

注：1. 以上数据由边防派出所提供。
2. 2009 年 10 月边防派出所由嘉兴市公安局港区分局协管。

## 第七节　拥政爱民

乍浦边防公安派出所继承和发扬中国人民解放军做群众工作的优良传统，坚持全心全意为人民服务的宗旨，开展经常性拥政爱民活动，支援地方社会主义经济建设，积极开展警民共建活动，参加抢险救灾和各项公益事业，为群众做了大量的好事和实事，深得驻地群众的拥护和爱戴，由于工作出色，2004 年被平湖市委授予“双拥工作先进单位”称号。

2006 年，乍浦边防公安派出所根据上级要求，实施“爱民固边”战略，深化和拓展“三访四见”活动，对辖区常住、暂住人口走访率达到 100%，对“四个必到”（残疾人、贫困户、重点人口、管理对象）家庭进行多方面的重复走访。建立法律援助小组，主动为辖区企业 300 多名务工人员开展法律咨询，为外来务工人员讨回欠薪 220 万余元。通过走访调查，民警和群众的双向熟悉率达到 95% 以上，群众对边防工作的满意率达到 97% 以上。是年，再次被评为平湖市“双拥工作先进单位”。

2007 年，乍浦边防公安派出所为提高办证窗口为民服务水平，与嘉兴边检站执勤业务一科结对共建，按照边检优质服务标准，在派出所办证窗口配备药箱、雨具、纸杯、防暑用品等便民设施。实施关爱无助儿童工程，建立关爱档案，官兵自发捐款 2500 元，通过爱心宣传手册发放仪式，在社会上筹集善款 8000 余元，资助无助儿童完成学业。关爱无助儿童工作被嘉兴市双拥办总结推广。此外派出所还先后开展节日期间为民看家，防虚假短信诈骗、为高考学子保驾护航，创建和谐乍浦志愿者活动，防假币宣传、到企业送法、维权热线、夜间办证上门服务流动车等一系列便民为民活动。

2008 年，乍浦边防公安派出所结合社会主义新农村建设和辖区实际，先后在乍浦雅山村、山湾村开展“爱民固边模范村”创建活动，取得明显成效，得到嘉兴市委、市政府相关领导专门表扬。

2009 年，嘉兴市人民政府与省公安厅边防总队联合授予乍浦雅山村为“爱民固边模范村”“社会主义新农村”称号。乍浦边防派出所也先后获得二级公安边防派出所、边防总队先进基层单位、先进党支部，嘉兴市“拥政爱民模范单位”等多种荣誉。

# 第十七章　道路交通安全管理

民国时期，平湖县无独立的道路交通管理机构，仅在乍浦镇设有车辆监理站，站址在乍浦汽车站内，隶属交通部公路总局第一区公路工程局，负责沪杭国道省境段的交通管理和养路费征收。

新中国成立后，1950年，建立浙江省公路局乍浦管理站，负责公路交通管理。1958年9月，省公路运输管理局在湖州设立嘉兴车辆监理所，下辖乍浦管理站。1962年8月，嘉兴车辆监理所撤销，乍浦管理站由杭嘉湖地区车辆监理所管辖，主要办理汽车牌证，上公路检查，处理交通事故和收缴养路费。1969年5月，乍浦管理站改称嘉兴地区车辆监理所乍浦监理站。1972年3月，交通监理体制下放。4月，成立乍浦交通管理站，负责公路交通，隶属县交通管理局交管组。1979年2月，根据省交通局《关于调整省交通管理体制的意见》，撤销乍浦交通管理站，成立平湖县车辆监理站。1981年2月，嘉兴地区公路运输管理处在乍浦设立检查站。1983年10月，检查站体制下放，隶属县车辆监理站。1985年9月，县公安局交通中队成立，属地方事业编制。建队初期，首批招聘合同制民警7人，设队部、机动（含事故处理）组、城镇执勤组。主要负责城关镇区交通秩序管理。10月，平湖车辆监理站与公路运输管理站合并，成立平湖县交通监理所，负责全县道路交通管理。1987年11月，根据国务院〔1986〕94号《关于改革道路交通管理体制的通知》精神，车辆监理职能移交公安机关，县交通监理所整建制并入县公安局交通中队，交通中队更名为交通警察队，行使全县境内的道路交通管理之职。

1988年，县公安局交通警察队设置队部、车辆管理组、事故处理组、路段管理组、城镇执勤组。12月上旬，建立乍浦道路交通管理检查站，配民警4人，行使现场路面管理。1989年，内设机构调整为队部、车辆管理所、城关分队及机动分队（含事故处理）等4个部门。1991年4月，更名为交通警察大队，内设办公室，机动、事故处理、城关、乍浦、全塘中队和车辆管理所，后增设新埭、新仓中队。2001年8月，巡特警大队（更名为特勤中队）并入交警大队，建立交通巡逻警察大队。9月，在新仓、黄姑、曹桥、新埭等派出所设立驻所交巡警组。2004年5月，特勤中队并入治安大队。6月14日，恢复交通警察大队称谓。2005年8月，根据《道路交通安全法》，对内设机构和职能进行调整，机动中队更名为新埭中队，全塘中队更名为新仓中队。后又增设滨海、钟埭、曹桥和卡点中队。至2015年，内设机构有办公室、车辆管理所、事故中队、科技中队、法制中队、卡点中队和当湖、新埭、新仓、独山港、钟埭、曹桥等6个路面中队共12个部门。有交通民警88人，管辖全市8个镇（街道）的道路交通安全管理工作，通车里程1470.41千米。

县公安局交通中队建立后，随着交通监理职能的并入，逐步理顺内外关系，切实加强队伍建设，坚持科技强警战略，按照“抓秩序、促畅通、防事故”的工作方针，积极开展交通安全宣传，加强交通安全设施建设，严格车辆和驾驶员管理，依法查处交通违法行为，强化道路交通秩序管理，积极开展交通秩序集中整治，创建平安大道，实施畅通工程，不断完善交通管理模式，推进交通管理手段创新，维护了平湖境内道路交通的安全、有序、畅通。

## 第一节　道路设施与信息化管理

### 一、道路设施

**道路**

平湖公路建设始建于民国18年（1929）1月，

动工兴建海宁闸口经包家埭至乍浦段公路，后又投资建成乍浦至金丝娘桥段，与上海境内公路相接，定为省道沪杭公路。民国19年（1930）3月，兴建乍浦至县城段公路，以后又建成县城至嘉兴段，定名为乍嘉公路。民国25年（1936），平湖县征集壮丁兴筑乍浦至黄山、关桥至钱家村及虹霓堰至叉路桥海防用简易公路，抗战期间，复垦为田，胜利后虽拟重建，因无经费未能实施。

新中国成立后，1952年底，沪杭线县境路段由2万余民工拓宽、加固。1958年，建虹霓堰至林埭简易公路2.8千米，未通车，后废弃。1974—1986年，沪杭线又经多次改造，路面铺设沥青，改善路况。

20世纪80年代，随着改革开放的深入，经济的迅速发展，在政府采用"县乡各半"投资政策的推动下，县乡公路建设得到迅速发展。1984年5月11日，第一条乡道公路独山至黄姑公路建成通车。至1990年末，共建成县乡公路13条，计83.91千米，通车里程达129.63千米，22个乡镇有21个乡镇通公路。至1992年10月，前港支线建成通车，实现乡乡通公路。

平湖撤县建市后，城市规模不断扩大，贯穿城区及平湖全境的道路不断增多，等级也不断提高，从最初时的石子路到水泥路、现在的沥青路面，形成纵横交叉的道路交通网络。县级公路得到拓宽和改建，先后建成独广（独山至广陈）、九场（九里亭至海盐场前）、平廊（平湖至金山区廊下）、平兴（平湖至金山区兴塔）、平钟（平湖至钟埭）、广新（广陈至新埭）、平广（平湖至广陈）、施新（嘉善至新埭）、平黎（平湖至江苏黎里）、全新（全塘至新庙）等10条县级公路。1999年6月30日，连接沪杭高速的平湖大道（现已更名为平善大道）开工建设，10月建成通车。12月30日，01省道沪杭复线（即东西大道）举行全线通车仪式，途经乍浦镇、林埭镇、黄姑镇、全塘镇至上海市金山区界，在全塘浦江村建收费站一座。

进入21世纪，高速公路过境平湖。2002年10月，乍嘉苏高速公路建成通车，由曹桥百寿村斜桥西进入，经马厩村南侧、野马村南侧进入嘉兴新篁镇。2006年10月，建成新07省道，起点位于乍浦东方大道与嘉兴东西大道相交处，终点为三店塘互通与320国道嘉兴市过境段相接，平湖境内段长12.941千米。2008年1月，杭浦高速公路建成通车，由海盐西塘桥进入曹桥街道，经百寿枢纽区，当湖街道虹霓、林埭镇北、黄姑镇北、新仓镇南、全塘镇北，进入上海市金山区。平湖境内有互通立交4处，分离立交7处，新仓大进村设服务区，在平湖与金山交界处设主线收费站。同时杭州湾跨海大桥北岸连接线也建成通车，由南湖区新丰镇乌桥村跨嘉兴塘进入曹桥街道石龙村，向南经曹桥集镇东侧至百寿村与海盐县界河处。有互通立交2处，分离式立交4处，其中百寿枢纽区为跨海大桥连接线与杭浦、乍嘉苏三线互通立交相交枢纽。

**交通岗亭**

平湖主城区建交通岗亭始于1985年。城关镇建国路与解放路交叉十字路口、建国南路与环城南路丁字路口、解放东路与环城东路丁字路口设置3个岗亭。并在老南门体育场、建国北路口设置2个执勤点，由退休工人协助交警办理外来机动车进城通行证。

1991年6月，为迎接撤县建市和举办西瓜灯节，购置交通岗亭设备4套，新增环城北路向农桥路口、人民西路与环城西路丁字路口岗亭2只，更新解放东路口与环城东路丁字路口岗亭，并由解放东路口北侧移至路南侧的里河桥旁，南门体育场的执勤点安装交通岗亭，后因路面拓宽及房屋拆迁，先后被拆除。

1994年5月，增添岗亭设备3套，置于城南西路的汽车西站，新华中路新华书店、酒厂对岸岗亭，后因新华书店拆迁，汽车西站的搬迁，先后被拆除。

1996年，主城区曾一度设立巡警执勤岗，与交警合用，白天主要用于交警，晚上用于巡（特）警。分别在城南西路胜利信用社旁、新华路中央商场、南门菜场、建国北路邮电局旁，后均因市政拆迁先后被拆除。

2000年12月，在主城区新建梅园路实验小学交通岗亭，并设交通信号灯。2006年夏，岗亭移至南市路与当湖路交叉口。2007年9月，在新华南路邮政大厦前设女子岗亭，由女民警与女协警值勤。2010年6月27日，市政府迁至胜利路，增设胜利路岗亭。至2015年底，全市共有交通岗亭 7 个，其中主城区 6 个、钟埭街道（平湖经济开发区）1 个。

**交通信号灯**

平湖主城区交通信号灯设置始于 1994 年 5 月。首个交通信号灯在城南西路客运汽车西站设立，此后市区交通信号灯逐年增多。1999 年，投入近 100 万元，在城区主要路口增设 6 处指挥信号灯设施。2001 年，在城区 6 个路口设置警示黄闪灯 12 套。在新华路示范街的 3 个交叉路口进行拓宽改造，增设机动车道，并对交通信号灯设施进行全面改造，增设非机动车信号灯。2013 年，为缓解城区道路交通管理压力，对南北主通道新华路育才路至环城北路段实施信号灯双向绿波控制试点。2014—2015 年，又对新华路沿线 2 条支路和 15 个路口的 7 处信号灯设置进行合理调整，实现新华路（福臻路口至胜利路）及胜利路（新华路口至梅园路口）信号灯双向绿波控制，同时建成双向绿波控制的还有平湖大道、东湖大道、福臻路、东方路等。

乍浦镇交通信号灯设置始于 2001 年 9 月。镇内雅山路主要路口率先安装，后逐年增添。至 2005 年底，全镇 13 处路口设置交通信号灯。2009 年底，共设置交通信号灯达 23 处。此后，乍浦镇由嘉兴市公安局港区分局管辖。

新埭镇交通信号灯设置始于 2004 年 8 月。分别安装在平（韩）兴线与广兴线交叉口、平（韩）兴线泖口路口，后又在平（韩）兴线新埭镇区处设置新的信号灯，至 2015 年底共 6 处。

独山港镇交通信号灯设置始于 2004 年 8 月。分别设置于 01 省道黄姑加油站、平廊线与独兴线交叉路口，以后又在 01 省道独兴线、独兴线杭浦高速公路出口处设置交通信号灯。2009 年 12 月，撤销全塘、黄姑两镇建制，新建独山港镇（又名独山港经济开发区，2014 年 8 月升格为浙江省经济开发区），交通信号灯数量增多，至 2015 年底共有 20 处。

2004 年开始，为加强公路路口管理，在公路路口增设信号灯 13 处。2005 年，在平兴线增设交通信号灯。2006 年 9 月，新 07 省道通车后，分别在曹桥路口、景兴路口设置交通信号灯，后老 07 省道的九里亭也设置交通信号灯。2008 年，独黎公路平湖大道设置交通信号灯。随着 01 省道和杭浦高速公路的建成通车，林埭、全塘有关路口也都设置交通信号灯。至 2015 年底，全市共有交通信号灯 156 处，其中当湖街道（含林埭镇）82 处、钟埭 39 处、独山港 20 处、新埭（含广陈）8 处、曹桥 4 处、新仓 3 处。

**交通标志、标线与隔离栏**

1986 年，县公安局交通中队刚建不久，为建立正常的交通秩序，规范车辆行驶，以城关镇为重点，设立各种交通标志 33 块，在建国路、环城路手工刷道路中心线 1.24 千米。1988 年，在城关镇主要街道刷划道路中心线和人行横道线 1.5 千米。1989 年，规范交通标志、标线，城关镇拆除旧标志 17 块，新设标志 21 块，重新漆划道路中心线和人行横道线 11.4 千米。

1991 年，为迎接撤县建市暨西瓜灯节庆祝活动，在乍王公路设置两座大型跨公路牌坊，作为大型交通标志牌。1996 年 10 月，城关镇首条隔离护栏即城南路隔离护栏设置工程完成，实现渠化交通。同时城关主要道路重新刷划标线，增设交通标志 20 块。1997 年 1 月，在市区主要道路新增交通标志 89 块，对新华路部分路口增设隔离护栏，并与公路段一起完成乍王线平湖过境段所有的岔口、弯道护栏、标志的设置工作。

2001 年，针对平湖城区道路路况差异性大的特点，投资 160 万余元对城区的各路口交通流量进行渠化，增设隔离栏，在城区 31 个路口设置减速带 438 米。同时，在市区各道路增设各类交通标牌 110 块，刷划道路标线 8 千米。是年，还对全市所有省道、县乡道路的交通标志按国家标准进行规范设置，在主要路口均设置警示桩和警示灯，对部分事故多发路段进行改造，增设各类标志牌 202 块，设置警示桩 2500 根，警示灯 17 套。

2002 年，对 01 省道、07 省道、平黎线等交通情况复杂，事故多发路段、交叉口道路交通安全设施进行全面整改，共新增防眩目灯 36 只、“注意行人”标志 22 块，减速带 121 米、减速道钉 18 组、减速标线 2000 平方米，防撞护栏 3 套、黄灯（双灯）8 只，交通隔离护栏 34 米，同时拆除一些护栏和绿化带。

2003 年，加大市区基础设施投入力度，邀请省交巡警总队专家对市区的几个主要路口进行

“会诊”，结合文明城市创建，对市区主要道路标线重新施划10千米，修补交通标线15千米，并合理分布主干道上的行人过街设施。对建成区70个路口中的60个路口进行渠化改造，其中34个路口设置减速让行标线，增设交通标志22块、减速带121米、减速道钉18组、减速标线2000平方米、防撞防护栏3套、黄闪灯8组、交通隔离护栏34米。

2004年，在公路路口治理中，增设标志标牌53块，警示桩177根，安装物体隔离920米，设置减速带350米，减速道钉3处，施划标线1048平方米。

2005年，在沪杭复线01省道增设人行横道标志2套，标线56平方米。平兴线段增设部分减速带。07省道张家圆盘至北河漤桥路段投入14.3万元，增设125根警示桩，施划3551.8平方米的标线。此外，按照有关要求，整改和完善各镇（街道）学校周边的交通标志、人行横道线、警示桩等交通设施。2005年末，全市二级以上公路全部设置交通标志、标线，三级以上县道都设有标志，共有交通标志牌982块，防撞护栏143.87千米。

2007年，对全市20多所中小学校周边存在安全问题的路口重置交通指示牌，重新施划标志、标线，完善校园周边斑马线，增加减速标志和减速带，确保学生的交通安全。2012年，为缓解主城区新华路交通拥堵，联合城建部门对该道路部分路段设置中央隔离护栏，以控制支路及边口的交通出入，减少交通拥堵现象的发生。2015年，对新华路部分标志标线设置进行合理调整，使道路通行率和路口清空能力得到明显提升。

**二、信息化管理**

平湖道路交通信息化管理起步于20世纪80年代。1988年9月，县公安局交警队安装150兆无线通信网，同时购入车载台及手携式无线电对讲机，便于交警在执勤时相互联络。1995年3—4月，将150兆无线通信进行调整，添置无线对讲机25台、无线有线转接器1台。1996年，重新调试开通交警150兆无线通信网。1997年，购置无线对讲机10台，车载台2台。1999年，在01省道（沪杭公路）设置电视监控设施，于10月底竣工并投入使用，将现代科技应用于道路交通管理，为查处交通肇事逃逸案件和刑事案件创造了有利条件。

2001年7月，在当湖镇环城南路与新华路口安装第一套“电子警察”（闯红灯违章自动监控记录系统）。2002年6月，新华南路与当湖路口及梅园路与当湖路口也相继安装“电子警察”。8月，建成350兆移动数据查询系统，将原有的信息通信网改造成新型拓扑结构网络，完成机动车、非机动车管理信息和常住、暂住人口信息的查询，能使路面执勤民警及时查处违章提供方便，实行机动车、驾驶员违章处理网络化。

2004年，市公安局交警大队制订《全市道路监控系统建设三年规划》。通过三年科技强警规划建设，先后共投入1000万余元，在全市城乡主要道路、路口安装“电子警察”14套、卡口系统19套、动态视频监控系统89个，添置智能拦截系统2套。为基层一线配备6F测速仪2套、移动测速仪3台、车载式测速仪4台、对讲机142台、台式电脑130台、笔记本电脑7台、数码相机124台及各类酒精测试仪13套。2006年，建成二级交通指挥控制中心，形成包括道路电视监控、“电子警察”管理、交通勤务指挥调度、交通信息管理、网络办公和交通违法信息处理等系统组成的公安交通管理信息系统。以后又逐年投入资金，至2009年，共建成“电子警察”22套，卡口系统21套，智能拦截系统2套，动态视频监控系统1288个，提升了道路监控设施的科技含量，保障了全市道路秩序安全畅通。2009年，市公安局交警大队被命名为省级“科技强警示范大队”。

2012年1月，市公安局交警大队设立专职科技民警岗位，进一步加大交通管理科技信息化建设。是年，“电子警察”增至31套。2013年，建成车辆控制系统，路面安装具有车牌识别功能的高清视频监控点239个，与智能卡口等全部接入嘉兴、平湖两级车控系统，实现数据实时更新。2015年，增设科技中队。4月，建成新办公大楼二级交通指挥平台，该平台为智能交通的系统终端，集指挥调度、执勤执法、交通违法查处、交通行车诱导、交通信号控制等功能于一体，全方位实现智能化交通控制。至年底，全市有“电子警察”72套、卡口系统21套，智能拦截系统2套、智能信号机85个、自动抓拍球机15个。是年，通过科技手段对交通违法非现场采集达到99189起，查处10次以上交通违法未处理车辆3384辆，查处酒后驾驶245起。

## 第二节　机动车辆及管理

### 一、机动车辆

#### 汽车

民国时期，平湖交通闭塞，车辆甚少。民国19年（1930），杭乍段公路有20座大客车7辆和4座小包车5辆。民国21年（1932）10月，乍嘉公路平乍段及沪杭公路乍金段新增大客车8辆和小包车1辆。民国23年（1934），平嘉段增大客车4辆。平湖沦陷期间，仅乍嘉线有客车3辆。抗日战争胜利后，沪杭线县境段有私营车、公营车各4辆，乍嘉线有私营车5辆。

新中国成立初期，平湖仅有客车1辆。1953年11月，省公路局调来4辆30座小万国牌木炭客车。1958年客车增至14辆，1962年又增加2辆，先后开通乍浦至杭州、乍浦至上海西渡两线客运班车。20世纪60年代初，县政府有了第一辆奥斯汀轿车。1965年，乍浦搬运站购置上海牌8型三轮小货车。1969年，县第一人民医院购置跃进牌救护车，为县内第一辆特种车。1970年，平湖煤矿及化肥厂购置钱江牌3吨货车。

20世纪80年代起，县内汽车迅速增加。1980年10月，嘉兴客运中心在乍浦建立第二车队，有客运班车30余辆。1987年，增至54辆。1988年，成立平湖县汽车运输公司，有大客车33辆，小客车3辆。至1989年末，全县有各类汽车1059辆，分别为大、小客车311辆，货车727辆，特种车21辆。1990年以后，随着运输市场开放，群众购车日益增多。至1999年末，全市有各类汽车6028辆。

进入21世纪，随着人们生活水平的日益提高，私家车遍及城乡每个家庭，至2015年底，全市共有各类汽车104787辆，分别为大型汽车4135辆，小（微）型汽车100652辆（其中私家车83922辆）。

#### 摩托车

1962年，县公安局向上海购置一辆幸福牌二轮摩托车。1965年，省公安厅拨给苏制乌拉尔侧三轮摩托车一辆，以供出警或其他急用。1969年，邮电部门开始购置二轮摩托车，作为送电报、送机要件、送邮包之用。是年底，全县有摩托车4辆。

1983年，全县摩托车增至28辆，大部分为公安、邮电等单位公用（其中仅有1辆二轮摩托车为个体户所拥有）。1984年后，出现私人摩托车（包括轻骑），年末增至40辆。后因通往乡镇的公路修建，购置摩托车的人增多。1988年，全县办理牌证的摩托车达974辆（其中轻骑478辆），绝大多数为私人所有。1989年底突破千辆关，全县拥有1062辆（其中轻骑408辆）。

20世纪90年代开始，随着村村通公路，全市二轮摩托车数量快速增加，成为城乡居民出行的主要交通工具。1990年末，全县办牌证的摩托车有1132辆（其中轻骑408辆）。1994年末，全市有摩托车4321辆，绝大多数为私人车。1996年开始，政府放宽非正当途径购买进口摩托车办理上牌手续，1998年后停止办理，3年内全市办理进口摩托车上牌267辆。1999年，全市摩托车总数有25375辆。

进入21世纪，摩托车总量急剧上升。至2005年，总数达到74479辆，其中轻骑摩托3058辆。至2010年底，全市共有摩托车101341辆。后随着私家车以代步工具的增多，摩托车数量开始下降，至2015年，全市共有摩托车77871辆。

#### 燃油助动车

20世纪90年代，曾一度出现燃油助动车，又称轻骑，该车价格低，功率小，深受群众欢迎。1994年，该类型车辆被公安机关纳入管理，并开始上牌。1997年，总数达到2500辆。截至1999年5月，全市拥有量已达11512辆。由于燃油助动车燃油不彻底，所排放的尾气，严重污染空气。市政府根据上级指示，决定从2002年12月起，对部分燃油助动车实施强制淘汰，下发《关于强制淘汰燃油助动车的规定》，至2004年8月，该项工作基本结束，全市共淘汰7286辆（其中2122辆为自然淘汰），从而使这一安全隐患大，环境污染严重的车型基本绝迹。

### 二、机动车辆管理

#### 牌证管理

新中国成立后，国家对机动车实行登记制

度，机动车登记上牌后方可上路行驶。1985 年 1 月，省政府颁布对拖拉机管理规定：12 匹马力以下手扶拖拉机统一由农机部门监理，大中型四轮拖拉机由交通、公安按照职能部门分工管理。农村拖拉机在公路上行驶，驾驶人的证照必须经过农机监理部门会同交通或公安部门考试考核，加盖当地交通或公安部门印章。1987 年 10 月前，平湖机动车辆牌证管理由交通部门负责。

1987 年 11 月，全国交通监理体制转换，车辆监理职能由交通部门移交公安机关，县公安局交警队设立车辆管理组，实施对机动车辆的登记、核发牌照、异地转籍、过户等牌证管理。1988 年 7 月，县公安局交警队根据《嘉兴市机动车及驾驶员牌证管理暂行办法》，对全县各类汽车、摩托车、轻骑、专用机械车等进行整理登记，按规定办理检验、考核、发放牌证；受理车辆过户、变更、改装、更换车身等申请；核发特种车辆安装报警器、标志灯具使用证；建立车辆、驾驶员档卡制度。是年，车辆管理组共办理机动车牌照 583 辆，办理过户、转籍 153 辆，复驶汽车 112 辆。1989 年，车辆管理组更名为车辆管理所，车辆管理工作进一步规范。是年，共发放各类机动车牌照 3444 副（汽车 1059 副、运输拖拉机 1294 副、摩托轻骑 1062 副、专用车 29 副）。

1990 年开始，推行“两公开一监督”制度，先后公开车辆办牌办证规定、手续等一些常用办事制度。1991 年，将有关规定上墙公布，公布监督电话。是年，为单位、个人办理各类机动车过户、转籍 111 辆次，办理报废、更新车辆 30 辆次，核发办理车辆牌照 863 辆次。同时，通过走访车辆单位，征求意见，整顿健全 21 种登记簿册和业务管理制度，夯实车辆管理基础工作。

1993 年，车辆管理所为单位、个人办理各类机动车过户转籍 158 辆次，办理报废、更新车辆 101 辆次，核发办理车辆牌照 1571 辆次。办理实习驾驶员换证 930 人次，换发正式驾驶证 1052 份，办理机动车驾驶员借聘、过户转籍 345 人次。是年，车辆管理所在嘉兴全市交警部门考核中名列前茅。

1994 年 5 月，根据嘉兴市公安局关于 7 月 1 日起全市启用“九二式”机动车新牌证的通知精神，开展“九二式”机动车牌证换发工作。是年，换发和核发汽车类新牌照 576 副、摩托车类新牌照 890 副、轻骑类新牌照 216 副，换发工作至 1995 年结束。

1996 年，贯彻省公安厅交警总队下发的《全省车辆及驾驶员管理工作规范》，开辟“公开办事制度，接受群众监督”专栏。1997 年，开展创建文明示范窗口活动，公布车管工作有关政策、规定、设置办牌办证业务流程图，提供填表示范样式等。

1996—1999 年，根据市政府统一部署，以交警为主体，由派出所、保安公司、摩训班和交通等部门派员组成联合工作组，开展无牌无证摩托车集中整治。工作组深入各乡镇，与派出所一起上门办理车辆入户及培训办证服务，提高上牌率，有效制止无牌无证摩托车、助动车上路行驶。

2000 年，车辆管理所先后添置电脑、数码相机、彩色喷墨打印机等高科技设备，窗口工作全部实现电脑化。11 月 1 日起，率先在嘉兴市范围内对摩托车上牌实施电脑选号，率先建起全省第一个县级设施一流、管理规范的档案室，新增车辆照片和驾驶员数据关联系统及车辆模糊查询功能，推出车辆上牌和审验实行喷打车牌照号码措施，有效提高机动车盗抢案件和交通逃逸事故的侦破率。

2002 年，市公安局交警大队与汽校、派出所等有关部门配合，开展无牌无证摩托车专项整治行动，在全市各乡镇共计上牌 1.31 万辆，与 2001 年相比增长 220.57%。在企业推行安全联络员制度，落实摩托车长效管理机制。是年，车管所开通 168 声讯台车管业务指南，将机动车牌证办理工作规范在电子政务网上公布，方便群众前来办牌办证。

2005 年开始，针对全市施工企业、运输车辆较多的情况，推行重点车辆“户籍化”管理，将客运车辆、校车、危险品运输车及外籍工程运输货运车辆等 11 类机动车型及其驾驶人（简称“四车四人”）纳入管理范畴，实行申报备案制度，及时掌握运输车辆、安全人员及驾驶员现状，定期对重点车辆及驾驶人管理档案信息的实时更新，并及时向运管部门、交警中队、车辆单位提供辖区重点车辆和驾驶人违法、肇事等信息，以便相关部门重点加强动态监管。

2006年，车辆管理所将原办证窗口高柜台改为低柜台，增设“一米线”，实行开放式办公，同时更换电脑、打印机、增添监控设备、电脑触摸屏等硬件设施。是年底，平湖市车管所在省公安厅交管局组织的车辆管理所等级评定中获全省二等所称号。

2007年9月，车辆管理所被嘉兴市局交警支队确定为首个办理小型汽车挂牌试点单位，开始9座以下国产免检汽车的注册登记工作。

2008年，车辆管理所执行公安部《机动车登记规定》及《机动车登记工作规范》，认真审核法定证明、凭证。认真查验机动车辆，比对盗抢车信息，确保违规车辆不予办理相关业务。将原有的5个机动车岗位调整为机动车检验岗、机动车登记审核岗和机动车档案管理岗，对机动车上牌、过户、转籍实行限时办理。7月开始，增加办理汽车牌证补领业务。10月1日，开通车辆号牌自编自选业务，推出临界强制报废的机动车及机动车超过检验有效期的邮寄信函告知服务。

2009年10月1日起，车辆管理所与邮政部门合作推出机动车号牌和驾驶证速递服务。10月9日起，增加办理全部汽车类注册登记业务，除“五种车辆”（进口车、中型以上客车、危化品车、教练车、校车）外。2010年5月1日起，增加机动车质押、抵押、注销及查封等业务。

2011年，车辆管理所在互联网政府门户网站公布行政执法内容，宣传车辆管理和驾驶人管理业务知识，开展违法信息告知服务，提供各类业务表格下载、打印。同时，利用手机短信、媒体等信息平台，加强对机动车辆和驾驶员违法、停止使用机动车驾驶证、机动车报废有效期满和机动车定期检验等信息进行提醒告知。2012年6月1日起，办理在平湖暂住人员的汽车注册登记和转移登记业务。

2015年5月，车辆管理所新办证大厅启用，新大厅设有LED电子显示屏，公开告知办理各项车管业务的手续、流程及收费标准，实行开放式办公，使用排队叫号系统、服务评价系统，设立军人、老人、孕妇、残疾人绿色通道及境外人员办牌办证直通窗口，并对民警办牌办证全程纳入视频监控。是年，办理汽车注册登记1.94万辆、转移登记4942辆、变更登记2536辆、抵押登记4732辆，补牌补证5114辆、核发临时牌号4.5万张、检验合格证标志3.65万张、环保标志2.34万张。

**车辆检验**

1987年7月25日，省人大常委会通过《浙江省道路交通管理条例》，其中第30条规定：公安机关应定期对机动车辆的技术状况进行严格检验，凡车况不符合规范要求，不能保证安全行驶的车辆，扣留其牌照。按规定应当报废的车辆，任何单位和个人都不得继续使用或者转卖、转让，继续使用或者转让的，予以没收、并处罚款；转卖的，没收其车辆和非法所得，并对直接责任者处以罚款或者行政处分。

1988年，县公安局交警队为做好公安接管车辆管理后首次年度车辆检验工作，下发通知，提出具体要求，敦促车辆单位主动参加车辆年检。是年，应年检车辆1490辆，参加年检1327辆，年检率89.06%。此外，还重视和加强车辆的初次检验和临时检验，特别是在春运来临之时，组织专门力量，对投入春运的257辆车，逐一进行技术检验，确保春运安全。为机动车辆配备灭火器材，推广机动车气压制动低压报警器，进城拖拉机安装转向指示灯等，有882辆机动车辆新配备安装灭火器材，达到全县车辆的95%以上，安装低压报警器150多辆，安装转向指示灯拖拉机616辆，以保障车辆运行安全。

1991年起，推行每年一次春运客运车辆合格证制度，对检验合格的客运车辆，发放年度“春运检验合格证”。是年，对103辆投入春运车辆发放“春运检验合格证”。5—6月，贯彻公安部《关于加强客运车辆安全管理，狠抓事故预防工作的通知》精神，组织专业运输单位，对客运车辆进行车况整顿，并抽出部分车辆到嘉兴交警支队设置的车辆检测站进行检测。对个体出租车辆在片组进行逐台检验。在车辆年检工作中推行按月列出检验车辆号码，提前1个月发放通知书，避免误检，提高检验率。是年，共检验各类机动车辆1984辆，其中汽车类1176辆，年检率达到95.5%。1993年起，对客运车辆实行季度安全检验制度，促进客运车辆技术状况的改善。

1996年，按照省公安厅交警总队下发的《全省车辆及驾驶员管理工作规范》，贯彻“谁检验、谁签字、谁负责”的原则，抓好春运车辆安全检验，采取上检测线和人工检验相结合的方法，对全市投入春运的377辆大、小营运客车和后三轮摩托车、载客农用车进行检验，发放春运合格证，参检率和检验合格率均达到100%，保证参加春运的客运车辆技术状况良好。4月中旬，建成摩托车检测站，改变车辆检测去嘉兴检测站带来的不便。至年底，自行检测摩托车3028辆。

1999年，为提高摩托车及驾驶员年检、年审率，市公安局交警大队购置依维柯小客车1辆，开设“流动车管所”，坚持每月4次下乡上门服务。是年，共检验各类机动车1.81万辆，其中汽车类3324辆，摩托类1.47万辆，完成应检验数的90.8%。

2008年，市公安局交警大队会同安监、交通、运管、质监、教育等部门对重点企业和重点车辆进行安全大检查，进一步落实客运车辆、危险化学品车辆及校车的安全管理制度，对车辆进行集中安全检验，对从业人员进行集中安全教育，制定危险化学品车辆应急处置预案，开展预案演练。完善对学生接送车由交警、教育、运管、运输公司四级共管机制，确保校车安全。

2009年9月，市公安局交警大队在摩托车检测站扩建汽车安全性能检测站，设计汽车检测线2条（分两年建成），年检测能力为2万辆，获省质监局“机动车安全技术检测机构检验资格许可证”和“质量认定计量认证证书”。11月9日，正式对外受理汽车检测业务，至年底检测各类汽车7200辆。同时，提高“流动车管所”下乡频率，每月增至8次，每周三、五组织民警深入各镇、街道为群众办牌摩托车检验。对重点企业的服务对象，视其合理要求组织车管民警预约上门服务。开展对各重点运输单位及企事业单位的车辆进行见面登记、拍照固定、造册备案及重点运输（含200人以上）企业负责人交通安全责任书的签订工作。

2012年，车辆管理所通过校车检查，对转出、注销及报废的校车进行登记造册，收缴校车号牌。2013年，新埭中队开设车管业务窗口，坚持长年服务，进一步方便群众。

2014年9月至2015年，贯彻落实公安部、国家质检总局联合下发的《关于加强和改进机动车检验工作的意见》，公安交警部门与检测机构脱钩，在交警大队车管所建立具有检测预约功能的机动车检验监管平台，实行远程查验监管和远程核发检验合格标志。同时，试行非营运轿车等车辆6年内免检，推行机动车异地检验（嘉兴全市通检）及通过互联网、电话等方式预约检车等便民措施。

表17–1　　1962—2015年平湖机动车保有量一览表

| 年份 | 机动车总数（辆） | 大小（微）型汽车 | | | | 摩托车（轻骑） | 拖拉机 | 其他 |
|---|---|---|---|---|---|---|---|---|
| | | 小`计 | 大型汽车 | 小（微）型汽车 | | | | |
| | | | | 小计 | 其中私家车 | | | |
| 1962 | 1 | – | – | – | – | 1 | – | – |
| 1963 | 1 | – | – | – | – | 1 | – | – |
| 1964 | 1 | – | – | – | – | 1 | – | – |
| 1965 | 2 | 1 | – | 1 | – | 1 | – | – |
| 1966 | 4 | 3 | – | 3 | – | 1 | – | – |
| 1967 | 4 | 3 | – | 3 | – | 1 | – | – |
| 1968 | 4 | 3 | – | 3 | – | 1 | – | – |
| 1969 | 8 | 4 | 1 | 3 | – | 4 | – | – |
| 1970 | 12 | 8 | 3 | 5 | – | 4 | – | – |
| 1971 | 13 | 9 | 4 | 5 | – | 4 | – | – |

续上表

| 年份 | 机动车总数（辆） | 大小（微）型汽车 | | | | 摩托车（轻骑） | 拖拉机 | 其他 |
|---|---|---|---|---|---|---|---|---|
| | | 小计 | 大型汽车 | 小（微）型汽车 | | | | |
| | | | | 小计 | 其中私家车 | | | |
| 1972 | 17 | 13 | 6 | 7 | – | 4 | – | – |
| 1973 | 21 | 17 | 8 | 9 | – | 4 | – | – |
| 1974 | 30 | 26 | 12 | 14 | – | 4 | – | – |
| 1975 | 40 | 35 | 18 | 17 | – | 4 | – | 1 |
| 1976 | 50 | 44 | 24 | 20 | – | 4 | – | 2 |
| 1977 | 61 | 54 | 30 | 24 | – | 4 | – | 3 |
| 1978 | 81 | 66 | 40 | 26 | – | 4 | – | 11 |
| 1979 | 108 | 87 | 53 | 34 | – | 4 | – | 17 |
| 1980 | 133 | 110 | 70 | 40 | – | 4 | – | 19 |
| 1981 | 136 | 122 | 74 | 48 | – | 4 | – | 10 |
| 1982 | 136 | 122 | 72 | 50 | – | 4 | – | 10 |
| 1983 | 179 | 142 | 84 | 58 | – | 28 | – | 9 |
| 1984 | 248 | 186 | 121 | 65 | – | 40 | – | 22 |
| 1985 | 450 | 368 | 234 | 134 | – | 40 | – | 42 |
| 1986 | 618 | 518 | 282 | 236 | – | 40 | – | 60 |
| 1987 | 789 | 671 | 338 | 333 | – | 40 | – | 78 |
| 1988 | 3133 | 925 | 394 | 531 | – | 974 | 1198 | 36 |
| 1989 | 3444 | 1059 | – | – | – | 1062 | 1294 | 29 |
| 1990 | 3899 | 1547 | – | – | – | 1132 | 1220 | – |
| 1991 | 5420 | 1907 | – | – | – | 1635 | 1878 | – |
| 1992 | 6739 | 2425 | – | – | – | 2473 | 1835 | 6 |
| 1993 | 8535 | 3012 | – | – | – | 3313 | 2183 | 27 |
| 1994 | 8932 | 2489 | – | – | – | 4321 | 2115 | 7 |
| 1995 | 11455 | 3688 | – | – | – | 5460 | 2220 | 87 |
| 1996 | 17568 | 3690 | – | – | – | 11505 | 2306 | 67 |
| 1997 | 22609 | 4127 | – | – | – | 16462 | 1961 | 59 |
| 1998 | 27618 | 4499 | 1017 | 3482 | – | 21104 | 1966 | 49 |
| 1999 | 33125 | 6028 | 1128 | 4900 | – | 25375 | 1675 | 47 |
| 2000 | 40349 | 5962 | 1301 | 4661 | 1269 | 32850 | 1327 | 210 |
| 2001 | 53956 | 8225 | 1323 | 6902 | 1862 | 43932 | 1477 | 322 |
| 2002 | 60292 | 8075 | 1363 | 6712 | 2529 | 50756 | 1184 | 277 |
| 2003 | 64832 | 10901 | 1644 | 9257 | 3789 | 53493 | – | 438 |
| 2004 | 93287 | 13253 | 1839 | 11414 | 5167 | 79529 | – | 505 |
| 2005 | 92231 | 15204 | 1775 | 13429 | 6785 | 74479 | 2045 | 503 |

续上表

| 年份 | 机动车总数（辆） | 大小（微）型汽车 | | | | 摩托车（轻骑） | 拖拉机 | 其他 |
|---|---|---|---|---|---|---|---|---|
| | | 小计 | 大型汽车 | 小（微）型汽车 | | | | |
| | | | | 小计 | 其中私家车 | | | |
| 2006 | 97416 | 18271 | 2056 | 16215 | 8737 | 78762 | – | 383 |
| 2007 | 108124 | 22111 | 2333 | 19778 | 11175 | 85574 | – | 439 |
| 2008 | 116533 | 25075 | 2604 | 22471 | 13477 | 90901 | – | 557 |
| 2009 | 127723 | 30824 | 2964 | 27860 | 18300 | 96126 | – | 773 |
| 2010 | 142924 | 40462 | 3706 | 36756 | 26212 | 101341 | – | 1121 |
| 2011 | 144250 | 51037 | 4171 | 46866 | 32445 | 91708 | – | 1505 |
| 2012 | 147831 | 63179 | 4342 | 58837 | 43514 | 83089 | – | 1563 |
| 2013 | 156787 | 75259 | 4763 | 70496 | 55649 | 79764 | – | 1764 |
| 2014 | 172946 | 90507 | 4764 | 85743 | 72450 | 80561 | – | 1878 |
| 2015 | 184569 | 104787 | 4135 | 100652 | 83922 | 77871 | – | 1911 |

注：1. 1962—1987年数据，摘录《平湖交通志》。

2. 1997年前数据摘自历年交警大队总结资料，1998年后系电脑统计数据。

3. 其他栏指油罐车、起重车、叉车、挂车、简机、低速载货车等轮式机械车辆。

## 第三节　非机动车辆管理

公安机关在非机动车管理上针对各个不同历史时期出现的各类不同非机动车辆及其增长情况，及时调整对各类非机动车辆的管理。20世纪60年代末，开始对自行车的管理。90年代后至21世纪，开展对电动自行车、电动三轮车和人力客运三轮车的管理，以确保道路交通安全、畅通、有序。

### 一、自行车管理

平湖最早出现自行车在乍浦镇。民国16年（1927），乍浦镇泰昌、云飞车行有自行车12辆，供出租之用。后县城的平安等自行车行也兼营自行车出租。民国25年（1936），城区街道经过铺砌后平坦，大成、同昌、鼎飞等自行车行应运而生。民国35年（1946），城区有自行车24辆、乍浦镇有12辆，均供出租或借用。

新中国成立后，1956年7月，城区胜利、前进、幸福、和平等4家车行共计约30辆自行车合并成立合作小组，当时除车行备有自行车供出租之外，县委通讯班、邮电部门有少量公用自行车。1957年后，县公安局、供销社、财税局、总工会、商业局以及所属百货、烟糖、五交化、食品等公司也先后购入自行车作为公用。

20世纪60年代末，自行车数量开始增加，且私人拥有自行车增多。1969年，公安机关军管组对全县的自行车开始进行管理，凭自行车购买发票及相关证明，到公安机关办理登记上牌，在自行车车把及三脚架上敲打“平湖”及编号的钢印后，发给铝质车牌及纸质车证（牌照有红色公车、蓝色私车两种）。1973年3月，设立自行车管理所，隶属治安股，地点在公安局值班室，负责全县自行车登记上牌。以后，随着自行车的不断增多，自行车管理所组织人员到全县各社镇巡回上牌做证。

1980年5月28日，县公安局针对平湖自行车数量快速增长，下发《关于换领自行车新牌照的通告》。通告规定：6月11日至8月10日，对全县自行车的旧牌照全部换领新牌照，并收回牌照工本费1元。确定县局及乍浦消防队、金丝娘桥派出所三地为换领点。至年底，换发自行车牌照6335辆。在换照过程中，先后组织5次路检，发现100余辆不符合行车要求，对其中8名情节严重，又不听规劝的骑车者进行扣车教育。通过换照，查获被盗自行车5辆。

1982年6月30日，县公安局翻印《浙江省自行车管理暂行规定》，下发各社、镇，各派出所，规定除原有管理项目外，增加办理自行车过户、迁出变更手续，全省实行自行车牌照统一式样。8月17日，制订《平湖县自行车交通管理规则》，并于9月1日起公布施行。限制自行车装载货物长度和宽度，长度不得超过车长、宽度不得超过车把，自行车应靠右行驶，拐弯时应伸手示意。明确骑自行车者不准骑车带人（城镇）；不准骑车撑伞、扛物；不准冒险骑飞车；不准曲线行驶；不准两车搭肩并行；不准双手离把；不准在街道上学骑自行车；不准与机动车抢道等“八不准”，违者批评教育或罚款。并对拼装车辆规定相关手续，对买卖车辆和违章都制订相应的处理方法。通过张贴布告，利用广播、电影放映前宣传等形式，广泛深入地开展安全行车规则的宣传。是年，共没收、缴获赃车17辆，查扣无牌无证车辆300辆，路检自行车1500辆次，举办违章学习班4期约70人。9月，城关镇成立交管组，加强对镇区自行车的管理，违章骑车明显减少，未发生因骑车违章造成的交通事故。

1984年3月1日，县公安局下发通知，对全县公用、私用自行车进行全面检验和换发新牌照，规定调换自行车新证，必须缴回旧证（软、硬照）；凡换车架、车把的自行车必须持购件发票和单位证明，到自行车管理所办理变更手续，原有的车架、车把不得重新使用；自配零件拼装的自行车从是年5月1日起停止办理牌照。

1985年，自行车管理所组织人员分别去新埭、新仓镇、新庙乡钉制牌照4次，全年共钉制自行车牌照2.37万辆，其中公车1227辆，私车2.25万辆。

1986年，县公安局交通中队下发《平湖县自行车交通管理规则》《自行车节日管理通告》等，加强对自行车的管理。春节期间在城关镇推行节日交通管制，管制期间共纠正违章骑车1.7万人次，处理违章骑车250人次，罚款157元。设置4个自行车停放处，方便群众保管停放自行车5300多辆。同时改革对骑车带人这一较为突出的违章行为处罚，以扣车请进来的办法，先学习交通法规，促使其认识到自己的错误，主动检讨自己的错误行为，再接受处理；对下雨天骑车撑伞者，采取到街上买雨披或罚款处理，二者任其选择的办法，收效甚好。

90年代，为方便群众就近登记上牌，委托各乡、镇派出所办理，由派出所落实一名联防队员负责，自行车行驶证盖所在地派出所自行车管理章。同时，针对全县城乡自行车盗窃案件频发，组织警力开展突击设卡行动，查找无牌照及有可疑的车辆。以后，又将历年被盗自行车整理成名册，以供路检时查询。

1992年5月1日，市公安局下发《自行车管理规定》：规定新购车辆，需持购车发票，车主居民身份证，在车主户籍所在地派出所办理登记、领证手续。使用时，须随身携带自行车行驶证或副证（钥匙箍），以备查验；在用车辆必须保持制动装置、车铃、反射器有效。不得擅自改装车辆或增设机械动力装置；必须定期接受检验，逾期未检验或检验不合格的车辆，不准继续使用；车辆易主或车主变更单位、住址须办理变更登记手续，外来车辆在本市入籍，需持原管理机关出具的迁移证明；调换车把、三脚架或损坏、丢失牌证，须持原车旧件或丢失报告，在当地派出所办理补牌、补证或重打钢印。是年，贯彻《自行车管理规定》，组织开展全市自行车换发牌证工作。1997年，以乡镇为单位，采取下村进厂、上门服务，方便群众等方法，开展自行车检验换证工作，共检验换证自行车32.81万辆。

进入21世纪后，随着电动自行车的出现，自行车购买人逐渐减少。2006年6月20日，市公安局交警大队执行《浙江省非机动车登记工作规定（试行）》，自行车不实行登记上牌制度，公安机关不再继续办理注册登记。

## 二、电动自行车管理

电动自行车也称电瓶自行车，车型有两种，一种形似自行车，车架上放置电瓶，以电动机传动，并有骑行装置（即脚踏装置）；另一种酷似踏板摩托车，全靠蓄电瓶供电，驱动电动机传动。20世纪90年代中叶，平湖市区已有电动自行车，初有人在自行车上安装电瓶，电动机传动作代步工具，也有少量嘉兴产飞利浦等品牌电动自行车。

1997年，市公安局交警大队组织开展对电动自行车、人力三轮车、残疾人专用车调查摸底，全市有电动自行车2532辆。在此基础上开展为期20天的集中整治无牌证电动自行车工作，共办理上牌电动自行车538辆，为规范非机动车管理打下基础。1998年9月28日，省公安厅印发《关于电动自行车上牌管理的通知》，全省自10月1日起，正式将电动自行车纳入非机动车管理范畴，规定凡电动自行车自重不得超过40公斤、最高时速不得超过20千米、电动功率不大于240瓦特、有骑行装置（即可以脚踏行驶）核发牌照。至2000年，平湖电动自行车总量达1.15万辆。

进入21世纪，随着电动自行车数量的不断上升，厂家为迎合消费者，不断出现超重、超速、超标准的电动自行车，给道路交通带来不少隐患。为加强道路交通安全，预防和减少交通事故，有效遏制电动自行车盗窃案件发生,2001年1月，车辆管理所开展电动自行车集中核发牌证工作，对符合标准的电动自行车进行上牌办证。2005年5月，各派出所又开展对“超标”电动自行车进行防盗报备登记，在车身粘贴报备号，报备登记“超标”电动自行车4.27万辆，并将车辆信息录入车辆信息管理平台。是年，全市做证上牌电动自行车计有5.06万辆。

2008年，进一步加强电动自行车源头管理，提高登记上牌率，市公安局交警大队改原由车辆管理所统一上牌为各销售商店登记报备制。协调有关部门，由市综治办、公安局、经贸局、工商局、质监局联合发出《关于建立自行车销售信息登记报备制度、规范自行车销售管理的通告》，印制《自行车销售信息登记报备表》，发放到全市各个电动自行车销售商店，推行非机动车销售实名制，要求各销售商店如实登记购车人的基本情况以及相应车辆信息；在其车身尾部粘贴专门设计、印制“自行车报备编号”标签。落实专人对采集到的车辆信息及时收集，输入计算机，以备车主失窃后实时查询、实时比对，这一做法得到嘉兴市公安局的肯定，并在嘉兴市推广。

2009年，车辆管理所创新开展非机动车“闪光”工程，在电动自行车和电动三轮车尾部粘贴反光膜，提高非机动车夜间行车安全系数。同时针对少数电动自行车车主擅自加装遮阳（雨）棚，给交通安全带来隐患这一情况，会同工商部门开展联合执法，加强对加装遮阳（雨）棚电动自行车单位和车主的管理、检查力度，对单位下发停业整改通知书，并由工商部门作出相应处罚；车主由路面执勤民警告知驾驶人此种做法是违法行为，并且要求驾驶人自行拆除。

2010年9月，全市启用嘉兴市统一的铝质银底黑字防盗登记牌，由车辆管理所下发给各派出所，再由派出所发放至各电动自行车销售单位，购车时随车发放。

2011年，交警大队与全市电动自行车销售单位签订销售业责任书，规定防盗登记信息主要内容为销售车辆品牌、型号、颜色、车辆电机号码、车架编号、购车人姓名、住址、身份证号码、联系电话等，并按要求上交防盗登记卡及相关信息资料，对未按规定执行电动自行车销售信息防盗登记制度或执行不力的销售单位，将按规定上报有关部门进行处理。

2012—2015年，市公安局每年组织开展“两车”整治专项行动，查处、教育劝导各类非机动车违法行为，采用媒体曝光、公安内部上网排名通报、责任问责等手段，以助推整治深入开展，达到进一步规范非机动车管理之目的。

### 三、人力客运三轮车管理

平湖最早出现人力车在乍浦镇。民国15年（1926）乍浦始设福履人力车公司，有黄包车6辆。次年，县城先后开设平安、云飞车行，有人力车95辆。

新中国成立后，1958年，城关搬运站曾有人拼装过人力客运三轮车，用于接客，后因车辆破旧，生意清淡，而自然淘汰。1985年8月，平湖第一辆人力客运三轮车申领牌照，在城关投入运营。由于人力客运三轮车运营成本低，经济效益好，逐渐形成市场，专为车站、码头接送旅客之用。

20世纪90年代，随着平湖撤县建市，经济发展，流动人口增多，人力客运三轮车生意兴隆，近郊农民纷纷购车，申领牌照运营。1991年6月，县公安局交警大队为配合整治平湖汽车西站站区交通秩序，对人力客运三轮车进行整顿，重新更换营业执照，在车站、码头、医院、商场等地设停靠点，实施定点经营，由物价、工商、交通部门核定运价，每站（路程为300米）为0.50元，过坡、桥可增收一站费用。是年末，全市共有人力客运三轮车 90 辆。至 1993 年底，城关镇人力客运三轮车增至 340 辆。同时，乍浦镇也出现人力三轮车载客运营现象。此后一段时间，对人力客运三轮车的营业审批稍加控制，主要审批对象倾向于城镇待业人员，以解决其就业问题，进行不定期批量审批。至 1995 年末，全市人力客运三轮车发展到 574 辆。

1996 年 4 月，市政府协调交通、公安、工商等部门，研究人力客运三轮车的管理工作。从 5 月起，人力客运三轮车上牌、管理及营运人员的教育等归公安部门，实行每年一次年审，项目有驾驶证、运营证、服务资格证、工商执照、车主相关情况、车辆完好状况等。市公安局巡（特）警大队负责对城关、乍浦两地人力客运三轮车换发新牌证（乍浦镇换发委托派出所）。至年底，全市有牌证人力客运三轮车 550 辆（其中经营者系城关镇居民 20 辆、城郊农村 434 辆、乍浦镇 96 辆）。

1999 年，市公安局巡（特）警大队联合运管、工商等部门开展对无牌无证人力客运三轮车非法营运，有牌证的从业人员擅自转借、转租等现象，进行集中整治，查扣无牌无证人力客运三轮车 42 辆，教育处罚非法转借、转租人力客运三轮车违法人员 975 人次，取缔城区 1 个非法出租人力客运三轮车窝点，在城北一出租房内查获 1 名非法喷漆、伪造人力客运三轮车号码的安徽籍违法人员，以规范人力客运三轮车运输市场。

2001 年 8 月，巡（特）警大队并入交警大队，人力客运三轮车上牌、管理及营运人员的教育等由交（巡）警大队当湖中队负责。2002 年 12 月，市政府为解决城镇待业人员和近郊拆迁失地农民的生活困难，照顾性审批 54 辆人力客运三轮车投入运营，后停止审批。

2003 年，当湖镇时运公司经批准出面收购 50 余辆有牌照的人力客运三轮车，从事租赁业务。是年，市公安局制订《三轮车管理计分办法》，成立三轮车管理办公室，实施长效管理。严格对车辆的年审工作，核发上岗证（年满 60 周岁男性不再发证），并对从业人员进行交通法规学习和安全文明行车的教育。市财税、公路稽征、工商等部门也都对人力客运三轮车进行年审，并规定每辆车都得参加第三者、乘客及驾车人的保险。是年底，全市登记有牌照的人力客运三轮车 904 辆。

2004 年 6 月，市政府下发《平湖市人力客运三轮车管理试行办法》，管理进一步规范。2005 年，全市共有人力客运三轮车 1178 辆（含乍浦镇）。后开始实行总量控制，至 2010 年，全市人力客运三轮车登记在册数为 901 辆（乍浦镇除外）。

2011—2015 年，市公安局交警大队当湖中队每年联合城管执法局组织对人力客运三轮车非法悬挂广告的违法行为开展多次专项整治，及时取缔非法悬挂的广告，并对该类车辆加装动力装置、闯红灯、逆向行驶、随意掉头等交通违法行为进行现场查处。为落实长效管理，建立每月一次专项行动日制度，确保对人力客运三轮车适时有效监管，以提高城市整体形象。

**四、电动三轮货车管理**

20 世纪 90 年代，市区一度出现人力三轮车私自安装电瓶现象，为安全起见，在整治人力客运三轮车时责令拆除。但有正规厂家生产电动三轮货车则日渐增多，以替代手拉钢丝车和脚踏三轮车，成为送煤气、收废品及零星货物搬运的交通工具。

1998 年，公安交警部门开始办理电动三轮货车牌照，当年上牌照 170 辆，后此类车逐渐增多，有的车主还参加第三者责任保险。至 2003 年底，全市电动三轮货车达 2126 辆。2004 年 4 月，停止办理牌证。2010 年 11 月 15 日，联合城管、运管、残联等多部门在当湖街道组织开展电动自行车、三轮电动货车、正三轮摩托车（含残疾车）、人力三轮车（以下简称“四小车”）的专项整治。做到“发现一辆，查扣一辆，处罚一辆”。此后，采取突击整治与日常巡查相结合，每年不定期地进行多次，将“四小车”整治工作纳入常态化管理。

2014 年 9 月至 2015 年 5 月，市公安局交警大队开展“四小车”专项整治行动，会同运管部门开展突击整治 14 次，查扣残疾三、四轮车 54 辆，行政拘留 1 人，5 个残疾车聚集拉客的交通乱点得到有效整治，进一步规范“四小车”上路行驶。同时，查处各类非机动车违法行为 4111 起。

表 17-2　　1982—2015 年部分年份平湖各类非机动车办理牌证一览表

| 年份 | 自行车(辆) | 电动自行车(辆) | 人力客运三轮车(辆) | 电动三轮货车(辆) |
|---|---|---|---|---|
| 1982 | 11000 | – | – | – |
| 1984 | 30506 | – | – | – |
| 1985 | 54232 | – | 1 | – |
| 1986 | 90898 | – | – | – |
| 1987 | 120051 | – | – | – |
| 1988 | 154160 | – | – | – |
| 1989 | 177128 | – | – | – |
| 1990 | 199465 | – | 7 | – |
| 1991 | – | – | 90 | – |
| 1992 | – | – | 182 | – |
| 1993 | – | – | 340 | – |
| 1995 | – | – | 574 | – |
| 1996 | – | – | 550 | – |
| 1997 | 328100 | – | 1065 | – |
| 1998 | – | – | – | 170 |
| 2000 | – | – | – | – |
| 2003 | – | – | 904 | 2126 |
| 2004 | – | – | – | 停止办理 |
| 2005 | 275000 | 50628 | 1178 | – |
| 2006 | 停止办理 | – | – | – |
| 2007 | – | – | – | – |
| 2008 | – | 88563 | – | – |
| 2009 | – | 95345 | – | – |
| 2010 | – | 109292 | 901 | – |
| 2011 | – | 112300 | 901 | – |
| 2012 | – | 116251 | 901 | – |
| 2013 | – | 120357 | 901 | – |
| 2014 | – | 159238 | 901 | – |
| 2015 | – | 178870 | 901 | – |

注:1. 2008 年数据依据平湖市电动自行车报备登记信息库统计。
2. 2009 年数据依据嘉兴市电动自行车报备登记信息库统计。
3. 2010—2015 年数据依据浙江省非机动车备案登记管理系统统计(不含乍浦镇)。
4. 2010—2015 年人力客运三轮车数据为有证数,含临时停运数(不含乍浦镇)。
5. 表内空白年份系无原始资料可查。

## 第四节　机动车驾驶员管理

新中国成立后，根据国家法律规定：机动车驾驶员必须依照报考条件、手续、科目进行考试，合格后注册登记、持有驾驶证方准驾车；超过准驾车类，须再经考试，办理增驾登记。驾驶员每年进行一次审验，平时进行考核。对驾驶员的管理坚持“教育为主，处罚为辅”的原则，尤其是进入21世纪，酒驾入刑，管理力度进一步加强。

### 一、培训发证

1950年9月，省交通管理局颁发《汽车驾驶人换考执照暂行办法》规定：凡民国时期或解放初期领有的行照，一律应予规定期限内重新办理换考执照手续。换考分甲、乙、丙三级，甲级履行体格检查、路考两项；乙级增加桩考；丙级再加试常识。

1975年12月，《浙江省城市和公路交通管理规则实施细则》规定，机动车驾驶人员分为驾驶员、实习驾驶员两类，驾驶员、实习驾驶员必须经过公安、交通管理机关考核，发给驾驶证、学习证，方准驾驶。

1983年2月，县交通监理部门贯彻执行嘉兴地区交通局颁发的《嘉兴地区轻便摩托车与驾驶员管理暂行规定》，将轻骑及驾驶员纳入监理范围，轻骑驾驶员的培训、考核由县交通监理所负责。1985年，县交通局举办一期汽车驾驶员培训班，为期6个月，培训学员40人。

1986年1月，经嘉兴市交通监理处批准，在省汽运公司嘉兴分公司乍浦职工技校开设汽车驾驶专业，是平湖最早的汽车驾驶专业培训学校（1991年10月，更名嘉兴市汽车技术学校，校址从乍浦迁至城关镇，现名为嘉兴市交通学校）。2月，嘉兴市机动车驾驶员培训中心在平湖城北乡福臻村开设汽训班，同时开办驾培业务的还有嘉兴军分区乍浦汽训队。县交通监理部门负责驾培学校的业务指导，考核发证由嘉兴市交通监理部门负责。

1987年11月，交通监理职能并入公安机关后，驾驶员考核发证由公安机关负责。执行《浙江省道路交通管理条例》规定：公安机关要定期对机动车驾驶员进行考核，凡考核不合格的，扣留其驾驶执照；举办驾驶员培训的单位必须具备规定的条件，并经公安机关批准，发证单位不得举办驾驶员培训班；凡上公路行驶的专门从事运输和既从事农田作业又从事运输的拖拉机及其驾驶员，由公安机关按机动车辆进行管理；有关行驶安全技术检验、驾驶员考核、核发行驶牌证等工作，公安机关可委托农业机械部门负责，并依法进行监督、检查。

1989年，县农机培训站在负责农用拖拉机驾驶员培训的同时，受县公安局委托，按照公安部《机动车驾驶员培训学校（班）管理办法》和省公安厅《实施细则》，制订教育大纲，开展摩托车驾驶员的培训工作。每期招收摩托车驾驶员60名左右，学期1个月（轻骑20天），学习结业后由县公安局交警队车辆管理部门逐个考核，教育质量达到99%合格，发给车牌和学习证。

1990年，根据省、嘉兴市车管部门的统一部署，县公安局交警队组织专门工作班子，在全县范围内开展机动车驾驶员换发新证工作，至12月底完成，共计换证1785人，其中汽车类1050人，二、三轮摩托车类571人，轻便摩托车类103人，农用车、专用机械车类34人。是年开始，驾驶员培训逐步实行“两公开一监督”制度，公开培训报名条件、手续，接受群众监督。1991年，增加公布文化测试成绩和录取名单。

1993年3月，市公安局建立机动车驾驶员培训班，负责摩托车驾驶员培训。1995年8月，培训班同时承担嘉兴市机动车驾驶员培训中心统配给平湖的汽车驾驶技能培训名额。翌年10月，更名为市公安局汽车培训学校（简称“公安汽校”，全民事业单位），学校除负责摩托车驾驶员的培训外，同时负责汽车驾驶员理科及术科培训，考试和发证工作由嘉兴交警部门车管所负责。1996年，学校针对汽车驾驶员培训业务量下滑，采取主动下去扩大生源，改集中培训为分散培训，提高培训质量。是年，培训汽车驾驶员249人，其中大货89人、小货160人。

1997年，车辆管理所考核公安汽校组织培训的二、三轮摩托车驾驶员12期，驾驶学员4765人。开展摩托车实习驾驶员换证跟踪培训考核，办理转正培训考核摩托车驾驶员6886人。同时，结合对无牌无证摩托车集中整治，就地培训摩托车驾驶员2976人。是年，换发正式驾驶证7327份，核发摩托类实习驾驶员学习证4775份，办理过户、转籍、复试114份。

2000年，开展为期1个月的摩托车驾驶员集中培训，招生考核驾驶员2409人。2001年3月15日起，开展当地人持外地驾驶证专项整治工作，督促其办理转籍手续，凡持外地驾驶证人员，可在档案转入后参加短期培训、考试，完善驾驶证管理体系。并规定在4月1日至6月30日期间，凡查获仿造的驾驶证一律扣留，从严查处。2002年，结合无牌无证摩托车专项整治，培训摩托车驾驶员9479人，比2001年增长19.65%。

2003年，根据《浙江省摩托车驾驶员培训考试管理规范》，规范摩托车驾驶员培训考试，在嘉兴各县（市）区车管领域率先采用城乡统一标准的摩托车驾驶员场内道路模拟考试，公开场内道路考试项目、评判标准、考试纪律、摩托车场考及场内道路考示意图等有关事项，考试结果当场公布，确保考试公开、公平、公正。

2004年，随着全市民用汽车的迅速增加，尤其是私家小型客车的发展，促进了汽车驾驶员培训向社会化、市场化发展，新增鼎杰、金健峰、永秦等驾培公司3个。2005年2月，新增天龙驾培公司，后永秦、天龙拆并。

2006年，车辆管理所新建摩托车无纸化考场，在理论考试现场安装考台30只，增设远程监控设备和考试人员身份证比对功能5套，新制度实施半年共发现并取消8次“枪手代考”者的考试资格。同时，利用机动车及驾驶员数据质量检测软件，对全市2000年起车管业务数据中存在的不足信息，逐车逐人修改，确保数据准确。8月起，根据上级有关规定，开展外省暂住人员在当地申请摩托车驾驶证业务。10月15日，公安汽校停办。

2007年4月1日，执行公安部新出台的91号令《机动车驾驶证申领和使用规定》，在全市5所驾校对驾驶员考试全面施行“7选择5”新规，提高考试难度，改变评分办法，首场考试在嘉兴市交通学校举行，合格率为78%，略低于以往。“新规”进一步规范驾驶员的考试，强化源头管理。

2008年，落实机动车驾驶培训和考试质量监督，建立异地申请人的核查制度。执行公安部考试员工作纪律，制订考试工作“十不准”，在考场内道路及待考区域悬挂工作纪律图板，安装监控探头，向全市各驾校印发《关于执行考试纪律的一封信》。同时对驾驶员换证、补证实行限时办理，驾驶证发放实行个人申领和邮政快递相结合的方式，定期梳理驾驶证临界换证和临界提交身体证明的人员名单，进行邮寄信函告知。开通外商换证直通窗口，安装中、英、韩、日等8国语言考试系统，实行境外人员办牌办证“一窗制”，承诺随到随办，特殊情况，上门办理。

2010年，开展对公安部111号令《机动车驾驶证申领和使用规定》的宣传，通过新闻媒体对新增和修订的残疾人申请驾驶证、驾驶人提交体检证明、被注销驾驶证恢复、暂住地申请摩托车驾驶证、简化驾驶证办理程序、交通违法记分等进行重点宣传。同时，建立和健全机动车考试员台账制度及考试质量跟踪制度，落实“谁考试，谁签字、谁负责”，严格执行考试员与学员双签名制度。5月1日起，受嘉兴交警支队委托，为群众提供（除“五种车辆”外）办理所有机动车驾驶证和行驶证的换证、补证，以及提交驾驶人身体条件证明等业务。

2011年，车辆管理所以“六合一”系统启用为契机，改革培训考试模式，使报名考试流程更加科学合理，缩短驾驶证审核审批时限，在原基础上减少2个工作日，提高了办证效率。9月5日，在平湖机动车检测站设置办证窗口，推出现场制证，极大地方便了车主。

2012年，对申领小型汽车准驾车型的驾驶人实际道路考试增加模拟夜间灯光使用项目，并抽取20%以上驾驶人参加夜间考试。推行新驾驶人领证前教育和领证后回访，建立重特大道路交通事故驾驶人及交通事故新驾驶人责任倒查驾校机制，进一步提高各类驾校的培训质量。

2013年5月1日起，在无纸化考场启用驾驶人实际人体指纹采集验证系统和考试过程视音频监控，监控设备接入上级公安交警车管部门监管中心，并将原1条路考线路增至3条，考前随机抽选。

2015年9月，建立科目三路考智能评判系统，实行计算机评判和人工评判相结合的考试模式。

是年，对驾驶员考试科目二、科目三全部实现互联网上自主预约，不再采用人工分配方式。至年底，全市有驾培机构5家，分别是嘉兴交通学校及鼎杰、金健峰、众安、太亚等驾培公司。

**二、年度审验**

1972年8月，县交通管理局组织进行驾驶员检审工作，分4个小组，学习文件，交流经验，互检互审，各备照片1张，审查上报签证，时有汽车驾驶员20人，摩托车驾驶员8人参加，检审合格。1975年12月，执行《浙江省城市和公路交通管理规则实施细则》，规定驾驶员审验每年进行一次。由省交通主管机关统一布置，县交通局组织实施；合格后由县交通局在驾驶证和异动登记表上签章记录，逾期未经年审论证的驾驶员，不准继续驾驶车辆。驾驶员审验中，发现健康有问题的，应复检体格；对驾驶作风、安全行车、驾驶技术有问题的，应分别教育、处理或复考必要的科目；对不宜再任驾驶工作的，可收缴驾驶证。

1988年，县公安局交警队接管交通监理后首次组织开展全县机动车驾驶员年度审验工作，抽调5名民警组成工作班子，制订计划，下发通知，召开各乡镇、主管局车管干部会议，在审验工作中注重抓好驾驶员的自我总结检查，注意引导驾驶员在回顾自己的实践中去总结经验教训，提高思想觉悟，增强法纪观念和职业道德观念。是年，参加验审率分别为汽车驾驶员100%，摩托车驾驶员73.4%，轻骑驾驶员35%，简机驾驶员100%；审验合格率分别为汽车驾驶员100%，摩托车驾驶员98.1%，轻骑驾驶员100%，简机驾驶员87.5%。通过审验，评出年度安全行车驾驶员255人、安全先进驾驶员116人、安全标兵3人、先进集体3个。

20世纪90年代后，尤其是进入21世纪，随着机动车驾驶员快速增长，公安交警部门进一步加大对驾驶员的年度审验力度，提高参验率。1990年底，全县机动车驾驶员达到3506人（其中拖拉机驾驶员1552人），应年审的1847人，参加年审1180人，审验合格率为91.12%。其间，组织45名因违章肇事被扣证的驾驶员进行为期2天的再教育学习和复考。此后，对违章肇事被扣证驾驶员集中教育复试形成制度，每年进行一次，采取交警大队自行组织及送嘉兴市交警支队教育复试两种。

1992年，全市驾驶员总数达到6238人（其中小型拖拉机驾驶员1946人），应年审2796人，参加审验2568人，年审合格率为91.84%，175名因违章、肇事被扣证的驾驶员，经嘉兴市交警支队和平湖交警大队举办的再教育学习后，复试达到合格。1995年，在驾驶员年审工作中结合卫生救护常识培训，增加适应性体格检查。

1997年，改革驾驶员审验工作，由原来的集中审验改为分期审验，提高审验率。是年，共审验汽车类驾驶员4250人，摩托类驾驶员2339人，分别占应审人员99.3%和84.3%。

1999年，车辆管理所购置依维柯小客车1辆，开设“流动车管所”，坚持每月4次下乡上门服务，摩托车及驾驶员年检、年审率大大提高。是年，共审验汽车类驾驶员5155人，摩托类驾驶员1.30万人，分别占应审人员的92.34%和93.53%。

2006年，车辆管理所在驾驶员年审工作中推出四项告知措施：机动车报废前2个月和临界强制报废的；机动车驾驶证超过有效期9个月，未审验换证，将被注销的；一个记分周期结束后，超过9个月未按规定提交身体条件证明，将被注销的；扣满12分的，均以信函、电话等形式告知机动车所有人或驾驶人及时办理相关手续。同时对从电脑系统中筛选出的年满60周岁且逾期未审验的摩托车驾驶人，以挂号信方式，邮寄《驾驶证审验逾期告知单》，提醒按时提交体检证明。

2011年，强化重点驾驶人的核查工作。共核查客运车辆驾驶员990名，其中出租车驾驶员412人、兼职校车驾驶员142人，危化品车辆驾驶员44人，企事业单位员工接送车辆驾驶员165人。

2012年，开展大中型客货车驾驶人审验教育，对全市各客运公司所属的449名驾驶人进行资质核查，发现不符合客运从业资格的35人，向行业主管部门予以通报。落实专人通过公安交通管理综合应用平台，开展查询审核驾驶员资质工作，及时督促运输企业禁止不符合资质的驾驶人上岗，与交通运管、安监等部门形成情况互报互通机制，从源头上把好驾驶人的监督管理关。

2015年，对全市552名客运车辆驾驶员、20名危化品车辆驾驶员及145名兼职校车驾驶员逐一检查、审验。为满足辖区各地驾驶员审验教育学习的需要，除大队本部外，还在正大培训中心、新埭交警中队建立驾驶员审验教育学习点。10月1日起，实现驾驶证互联网自助验审和满分学习。12月1日起，在市第一人民医院、市中医院两家驾驶员体检医疗机构，实现网上提交机动车驾驶员身体条件信息。

**三、安全教育**

1973年4月6—8日，县公安局治安部门会同县交通管理局在县革命委员会招待所联合召开全县22个车辆单位安全生产工作的负责人及驾驶员会议，学习省交通邮政局颁发的机动车《十条禁令》，开展对42名驾驶员的安全教育。

1985年，县公安局治安部门配合交通监理部门给全县驾驶员上法制课4次，有1200余人次参加，提高了驾驶员遵纪守法的自觉性。

1986年6月，贯彻执行省公安厅、交通厅联合颁发的《机动车驾驶员行车禁令》十条，县公安局交通队将“十大禁令”作为对驾驶员安全教育的重要内容，并据以对照检查。同时积极配合交通监理部门重点做好农村手扶拖拉机驾驶员的安全教育，结合年审，派出民警讲课，普及有关法律、规章和安全知识，对路检中查获违章超速的手扶拖拉机驾驶员移交县农机监理部门举办学习班，进行教育。

1987年11月，交通监理职能并入公安机关后，县公安局交警队为抓好驾驶员的日常管理工作，将全县的驾驶员按乡镇及系统划分为14个片组，以片组为单位进行安全教育活动，每月一次，教育学习的内容为职业道德、交通法规及安全常识等。同时，出刊《公安交通简讯》，作为对政府部门、车辆单位和广大机动车驾驶员的重要宣传阵地，及时传达上级有关指示精神，沟通信息，交流经验。

1988年3月，《中华人民共和国道路交通管理条例》(以下简称《条例》)颁布，县公安局交警队印发《关于组织全县驾驶员〈条例〉学习考核的通知》，组织交警深入各片组，讲解新《条例》在原《交通规则》上的变化，观看《条例》录像、宣传挂图，引导驾驶员改变老观念，适应新情况。在嘉兴市驾驶员考核中，平湖参考的787名汽车驾驶员有786名达到合格以上成绩。同时结合年审，组织摩托车、轻骑驾驶员学习考核。是年，举办交通法规学习班二期，共有298名严重违章者参加学习，学习班采用选学有关法规、播放录像、展出事故案例照片、邀请事故受害者家属作报告等形式，使违章者受到一次生动的交通安全教育。

1989年初，修订片组活动制度，推行全队民警联系落实片组模式，加强对片组活动的组织领导。6月，先后组织24个片组1000多名驾驶员，开展交通法规知识竞赛活动。11月，会同计经委、总工会举办首届汽车驾驶员技术竞赛活动，经选拔推荐44名驾驶员参加初赛，22名驾驶员参加决赛，最终有10名驾驶员获得优胜。

1990年，工业北片组首创“学习雷锋精神，争当安全文明驾驶员”活动，年终评出10名安全文明驾驶员和单车爱车流动红旗。1991年，调整片组，新增设4个片组，全市的驾驶员按乡镇及系统划分为29个片组，修订活动制度、建立汇报制度。在全市机动车驾驶员开展“春运60日安全竞赛”活动，评出春运安全驾驶员719人。5—6月，贯彻公安部《关于加强客运车辆安全管理，狠抓事故预防工作的通知》精神，开展全市大客车驾驶员调查，组织轮训，并逐人填写驾驶员安全教育登记表，对3年以来有违章肇事记录的54名客车驾驶员组织交通法规测试。

1992年4月6日，省人民政府发布《浙江省实施中华人民共和国道路交通管理条例办法》(以下简称《办法》)。6月，交警大队组织全市1631名机动车驾驶员进行《办法》普测，占应测试人数的89.5%，使全体机动车驾驶员深刻理解《办法》的实施意义及驾驶员需要遵守的职责。

1993年，随着驾驶员人数持续增长，安全活动片组达到41个。针对厂长、经理自行驾驶车辆人数增多，专门组建厂长、经理安全活动片组，由车管所领导直接抓。1995年春运期间，为加强客运驾驶员的安全教育，专门组织两个客运驾驶员片组，由车管所委派2名干警专门负责管理。

1996年7月9日，成立平湖市机动车驾驶员协会，各乡镇、各系统成立分会。每名入会会员需缴纳会费，汽车驾驶员每年 60 元，作为协会活动经费。协会充分发挥“三自”（自我管理、自我教育、自我服务）作用，建立每月一次安全活动日制度，创办《平湖驾协简讯》，会同驾校、平湖电视台等部门开展“交通安全问不倒”“车技大比拼”“我是金牌驾驶员”竞技大赛等多种形式的主题活动。同时，积极为驾驶员排忧解难，提供法律帮助，为在交通事故中死亡的会员提供抚恤金等。

1998 年初，省公安厅和省教委联合印发《组建交通安全教育学校的通知》。10 月，成立嘉兴市交通安全教育学校平湖分校（公安汽校内），主要负责对违章或事故记录分超过分数的驾驶员集中进行安全教育，通过上大课、看录像等，以提高驾驶员遵纪守法的自觉性。至 1999 年，安全教育学校共举办教育培训学习班 160 期，接受交通法规和安全知识教育的机动车驾驶员达到 2.22 万人。

2000 年春运期间，依托交通安全教育分校，对客运驾驶员重点进行“三不”（即不违章超车、不超速行驶、不疲劳驾车）教育，对按时参加春运学习的驾驶员发给安全学习证明。同时，还组织违章司机上路，以志愿者身份执勤纠正违章，实行现场教育。

2001 年，为有效遏制春运期间交通事故多发的情况，市公安局交警大队与客车车主和单位分别签订春运交通安全责任书，此后每年签订一次。是年，还组织全市机动车驾驶员参与全省文明驾驶员星级评选活动。

2003 年 5 月 11 日，在全国“预防道路交通事故宣传日”活动中，通过宣传车高声喇叭向过往车辆的司机播放安全宣传录音带，在全市主干街道交通护栏布置醒目的交通安全宣传横幅，在平湖电台“快乐方向盘”栏目与记者联合制作预防交通事故专题节目，利用调频立体声早中晚滚动播出等多种形式，提高警示频率，使驾驶员在行车途中随时随地接受安全教育。

2006 年，在车管办证大厅、无纸化考场待考区、各驾校、专业运输单位、客运车站，采取播放《交通事故警示录》和《机动车驾驶人“十不违”》等教育光盘，及时更新宣传图板、挂图等宣传资料，派出民警到驾校、重点单位进行上门授课，开展多种形式的教育，收到较好的宣传效果。5 月 20 日，浙江新安机动车驾驶员俱乐部有限公司平湖分公司挂牌成立，联合市驾驶员协会，共同开展安全教育。2008 年，通过驾驶员手机号码，开通短信宣传平台，发送季节性安全驾驶小常识、灾害性天气预报、重大或有影响的事故信息及防范建议，提醒广大驾驶员安全行车、文明行车。

2009 年，市公安局交警大队组织民警到全市企事业单位举办 13 期春运安全教育学习活动，对 1200 多名春运驾驶员核发《春运交通安全学习记录卡》。同时，会同市文体局、市广播电视台、嘉兴日报社平湖分社联合举办“寻找身边的安全驾驶员”评选活动，通过社会各界人士的短信投票评选，于 7 月产生 10 名“十佳安全驾驶员”和 13 名优秀驾驶员，举行颁奖晚会，由平湖电视台生活服务频道全程播出，随后刻录成光盘，循环播放。

2011 年，贯彻实施全国“文明交通行动计划”，在全市驾校开展新驾驶人集中宣誓仪式，将宣誓仪式列入新驾驶人培训、考试、申领驾驶证的必考必查项目，成为驾校培训计划、考试工作的流程，新驾驶人签名的誓词归入驾驶人档案。是年，交警大队民警还到市拘留所对因醉驾、无证驾驶等交通违法被拘留的驾驶人开展“文明交通，从心开始”为主题的交通安全普法教育。

2012—2015 年，市公安局交警大队加大对违法驾驶员的教育培训力度，对违法记分满 12 分的，通知参加教育考试率达 100%，不参加教育考试的，公告停止驾驶证使用率达 100%。同时，联合相关部门，加大对全市客货运、危化物品车辆及驾驶员排查教育力度，建立交通安全专管员制度，组织警力每月深入各重点运输企业，通报典型事故案例，提醒和告诫广大驾驶员自觉抵制各类交通违法行为，安全行车，文明行车。

表 17-3　　1972—2015 年平湖机动车驾驶员一览表

| 年份 | 机动车驾驶员人数（人） | 持有驾驶证照分类（本） | | | | |
|---|---|---|---|---|---|---|
| | | 汽车 | 摩托（轻骑） | 拖拉机 | 简（专）机动车 | 其他 |
| 1972 | 64 | 20 | 8 | 36 | – | – |
| 1973 | 110 | 26 | – | 75 | – | 9 |
| 1974 | 148 | 30 | – | 102 | – | 16 |
| 1975 | 161 | 39 | – | 88 | – | 34 |
| 1976 | 197 | 52 | – | 127 | – | 18 |
| 1977 | 254 | 72 | – | 166 | – | 16 |
| 1978 | 270 | 86 | – | 168 | – | 16 |
| 1979 | 198 | 98 | – | 85 | 3 | 12 |
| 1980 | 212 | 124 | – | 67 | 10 | 11 |
| 1981 | 220 | 143 | – | 50 | 11 | 16 |
| 1982 | 227 | 157 | – | 42 | 11 | 17 |
| 1983 | 219 | 159 | – | 29 | 11 | 20 |
| 1984 | 622 | 195 | 40 | 349 | 9 | 29 |
| 1985 | 615 | 342 | 174 | 31 | 19 | 49 |
| 1986 | 896 | 498 | 241 | 32 | 32 | 93 |
| 1987 | 1302 | 590 | 364 | 28 | 41 | 279 |
| 1989 | 3235 | 1167 | – | – | – | – |
| 1990 | 3506 | – | – | 1552 | – | – |
| 1991 | 4717 | – | – | 1480 | – | – |
| 1992 | 6238 | – | – | 1946 | – | – |
| 1993 | 8096 | – | – | 2375 | – | – |
| 1994 | 10043 | – | – | 2946 | – | – |
| 1995 | 11883 | 5129 | 4314 | 2404 | 36 | – |
| 1996 | 19708 | 5743 | 11585 | 2345 | 35 | – |
| 1997 | 25382 | 6286 | 17023 | 2040 | 33 | – |
| 1998 | 26491 | 6894 | 20508 | 2136 | 28 | – |
| 1999 | 32041 | 7448 | 23000 | 1573 | 20 | – |
| 2000 | 37941 | 8170 | 28394 | 1355 | 22 | – |
| 2001 | 48983 | 9916 | 37877 | 1136 | 54 | – |
| 2002 | 53262 | 12228 | 44535 | – | 74 | – |
| 2003 | 67125 | 16075 | 48783 | – | – | 677 |
| 2004 | 78569 | 21195 | 67844 | – | – | 1501 |
| 2005 | 86772 | 30926 | 71617 | – | – | 1287 |
| 2006 | 93134 | 36484 | 75238 | – | – | 1207 |
| 2007 | 98415 | 42450 | 77257 | – | – | 1087 |

续上表

| 年份 | 机动车驾驶员人数(人) | 持有驾驶证照分类(本) | | | | |
|---|---|---|---|---|---|---|
| | | 汽车 | 摩托(轻骑) | 拖拉机 | 简(专)机动车 | 其他 |
| 2008 | 104536 | 49752 | 78847 | – | – | 1034 |
| 2009 | 110964 | 57621 | 80086 | – | – | 1003 |
| 2010 | 118857 | 67652 | 81088 | – | – | 964 |
| 2011 | 129797 | 86316 | 80385 | – | – | – |
| 2012 | 142502 | 103306 | 79236 | – | – | – |
| 2013 | 150768 | 115770 | 77722 | – | – | – |
| 2014 | 167241 | 135349 | 77987 | – | – | – |
| 2015 | 188197 | 159558 | 77657 | – | – | – |

注:1. 1972—1987年数据摘自《平湖交通志》。
2. 2001年(含2001年)前数据摘自交警大队历年总结资料。
3. 2002年(含2002年)以后数据来源于交警大队车管所计算机统计系统提供。
4. 表内机动车驾驶人数与证照分类持有数均为独立数据,证照持有数大于机动车驾驶人数为一人持有一种以上准驾车型驾照。

## 第五节　交通安全宣传

### 一、宣传组织及形式

交通安全宣传是道路交通秩序管理的一项重要工作。县交警队建立初期,根据交通管理情况,通过出刊《公安交管信息》,印发各类交通安全宣传资料,举行交通安全宣传咨询活动,悬挂交通安全宣传横幅,设置宣传牌,制作交通安全宣传图板到乡镇、企业、学校、居民区、村委会开展巡回展览,以提高全民交通安全意识。

1986年,县公安局交通中队为建立正常的交通秩序,以城关镇为重点开展交通法规的宣传活动,通过拟订城关镇节日期间交通管制及自行车管理通告,向全镇157个单位及全县20个乡镇发出通知、张贴通告。同时,拟订《城关镇交通管理办法》《城关镇道路交通管理处罚暂行条例》报请县政府同意后,广泛组织宣传。6月,结合全省交通安全大检查,在城关镇南门设立广播宣传点,宣传省人民政府《关于整顿交通秩序的通告》和《平湖县自行车交通管理规则》,以提高广大群众的交通安全意识。

1988年,国务院颁布《中华人民共和国道路交通管理条例》(简称《条例》)。6月,县政府转发县公安局《关于开展条例宣传月活动的安排意见》。7月中旬,县政府召开各主管局及乡镇领导参加的贯彻条例工作会议。宣传月活动中,巡回宣传组深入全县22个乡镇108个车辆单位,送《条例》1800多册,《条例》挂图40套,分发宣传资料2000余份,展出宣传图片和典型事故案例照片10余场次,在城关镇连续播放《条例》录音100余次。

1990年春节,印发《致全县人民的公开信》《致全县机动车驾驶员及亲属的一封信》等计5960份,组织力量到各乡镇分发,并赠送交通知识台历568册。

1991年,国务院颁布《道路交通事故处理办法》(以下简称《办法》)。交警大队积极会同市委宣传部、团市委、农机水利局、司法局、保险公司等部门联合开展《办法》的宣传工作,下发宣传提纲,利用市电视台播放《中国有个50条》电视录像片,利用乡镇有线广播站播放宣传提纲有关内容,各单位共青团组织利用黑板报、墙报刊登宣传文章,在全市范围内形成学《办法》的热潮,确保《办法》在1992年1月1日顺利实施。

1993年,市公安局交警大队会同市电视台举办3期《社会纵横》节目,通过电视画面向广大市民开展交通安全知识宣传教育工作。1994年6月,开展交通安全宣传月活动。通过市广播电台,在《110专栏》节目中,结合介绍道路交通管理情况，采用热线电话、抢答竞赛等形式，开展交通安全知识及法规教育。

1996年，市公安局交警大队将交通安全宣传内容插入电视台开设的滚动宣传字幕加以宣传。是年，举办《社会纵横》和新闻专栏10多次。1997年，与市电视台、广播电台、平湖报社开办“红绿灯下”“交通安全”“今日300秒”等栏目。同时，还在市电视台和《平湖报》每月通报交通事故四项指标情况，开展警示教育。1999年，制订《交管信息和宣传工作考核办法》，把道路交通安全宣传和信息工作落到实处。是年，共出刊交管信息68期，被省级、嘉兴市级及本市新闻单位录用宣传稿件110篇。

2000年，市公安局交警大队配备专职人员负责宣传工作，配合开展创建“平安大道”和实施“畅通工程”，先后开展5次交通安全周宣传活动。向公路沿线村民发放宣传资料1.6万份，专门邀请浙南民族艺术歌舞团在平湖剧院演出寓交通安全宣传教育为一体的大型文艺晚会“祝你平安”。是年，共出刊《公安交管信息》94期，被新闻部门播发宣传稿件321篇，其中国家级7篇、省级44篇、地市级70篇、县市级200篇。2001年，与嘉兴日报社平湖分社、烟草专卖局、摄影工作者协会联合开展“利群杯”道路交通安全摄影大奖赛，评选出18件获奖作品，在《嘉兴日报·平湖版》专版登载。

2002年，市公安局交警大队推出夏季交通安全宣传与“五上”（上路、上车、上墙、上网、上门）“五进”（进社区、进农村、进企业、进学校、进广场）活动相结合的交通安全宣传活动。精选近两年来典型事故案例，印制图片类彩色宣传画3300套1.65万份下发；在当湖镇关帝庙商城举行大型宣传咨询活动；与平湖报社合办交通安全宣传专栏；联合市委组织部、机关党工会、文明办、人事局等单位向全体公务员发出《遵守交通规则从我做起》倡议书。7月10日，联合市委宣传部、团市委，在当湖镇举行有12个单位100多名青年团员、青年志愿者参加的“倡导文明交通”活动启动仪式。

2003年，市公安局交警大队结合5月11日“全国预防道路交通事故宣传日”，在全市范围内掀起一场全民预防和减少道路交通事故的宣传教育活动。邀请副市长马雪腾在市电视台发表电视讲话，号召各级领导和全体市民立即行动起来，打一场压降交通事故的攻坚战。并在市区中心广场关帝庙商城举行大型咨询活动，展出交通事故案例图板，现场发放《致全市机动车驾驶员的一封信》《关于从严查处六种严重违章行为的通知》《交警文明违章提示卡》等宣传资料5.5万份，有1万多名群众受到教育。

2004年5月1日，国务院颁布的《中华人民共和国道路交通安全法》（以下简称《道路交通安全法》）正式实施。市公安局交警大队积极开展《道路交通安全法》“十个一”宣传活动，下发《道路交通安全法》读本、宣传画各10万份和《公路沿线市民交通安全须知》2万册；刻录“关爱生命、安全出行”全国道路交通典型案例警示录VCD片1000余张下发；在《嘉兴日报·平湖版》开展“人保财险杯”“中信实业银行杯”有奖征文比赛；平湖电视台开展“耀江杯”电视知识竞赛；党政信息网和平湖报推出每月一期《交通事故综述》栏目。

2005年，市公安局交警大队以《道路交通安全法》颁布实施一周年为契机，围绕各项中心工作，在全市城乡道路集中开展交通安全宣传教育活动。先后与嘉兴日报平湖分社、市摄影工作者协会联合举办“关爱生命、安全出行”为主题的“金建房产杯”交通安全摄影比赛，联合市委宣传部、教育局、交通局、安监局和团市委举办“情满金秋·交通安全宣传月”文艺晚会。

2006年，市公安局交警大队实施“保护生命、平安出行”交通安全宣传教育工程。分别在市电视台《生活1+1》栏目开设严重违法行为曝光台、《嘉兴日报·平湖版》开设“交叉路口”宣传专栏、市广播电台“金色平湖”以及互联网“平湖在线”开设“交通安全资讯”网络版专栏。

2007年9月初，市公安局交警大队联合市电视台，连续5天开展“鲜花执法宣传”活动，在市区各主要路口通过交警给遵守交通规则的不同群体赠送鲜花和温馨提示卡，以鼓励文明交通行为，倡导和谐交通，参与活动人数达1万余人次。

2008年，市公安局交警大队结合奥运年，以“迎奥运，文明出行”为主题，开展新居民交通安全短信选集大赛、送安全头盔，同时开展混凝土专用车辆“百日安全文明行车竞赛”等活动，还组织民警利用多功能移动警务车深入学校、企业、村、社区和家庭开展宣传。在平湖电台开设《交警说法》栏目，向广大司机和新居民讲解各类交通安全知识，形成道路交通安全管理社会联动的良好局面。

2009 年，进一步加强宣传工作的队伍建设，新增文字、DV 通讯员各一名，确保及时采编整合新闻素材提供各大新闻媒体。通过制作酒后劝驾告示牌、典型事故案例图板、在主干道路及路口交通护栏安装交通安全宣传横幅、向全市手机用户发送交通安全警示语短信，在平湖、嘉兴、浙江报刊、电视等新闻媒体宣传报道各类整治情况及典型案例等多种形式，扩大宣传教育面，提高市民遵守交通法规的意识。

2010 年 5—10 月，市公安局交警大队会同市委宣传部、市文明办、市创卫办等部门，开展“文明交通行动”巡回演出活动，以梅兰苑社区老年宣传队为主力，联合各社区文艺积极分子，组建“文明交通行动”宣传队，编排交通安全文艺节目，在全市各街道、社区巡回演出，先后共演出 14 场，使 7.8 万多人次群众受到教育。是年，共投入经费约 50 万元，开展各种形式的宣传活动 30 余次，发放宣传资料 2.76 万余份，在各级新闻媒体刊发、播出宣传稿件 580 篇，其中国家级电视报道 1 篇，省级电视报道 226 篇，国家级报纸杂志 2 篇，省级报纸杂志 4 篇，电视栏目宣传综合排名嘉兴市第一。

2011 年 2 月 21 日，“平湖市公安局交警大队”新浪微博正式开通，成为嘉兴市首个交警官方微博，向网民发布交管信息及工作动态，宣传交通安全常识，利用微博评论，与网民互动交流，社会反响良好。积极做好“醉驾入罪”的宣传工作，在城区道路护栏悬挂宣传横幅 50 条，将 20 条“醉驾入罪”宣传标语在城区各 LED 显示屏上进行全天候滚动播放，在平湖电视台民生休闲频道开办《天天禁酒驾》栏目。4 月 17 日，在市区关帝庙商城举行“醉驾入罪”大型宣传咨询活动。是年，还专门制作交通安全宣传专题片，购置 7 套便携式投影仪和笔记本电脑，组建路面中队兼职宣传员队伍，深入辖区企业、社区、学校等人群密集场所，开展交通安全宣传活动。

2012 年 2 月 7 日开始，市公安局交警大队组织全市 4 所驾校的新学员每周轮流到主城区，开展路口“文明劝导”活动，将文明劝导服务作为驾校新学员在机动车科目二考试前的必修课。2014 年 6 月，“平湖交警”微信公众平台正式开通，向广大市民提供车管自动查询服务，并有专人进行实时问答。

2015 年，市公安局交警大队在城区主要路段设置 LED 电子可变情报板（诱导屏），发布交通安全宣传信息、交通管制信息及公告。10 月，联合市公共交通有限公司开展“文明礼让斑马线”活动，在城区新华路设置 4 个示范点，提升广大市民的文明交通意识，营造全社会重视崇尚“文明出行”的良好氛围。

**二、学校安全教育**

1989 年开始，县公安局交警队将抓好公路沿线学校的交通安全教育摆上重要议事日程，为使学生从小养成遵守交通法规的好习惯，经常组织民警到学校为学生上交通安全教育课，向中小学生讲解交通安全相关常识，以提高在校学生交通安全意识。

1990 年，县公安局交警队与共青团县委配合，在全县青少年中开展交通法规宣传教育，印发宣传资料 1500 册及《致全县青少年朋友的一封信》7000 份。联合保险公司举办青少年交通法规知识竞赛活动，印发试卷 8000 份，经过评选，有 3 名青少年获一等奖，8 名青少年获二等奖，30 名青少年获三等奖，200 名青少年获鼓励奖，5 个单位获组织奖。

1993 年，市公安局交警大队进一步加强对中小学生交通安全宣传，落实一名民警重点抓，利用中小学校开学之际，先后到 5 所学校上交通安全课，听课师生达 2046 人次，并为中小学生送去交通安全资料书籍 306 套。1995 年，根据省教委和省公安厅联合通知精神，在全市中小学校普遍开设交通安全课。1997 年，与市职业中学建立警校共建单位，共同抓好在校学生的交通安全教育工作。

1999 年 2 月，市公安局交警大队在全市主干公路沿线中小学校开展交通安全学校创建活动，帮助学校制订规章制度，签订交通安全责任书，落实安全管理措施。在城区各中小学校开展交通秩序联合整治，学校附近增设交通标志牌，开设放心岗，确保学校周围交通有序，师生平安。会同市教委、市保险、人寿险公司共同出资定做6000余顶交通安全小黄帽，分发给全市各乡镇小学生。11月，与人寿保险公司联合开展“人寿杯”交通安全知识竞赛活动，参加活动的学生达4万余人。是年，平湖实验小学被评为嘉兴市交通安全示范学校。

2000年8月，市公安局交警大队与市教委联合举办中小学生交通安全教育电影夏令营活动。印制《中小学生交通安全知识》宣传册，分发给全市各所中小学校。2001年，开展“警校共建”活动，构筑公安交通管理部门、教育行政部门、学校老师、学生家长等“四位一体”的管理教育体系，先后与14所道路沿线的中小学校签订《交通安全责任书》。6月5日，与市教委共同组织举行以“人人参与交通整治，个个争做文明市民”为主题的“交通秩序整治年”暨新一轮“畅通工程”集体签名活动，8所中小学校的1000余名学生参加签名，培养中小学生从小养成自觉遵守交通法规的良好习惯。

2002年6月，市公安局交警大队会同市教育局在平湖师范附属小学成立全市首家少年警校，通过选派优秀交警担任警校辅导员，教授学员交通指挥手势操，组织少年警校夏令营、开展“我能行”警校学员上街体验等活动，宣传交通法律法规，培养学生交通安全意识和文明交通意识，提高自我保护能力。深化“小手拉大手”活动，组织全市中小学生开展“行车走路要守法、交通安全靠大家”为主题的征文比赛和知识竞赛，有5万名学生参与，辐射10万名家长，让全社会都来重视并实践交通安全工作。

2003年6月13日，市公安局交警大队在平师附小举行“交通法规伴我成长”少年警校首批学员结业典礼活动，40名学员获“结业证书”。是年，当湖中队与共建单位平湖职业中学建立每周安排一定数量的学生参与中队街面交通秩序管理，形成制度。

2005年，以《道路交通安全法》颁布一周年为契机，组织开展中小学生交通安全教育月活动，与平湖电台联合制作《红帆船》中小学生交通安全广播节目，开播《交通访谈》栏目，与家长展开学生交通安全讨论，制作《小记者》节目，让学生进行上街现场采访报道。

2007年，以少年警校为载体，利用互联网建成全国首个少年交警网站“平湖市少年交警网”，设置警校概况、政策法规、安全常识、活动写真、案例透视和视频点播等栏目，并为学生和家长提供交流互动平台，提高交通安全宣传教育的广度和力度。

2009年，市公安局交警大队联合教育局、少年警校网组织开展中小学生“小手牵大手，平安迎国庆”交通安全宣传教育系列活动，内容有“万户家庭交通安全知识网络大赛”“中小学生交通安全示范家庭展示大赛”等，有6700余个家庭2万余人次参加。在中小学校开展以“家长不要酒后驾车，儿子（女儿）等你平安回家”为主题的“给爸爸（妈妈）写一封信”活动，邀请师生代表现场观摩交警开展整治酒驾活动。

2010年，在全市中小学生中开展“小手画笔绘平安、共筑世博护城河”为主题的交通安全漫画大赛，评选出优秀作品132件，获奖优秀作品在全市各中小学校巡回展览，提高学生养成良好的文明交通习惯。

2011年，市公安局交警大队积极开展“护卫天使行动”，联合教育局、团市委、少工委于3月28日至6月11日在全市各中小学校开展“你我手拉手，平安路上走”宣誓日、中小学生文明交通情景剧大赛、“文明安全行”黑板报比赛及城乡少先队员手拉手平安出行等活动，平师附小等13所学校及15个班级被大赛组委会通报表彰。5月12日，平师附小交通安全教育展示厅成立，全市各镇（街道）负责人、中小学校师生代表500余人参加揭牌仪式，在交通安全视听室里，道路交通标志标线，交警交通指挥手势图解，交通安全知识图文并茂，并配备音响视听设备，起到身临其境的感觉。

2013年，市公安局交警大队联合教育部门在全市中小学生中开展“城市因你而文明，交通因你而畅通”讲故事和演讲比赛。6月6日，平师附小少年警校举行宣教活动汇报会暨第十届少年警校结业典礼，讲故事比赛一等奖获得者和少年警校学员分别进行才艺展示及交通指挥操表演，受到广大师生和家长的一致好评。

2015 年，市公安局交警大队联合平师附小少年警校创作的《关爱生命，文明出行》系列主题宣传版画荣获 2015 年全国文明交通宣传作品评选海报类二等奖。

三、农村及企业安全教育

20 世纪 90 年代，随着平湖农村个私、民营企业的蓬勃发展，外来务工人员大量增多。县公安局交警队针对广大农村地区农民及流动人口这两个群体交通安全意识缺乏这一状况，以创建交通安全村为载体，主动深入交通安全隐患较多的乡村及外来用工较多的乡村企业，开展交通安全知识宣传普及工作。印发《给公路沿线农民同志的一封信》，对公路沿线农民进行交通安全宣传，教育他们不要乱穿公路，减少交通事故的发生。

1999 年 2 月，针对农村地区事故频发，交通安全形势严峻等情况，市公安局交警大队组织民警深入主干公路沿线乡镇，开展创建交通安全示范道路和交通安全村（校）活动，帮助村委会制订规章制度，建立完善车辆、驾驶员管理台账，选配交通安全员，聘请安全教育老师，签订交通安全责任书，并通过有线广播、出黑板报、办宣传橱窗以及在公路上悬挂宣传横幅等不同形式的宣传活动。年底，经综合考评首批创建的 10 个安全村有 4 个村达到交通安全示范村要求。

2000 年，进一步完善交通安全村的创建工作，做到有组织机构、有固定义务交通宣传员，制订村民《交通安全公约》，编写印制《市民交通安全常识》宣传册，分发给参与创建活动的村民，安全教育学校上门到工厂，给外来民工上交通安全教育课。

进入 21 世纪，公安交警部门对农村及企业的交通安全宣传力度进一步加大。2001 年，全市各乡镇成立道路交通安全领导小组，乡镇、村交通安全宣传报道员队伍进一步健全。以全市 10 个乡镇广电站为网络，开通农村有线广播，定期开展交通安全宣传，提高农民群众自觉遵守交通法规和自我保护意识。

2003 年，深化交通安全村（社区）、企业创建活动，确定以钟埭街道定云村、嘉兴（平湖）马宝狮制衣有限公司为全市交通安全村（企）试点单位。市政府办公室发文要求各乡镇都要选择1—2 个试点村开展，制订创建计划，考核办法，并将交通安全村（企）创建工作纳入市社会治安综合治理年度考核，实行百分计分，连续 3 年合格的定为示范村（企）。

2004 年，全面开展创建交通安全村（社区）活动，交警大队采取与村、社区、企业共建等形式，广泛开展安全行车自律活动。是年底，黄姑镇聚福村等 13 家单位被评为创建工作先进单位。嘉兴（平湖）马宝狮制衣有限公司把遵守交通法律法规纳入职工内部考核的做法被嘉兴市肯定，在嘉兴市推广。2005 年 4 月，该企业又被省公安厅、安全生产监督局评为“道路交通安全宣传五进工作”达标单位。

2006 年，市公安局交警大队针对新 07 省道通车，制作发放《致新 07 省道公路沿线居民的一封信》2 万份，教育沿线居民不要乱穿公路，注意出行安全。同时结合无牌无证机动车专项整治，强化对农民群众交通安全意识教育，教育农民群众不要搭乘无牌无证车辆，提高安全意识。

2007 年，深入开展交通安全宣传“五进”活动，组织基层中队民警深入社区、农村、企业和学校以及外来务工人员聚居地，以送安全到家门，送法到企业的形式强化交通安全知识教育。并积极推进农村基层交通安全组织建设，11 月底，完成全市 10 个镇（街道）交通安全工作站建设，建立一支以交警为主、当地政府主管统筹的基层交通安全管理队伍。

2008 年，市公安局交警大队针对 01 省道平湖黄姑路段“11・3”重大交通事故的发生，印制 3 万份《“11・3”重大道路交通事故警示录》和《致公路沿线企业职工的一封信》，组织交警在事故现场及公路沿线企业、农村、人群聚集场所进行分发，并通过各镇（街道）新居民事务所，把《“11・3”重大道路交通事故警示录》发放给新居民朋友，以增强新居民的交通安全意识。同时，深入企业内部与企业老总一起探讨分析各自企业的交通特点、道路环境、安全隐患、交通设施等问题，形成企业主自愿掏钱投入企业周边的交通安全设施建设，做到效益与安全同步，将交通安全融入企业经济发展之中，保障职工的交通安全。

2012 年，市公安局交警大队专门制作交通安全宣传专题片，购置7套便携式投影仪和笔记本电脑，组建路面中队兼职宣传员队伍，深入辖区企业、社区、学校等人群密集场所，进行交通安全宣传，普及广大农村及企业职工的交通安全知识。

2014年8月，市公安局交警大队联合市广播电台定期组织警力参加“广播进企业”活动。2015年8月25日至10月底，开展“电影下乡”活动，深入全市153个村、社区放映《前车之鉴》《血的教训》等交通安全宣传片。

## 第六节　交通秩序整治

1986年，县公安局交通中队为建立正常的交通秩序，以城关镇为重点，会同城关镇综合治理办公室、工商行政管理所，开展治理“七多二难”（即车辆多、行人多、乱停乱放多、机动车客货混载多、道路两旁摊贩多、堆积路障多、自行车骑车带人多，车难开、路难走）行动，设立交通岗亭3个、检查站1个、自行车临时停放点18处，检查机动车1109辆次，纠正违章骑车1.7万人次，处理违章骑车250人次，罚款157元，保管停放自行车5300多辆，动员搬迁妨害交通的固定摊贩22处、临时摊点300多处，对9个建房单位、7个施工队、9个施工场地作限期清理。并在春节、国庆节期间，对主要街道实施交通管制。同时还多次配合交通监理部门开展全县交通安全大检查，尤其是对较为突出的手扶拖拉机加速现象突击检查，通过大检查，交通事故明显下降，交通秩序有所好转。

1987年，贯彻嘉兴市人民政府《关于整顿道路交通秩序的布告》，开展对公路沿线路障清理工作。12月17—18日，县公安局交警队组织警力对杭金线、乍王线过境路段的路障进行集中清理，共清除违章堆放的建筑材料15吨及违章堆放的柴草、泥土等，确保平湖过境路段的道路畅通。

1988年1月，县人民政府发布《整顿道路交通秩序布告》。2—3月，在县人民政府的统一部署下，组织开展整顿道路交通秩序工作。其间，发放县政府布告1500余份，宣传资料4200余份，张贴标语870条，悬挂横幅35幅，取缔无证摊贩229个，清除违章建筑、违章设摊91处，查验机动车辆3700多辆次，纠正违章行车907辆次。举办2期交通法规学习班，有298名严重违章者参加学习。8月，会同交通、农机部门开展主干线公路交通专项治理，通过宣传、巡逻、路检等，行车事故明显减少。10月1日起，对进城装卸货物车辆实行“准停证”制度，在城关镇人民东路试办机动车临时停车点，并规定对临时占道由公安负责审批，同时在城关镇沿街商店推行门前“三包”（包卫生、包绿化、包秩序）制度，强化自主管理。

1989年，县公安局交警队积极开展城镇道路专项整治，会同城关镇综合治理办公室，通过组织交通流量测试调查，筹建临时停车场地，规范三轮摩托车临时停放点，用油漆划出自行车临时停放点，为解决乱停乱放问题提供条件等措施。整治中，共纠正乱设摊乱堆放374处，清除路障143处，教育违章者2168人次，罚款1.14万元。11月，在嘉兴市公安局交警支队组织的全市城镇道路交通管理检查中获第二名。

1990年3月15日至4月13日，根据省公安厅交警总队的通知精神，在全县范围内开展机动车违章超载专项治理，共检查车辆装载1438辆次，查处违章超载车辆947辆次。是年，道路交通事故比上年明显下降。在春运60天安全竞赛活动中获嘉兴市第一名，受到嘉兴市安全委员会的奖励；在嘉兴市道路交通管理年度大检查中获第二名，受到嘉兴市公安局交警支队的奖励。

1991年5—6月，市公安局交警大队会同市公路运输管理部门、农机监理部门开展以查处“两超”（违章超车、超速行驶）为主要内容的客运车辆专项治理，共查处客车违章29辆次，违章超车、超速行驶1312辆次。10—12月，再次对客运车辆进行专项治理，“两超”现象明显减少。

1992年3月，市公安局交警大队按照嘉兴交警支队的统一部署，先后开展4次公路联勤管理和1次集中整顿交通秩序专项治理工作。实行“四定”（定点、定人、定岗、定数）责任制，狠刹超车、超速、超载等严重违章现象。在联勤管理和集中整顿期间，上路警力1907人次，处罚各类交通违章1.07万人次。乍浦检查站在整治中，采用定点与流动相结合，加强沪杭线路面监控，纠正处理交通违章1.23万人次。9月，会同农机监理部门，开展对上路运输的拖拉机的违章现象进行整治，重点查处违章超载、乱停放、无证驾驶及驾驶未经检验合格和安全性能差的车辆。

1994年7月，根据上级指示精神，组织开展交通安全秩序大整顿活动，重点整治杭沪公路、乍王公路及镇区过境道路。其间，共查处交通违章8204人次，清理违章设摊485处，暂扣违章车辆92辆，暂扣证件142份。

1996年，开展城市交通秩序整顿，以城关镇为重点，以清理违章占道和乱停车为突破口，全面实施整顿。其间，共发出整改通知书402份，清除路障86处，纠正处理违章1.09万人次。同时，在市政府的统一协调部署下，以交警为主体，由保安公司、派出所、摩托车训练班和交通部门组成联合工作组，开展无牌无证摩托车专项整治，共核发摩托车类牌证5875份，培训、考核摩托车驾驶员6080人次。

1997年，贯彻实施市人民政府“两禁”（市区部分区域禁止机动车鸣喇叭、禁止拖拉机行驶）通告，开展城镇交通秩序整顿。开展春、秋两季主干道路交通秩序集中整治，在乍王线、老沪杭线平湖境段，组成3个执勤小组，实行巡逻与不定点检查相结合方法，加强路面监控，查处违章超车、超速和乱停车，清除违章占道物。12月中旬，乍王线省级文明路创建通过验收。

1999年7—9月，根据省公安厅交警总队通知精神和嘉兴市公安局交警支队有关集中整治交通秩序突出问题的工作部署，开展城乡道路交通秩序突出问题集中整治活动，共纠正违章1.78万人次，处罚5282人次。7月1日开始，在全市交通流量最大的07省道乍王线平湖段开展创建“交通安全示范道路”活动。7月28日，邀请公路沿线60个较大企事业单位和6个加油站负责人开会动员，签订创建交通安全示范道路目标责任书，以后又开展多次集中整治活动，使乍王线交通事故明显下降。

2000年，为保障平湖主干道路的安全、畅通，交警大队在01省道（东西大道）和07省道平湖过境段开展创建“平安大道”活动，采取定点管理和流动巡查相结合，提前上岗和推迟下岗，延长工作时间等方式，多次开展集中整治。10月，由市创卫办牵头，市公安、交通、建设、残联、当湖镇政府等部门抽调20多人组成联合执法队伍，对城区道路开展综合整治，共查处各类交通违章1107人次，拆除非法广告牌172处，查扣无牌“残的”91辆，改善城区交通秩序。

2001年，市公安局交警大队组织开展“交通整治年”活动，先后组织12次道路交通集中整治，查处各类违章18.02万起，处罚5.15万人次。通过整治，道路交通管理明显改善，事故明显减少，全年共上报道路交通事故225起，死亡57人，重伤57人，直接经济损失136.81万元，四项指标分别比2000年下降18.4%、16.18%、26.74%和10.6%，城市交通管理畅通工程达到浙江省三等管理水平标准。

2002年，针对交通事故高发的严峻态势，组织开展重点交通违章集中整治、摩托车行车秩序专项整治、“百日压事故大会战”“反三超、查三车、治三无”百日集中整治、“压事故、减伤亡”交通秩序专项整治等活动。充分运用雷达测速仪、酒精测试仪、电子警察、网上查询等科技手段，加大执法力度。百日压事故大会战期间，共查处各类违章3.99万起，扣证2615起、拘留149人，道路交通事故的高发势头得到有效遏制，四项指标同比呈“三降一升”的良好态势。

2003年，市公安局交警大队以主城区“严管街”为切入口，印发《市区停车场建设管理暂行规定》《市区车辆停车管理办法》，整治市区违章停车。同时结合全省公路路口专项治理工作，排摸出事故隐患95条，易引发事故的路口100个，均采取增设交通标志、标识以预防事故的发生，并会同有关部门完成平湖大道23处路口的封堵任务。

2004年，市公安局交警大队以实施《道路交通安全法》为契机，先后开展春季道路交通安全专项整治、“压事故、减伤亡”交通秩序专项整治、“查违章、反两抢、压事故”专项行动，道路交通秩序明显好转。全年上报交通事故220起，死亡69人，重伤137人，直接经济损失173.85万元，同比分别下降20.8%、13.8%、16.5%和7.1%，道路交通安全四项指标数三年来首次实现全面下降。

2005—2006年，市公安局交警大队通过组织开展春运交通安全、危险化学品运输安全、无牌无证机动车、夏季交通秩序和预防重特大道路交通事故“蓝盾”系列行动等专项整治，有效地遏制道路交通事故高发的势头，道路交通事故“四项指标”逐年下降。

2007年，市公安局交警大队以创建平安大道，实施畅通工程，深化平安畅通市活动为载体，开展对农村道路安全隐患排查整改。同时结合春运、暑假、“五一”“十一”等重点时期，不间断地组织交通秩序集中整治。着重对无牌无证、超速行驶、客车超员、驾乘两轮摩托车不戴头盔、酒后驾驶等严重交通违法行为严管严处。会同交通、规划建设等部门联合执法，开展市区停车秩序专项整治，加大对违法停车行为的处罚力度，进一步规范城区道路交通秩序。是年，平湖市被评定为省级“平安畅通县（市）”。

2009年8月7日起，市公安局交警大队实施省公安厅严重道路交通违法行为“五条常态严管措施”。是年，先后组织开展严重交通违法行为集中整治、摩托车专项集中整治、重点车辆专项整治、“飓风”“迎国庆、促和谐、保安全”“蓝盾”涉牌涉证专项整治、酒后驾车集中整治、外籍车辆专项整治、电动三轮车专项整治等30余次，提升了管理实效，并再次被评为省级“平安畅通县（市）”。

2010年，根据公安部交管局统一部署，组织开展为期4个月的机动车涉牌涉证专项整治，共查处各类交通违法行为3.97万起，扣留车辆421辆，行政拘留6人，成绩突出，受到公安部通报表扬。继续开展“禁酒驾”“五条常态严管措施”及涉危车辆等专项整治，先后组织开展各类专项集中整治行动40余次，共查处各类交通违法行为16.22万起，行政拘留125人次。连续7年交通事故四项指标全面下降。

2011—2012年，市公安局交警大队坚持对严重道路交通违法行为“五条常态严管措施”不松劲，结合点查线巡，每日查酒驾等管理方式，开展长时间、大声势、严标准的集中整治行动。先后组织开展春运、禁酒驾、清违章、“三超一疲劳”、校车等各类整治行动80余次。连续9年交通事故四项指标“零增长”。

2013年，针对电货三轮车、正三轮机动车易引发群死群伤事故，组织开展电货三轮车、正三轮机动车专项整治行动。2014年起，为减少机动车排气污染，在市政府的统一部署下，开展黄标车（高污染车辆的别称，是指未达到国Ⅰ排放标准的汽油车或未达到国Ⅲ排放标准的柴油车，环保部门发给黄色环保标志）淘汰工作。至年底，淘汰黄标车1992辆。

2015年，市公安局交警大队继续开展黄标车淘汰工作。至年底，共淘汰黄标车2295辆，完成率为109.08%，位列嘉兴市第二。同时，积极开展毒驾专项整治，建立多警种联合查处毒驾工作长效机制，制订出台《多警种联合查处毒驾工作方案》，明确各警种职责、分工，加强对涉毒人员驾驶车辆的研判分析和滚动排查管控工作。分析确定重点时间和重点路段，组织交警大队、禁毒大队及辖区派出所在重点时段开展集中统一行动。结合日常交通违法行为查处、酒驾专项检查，强化出城卡口对吸毒前科人员、精神萎靡人员的检查力度。在查处毒驾行为的同时，及时将毒驾证据固定并传递至发证地车管所进行注销，并进行曝光。该经验在宁波鄞州召开的全省公安机关“毒驾”治理工作现场会上作专门介绍。

## 第七节 查处交通违章（法）案件

新中国成立后，平湖交通违章处罚由交通监理部门具体执行。1959年10月，省交通厅颁布《浙江省汽车监理暂行办法》，对违章处理作出明确规定。1960年8月，公安部公布《道路交通规则》，明确公路交通管理机关或公安机关对违章驾驶员按照情节轻重给予处罚。

1975年12月，省公安厅和省交通厅联合颁发《浙江省城市和公路交通管理规则实施细则（试行）规定》，对违反交通规则的个人和单位，根据不同情节给予批评教育、责成书面检讨、警告、扣留驾驶证、撤销驾驶证、罚款直至追究刑事责任。1978年6月，浙江省公安厅颁布《浙江省机动车违章、肇事处理暂行规定》，将交通违章分为一般违章、重大违章和严重违章三类。

20世纪80年代，随着平湖机动车辆的逐年增多，机动车驾驶员违章行为也逐年增多。1981年7月，县革命委员会批转县公安局、交通局、水电农机局联合制订的《关于处理机动车驾驶员违章的试行办法》，规定对违反交通规则的机动车驾驶员除给予批评教育外，并根据情节轻重处以2～20元的罚款，违章内容包括：将机动车交给无证人员驾驶；无证驾驶或驾驶无证机动车；手扶拖拉机加大皮带盘或加大变速比（除罚款外，没收皮带盘）；客货混装，违章乘人和驾驶室超乘；载货超长、超宽、超高、超重、超速以及酒后开车；边饮食边吸烟驾车；赤脚或穿拖鞋驶车；驾驶有“病”机动车；单位和个人迫使或纵容驾驶员违章行驶（处罚迫使者或纵容者）及公路上堆放物资、摊晒粮草、拖欠应缴养路费等。由县车辆监理站及车辆检查站、公管所及公社安全员执行。

1987年1月，县车辆监理站执行《浙江省道路交通条例》规定，开展对机动车辆违章处罚。11月，县交通局车辆监理部门并入公安机关后，对机动车辆违章处罚改由县公安局交警队实施执行。1988年8月1日，《中华人民共和国道路交通管理条例》（以下简称《条例》）正式实施。县公安局交警队全队干警轮流上路，以宣传车开道，清除道路障碍，纠正交通违章。纠违中，坚持以教育为主，处罚为辅的原则，在宣传《条例》的同时，给违章者必要的处罚，收到较好效果。《条例》实施一个月，依法处理违章4600人次，罚款3260元。11月，浙江省公安厅按照公安部《交通管理处罚程序规定》作出补充规定，对违反交通管理行为的处罚，一般由县市或市辖区公安交通警察大队、中队依法裁定。需要吊扣6个月（含6个月）以上驾驶证的，报请市（地）公安局（处）交通警察支队裁决；应给予治安拘留处罚的，报请县（市、区）公安局（分局）裁决；不服县、市或市辖区公安交通管理机关裁决的，由市（地）公安局（处）交通警察支队委托县（市）公安局复查，复查结果报送市（地）公安局（处）交警支队备案。对被处罚人不服吊扣6个月（含6个月）以上驾驶证裁决，由市（地）公安局（处）进行复查。被处罚人不服县（市）公安局治安拘留裁决的，由市（地）公安局（处）复查。

进入90年代，公安交警部门查处交通违章力度进一步加大，并辅以少量治安拘留处罚。1990年，进一步规范交通违章处理，执勤交警在检查处理违章中，做到向违章者讲清违章内容和应受处罚，使违章者受到应有的教育。是年，共纠正各类违章（上册登记）2.96万人次，处罚2.50万人次，其中警告5194人次、扣证309人次，罚款1.95万人次。1991年，对道路交通违章处罚使用省公安厅、省财政厅统一印制的《交通管理当场处罚决定书》。为克服交通违章处理随意性，体现公开、公平、公正的原则，交警大队拟定《交通违章处罚尺度一览表》，由执勤交警随身携带，便于处罚时加以对照。1993年，重点查处无证驾驶、违章超车、超速行驶、违章装载等严重违章行为，并首次使用治安拘留处罚。全年共处理交通违章4.60万起，其中教育5019人次、罚款4.10万人次，罚款数额57.08万元，治安拘留2人次。1996年，在春运期间严肃查处“三违一停”和无牌无证等严重违章行为。在整顿城乡交通秩序中，以清理违章占道和乱停车为查处重点，同时结合查处县、乡道路沿线小集镇乱停车、乱设摊、乱堆放等违章行为。1997年1月8日，按照省公安厅、省财政厅和省人民银行联合通知精神，对交通违章罚款缴纳实施执罚分离，交警和建设银行联合设立“交通违章受理处”，交警处理违章，银行负责收取罚款。在交通违章受理处上墙公布《交通违章处罚幅度一览表》，便于受罚群众自我对照。是年，以机动中队、全塘中队为主建立公路巡逻队，加强对事故多发路段及弯道等危险地段的管理，查处违章超车、超速行驶和违章停车等行为，清除违章占道堆放物，减少事故隐患。1999年3月5日，根据嘉兴市公安局交警支队的统一部署，启用新的《交通违章处理通知书》，《当场处罚决定书》仅适用单处50元以下罚款的交通违章，对不适用当场处罚的交通违章，启用《交通违章处理通知书》，按抄告程序实行处罚。制订《违章受处理规则》，进一步规范违章处理。2000年3月1日起，执行公安部颁发的《交通违章处理程序规定》和《机动车驾驶员交通违章记分办法》。

进入21世纪，交通违章处罚中执行拘留的人数直线上升。2001年，突破60人次。2002年，突破260人次。2003年，为历史上拘留最多一年，达到344人次。随着《道路交通安全法》的颁布实施及《刑法修正案》将醉酒驾驶、飙车定为危险驾驶罪入刑，依法追究其刑事责任，对交通违法行为的处罚力度更为严厉。

2002年8月1日，市公安局交警大队建成交通违章处理业务查询系统，为路面执勤民警及时查处违章提供方便，实行机动车、驾驶员违章处理网络化。是年，开展重点违章集中整治及“百日压事故大会战”等多项整治活动，建立内部各部门每日纠违数、扣证数、拘留数上网公布制度，充分利用雷达测速仪、酒精测试仪、电子警察、网上查询等科技手段，加大执法力度，依法狠刹交通违章。

2003年6月，在市区实施“人性化纠违”，采用发放或粘贴“违章停车处理通知单”，并用照相机对违章车辆照相，进行证据固定，提醒违章驾驶员在限定的时间到指定的地点接受处理，若驾驶员在限定的时间内未来处理的，就将该车辆的违章信息录入电脑，记录在案，并与车管所联网，在该车参加年度检验时，令其接受原有违章处罚后方可通过年检。

2004年5月1日，《中华人民共和国道路交通安全法》正式实施。按照公安部颁发的《道路交通安全违法行为处理程序规定》，将交通违章定为交通违法，原《交通违章处理程序规定》同时废止，处罚更为严厉。市公安局交警大队在局域网部门主页开设“全市交通管理业务统计表”，将各部门查处违法行为数与七类严重违法行为（即无证驾驶、酒后驾驶、超速驾驶、违法超车、客车超员、未戴头盔、疲劳驾驶）处罚数全部上网，以调动各部门查处违法行为的针对性、积极性和有效性。是年，共处罚各类交通违法行为14.66万起（其中治安拘留135人次），与2003年相比增长21.62%，处罚总数和人均纠违数均列嘉兴市前三名。

2005年，市公安局交警大队出台《关于严密路面防控的实施意见》和《补充意见》，突出无证驾驶、酒后驾车、未戴安全头盔等八类重点违法行为的处罚，加大对涉及危化车辆、客运车辆和学生接送车辆的交通违法行为的查处力度。9月15日，建成“机动车违法非现场处理系统”，在部分地区采用电子警察现场抓拍违法行为，通过寄信的方法告知违法驾驶员前来接受处罚。至年底，非现场处罚各类违法行为1.43万起。是年，共查获各类交通违法行为14.97万起，比2004年上升1.56%。

2009年3月9日，为提高嘉兴籍以外车辆非现场处罚率，在全塘收费站运用智能拦截系统号牌自动识别和报警提示功能，对途经收费站的外地车辆在平湖交通违法进行拦截并当场受理处罚。在01省道与07省道路口定点设立深夜预防疲劳驾驶检查服务站，有效遏制因疲劳驾驶而引发的交通事故。同时，推出交通违法受理点下乡服务新举措，依托省公安厅交管局定点缴纳罚款的农村合作银行，派员定期、定点下乡上门服务，把交通违法受理业务与流动车管所业务相结合，实现摩托车车检和违法处理一站式服务。5月31日，贯彻市纪委10号文件精神，对全市机关事业单位工作人员严重道路交通违法行为实行抄告制度。

2011年5月1日，《刑法修正案（八）》正式实施，第22条将醉酒驾驶机动车、飙车定为危险驾驶罪入刑。5月2日15时许，王某某醉酒驾驶两轮摩托车行驶至独山港镇斯迈克机械公司门口路段时，与一行人发生碰撞，事故造成当事人双方受伤。王某某醉酒驾驶，涉嫌危险驾驶罪，依法对其追究刑事责任，经审理被平湖市人民法院判处拘役3个月，并处罚金3000元。

2012年起，贯彻落实禁酒驾及五条常态严管措施，以禁酒驾为查处交通违法重点，结合毒驾案件的查处，进一步加强对酒后驾驶、超速、超员等严重交通违法行为的管控和整治力度。

2013年，市公安局交警大队强化执法质量督查，建立法制初审室，确定专人对各类案件进行把关，进一步完善大队领导、专职法制员、兼职法制员三级案件审核制度。是年，按照嘉兴市取保候审突出问题专项督察工作要求，落实人员对2011年1月1日至2013年5月31日期间的350余件取保候审案件，开展自查自纠，规范整改。

2015年，法制初审室升格为法制中队，增加警力配置，确保办案质量。至是年底，通过4年禁酒驾及五条常态严管措施，共查处各类交通违法行为81.25万起（其中醉酒驾驶669起、饮酒驾驶1856起、毒驾3起），行政拘留175人次，刑事处理663人。

表 17–4　　1988—2015 年平湖查处各类交通违法（章）一览表

| 年份 | 查纠各类违章(法)数(起) | 处罚数(人次) | 其中 | |
|---|---|---|---|---|
| | | | 治安拘留数(人次) | 刑事处理数(人) |
| 1988 | 7834 | 7640 | – | – |
| 1989 | 10618 | 6891 | – | – |
| 1990 | 29646 | 24954 | – | – |
| 1991 | 33187 | 17969 | – | – |
| 1992 | 37009 | 17480 | – | – |
| 1993 | 45977 | 40958 | 2 | – |
| 1994 | 78698 | 70613 | 2 | – |
| 1995 | 73130 | 59438 | 1 | – |
| 1996 | 88171 | 44107 | 1 | – |
| 1997 | 202013 | 47153 | – | – |
| 1999 | 153442 | 55228 | – | – |
| 2000 | 158085 | 56446 | 10 | – |
| 2001 | 180224 | 51524 | 69 | – |
| 2002 | 99250 | 99250 | 270 | – |
| 2003 | 99994 | 99994 | 344 | – |
| 2004 | 146584 | 146584 | 135 | – |
| 2005 | 149653 | 149653 | – | – |
| 2006 | 178671 | 178671 | 147 | – |
| 2007 | 190060 | 190060 | 77 | – |
| 2008 | 226542 | 226544 | 79 | – |
| 2009 | 254516 | 254516 | 127 | – |
| 2010 | 162158 | 162158 | 125 | – |
| 2011 | 232000 | 232000 | 48 | 83 |
| 2012 | 140000 | 140000 | 25 | – |
| 2013 | 217500 | 217500 | 37 | 251 |
| 2014 | 231684 | 229521 | 43 | 187 |
| 2015 | 223335 | 215259 | 70 | 225 |

注：1. 2004 年 5 月 1 日前执行《道路交通管理条例》称交通违章，后执行《道路交通安全法》称交通违法。
2. 以上数据摘自交警大队工作总结、年度道路交通事故分析等。

## 第八节　交通事故处理与预防

20 世纪 50—70 年代，平湖城乡道路交通不发达，道路交通事故由县交通监理部门负责处理，公安治安管理部门派员协助调查。1975 年 12 月，省公安厅、交通厅根据公安部、交通部《城市和公路交通规则》，制订《浙江省城市和公路交通管理规则实施细则》，规定车辆发生交通事故时，必须立即停车，驾驶员、乘车人必须积极抢救伤者，保护现场（如急救伤者移动现场须设标志），并且及时报告当地公安、交通管理机关听候处理，发生事故畏罪潜逃或伪造现场以及隐瞒事故者应从严处理。附近单位、群众和过往车辆也应协助抢救、保护现场。当地公安、交通管理机关接到交通事故报告后，应立即赶赴出事现场，进行勘察记录，维护秩序，尽快恢复交通，撤销现场。并认真做好调查研究，分析原因，明确责任，总结教训。发生人员死亡和重大事故，当地公安、交通管理机关应在24小时内向上级公安、交通管理机关报告，必要时上级公安、交通管理机关派人参加处理。细则还就因事故造成人员伤残、死亡善后处理作了具体明确的规定。

1985年9月，县公安局交通中队建立，城关镇区范围内非机动车事故由交通中队负责处理，道路交通事故仍由交通监理部门负责处理。1986年7月，省公安厅、交通厅经省人民政府批准，公布《浙江省交通事故处理暂行规定》，贯彻对事故责任者"按责任论处"的处理原则，事故责任分为全部、主要、同等、次要责任。1987年11月交通管理体制改革后，车辆监理并入公安机关，县公安局交警队承担全县境内道路交通事故的处理及事故防范指导。12月，省公安厅下发《浙江省道路交通事故处理工作规程》和《浙江省交通事故伤残者确定范围》，进一步明确公安交警部门在事故处理工作中的职责和职权范围。1988年，县公安局交警队增加事故处理组人员，由原来的3人增至6人。1989年，加强事故档案建设，对原有的事故档案进行整理，并作必要补充，建立健全档案管理制度。是年，在嘉兴市事故档案评比中获第一名。

1990年，为做好对交通事故处理的诉讼应诉工作，县公安局交警队先后派出3名民警参加省、市警校干训班组织的行政诉讼代理人培训（其中1名参加省警校干训班培训）。1991年，组织全队民警开展学习国务院《道路交通事故处理办法》，并派出11名民警参加嘉兴交警支队组织的培训学习。在事故处理中严格把握责任鉴定关，公开事故处理的有关规定，虚心接受群众监督。是年，在嘉兴市事故办案质量评比中获第一名。

1992年1月，国务院《道路交通事故处理办法》正式实施。8月，公安部发布《道路交通事故处理程序规定》。1993年，在事故处理中认真贯彻"以责论处"的原则，坚持办案程序，采用驾驶证集中保管，严格把握责任鉴定关，提高事故处理办案质量。是年，对责任认定不服提出复议的4起案件，经重新认定维持原认定，对485名肇事责任者的处罚无复议和行政诉讼。1996年10月1日《中华人民共和国行政处罚法》正式实施。1997年12月，在事故处理中队推行分段处理责任制。

1998年，执行省公安厅《关于下发道路交通事故简易程序适用规定的通知》，对事实清楚、案情简单、因果关系明确、可当场认定事故责任的，当事人对事故的事实、责任、损害赔偿无争议或争议不大、无人员伤亡、直接经济损失不足1000元的轻微事故；直接经济损失不足3000元的一般事故；人员受轻微伤，有医院诊断证明，当事人愿意使用简易程序的，均可适用简易程序处理，使交通事故能得到及时的处理。同时开展事故分析研判、安全隐患排查治理和交通秩序整治，加大事故多发时段的路面管控，全力预防和减少交通事故。

1999年，市公安局交警大队制订《道路交通事故处理岗位考核细则》，将轻微交通事故下放给各乡镇派出所交通兼管员处理。从7月1日起，在交通事故处理工作中全面实施"阳光作业"。8月1日起，事故损害赔偿移交给法院办理，从而有效解决事故处理工作中的难点问题，保护当事人的合法权益。同时，为使遭受交通事故伤亡的人员能迅速及时地得到抢救治疗，会同中财保险公司和市卫生局，在全市开展"道路交通事故伤员绿色通道暨机动车保险创名优工程"活动。12月9日，建立市道路交通安全管理委员会（简称"交安委"），由一名副市长任主任，市府办、公安、广电、教委及国寿、人保公司等6个部门为成员单位，在交警大队设立办公室，加强对全市道路交通安全三级管理工作的领导。

2001年6月7日，市公安局交警大队下发《处置特别重大道路交通事故预案》，成立以交警大队长任组长，分管事故副大队长及事故处理中队长任副组长的指挥小组，设置现场勘查、调查取证、抢险救灾和善后处理组，并对组织指挥、各组职责、工作流程等作出明确规定。是年，先后在新仓、黄姑、曹桥、新埭等派出所设立驻所交巡警组，派驻4名交警和16名协警，抽调4名派出所民警划入交巡警编制，开展属地交通秩序管理。交巡警组采用简易事故处理办法，成功调处131起非道路交通事故、124起轻微交通事故，对历年积压的56起非道路交通事故及时结案，使受害人得到合理的赔偿。2003年，推行事故处理民警上岗证制度，规范立案，如实统计上报。

2004年3月22日，调整、增加市政府“交安委”成员单位，由分管副市长任主任，公安、安监、交通、建设及经济开发区管委会等12个成员单位参加，制订各成员单位工作职责，在市安监局设办公室。将全市道路交通事故死亡控制数作为年度工作目标，分解到各镇（街道）和经济开发区，市政府与各镇（街道）、市有关部门签订道路交通安全责任状，纳入年终安全生产考核，实行每年一签。同时，每年确定一批道路交通事故多发点（段），实行挂牌整改。是年，市公安局交警大队制订《重特大道路交通事故实行交通管理责任倒查制度》和《重特大道路交通事故集体定责规定》。集体定责规定由事故中队经办民警、中队领导和在家大队领导集体商量定责，疑难重点复杂案件，邀请督察、法制等部门参加，确保执法规范公正。成立预防道路交通事故对策研究指导小组，建立每年对道路交通事故分析及应对措施的研究报告制度，使事故预防工作更有针对性。同时，对交通事故统计执行新标准，按死亡事故、伤人事故和以一般程序处理的财产损失事故进行统计，作简易程序处理的一般财产损失事故不再列入统计范围。

2005年，开展交警体制改革，在新仓、新埭、乍浦三个中队设立事故处理组，昼夜负责交通事故处理。8月15日起，凡全市范围内发生的非道路交通事故统一归口交警大队处理，逐步理顺各类事故处理的体制问题，加强事故处理工作。体制改革后大队受理非道路交通事故1033起，其中立案上报事故33起。

2006年，市公安局制订《重特大道路交通事故应急处置工作预案》和《处置恶劣天气道路交通管理工作预案》，提高对灾害性天气及突发性事件和应变处置能力。同时，坚持每月事故分析综述，强化预防事故对策研究。6月1日，实施《快速处理道路交通事故实施细则》。是年，道路交通事故四项指数自2004年起连续3年全面下降，没有发生一起特大交通事故。

2008年，市公安局交警大队调整内设机构事故管辖范围，事故中队负责全市道路交通事故及除新仓、新埭中队外的非道路事故的处理，乍浦事故处理组负责管辖区内道路交通事故及非道路事故的处理，新仓、新埭中队负责各自管辖区内的非道路交通事故处理，实现全市交通事故处理工作的合理布局和快速反应。

2009年1月5日，市政府设立重特大道路交通事故应急处置工作指挥部，由分管交通安全的副市长任总指挥，市公安局分管交警副局长及市安监局分管副局长、交警大队长任副总指挥，市委宣传部、公安、安监、卫生、交通、民政、交警大队、消防大队及各镇人民政府和街道办事处为成员单位，对各自的职责及应急处置程序均进行明确的规定，提高对重特大道路交通事故的应急处置能力。是年，交警大队建立轻微事故快速处理机制，方便群众事故处理。

2010年，市公安局交警大队完善双处警及轻微事故快速处理机制，为接处警提速。及时做好轻微交通事故的调解、赔偿工作，对一些利用交通事故进行无理讹诈的行为，进行必要的批评教育，情节严重的依法追究刑事责任。是年，共查处“碰瓷”（故意制造交通事故，以获取经济赔偿）案件12起。

2011年9月，市政府设立市道路交通事故救助基金。由市财政、公安、农业经济、卫生和司法行政等部门组成领导小组，在财政局设立办公室。市人民政府下发《平湖市道路交通事故救助基金管理实施细则》，在市财政局设立救助基金管理中心（事业单位），与领导小组办公室合署办公。2013年，增加“其他因交通事故确需社会救助的”这一情形。2011年9月至2013年底，先后有4起事故受害者家属受益，共发放救助费7.45万元。

2012年起，市公安局交警大队联合相关部门开展为期3年的道路安全隐患排查治理工作，共排查隐患154条，至2014年底全部完成整改，有效提升农村道路的安全系数。

2013年，开展道路交通事故接处警机制改革，在事故中队成立侦办重大交通事故重案队，实施路面执勤中队交通事故安全员处警和事故中队办理重案的工作机制。建立轻微物损交通事故快速理赔中心，开通“交通事故快处”支付宝平台。是年，共受理轻微物损交通事故3222起，调解处理2579起，实现机动车轻微物损交通事故快撤、快处。

2015年起，市公安局交警大队联合相关部门启动新3年道路交通安全隐患专项整治。10月，根据上级公安机关的统一部署，在全市范围内开展“压事故、保平安”百日攻坚行动，作为完成年度工作目标的重要举措。采用路面中队每日设点，大队每周组织统一行动，成立专项督察组等方法，加强对公路及城市重点违法的查处力度，并同步开展非机动车违法载人、闯红灯、未按道行驶、逆向行驶的专项行动，有效预防和遏制各类交通事故的发生。

**附：道路交通事故典型案例**

1967年10月6日，嘉兴汽车钢圈厂一装氧气瓶运输卡车，违章搭客13人，在乍嘉公路T字路口翻车，死亡7人、重伤4人。

1973年2月24日，王某某驾驶的西渡至乍浦线客车，在全塘金桥附近翻倒，驾驶员死亡，旅客中2人重伤，24人轻伤。

1995年3月1日凌晨，市总工会职工疗养旅游部的一辆载有烧香客49人的旅游客车，途经乍王公路新丰镇东青龙桥处，从桥北侧坠入河中，造成23人死亡、8人重伤的特大交通事故。

2008年11月3日23时10分许，上海耀尚木业有限公司的一辆牌号为沪DF6688的奥德赛小型汽车，途经01省道106千米+900米平湖市黄姑桥西堍路段时，与一辆横过道路的自行车相撞，然后越过道路中央隔离带翻入对向车道，又与对向行驶的牌号为浙FBA097的长安小型汽车相撞，造成7人死亡，1人受伤及3车损坏。

2010年10月31日10时47分，杨某某超速驾驶浙BFT637小型轿车沿新07省道由西向东行驶至曹桥街道新07省道12千米+230米与野丁公路交叉口时未按交通标线通行，与由北向南行驶的醉酒、超速且未按规定让行的田某学驾驶的浙FVW038二轮摩托车（后座乘的田某芝）发生碰撞，造成两车损坏，田某学与田某芝死亡的交通事故。

2011年11月24日6时34分，周某某超速驾驶浙FBH765小型普通客车沿新兴三路由南向北行驶，至平湖市钟埭街道宏建路与新兴三路路口时未按规定让行，与超速且未确保安全行驶的沿宏建路由东向西朱某某驾驶的浙F1582T小型普通客车发生碰撞，造成乘客2人死亡4人受伤及两车损坏。

表17–5　　1971—2015年平湖道路交通事故一览表

| 年份 | 受理数（起） | 其　中 | | | |
|---|---|---|---|---|---|
| | | 上报数 | 死亡数 | 受伤数 | 经济损失（万元） |
| 1971 | – | 12 | 6 | 10 | – |
| 1973 | – | 11 | 2 | 45 | – |
| 1976 | – | 5 | 5 | – | – |
| 1977 | – | 2 | 1 | – | – |
| 1978 | – | 1 | 1 | – | – |
| 1979 | – | 19 | 5 | 5 | 0.32 |
| 1980 | – | 5 | – | 4 | 0.17 |
| 1981 | – | 11 | 6 | 5 | 0.13 |
| 1982 | – | 14 | 4 | 10 | 0.22 |
| 1983 | – | 20 | 2 | 3 | 0.36 |
| 1984 | – | 25 | 7 | 9 | 0.42 |
| 1985 | 224 | 70 | 8 | 40 | 2.84 |

续上表

| 年份 | 受理数（起） | 其中 | | | |
|---|---|---|---|---|---|
| | | 上报数 | 死亡数 | 受伤数 | 经济损失（万元） |
| 1986 | 455 | 76 | 11 | 48 | 5.05 |
| 1987 | 478 | 103 | 22 | 103 | 16.13 |
| 1988 | 567 | 262 | 22 | 14 | 22.52 |
| 1989 | 459 | 168 | 24 | 99 | 14.50 |
| 1990 | 368 | 79 | 16 | 66 | 14.97 |
| 1991 | 605 | 114 | 16 | 84 | 16.67 |
| 1992 | 579 | 79 | 22 | 38 | 37.36 |
| 1993 | 522 | 95 | 42 | 32 | 45.31 |
| 1994 | 550 | 122 | 54 | 82 | 91.97 |
| 1995 | 687 | 124 | 39 | 66 | 147.67 |
| 1996 | 710 | 154 | 56 | 113 | 158.05 |
| 1997 | 552 | 136 | 55 | 27 | 173.80 |
| 1998 | – | 180 | 46 | 82 | 175.40 |
| 1999 | 486 | 301 | 43 | 158 | 82.94 |
| 2000 | 4469 | 276 | 68 | 187 | 153.03 |
| 2001 | 5846 | 225 | 57 | 137 | 136.81 |
| 2002 | 6868 | 227 | 61 | 170 | 69.79 |
| 2003 | 8741 | 278 | 80 | 164 | 186.77 |
| 2004 | 10209 | 220 | 69 | 137 | 173.85 |
| 2005 | 12009 | 217 | 68 | 220 | 149.98 |
| 2006 | 18410 | 212 | 66 | 187 | 130.99 |
| 2007 | 14249 | 210 | 65 | 185 | 124.10 |
| 2008 | 18846 | 204 | 61 | 182 | 121.70 |
| 2009 | 18897 | 193 | 58 | 178 | 115.44 |
| 2010 | 20195 | 153 | 46 | 135 | 88.00 |
| 2011 | 22224 | 149 | 44 | 131 | 87.96 |
| 2012 | 23700 | 145 | 43 | 130 | 85.55 |
| 2013 | 26940 | 142 | 42 | 127 | 83.84 |
| 2014 | 29911 | 135 | 37 | 121 | 82.61 |
| 2015 | 32032 | 132 | 36 | 118 | 81.94 |

注：1. 1971—1987年数据，摘录《平湖交通志》。

2. 1988年数据根据实际统计数字。

3. 1989—2015年，摘录交警部门报表。

## 第九节　侦破交通肇事逃逸案件

进入20世纪90年代，平湖交通肇事逃逸案件数量增多。市公安局交警大队积极应对交通肇事逃逸案件，及时出台《侦破道路交通逃逸案件工作预案》，狠抓死亡事故逃逸案件的侦破，做到“命案必破”，运用物证细节、预案反应、科技应用、排摸调查、政策攻心等多种手段，奔赴全国各地，千方百计侦破案件，抓获肇事者，及时予以打击，为受害群众伸张正义，维护国家法律的尊严。1993年，全市发生交通肇事逃逸案件16起，破获11起，破案率为68.75%。1996年，发生逃逸事故29起，其中死亡事故5起，侦破逃逸案件19起，其中死亡事故案件5起，死亡事故逃逸案件查破率为100%，一般逃逸案件查破率为65.52%。1999年，发生交通肇事逃逸案件12起，其中死亡事故逃逸案件4起，侦破逃逸案件10起，其中死亡事故逃逸案件4起，查破率为100%，一般逃逸案件查破率提高至83.33%。2000年，全市发生逃逸案件12起，其中死亡事故4起，破获9起，破案率为75%。

进入21世纪，交通肇事逃逸案件居高不下。2001年，市公安局交巡警大队根据嘉兴市公安局交巡警支队下发的《举报交通肇事逃逸案件有功人员的奖励办法》，号召广大群众发现交通肇事逃逸车辆及因涉嫌交通肇事罪在逃人员后，可直接到交巡警大队报案，或拨打“122”“110”电话，寄发“110”信箱信件的形式予以举报。根据交通肇事逃逸案件性质（轻微、一般、重大、特大）对举报有功人员给予数额不等的奖励，对举报有影响的重特大逃逸案件，并积极参与破案有突出贡献者视情予以重奖和特别奖励。对持有平湖市核发驾驶证件的人员，举报一般逃逸案件以上的在兑现奖金的同时，还可一次性消除破案前的违章积分。是年，发生逃逸案件13起，其中死亡事故3起。事故处理中队结合严打追逃，共破获逃逸案件9起（内含死亡事故逃逸案件3起）。2003年1月，对为侦破2002年“12・11”“12・24”两起重大逃逸案件的举报有功人员分别给予500元、1000元的奖励。是年，全市共发生逃逸案件8起（其中死亡事故2起），全部破获。2005年，全年共发生一般以上逃逸案件16起，其中死亡事故12起，是历年来死亡事故最多的一年。是年，共破获一般以上逃逸案件13起，其中涉及死亡的逃逸案件9起。2006年，进一步完善逃逸案件侦查机制，建立布控堵截、异地追逃责任、未侦破案件定期通报会战、回访通报和各警种联运、协同作战等“五项”侦破工作机制。是年，共发生逃逸案件11起（其中死亡事故逃逸案件5起），全部破获，破案率达100%。2006—2012年，一般逃逸案件破案率达到80%，死亡事故逃逸案件破案率保持100%。2013—2015年共发生逃逸案件19起（死亡4人，受伤21人），全部破获，死亡事故和一般事故逃逸案件查破率同时达到100%。有力地打击交通肇事逃逸犯罪分子，维护正常的道路交通秩序。

**附：交通肇事逃逸典型案例**

1997年12月10日17时30分，江苏宿迁县沈某某驾驶苏NA0994大型货车沿01省道由西向东行驶至01省道与独新线交叉路口时，与沿独新线由南向北一骑自行车人发生碰撞，骑车人当场死亡。肇事后，沈某某驾车逃逸。为躲避公安机关侦查，改名换姓潜逃至镇江、常州等地，并将子女户籍异地登记在安徽铜陵其哥哥名下。1999年8月，将其列为公安部网上逃犯进行抓捕，在以后的10多年中多次组织警力前往江苏宿迁、镇江及安徽铜陵等地实施抓捕未成。2011年6月初，在公安部组织的网上追逃“清网行动”中获悉沈某某极有可能就在江苏常州活动的信息。21日专案组火速赶赴常州实施抓捕，在常州警方的协助下将沈某某抓获归案。至此，一起交通肇事致人死亡逃逸长达14年之久的案件终于成功告破，沈被依法判处有期徒刑6年。

2003年12月5日下午，安徽临泉县葛某某酒后无证驾驶皖K32316白色小货车从平湖前往嘉兴装货，由东向西途经当湖镇城西路平湖现代机械设备公司门前时，方向失控，斜穿到道路左侧，将在路边正常行走的一老人撞倒，老人当场身亡。肇事后，葛驾车逃离现场，逃离过程中又与一辆三轮车相撞。接群众报警后，市公安局交警大队立即启动侦破逃逸案件预案，在平湖4个出城卡点进行布控，以当湖镇和曹桥乡为重点，组织对肇事车辆排摸，同时组织路面中队警力在全市各主要路口设卡。由于布控及时，葛某某未能逃离平湖，于次日凌晨2时许在当地一租房内抓获归案。葛被依法判处有期徒刑3年，缓刑5年。

2004年11月11日凌晨4时40分，广陈镇三兴村村民张某某驾驶浙F6156蓝色福田牌汽车从苏州卸货返回平湖，途经独广线高新村路段，与迎面驶来的电动车发生碰撞，伤者在送往医院途中死亡。张肇事后驾车逃离，并将车进行补漆修复，企图逃避侦查。案发后，大队迅速启动逃逸事故侦破预案，成立专案组，通过对现场散落物的技术鉴别和现场痕迹的详细分析确定肇事车辆，以事故现场为中心划定重点镇、村，运用车管信息网、收费站监控录像查找嫌疑车，同时通过电视媒体、手机短信向社会广发《悬赏通告》，获取线索。在9小时内破获此案，张对交通肇事逃逸犯罪事实供认不讳。张被依法判处有期徒刑3年6个月。

2009年11月15日18时许，安徽颍上县侯某某在醉酒且未取得机动车驾驶证的情况下，驾驶拖拉机沿平斜线由南向北行驶，行至世博钢构公司门口路段时，与相对方向骑电动自行车的被害人相撞，致使对方倒地受重伤、电动自行车损坏。肇事后，侯驾车沿平斜线向北逃窜，又将走在路边的费某等3人全部撞倒，造成2死2伤。案发后，市公安局指挥中心迅速启动逃逸事故侦查机制，3小时后，在当湖街道曹兑村一租房内将其抓获归案。侯某某被嘉兴市中级人民法院以危险方法危害公共安全罪判处无期徒刑，剥夺政治权利终身。

2013年1月16日21时22分许，河南省太康县籍赵某某无证驾驶豫PC7111重型半挂牵引车沿S101省道由西向东行驶至平湖市林埭镇地藏桥路段时，与由南向北行人李某发生碰撞致李某死亡，肇事后驾车逃逸。17日7时，市公安局交警大队接报后立即成立专案组全力开展侦查工作，通过对事故现场走访、调查，确定被害者死亡时间，后调集沿途及事故现场周围视频监控，进行比对，确定赵某某为犯罪嫌疑人，将其列为网上在逃人员，组织警力在其户籍地进行布控。2月4日，在太康县城一小区门口将其抓获归案。赵某某被平湖市人民法院以交通肇事罪判处有期徒刑6年6个月。

# 第十八章 消防安全管理

消防安全，历来为民间和政府所重视。清末、民国时期，平湖的消防工作，由属义务性质的民间组织“龙会”“救火会”等承担，使用简单的消防工具扑救火灾，一旦发生大火，损失严重。

新中国成立后，党和人民政府十分重视消防工作，国家多次颁布消防法规，消防工作成为公安工作的一个重要组成部分。县公安局深入贯彻“预防为主、防消结合”的方针，在县人民政府的领导下，依法进行消防监督管理，同火灾作斗争，减少火灾危害，保卫社会主义经济建设和公民生命财产安全。

“文化大革命”前期，公安机关陷入瘫痪状态，消防工作受到严重影响，火灾事故频发。1973 年 2 月，县公安局恢复后，加强对消防工作的领导，恢复消防总会，建立公安专职消防队。1974 年起，公安专职消防队实行义务兵役制，实现消防部队的年轻化、战斗化，灭火执勤工作逐渐走上正轨。

20 世纪 80 年代后，随着平湖经济和社会的快速发展，各级党委、政府重视消防工作，政府建立由相关职能部门负责人参加的防火安全委员会。1984 年 5 月，县公安局设立由现役军人组成的消防科，行使政府的消防监督、管理职能，义务消防队和专职消防队伍建设进一步得到加强。加大消防经费的投入，灭火器材、车辆装备和通信条件得到较大改善，快速反应和灭火抢险能力显著提高。

进入 21 世纪，各级政府对消防工作进一步重视。继续加大对基层消防工作的领导和经费的投入。2011 年起，建立镇（街道）级消防安全委员会，并配套落实市、镇（街道）两级消防安全委员会、联络员工作制度和消防工作督查办法。2013 年起，设立镇（街道）消防安全工作站，由一名分管副镇长（副主任）兼任站长。在派出所设立消防工作室。派出所所长为消防监督检查工作第一责任人，分管基础工作的副所长及社区民警为兼职消防民警。将消防工作纳入政府绩效考核、平安考核、综治考核等考评体系和政务督查，建立行政责任问责、事故责任追究机制，消防监督力度进一步加强，火灾隐患明显减少，为平湖的经济发展提供强有力的保障。

## 第一节 消防组织与消防演练

### 一、消防组织

**清末、民国时期消防组织**

平湖的救火会始于清末，为民间义务消防组织。经费由每个分会地界捐助，救火会会址（早期称“龙王堂”，亦叫“洋龙间”）内放置救火龙具，一闻火警，则里巷之少壮者，鸣锣为号，四方分会齐集，众会员均奋不顾身，竭力施救。

民国初，浙江省内消防组织归各级警察机关指挥管理。民国 11 年（1922）6 月，平湖城区各义龙会联合成立救火联合会，会址在学宫东侧，会长方锡章，副会长莫叔夷、汤元伯。性质为联络感情，整修消防器具，有会员 850 人。民国 13 年（1924）7 月，莫孟韬联络启元、寿康、茶亭三义龙会，成立互助救火会，自任会长，会址在城隍庙余屋农会内，性质为施救避灾，有会员 280 人。该组织活动时间较短，约年余后即自行散去。

民国 15 年（1926）7 月，救火联合会再次选举，方锡章、莫叔夷、汤元伯仍当选正、副会长。据民国 21 年（1932）统计，城区有 15 个义务救火会。民国 24 年（1935）统计，平湖境内城区有 14 个救火会、乍浦有 5 个救火会、新仓有救火联合会、新埭有救火会等组织，共有义务消防队员 760 人，有泵浦机 6 台、人力救火龙 24 只、旧式木龙 4 只。抗战期间，平湖沦陷，消防器具大多损坏、散失，消防组织自行解体。

民国35年（1946）春，县警察局着手整顿消防组织，增添消防器材。2月，乍浦、新埭率先恢复成立消防总队，乍浦区总队有消防队3个，新埭区总队有消防队2个。随后城区、新仓相继成立，城区总队有消防队10个，新仓区总队有消防队2个及救护纠察队2个。10月13日，城区消防总队所属10个消防队，在南门大操场举办总队成立典礼，并进行消防演习。至年底，全县建有消防总队4个，下辖消防队17个、救护纠察队2个，队员总人数686人。配备汽油动力机（泵浦机）7台、人力救火龙9台。

**新中国成立后消防组织**

新中国成立后，消防队伍建设得到加强，义务消防队和乡镇、企业专职消防队不断发展壮大，社会防御火灾能力显著增强，逐步形成以“现役消防部队为主力，专职消防队为骨干，志愿消防队为补充”的消防组织体系。

**义务消防组织**

1950年6月，县公安局将城关各义务消防队整编为一个总队，下设9个中队，选举产生正、副总队长兼总指挥。12月20日，城关派出所召集全镇9支消防中队，成立城关镇义务消防委员会，县公安局治安股长兼城关派出所所长绪广忠兼任主任，消防工作被纳入公安机关管理。当时城关拥有泵浦机8台，人力撳龙3台，义务消防队员589人。1954年起，城关消防会开始配专职人员1人。1956年，在全县消防人员中展开评模活动，举行颁奖大会。至年底，全县共有消防队17支，消防队员430人。

1957年1月24日，召开第一次全县消防会议，成立平湖县人民消防委员会（简称消防总会），设主任1人、副主任3人、委员11人，县公安局治安股长高庆科兼任主任，下设城关镇（含铁木社）、乍浦镇（含黄姑、林埭）、新埭镇、新仓镇（含广陈）4个消防分会，消防经费由财政拨款。会后对原有消防组织进行全面整顿，新建企业消防队1支，志愿消防队员71人。是年，全县共有群众消防队21支（集镇19支、农村2支），志愿消防队员1106人，其中集镇1006人，农村100人。1959年，全县消防队发展到31支、有消防队员2650人。

1960年，全县有义务消防队529支2.47万人，对预防和灭火救灾起着巨大的作用。是年，为提高义务消防队的战斗力，有计划地培训消防骨干力量，根据中央和省委关于大力加强消防组织建设的指示精神，由县消防委员会组织成立平湖县消防红专学校，培训义务消防队员，训练内容为政治、业务及实习等，方法采取短期集中突击训练和分散业余学习两种，以进一步巩固义务消防队队伍。1963年12月22日，召开平湖县第二届人民消防委员会会议，县公安局治安股长祝德新当选主任，县消防总会配有专职人员2人，下设5个镇分会（城关、乍浦、新埭、新仓、钟埭），共有48个分队，义务消防队员1680人。“文化大革命”前期，群众性消防组织处于瘫痪状态。

1973年2月，县公安局恢复后，城镇义务消防工作逐步恢复。县供销、粮食、工业系统等防火重点单位，都开始着手建立各自的义务消防队组织。12月18日，县革命委员会在《关于开展冬季防火安全大检查的通知》中明确要求整顿和健全群众义务消防队，规定职工在100人以上的工厂、企业单位和城关、乍浦、新埭及其他公社集镇，以及农村社员居住集中在50户以上的村庄，把以民兵为主体的义务消防队迅速整顿健全起来，过去未建立的要抓紧建立，进行必要的消防知识训练，做到“组织、思想、任务”三落实，充分发挥他们的消防骨干作用。特别是1974年建立部队体制的公安消防队后，全县消防事业发展较快，各大工厂、企业纷纷建立企业义务消防队。至年底，全县共有义务消防队30支，义务消防队员842人。

20世纪80—90年代，贯彻“以防为主、以消为辅、全民办消防”的方针，全县各单位为加强企业内部消防自防自救工作，纷纷建立群众性的自防自救组织，企业义务消防队不断增多。1983年9月1—2日，县公安局会同县供销合作社联合社，在土特产公司举办供销社系统义务消防队队长和机手培训班。通过培训，提高义务消防队的实战能力和对各种型号消防泵的管理知识。1986年6月18日至7月5日，在城关、乍浦、新埭、新仓镇，分期分批对全县有消防泵浦的55支群众消防队队长、机手和12个乡镇工业公司分管消防安全的人员，进行一次消防业务培训。至1988年底，全县有义务消防队80余支，队员1000余人。

1989年，根据省人民政府提出的《乡镇自防自救六条标准》，抓好乡镇义务消防组织建设。在实现乡乡镇镇配泵建队的基础上，依据省公安厅要求制订《乡镇六条标准考核验收细则》，县公安局于12月上旬，会同县计经委、保险公司等部门对全县22个乡镇对照标准进行检查验收。城关、乍浦、林埭、全塘、黄姑、广陈、徐埭、新庙、黄山、瓦山、曹桥、胜利、白马、秀溪、钟埭、南桥等16个乡镇达到合格要求，达标率为72.7%，其中城关、瓦山、林埭等乡镇尤其突出。是年底，全县共有义务消防队116支，消防泵浦79台，队员1736人。至1993年，全市有义务消防队500支，队员6350人。

进入21世纪，随着农村地区个私、民营企业的快速发展，农村消防工作越来越被重视。2004年，在全市农村小康示范村建设中，开展由所在村企业出资出人组建“村企合一”的消防志愿队，并配有消防车辆和消防泵。2005年8月31日，市人民政府在乍浦镇召开“全市社会消防组织管理现场会暨火灾隐患排查整治工作动员会”，以推进全市多种形式消防队伍建设。至2005年底，全市组建村级消防志愿队19支，志愿队员95人，有消防车2辆、消防三轮摩托车17辆、消防泵19台。

2010年，市公安局消防大队在独山港镇优胜村试点开展农村志愿消防队伍规范化建设，消防队长由村主任兼任，队员们平日注重保持与村民的通信联络，开展消防宣传教育，组织防火检查，每月组织两次理论学习和实地操作演练，并在全市农村推广。2011年9月26日，中国网、中国消防在线记者在省消防总队宣教中心网站负责人的陪同下，实地参观该村志愿消防队，受到记者们的一致好评。是年，市人民政府制订《平湖市消防事业发展“十二五”规划》，进一步加强义务消防队建设。2012年底，全市共有志愿消防队53支318人。至2015年，志愿消防队总数达到85支516人。

**专职消防组织**

1982年10月，平湖县棉纺厂组建全县第一支国有企业专职消防队，有队员5人，配备北京牌消防车1辆。1985年，贯彻落实《浙江省乡镇企业消防管理办法》，促进乡镇企业消防队伍建设。至年底，全县有60%以上的乡镇企业和乡镇政府落实防火负责人和专（兼）职消防员，人数达989人，配备消防器材846件。3月，平湖棉纺厂首批5名专职消防员统一配发公安消防民警制服（不配领章、帽徽）。此后，专职消防员陆续配发消防民警制式服装。

1987年，国家经委、公安部、劳动人事部、财政部发布《企事业单位专职消防组织条例》。1988年4月27日，经省公安厅批准，平湖第一支乡镇企业专职消防队在新庙乡成立，编制12人，暂配8人，装备轻便干粉消防车一辆及其他消防灭火器材。是年，全县建有专职消防队2支，队员13人，企业专职消防员90人，共计专职消防员103人。县公安局消防科在专职消防员中推行分片组每月活动和工作实绩测评等管理制度。1989年9月，南桥乡专职消防队批准建立，编制15人，暂配9人。至年底，全县共有企业、乡镇专职消防队3支，消防员22人，企业专职消防员增至114人，共计专职消防员136人，有消防汽车3辆、泵浦机80台、“1211”灭火机1万余只。

1990年，县公安局消防科组织对全县统一换着新装的专职消防员分期分批开展集训，进行纪律教育和业务训练。1993年，市公安局积极探索消防联防机制建设，以公安消防中队为主体，成立市消防联防大队，在消防中队设置大队部，下设15个联防中队（全市各乡镇及重点企业），使全市消防组织网络有序，职责分明，直至2004年完成乡镇社区专职消防队组建后，市消防联防大队撤销。

1993年8月，嘉兴港务局专职消防队成立，有队员25人；1995年4月，嘉兴发电厂专职消防队成立，有队员24人；2003年12月，全塘白沙湾输油站专职消防队成立，有队员48人。2003年3月，乍浦镇率先建立社区专职消防队，并配置东风消防车1辆及进口手抬泵机，有队员6人。至2004年9月，新仓、钟埭、广陈、新埭、林埭、黄姑、全塘、曹桥等乡镇相继建立社区专职消防队（后改称政府专职队），消防队员大多由社区保安队员兼任，每支消防队均配置机动东风小霸王140型消防车、进口手抬泵机，有队员6人以上。

2012年，市人民政府出台《关于进一步推进专职消防队建设的实施意见》，确立“营房设施完善、器材装备齐全、人员实力强大、队伍管理正规、经费保障有力、职能作用有效发挥”的工作目标。全市共有乡镇政府专职消防队7支60人，企业专职消防队3支22人。

2013年，全市各镇（街道）消防安全工作站挂牌成立，全面负责辖区内消防安全工作。消防工作站站长由镇（街道）分管负责人兼任，设专职副站长1名（列入行政或事业编制），其他专职工作人员2名。主要负责本辖区消防形势的分析研判，为镇（街道）主要领导抓好消防工作提供决策依据；组织开展辖区范围的火灾隐患排查整治、消防巡查及消防宣传教育与培训；指导村、社区开展消防工作；做好各项消防工作的上情下达与联络工作。

2014年10月，独山港镇（又名独山港经济开发区，2014年8月升格为浙江省经济开发区）专职队体制改为市公安局消防大队合同制消防中队。至2015年底，全市各乡镇政府专职消防队营房设施全部新建而成，并投入使用。6支（除独山港镇外）政府专职队共有队员72人。

**公安（武警）消防队**

1973年3月，县消防总会恢复，县公安局委派2名干部筹建公安专职消防队，招聘5名退伍军人，连同原消防会职工共6人组成，5月15日正式挂牌成立（属地方事业编制，经费由县财政拨款），设队长、指导员各一名，配发消防民警制服，队部设在城关镇解放西路县消防总会。1974年1月4日，首批10名新兵入伍，原职工继续保留，消防中队逐步向义务兵役制过渡。1978年12月，消防中队干警全部为现役军人，纯属部队编制，队长、指导员在军人中挑选提拔。1994年5月，改为市公安局消防大队。2007年，为适应消防工作的需要，根据省公安厅消防局的有关文件精神，市公安局消防大队设置合同制消防员，分为武职和文职雇员两类，武职雇员参与灭火救灾，文职雇员承担部队文书、档案管理及配合大队参谋进行消防监督管理等工作。是年，共有武职雇员6人，文职雇员4人。以后，武职雇员逐年减少，至2009年仅剩3名，2010年武职雇员被取消，保留文职雇员。

2014年7—10月，市公安局消防大队在独山港建立第二现役消防站，配备现役消防民警3人，负责港区消防监督，同时开展合同制消防员招聘工作（由港区管委会出资），共招聘合同制消防员18人，加原社区消防队员7人，共25人，组建合同制消防中队。10月1日，根据嘉兴市公安局消防支队的部署，开展单编制执勤试点，提升港区消防工作的力度。

平湖公安消防队伍建立以来曾先后被评为平湖“双拥工作先进单位”、嘉兴市“文明单位”、嘉兴市“青年文明号”“群众满意基层站所”和浙江省“拥政爱民模范单位”“卫生先进单位”，中队团支部被省公安厅消防总队评为先进基层团支部等称号。大队被总队记集体三等功3次、被平湖市政府记集体二等功2次。4名消防官兵记个人二等功、23名消防官兵记个人三等功。消防官兵李继文、潘志毅被公安部授予革命烈士、追授“模范消防警官”“杰出消防战士”，颁发二级英雄模范奖章，被浙江省追授“人民卫士”“浙江青年五四奖章”。

**二、消防演练**

平湖消防演习始于清末，每年农历五月二十日，俗称“分龙日”，也称“演龙日”，为试龙之日，举行出水比赛，各救火会推选身强力壮者会员参加，以水枪出水射程高、远者为胜，观众人山人海，场景颇为壮观。

新中国成立后，为加强义务消防队建设，提高义务消防队灭火战斗能力，县公安局组织全县性消防演习，在规定的时间内看消防泵龙出水快慢、远近，进行评比发奖。1950年7月4日下午，城区消防总队在湖墩中山公园举行消防演习，为新中国成立后首次消防演习。以后，消防演习每年举行一次。“文化大革命”前期中断，1973年2月，县公安局恢复后，继续开展每年一次消防演习。

1984年10月18日，由县公安局、县保险公司发起，组织平湖棉纺织厂等22支企业义务消防队举行消防演习。1985年开始，消防演习更名为消防运动会，每年举办一届。1988年10月

8—10 日，县公安局消防科会同县计经委、体委、保险公司等部门，成功举办平湖县第四届消防运动会，此次运动会规模之大，参赛人员之多是平湖县消防史上首次。全县 44 个企事业单位和乡镇派出 580 名男女运动员参加，有 48 个代表队（次）和 139 人次分获 10 个项目的 1 ～ 6 名，其中 12 个代表队（次）和 39 人次在 10 个项目中获第一名的好成绩，平湖化学纤维总厂夺得 10 个项目中的 4 个第一、1 个第六名的最好成绩。此后，全县各乡镇和企业也结合自身实际，纷纷举办各种形式的消防运动会。

1990 年，县公安消防中队组织消防员岗位练兵活动，先后举办专职员、安全员、义务消防队长及机手等专业培训班 4 期，受训 240 余人。同时，组织各乡镇和重点企业在夏季、国庆和冬防期间开展消防演练活动。据统计，全年举办乡镇和企业消防运动会 2 次，开展灭火演练和业务训练 44 次。

2003 年，市公安局消防大队建成烟热模拟训练室，为消防演练提供了现代化的训练场地。2005 年开始，全市专职消防队开展执勤岗位练兵训练活动，消防运动会以岗位练兵比武会操的形式进行。10 月 4 日，市公安局在市体育场组织全市专职消防队岗位练兵比武会操，分团体、着装出水操和个人体能、技能等项目，评出团体前 3 名，10 米着装出水操前 3 名，个人体能、技能前 6 名，进行表彰奖励。钟埭、新仓、新埭专职队获团体前 3 名；新仓、广陈、曹桥专职队获 10 米着装出水操前 3 名；新埭、钟埭、新仓、黄姑、全塘、林埭专职队员获技能项目前 6 名；林埭、曹桥、新仓、黄姑、新埭、钟埭专职队员获体能项目前 6 名。

2010 年，市防火安全委员会制订专职消防队练兵比武会操奖励标准，对团体总分前 3 名分别集体奖励 500 元、400 元、300 元；对会操项目前 3 名分别集体奖励 600 元、400 元、200 元；个人总分前 6 名分别奖励 1000 元、900 元、800 元、700 元、600 元、500 元。9 月 13 日，比武会操在市消防大队进行，通过比武，钟埭、独山港、新埭专职队获团体前 3 名；钟埭、独山港、曹桥专职队获会操项目前 3 名；个人项目总分前 6 名分别由钟埭、独山港、新仓、林埭专职队员获得。对获得比武名次的单位、团体和个人颁发证书和奖金。练兵比武活动进一步提高专职消防队的体能、技能水平和队员之间的协同配合作战能力。

2014—2015 年，市公安局消防大队通过专职消防队比武活动，从中选拔比武尖子代表平湖参加嘉兴市公安消防支队及省公安消防总队组织的每年一次比武活动，新埭专职消防队代表平湖参赛先后获嘉兴市乡镇专职消防队第二、三名的好成绩；白沙湾油库专职消防队代表嘉兴支队参加省总队组织的全省专职队比武，连续 2 年获企业专职消防队第一名的好成绩。

## 第二节　消防装备与消防设施

### 一、消防装备

#### 清末、民国时期消防装备

清末、民国时期，在县城、乍浦、新仓、新埭等镇都设有临街“龙王堂”（亦叫“洋龙间”）。县城在庙街、东小街、西小街、中正西路等有临街“龙王堂”8 个，乍浦镇在木业会馆、海塘街跑马弄口、南外大街顺泰弄口、四牌楼道观桥、半爿街等有临街“龙王堂”5 个，新仓镇在镇东、镇中、镇西设有“龙王堂”3 个，新埭镇在镇东关帝庙西侧、镇西包家桥西堍祖师庙内设有“龙王堂”2 个，用于存放消防龙、太平斧、太平桶、铁钩子、头盔、藤帽等救火器材。遇到火灾，常以太平桶、旧式木龙（也称广龙，由广东生产，救火时消防员挑水，将水倒入大木桶内，另有消防员用力揿压木龙唧筒，使之出水灭火）灭火，以火灯（火球）、竹梯、铁钩、斧头等作为照明、攀登、拆毁火房工具，比较原始。

民国 9 年（1920），城区米业公会首先从金山购入消防木龙一具，放置在大王庙前，称金山龙。此后东鼎丰酱园也购入一具木龙称永安龙，放置于大王庙弄内；寿康布店购入久安龙，放置于南河头杨居弄；恒源纸店购入平安龙，放置于汤家浜西段（消防会往往以龙名相称呼）。民国 16 年（1927），城区新保安消防队成立，在救火时用上铁洋龙（用铁制造，有进水带与出水带，较旧式木龙进步），灭火效果好，此后各消防会纷纷购入铁洋龙。民国21年（1932），城区曹余成百货店等商家联合出资，采用分期付款，购入上海德昌机器厂生产的第一台泵浦机（也称泵浦龙，是以汽油发动的机器），灭火效果更好，此后永安、寿康、永丰、茶亭、公安等消防会先后购入。民国35年（1946），乍浦消防总队从上海震旦机器厂购入8匹、14匹马力泵浦机2台。是年，全县共有泵浦机11台。

**新中国成立后消防装备**

**车船装备**

解放后，对民国时期县内城镇临街设置的消防“龙王堂”继续保留沿用。对比较原始的太平桶、旧式木龙、揿压洋龙等逐渐淘汰，而以机动泵浦机、灭火机等所取代。1950年12月，城关镇有大泵浦机8台、人力揿龙3台。

1957年，县消防会打造消防艇1艘，以适应平湖水网地区灭火之需。至年底，全县共有泵浦车15台（工厂、企业消防队2台，群众志愿消防队13台）、手摇云梯车4辆、手压泵浦8台（群众志愿消防队）。1959年，开展消防技术革新，将旧奥斯丁汽车改装成消防车，以提高出警灭火效果。同时还在县后底建有消防修理厂，生产、销售泡沫酸碱灭火（剂）机，供全县使用，并承担泡沫灭火机的维修工作。是年，全县有消防艇1艘、泵浦机17台、人力揿龙14台。

1960年初，针对城关镇街道狭窄，消防车出警不便，县电力公司购入1台10千瓦的电力泵，安放于手拉的消防车上，一遇火警把电力泵的电源线接到电线杆上，即可启动电力泵出水灭火。至1963年，全县有消防车42辆（其中汽车1辆，其余系人力手拉车或脚踏三轮车）、消防艇2艘、泵浦机25台、灭火机4254只。“文化大革命”前期，消防装备遭受破坏，一些消防器具（如头盔、藤帽）被移作武斗工具。

进入20世纪70年代后，随着公安消防中队的建立，消防器材配备不断增多，机械化程度越来越高，县消防重点企、事业单位都添置机动泵浦机、挂壁式泡沫机，消防器具日趋先进。1973年3月，县公安局报经县革命委员会批准同意，对城关镇8个“龙房”及2个仓库进行维修，以确保消防器械处于良好战备状态。9月，县公安局消防队添置解放牌水罐消防车1辆、22匹手抬泵浦机1台，后又添置解放牌泡沫消防车1辆。

1981年底，全县义务消防队共拥有手抬或固定式消防泵53台，其中城关有50匹固定式消防泵1台、手抬式21台，新埭有手抬式5台，乍浦有手抬式6台，农村有手抬式20台。1988年底，全县消防泵浦机增至69台，企业消防车2辆。1989年底，全县共拥有泵浦机80台、企业消防车4辆，灭火效果较好且又使用方便的“1211”干粉灭火机1万余只。县公安局消防中队有消防汽车5辆，消防艇1艘。

1993年8月，嘉兴港务局专职消防队配黄河牌泡沫消防车1辆，以后又陆续购入黄河牌泡沫车及东风牌水罐车等消防队器具。1995年4月，嘉兴发电厂专职消防队配中型泡沫消防车1辆、后又新增重型水罐车1辆。是年，市公安局消防大队增添黄河消防车1辆，切割器、起门器各1台。

2000年后，消防装备趋向大功率、自动化、高效能，快速反应能力进一步提升。2003年12月，白沙湾输油站专职消防队共有6辆消防车，其中照明指挥车、高喷车、泡沫供液车各1辆，泡沫供液出水车3辆，水带500多盘，水枪300多把，水炮3个。2004年，由企业出资为专职（义务）消防队购置消防车或消防泵浦机，共新添置消防车2辆、消防摩托车17辆。由市政府赞助市公安局消防大队购置大功率泡沫水罐车和32米云梯车2辆，提升部队灭大火、打恶战的装备保障。

2005年10月，市公安局消防大队耗资200万元购入“奔驰”牌高喷灭火车1辆，出水最高射程可达32米，以适应高层灭火的需要。2006年，进一步改善消防装备建设，投入23万元购置防火监督用车1辆，投入150万元增配重型水罐主战车一辆。2009年，针对平湖灭火救援的实际，又新购价值160万元的优迪狮大功率水制药泡沫车1辆，并新增一批特种装备。

2012年底，市公安局消防大队共拥有32米登高消防车、32米高喷消防车、16米高喷消防车、亚重型泡沫水罐消防车、“MAN”重型水罐消防车、A型泡沫消防车等执勤车辆8辆。同时，还添置救生气垫、液压扩张器、液压切割机、电锯等抢险救援工具。全市义务、专职两支群众性消防力量共拥有水罐消防车 5 辆、泡沫供液车 1 辆、泡沫消防车 4 辆、泵浦消防车 8 辆、照明指挥车 1 辆，破拆救援器材 11 种 58 件、灭火器材 26 种 431 件。

2013 年 10 月，市人民政府统一采购 4 辆重型水罐消防车用于装备乡镇专职消防队。2015 年，市公安消防大队新增 52 米云梯车和核生化侦检车各 1 辆，新增东发 V82 手抬泵、混凝土液压破拆工具组、气动支撑柱及起重气垫组套等。独山港合同制消防中队配备压缩泡沫消防车 1 辆、B 类泡沫消防车 1 辆、高喷消防车 1 辆及抢险救援车和器材运输车各 1 辆。同时中队还作为嘉兴市公安局消防支队浙北地区的泡沫储存点，存储泡沫 110 吨。

**个人防护装备**

解放初期，群众性消防队伍的个人防护装备较差，消防员奔赴火场时，头戴铜头盔或藤帽，身穿帆布服，腰佩绳索、斧头，脚着高统胶靴，行动不便，还不能隔热防火，影响灭火战斗。改革开放以来，随着乡镇、企业专职消防队伍的建立，消防员的个人防护装备开始有了较大的改善。尤其是进入 21 世纪，普遍配备质轻柔软、防火保暖、隔热、耐磨、耐酸、耐碱的夏冬战斗服及头盔、手套、安全带等。平湖白沙湾输油站专职消防队于 2003 年 12 月为每个队员配备正压式空气呼吸器、破拆工具，轻、重型防化服和消防战斗服等。2005 年 3 月 10 日，市公安局消防大队下发文件，统一全市各专职消防队员的战斗服和作训服。消防战斗服为新型的 2000 型阻燃战斗服，作训服为部队用于训练的迷彩服。新型消防战斗服冬夏服分开，用维尼纶制造，防水防火，柔软保暖。防高温头盔，防热量冲穿强度比原来提高 1 倍，防火功能、防辐射热等都有很大的增强。自给式空气呼吸器，用压缩气体做气源，自给式供气，开放式排气，有效地消除在扑救火灾中浓烟对消防员的危害。至 2015 年，专职消防员和义务消防员配发至个人的防护装备有 16 种 452 件。

改革开放以来，公安消防队伍的个人防护装备更是上了一个新的台阶。1995 年，增添空气呼吸器、防火隔热服、消防呼救器，并更新全部战斗服。2004 年，配齐 11 项个人防护装备，提升 32 种特种个人防护装备的配备率。2006 年，投入 33 万余元增配个人防护装备和特种器材装备。一些新型的防护品种大量增加，如防化服、氧气复苏仪、有毒气体报警器、可燃气体探测仪、防毒面具及空气填充泵等。至 2015 年，市公安局消防大队配发至个人的防护装备发展至 27 种 1311 件。

**通信装备**

1952 年 2 月，在县城解放西路老县政府广场建造消防瞭望台一座，安装警报器，每晚 7 时整，鸣警报一长声，提醒单位、居民防火，发生火警分区域即时鸣响警报，组织火灾扑救，此后乍浦、新仓等地也仿照。1960 年，开展消防技术革新，经过 2 年努力自主研制现代化自动消防报警设备 1 套，装有遥控报警、自动警铃、自动开灯、自动广播等设备装置，出警速度从原来的 5 分钟降至 1 分钟，提高工作效率。

20 世纪 70 年代，随着科学技术的发展，消防通信技术得到应用和发展，无线通信设备逐渐由甚高频无线电话机代替短波无线电话机。1973 年 3 月，县城加高原消防瞭望台，启用 7.5 千瓦电动警报器，实行防空与火警分别报警。1974 年，县公安消防中队开通 119 火警电话，接到电话，集合铃响，消防车库门自动打开，达到快速出警的要求，白天火警 40 秒，夜间火警 60 秒即能出车，灭火能力大为提高。

80 年代是消防通信技术迅速发展时期，消防专用火警调度台系列相继问世，开始取代共电式交换机。1983 年，县公安局消防中队建立火警受理台和总机，并在执勤车上安装车载台，对火灾扑救实行统一调度指挥。1989 年 3 月，配备无线电通信装置。90 年代建成消防火警计算机处理系统。

进入 21 世纪，公安消防部门依托科学技术发展，努力提高通信能力，为充分履行职能创造条件。2005 年 5 月，实行 119、110、122“三台合一”，实现灭火救灾的多警联动。2010 年，设计小标识，粘贴在对讲机上，以规范消防大队灭火救援现场无线通信的组网方式。2011 年，开通火灾自动报警系统远程监控，全市入网单位有 99 家。2015 年上半年，根据上级业务部门的统一部署，完成 119 分指挥中心建设。同时，抓好各镇（街道）专职队119处警系统建设，构建辖区119火警受理指挥调度网。

**二、供水和消火栓设施**

清末、民国时期，发生火灾，主要靠肩挑手提河水、井水救火。20世纪50年代，县城没有自来水，也无消火栓，灭火供水主要依赖城内天然河流。1964年11月，城关镇自来水厂建成供水，开始在交通要道及临街转角处、公共场所安装地面消火栓，与自来水厂管网连接，并逐年增多，改善县城灭火供水条件。1982年，乍浦镇、新埭镇相继建立自来水厂，也开始安装消火栓。至1991年底，城关镇共有消火栓85只，乍浦镇共有消火栓30只，新埭镇共有消火栓14只。消火栓的设置，为城关、乍浦、新埭三镇取水施救提供方便。

进入80年代，随着国民经济的不断发展，城镇建设，特别是企业厂房的新建、扩建、改建和居民住宅建设的迅速发展，城关镇区天然河道被填，消火栓被拆，严重影响灭火救灾。

1982年8月和1983年8月，县公安局先后对城关镇的消防水源、道路现状进行两次普遍检查，提出加强城建统一规划，城镇建设规划部门必须将消防队、供水、通信和消防车通道等设施纳入新建、扩建和改建城镇建设的规划。城镇建设和市政管理部门，对城镇中的消火栓等消防设施，要加强维护和管理，对于今后自来水厂地下水管的铺设中，有关消火栓等消防设施建设，建议由城建部门牵头，征得公安机关同意的情况下，实行统一布局，并对增设消火栓和人造水源提出意见，报县人民政府同意后执行。

90年代后，由于各级政府加大消防经费投入，城镇公共消防设施建设也普遍得到加强，城关、乍浦两镇消火栓均由当地城建、供水部门负责安装、维修，公安部门使用，公安消防部门每年组织对消火栓进行例行检测，并由供水部门开展日常维修、保养。

进入21世纪，随着全市城市化进程的加快，公共消防设施进一步加强，在编制新区开发、旧城改造、街道改建等规划时，把消防通道、消防供水和消防设施等列入城镇建设规划，在会审市政工程设施时，吸收消防部门参加，征求有关消防设施建设的意见。

2004年，完成新仓镇小城镇消防规划建设。2005年，基本完成其余镇（街道）的小城镇消防规划，城镇消防管网、消火栓数量基本达到规定要求。10月，全市消火栓增至662个。公安消防部门每年组织对消火栓的普查、检测，发现问题及时向城建部门报告，确保公共消火栓完好，随时可用。2010年12月，《平湖市消防水源管理暂行办法》经市十三届政府第28次常务会议审议通过。办法规定：城镇建设、改造，必须依据国家有关规定同步扩建、改建公共消防水源；明确市政消防水源规划、建设、维护、管理中各相关部门职责，解决长期以来消防水源建设和管理过程中存在的责任不清，缺乏相互协调问题；规定消防水源专供灭火救援和日常消防培训使用，其他任何单位和个人不得擅自使用。2012年，市公安局消防大队会同建设规划部门和水务集团联合开展市政消火栓专项治理活动。是年底，全市共有市政消火栓943个（其中市区507个），完好率达100%，立消防取水口149个，完善消防水源档案。2015年，对市政消火栓进行全面普查保养，水务集团则对存在问题的消火栓进行整改。

## 第三节　火灾扑救与抢险救灾

**一、火灾扑救**

新中国成立后，平湖城镇都设有义务消防队，有“龙房”，每天晚上由专人值班，一旦发生火灾，由义务消防队进行扑救。农村地区发生火灾则依靠群众自救，用家中木桶、脸盆取水灭火。

1973年5月，县公安局建立职业消防队，1974年实行义务兵役制度，改称消防中队，成为一支同火灾作斗争的军事化队伍，灭火执勤工作逐渐走上正轨。从接警出动到灭火指挥、收兵，开始建立起严格的战斗程序，实行全天候执勤制度，白天火警40秒、夜间火警60秒即可出车，灭火能力大为提高，临警做到有效组织火灾扑救工作，最大限度地减少火灾危害。平湖公安消防部队日夜坚守工作岗位，在重特大火灾中，消防战士发扬不怕死、不怕苦、英勇顽强精神，快速扑灭火灾，减少损失，有 2 名消防战士甚至献出了自己年轻的生命，受到市（县）党政领导和平湖百姓的高度赞赏，为保卫平湖经济建设和人民生命财产的安全作出了不可磨灭的功绩。

1980 年，县公安局消防中队认真执行公安部颁发的公安消防部队《执勤战备条令》和《灭火战斗条令》，加强执勤战备观念，每天早晨做到执勤交接班，保证 1 个战斗班人员和 1 名中队干部跟班执勤，消防器材、车辆明确分工。全年接火警电话 16 次，出警 16 次，灭火成功率达 100%。

1982 年 8 月，省公安厅下发《浙江省公安消防评定灭火战斗成败标准（试行）》（简称《标准》），对消防部队备战、灭火战术、技术水平提出高标准严要求，公安消防中队认真贯彻《标准》，加强灭火战术研究和训练，提高了火灾扑救的成功率。

20 世纪 80 年代，平湖境内乡镇企业蓬勃发展，企业防火意识不强，火灾事故频发。1984 年 10 月 28 日凌晨 4 时，黄姑乡新桥村服装一厂因烟蒂引发火灾，由于火势已大，厂房又高，虽经在场群众扑救，但仍未能及时扑灭。县公安局消防中队接警后，迅速赶往现场，与驻军独山部队指战员奋力扑救，终将大火扑灭。

1989 年，县公安消防科落实省消防局《基层建设三年规划》，成立战术研究小组，制订城关镇居民密集区火灾扑救预案，修订重点单位灭火作战计划，在城关重点居民区及重点单位开展实地演练，达到上级规定的要求，同时还经常进行常用的应用训练及火场模拟训练（出水）来提高战斗员的实战素质。全年共接警出动 12 次，直接出水扑救 4 次，成功率达到 100%。是年，义务消防队在火灾扑救中作用明显，平湖橡胶厂、模具一厂、标准件总厂、航运公司和棉纺织厂等企业义务消防队在城关镇发生的数次火灾扑救中，迅速出动，奋勇扑救，发挥了重要的作用。

90 年代，平湖沿海拆船业兴起，对火灾的扑救提出了更新更高的要求。1991 年 3 月 12 日，地处乍浦的平湖县拆船公司职工在拆除苏联产“切宝金”号废船（1.3 万吨）时，因违章气割作业而引发火灾。14 时 50 分，拆船公司职工发现后立即扑救，但由于缺乏必要的消防器材装备，没能扑灭。15 时 10 分，县公安局消防中队接警后，迅速赶往现场，紧接着上海石化消防支队也赶到火场，由于停电、停水，火势又大，无力扑救。后由嘉兴市公安局消防支队调集直属一、二中队，秦山中队和各县（市）的公安消防中队前往增援，并向省公安消防总队求援。随后，湖州、杭州公安消防支队和上海公安消防总队及平湖县 11 支专职、义务消防队相继赶到支援。火场指挥部经多次研究，确定内外夹攻，以内攻打近战，前堵后攻，上下合击的灭火方案，计有 28 辆消防车、320 多名消防官兵经过近 20 个小时的奋战，终于在 13 日 10 时 50 分将平湖乃至嘉兴历史上第一起万吨轮大火扑灭，防止船舱内 50 吨柴油和 250 吨重油燃烧爆炸，避免一起恶性事故的发生。

1995 年，市公安局消防大队认真贯彻“练为战”的指导思想，开展以应用性项目为主的业务训练。对消防重点单位，逐个进行调查研究，了解熟悉各重点部位的名称、数量、位置、建筑特点、通道出入口、消防设施、水源和行车路线、距离，制订具体的灭火作战计划，制订和修改 15 份重点单位灭火作战计划。并根据现有装备情况和辖区基本情况，制订 2 个扑救应用操和 1 份跨辖区灭火预案。在重点单位实地演练中采取边熟悉、边演练、边制订的方法，及时进行研讨总结，提高战士们的实战水平，在演练中穿插进行应用操的训练，做好灭大火救大灾的思想准备。为提高灭火救灾能力，每次扑救火灾后，召开战评会，总结经验，吸取教训，每月开展战术研究活动，使战术研究经常化、制度化。

1999 年，根据省公安厅《浙江省公安消防部队规范化执勤若干规定》，市公安局消防大队牢固树立“救人第一”的指导思想，规定指挥员到达现场后，应立即实施正确的战术，先控制、后扑灭、堵截包围、内外夹攻、上下合击、重点突破、逐片消灭，准确、迅速、集中兵力打歼灭战等战略战术。灭火抢险战斗结束后，应对现场情况进行深入细致的调查取证，分析原因，确认险情已经排除方可归队，并对每次战斗进行总结。在“8・27”平湖市嘉勒纺织品有限公司重大火灾扑救中，大队官兵英勇顽强，牢记“救人第一”

的指导思想，及时营救被困人员11名，有效地控制火势蔓延，把火灾损失降到最低限度，经市公安消防大队、嘉兴市公安局消防支队直属一、二大队和嘉善县公安局消防大队的合力扑救，终将大火扑灭，市公安局消防大队被市政府记集体三等功一次。是年，共接警出动86次，出水扑救30次，灭火成功率达100%。

2000年，市公安局消防大队制订《重特大灭火预案》，并组织开展人员密集场所、高层建筑、石油化工等灭火救援实战演练和岗位练兵活动，提高部队的灭火救灾能力。

进入21世纪，随着平湖境内高层建筑、地下建筑、人员密集场所、化工企业日益增多，火灾形势严峻。

2004年10月12日20时，01省道（即东西大道）林埭段公路一辆装载15吨浓硝酸的危险品运输车发生泄漏、着火事故。市公安局消防大队接警后，迅速出动3辆消防车26名官兵赶往现场灭火救援，同时调集乍浦港务局、林埭、黄姑等专职消防队参加救援，经过4个多小时的奋战，成功处置这起泄漏着火事故。是年，根据公安部消防局的通知要求，着重做好对高层、地下建筑火灾扑救的实地演练，在重点单位全部制作应急预案的基础上，开展“六熟悉”及实地演练活动。

2005年，市公安局消防大队围绕“大练兵、大会操、大比武”活动，大力开展战训基础工作，规范灭火救援预案制订及演练程序、灭火救援组织指挥程序、灭火救援行动程序，推广“灭火救援辅助决策系统”，专门配备装载系统的笔记本电脑作为随车器材。1—10月共接警出动480次，出水扑救92次，火灾扑救成功率为100%。成功处置“3·3”新埭新秀箱包厂火灾、“8·1”新仓茉织华火灾等具有一定规模和影响的火灾和灾害性事故。

2007年5月21日上午7时47分，位于嘉兴港区的浙江合盛化工有限公司发生爆炸引发火灾。市公安局消防大队接警后，全体出动，途中向支队指挥中心要求增援。先后有8支公安消防中队（包括上海陈山消防中队）、4支企业专职队（嘉兴电厂、港务局、港区、嘉化集团）、1支镇专职队（乍浦镇专职队），22辆消防车、155名指战员参加灭火战斗，历时2个小时成功处置此次爆炸失火事故，彻底解除了危险，事故没有造成人员伤亡，成功保护与着火区相邻的原料罐区、酸碱罐区及精馏装置区的安全。9月13日晚，林埭镇徐家埭集镇喜福门木厂发生火灾，市公安局消防大队和当地专职消防队共7辆消防车、39名官兵前往扑救，经过2个多小时的扑救，成功扑灭火灾，及时引导厂内正在熟睡的4名工人逃生，疏散周围群众50余人，保护了毗邻建筑，抢救财产价值10万余元。在灭火过程中，副教导员兼消防中队指导员李继文、战士潘志毅被突然断落的带电高压电缆线击中，经抢救无效牺牲。

2009年，市公安局消防大队进一步强化勤务实战化工作，开展打造公安消防铁军活动，建立灭火救援攻坚组2个，队员8名，选派4名骨干队员参加全省灭火救援攻坚组培训，有效提高部队灭火救援和处置突发事件的能力。同时，针对辖区高层、地下建筑不断增多，积极探索扑救高层、地下建筑火灾的新思路、新办法，成功完成高层建筑供液操和人员密集场所灭火实地演练工作，得到公安部消防局领导的肯定和好评。1—11月共接警出动777起，出动车辆911辆次，出动警力4766人次，抢救被困人员32人，保护财产价值272万元。

2010年，市公安局消防大队以上海世博会消防安保为中心，全面贯彻新修订的《中华人民共和国消防法》，围绕“五百”（灭火救援成功率、辖区情况掌握率、预案制作率、重点单位演练率、器材装备完好率等均达100%）工作目标，打造消防铁军。组织开展作战训练安全专项教育、攻坚组特色练兵及预案熟悉演练等活动。12月18日7时20分，位于独山港区白沙湾油库华晨能源公司2万立方米丙烯低温储罐在丙烯注入过程中发生爆炸并引发大火，与现场相邻的金山公安消防支队纬九中队第一时间发现警情并到达现场，市公安局消防大队接警后立即出动6车32名官兵也相继到达，并第一时间启动跨区域应急增援预案和联动作战机制，调集周边10支公安消防中队共20车150名消防官兵，赶赴现场实施扑救，上海公安消防总队调集金山支队35车182人赶赴现场实施扑救。成立火场指挥部，火场指挥部在查看现场情况后，按照“全面冷却罐体、消灭周围火点、控制火势发展、消除爆炸危险、适时进行灭火”的战术措施，对现场力量进行分工部署，通过浙沪两地公安消防官兵的联合作战，事故于9时05分得到了控制，9时18分事故基本处置完毕，避免了一起可能造成无法估计的连续大爆炸的灾害事故。是年，共计接警出动633次，出动车辆1728辆次，出动警力9327人次，抢救被困人员54人，抢救财产价值4851万元。同时，在上海世博会期间开展对危化品车辆集结区现场监护，累计监护1605辆车次，确保世博会五大活动期间的消防安全。

2011年12月22日7时10分，位于钟埭街道五一村七星路208号圣柔德塑业有限公司车间发生火灾。市公安消防大队接警后立即出动4辆消防车26名指战员赶赴现场扑救。同时，调集辖区内6支专职队也前往协助火灾扑救。启动跨区域应急增援预案和联动作战机制，嘉兴市公安消防支队调派特勤、嘉善、港区等6支公安消防中队8辆消防车45名指战员前往扑救。在支队增援力量的协同下，运用“强攻近战、堵截灭火”的战术，连续作战2个小时，成功保护东侧波斯曼服装厂、南侧明峰包装材料有限公司以及圣柔德塑业有限公司西侧的化工原料仓库（内有丁烷瓶7个，氮气瓶12个），将火灾损失降到最低程度，为成功扑救火灾作出贡献。

2013年1月21日10时43分，位于钟埭街道环北二路958号的平湖市邦胜箱包有限公司发生火灾，过火面积2700平方米。市公安局消防大队接警后立即出动4辆消防车26名指战员赶赴现场扑救。同时，调集辖区内6支专职队也前往协助火灾扑救，启动跨区域应急增援预案和联动作战机制，嘉兴市公安局消防支队调派特勤、嘉善、海盐、经开、港区等5支公安消防中队8辆消防车45名指战员前往扑救，经过24个小时将大火彻底扑灭。

2015年，市公安局消防大队以加强“六熟悉”规范战斗编程为重点，修订完善灭火救援预案，开展重点单位定期演练，修订预案168家，完成制订小区、行政村作战信息卡，开展重点单位熟悉154次，演练67次。是年，成功处置“5・31”浙江景兴纸业股份有限公司、“6・1”新埭兴邦、“6・20”钟埭昌正箱包厂等社会影响较大的火灾，把火灾损失降到最低，被市人民政府记集体三等功一次。

## 二、抢险救灾

新中国成立后，抢险救灾成为消防队伍的一项重要内容。1980年4月，公安部颁发《公安消防队执勤条令》，规定公安消防队除了执行灭火任务外，还需积极完成抢险救灾和维护社会治安等战斗任务。1989年11月，公安部消防局颁发《公安消防队防毒抢险勤务规程》，赋予消防队处置突发事件的职能，并加强防毒抢险队伍的建设。2000年后，消防部队的抢险救灾职责范围扩大，承担诸如自然灾害、交通事故、意外事故的救援。2009年5月1日，新修订的《中华人民共和国消防法》正式颁布实施，法律赋予消防部队更多的救援职能，规定消防部队除担负火灾扑救任务外，还承担以抢救人员生命为主的危险化学品泄漏处置、道路交通事故、地震及次生灾害、建筑坍塌、重大安全生产事故、空难、爆炸及恐怖事件、群众遇险事件的救援工作，并参与配合处置水旱灾害、气象灾害、地质灾害、森林、草原火灾等自然灾害和矿山、水上事故、重大环境污染、核辐射事故、突发公共卫生事件等18种抢险救援工作。

1953年上半年，城关镇人民消防委员会响应党和政府的号召，为支援地方抗旱，购进水带9根、皮带车6部及其他抢险工具，抽出1台泵浦机和14名义务消防员投入抗旱工作。

1999年6月下旬，平湖遭受历史上罕见的洪涝灾害，全体消防官兵与公安民警一起，全力投入抗洪救灾，协助有关部门及时转移危房内的群众，抢救受淹重要物资，共转移受灾居民182户，抢救老弱病残人员205人，转移物资143吨。

2000年，为适应抢险救灾的需要，市公安局消防大队将中队全体战斗员分成8个抢险救援小组，各小组根据自己所分配的器材进行针对性的专业训练，开展系统的特种器材、车辆的规范化操作、烟雾热辐射模拟训练、化工装置训练，高层地下灭火救人训练、水上救援等专勤训练，做到边训练、边总结、边提高。同时，还派出2名骨干参加公安部消防局组织的消防技能救助培训和江苏公安消防总队举办的潜水员培训，提高了中队的抢险救灾能力。9月15日，大队成功处置平湖市石油燃气公司液化气槽罐车翻车泄漏事故。

2001年，随着灾害事故的多样化发展趋势，狠抓各类灾害事故的预案制订工作，在以往制订的高层、地下、化工等重大预案的基础上，参与隧道交通事故跨区域抢险救援预案以及反炭疽菌恐怖事件的处置预案制订工作，提高部队的快速反应能力。同时参加杭州东郊灌瓶厂预案演习和杭州电化集团等单位的化学灾害事故抢险救援演习。是年，成功处置平湖东西大道与乍王公路转盘处槽罐车翻车二甲苯泄漏事故、晨光化工厂火灾以及蓝天环保高科技有限公司危化品泄漏等特种灾害事故。至11月，共抢险救援79次。

2005年8月，台风“麦莎”影响平湖，市公安局消防大队全体官兵闻警而动，冒着急风暴雨为地方群众排除险情、吸水、救人等，一天共出动27车次，189人次。1—10月，共参加社会求助和抢险救援99次。2006年，成功处置新仓镇天然气泄漏、新埭镇毒气泄漏等社会影响较大的抢险救援事故。

2009年3月19日15时57分，当湖街道新华路与城南路交叉口地下污水管道内有人昏倒在内无法回到地面、生死未明，情况万分危急。市公安局消防大队接警后迅速出动3辆消防车20名消防官兵赶赴现场，成功营救2名被困工人。3月27日上午10时57分，乍浦镇六里湾海域发生渔民遇险事故，5艘渔船、6名渔民被困海上无法返回，生命受到威胁。消防大队闻警出动，连续作战近4个小时，顶风雨、冒危险，成功救出被困海岸悬崖上的渔民1名，被困船上的渔民1名，并引导其他4名渔民脱离险境。人民公安报（消防周刊）、省电视台及各大媒体对以上两次救援抢险事迹进行了报道，“3·27”乍浦海岸救援抢险，中央电视台二套《生活》栏目以专题形式予以报道。

2010年，市人民政府办公室出台《关于切实加强平湖市综合性应急救援队伍建设的实施意见》。9月9日，挂牌成立以公安消防部队为主体的市应急救援大队，同时建立以镇、街道专职消防队为主体的应急救援中队7支，形成全市综合性应急救援队伍体系，灭火与应急救援能力明显提升。

2011年4月14日16时48分，平湖大道工业园区加油站边上的污水管道内有2名工人中毒昏迷无法回到地面、生死未明，情况万分危急。市公安局消防大队闻警出动，参战官兵冒着生命危险，深入近5米深的狭小窨井内救援，经过努力，成功将2名井下被困工人营救，完成救援任务。

2012年，市政府成立由应急、公安、消防、发改、财政、交通等13个单位组成的联动工作领导小组，制订平湖市突发公共事件总体应急预案操作手册、应急演练计划和防汛防台抗旱应急预案。在夏季抗击台风期间，3次启动防台应急响应；举办地震应急反应预案培训班，应急救援工作进一步规范。2014—2015年，市公安消防大队在火灾扑救的同时抢救被困人员160人，抢救财产价值5585.7万元。

表18–1　　1949—2015年部分年份平湖火灾四项指标一览表

| 年份 | 火灾起数 | 死亡人数 | 受伤人数 | 直接经济损失（万元） |
|---|---|---|---|---|
| 1949 | 1 | 1 | – | 草棚16间 |
| 1955 | 6 | 2 | 1 | 草棚5间，猪、牛各1头 |
| 1956 | 1 | – | – | 0.14 |
| 1957 | 19 | 6 | 1 | 0.64 |
| 1958 | 25 | 4 | 4 | 0.91 |
| 1959 | 3 | 1 | – | 1.54 |
| 1960 | 22 | – | 12 | 2.13 |
| 1961 | 14 | – | – | 1.34 |

续上表

| 年份 | 火灾起数 | 死亡人数 | 受伤人数 | 直接经济损失(万元) |
|---|---|---|---|---|
| 1962 | 37 | – | – | 3.37 |
| 1963 | 34 | 1 | 8 | 受灾56户 |
| 1964 | 21 | – | – | 0.52 |
| 1965 | 35 | 1 | 1 | 1.99 |
| 1971 | 44 | – | – | 1.46 |
| 1972 | 31 | – | – | 1.26 |
| 1973 | 34 | 1 | – | 1.24 |
| 1974 | 18 | – | – | 0.59 |
| 1975 | 3 | – | – | 0.14 |
| 1976 | 15 | – | – | 0.27 |
| 1977 | 18 | – | – | 0.59 |
| 1978 | 18 | – | – | 1.18 |
| 1979 | 11 | – | – | 2.45 |
| 1980 | 7 | – | – | 1.63 |
| 1981 | 13 | 3 | 5 | 0.82 |
| 1982 | 10 | – | – | 4.01 |
| 1983 | 8 | 3 | – | 1.05 |
| 1984 | 10 | – | – | 11.66 |
| 1985 | 21 | – | 2 | 4.43 |
| 1986 | 29 | – | – | 28.50 |
| 1987 | 17 | – | 2 | 2.24 |
| 1988 | 26 | 3 | – | 15.55 |
| 1989 | 15 | 3 | – | 16.98 |
| 1990 | 16 | – | – | 3.86 |
| 1991 | 18 | – | – | 47.41 |
| 1992 | 20 | – | 2 | 12.98 |
| 1993 | 13 | – | – | 11.85 |
| 1994 | 18 | – | 2 | 28.03 |
| 1995 | 21 | – | – | 73.17 |
| 1996 | 16 | – | 1 | 67.25 |
| 1997 | 56 | – | – | 77.73 |
| 1998 | 110 | – | – | 52.67 |
| 1999 | 144 | – | – | 155.89 |
| 2000 | 40 | – | – | 238.74 |
| 2001 | 117 | 1 | – | 42.85 |

续上表

| 年份 | 火灾起数 | 死亡人数 | 受伤人数 | 直接经济损失(万元) |
|---|---|---|---|---|
| 2002 | 33 | – | 2 | 40.16 |
| 2003 | 33 | – | – | 14.11 |
| 2004 | 31 | 2 | – | 25.42 |
| 2005 | 39 | 1 | – | 35.03 |
| 2006 | 15 | – | – | 20.48 |
| 2007 | 29 | – | – | 53.08 |
| 2008 | 20 | – | – | 47.44 |
| 2009 | 15 | – | – | 41.70 |
| 2010 | 15 | – | – | 51.24 |
| 2011 | 13 | – | – | 42.95 |
| 2012 | 13 | 1 | – | 42.93 |
| 2013 | 513 | 8 | 6 | 1906.23 |
| 2014 | 476 | – | – | 1864.86 |
| 2015 | 242 | – | – | 663.69 |

注：1. 以上数据为上报数据。
2. 1955 年前无完整的统计数据。
3. 1966—1970 年无统计数据。
4. 2013 年起因统计口径变化，此数据与往年无可比性。

## 第四节　防火安全宣传

清末、民国时期，平湖城乡有“叫火烛”习惯，以微资雇用生活贫困者，每于黄昏起更时分，以竹梆敲击，沿街串巷呼叫“火烛小心”“谨防盗贼”，提醒人们防火、防盗。

新中国成立后，贯彻“以防为主、以消为辅”消防工作方针，以居民委员会为单位，组织发动群众，制订爱国防火公约，举办防火展览，广泛开展防火宣传教育。

1956 年 12 月，城关镇成立防火委员会，由镇长任主任、派出所、保险公司负责人任副主任，文化馆、镇工会、工商联、医联会、治保会等单位负责人为委员，下设推动组与防火检查组，结合党的中心工作开展广泛的冬季防火检查、宣传教育活动。采用张贴标语、悬挂跨街横幅、黑板报、剧场插播防火幻灯片、书场防火弹词开篇，同时还制作 3 辆防火模型车，内容简易，看得明白，用扩音器在街头开展宣传。邀请居委会、学校的腰鼓队及居民剧团、职业剧团配合宣传，演出防火短剧。宣传活动形式多样、丰富多彩。1958 年，宣传国务院《消防监督条例》和浙江省人民委员会《关于加强消防工作的指示》，围绕居民防火，除召开会议、张贴标语外，还通过黑板报、墙报、电影映前幻灯宣传、自演说唱节目等多种形式进行防火宣传。1959 年，县公安局举办消防展览会，展示新中国成立后平湖消防事业的发展历程，向公众进行防火安全宣传。

1960 年 5 月，县公安局根据中央和省委指示，会同文教局联合下发《关于在文教系统内开展一次安全大检查和做好防火宣传的通知》，发至全县各中等学校、公社中心小学及各有关文化单位，组织开展以防火为中心的全民安全大检查、大宣传运动。同时印发农村防火知识宣传讲话稿，开展农村防火宣传。“文化大革命”前期，消防宣传工作受到严重冲击，宣传教育力度下降。

1973年，防火宣传工作开始逐步恢复，各级政府重视和加强了防火工作，县公安局联合文化部门，利用城乡放映电影之前插播防火幻灯片，在城镇公共场所及企事业单位内部张贴消防宣传画，开展防火宣传工作。

进入20世纪80年代，防火宣传工作得到全面加强。1980年，县公安局消防中队利用广播、幻灯，应邀去单位上防火课，下发防火宣传资料等形式开展防火宣传；在元旦、春节、三夏、秋收期间，编写广播稿、快板防火稿等分别送县广播站和各公社广播站、电影放映队进行广播及映前宣传；使用防火宣传车在城关、乍浦等公路沿线开展流动防火宣传；深入居民区、街道喷刷防火标语、下发仓库防火管理规则等。全年共投稿、张贴下发防火宣传资料1380份。新埭镇从是年起恢复传统“叫火烛”，由政府雇专人，从每年冬至开始每晚“叫火烛”，以提醒居民防火防盗，收到较好效果。

1982年7月8日，县公安局消防中队针对夏季天气炎热，气候干燥，又是“双抢”（抢收、抢种）大忙，生产用电增多，粮食和柴草大批上场，火灾易发情况，编写《做好夏季防火安全工作，保卫“双抢”战斗顺利进行》农村防火宣传稿，利用广播和各种会议向广大干部社员群众进行宣传教育。

1984年，国务院颁布《中华人民共和国消防条例》（以下简称《消防条例》），10月1日开始在全国施行。6月30日，县公安局会同县计划经济委员会、劳动局、建设环境保护局、总工会联合下发《关于宣传贯彻中华人民共和国消防条例》的通知，在全县城乡广泛开展消防宣传活动，悬挂、张贴宣传横幅、标语、图片，在县广播站、乡镇有线广播站、电影院开设消防知识讲座，放映消防知识幻灯片，编印发放消防宣传资料。9月10日，县人民政府印发文件，批转县公安局、县计划经济委员会等五个单位《关于开展〈消防条例〉宣传工作的意见》，进一步加大宣传力度，使《消防条例》的基本内容达到家喻户晓，人人皆知。

1985年，贯彻《浙江省乡镇企业消防管理办法》（以下简称《办法》），将《办法》转发至各乡镇政府、工业公司及派出所，按《办法》要求，加以落实，改变乡镇企业消防安全工作落后的面貌。同时，针对城关镇居民开始使用石油液化气作为燃料，为做好液化气使用安全，组织放映液化气使用知识电影，增强广大群众安全使用液化气常识。

1987年12月，省人民政府决定：每年12月为防火安全宣传月。其间，县公安局消防科在公共场所及街面重要地段悬挂防火宣传横幅，张贴防火宣传标语，发动企业出墙报、黑板报，营造消防宣传氛围。

1989年，县公安局消防科充分利用厂刊、墙报、广播等各种形式，广泛开展消防宣传教育。年内共出刊《消防信息》20期，印发资料9600份，在全县400余家企事业单位配挂防火标语牌和宣传图片600余套，举办消防知识培训班2期，下单位辅导上课25次。城关镇组织居民冬季敲更防火队伍，浙江电视台、嘉兴电视台、平湖报社和平湖广播电台分别作专题报道。

1990年，全县冬季防火宣传活动中，县教育局每日组织百名学生上街，以乐器队、锣鼓队、彩带队和小红旗等形式进行冬季防火宣传，给全县人民留下了深刻的印象，并得到政府的好评。同时，发挥基层专职消防员的网络作用，定期布置任务，建立信息反馈制度，实行工作月报，在消防科确定一名兼职通讯报道员，从事消防宣传工作，全年向各报刊、电视等新闻部门投稿48篇。

1992年，公安部、中共中央宣传部联合印发通知，决定把每年的11月9日定为全国消防宣传日。此年起每年11月9日，市公安局消防大队组织人员在大街上悬挂宣传横幅，张贴宣传标语，政府每年召开冬季防火工作会议，表彰先进，部署冬防工作，形成浓厚的消防宣传氛围。

1993年，市公安局消防科举办“11·9”冬防宣传周活动。其间，副市长阮立强发表广播、电视讲话，发动广大群众，认真做好今冬明春的消防工作。组织平湖师范附属小学80余名学生进行上街宣传，另有市实验小学百余名学生分组深入居民区进行防火宣传，以及在平湖电视台播放防火宣传标语口号及深圳等地火灾案例录像，在平湖广播电台热线直播中开通消防知识有奖问答，并结合平湖公共场所实际情况，专门举办一期舞厅消防知识培训班，取得明显成效。

1995年，市公安局消防大队突出宣传形式多样化，在电视、广播电台开辟“119”特别节目、组织小学生手持标语、肩挎“安全防火、人人有责”红绸带，上街宣传，发动单位因地制宜张贴标语、挂横幅、出厂刊、黑板报、指导帮助企业消防培训，知识竞赛、播放录像等多种宣传形式开展消防宣传教育。

1998年9月1日，《中华人民共和国消防法》（以下简称《消防法》）公布实施，市公安局消防大队配合宣传活动，印发《消防法》9000余份，举办培训班15期，进行广泛宣传。1999年，结合冬季防火工作，在全市各企事业单位开展119天无重特大恶性火灾事故活动。

进入21世纪，消防宣传更加多样化。2001年11月9日，市公安局消防大队在当湖镇关帝庙商城举办消防宣传咨询暨万人签名活动，以进一步提高全民消防意识。

2003年3月，市公安局探索建立以公安派出所为依托的农村消防宣传教育长效机制，开展农村消防宣传和教育，使之融入群众的生产、生活之中。抓住农村个私企业（家庭作坊）、中小学校、外来人口和弱势群体等四个消防宣传重点作为样板，针对不同对象，因势利导，选择新埭镇为试点乡镇，以点带面，全面开展消防宣传教育，不断创新消防宣传教育工作路子。通过宣传教育，增强了农民群众的消防法制观念和消防安全意识，提高了农村防御火灾能力，农村消防宣传教育工作得到公安部的肯定和推广。10月14—15日，全国部分省（市、区）农村消防宣传教育现场观摩会在嘉兴召开，出席会议的公安部消防局、浙江省公安厅消防总队领导及15个省（区、市）消防部门的有关负责人，专程到新埭镇观摩农村消防宣传教育工作。

2004年，按照公安部全面部署开展消防宣传“四进”（进社区、进学校、进企业、进农村）活动，市公安局消防大队充分利用自身的资源优势，联系驻地社区群众、学生、企事业单位职工，参观大队消防站、体验消防，通过发放宣传资料、光盘、举行大型消防宣传咨询活动等多种形式宣传消防，让居民群众了解消防。

2005年，在平湖电视台设立重大火灾隐患曝光台，在平湖广播电台设立每周《平湖119》栏目，平湖报每半月一次《消防119》专刊，定期在新闻媒体进行火灾隐患、火灾事故曝光，让更多的群众了解消防工作，掌握消防知识。

2006年，市公安局消防大队开展“百校消防安全教育”示范活动，召开现场会，通过学生影响家庭带动社会。同时，深入企业开展消防宣传活动和疏散演练，提高企业防御火灾的能力和企业员工的消防安全意识。是年，共为企业授课47次，为机关、团体、企事业单位法人代表和消防安全管理人员举办培训班12期。实行消防安全员持证上岗制度，有1680人领取消防安全培训合格证。

2009年5月1日，《中华人民共和国消防法》（以下简称新《消防法》）正式实施。市公安局积极组织开展新《消防法》的宣传工作，市防火委员会下发《关于印发〈中华人民共和国消防法〉宣传提纲、新旧条文对照表、全民普及试题的通知》，要求各镇街道、各部门认真学习、宣传新《消防法》，并与相关部门联动，印制2.5万份消防管理告知书，通过工商部门在企业年检时代为发放，让企业或个体业主尽早了解新《消防法》修订后的一些具体要求。同时，通过电视、广播、图文、网络、移动短信和户外视频传媒等各类媒体，制作大型消防公益广告牌、发送消防公益话费卡等，加大消防宣传的力度和广度，逐步建立起向社会各层面延伸的消防宣传教育网络。6月起，根据省公安消防总队的统一部署，组织开展百日消防安全大宣传活动，采用数字多媒体教程，结合幻灯片的形式进行社会化消防培训，覆盖辖区所有乡镇共1500余人。开展新《消防法》知识讲座、知识网络大赛，发放宣传资料、张贴宣传挂图、制作消防公益广告牌、灭火逃生演练等。印制《雷击火灾的预防》等宣传资料8000余份，下发至各单位，提高群众对夏季灾害性天气的预防。6月22日晚，全省新《消防法》宣传百场文艺巡演活动走进平湖，进一步普及全民消防法律知识，推动消防工作社会化进程。

2010年，市公安局消防大队结合新《消防法》实施一周年及上海世博会安保工作，积极依托政府行政主管部门、职能部门和社会团体建立消防宣传教育联动机制。充分发挥大队消防科普教育馆和乡镇专职消防队宣传室的阵地宣传教育作用，建立每月3次开放日制度，全年共接待参观群众5000余人次；制作《消防法》《浙江省消防条例》小册子、知识问答，开展送法进企业、进学校、进社区、进家庭、进农村活动；开展“119”消防宣传月活动，组织全市各机关团体、企事业单位、学生志愿者、老年志愿者及腰鼓队200余人参加启动仪式；组织发动7410名消防志愿者参加以消防宣传教育，预防和整改火灾隐患、消防安全救助等系列公益行动。是年，嘉兴学院平湖校区被评为浙江省“十佳消防志愿者队”，市实验小学被评为浙江省“消防安全教育示范学校”。

2011年，市公安局消防大队积极发动学生、社区干部、老年志愿者等队伍，开展“送平安、送幸福”主题志愿服务活动、“扬新风、送关爱”3·5学雷锋大型便民活动、消防安全进社区、平安走入千万家、“平安平湖”宣传月法律咨询等大型主题活动。3月21日，市公安局消防大队互联外网正式开通，以扩大消防宣传的覆盖面和影响力。4月27日，与市总工会、劳动和社会保障局联合组织开展全市职工职业消防安全“四个能力”技能大赛，强化职工消防安全意识。

2012年，市公安局消防大队积极推进消防宣传“六进”（进家庭、进社区、进学校、进农村、进人员密集场所、进社会单位）试点工作，建立分类宣传示范单位共6个。同时，会同市教育局联合开展“我心中的消防”为主题的少年儿童绘画大赛，共收到作品229件，其中幼儿园组80件，小学组82件、中学组67件，最终64名学生的63件作品分别获中学组、小学组和幼儿园组的一、二、三等奖。

2013年，市公安局消防大队充分发挥乡镇消防安全工作站作用，采取固定与移动相结合的方法落实定期开放制度，每月推行“3+3”模式（3次请进来参观体验，3次走出去宣传服务），通过播放消防教育片、讲解宣传图片和消防装备、组织消防技能体验等形式，让人民群众深入消防、了解消防、关心消防。完善消防志愿者服务机制，发动消防志愿者开展“消防知识进社区”活动和“火灾隐患查改”活动。至年底，累计招募消防志愿者达8015人。

2014年，根据《全民消防安全宣传教育提纲》，积极开展示范点建设，以“一村一套应急预案”“万条标语进农村”“农村消防小广播”“消防文化长廊”等四大品牌特色打造示范村，以多形式宣传活动打造示范校园，以“楼道长”发挥助力打造示范社区，开展“十佳村（社）区消防宣传热心人”评选活动，推进社会化消防宣传进程。

2015年，市公安局消防大队利用消防宣传车，坚持每周至少开展2次宣传活动，深入全市各镇（街道）、开发区、居民聚集区进行实地培训演练，提高群众防范自救意识，受教育培训人数达5000余人。与市教育局合作，在市实验小学建造消防教育馆，该项目纳入平湖市“十三五”规划。

## 第五节 防火检查与专项整治

20世纪50—60年代，城镇大部分居民和商店都是砖木结构房屋，一家失火，殃及一片。防火措施主要是发动群众，制订防火公约，消除火灾隐患。各居委会组织成立防火检查小组，开展冬季防火检查，由各家各户轮流担任防火检查员，手持小红旗，在每天傍晚时分，串门入户进行防火检查。

1956年12月，县人民委员会向各乡镇人民委员会印发县公安局下发的火灾情况通报，将防火工作纳入各级党委、政府的重要议事日程，提高各级领导对防火工作的重视程度。成立县防火委员会，由县人委秘书任主任，县公安局、县保险公司领导任副主任，其他有关单位为委员，委员会的职责主要是加强机关防火领导与检查工作。在各个机关、企业建立防火小组。12月26—30日，城关镇开展防火大检查，工厂、公私合营企业等单位由镇消防委员会、派出所共同组成检查组进行检查，共检查30个单位。居民区则由各居委会的宣教委员、防火小组人员共36人组成9个小组，共检查3187户。将张贴防火公约、遵守防火公约、防火工作认识、易燃及危险物品放置等内容作为居民住户评定分类条件。通过检查，评定为甲类864户、乙类1427户、丙类747户、丁类149户。“文化大革命”前期，防火检查工作受到冲击，曾一度中断。

1973年起，防火安全检查工作开始恢复。12月18日，县革命委员会根据县公安局的报告，下发《关于开展冬季防火安全大检查的通知》，成立县冬季防火领导小组，下设冬季防火办公室，由公安局局长任主任，公安消防队队长任副主任，在各级党委和革命委员会的领导下，布置、检查、督促和组织有关部门开展防火宣传检查，督促重大火灾隐患的整改，总结推广防火先进经验。是年，乍浦派出所在全镇4个居委会和山湾渔业队与乍浦小学联合建立43个由115名小学生参加的红小兵冬防检查组，坚持每天晚饭前后对全镇居民住户和居住在镇上的先锋队农户进行冬防检查，每个检查小组各备有一本“防火记录簿”，及时向居委会汇报，每10天向居民公布一次，督促居民重视和整改，很受群众欢迎。

1979年6—7月，县公安局根据《消防监督条例》和省革会〔1979〕37号文件精神及有关防火要求，先后对城关等12个社镇组织两次防火安全检查，发现问题，及时整改。并将检查情况向县革会报告，要求各单位在党组织的领导下，组织群众讨论，针对厂、车间、班组的情况，制订合理必要的防火安全制度，指定一名领导为防火责任人，实行防火责任制。8月14日，县公安局对县百货公司大百货仓库下发第1号《重大火灾隐患整改通知书》，限期在8月底前写出整改措施，在未做整改以前，必须采取临时防护措施，保证不出问题。

1980年1月，县公安局组织全县消防安全大检查，发现平湖木器厂电器设备老化、易燃木料堆放无序、无固定吸烟室及有11只非生产性烤火取暖炉等火险隐患，提出整改意见，限期落实整改。同时对平湖剧院电器设备年久失修、舞台灭火器具不足、出入的安全门门槛高于观众厅地面，不利疏散观众等安全隐患提出整改意见，限期落实整改。在这次消防安全大检查中，共立档登记火险隐患88条，当场督促整改35条，下发重大火险隐患整改通知书3份，防火检查报告10份。是年，新埭派出所在居民系统组织59名老年居民，以居民小组为单位，分15个小组，从冬至夜开始至春节，每晚挨家挨户进行防火检查，形成制度，收到较好效果，连续3年未发生火灾事故。

1981年，在元旦、春节和5月“安全活动月”期间，县公安局会同商业、二轻、工业、供销、粮食等联合开展防火大检查和重点抽查，参加检查人员23人次，抽检75个单位，查出火险列入存档登记127条，督促整改53条，下发火险通知书1份，下发防火报告10份，以县革委会和县公安局名义下发有关消防文件4份。

1984年，县公安局先后对县果菜日杂公司南门陶瓷器仓库、港中酒厂、平湖荧光电器厂、县燃料公司平湖石油仓库、胜利乡曹兑一、曹兑三服装厂等6家单位存在重大火险隐患，下发重大火险隐患整改通知书，提出整改意见，要求单位限期做出整改，在未整改以前，应采取可靠措施，加以防范，确保安全。

1985年5月，贯彻落实《浙江省乡镇企业消防管理办法》，建立乡镇、厂（公司）防火负责人，企业专（兼）职消防员。县公安局会同乡镇企业局、保险公司等部门，不定期抽调各乡镇防火负责人，派出所民警组成检查组，开展全县乡镇企业消防安全大检查。是年，共组织开展各种安全检查活动67次，参加人数达510人次，共检查工交、财贸、乡镇企业等系统的796个单位，下发《重大火险整改通知书》10份，均及时得到整改。会同县文化广播电视局开展对县博物馆、莫氏庄园陈列馆和有关文保单位的安全防火检查，确保文物、博物馆和重要古建筑的安全。

1988年，县公安局消防科先后组织和配合县安全生产委员会、县计经委开展14次较大规模的全县安全大检查，共检查单位873家，查出火险隐患231条，下发火险通知单50次，下发重大火险隐患整改通知书4次，全县通报11次。是年，对严重违反消防管理规定，火险隐患整改不及时而发生火灾的18个单位和个人依照消防法规予以罚款、停产整顿、扣留违章物资等，在全县通报。

1989年4—5月，县公安局消防科组织县保险公司、房管等有关部门和专职消防队员以城关、乍浦、新埭等城镇为重点，开展对居民密集区的防火检查、整改专项治理。6—8月，对全县545个使用、生产、经营和储存化学危险物品单位的“安全许可证”开展年检年审。组织开展以建制镇消防总体规划、液化气安全管理、国庆保卫等6次全县规模的安全大检查活动，整改一批事故隐患，确保安全，对6起责任火灾事故按照有关法律和消防法规做出严肃处理。是年，共处罚11人，其中行政拘留3人，免予起诉2人，罚款总数1.94万元。

1990年4月，县公安局消防科会同县乡镇企业局、供销联合社等部门，组织开展全县55家服装生产、加工企业消防安全专项治理。通过检查，查出隐患200余条，当即整改150条，下发整改通知书11份。11—12月，开展冬季防火大检查，对全县22个乡镇和各部门的73个重点企业单位开展重点查活动，消除一批火险隐患，切实解决平湖油库消防通道局部拓宽和接通、城关新建居民住宅新村消防供水设施及乍浦森林防火等三大难题。

1993年3—6月，市公安局消防科开展对化学危险物品“五类”单位专项治理，下发消防宣传资料5000份，验证526个单位，新换发证80个单位，查出隐患351条，扣证15个单位。全年通过消防检查，查出火险隐患870条，下发重大火险隐患整改通知书45份。

1994年，开展对列为嘉兴市十大火险隐患的平湖实业石油公司、鸿运宾馆、石油公司乍浦油库等单位，本着“先易后难、先重后轻”的原则，督促整改。全年通过消防检查，查出火险隐患665条，下发重大火险隐患整改通知书35份，消除一批火险隐患。

1995年1月、4月、5—6月和7—9月，市公安局消防大队先后开展公共娱乐场所、民用液化气经营市场、化学危险品“五类单位”“五大行业”的消防专项整治。发现火险隐患720多条，下发《重大火险隐患通知书》22份，由市人民政府召开大会宣布对29家歌舞厅停业整顿和限期整改，6家歌舞厅分别按规定处罚，14家危化单位实施罚款处理。全年共下发《重大火险隐患通知书》60份，列出十大火险隐患单位9个，由市安全生产委员会下发通知，落实整改。

1996年，开展全市十大火险隐患督促整改、法人代表消防登记等为重点的消防安全专项整治工作。是年，有90%以上的火险隐患得到整改，登记法人代表1500个，处理违反消防管理规定单位和个人27个，罚款3.6万元，较好地增强了法人代表的消防意识和责任感。

1999年，市人民政府出台《平湖市贯彻消防改革与发展纲要实施细则》，建立市、乡镇两级消防安全目标责任制。年初，市政府与各乡镇、主管局签订消防安全责任书，各乡镇、主管局分别与所属企事业单位签订消防安全责任书，将消防安全责任落实到每一个单位。3—7月，先后组织对电气消防安全检测、车行场所、易燃易爆化学物品、服装箱包行业及在建项目装修工程等5次专项整治，发出《责令当场整改通知书》11份，《责令限期改正通知书》25份。9月，开展迎国庆消防安全大检查，由市防火会牵头抽调人员组成2个检查组，重点检查42家企事业单位，发现火险隐患170条，其中157条当场整改，发出《重大火险隐患限期改正通知书》4份，消除一批火险隐患。

2001年，市公安局结合城乡社区警务建设，推行“警消合一”社区消防工作新模式，首个社区消防工作站在当湖镇松枫社区建立，社区民警带领社区干部，开展消防检查，在居民楼梯间及个体小商店摆放小型1211干粉灭火机，建立社区消防工作台账。“警消合一”的做法在嘉兴各县（市）区得到推广，同时得到省公安厅领导的充分肯定。2002年8月29日，在全省社区消防工作暨公安派出所消防监督检查工作会议上，作为经验向全省推广。

2003年，市公安局消防大队以防止群死群伤及损失重大恶性火灾为中心，在市防火会的牵头下，先后开展以公众聚集场所、易燃易爆化学物品及民营企业“三合一”厂房等单位为重点消防安全专项检查和治理工作，消除一批火灾隐患。全年共检查单位、场所4462个，发现并及时督促整改火灾隐患和安全隐患1856条。

2004年，市公安局消防大队贯彻落实“2·13”公安部坚决遏制重特大火灾事故紧急电话会议精神，联合工商、文化、安监等有关部门，以企事业单位、娱乐场所为重点，开展地毯式、拉网式的消防安全大检查，发出责令限期整改通知书46份，重大火灾隐患整改通知书4份，对16家违法单位及个人进行行政处罚，罚款4.4万元，责令“三停”企业14家。3家重大火灾隐患被列为平湖市挂牌整改单位，1家重大火灾隐患被列为嘉兴市挂牌整改单位。9月，省公安厅根据公安部《消防监督检查规定》，印发《浙江省公安派出所消防监督检查实施办法》，消防监督管理职能由消防大队和公安派出所分级承担，共同负责。

2005年，先后开展火灾隐患排查整治，商场、市场消防安全专项整治，消防产品专项治理，暑期学校安全治理及火灾隐患“再督查、再排查、再整改”等活动，消除一批安全隐患。是年，报请市人民政府公布2家县（市）重大火灾隐患单位，2家嘉兴市重大火灾隐患单位，实行挂牌整改，治理工作取得阶段性成果，得到省、嘉兴市检查组的高度评价。

2006年，市公安局消防大队开展消防安全大会战，“多合一”建筑消防安全整治、“三合一”企业火灾隐患普查整治、“除隐患，保平安，30天大会战”及“打开生命通道，紧握平安之手”为主题的服装、箱包等人员密集场所消防通道专项治理等行动。共发现隐患2422条，责令当场整改2022条，发出限期整改通知书237份、重大火灾隐患限期改正通知书20份，整改“三合一”企业20家、重大火灾隐患单位5家。10月，消防大队成立消防流动执法巡逻队，实行错时动态稽查，加强对火灾隐患的动态管理。各派出所设立分管领导、专职民警、消防警务室、强化消防监督工作。全年火灾事故比2005年下降15%，火灾损失下降27%。

2008年，市公安局消防大队紧紧围绕“奥运”安保工作，先后组织开展建筑固定消防设施整治、老街旧居电气消防整治、“三合一”场所综合整治、中小旅馆消防安全整治等专项整治活动，依法查处一批消防违法违规行为，消除一批火灾隐患。确定3家挂牌督办重大火灾隐患单位（嘉兴市1家，平湖市2家），市人民政府与主管部门、主管部门与重大火灾隐患单位分别签订整改责任书，确保各项整改措施落实到位。至7月30日，3家隐患单位提前整改完毕，并经嘉兴市公安局消防支队复查合格、销案。

2009年，市公安局抓住贯彻实施新《消防法》的有利时机，部署开展火灾隐患排查整治“利剑行动”、中小学校舍安全工程排查、建筑工地消防安全管理集中整治、“迎国庆、保安全、促和谐”消防安全保卫攻坚系列行动、“三合一”场所综合治理、公众聚集场所整治“回头看”、出租房屋消防安全综合整治等一系列集中整治与专项行动。截至11月15日，全市共组成检查组120个，出动485人次，下发责令限期整改通知书109份、重大火灾隐患通知书4份、复查意见书108份，办理行政处罚案件59起、罚款36.55万元，对29家单位作出停产停业或停止使用的处罚，由市人民政府挂牌督办的4家重大火灾隐患整改率达100%。是年，省公安厅进一步明确派出所消防监督检查职责，规范公安派出所消防监督检查行为。黄姑派出所以增强企业消防安全主体意识为着力点，探索实施企业消防安全检查分类管理。在日常消防监督的基础上，从企业消防基础设施、消防安全管理、消防组织建设三方面设置3个A达标要求，将全镇600余家企业分成ABCDE五类，规定达到A类企业标准的检查时间为每半年一次，B类企业为3个月一次，C类企业为每月一次，D类企业为每周一次，E类企业每周不少于2次。经检查验收，浙江正邦时装有限公司等6家企业命名为消防安全管理“AAA”企业。

2010年，市公安局消防大队以上海世博会消防安保工作为中心，先后开展平安2010火灾隐患排查整治行动、建筑消防设施专项治理，中小学、幼儿园消防安全专项检查，出租房屋消防专项整治、公众聚集场所八条严管措施治理等五项消防安全专项行动。督促整改火灾隐患160余条，填发各类消防法律文书392份，责令“三停”单位3家，依法处罚单位41家，拆除场所易燃可燃装修材料2300余平方米，完成公众聚集场所火灾公众责任险投保10家，挂牌督改2家重大火灾隐患单位，确保上海世博会“五大活动”期间消防安全和涉世单位零火灾。

2012年，市公安局消防大队以中共第十八次全国代表大会安保工作为中心，组织开展消防安全保卫战。创新推行消防检查，隐患整改网格化管理，以镇（街道）、社区、小组为单位建立大网格 8 个、中网格 143 个、小网格 1584 个，落实工作人员 3126 人。对于存在火险隐患的单位和家庭由网格管理员如实填写排查单，依据网格处理程序予以分级处理；对于一时难以立即整改的，由镇（街道）消防工作站确定后，定时填写督改单、复查单；对仍不整改的，填写抄告单移交辖区派出所或公安消防大队解决，并建立网格台账。是年，先后开展重大火灾隐患、建筑消防设施、"三老"（老街、老区、老住宅）场所、社会福利场所、公共娱乐场所、商市场等一系列专项整治行动。督促整改隐患 3018 条，责令"三停"企业 69 家，临时查封 46 家，拘留 42 人，政府挂牌并整改销案重大火险隐患 8 家。

2013 年，市人民政府进一步加强对消防工作领导，将消防工作纳入政府绩效考核、平安考核、综治考核等考评体系和政务督查，建立行政责任问责、事故责任追究机制，成立重大火灾隐患整改领导小组，市消防安全委员会出台《消防安全责任约谈制度》。先后对相关政府和部门通报追责 4 次。9 月 29 日，嘉兴市消防"网格化"建设现场会在平湖召开。10 月，平湖率先启用浙江省消防网格化管理信息平台，实现消防工作网上一体化办公。

2015 年，市公安局消防大队先后开展劳动密集型企业隐患整治、重点隐患整治年、夏季消防安全整治等专项行动及火灾等安全事故防控综合治理体系建设。1—11 月，共检查社会单位 1568 家，督促整改隐患 2180 条，下发整改通知书 861 份，临时查封 12 处，责令"三停"企业 23 家，罚款 70.45 万元。

## 第六节　消防重点单位管理

20 世纪 50—60 年代，关系到国计民生的企业、仓库和易燃易爆危险物品单位列入消防重点单位。对生产、使用、贮藏易燃易爆危险物品的作坊、仓库等实行登记，重要的企业、仓库、基建工地等列为消防管理重点，协同有关部门建立健全各种防火规则和制度，并督促认真执行。

1960 年，贯彻公安部《关于以保粮保钢为中心切实做好重点部位防火安全工作的紧急通知》和省商业厅、省公安厅、省农业厅《关于加强棉花、络麻防火工作的联合通知》精神，进一步加强对重要企业、炼钢高炉、粮棉仓库等重点部位的消防管理工作。1963 年，公安部制订《关于城市消防管理工作的规定》，提出确定重点消防单位的原则和范围。是年，平湖油厂等 3 家骨干企业被确定为消防保卫重点企业。"文化大革命"期间，消防重点单位管理工作被取消。

1977 年，县公安局恢复消防重点单位管理。是年，列入重点管理的有 18 个重点厂、企业、物资、粮食、棉花仓库、首脑机关、公共场所等。1979 年，浙江省革命委员会下发 37 号文件，规范消防安全重点单位列管工作，规定消防重点单位是指：火险危险性大、发生火灾后损失大、伤亡大、政治影响大的单位和部门。县公安局推行消防重点单位挂牌制度，对被确定的重点单位，在其大门口挂有消防重点单位铭牌。在重点单位内部，进行经常性的防火安全检查，发现火险隐患提出整改意见，并敦促列管单位建立由领导负责的防火责任制，添置各种消防器具和设备，严格各项安全防火制度，加强单位内部义务消防队的领导，开展经常性的消防训练等。

1980 年，根据省革命委员会文件，经县革命委员会批准全县列管消防重点单位 21 家，分别为工业系统 5 家、二轻系统 3 家、商业系统 6 家、粮食系统 2 家、供销系统 2 家、文化系统 2 家及邮电局。并按照"一清（火险隐患清）一档（防火档案）五有（防火安全负责人、消防管理制度、宣传检查制度、重点部位消防措施、义务消防组织和灭火器材）"的基本要求予以落实，对单位的用火用电、原料产品、火险隐患等情况进行登记存档，落实防火责任制，加强安全用火用电管理。是年，全县消防重点单位均未发生过火警。

1982 年 5 月 17 日，贯彻国务院〔1981〕160 号文件和全国消防重点保卫工作会议精神，县人民政府转发县公安局《关于加强消防重点保卫工作的报告》，根据公安部提出的重点单位消防安全"十项标准"，要求各消防重点单位建立领导负责的逐级防火责任制，严格各项防火安全制度，重视和加强义务消防队的组织建设，最大限度地消除各种安全隐患，防止火灾发生。10 月

20日，县公安局会同县计经委、县财贸办对全县33个消防重点单位组织验收评比，评出“消防安全先进单位”16个。

1983年9月10—12日，县公安局会同计经委、县财贸办对1982年未落实“十项标准”的17个消防重点单位进行检查验收，评出“消防安全先进单位”13个。

1984年，县公安局针对企业整顿，领导班子更动，进一步落实“十项标准”，对厂级防火负责人和车间班组二级防火负责人进行重新确定上报消防科备案。通过1982—1984年连续3年的检查验收，33家消防重点单位有31家达到或符合“十项标准”要求，约占列管数的94%。

1985年，为适应经济建设发展的需要，公安消防部门对消防重点保卫单位及时进行调整，实施分级管理。4月6日，县人民政府下发《关于批转县公安局关于进一步加强消防重点保卫工作的报告的通知》，全县共有消防重点单位57家，其中一级重点单位29家、二级重点单位28家。并对分级管理的要求进一步细化，一级重点单位要在全面落实“十项标准”的基础上，进一步加强火源、电源、易燃易爆物品的管理，落实重点部位消防措施和消防设备，确保安全；二级重点单位着重做好“一清、一档、五有”工作。5月3日，召开全县消防重点保卫单位和民用液化气使用单位负责人会议，全面推动消防重点保卫单位工作。是年，全县57个消防重点单位均落实防火负责人，建立健全各项安全保卫制度，配备一定数量的灭火器材，整改一批火险隐患，保障重点单位的安全。

1987年，县公安局根据上级部署，组织实施消防安全重点单位目标管理，选择一级重点单位平湖造漆厂、莫氏庄园馆进行试点，取得经验后全面推广。

1988年3月，对全县消防重点单位进行调整，重新按照“四大、六个方面”的标准，确定一级、二级消防重点单位各20家。11月15日，召开消防重点单位目标管理经验交流会，在全面总结的基础上，进一步深化重点单位目标管理。

1989年，消防重点管理工作进一步加强，在重点单位全面开展《浙江省企事业单位消防安全管理九项标准》的落实工作。平湖第一针织厂、平湖溶剂化工厂针对企业实际，制订并完善各项安全管理制度，充实从厂部领导到车间班组的三级班子，明确要害，安全防范及自救措施落实。11月下旬，结合冬防工作，县公安局会同计经委、劳动局、保险公司及有关主管部门，对全县20个一级消防重点单位进行检查验收，第一针织厂等15个单位合格，合格率占总数的75%，40个重点单位中全年杜绝火灾，火警苗头也有明显减少。

1990年3月，为适应全县经济发展变化，县公安局会同县计经委、县财贸办等部门对原有的一、二级重点单位进行调整，新确定一级重点单位21个，二级重点单位20个，并针对各单位的实际，重新印制建立新式活页防火档案。11月26日至12月1日，开展重点单位落实“九项标准”达标检查验收，一级重点单位平均得分91.2%，二级重点单位平均得分84.1%，总评得分87.64%，合格率达100%。是年，创新推行三级重点保卫单位制度，会同县乡镇企业局联合发文，在全县330家乡镇企业中确定70个百万元产值以上的乡镇企业为三级重点管理单位，依靠专职消防员在这些单位中完善正规的防火档案和一系列消防安全管理制度。至年底，三级重点单位中没有发生火灾事故。

1993年，市公安局消防科开展对全市消防重点单位普查工作，以深圳等地惨痛教训为例，完善防火档案、检查制度落实，指出存在问题。通过普查，当场提出问题45条，当即整改30条，取得较好成效，全市重点单位仅发生火灾一起，无重特大火灾事故。

1996年，取消重点单位分级管理办法。根据“四大、六个方面”的标准，重新确定消防重点单位25家，按照重点管理要求，在认真检查，督促隐患整改，制订完善各项消防措施的同时，建立防火档案，加强管理。

1999年，根据《消防监督检查规定》，强化消防重点单位的检查，对32家重点单位的检查达到3次以上，20个视线单位开展定期与不定期的监督检查。

2000年起，在消防重点单位推行平湖、嘉兴两级消防部门分别列管制度。是年，列为嘉兴市消防重点单位的有平湖大厦、圣雷克酒店、平湖电信局、平湖石油公司、平湖燃气公司、景兴纸业集团公司、乍浦港务局、嘉兴发电厂等8家，列为平湖市消防重点单位40家。

进入21世纪，随着个私、民营企业的蓬勃发展，平湖服装、箱包等劳动密集型企业及大型商场、公共娱乐场所等公众聚集场所增多，消防重点单位的确定每年进行调整，并由市政府发文公布。

2001年，为适应新形势的需要，在全市确定60家视线单位，对其中40家单位列为消防大队抽样性监管检查单位，20家单位授权所属地派出所实施日常消防监督管理。

2002年5月，公安部发布《机关、团体、企业、事业单位消防安全管理规定》，省公安厅下发《浙江省消防安全重点单位界定标准》，消防重点单位范围扩大。是年，采取单位自行申报、派出所上报、消防大队核实等方法，全市消防重点单位增至570家，分别是当湖街道156家、新埭镇80家、乍浦镇66家、全塘镇57家、黄姑镇44家、广陈镇43家、新仓镇32家、林埭镇32家、钟埭街道30家、曹桥街道30家。以后，随着企业规模的变化、重点单位也随之进行调整，2004年重点单位为440家。

2005年3月，按照浙江省公安厅消防总队消防监督量化标准的要求，市公安局消防大队实施半年一次的重点单位抽查制度，全年通过检查共发出限期整改通知书69份，处罚单位11家，其中责令停产停业6家，罚款3.8万元。是年，重点单位增至563家。

2006年，随着企业的调整，全市消防重点单位下降至277家。是年，加强以公共娱乐场所、人员密集型企业等为重点的抽查，全年共抽查重点单位263家，非重点单位309家。同时，根据《嘉兴市消防支队错时监督检查规定》，改变八小时工作模式，实行每周三、周六晚上开展两次错时消防监督检查，此方法有效遏制火灾高发势头。

2008年7月，市公安局消防大队在全市范围内开展以商场、市场、宾馆饭店、学校医院、公共娱乐场所、劳动密集型企业、多业主（多产权）建筑为主要对象，以实施标准化管理、规范社会单位内部消防安全管理为目标的“六大类”社会单位消防安全标准化建设活动。制订单位消防安全建设标准，分行业组织开展标准化建设宣传培训，并选择10家单位作为标准化建设试点单位。

2010年6月2日，市人民政府在全市部署开展构筑社会消防安全“防火墙”工程，召开全市社会单位消防安全“四个能力”建设现场会和推进会，在宾馆饭店、娱乐场所等五类人员密集重点场所中开展试点，选取5大类225家单位开展此项工作。

2011年，分行业出台“四个能力”建设标准，成立“四个能力”建设服务队，并将“四个能力”建设纳入政府年度责任制考核。年底，通过验收，有177家人员密集场所重点单位完成“四个能力”建设，完成率为99.4%。

2012年，贯彻省公安厅《浙江省公安派出所消防监督检查实施办法（试行）》，明确派出所消防安全列管单位，在全市公安机关推行“全警消防”新举措。根据嘉兴市公安局《嘉兴市公安派出所消防安全列管单位界定标准》，开展派出所消防安全列管单位的确定工作，并量化检查标准，要求各派出所对消防安全列管单位每年至少进行一次日常消防监督检查，每月监督检查应不少于5家，督促消防安全列管单位树立消防安全责任主体意识，确保单位消防安全。此后每年开展一次两级消防安全重点单位的调查登记工作，以上年基数为依据，确定当年度名单，全市消防安全重点单位名单由市消防安全委员会审查公布，派出所消防安全列管单位由市消防大队核准派出所公布。6月，根据嘉兴市公安局消防支队的统一部署，开展消防安全重点单位“户籍化”管理。至年底，建成重点单位“户籍化”信息管理系统，推行网上备案，实施动态分类管理，夯实重点单位消防工作基础。至2015年底，全市有消防安全重点单位168家，派出所消防安全列管单位404家。

表 18-2　　1980—2015 年部分年份平湖消防安全重点单位列管一览表

| 年份 | 列管单位数（个） | 年份 | 列管单位数（个） |
|---|---|---|---|
| 1980 | 21 | 2003 | 570 |
| 1981 | 21 | 2004 | 440 |
| 1982 | 33 | 2005 | 563 |
| 1985 | 57 | 2006 | 277 |
| 1988 | 40 | 2007 | 240 |
| 1989 | 40 | 2008 | 270 |
| 1990 | 41 | 2009 | 295 |
| 1993 | 40 | 2010 | 225 |
| 1996 | 25 | 2011 | 175 |
| 1999 | 32 | 2012 | 175 |
| 2000 | 48 | 2013 | 186 |
| 2001 | 108 | 2014 | 188 |
| 2002 | 570 | 2015 | 168 |

注：以上数据部分年份摘自公安局档案资料，部分年份来源于消防大队电脑系统。

## 第七节　建筑防火审核

建筑防火审核是消防监督的一项基础工作。1974 年，国家建委、公安部颁布实施《建筑设计防火规范》，县公安局加强对建筑防火设计的审核工作。

进入 20 世纪 80 年代，国家实行改革开放政策后，经济快速发展，新建、改造、扩建项目不断增多。公安机关进一步加强建筑消防监督管理工作，从选址、设计、施工到竣工验收，组织人员进行审核和督促检查，确保新建、改造、扩建工程项目符合防火规定的要求，做到防患于未然。

1984 年 10 月 26 日，县公安局、城乡建设环境保护局、计划经济委员会联合转发省公安厅、城乡建设厅、计划经济委员会《关于认真执行消防条例，切实加强城镇建设消防安全措施的通知》，规定新建、改建、扩建较大项目的单位应在向城建部门领取施工执照的同时向公安消防部门提出申请，经公安消防部门发给审查同意通知后方可施工；建设项目在施工途中，不得改变原设计图，如必须改变时，应征得公安消防部门同意，方准改变。是年，县公安局消防科开展建筑图纸的消防审核工作。1985 年 9 月，消防科会同计经委、城建、银行等部门对较大的新建、扩建、改建工程项目和乡镇企业、易燃易爆新建小企业进行建筑设计防火审核。是年，共审核 26 个工程项目。1987 年 8 月 25 日，贯彻国家计委颁发的《建筑设计防火规范》，进一步加强建筑设计防火审核。随着高层建筑和新型建材的大量涌现，建筑防火审核的工作量日趋繁重。消防科严格执行《建筑设计防火规范》《高层民用建筑设计防火规范》《农村设计防火规范》及其他有关专业防火技术规范的规定。1988—1989 年，共审核 77 个新、改、扩建工程项目，对 32 个工程项目进行竣工验收。

20 世纪 90 年代，国家消防技术规范和程序逐步完善，凡与消防有关的一切新建、扩建、改建建筑工程项目，都必须报请公安消防部门进行防火设计审核后方可施工，工程竣工后，必须经原审批的公安消防部门验收合格后，方可投入使用。

1990 年，消防科进一步严格建筑设计防火审核和项目竣工验收审批手续，在确定专人审批的前提下，分工负责，严格把关。是年，单位申报新、改、扩建项目34个，经审核批准33个，参加竣工验收项目7个。同时，对全县各建制镇的改建规划和施工，及时开展审核和监督，保证消防设施在城镇街道建设中的逐步配套。1993年，消防科积极与当地城建部门联系，全面开展工程项目建审、补审工作和装饰工程防火审核工作，严格依据监督程序和有关建筑防火规范，从严审核，堵塞漏洞。是年，共审核工程项目151个，竣工验收39个。1994年5月，市公安局消防科撤销，消防中队改为消防大队，建筑防火审核由消防大队负责，大队设立防火审核窗口，受理审核业务。1996年，根据国家有关建筑设计、装潢设计防火规范规定，将全市较大的建筑工程和装潢工程项目全部纳入审核渠道，保障这些工程基本符合消防规范要求。全年共审核工程项目49个，竣工验收22个。1999年，进一步规范审核窗口建设，制订公开办事和承诺自律制度，工作效率和服务质量进一步提升，全年共受理166件消防审办事项，其中工程审批项目75个，竣工验收项目25个，查处消防违章8起。2000年，贯彻公安部《建筑工程消防监督审核管理规定》，成立建筑工程消防监督审核小组和验收小组，规范建筑工程消防审核分离制度。

进入21世纪，随着劳动密集型企业、公众聚集场所、人员密集场所、公共娱乐场所等大型的人员密集场所和其他特殊建设工程不断增多，建筑消防监督管理工作进一步突出。

2005年，在审核验收过程中加强与建设单位的沟通联系，采取提前加入，提高审核、验收效率。1—10月，共审核建筑工程313个，验收建筑工程355个，开业前消防安全检查单位36家。2007年，执行消防监督审核人员持证上岗制度，完善窗口受理制度，规定消防行政许可必须在限定期限内完成，不得擅自中止许可或变相中止许可。2009年5月1日，新修订的《中华人民共和国消防法》正式施行。6月22日，市公安局印发《关于调整建设工程消防监督管理程序的通知》，将现行的建设工程消防设计审核和消防验收制度，调整为消防设计审核、消防验收和备案、抽查相结合的建设工程消防监督管理制度，取消建设工程办理规划许可证前消防设计审核的前置规定，对属于消防设计审核、验收、备案、抽查的范围及嘉兴与平湖两级消防部门的内部分工等均作具体规定，以进一步加强建设工程消防监督管理。2010年，开展创建消防监督执法示范单位活动，不断拓宽服务范围，实现“便民、利民、为民、亲民”的消防服务。对重大项目采取主动上门为企业服务，帮助企业解决消防方面的难题，给予技术指导、跟踪服务，改善消防服务“软环境”。是年，受理消防设计备案200个，办理建设工程验收项目10个，竣工消防备案191个，办理开业前检查36起。2013年11月19日，嘉兴市公安局转发公安部公消〔2013〕94号通知，在全市建立建设工程消防质量终身负责制。2014年8月1日，市公安局消防大队防火审核窗口迁至市行政服务中心三楼办公。2014—2015年，市公安局消防大队结合“创人民满意消防队伍”活动，简化审批手续，全面提速消防行政审批时限，出台对“微小项目”消防审批相应配套简化服务举措。推出假日无休、中午不休、项目预约、资料容缺受理等便民利民措施，建立执法回访制度，聘请执法廉政监督员，自觉接受社会监督。建立重大项目消防服务联系制度，对重点工程和重要项目提前加入，进行现场检查、指导，有效防止工程建设中存在的先天性火灾隐患，确保重点项目建设消防安全。

**附：火灾案例选（1767—2015年）**

清乾隆三十二年（1767）冬，乍浦南城门口失火，延及南门吊桥、跨河连建居民住屋，直烧至海塘口。

清道光二年（1822）乍浦南河滩木场酬神，遗火致灾，县城、新埭、朱泾、嘉兴、嘉善、海盐等地水龙一二百具，赶赴救火，未能扑灭，延烧三日，木尽始灭。

清道光三十年（1850）二月初九夜，乍浦四牌楼大火，延烧民宅200余家。

清同治十二年（1873）正月初十夜，乍浦四牌楼马老和纸店失火，延烧民宅17家。

清光绪十八年（1892）七月十二日，南河滩木场四班厂，因酬神燃放爆竹，引起大火，幸竭力扑救，烧毁木材二堆。

民国2年（1913），乍浦南门外振泰纸店失火，延烧商户30余家。

民国9年（1920）1月8日，县城东门横街同泰顺南货店失火，烧毁邻近店面54间，拆毁房屋60余间，损失30万元。

民国13年（1924）12月10日，县城西门外大街同兴当铺失火，烧毁包裹房、首饰房10余间。

民国14年（1925）4月10日，县城猪行桥戚恒兴咸鱼行失火，烧毁房屋12间。

民国15年（1926）7月21日，县城东大街杨广济堂药店失火，烧毁房屋50余间。

民国18年（1929），县城昶火烟店失火，烧死2人、烧毁房屋70余间。

同年6月，乍浦北河滩徐姓大宅失火，延烧至杨家，死1人、烧毁房屋50余间。

民国23年（1934）3月4日，乍浦南门外岑记咸鱼店失火，延及火神弄口至埠头弄一带，烧毁房屋17间，烧死1人。

民国35年（1946）2月22日晚，乍浦南外大街盛大烟纸店失火，因全镇消防设施损坏，消防人员以万昌酱园的酱油灭火，祸及饭店、照相馆、缝纫店。

民国37年（1948）1月17日凌晨1时，县城新东门口天源昌糖果店失火，烧毁商店10家，计房屋14间。

1949年5月29日，城关西门孟家桥汤团店失火，烧死1人，烧毁草棚16间。

1959年6月13日，胜利供销社畜牧场火灾，烧毁草房29间，烧死大、小猪91只，经济损失7540元。

同年12月9日，城关水洞埭戴家失火，烧死1人。

1960年1月29日，前港公社前进一队耕牛场火灾，烧毁房屋3间，烧死耕牛16头，经济损失8871元。

同年7月2日，平湖针织厂化工皂素车间，因职工操作不慎，使石油醚流入沸水锅，引发火灾，致5人重伤、6人轻伤，经济损失9000余元。

同年10月22日下午，城关镇施弄11号钱家失火，烧伤1人，烧毁民房7幢及家具、衣服等。受灾14户，经济损失6500元。

1962年12月17日，乍浦棉花厂动力车间失火，烧毁柴油420千克、电瓶8只、发电机1台，经济损失7901元。

1971年2月5日，白马公社红建牧场被胡某某纵火烧毁草棚18间、黄豆350千克，烧死肉猪28头，经济损失5140元。

1972年7月14日，乍浦拆船工地万吨轮失火，烧毁驾驶室1间及设备等，经济损失5万元。

1973年10月22日，新庙公社建新大队9队陶家失火，烧死1人。

1975年1月29日夜，平湖袜厂化纤前纺车间失火，致使救火的1名消防队员受伤，经济损失3万元。

同年3月21日，曹桥公社东方红大队牧场失火，烧毁房屋10间、烧死耕牛1头，烧死、烧伤母猪28头，经济损失5000元。

1980年8月2日，乍浦中学失火，烧毁楼房3间及家具，经济损失1.5万元。

1981年10月5日，城关五金厂气化炉爆炸引起火灾，死3人、伤5人，财产损失3000元。

1982年10月25日，乍浦西河滩下埭2号失火，烧毁楼房5楼5底等，经济损失1.89万元。

同年12月25日，新仓二轻水泥厂失火，烧毁房屋2间及机械设备，经济损失1.3万元。

1983年5月25日，林埭公社共和大队11队儿童玩火，烧死3人，烧毁麦秆草1250千克，经济损失5750元。

1984年9月24日，全塘星华粮食加工厂失火，烧毁厂房299平方米及机器设备，经济损失5.5万元。

同年10月28日，黄姑新桥服装厂失火，烧毁厂房7间计299平方米和机器设备，经济损失9.03万元。

1985年11月14日，瓦山乡西门村服装厂失火，致2人受伤，烧毁缝纫机34台等设备，经济损失2.6万元。

1986年1月6日，乍浦林场失火，烧毁林木3900支，经济损失1.17万元。

同年1月18日，新埭后新街43号失火，烧毁房屋450平方米及供销社的商品，经济损失5.01万元。

同年2月7日，城关玻璃纤维厂失火，烧毁机器设备及胶木板等，经济损失3.41万元。

同年2月27日，乍浦家具厂失火，烧毁房屋750平方米、成品家具304件、木料29立方米，经济损失9.56万元。

1988年1月9日，共建乡新村丁某某家用火不慎，煤气熏死3人。

同年4月5日，乍浦汽车站失火，烧毁客车1辆、2辆汽车部件及车厢，经济损失1万元。

同年8月4日，城关新华塑料厂失火，烧毁厂房及机器设备，经济损失1.77万元。

同年12月16日，城关北台弄27号失火，烧毁房屋230平方米，经济损失1.81万元。

1989年1月8日上午，胜利乡大南门村4组徐某某（女,84岁）在床上睡觉时不慎倒翻脚炉，引起被褥着火而被烧死。

同年2月1日，胜利乡大兴村6组冯某某（女，78岁）在床上睡觉时不慎倒翻脚炉，引起被褥着火而被烧死。

同年3月9日，前港乡曹港村11组顾某某（86岁），在家生煤炉时引燃旁边稻草而丧生。

1991年3月12日下午3时，乍浦拆船公司在拆卸“切宝星（金）号”万吨轮时，因氧割不慎引起大火，经济损失39.4万元。

1995年11月24日中午12时，乍浦林场高公山东山脚，因烟蒂引燃路边枯草，引发大火，过火面积5万平方米，经济损失30万元。

同年12月25日，曹桥小商品市场失火，过火面积105平方米、17个摊位受损，经济损失6.7万元。

1999年8月27日10时，城关人民路2号桥平湖洲嘉勒纺织制品公司，因职工违章吸烟引发火灾，烧毁厂房600平方米，经济损失64.7万元。

2000年7月30日凌晨1时10分，平湖市新埭镇萃贞村飞越制衣有限公司，厂内熨烫工故意纵火，引燃厂房车间，直接经济损失189万元。

2005年3月26日上午9时，新仓镇战斗村3组90岁高龄有病的钟某因用火不慎，引燃灶旁可燃物，烧毁简易房1间，钟被烧死。

2007年5月21日上午7时47分许，位于嘉兴港区的浙江合盛化工有限公司发生爆炸，引发火灾，无人员伤亡。

同年9月13日晚，林埭镇徐家埭集镇喜福门木门厂发生火灾，在灭火战斗中两名消防官兵英勇牺牲。

2010年12月18日7时20分许，位于独山港区白沙湾油库浙江华辰能源有限公司厂区内一容积为2万立方米的丙烯低温储罐在丙烯注入过程中发生爆炸并引发大火，无人员伤亡。

2013年1月21日10时43分，位于钟埭街道环北二路958号的平湖市邦胜箱包有限公司发生火灾，过火面积2700平方米，直接财产损失500余万元。

同年8月30日，位于独山港镇的平湖申平塑胶有限公司发生爆炸事故，爆炸后引起燃烧，过火面积1400平方米，死亡8人、受伤6人，直接财产损失153万元。

2014年7月18日21时17分，位于平湖经济开发区红星路333号的平湖联富箱包有限公司成品仓库发生火灾，过火面积3695平方米，直接财产损失610.7万元。

2015年6月20日11时23分，位于平湖经济开发区兴工路2388号嘉兴昌正箱包有限公司发生火灾，过火面积450平方米，直接经济损失238.2万元。

# 第十九章　情报指挥

1996年2月，市公安局为积极应对改革开放后复杂多变的治安形势，在秘书科内增设指挥室。1997年7月，秘书科与指挥室合并成立指挥处，与新建立的计算机监察科合署办公。2003年3月，指挥处更名为办公室，加挂信访室、指挥中心牌子。2007年2月，通信业务从办公室析出，单设科技信息通信科。2008年9月，办公室更名为指挥中心，加挂办公室、科技信息通信科牌子。2009年6月，指挥中心内增设情报中心。2013年5月，情报信息、科技通信从指挥中心析出，单设情报中心，科技通信并入情报中心。2015年11月，信访业务从指挥中心析出，并入法制大队。情报、指挥两大中心为公安机关构建大情报体系及科学指挥决策提供强有力的综合保障。

## 第一节　公安报警点

20世纪90年代，随着我国改革开放力度的进一步加大，人、财、物的大流动，各类突发性治安案件和严重暴力犯罪活动增多。为严密社会面的控制，预防和及时处置各类突发事件，提高快速反应、合成作战的能力，市公安局于1993年底启动公安报警点筹建工作。在省道乍王线平湖段、杭沪线平湖段及平湖水域，依托沿线企业建立13个公安报警点（其中水上1个），统一安装“平湖市公安局报警点”指示牌、标志牌、红色警灯等外观标识，以建点单位电话作为报警电话，选调单位内部保安队员、保卫干部和治安积极分子担任兼职接警员，共配备兼职接警员38名，明确值勤人员职责，经岗前培训后佩证上岗，实行24小时接警。同时，印制报警登记簿、月报表，建立值班、交接班、接处警登记、资料保管等制度。1994年2月，正式投入使用，至年底，共受理报警90起，其中交通事故报警31起，刑事案件31起，治安案件28起。1994年2月至1996年2月，全市各报警点共受理报警484起，其中刑事、治安类报警251起，交通事故报警140起，其他93起。

1996年12月25日，市公安局在乍浦浙江良幸制衣有限公司召开全市报警点工作会议，九里亭、金辉塑料公司、良幸制衣有限公司等被评为先进报警点，作大会交流发言，同时对黄姑征费处和东湖公园船舶寄存站作大会表扬，并向王全法等7名先进个人颁发荣誉证书和奖金。

## 第二节　110报警服务台

1996年2月5日，市公安局建立全市统一的110报警服务台（内称指挥室、隶属秘书科），抽调李永根等4名刚从中层领导岗位退下来的老民警负责接警工作，地点设在局机关主楼底层东侧，有办公室一间。以接听报警电话为主，实行24小时受理群众的电话报警和求助，并迅速指挥有关部门出警处置，初步形成全局统一的快速反应机制。6月，投资35万元安装美国CK公司电脑自动报警系统，与110报警服务台联网，由用户设防，110报警服务台实时监控。为适应电脑自动报警系统需要，8月23日，局总机室人员并入指挥室。10月，开展对外安装自动报警器，在全市金融单位的金库、营业厅、重要办公室，企事业单位的财会室、重要部门和重要仓库，各大商场、商店的金银饰品柜台等安装用户终端。12月1日，建成并开通自动报警系统，投入运行后防盗效果明显。至年底，共安装用户30家、探头69个、防劫按钮器57个。

1997年初，市公安局贯彻公安部在福建省漳州市召开的全国公安机关110报警服务台建设现场会议精神，再次投入100万元，购入邮电部第一研究所的接处警系统，建成具有接处警数字录音、显示主叫号码和地址、电子地图、无线指挥调度、区域电脑报警等功能的自动化110报警服务台。并从社会上招聘优秀女青年担任接警员，负责日常接处警操作工作，5月1日零时正式开通，实行全天候执勤备勤，向社会推出“四有四必”（有警必接、有险必救、有难必帮、有求必应）的服务承诺，成为当时嘉兴市首家高科技110报警服务台。至年底，共受理接处警2921起，破获刑事案件726起，治安案件490起，处置各类事故758起，受理群众求助250起，抓获违法人员460人。平湖110报警服务台工作在嘉兴市公安工作会议上作经验介绍。

1998年，市公安局根据公安部《110报警服务工作规范化标准》，对110接警的提示音进行规范改进，组织接警人员上路熟悉地形地貌及标志性建筑方位，提高接处警本领。3月，110指挥中心通过嘉兴市范围内指挥中心规范化考核，获得优胜。是年，共接警5809次，出警处置1.76万人次，处置各类事故1429起，调处纠纷918起，帮助群众排忧解难756次，破获刑事案件856起，抓获犯罪嫌疑人员763人，查处治安案件806起。110报警服务台被市人民政府评为人民满意单位。

1999年，市公安局建立《指挥中心工作规范化管理考核办法》及“110”指挥中心各项规章制度，实行“双处警”“复指令”和电话回访制度。经群众测评，110接警态度和出警速度群众满意率分别达95.49%和96%。7月6—7日，全省深入开展创人民满意110活动会议在平湖召开，平湖市局作大会交流。7月中旬，开通110邮政信箱，作为110报警电话的补充，受理群众反映的突出治安问题和举报违法犯罪等各类线索，拓展110服务的内容和渠道。全年群众通过110报警服务台和110信箱向公安机关提供有价线索632条，破获刑事案件16起、治安案件165起、交通肇事逃逸案件6起。

2000年8月31日，市公安局根据省公安厅《110规范化建设实施意见》，印发《110接警、处警程序》，从接警与指挥、处警及范围、处警及反馈、处警要求、处警纪律、信息收集等方面，进一步规范接处警工作，提高110快速反应的能力，切实履行“四有四必”的服务承诺，把创人民满意活动落到实处。是年，平湖110报警服务台被嘉兴市公安局评为规范化建设先进集体。

2002年起，110报警服务台建立有效报警电话每天抽查回访制度，根据上一天有效报警电话不低于10%的要求，进行抽查回访。是年，共电话回访报警求助群众1454人次，占有效报警的10.72%，群众对110报警服务台服务态度满意度达100%，处置结果满意度达99.08%。

2003年，市财政投入250万元，完成指挥中心包括110、122接处警系统、接处警过程全程录音系统、有线无线调度系统、地理信息辅助系统、警用车辆卫星定位系统和道路及重要目标的图像监控系统等六大主要系统的改造工程。2004年底，市财政又下拨400万元专项经费，再次对110报警服务台进行改造，整合公安内部110、122、119（即盗警、交通事故、火警）报警台。

2004年，在指挥中心民警及协警中开展“五熟知”（熟知文明用语，熟知常用法律法规，熟知城乡公路、水域航道和当湖、乍浦两镇主要街道，熟知全局科室处警电话、民警名单及社会联动单位联系电话及主要负责人，熟知CK区域自动报警系统布控、查询技术）活动，进一步提高全体接警人员业务素质和指挥判断的准确性及处警效率。

2005年3月，110报警服务台被命名为平湖市“青年文明号”。5月8日上午8时，110报警服务台顺利实现“110、122、119”三台合一，建成集“110、122、119”为一体，集通讯调度子系统、数字录音子系统、中心接处警系统、数据管理子系统、PGIS地理信息系统、350兆无线电通信系统、治安动态监控系统及公安网二级接警点系统等八大系统的综合报警服务台。设置接警席位3个，配备接警民警4人、辅警8人，建立值班长（后改设110指挥长）及点名、督查、回访、通报、奖惩等制度，改善指挥中心指挥调度效能。同时，建成与110接处警系统相配套的治安动态监控、GPS卫星定位等技术系统，公安机关快速反应能力进一步得到提升。是年，110报警服务台共接各类报警电话227781起，其中有效报警54924起，公安管辖警情50344起。通过110接警当场抓获各类违法犯罪嫌疑人836人，破获各类刑事案件120多起，查处治安案件425起。

2007年4月，贯彻落实《浙江省公安机关110现场取证及处警人员着装携装规定（试行）》，市公安局印发《关于进一步加强110接处警和巡逻执勤工作的通知》，就安全防范教育、处警装备配备和管理使用、接处警程序、值班备勤、查办袭警案件等均作了明确规定，4月23日起全面实施。各处警单位严格按照省厅规定的“三项规范”，处警人员按规定着装，照标准携装，遵程序处警，依法提取保存传输数据，全面提升110接处警工作，使110接处警工作作风明显好转。并依据有关预案及规定，制订《处置重大复杂警情指挥调度工作实施意见》，全面规范对重大复杂警情的指挥调度工作。

2009年，市公安局110指挥中心将信息控制与统一指挥相结合，通过科学调度、合理布防，实现指挥中心与全局各警种的互动机制，进一步提高110指挥中心调度能力。

2011年，进一步加大对110报警服务台的科技投入，完成警务地图影像投影仪、车载无线对讲机、GPS及3G音视频无线传输系统等硬件的配备。同时，采取集中培训与在线教育相结合，组织对全市承担接处警任务的派出所、交警大队、巡特警大队民警共223人参加的接处警专项教育培训。在全局各单位建立每月110接处警满意度排名通报制度，进一步提升人民群众对110接处警工作的满意度。

2012年，市财政投入100万余元，对110指挥中心进行全面改造，建成一体化智能大屏，更换操作台和静电地板，接警席由3个增至6个，设立应急联动专席和可视化指挥平台，设备更先进，指挥功能更完善。

2013年5月，更新110系统程控电话交换机。10月，110系统增设磁盘存储设备，用于存放接处警证据，使接处警管理进一步规范。

2014年，完善指挥功能建设，接警大厅按实战需要设置领导值班、接警受理、指挥调度、警情研判、视频监控、应急联动、合成作战（视频指挥室）等功能区。实行接处分离模式，一般警情由各派出所、交警大队、巡特警大队等各处警单位直接开展指挥调度、警情跟踪和处警监督，重大警情由指挥长直接开展指挥调度。同时，建立简单纠纷类警情指挥中心直接处警和恶意报警查处机制。

2015年7月，市公安局警用地理信息系统（PGIS）顺利接入天地系统（平湖），使警用地理信息系统得到全面更新，开通最新版天地系统。9月，依托警务大数据建设，加强对110接处警数据的分析研判，对同一区域因同一问题多人多次报警、同一人因同一问题多次重复报警等问题，建立抄告书制度。抄告建议书分为基础管理、社会治理、虚报、谎报警情及纠纷类警情等四类，并对适用范围、实施主体、抄告对象作出明确规定，各派出所或相关警种部门接到指挥中心下发的抄告建议书，在10日内予以书面回复。指挥中心和派出所综合指挥室向同级政府职能部门抄告的建议书，应主动对接相关政府职能部门，跟进了解工作进展情况，促进群众诉求得到快速响应、矛盾纠纷及早妥善解决。这一制度的建立得到嘉兴市公安局的肯定。

表19-1　1996—2015年部分年份平湖110报警服务台接警一览表

| 年份 | 接警总量（起） | 有效报警量（起） | 公安管辖警情数（起） | 群众求助数（起） |
|---|---|---|---|---|
| 1996 | 536 | 536 | 530 | 6 |
| 1997 | 2921 | – | – | 250 |
| 1998 | 5809 | – | – | 756 |
| 1999 | 8953 | – | – | 787 |
| 2002 | 40230 | 13285 | 12427 | 858 |
| 2004 | 149551 | 36607 | 34324 | 2283 |
| 2005 | 227781 | 54924 | 50344 | 4580 |
| 2006 | 258611 | 63512 | 59817 | 3665 |

续上表

| 年份 | 接警总量(起) | 有效报警量(起) | 公安管辖警情数(起) | 群众求助数(起) |
|---|---|---|---|---|
| 2007 | 223322 | 67708 | 65334 | 2347 |
| 2008 | 194822 | 67920 | 64771 | 3149 |
| 2009 | 184360 | 68054 | 62981 | 5037 |
| 2010 | 227327 | 70400 | 63224 | 7176 |
| 2011 | 205449 | 71239 | 63085 | 8154 |
| 2012 | 221194 | 126667 | 62656 | 9272 |
| 2013 | 245257 | 147611 | 37384 | 7894 |
| 2014 | 276344 | 160576 | 35017 | 7500 |
| 2015 | 271866 | 160501 | 35805 | 7899 |

注：1. 表格中各数据均为独立数据，相互间无关联。
2. 表内空缺栏目系无原始资料。

## 第三节 社会应急联动

1998年，为拓宽公安110报警服务台的功能，开展多部门联动。以公安“110”为龙头，会同建设、供电、工商、劳动、民政、技术监督、卫生、环保、交通、邮电、广电和平湖报社共13个部门组成“110”紧急求助网络，4月1日试运行。5月1日，市人民政府授权市公安局110报警服务台为平湖市紧急求助工作指挥中心，并正式运行。按照“统一接警、分别处警”和“谁主管、谁负责”的原则，迅速指令有关网络成员单位前往处理，并及时向110报警服务台反馈现场情况和处理结果，必要时110报警服务台可视情派有关警种和成员部门下属单位有关人员前往协助处理。7月，增加网络成员单位，建立由公安、交通、卫生、供电、电信等23个部门参加的紧急救助联动网络，方便群众报警求助。定期编印《平湖市110紧急求助网络通报》，并下发网络成员单位，受到社会各界的一致好评。这一做法得到省公安厅的肯定，省公安厅指挥中心通报转发平湖经验。1999年，社会联动网络进一步完善，通过110报警服务台解决群众求助787起，比1998年增长12.7%，属公安部门的604起，其他成员单位的183起，办结率为99%，其中求助群众296人，帮助查找走失人员45人。

进入21世纪，市人民政府进一步重视社会联动工作，不断完善紧急求助网络，加大工作力度。2012年，网络成员单位扩大至147个。2013年1月10日，平湖市社会应急联动指挥中心揭牌仪式在市公安局举行。全市有13家联动单位安装网络终端，19辆应急处置车辆安装3G音视频无线传输系统，各联动单位落实人员，添置设备，建立24小时值班备勤制度，实现社会应急联动规范化、制度化。2014年，制订《平湖市社会应急联动工作制度》和《平湖市社会应急联动工作责任追究办法》，进一步约束各联动成员单位快速、有效处置各类突发事件，进一步规范处置流程，提升应急处置的整体水平。2015年，将村、社区等基层组织也一并纳入应急联动单位大名单，使应急联动处置向纵深化发展。

## 第四节 情报中心

2009年6月，市公安局根据上级公安机关的统一部署，开展大情报体系建设，在指挥中心增设情报信息中心。从全局相关部门抽调4名民警组成情报研判专业队伍，专司社会稳定、打防控及其他各类信息的收集、研判、报送和发布工作。完善情报信息处理办法，统一标准，规范收集、报送、申报等流程，建立情报信息研判评估、会商和反馈工作机制。规范110警情研判机制，形成日统计、周通报、月分析、高发警情即时预警的110接报刑事类警情统计分析工作制度。定期印发《预警通报》，推出异常警情实时短信提示，指导基层派出所与辖区群众共同抓好治安防范。并进一步规范110接处警信息录入和反馈，对各派出所信息质量开展不定期、多形式的抽查和检查，实现实时查询访问，确保警情质量有据可查。

2013年5月，情报中心从指挥中心析出，为市公安局单设业务部门，专司情报信息（含涉恐信息）收集、报送、研判和预警等工作，切实增强情报信息服务领导决策、指导基层实战、主导打防控警务的能力。是年，以“情报信息一体化”建设为目标，在嘉兴市范围内率先完成县级情报中心“六个一”（情报平台、研判大厅、合成作战室、视频实战应用工作队、研发小组、门户网站）建设，培育情报示范点，建立相关成员单位和公安机关各警种两个层面的情报会商机制。年底，情报信息一体化等多项考核指标名列嘉兴市前三位，其中“两车”及涉车重点人员专项研判行动战果名列嘉兴市第一，被省公安厅予以通报表彰。

2014年，市公安局情报中心积极组织开展社会信息大采集，共采集卫生、人力社保、水务等25个部门56类信息共706万条。加强情报信息维稳、重点人员研判工作，制订《市公安局情报信息研判工作标准》，开展常态化研判工作。是年，社会信息采集与应用工作得到嘉兴市局的肯定和推广，红色预警逃犯缉捕率和上报涉稳线索被省厅、公安部录用总分值名列嘉兴市第一，重点人员管控打处率名列嘉兴市第二，实现情报与实战、研判与行动、预警与打击的无缝对接。

2015年，市公安局以情报中心为骨干，15个警种和情报分中心为支撑，派出所综合指挥室为基础，在社会信息采集、重大事件预警、人事案研判等发挥重要作用。实现在纪念抗日战争胜利70周年“9·3”安保目标，被省公安厅评为纪念抗日战争胜利70周年安保工作成绩突出集体，为嘉兴唯一获此荣誉单位。情报中心总结的《以综合指挥室建设为抓手着力推进基础信息化的工作经验》被省公安厅编发书面简报，印发全省。

## 第五节　派出所综合指挥室

2011年7月，为切实提高新形势下110接处警快速反应能力和服务质量，市公安局根据嘉兴市公安局的统一部署，开展110接处警勤务机制改革，确定当湖派出所为试点单位。经改革，全市8个派出所均建立信息指挥室，110接处警专业队伍，实行“四班三运转”，主要承担先期处置、处置突发事件、设卡堵截、巡逻追查、协助保卫、接受求助等，全面推行“巡处合一”的动态、快速接处警工作模式。2012年，当湖派出所在信息指挥室的基础上，整合功能，建立综合指挥室，构建迅速、有力、规范的可视化作战体系，并在全市派出所推广。

2013年9月13日，市公安局印发《派出所综合指挥室建设及运行实施意见》，以当湖派出所为样板，建立融视频监控、指挥调度、信息研判、勤务管理“四室合一”的派出所综合指挥室，使之成为派出所信息警务的第一平台和情报合成化、指挥扁平化、行动合成化的指挥枢纽。是年，全市8个派出所综合指挥室全部建成，并投入实体化运作。派出所综合指挥室建设经验在嘉兴市推广。

2015年1月19日，市公安局出台《派出所综合指挥室运行工作规范》，实行标识标牌、人员配置、岗位设置、工作职责和操作规范的“五统一”，进一步规范派出所综合指挥室建设。并配套制订《综合指挥室考评细则（试行）》，将派出所综合指挥室考评纳入全局综合考评，定期进行实体化运作考核通报。

## 第六节　治安巡逻与处突防暴

进入20世纪90年代，随着中国改革开放力度的进一步加大，人、财、物的大流动，各类突发性治安案件和严重暴力犯罪活动增多，为预防和及时处置各类突发事件，提高快速反应、合成作战的能力，1995年11月，市公安局建立巡（特）警大队。建队后其建制曾两次撤并，2001年8月，改称特勤中队，并入交警大队；2004年5月，并入治安大队。2005年6月29日，恢复巡（特）警大队建制。

**一、治安巡逻**

20世纪50—80年代，由于警力有限，平湖街面无专职巡逻民警，巡逻任务由民兵和治安联防组织承担。1996年1月1日，巡（特）警正式上街执勤，初期有民警25名，分设3个中队，采用徒步巡逻为主，结合机动车、非机动车的巡逻方式，实行24小时全天候巡逻备勤值班制度。同时，推出为民服务六项承诺，发放警民联系卡，自觉接受群众监督。在城关镇建筑安装公司门口、南门西瓜市场、信用联社边、城市信用社边等地建有4个巡警岗亭。是年，通过巡逻，共查获盗窃、抢劫案件18起。群众反映自从有了巡警，街面打架斗殴少了、小偷小摸少了，有效地维护了城关镇街面的治安秩序，深得群众的赞赏。大队被嘉兴市公安局命名为1996年度全市公安系统“青年文明号”集体。

1997年6月16日，为配合、接轨“110”做好前期处置工作，提高快速反应能力，巡（特）警大队成立由5名民警、12名特种保安员组成的处警中队，配备两辆摩托车和一辆印有“110”“巡警”字样的巡逻报警车，实行24小时全天候接处警制度，推行主动警务，把握社情社态，为群众办实事。是年，共接有效报警150余次，主动出警425人次，实现城关镇内5分钟到达现场，城郊地区以最快速度到达的服务承诺。

1999年，为切实提高巡（特）警队伍的整体工作效能和快速反应能力，制订《巡（特）警大队巡逻工作方案》，对管理体制、职责权限、巡逻执勤制度、执法程序等进行明确规范。8月1日起，在当湖镇试行巡（特）警与交警职能相互延伸的工作模式，将交警的原城关中队和巡（特）警的两个路面巡逻中队，纳入统一管辖，新机制的实行，提高了巡（特）警在路面上的管事率，为实施交警和巡（特）警机构合并积累经验。是年，大队被评为嘉兴市级青年文明号，被省公安厅授予1999年度规范化巡（特）警大队称号。

2000年，进一步建立完善巡警巡逻机制，调整巡区，以当湖镇建国路邮电局岗亭和人民路地方税务局岗亭为界，将城区分成两个巡区，实行单线处警车处警与巡区队员处警相结合的运行模式，增强处警力量，提高处警效率。为使处警巡逻更趋正规化，将原处警中队更名为综合巡逻处警中队，配备民警7人、特种保安25人，以路面巡逻、接处警、设卡为主。增设特勤中队一个，配备民警4人、特种保安2人，使训练、办案更具专业化。是年，共接处警2000余起，当场抓获各类违法犯罪分子137人，破获各类治安、刑事案件近300起，调解各类纠纷近1500起。大队被评为嘉兴市规范化巡（特）警大队，记集体三等功一次。

2003年，针对当湖镇街面“两抢”（抢劫、抢夺）、窃车、拎包、扒窃等违法犯罪活动较为猖獗之势，巡（特）警充分发挥“既管交通、又管治安，一警多能、一警多用”优势，根据街面犯罪的特点，因地制宜，合理调配警力，积极开展街面巡逻盘查工作。至11月，通过巡逻盘查，抓获违法犯罪人员78人（含网上逃犯1人），其中刑事拘留22人、治安拘留54人、劳动教养1人，转交外地1人。

2005年6月，恢复巡（特）警大队建制后，将全市划分为11个巡区，巡（特）警大队重点警力投放在中心城区及全市主要道路的巡逻，各派出所则负责本辖区大街小巷及居民区的巡逻工作。

2006年初，市委、市政府投入1000多万元，成立市社会治安综合治理巡逻防控大队（以下简称“巡防大队”），与巡（特）警大队合署办公。1月24日上午，在当湖街道东湖景区南村书堆举行成立仪式。全市以镇（街道）为单位设立巡防中队及村级专业巡防队，分设11个大巡区、55个小巡区，配备专职巡逻民警54人，聘用巡防队员554人，购置巡逻汽车14辆、摩托车134辆。形成有巡逻民警、专职巡防队员和义务巡防队员参与的城乡三级巡防网络。推行“红、黄、绿”三色等级布警，上网挂牌督巡，开辟局域网“治安巡逻”专栏，进行日公布、旬汇总、月研判，开展“百案竞赛”促巡防活动，评选“典型案例”“巡警之星”等。年内3起案例被省公安厅评为典型案例，16名民警被嘉兴市局特警支队评为“巡警之星”。通过治安巡逻，抓获违法犯罪嫌疑人员2313人，破获刑事案件692起，刑事拘留510人；查破治安案件493起，处罚违法人员1595人；抓获公安部网上逃犯11人，摧毁犯罪团伙22个79人；缴获毒品1148克，收缴作案工具900余件。全市刑事发案比2005年下降3.4%，“两抢”案件下降16.3%，盗窃机动车案件下降7.5%。

2007年，贯彻《浙江省公安机关巡逻工作规范》和《浙江省公安机关110现场取证及处警人员着装携装规定》，制订《平湖市巡逻工作规范》，使全市的巡逻勤务做到有章可循。在局域网上建立电子台账，将每日巡逻信息、每日巡逻战果、每旬三色警情、每月各辖区的巡逻打击数等内容在网上予以公布，建立全市治安巡逻网络示意图，实现巡（特）警台账资料的电子化管理。每季度开展一次以实战为背景的不同层次模拟演练，提高路面巡逻民警的盘查能力、发现能力、抓捕能力。通过防控巡逻，全市刑事发案又比2006年下降3.5%，街面“两抢”案件下降18.9%，盗窃机动车案件下降6.3%。

2009年，市公安局巡（特）警大队围绕国庆60周年安全保卫、“两抢”大会战、“百日追逃”和社会治安整治专项行动等重点工作，切实加强巡防工作。组建网上信息研判小组，特别是对纳入警戒范围的“两抢一盗”和盗窃“三车”案件，以周、月、季度为周期开展特征性研判和规律性研判，每月向周边县市区提供预警信息，对超越警戒线的，进行“挂牌督巡”、跟踪督导。建立由7名巡逻能手组成的打击街面犯罪便衣行动队，打击街面犯罪。建立由巡（特）警大队、当湖派出所及武警中队警力组成的武装巡逻队，在当湖街道“两抢”案件相对高发、人流密集的新华路、解放路、人民路、城南路及环绕东湖景区等繁华路段开展武装巡逻。

2010年，围绕上海世博会安保工作，开展对全市8个乡镇街道的村级巡防队巡逻盘查知识及实战操作运用培训，切实提高村级巡防队的整体素质，建立每周督察、每月网上通报讲评、每季上门业务培训、年终考核评比的巡逻防控制度。开展全市世博安保护城系列之联勤巡查专项行动及每月反盗窃“两车”日活动，在世博安保一、二级等级响应期间，加强街面巡查力度，联合武警在当湖城区人员密集、流动量大、防范薄弱、案件多发的重点时段、重点地段开展公开武装巡逻，以抑制街面“两抢”案件的发生。

2011年，市公安局巡（特）警大队加大缉捕逃犯力度，落实便衣中队为责任中队，建立网上巡查和外围排摸联动机制，对旅馆、车辆及流动人口信息开展每天实时比对，锁定犯罪嫌疑人后组织外围排摸，缉捕归案。是年，共抓获公安部网上逃犯13人。

2012年，创新巡防机制，推出“PTU”武装巡逻工程，在当湖街道大润发、关帝庙两大商业区域，每天组织2～3组民警分时段开展徒步武装巡逻，打击各类违法犯罪及接受群众咨询、求助等服务，深受各级领导和群众的好评，《嘉兴日报·平湖版》、平湖电视台及论坛等媒体相继对此进行追踪报道。

2013年4月，开展巡防勤务规范月活动，组织巡防民警学习《嘉兴市公安机关治安巡逻民警常见警情先期处置工作手册（试行）》，全面提升巡防队员的综合素质。通过实地检查、对讲机抽查、明察暗访和GPS定位轨迹回访等方式，对全市巡防工作开展情况进行督导检查。建立巡逻战果审核制度，实行日统计、周汇总、月通报，营造浓厚的巡防竞赛氛围。

2014—2015年，市公安局巡（特）警大队在上级公安机关开展的巡逻盘查技术百案竞赛活动中有5人获嘉兴市级“巡警之星”、2人获嘉兴市级“协警之星”、2人获省级“巡警之星”，6个案例评为嘉兴市月“典型”案例。

**二、处突防暴**

处突防暴工作是巡（特）警的一项重要职能。随着改革开放的不断深入，各类社会矛盾不断增多，处突防暴的任务逐渐加重。巡（特）警大队自组建以来，始终坚持“练为战”的指导思想和“从难从实战出发”的训练原则，把队伍训练放在首位，以提高处突防暴能力，并多次参与处置化解各类群体性、突发性事件，处置成功率达100%。

1999年，市公安局巡（特）警大队为加强实战训练，组建由18人组成的以训练警棍盾牌操为主及由20人组成的以训练倒功、散打、擒敌配套为主的两支训练队伍，进行强化训练，并开展解救人质的预案演练，为处突防暴提供实战保障。是年，共成功地处置10起群体性、突发性事件。

2000年，为迅速有效地处置群体性事件和暴力犯罪案件，巡（特）警大队将警棍盾牌操训练方队增至24人，新增由8人组成的防暴训练小分队，并在当湖镇开展处置暴力犯罪的预案演练，使预案更贴近实战的需要。是年，共成功地处置21起群体性、突发性事件，处置量比往年高出50%以上。

进入21世纪后，群体性事件呈不断上升趋势，处突防暴任务越来越繁重。2005年6月，恢复巡（特）警大队建制后，市公安局根据嘉兴市公安局《关于进一步加强巡（特）警工作的意见》，在巡（特）警大队开展培养“一枪击毙”的特等射手，组建攻坚突击队、特警盔甲队、排爆小分队、专业巡逻队等4支专业队伍。10月，成立特警盔甲队，有队员76人。按照嘉兴市局的训练实施方案，开展集训，提升处突防暴能力。

2006年12月，市公安局依据嘉兴市公安局《关于组建全市公安特警预备队的通知》，在全局各单位选调50名年龄35周岁以下、身体健康的民警组成市公安局特警预备队，开展日常训练和基础科目训练。队员平时工作在原单位，遇突发事件统一调集，作为特警盔甲队的补充，参与群体性事件处置工作。

2007年，市公安局以全省“特警一号”及嘉兴市公安局“2007-1号”远程集结合成拉练为契机，突出“一枪击毙”特等射手和特警盔甲队、特警预备队的专业训练，采用“四统一”（住宿、行动、训练、学习）方式，开展为期3个月的集训。加强特警盔甲队和特警预备队建设，重点强化人员和装备的有效结合，逐步提高“两队”的协同配合和实战处置能力。每季组织开展巡（特）警警务技能擂台挑战赛，为实战打下基础。年内完成两次嘉兴市防暴协作网络的合成演练。

2008年，市公安局巡（特）警大队围绕奥运安保工作，针对奥运之年可能出现的情况，制订和完善各类处置工作预案，明确职责分工，进行实战演练，开展以暴力恐怖案件处置、防暴盔甲队实战队形为主的应急训练，确保各项应急处突工作全部落实到位，一旦发生突发治安事件能够妥善处置。通过了嘉兴市局组织的特警两次远程集结拉练，为防暴处突工作提供保障。是年，处置各类群体性事件33起，处置成功率达100%，确保奥运会期间平湖治安秩序的稳定。

2009年，进一步加强特警盔甲队、特警预备队两支专业队伍建设，按照民警和协警不低于1∶3的要求，将群体性事件处置应急力量扩编至250人（特警盔甲队100人、特警预备队150人）。统一配备四件套（防暴头盔、警棍、盾牌、防刺背心）及作训服和作训鞋。扩编后的两支专业队结合执行预案，分别建立“每周一练”“每月一练”工作制度，开展“四实”（实景、实装、实地、实战）演练，以增强处置群体性事件的前瞻性、主动性和有效性。

2010年，围绕“世博”安保工作，以嘉兴市巡（特）警系统比武为比拼平台，建立完整、系统、切合实际的教育训练机制，强化特警队员的警务技能训练，狠抓普训科目、专训科目和防暴盔甲队与特警预备队的训练，每月开展防暴盔甲队单警动作及实战队形演练，每季开展全市预备队训练，中间穿插“64”式手枪、微冲、防暴枪实弹射击技能训练等，切实提高特警队员的快速集结、妥善处置能力。平湖巡（特）警大队在嘉兴市巡（特）警系统攻坚突击队比武中获团体第二名。

2011年，市公安局巡（特）警大队立足维稳，围绕实战，创新训练方法，在防暴盔甲队和特警预备队建立“每月一单练”“每季一合练”制度，以提高训练效果。以常见性的征地拆迁、环境污染、劳资纠纷及非正常死亡等引发的群体性事件为模拟场景开展预案演练。8月，联合海盐、嘉善、港区大队进行合成演练，提升巡（特）警防暴处突合成作战的能力。是年，共参与处置化解各类群体性、突发性事件48起，维护各级党政机关的正常工作秩序和人民群众的正常生活秩序。

2012年，为加强维稳专业力量建设，市公安局在巡（特）警大队新组建一支高质量的维稳应急处置力量，配备民警20人、特勤队员（协警）80人，新增运兵车4辆，以满足处置较大规模群体性事件等任务的需求。

2013年，全市建立以巡（特）警为基础，派出所警力为补充，辅警为支撑的220人的应急处突队伍。同时，在认真调研的基础上，完善各类处突预案16个，使群体性事件的处置更具有可操作性。是年，参与处置化解各类群体性、突发性事件69起，出动警力2782人次。

2014年3月，昆明火车站发生暴力恐怖事件。4月，市公安局在巡（特）警大队组建应急小分队一支，配备特警4人、协警10人，实行“2+2”（即2名特警、2名协警）移动巡逻模式，在城区大润发商业区、东湖景区及人员密集区等反恐重点目标，进行24小时武装巡逻，全天候应对暴恐突发事件。同时，针对刀砍、驾车冲撞等四类警情，积极开展联训，提升反恐综合作战能力。2014—2015年，共处置化解各类群体性、突发性事件95起，出动警力4586人次，处置成功率达到100%。

**三、出城卡点**

设卡堵截是公安机关适应动态治安管理，缉捕罪犯的一种有效手段。20世纪90年代，市公安局在沪杭公路黄姑段、东西大道全塘段设立2个省际卡点。同时，各派出所根据各自辖区地域分别建有平战结合的固定或临时的卡点，与夜间巡逻及清查行动相配套。其主要职责为设卡堵截和出击追捕罪犯，接受报警，依法查处卡点附近的一般刑事和治安案件。

90年代后期，随着从事客、货营运的出租汽车数量猛增，出租车驾驶员被杀、被抢劫及车辆被犯罪分子作为犯罪和作案后逃匿的交通工具等案件时有发生。为加强对出租汽车的治安管理，预防和减少车辆运营中的刑事及治安案件的发生，1999年10月20日，市公安局在主城区设置4个出城卡点，由巡（特）警大队负责开展对出入城区的出租车的人员进行登记，通过巡查堵卡，查处治安案件20多起，有效地遏制抢劫出租车这类恶性案件的发案态势。

2002年7月，市公安局根据省政府《浙江省公共场所治安管理办法》和嘉兴市政府《关于将全市出租汽车纳入公共场所治安管理的通知》，制订《平湖市出租汽车治安管理办法》，对全市运营的出租汽车实行治安许可证制度，在刑事侦查大队内增设出租车管理中队（对外称出租车治安管理处）。同时，市财政投入资金138万元，在当湖镇通往嘉善县的陆家桥、通往新埭镇的福臻、通往嘉兴市的九里亭及通往乍浦镇的长胜等地建造4个集设卡、检查、防暴和出租车管理为一体的综合性检查登记服务站，为固定式水混结构，总面积约120平方米。配备民警2人、协警34人，桑塔纳轿车1辆及电脑、空调、电话机、交通标志和相关个人防护装备，推行由民警带班的24小时执勤制度，12月9日检查站投入运行后，彰显公安机关阵地控制的威力，协助查破一批大案、要案。

2003年1月14日晚7时40分，九里亭出租车登记站在对一出租车出城登记检查过程中，抓获2名安徽利辛籍犯罪嫌疑人，破获当日凌晨发生在当湖镇环北二路华城制衣厂新厂房工地凶杀案一起。是年，全市4个出城卡点共抓获违法犯罪嫌疑人员385人，其中杀人案件犯罪嫌疑人员2人、公安部网上逃犯2人、刑事拘留38人、治安拘留18人，破获刑事案件56起，查处治安案件52起，调处民事纠纷42起，缴获赃款赃物折价15万元，打击处理数占嘉兴全市出租车管理打击处理总数的29%，各项指标均列嘉兴市前茅，全市没有发生一起涉车恶性刑事案件。

2004年，完善出租车治安管理快速反应机制，建立健全以指挥中心为依托，“站与站、站与各警种”之间的协查布控、互通信息、交流合作等制度。是年，抓获各类违法犯罪嫌疑人员483人，刑事拘留42人，治安拘留19人，其中抓获抢劫犯罪嫌疑人8人、万元以上盗窃犯罪嫌疑人11人，破获各类刑事案件82起、治安案件56起，缴获自制猎枪1支、火药3千克、各式刀具36件及少量毒品，赃款赃物折价40余万元。摧毁抢劫出租车团伙2个4人，制止预谋抢劫出租车司机案件5起，破获案件打击数占全市破案绝对数5.2%以上，实现了占全市破案数3%的目标。2005年，为方便从业人员办理出城登记，对登记站重新布局，撤销福臻登记站，改设平廊公路登记站。

2006年1月16日，出租车管理中队调整至巡（特）警大队。3月29日深夜，九里亭出租车登记站在对一出租车登记查验时，抓获4名犯罪嫌疑人，破获当晚发生在省级文物保护单位平湖莫氏庄园红木桌椅被盗案件一起，案值30万元。

6月4日，该登记站在对一出租车登记检查时，又抓获公安部督捕上海“7·26”特大贩毒案2名在逃毒枭，当场缴获毒品1040克、毒资7000元和贩毒工具汽车2辆。是年，查获各类违法犯罪嫌疑人582人，其中刑事拘留62人，破获刑事案件85起，查获治安案件67起。

2007年1月，新增07省道卡点1个。至年底，全市共有出城登记卡点5个，分别为07省道卡点（新市政府西侧200米）、平廊公路卡点、九里亭卡点、长胜路卡点、平湖大道钟埭收费站卡点，卡点用房全部采用彩钢移动式，协警增加至42人。

2008年8月，围绕奥运安保，根据嘉兴市公安局《关于规范全市出城卡点建设的意见》，按照“四统一、一规范”的要求，对出城卡点职责、名称、设置及管理体制、装备等进行规范统一，出城卡点更名为“治安检查服务站”，集出城登记、处突防暴、治安检查和为民服务为一体的综合性卡点。并在“两抢”等侵财性案件易发、多发的重点部位设置暗哨，定点、定人、定时与五个出城卡点相呼应，有效遏制街面“两抢一盗”案件的发生。同时组织巡（特）警及黄姑、全塘两地派出所对临近上海的全塘收费站省际卡点实行24小时轮班设卡，为奥运年营造稳定的治安环境。

2009年，为提高卡点信息化运用程度，市公安局及时更新5个出城卡点的电脑，与公安内网互联，安装警眼排查系统和车控平台，确保对可疑人员信息的实时比对，实现“人机互动”。

2010年，为做好上海世博会安保工作，增设临时治安卡点76个。开展对卡点队员的教育培训，下发信息研判资料为查疑导向，加强对过往车辆的盘查，确保“一车不漏”。在世博一、二级响应期间，全市2个通往上海的公路省际卡点、1个水上卡点和76个乡村无名道口卡点，实行24小时民警值守，加强盘查力度。

2012年，市公安局对部分卡点进行迁址翻建，原长胜卡点迁移至虹霓卡点、原平廊卡点迁移至金稼园卡点、原07省道卡点移至07省道曹桥卡点，保留平湖大道钟埭收费站和九里亭卡点。并在卡点内外安装高清视频、音频监控系统。同时，卡点装备逐年增加，从办公用具到防护用品，有防弹背心、防弹头盔、反光背心、防割手套及伸缩警棍、约束带等30多个品种，适应实战的需要。

2013年，按照嘉兴市公安局城乡防控一体化建设要求，制订《固边工程治安卡点等级响应机制实施办法》，新增广陈金龙门卡点（朱平公路）、新埭卡点（平兴公路收费站）及新庙原世博卡点为出城卡点，出城卡点数达到8个，协警总数达到42人，在全市形成治安检查服务站、乡镇治安卡点及机动卡点三道屏障，实行分级响应勤务机制，切实提高卡点快速反应、堵控盘查能力和多警种增援、联合作战能力。

2014—2015年，根据嘉兴市公安局的统一部署，规划建设“环市区”和“环市际”两层包围圈“三大类”岗卡，确定一类卡点5个（安装“一抓通”电话，警眼排查系统和高清枪机，球形视频监控系统及辅助光源），二类卡点25个（安装高清枪机，球形视频监控系统及辅助光源），三类卡点50个（安装球形视频监控系统），对卡点编号输入市局“一体化指挥平台”，并通过嘉兴市局验收。制订《平湖市公安局固边工程封控堵截圈等级响应工作预案》，组织封控堵截演练等，使平湖治安防控体系建设提升到一个新的水平。曹桥卡点因成效显著被评为2014年度嘉兴市“十佳卡点”。

# 第二十章　警务协作与信息化

早在20世纪60年代，县公安局为加强与周边海盐县、嘉兴县及上海市金山县边海防和交界结合部地区的对敌斗争，维护社会治安秩序，建立民兵联防委员会，开展县际、省际治安联防工作。80年代，与周边水域相接的嘉善县及上海市金山县、松江县、青浦县建立水域联防协作会议制度。90年代，加入苏浙沪治安协作组织，从水上治安管理协作延伸至刑侦、经侦、禁毒、道路交通等多个公安业务部门。进入21世纪，建立杭州湾地区警务协作，金山、嘉善、平湖三地反恐警务协作，同时建成苏浙沪警务信息合作网，提高区域协作整体作战的能力。

实现警务信息化，是提高公安机关整体战斗力的有效保障。解放初期，县公安局通信落后。20世纪80年代中叶，随着社会主义现代化进程的不断加快，公安通信技术和信息化进入一个飞跃发展时期，地方政府用于公安通信装备经费投入逐年增多。90年代后期，建成公安计算机信息网络，同时视频监控技术也广泛应用于公安业务，信息化程度得到普及。1997年7月，为适应信息时代的需要，在市公安局指挥处加挂计算机管理监察科牌子，公安通信及计算机网络安全监察职能归口指挥处。进入21世纪，公安计算机信息网络进一步发展，2001年，平湖公安计算机四级宽带联网达到基层所队全覆盖。为加强对科技通信的管理，2003年3月，建立市公安局科技通信科，与公共信息网络安全监管大队合署办公。2007年2月，单设科技信息通信科。2008年10月，规范县级公安机构设置，科技信息通信科归属指挥中心。2013年5月，归属情报中心。2015年，在各基层所队建立“科管员”制度，落实一名领导、一名民警（协警）为“科管员”，具体负责本单位的科技信息化应用管理工作和科技装备使用、管理、培训工作。

## 第一节　水域联防协作

1979年2月，根据在上海市公安局召开的江苏、安徽、浙江、上海三省一市清理水上流散杂船协作会议精神，县公安局在全县范围内组织开展“三无”（无粮食、无户口、无正当职业）杂船的清理工作，通过清理，协助上海水上航运公安局破获盗窃上海钢铁厂铁锭的重大盗窃案件多起。

1986年，县公安局与周边水域相接的嘉善县及上海市金山县、松江县、青浦县建立水域联防协作会议制度，每年举行一次，五地轮流召集。9月15日，首次水上治安联防会议在上海市航运公安局召开，五县公安局针对水上河道互通，流窜犯罪猖獗的情况，建立协助查控、堵截、追捕流窜犯制度，加强信息交流，相互提供水上流窜犯罪资料和线索，提高整体作战能力。12月，五县公安机关联合开展水上设卡检查行动，出动公安民警、联防队员100多名，检查各类船只600余艘，查处一批水上偷盗案件。

1987年4月8日，第二次水域联防协作会议在平湖召开。上海市航运公安局、金山县、青浦县、松江县公安局及浙江省嘉善县、平湖县公安局领导和水上派出所负责人参加会议。会议总结回顾1986年9月沪浙五县联防会议以来开展水上治安联防工作的情况，分析当前水上治安工作中出现的新情况、新问题。提出下阶段的四条工作意见：一是加强信息交流，二是树立一盘棋思想，三是协调查控、堵截和追捕流窜犯，四是进一步做好安全防范，堵塞漏洞，减少发案。12月18日，金山县公安局在传唤讯问犯罪嫌疑人俞某某（金山县山阳村人）时破获发生在平湖县全塘镇“11·5”朝红服装厂3800元现金被盗大案，俞某某交代与杨某某（漕泾乡邓桥村人）结伙盗窃作案的犯罪事实。

1989年11月14日，沪浙五县水上治安联防第二届二次会议再次在平湖召开。会议因上海方面要求，同意将上海县、奉贤县列为联防区域，增补上海县、奉贤县公安局为联防协会会员，扩展为沪浙七县水上治安联防。后治安联防区域不断扩大，又称之为沪浙苏水域联防，会议从每年一次增至每年两次，延续至1996年停止，融入苏浙沪地区警务协作大格局。

## 第二节　陆域联防协作

### 一、毗邻地区治安联防

1960年7月，县公安局与海盐县、嘉兴县建立由县人武部、县公安局参加的三县联防委员会，开展县际联防，每年举行一次联防会议。

1961年3月，县公安局与上海市金山县建立由县人武部、县公安局参加的民兵联防委员会，开展省际联防。以与上海市金山县边沿结合部的南桥、新庙、全塘、新埭、秀溪、港中等6个公社、大队、生产队为单位分别对口成立民兵联防大队、中队和小队。在两县人武部各自设立办公室，并由人武部、公安局各指定一名干部兼管联防委员会办公室工作。3月12日、10月8日先后召开两次民兵联防会议。以后联防委员会每年召开一次会议，采取轮流召开，建立定期联系、互通情况制度。是年，通过民兵联防，取得一定成效，突出体现“二多、二少”（双方干部和群众联系工作多了，生产协作多了，边沿地区的小偷小摸少了，群众之间的纠纷少了）。民兵联防委员会的建立为当时两县边界地区的对敌斗争及打击刑事犯罪发挥了较大的作用，1963年两县共破获反革命集团案件5起，刑事案件50多起。联防区内赌博活动比1962年下降70%，偷盗案件比1962年下降72%。

1964年6月16日，金山、平湖两县第五届联防会议在平湖县人武部召开，到会34人。会议形成五条决议：一是平时县级联防指挥部每半年用电话或派员联系一次，二是双方联防公社组成联防大队每季度开一次会议或联系一次，三是各联防中队必须在联防大队的布置下执行任务，四是各联防大队应根据县联防会议精神，结合实际制订 四定方案和平时活动制度，五是本届联防召集由平湖县负责，下届由金山县负责。

1979年，为提高与平湖县毗邻地区治安防控力度，平湖县前进公社与海盐县西塘公社，建立社与社、队与队毗邻联防机制，坚持治安联防活动，取得良好效果，全年发生一般刑事案件3起，比1978年下降62.5%。

1987年，平湖县新埭镇、秀溪乡、南桥乡、钟埭镇、城北乡、徐埭镇、共建乡、广陈镇、前港乡等9个乡镇开展地区性治安联防，加强情报信息交流，及时查控案犯和侦破案件，及时处理各种治安案件，有利于安全防范，减少发案。

1990年，平湖县新埭镇、广陈镇、新庙乡、瓦山乡、曹桥乡等乡镇派出所分别与接壤的金山县兴塔镇、廊下镇、吕巷镇，海盐县的西塘桥镇、海塘乡及嘉兴郊区的新篁镇、新丰镇等毗邻乡镇派出所建立联防制度，制订区域治安联防章程，互通治安情况，成立以乡、村治安联防队为主体的跨县区区域治安联防组织，在周边乡村地区形成治安防控网络，维护县区交界处的治安秩序。

### 二、平湖、松江两地警务协作

1995年10月，市公安局与上海松江区公安分局结为友好合作单位，在松江召开首次警务协作会议，副局长孙伟鋆、巡视员袁来顺、刑侦大队大队长顾照荣、治安科科长李鲁平等出席会议。双方局长代表各自单位签署合作书，双方议定，通过开展多种形式的警务交流活动，建立警务协作机制。

### 三、苏浙沪警务（治安）协作

1996年11月，市公安局加入苏浙沪治安协作组织。成员单位有江苏吴江、昆山、常熟、通州、启东、海门、太仓，上海金山、青浦、宝山、宝江、嘉定、崇明、松江及浙江嘉善、平湖等16个市（区、县）公安局。首次会议在上海市金山县召开，大会讨论通过协作委员会章程，协作组织每半年召开一次会议，由16个市（区、县）公安局轮流，合作业务涉及治安、刑侦、经侦、办公室及道路交通等多种公安业务。

1997年3月27日，市公安局与上海市金山县公安局联合破获发生在两地毗邻地区的特大系列轮奸、抢劫案6起，一举抓获5名犯罪嫌疑人。

5月15—16日，市公安局首次成为轮值局，主办召开苏浙沪治安协作组织第30次会议，市委常委、公安局局长宋家聪代表轮值局作工作报告，会议研究商定协作区的工作重点和协作措施，确定协作委员会会徽。10月30日，协作组织在江苏苏州召开第31次例会，会上重新修订协作章程，规范协作事项，统一开发软件，将有关案件信息和指纹档案联网，实现资源共享，便于对疑难案件集体会诊和及时串并案件，提升打击流窜犯罪的整体效能。

2000年8月25日，市公安局在组织侦破摩托车被盗案件时，及时将案情通报紧邻的嘉善县和上海市公安机关，后在上海市公安机关的协助下，将盗车嫌疑人钟某和曹某两人抓获。经预审深挖，一举摧毁以曹某等11人组成的盗窃、销售一条龙的盗窃摩托车团伙，缴获被盗摩托车12辆，涉案总价值30万余元。

2002年6月7—8日，苏浙沪治安协作组织第39次会议在江苏启东召开，市公安局被评为最佳合作单位，并在会上作《实行交巡警驻所制，扎实开展交通管理基础工作》的经验介绍。

2004年，苏浙沪治安协作组织改称苏浙沪警务合作区，建立苏浙沪16市（区、县）警务合作信息网，通过上网可直接查询成员单位的公安业务信息。5月12—14日，第43次警务协作会议在上海市松江区召开，副局长顾照荣率办公室、刑侦大队、经侦大队、治安大队及交巡警大队等部门负责人参加会议。

2005年6月15日，苏浙沪16市（区、县）第45次警务合作会议在上海市金山区枫泾镇召开，会议通过回顾总结、交流经验、分析研判当前社会治安形势，探讨新形势下加强警务合作，进一步建立和完善快速反应机制，全面提升合作能力和水平，市公安局在会上作《强化法制建设五大工程，促进公安工作再攀新高》的交流发言。11月30日至12月2日，第46次警务合作会议在平湖召开，嘉定、通州、嘉善、海门和金山等县公安局作经验介绍。

2012年2月，市公安局在上海青浦、嘉定警方的协助下，一举摧毁一流窜于江浙沪一带，实施以盗窃高档摩托车为主，集“盗、销、运”为一体的重特大盗窃犯罪团伙。4月19—20日，苏浙沪16市（区、县）第58次警务合作会议在上海市松江区召开，会议围绕“情报引领，深化合作”为主题，平湖市局副局长张跃明作《全力强化情报信息工作，牢牢把握打防实战主动权》的交流发言。

2014年1月17日，苏浙沪原16市（区、县）减少上海市宝江分局为15市（区、县）第61次警务协作会议在平湖召开。会上，市公安局提出建立情报信息数据互利互惠交换机制的倡议，受到各成员单位的一致响应，并开展第一次情报信息交换，会上当场交换信息2500余条。会议最后讨论通过《苏浙沪15市（区、县）警务合作情报信息数据交换工作暂行办法》。

**四、杭州湾地区警务协作**

2008年5月1日，随着杭州湾跨海大桥的建成通车，为加强大桥周边地区的治安管理，市公安局与大桥周边的海盐、嘉善、慈溪及上海市金山区等五县（市）公安局建立杭州湾地区信息情报警务协作会议制度，每年举行一次会议，五地轮流召集。6月5—6日，在上海市金山区召开首次协作会议，会上审议和通过警务协作会议纪要和《杭州湾地区信息情报警务协作实施意见》，市公安局有关部门负责人出席会议，并作交流发言。后又分别于2009年11月、2010年12月和2011年12月先后在慈溪、海盐、平湖等地召开3次协作会议，各地均在会上作交流发言，并形成会议纪要，促进杭州湾跨海大桥周边治安秩序的管理。

**五、平湖、金山、嘉善三地反恐警务协作**

2013年6月20日，市公安局与省际交界上海市金山区公安分局建立反恐怖警务协作例会制度，每年举行两次会议。首次会议在上海市金山区召开，出席会议的有上海市公安局反恐总队副总队长，金山区反恐办主任、公安分局副局长肖卫国，平湖市反恐办主任、公安局党委副书记、常务副局长李中华及两地公安反恐、情报部门相关负责人。会上就开展反恐情报交流共享和警务联动提出意见，并举行警务协作备忘录签约仪式。11月15日，在平湖召开第二次协作例会，就两地建立反恐协作以来的工作进行总结交流。2014年起增加嘉善县公安局为成员单位，构建平湖与金山、嘉善三地反恐怖警务协作网络。2015

年2月6日，三地反恐警务协作会议在平湖召开，通过建立实战高效的区域合作模式，助推毗邻地区反恐工作向更高层次发展。

## 第三节　警务通信

公安通信是公安机关的命脉，通信技术随着时代的发展，县公安局的通信从无到有，从最初依靠地方邮政部门转接，后逐步发展到拥有自己专门的通信网络，从有线到无线、传真、图像，科技含量不断提高。

**一、有线通信**

解放后，县公安局无公安专线、内线通信，通信联络由邮电局总机交换。至1968年4月公安机关实行军事管制期间，全局仅有6部老式手摇电话机，与各地公安机关的通信联系主要依靠信件和邮电部门的长途电话。进入20世纪80年代，随着公安业务的发展，通信设施逐步改善。

1984年4月，县公安局设立总机，向邮电局租用平湖至乍浦、新埭、新仓及嘉兴等长途电话线，开通公安专线。8月，由省厅统一安装30门供电手工交换机1台，向县邮电局借用2名女性电话接线员。10月，建立县公安局总机室，隶属秘书股。公安专线可直接与省、市、县兄弟公安机关通话联络，接通局领导，县委、县政府有关领导及城关、乍浦、新仓、新埭等派出所公安专线。同时租用城关镇市内专线11条、传真线1条，有分机25只，实现公安内线与外线的对接，提高公安通信能力。至1987年底，全局有线通信市话交换机2套80门、会议终端机1台。1988年5月，购入50门共电交换机，进一步扩大公安内线的通讯容量，局内科所队有关领导办公室均安装内线电话。

1990年10月，安装港产100门HAX-100型系列程控交换机，可省去电话接线员，使通信联络更加通畅。是年，完成局中心机房的搬迁工作，开通与嘉兴市局联网的帧中继语音数据通信，并着手开展局机关与乡镇派出所等单位的光缆通信建设。1992年，开通公安专线直拨，有线无线转接，方便了干警通信联络。为提高通话质量，征得平湖邮电局同意，将与嘉兴市局的电话线改两线制为四线制。1994年10月，全省公安总机房评比中，市公安局总机房被评为最佳机房。1995年5月，看守所安装32门集团电话交换机1套，装机门数29门。1998年，制订《通信建设规划》，被嘉兴市局通信处作为经验转发各县（市、区）公安局，省厅《通信工作简报》第9期加编者按题为《平湖市公安局抓好公安通信，积极主动为维护社会稳定服务》加以登载，作为经验材料向全省推广。

2002年10月，市公安局对公安有线通信系统进行改造，更新安装科达KWP137门数字程控交换机，局机关各部门及交警大队均接通公安内线。既方便通信，又节约办公经费。其间，又增加外拨功能。随着公安虚拟专用移动网的开通，公安专线电话使用频率逐年下降。

**二、无线通信**

1985年，公安部和省公安厅组建嘉兴市超短波无线电通信网，以加强公安机关的快速反应能力，发挥以快制快的作用。4月在县公安局大院内架设无线电天线，9月底完成450兆无线电通信网，10月正式投入使用。同时购入首批日本产“八重洲”对讲机，装备局领导和一线执勤民警，方便现场指挥、巡逻执勤和相互联系。1987年底，全局共有无线通信对讲机21台。1988年，增至34台。同时，县局总机室购置有线与无线电话转接机1台，沟通有线与无线的转接。至1989年共有无线通信104台，其中交警21台，派出所46台，局机关、消防等37台。

1990年，针对乡镇派出所添置对讲机增多的情况，县公安局加强对无线电通信管理工作，严格执行上级无线电管理委员会的要求，无违章现象，得到上级部门的好评。1991年，县公安局购置首批日本产进口BP机12只，为基层派出所主要领导配备BP机，便于通信联络。1992年底，全局有无线通信台137台，其中基地台11台、控制台3台、车载台9台、便携台114台。

1994年8月，为各乡镇派出所开通150兆无线电通信网络。为弥补转信台高度不足、覆盖面小的问题，将该台移至乍浦陈山（部队雷达站）山顶，使覆盖面基本达到全市。并对派出所32台对讲机调整频率。1995年，BP机在全局民警中得到普及，实现每人1只。

1996年，全局对讲机总数达到200多台。为保障通信畅通，在位于城南路的城关最高大楼平湖大厦楼顶安装发射天线，新增2台转信台，重新调试开通市局450兆和交警150兆无线通信网，在全市范围内基本达到无线通信无盲区，保障夜间巡逻设卡、侦察破案和警卫工作中的通信联络。

2001年6月21日，省公安厅与省移动通信公司组建“公安虚拟专用移动网”全省范围内开通使用。是年，全局民警、职工及家属统一使用公安虚拟网接听电话，不久取消家属接入虚拟网，后公安虚拟网升级成全国联网。10月，更新无线电通信设备，安装350兆无线集群系统网。

2002年，投入资金270万元，完成公安三级通信网的改造，由原来的帧中继网络64KHZ改用千兆光缆，购置复用传输设备、数据交换机和语音交换设备，实现真正意义上的数据、语音、图像同时传输。8月，开通移动数据查询系统。在350兆无线通信的基础上，增加移动数据查询主机和车载电台，掌上电脑组合成移动数据的实时查询，为一线民警执法提供方便。

2003年4月，完成350兆集群通信与嘉兴市局联网，正式开通，投入使用。依托光缆传输，将全市30多个社区警务站和5个出租车出城卡点接入公安四级网，提高了民警办公场所、执勤地点的信息化程度。

2005年，开展350兆无线网络的盲区补点工作，在新仓、全塘、乍浦、广陈、新埭等乡镇建立5个智能常规延伸站，扩大原有的无线呼叫范围，满足当地派出所夜巡等实际需要，使全市无线通信覆盖面达到95%以上。

2006年开始，市公安局开展警用车辆卫星定位系统的安装工作，首批安装的单位有全市10个派出所、水警大队、巡特警大队及交警大队的巡逻处警车（艇）共64台，至2007年全部安装完毕，共安装79台，保障了基层执法单位的日常工作需要。

2007年，淘汰50余台已不能使用的对讲机，为基层实战部门新购置100余台对讲机。同时为方便管理，对全局所有的对讲机重新分组，编写频段，确保重大活动安全保卫工作通信联络畅通。

2010年，为做好上海世博会的安保工作，对全局无线通信系统进行较大规模改建，全市的无线通信基本实现覆盖率达90%的目标要求。在重大节庆期间，科通部门事先对活动区域进行无线通信测试，以确保覆盖无盲区。

2013年9月，市公安局在社区民警及一线执法民警中开展移动警务终端配发工作；至年底，安装笔记本移动警务系统40台、车载型移动警务终端22台、社区移动警务手机84台；至2015年全局共配发移动警务通241台。

2015年，市公安局共投入13万余元，开展公安四级网升级改造工作，更新核心交换机和汇聚、接入交换机，将原百兆链路升级为全千兆光纤链路，由原四大片升级为按行政区域划分的8条光纤链路接入，通过网络改造，提升公安网接入速度，改善公安网络运行状况。

**三、传真通信**

1986年，县公安局秘书科配备老式文字传真机2台，使用全省统一的公安有线专网，开通与省公安厅、嘉兴市公安局的文字传真。1988年，总机室增加三类传真机1台。1995年，局机关治安、刑侦、政保等主要业务部门及辖区派出所均配备一类文字传真机，开通公安机关内部的传真业务，传发至各单位的内部传真电报均通过传真机下发。至1996年，全局有传真机27台。后随着年代的推移，计算机的普及，传真机逐步被电子邮件所取代，传真机作用趋于削弱。

**四、图像通信**

2002年12月，市公安局引进凯斯泰尔通信设备（深圳）有限公司生产的视频会议设备，完成图像通信建设，做到电视电话会议图像的双向传输，建立三级网电视电话会议系统，并于当年与嘉兴市公安局视频会议系统连接，使公安部、省公安厅及嘉兴市公安局的电视电话会议，直接开通至县（市）一级。

2007年，市公安局制订四级（派出所）视频会议系统建设方案，开展方案论证等前期准备工作。2008年5月建成并投入运行，提高公安机关内部快速部署、快速传达上级指示的能力。

2015年，投入资金60余万元，于9月将原有四级模拟视频会议系统升级改造为高清视频会议系统，该系统除用于召开全局视频会议外，还应用于每日点评会商会议。

## 第四节　计算机技术

随着计算机应用的普及，从20世纪80年代末开始计算机被广泛应用于公安业务，极大地提高了办事效率。1989年，县公安局购置2台长城牌计算机用于户政部门管理常住人口。

1994年，城关派出所自筹经费购置计算机1台用于办理常住人口。随后，其他乡镇派出所也陆续购置计算机用于常住人口管理。1997年，市公安局投入100万元购买计算机及配套设备，用于派出所人口信息管理。6月5日起，首期人口信息系统计算机培训班在局机关开班，为期10天，邀请嘉兴市公安局和电脑公司技术人员进行辅导，参加培训人员有53人。

1998年，市公安局再次投入30多万元，用于购买服务器、计算机及网络设备。至年底，全局配备各类计算机60余台，覆盖全局各派出所、交警、110报警服务台及政治处、刑侦大队、治安大队、法制科、后勤科、出入境管理科等单位，形成融合查询、服务等功能的计算机信息管理网络。同时，选派计算机骨干民警赴省厅参加培训，后在全局分期分批组织45周岁以下民警参加计算机基础知识培训，为全面推行计算机应用工作打下基础。

1999年，市公安局把公安科技作为公安工作新的发展点来抓，以计算机运用和通信建设为重点，研究制订3年发展规划。在局机关西大楼五楼建立计算机培训中心，对民警分期分批进行培训。至年底，全局已初步建成用计算机来处理违法犯罪资料、提供常住人口查询、公安要情系统等信息查询功能的局域网，为公安机关打击犯罪、服务经济、方便群众增强后盾，收到明显效果。是年，对全局计算机硬件全面进行“2000年问题”测试工作，并根据测试结果和解决方案购买计算机“2000年问题”直通卡，并对有关的存在“2000年问题”的软件进行升级，确保全局计算机系统平稳过渡。

进入21世纪，市公安局计算机配备量不断增多，至2001年基本实现计算机的普及，从最初每个办公室1台，发展到每人1台，同时还增加部分笔记本电脑。建立公安业务综合信息系统和办公自动化系统，实现办公自动化。2005年，为确保民警利用系统查询信息的需要，开始发放民警数字身份证书，至2006年底，全局计算机拥有量达到672台，共发放数字证书300张。2010年投入10万余元，安装公安信息网安全管理平台。通过该平台，可预警发现网络安全违规事件，提高公安网的信息安全工作，规范公安信息网的使用。2015年，投入3.2万元，购进奥瑞文在线考试管理系统，建立公安信息化运用训考平台，推进全警信息化运用。至是年底，计算机信息系统涵盖公安各业务警种，并实行资源共享。同时，各科、所、队室均建立公安内网网页。

## 第五节　视频监控技术

### 一、公安内部视频监控系统

随着警务信息化程度的不断提升，视频监控技术最早用于公安监所管理。1996年6月，由市财政拨款35万元，省公安厅下拨25万元，在市看守所安装40个监房探头的监控系统，实行对在押人员的24小时电视监控，使看守民警能及时掌握监房内在押人员的动态，有效地防止在押人员行凶、逃跑、自杀等事故的发生，确保监室安全。

进入21世纪，视频监控技术被广泛用于道路交通管理、一线执法部门。2001年7月，市公安局交警大队在当湖镇环城南路与新华路口安装第一套“电子警察”监控设备。至2015年共安装“电子警察”31套，卡口电子监控系统9套，具有车牌识别功能的高清视频监控点200个。如实记录车辆过往情况，抓拍超速车辆，对过往车辆实行24小时的有效监控，为确保交通安全，及时、精确地查处交通违章案件，提供科技支撑。

2002年11月，市公安局自主研发留置室红外线远程监控系统，建成以平湖市公安四级宽带信息通信网络为传输网，在全市留置室和审查室安装图像监控设备及报警监控系统，为严格依法办事起到了保障作用。这一经验被省厅予以肯定和推广，省厅督察处、嘉兴市局分别在平湖召开留置室管理远程监控工作现场会，推广“平湖经验”。

2003年，视频监控技术逐步扩大至一线执法部门，开展对刑侦特审室、枪库、处警室等场所的实时图像报警监控系统建设，累计投资45万元，安装图像报警监控主机15台、摄像终端57个、联动报警装置13个，以进一步规范公安的执法行为。同时又投入80万元对监所管理监控系统进行改造，在对每个监房进行图像、声音监控的基础上，各主要出入口、通道安装监控平台，有效地保障了监所安全。至2008年，全局14个候问室、10个审讯室、10个接处警室和11个枪库实行24小时全方位远程监控，涉及刑侦、治安、交警、监管、派出所、水警等部门。

2010年，在全市9个派出所、3个交警中队及刑侦大队、看守所等单位执法功能区改造工作中，安装视频监控点212个，网络节点150个，报警器11套，门禁系统41套。在全市3个世博执勤卡点、24个无名道口安装视频监控。2013年，投入27万元采购总储存量达150T的磁盘存储设备，用于存储各派出所及办案队的询问室、讯问室的监控音视频资料，共有78路视频信号接入存储。2014年10月，建成高清公安视频督察系统，共有383个高清、标清视频监控点接入高清视频督察系统。

2014—2015年初，市公安局共投入200余万元，对全市8个派出所和交警大队共52个询问室（讯问室）的视频摄像头进行高清改造，并同步启用讯问监控联网管理平台。同时，车载视频监控系统数量逐年增多，至2015年，共有27辆警车、2艘汽艇、15辆社会联动单位车辆都统一安装固定式或便携式车载视频监控系统。

**二、社会治安视频监控系统**

2004年，为遏制街面抢劫、抢夺、扒窃、诈骗等案件高发态势和处置群体性事件，市公安局投入200万元，用于城市街面电子监控体系建设，在市区范围内开始筹备、建设城市图像监控系统，分两期建设完成。

2005年3月11日，开展第一期35个监控点的建设，集中在当湖、钟埭街道，主要分布在市政府等重要目标、主要商业街、交通主干道路的交叉口、人群集聚的广场车站以及街面案件高发的路段。6月完成施工验收，8月正式投入使用。同时，整合沿街金融网点监控设施，外移金融网点监控设施113个，外移监控点安装率达到100%。在全市初步建成治安岗亭卡点与视频监控点、外移金融网点监控点互为补充、互为利用，人力和科技相结合的治安防控网络，并在110指挥中心建立监控中心，实行实时动态监控。

2006年7月至2007年底，投入资金400万元，开展第二期视频监控点建设工作，先后建成分布在市区及部分镇（街道）的109个路面监控点，并在当湖派出所和交警大队建立监控中心。该监控系统投入使用后，预防群体性事件15起，抓获犯罪嫌疑人276名，破获各类案件782起，协助处理交通事故49起，纠违15万余起，使全市主要街道的违法停车、越双实线违法超车、骑摩托车未戴安全头盔等现象明显减少，交叉路口的交通秩序明显好转，取得治安、交通双赢的效果。

2008年7月14日，市委、市政府出台《平湖市社会治安视频监控系统建设意见》，明确“政府主导、综治协调、公安实施、部门配合、社会协同、多方推进”的建设工作思路，对全市治安视频监控系统建设作出为期3年建成1500个监控点，覆盖全市社会面的规划。10月10日，市政府召开动员大会，市公安局成立社会治安动态视频监控系统建设和应用领导小组，在治安大队设立办公室。10月中旬起，市公安局会同市供电、电信等部门，组成两个现场勘察组，逐个镇（街道）开展监控点建设的现场勘查。是年，完成300多个监控点现场定位。至2009年底，全市共建成社会视频监控点1202个。同时，单位内部安装视频监控点8300多个、CK报警装置600多个，农村机埠红外线防盗自动报警实现全覆盖，初步形成覆盖城乡的治安技防网络。

2009年，全市9个派出所均建立治安监控分中心，对本辖区范围内主要道路、闹市区安装视频监控探头，派出所监控室配备值机人员39名，实行24小时监控，第一时间发现可疑对象，进行实时跟踪，及时通知街面巡逻队员实施抓捕，确保辖区安全。制定视频巡逻、警情处置程序规范和监控分中心日常管理制度，确保监控中心与分中心的日常运作。是年，通过视频监控系统，提供侦查破案线索1000余条，直接或间接抓获各类违法犯罪人员80人，破获各类违法犯罪案件104起。

2010年，全市实际建成社会视频监控点1350个，实现市公安局110指挥中心、交警监控中心以及各镇（街道）监控分中心的信息互通共享。是年，使用视频监控系统实时回放和录像检索达10万余次，利用监控调处纠纷、处置群体性事件35起，利用视频监控抓现行破案(含刑事、治安案件)117起，通过视频监控录像资料检索倒查等工作协破各类案件200余起，采集交通违法行为2.13万余起，利用监控破获交通肇事逃逸事故25起。视频监控系统在社会治安管理应用中发挥了明显作用，街路面违法犯罪明显下降，特别是影响老百姓安全感的“两抢”案件大幅度下降，维护社会治安稳定。

2011年，市政府启动2011—2013年新三年社会治安动态视频监控系统建设。至2013年，累计投入资金5000万元，建成社会治安动态视频监控点1789个，其中高清监控点占47.4%，实现公共街面、重点路段、重点单位、重点部位视频监控全覆盖。2013年10月，又着手规划省综治委下达的2013—2015年新增2600个视频监控点的相关方案设计等工作。

2012年，市公安局成立视频监控中队，并组织起包含派出所监控室的值机人员，以公安信息网络为依托，建立集有线和无线通信，GPS卫星定位、PGIS警用地理信息、图像监控、警务资源信息库等为一体的网络化、数字化指挥调度中心，并在派出所建立勤务指挥室，形成扁平化实战指挥体系。

2015年，市公安局根据嘉兴市公安局通知文件精神，投资10万元，购置4台服务器，建成公安信息网视频一体化平台和视频联网运行管理平台。是年，全市社会治安视频监控点总数达4601个，其中高清监控点占60.56%。具有车牌自动抓拍识别的高清摄像机总数为460个，其中车控点位239个，交警电子警察卡口228个、视频专网接入社会视频214个。全市4个高速公路进出口、1个服务区、1个跨省交界点，全部完成车控系统的双向布建。实现了辖区视频全覆盖，新建的所有视频信息全部接入本级视频一体化平台。在嘉兴市公安局情报中心组织的全年4次车控联动测试中，每次均100%达标，综合测试量与合格率名列嘉兴市第一。在全年的打处违法犯罪工作中，视频参与的案件已达80%以上，以视频为主突破的案件达50%以上，视频监控的效能得到充分的发挥。

# 第二十一章　公安法制与信访

新中国成立后，公安机关就十分重视执法工作。尤其是进入20世纪90年代，随着公安执法任务的不断加大，公安法制被进一步重视和加强。为适应《中华人民共和国行政诉讼法》实施后将大量增加行政复议、行政诉讼的繁重任务，1990年5月，县公安局建立法制科，初配民警2人，后增至5人。承担法制宣传、执法监督、案件审批、行政复议、行政诉讼等工作。2003年6月，建立行政复议办公室，与法制科合署办公，实行两块牌子，一套班子。2008年9月，县级公安机关机构改革，法制科更名法制室。2011年12月，更名法制大队，民警增至9人。2001—2015年，法制工作连续15年保持全省公安机关执法质量优秀单位称号。

公安信访工作是公安机关联系群众，密切警民关系和接受群众监督、反映社会动态、发现案情线索的重要渠道。县公安局建立后，即把受理人民群众来信、接待来访列入秘书室（后更名为秘书股）的日常工作，建立人民来信来访登记簿，落实专人负责处理人民来信来访工作。机关各科室及基层派出所分别由内勤负责，并逐步建立信访受理、登记、处理报告制度。“文化大革命”期间，信访工作受到干扰。粉碎江青反革命集团后，县公安局建立信访工作领导小组，配备专职信访干部开展信访工作。2003年3月，为适应信访工作的需要，在市公安局办公室加挂信访室牌子（未单独列编），确定1名副主任专管，配备专职信访民警1人 。2012年，信访室民警增至2人。2015年11月，公安信访业务由指挥中心调整至法制大队，由1名副大队长专管。2013—2015年，信访工作连续3年获全省公安信访年度考核县级优秀单位称号。

## 第一节　案件审核审批

20世纪50年代，刑事、治安案件的审核、审批工作分别由治安股（二股）、审讯股（三股）承担。治安案件、劳教案件由治安股指定专人审核，直接报捕、直接起诉案件由审讯（预审）股指定专人审核。

1975年11月，为适应打击流窜犯罪之需，县公安局在城关派出所建立临时收容点，抽调公安干警负责对流窜犯的收容审查工作，收审案件直接由分管副局长审核把关。

1980年，根据国务院第56号文件规定，规范收容审查，将收容审查定为行政强制措施，临时收容点撤销，收审对象统一关押至县公安局看守所。为规范审批，收审案件则由刑侦部门指定专人负责审核。

1990年5月30日，县公安局法制科成立，开始负责法制宣传、执法监督等，并逐步接收各类案件的审核工作，起初负责对刑事报捕、直接起诉及部分治安案件、收容审查案件，全部延长收审及劳动教养案件的审核，其余案件仍由刑侦、治安部门负责。

1993年，市公安局在对卖淫嫖娼、传播淫秽物品两类案件的审核上，为防止裁决偏差，建立由治安、法制及分管局领导参加的集体审核小组及制度，确保裁决的公正。制度执行半年多时间内，两类案件裁决处罚数百人，无一申诉。1994年，原由刑侦部门审核的部分收审案件归口法制部门审核。1995年5月，法制科承担收容审查、收容教育、劳动教养、治安拘留、取保候审、监视居住等案件的审核。

1997年1月1日，实施新修改的《中华人民共和国刑事诉讼法》后，取消收容审查。11月20日，原由治安部门审核的行政（治安）罚款案件也一并归口法制部门审核。

2004年5月，市公安局法制部门为充分保障当事人的合法权利，提高办案质量，创新推行治安行政案件听询制度。组织2名以上民警到办案单位，对收容教育、强制戒毒、未成年人拘留以及其他当事人对处罚有异议的案件进行处罚前的听询，听询违法嫌疑人对办案人员认定的违法事实、证据和拟作处罚的法律依据、处罚意见的陈述和申辩。自5月20日至年底，共对82起案件98名当事人实施听询，维持办案单位处罚意见的71起86人，建议办案单位撤销处罚意见的3起3人，建议办案单位改变处罚意见的8起9人，要求办案单位重新提出处罚意见的1起1人。

2005年5月，市公安局制订《法制科案件审核责任制度》《局领导审批责任制度》。7月，推行行政案件网上审核审批，内部法律文书不再打印，基层办案单位不再向市局提交案件材料，法制部门在进行网上审批的同时，加大对网上流转案件的检查，对案件质量明显滑坡的，进行网上通报，取消案件的网上审批资格。9月23日，扩大网上审核审批的范围，对个人处罚款2000元以下、单位处1万元以下的案件，违法行为人（单位）对违法事实、处罚无异议且对违法人员没收违法所得、非法财物不超过2000元的案件全部实行网上审核审批。

2009年3月，市公安局印发《关于进一步严格刑事案件审核把关推进刑事执法规范化建设的通知》，对一般刑事案件实行三级审核审批制；对刑事“下行”案件、刑事强制措施由强转弱案件、没收保证金案件以及命案、认定立功情节的案件、中层领导主办的案件等实行四级审核审批制；对刑事和解案件实行备案制。推行重大案件集体合议制度，成立局执法办案集体合议小组，由局领导召集办案单位、法制及相关业务部门负责人集体讨论后，形成正确办案意见，减少办案的盲目性，提高办案效率，保证办案质量。全年法制部门先后提前介入疑难案件30余起，使疑难复杂案件得到及时妥善处理。

2011年9月21日，市公安局为规范刑事执法，刑事拘留、提请逮捕、直接起诉案件审核全部由法制部门负责。同时承担刑事案件（经济案件）的审核职能。下发《关于进一步加强案件审核工作的通知》《关于规范刑事案件法制审核的若干规定》，以进一步规范案件审核审批工作。

2013年初，根据上级公安机关通知精神，市公安局法制部门停止对劳动教养案件的审核。下半年起，调整案件审核模式，实行人工与网上执法平台审核审批同步进行，对日常疑难案（事）件实行由值班局领导、法制大队及办案单位负责人集体合议，重大、疑难案（事）件由局主要领导召集法制大队、案（事）件相关业务部门负责人集体合议等制度。12月28日，第十二届全国人大常委会第六次会议通过《关于废止有关劳动教养法律规定的决定》，自公布之日起施行，废止新中国成立后执行多年的劳动教养制度。

## 第二节　执法监督检查

县公安局自成立之日起，在办理案件中始终坚持实事求是、有错必纠的原则，既注重平时的办案质量，又把预防和纠正冤假错案贯穿于历次重大运动的全过程。通过案件复查、执法检查等形式，检查办案质量，依法维护公民的合法权益。

1952—1953年，先后组织两次对管制分子的检查整顿工作。1954年，开展对解放五年来镇反工作中曾经发生过和现在还存在着的主要缺点和错误进行自我总结和检查，对最初存在的认识不到位，出现宽大无边及以后出现的错捕人犯、量刑标准偏高、刑讯逼供造成假案，管制工作中存在管制面过宽、管制方法不当等问题，进行自查自纠，确保镇反工作取得全胜。1956年，开展清案复查，纠正和平反一批冤假错案。1958年，县公安局开展《中华人民共和国治安管理处罚条例》执行情况的回顾总结，对曾一度出现行政拘留面过宽，行政拘留成处罚的主要手段，忽视“教育为主，处罚为辅”的原则，针对这一情况开展自查自纠工作。1959年，在加强和提高对地、富、反、坏分子的社会改造工作中，通过夏、秋两次季评和两次半年度的升降评审，纠正错管432人，漏管196人。1962年，再次组织清案复查工作。

“文化大革命”期间，法制工作遭受破坏，曲解毛泽东主席倡导的群众路线，出现“群众定罪”“群众判刑”“一长代三长”等错误做法，造成一批冤假错案。

1970年7月和10月，县公安机关组织毛泽东思想宣传队，先后深入黄姑公社新桥、陆沼、运港等3个大队蹲点调查，纠正3起冤假错案。1971年、1978年和1986年，开展对“文化大革命”开始至粉碎江青反革命集团期间冤假错案的复查纠错平反工作，落实党的政策，得到省公安局的肯定，作为平湖经验在全省推广。

1987年9月中旬，县公安局成立执法考核小组，召开会议，下发通知及考核表，在全局范围内开展执法考核。方法采取个人自查，单位互评，考核中还分别对《中华人民共和国刑事诉讼法》规定的办案期限和新修改的《中华人民共和国治安管理处罚条例》执法情况进行检查。通过检查考核，肯定好的方面，找出不足之处和个别违纪情况，进行整改、查处。

1988年4月，县公安局对新修改的《中华人民共和国治安管理处罚条例》（以下简称新《条例》）实施一周年后的处罚情况进行回顾总结，针对总结中发现的问题进行整改，新增送达回执等18种法律文书，示范性分卷装订档案10余件，对裁决后1个月内未执行的下发催办通知单，对2名长期未执行的治安拘留对象予以强制执行。8月，统一组织力量对各派出所、民警值勤室执行新《条例》情况进行全面检查，确保做到定性准确、取证充分、处罚得当、程序合法、手续完备。

1989年12月，县公安局建立由7人组成的执法检查小组，由一名局领导负责，组织开展对执行刑法、刑事诉讼法、收容审查、治安管理处罚条例及道路交通法规的年度检查工作。

1990年7月，根据嘉兴市公安局的统一部署，组织开展公安行政执法大检查。方法采取自查与抽查相结合，各科所队作自查书面汇报，由局领导带队抽查10个派出所，通过自查和抽查，及时制止和避免一些行政违法或行政不当行为。12月，组织开展以收容审查、治安管理处罚及干警违法乱纪为重点的年终执法检查。

1991年4月，贯彻《浙江省各级公安机关执法监督工作暂行办法》，县公安局制订《依法办案和办事制度》《执法检查制度》，建立基层执法单位每季一次自查报告，县局每半年一次执法检查通报制度。组织刑队、治安、户政、法制、监察等科室负责人由局领导带队开展检查，检查内容包括有关法律、法规的执行，案件办理中有无刑讯逼供，非法拘禁或侮辱人格、乱用警械，有无收受贿赂、贪赃枉法，办“人情案”及赃款、赃物，罚、没款保管和处理等，检查情况形成通报，落实整改。

1992—1993年，重点围绕收容审查、治安管理、交通管理等法律法规的执行和赃款赃物、无主物品的保管，组织全局性执法检查4次，查阅600多起案件，及时发现和纠正一些执法中存在的问题，提高公安执法水平。

1994年，为做好《国家赔偿法》实施前的准备工作，按照上级公安机关的要求，开展对一年来的收审、逮捕、监视居住等限制人身自由和扣押、罚款及没收等清理工作，并写出专题报告。

1995年7月10—12日，根据省公安厅的统一部署，结合半年度执法检查，组织开展收审执法专项检查，抽查12个乡镇派出所，检查的重点是收容审查有否存在“双超”（超范围、超时限）现象，办案中有否存在非法剥夺和限制人身自由、造成公民身体伤害、违法侵犯公民合法经营权和财产权及查封、扣押、冻结和暂扣钱财的登记、保管、处理和处罚的执行情况。通过检查，发现部分派出所对收审“双超”仍有存在，及时予以纠正，进一步规范收容审查工作。

1996年，为做好修改后的《中华人民共和国刑事诉讼法》实施前的准备工作，先后组织两次执法大检查。通过检查，及时发现和纠正执法中存在的问题，杜绝派出所利用乡规民约乱罚款、乱处罚的现象。同时，积极做好收审措施取消前在押收审人员的清理工作，控制“双超”，提升处理率。至12月28日，395名收审人员（含1995年未结），其中流窜犯罪人员134人，全部审结完毕，逮捕269人、劳动教养27人、直接起诉15人、转外地公安机关处理2人，解除收审80人，收审处理率达到79.75%。

1997年8—10月，在全局开展纠正立案不实专项整治，印发《关于切实纠正立案不实问题的通知》，将是否如实立案作为派出所年终考核的一个重要条件。组织刑侦大队4名领导率4个侦察中队分片到管辖的派出所，翻阅当年报警登记簿，整理出够立案标准的刑事案件，如实补立案件，至10月底，共补立刑事案件276起，真正做到立案不掺“水分”。

1998年5月，根据公安部《关于在全国公安机关开展执法检查和进行集中教育整顿的通知》，市公安局组织执法大检查，由2名副局长带队分成2个组对全局16个科所队进行检查。共抽查案件285件，查出问题35个，依法当场纠正24个，提出整改措施21条。12月，结合派出所规范化建设及创人民满意活动，在全市各执法部门开展执法大检查和执法责任制考核，先由各单位写出自查自评小结，后由局抽调22人组成检查组，对全局各执法单位进行为期10天的检查，及时发现和纠正执法中存在的问题。

1999年，市公安局开展劳动教养、“三项治理”、超期羁押、规范性文件等专项执法检查及半年、年终、不定期执法检查共9次，对执法中存在的难点、热点问题有重点地进行抽查，同时还邀请市人大法工委、市政府法制局领导参加。5月，在全省劳动教养案件评判中，市公安局办理的一起劳教案件被省公安厅评为优质案件，得分98分，名列全省第二。

2000年10月，市公安局结合全国公安机关开展的“三项教育”（全心全意为人民服务的宗旨教育、实事求是的思想路线教育、严格公正文明执法的法制教育），组织开展“千案抽查回头看”活动。在各单位自行抽查1998年起办理的三分之一案件的基础上，抽调有关人员组成检查组，对各执法部门的执法办案情况进行随机抽查，共抽查各类刑事、行政案件339起。是年，先后开展留置盘问执法、处罚裁决执行、证据先行登记保存执行、“双保”（取保候审、保外就医）执法等专项检查共8次。对检查中发现的问题，下发通知，要求各单位落实一名领导负责抓整改，并逐案落实整改责任人，明确整改责任，确定整改期限，将整改情况列入双月考核和年终执法责任制考核。年底，经嘉兴市公安局考核，被评为2000年度嘉兴市公安机关执法先进单位。

2001年，贯彻公安部《公安机关执法质量考核评议规定》和省公安厅《关于全省开展县级公安机关执法责任制目标考评活动的通知》，市公安局于11月13—20日在全局开展执法责任制目标考评活动，对全局各执法部门按照省厅标准进行考评，在自评的基础上，通过嘉兴市公安局及省公安厅的考评。是年，市公安局首次被评为全省公安机关执法质量优秀单位。

2002年10月，市公安局会同市委政法委、市检察院、法院对2001年度办理的伤害案件进行专项检查，针对检查中发现在执法中存在的薄弱环节及执法过程中的重点和难点问题，及时下发《关于办理伤害案件的有关规定》，为规范伤害案件办案程序、准确处理各类伤害案件提供保障。

2003年6月，市公安局根据嘉兴市公安局的统一部署，开展“千案大评判”活动，对全局上半年办理的每起案件进行复评考核，对执法中存在的难点、热点问题有重点地进行抽查，对检查中发现的问题，以书面形式予以反馈，并利用公安网在法制部门网页上进行通报，督促整改。年内还先后开展留置盘问、行政案件裁决送达执行、接处警及受理立案工作等方面的专项执法检查。在年度执法质量考评活动中，对存在问题较多的单位下发《执法建议书》，督促整改。是年，获平湖市年度行政执法责任制工作先进集体、全省公安机关执法质量优秀单位“三连冠”。

2004年，市公安局成立执法质量常态化考评小组，建立“月评、季查、年考”的执法考评机制。推行案件评分、点评制，对典型的优质和劣质案件进行网上通报。开展“抽百案评优劣”、执法问题整改情况“回头看”及年度执法质量考评等活动。针对《行政许可法》《道路交通安全法》及《公安机关办理行政案件程序规定》等新法的执行情况，将不履行法定职责、违反办案程序、乱用强制措施，引起诉讼败诉、复议变更等问题列入执法考评，追究相关过错人的责任，下发《执法建议书》4份，4名民警被追究执法过错责任，并在全局通报。是年，继续保持全省公安机关执法质量优秀单位，立集体三等功一次。

2005年6月，贯彻国务院《全面推进依法行政实施纲要》及国务院办公厅《关于推行行政执法责任制的若干意见》，开展“规范执法行为，促进执法公正”专项整治活动，集中整改一批执法中存在的问题。建立“每案一评审、每月一研判、每季一评判、半年一倒查、全年一考评”的执法质量考评制度。全年共开展各类执法检查6次，下发执法通报6期。同时，根据市人民政府的统一部署，开展行政许可项目自查自纠工作，共集中清理4次，清理出行政许可项目44个。是年，被市人民政府评为行政执法责任制工作先进单位，并再次评为全省公安机关执法质量优秀单位，实现“五连冠”。

2006年9月，根据全国和全省检察、公安机关开展逮捕工作专项检查活动电视电话会议精神，市公安局与市检察院联合开展立案监督、逮捕专项检查工作，共同查找、分析、解决逮捕工作中存在的问题，加强立案监督，进一步规范公安执法行为。

2007年，结合公安部“三考”（基本法律知识考试、执法办案卷宗考评、信访工作考查）活动，狠抓执法办案卷宗的考评。由法制部门牵头成立办案指导组，有针对性地加强对基层执法办案的服务与指导，对存在的问题，采取上网、书面、会议等形式实时通报各单位，加以整改。对信访中发现的执法问题逐项分解，开展滚动式检查，使信访案件办案质量普遍提升，群众满意度明显提高。

2008年，实行优劣案件奖惩制度，对每起案件整改完毕后进行打分，对所办案件被评为优质案件的主办民警，年终根据其办案数量与办案质量评选执法标兵，并进行物质奖励；对所办案件被评为劣质案件的，年终考核不能评为优秀；对出现执法过错的，由局法制室向纪检督察部门发出建议书，由纪检督察部门根据《执法过错责任追究办法》的有关规定追究相关单位及民警的过错责任。是年，下发《执法建议书》2份，《执法通报》6期，2名民警被追究执法过错责任。

2009年，市公安局进一步完善每日案件质量评判制度，实时进行网上反馈，并规定对存在问题的必须在违法行为人被拘留期间整改完毕，避免事后因无法查找违法行为人而导致部分问题难以整改。对日常审核中发现重大执法问题的，向办案单位下发《执法建议书》，并视情追究执法过错责任，对检查中发现的执法问题进行通报。全年共进行执法检查7次，追究执法过错1件1人，下发《执法通报》5期。是年，当湖派出所被授予全省基层所队执法示范单位荣誉称号。

2010年，进一步完善执法检查考核机制，建立每月案件审核通报制度，对日常审核时发现的办案中存在的问题，每月进行汇总扣分，扣分情况分别记入办案单位和办案民警的执法档案，作为对部门执法质量考评和对民警等级评定的依据。是年10月，当湖派出所被评为全国公安机关执法示范单位。市局执法质量在嘉兴全市公安机关年终考评中排名第一，实现全省公安机关执法质量优秀单位“十连冠”的目标。

2011年1—6月，市公安局组织开展“百案评查”活动，抽取2010年6月1日至2011年5月31日期间办理的100起行政案卷和200起故意伤害案卷，逐案进行评查，对评查中发现的问题，通报至相关单位及民警，并将评查结果计入相关单位及民警的执法档案，建立案件质量终身负责制。8—12月，组织开展以行政案件公开处理、个案质量、中层领导主办案件等为内容的提升执法质量“百日竞赛”活动，根据得分进行实绩排名。从2012年起，季度考评增加执法对象、涉案物品、执法场所管理及公开处理案件数、刑事行政案件电子化比率的考核。

2013年，根据省公安厅新修订的《浙江省公安机关执法质量考核评议实施办法》，修改市公安局原有的执法质量绩效考核实施细则，将执法质量绩效考核分为办案质量分和案件数量分，执法监督检查重点突出执法功能区维护和使用、中层领导办案和业务部门独立办案，严防“一票否决类”执法问题的出现等，突出部门联合检查。推行法制民警派驻指导基层所队制度，将执法单位的执法质量考核与法制民警考核相挂钩，以提高基层执法单位的执法质量。

2015年，市公安局法制部门对办案单位的刑事、行政案件办理情况及执法对象、涉案物品、执法场所管理等，组织定期与不定期的检查，确保执法检查项目全覆盖。截至是年，实现连续15年获全省公安机关执法质量优秀单位称号。

## 第三节　执法规范化

1990年7月，为保证行政诉讼法的顺利实施，县公安局开展对现行公安规范性文件的清理，做好废、立、改工作，对县、局两级层面制定的规范性文件中涉及超越法律、法规的规定，罚则（处罚规则）缺乏依据的予以废止。通过清理，废止县级层面的2件、局级层面的2件。

1992年3月，市公安局下发《切实加强处罚执行工作的通知》，建立处罚执行月报制度，做到当月裁决，当月执行，逾月未执行的，由法制部门填发《执行处罚催办通知》，办案单位接此通知后，无特殊理由，未在限定期限内完成对被处罚人执行的，法制部门下发《纠正违法通知书》，凡年内三次接到《纠正违法通知书》的单位，取消其评比年度先进的资格。同时，下发《关于加强收容审查工作的通知》《认真贯彻劳教法规积极办理劳教案件的通知》，为规范收容审查工作及办理劳教案件提供保障。

1993年，为配合禁赌专项斗争，市公安局下发《有关禁赌的法律、法规、规章和禁赌工作中需要注意的问题》，对冲击赌场时收缴的赌资的清点；应予没收的赌资、赌具；赌博人员的处罚；处罚时对其经济承受能力；与相关法律、法规的衔接等方面加以明确规范。

1994年1月，印发《关于重申执法活动中若干要求的通知》，对治安案件受理立案、第一次讯问笔录首页的使用、治安处罚呈批表、裁决书的填写、扣押财物的单据、治安处罚裁决书的送达、殴打他人造成轻微伤案件的处理结果双方送达、多次处罚人员不得降格处理、治安案卷档案管理等方面都作了明确的规定。

1995年7月，贯彻嘉兴市公安局《嘉兴市公安法制工作目标管理实施细则（试行）》，市公安局着手构建法制工作网络，在基层派出所和交警大队、刑侦大队、巡特警大队、治安科、户政科、预审科、政保科、内保科、消防科等业务科室开展选配兼职法制员工作，并制订兼职法制员的工作职责。8月，法制部门逐步向基层单位配齐法律法规工具书籍，以供民警日常执法时学习之用。并在各派出所及刑侦、治安、政保、内保、预审、看守、户政、交警、消防等业务部门推行《法规专柜》制度，由兼职法制员管理。

1997年9月，根据省公安厅《完善执法制度，加强公安法制工作的决定》和平湖市政府《关于在市府各部门全面推行行政执法责任制的通知》，市公安局制订《执法责任制方案》《执法责任制考评奖惩实施办法（试行）》《案件审核监督规定》《刑事案件主办人责任制度》《行政案件主办人责任制度》等。建立执法责任制领导小组，由局长任组长、政委及分管局领导任副组长，法制、政治、指挥、督察、刑侦、治安、交警等业务部门负责人为成员，在法制科设立办公室，日常工作由法制科负责，建立由27人组成的执法联络员队伍。

1998年9月，根据省公安厅、嘉兴市公安局执法责任制实施办法的要求，重新修订执法责任制考核办法，开展二级（局长与执法单位、执法单位与民警）执法责任书签订活动，并与考核奖金挂钩。推出《治安（行政）案件质量双月考核办法》《追究领导连带责任暂行规定》《重特大执法事件报告制度》《理赔制度》及《留置室管理规定》《留置盘问工作暂行规定》《被留置人员行为规范》等，推行治安处罚裁决执行回执制度。8月，根据省公安厅关于《浙江省公安机关人民警察岗位执法资格认定制度实施办法》，组织全体民警学习《人民警察岗位执法万题解》，按照“统一规划、统一标准、统一考核、统一认证”的原则，至1999年底，完成全局民警“岗位执法资格证”的颁发工作。

1999年5月15日，市公安局推行治安（行政）案件质量优劣评判制度，废止1998年下发的《公安行政案件质量双月考核办法》。对各单位办理的治安（行政）案件，实行优质案件和劣质案件百分率评判，法制部门按案件受理、查证、审核分别进行评分，并将评判情况纳入民警执法档案，列入单位和民警双月考核和年终考核。配套制定《关于办理治安（行政）案件若干暂行规定》《治安（行政）案件评分标准》，建立案件质量通报、执法联系、案件跟踪办理等三大制度，确保案件质量。

2000年，市公安局针对少数单位在办理赌博和卖淫嫖娼案件中，不能很好地把握定性和处罚，制订《关于在执法活动中必须严格掌握政策严肃执法纪律的通知》，即“执法十一条”。同时，针对个别单位领导不重视办案、审核，制订《中层领导办理、审核、审批案件考核规定》，对中层领导的办案要求，审核、审批要求，考核奖惩办法等作出明确规定。

2001年，贯彻省公安厅《浙江省公安法制系统规范化建设标准》，完善执法机制，规范执法办案，制订治安行政案件公开办理、公开调解、公开听证规范，汇编《民警执法手册》，下发《关于呈报劳动教养案件有关问题的通知》《办理劳动教养案件实用手册》《关于切实纠正治安案件立案不实的通知》等。针对刑事案件立案标准调整后，与治安案件立案标准出现空档案件的实际情况，制订八类治安案件28种行为的立案标准，进一步规范治安案件的立案。

2002年，市公安局出台《规范执法的若干规定》，从行政处罚程序适用、告知陈述申辩程序、证据登记保存和预交款、留置盘问适用等十个方面作出具体规定。规范刑事执法，制订《刑事案件百分制考核办法》，根据省公安厅、嘉兴市局办理刑事案件实行“三个统一”的要求，对全局办理刑事案件实行由法制科统一管理刑事法律文书、统一办理刑事案件的“出口”、统一办理对外有关法律事务，同时在各执法单位安装执法监督管理系统软件。

2003年，贯彻公安部《公安机关内部执法监督工作规定》及《公安机关人民警察执法过错责任追究规定》，制订《平湖市公安局执法过错责任追究办法》，实行错案责任追究工作责任制，成立由分管副局长负责，政工、纪检、督察、法制等部门参加的执法过错责任追究委员会，落实各项执法监督制度，健全案件审核、执法检查、错案追究、警诫、领导连带责任等执法监督制度，自觉接受上级公安机关、人民法院、人民检察院、人大法工委等有关部门的监督。同时，新增《刑事案件办案标准》《行政案件办案标准》《个案质量考核记分实施办法》和《案件主办民警资格认证实施方案》。推行案件审核时初评和办结后复评的个案评判“双评制”，评判结果上网通报。

2004年，进一步完善《主办民警责任制》，对主办民警的职责、权限进行细化规定，实行奖惩制度工效挂钩，根据所办案件的质量和难易程度对主办民警给予50～200元不等的奖励，对所办案件被评判为劣质案件的，由法制科发出《执法整改意见通知书》，通报给办案单位主要领导，并与主办民警的等级升降、双月考核挂钩，使奖惩制度更加合理。是年，通过考试，首批确定208名治安行政案件主办民警资格。

2005年，市公安局积极探索法制初审室制度，在执法量大、任务重的当湖、乍浦、新仓、新埭等派出所和交警、治安大队建立法制初审室。出台《法制初审室（员）或兼职法制员职责》，建立法制初审员及兼职法制员轮训听审制度。至2006年，全局13个一线执法单位均成立法制初审室，兼职法制员队伍达到30余人，配备法律资料室、法律文书室、听证（询）室、行政复议室和行政复议接待室等。进一步完善主办民警执法资格认证制度，将执法资格认证制度与网上案件审核审批有机结合起来，有效地规范民警执法行为。市公安局的执法工作经验在全省公安工作暨“基层基础建设年”动员大会上作交流发言。

2006年，开展执法档案建设，在各执法单位、执法民警建立执法档案，全面、实时、如实记载每个单位、每个民警的执法情况，并加强日常考核检查，使各个执法单位和每名执法民警的执法行为、执法环节都有案可查。

2007年，结合公安部“三考”和《浙江省公安机关执法质量考核评议办法》，重新修订《行政案件质量考评记分细则》《中层领导主办案件制度》。对民警岗位执法资格进行重新确认。经考试，具有执法资格的民警有治安管理岗位238人、刑事侦查岗位98人、交通管理岗位71人。

2008年，市公安局通过修订完善案件主办人、专（兼）职法制员、部门领导办案责任制和法制部门及局领导审核、审批责任制，进一步落实案件主办人，法制初审员，科所队、法制室领导及分管局长等各级责任，从程序上和实体上确保案件办理的质量，杜绝违法问题的发生。是年，还开展行政案件电子化卷宗的推行工作。

2009年，根据嘉兴市公安局的统一部署，开展“强责任、查漏洞、除隐患”执法安全教育，下发《民警执法执勤规范（试行）》，发放《安全行车、规范执法执勤家属告知函》，规范民警执法。6月，市公安局在嘉兴市首推执法岗位民警等级化管理，出台《执法岗位民警等级化管理规定（试行）》，以每季基本法律知识考试，结合民警的法律素养、办案质量和办案数量，将民警执法分为 1 ～ 3 个等级。9 月，组织首次等级化评定，获一级执法民警 3 人、二级执法民警 58 人、三级执法民警 134 人。

2010 年，根据《浙江省公安机关人民警察岗位执法资格等级化认证管理办法》，经考核认证，获中级执法资格民警 111 人、初级执法资格民警 455 人。是年，根据公安部《公安机关办案场所设置规范》，开展“两所两队”（派出所、看守所、刑警队、交警队）执法功能区改造工作，统一设置信息采集室、人身安全检查室、物证保管室、讯问室、询问室、候问室、辨认室等。8 月，制订《行政案件公开处理口头审理操作规程》，将殴打他人、故意伤害、故意损毁公私财物类案件、因民间纠纷引起且当事人不愿接受调解的案件、群众对案件处理结果比较关注的案件、当事人对案件处理有异议和民警执法有异议的案件、可能引起复议、诉讼、信访的案件都列为公开处理的案件范围。至年底，共对 9 起案件进行公开处理、口头审理，提升执法的透明度。

2011 年，市公安局开展以《公安机关执法细则》为重点内容的执法主体素质专题教育培训。制订《民警执法资格等级化管理暨执法、学法积分制实施细则》，推行办案积分和学法积分。规范接处警受立案登记和案件卷宗管理及办理吸毒案件操作流程等，全面推行“执法信息网上录入、执法流程网上管理、执法活动网上监督、执法质量网上考核”的执法办案新模式。5 月，全市 9 个派出所（含水上）及看守所、刑侦大队、交警大队全部完成执法功能区标准化改造，并安装视频监控，实现对询问、讯问等执法活动的全过程、全方位实时监督。

2012 年 10 月 19 日，市公安局印发《执法办案积分制实施细则》，对民警办理的行政案件、刑事案件，根据办案质量，采取加、扣分制，以 1 分为 25 元的奖、扣标准，确定优质、良好、合格、劣质 4 个等次，采取“普奖”和“优秀奖”相结合的方式，每季兑现。评出优秀主办民警 10 名，实行单独奖励。积分奖励经费列入预算，每年 25 万元，设立专项基金账户。是年，共发放奖金 24.94 万元。

2013 年 7 月，根据省公安厅推行“阳光执法”体系建设的统一部署，市公安局通过在一线执法单位及互联网设立执法公开栏，将执法依据全面公开，并制作《执法信息告知记录单》。同时，率先在嘉兴市推出案件查询机制，案件报案人、受害人凭公安机关《接受案件回执单》和本人身份证，至受案单位查询案件侦查、赃物追缴等进展情况。

2014 年 3 月 12 日，根据《全省公安法制工作要点》精神，成立公安执法管理委员会。9 月下旬，各办案单位建成刑事（行政）案件查办信息告知查询监督系统，并投入使用。至年底，累计接待当事人询问 178 人次，对 811 起刑事（行政）案件进行受（立）案告知服务，破（结）案告知 323 人次。

2015 年 5 月，贯彻落实中央《关于全面深化公安工作改革若干重大问题的框架意见》及《公安机关管理服务和执法工作改革方案》，创新实施行政案件快速办理工作。通过邀请上级公安机关法制部门领导及市人民法院、市政府法制办领导，召开联席会议，制订有关规定及配套法律文书，在当湖派出所进行试点后全面实施。10月，探索实行受立案分离和立案归口管理制度，成立案件管理中心（简称“案管中心”），在法制大队设立办公室，设置警情巡查、案件（含未破）审核管理、办案区管理和涉案财物保管等岗位。在各派出所和刑侦、经侦、禁毒、交警等各业务大队分别成立“案管室”，实现案件网上集中统一管理。自主研发警情管理系统，于 11 月 20 日起在全局范围内推广使用。至年底，经省公安厅考核认证，全局执法办案民警获高级执法资格的有 41 人，中级执法资格的有 397 人。

## 第四节　行政复议与诉讼

县公安局的行政复议、诉讼工作，始于 1987 年 1 月 1 日新修订的《中华人民共和国治安管理处罚条例》（以下简称新《条例》）施行后。按照新《条例》规定，公民、法人和其他组织对公安机关治安处罚决定不服的，可以向作出处罚决定的上一级公安机关申请复议；对复议决定不服的，还可以向当地人民法院提起行政诉讼。为适应治安行政复议和诉讼制度，1986 年底，县公安局在治安科聘任诉讼代理人2名，参加由嘉兴市公安局组织的诉讼代理人资格培训，为新《条例》实施后的行政复议、诉讼作准备。

1987年4月，平湖出现首例向上一级公安机关申请行政复议案件。2月5日，广陈镇一村民在平湖至新仓的客轮上为座位与服务员发生争吵，并动手扭打服务员致伤。案发后，拒不接受派出所调解，4月16日经县公安局裁决对其行政拘留5天，并赔偿对方医疗费。裁决当天，该村民不服，向嘉兴市公安局申请复议，缴纳保证金后放回。经嘉兴市公安局复议后维持县公安局裁决，该村民表示心悦诚服，接受处罚。是年，在被处罚人员中还有5起5人由派出所裁决后当事人向县公安局申请复议，4人经教育后自动撤回，1人经县公安局复议后撤销原裁决，免予处罚。没有发生向法院提起诉讼的案件。

1988年4月，县公安局组织对执行新《条例》以来的情况进行专项检查。1987年1月至1988年4月，共有申请复议案件12起12人，经县公安局和嘉兴市公安局复议，依法变更处罚3起3人，没有发生向法院提起诉讼的案件。是年1月至12月，共有申诉案件8起11人，经县公安局复议5起5人，自行撤诉3起3人，复议后维持原裁决的1起1人，变更处罚的1起1人；经嘉兴市公安局复议3起6人，自行撤诉1起1人，复议后维持原裁决的1起3人，撤销原裁决的1起2人。全年未发生向法院提起诉讼的治安案件。

1990年6月5日，县公安局印发《认真贯彻省公安法制工作会议精神，加强法制建设的几点意见》，加强法制机构建设，充实法制干部，建立法制信息员网络，并在派出所及治安、刑侦、内保、交通、消防等部门落实一名行政诉讼代理人，经培训后，协助法制科应对行政复议和应诉工作。

1998年初，平湖出现首例行政诉讼案件。1月4日，原告城关镇一发廊业主不服市公安局以卖淫嫖娼对其作出罚款2000元的治安处罚及嘉兴市公安局作出的维持原裁决的申诉裁定，向平湖市人民法院提起行政诉讼。2月24日上午，平湖市人民法院公开审理，嘉兴及平湖两级公安机关法制科科长全权代理该案诉讼，出庭应诉。经审理，法院作出裁定，维持原裁决，驳回上诉，一审胜诉。原告仍不服，又向嘉兴市中级人民法院提起上诉，又被驳回上诉，维持原判，获得二审胜诉。是年，还有2起2人向平湖市人民法院提起诉讼，事后当事人自动撤回的1起1人，经法院判决，依法维持的1起1人，无败诉案件。

1995—1996年，《中华人民共和国国家赔偿法》《中华人民共和国行政处罚法》相继公布实施后，市公安局法制部门积极组织各执法单位学习，依据法律做好理赔和听证工作。严把案件审核关，尽可能把问题解决在公安内部，以维护公安机关的声誉。1998年，受理听证案件2起，自动撤回1起，举行听证会1起，组织听证后，变更处罚建议。

进入21世纪，市公安局进一步加强行政复议与诉讼工作。2003年6月30日，在法制部门挂牌成立行政复议办公室，抽调专门力量，全力做好行政复议和应诉工作。

2005年，根据嘉兴市公安局的统一部署，推行行政诉讼案件局长出庭应诉制度。2月15日，原告乍浦镇瓦山村一村民不服市公安局以扰乱机关办公秩序对其作出治安拘留处罚及嘉兴市公安局作出的维持原裁决的申诉裁定，向平湖市人民法院提起行政诉讼。3月3日，平湖市人民法院开庭审理，市委常委、公安局局长司宏毅首次以被告代表出庭应诉。经过3个小时审理，法院当庭作出维护公安局处罚决定的判决。庭审期间，市公安局分管法制副局长顾照荣及全局各执法单位分管法制工作的领导和一线办案民警代表参加诉讼旁听。是年，未发生诉讼败诉、建议撤销和国家赔偿等案件。

1987—2015年，共受理行政复议案件89起，经教育后当事人自动撤回37起。经复议，维持原裁决39起，变更原裁决3起，撤销原裁决10起。1998—2015年，共受理行政诉讼案件24起，经教育后当事人自动撤回7起，向市人民法院提起行政诉讼案件17起，经法院审理，维持原裁决15起、变更2起。

表 21-1　　1987—2015 年行政复议、行政诉讼应诉案件一览表

| 年份 | 复议案件 | 复议结果 | | | | 诉讼案件 | 审理结果 | | | |
|---|---|---|---|---|---|---|---|---|---|---|
| | | 维持 | 变更 | 撤销 | 自撤 | | 维持 | 变更 | 撤销 | 自撤 |
| 1987 | 6 | 1 | – | 1 | 4 | – | – | – | – | – |
| 1988 | 8 | 2 | 1 | 1 | 4 | – | – | – | – | – |
| 1989 | 5 | 2 | 1 | 1 | 1 | – | – | – | – | – |
| 1990 | 4 | 1 | – | 2 | 1 | – | – | – | – | – |
| 1992 | 5 | – | 1 | 1 | 3 | – | – | – | – | – |
| 1993 | 2 | – | – | – | 2 | – | – | – | – | – |
| 1994 | 3 | 1 | – | – | 2 | – | – | – | – | – |
| 1995 | 1 | 1 | – | – | – | – | – | – | – | – |
| 1996 | 3 | 1 | – | 2 | – | – | – | – | – | – |
| 1997 | 4 | 1 | – | 2 | 1 | – | – | – | – | – |
| 1998 | 1 | – | – | – | 1 | 3 | 2 | – | – | 1 |
| 1999 | 2 | 1 | – | – | 1 | 1 | – | – | – | 1 |
| 2001 | 4 | 4 | – | – | – | 1 | – | – | – | 1 |
| 2002 | 1 | 1 | – | – | – | – | – | – | – | – |
| 2003 | – | – | – | – | – | 3 | – | – | – | 3 |
| 2005 | 6 | 4 | – | – | 2 | 2 | 2 | – | – | – |
| 2006 | 1 | – | – | – | 1 | 2 | 2 | – | – | – |
| 2007 | 3 | 2 | – | – | 1 | 1 | – | – | – | 1 |
| 2008 | 4 | 1 | – | – | 3 | – | – | – | – | – |
| 2009 | 1 | 1 | – | – | – | – | – | – | – | – |
| 2010 | – | – | – | – | – | 1 | 1 | – | – | – |
| 2011 | 9 | 1 | – | – | 8 | 1 | 1 | – | – | – |
| 2012 | 3 | 3 | – | – | – | 2 | 2 | – | – | – |
| 2013 | 2 | 2 | – | – | – | 3 | 1 | 2 | – | – |
| 2014 | 8 | 7 | – | – | 1 | 2 | 2 | – | – | – |
| 2015 | 3 | 2 | – | – | 1 | 2 | 2 | – | – | – |

## 第五节　历史案件复查

公安机关在办理案件中，始终坚持“实事求是，有错必纠”的原则，既注重平时的办案质量，又把预防和纠正冤假错案贯穿于历次重大运动的全过程，积极参与各个历史时期的案件复查工作。1952—1986 年先后开展 6 次运动式案件复查，通过案件复查，检查办案质量，平反冤假错案，依法维护公民的合法权益。

### 一、1952 年清案复查

1952 年 9 月，平湖县根据中央政府关于司法改革运动的指示精神，成立司法改革委员会，区、乡、镇成立改革小组，抽调公安、法院等 22 名干部，对 1950 年 10 月至 1952 年 9 月已判决的 1970 件案件进行清案复查，纠错 58 件，其中改判 18 件。11 月 26 日至 12 月 21 日，县公安局抽调力量，组织复查小组，由局长亲自带班，在黄

姑乡开展镇反工作复查，对22名未处理的反革命分子召开大会，公开宣布处理。

## 二、1956年清案复查

1956年10月，按照中央《关于切实做好镇反案件检查工作的通知》，依据“有反必肃、有错必纠”方针，在县委的统一组织下，县公安局抽调力量会同检察、法院等部门，建立“清案五人小组”，对1955—1956年9月的镇反案件和其他刑事案件239件进行复查评议。通过清理，查出冤案16件，错案18件，量刑偏重28件，可判可不判案件、事实不清、重罪轻判案件各2件。对冤案16人宣布无罪释放，对错案中的9人教育后释放，9人免刑释放，量刑偏重的28人改判减刑，可判可不判的4人免刑释放。

## 三、1962年清案复查

1962年7月，根据省、地委的指示，平湖县组建由县委组织部部长俞云芳、监委书记班进茂、公安局教导员姜魁钧、检察长李作鸿、法院院长王建菊组成的清案领导小组，并从公、检、法三部门抽调8名干部成立清案工作组，对1958年公社化至1961年6月所判决的案件进行全面复查。历时9个月，共复查逮捕案件882件，涉案986人，发现错案60人、轻罪重判90人、重罪轻判7人、事实不清14人。错案60人中属破坏公社化运动44人、破坏生产5人、破坏畜牧2人、造谣破坏2人、违法乱纪1人，投机倒把、偷窃6人。造成以上冤假错案主要原因是认定性质、政策界限、工作作风等导致。

## 四、1971年案件复查

1971年2月15日至1972年11月中旬，贯彻中共中央〔1971〕1号文件指示精神，中共平湖县委下发《关于认真落实党的政策，搞好案件复查工作的通知》，由县委副书记、军代表及人保组副组长组成县案件复查工作领导小组，下设平湖县落实政策案件复查办公室，各社镇和县属单位均建立由5～7人组成的案件复查领导小组，并成立办公室。发动群众，开展对1968年4月13日平湖公安机关实行军管后定性、戴帽、管制、判刑案件，县人保组逮捕、判刑目前尚未处理的案件，军管前判处的目前仍在申诉，明显有问题的案件及由清理阶级队伍办公室定性、戴帽的案件，分三批进行复查。复查工作在新埭公社和新埭镇试点的基础上全县铺开。共复查案件336件，发现假案7人，错案31人，处理偏重16人，事实不清5人，对以上案件分别作出平反、纠错和改判处理。

## 五、1978年复查平反冤假错案

1978年7月至1979年10月，根据中央〔1976〕23号、〔1978〕78号文件精神，县公安局在县委的领导下，由一名副局长负责，以预审部门为主抽调3名干部，组成案件复查班子，开展对“文化大革命”开始（1966年5月16日）至粉碎江青反革命集团（1976年10月6日）期间，全县拘留、戴帽、定性处理的三种案件（书写反动标语、呼喊反动口号、投寄反革命匿名信）和刑事案件进行复查，建立每月行文向省公安局汇报案件复查进度制度。其间，工作组分别前往受林彪、江青两个反革命集团祸害最严重的黄姑公社和新埭镇，开展案件复查。查清黄姑公社14个反革命集团案件涉及的454人和新埭镇受冲击处理的223人，均属冤假错案，经报社（镇）党委和县委批准，召开大会，宣布平反，大会实况录音后向全县广播。对因冤假错案而造成致死、致残或生活困难的，在经济上适当作抚恤和补助。通过一年的复查和三个月的再次复查复议，共发现冤假错案97人，占“文化大革命”期间处理案件427名总数的22.7%，其中政治性冤假错案84人，占政治案件216人的39.3%；刑事性案件13人，占刑事案件211人的6.1%，逐一进行平反纠正，落实政策。同时，纠正对原由县人保组、军管组批复作政治错误，或交群众批斗、批判处理的冤错案件9人。平湖县的复查平反冤假错案工作得到省公安局肯定，在全省公安工作简报上以题为《平湖县明确指导思想，加快复查平反冤假错案的步伐》一文进行刊登。

## 六、1986年复查工作回头看

1986年初，根据中央组织部、统战部、司法部、公安部、最高人民检察院、最高人民法院《关于抓紧复查处理政法机关经办的冤假错案的通知》精神，认真落实“一对二清三回头”（即历年信访登记与查办情况进行核对，清理“文化大革命”期间处理的所有政治案件，对已复查的案件回头看材料是否准确，结论是否恰当）的工作要求，由信访部门为主进行复查。至1986年

9月30日，对“文化大革命”中处理的全部案件和“文化大革命”前后有申诉的案件全部复查完毕，并组织回头看，基本结束冤假错案的复查平反工作。共复查“文化大革命”前、中、后期，由公安机关处理的案件274件712人，平反纠错198件636人，其中复查政治案件187件623人，平反166件602人，并对涉案人员做好善后工作。

## 第六节　信访数量与内容

信访数量与内容在不同的历史时期，有着其不同的变化。20世纪50年代，每年受理信访的数量仅在几十件左右。进入60年代，数量开始上升，1963年受理群众来信122件，其内容主要是检举揭发类占绝大多数，举报有政治历史问题、贪污偷窃，干部违法乱纪，乱搞男女关系或强奸妇女等，其次是要求办理户口迁移，查找失散多年的亲人等。中共十一届三中全会后，人民来信来访数量剧增。1979年，受理群众来信来访359件，是新中国成立以来群众信访量最多的一年。内容主要集中在申诉类案件，重点要求平反和纠正历次政治运动中特别是“文化大革命”中造成的冤假错案。

进入80年代，信访数量稍有回落，但总量仍居高不下，每年在100～200件之间。内容集中在检举揭发、邻里亲友纠纷、伤害案件、要求户口“农转非”及对案件的定性、纠错等方面。并呈现四个特点：一是涉及具体问题多；二是疑难问题多；三是农村人员涉及经济问题多；四是城镇涉及定性、纠错问题多。县公安局坚持“实事求是、有错必纠、不错不纠、部分错部分纠”的原则，复查和纠正一批申诉案件。1980—1984年先后接到有申诉的历史老案59件，至1984年底办结55件，其中平反28件，办结率达到93.2%，落实了党的政策，合情合理地解决了群众反映的实际问题。1983年，公安机关开展“严打”斗争，群众热情高涨，举报、揭发等信件增多。1983年、1984年，受理来信来访分别为243件、210件。此后几年，出现逐年下降。

90年代，每年信访总量由上升到下降。1990年，受理来信来访308件，比1989年增长69%，是继1979年后出现的第二个高峰年。内容主要集中在申请户口“农转非”、纠纷伤害、检举控告等，占总数的84%。1991年起，信访数量开始逐年直线下降。是年，受理群众来信来访201件。1992年，受理来信来访128件。1993年，受理来信62件，接待来访11人次。越级上访和重复上访明显减少。1996年，公安机关继续开展“严打”斗争，信访总量再次呈上升趋势。是年，受理来信来访132件，其中属于举报、揭发的信访有112件，占总数的84.85%。以后几年，每年信访总量略有下降。

2000年后，随着改革开放的深入，不安定因素突出，社会矛盾增多，信访总量持续增多。2000—2005年信访总量每年在200～250件之间，2000年信访总量达250件，内容重点转向房屋拆迁、劳资纠纷，交通秩序、治安管理等。2005年，通过全国公安机关集中处理群众来信来访问题专项治理和公安局长开门大接访活动，以后，信访总量呈逐年下降趋势。2006年，全年受理信访案件185起，比2005年下降20.6%。

2010年，受理信访案件76件，其中来信35件、来访41件，内容涉及行政案件8件、刑事案件17件、道路交通12件、经济案件7件、控告2件、户口13件、其他12件、非警业务5件，比2009年下降38.21%，其中重要信访案件12件，比2009年下降62.5%，取得了“一降三少”（信访总量明显下降、存量明显减少，来信反映减少、越级反映减少）的可喜成绩。以后，除2013年略有反弹外，其余年份均属下降趋势。2015年，涉警类、民生类热点问题增多，越级信访增量加大。是年，共受理信访案件73件，其中来信26件，来访47件。

表 21-2　　1979—2015 年市（县）公安局受理群众来信来访一览表

| 年份 | 合计(件) | 分类 | | 年份 | 合计(件) | 分类 | |
|---|---|---|---|---|---|---|---|
| | | 来信件数 | 来访件数 | | | 来信件数 | 来访件数 |
| 1979 | 359 | – | – | 1997 | 119 | 58 | 61 |
| 1980 | 119 | – | – | 1998 | 106 | 66 | 40 |
| 1981 | 129 | – | – | 2000 | 250 | 179 | 71 |
| 1982 | 167 | 147 | 20 | 2001 | 242 | 185 | 57 |
| 1983 | 243 | 221 | 22 | 2002 | 226 | 147 | 79 |
| 1984 | 210 | 183 | 27 | 2003 | 223 | 154 | 69 |
| 1985 | 187 | 173 | 14 | 2004 | 208 | 138 | 70 |
| 1986 | 168 | 152 | 16 | 2005 | 233 | 150 | 83 |
| 1987 | 220 | 191 | 29 | 2006 | 185 | 126 | 59 |
| 1988 | 153 | 132 | 21 | 2007 | 114 | 68 | 46 |
| 1989 | 183 | 161 | 22 | 2008 | 83 | 62 | 21 |
| 1990 | 308 | – | – | 2009 | 123 | 85 | 38 |
| 1991 | 201 | – | – | 2010 | 76 | 35 | 41 |
| 1992 | 128 | – | – | 2011 | 69 | 33 | 36 |
| 1993 | 73 | 62 | 11 | 2012 | 92 | 35 | 57 |
| 1994 | 75 | 68 | 7 | 2013 | 131 | 53 | 78 |
| 1995 | 59 | 55 | 4 | 2014 | 74 | 22 | 52 |
| 1996 | 132 | – | – | 2015 | 73 | 26 | 47 |

注：空白栏指未找到分类依据，仅有总数。

## 第七节　信访工作制度与专项治理

### 一、信访工作制度

解放初，信访工作由县公安局秘书部门分管，在秘书室建立人民来信来访登记、承办、审核、研究、答复和交办、催办、检查等工作制度，重要信访经局领导阅示，落实专人办理。1958 年，贯彻执行《浙江省公安机关来信来访工作暂行办法》，按照领导分工、分级负责、归口办理的原则，加强对信访工作的领导。“文化大革命”期间，公安信访受到干扰。1978 年，整顿信访工作制度，信访工作被进一步受到重视和加强，信访办结率逐年提高。1979 年，信访办结率为 60.72%。

1982 年，县公安局贯彻省公安厅《浙江省公安机关信访工作细则》，建立健全来信来访登记、领导批阅、转办、统计报结、整理归档、提供信息等六项工作制度。1983 年，由于工作出色，被评为全县信访工作先进集体。

1984 年，加强对信访工作的领导，确定副政委分管信访，配备一名专职信访干部，由局领导根据业务分工，分别批阅信件，提出处理意见，对重要来访，局主要领导亲自接待，并组织力量查处。是年，信访办结率上升至 86.1%，超额完成省公安厅规定的办结率达 80% 的指标，获浙江省公安系统信访工作先进集体称号。

1985 年 6 月 3 日，县公安局下发《关于进一步健全信访报结制度的通知》，确定每月 15 日为局领导接待日，提出信访办结率要达到 90% 的工作目标，对来信来访必须做到件件有着落，事事有结果，在全局各单位建立每季一次向秘书科汇报信访办理情况制度。

1986 年，针对新形势下信访工作出现的“三多”（来信来访多、具体问题多、疑难问题多）情况，通过扎实细致的工作，全年没有因来信来访处理不及时而转化为刑事案件的情况。同时，根据上级指示精神，认真开展对 1978—1986 年期间复查案件的“回头看”，完成 378 件案件的清理登记和档案整理。

1987 年，开展对派出所内勤有关信访业务知识培训。在中共第十三次全国代表大会召开前及会议期间，主动与县信访、组织等部门联系，共同做好信访“老访户”的稳定工作。

1989 年，县公安局健全信访工作登记、领导批阅、归档及统计报结等制度。在办理来信来访工作中，坚持“尊重群众、平等待人、文明礼貌、办事公道、多办实事、服务人民”的原则，重视初信初访案件，凡是信访室能解决的，及时给予答复解决，决不拖延。是年，信访干部马平撰写的《谈信访工作纳入法制建设轨道》的一文，被县委办公室录用。

1990 年，面对大量增加的来信来访，县公安局坚持认真负责的工作态度，努力提高办结率。至年底，办结 293 件，办结率达 95.13%。通过对检举控告类来信来访的办理，先后查获一批违法犯罪人员，其中逮捕 11 人。1991 年 6 月 7 日，嘉兴市公安信访工作经验交流会在平湖供销大厦召开，县公安局作交流发言。

1992 年，市公安局通过对一匿名信件的调查，查获 1 个 3 人特大盗窃犯罪团伙，主犯孙中云被判处死缓，剥夺政治权利终身。是年，通过举报信访，获取犯罪线索，查获各类刑事犯罪分子 20 多人。

1993 年 1 月 1 日，贯彻执行新的《浙江省公安机关信访工作暂行办法》，规范信访工作，在信访工作中推行网络化、制度化、规范化建设，对秘书科转给所属业务科、所队的初信初访材料，建立承办单位一个月办结制度，实行各科所队信访交办、办结进度排名。是年，市公安局被评为全省公安系统信访工作先进集体。

1995 年 10 月 28 日，国务院第 185 号令发布《信访条例》，1996 年 1 月 1 日起施行。1996 年，市公安局贯彻国务院《信访条例》，根据嘉兴市公安局下发的《关于县（市、区）公安局信访工作目标考核内容》，实施信访工作目标化管理。是年，通过对举报、揭发信件的查证，发现有价值的违法犯罪线索 105 件，涉及违法犯罪人员 145 人次，查破各类案件 58 起，其中重大刑事案件 6 起，抓获各类违法犯罪人员 86 人，逮捕 11 人。

1997 年，市公安局通过信访渠道，查破各类案件 26 起，抓获各类违法犯罪人员 25 人。1998 年 7 月，按照上级业务部门的要求，在全局各单位推行每月一次信访工作书面汇报制度，及时反映群众的热点问题。

1999 年，市公安局加大信访案件的办案力度，推行大信访格局。对信访件实行局长亲自批，重要信访跟踪批，分管领导具体抓，信访部门督促抓，所属单位齐动手的大信访格局。建立局、科（所、队）和承办民警“三级负责制”，列入双月考核，并与奖金挂钩。在派出所等基层单位推行兼职信访联络员制度，确定兼职信访联络员 21 人，组织业务培训。制订信访工作目标责任制、回访制度、举报奖励若干规定等，对来信、来访群众，通过上门、发征求意见信或电话等形式进行回访，以提高群众的满意率。7 月中旬，开通 110 信箱，作为广泛接受群众来信的补充渠道。

2000 年，市公安局改善信访接待场所办公条件，在局门卫值班室旁新建办公室 3 间，添置电脑等办公用具，作为信访接待、办公地点。推行信访警务公开，开展不安定因素排查，建立信访重要信息报送制度及组织信访干部下基层，化解矛盾保稳定活动。在曹桥乡试点“三所”（公安派出所、法律服务所、司法所）联合调处矛盾纠纷机制，解决长期困扰基层派出所“纠纷多，难调处”的老大难问题，减少信访数量，曹桥经验在全市各乡镇推广。

2001 年，成立市公安局信访工作领导小组，由“一把手”（局长）亲自抓信访，建立局党委每季一次信访工作例会制度。是年，办结来信 183 件，办结率为 98.9%。通过信访渠道成功破获由平湖、嘉善两地黑恶势力组成的一犯罪团伙，实现平湖市信访工作先进单位“五连冠”。

2003 年，在信访案件办理中推行计分制考核办法，实行双月一自查，半年一抽考制度。2 月

28日，市人民政府开通市长电话。市公安局成立由局长任组长的信访和市长电话办理工作领导小组，制订《市长电话办理工作规范》《信访和市长电话办理工作考核细则》。在全市56个市长电话网络成员单位中首推联络员制度，确定全局30个科所队主要负责人兼任市长电话办理工作联络员，将市长电话交办工作列入各基层单位信访工作考核内容之一，建立每月通报制，以保证市长电话的高效运行。是年，共接到市长电话交办事项335件，办结324件，办结率为96.7%，按时反馈率为98%。

2005年1月5日，国务院第431号令发布《中华人民共和国信访条例》，2005年5月1日起施行。5月，市公安局贯彻公安部《公安机关信访工作规定》和省公安厅《浙江省公安机关信访工作责任制》，制订印发《市公安局信访工作责任制》，建立信访工作首问直接责任、上下联动信息、工作通报、责任追究、考核考评等五大机制，推进信访工作长效机制建设。并将信息排查预警机制引入公安信访工作，开展信访问题大排查，对可能引发信访问题的各种因素坚持抓早、抓实、抓苗头，逐一解决。5月18日至7月17日，根据公安部的统一部署，以“人人得到局长接待，件件得到依法处理”为目标，开展新中国成立以来公安史上规模最大、规格最高的集中处理群众信访问题“开门大接访”活动。由公安局“一把手”（局长）亲自面对面接待上访群众，处理信访问题。其间，在各镇（街道）张贴告示，成立9个集中处理群众信访问题工作督导小组。两个月内，市委常委、公安局局长司宏毅亲自接待来访群众56批82人次，办结率和息诉率均达100%，收到群众送来表扬信2封、锦旗1面。通过开门接访、主动约访、带案下访、上门回访等，进一步畅通“听民声、办民事、达民意、解民忧”的绿色通道。之后，局长接访活动每年举行一次，形成制度。从是年起，每年在全国“两会”（人大、政协会议）期间，信访室民警与市政府信访局干部一起赴京协助国家信访局做好平湖赴京信访人员的劝返工作，确保全国“两会”顺利召开。是年，市公安局被评为全省公安机关信访工作先进单位。

2006年，贯彻《浙江省公安机关疑难信访问题“专家会诊”制度》。3月，市公安局成立处理疑难信访问题专家组，对重大疑难信访事项进行“会诊”，依法、按政策作出处理意见。是年，市公安局被平湖市委、市政府评为年度信访工作先进集体。

2007年，市公安局制订《局领导下访、约访群众制度》《信访工作联席会议制度》《派出所、交警大队信访工作制度》和《信访工作过错责任追究暂行规定》《预防和处置群众集体上访及赴京去省上访工作意见》。局领导除每月一次在局开门接访外，同时每月参加由市委政法委组织的“四长”（公安局局长、检察长、法院院长、信访局局长）开门接访活动。是年，初信初访及涉法信访案件全部办结，共办理信访案件114件，其中来信68件（含网上局长信箱20件）、来访46件，办结率为100%。乍浦边防派出所成功转化辖区信访“老户”朱某某，全年辖区实现零上访、零投诉，得到公安部领导的批示表扬。

2008年，市公安局进一步健全和规范信访工作绩效考核、重点信访案件领导包案、信访工作列席会议、信访工作过错责任追究等相关办法和制度。把信访工作任务层层分解，坚持“谁主管，谁负责，谁引发信访问题，谁负责”的原则，对因自身过错导致信访案件发生或激化矛盾的，坚决追究有关责任人的责任。年内对一名因处警不当引起越级上访的责任民警作出通报批评、减发奖金处理。全年共办理信访案件83件，领导阅批率、回复办结率均为100%。通过来信来访提供线索22条，查破案件9起、查获违法犯罪嫌疑人员18人。是年，被评为全省公安机关信访工作优秀单位。

2009年，以国庆60周年安保工作为主线，建立健全信访信息预警机制，制订劝返赴京去省上访人员工作预案，规范操作流程和处置方法，建立信息日报制。制订《初信初访责任倒查追究暂行办法》，杜绝重信重访和越级上访，切实减少信访增量。10月26日，由法制、督察、信访等部门组成督查组抽取10起初信初访和上级交办件，集中进行倒查和评查，发现其中3起案件存在少数单位对家庭纠纷、债务纠纷等引发的报警不够重视、方法简单、缺乏技巧等现象在网上进行通报，并与各单位的执法质量考核和信访绩效考核相挂钩。新措施的实施，推动了全局信访工作的良性健康发展，出现了信访零越级访的良好态势。

2010年，市公安局不断完善“两级接访”工作，建立局长、分管局领导、科所队长、承办民警的信访工作层级责任体系和工作格局，落实各单位主要领导、分管领导及经办民警三级责任。制订《信访事项办理工作规范》《领导信访接待日制度》《劝返世博会期间赴沪上访人员工作预案》及《部门、警种信访工作制度》。5月上旬，局信访室与当湖派出所、警务督察大队等单位联合，采取提前约访、主动上门、真情感化等方法，成功处置一起扬言制造极端事件的信访案件。7月，根据嘉兴市局和平湖市委政法委的部署，组织开展信访案件评查工作，建立由法制、刑侦、信访部门负责人任组长的三个案件评查小组，从信访案件及办案系统中抽取已结伤害案件和酒驾、黄赌毒等40起案件进行评查，评查结果无错案，无责任追究案件。

2011年，开展信访场所规范化建设，将信访室分为候访区、接访区和办公区三大区块，整个接待区域实现电子监控全覆盖，提升硬件设施。并创新推出疑难案件会商制和未结案件通报制，对交办的未结案件在挂牌通报的同时，由局主要领导召集涉案单位负责人进行会商，专题研究，限期办结。全年共召开信访会商5次，涉案8起，结案7起，其中停访息诉6起。落实重点信访人员管理制度，预警签收、反馈、查获率达到100%。推广落实派出所值班所领导“坐堂制”，最大限度减少初信初访产生。全年信访案件继续下降，同比下降10%，其中重要信访案件下降25%。

2012年，市公安局对信访案件推行局领导分工督导、信访专项督察、重点信访案件专件督导等制度，确保信访案件的办理质量。规范信访文书档案、交办流转运作，建立职能警种联合接访制度。针对公安信访接待中，需要多个警种联动协调的共性问题，定期开展疑难信访案件分析会，主动联合综治、司法等部门，开展矛盾联调，妥善处理疑难信访案件。

2013年起，市公安局贯彻涉法涉诉信访改革精神，推行诉访分离，通过内部导入机制，规范推进信访事项严格按照法定权限和程序流转、交办和答复，促使符合受案条件的信访问题回归法律轨道处理。创新启动涵盖警情案情、社会治安、执法执勤、队伍建设等内容的每日点评会商机制，建立初信初访评查制度，由信访室会同局纪委、督察、法制及相关部门组成信访问题责任倒查追究工作专班，倒查问责。同时，贯彻省公安厅浙公通字〔2013〕123号通知精神，建立信访风险评估机制，提高信访问题源头防范水平，预防和减少信访案件特别是群体性上访事件和信访极端行为的发生。2013—2014年市公安局被评为全省公安信访考核县级优秀单位。

2015年，市公安局坚持“一把手”每月不定期约访，“班子成员”每月两次轮流接访和每年安排一个月时间集中下访，有效减少越级访发生。并将涉警信访投诉事项数据分析纳入每月局长办公会议常设项目，实行“编号登记、挂号整改、销号通报”制度，以减少因执法不公、执法不严而引发的信访问题。同时推行信访考核排名机制，按派出所和业务大队、机关部门两个序列，每月排名，每差一个名次，扣0.3分，提高信访考评比重。全年，信访案件办结率达100%，各类信访纠纷化解率达96.76%。是年，市公安局再次被评为全省公安信访考核县级优秀单位。

**二、信访专项治理**

1978年，信访工作重点放在配合做好冤假错案平反和解决群众合理要求上。10月，县公安局根据县委的统一部署，组织复查班子，对“文化大革命”十年造成的冤假错案中涉及拘留、戴帽、定性处理需要复查的“三类”（书写反动标语、呼喊反动口号、投寄反革命匿名信）案件及“文化大革命”前办理至今仍在申诉的案件进行复查，至1986年9月30日结束，纠正和平反一批冤假错案，并对复查案件的档案进行清理、登记、造册（详见公安法制章节历史案件复查）。

1986年，开展错划成分的复查工作，对有申诉的28户进行复查，纠错14户。城关中心小学教师沈某某，自1983年起多次申诉要求复查纠正其地主成分及所没收的房屋，经过大量的调查取证，最终弄清问题，沈本人也表示满意。做好精简下放人员的接访工作，1986—1987年间共接待精简下放人员要求回收户粮关系的约600人次，依据户粮回收的有关政策回收228户，392人。

1992年，为确保中共第十四次全国代表大会胜利召开，市公安局下发《关于认真做好公安信访工作的通知》。做到早联系、早落实，抓紧清理信访积案，及时掌握信访老户的动态信息，对可能进京的信访人员通过有关部门做好疏导工作，落实有关措施，无一人到北京、杭州等地上访，确保零进京。

1997年，正值香港回归和中共第十五次全国代表大会召开，市公安局认真做好信访老户的疏导工作，着力抓好重点信访户的稳定工作，由于措施有力，方法得当，平湖信访户无一人在"七一"香港回归和中共第十五次全国代表大会召开期间越级上访。是年，市公安局被市委、市政府评为信访工作先进集体。

1999年，围绕新中国成立50周年庆典和迎接澳门回归等安保工作，不间断地开展对不安定因素的排查。针对企业破产、改制、重组过程中以及农村建设和发展中出现的不安定因素，及时向主管部门和有关领导提供信息，全年共提供信息52条，做到早发现、早报告、早管理，没有发生一起集体上访、越级上访和异常信访案件。

2000年3—8月，根据公安部的统一部署，全面开展重点信访问题专项治理工作，共排摸出重点信访案件10起，予以查处。在办理过程中，建立由局领导、责任单位和办理人三级责任制，逐一签订责任书，层层明确责任，包案到人。10起重点信访案件全部办结，解决一批信访"疑难杂症"。11月，被公安部评为浙江省唯一的县（市）级公安重点信访问题专项治理先进集体，立集体三等功一次。

2001年，根据上级公安机关的统一部署，组织开展"信访案件排查处理月"、重要信访专项治理等活动，排查并办结4起重点信访案件。

2002年，为做好中共第十六次全国代表大会期间的安全保卫工作，组织各派出所开展大规模的信访不安定因素排摸工作，对排摸出来的信访问题和重点信访户，逐一明确责任，落实稳定措施，扎实做好信访问题的查处和重点信访人员的说服劝阻工作，确保万无一失。

2003年，根据公安部的统一部署开展对信访积压件集中清理工作，清理范围为2003年4月底以前受理的尚未得到依法查处结案的信访案件，包括部分结而不服，仍需核查处理的信访案件。在清理过程中，全市共排出自办信访积压件2起，至8月1日，全部办结，通过回访，当事人都表示满意。市委常委、公安局局长司宏毅在全省公安机关清理信访积压件电视电话会议上作经验介绍。

2004年，根据上级公安机关的统一部署，开展集中处理涉法信访问题专项活动，成立以市委常委、公安局局长司宏毅为组长的领导小组，下设办公室，制定印发实施方案，开展对2002年以来尚未解决问题的涉法信访案件进行排摸。对排摸出的11件涉法信访案件，明确查处工作的责任领导、责任部门、责任人，按照领导包案制和归口办理原则，贯彻"五定"（定人员、定任务、定责任、定时间、定措施）方针，使11件涉法信访问题案件如期完成，解决一批群众反映强烈的信访问题。全年还组织开展3次信访不安定因素集中排摸工作，共排摸出8名重点信访户，15条不安定因素，每件落实第一责任人，责任民警和村（居）干部等具体措施。全年无公安归口信访人员进京去杭上访，无影响稳定的异常上访。

2008年，根据全国公安机关信访工作电视电话会议的部署要求和省公安厅的通知精神，围绕奥运安保，做好重要时期信访不安定因素的排摸工作，开展以涉奥反恐不稳定因素为重点的基础大排查。以排查化解重信重访案件和上级交办督办案件为重点，强化责任，融合力量，多措并举，努力实现"人要回去，事要解决，案结事了，停访息诉"的工作目标，尽最大努力解决信访群众的合理诉求，最大限度地减少进京去省越级上访。

2009年，以国庆60周年安保工作为主线，不间断地开展各种矛盾纠纷和信访隐患的大排查。4—5月，根据市委的统一部署，组织开展"对接民生，破解信访难题"专项活动，对涉及公安作为牵头单位的3起老大难信访件，有理、有据、有节、善始善终地予以全方位破解。6—9月，根据公安部和省公安厅关于开展"信访积案化解年"的部署，开展"清积案、解隐患"信访百日攻坚行动，对梳理出来的16起信访不安定隐患逐件落实“四定”（定包案领导、定责任单位、定责任人、定办结时限）责任制，建立“一人一策”的管理档案，落实“四包”（包情况了解、包问题解决、包教育转化、包日常管理）措施。是年，根据浙江省委政法委《浙江省涉法涉诉信访案件甄别暂行办法》，开展涉法涉诉无理访案件认定工作，对一起上访近30年的信访件以实事求是、客观公正为前提，通过查阅案卷、约访当事人等形式形成高质量的自查报告，7月30日经省涉法涉诉领导小组批复该案成为全省第一批被认定为无理访的信访件。

2010年，围绕世博安保工作，开展以征地拆迁、劳资纠纷、交通事故以及肇事肇祸精神病人等重点的矛盾纠纷滚动式大排查。继续开展集中清理信访积案，做好信访积案化解工作，对2008年以来产生的公安信访积案进行集中排查，共排摸出11件信访积案，通过全力攻坚，均得到基本或完全化解。

2011年起，开展为期3年的涉法涉诉信访案件的评查工作。是年，共评查案件35起，其中刑事案件18起，行政案件12起，信访案件5起，对评查发现的问题，限期整改，分析产生问题原因，建章立制，提升执法形象。

2012年，市公安局围绕中共第十八次全国代表大会安保工作，开展化解矛盾纠纷专项攻坚活动，对重点人、重点事实行每周一次排查、汇总、研判，进行风险评估。依托“民情分析”“民情调解”等载体，利用各种社会途径，切实将问题解决在基层、化解在萌芽状态。是年，成功处置多起集访、堵路等苗头隐患，确保中共第十八次全国代表大会期间全市社会的稳定。

2013年起，市公安局根据公安部统一部署开展为期3年的“抓源头、打基础、强机制、促防范”专项治理活动，推行局领导包案治理。至2015年，成功化解2011年10月后发生的疑难信访积案10件，彻底解决一批老大难问题。同时，针对群众反映强烈的噪声扰民信访热点问题，通过专题会商及时制订《关于社会生活噪声案件的处理意见》，切实推进后续集中整治，及时平息社会矛盾，提高群众满意率。

# 第二十二章　文秘档案与警务保障

县公安局成立初期，设立秘书室，为局机关综合部门。负责机关行政工作，其业务包含文书、收发、信访、档案、通信、财务、后勤装备等。不久改称秘书股，20世纪80年代改称秘书科。90年代随着职能的扩大，秘书科与指挥室合并成立指挥处，以后又更名为办公室、指挥中心等不同称谓。文秘档案始终属于办公室工作的一项重要内容，保持长期不变。

后勤保障业务于1984年11月从秘书科析出，单设行政装备科。1997年6月，更名为后勤科。2008年9月，根据公安部《关于县级公安机关机构设置的指导意见》和省公安厅《县级公安机关机构设置实施方案》精神，进行机构设置调整，更名为警务保障室。

## 第一节　文秘事务

文秘事务是公安机关一项重要的行政工作，与公安业务工作紧密相连，内容包括制订计划和总结工作，负责文件登记、收发、传阅、承办，组织会议，汇集各股（科）所队工作进展，做好信息传递，开展典型调查研究，收集资料数据，分析预测社会动态，超前为领导提供决策依据，当好局领导的参谋和助手，服务于机关业务科室和基层一线实战单位。

### 一、信息编研

1949年6月，县公安局建立后，为保卫党在各个时期的中心工作，建立各股所总结汇报、请示报告等制度，规定每月收集敌社情书面汇报，秘书室综合后编写《敌社情简报》。同时积极开展社会调查和敌情基础调查，并根据调查资料分析研究敌情、社情动态，提供领导和上级机关参考。当时由于办公经费缺少，条件简陋，来往文书、简报编印都以手抄复写（蓝色复写纸）和用蜡纸钢板刻字（油墨印刷）为主，办文格式很多方面沿用旧政权公文格式和旧公文语体。

1956年，全国实行文书改革，彻底摒弃旧公文格式，统一文体，统一纸张，并改直行写为横写，使公安机关文书面貌焕然一新。1957年，将原《敌社情简报》改为《情况报告》，并配备油墨打字机，提高了工作效率。1961年，改为《公安工作简报》，通过工作简报的形式及时传达各个时期公安保卫工作和重大治安信息，指导面上公安工作，直至“文化大革命”开始后中断。

1973年2月，县公安局恢复后，信息处理与办文逐步规范，各股、所、队恢复《情况简报》制度。1974年，城关派出所开始每月编写《情况简报》及不定期编写《治安情况简报》，报镇党委及局秘书股，以供领导参考。1979年5月，县公安局根据省公安局《关于修订公安业务报告制度的通知》精神，向各公安派出所、公社公安员下发《关于加强公安业务报告制度的通知》，及时了解和掌握基层公安工作情况，准确分析敌社情，当好党委、政府的参谋。

20世纪80年代初，随着改革开放的不断深入，公安机关专项斗争、专项治理增多，县公安局又增加《公安要情》及《情况专报》等，及时为各级党委、政府科学决策提供依据，后统一为《公安工作简报》和《公安情况反映》。1986年起，采取不定期增发《公安情况反映》，把全县发生的重特大事件、政策性问题、内部单位出现的复杂疑难问题向上反映，以求得支持和妥善解决。同时，配合反盗窃斗争，印发《反盗简报》。是年，为提高工作效率，购买扫描机一台。1987年，加快信息员队伍建设，建立浙江公安通讯员和信息员队伍网络，全局有浙江公安通讯员7人、信息员15人。有13个科、所、队自办简报，内容有《公安工作简报》《消防简讯》《交通简讯》《刑侦动态》等，出刊正常，质量较好。1988年，信息员增至24人，共编写《公安工作简报》和《公安情况反映》110期，上报信息350多条，进一步畅通公安信息渠道。1989年，加强信息的收集及传递，坚持重大情况及时报，一般情况定期报，做到不漏报、不迟报、不误报。全年共编写《公安工作简报》36期，被嘉兴市局转发7期；编写《公安情况反映》131期，被嘉兴市局转发64期。是年，《公安工作简报》和《公安情况反映》编写期数比1988年增加57期。文印工作量比1988年增长40%左右，为缓解警力不足，秘书科开始增设文印室，聘用协警1人（后增至2人），专门从事文印工作。

1990年5月，根据县委、县政府关于压缩县级机关党政简报的意见，改原一事一报为多事合报，并对简报和情况反映出刊内容作了严格规定，简报主要是刊登经验型信息，情况反映主要是刊登动态型信息，两刊所登内容避免重复。全年出刊《工作简报》11期，《情况反映》104期，两刊期数均比1989年减少，但信息总量比1989年增长25.9%。并做好信息储存，使信息能反复利用。8月1日起，对发往县级机关的公文实行专送制度。1991年，进一步重视公安信息工作，开展对派出所内勤业务辅导，提高上报信息的质量。是年，平湖市委办、市府办建立文件交换站，实行每星期一、三、五上午准时交换文件，市局严格执行市级机关定时交换文件的规定，及时交换信件，不出差错。1997年10月，平湖公安要情计算机管理系统建成并投入试运行，被省公安厅确定为全省县级公安机关公安要情计算机管理试点唯一单位，加速信息上报的速度和通道，使市局的公安要情工作有一个新的飞跃。同时，改革信息上报制度，改原各单位分散型向业务上级上报为由指挥处汇总，统一上报，实现信息的联动反馈。1999年，为适应新时期公安工作的新特点，局党委班子成员结合各自分管业务，大兴调研之风。针对年度重点工作，由办公室统一拟定调研课题，明确责任局领导与牵头单位，认真抓好专题调研。是年，围绕队所协作、科技强警等内容开展专题调研。全年被省公安厅转发调研文章3篇，被嘉兴市公安局转发调研文章5篇。此后，调研活动每年一次，形成制度。每年初部署，拟定调研课题，制订调研计划，开展专题调研，并写出有一定质量的调研文章，上报下发，用以指导现实斗争，使公安工作不断适应新形势的发展。

进入21世纪，随着计算机技术的普及，推行无纸化办公及办公自动化，给传统的文秘工作赋予新的内涵，公安信息化程度进一步提高。同时，公安行文格式也进一步规范，实行主题词制度。2004年，市公安局办公室通过市政府政务信息网，实现部分收发材料无纸化传送，提高工作效率。同时，开展信息处理上报系统的研制和开发，利用平湖公安综合信息网平台，建立集上报、自动汇总、研判于一体的信息报送系统，做到信息实时报送和传递，真正实现信息畅通、方便、快捷。建立以指挥中心（办公室）为龙头，各主要职能部门参加的信息研判机制，进一步强化指挥中心对情报信息的分析、研判、预警的功能，突出情报信息服务领导、服务侦查、服务实战的作用，及时发布《预警通报》《警情分析》，全年共编写预警通报20期、警情分析30期、信息研判26期。2006年，严格执行上级有关重大信息报送工作的规定，做好平湖市党代会前期不安定因素等各类情报信息的收集和上报工作。11—12月，经办公室整理上报市委、市政府及嘉兴市公安局各类信息291条。2008年，不断强化信息采编的广度、深度，完善信息收集、报送、研判和预警机制，推行信息等级化制度。开展110信息研判，及时分析社会治安的规律特点，提出应对意见和措施，为领导决策提供科学依据和良好服务。2015年7月，制订《信息工作记分办法》，由录用记分、报送基准分和加扣分三部分组成，并确定各单位需按要求定期定额完成报送任务数，每月统计，按业务大队、综合部门和派出所两个序列应用至综合考评，进一步调动全局各单位提炼亮点、推介先进的积极性，充分发挥信息工作在参谋决策、创新管理、推动工作等方面的辅助作用。

## 二、公安统计

公安统计是公安工作成果的集中反映，重点反映公安业务、干警队伍、后勤装备等内容。按照业务上级规定，分别由各科股室统计上报。为严格执行统计报告制度，确保数字质量，发挥统计工作了解情况、指导工作、预测未来、科学决策的作用，县公安局采取以会代训的方式，组织各科、所、队内勤学习《统计法》及其《实施细则》和《公安统计工作规定》，熟悉统计项目、时限、口径要求，确保统计资料连续、完整、准确性，并在业务科室建立报表审核、订正、监督制度，增强干警做好公安统计工作的责任性，从而保证统计数字真实，每年按时完成统计任务。

20世纪50年代，有月报、季报、年报等各类统计表式12种，后逐年略有变动。80年代，公安工作围绕经济建设和改革开放，各项业务管理加强，统计表格增多。1989年，需上报上级业务部门的各类业务报表共有59种，加上为公安中心工作服务的调查研究、严厉打击刑事犯罪、破案战役、治安清查、专项斗争、总结考核评比等设置的统计表格不少于20多种，总数达80余种。

进入21世纪，统计报表越来越多。2004年2月25日，市公安局办公室为进一步规范主要公安业务数据的统计上报工作，下发《关于规范有关公安业务数据统计工作的通知》，明确全市主要公安业务数据的统计和审核由局办公室负责，局办公室为全市主要公安业务数据的统一出口，主要业务数据包括公安部下发的报警、收缴罚没、刑事案件、治安案件、抓获处理情况、逮捕情况、所内监管人员情况、所外监管情况、群体性事件情况等8大类共40张统计报表，一律由局办公室根据刑侦、经侦、治安、法制、监管、水警等有关部门和单位上报汇总审核后录入公安部公安统计报表计算机信息系统上报嘉兴市公安局办公室，其余条线统计由各归口业务部门统计上报，推行分级分类统计上报制度。至2015年，公安统计报表信息系统经多次升级，统计内容无根本性变化。

**三、公安局印模样式**

1949年6月，启用平湖县人民政府公安局铜质四方形印章（文字格式竖排，由右往左），机关股室为长方形印章（文字格式横排，由右往左），派出所为铜质四方形印章（规格小于公安局章）

1954年4月2日，启用平湖县人民政府公安局木质长戳印章，派出所同时启用木质长戳印章。1955年1月1日，派出所启用木质椭圆形便章。

1956年12月，启用平湖县公安局圆形印章（文字格式横排，由左往右）。

1968年4月13日，平湖县公安局实行军事管制，启用中国人民解放军浙江省平湖县公安机关军事管制组圆形印章。11月，同时启用平湖县革命委员会人民保卫组圆形印章。

1973年2月15日，恢复平湖县公安局，启用平湖县公安局圆形印章（文字格式横排，由左往右）。

1981年10月4日，根据国务院《关于国家行政机关和企业、事业单位印章的规定》，启用平湖县公安局圆形新印章。

1991年6月29日起，启用平湖市公安局圆形印章。7月2日起，启用平湖市公安局各科、所、队、室新印章。

**附：解放后各个不同时期的公安局印模样式**

平湖縣人民政府公安局印

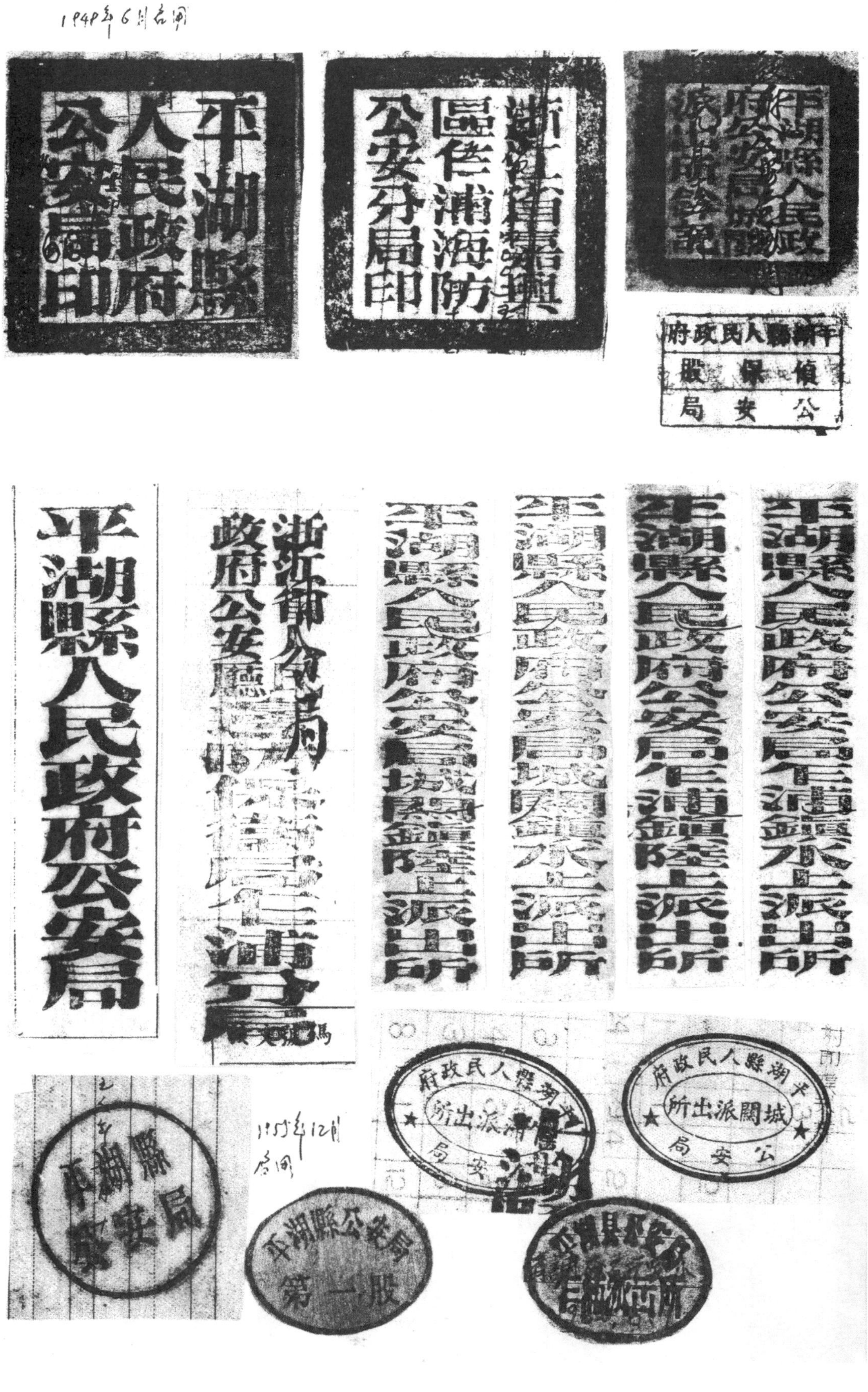

浙江省嘉興區乍浦海防公安分局印

平湖縣人民政府公安局城關派出所鈐記

平湖縣人民政府
偵保股
公安局

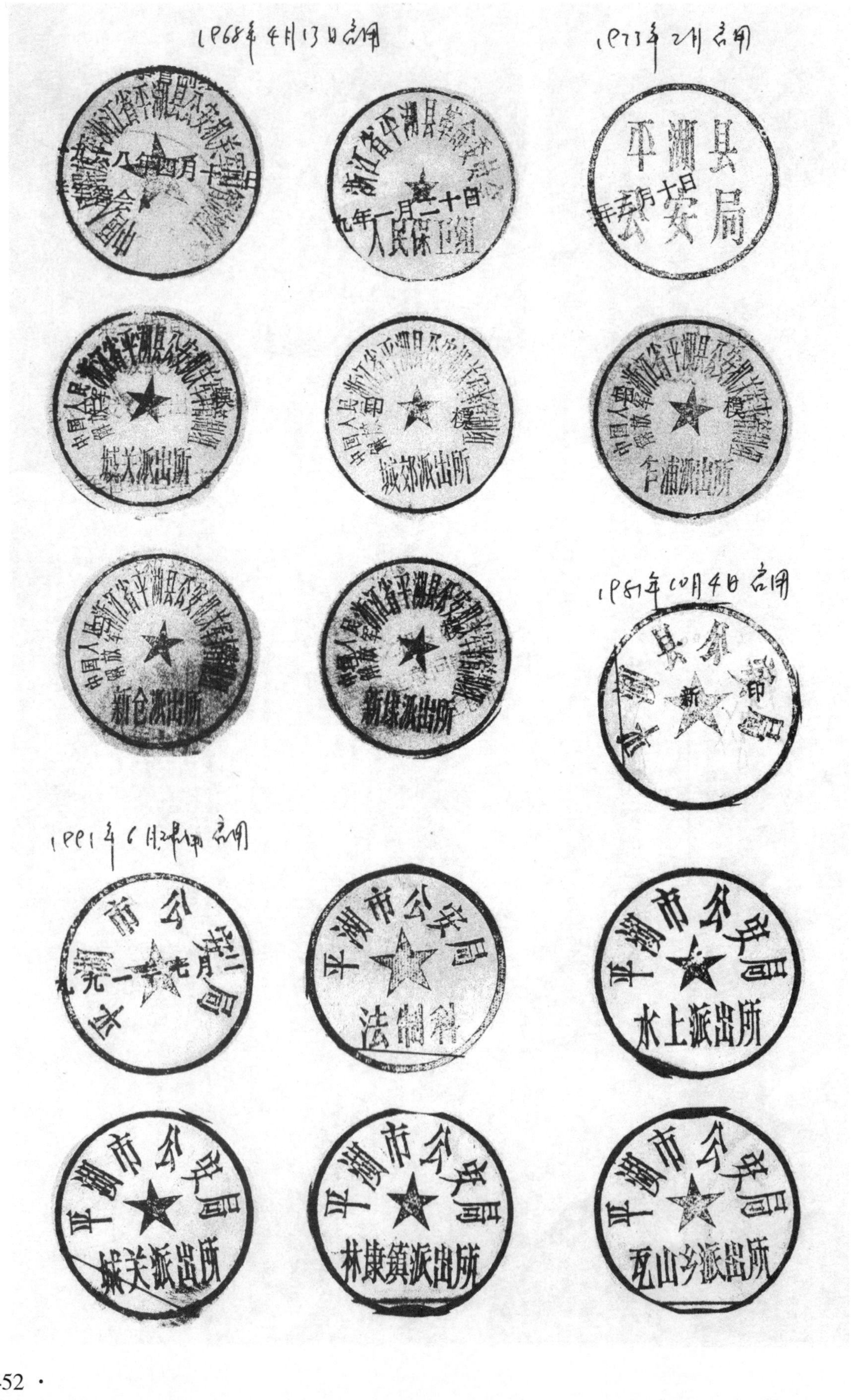
人民保卫组
平湖县公安局
城关派出所
城郊派出所
乍浦派出所
新仓派出所
新埭派出所
平湖市公安局
法制科
水上派出所
城关派出所
林埭镇派出所

## 第二节　档案管理

公安档案管理，是公安工作一项必不可少的基础性工作，有着重要的地位和作用。县公安局建立初期，档案数量较少，主要是民国时期警察局遗留的旧政权档案和解放后产生的少量文书、公安业务档案。1950年3月，建立文书处理立卷制度。6月，建立公文档案，设立档案室，由秘书股落实一名干警兼管。1956年3月，国务院下发《关于加强国家档案管理的决定》，县公安局进一步重视和加强档案管理。“文化大革命”时期，公安档案管理规章制度停止执行，档案无人管理，县公安局机关档案室及一些派出所档案室遭受“造反派”冲击，档案材料被抢，部分档案资料丢失，使公安档案遭受较大损失。1973年，县公安局恢复后，档案管理和建设逐步走上正轨。

中共十一届三中全会后，公安档案工作经过拨乱反正，有了新的发展。县公安局设立综合档案室，落实专管民警。同时，加强派出所档案室建设，实行档案规范化管理。尤其是进入21世纪，积极推进公安档案信息化、数字化建设，促进公安档案工作与时俱进，不断提高公安档案工作的服务和保障效能。至2015年，局综合档案室库藏档案达到5.34万卷（册、盒），其中文书档案1.24万卷、专业（业务）档案3.61万卷、声像档案42卷、科技档案23卷、会计档案4765册。档案管理为服务公安中心工作、领导参谋决策和公安实战发挥着重要的作用。

### 一、档案清理

**清理旧政权档案**

1955年9月至1956年，县公安局贯彻公安部、国家档案局关于清理旧政权档案的精神，组织警力，抽调干部6人，建立清档小组。收缴解放初各单位接收国民党机构档案资料，包括特务组织、宪兵、警察、司法审判机关、国民党、三青团以及旧政府军事、教育、教会等敌伪档案2717卷，其中敌伪政治档案478卷，另外还收集反动书籍、杂志638本，平湖县解放前8家反动报馆的报纸19本2325张。在此基础上开展了旧政权档案的整理立卷工作，共立国民党县党部案卷162卷，汪伪时期县党部案卷44卷，学校区分部17卷，三青团平湖分团10卷，戡建会5卷，伪平湖警察局224卷，地方法院16卷。通过清档发现混入我内部人员166人，其中反动党团骨干17人、一般党团员85人，其他伪军警、伪职骨干17人，一般伪职47人。

1968年4月13日，县公安机关实行军事管制后，再次开展旧政权档案清理工作，从各单位抽调11人，建立县“清档”（清理旧政权档案）小组。1971年12月，县革命委员会根据省、地委指示，建立县清查汇编办公室，统一领导全县的“清档”“清阶”（清理阶级队伍）和汇编工作。1973年4月7日，根据省革命委员会〔1973〕10号文件，撤销县清查汇编办公室、各社（镇）及平湖师范、平湖中学汇编小组，对已形成的汇编材料经分析甄别后分别移交各社（镇）专职保卫干部或公安派出所，旧政权档案材料分别登记造册，于6月2日移交县公安局综合档案室。

1981年3月，国务院批转《国务院办公厅转发国家档案局关于旧政权档案集中保管的通知》和省档案局、公安厅《关于旧政权档案集中保管交接中几个具体问题通知》。1983年1月，县公安局将旧政权档案全部移交县档案馆保管，共移交旧政权档案32卷、杂卷8卷，旧政权人员卡片43.47万张及县清档组移交来的档案资料639册。

**清理业务及文书档案**

1957—1958年，县公安局按照公安部档案局有关专业业务档案的管理规定，抽调4名干部开展各种业务档案的清理工作，对较为混乱的复杂分子材料分公社按姓氏归档，清理3万余份，建立单人档案、汇编档案索引目录。对案犯案卷材料做到随判、随归、随建卡片，建立卡片383张。

1979年，县公安局贯彻全国档案工作会议精神，开展对公安业务档案的收集、整理、归档工作。1983年，贯彻省公安厅《关于加强公安档案材料管理的通知》及公安部制订的《公安业务文件材料立卷、归档、管理暂行办法》，组织开展对机关档案室及业务单位、派出所的档案材料的全方位检查，对积存的零散材料没有清理或清理不彻底的单位，组织力量限期完成，进一步建立健全档案管理制度。

1994—1995年，根据公安部《公安业务档案管理办法》和省公安厅〔1991〕第17号、第23号文件精神，开展公安业务档案的清理整顿，实行统一管理。制定工作方案，提出清理整顿的范围、内容、方法、时间安排及工作要求，下发《关于开展公安业务档案清理整顿的意见》及《案卷组卷内容目录单》。通过清理，新接收各科室业务档案2248卷，新增科技档案等13个门类的档案资料。至1995年底，存有业务档案、文书档案、会计档案、科技档案、声像档案等5大类共2.58万卷（册、盒），进一步完善和丰富局档案室的馆藏档案。

**整理“四类分子”档案**

1989年，根据业务上级的要求，将在派出所分散保管的历史四类分子档案集中县公安局综合档案室统一保管，各派出所将本辖区四类分子档案，按档案管理要求进行全面整理归档后移交，共接收四类分子档案1.19万卷，确保历史档案的完整性。

**清理基层派出所档案**

20世纪60年代，县公安局遵照公安部《公安派出所档案材料管理暂行办法》，对派出所档案进行整理，实行分类管理。1989年，贯彻《中华人民共和国档案法》（以下简称《档案法》），开展对乡镇办派出所建所起至1988年底的文书档案整理、立卷、归档工作。组织派出所内勤学习《档案法》，提高做好档案工作的认识，明确档案的立卷、归档方法。是年底，完成23个派出所建所起至1988年底文书档案的归档、立卷工作，共立卷宗662卷，使派出所档案管理逐步走上规范化建设的轨道。

1992—1993年，市公安局根据省公安厅《浙江省公安派出所档案材料管理办法》，采取分批分期的方法，组织开展对基层派出所文书档案的集中清理工作，共装订派出所文书档案482卷。1998年5月至1999年，为提高派出所档案案卷质量，组织开展全市派出所文书档案“三集中”（人员、材料、装订）活动。下发派出所文书档案材料目录参考表，并对文书档案的立卷归档，全引目录编制及声像档案的管理等进行业务培训，确保派出所现有档案的质量。在统一的时间内，组织派出所档案员在各自初步整理的基础上，携带材料、号码机、夹子等装订工具到局集中，开展档案装订工作。“三集中”活动共整理档案2.07万卷，其中户籍档案3986卷、声像档案95卷，业务档案1.41万卷，文书档案2487卷。

**户籍档案资料专项清理**

为全面摸清新中国成立50多年平湖户籍资料的家底，规范户籍档案的收集、整理、归档、保管、使用等制度，2003年5月，市公安局根据嘉兴市公安局的统一部署，在全市派出所开展对新中国成立后户籍资料的专项清理。至10月，全市共清理户籍档案1.33万卷，其中常住人口登记表5307卷、迁入（出生）材料1552卷、迁出（死亡注销）材料1003卷，四变登记材料2194卷、人口普查资料2492卷、人口统计资料205卷、身份证资料567卷。通过该项工作，新收集户籍档案923卷，新整理6170卷。新收集整理户籍档案数量达到户籍档案总量的53.25%。

**二、档案日常管理**

县公安局成立初期，公安档案数量较少，尚未形成完整的管理制度。1956年3月，国务院发出《关于加强国家档案管理的决定》，档案管理制度逐步开始建立。20世纪50—70年代，县公安局档案室在办公楼后的平房内，面积仅40平方米，库房条件差，地面潮湿，存放橱柜少，均是老式木橱，又无专职管理员，给档案管理工作带来不少困难，只能做到尽量减少档案霉变、虫蛀等情况。

进入80年代，随着公安业务实行规范化管理的要求，档案管理被摆上重要位置，列入每年考核评比指标，档案管理工作有进一步提高。1980年，公安部制订公安业务档案三个管理试行办法。1983年，中共中央办公厅和国务院办公厅联合下发《机关档案工作条例》。

1987年4月，县公安局搬迁至新地址办公，档案室安排在主楼3～4层，共有库房5间，面积67.5平方米，添置10套铁皮档案箱，配备阅档室、办公室。同时，利用搬迁之机着手对原有9000余卷档案进行重新整理，归档。9月5日《中华人民共和国档案法》颁布实施，使档案管理工作做到有法可依。是年，共接待户粮来访人员查档500人次，通过查档处理下放户158户217人。并为县检察、法院及嘉兴市公安局等部门查阅档案1000余卷。

1988年，按照《平湖县机关综合档案室标准》开展公安局档案室达标活动。5月，配备1名专职档案员（民警）。明确档案员的职责范围，建立库房管理、立卷归档、查档借档等制度。在库房配置灭火器材和自动报警设备，经常开展对库房防火、防盗、防潮、防虫、防尘、防阳光直晒等“六防”安全检查。同时，对机关科室和派出所档案管理进行业务指导。9月，在嘉兴市公安机关贯彻执行《档案法》检查评比中，以95分的成绩进入全市第三名，被评为嘉兴市公安档案先进单位。

1989年，县公安局消防科规范消防档案管理，共建档49卷。嘉兴市公安消防系统档案工作现场会在平湖召开，推广平湖经验。是年，县公安局综合档案室经县档案局验收成为首批合格的机关综合档案室，被评为全县先进机关综合档案室，受到县档案局的表彰奖励。

1990年，县公安局档案室开展对预审副卷的整理装订归档工作，共整理归档历年预审副卷772卷，当年预审副卷108卷。同时，进一步严格档案管理的各项规章制度，做到阅借档案有登记、不丢失、不失密。档案管理作用明显，通过查阅四类分子档案为县落实私房办公室鉴别26户地主成分找到了可靠的依据。

1993年10月，市档案局对市公安局综合档案室进行检查验收，被评定为一级档案达标单位。1994年2月，公安部印发《公安机关声像档案管理办法》，市公安局进一步加强对声像档案的收集、归档工作。是年3月，在市级机关综合档案室升级活动中再次被评为一级档案室。1995年，又新增科技档案。是年底，经省、嘉兴市公安业务部门联合考评，达到档案管理一级标准，名列嘉兴市第二名。1996年1月，获省公安厅颁发的“公安档案管理达省一级标准”奖牌。

1997年8月，公安部印发《公安派出所档案管理办法》。市公安局制订《档案立卷归档制度》，进一步规范派出所档案管理。9月底，举办机关各部门及派出所内勤文书处理、档案管理培训班，邀请市档案局专家进行业务辅导和示范操作，以提高内勤民警对文书处理、档案管理的处理运用能力。是年，局综合档案室共受理、编目、归档案卷1313卷，编目、归档案卷64卷，制作照片相册1本，制作人物卡片156张，提供档案利用130人次。同时，开展公安档案资料编研工作，完成《公安组织机构沿革》《大事记》《档案全宗介绍》等编研文章。

1998年初，市公安局综合档案室从东主楼搬迁至西新大楼五楼，库房面积扩大至120平方米，投资18万元购置密集架。3月，购入计算机1台，聘请档案协管员1名，开始档案科目的录入，对部分袋装案卷、材料进行盒装化，按标准重新进行编目，总计盒装化档案约1万卷。制订《档案管理细则》《档案人员岗位职责》，绘制档案库存平面分布图，建立档案立卷、归档、保管、借阅、统计、销毁、保密等制度，进行规范管理。新编《年鉴》及规章制度、人事任免、机构设置、预案等汇编材料。

1999年3月，市公安局综合档案室经上级公安、档案部门联合考核，总分得98.5分，位居全省公安系统之首，继续保持省一级荣誉。同时，城关、乍浦、新仓、黄姑等4个公安派出所档案室达到省一级标准，前进、全塘、前港等3个公安派出所达到省二级标准。是年，重点抓好文书、基建、声像档案的立卷、归档工作。同时，积极抓好乡镇合并派出所建制调整后派出所档案管理工作。全年有效查档397人次，查档726卷，提供材料235份，为群众排忧解难做好事123件，协助破获各类案件61起，抓获违法犯罪人员117人。由市局编写的《规范管理、完善提高》被嘉兴市公安局《公安工作简报》第3期录用。《平湖市公安局积极做好档案管理工作为现实斗争服务》稿件刊登于《浙江日报》，《公安派出所文件材料的立卷归档》稿件刊登于《嘉兴档案》杂志。

2000年3月，全市11个派出所（含水上所）档案管理，经上级公安、档案部门联合考核，全部跨入省一级标准，获省公安厅颁发的公安派出所档案管理一级单位奖牌，为全省首家。3月10日，嘉兴市公安局办公室，水上公安分局联合在平湖召开“全市水警系统档案管理达标现场会”，水警大队在会上作交流发言。2001年，市公安局组织档案工作管理认定“回头看”，找问题，抓整改，进一步深化全局档案管理。

2003年，贯彻落实公安部《关于公安档案工作的意见》，健全、完善档案管理的各项规章制度，以公安档案目标管理认定为抓手，强化档案资源的开发利用，在规范化、科学化、信息化等方面有了新的进展。开展公安档案管理系统的信息录入工作，改变以往采用手工检索档案的模式，提高档案检索的速度。5月，局综合档案室因库房负重太大，致使局办公大楼基础下沉，临时搬迁至当湖路巡特警大楼底层。

2004年起，市公安局综合档案室根据现有档案库房条件有限的实际，力求做到摆放规范有序，重点狠抓档案管理软件建设。在做好机关业务部门建档、归档工作的同时，每年组织开展以派出所档案归档率为主要指标的公安专业档案收集归档工作，对派出所档案室进行专项检查，做到公安专业档案的归档率达到上级业务部门的要求。2006年4月，局综合档案室被市政府办公室评为“十五”期间全市档案工作先进集体。

2014年8月起，市公安局根据上级公安机关的统一部署，开展局综合档案室数字化建设，投入专项经费43万元，通过社会招投标，落实人员对永久、长期保管的文书档案及刑事侦查卷、行政强制措施呈报审批卷、行政（治安）管理处罚卷等三类专业（业务）档案中有关法律文书原件进行电子扫描，录入计算机管理系统，至2015年6月结束。此后，又开展全市派出所档案室的数字化建设，进一步提升公安档案管理信息化程度。

表22-1　　1949—2015年市（县）公安局综合档案室建档立卷一览表

| 年份 | 合计（卷） | 立卷分类 | | | 年份 | 合计（卷） | 立卷分类 | | |
|---|---|---|---|---|---|---|---|---|---|
| | | 永久 | 长期 | 定期 | | | 永久 | 长期 | 定期 |
| 1949 | 3 | 1 | 1 | 1 | 1970 | 21 | 6 | 5 | 10 |
| 1950 | 18 | 8 | 8 | 2 | 1971 | 11 | 3 | 5 | 3 |
| 1951 | 34 | 12 | 16 | 6 | 1972 | 13 | 4 | 2 | 7 |
| 1952 | 20 | 7 | 6 | 7 | 1973 | 17 | 4 | 6 | 7 |
| 1953 | 21 | 8 | 9 | 4 | 1974 | 11 | 1 | 4 | 6 |
| 1954 | 23 | 9 | 9 | 5 | 1975 | 16 | 2 | 5 | 9 |
| 1955 | 27 | 8 | 13 | 6 | 1976 | 9 | 2 | 2 | 5 |
| 1956 | 26 | 9 | 15 | 2 | 1977 | 16 | 1 | 5 | 10 |
| 1957 | 30 | 10 | 13 | 7 | 1978 | 23 | 3 | 9 | 11 |
| 1958 | 29 | 10 | 14 | 5 | 1979 | 23 | 5 | 7 | 11 |
| 1959 | 47 | 16 | 20 | 11 | 1980 | 22 | 3 | 10 | 9 |
| 1960 | 46 | 17 | 16 | 13 | 1981 | 37 | 3 | 10 | 24 |
| 1961 | 25 | 11 | 10 | 4 | 1982 | 42 | 7 | 8 | 27 |
| 1962 | 35 | 12 | 16 | 7 | 1983 | 47 | 3 | 14 | 30 |
| 1963 | 32 | 10 | 15 | 7 | 1984 | 53 | 6 | 15 | 32 |
| 1964 | 29 | 8 | 12 | 9 | 1985 | 64 | 14 | 16 | 34 |
| 1965 | 27 | 9 | 11 | 7 | 1986 | 70 | 13 | 17 | 40 |
| 1966 | 11 | 2 | 5 | 4 | 1987 | 74 | 16 | 24 | 34 |
| 1967 | 5 | 1 | 2 | 2 | 1988 | 69 | 11 | 22 | 36 |
| 1968 | 6 | 1 | 2 | 3 | 1989 | 72 | 12 | 25 | 35 |
| 1969 | 6 | 1 | 3 | 2 | 1990 | 48 | 14 | 29 | 5 |

续上表

| 年份 | 合计（卷） | 立卷分类 | | | 年份 | 合计（卷） | 立卷分类 | | |
|---|---|---|---|---|---|---|---|---|---|
| | | 永久 | 长期 | 定期 | | | 永久 | 长期 | 定期 |
| 1991 | 49 | 16 | 27 | 6 | 2004 | 114 | 27 | 71 | 16 |
| 1992 | 44 | 14 | 26 | 4 | 2005 | 102 | 57 | 32 | 13 |
| 1993 | 40 | 17 | 17 | 6 | 2006 | 80 | 39 | 30 | 11 |
| 1994 | 38 | 17 | 16 | 5 | 2007 | 72 | 27 | 35 | 10 |
| 1995 | 50 | 18 | 30 | 2 | 2008 | 1165 | 688 | 291 | 186 |
| 1996 | 50 | 18 | 23 | 9 | 2009 | 1319 | 633 | 398 | 288 |
| 1997 | 61 | 10 | 37 | 14 | 2010 | 1359 | 742 | 401 | 216 |
| 1998 | 90 | 20 | 58 | 12 | 2011 | 880 | 228 | 564 | 88 |
| 1999 | 101 | 17 | 68 | 16 | 2012 | 1337 | 440 | 672 | 225 |
| 2000 | 103 | 15 | 74 | 14 | 2013 | 1324 | 617 | 570 | 137 |
| 2001 | 93 | 14 | 65 | 14 | 2014 | 1371 | 668 | 582 | 121 |
| 2002 | 89 | 19 | 58 | 12 | 2015 | 1205 | 412 | 354 | 439 |
| 2003 | 103 | 24 | 65 | 14 | | | | | |

## 第三节　办公用房

解放初期，公安机关办公条件艰苦，装备落后。县公安局机关沿用民国时期警察局办公场所，派出所则利用政府没收的地主房子作为办公场所。20 世纪 80 年代起，办公设施逐步改善。1986 年，新建县公安局机关办公大楼。90 年代，各派出所陆续新建办公大楼。进入 21 世纪，随着公安经费的逐年增加，后勤保障部门以警务用车为重点，大力加强公安装备建设，为提高公安机关快速反应能力和机动作战能力提供强有力的保障。

### 一、局机关用房

县公安局建立初期办公地址沿用民国政府警察局，位于解放东路城隍庙内，南临大街，无围墙，院内有大小房屋 10 间，均是寺庙的老房子，仅在短短的几年中又经过 4 次外迁，至 1953 年 5 月，全部股室才迁回原址办公。1958 年始，在原址新建两层砖混结构办公楼 1 幢，成为建局后唯一的一幢新办公楼。

20 世纪 70 年代起，先后两次进行部分扩建和改造。1973 年 3 月，建成南北两堵围墙；1979 年，对局机关内危房进行拆建改造 800 平方米，保留二层砖混结构办公楼及档案室平房，建造办公、宿舍、值班、接待室及车库、油库等，建筑总面积 1288.76 平方米。

1984 年 9 月，根据县城总体规划，县计划经济委员会批复同意县公安局和消防中队进行易地重建。1985 年，通过与县供销联社、县工商局进行土地、房屋置换及财政拨款，在城关镇向农桥北侧征地面积 9360 平方米，新建办公大楼，由四层主楼 1 幢和东西两侧公安会堂及警官食堂附属楼 2 幢组成，建筑面积 2700 平方米，于 1987 年 4 月 17 日迁至新址办公。

1997 年，由于局机关内设机构增多，办公用房紧张，又在原址主楼西侧新建 1 幢五层办公大楼，经扩建后，综合业务用房建筑总面积为 3940 平方米。12 月，巡特警大队办公楼在当湖路南征地动工，1999 年 5 月竣工，建有主楼 1 幢及值班室、食堂、车库等附属设施，总建筑面积 3200 平方米。

进入 21 世纪，现有的市公安局办公大楼越来越不适应形势发展的需要，2014 年 7 月，报经省公安厅批复同意，建设市公安局业务技术用房，工程项目由市发改局立项批复同意，选址于当湖街道胜利路北侧、南市路西侧，占地2.66万平方米，新建主楼层高16层，设地下车库、地下靶场，并带有两幢附属楼的业务技术用房，建筑面积3.52万平方米（其中地上面积2.04万平方米，地下面积1.48万平方米），总投资18746万元。8月15日开始打桩。

## 二、看守所用房

1949年6月，县公安局看守所沿用民国时期县戒烟所。1950年11月，经省公安厅批准，借城关镇北弄3号徐氏宗祠，扩建为看守所。1951年5月，搬入新址，有监室11间及预审室、炊事房等附属设施。

20世纪70—80年代，看守所先后经过3次扩建和改造。1970年，在原址进行部分扩建和改造，在原址东侧建成东西两排平屋11间监室；1979年，对看守所监房、岗亭、预审室进行翻建，并加高围墙；1982年，利用原址重建成由多孔预制板作屋面的二层楼式南、北两幢监室，有男监室12间、女监室2间，房屋结构坚固、监房宽敞，并建有武警哨兵岗楼。

1993年，看守所易地重建，在城郊城北乡福臻村征地1.86万平方米，建成看守所用房及部队营房，建筑面积6874平方米，有监室40间。1995年5月竣工，搬入新址。2008年，扩建监室面积1201平方米。增加新监室18间，监所总面积达8080平方米。

2015年，为切实解决看守所存在的超容量关押问题，看守所迁建工程被列入市政府重点建设项目，经前期论证，新址确定为钟埭街道农牧场东南角地块，占地面积约6.67万平方米，新建包括看守所、拘留所和武警营区三部分，建筑面积共约2.4万平方米，预计投资19800万元。5月，进入立项报批、设计准备阶段。

## 三、消防队用房

1973年5月，公安专职消防队成立，地址在城关镇解放中路老县政府广场县消防总会，建有队部营房及车库约200平方米。1984年9月，根据县城总体规划，消防队与县公安局同时易地重建。消防队通过与县工商局进行土地、房屋置换及财政拨款，在城关镇向农桥北侧征地与公安局一并建房。1985年7月动工，建有消防大楼、车库及食堂、干部、战士宿舍等附属设施，建筑面积980平方米，1987年4月迁至新址。1998年，为适应平湖经济建设和城镇建设的迅速发展，市政府将消防大队迁建工作列为实事项目，在当湖街道当湖路实验小学西侧征地15亩。1999年，完成部队营房一期工程（消防中队）建设，年底搬入新址。2001年，完成部队营房二期工程（消防大队办公楼）建设。2011年，新建大队档案室及室内训练房。至2015年，建有消防指挥中心、部队营房、训练房及干部、战士宿舍等，建筑面积4792.17平方米。

## 四、交警队用房

1986年5月，经县计经委批准投入4.5万元，1987年在城北路县公安局大院南侧建造四层交警队办公楼一幢300平方米（后拆除）。1991年，乍浦车辆检查站新站房建成验收。是年，在城关镇梅园路新建交警办公大楼一幢，建筑面积3500平方米，1992年1月23日竣工验收。1998年，在原址扩建，建筑面积达到5100平方米。2009年，原交警大楼被市城投公司征用，暂借当湖街道南市路原当湖街道办公楼作过渡用房。2011年12月30日，在当湖街道漕兑路举行新交警车管办证大楼开工仪式，新大楼总用地面积11065平方米，建筑面积9515平方米，共投资5355.84万元，主楼层高9层，附属楼3层，并设地下车库。2015年5月1日，搬入漕兑路803号新址办公。

## 五、派出所用房

20世纪50—60年代，基层派出所一般都借用政府或政府没收的地主房子作办公用房，无单独建房，办公条件极其艰苦。城关派出所初建时所址在城关镇解放西路494～495号大华茶楼二楼二底；1956年8月迁至东小街108～109号；1958年迁至解放东路121号县公安局内；1960年迁至解放西路酱园弄内；1968年11月迁至建国南路原平湖越剧团宿舍。乍浦派出所初建时所址在乍浦镇北河滩18号，1965年迁至海盐弄原工商联用房。

1971年，乍浦派出所搬回原址乍浦镇北河滩18号。1975年11月，县公安局由县财政拨款9960元，在全塘公社友谊大队8队征地面积666.67平方米，新建金丝娘桥派出所办公楼，建筑面积255平方米。1978年，城关派出所由县城建办解决土地，面积1200平方米，在城关镇解放中路影院弄西侧，消防中队北侧新建700平方米三层办公楼1幢，1979年10月搬入新址。

90年代，在地方各级党委、政府的重视和支持下，公安基建项目增多，派出所办公条件进一步改善。1990年，新仓派出所翻建办公用房240平方米。城关派出所办公楼经城建部门鉴定系危房，在原地重建，暂借南河头党校办公，1991年10月搬回原址。1996年8月，水上派出所在城关镇当湖桥北堍征地动工，新建1200平方米办公楼一幢，1997年9月23日搬入新址办公，结束了长期无房借用平航公司办公的历史。1997年3月，前进乡派出所由乡政府多方筹措资金，共投资35万元，建造新办公大楼；11月竣工，建成三层办公楼1幢，共27间，建筑面积700平方米，成为当时全市第一个搬迁新办公楼的乡镇派出所。市公安局为鼓励乡镇派出所自主建房，召集全市各乡镇派出所所长在该所召开现场会，推进全市乡镇派出所基本建设。会后，各乡镇派出所在所在地乡镇党委、政府的支持下，多方筹措资金，陆续建造新办公大楼，基层派出所办公条件得到明显改善。第二个建成新办公大楼的是前港乡派出所（1999年乡镇合并后作为广陈派出所办公所在地）。1998年9月，城关派出所在城关镇环城西路游泳池北侧（现梅园路）征地约6亩，新建办公大楼2000平方米，另有食堂、车库及临街办证室等附属设施。是年，乍浦派出所在乍浦镇汤山东路征地，投资100万元，新建办公楼1幢约1500平方米。1999年，当湖（城关）、乍浦两所分别搬入新址办公。

1999—2001年，是全市派出所建房快速发展时期。1999年7月，全市乡镇合并，由原22个乡镇并为10个乡镇，新一届乡镇党委、政府对派出所基本建设经费投入力度强势推进，全市共投入资金2000万元，用于改善派出所办公条件。是年底，当湖、乍浦、新埭、新仓、黄姑等5个派出所新办公大楼翻建完毕。2000年5月，钟埭、曹桥、广陈、全塘等4个派出所新办公大楼全部竣工，先后搬入新址办公。至2001年，随着林埭派出所最后一个搬入新址虹霓集镇，建筑面积1558平方米。全市11个公安派出所（含水上）都拥有独立的办公大楼和附属设施，累计总建筑面积1.38万平方米，办公条件全部达到公安部颁布的派出所建设标准。以后，随着公安部派出所等级评定办法的贯彻实施，派出所内部办公设施进一步优化。

2008年1月，林埭派出所因镇域范围调整，原所址划入当湖街道，派出所易地重建。通过市、镇财政拨款和土地置换，共投资503.9万元（含土地征用费），在林埭镇保丰村征地面积1923平方米，建有办公主楼、附属楼民警宿舍及处警大厅等，总建筑面积2495平方米；2009年2月，搬入新址办公。

2011年12月25日，当湖派出所办公楼扩建项目启动仪式在当湖街道当湖路原巡特警大院内举行，新址占地面积6540平方米，总建筑面积7700平方米，扩建工程共投入资金880余万元。2013年2月5日，搬入新址办公。

**附：局机关办公地址及其变动**

1949年6月1日，县人民政府公安局办公地址在城关镇解放东路121号（原名中正东路，1950年9月9日改名为解放路）城隍庙内。1950年10月5日，迁至城关镇水洞埭；11月5日，因部队用房需要，迁至城关镇东石街1～3号办公；1952年8月7日，局秘书股、治安股迁至城关镇东小街86～87号办公，审讯股迁至城关镇东小街90号办公，其余股室仍留东石街办公；1953年5月16日，全部迁回解放东路59～61号（原城隍庙内）办公。1987年4月17日，搬迁至城关镇城北路5号办公。

## 第四节　警务装备

### 一、车辆与船艇

**车辆**

解放初期，县公安局仅有1辆从旧警察局接收过来的破旧自行车，供通讯员送信之用。1957年，购置新自行车4辆，为政保、治安部门急用的交通工具。20世纪60年代中期开始，陆续配备少量机动车辆。1964年，购置幸福二轮摩托车1辆，供政保、治安部门使用。1965年，省公安厅配发县局苏制侧三轮摩托车1辆，一直沿用至1973年。1974年，购置东海二轮摩托车1辆。1975年7月，省公安厅配发县局天津吉普车1辆，此车为解放后公安局成立以来的首辆汽车，以供局领导外出开会或遇有重大任务时使用。

进入80年代，平湖境内开始修建乡镇公路，至1989年全县22个乡镇已有18个乡镇建成通车。随着乡镇公路的建成，为全面增强公安机关快速反应能力和机动作战能力，公安车辆逐年增多。1981年，购置公安520囚车1辆。1983年、1984年先后购置北京212吉普车2辆，为当时的“严打”斗争提供有力保障。1985年9月，购置长江750侧三轮摩托车5辆，分别配发给刑队、治安、交警及城关、乍浦等派出所。后又分别于1987年、1989年连续两年为基层公安派出所配发警用摩托车10辆，用于巡逻、处警，提高了派出所快速反应能力。1989年2月、3月分别购置桑塔纳、标志汽车2辆。同时，公用自行车数量也不断增加。70年代初，机关科室及派出所配备少量公车，民警下乡办案主要靠轮船或步行。1984年开始，公用自行车达到每人1辆，后自行车“公改”，公车折旧到个人，每人每月享受2元的车辆补贴。

90年代，警用车辆不断增多。1990年5月，购置切诺基汽车1辆，以解决长途办案所需，后又购置北京轿车1辆，至1991年底，全局已有各种汽车14辆、摩托车26辆。1992年6月，根据省公安厅、财政厅转发《公安部、财政部〈关于印发公安派出所装备标准试行规定〉的通知》，为城关、乍浦2个达标公安派出所各配发昌河小面包汽车1辆，打破长期以来基层派出所无警用汽车的局面。至1996年底，全局拥有汽车45辆，摩托车77辆。为便于管理，8月，制订《车辆使用管理规定》，实行分级审批制度，平湖市范围须经科所队领导批准，平湖市以外、浙江省以内或上海市范围内须经分管局领导批准，上述范围以外的须经局主要领导批准，局后勤部门建立车辆及机动车驾驶员档案。

进入21世纪，警用车辆的数量和车型都发生根本的变化，全局各单位都配备一定数量的警务用车，车型从昌河小面包车到普桑轿车，又从普桑2000型到3000型轿车。随着警用车辆的不断增多，车辆使用改变由警务保障室每天派车的集中管理模式，极大地适应公安实战的需要。警务保障室取消每天派车的任务后，负责每年核定各部门的车辆维修费、汽油费及车辆的年检年审等工作。2004年9月1日起，根据公安部、省公安厅及嘉兴市公安局的部署，开展“2004式”警车外观制式涂装工作。至2005年8月，按要求完成全局176辆警车的外观制式涂装任务。

2005年5月10日，依据浙江省公安机关警用车辆使用管理规定，印发《规范警车使用管理规定》，对警用车辆实行准驾制度。规定凡市局民警、职工及正式聘用人员驾驶警车，需经本单位领导资格审查，警务督察队审核、考试合格，报局长批准，取得由省公安厅统一颁发的“警用车辆准驾证”，“警用摩托车准驾证”由嘉兴市公安局制作下发。2006年，首批发放275张由省公安厅制发的“警车准驾证”，274张由嘉兴市公安局制发的“警用摩托车准驾证”。准驾制度的实行，进一步规范和方便基层执法单位的日常工作，此制度一直延续至今。至2015年，全局共有110处警车、技术侦察车、囚车、清障车、勘查车、通信指挥车及防暴车等各类警用汽车219辆、警用摩托车165辆。

**船艇**

平湖县属水网地带，很长时间以水上交通为主。在20世纪50—60年代，县公安局无专用汽艇，外出执行任务及工作需要，一般都临时借用航管、供电等部门的汽艇。1972年开始，打造第一艘木质公安艇，于1973年7月投入使用。在侦破案件、打击犯罪活动中起到了重要作用。1979年9月，水上派出所恢复后，原有的木质汽艇由于年代久远，木质腐烂，机器报废。遇紧急情况，继续采用向有关单位临时借用的方法加以解决。

1981年8月，县公安局新购置铁壳公安艇1艘、玻璃钢摩托艇1艘。1988年5月，购置巡逻艇1艘，玻璃钢摩托艇1艘。至1989年，能正常使用的有2艘。1994年，购进市财税局使用10多年的旧艇1艘。1997年8月、1999年又先后新购公安巡逻艇2艘，淘汰原有的2艘巡逻艇。

2002年9月，市公安局耗资90万元，建造豪华型水上指挥艇1艘，内有自备发电机、吸顶式空调1只、挂式空调2只，电视机及音响设备，小型会议室等。同时购置摩托艇1艘。2009年11月，为适应上海世博会水上安保工作的需要，投入 38 万元，建造公安中型巡逻艇 1 艘。至 2015 年底，有中、小型巡逻艇 3 艘。

## 二、枪支、警械与警犬

### 枪支

解放初，县公安局的枪支来源有两部分组成，一部分是从接管民国警察局时缴获的破旧枪械，共有长枪 26 支、捷克式轻机枪 1 挺及长枪弹 685 发，这些枪支由于年代远久，性能较差，可利用率较低；另一部分是由部队转入公安的干部佩枪及业务上级补充配发公安的枪支，主要是一些木壳枪和白朗宁等杂牌手枪。20 世纪 60 年代，配发“54 式”手枪。70 年代，配发“64 式”手枪。80 年代，淘汰旧枪，更换各种杂旧手枪，全部使用“54 式”“64 式”手枪。90 年代初，配发少量“77 式”“92 式”手枪。1997 年，专为巡特警配备微型冲锋枪、防暴枪、自动步枪、狙击步枪等。进入 21 世纪，新增配发 9 毫米转轮手枪等。公安枪支通过多年更新，实现了统一的国产系列制式，弹药标准化规格，更有利于实战的需要。

20 世纪 50 年代初期，县公安局枪支配发给个人。1954 年 6 月 7 日，根据省公安厅关于执行中央人民政府公安部公布的《枪支管理暂行办法》，对派出所配枪情况进行调整，除各所正、副所长可佩带短枪外，其余干警所佩带之短枪全部收缴，由县局统一保管。“文化大革命”前期，公安机关实行军事管制，干警枪支被收缴。1973 年 2 月，县公安局恢复后，公安干警重新配发枪支，股所长以上和政保、治安、预审、看守干警原则上配发至个人，秘书股和派出所民警配发公用枪支。1987 年 5 月，实行枪弹由县公安局统一集中保管，为应急需要，在城关派出所、刑侦队配发应急用枪。1989 年 6 月，为防止枪弹丢失，取消科所队领导个人保管枪支，收缴后由局统一保管。2003 年 10 月底，统一将枪弹配发至一线执法执勤单位，实行由局机关及一线执法单位分散保管，取消沿用多年的枪支由局统一集中保管模式。

### 警械

解放初期，县公安局使用的是木质警棍，手铐（铜质）量少，仅有几副由看守所保管，在押解人犯时使用。1985 年，首次配发电警棍 16 根，分别配发给治安部门及城关、乍浦等 2 个公安派出所。1990 年 12 月，派出所、治安等部门开始统一配发电警棍、手铐（不锈钢质）等警械，电警棍在使用一段时间后被取消。

进入 21 世纪，为适应防暴处突工作的需要，配发收缩警棍（铁质）、T 字警棍（橡胶），警棍、手铐配发量增大，列入了单警防护装备，并备有一定数量的库存。同时一批新式警械陆续配发到位，2006 年，为一线民警增配手投催泪弹，后改为催泪瓦斯喷射器。2008 年，为巡特警增配警用制式刀具、阻车路障等警械。至 2015 年，共有各类警棍 717 根、手铐 717 副、警用催泪瓦斯喷射器 717 个、制式刀具 40 把、脚镣 20 副及阻车路障 15 个。

### 警犬

20 世纪 50 年代，县公安局武装民警队配有警犬 1 条（取名“保健”），1961 年 11 月，转交县公安局治安股，用于侦察破案。1962 年 6 月，根据上级公安机关规定县一级公安机关取消配犬，警犬“保健”上缴省公安厅。

## 三、个人防护装备

2004 年，市公安局根据《浙江省公安装备建设实施标准（2003—2005）》规定，为一线民警配发防弹头盔、防弹衣、防刺衣、防割手套、防刺手套等个人防护装备。至 2 月，在嘉兴市率先完成全市 10 个派出所民警个人防护设备的购买配备工作，添置防弹头盔 64 个、防弹衣 64 件、防刺衣 89 件、防割手套 125 副、防刺手套 67 副。9 月，为派出所民警配备救生衣 120 件。2005 年，投入 8 万元购置防弹头盔、防弹衣、防刺衣、防割手套、防刺手套及防护藤棍、自卫喷雾器等民警个人防护装备。2006 年开始，为一线接处警民警配发警械与防护合一的单警装备“七件套”，有多功能腰带、强光手电、收缩警棍、手铐、防割手套、喷射器、急救包等。至 2007 年 4 月，全部配发完毕，达到公安部一线实战单位单警装备的配备标准，并在全市 9 个派出所（含水上）建立警械装备室。2009 年 4 月，单警装备“七件套”配发范围扩大至机关部门，至 10 月，每人一套配发完毕，达到单警装备的全覆盖，并在各部门建立警械装备室，实行统一管理。此后每年按照实有民警数进行增补，达到每人一套的配备标准。

表 22-2　　1964—2015 年平湖公安车辆、船艇装备一览表

| 年份 | 汽车（辆） | 摩托车（辆） | 船艇（艘） | 年份 | 汽车（辆） | 摩托车（辆） | 船艇（艘） |
|---|---|---|---|---|---|---|---|
| 1964 | – | 1 | – | 1996 | 45 | 32 | 2 |
| 1965 | – | 2 | – | 1997 | 37 | 59 | 3 |
| 1973 | – | – | 1 | 1998 | 71 | 24 | 3 |
| 1974 | – | 1 | – | 1999 | 75 | 22 | 3 |
| 1975 | 1 | – | – | 2000 | 89 | 237 | 3 |
| 1981 | 1 | 2 | 1 | 2001 | 93 | 237 | 3 |
| 1982 | 1 | – | – | 2002 | 159 | 245 | 2 |
| 1983 | 2 | – | – | 2003 | 123 | 223 | 3 |
| 1984 | 3 | – | – | 2004 | 143 | 227 | 3 |
| 1985 | 3 | 7 | – | 2005 | 149 | 150 | 3 |
| 1986 | 3 | 8 | 1 | 2006 | 189 | 165 | 3 |
| 1987 | 5 | 12 | 1 | 2007 | 207 | 184 | 3 |
| 1988 | 8 | 11 | 2 | 2008 | 213 | 210 | 3 |
| 1989 | 8 | 22 | 2 | 2009 | 196 | 185 | 4 |
| 1990 | 12 | 24 | 2 | 2010 | 242 | 160 | 4 |
| 1991 | 14 | 26 | 2 | 2011 | 228 | 186 | 4 |
| 1992 | 25 | 32 | 1 | 2012 | 238 | 180 | 4 |
| 1993 | 25 | 32 | 2 | 2013 | 224 | 169 | 4 |
| 1994 | 25 | 32 | 2 | 2014 | 219 | 174 | 3 |
| 1995 | 35 | 26 | 2 | 2015 | 219 | 165 | 3 |

注：2010 年起，乍浦派出所由嘉兴港区公安分局管辖，不列入统计范围。

## 第五节　被装配发及管理

### 一、警服制式

新中国成立后，人民警察的服装制式由国务院（政务院）或公安部统一规定，随着社会和经济的发展，警察制服颜色、式样、布料质量等先后经过 9 次改革，计有五〇式、五五式、五九式、六五式、七一式、七八式、八三式、八九式和九九式。每次改革，制服的品种、质量都有不同程度的增加和改进。服装面料从 20 世纪 50 年代最初期的棉布、70 年代流行的“三合一”的确良、80 年代的仿毛凡立丁、仿毛马裤呢到 2000 年的毛涤混纺。被装品种、数量不断增多、齐全，从原来的一套四季混穿，几个人合穿一件棉大衣，平时穿的是解放鞋、冬天穿的是棉胶鞋，到分夏、冬两季，再到现在分春、秋、夏、冬四季，不但有常服，还有执勤服、作训服等 30 多个品种。尤其是九九式警服，颜色首次选用国际上警察通用的藏蓝色，制服面料质量高，穿着美观大方，充分展示了新世纪人民警察的庄重仪表。

### 二、配发范围

人民警察着装范围，由公安部和省公安厅确定。新中国成立后，着装范围曾多次变动。1950 年，除从事政治侦察干警外，其他干警全部着警服。1951 年起，只限于公安派出所和城市交警队干警着警服。1966 年起，除配发派出所和城市交警队干警外，全省各级公安机关按在编不着装干警的 15% 的比例配发公用警服，供治安、刑侦部门干警外出执行公务时穿着。从 1979 年下半年开始警察制服的配发范围逐步扩大，先增发至预审、看守部门干警；1980 年上半年又增发至刑侦干警；1981 年夏季开始，行政在编干警全部着装。

### 三、被装管理

20 世纪 50—70 年代，被装发放从最初按标准发放，根据穿着年限，发新交旧。80 年代开始，发新不交旧。2000 年以后，为保证九九式新警服穿着合身，开始“量体裁衣”。2005 年 3 月，又实行净体测量与常用号型相结合的“量体套号”的警服管理模式。2010 年 5 月，根据省公安厅办公室《关于全省公安机关被装实行按需申领供应的通知》精神，全省公安机关被装试行按需发放，核定普警每人每年服装费为 1040 元，并适当增加发放的品种，民警可根据自己警服穿着破旧程度，按供给品种，自行选择所需的被装品种，这样既节约成本，又提高被装使用率。后被装经费逐年增加，至 2015 年普警被装费增至 1579 元，交警被装费增至 2274 元，并明确规定应选和自选的费用额度。进入 21 世纪，公安被装管理进入信息化时代，从原来的由后勤部门民警手工操作填表后逐级上报，过渡到现在的计算机统计上报，民警可运用被装管理系统软件，自行登录系统进行申领，并设置修改权限，防止差错，确保被装发放的准确性，极大地提高被装管理工作的效率。

# 第二十三章　政治工作

公安机关的性质和担负的特殊、繁重任务，要求在干警队伍中必须建立强有力的政治工作，公安政治工作是公安队伍战斗力的有力保障。1954年6月15日，县公安局根据第五次全国公安会议通过的《关于建立公安部门政治工作的决议》，设立政治协理室为全局政治工作机构，由一名副局长兼任主任，配备政治协理员1名，协助局党政领导具体负责党务和思想政治工作，并启用全国公安政治机关统一的政治协理员办公室印模。1962年6月，根据第十一次全国公安会议作出的《加强政治工作的决议》，县公安局设立政治教导员，派出所配备政治指导员。从而使全县公安系统有一支专业的政工队伍，初步形成思想政治工作组织网络。

“文化大革命”开始后，公安机关被砸烂，公安思想政治工作遭到严重破坏。1973年2月县公安局恢复后，基层派出所恢复政治指导员一职，个别不设政治指导员的派出所和局机关业务部门确定一名副职领导兼管政治工作。

中共十一届三中全会以后，公安政治工作机构得到充实和加强。1980年2月，县公安局恢复政治教导员一职，配备副政治教导员一名。1984年10月，政治教导员改称为政治委员（以下简称政委），配备政委、副政委各一名，各派出所配齐政治指导员，局机关增设政治工作科（以下简称政工科）。从此，全县公安系统从上到下形成一支较为健全的政治工作队伍。1997年7月，业务大队始设政治教导员，政工科改称为政治处，并建立政工干部例会和政治工作月报告制度。2003年3月，派出所政治指导员改称政治教导员，政治处内增设干部科、宣传科、警务教育科。2008年9月，规范县级公安机构设置，撤销政治处内设科室，单称政治处。

## 第一节　思想政治教育

县公安局自成立之日起，始终把马克思列宁主义、毛泽东思想作为公安干警日常思想政治教育的基本内容，并结合中国共产党在各个时期的中心工作，适时进行党的路线、方针、政策和国家法律、法令教育及公安纪律等教育，不断提高全体民警秉公执法、爱民为民和全心全意为人民服务的政治素质、业务本领，使全体干警始终保持正确的政治方向，严明的纪律作风和旺盛的工作热情。

解放初期，县公安局着重对干警进行革命传统和提高革命警惕性，加强纪律作风教育。同时对留用的旧警人员开展革命思想教育，教育其改造思想，革除旧习，树立为人民服务的观念和忠于革命事业，忠于公安事业的思想。

1950年8月，根据县委开展整风运动的计划，建立县整风委员会公安局分会，由局长任主任委员，其他支委及吸收个别有关人员任委员。以党支部为中心，按照行政股、室、派出所、武装班等划分为9个小组，由各行政负责人任组长，贯彻中央公安部关于公安干部整风问题的指示，整风内容主要是改进领导作风，克服官僚主义、命令主义、功臣自居、骄傲自满、思想麻痹等恶劣作风，开展为期一个半月的学习与检查，使公安干警的政治觉悟得到进一步提高。1957年9月至1958年6月，在县委的统一部署下，县公安局党支部建立整风领导小组，开展党内整风及紧缩机构、下放干部等一系列政治运动。在整风运动中，通过学习讨论、大鸣大放大辩论，批判干部队伍中存在的“四个主义”（平均主义、宗派主义、自由主义、个人主义），提高全体干警的政治觉悟和思想水平，整顿党内作风，纯洁公安队伍。

20 世纪 60 年代初，国民经济遇到暂时困难，两类不同性质矛盾交织，社会治安形势复杂。1960—1961 年，县公安局围绕中共中央提出的“调整、巩固、充实、提高”的国民经济方针，开展“发奋图强、自力更生、埋头苦干、勤俭建国”的思想政治教育，教育干警认清形势，增强斗志、做好公安工作，确保社会稳定。1962 年 1 月，根据中共中央精神和县委的部署，总结“大跃进”中的经验教训，开展批评与自我批评，纠正“反右倾”运动中的一些错误做法。1963 年后，组织干警学习毛泽东主席《论人民民主专政》《矛盾论》等论著和“向雷锋同志学习”的题词精神，贯彻落实依靠群众专政的方针，教育干警特别是领导干部转变作风，深入基层，增强全心全意为人民服务的观念，保证城乡社会主义教育运动顺利进行。

“文化大革命”期间，公安思想政治工作遭到严重破坏，思想政治教育被扭曲，干警思想被搞乱，实行“三脱离”（脱离城市、脱离机关、脱离家庭）集中学习后下放农村或调离公安机关。1971 年，毛泽东主席提出“对公安工作要一分为二”的指示后，一批公安干部得以陆续调回。1976 年粉碎江青反革命集团后，公安思想政治工作逐步恢复和加强。70 年代末，县公安局开始全面清除“左”倾错误的思想影响。1979 年，贯彻中共十一届三中全会精神，组织干警开展“实践是检验真理的唯一标准”的学习和讨论，深入揭批林彪、江青两个反革命集团的极“左”路线，使干警从思想理论上进一步分清是非，统一思想，提高政策水平，法制观念和业务水平，适应公安工作重心的转移。

80 年代初，组织干警学习中共中央《关于党内政治生活的若干准则》和《关于建国以来党的若干历史问题的决议》，统一干警思想认识，彻底肃清“左”倾错误思想，完成思想上的拨乱反正。随着全党工作重点转移和中共第十二次全国代表大会的召开，开展公安机关如何更好地为经济建设服务，为改革开放服务的教育活动，教育干警解放思想，振奋精神，提高保卫社会主义现代化建设的自觉性。

1980 年，县公安局按照公安部提出的“调查研究，实事求是；发扬民主，依法办事；廉洁奉公，遵纪爱民；立场坚定，敌我分明；机智勇敢；团结战斗”要求为基本内容，对干警进行广泛深入的纪律作风教育。1981 年 3 月，开展学雷锋树新风活动，加强对全体干警的共产主义理想、道德教育。1983 年，贯彻全国公安厅局长会议精神，整顿纪律作风，培养“有理想、有道德、有文化、守纪律”的“四有”公安队伍，全面检查干警纪律作风状况，抓住违纪苗头，加强思想教育，防微杜渐。组织党员学习中共第十二次全国代表大会及《党章》，开展“三对照、一检查、二衡量”（对照入党宣誓、优秀党员、新党章，检查自己，用新党章衡量党支部、党小组）活动。

1985 年 6—11 月，县公安局党委根据县委部署，贯彻《中共中央关于整党的决定》，开展整党运动。通过学习文件，对照检查、小组评议、党员登记等阶段，局机关政保、刑侦、秘书 3 个支部 61 名正式党员一致通过予以登记。通过整党，党员干警的党性观念进一步加强，更加自觉地贯彻执行党的路线、方针、政策，抵制新的不正之风。

1987 年，贯彻“从严治党、从严治警、预防为主、教育为主”的方针，学习邓小平关于坚持四项基本原则，反对资产阶级自由化的论述。7 月，根据县委部署，在全局党员中开展新时期党员形象教育，通过参加县委组织的报告会，观看全国优秀党员先进事迹录像，组织学习讨论等形式，进行一次新时期党员形象的教育。同时，根据嘉兴市公安局统一部署，开展人民警察职业道德规范教育月活动。

1988 年，县公安局组织干警进一步学习中共第十三次全国代表大会文件，开展党在社会主义初级阶段的基本路线教育，提高对“中国特色社会主义”理论的认识。5 月，根据省公安厅的统一部署，开展争创“秉公执法、文明办事”优胜单位活动。10 月 28 日，贯彻公安部《关于公安机关必须保持廉洁的通知》，要求全体干警在为警清廉方面必须做到“八个不利用”。

1990 年 3 月，中共十三届六中全会召开。县公安局组织干警学习中共中央《关于加强党同人民群众联系的决定》等文件精神，要求全体党员干警牢固树立全心全意为人民服务的思想，从群众关心的热点出发，热情扎实地为群众办好事。在全局开展“向雷锋同志学习，争做合格民警”活动，提出合格民警的十个条件，每半年评议一次，采用百分制记分，分为好、较好、一般、差4个等级，方法采取民警自评、互评，科所队领导审评，局评议小组审定。

1992年，市公安局组织干警学习邓小平视察深圳、珠海、上海等地时的重要谈话和中共十四次全国代表大会文件，学习《中共中央关于加强公安工作的决定》和第十八次全国公安会议精神，进一步树立为改革开放和经济建设服务的公安工作指导思想。1993年，以公安民警首次评授警衔为契机，抓好民警队伍的纪律作风整顿，印发公安部纪委编写的《人民警察行为规范》至每名民警手中，组织民警自觉学习，对照检查。

1994年，组织干警学习《邓小平文选》第三卷和《中共中央关于建立社会主义市场经济体制若干问题的决定》《中共中央关于加强党的建设几个重大问题的决议》，使全体干警进一步解放思想、更新观念，重视政治思想理论学习，全身心投入到公安工作中去。

1995年7—8月，结合贯彻《中华人民共和国人民警察法》(简称《人民警察法》)，根据省公安厅的统一部署，开展队伍集中教育整顿。开展向“济南交警”“本溪市公安局”和“漳州110报警服务台”学习活动，将江泽民总书记为济南交警支队题词“严格执法，热情服务”落实到每个基层所队，以交警、巡特警、派出所等单位为重点，通过集中学习、自查自纠、总结提高等阶段，增强全体民警按照《人民警察法》要求，做一个合格民警的自觉性，推进公安队伍的革命化、正规化、现代化建设。

1996年至1997年，市公安局组织干警进一步学习邓小平建设中国特色社会主义理论和江泽民总书记关于“领导干部一定要讲政治”等重要讲话，学习中共十四届六中全会《中共中央关于加强社会主义精神文明建设若干重要问题的决议》，在党员干警中开展“学理论，学党章”活动，进行理想、宗旨教育。

1998年，市公安局开展党性、党风廉政法律法规教育月活动，集中进行邓小平理论、中共十五届三中全会精神和党的基本知识等专题教育，组织党员自觉对照党章和党纪条规，对自己的思想作风和工作作风作出分析，开展自查自纠。治安大队党支部在全局创新推行党员“入党纪念日”活动，支部为每名党员在批准入党的一天过一次特别的组织生活，重温入党誓词，进行回顾总结，开展批评与自我批评，永葆党员先锋队本色。

2000年，市公安局根据公安部和省公安厅的统一部署，开展以“讲学习、讲政治、讲正气”为主要内容的党性党风教育，通过理论学习，自我剖析，开展批评与自我批评，组织群众评议，完善党风廉政责任制度。8月，在全局干警中开展以全心全意为人民服务的宗旨教育，实事求是的思想路线教育，严格、公正、文明执法的法制教育为主要内容的“三项教育”活动。通过学习交流，自我剖析，开展批评与自我批评及向社会各界征求意见等形式，查摆问题，制订整改计划，落实整改措施。2001年，组织开展“三讲”学习和“三项教育”回头看，深入查找自身从政道德、从警道德、工作作风、工作纪律等方面未整改或整改不到位的问题。

2002年，学习贯彻中共第十六次全国代表大会精神，立足本职岗位，努力完成各项公安工作任务。2003年3月，根据公安部和省公安厅的部署，在全体民警中开展“贯彻十六大，全面奔小康，公安怎么办”大讨论。8月，开展“端正执法思想，加强内部管理”集中学习教育整顿活动。9月，学习胡锦涛等中央领导关于公安工作和队伍建设的重要批示精神，贯彻落实《中央政法委关于兴起学习贯彻“三个代表”重要思想新高潮，进一步加强政法队伍建设的意见》，在全局掀起学习贯彻“三个代表”重要思想新高潮。

2004年,《中国共产党党内监督条例(试行)》和《党纪处分条例》颁布实施，市公安局在全局党员中深入开展“严纪律、强素质、权为民”专题教育活动，通过宣传教育、知识竞赛、上党课、座谈讨论、个人自学等形式，使广大党员民警熟知两个条例的内容，做到自觉遵守。

2005年2—8月，市公安局根据中共中央和省委、嘉兴市委和平湖市委的统一部署，在全局党员民警中开展保持共产党员先进性教育活动，通过组织发动、学习文件、自我对照、查摆问题、制订整改计划等，对党员民警进行一次新时期党员标准的再教育。2006年，学习中共十六届五中全会精神，深入开展社会主义荣辱观、社会主义法治理念教育活动，提高民警的政治敏感性和政治鉴别力，努力增强思想政治工作的针对性和有效性。

2007年，围绕“作风建设年”活动，在党员民警中推行以“勤奋工作敬业岗”和“服务群众奉献岗”为主要形式的“一员双岗”制度。通过发放联系卡、设岗定责、亮牌服务及争创“党员示范岗”等形式，进一步加强党的思想建设、组织建设、作风建设和制度建设，充分发挥基层所队党支部的战斗堡垒作用。

2009年3月，开展深入学习实践科学发展观活动。5月，根据省公安厅部署，开展“人民警察核心价值观”学习讨论活动，组织民警学习中共十七届四中全会精神，胡锦涛等中央领导有关建设社会主义核心价值观体系的重要论述和《社会主义核心价值观体系学习读本》，树立“忠诚、为民、公正、廉洁、奉献”的新时期人民警察核心价值观。

2010年，根据市委的统一部署，开展“金平湖先锋”创先争优活动，制订党员创先争优承诺，年底，由各支部书记对每名党员创先争优承诺逐个点评，写出点评意见。2011年，开展党员创先争优承诺“回头看”，组织中层正职干部赴杭州萧山南郊监狱开展反腐倡廉警示教育等活动，进一步提升岗位廉政风险防控机制和党员创先争优承诺的执行力。2012年，学习贯彻中共第十八次全国代表大会精神，根据公安部的统一部署，开展以“忠诚、为民、公正、廉洁”为主要内容的人民警察核心价值观教育实践活动，新埭派出所民警陆文龙被省公安厅评为践行人民警察核心价值观先进个人。

2014年2—10月，市公安局根据市委的统一部署，开展党的群众路线教育实践活动，组织民警深入学习习近平总书记系列重要讲话精神和中共第十八次全国代表大会及十八届三中、四中全会精神，通过查摆问题，找出自己在群众观念上存在的不足，牢固树立人民警察为人民的宗旨观念。

2015年6—12月，为全面从严治党，深化党的群众路线教育实践活动，根据市委、省公安厅和嘉兴市公安局党委的统一部署，以局党委班子为重点，带领全体党员民警开展“三严三实”（严以修身、严以用权、严以律己，谋事要实、创业要实、做人要实）专题教育活动，推进党的思想政治建设和作风建设。10—12月，根据省公安厅的统一部署，开展“秉公执法，人民公安为人民”主题教育活动，通过学习教育、排查梳理、落实整改、完善机制等阶段，进一步提升公安机关的执法公信力。

## 第二节 党风廉政教育

党风廉政教育是公安机关加强队伍自身建设的重要举措。1986年3月27日，县公安局党委制订《关于端正党风警风防止和抵制不正之风的规定》（以下简称“七条规定”），即：公安机关和全体民警不准经商办企业；办案处事要秉公执法，不徇私情；加强对赃款赃物、罚款及没收财物的管理；严格财经纪律，加强财务监督；严禁观看各种淫秽书画、录像等；各级领导要带头做到令行禁止；抓好党风警风责任制，层层建立责任制度。11月，在全局开展贯彻“七条规定”党风、警风大检查。是年起，根据县委组织部门的部署，开展每年一次民主评议党员活动。

1989年6月24日，县公安局印发《公安干警廉洁制度》（以下简称“八个不准”），即：不准利用职权徇私舞弊、贪赃枉法、索贿受贿、谋取私利；不准利用工作和职务之便，捞取不正当收入，或收受礼物，接受宴请；不准以权代法，乱扣滥罚；不准插手、干预亲属好友违法案件的处理；不准经商办企业，或为亲属好友代购代销、介绍业务，收受好处费；不准侵吞、挪用赃款赃物、罚没款及暂扣款物；不准播看、私存淫秽录像、淫秽书刊和其他淫秽物品；不准用公款请客送礼、大吃大喝，游山玩水、铺张浪费。并在派出所和交警大队等窗口单位上墙公布，接受群众监督。9月9日，建立局廉政建设办公室，落实一名局领导主抓全局廉政建设日常工作。是年，各科、所、队共制订廉政办事制度36个，收到群众表扬信6封、锦旗25面、镜框36只，干警拒收礼物和贿赂46人次，其中现金1710元、烟、酒、滋补品等各种礼品57件，折款2128元，总价值3838元。

1990年9月12日，根据中共中央〔1990〕16号文件和国务院廉政建设电话会议精神，县公安局下发《加强廉政建设，纠正行业不正之风的通知》，重申公安干警廉政制度，坚决消除“乱罚款、乱收费、乱摊派”现象，彻底纠正派出所参与乡规民约处罚的做法。10月，开展“纠风治乱”集中教育整顿工作，以“三乱一差”（即乱收费、乱罚款、乱摊派、服务态度差）和“四难”现象（即门难进、脸难看、话难听、事难办）为重点，采取“四查”（查思想作风和精神状态、查组织纪律和警容风纪、查规章制度执行情况、查违法违纪行为和苗头）。通过教育整顿，全局干警廉洁奉公、勤政廉政的风气逐步形成。

1991年10月下旬至11月上旬，全局各科所队围绕党风、廉政建设教育情况、“纠风治乱”工作情况（办人情案、刁难群众）、内部管理制度建设情况（赃款赃物保管）、“两公开一监督”等内容开展自查自纠，在此基础上组织不少于30%检查面的抽查，达到公安部提出的党风廉政建设取得阶段性成效的工作目标。

1993年，市公安局党委建立反腐败斗争领导小组。确定“纠风治乱”工作作为反腐败斗争着重点，开展“三清三查”（清理各项行政事业收费，查有否超范围、超标准、擅自立项收费；清理罚没款，查有否超范围、超标准乱罚；清理开办的营业部、职业点，查有否违反财经纪律），发动全局党员、民警开展自查自纠。

1994年，组织全局干警学习中央纪委二、三次会议决定和邓小平同志关于建设有中国特色的社会主义理论，增强全体公安干警的廉政意识，以公安部制订的《公安干警十个不准》自律，加强公安队伍的党风廉政建设。全年没有发现利用刑事、治安案件索贿、受贿，也没有发现办人情案、人情证、人情户口等现象，在干警队伍中涌现出许多拒礼、拒贿的好人好事，据统计共有拒礼拒贿47人次，拒收现金3200元，拒收礼品63件，总价值6450元，收到群众表扬信9封、镜框（匾）10只（块）、锦旗16面。

1995年，进一步加大反腐倡廉教育，以原白马乡派出所所长葛某某犯贪污、受贿、非法拘禁等罪被判刑的典型案例，在全局民警中开展警示教育。5月，根据公安部、省公安厅有关反腐倡廉规定，重新制订《党风廉政制度》（简称“十一个不准”），即：不准在企业搭干股；不准经商办企业；不准违反规定乱罚款、乱没收、乱收费；不准拖欠公款；不准违反规定建私房；不准参与任何形式的赌博活动和封建迷信活动；不准收受可能对公正执行公务有影响的宴请；不准参加用公款支付的营业性舞厅、歌厅、夜总会等公共娱乐场所的娱乐活动；不准利用本人或家庭成员婚丧嫁娶以及工作调动、过生日、迁新居等机会大操大办，挥霍浪费；不准徇私枉法，办人情案；不准为企业单位和个人讨债、逼债、插手经济纠纷。

1996年，开展制止奢侈浪费，反对公款吃喝活动。明确规定来客接待一律在局食堂就餐，制订来客用餐接待标准和审批制度，之后又进行多次修改，杜绝乱去宾馆、酒家就餐的情况。1997年，贯彻落实中纪委、监察部《党风廉政建设工作纲要》和公安部《落实纲要的实施意见》，推行党风廉政建设目标责任书制度，局长、政委与全局各单位主要领导签订党风廉政建设目标责任书，年终进行检查考核。

1998年初，根据中纪委、省纪委《关于对贯彻执行制止奢侈浪费八项规定情况进行检查的通知》精神，市公安局组织开展对公款吃喝、通信工具（移动、住宅电话）及单位内部账目进行检查、清理。1999年，贯彻中共中央、国务院《关于实行党风廉政建设责任制的规定》，进一步完善党风廉政建设责任制考核办法和责任书签订制度，建立考核测评、目标管理、定期报告、责任追究等制度，开展民主评议局党委班子和局党委全体成员活动，推行各科所队领导与民警党风廉政及执法责任书签订，将党风廉政建设与执法责任落实到每个民警。

2000年，市公安局制订《党委成员“约法三章”制度》和《关于加强党委班子自身建设的决定》，建立党委班子成员联系民警和联系干部群众“一联三”（人大代表、政协委员、普通群众）制度，并延伸至警长以上中层干部。开通局党委联系民警信箱，规定党委成员“三不准一取消”，即下基层工作一律到食堂就餐，不准在工作时间饮酒；不准接受下级宴请和在公务活动中收受礼金、信用卡等各种有价证券；不准违规用车；取消党委班子成员专车，实行与有关部门共用。

2003 年，进一步规范领导干部廉洁从政行为，制订《党风廉政建设责任分工和组织领导相关规定》。开展“学党章、守纪律、树形象”专题教育活动，组织全局党员民警学习公安机关反腐倡廉警示录，开展党员领导干部廉洁从政知识测试，定期邀请警风（执法）监督员对一线单位的服务态度和办事效率进行暗访，建立局纪委廉政谈话、中层干部廉政档案，落实连带责任追究制度。是年，全局中层以上领导干部，因本单位民警受警诫等被追究连带责任的有 6 人次。

2005 年，完善《党风廉政建设和反腐败工作组织领导和责任分工》，规定局党委每年不少于两次听取党风廉政建设、反腐败工作汇报，年底对各单位落实党风廉政建设责任制和分工牵头工作完成情况进行检查。建立全局党员民警“政治生日”制度，以增强党员民警的党性观念。将“一联三”制度推广至全体党员民警，把“听民言、察民情、解民忧、暖民心”作为密切联系群众的一项实事工程，在社会各界和广大群众中引起良好反响。

2008 年 9 月 24 日，市公安局与市检察院建立预防职务犯罪联席会议制度，成立领导小组，由公安局政委任组长，检察院一名副检察长、纪检组长及公安局一名副政委任副组长，成员由检察院预防局、反贪局、反渎局，公安局纪委监察室、政治处、督察大队、治安大队、刑侦大队、经侦大队等负责人组成，后增加消防大队、法制室为成员单位，确定公安局监察室和检察院反渎职侵权局负责人为联络员，每年召开 1 ～ 2 次联席会议，互通情况，部署工作，进一步加强公安机关党风廉政建设。

2009 年，根据市纪委的统一部署，开展岗位廉政风险防控体系建设，深化防治腐败工作。确定以派出所、看守所及一线执法部门为重点，查找公安工作和队伍建设各个环节中可能存在的岗位廉政风险，从制度、机制和实际运作入手，建立健全“前期完善防控措施，中期加强督查管理，后期考核防范效果”三道防线，全局有 462 名民警参与风险排查和防控建设活动，共查找廉政风险点 40 个，制订防控措施 16 条，签订落实岗位廉政风险防范承诺 462 份。是年起，在派出所所长、社区民警中推行年度述职述廉制度。

2010 年，在全局开展学习、贯彻《中国共产党党员领导干部廉洁从政若干准则》，以树立人民警察核心价值观为重点，开展党性党风党纪教育和廉政教育及岗位廉政风险防控体系建设深化月活动。组织廉政文化进警营、进民警家庭、进协警队伍等活动。完善个人重大事项报告制度，全年有 32 名民警向局纪委作了报告。

2011 年，根据市纪委通知精神，开展全局岗位廉政风险防控机制建设“回头看”活动。修编车辆管理、社区管理、在押人犯监管、外事管理、场所特业和财务管理等岗位廉政教案，推行情景化、模拟式廉政案例教育。2012 年，深化公安机关廉政文化“三进”活动，推出“一所一队一品”警营倡廉模式，拓展家庭助廉活动，这一经验在全省公安机关廉政文化“三进”活动总结表彰大会上作交流发言。2011—2012 年，连续两年获平湖市推进惩防体系建设和落实党风廉政建设责任制先进单位，受到市委、市政府的表彰。

2013 年，在全市派出所党支部建立纪检小组，健全基层党支部党风廉政建设制度。开展对新提拔任用及后备领导干部的任前廉政教育。突破传统服务发展模式，提升服务意识，出台《“服务群众、服务发展、创新实干”十五条措施》，把服务经济发展措施纳入改进作风的重要内容，得到市委领导批示肯定，市作风办发专刊向全市推广。

2014 年 12 月，市公安局根据市纪委的部署，深化岗位廉政风险再排查工作，完成“两图两表”（权力运行外部流程图、内部控制图、岗位廉政风险防控表、个人廉政风险防控登记表）编制工作。12 月 5 日，建立由纪检监察、警务督察、审计、政治处、信访、法制、警务保障等部门参加的政风行风建设联席会议制度，联席会议办公室设局纪委监察室，形成常态化联合监督工作机制。

2015 年，市公安局党委制订党风廉政建设党委主体责任、纪委监督责任、党委主要负责人及党委班子成员责任等“四张责任清单”，把党风廉政建设和反腐败工作纳入公安工作总体布局，与公安工作同统筹、同部署、同落实，反腐倡廉建设和党风廉政建设责任制进一步落实。

## 第三节　纪律作风教育

1949 年 9 月，全县公安机关认真贯彻全省第一次公安会议提出“公安人员必须克服经验主义，必须运用群众路线，必须加强调查研究，必须正确掌握政策法律，必须开展批评与自我批评”的五点要求和执行省人民政府发布的“六大禁令”，制止乱捕、乱杀和刑讯逼供的违法行为要求，对公安干警进行纪律作风教育。

1952 年，县公安局针对在干警队伍中存在的贪污浪费、敲诈勒索，买东西、看戏、洗澡不付钱，查户口吃请、捉赌受贿、私吞赃物、放纵包庇反革命分子、享乐腐化、乱谈恋爱等问题，组织开展反贪污、反浪费、反官僚主义为主要内容的“三反”运动。通过思想动员、学习《惩治贪污条例》、自我检查、检举揭发、组织调查等方法，有 60 名干部对自己的贪污问题向组织作出检查，并退出赃款赃物。12 月，根据公安部关于坚决惩治和清洗内部旧警留用人员中违法乱纪分子的指示精神，开展“整警建警”，批判旧作风，对违法乱纪的留用警员进行审查清洗，清理民警队伍中的政治不纯分子和违法乱纪分子，整顿警风，纯洁队伍。

1958 年，组织全体民警认真学习第九次全国公安会议制订的《公安人员八大纪律十项注意》，加强公安队伍纪律作风建设。开展民警队伍内部整风运动，发动干警自查自纠纪律作风中存在的问题，通过内部整风，处理坏分子 4 名。同时，对不符合干部条件不适宜做公安工作的 16 名干部，下放农村和退职处理，消除人浮于事和吃饭不干事的现象。

1963 年 3 月至 1964 年 8 月，县公安局结合反对贪污盗窃、反对投机倒把、反对铺张浪费、反对官僚主义、反对分散主义为内容的新“五反”运动，开展以清赃款、清公款公物、清户口手续和各种证件，查阶级立场、查特权思想、查警民关系等为重点的“三清三查”运动。整顿干警纪律作风，组织公安干警进一步学习《公安人员八大纪律十项注意》，教育引导干警牢固树立全心全意为人民服务的意识。

“文化大革命”期间，公安机关的优良作风遭到严重破坏。1976 年 10 月，粉碎江青反革命集团后，县公安局及时通过“揭、批、查”斗争，进行拨乱反正，整顿公安队伍，公安机关的优良作风逐步恢复和加强。进入改革开放年代，面对市场经济浪潮的冲击，进一步加强民警的纪律作风教育，树立和发扬公安机关的优良作风。

1984 年 11 月，贯彻落实全国第五次公安政治工作会议提出的“从严治警”方针，对全体干警开展“严格教育、严格管理、严格训练、严格纪律”的纪律作风教育和遵纪守法教育。1987 年，新庙乡派出所在人民警察职业道德教育活动中创新建立由政法副乡长、供销社主任、乡办厂代表组成的 9 人评议小组，对民警的工作、作风等方面进行定期和不定期的评议，增强干警的职业道德观念。此后，其他乡镇派出所也纷纷仿效，至 1988 年底，新庙、林埭、瓦山、新埭等乡镇派出所共聘请执法监督员 22 人。

1992 年，贯彻公安部〔1992〕6 号文件，开展制止刑讯逼供的专项教育，在各科所队组织学习、对照检查的基础上，实地抽查 10 个科所队，抽查面为 30.8%。通过专项治理教育，进一步提高全体民警的思想认识，办案中出现的一些毛手毛脚现象得到有效杜绝。

1994 年 3—6 月，根据中共浙江省委办公厅批转省公安厅党委《关于开展民主评议公安干警的报告》，组织开展民主评议公安干警活动，全局有 195 名干警参加评议（除见习民警及职工不定格外），定为合格干警 193 名，占应评议定格干警数的 98.97%，暂缓定格、限期改正和不合格干警各 1 名，同时评出局级优秀干警 12 名，其中 1 名被授予全省优秀民警称号。

1996 年 4—12 月，根据省委、省政府的统一部署，组织开展行风评议活动。签订《行风建设目标责任状》，制订《关于不准公安干警在工作时间和执行公务时饮酒的规定》《财务管理规定》《车辆使用管理规定》等，出台以“两公开一监督”（公开办事程序、公开办事制度、接受群众监督）为主要内容的服务公约。完善内外监督网络，建立由 38 人组成的纪检、监察联络员队伍，向社会聘请警风监督员 268 名，行风评议得到市人大、市政协、市纪委及上级领导的一致好评。

1997 年，按照公安部党委提出的“抓班子、带队伍、促工作、保平安、创一流”的总体思路，全面开展“为人民服务，树公安新风”主题活动。以示范单位治安警察大队、出入境管理科、巡特警大队三中队、水上警察大队、城关派出所和交警大队车辆管理所等为重点，制订规范服务制度，实行挂牌服务，接受群众监督。治安大队率先在全局推行大队长、教导员与民警签订《无违纪目标责任书》制度。

1998 年，局党委提出无违纪年目标，开展公安队伍集中教育整顿工作和公安行风建设“回头看”活动。出台《局规》12 条，制成卡片式，每人一份，建立与之相配套的《实行警诫的暂行规定》《关于民警待岗的暂行规定》《追究领导连带责任暂行规定》等 16 项规章制度。规定民警因违反执法、违纪方面 24 种情形之一的受警诫一次，扣 200 元；民警因违反待岗规定中 14 种情形之一的受 1 ～ 6 个月待岗，待岗期间停发岗位津贴，单位主要负责人对所属民警违纪违规负连带责任，予以警诫或解聘，每次至少扣除 200 元；设立民警违法违纪举报中心，在报刊、电台、电视台公布举报电话。市公安局聘请的首批 20 名警风监督员于 4 月 3 日正式上岗。全年有 9 名民警（3 名中层领导）因轻微违规受到警诫处理。

1999 年，根据省公安厅的统一部署，组织开展“三项治理”（制止刑讯逼供，滥用枪支和滥用强制措施）和“三项专项检查”（学习教育检查，查排情况检查，刑事、行政强制措施检查）活动。编印下发《民警行为规范》，在嘉兴市率先开通“110”信箱。会同市委宣传部联合开展“万名市民评民警、争当人民满意民警”活动，通过测评，群众对民警的满意率达 93.93%。

2000 年，市公安局结合《人民警察内务条令》的实施和新警服的换装，推行队伍建设两级责任书制度（局长与科所队长，科所队长与民警）。制订《民警个人重大事项报告制度》《民警日常行为规范扣分办法》，推行部门领导每日一次民警日常行为自查制度。年底在“万名市民评民警回头看”活动中，群众对公安民警的满意率为 96.31%，比 1999 年高出 2.38 个百分点。是年，局警风监督员改称特邀监督员，人数增至 30 人，实行持证监督。

2001 年，市公安局结合贯彻中央政法委“四条禁令”及省委政法委“十项规定”。积极创新，在全局各科所队全面推行部门领导“一岗双责”制度，规定部门“一把手”同时承担思想政治工作职责，并将履责情况作为衡量其工作实绩的一个重要标志。建立局领导、中层干部、民警逐级交心谈心制度，以林埭派出所一民警因嫖娼被开除党籍、辞退处分这一反面典型，在全局民警中开展警示教育，加强对民警八小时外的延伸管理。开通 110 投诉热线，建立中层干部年度德、能、勤、绩考核考察制度，严格领导责任追究制度。是年，因发生民警违法违纪案件、行为而追究领导连带责任的有 11 人（局领导 1 人、中层正职 8 人、副职 2 人），其中 2 名中层正职领导受到降职转岗处理，其余领导分别被扣罚不同数量的考核奖金。2002 年，开展“做合格民警，让母亲放心”大讨论活动，推出民警八小时以外活动《联系卡》制度，及时了解、掌握民警八小时以外活动信息。

2003 年 1 月 22 日，贯彻公安部颁布的公安民警“五条禁令”，层层签订执行“五条禁令”责任状，采取发放警示监督卡、悬挂禁令牌、发送提醒短信等，使“五条禁令”在民警中入耳、入脑、入心。由局党委成员带班组成 10 个检查督导组，定期与不定期地到各单位督促检查“五条禁令”执行情况。将“五条禁令”纳入 110 报警服务台接受群众监督投诉的范围，坚决杜绝涉酒、涉枪、涉车、涉赌等五大顽症，进一步提升公安民警在公众中的形象。

2004 年 3—12 月，市公安局组织开展以整治八个方面突出执法问题为主要内容的“公正执法树形象”和对“冷、硬、横、推、拖”问题的专项整治活动，切实纠正一些单位，特别是窗口单位存在的对待群众“态度冷漠，语言生硬，作风蛮横，办事推诿、拖拉”等不良行为，逐步规范广大民警的执法执勤行为，基本消除“耍威风、搞特权、不作为和刁难群众”等不正之风，使公安机关和公安民警的宗旨意识进一步增强，使窗口单位和一线执法执勤民警的工作质量和服务水平进一步提升。

2005年，进一步贯彻“从严治警”方针，严格队伍内部管理，将民警八小时以外活动情况纳入民警个人及各单位领导考核，明确领导责任，落实管理任务，制订相应的责任追究和奖惩措施，加大管理力度。同时，开展民警经商办企业和民警家属利用民警职权或职务影响经商办企业清理、查纠工作。

2006年，市公安局开展民警纪律作风教育整顿活动，组织全局民警认真学习规定科目、进行对照检查，认真开展自查自纠、互查互纠，对存在的问题进行深刻剖析和彻底整改，收到良好效果。组织开展“三项排查三项治理”活动，排查整治常见多发问题，排查整治顽症痼疾，排查整治职务犯罪；开展商业贿赂、为盗抢机动车过户上牌、涉黑涉恶、涉黄涉赌等专项治理。

2007年，市公安局围绕社会主义法治理念教育学习和“作风建设年”活动，制订集中开展纪律作风学习教育活动实施方案，组织全局干警学习党中央关于加强作风建设的重要论述。是年，在“群众满意基层站所（办事窗口）”评创活动中，当湖、钟埭派出所被评为平湖市群众满意基层站所，当湖派出所被评为嘉兴市群众满意基层站所。

2008年，市公安局根据嘉兴市局的统一部署，组织开展玩忽职守、徇私舞弊、刑讯逼供三类案件专项治理活动。开展以整顿违反规定办理取保候审，整顿监管场所安全隐患，规范道路交通技术监控设备的设置、使用和管理，规范公务枪支弹药的保管、领取和使用等为主要内容的“两整顿两规范”专项治理活动。是年起，建立涉警交通事故报备制度。

2009年7—12月，市公安局组织开展以“守纪律、强作风、树形象”为主题的纪律作风集中教育整顿活动，制订《中层干部执行重大警务活动问责暂行办法》，实行对打防控、执法规范化、嘉兴市级以上公安机关部署的各项专项行动及市局重点工作执行情况的问责制度。下发《民警执法执勤规范》，推出与之配套的队伍建设执法执勤“十提醒”卡，每人一卡，随身携带。推出违纪违规民警离岗集训制度，离岗集训期间，停发工作性津贴、岗位津贴及超时补贴，年终奖金按月扣除，集训结束由局分配至有关部门进行为期3个月的试岗，试岗合格后重新分配工作。是年，有6名落聘民警参加由局组织的封闭集训，2名民警参加由嘉兴市公安局组织的封闭集训。

2010年4—11月，根据上级公安机关的统一部署，开展以排查领导干部及民警有无违反规定参与非法借贷、入股娱乐场所等问题；排查执法单位及民警有无利用执法管理权，搞权钱交易、贪赃枉法等问题；排查领导干部及民警有无涉黑涉恶、充当保护伞等问题；整治执法安全隐患问题为主要内容的“三查一治”专项工作，开展单位自查、个人自查。7月，开展“查思想、查执法、查纪律、查作风”教育整顿活动，组织民警认真查找思想、执法、纪律、作风等方面存在的问题和不足，分析原因，落实整改。对2名中层干部在交友方面出现问题，及时予以制止，对其解聘职务调整工作岗位。全面实施嘉兴市公安局印发的《公安民警违反日常工作行为规范记分办法》，对不够纪律处分的轻微违规违纪行为予以记分，并与经济利益、部门年底绩效考核挂钩，全年共有11个单位48人次被记分，进一步加强民警的纪律作风建设。

2011年，市公安局组织开展“大走访”开门评警和民主评议活动，采取“走出去、请进来”相结合的方法，通过上门走访、利用QQ平台和微博，开展网上走访，运用网上（手机短信）评警及问卷测评、警民座谈和相约警务室等形式，广泛征求群众和管理对象意见。先后举办警民恳谈活动456场次，群众参加恳谈交流评议1.08万人次，举办网上互动交流172次，开办各类讲座、课堂235场，发放宣传资料18万份，走访单位1.05万家，群众30多万人次，征集各类意见建议879条，清理化解信访积案2起。

2012年5月25日，市公安局印发《年度考核末位处理实施办法》，规范对年度考核定为末位民警的处理程序，并从是年1月1日起开始执行。2013年1月16日，印发《特邀监督员工作办法》，明确聘请范围、聘任条件、聘用程序、聘任期限及职责、权利、义务和工作制度，进一步规范特邀监督员工作。7月，根据市政府末位告诫、淘汰工作领导小组补充意见，对原办法进行补充，进一步完善末位处理工作。10月12日，出台《正风肃纪十项规定》，即“十个严禁”，进一步加强纪律作风建设。

2014年3月中旬至4月30日，市公安局组织全局民警、职工及协警开展违法违纪典型案例警示教育活动。收集整理2013年发生的3起民警违法违纪案件，对案件发生的原因、教训进行深刻剖析，编印成材料下发供警示教育学习之用。认真查摆问题，及时跟踪落实突出问题整改，重点人防治教育和整治措施。同时于3月31日和8月19日，先后对原制订的《警诫暂行规定》《民警重要情况报告制度》进行重新修订，使之进一步完善。

2015年5月，根据省公安厅部署的纪律作风专项教育整改行动，开展“守纪律、讲规矩、听指挥”百日教育实践活动，从单位到民警、到中层干部，到全体协警，通过观看专题片、签订承诺书、填报防控表、自查自纠等形式，做到全局上下人人参与，发现问题及时纠正，成效明显。省公安厅主页工作动态以《平湖市局扎实开展纪律作风专项教育整改行动成效明显》为标题介绍平湖经验。

## 第四节　爱民为民

### 一、爱民月活动

爱民月活动是公安机关的优良传统，有着其悠久的历史。1958年8月，公安部召开第九次全国公安会议，会议根据毛泽东主席“每年整顿一次民警作风，以进一步密切与群众的血肉联系，使全体公安人员更好地为人民服务”的指示，制订并通过《关于公安人员八大纪律十项注意的决定》。是年召开的第二次全国公安政治工作会议决定，把每年年终的最后一个月作为公安机关的爱民月，也就是在每年的元旦、春节期间，以爱民月形式，总结检查一年来的工作和遵守纪律情况，向人民群众征求意见，为群众做好事。

1959年元旦、春节期间，县公安局开展首个爱民月活动，城关、乍浦两地派出所所长、户籍民警分别向各居民委员会和治保组织汇报工作，举行各种群众会议30余次，要求干部群众以《公安人员八大纪律十项注意》来对照评议公安干警，征得来自群众的批评和意见150余条，为群众做好人好事50余件，进一步密切了警民关系，得到干部群众的一致好评。此后，县公安局对爱民月活动每年都作出专门部署。活动期间，各派出所向群众汇报工作，听取意见，改进工作。广大干警上街打扫卫生，到车站、码头维持秩序，到居民家中帮助孤老居民解决生活困难，为民办好事等，形成公安机关爱民的优良传统。1964年爱民月活动期间，共召开群众大会4次820人，座谈会7次98人，代表会3次66人，收集各种意见53件，其中批评30件、表扬17件、建议5件、检举揭发1件，为民办好事106件。“文化大革命”期间，爱民月活动曾一度中断。

1976年，粉碎江青反革命集团后，根据公安部有关指示精神，爱民月活动重新恢复。1978年，县公安局印发《1978年元旦、春节期间开展爱民月活动的意见》，召开全体民警大会进行动员部署。活动期间先后召开居民、治保干部大会、座谈会113次，收集各种意见、建议96条。活动除继承传统内容外，还从改进公安工作，方便群众办事上下功夫，采取多种便民、利民措施，改进户口申报办法，节假日随到随办，民警下管区办理户口，设立警民联系箱，帮助群众解决实际困难，组织“四防”安全检查，落实安全防范措施。

1983年，县公安局结合整纪肃风，发动和组织全体干警认真开展爱民月活动，采取请进来，走出去的方法，分别召开报告会和各种座谈会24次，走访10个有关单位向群众报告工作，广泛征求意见。同时开展赃款赃物、拾款拾物的发还工作，送还赃款600余元及电视机、各种衣、物等，送还拾款拾物有现金、手表、自行车等。组织干警上街维持交通秩序、渡口码头扶老携幼、送回迷路儿童等，共办好事25件，参加干警200余人次。

1986年起，根据公安部通知精神，不再集中部署一年一度的爱民月活动，把爱民活动寓于日常的公安工作之中。1989年9月，公安部召开全国公安政治工作座谈会，根据与会代表的建议，决定从1990年新年春节期间恢复开展爱民月活动。

1990年1月5日，县公安局下发《关于认真开展爱民月活动的通知》，通过全面发动、广泛宣传，使全体干警提高了对恢复爱民月活动的认识，统一了思想。活动中，全局各科所队结合各自业务工作，共召开多种形式座谈会37场次，到会人数846人次，向有关单位和各界人士发出征求意见信1177封，征得意见78条。同时，开展公安法律法规咨询活动，组织干警到敬老院劳动，派出干警到车站、码头、渡口为群众服务，向失主发还赃款赃物，参加开河兴修水利劳动和为困难户、烈军属做好事等。

1991年元旦、春节期间，为使爱民月活动开展得更加广泛、深入、扎实，防止流于形式，县公安局在部署中以廉政建设，纠正行业不正之风，密切警民关系为中心内容，结合本职工作，号召民警多为群众做好事、办实事，真正体现人民警察为人民的优良作风。各科所队制订爱民月活动计划，运用多种形式向社会各界和群众报告工作，征求意见，召开座谈会、报告会59场次，到会群众2000余人次，发出征求意见信1099封，收到意见建议145条，制订便民、利民措施36条。全局干警共参加公益劳动27次，167人次，出动517人次维护节日期间的社会秩序，为民办好事109件，收到群众表扬信7封，锦旗4面。

20世纪90年代中期开始，爱民月活动形式进一步创新，活动内容每年都有新的特色。1995—1996年期间，以学习济南交警、本溪市公安局和漳州110为主题，联系实际，为民服务。交警大队确定城关镇城南路为示范路，新车站交警岗亭为示范岗。巡特警大队从1996年元旦起全面实行规范化上岗执勤，提倡文明用语，消除服务忌语，在群众中树立良好形象。

1997年元旦、春节期间，开展以“为人民服务、树公安新风”为主题的爱民月活动。把爱民活动和创人民满意活动有机结合，把人民满意作为公安工作的出发点，深化爱民活动，树立公安机关的良好形象。其间，局机关和基层单位召开人大代表、政协委员和执法监督员座谈会28次，汇报工作、征求意见，改进工作作风。各科所队立足本职，开展“满意在岗位”“送温暖、献爱心”等爱民、为民、便民活动，受到各级党委、政府和驻地群众的好评，收到锦旗15面，表扬信38封。

1998年1月10日，市公安局根据省公安厅将每年的1月10日定为为民服务日的通知精神，结合爱民月活动，在城关镇举行首个“110宣传咨询日”活动，在街头主要路口，悬挂“为人民服务，树公安新风”“有警必接、有险必救、有难必帮、有求必应”“110是您的忠诚卫士”等宣传横幅，同时还在公共场所、特种行业、主要街道、路口以及居民小区悬挂110须知330块。组织治安、交警、消防等业务部门民警上街进行咨询活动，形成110服务社会，广大人民群众支持、监督110的良好氛围。3月5日，根据省公安厅“万名民警为民服务”的统一部署，组织全局民警结合本岗位业务，因地制宜地开展法律咨询、为民服务、送证上门，上门发还被盗物品等活动及其他公益活动。全年全局民警共为群众做好事、办实事3000余件次，为长江流域等灾区捐款17.5万元，与四川广元元坝区30名贫困学生结对，捐资1.2万元，帮助其完成小学学业，收到锦旗127面、表扬信89封。

2000年10—12月，市公安局组织开展以“访万户百姓、办千件好事、解百道难题”为主要内容的“警心连民心”活动。组织广大公安民警深入基层，广泛了解社情民意，送法下乡，排忧解难、访贫问苦。活动中，全市公安民警共走访居民、农户2314户，为企业、群众办好事、实事1281件，深得群众好评。群众主动为公安机关提供各类案件线索93条，破案45起。

2003年，爱民月活动再掀高潮。市公安局在元旦、春节期间集中开展以学习贯彻中共第十六次全国代表大会精神，展示警风建设成果，建立新型警民关系为中心内容的爱民实践活动。在当湖镇关帝庙商城设摊开展宣传咨询，向过路群众发放安全防范及户口知识宣传资料1200余份，接受群众咨询100多人次。同时，组织局办证窗口民警下社区设摊进行“户籍法律政策咨询”活动，利用一周时间跑遍当湖镇25个居委会，一面发放宣传资料，一面征求户口管理方面的意见和建议，深受广大居民欢迎，后又延伸至周边乡镇。

2008年开始，市公安局将爱民月活动贯穿于全年。开展以“强防范、促和谐”为主题，以

“访民情、解民忧”为主要内容的“百警进万家、警民零距离”活动。通过防范宣传、入户调查、掌握人口底数、了解社情民意等，使群众的安全感和满意度得到有效的提升。

2008年12月至2009年3月，公安部部署开展“全国公安民警大走访”爱民实践活动。市公安局根据公安部和省公安厅的统一部署，在全市范围开展以“进社区、进农村、进学校、进企业、进家庭”为主要内容的“五进”活动。通过“警民恳谈”、上门征求意见、开展专项活动等形式积极服务全市经济和社会发展，推动公安工作和队伍建设。其间，全局有3800人次参与走访，共走访各类群众6030人次、各类机关、企事业单位536家，掌握各种不稳定因素256条，收到群众的意见诉求121条，帮助群众解决实际困难332件。警民关系得到进一步融洽和提升，2009年底，经群众测评，安全感、满意度列嘉兴市第二名。

2010年1—3月和12月，市公安局先后开展两次“三民三送”（即听民声、问民计、解民难、送法律、送服务、送温暖）大走访爱民实践活动。结合公安民警“五进”活动，走访企业、农村，全面掌握后世博安保时期社会治安动向；走访社区、学校，普及安全防范知识，提高群众安全感满意度；走访见义勇为、治安积极分子家庭，温暖民心，倡导社会和谐新风。

2011年，市公安局组织“大走访开门评警”活动，在全局推行《民情日记》制度，每人每月人手一册，记录走访群众反映的突出治安问题、意见建议以及警务通报、警民恳谈、防范宣传、法制教育等工作开展情况。结合大走访活动，推出各类便民、利民措施，开展电话、网络预约服务，定期上门集中办理车辆、户籍、居住证，农村群众办事绿色通道等一系列措施，从而进一步提升群众安全感、满意度。

2012年1—6月，市公安局根据上级公安机关的统一部署，组织开展“三访三评”（即访问民情、访察民意、访排民忧和评议工作、评查问题、评选先进）深化大走访活动，并与学雷锋活动相结合，共为群众办实事231件。群众安全感、满意度比2011年分别上升2.03个百分点和0.67个百分点，位居嘉兴全市前列。

2014年8月起，贯彻公安部《关于进一步健全完善公安机关和公安民警经常性联系群众制度指导意见》和平湖市委办文件精神，建立分类分层次大走访制度，进一步加强和改进新形势下群众工作，健全联系服务群众的长效机制，使爱民实践活动常态化。

**二、警察开放日活动**

2003年12月27日上午，市公安局根据上级公安机关的统一部署，在局机关大楼前广场举行首届警察开放日活动启动仪式。全体应邀代表分别观看警械装备、特警盾牌操、消防灭火表演以及刑侦破案成果展、禁毒宣传、消防宣传、交通法规宣传等。是日，交警大队、10个公安派出所联动，分别在驻地设立分会场，诚邀各界人士来到警营，零距离审视警务工作。《浙江法制报》、嘉兴电视台、《嘉兴日报》和平湖电视台、平湖电台及《嘉兴日报·平湖版》等媒体记者进行实地采访。以后，警察开放日活动每年举行一次，每年都有一个鲜明的主题。2005年以和谐社会、警民共创为主题，2006年以警民恳谈、问计于民为主题等，充分体现鲜明的主题特色。

2007年2月10—17日，根据上级公安机关的统一部署，结合全国警务咨询、全省问计于民日的推行，举办首次“警民相约警务室”活动。全市25个社区警务室和27个农村警务室同时向社会开放，邀请社会各界人士和居民群众走进警务室，了解社区和农村警务工作，宣传安全防范，对管制刀具、赌具、假钞、假金元宝等进行实物展示，教育群众自觉遵守法律、增强自我防范意识。局党委全体成员分赴各自联系的派出所（警务站、室），与群众面对面交流。其间，共召开各类座谈会、通报会、恳谈会等56场次，参加群众达950余人，收到意见建议70余条，举办警务咨询10场次、发放防范宣传资料5000余份，制作宣传图板70余块。

2010年12月18日，市公安局举办以“警民携手，共保平安”为主题的第八届警察开放日活动。各派出所邀请“两代表一委员”及普通群众、在校学生和联系结对单位领导、职工走进各自展区参观，介绍派出所执法功能区改建情况，邀请媒体记者及社会网站记者进警营互动。活动内容丰富，有年底防范盗抢、防火、逃生知识，寒假期间学生人身安全、交通安全及禁毒等图片展板宣传，现场播放 DVD 资料片、发放宣传资料、联系卡、小礼品、受理群众咨询服务，演示 110 接处警过程、大屏幕监控系统，展示驾驶员酒精含量测试仪、防爆排爆等科技装备，表演警务技能，请群众、媒体记者进行“我来做一天交警”“我是社区民警”等角色，体验警察生活。

2013 年起，“警察开放日”活动与每年的“110 宣传日”活动合并进行，通过广场宣传、警营开放、警民互动、走访评议等多种形式，进一步密切了新时期警民关系。至 2015 年，在每年的 110 宣传日活动中，集中宣传“一体化”（情报信息一体化、城乡防控一体化、专业合成一体化、网上网下一体化、训练实战一体化）警务建设工作成效和社会应急联动工作，进一步提高群众的安全感和满意度。

### 三、警民恳谈活动

2008 年开始，市公安局根据上级公安机关的统一部署，在全市派出所推行“警民恳谈”活动。以每两个月为一时段，确定第二个月 10 日为全市统一的“警民恳谈日”，一年 6 次，列入社区警务考核，并形成制度。恳谈活动以召开座谈会，听取意见建议，安全防范宣传，开展警民互动等形式进行。是年，共举办警民恳谈活动 516 场次，参加人员 9616 人次，其中人大代表、政协委员 232 人次，共发放宣传资料 4.18 万份，征求到意见建议 93 条，逐一落实办理，收到良好的社会效果，得到社会各界的一致好评。

2010 年 9 月 14 日、10 月 21 日，市委常委、公安局局长刘国强先后率局各业务部门主要负责人分别赴新仓、新埭镇召开警民恳谈会，局、所两级各自通报公安工作情况、当前治安状况，广泛征求党委、政府、社会各界对公安工作的意见和建议。

### 四、便民利民服务

20 世纪 50 年代，公安机关为方便群众申报临时户口，各派出所在居民区推出警民联系箱制度。1957 年 7 月，县公安局根据省公安厅《关于简化和改进户口申报登记手续、特种营业管理和改进户籍民警工作作风的几点意见的通知》精神，要求派出所户籍民警在办理居民申报户口时，态度和蔼、随来随办；办理户口登记手续的时间必须从便利群众出发，除办公时间外，不论下班和节假日以及学习时间，也应建立民警值班制度，办理户口登记手续；关心群众疾苦，改善户籍室外群众等待办手续的地方放置凳子，在严冬中遇大风雨时，让群众到空屋内躲避等。

80—90 年代，便民、利民措施不断增多。1985 年 3 月，县公安局为方便群众，简化城镇之间户口迁移手续。1992 年 6 月，开展创建“文明户籍室”活动，新埭、城关、乍浦等派出所户籍室分别被评为平湖市、嘉兴市及浙江省文明户籍室。1996 年，出入境、户口证件办理推行“三公开”（办理程序、收费标准、办理结果），并在电视台公布监督电话。办理户口实行一次性告知、首问责任、预约服务、送证上门。6 月，设立出入境接待室。9 月，开办居民身份证快证业务，一周内完成制证。城关派出所户籍室获平湖市工会系统先进班组称号。1997 年，户政、出入境部门利用邮政 5168 信息咨询服务台，开通办理户口、因私申请出国护照及内地居民申请赴港澳地区定居等 3 条咨询热线。2 月，出入境窗口被省公安厅授予全省文明窗口称号。1998 年，全警开展创人民满意活动，推行警务公开，局机关 7 个对外窗口及 21 个公安派出所统一设置警务公开栏，分别将治安、户籍、出入境、交通、消防管理，计算机管理监察、110 报警服务、刑事、经济案件侦察、法制、经济文化保卫等相关业务、办事流程和办理各类证照的标准程序等上墙公开，建立警务公开承诺和领导连带责任追究制度。通过报刊、电台及编印《警务公开手册》等形式，向公众宣传，接受社会监督。10 月 20 日，建成以治安、户籍为主，融出入境、消防于一体的公安办证中心（城关镇环城北路 44 号，2001 年 1 月迁至市行政服务中心，后改称公安办证窗口）。1999 年 5—6 月，出入境办证推出电话预约、节假日办公、申请人回访及境外常住人员催办等制度，缩短办结时限，对老弱病残及商务、培训人员多且时间紧迫的涉外企业实行上门服务。12 月，全市 9 个派出所办证室实行“四统一”（名称、着装、制度、簿册）、“四公开”（办理各种证照的手续、程序、办结时限，收费标准和办理结果，服务范围和项目，服务承诺，违诺处罚）。推行办理户口、治安证照回执、回告制度，开展创文明办证室及流动红旗竞赛等活动，乍浦、新埭、广陈派出所办证室被评为平湖市文明办证室。1998—1999年，公安办证中心被评为平湖市“十佳巾帼文明示范岗”，1999年获嘉兴市“巾帼文明示范岗”称号。2000年，车辆管理所办证大厅为招商引资企业、外商、残疾人、军人、孕妇、老年人开设绿色通道窗口。6月，出入境管理取消境外人员定点住宿限制，凡有30只床位以上、配备电脑的宾馆均可接待入住。

进入21世纪，便民、利民工作经常化、制度化，备受群众欢迎。2001年，开通出入境“特事、急事”特殊通道，简化省级“信誉等级制企业”出入境商务申请手续，实行绿卡制度。2002年，公安办证窗口获浙江省“巾帼文明示范岗”称号。

2003年8月，户籍管理推出办理户口10条便民利民措施，内容涉及出生申报、主项目变更、户口迁移、农转非户口、居民身份证、边境通行证、户籍证明等，取消居民身份证遗失登报声明。出入境管理推出8项便民服务，内容涉及设立预约窗口，建立申请人监督回访、实行跟踪服务，开通证件“特快邮递”，开辟网上及电话咨询专线等。2004年，开通境外人员签证（注）到期网上提醒服务，推出多语种短信（日语、英语）预警服务。

2005年10月1日，全市派出所办证室开通跨乡镇户口“网上迁移”业务。2006年8月5日，在局机关大院新建出入境办证接待大厅（面积105平方米），提供办证指南，设置电子触摸屏。在互联网设立出入境业务专栏，公布办证指南，提供表格下载等服务。出入境接待窗口被省厅授予全省文明窗口单位称号。2007年，公安办证窗口推出浙江省户籍异地办理第二代居民身份证便民措施。3月，公安办证窗口被全国妇联授予“巾帼文明示范岗”称号。

2008年，公民申领“二代证”由原来60日缩短为30日，提供新生儿姓名重名查询。出入境窗口被评为2008年度嘉兴市“巾帼文明示范岗”。2009年，为境外常住人员较多的外资企业推出QQ在线咨询平台，在腾讯网开通“平湖出入境”微博，每日发布“一句话”服务提示。出入境窗口被评为2008—2009年度平湖市群众满意办事窗口。

2011年4月1日，简化办理大中专毕业生回原籍落户手续。2012年1月，推出网上办事大厅，为群众提供涉及户籍、治安、交通、出入境、消防及禁毒等相关信息。缩短9项户口的办理时限，简化申请表格。9月1日，出入境办证迁至市行政服务中心，面积250平方米的新接待大厅正式启用，新增申请叫号系统、自助受理机、自助填表机等设备。

2015年，全面推进派出所户籍窗口改造，先期建成钟埭、林埭两个派出所示范窗口，统一采购最新人像采集设备和满意度评价器，配备电脑等办公设备。年底完成新埭、新仓、曹桥等3个派出所户籍窗口改造，共投入资金170万余元。全面启动省公安厅户籍管理12项便民服务措施，推出居民身份证邮寄业务，在较大的集镇警务站添置二代证拍照设备，方便群众就近办证。

## 第五节　立功创模

立功创模活动是公安政治工作的一项重要任务，通过这项活动激发广大公安干警的工作热情，推动公安工作。1954年5月，省公安厅政治部在《1954年政治工作计划》中提出在全省各级公安机关有计划有重点地开展立功创模活动。8月，又对立功创模的指导思想、组织领导、评比条件和方法、批准权限等作出明确规定。据此，县公安局建立评功创模小组，组织全局干警积极开展立功创模活动。1955年9月22日，经嘉兴地区专员公署公安处批准，县公安局朱阿六、项光照、谢其伟3人各记三等功一次，顾阿掌、徐双喜2人各记四等功一次。

1956年5月，县公安局根据省公安厅政治部年度工作计划及政工会议精神，继续狠抓立功创模活动，建立“评功委员会”，在全局干警中进一步宣传发动，提高认识，树立立功的光荣感，人人制订个人进步计划，部门建立记绩小组，落实记绩员，下发记绩登记簿，对各人的进步计划进行每月一次检查和记绩，从而使立功创模活动在全局蓬勃兴起。1957年8月，根据中央人民政府公安部和省人民政府公安厅《关于将人民公安机关立功创模运动改为先进工作者运动的试行办法》，将立功创模运动改称先进工作者运动。

1958年，根据省公安厅政治部关于迎接第一次全国公安保卫先进工作者和全省社会主义建设积极分子代表大会的通知精神，县公安局以"四比"（思想、工作、学习、纪律）活动为内容，开展比先进、学先进、赶先进的高潮。经评选，有2名干警被评为省级政法系统先进工作者，11名干警被评为县级政法系统先进工作者。1959年2月25日，县公安局副局长沈祥春赴杭州出席浙江省政法战线社会主义建设积极分子代表大会。

1963年12月，公安部政治工作会议通过"公安系统四好单位（政治思想好、完成任务好、执行政策好、纪律作风好）、五好干警（思想好、工作好、学习好、纪律好、身体好）运动试行办法"，全局上下积极开展争创"四好单位""五好干警"活动。"文化大革命"期间，各项评选活动中断。

1978年，全省公安战线开展比学赶帮超的革命竞赛。活动中，县公安局评出先进集体1个，先进工作者5人，同时表扬15名民警。治安股民警袁守之、武警中队战士徐明泉及城关派出所民警魏坚被评为县级工作积极分子，受到县委机关党总支的表彰。袁守之、徐明泉被评为全省公安系统先进个人，城关派出所被评为浙江省公安战线先进集体。9月3日，袁守之、徐明泉及城关派出所所长韩锦忠赴杭州出席浙江省公安、检察、司法战线先进集体和先进工作者表彰大会。

1980年7月，公安部下发《关于颁发英雄模范奖章和立功奖章几项暂行规定的通知》。是年，通过年终总结评比，共评出局级先进单位3个，先进工作者13人，县级先进工作者2人，出席省公安"双先"会先进集体代表1个、先进工作者代表2人。

1982年，县公安局刑侦队破案成绩突出，当年大案破案率达100%，被评为局级先进集体。10月，被省政府授予浙江省公安战线先进集体称号，队长韩锦忠代表刑侦队出席全省公安系统先进集体、先进工作者表彰大会。12月，县公安局侦破"8·27"乍浦驻军盗枪专案组，被省公安厅记集体三等功一次，地区公安处领导专程到平湖召开全局干警大会举行颁奖仪式。

1983年，在全国开展的严厉打击严重刑事犯罪斗争中，乍浦派出所民警唐春耕、刑侦队民警李鲁平被省公安厅各记个人三等功一次。在全省"全民文明礼貌月"活动中，乍浦派出所副指导员李士荣、城关派出所民警朱敏炎被评为全省公安系统"全民文明礼貌月"活动先进个人。是年，因"严打"期间实行跨部门警力配置，以战斗小组形式混合编组，取消当年度部门先进评选，重点表彰"严打"斗争中的先进个人，全局有19名民警被评为"严打"斗争先进个人。刑侦队内勤民警宣月丽、城关派出所副所长魏坚被评为县级机关先进工作者，受到县委机关党委表彰。

1984年6月，公安部颁发试行《人民警察奖惩条例》，规范人民警察的奖励和处分标准，解决公安机关同时开展先进工作者评比和立功创模两项活动的关系，将先进工作者活动和立功创模活动统一为立功创模活动。规定个人立功，分别记一、二、三等功、嘉奖和一、二级"全国公安战线英雄模范"称号，单位或集体立功，分别记集体一、二、三等功、嘉奖。年底，省公安厅下发《关于公安派出所开展立功、授奖活动的通知》及《先进派出所十项评比条件》，基本达到十项评比条件或其中一项工作成绩显著的，即可给予嘉奖或立集体三等功；十项评比条件都达到或成绩特别显著的，即可给予立集体二等功或一等功，评选授奖派出所不受比例限制，改变以往按比例评比或授奖不分档次的做法，奖励项目按《奖惩条例》执行。

1985年11月，县公安局刑侦队内勤民警宣月丽被授予浙江省先进工作者称号，出席全省劳动模范、先进集体、先进工作者表彰大会。1987年，县公安局政工部门为表彰好人好事先进事迹，先后下发6期简报，表扬9名个人、1个集体。同时分4次综合干警秉公执法、好人好事先进事迹，书面上报嘉兴市公安局，嘉兴市公安局先后编印两期简报予以通报表扬。1989年3月，县看守所被省公安厅授予"秉公执法，文明办事优胜单位"。乍浦派出所所长张承忠被评为全省优秀派出所所长。

1994年，钟埭派出所所长姚志良被评为全省优秀人民警察，城关派出所指导员魏坚被评为全省公安系统优秀政治工作干部。1996 年，在全省开展的派出所规范化建设中，对成效突出的城关派出所所长姚勇、指导员魏坚被嘉兴市公安局各记个人三等功一次。

1997 年 4 月，结合“为人民服务，树公安新风”活动，全局掀起争创先进集体、争当优秀干警热潮。是年，有 6 个单位、7 名个人立三等功，23 个集体及个人受到省公安厅、嘉兴市公安局、平湖市委政法委通报表彰。城关派出所被授予 1997 年度嘉兴市“人民满意派出所”、嘉兴市“优秀公安派出所”称号，并记集体三等功一次。

1998 年 3—12 月，在开展争创“人民满意派出所”活动中，城关、乍浦、城北、黄姑、新埭、新仓、全塘、曹桥、徐埭、秀溪等 10 个公安派出所被命名为平湖市“人民满意派出所”，城关、乍浦派出所被命名为嘉兴市“人民满意派出所”，城关派出所同时获 1998 年度“全省人民满意派出所”称号。是年，首次在全局范围内开展评选“四十佳”（十佳优秀民警、十佳责任区民警、十佳破案能手、十佳贤内助）活动，形成你追我赶比贡献，共为警徽添光彩的良好氛围。

2000 年 1 月 20 日，黄姑派出所被授予嘉兴市 1999 年度人民满意派出所。6 月 1 日，当湖派出所民警王建林被国务院妇女工作委员会授予“全国优秀儿童工作者”称号。11 月 13 日，市公安局开展评选“双十佳优秀民警”（市级十佳优秀民警、局级十佳优秀民警）活动，并首次将评选活动推向社会。将 20 名候选人事迹刊登于《嘉兴日报・平湖版》，发动全市人民投票，得票率位于前 10 名的民警由市人民政府进行表彰，其余入围的 10 名民警由市公安局进行表彰。以后，“十佳优秀民警”改称为“十佳平湖卫士”，每年评选一次，由市委政法委组织表彰。是年，市公安局首次被嘉兴市局评为全市公安工作先进单位，至 2002 年，连续 3 年被评为嘉兴市公安工作先进单位。

2001 年，市公安局作出在全局各单位、各警种开展争创“五优”（政治思想优、纪律作风优、执法水平优、业务技能优、服务态度优）活动的决定，以进一步深化创人民满意活动。10 月，交警大队机动中队队长许春法被公安部评为 2000 年度全国优秀人民警察。

2002 年 1 月，刑事侦查大队被评为 2001 年度全省人民满意公安基层单位。6 月，刑侦大队当湖中队、新埭中队、办案中队、技术中队、情报中队分别被评为 2001 年度全省优秀刑警中队。办证中心民警陈晓玲、刑侦大队教导员杨忠林被评为平湖市级机关“人民满意公仆”。为进一步弘扬正气，在基层一线实战单位开展荣誉室筹建工作，将建所（队）以来所获集体荣誉和个人荣誉及先进人物事迹进行陈列，作为所史、队史，教育、激励青年民警，以榜样育人。

2003 年 4 月 17 日，市看守所被公安部命名为全国一级看守所，奖励 2000 型桑塔纳轿车一辆。刑侦大队教导员杨忠林被评为 2001—2002 年度全国优秀人民警察。9 月 12 日，当湖刑侦队被公安部授予全国一级责任区刑警中队称号。是年，当湖派出所被嘉兴市公安局命名为“全市标杆派出所”，所长于智勇被评为“全省优秀人民警察”，市公安局首次被评为 2003 年度嘉兴市优秀公安局。

2005 年，当湖派出所被评为全国一级公安派出所，所长于智勇获全国优秀人民警察称号。民警王建林被国务院评为全国先进工作者，4 月 30 日赴京出席全国劳动模范和先进工作者表彰大会，受到胡锦涛等党和国家领导人的亲切接见。

2007 年 9 月 13 日，市公安消防大队副教导员兼消防中队指导员李继文、战士潘志毅在扑救林埭镇徐家埭集镇喜福门木厂火灾中身负重伤，经抢救无效英勇牺牲。省人民政府追授李继文、潘志毅为浙江省“人民卫士”荣誉称号，公安部政治部授予李继文、潘志毅“革命烈士”称号，省公安厅党委追授李继文为优秀共产党员，追认潘志毅为共产党员，共青团浙江省委和省青年联合会追授李继文、潘志毅“浙江青年五四奖章”。11 月 17 日，公安部追授李继文“模范消防警官”称号，并颁发二级英模荣誉奖章；追授潘志毅“杰出消防战士”称号，并颁发二级英模荣誉奖章。是年，市公安局代表省公安厅参加全国公安机关“三考”，获全国省级公安机关“三考”总成绩第一名，基本法律知识考试单项三等奖（全国第四）、广陈派出所获基本法律知识考试科所队一等奖（全国第一）。参考民警傅晓波、冯东风获基本法律知识考试个人一等奖（分列全国第三、第五名）。2008 年 2 月 18 日，广陈派出所所长盛保法、民警傅晓波、冯东风作为受奖代表赴北京参加表彰大会，受到公安部部长孟建柱等领导的接见。

2009 年，加强表彰工作的归口管理，充分发挥表彰奖励制度激励、引导作用，推进表彰奖励工作的规范化、制度化建设，实行奖励工作向基层倾斜，严格控制记功奖励总量和基层所占比例，确保基层单位和一线民警占表彰奖励总数的 85% 以上，进一步提高表彰奖励的质量。3 月，嘉兴市委宣传部、市人事局、市公安局联合开展全市公安机关“我最喜爱的十大人民警察”评选活动。11 月，交警大队当湖中队指导员王晓东获嘉兴市“我最喜爱的十大人民警察”称号，记个人三等功一次。是年，全局有 2 个集体记二等功，2 个集体记三等功，26 个集体和 114 名个人被嘉奖。

2010 年 6 月 11 日，市公安局交警大队事故中队民警金贤明在平兴公路钟南村路段勘察一起交通事故现场时，为抢救群众，光荣负伤，荣立个人一等功、二等功各一次，被评为全省“我最喜爱的十大人民警察”，参加公安部 2011 年春节电视文艺晚会集体婚礼节目录制。治安管理大队副大队长孟鹏飞被中共中央、国务院评为上海世博会先进个人。12 月 17 日，孟鹏飞出席在北京人民大会堂举行的中国 2010 年上海世博会总结表彰大会。以上两人均受到国务委员、公安部部长、部党委书记孟建柱及部党委成员的接见。常务副局长于智勇因“世博”安保有功，2011 年 2 月被省公安厅记个人一等功一次。市公安局获 2010 年度嘉兴市优秀公安局。

2012 年 4 月，市公安局根据省厅《关于进一步加强和改进公安表彰奖励工作的意见》，下发《进一步规范表彰奖励工作的通知》，严格控制表彰奖励比例，突出向基层一线倾斜，规范奖励申报程序，减少重复奖励。是年，市公安局副局长朱勤明、消防大队长朱利民及当湖派出所分别被公安部评为全国消防安全保卫战成绩突出个人及成绩突出公安派出所。当湖派出所被省人民政府授予“模范公安基层所队”称号，10 月 26 日，所长袁知峰出席全省公安系统英雄模范立功集体表彰大会，受到省委、省政府和省公安厅领导的接见。2013 年起，市公安局连续两年被评为嘉兴市优秀公安局。

2014 年 7 月，市公安局根据嘉兴市局部署，建立“情满警心”公安功模先进典型联系制度，对获省部级以上荣誉称号或荣立三等功以上，成绩突出、有典型代表的公安功模及其他成绩突出，具有代表性的先进典型，分别由局党委成员结对联系，跟踪培养、慰问关爱，并实时更新结对联系名单。是年起，市公安局连续两年被评为全省公安队伍规范化建设优秀单位。

2015 年 1 月，曹桥派出所被评为嘉兴全市公安机关十佳公安派出所。刑侦大队副大队长兼情报中心副主任徐挺峰获嘉兴市第三届“我最喜爱的十大人民警察”称号，记个人三等功一次。

**附：民警家属评选**

1987 年，县公安局首次开展评选“人民警察贤内助”活动，根据嘉兴市局分配名额，经过自下而上推荐评选，有 2 名民警家属获嘉兴市公安系统人民警察“贤内助”称号，参加嘉兴市“人民警察贤内助”表彰大会。1988 年 3 月 7 日，县公安局首次召开“人民警察贤内助”座谈会。1987—1989 年，共有 5 名民警家属获嘉兴市公安系统“人民警察贤内助”光荣称号，参加由嘉兴市公安局召开的“人民警察贤内助”表彰大会。

1990 年 7 月，县公安局贯彻县纪委等六个单位决定，在全局干警家属中开展争当“贤内助”“廉内助”活动，通过各科所队推荐，经县局评选，2 名民警家属分别被评为县级机关“贤内助”和“廉内助”，受到表彰。2004 年 12 月，会同市妇联组织开展评选“十佳好警嫂”活动，有 10 名民警家属被评为平湖市首届“十佳好警嫂”，在 2005 年 3 月 8 日全市纪念“三八”妇女节大会上进行表彰。此后，每年组织一次评选“十佳贤内助”活动，并在每年初全市公安工作会议上进行表彰奖励。

表 23–1　　公安部授予先进集体及单项先进名录

| 单位名称 | 荣誉称号 | 批准时间 |
| --- | --- | --- |
| 市公安局 | 全国公安重点信访专项治理先进集体 | 2000.11 |
| 看守所 | 2002年度全国一级看守所 | 2003.04 |
| 当湖刑侦队 | 全国一级责任区刑警中队 | 2003.09 |
| 当湖派出所 | 全国一级公安派出所 | 2005.09 |
| 看守所 | 2004—2005年全国一级看守所 | 2006.01 |
| 市公安局 | 全国基本法律知识考试县级三等奖 | 2008.01 |
| 广陈派出所 | 全国基本法律知识考试科所队一等奖 | 2008.01 |
| 当湖派出所 | 全国公安机关执法示范单位 | 2010.10 |
| 当湖派出所 | 全国消防成绩突出公安派出所 | 2012.11 |
| 当湖派出所 | 全国公安机关新一轮执法示范单位 | 2014.10 |

表 23–2　　浙江省人民政府授予先进集体及单项先进名录

| 单位名称 | 荣誉称号 | 批准时间 |
| --- | --- | --- |
| 城关派出所 | 全省公安、司法战线先进集体 | 1978.09 |
| 刑侦队 | 全省公安系统先进集体 | 1982.10 |
| 市公安局 | 全省打击取缔“法轮功”先进集体 | 1999 |
| 城关派出所 | 1998年度全省人民满意派出所 | 1999.05 |
| 治安大队 | 1999年度全省人民满意科所队 | 2000.01 |
| 新仓派出所 | 2000年度全省人民满意派出所 | 2001.02 |
| 刑事侦查大队 | 2001年度人民满意基层单位 | 2002.01 |
| 市公安局 | 浙江省文明单位 | 2006.12 |
| 市公安局 | 上海世博会“环沪护城河”安保先进 | 2010.12 |
| 当湖派出所 | 浙江省模范公安基层所队 | 2012.10 |
| 市公安局 | 浙江省社区矫正工作先进集体 | 2014.07 |

表 23–3　　浙江省公安厅授予先进集体及单项先进名录

| 单位名称 | 荣誉称号 | 批准时间 |
| --- | --- | --- |
| 刑侦队 | 全省公安战线先进集体 | 1982.10 |
| 县公安局 | 全省公安系统信访工作先进集体 | 1985.02 |
| 看守所 | 五年安全奖 | 1987.01 |
| 看守所 | 全省秉公执法文明办案优胜单位 | 1989.03 |
| 市公安局 | 全省公安系统信访工作先进集体 | 1994.01 |
| 市公安局 | 公安档案管理省一级达标单位 | 1996.01 |
| 城关派出所 | 1996年度全省优秀派出所 | 1997.05 |
| 巡特警大队 | 1999年度全省规范化巡特警大队 | 2000.01 |

续上表

| 单位名称 | 荣誉称号 | 批准时间 |
| --- | --- | --- |
| 市公安局 | 2001年度全省公安机关执法质量优秀单位 | 2002.01 |
| 刑侦大队新埭中队 | 2001年度全省优秀刑警中队 | 2002.06 |
| 刑侦大队办案中队 | 2001年度全省优秀刑警中队 | 2002.06 |
| 刑侦大队技术中队 | 2001年度全省优秀刑警中队 | 2002.06 |
| 刑侦大队情报中队 | 2001年度全省优秀刑警中队 | 2002.06 |
| 刑侦大队当湖中队 | 2001年度全省优秀刑警中队 | 2002.06 |
| 市公安局 | 2002年度全省公安机关执法质量优秀单位 | 2003.01 |
| 看守所 | 五年安全无事故单位 | 2003.02 |
| 林埭派出所 | 全省基层基础工作先进集体 | 2003.12 |
| 市公安局 | 2003年度全省公安机关执法质量优秀单位 | 2004.01 |
| 监管大队 | 全省公安监管狱侦破案优胜单位 | 2004.02 |
| 市公安局 | 《平安时报》公安新闻宣传工作三等奖 | 2004.06 |
| 市公安局 | 2004年度全省公安机关执法质量优秀单位 | 2005.01 |
| 市公安局 | 2004年全省打防控工作优胜单位 | 2005.01 |
| 市公安局 | 全省公安机关信访工作先进集体 | 2005.02 |
| 市公安局 | 2005年度全省公安机关执法质量优秀单位 | 2005.12 |
| 市公安局 | 2005年全省打防控工作考核优胜单位 | 2006.01 |
| 市公安局 | 《平安时报》公安新闻宣传工作三等奖 | 2006.06 |
| 市公安局 | 2006年度全省公安机关执法质量优秀单位 | 2007.01 |
| 看守所 | 十年安全无事故 | 2007.01 |
| 当湖派出所 | 2005—2006年度全省优秀基层单位 | 2007.01 |
| 当湖派出所 | 全省优秀公安派出所 | 2007.07 |
| 市公安局 | 《平安时报》公安新闻宣传工作三等奖 | 2007.07 |
| 经侦大队 | 全省打击制售假发票先进单位 | 2007.03 |
| 市公安局 | 2007年度全省公安机关执法质量优秀单位 | 2008.02 |
| 市公安局 | 全省公安机关信访工作先进集体 | 2008.02 |
| 市公安局 | 2008年度全省公安机关执法质量优秀单位 | 2009.01 |
| 当湖派出所 | 2008年度全省优秀公安基层单位 | 2009.01 |
| 市公安局 | 《平安时报》公安新闻宣传工作三等奖 | 2009.07 |
| 市公安局 | 2009年度全省公安机关执法质量优秀单位 | 2010.01 |
| 市公安局 | 《平安时报》公安新闻宣传工作三等奖 | 2010.06 |
| 市公安局 | 2010年度全省公安机关执法质量优秀单位 | 2011.01 |
| 市公安局 | 2010年全省打防控工作优胜单位 | 2011.03 |
| 市公安局 | 上海世博安保先进单位 | 2011.02 |
| 看守所 | 监所安全铜奖（14年无事故） | 2011.06 |
| 市公安局 | 2011年度打防控工作考核县级先进 | 2012.01 |

续上表

| 单位名称 | 荣誉称号 | 批准时间 |
|---|---|---|
| 市公安局 | 2011年度全省公安机关执法质量优秀单位 | 2012.02 |
| 市公安局 | 全省公安机关成绩突出集体 | 2012.02 |
| 市公安局 | 全省国保系统先进集体 | 2012.02 |
| 市公安局 | 《平安时报》公安新闻宣传工作三等奖 | 2012.07 |
| 市公安局 | 2012年度打防控考核县级优胜单位 | 2013.01 |
| 市公安局 | 2012年度全省公安机关执法质量优秀单位 | 2013.01 |
| 市公安局 | 《平安时报》公安新闻宣传工作三等奖 | 2013.07 |
| 禁毒大队 | 扫毒害保平安成绩突出集体 | 2013.10 |
| 市公安局 | 2013年度全省公安机关执法质量优秀单位 | 2014.01 |
| 市公安局 | 2013年公安信访考核县级优秀单位 | 2014.01 |
| 新埭派出所 | 2012—2013年度全省优秀公安基层单位 | 2014.01 |
| 市公安局 | 全省社区矫正工作先进集体 | 2014.07 |
| 市公安局 | 《平安时报》公安新闻宣传工作三等奖 | 2014.08 |
| 市公安局 | 2014年度全省公安机关执法质量优秀单位 | 2015.02 |
| 市公安局 | 2014年公安队伍正规化建设优秀单位 | 2015.01 |
| 市公安局 | 2014年公安信访考核县级优秀单位 | 2015.01 |
| 市公安局 | 《平安时报》公安新闻宣传工作三等奖 | 2015.09 |
| 当湖派出所 | 2014—2015年度全省优秀公安基层单位 | 2016.01 |
| 市公安局 | 2015年度公安信访考核县级优秀单位 | 2016.01 |
| 市公安局 | 2015年度公安队伍正规化建设优秀单位 | 2016.01 |
| 市公安局 | 2015年度全省公安执法质量优秀单位 | 2016.01 |

**表23-4　　　　嘉兴市人民政府授予先进集体及单项先进名录**

| 单位名称 | 荣誉称号 | 批准时间 |
|---|---|---|
| 市公安局 | 1996年度冬季征兵政审工作先进单位 | 1997.10 |
| 城关派出所 | 1997年度市级人民满意派出所 | 1998.03 |
| 城关派出所 | 1998年度市级人民满意派出所 | 1999.03 |
| 乍浦派出所 | 1998年度市级人民满意派出所 | 1999.03 |
| 黄姑派出所 | 1999年度市级人民满意派出所 | 2000.01 |
| 市公安局 | 2002年度市级文明单位 | 2003.04 |
| 水警大队 | 2002年度市级文明单位 | 2003.04 |
| 黄姑派出所 | 2002年度市级文明单位 | 2003.04 |
| 市局机关 | 2003年度市级文明单位 | 2004.03 |
| 水警大队 | 2003年度市级文明单位 | 2004.03 |
| 交巡警大队 | 2003年度市级文明单位 | 2004.03 |
| 当湖派出所 | 2003年度市级文明单位 | 2004.03 |

续上表

| 单位名称 | 荣誉称号 | 批准时间 |
| --- | --- | --- |
| 乍浦派出所 | 2003年度市级文明单位 | 2004.03 |
| 市公安局 | 2005—2006年防范和处理邪教工作先进 | 2007.02 |
| 市换发二代证领导小组办公室 | 换发二代证工作先进集体 | 2007.03 |
| 全塘镇换发二代证领导小组办公室 | 换发二代证工作先进集体 | 2007.03 |
| 黄姑镇换发二代证领导小组办公室 | 换发二代证工作先进集体 | 2007.03 |
| 当湖派出所 | 嘉兴市模范公安派出所 | 2007.12 |
| 市公安局 | 2010年度社会治安综合治理先进集体 | 2011.04 |
| 市公安局 | 2011年度社会治安综合治理先进集体 | 2012.04 |
| 市公安局 | 2011年度消防工作先进集体 | 2012.04 |
| 市公安局 | 2012年度社会治安综合治理先进集体 | 2013.04 |
| 市公安局 | 2012—2013年新居民服务管理工作先进 | 2014.01 |
| 市公安局 | 2013年度社会治安综合治理先进集体 | 2014.04 |
| 市公安局 | 第二届世界互联网大会保障服务先进 | 2015.12 |

表23–5　　嘉兴市公安局授予先进集体及单项先进名录

| 单位名称 | 荣誉称号 | 批准时间 |
| --- | --- | --- |
| 城关派出所 | 全市公安系统先进派出所 | 1986.01 |
| 新庙派出所 | 全市公安系统先进派出所 | 1987.02 |
| 看守所 | 百日安全优胜单位 | 1989.12 |
| 市公安局 | 基层基础工作业务知识竞赛第一名 | 1992.05 |
| 市公安局 | 公安信息宣传先进集体 | 1995.05 |
| 城关派出所 | 1995年度全市十佳公安派出所 | 1996.03 |
| 水上派出所 | 1996年度全市十佳派出所 | 1997.03 |
| 城关派出所 | 1996年度全市十佳派出所 | 1997.03 |
| 城关派出所 | 1997年度市级先进派出所 | 1998.03 |
| 刑侦大队 | 全市侦察破案优胜单位 | 1998.03 |
| 市公安局 | 公安新闻宣传和报刊征订工作先进 | 1998.07 |
| 市公安局 | 人口信息计算机管理系统建设先进 | 1998.09 |
| 市公安局 | 1998年度侦查破案优胜单位 | 1999.01 |
| 市公安局 | 1998年度人口统计工作先进 | 1999.01 |
| 乍浦派出所 | 农村爆炸物品规范化管理先进单位 | 1999.03 |
| 法制科 | 1998年度法制工作先进 | 1999.04 |
| 交警大队城关中队 | 抗洪抢险先进集体 | 1999.08 |
| 巡特警大队 | 抗洪抢险先进集体 | 1999.08 |
| 市公安局 | 公安新闻宣传和报刊征订工作先进 | 1999.08 |
| 刑侦大队 | 1999年度创人民满意活动优秀科所队 | 2000.01 |

续上表

| 单位名称 | 荣誉称号 | 批准时间 |
| --- | --- | --- |
| 当湖刑侦队 | 1999年度优秀责任区刑侦队 | 2000.01 |
| 刑侦大队 | 重案侦破工作第二名 | 2000.01 |
| 刑侦大队 | 刑事特情工作第二名 | 2000.01 |
| 市公安局 | 1999年全市队伍建设优胜单位 | 2000.02 |
| 市公安局 | 人口信息百城联网工程系统建设先进 | 2000.07 |
| 市公安局 | 公安新闻宣传和报刊征订工作先进 | 2000.09 |
| 市公安局 | 2000年度公安工作先进单位 | 2001.02 |
| 市公安局 | 2001年度公安工作先进单位 | 2002.02 |
| 市公安局 | 公安新闻宣传工作先进单位 | 2002.07 |
| 市公安局 | 刑事勘察比武第三名 | 2002.10 |
| 市公安局 | 团队战斗比武第三名 | 2002.10 |
| 市公安局 | 设卡盘查比武第三名 | 2002.10 |
| 市公安局 | 车辆肇事现场处置比武第二名 | 2002.10 |
| 市公安局 | 警务技能大比武活动组织奖第二名 | 2002.10 |
| 市公安局 | 全市第二届“反扒”竞赛活动鼓励奖 | 2002.10 |
| 市公安局 | 法律、业务百题知识竞赛组织二等奖 | 2002.11 |
| 市公安局 | 2002年度公安工作先进单位 | 2003.04 |
| 林埭派出所 | 基层基础工作百日大会战先进集体 | 2003.07 |
| 市公安局 | 2003年度优秀公安局 | 2004.01 |
| 市公安局 | 户籍档案资料专项清理工作先进 | 2004.03 |
| 法制科 | 2004年度全市法制系统先进集体 | 2005.03 |
| 市公安局 | 治安系统基层基础知识竞赛三等奖 | 2006.12 |
| 看守所 | 2006年度全市狱侦破案先进 | 2007.02 |
| 治安大队行动中队 | 优秀基层所队 | 2007.12 |
| 巡特警大队特勤中队 | 优秀基层所队 | 2007.12 |
| 市公安局 | 奥运安保情报信息奖 | 2009.01 |
| 治安大队 | 奥运安保工作先进单位 | 2009.01 |
| 刑侦大队 | 双百会战先进单位 | 2009.01 |
| 指挥中心 | “三基”工程建设先进集体 | 2009.01 |
| 网监大队 | “三基”工程建设先进集体 | 2009.01 |
| 当湖建国门警务站 | 十佳优秀社区（农村）警务站（室） | 2009.02 |
| 当湖派出所 | 十佳派出所 | 2009.03 |
| 黄姑派出所 | 十佳派出所 | 2009.03 |
| 钟埭派出所 | 新居民管理先进 | 2009.03 |
| 国保大队 | 防范和处理邪教犯罪工作先进集体 | 2009.06 |
| 经侦大队 | 全市打击假币犯罪先进单位 | 2010.03 |

续上表

| 单位名称 | 荣誉称号 | 批准时间 |
|---|---|---|
| 当湖派出所 | 全市执法规范化建设示范单位 | 2011.01 |
| 经侦大队 | 全市打击银行卡犯罪先进集体 | 2011.01 |
| 警务督察大队 | 全市县级警务督察优胜单位 | 2011.01 |
| 市公安局 | 世博安保先进单位 | 2011.01 |
| 市公安局 | 2010年度优秀公安局 | 2011.01 |
| 网监大队 | 集中整顿网络赌博专项行动优秀集体 | 2011.02 |
| 水上派出所 | 全市水上治安工作优胜单位 | 2011.02 |
| 市公安局 | 全市公安机关“排雷”行动先进集体 | 2011.02 |
| 市公安局专项办 | 警车和涉案车辆违规专项治理先进集体 | 2011.03 |
| 当湖刑侦队 | 2010年度优秀责任区刑侦队 | 2011.03 |
| 禁毒大队 | 2010年度禁毒工作先进集体 | 2011.03 |
| 独山港派出所 | 全市十佳公安派出所 | 2011.03 |
| 治安管理大队 | 全市治安工作先进集体 | 2011.03 |
| 当湖派出所 | 集中整治涉案人员非正常死亡工作先进 | 2011.05 |
| 交警大队 | 全市交警系统优秀科所队 | 2011.08 |
| 市公安局 | 第六次全国人口普查户口整顿先进 | 2011.10 |
| 水上派出所 | 水上治安工作优胜单位 | 2011.12 |
| 经侦大队 | “亮剑”专项行动先进集体 | 2012.01 |
| 出入境管理大队 | 2011年度外国人管理服务先进 | 2012.01 |
| 市公安局 | 网上追逃专项督查“清网行动”先进 | 2012.01 |
| 新埭派出所 | 优秀基层接处警单位 | 2012.01 |
| 国保大队 | 2011年度国保工作先进集体 | 2012.02 |
| 警务保障室 | 2011年度警务保障系统先进集体 | 2012.02 |
| 市公安局 | 警卫工作先进集体 | 2012.02 |
| 市公安局 | “清剿火患”战役成绩突出公安机关 | 2012.04 |
| 新埭派出所 | 2013年度十佳执法示范单位 | 2014.01 |
| 当湖派出所庆丰警务室 | 2013年度十佳社区警务室 | 2014.01 |
| 市公安局 | 2013年度优秀公安局 | 2014.02 |
| 市公安局 | 专业合成一体化建设先进单位 | 2014.02 |
| 市公安局 | 2014年度优秀公安局 | 2015.01 |
| 曹桥派出所 | 全市十佳公安派出所 | 2015.01 |
| 当湖派出所东升警务室 | 2014年度十佳社区警务室 | 2015.01 |
| 经侦大队 | 2014年度十佳执法示范单位 | 2015.01 |
| 市公安局 | 2014年度缉枪治爆专项行动优胜单位 | 2015.01 |
| 市公安局 | “打四黑除四害”专项行动优胜单位 | 2015.02 |

表 23–6　荣立集体二等功名录

| 单位名称 | 荣誉称号 | 批准时间 |
| --- | --- | --- |
| 城关派出所 | 集体二等功 | 1997.12 |
| 看守所 | 集体二等功 | 2002.02 |
| 看守所 | 集体二等功 | 2003.06 |
| 12·30绑架案专案组 | 集体二等功 | 2003.06 |
| 警务督察队 | 集体二等功 | 2004.05 |
| 当湖派出所 | 集体二等功 | 2006.09 |
| 系列缝纫机设备专案组 | 集体二等功 | 2008.12 |
| 2008·8·25入室抢劫杀人专案 | 集体二等功 | 2009.04 |
| 奥运上海赛区平湖卡点组 | 集体二等功 | 2009.04 |
| 市局上海世博会安保小组 | 集体二等功 | 2011.02 |
| 治安大队基础中队 | 集体二等功 | 2011.02 |
| 全塘公安检查大队 | 集体二等功 | 2011.02 |
| 侦破黑社会组织专案组 | 集体二等功 | 2011.10 |
| 6·24贩毒专案组 | 集体二等功 | 2012.02 |
| 12·9品牌服装专案组 | 集体二等功 | 2012.07 |
| 市局1002专案组 | 集体二等功 | 2012.07 |
| 2012·3·16集资诈骗专案 | 集体二等功 | 2013.02 |
| 2012·6·24特大贩毒专案 | 集体二等功 | 2013.08 |
| 生产、销售病死甲鱼专案 | 集体二等功 | 2013.08 |
| 市公安局 | 集体二等功 | 2014.01 |

表 23–7　荣立集体三等功名录

| 单位名称 | 荣誉称号 | 批准时间 |
| --- | --- | --- |
| 8·27盗枪专案组 | 集体三等功 | 1982.12 |
| 1·1特大盗窃保险箱专案组 | 集体三等功 | 1984 |
| 刑侦队 | 集体三等功 | 1985.07 |
| 看守所 | 集体三等功 | 1986.06 |
| 城关派出所 | 集体三等功 | 1988.03 |
| 刑侦队 | 集体三等功 | 1988.04 |
| 预审科 | 集体三等功 | 1990.03 |
| 乍浦派出所 | 集体三等功 | 1994.04 |
| 1994·3·7恐吓敲诈专案组 | 集体三等功 | 1994.09 |
| 城关派出所 | 集体三等功 | 1995.04 |
| 全塘派出所 | 集体三等功 | 1995.05 |
| 水上派出所 | 集体三等功 | 1997.03 |

续上表

| 单位名称 | 荣誉称号 | 批准时间 |
| --- | --- | --- |
| 城关派出所 | 集体三等功 | 1997.03 |
| 预审科 | 集体三等功 | 1997.04 |
| 刑侦大队 | 集体三等功 | 1997.05 |
| 新庙系列轮奸抢劫专案组 | 集体三等功 | 1997.07 |
| 刑大技术探组 | 集体三等功 | 1998.01 |
| 城关派出所 | 集体三等功 | 1998.04 |
| 刑侦大队 | 集体三等功 | 1998.04 |
| 水警大队 | 集体三等功 | 1998.06 |
| 城关郊刑侦队 | 集体三等功 | 1998.07 |
| 6·30专案组 | 集体三等功 | 1998.11 |
| 刑侦大队 | 集体三等功 | 1998.11 |
| 交警大队事故处理中队 | 集体三等功 | 1998.11 |
| 水警大队 | 集体三等功 | 1999.03 |
| 乍浦派出所 | 集体三等功 | 1999.01 |
| 治安大队 | 集体三等功 | 1999.03 |
| 信访室 | 集体三等功 | 2000.03 |
| 巡特警大队 | 集体三等功 | 2000.06 |
| 看守所 | 集体三等功 | 2001.02 |
| 水警大队 | 集体三等功 | 2001.03 |
| 乍浦派出所 | 集体三等功 | 2001.03 |
| 10·8非法传销专案组 | 集体三等功 | 2002.01 |
| 信访室 | 集体三等功 | 2002.01 |
| 当湖刑侦队 | 集体三等功 | 2002.03 |
| 乍浦派出所 | 集体三等功 | 2002.03 |
| 1·4法轮功专案组 | 集体三等功 | 2002.03 |
| 8·28特大贩毒专案组 | 集体三等功 | 2002.04 |
| 警务督察队 | 集体三等功 | 2002.04 |
| 2002·2·6丢失枪支专案组 | 集体三等功 | 2002.09 |
| 2002·7·29杀人专案组 | 集体三等功 | 2002.09 |
| 2·22杀人沉尸专案组 | 集体三等功 | 2002.12 |
| 盗窃服装机械专案组 | 集体三等功 | 2003.03 |
| 1·14盗窃杀人专案组 | 集体三等功 | 2003.03 |
| 林埭派出所 | 集体三等功 | 2003.11 |
| 市公安局 | 集体三等功 | 2003.12 |
| 7·29杀人专案组 | 集体三等功 | 2003.05 |
| 市公安局 | 集体三等功 | 2004.02 |

续上表

| 单位名称 | 荣誉称号 | 批准时间 |
| --- | --- | --- |
| 5·6杀人专案组 | 集体三等功 | 2004.10 |
| 当湖派出所 | 集体三等功 | 2005.03 |
| 交警大队 | 集体三等功 | 2005.03 |
| 2004·3·9特大赌博专案组 | 集体三等功 | 2005.05 |
| 市局缉枪除恶专案组 | 集体三等功 | 2005.11 |
| 2004·11·14抢劫专案组 | 集体三等功 | 2005.11 |
| 刑大技术室 | 集体三等功 | 2005.11 |
| 经侦大队 | 集体三等功 | 2005.11 |
| 新仓派出所 | 集体三等功 | 2006 |
| 2005·12·8绑架专案组 | 集体三等功 | 2006 |
| 2006·3·13特大盗窃专案组 | 集体三等功 | 2007.02 |
| 2006·5·5法轮功专案组 | 集体三等功 | 2007.02 |
| 交警大队车辆管理所 | 集体三等功 | 2007.06 |
| 2·15交通肇事逃逸专案组 | 集体三等功 | 2008.03 |
| 乍浦边防派出所 | 集体三等功 | 2008.03 |
| 2007·1·19抢劫杀人专案组 | 集体三等功 | 2008.03 |
| 市公安局 | 集体三等功 | 2008.03 |
| 市公安局 | 集体三等功 | 2008.06 |
| 1·21抢劫杀人专案组 | 集体三等功 | 2008.09 |
| 奥运火炬接力传递安保组 | 集体三等功 | 2008.09 |
| 2008·3·31涉恶专案组 | 集体三等功 | 2009.05 |
| 2008·3·14绑架专案组 | 集体三等功 | 2009.01 |
| 侦破梦佳娜传销专案组 | 集体三等功 | 2010.02 |
| 2009·3·9抢劫杀人专案 | 集体三等功 | 2010.02 |
| 侦破系列飞车抢夺专案组 | 集体三等功 | 2010.02 |
| 2009·8·7交通肇事逃逸案 | 集体三等功 | 2010.02 |
| 8·31设赌诈骗专案组 | 集体三等功 | 2010.04 |
| 系列入室盗窃专案组 | 集体三等功 | 2010.04 |
| 市公安局 | 集体三等功 | 2010.11 |
| 2010·1·18赌博专案组 | 集体三等功 | 2010.12 |
| 2009·6·3抢劫杀人专案组 | 集体三等功 | 2010.12 |
| 2010·3·23系列敲诈专案组 | 集体三等功 | 2010.12 |
| 系列盗窃生产设备专案组 | 集体三等功 | 2010.12 |
| 新庙公安检查站 | 集体三等功 | 2011.02 |
| 六平申公安检查站 | 集体三等功 | 2011.02 |
| 宣传中心 | 集体三等功 | 2011.02 |

续上表

| 单位名称 | 荣誉称号 | 批准时间 |
| --- | --- | --- |
| 独山港派出所 | 集体三等功 | 2011.02 |
| 8·18特大制售假发票专案 | 集体三等功 | 2011.06 |
| 系列技术开锁盗窃专案组 | 集体三等功 | 2011.09 |
| 违反食品安全专案组 | 集体三等功 | 2011.12 |
| 系列盗窃镍板专案组 | 集体三等功 | 2011.12 |
| 飞车抢夺专案组 | 集体三等功 | 2012.02 |
| 刑大技术中队 | 集体三等功 | 2012.05 |
| 系列白闯专案组 | 集体三等功 | 2012.05 |
| 系列盗窃摩托车专案 | 集体三等功 | 2013.02 |
| 2012·6·28系列盗窃专案 | 集体三等功 | 2013.03 |
| 打四黑除四害行动办公室 | 集体三等功 | 2013.03 |
| 10·19系列贩卖毒品专案 | 集体三等功 | 2013.06 |
| 2013·8·5强迫卖淫专案组 | 集体三等功 | 2014.02 |
| 出入境管理大队 | 集体三等功 | 2014.08 |
| 2013·8·14销售病死甲鱼案 | 集体三等功 | 2014.08 |
| 2013·11·5网络贩卖枪支案 | 集体三等功 | 2014.08 |
| 巡特警大队 | 集体三等功 | 2014.10 |
| “猎狐”2014专案组 | 集体三等功 | 2015.08 |
| 2014·11·2介绍卖淫嫖娼专案 | 集体三等功 | 2015.11 |

### 表23-8 国务院授予全国先进工作者名录

| 姓　名 | 工作单位及职务 | 荣誉称号 | 批准时间 |
| --- | --- | --- | --- |
| 王建林 | 当湖派出所民警 | 全国先进工作者 | 2005.04 |

### 表23-9 中共中央、国务院授予单项先进个人名录

| 姓　名 | 工作单位及职务 | 荣誉称号 | 批准时间 |
| --- | --- | --- | --- |
| 孟鹏飞 | 治安管理大队副大队长 | 上海世博会先进个人 | 2010.12 |

### 表23-10 公安部授予二级英雄模范荣誉称号名录

| 姓　名 | 工作单位及职务 | 荣誉称号 | 批准时间 |
| --- | --- | --- | --- |
| 李继文 | 消防大队副中队长 | 二级英雄模范 | 2007.11 |
| 潘志毅 | 消防大队战士 | 二级英雄模范 | 2007.11 |

表23-11 公安部授予全国优秀人民警察荣誉称号名录

| 姓 名 | 工作单位及职务 | 荣誉称号 | 批准时间 |
|---|---|---|---|
| 许春法 | 交警大队机动中队队长 | 2000年度全国优秀人民警察 | 2001.02 |
| 杨忠林 | 刑侦大队教导员 | 2001—2002年度全国优秀人民警察 | 2003.06 |
| 于智勇 | 当湖派出所所长 | 2003—2004年度全国优秀人民警察 | 2005.08 |
| 金贤明 | 交警大队事故中队民警 | 全国优秀人民警察 | 2012.05 |

表23-12 公安部授予先进个人及单项先进名录

| 姓 名 | 工作单位及职务 | 荣誉称号 | 批准时间 |
|---|---|---|---|
| 王建林 | 当湖派出所民警 | 全国公安治安系统优秀户籍民警 | 1999.04 |
| 傅晓波 | 市公安局民警 | 全国基本法律知识考试一等奖 | 2008.01 |
| 冯东风 | 市公安局民警 | 全国基本法律知识考试一等奖 | 2008.01 |
| 王建林 | 当湖派出所民警 | 公安机关实施社区警务优秀民警 | 2008.02 |
| 朱勤明 | 市公安局副局长 | 全国消防安全保卫战成绩显著个人 | 2012.11 |
| 朱利明 | 市公安局消防大队长 | 公安消防部队成绩突出个人 | 2012.11 |

表23-13 浙江省人民政府授予浙江省劳动模范荣誉称号名录

| 姓 名 | 工作单位及职务 | 荣誉称号 | 批准时间 |
|---|---|---|---|
| 王建林 | 当湖派出所民警 | 浙江省劳动模范 | 2004.09 |
| 汪东晓 | 独山港派出所民警 | 浙江省劳动模范 | 2014.04 |

表23-14 浙江省人民政府授予先进个人及单项先进名录

| 姓 名 | 工作单位及职务 | 荣誉称号 | 批准时间 |
|---|---|---|---|
| 沈祥春 | 县公安局副局长 | 省政法战线社会主义建设积极分子 | 1959.02 |
| 袁守之 | 治安股民警 | 省公安、检察、司法战线先进个人 | 1978.09 |
| 徐明泉 | 武警中队战士 | 省公安、检察、司法战线先进个人 | 1978.09 |
| 宣月丽 | 刑侦队民警 | 浙江省先进工作者 | 1985.11 |
| 魏 坚 | 城关派出所指导员 | 全国人口普查浙江省先进个人 | 1990.12 |
| 许春法 | 交警城关中队副指导员 | 全省行风建设先进个人 | 1997.03 |

表23-15 浙江省公安厅授予全省优秀人民警察荣誉称号名录

| 姓 名 | 工作单位及职务 | 荣誉称号 | 批准时间 |
|---|---|---|---|
| 姚志良 | 钟埭派出所所长 | 1994年度全省优秀人民警察 | 1994.10 |
| 王建林 | 当湖派出所民警 | 1999年度全省优秀人民警察 | 2000.01 |
| 姚志良 | 当湖派出所教导员 | 2001年度全省优秀人民警察 | 2002.01 |
| 王建林 | 当湖派出所民警 | 2002年度全省优秀人民警察 | 2003.04 |
| 于智勇 | 当湖派出所所长 | 2003年度全省优秀人民警察 | 2004.03 |

续上表

| 姓 名 | 工作单位及职务 | 荣誉称号 | 批准时间 |
| --- | --- | --- | --- |
| 张跃明 | 钟埭派出所所长 | 2005—2006年度全省优秀人民警察 | 2007.01 |
| 王晓东 | 交警大队民警 | 2007年度全省优秀人民警察 | 2008.01 |
| 王剑蓉 | 刑侦大队教导员 | 2009年度全省优秀人民警察 | 2010.01 |
| 袁知峰 | 当湖派出所所长 | 2010年度全省优秀人民警察 | 2011.01 |
| 汪东晓 | 独山港派出所民警 | 2014—2015年度全省优秀人民警察 | 2016.01 |
| 徐挺烽 | 刑侦大队副大队长 | 2014—2015年度全省优秀人民警察 | 2016.01 |

表23-16　浙江省公安厅授予先进个人及单项先进名录

| 姓 名 | 工作单位及职务 | 荣誉称号 | 批准时间 |
| --- | --- | --- | --- |
| 李士荣 | 乍浦派出所副指导员 | 全省文明礼貌月活动先进个人 | 1983.12 |
| 朱敏炎 | 城关派出所民警 | 全省文明礼貌月活动先进个人 | 1983.12 |
| 马　平 | 秘书科民警 | 1984年度全省公安信访先进个人 | 1985.02 |
| 宣月丽 | 刑侦队民警 | 全省公安系统先进个人 | 1985.11 |
| 张承忠 | 乍浦派出所所长 | 全省优秀派出所所长 | 1989.03 |
| 马　平 | 秘书科民警 | 1989年度全省公安信访先进个人 | 1990.03 |
| 李付根 | 市公安局监察员 | 公安中专自学考试优秀学员 | 1991.07 |
| 魏　坚 | 城关派出所指导员 | 全省公安系统优秀政工干部 | 1994.04 |
| 姚志良 | 钟埭派出所所长 | 全省公安系统先进个人 | 1995.11 |
| 沈金根 | 秘书科民警 | 全省公安信访先进个人 | 1997.03 |
| 郭建光 | 巡特警大队民警 | 1997年爱民月活动先进个人 | 1997.03 |
| 方剑良 | 巡特警大队民警 | 讲文明、树新风活动先进个人 | 1998.03 |
| 顾建良 | 警务督察队队长 | 工作成绩突出公安纪检督察干部 | 2003.04 |
| 蔡秀根 | 曹桥派出所副所长 | 2007年全省派出所消防监督先进 | 2008.06 |
| 涂伟丰 | 新埭派出所民警 | 全省基层基础工作先进个人 | 2003.12 |
| 盛保法 | 当湖派出所教导员 | 全省公安系统优秀党务工作者 | 2011.06 |
| 王晓东 | 交警大队当湖中队指导员 | 全省公安优秀政治工作者 | 2012.03 |
| 陆文龙 | 新埭派出所民警 | 全省优秀派出所民警 | 2012.07 |
| 陆文龙 | 新埭派出所民警 | 践行人民警察核心价值观先进个人 | 2012.10 |
| 汪东晓 | 独山港派出所民警 | 群众满意派出所民警 | 2013.08 |
| 沈国民 | 独山港派出所副所长 | 扫毒害保平安成绩突出个人 | 2013.10 |
| 陆文龙 | 新埭派出所民警 | 全省公安机关美丽警察 | 2014.01 |
| 李寿林 | 市公安局副局长 | 世界互联网大会保障服务先进个人 | 2016.01 |

表23-17　嘉兴市人民政府授予嘉兴市劳动模范荣誉称号名录

| 姓 名 | 工作单位及职务 | 荣誉称号 | 批准时间 |
| --- | --- | --- | --- |
| 王建林 | 城关派出所民警 | 嘉兴市劳动模范 | 1999.04 |
| 许春法 | 交警大队机动中队队长 | 嘉兴市劳动模范 | 2001.04 |

表23-18　　嘉兴市人民政府授予先进个人及单项先进名录

| 姓 名 | 工作单位及职务 | 荣誉称号 | 批准时间 |
|---|---|---|---|
| 盛龙根 | 治安大队教导员 | 换发二代证工作先进个人 | 2007.03 |
| 姚志良 | 当湖派出所教导员 | 换发二代证工作先进个人 | 2007.03 |
| 陈正观 | 新埭派出所教导员 | 换发二代证工作先进个人 | 2007.03 |
| 毛明芳 | 钟埭派出所教导员 | 换发二代证工作先进个人 | 2007.03 |
| 王建林 | 城关派出所民警 | 嘉兴市模范人民警察 | 2007.12 |
| 沈保忠 | 巡特警大队民警 | 嘉兴市模范人民警察 | 2007.12 |
| 汪东晓 | 独山港派出所民警 | 嘉兴市模范人民警察 | 2013.01 |
| 李寿林 | 市公安局副局长 | 第二届世界互联网大会保障服务先进 | 2015.12 |

表23-19　　嘉兴市公安局授予先进个人及单项先进名录

| 姓 名 | 工作单位及职务 | 荣誉称号 | 批准时间 |
|---|---|---|---|
| 魏　坚 | 城关派出所副所长 | 公安中专自学考试优秀学员 | 1991.07 |
| 邹振芳 | 新庙派出所民警 | 公安中专自学考试优秀学员 | 1991.07 |
| 盛保法 | 法制科 | “二五”普法先进 | 1994.02 |
| 王燕成 | 秘书科 | 公安宣传三等奖 | 1995.05 |
| 戴建平 | 城关派出所警长 | 1995年度十佳派出所民警 | 1996.03 |
| 顾跃良 | 城关派出所警长 | 1996年度十佳派出所民警 | 1996.03 |
| 陶学康 | 指挥中心主任 | 公安新闻宣传和报刊征订工作先进 | 1998.07 |
| 盛美良 | 指挥中心副主任 | 公安新闻宣传和报刊征订工作先进 | 1998.07 |
| 吴东伟 | 指挥中心民警 | 公安新闻宣传和报刊征订工作先进 | 1998.07 |
| 许安平 | 治安大队民警 | 居民身份证编号清理纠错先进 | 1998.09 |
| 魏　坚 | 治安大队教导员 | 人口信息计算机管理系统建设先进 | 1998.09 |
| 马光清 | 治安大队民警 | 农村爆炸物品规范化管理先进 | 1999.03 |
| 盛海照 | 交警大队民警 | 抗洪抢险先进个人 | 1999.08 |
| 费根其 | 城关派出所民警 | 抗洪抢险先进个人 | 1999.08 |
| 陶学康 | 指挥中心主任 | 公安新闻宣传和报刊征订工作先进 | 1999.08 |
| 盛美良 | 指挥中心副主任 | 公安新闻宣传和报刊征订工作先进 | 1999.08 |
| 吴东伟 | 指挥中心民警 | 公安新闻宣传和报刊征订工作先进 | 1999.08 |
| 陈晓玲 | 办证中心民警 | 创人民满意活动优秀人民警察 | 2000.01 |
| 许春法 | 交警大队机动中队中队长 | 创人民满意活动优秀人民警察 | 2000.01 |
| 于智勇 | 当湖刑侦队队长 | 创人民满意活动优秀人民警察 | 2000.01 |
| 王卫东 | 新埭派出所民警 | 创人民满意活动优秀人民警察 | 2000.01 |
| 李寿林 | 刑侦大队 | 优秀侦察员 | 2000.01 |
| 沈海中 | 刑侦大队 | 优秀侦察员 | 2000.01 |
| 陆年根 | 刑侦大队 | 优秀侦察员 | 2000.01 |

续上表

| 姓 名 | 工作单位及职务 | 荣誉称号 | 批准时间 |
|---|---|---|---|
| 吴中林 | 刑侦大队 | 优秀侦察员 | 2000.01 |
| 徐新华 | 治安大队民警 | 人口信息百城联网及IC卡系统先进 | 2000.07 |
| 吴东伟 | 指挥中心民警 | 公安新闻宣传和报刊征订工作先进 | 2000.09 |
| 盛美良 | 指挥中心副主任 | 公安新闻宣传和报刊征订工作先进 | 2000.09 |
| 管 骥 | 交警大队 | 公安新闻宣传工作先进个人 | 2002.07 |
| 高 莉 | 政治处 | 公安新闻宣传工作先进个人 | 2002.07 |
| 吴东伟 | 指挥中心 | 公安新闻宣传工作先进个人 | 2002.07 |
| 范良兴 | 政治处 | 公安新闻宣传工作先进个人 | 2002.07 |
| 黄利明 | 刑侦大队副大队长 | 优秀侦察员 | 2003.01 |
| 金永华 | 交警大队民警 | 优秀交通民警 | 2003.01 |
| 沈中良 | 派出所民警 | 优秀社区民警 | 2003.01 |
| 盛保法 | 法制科科长 | 优秀执法标兵 | 2003.01 |
| 陆连忠 | 经侦大队大队长 | 优秀执法标兵 | 2003.01 |
| 涂伟丰 | 新埭派出所民警 | 基层基础工作百日大会战活动先进 | 2003.07 |
| 俞金其 | 法制科副科长 | 法制系统先进个人 | 2005.03 |
| 张国权 | 治安大队副大队长 | 廉政勤政先进个人 | 2007.01 |
| 马卫峰 | 当湖派出所副所长 | 优秀人民警察 | 2007.12 |
| 杨忠林 | 刑侦大队教导员 | 优秀人民警察 | 2007.12 |
| 丁晓东 | 交警大队民警 | 优秀人民警察 | 2007.12 |
| 孙颖健 | 信访室民警 | 优秀人民警察 | 2007.12 |
| 许 斌 | 消防大队大队长 | 优秀人民警察 | 2007.12 |
| 顾跃其 | 当湖刑侦队探长 | 十佳刑警 | 2008.04 |
| 郑煜俊 | 刑侦大队民警 | 优秀刑事技术员 | 2008.04 |
| 王剑蓉 | 刑侦大队副大队长 | 双百会战先进个人 | 2009.01 |
| 马卫峰 | 黄姑派出所所长 | 双百会战先进个人 | 2009.01 |
| 顾 刚 | 经侦大队大队长 | “三基”工程建设先进个人 | 2009.01 |
| 金利中 | 刑侦大队民警 | “三基”工程建设先进个人 | 2009.01 |
| 金良光 | 交警大队民警 | “三基”工程建设先进个人 | 2009.01 |
| 孙金良 | 水上派出所所长 | “三基”工程建设先进个人 | 2009.01 |
| 姚勇军 | 看守所副所长 | “三基”工程建设先进个人 | 2009.01 |
| 苏海强 | 林埭派出所民警 | “三基”工程建设先进个人 | 2009.01 |
| 谢文韬 | 刑侦大队民警 | 奥运安保先进个人 | 2009.01 |
| 杨少峰 | 巡特警大队大队长 | 奥运安保先进个人 | 2009.01 |
| 王志良 | 交警大队民警 | 奥运安保先进个人 | 2009.01 |
| 金 夏 | 当湖派出所民警 | 奥运安保先进个人 | 2009.01 |
| 马云峰 | 新埭派出所所长 | 奥运安保先进个人 | 2009.01 |

续上表

| 姓　名 | 工作单位及职务 | 荣誉称号 | 批准时间 |
|---|---|---|---|
| 韩　毅 | 钟埭派出所副所长 | 奥运安保先进个人 | 2009.01 |
| 黎星军 | 指挥中心副主任 | 指挥中心系统先进个人 | 2009.02 |
| 陆文龙 | 新埭大齐塘警务室民警 | 十佳优秀社区（驻村）民警 | 2009.02 |
| 管　骥 | 交警大队民警 | 公安宣传思想（新闻）工作先进个人 | 2009.03 |
| 汪东晓 | 全塘派出所民警 | 十佳派出所民警 | 2009.03 |
| 王晓东 | 交警大队当湖中队指导员 | 我最喜爱的十大人民警察 | 2009.11 |
| 钱　焱 | 指挥中心副主任 | 指挥中心系统先进个人 | 2010.02 |
| 沈国光 | 治安大队副大队长 | 治安工作先进个人 | 2010.01 |
| 薛春冰 | 巡特警大队中队长 | 十佳禁赌扫丑能手 | 2010.01 |
| 刘跃中 | 经侦大队民警 | 打击整治发票犯罪专项行动先进 | 2010.01 |
| 张国良 | 指挥中心民警 | 2010年度指挥中心系统先进 | 2011.01 |
| 张月东 | 国保大队民警 | 2010年度国保工作先进 | 2011.02 |
| 毛明芳 | 国保大队大队长 | 警卫工作先进个人 | 2011.02 |
| 刘璟珺 | 政治处副主任 | 思想政治工作先进 | 2011.02 |
| 吴中林 | 禁毒大队教导员 | 2010年度禁毒工作先进 | 2011.03 |
| 贾仿良 | 警务督察大队大队长 | 警车和涉案车辆违规专项治理先进 | 2011.03 |
| 张雪平 | 看守（治安拘留）所所长 | 集中整治涉案人员非正常死亡先进 | 2011.05 |
| 孟鹏飞 | 治安管理大队副大队长 | “红船卫士”优秀共产党员 | 2011.06 |
| 朱　慧 | 出入境管理大队民警 | 出入境管理系统服务之星 | 2012.01 |
| 姚勇军 | 指挥中心副主任 | 大情报工作先进个人 | 2012.01 |
| 沈明法 | 指挥中心民警 | 2011年度指挥中心系统先进个人 | 2012.01 |
| 俞小平 | 指挥中心民警 | 警用地理信息系统建设先进 | 2012.01 |
| 曹　健 | 曹桥派出所民警 | 优秀接处警民警 | 2012.01 |
| 赵　斌 | 钟埭派出所民警 | 优秀接处警民警 | 2012.01 |
| 张敏健 | 刑侦大队民警 | 十佳刑警 | 2012.02 |
| 王　周 | 法制大队民警 | 十佳执法标兵 | 2014.01 |
| 陈永锋 | 新仓派出所民警 | 十佳社区民警 | 2014.01 |
| 孙颖健 | 新仓派出所所长 | 十佳派出所长 | 2015.01 |
| 邹振芳 | 广陈派出所民警 | 十佳社区民警 | 2015.01 |
| 汪东晓 | 独山港派出所民警 | 十佳社区民警 | 2015.01 |
| 胡国峰 | 独山港派出所副所长 | 十佳执法标兵 | 2015.01 |
| 魏洪斌 | 林埭派出所所长 | 十佳派出所长 | 2015.01 |
| 徐挺烽 | 刑侦大队副大队长 | 第三届我最喜爱的十大人民警察 | 2015.01 |

表 23–20　荣立个人一等功民警名录

| 姓 名 | 工作单位及职务 | 荣誉称号 | 批准时间 |
|---|---|---|---|
| 金贤明 | 交警大队民警 | 个人一等功 | 2010.09 |
| 于智勇 | 市公安局副局长 | 个人一等功 | 2011.02 |

表 23–21　荣立个人二等功民警名录

| 姓 名 | 工作单位及职务 | 荣誉称号 | 批准时间 |
|---|---|---|---|
| 金贤明 | 交警大队民警 | 个人二等功 | 2010.08 |
| 钟立新 | 当湖派出所副所长 | 个人二等功 | 2011.02 |
| 孙金良 | 水上派出所所长 | 个人二等功 | 2011.02 |
| 汪东晓 | 独山港派出所民警 | 个人二等功 | 2013.08 |
| 顾跃良 | 法制大队大队长 | 个人二等功 | 2014.01 |
| 徐　跃 | 巡特警大队副大队长 | 个人二等功 | 2016.01 |
| 戴明忠 | 独山港派出所教导员 | 个人二等功 | 2016.01 |

表 23–22　荣立个人三等功民警名录

| 姓 名 | 工作单位及职务 | 荣誉称号 | 批准时间 |
|---|---|---|---|
| 朱阿六 | 县公安局 | 个人三等功 | 1955.09 |
| 项光照 | 县公安局 | 个人三等功 | 1955.09 |
| 谢其伟 | 县公安局 | 个人三等功 | 1955.09 |
| 唐春耕 | 乍浦派出所民警 | 个人三等功 | 1983.12 |
| 李鲁平 | 刑侦队民警 | 个人三等功 | 1983.12 |
| 孙金良 | 刑侦队民警 | 个人三等功 | 1986.08 |
| 孙金良 | 刑侦队民警 | 个人三等功 | 1987.03 |
| 叶经能 | 预审科副科长 | 个人三等功 | 1989.10 |
| 李中华 | 城关派出所刑侦组警长 | 个人三等功 | 1990.03 |
| 缪德山 | 新仓派出所副所长 | 个人三等功 | 1991.06 |
| 王小玲 | 乍浦派出所民警 | 个人三等功 | 1994.04 |
| 陶学康 | 秘书科科长 | 个人三等功 | 1994.05 |
| 潘照其 | 刑侦大队副指导员 | 个人三等功 | 1994.09 |
| 戴建平 | 城关派出所民警 | 个人三等功 | 1995.04 |
| 杨忠林 | 刑侦大队民警 | 个人三等功 | 1995.03 |
| 张其中 | 交警城关中队民警 | 个人三等功 | 1995.03 |
| 许春法 | 交警城关中队民警 | 个人三等功 | 1995.03 |
| 张国良 | 黄山派出所民警 | 个人三等功 | 1996.06 |
| 姚　勇 | 城关派出所所长 | 个人三等功 | 1996.03 |

续上表

| 姓　名 | 工作单位及职务 | 荣誉称号 | 批准时间 |
|---|---|---|---|
| 魏　坚 | 城关派出所指导员 | 个人三等功 | 1996.03 |
| 刘　洪 | 刑侦大队探长 | 个人三等功 | 1996.03 |
| 胡喜明 | 新仓派出所所长 | 个人三等功 | 1996.08 |
| 于智勇 | 刑侦大队沿海片片长 | 个人三等功 | 1996.06 |
| 张仁根 | 法制科民警 | 个人三等功 | 1996.08 |
| 徐勤昌 | 预审科科长 | 个人三等功 | 1996.08 |
| 姚　勇 | 城关派出所所长 | 个人三等功 | 1997.03 |
| 顾跃良 | 城关派出所警长 | 个人三等功 | 1997.03 |
| 朱亦林 | 刑侦大队警长 | 个人三等功 | 1997.03 |
| 沈保忠 | 新庙派出所民警 | 个人三等功 | 1997.07 |
| 刘　洪 | 刑侦大队副大队长 | 个人三等功 | 1997.07 |
| 王建军 | 乍浦派出所民警 | 个人三等功 | 1997.07 |
| 贾仿良 | 曹桥派出所所长 | 个人三等功 | 1997.10 |
| 盛龙根 | 城关派出所所长 | 个人三等功 | 1998.04 |
| 李品其 | 全塘派出所所长 | 个人三等功 | 1998.04 |
| 张国权 | 城关派出所民警 | 个人三等功 | 1998.04 |
| 顾洪良 | 乍浦派出所民警 | 个人三等功 | 1998.04 |
| 胡云丰 | 黄姑派出所民警 | 个人三等功 | 1998.04 |
| 钟立新 | 城北派出所民警 | 个人三等功 | 1998.04 |
| 张建士 | 广陈派出所民警 | 个人三等功 | 1998.04 |
| 吴海勤 | 刑侦大队民警 | 个人三等功 | 1998.06 |
| 褚金法 | 城关郊刑侦队副指导员 | 个人三等功 | 1998.07 |
| 韩　毅 | 城北派出所民警 | 个人三等功 | 1998.09 |
| 王建林 | 城关派出所民警 | 个人三等功 | 1998.09 |
| 张跃明 | 乍浦派出所指导员 | 个人三等功 | 1998.11 |
| 彭世友 | 乍浦派出所民警 | 个人三等功 | 1998.11 |
| 曹龙弟 | 乍浦派出所所长 | 个人三等功 | 1999.01 |
| 张国权 | 城关派出所民警 | 个人三等功 | 1999.01 |
| 钟立新 | 城北派出所民警 | 个人三等功 | 1999.01 |
| 王志良 | 全塘派出所民警 | 个人三等功 | 1999.01 |
| 费玉明 | 南桥派出所民警 | 个人三等功 | 1999.02 |
| 张海萍 | 巡特警大队民警 | 个人三等功 | 1999.02 |
| 徐建根 | 经侦大队副大队长 | 个人三等功 | 1999.03 |
| 于智勇 | 城关刑侦队队长 | 个人三等功 | 1999.03 |
| 朱勤明 | 新埭刑侦队队长 | 个人三等功 | 1999.03 |
| 孙　平 | 城关刑侦队民警 | 个人三等功 | 1999.03 |

续上表

| 姓 名 | 工作单位及职务 | 荣誉称号 | 批准时间 |
|---|---|---|---|
| 高云根 | 指挥处民警 | 个人三等功 | 1999.05 |
| 王进良 | 林埭派出所所长 | 个人三等功 | 2000.06 |
| 华国庆 | 乍浦派出所教导员 | 个人三等功 | 2001.12 |
| 胡跃健 | 新埭刑侦队民警 | 个人三等功 | 2001.12 |
| 陶纪华 | 乍浦刑侦队副队长 | 个人三等功 | 2001.12 |
| 顾士根 | 新埭派出所民警 | 个人三等功 | 2002.04 |
| 倪吉安 | 乍浦派出所民警 | 个人三等功 | 2002.04 |
| 褚金法 | 当湖刑侦队副队长 | 个人三等功 | 2002.04 |
| 戴明忠 | 当湖派出所民警 | 个人三等功 | 2002.04 |
| 杨忠林 | 刑侦大队副大队长 | 个人三等功 | 2002.05 |
| 沈志明 | 交警大队民警 | 个人三等功 | 2002.05 |
| 倪美根 | 乍浦派出所副所长 | 个人三等功 | 2002.05 |
| 王建林 | 当湖派出所民警 | 个人三等功 | 2002.05 |
| 张国良 | 治安大队民警 | 个人三等功 | 2002.05 |
| 金永华 | 交警大队民警 | 个人三等功 | 2002.05 |
| 陶纪华 | 乍浦刑队副队长 | 个人三等功 | 2002.05 |
| 吴跃健 | 新埭刑队民警 | 个人三等功 | 2002.05 |
| 黄洪波 | 全塘派出所民警 | 个人三等功 | 2003 |
| 鲁勤飞 | 监管大队大队长 | 个人三等功 | 2003.08 |
| 马卫锋 | 当湖刑侦队民警 | 个人三等功 | 2003 |
| 陈 伟 | 当湖派出所副所长 | 个人三等功 | 2003 |
| 李寿林 | 新仓派出所所长 | 个人三等功 | 2003 |
| 翁雁俊 | 当湖派出所民警 | 个人三等功 | 2003.11 |
| 陆年根 | 新埭刑队副队长 | 个人三等功 | 2003.11 |
| 司宏毅 | 市公安局局长 | 个人三等功 | 2004.05 |
| 顾照荣 | 市公安局副局长 | 个人三等功 | 2004.06 |
| 孟鹏飞 | 乍浦派出所民警 | 个人三等功 | 2004.06 |
| 刘玉观 | 交警大队民警 | 个人三等功 | 2004.06 |
| 周祖飞 | 林埭派出所教导员 | 个人三等功 | 2005.11 |
| 毛林峰 | 刑侦大队民警 | 个人三等功 | 2007.02 |
| 沈建根 | 交警大队民警 | 个人三等功 | 2007.02 |
| 马云峰 | 全塘派出所所长 | 个人三等功 | 2007.02 |
| 方剑良 | 监管大队副大队长 | 个人三等功 | 2007.02 |
| 高根良 | 监管大队民警 | 个人三等功 | 2007.02 |
| 马卫锋 | 当湖刑侦队副队长 | 个人三等功 | 2007.06 |
| 傅晓波 | 新埭派出所民警 | 个人三等功 | 2008.06 |

续上表

| 姓 名 | 工作单位及职务 | 荣誉称号 | 批准时间 |
|---|---|---|---|
| 冯东风 | 警务督察队队长 | 个人三等功 | 2008.06 |
| 顾跃良 | 法制室主任 | 个人三等功 | 2008.06 |
| 高雪峰 | 当湖刑侦队队长 | 个人三等功 | 2008.06 |
| 吴仲恒 | 治安管理大队副大队长 | 个人三等功 | 2008.09 |
| 陆连忠 | 治安管理大队大队长 | 个人三等功 | 2008.09 |
| 管　骥 | 交警大队民警 | 个人三等功 | 2009.03 |
| 林　侃 | 巡特警大队民警 | 个人三等功 | 2009.03 |
| 汪东晓 | 全塘派出所民警 | 个人三等功 | 2009.03 |
| 徐挺烽 | 刑侦大队民警 | 个人三等功 | 2009.05 |
| 王晓东 | 交警当湖中队指导员 | 个人三等功 | 2009.11 |
| 黄利民 | 刑侦大队大队长 | 个人三等功 | 2010.02 |
| 顾跃良 | 法制室主任 | 个人三等功 | 2010.04 |
| 纪　灵 | 当湖派出所民警 | 个人三等功 | 2010.09 |
| 谢思忠 | 禁毒大队民警 | 个人三等功 | 2010.09 |
| 陶纪华 | 独山港派出所民警 | 个人三等功 | 2010.09 |
| 徐志良 | 当湖派出所民警 | 个人三等功 | 2010.09 |
| 孙林良 | 新埭派出所民警 | 个人三等功 | 2010.10 |
| 汪东晓 | 独山港派出所民警 | 个人三等功 | 2010.10 |
| 陆　振 | 交警大队机动中队指导员 | 个人三等功 | 2010.10 |
| 吴中林 | 禁毒大队教导员 | 个人三等功 | 2010.10 |
| 刘国强 | 市公安局局长 | 个人三等功 | 2010.11 |
| 王　周 | 刑侦大队副教导员 | 个人三等功 | 2011.01 |
| 张　斌 | 指挥中心教导员 | 个人三等功 | 2011.02 |
| 朱驭洲 | 指挥中心副主任 | 个人三等功 | 2011.02 |
| 李水飞 | 巡特警大队民警 | 个人三等功 | 2011.02 |
| 时秀根 | 出入境管理大队大队长 | 个人三等功 | 2011.02 |
| 刘　杰 | 交警新仓中队指导员 | 个人三等功 | 2011.02 |
| 张金华 | 交警大队民警 | 个人三等功 | 2011.02 |
| 倪吉安 | 新仓派出所民警 | 个人三等功 | 2011.02 |
| 侯四海 | 政治处副主任 | 个人三等功 | 2011.02 |
| 陆文龙 | 新埭派出所民警 | 个人三等功 | 2011.03 |
| 汪东晓 | 独山港派出所民警 | 个人三等功 | 2011.06 |
| 高云杰 | 刑侦大队民警 | 个人三等功 | 2011.06 |
| 徐挺烽 | 刑侦大队民警 | 个人三等功 | 2011.06 |
| 殳玉观 | 看守所民警 | 个人三等功 | 2011.06 |
| 李伟东 | 当湖派出所民警 | 个人三等功 | 2011.06 |

续上表

| 姓 名 | 工作单位及职务 | 荣誉称号 | 批准时间 |
|---|---|---|---|
| 汪东晓 | 独山港派出所民警 | 个人三等功 | 2011.06 |
| 陆　俊 | 当湖派出所民警 | 个人三等功 | 2011.09 |
| 邱勤荣 | 曹桥派出所民警 | 个人三等功 | 2011.12 |
| 王章伟 | 新埭派出所民警 | 个人三等功 | 2012.05 |
| 汤根良 | 林埭派出所民警 | 个人三等功 | 2012.05 |
| 黎星军 | 指挥中心主任 | 个人三等功 | 2012.05 |
| 胡登攀 | 治安管理大队副大队长 | 个人三等功 | 2012.11 |
| 沈国民 | 独山港派出所民警 | 个人三等功 | 2012.11 |
| 施勤良 | 曹桥派出所副所长 | 个人三等功 | 2013.02 |
| 吴中林 | 禁毒大队教导员 | 个人三等功 | 2013.02 |
| 曹跃平 | 刑侦大队副大队长 | 个人三等功 | 2013.12 |
| 谢英杰 | 经侦大队副大队长 | 个人三等功 | 2013.12 |
| 陆　俊 | 当湖派出所民警 | 个人三等功 | 2013.12 |
| 傅金明 | 市公安局局长 | 个人三等功 | 2014.01 |
| 王　周 | 法制大队民警 | 个人三等功 | 2014.01 |
| 陈永锋 | 新仓派出所民警 | 个人三等功 | 2014.01 |
| 王祖培 | 钟埭派出所民警 | 个人三等功 | 2014.02 |
| 陆文龙 | 新埭派出所民警 | 个人三等功 | 2014.02 |
| 黄春雷 | 网警大队大队长 | 个人三等功 | 2014.08 |
| 金　君 | 刑侦大队副大队长 | 个人三等功 | 2014.08 |
| 王　吉 | 刑侦大队民警 | 个人三等功 | 2014.08 |
| 王利杰 | 刑侦大队民警 | 个人三等功 | 2014.10 |
| 徐挺烽 | 刑侦大队副大队长 | 个人三等功 | 2015.01 |
| 胡勤峰 | 刑侦大队民警 | 个人三等功 | 2015.01 |
| 毛袁伟 | 刑侦大队民警 | 个人三等功 | 2015.01 |
| 孙颖健 | 新仓派出所所长 | 个人三等功 | 2015.01 |
| 邹振芳 | 广陈派出所民警 | 个人三等功 | 2015.01 |
| 汪东晓 | 独山港派出所民警 | 个人三等功 | 2015.01 |
| 胡国峰 | 独山港派出所副所长 | 个人三等功 | 2015.01 |
| 魏洪斌 | 林埭派出所所长 | 个人三等功 | 2015.01 |
| 谢　正 | 网警大队副大队长 | 个人三等功 | 2015.04 |
| 郭金平 | 当湖派出所民警 | 个人三等功 | 2015.04 |
| 金佳坤 | 新埭派出所民警 | 个人三等功 | 2015.04 |
| 袁知峰 | 当湖派出所所长 | 个人三等功 | 2015.08 |
| 陆佳伟 | 当湖派出所民警 | 个人三等功 | 2015.11 |
| 钱叶伟 | 钟埭派出所民警 | 个人三等功 | 2015.11 |

表 23-23　　荣立个人四等功民警名录

| 姓 名 | 工作单位及职务 | 荣誉称号 | 批准时间 |
|---|---|---|---|
| 顾阿章 | 县公安局 | 个人四等功 | 1955.09 |
| 徐双喜 | 县公安局 | 个人四等功 | 1955.09 |

## 第六节　公安宣传

早在20世纪50年代，县公安局就将公安宣传工作作为公安工作的一项重要内容来抓，业务归口秘书股。80年代，在秘书股建立通讯报道组。90年代，随着改革开放，进入信息化时代，充分运用报刊、广播电台、电视台、互联网等新闻媒体，把公安宣传工作做大做实做强，成立市公安局及各科所队宣传报道组。进入21世纪，公安宣传工作进一步加强。在政治处设立宣传科。构建大宣传格局，成立领导小组及其办公室，在政治处设立宣传中心，以后改称公共关系办公室，对外宣传机构进一步健全。

### 一、宣传报道组织

20世纪70年代前，公安宣传工作业务归口县公安局秘书股，确定1～2名民警专门负责对外宣传工作，每年进行一次总结。1986年，在秘书科建立通讯报道组，确定各单位内勤兼任通讯员，负责本部门业务工作的有关通讯报道。1987年，全局各科队通讯员向新闻单位投稿200多篇，其中被省级新闻单位录用9篇、市级新闻单位录用30篇、县级新闻单位录用94篇。1988年，共向新闻单位投稿录用的有355篇，其中被中央级报纸录用1篇，省级52篇，市级61篇，县级241篇。1989年，全年被新闻单位录用的有467篇（不含乡镇广播站录用稿件），比1988年增加110篇，其中被中央级报纸录用1篇、省级51篇、市级106篇、县级309篇。特别是交警队录用最高，共录用270篇，占录用总数的57.8%。

1998年3月，市公安局下发《关于加强对外宣传工作的通知》，成立宣传报道组，由副政委任组长，指挥处主任为副组长，全局各单位内勤均为兼职报道员。并对报道的数量进行量化，要求各单位每年度被报纸、杂志录用的稿件在5篇以上，被录用的等级按平湖市“一报二台”、嘉兴市级新闻单位、省级新闻单位、中央新闻单位稿费的额度分别给予对等及2、4、6倍的奖励。是年，新闻宣传工作被省公安厅、嘉兴市公安局评为先进单位。

1999年，在全局各科所队建立宣传报道组，由各部门负责人任报道组组长，并确定若干报道员。宣传报道组的主要职责：承担本部门宣传报道的主要任务；及时准确报道本部门的中心工作、先进事迹、典型事例；不定期召开会议研究探索交流宣传报道工作，提高写作水平。为激励多投稿，提高奖励倍数，在1998年的基础上提高至3、5、8倍的奖励。同时，鼓励全体干警积极投稿，凡录用者实行同等奖励。加强与人民公安报社、浙江日报社、浙江公安报社、浙江法制报社、浙江工人报社、浙江电视台、钱江电视台等新闻编辑、记者联系，提高投送稿件的录用率，全年共向各级新闻单位投送稿件300余篇，其中被录用230余篇，录用率76.67%。

2002年，市公安局紧密结合全年公安特色工作，向各级报刊、电视台投稿，扩大公安工作的影响力，让广大群众及时了解平湖公安出台的各项新举措。全年在各级新闻媒体发表稿件1500多篇，其中被中央级新闻单位录用稿件20多篇，省级120多篇，嘉兴市级510多篇，平湖市级850多篇。稿件先后刊登于《人民公安报》《平安时报》《浙江日报》等报纸头版头条，同时陆续在中央及浙江电视台等新闻媒体播出。是年，市公安局被嘉兴市公安局评为公安新闻宣传工作先进集体，范良兴等4名民警被评为公安宣传工作先进个人，交警大队民警管骥被嘉兴电台新闻台评为2002年度《法制在线》节目优秀通讯员。

2003年，在政治处设立宣传科，购置摄像机等专用器材，开始制作宣传短片。印发《新闻宣传工作管理规定》，制订《公安新闻报道等级划分及计分考核办法》。对外宣传工作纳入绩效考核，实行奖扣分管理。健全公安宣传网络，选配好各单位兼职宣传报道员，建立起高效的报道小组。2004年起，每年组织一次报道员专题培训和采风实践活动，并形成制度。

2008年7月，市公安局印发《2008—2009年构建大宣传工作格局工作计划》，建立公安宣传领导小组及其办公室，在政治处设立宣传中心，确定一名副主任专抓宣传工作，配备民警1人，协警2人。

2010年4月12日，印发《宣传工作考核办法》，建立每月计分通报、每季开会点评、年度考核等制度，对年度考核位于前三名的单位予以集体嘉奖，后五位的不得评为优秀科所队。

2011年12月，宣传中心改称公共关系办公室，由政治处分管宣传的副主任兼任主任，新增副主任一名，民警增至3人，协警增至5人，对外宣传机构进一步健全。

2012年，公共关系办公室实行分片联系制度，挖掘典型亮点，先后策划和宣传民警驻村警务室、民情日记工作制度和保洁治安信息员等亮点题材，得到上级领导和社会各界的高度肯定。2013年，进一步明确宣传工作责任，确定基层各单位教导员为宣传工作第一责任人，落实兼职宣传报道员。

2015年，在嘉兴市“百城禁毒”宣传考核中，市公安局位列各县（市、区）第一名，嘉兴市“百城禁毒”宣传工作会议在平湖召开。至年底，全局有专、兼职宣传报道员32人。2000—2015年，每年向各级新闻单位投稿数量均在1300～1500篇，有效地弘扬公安机关的主旋律，展示新时期平湖公安的良好形象。

**二、多样化宣传形式**

**橱窗、报刊、成果展览宣传**

20世纪50—60年代，县公安局配合各个时期公安工作的中心任务开展宣传活动，印发口头宣传提纲，通过基层治保组织召开群众大会、广播会，联合县委宣传部门、文化馆（站）编写宣传资料、出黑板报、设置公安宣传橱窗和组织罪证展览等多种形式，向广大群众进行宣传。1951年4月，举办镇压反革命分子展览会，向广大群众揭露反革命分子的罪行，参观人数达2.95万人次。1956年5月，举办“保卫社会主义建设”巡回展览会，用文字和实物具体生动地教育广大群众，收效很好。1957年，配合《中华人民共和国治安管理处罚条例》（以下简称《条例》）的执行，印发《条例》200余份，编印宣传提纲230余份，向群众进行宣传。同时，对典型案例采用绘制连环画，向平湖报投稿等形式进行宣传，达到预防违法犯罪之目的。是年，共刊登稿件12次，内容分别为破获反革命集团案件、重大刑事案件、召开斗争大会及防火、防盗等。1959年9月29日至10月18日，县公安局与检察、法院联合举办平湖县庆祝新中国成立10周年政法展览，参观群众达2.71万人次。1962年2月5—9日，再次联合举办政法展览，有1.94万人受到四防和法制教育。

1985年2月20日至5月14日，县公安局与县委宣传部、政法委，县检察院、法院、司法局等11个单位联合举办“打击刑事犯罪活动展览”，展品有图片及实物，共有102幅图片、113张照片、1.4万多文字，生动展示1983年8月以来平湖县开展严厉打击严重刑事犯罪活动所取得的成果，在城关镇工人俱乐部首展42天，后深入乍浦、新仓、新埭、全塘、黄姑、南桥等14个乡镇巡回展出，参观人数达8.22万余人次。进一步推动全县的“严打”斗争，为历史上规模最大的成果展览。

90年代初，城关派出所为提高辖区居民群众的自我防范意识，创办《群防群治专刊》，版面系手工钢板蜡纸刻字，油墨印刷（2005年3月，改为《当湖警讯》，16开4版，版面系电脑排版印刷），深受辖区广大群众的喜爱。

2011年4月23日，经市委宣传部批准，《平湖公安报》正式创刊发行，为8开4版，半月报，每月两期。内容涵盖警务动态、一线报道、卫士风采、防范常识、民警提示、交管信息和人物特写、案件纪实、服务经济、关注民生、公安简讯等十多个栏目，属内部刊物，免费赠阅。每期6000份，分发到省公安厅、嘉兴市公安局、平湖市“四套班子”领导、各镇街道主要领导以及全市公安、武警、企业、学校、村（居）委会等。2012年1月4日，改为嘉兴日报平湖公安专版，每周一期，公开发行。

**广播、电视、互联网宣传**

20世纪50年代，县公安局配合各个时期的公安工作任务，利用报刊上登载的重大案例，结合平湖实例运用有线广播向群众进行宣传。1957年，在县广播站作有线广播3次，向广大群众宣传打击张贴反动标语、召开斗争大会及夏季防止小孩玩水溺死等内容，起到震慑犯罪、预防犯罪及防止溺水事故发生的作用。

90年代，随着改革开放，进入信息化时代，平湖电视台、调频广播电台相继正式开播。公安宣传工作发生了质的变化。思维方式上改变过去信息封闭、神秘化，加大公安工作在广大群众中的透明度，宣传形式上改变传统的做法，充分运用广播电台、电视台、互联网等新闻媒体，把公安宣传工作做大做实做强。

1992年初，市公安局与平湖电视台合作，在有关派出所的配合下，拍摄一部禁赌专题片，在春节前后播出，社会反响良好，得到市领导的肯定。在11月全市开展禁赌专项斗争期间，与广播电视部门和嘉兴市公安报取得联系，及时报道斗争进程，扩大宣传声势。

1994年下半年，市公安局与市人民广播电台合办“110”专栏节目（2001年1月更名为空中“110”），每周一档，内容涉及本周治安要情、预警分析及防范提醒，邀请局领导和有关科室负责人作为嘉宾主持，与电台共同主持节目。政保、户政、刑队、治安、消防、交警、法制等业务科室定期与电台共同主办该档节目。节目播出后，深受群众欢迎，收到较好的社会反响。

1996年，为配合“严打”斗争，加大宣传力度，市公安局邀请市电视台拍摄录像，通过市电视台、广播电台开设专栏、专题报道信息，制作“严打”成果宣传图片展览，将全市严打斗争引向深入。

1997年5月1日，召开110报警服务台开通观摩现场会，邀请嘉兴日报社、嘉兴电视台和平湖市“一报二台”等新闻单位派员采访报道。8月8日，110开通一百天，邀请嘉兴、平湖两地新闻界召开座谈会，并发布电视新闻，以进一步提高平湖110的知名度。

1998年4月6日，市公安局与市电视台联合举办《平湖“110”》电视专栏开播仪式，4月8日正式开播，专栏设《案件纪实》《警钟长鸣》《警民窗》和《综治经纬》等四个小栏目，每周二播出一期，每期15～20分钟，周四连播。是年，在全省110电视片评选活动中，市公安局推选的2部作品分别获专题一等奖和新闻类二等奖。

2005年，配合深化警务公开，运用互联网宣传渠道，在平湖政府网开通市公安局门户网站，将警务动态、政策法规、公告公示、咨询提示等公安信息及时公布在市公安局网页上，提高平湖公安在广大网民中的透明度。

2009年6月30日，平湖社区警务网上平台（博客群）在互联网上正式启用，及时发布各类治安和防范信息，社区警务的信息化程度进一步得到提升，为民服务的范围进一步扩大。是年，在腾讯网开通“平湖出入境”微博，每日发布“一句话”服务提示，将境外人员签证受理中遇到的各类问题及时提醒。

2011年9月，市公安局改进公安门户网站建设，对原公安门户网站进行扩容、完善，增加网上办事服务集群平台，建设完成市公安局主页网，并辐射开通8个派出所主页，建成地市、县（市）及派出所三级公安网站群。设置五大版块（网上办事、警务资讯、便民服务、信息公开、警民互动），八大功能（网上派出所、网上车管所、网上查询、警民互动、网上评议、网上110、网上支付、网上直报），建立融警务资讯、信息公开、办事服务、便民查询、互动交流、警营文化等基本功能于一体，具有鲜明平湖特色的公安门户及派出所网站群。同时，开通社区民警QQ群，强化与社会及群众的沟通，利用网络扩大对外宣传工作的效应。

2012年初，市公安局在新浪、腾讯、人民网和新华网等相继开通实名微博，发布警务资讯、警方提示、办事规定，答复群众咨询投诉，以适应网络时代对警务工作的新要求。并印制5万余份公安网上办事大厅宣传资料，推广公安门户网社会知晓度和网民参与度，开辟公安机关与公众沟通的新途径，让群众足不出户，享受公安机关高效、便捷的服务。

2013年，市公安局结合社会治安形势，拍摄5部电视安全防范警示系列片，利用社会资源播放，内容涉及防骗、防盗、防抢、防火和禁毒等方面。2014年，成立微电影创作兴趣小组，先后以公安精神和防范通讯网络诈骗为主题，拍摄两部微电影，成功入围全省首届微电影创作大赛决赛评选，并获提名。是年，制作平湖警方微信、微博和网站二维码广告墙贴，在全市各村、社区张贴，在窗口单位摆放二维码提示牌，向上门办事群众推广，受到广泛欢迎。

**新闻发布（通报）会**

2003 年 4 月，市公安局印发《新闻宣传工作管理规定》，推出新闻通报会制度。11 月 28 日，首场新闻通报会在局机关四楼会议室召开，内容为打击“两抢”（抢劫、抢夺）犯罪，邀请市委宣传部宣传科、市委宣传报道组、市电视台新闻中心、市广播电台节目中心、《嘉兴日报·平湖版》新闻中心、南湖晚报社的领导和记者参加会议，取得良好的新闻效应和社会效果。

2004 年 4 月，市公安局建立新闻发言人制度，确定由局党委副书记、常务副局长为新闻发言人，副政委和政治处主任为新闻发言人助理，办公室和宣传科主要负责人为新闻联络员。同时，规范新闻发布会的内容：队伍建设、业务工作的重大举措；公告通告；重大先进典型和英模事迹；重大刑事、治安、经济案件的侦查和侦破；重大突发性事件处置；不同阶段突出的治安问题，公安机关整治的对策、效果，告诫群众应注意的有关事项；公安内部违法违纪查处情况；对重大失实、歪曲事实等涉及公安新闻予以澄清、辟谣；经嘉兴市公安局授权批准发布的新闻；其他需要对外发布的新闻等。分为现场发布和稿件发布两种形式。

2005 年 1 月 10 日，市公安局就扎实开展“110”宣传日和爱民实践统一行动召开新年第一次新闻发布会。并与新闻记者进行座谈交流，就有关问题回答记者的提问。

2009 年 7 月 14 日，市公安局印发《重要案（事）件新闻信息沟通若干规定》，在政治处和纪委、督察、指挥、刑侦、经侦、治安、特警、法制、出入境、交警、网监、消防等单位建立日常工作联系制，指定责任人、联系人，加强新闻信息沟通，掌握舆论引导主动权，必要时，根据局新闻发言人授权，在局新闻发言人办公室组织下，进行现场新闻发布。是年，围绕“深入学习实践科学发展观”“大走访活动”和打击假币犯罪、“两抢一盗”专项斗争、打击传销犯罪行动、打击赌博专项行动、禁毒专项斗争等公安工作的重点和亮点，及时采编发布新闻通稿，共召开各类新闻发布会 5 次，发布舆情信息 3 次。

2011 年 3 月 15 日，市公安局建立新闻舆论引导工作领导小组，下设新闻发言人办公室，负责统筹市局新闻发布工作，确保公安新闻宣传工作正确导向。8 月 17 日上午，召开“清网”行动新闻发布会。

2014 年 10 月 16 日上午，召开以“警民警媒携手，共同防范诈骗”为主题的预防打击通讯（网络）诈骗犯罪新闻发布会，办案部门现场发还 8 万余元的赃款，同步举办打击通讯（网络）诈骗违法犯罪成果展，现场发放宣传单 3000 余份。

2015 年 4 月 10 日下午，召开“我为公安献一计”警媒座谈会暨“百城禁毒”会战通报会，并同步举办“百城禁毒”会战成果展。

# 第二十四章　警营建设

## 第一节　民警队伍管理

### 一、民警录用制度

#### 建局初期干警构成

1949 年 5 月 11 日，平湖解放。5 月 18 日，首批南下干部抵达平湖，建立中共平湖县委。县委派南下干部孙明成等与军管会社会科接管民国政府警察局。5 月 20 日，县委对 108 名留守旧警察组织集训，举办学习班，以讲授时事形势和“约法八章”为主要内容，提高旧职人员的思想觉悟。学习班结束后，根据学员的思想状况及过去的一贯表现，确定留用旧警察 67 人（后陆续清理），其余则发给路费遣散回家。6 月 1 日，县人民政府公安局宣告成立。全局共有班以上公安干部 25 人，分别为南下干部 11 人、新提拔培养干部 6 人和留用干部 8 人。另有公安武装排 1 个，3 个班共 44 人。

#### 20 世纪 50 年代招收干警

1951 年 6 月，公安部第一次全国人事工作会议规定，各级公安部门的领导干部应是忠实可靠的共产党员，一切侦查、警卫、机要和要害部门的工作人员，必须历史清楚，思想纯洁，政治可靠；新招收公安人员，须具有高小毕业以上文化程度，身体健康，年龄在 17 ～ 25 岁的青年知识分子及工农积极分子，由地、市公安机关指定专人负责进行国文、政治常识考试，并经过体格检查，合格者方准录用。县公安局开始从社会上公开招收工人、学生、店员和农民参加公安队伍。是年，华东公安部颁发《区乡公安组织与工作条例》，设置农村基层公安组织，要求每区设 1 名公安助理员，县公安局在新仓、新埭、城郊、黄山等区配备公安助理员 4 人。1954 年 7 月 6 日，根据公安部指示，区公安助理员改为公安特派员，纳入公安编制。20 世纪 50 年代中叶，公安干警最多时达到 70 多人，1958 年精简下降至 36 人。60 年代初，全局干警总数达 50 多人。“文化大革命”开始后公安特派员制度被取消。

#### 60—70 年代招收干警

1968 年 4 月 13 日，县公安机关实行军事管制，成立中国人民解放军浙江省平湖县公安机关军事管制组。在彻底砸烂旧公、检、法错误思潮影响下，公安干警进学习班，后被纷纷调离公安机关。8 月，根据中央《关于给公安系统选调复员战士问题的批示》，从部队复员“老战士”中选调一批，分配到公安系统参加工作。“文化大革命”期间，公安干警来源主要是军代表加之从部队复员的苏北籍“老战士”及少量留用的原公安局干部等三部分人员组成。至 1970 年 5 月，县人民保卫组共有 49 人，其中军代表 7 人、老战士 17 人、原公安干部 13 人，另有其他临时借调人员 12 人。

1971 年 7 月，县人民保卫组向县委提出要求增加民警数量的报告，经县委批准，开始在下乡知识青年及农村复员退伍军人中选调公安民警，实行“以工代干”（不纳入国家干部编制）。1971 年 12 月至 1972 年 5 月，全县共有 6 名下乡知青、1 名复退军人加入公安队伍，成为“文化大革命”后期首批公安民警。1973 年 2 月，县公安局恢复后，大批“老战士”陆续返回原籍。为弥补警力不足，1977 年底，根据省委〔1977〕第 29 号关于要加强公安队伍建设的指示精神，报请县委同意，从工厂、商业、供销等全民所有制企业职工队伍中选调 8 名优秀青年充实公安队伍。以后，又从原已离开公安队伍的“老公安”人员中陆续调回部分人员“归队”。

#### 80—90 年代招收干警

1980 年 6 月 14 日和 8 月 16 日，县公安局根据中央组织部〔1979〕32 号、公安部〔1979〕119 号和民政部、国家劳动总局联合下发的《关于户籍、刑事、治安民警改为干部的通知》精神，在“工调”（工资调整）总结评议的基础上，全局“以工代干”民警分两批计13人，报经县人事部门批准转为国家干部。是年始，每年有一定数量的复员退伍及军转干部充实公安队伍。

1984年8月，公安部、劳动人事部联合出台《关于吸收人民警察的规定（试行）》，明确要求被吸收为人民警察者，必须具有中专或高中以上文化程度，并规定除公安警察院校的毕业生外，其他被吸收录用的人员，必须经过一年以上公安业务基础知识训练，才能分配工作。12月，开展面向社会待业青年招考公安民警工作，经过考试，有4名待业青年被吸收为人民警察。

1985年4月，随着全县乡镇派出所及交通中队的建立，公安队伍缺口增大，开始招聘合同制派出所民警和交通民警。派出所民警在本乡优秀青年中招收录用，属乡聘人员，其工资、福利等其他经费开支均由乡人民政府负责，在乡办企业上缴利润中开支，服装、装备价拨。交通民警在城关、乍浦两镇全民所有制工厂企业职工中招收，其工资、制服、装备及一切经费均由县级财政承担。4月中旬至5月底，通过张贴招聘公告、统一考试、全面考核、乡镇和公安局两级审定，首批确定58名合同制派出所民警，经短期培训后于6月初分配到各乡镇派出所工作。是年，共招聘合同制派出所民警61人，合同制交通民警7人。至1989年底，全县有合同制派出所民警70人，合同制交通民警23人，共计93人。1993年3月，22名县聘合同制交通民警转入干部编制。11月，58名乡聘合同制派出所民警转入干部编制，至1994年6月，合同制民警全部转入干部编制。

1992年12月，市公安局会同市人事局开展向社会招收交通民警工作，通过报名考试政审，招收交通民警22人。1995年3—6月，根据省机构编委办公室、人事厅、公安厅、财政厅联合通知，开展向社会招收派出所民警工作，通过社会宣传、张贴招干简章、组织报名、目测初试、资格审查、笔试、体检、政治审查、面试，共招收民警39人。8月，又在非公安院校的大中专毕业生中选调10人，作为平湖市第一批巡（特）警。

**2000年后招收民警**

2000年5月，人事部、公安部联合印发《关于地方公安机关录用人民警察实行省级统一招考的意见》，规定地方各级公安机关录用主任科员以下人民警察，坚持“凡进必考”的原则，以省（自治区、直辖市）为单位组织统一招考，其他部门或省以下地区不再组织人民警察的录用考试。2001年7月，人事部、公安部再次联合印发《公安机关录用人民警察体检项目和标准》《公安机关录用人民警察体能测评项目和标准》，对录用人民警察的体检及体能测评工作作出统一规定。2006年4月，嘉兴市公安局印发《嘉兴市公安机关录用人民警察工作规范》，对人民警察录用计划、条件、程序等作出统一规定。

**二、评授警衔**

1992年7月1日，经第七届全国人大常委会第二十六次会议通过，《中华人民共和国人民警察警衔条例》（简称《人民警察警衔条例》）颁布施行。嗣后，国务院批转公安部关于评定授予人民警察警衔实施办法，人民警察开始实行警衔制度。9月，国务院批转公安部《评定授予人民警察警衔实施办法的通知》及《首次评定人民警察警衔的标准》，在全局开展首次评定警衔的工作。

1993年5月4日下午，经公安部和省公安厅批准，全局169名符合评定警衔标准的在编民警，在市公安局大院公安会堂举行首次授衔仪式，嘉兴市公安局及平湖市委、市政府领导到会，会后与授衔民警合影。全局干警被授予一级警督的有10人、二级警督的有18人、三级警督的有17人、一级警司的有30人、二级警司的有52人、三级警司的有22人、其余20人分别授予一级、二级警员。警衔制度的建立，标志着依法治警，从严治警进入了一个新的阶段。以后，每年根据《人民警察警衔条例》的有关规定，依据职务等级编制、德才表现和工作实绩在警衔幅度内，经体能测试、培训合格（嘉兴市公安局警察培训学校培训）、上级批准后予以晋升，直接换发新警衔。

2009年开始，为加强人民警察的职业化建设，举行晋升警衔集体授衔仪式，以提高人民警察的职业荣誉感。至2015年底，全局共有518名民警授衔，其中一级警督93人、二级警督119人、三级警督98人、一级警司83人、二级警司59人、三级警司66人。

### 三、考核奖惩

20世纪80年代初，全局考核奖惩机制开始形成，以精神鼓励为主。90年代，采用经济杠杆激活考核，与奖金分配挂钩。进入21世纪，不断调整考核办法，考核机制进一步完善，形成具有平湖公安特色的考核机制。

1980年10月13日，县公安局印发《工作岗位责任制和考核奖励办法》，成立考评小组，采取百分制记分（80分起给奖），单位分一、二、三个等次，个人采用“四看”（看贡献大小、出勤和工作态度、学习、团结协作），以贡献大小为主，分别记分，评出一般、良好、优秀三个等次，半年一次初评，年终一次性奖励，由群众评议、考评小组核定，局党组批准，奖励采取精神鼓励和物质奖励相结合。考核机制的形成，改进机关作风，提高工作效率。

1986年，城关派出所依据公安部提出的派出所规范化建设要求，经所务会讨论制订《民警岗位责任制实施细则》及《暂行制度若干规定》，规定所长、指导员、户籍、治安、内勤民警各自的岗位职责。3月11日开始执行，实行每季一考，奖励主要是以精神鼓励，打破民警过去“吃大锅饭”，干好干坏一个样的局面，提高干警的工作积极性和主观能动性，给派出所工作注入了活力。1987年1月，乍浦派出所推行民警工作目标管理责任制，对全所干警重新分工，制定工作目标，明确岗位职责。之后，城北、胜利、新埭等乡镇派出所也逐步试行民警岗位责任制。

1992年，城关派出所进一步修订和完善《所长工作职责》等7个民警岗位职责和《值班巡逻制度》等11个内务管理规章制度，并从10月底实行上班签到制度。同时，向局党委争取政策，筹措经费，设立派出所考核奖励基金，实行每季一考，奖励费用以每月10元、每季30元计算，在全局首推尝试用经济杠杆激活责任制的落实，这一做法有力地推动了派出所民警的队伍建设和业务工作。1993年《国家公务员暂行条例》颁布实施后，公安民警开始实行国家公务员年度考核制度，按照德、能、勤、绩进行考核，分为优秀、称职和不称职3个等次，并与工资晋升等挂钩。

1995年，市公安局探索创新适应公安自身特点的民警考核办法，完善考核激励机制，在全局推行工作实绩月考核制度。1998年3月，印发《岗位目标责任制考核规定》《机关部门岗位目标责任制考核办法》和《派出所综合工作考核办法》，由警务督察队（考核办）负责对全局各部门进行考核，各部门对民警进行考核，考核成绩与奖金挂钩，采取两月一考，百分制记分，根据得分分为三个等次，奖金直接从每月个人工资中提取，部门奖金等次确定，以奖金提额总数为基数，定为二等奖、一等奖，人均增加40元，三等奖人均扣除40元。后为体现考核的公正性、对原规定进行修改，将派出所划分为一、二、三类，实行分类考核，城关、乍浦为一类所，胜利、城北、全塘、黄姑、新仓、新埭为二类所，其余为三类所，奖金提取额度从每月每人40元增至每月每人80元。

1997年8月，市公安局为使全局工作规范化、制度化，明确职责，各司其职，严明纪律，提高工作效率，狠抓建章立制工作。制定《市公安局工作规则》，内容包括局长、政委、副局长职责，各处、科、所、队、室职责，会议制度、办文规定、请示报告制度等。同时制定政治业务学习、关心人、廉政建设、财务管理等14个规章制度，建立政工干部例会和政治工作月报告制度，初步实现了从以人管人向以制度管人方式的过渡，使队伍管理和业务管理都做到有据可依，规范管理。

2001年7月16日，市公安局印发《正规化建设等级（AA制）考核考评规定（试行）》，推行队伍优于业务的“AA制”考核机制。用第一个“A”作为队伍考核成绩定等（分ABC三等），用第二个“A”作为业务考核成绩定级（分ABC三级），综合考核成绩划分为三等九级，每两个月考核一次，按一定的比例评出先进和末位，作为年底总评各部门和每个民警末位的直接依据，设立奖励基金，改变以往从民警个人工资中提取的办法。是年，确定AA级144人、AB级472人、AC级59人、其他162人。2002年7月1日，《人民公安报》头版头条刊登平湖市公安局实行“AA制”考核的文章。2007年开始，依据《公务员奖励规定（试行）》等有关规定，对连续3年被考核确定为优秀等次的，由市政府给予记个人三等功一次。

2008年5月，市公安局调整考核办法，推行绩效考核，分队伍建设和业务工作两大块，队伍建设不设基本分，按照《正规化建设考核规范》记分，在考核总分中加减相应分值，业务工作按《单位绩效考核标准》实行百分制记分，阶段性重点工作按10%纳入季度考核，机关综合和实战单位分别设置测评分10分，机关综合部门在全局范围内测评，机关实战单位在派出所范围内测评。考核采取每季一考，实行二级考核机制，市局对各单位工作进行考核，各单位对民警工作进行考核。绩效考核办法的实施，进一步提升全局的打防控工作、执法质量、信访工作和阶段性重点工作，提升全局干警队伍的正规化建设和党风廉政建设。是年起，年度考核被确定为优秀等次的公务员，每年由市政府给予嘉奖。

2012年，市公安局改进以往的绩效考核办法，先后于5月、7月印发《民警（职工）年度量化考核办法（试行）》及《2012年度绩效考核办法（试行）》。部门考核实行分级考核与实绩导入相结合，考核职能部门各自按日常工作掌握情况，并运用省厅和嘉兴市局的考核结果进行考核记分，各部门按照民警岗位职责，按照德、能、勤、绩、廉等5个方面进行量化考核，全面提升绩效考核的实际效果。2013年制订《业务大队、综合部门综合考评实施办法》及《综合考评测评工作办法》，进一步完善绩效考核，使考评工作更科学、合理、公平，进一步提高警务工作效能。

**四、全员聘任**

20世纪80年代前期，公安机关内部在干部任用上论资排辈现象严重，中层干部领导职务基本上是终身制，从而使一些优秀人才长期得不到提拔重用，制约了年轻干部的培育成长。为调动民警工作的积极性，1985年开始，对一些业务能力强，长期得不到提拔，年龄偏大的民警给予提高职级待遇，开始出现副科级、副所级办事员、户籍员、治安员等职级称谓。1988年，根据省委组织部、省劳动人事厅、省公安厅浙组〔1988〕63号文件，对年纪偏大，工作适应性差的中层干部实行保留职级退下来，让年轻干部进入领导岗位。

1994年，城关派出所贯彻省公安厅《关于加强派出所规范化建设意见》，在全局首推警长制度，在全所民警中聘任警务区、综合办案组、内勤室、户籍室警长，报局党委批准后予以聘任，实行所长领导下的警长负责制。

1997年7月，市公安局积极推行人事制度改革，贯彻公开、平等、竞争、择优的原则，开展首轮中层干部竞争上岗，民警双向选择的全员聘任工作，聘任期限为3～5年。7月24日，有78名民警走上中层领导岗位，平均年龄36.4岁，其中有14名一般民警直接提拔为中层领导；全局有215名民警参加双向选择，轮岗交流51人，占总数的23.8%。通过竞争上岗、双向选择，广大民警主人翁意识得到明显加强，优化干警队伍的组合，推动公安工作，这一创新做法得到市委、市政府和嘉兴市公安局的肯定。

1998年，市公安局对全局14个热点岗位中层领导进行异地交流，并由局主要领导与中层主要领导签订队伍建设目标责任书和执法责任书，出台《追究领导连带责任暂行规定》，对队伍建设实行一票否决制。年内，先后对3名有轻微违法行为的中层干部予以警诫，对3名不称职的中层干部予以免职，进一步加强中层领导班子建设。

1999年3月，开展第二轮中层干部聘任和民警聘用制工作，规定中层干部任职届满的最高年龄为50岁，实现干部队伍的年轻化、知识化与专业化。通过自荐、竞聘演讲和民主测评等环节，90名民警被聘为新一任中层干部，3名原中层干部因到龄或即将到龄不再续聘，45名民警轮岗交流，3名民警落聘待岗。是年，创新设立“局顾问”制度，对1997年和1999年两轮竞聘中因到龄不再聘任的8名优秀中层正职领导聘任为“局顾问”，在政治上给予一定的荣誉，在经济上享受警长待遇，希望他们继续在公安事业中发挥重要作用。

2003年2月24日至3月5日，开展第三轮中层干部竞聘上岗、民警双向选择工作，并首次采用党委票决制。通过组织考察、自（推）荐、资格审核、竞聘演讲和民主测评、局党委人员票决及公示等程序，有103名民警被聘任为新一任中层干部，其中原为中层的80人，民警提拔为中层副职的23人，轮岗67人。新任中层干部中，大专以上学历的达100%，其中本科以上学历的有8人，平均年龄为34.6岁，比上轮下降3.1岁。

全局有 305 名民警参加双向选择，分别落实各自的工作岗位，其中有 77 人轮岗交流，3 人落聘，进入 3 ～ 6 个月的待岗期。

2007 年 5 月，开展部分中层干部竞争上岗和轮岗交流，并首次将体能测试和计算机运用操作技能考试作为选拔资格条件。通过体能测试、计算机测试、政治理论及基本法律知识笔试、竞聘演讲、民主测评、组织考察、党委票决、公示报批和任用等程序，有 10 名民警被聘任为派出所副职，6 名中层领导进行岗位交流，3 名到龄中层干部被解聘。2008 年 6 月，规范县（市）级公安机关机构设置，开展中层干部轮岗交流和空缺岗位竞争上岗，有 39 名优秀青年民警被聘任为中层副职，15 名中层副职聘任为中层正职，36 名中层干部进行轮岗交流，优化中层干部结构。

2009 年 8 月 8—15 日，按照嘉兴市公安局关于加强基层所队负责人及民警交流的指导意见的通知精神，开展全局民警双向选择交流工作。通过核定单位编制、确定各单位选聘人数的比例（原则上不低于本单位参加聘用民警数的 80%），经过三轮双向选择，共有 73 名民警进行工作岗位交流，6 名民警落聘，进入为期 1 个月的离岗培训和 3 个月的试岗考察期。

2010 年 4 月，在中层干部竞争上岗和民警交流工作中，由中层副职选拔为正职的 4 人，一般民警提拔为中层副职的 11 人，平均年龄 34.6 岁。交流基层所队负责人 36 人，占应交流中层干部的 29%；交流民警 63 人，占基层所队民警总数的 20%。同时，对符合中层领导干部的民警建立后备干部人才库，形成常态化的用人机制。

2013 年 4 月，市公安局出台《警（探）长选拔聘任规定》，在基层单位全面推行警（探）长制度。经由各单位民主测评、组织考察、班子集体讨论提出聘用人选，局政治处会同有关部门审核后报局党委讨论批准，有 80 名民警被聘任为各单位警（探）长，形成富有生机与活力的用人机制。

2014 年 4 月，开展中层及后备干部职位竞聘工作，全局有 71 名民警报名参加，通过计算机测试、体能测试、笔试和民主测评、面试、考察等程序，经局党委研究有 3 名原中层副职确定为中层正职后备干部，6 名民警确定为中层副职后备干部，后备有效期至下一次组织开展中层干部或中层后备干部选拔之日。

**五、队伍正规化建设**

2000 年，市公安局在嘉兴市公安机关率先推行公安队伍规范化建设，在全局各单位以规范管理、规范执法和规范服务为内容，开展规范化建设活动。2 月，选择乍浦派出所、乍浦刑侦队、新埭派出所、新埭刑侦队和交警大队等 5 个单位进行试点。5 月，在全局各单位、各警种全面展开。制订思想政治工作、政治业务学习、礼貌接待、警容风纪、内务卫生、上下班考勤、车辆管理、日常行为规范管理考核办法等 17 个规章制度。在全体民警中提出“人人是窗口、个个是形象”的口号，深化创人民满意活动。乍浦派出所的规范化建设得到嘉兴市委、市公安局领导的肯定。

2001 年 7 月，市公安局下发《规范化建设考核规范》（以下简称《规范》）3 章 17 节 85 条，实行扣分、警诫、待岗制，并与奖金、领导任职调整、民警末位离岗培训挂钩。规定：年内警诫一次，扣发 200 元考核奖；第二次警诫的，扣发 400 元考核奖；第三次仍有违规行为的，予以待岗，待岗期为 1 ～ 3 个月，待岗期间认识深刻、改正错误、表现较好的由原单位接收，进入试聘，试聘期为 1 ～ 3 个月，试聘期满符合条件的，由原单位正式聘用；待岗期取消考核奖，并对工资部分中的职务工资、级别工资、职务津贴、警衔津贴按 80% 发放。《规范》实施后，扣分 53 人次。通过扣分，公安行风明显改观，服务意识显著增强，执法水平不断提高，敬岗爱业蔚然成风。

2005 年，市公安局制订《2005—2006 年正规化建设实施计划》，成立由市委常委、公安局局长司宏毅任组长、其他局领导任组员的正规化建设领导小组，下设办公室，抽调精干力量组成专门工作班子，指导全局正规化建设工作。创造性地将 ISO9001 国际质量管理体系引入队伍正规化建设之中，编写《正规化建设手册》，设置思想政治、组织机构、教育训练、内务管理、执法执勤、监督制约等 6 章 29 节，推动全局各项公安工作和队伍建设的新发展。6 月，市公安局被确定为嘉兴市公安机关队伍正规化建设示范单位。9 月 22 日，嘉兴市公安队伍正规化建设现场会在平湖召开。

2006年，贯彻公安部《关于加强基层所队正规化建设的意见》和省公安厅《全省公安队伍正规化建设考核办法》，制订基层所队即“三所三队”（派出所、看守所、车管所，交警队、刑警队、巡警队）正规化建设实施方案和责任分解，确定当湖派出所等8个单位为正规化建设示范单位（交警大队为嘉兴市级、当湖派出所为浙江省级）。印制《民警礼仪手册》，出台《窗口单位服务规范》《民警警务用语规范》《民警基本行为规范》和《内部环境管理规范》，细化民警行为准则和管理标准，全面规范民警的言行举止、警容风纪和值班备勤，开展新警入警宣誓、入门教育等活动。11月17日，平湖经验在全省公安队伍正规化建设经验交流会上作介绍，并在省厅正规化建设专栏、浙江《平安时报》等进行专题报道。

2008年，市公安局印发《队伍正规化建设考核规范》，规定民警有违反正规化建设制度的，给予相应扣分，并可视情作出通报批评、警诫、待岗等处理，凡单位主动发现违规行为予以扣分处理并报督察队的，可免除单位考核扣分责任。是年，按照省公安厅和嘉兴市公安局的要求，建成公安队伍信息化管理系统，实现对公安民警的信息化管理。

2009年，贯彻落实《全省公安队伍正规化建设评估要点》，制订《正规化建设责任分解和考评方法》，采取重点考评和常规检查相结合，定期检查与随机抽查相结合，实行年度百分制综合考评，排出名次，予以通报，推进公安队伍正规化建设。

2010年，在年度百分制综合考评的基础上，确定5个单位为全局正规化建设优秀单位（其中派出所2个、机关大队2个、综合部门1个）予以通报表彰，对于评估成绩分别列派出所和机关大队后2位、综合部门末位的不得评为优秀科所队。

2011年，市公安局制订《队伍正规化建设推进计划》，将工作重点和措施予以细化，明确任务、落实责任。局党委成员带头签订执行警纪警规《承诺书》，推行局领导带班督察制度和兼职督察员工作制度。出台《抓作风强执行创业绩九大措施》，推行局长对分管领导、分管领导对分管部门领导工作问责制。对被评为局级年度正规化建设优秀单位，给予集体嘉奖，颁发牌匾和奖金。

2012年，市公安局调整正规化建设考评办法，依据《考评细则》加扣分数，每两个月点评通报一次。年底，根据综合考评得分，列出排名，派出所、机关综合部门分别取前2名为优秀单位，予以表彰。

2014年，市公安局建立“每日必查、每周督导、每月会商”督考机制，充分利用每日点评会商平台，各基层部门每日汇报本单位的内务卫生、警容风纪情况，每月评出内务管理前3名和后3名，在局主页窗口通报。创新政工例会，采用现场会每月滚动形式召开，实地参观检查所在单位正规化建设，与会人员作点评发言，实现“互看、互学、互比、互促”。至2015年，当湖、曹桥、林埭、新仓、独山港派出所，交警、刑侦、治安、经侦、出入境、禁毒、国保大队及指挥中心等单位先后被评为年度全局正规化建设优秀单位。2014年起至2015年，市公安局连续两年获全省公安队伍正规化建设优秀单位称号。

表24-1　　1949—2015年平湖公安机关人员基本情况一览表

| 年份 | 总人数 | 性别 | | 党员 | 团员 | 年龄结构 | | | | 文化结构 | | | | | 专业技术职称 | | |
|---|---|---|---|---|---|---|---|---|---|---|---|---|---|---|---|---|---|
| | | 男 | 女 | | | 30岁下 | 31～40岁 | 41～50岁 | 51～60岁 | 硕士 | 大学本科 | 大学专科 | 高中中专 | 初中 | 高级 | 中级 | 初级 |
| 1949 | 25 | 25 | – | 6 | – | 25 | – | – | – | – | – | – | – | 3 | – | – | – |
| 1950 | 57 | 53 | 4 | 17 | 37 | 42 | 10 | 5 | – | – | – | 1 | 5 | 8 | – | – | – |
| 1951 | 60 | 55 | 5 | 16 | 28 | 49 | 10 | 1 | – | – | – | 1 | 8 | 14 | – | – | – |
| 1952 | 62 | 57 | 5 | 16 | 36 | 49 | 12 | 1 | – | – | – | 1 | 8 | 16 | – | – | – |

续上表

| 年份 | 总人数 | 性别 | | 党员 | 团员 | 年龄结构 | | | | 文化结构 | | | | | 专业技术职称 | | |
|---|---|---|---|---|---|---|---|---|---|---|---|---|---|---|---|---|---|
| | | 男 | 女 | | | 30岁下 | 31～40岁 | 41～50岁 | 51～60岁 | 硕士 | 大学本科 | 大学专科 | 高中中专 | 初中 | 高级 | 中级 | 初级 |
| 1953 | 73 | 64 | 9 | 16 | 35 | 62 | 10 | 1 | – | – | – | 1 | 1 | 13 | – | – | – |
| 1954 | 59 | 50 | 9 | 26 | 24 | 54 | 4 | 1 | – | – | – | – | 5 | 19 | – | – | – |
| 1955 | 57 | 50 | 7 | 27 | 24 | 52 | 4 | 1 | – | – | – | – | 5 | 19 | – | – | – |
| 1956 | 53 | 46 | 7 | 23 | 17 | 47 | 6 | – | – | – | – | – | 1 | 21 | – | – | – |
| 1957 | 57 | 52 | 5 | 31 | 17 | 50 | 7 | – | – | – | – | – | 3 | 27 | – | – | – |
| 1958 | 39 | 33 | 6 | 24 | 10 | 33 | 5 | 1 | – | – | – | – | 1 | 23 | – | – | – |
| 1959 | 51 | 47 | 4 | 36 | 11 | 40 | 10 | 1 | – | – | – | – | 2 | 36 | – | – | – |
| 1960 | 47 | 43 | 4 | 33 | 12 | 35 | 11 | 1 | – | – | – | – | 2 | 34 | – | – | – |
| 1961 | 55 | 50 | 5 | 39 | 13 | 36 | 18 | 1 | – | – | – | 1 | 2 | 35 | – | – | – |
| 1962 | 44 | 41 | 3 | 35 | 8 | 34 | 9 | 1 | – | – | – | 1 | 4 | 26 | – | – | – |
| 1963 | 42 | 39 | 3 | 33 | 2 | – | – | – | – | – | – | – | – | – | – | – | – |
| 1964 | 40 | 37 | 3 | 32 | 4 | – | – | – | – | – | – | – | – | – | – | – | – |
| 1965 | 36 | 34 | 2 | 28 | – | – | – | – | – | – | – | – | – | – | – | – | – |
| 1966 | 36 | 34 | 2 | 28 | – | – | – | – | – | – | – | – | – | – | – | – | – |
| 1967 | 36 | 34 | 2 | 28 | – | – | – | – | – | – | – | – | – | – | – | – | – |
| 1968 | 45 | 43 | 2 | 28 | – | – | – | – | – | – | – | – | – | – | – | – | – |
| 1969 | 40 | 37 | 3 | 28 | – | – | – | – | – | – | – | – | – | – | – | – | – |
| 1970 | 48 | 45 | 3 | 26 | – | 17 | 22 | 8 | 1 | – | 1 | – | 4 | 11 | – | – | – |
| 1971 | 67 | 60 | 7 | 53 | 2 | 23 | 27 | 16 | 1 | – | 1 | – | 3 | 35 | – | – | – |
| 1972 | 62 | 58 | 4 | 50 | 8 | 24 | 19 | 18 | 1 | – | 1 | – | 2 | 35 | – | – | – |
| 1973 | 54 | 49 | 5 | 39 | 13 | 18 | 17 | 17 | 2 | – | 1 | – | 4 | 33 | – | – | – |
| 1974 | 55 | 50 | 5 | 39 | 9 | 18 | 17 | 17 | 3 | – | 1 | – | 4 | 34 | – | – | – |
| 1975 | 55 | 50 | 5 | 40 | 11 | 11 | 20 | 21 | 3 | – | 1 | – | 4 | 33 | – | – | – |
| 1976 | 53 | 48 | 5 | 39 | 10 | 11 | 16 | 23 | 3 | – | 1 | – | 3 | 34 | – | – | – |
| 1977 | 60 | 53 | 7 | 42 | 13 | 10 | 20 | 27 | 3 | – | 2 | – | 4 | 29 | – | – | – |
| 1978 | 54 | 49 | 5 | 35 | 17 | 16 | 15 | 20 | 3 | – | 2 | – | 4 | 32 | – | – | – |
| 1979 | 62 | 56 | 6 | 46 | 5 | 14 | 14 | 30 | 4 | – | 2 | – | 4 | 36 | – | – | – |
| 1980 | 63 | 57 | 6 | 51 | 2 | 14 | 13 | 32 | 4 | – | 2 | 3 | 11 | 38 | – | – | – |
| 1981 | 66 | 60 | 6 | 51 | 3 | 14 | 15 | 29 | 8 | – | 2 | 3 | 15 | 36 | – | – | – |
| 1982 | 88 | 82 | 6 | 70 | 7 | 26 | 23 | 30 | 9 | – | 2 | 3 | 23 | 51 | – | – | – |
| 1983 | 87 | 81 | 6 | 60 | 11 | 25 | 23 | 27 | 12 | – | 2 | 3 | 25 | 57 | – | – | 5 |
| 1984 | 107 | 98 | 9 | 73 | 18 | 38 | 30 | 22 | 17 | – | 2 | 5 | 39 | 61 | – | – | 3 |
| 1985 | 129 | 115 | 14 | 86 | 33 | 55 | 36 | 21 | 17 | – | 2 | 4 | 53 | 70 | – | – | 3 |
| 1986 | 132 | 116 | 16 | 87 | 36 | 57 | 36 | 17 | 22 | – | 2 | 1 | 62 | 67 | – | – | 6 |

续上表

| 年份 | 总人数 | 性别 | | 党员 | 团员 | 年龄结构 | | | | 文化结构 | | | | | 专业技术职称 | | |
|---|---|---|---|---|---|---|---|---|---|---|---|---|---|---|---|---|---|
| | | 男 | 女 | | | 30岁下 | 31～40岁 | 41～50岁 | 51～60岁 | 硕士 | 大学本科 | 大学专科 | 高中中专 | 初中 | 高级 | 中级 | 初级 |
| 1987 | 138 | 121 | 17 | 89 | 42 | 59 | 39 | 18 | 22 | – | 1 | 4 | 69 | 64 | – | – | 6 |
| 1988 | 172 | 153 | 19 | 110 | 54 | 75 | 45 | 26 | 26 | – | 1 | 14 | 91 | 66 | – | – | 8 |
| 1989 | 180 | 160 | 20 | 111 | 59 | 78 | 46 | 30 | 26 | – | 1 | 16 | 95 | 68 | – | – | 4 |
| 1990 | 199 | 179 | 20 | 105 | 71 | 99 | 46 | 30 | 24 | – | 2 | 17 | 120 | 60 | – | – | 8 |
| 1991 | 201 | 184 | 17 | 119 | 71 | 95 | 51 | 34 | 21 | – | 3 | 20 | 132 | 46 | – | – | 7 |
| 1992 | 201 | 184 | 17 | 120 | 70 | 93 | 50 | 38 | 20 | – | 3 | 21 | 135 | 42 | – | – | 9 |
| 1993 | 264 | 248 | 16 | 159 | 83 | 114 | 94 | 37 | 19 | – | 2 | 25 | 192 | 45 | – | – | – |
| 1994 | 274 | 258 | 16 | 162 | 76 | 98 | 101 | 57 | 18 | – | 4 | 46 | 182 | 42 | – | – | – |
| 1995 | 323 | 307 | 16 | 184 | 96 | 134 | 133 | 39 | 17 | – | 7 | 66 | 212 | 38 | – | – | 1 |
| 1996 | 335 | 319 | 16 | 174 | 67 | 107 | 154 | 53 | 21 | – | 7 | 78 | 215 | 35 | – | – | – |
| 1997 | 347 | 327 | 20 | 206 | 84 | 118 | 149 | 59 | 21 | – | 7 | 91 | 216 | 33 | – | – | – |
| 1998 | 373 | 353 | 20 | 207 | 71 | 135 | 162 | 53 | 23 | – | 8 | 91 | 240 | 34 | – | – | – |
| 1999 | 407 | 385 | 22 | 251 | 86 | 156 | 176 | 54 | 21 | – | 10 | 115 | 282 | – | – | – | – |
| 2000 | 418 | 396 | 22 | 275 | 86 | 152 | 179 | 67 | 20 | – | 19 | 142 | 253 | 4 | – | – | – |
| 2001 | 416 | 392 | 24 | 288 | 64 | 152 | 172 | 63 | 29 | – | 27 | 235 | 154 | – | – | – | – |
| 2002 | 444 | 416 | 28 | 292 | 78 | 159 | 181 | 73 | 31 | – | 38 | 239 | 163 | 4 | – | – | – |
| 2003 | 432 | 406 | 26 | 306 | 70 | 139 | 179 | 91 | 23 | – | 47 | 245 | 136 | 4 | – | – | – |
| 2004 | 444 | 415 | 29 | 313 | 74 | 139 | 165 | 116 | 24 | – | 54 | 257 | 129 | 4 | – | – | – |
| 2005 | 482 | 446 | 36 | 311 | – | 175 | 147 | 136 | 24 | 1 | 90 | 273 | 115 | 3 | – | – | – |
| 2006 | 502 | 463 | 39 | 335 | – | 174 | 146 | 148 | 34 | 1 | 105 | 348 | 45 | 3 | – | – | – |
| 2007 | 527 | 487 | 40 | 379 | – | 174 | 160 | 146 | 47 | – | 132 | 353 | 39 | 3 | – | – | – |
| 2008 | 532 | 491 | 41 | 390 | 40 | 66 | 216 | 169 | 81 | 1 | 203 | 301 | 24 | 3 | – | – | – |
| 2009 | 477 | 437 | 40 | 351 | 73 | 138 | 149 | 146 | 44 | 1 | 180 | 268 | 26 | 2 | – | 8 | 42 |
| 2010 | 495 | 450 | 45 | 370 | 47 | 104 | 178 | 146 | 67 | 1 | 217 | 262 | 13 | 2 | – | – | – |
| 2011 | 516 | 469 | 47 | 394 | 62 | 133 | 178 | 145 | 60 | 2 | 258 | 244 | 10 | 2 | – | – | – |
| 2012 | 552 | 502 | 50 | 415 | 82 | 167 | 176 | 150 | 59 | 2 | 295 | 240 | 13 | 2 | – | 1 | 14 |
| 2013 | 551 | 503 | 48 | 418 | 86 | 133 | 188 | 132 | 98 | 2 | 304 | 232 | 11 | 2 | – | 4 | 12 |
| 2014 | 562 | 511 | 51 | 436 | 88 | 140 | 191 | 120 | 111 | 2 | 317 | 232 | 9 | 2 | – | 4 | 12 |
| 2015 | 558 | 507 | 51 | 435 | 88 | 136 | 187 | 117 | 118 | 3 | 328 | 217 | 8 | 2 | – | 4 | 14 |

注：1. 以上数据根据历年报表及人员花名册（含职工、不含武装民警），表内空白栏为无原始资料。

2. 1968—1973 年总人数含军代表。

3. 党、团员统计含组织关系在乡镇的派出所民警，文化程度统计不含初中以下小学、初识。

4. 2009 年 10 月嘉兴港区公安分局成立，乍浦派出所人员不列入平湖市公安局统计范围。

## 第二节　教育训练

### 一、学历教育

20 世纪 50—60 年代，公安民警的文化程度都普遍较低，一般都在初识和小学文化。为改善公安队伍的知识结构，县公安局早在 50 年代，在全局干警中开展学习文化的热潮，局机关 90% 以上的干警参加职工业余夜校学习，进行文化补习，有些干警还制订向科学文化进军的个人奋斗计划，学习成绩提高较快。70—80 年代，民警的知识结构开始提高，以初、高中文化为主，但总体知识结构仍然偏低。80 年代后期，在全局干警中开展在职学历教育，以全面提升干警队伍的文化知识结构。

1985 年 12 月，县公安局下发《关于参加各类学校学习的暂行规定》，规定 45 周岁以下干警文化程度未达到高中的须参加业余高中文化补习，文化程度已达到高中和中专，报考自学大专的，公安工作须分别满 3 年、5 年后方可报考，经考试合格，学费凭合格证书给予报销。1986 年，开始文化补习。至 1987 年，有 9 名民警脱产读书，有 17 名民警分别参加自学、函授大专、中专及各类业余文化补习。

1988 年 1 月 23 日，县公安局下发《关于公安中专自学考试有关问题的通知》，对在编干警中年龄 45 周岁以下，文化程度初中以下的动员报名参加省人民警察中等专科学校考试，全局共组织 106 名干警参加省警校自学中专考试。1990 年 6 月 7 日，县自考办在县政府西会议室举行平湖首届自学中专毕业典礼，全局有 16 名学员成为首届省警校中专自考毕业生。至 1991 年 10 月，公安中专自学考试全部结束，共有 23 名学员毕业。通过自学公安中专、自修大专、脱产补习高中等文化学习，全局干警的文化素质有了较大提高。是年底，全局民警中达到高中以上文化程度 132 人，占全局干警的 65.67%，比 1990 年提高 5.37 个百分点。

1991 年底，市公安局组织开展公安大专自学考试的发动和报名工作，全局共有 34 名干警参加中国人民公安大学和中国刑事警察学院自学考试，其中公安管理专业 27 人，刑事侦察专业 7 人。1994 年，首批公安大专自学考试 13 名学员毕业，其中刑侦专业 5 人，公安管理专业 8 人。1995 年，组织发动第二轮公安大专自学考试报名工作，全局有 40 名民警参加考试，自考参考率 91.4%，及格率 74.3%。后根据省自考办通知精神，对已考完一半以上课程，且成绩为及格者，对其余课程经直接辅导后考试合格者，可获得公安大专证书，全局有 5 名民警赴杭州参加辅导考试，获得公安大专证书。

1996 年，市公安局组织开展浙江省公安专科学校公安本科班的自学考试宣传报名工作。至 1997 年，全局有 14 名民警参加公安本科自学考试。9 月，委托市总工会职校开办高中文化学习班，全局有 29 名初中以下文化的民警参加学习，1998 年全部毕业，取得普通高中学历，扫除了初中以下文化程度。至 2000 年，全局民警中具有大学及大专学历的 161 人，高中及中专学历的 253 人，分别占 38.52% 和 60.53%，民警的知识结构得到了全面提升。

2003 年，市公安局制订《学历教育暂行规定》，规定在复习辅导时间、经费上给予必要保证，为在职民警继续就读创造条件。是年，全局共有 166 名民警自学在读各类院校。至年底，全局民警具有大专以上学历 292 人，占总数 67.59%，其中大专学历 245 人，本科以上学历 47 人，分别占 56.71% 和 10.88%，大专、本科学历民警数远远高于嘉兴市公安局制订的考核标准。后随着吸收民警学历的提高，在职自学考试人数下降，至 2015 年底尚有 4 名民警在读函授本科。

2011 年，市公安局鼓励民警积极参与国家司法考试，并出台奖励措施，对参加国家司法考试的民警，给予一次性报销相关书籍资料全部费用，对通过国家司法考试的民警，一次性给予 1 万元的奖励。是年，有 2 名民警通过国家司法考试，并获得奖励。至 2015 年共有 6 名民警通过国家司法考试，并获奖励。同时，重视民警专业技术职称的评定工作，至 2015 年底，全局有专业技术职称人员 18 人（中级 4 人、初级 12 人、技术员 2 人）。

### 二、素质培训

20 世纪 50—60 年代，公安干警的业务培训主要是以中央政法干部学校、省公安干校培训为主。1951—1965年，县公安局先后派出17名干警参加中央政法干校、省公安干校及省公安厅业务条线组织的各类公安业务培训。1965年5月，县公安局副局长沈祥春赴北京参加中央政法干校第11期培训班。7月1日下午2时，在人民大会堂受到毛泽东主席等党和国家领导人的亲切接见，并合影留念。

1979年开始，县公安局自行举办各种短期业务培训班。是年，先后组织刑侦、派出所干警共30余人参加的两期刑侦基础知识短训班，两期“两法”（刑法、刑事诉讼法）学习班，以提高干警的政策水平、法制观念和业务知识。1981—1982年，先后派出9名民警参加地区公安处组织的为期1个月的公安业务培训。1989年9月，首次组织全局在编民警进行实弹射击训练，以提高民警的实弹射击本领。

进入90年代，县公安局进一步加强民警队伍的素质培训。1990年7月11—24日，分两批对全局干警集中进行思想教育和法制培训，以提高公安干警的政治、业务两个素质。

1997年5月，根据市委政法委的统一部署，在全体干警中开展一次军事大训练活动，训练内容包括队列和射击两部分，方法采取普遍训练和强化训练，并对30多名民警分编为三个班，进行为期10天的强化训练。6月12日，市公安局三个班在平湖市政法系统军事训练会操考核中，获列队和射击团体前三名，射击个人第一、二、四、五名的优异成绩。

1998年4月16日，市公安局在嘉兴市范围内率先建立民警培训学校和业余党校，聘请副市长和市公安局局长为民警培训学校名誉校长，市委副书记（市政法委书记）和市公安局局长为业余党校名誉校长，市公安局政委任两校校长，副政委和政治处主任任副校长，政治处一名民警任教务处主任，负责两校日常性事务、考务工作及落实培训师资等。学校坚持业余办学，利用周六、休息日和晚上开展对民警的政治教育和各岗位轮训，地点设在局机关大院食堂三楼会议室，条件比较简陋。4月18日正式开学，有67名民警受训。是年，先后共举办6期培训班，有371名民警受到培训。

1999年10月7日，市公安局在市委党校举办首次全封闭整训，全局50周岁以下男民警和45周岁以下女民警，分两批进行为期6天的全封闭整训，共有200多名民警受训。2001年11月，开展秋季大练兵活动，全局50周岁以下男民警和45周岁以下女民警共320人，分两批进行为期5天的全封闭集训，内容包括队列、体能、警务技能训练和“54”式手枪实弹射击等科目，并邀请省委党校、省公安厅专科学校专家、教授，传授政治理论和警务实战技能，练兵收到较好效果。

2002年3—11月，根据嘉兴市公安局的统一部署，市公安局组织开展“大练兵、大比武”活动，采取封闭式集训、模拟演练和各类警体、技能竞赛等。通过“大练兵、大比武”活动，全局民警整体素质有了较为显著的提高，在嘉兴市局组织的全市公安系统练兵比武中取得优异成绩，获组织奖第二名，车辆肇事现场处置战斗组获全市第二名，团体项目战斗组、刑事现场勘查战斗组、设卡盘查战斗组均获全市第三名，看守所获监管系统大练兵、大比武团体第三名、团体收押第一名，经侦大队获法律知识竞赛第一名。

2003年5月，市公安局与市委党校合作，以党校为依托，建立民警训练中心，先后投入25万元用于训练器材的购置和练兵训练费用，由警务教育科负责人任中心主任，配备专职教师2人、警务技能教官5人，兼职教师12人。在当湖派出所设立实战基地，推行“轮训轮值”“战训合一”训练模式。至年底，利用训练中心共组织民警进行各类培训38次，培训人数达1500余人次。是年，在新民警中推行“警师制”制度，印发《警师制暂行规定》，为119名新警指定指导老师，以促进新民警的快速成长。

2004年5—9月，市公安局根据公安部的统一部署，开展全警大练兵活动。5月10日上午，市委常委、公安局局长司宏毅在民警训练中心作开班动员，向8名实战训练指导老师、6名实战训练教官颁发聘书。大练兵活动历时5个月，分10期对全局415名民警开展为期6～15天的封闭式训练，应训率达100%。为确保学习训练实效，下发《民警学习训练积分制考核办法》，建立以分数量化民警学习训练成果为主要手段的考核评价体系，考核结果与民警的奖金、评先、公务员评级、晋升、末位调整、离岗培训等利益直接挂钩。是年，还分系统、分警种举办各类短训班 103 个班次，受训人数达 5696 人次。

2006 年 4—10 月，围绕公安部提出的公安民警要达到“三懂五会”（即懂方针政策、懂法律法规、懂业务知识、会擒敌自卫、会执法执勤、会管理服务、会群众工作、会计算机操作）的目标，开展大练兵活动，组织基本理论、基本体能、基本计算机技能、手枪射击等四项基本项目考核。对练兵成绩及时统计、上网公布，并完善练兵台账，建立干警训练电子档案。是年，训练中心共举办 10 期训练班，每期 10 天，对 393 名干警进行封闭式集训。此外，还举办各类业务培训班 49 次，受训人数达到 3600 余人次。市公安局被评为平湖市创建“学习型机关”活动先进集体和嘉兴市级示范单位。同时，受嘉兴市公安局警察培训学校委托，于 5 月 12 日在市局训练中心举行嘉兴市公安局第十期警衔晋升（平湖）培训班开班典礼，先后开办两期警司升级培训班，共有 42 人参加（2007 年起取消委托）。

2007 年，根据省公安厅及嘉兴市公安局练兵要求，围绕基层一线民警要达到“三懂五会三能”（即懂方针政策、懂法律法规、懂业务知识，会擒敌自卫、会执法执勤、会管理服务、会群众工作、会计算机操作，站着能讲、坐下能写、下基层能抓）的基本要求，先后组织 23 个班次，4115 人次的在岗集中培训，以增强基层三所三队的执法能力、办案能力和群众工作能力。

2008 年，贯彻嘉兴市公安局推进“大教育、大培训”工作体系建设，提高公安队伍职业化水平实施意见精神，进一步规范民警训练基地的训练功能。抓好师资及训练科目的设置，新聘请 13 名民警担任教育训练兼职教官，在训练科目上本着“干什么、练什么、缺什么、补什么”的原则，确定治安管理、刑事侦查、网上办案、接处警规范、派出所基础工作、法律知识、内勤岗位等 7 个大项 20 个小项的培训内容，以公共科目集体参与、特色科目警种选修，采取“菜单式”方式开展练兵活动，先后组织专业练兵 10 期，培训人数达 2000 余人次。并从是年起，在全局各单位建立每周不少于 1 小时的队列训练制度。

2009 年，根据公安部《关于加强和改进公安教育训练工作的意见》，深化训练体制改革，继续完善和推行“战训合一、轮训轮值”训练模式，确保基层一线民警不少于 15 天的集训时间。9 月 12 日至 10 月 21 日，分 5 期组织年内未受过上级培训的中层副职以下民警开展封闭式轮训。结合各警种自身特点，组织开展“全警学技能，每季评警星”活动，在三季度嘉兴市局组织的治安、刑侦、交警等警种技能比武中，治安、刑侦两个大队分别获 1 个第二名和 1 个第三名的好成绩。

2010 年，进一步深化“大教育、大培训”体系建设，建立市公安局教育训练工作委员会，印发《民警教育训练管理办法》，进一步规范全局教育训练工作。围绕“世博”安保等中心工作，确定检查站安全检查、突发事件应急处置、危化品车辆管理以及消防基本知识等 7 个培训项目，成立由治安、交警、政治、督察、消防等部门的 9 名科所队长和一线专兼职教官、岗位比武尖子组成的教学团队，采取“上门培训、集中培训、跟班培训和重点培训”等方式，分 18 批对 45 周岁以下男民警和一线协警等卡点执勤力量共 1600 余人，进行安保专业知识和相关安检技能培训，提升队伍的整体素质和战斗力。

2011 年 4—5 月，市公安局组织开展执法主体素质专题教育培训，选拔业务尖子与邀请上级部门专业领导相结合成立教学小组，将舆论危机应对课程纳入民警培训内容。培训期间实行全封闭军事化管理，每天安排二分之一警力值班备勤，四分之一民警参与中心城区巡逻执勤。由政治处、警务督察大队、法制室、警务保障室等部门组成教学管理组，对民警警务理论、警体技能及培训期间生活内务情况进行考核并排名，列全局最后 10 名民警取消年底评选评优资格，所在单位的年底考核扣除相应分数，对排名后 2 名的单位取消年底单位评优资格。全局中层副职以下 419 名民警分 7 期，进行条令条例、执法能力、打防控工作及舆情引导等 10 多个公共科目的教育培训。

2012 年 3 月 6—27 日，市公安局开展新警训练大比武活动，先后开展基本体能、法律业务知识、网上操作、实弹射击等四个项目的比武考核，涌现一批业务尖子和岗位能手，并在嘉兴全市公安机关新警技能大比武活动中获团体总分第二的优异成绩。

2013 年 11 月 5 日，印发《兼职教官聘任和管理实施细则》，对教官的聘任条件、聘任程序、任期年限、课时酬金及管理考核等都作出明确规定，建立每年一次兼职教官聘任和优秀兼职教官表彰制度。

2014 年，开展“一体化警务”建设暨“执法自信和执法公信”专题大轮训，将防暴警务技能和枪支使用、民警心理和警示教育列入培训内容，实施菜单式课程设定。建立合成作战专题教学团队和八个教学示范点，采取跟班培训、案例讲评、对抗演练等互动教学方式。按刑事侦查、治安管理、综合业务等三个专业警种进行为期 5 天集中封闭式轮值轮训，全局共有 322 名民警参加。是年，在嘉兴市公安局组织的警种大比武中，警务保障室获团体第一名，交警大队获团体第二名，看守所、国保大队获团体第三名。

2015 年 3 月，确定刑侦大队、情报中心、治安大队、法制大队及当湖派出所分别为合成作战、情报线索编报、社区警务管理、法制岗位、接处警警务等实战教学示范点，举行授牌仪式，以进一步提升实战教学水平。

## 第三节　警体文化

警体文化也是提高公安民警文化素养和队伍战斗力的有效保证。20 世纪 70 年代前，公安机关条件差，警体文化受到一定的制约。改革开放后，尤其是进入 21 世纪，警体文化被进一步重视和加强，活动经费得到有效保障，文体活动丰富多彩。

### 一、体育活动

1956 年 4 月，根据上级公安机关部署成立浙江省前卫体协（1960 年改名中国前卫体育协会浙江委员会）平湖县公安局委员会，由 7 名干部兼任，共有会员 33 人，成立篮球、羽毛球、乒乓球队，利用每周星期六早上开展各种体育活动。并自建篮球场，找来木料，自制篮球架，解决活动场地。但由于经费不足，运动器材无钱购买，活动开展较为艰难。“文化大革命”期间协会停止活动。“文化大革命”后期，城关派出所自制乒乓桌，供所内民警业余时间开展打乒乓运动。

进入 20 世纪 80 年代，公安体育活动被进一步重视和加强。1985 年 1 月，恢复建立中国前卫体育协会浙江委员会。5 月 31 日，恢复成立前卫体协平湖县公安局委员会，由副政委任主任，县武警中队、消防中队各一名中队干部任副主任，局政工科一名干部和团支部一名委员为委员。印发《平湖县公安系统体育活动意见》，动员广大公安干警积极参加体育锻炼，增强体质，提高队伍战斗力，除组织参加省、嘉兴市前卫体协举办的各种体育比赛外，平时还自行组织篮球、乒乓、棋类、拔河等多项体育比赛。

1986 年，县公安局组队参加平湖县第六届体育运动会，在篮球、田径两个项目比赛中获较好成绩，篮球获第五名，田径 200 米获第四名，1000 米获第二、三、四名，1500 米获第五名，5000 米获第二、六名。1987 年 11 月上旬，组织全局男、女乒乓选拔赛，参加比赛的选手共 32 人，对男（女）冠亚军和第三名进行奖励。并由获奖民警组队参加嘉兴市局举办的全市公安系统乒乓比赛，获女子团体第三名，民警方冶获女子单打冠军。1989 年 8 月，民警王剑蓉参加浙江省公安系统第二届田径运动会，获女子跳远全省第七名，受到嘉兴市公安局嘉奖。

1990 年，县公安局参加平湖县第七届全运会的田径、乒乓球、篮球三个项目比赛，7 名运动员获田径比赛成人部团体第六名，毕忠强、张国平、陈小中分别获 1500 米第二、四、六名，5000 米第二、五、六名；王剑蓉获三级跳远第六名；篮球比赛获第五名。大会组委会授予县公安局“体育道德风尚奖”。1992 年 8 月，市公安局参加市政法系统乒乓、象棋比赛，获象棋比赛第四和第六名，乒乓比赛获男子单打第四名。1994 年，组队参加市第八届全运会，获飞标团体总分、男子个人总分 2 个第一名和男子个人第三名，获田径 100 米第三名，200 米第三名、第四名，800 米第六名，1500 米第四、第五、第六名，铁饼第三名，篮球第七名等，同时获 2 个道德风尚奖。

2000 年 6 月 12—15 日，市公安局举办首届篮球比赛，机关、刑侦、交巡警、武警、当湖片、沿海片等6支球队参赛，交巡警队、武警队分获冠、亚军。在此基础上组建局篮球队。2001年，局篮球队先后参加嘉兴市公安系统和当湖街道东湖社区比赛，均获较好名次。

2002年4月，市公安局组队参加市第十届全运会，有14名民警、6名离退休老干部参加成年部所有11个项目和成年部老年组沙包投准、滚球进门等项目比赛，获成年部总分第二名、老年组总分第八名。乒乓球比赛获团体总分第四名，交巡警大队民警蒋国俊获系统组男子单打冠军。是年，结合公安派出所等级化评定，在基层派出所建立小健身房，购置健身器材，利用业余时间开展健身活动。

2003年12月，市公安局组队参加嘉兴市公安局举办的警体运动会，获乒乓球团体冠军，民警蒋国俊获男子单打亚军，陈雪荣获男子单打季军，方冶获女子单打冠军，沈中良获“54式”手枪实弹射击第二名，邓艾辉获男子100米短跑第二名，富慰红获女子800米长跑第四名。

2004年，市公安局克服办公条件紧张等困难，在局机关主楼底层专门腾出100多平方米的办公用房作为民警健身房，并筹集资金，购置健身器材25件（套），设有哑铃、杠铃、组合和健美操四个健身区，供民警健身之用。2008年，成立乒乓球、羽毛球、篮球、钓鱼等4个体育类协会，每个协会设会长1名、副会长1～2名，秘书1名。

2010年，因局办公场地紧张，局民警健身房取消。采用为全局民警发放健身卡的形式，鼓励民警利用业余时间到营业性健身房开展健身运动。2011年12月，市公安局被市文体局评为2007—2010年度平湖市群众体育先进单位。2012年，取消民警健身卡。

2014年，进一步明确警营文体活动由局工会组织实施，各协会制定活动章程。规定每个民警可报名参加不超过3个文体活动项目，每年缴纳会员费100元，局工会支出按每人300元标准，用于每个协会一年的活动器材购置、场地租赁和竞赛奖励等。同时新增体育类协会4个，分别是游泳、网球、足球、警体技能（含田径、武术、搏击）等。12月，局篮球协会组织一支15人的参赛队，参加“湖州银行杯”市篮球协会第十二届机关组比赛，获机关组冠军。教练郑煜俊获优秀教练员奖，球员赵雄伦获最佳精神风尚球员奖。是年，文体协会会员从民警扩大至协警。

2015年1月24日，市公安局组织“快乐警营喜迎新春”系列文体比赛活动，开展拔河、跳长绳和自行车慢骑等项目比赛。巡特警大队、交警大队和曹桥派出所分别获拔河比赛的冠军、亚军和季军，巡特警大队、出入境管理大队和刑侦大队分别获跳长绳比赛的冠军、亚军和季军，广陈派出所、看守所和禁毒大队分别获自行车慢骑比赛的冠军、亚军和季军。至年底，全局文体协会共有会员600余人。

**二、文化活动**

20世纪70年代，为丰富公安民警的业务知识，县公安局在城关镇解放路城隍庙老局二层办公楼后埭平房档案室边腾空一间建立简易图书室，放置各种业务书籍，供民警在业余时间借阅。民警借阅其他书籍需到县图书馆办理借书卡，方可借阅。

90年代，在全体干警中开展大唱革命歌曲活动。1994年，市公安局组织由消防、武警和公安干警共45人组成的革命歌曲合唱队，参加市委、市政府组织的《祖国颂》革命歌曲大合唱比赛，获二等奖。1998年，参加由市总工会举办的平湖市纪念改革开放20周年歌咏比赛，获第三名。2000年9月25日晚，市公安局在当湖镇青少年宫广场首次主办“金盾之光”迎国庆广场文艺晚会，通过大合唱、独唱、小品、技能表演、歌舞等形式庆祝国庆51周年，营造警民鱼水情的氛围。

进入21世纪后，警营文化建设作为思想政治工作的一个重要组成部分，被进一步重视和加强，并在计划制订、活动时间、人员、经费等方面给予充分保障，全局民警积极参加各项文艺活动。

2001年，市公安局以开展“知警情、解警忧、暖警心”活动为载体，积极开展警营文化建设，陶冶民警情操，组织民警书画、摄影、篮球等比赛。七一前夕，在嘉兴市局组织的全市公安系统庆祝建党80周年系列活动文艺汇演中，市公安局获优秀组织奖，有48名民警参加的打击乐《威风锣鼓》获表演一等奖，另外还在摄影、书画作品比赛中获2个奖项。

2002年，市公安局在基层派出所建立小阅览室、小文化活动室。是年，市公安局排练的器乐《豪情薄云天》被省公安厅评选中获二等奖，该节目还参加全国公安系统文艺汇演及嘉兴市公安系统文艺演出等活动。2003年，制订《2003—2005年文化育警发展规划》，对警察文化、体育活动从时间、人员、经费上给予保障。

2004年，局机关腾出50平方米的办公用房作为阅览室，筹集资金，订购报纸杂志、书籍百余种，供民警学习之用。7月，建立球类、木兰拳、摄影、美术、声乐、书法、文学、写作、棋类、电脑和插花盆景等涉及17个项目的十大兴趣小组，有380人参加。邀请17名来自市篮协、足协、摄影协会和平湖师范、平湖中学等单位的指导老师参加市局十大兴趣小组启动仪式，并向他们颁发聘书。建立全局文体人才库。

2006年11月，举办以“增强法治理念教育，做新时期人民卫士”为主题的书法、摄影、美术比赛，邀请外聘的3名指导老师对民警参赛作品进行点评，评出一、二、三等获奖作品，对获奖者予以奖励。

2007年，开展向全局民警征求“文化育警”的建议和意见，并经常性地组织各种警营文化活动，组织民警先后参加嘉兴市公安系统“和谐嘉兴·警民同心”文艺汇演和新年文艺晚会、平湖市委宣传部和总工会组织的“劳动光荣·工人伟大”庆五一文艺汇演等活动，组建礼仪风采参赛队，丰富警营文化。

2008年，成立书画、摄影、棋牌、文艺（含音乐、舞蹈）等4个文化类协会。同时，从局机关到各基层单位，开辟文化长廊，以丰富民警业余文化生活。是年，市公安局编排的《让警徽永远闪烁光辉》剧目在平湖市庆“五一”情景短剧会演中，获得最佳表演奖，民警倪明在全市举办的英语演讲比赛中，以高分夺得大奖，列公务员名次第一，被推荐参加嘉兴市公务员英语演讲比赛。

2009年，市公安局组建警营摄影爱好者俱乐部，鼓励和发动民警摄影爱好者积极参与公安宣传和对公安题材（事件）现场取证及影像资料的收集。制订《市公安局系列文体竞赛活动方案》，以民警兴趣爱好和大练兵实际为出发点，开展乒乓、游泳、书法、篮球、拔河和驾驶技能等警营文体活动。开展新时期人民警察核心价值观网上征文比赛，收到民警征文53篇，选送嘉兴市局15篇，民警苏海强的《价值》一文获一等奖。4月21日至5月上旬举办市公安局首届警察文化艺术节。

2010年，为全局在编民警发放借书卡，鼓励民警利用业余时间到市图书馆借阅书籍，丰富自己的科学文化知识。2012年，开展青年民警喜迎党的十八大主题摄影比赛。组建《警徽闪闪保平安》女子6人琵琶演奏小组，先后参加嘉兴、平湖等政府组织的下乡慰问和汇报演出。2014年7月1日，印发《警营文体活动实施意见》，制订各协会活动章程，确保活动经常、有序，并将会员扩大至全体协警。

## 第四节　从优待警

### 一、民警工资

新中国成立初期，公安干部工资实行供给制。1952年5月，根据政务院《各级人民政府供给制工作人员津贴标准及工资制工作人员工资标准的通知》，对供给制公安干部根据职务、资历划定29个级别，按“工资分”的牌价折算人民币发给，开始实行一律包干使用的等级工资制。1955年7月起，执行国务院《关于国家机关工作人员实行工资制和改行货币工资制的命令》，取消工资计算单位“工资分”，公安干部一律实行工资制。1957年7月，根据国务院的决定，对公安机关的户籍、刑事、交通警察等实行“低于解放军相当级军官，高于国家机关相当级行政人员工资标准”的人民警察13个级别工资，一般要高于国家机关相当级行政人员工资额的10%左右。“文化大革命”期间，民警级工资制度被取消。

1980年10月16日，根据同年8月18日省公安厅、省劳动局、省财政厅《关于恢复执行民警工资标准的联合通知》精神，县公安局经核实，对1971年以来新吸收的民警，现仍在民警岗位上工作的12名民警恢复执行民警级别工资制度。1983年2月23日，国务院办公厅转发公安部《关于调整部分公安干警工资的方案》，把给战斗在第一线的部分公安干警的工资，提到略高于同级行政干部的水平。市、县级公安干警全部实行人民警察工资标准。

1995年1月，根据人事部、财政部规定，人民警察首次实行警衔津贴。3月，经省人事厅同意，公安干警实行超时加班工资。7月，刑事技术人员实行保健津贴。1997年12月6—30日，根据《国家公务员暂行条例》和《平湖市推行国家公务员制度实施方案》《平湖市国家行政机关现有工作人员国家公务员过渡的实施意见》及市公安局“三定”（职能设置、内设机构、人员编制）方案，全局干警完成国家工作人员向国家公务员过渡工作。

2004年1月开始，根据省人事厅、省财政厅通知精神，派出所民警实行人民警察津贴制度。2006年6月，根据国务院和省政府关于改革公务员工资制度的部署，公安民警工资实行国家统一的职务与级别相结合的公务员工资制度。完善津补贴制度，健全工资水平正常增长机制，执行年终一次性奖金。7月，根据人事部、公安部规定，提高人民警察警衔津贴标准。

2010年1月始，根据中央有关公务员实行“阳光工资”的规定，人民警察除警衔津贴外，超时加班工资及其他所有津贴均被取消。2015年1月1日起，根据人社部、财政部《关于调整人民警察警衔津贴标准的通知》精神，再次调高人民警察警衔津贴标准。

**二、职级晋升**

公安民警职级晋升与国家机关行政人员相同，工作年限满25年可晋升为副主任科员，满30年可晋升为主任科员，称之为不占限额晋升。同时每年根据编制比例，还有少量占限额晋升名额。

2014年，市公安局积极争取地方党委政府支持，落实基层工作满10年、工龄满25年的派出所民警提前享受主任科员待遇，首批有28名派出所民警享受此待遇。

2015年1月起，执行中办发《关于县以下机关建立公务员职务与职级并行制度的意见》、浙委办发《关于转发省人力社保厅等五部门〈关于县以下机关建立公务员职务与职级并行制度的实施意见〉》和平组通〔2015〕64号等相关文件精神，主任科员任职满15年（评为平湖市级以上先进可折抵年份）可晋升为副处职级。据此规定，首批有6名民警晋升为副处职级。

**三、福利待遇**

公安干警的探亲假、病假、婚假、产假和公费医疗等一般性福利待遇享受标准与国家机关行政人员相同。1984年起，全局民警按年龄档次分年限参加由县委组织部、人事局统一组织的干部健康体检。1985年，省劳动人事厅《关于国家机关工作人员实行年休假制度》的通知下达后，县公安机关按照上级规定以工龄长短分档确定每人的年休天数。但由于警力不足，干警年休时间往往得不到保证。1987年，县公安局从城关镇解放东路搬迁至城北路新址后，为解决干警洗澡难的问题，在局食堂边建造男、女浴室两间，每星期开放两次。

1992年起，市公安局为每名干警建立健康档案。1997年10月，为解决干警子女入托难，投入10多万元，在城北路公安局家属宿舍楼底层，开设公安托儿所，保证民警全身心投入工作中去。1998年初，治安大队首创通过市电视台为民警生日点歌及大队长、教导员上门向民警送生日蛋糕等形式，为民警生日庆贺，以提高全队民警的凝聚力和战斗力。10月1日，在全局推行民警生日制度，由科、所、队主要负责人上门为民警送生日蛋糕，后扩展至民警家属，形式改为发放生日慰问费每人200元。同时，不断改善民警的住房条件及有计划地解决民警家属的户口“农转非”。是年底，全局已婚民警住房面积基本上都达到65平方米，并为83名民警家属办理户口“农转非”手续。从是年始，每年参加由市委组织部组织优秀公务员和荣立个人三等功以上的功模人员健康休养，后由市人力社保局统一组团出行，以弘扬先进，激励民警的工作积极性。

2001年始，市公安局组织民警两年一次健康体检，每年一次疗休养，由局统一组团，分期、分批赴北京、云南、海南、桂林等地疗休养，时间5～6天。11月，建立市公安局民警帮困互助金制度，资金来源采用民警每年自愿捐助、局行政拨入和社会各界捐助等三部分组成，通过互助互济，帮助减轻民警（职工）的特殊生活困难。帮困互助金由局工会负责监督管理，成立管理委员会，挂靠工会账户，单独建账，定期公布收支账目，接受全局工会会员监督。

2003年起，民警健康体检改为每年一次。5月，开展“察警情、解警忧、暖警心”的警心工程，印发《从优待警十项措施》，建立民警因公负伤和工作中突发危重疾病救治“绿色通道”、因公伤亡保险、抚恤补助基金、伤亡民警家属慰问联系、困难民警求助帮困、家政服务、休假、疗休养及定期体检等制度，完善民警正当执法权益保护。5月16日，与市卫生局、社会劳动保障局共同签订《民警医疗救治“绿色通道”合作协议书》，与保险公司签订《民警意外伤害保险特别约定》。

2007年起，民警参加市级机关公务员三年一次疗休养，由市总工会组团出行。2012年开始，民警疗休养不再统一组团，提倡自主出行，凭市公安局下发的疗休卡到规定的旅行社报名，凭旅行社发票予以报销。2014年起，局党委开展“帮扶解困送温暖”活动。至2015年，共为8名身患重大疾病民警补助医药费18万余元，5名身患重大疾病民警申请医药保险费13万余元。

### 四、心理辅导

2008年，市公安局开展“听警声、解警忧、暖警心”为主题的“三警”活动，通过开通局长信箱、局领导面对面接待民警，召开民警家属代表恳谈会、谈心谈话、走访民警家庭等形式，全面掌握民警的思想状况，家庭情况、八小时外表现情况。建立民警心理疾病预防与心理危机干预机制，聘请2名嘉兴学院心理学教授任心理咨询师，每年为民警开展心理咨询和辅导讲座。

2011年，市公安局设立民警心理咨询室。2014年10月21日，成立由嘉兴学院心理学副教授王景清、局政治处副主任顾建珊等7名国家三级心理咨询师及各单位教导员为联络员的心理辅导团队。2015年10月，贯彻省公安厅文件精神，建立民警心理健康服务站，制订民警心理健康工作规范及心理危机干预处置预案，及时疏导和解决一般心理问题，协助应对和处理紧急情况，提高民警心理素质。

### 五、警察荣誉

1991年4月13日，公安部为表彰在建设和发展人民公安工作中做出贡献的公安机关离退休干部，决定从是年7月1日起授予人民警察荣誉章。人民警察荣誉奖章分为金盾、蓝盾两种，金盾又分为一、二级。一级金盾荣誉奖章，凡1945年9月2日前参加革命工作的离休干部，由公安部政治部批准授予；二级金盾荣誉奖章，1945年9月3日至1949年9月30日期间参加革命工作的离休干部，由省、市、自治区公安机关政治部授予；蓝盾荣誉奖章，新中国成立后从事公安工作满30年的退休干部，由市、地公安机关政治部门授予。原县公安局局长靳启民被公安部授予一级金盾荣誉奖章，王书桂、李登亭被省公安厅授予二级金盾荣誉奖章，黄庆桂、袁守之、柯慧生被嘉兴市公安局授予人民警察蓝盾荣誉奖章。

2013年10月，省公安厅印发《浙江公安荣誉章证书管理规定》，从2014年1月1日起，对参加公安工作累计30周年以上（含30周年）的公安民警颁发公安荣誉章，每年申报一次。2014年，市公安局首批有31名民警获“浙江公安荣誉章”，至2015年，有77名民警获此荣誉。

## 第五节　辅警队伍管理

20世纪90年代，为弥补公安警力不足，市公安局开始向社会招收优秀青年，协助公安民警做一些辅助性工作，早期称之为协警，现改称为辅警。最早人员来源以部队复员军人为主，后扩大至社会待业青年。交警队为最早招收协警的单位，1995年5月1日，首批向社会招收11名交通协管员，协助路面执勤交警劝解疏导交通，队员分布在城关、乍浦及机动等3个中队。后协警队伍不断壮大，主要分布在交警、巡特警、派出所等岗位。随着公安工作任务的日趋繁重，警力与工作量悬殊明显增大，协警需求量增大，至2008年3月，协警队员已遍布全局各主要业务部门，分为普通岗位、技术岗位、特勤岗位和特别技能岗位四种，协助公安机关及其人民警察从事治安巡逻、维护交通秩序、110接处警、处置突发治安事件、户籍管理、文秘档案、看守押解、汽车驾驶等辅助性工作。至2015年底，全局共有协警1242人，成为辅助人民警察维护社会治安稳定不可缺少的一支重要力量。

进入21世纪，为做好对协警队伍的教育管理，提高协警待遇，市公安局组织力量多次开展调研活动，明确协警统一归口政治部门负责招录，聘用单位协助管理，并制订相关政策、规定，严格对协警队伍的管理教育。

2006年4月17日，市公安局根据《浙江省公安机关协勤人员管理暂行规定》，印发《市公安局协警聘用管理办法》，规定：市局所属各单位根据工作实际需要，可以聘用协警，从事社区巡逻及其他辅助性工作，协警实行劳动合同制。经费由局列支的局机关各部门（含水警大队）聘用协警，由局委托市保安服务公司按《劳动法》有关规定与协警签订劳动合同，并按规定办理有关保险，由公安局与保安公司签订用人协议，明确双方职责权利。交警大队聘用的协警由交警大队与协警签订劳动合同，各派出所聘用的协警由派出所所在地镇、街道政府与协警签订劳动合同。并对协警应具备的资格条件、聘用程序、服装制式及日常管理等都作统一规定，规范协警队伍的聘用和管理。

2007年，结合保安服务业的清理整顿，开展协警转保安工作，统一调换更换协警服装标志。年底，全局有800多名协警（包括乡镇社区保安队）完成统一调换保安肩章和统一编号、统一签订劳动合同等工作，理顺管理体制。

2010年8月，市公安局贯彻省公安厅厅长王辉忠作出的“要像抓警察队伍建设一样，抓协警队伍建设”的批示精神，下发《关于进一步加强协警队伍管理的通知》，开展协警队伍规范化管理，完善协警各业务工作和队伍建设规范，进一步建立健全协警统一招录、人事管理、工资管理、岗位考评奖惩和谈话教育等制度，明确各单位政治教（指）导员主抓，建立直接责任人和带班人职责，因管理不到位而出现的问题，依照《市公安局中层干部问责办法》予以追究，确保协警队伍管理和行为养成有章可循。

2011年，市公安局进一步落实协警队伍的经费保障，逐步提高协警工资待遇，推行协警参加城镇职工基本养老保险，为基层一线协警办理人身意外伤害保险。将协警队伍纳入公安“大教育、大培训”体系和“轮训轮值、战训合一”机制。推行新进人员上岗培训，每年组织协警骨干集中培训不少于5天，开展全市协警岗位练兵和条线比武等活动，确保协警队伍稳定，素质提升。2014年6月，成立局协警管理领导小组，在政治处设立办公室，重新印发《市公安局协警管理办法》。

2015年3—4月，组织开展协警队伍教育整顿工作，推行《纪律作风承诺书》制度，建立协警日常督察考核及招聘、解聘、离职报备制度，将协警管理纳入全局队伍正规化建设考核。8月，根据省公安厅通知精神，在协警中开展招录人民警察学员工作，对从事协警工作多年，表现优秀的可报考人民警察，全局有26名协警符合报名资格，参加报考人民警察学员。是年起，每年开展一次优秀协警表彰活动，以进一步提升协警的职业荣誉感。

2018年8月，市公安局根据《平湖市机关事业单位编外用工管理办法》和平政办《关于转发〈关于公安机关警务辅助人员规范管理工作的实施办法〉的通知》，将协警名称规范为辅警，将原在政治处设立的“协警办”改称“辅警办”。对现有在职在岗的协警进行入额考录，转为辅警。制订《平湖市公安局警务辅助人员分级分类管理规定（试行）》，将辅警分为文职和勤务两大序列，文书助理、窗口服务、接警查询、技术技能、特殊人才等5类为文职，巡逻处突、监管看管、社区警务、交通管理、警务保障等5类为勤务。实行层级制管理，由高至低依次为一级辅警、二级辅警、三级辅警，建立两大序列10种类型3个层级的薪酬体系。统一辅警着装，并根据各单位辅警人数多少建立大队、中队、班（组），以进一步规范管理。

## 第六节　离退休民警管理

进入20世纪80年代，在新中国成立初期参加工作的“老公安”陆续退出工作岗位，办理离退休手续。1984年10月、1987年12月，原秘书股长王书桂及局长靳启民先后批准离休。1988

年3月，秘书科沈寿明办理退休手续。至1991年底，全局有退休干部12名，离休干部3名，退休职工3名。以后，办理退休手续的民警逐年增多。至2015年底，全局有离退休干部、职工共85名（其中离休干部2名、退休干部79名、退休职工4名）。

按照“老有所养、老有所为”的原则，市公安局加强对离退休老干部的管理，政治处落实一名分管人事副主任兼管老干部工作。1991年5月，建立离退休干部党支部（2020年6月分设3个支部），在全体离退休党员中提出“离岗不离党，抓学习、保本色，抓锻炼、强体魄”的口号，每月5日组织党员集中学习，贯彻市委老干部局的工作部署和局党委的决议，开展争先创优活动。2011年，局离退休干部党支部被命名为全市第二批“五好”支部，局老干部工作受到市委老干部局的肯定，被评为2011年度全市老干部工作先进集体。

### 一、落实政治待遇

市公安局每年定期向老干部传达上级公安机关、市本级和本局的重要文件精神。2010年起，每年安排部分老干部代表列席年度全市公安工作会议。2011年起，给具有50年以上党龄的老党员发放慰问费。组织全局各业务部门领导每月轮流向老干部介绍本科室业务，使广大老干部及时了解当前公安工作的情况，跟上时代发展的步伐。

### 二、关心学习生活

实行老干部每年一次健康体检制度，做好每年春节、中秋节、重阳节等“三节”的慰问工作，看望、慰问患病住院离退休干部。每年“七一”、重阳节安排党员、干部职工就近外出参观考察，动员老干部报名参加市老年大学学习。组织老干部参加市老年体协，结合兴趣爱好建立门球队、钓鱼队，开展全民健身活动。局老干部门球队参加市老年体协比赛，多次获得名次。以后随着退休民警人数的增加，又单独成立市公安局老年体协分会。

1997年，市公安局在城北路老局腾出办公室建立老干部活动室，为老干部征订报纸、杂志，购买棋类、扑克。1998年元旦春节期间，以部门为单位，组织全局各科所队领导看望走访本部门离退休干部，开展结对活动，把局党委的关怀送到每一名离退休干部家中，使老干部们感受到公安局大家庭的温暖，深得老干部赞赏。

2004年3月，市公安局党委印发《离退休干部管理服务办法（试行）》，关心离退休干警的物质生活和精神生活，维护他们的合法权益，发挥他们的余热。是年始，为离休干部和副局级以上退休干部订阅《嘉兴日报》《南湖晚报》，其他退休干部订阅《南湖晚报》，后又增订《浙江老年报》，供老干部在家学习之用。

2007年，市公安局先后召开8次离退休干部代表座谈会，听取意见和建议，制订《2007年老干部工作要点》，确定四大块十二项工作措施，充分体现“以人为本、服务为先”的工作理念。编发《市公安局老干部信息》，开展老干部生日送蛋糕、鲜花慰问，为老干部就医安排车辆等服务工作。2011年起，每年为80岁以上高龄老干部祝寿，在全局民警中形成一种尊老、敬老、爱老的良好氛围。

### 三、充分发挥余热

根据老干部的特长和身体状况，适当安排一些力所能及的工作，如编撰公安史志，担任法制校长，协助派出所调解民间纠纷，参加局关心下一代工作委员会活动，到看守所为未成年在押人员进行法制宣传和帮教工作等。2014年8月、11月退休民警徐照根先后获全国第二届青少年普法教育先进个人及浙江省司法系统第四届百名优秀人物等称号。退休民警翁汉林担任社区业主委员会主任，兼党支部书记，热心为社区居民服务，在全市创新推行的“红色物业”议事制度，获所在街道党委的肯定。退休民警魏坚在老年大学学习，多次被学校评为最美学员，尤其是担任班长兼党小组组长后，热心班委工作和党务工作，带头参加学校组织的银龄志愿者服务及捐款帮困等活动。

# 第二十五章　内部监督

公安机关内部监督包括纪律检查、行政监察、警务督察、财务审计等工作。20 世纪 50—60 年代，县公安局内部监督工作由政治协理室负责。“文化大革命”期间，政治协理室被取消，内部监督工作处于停顿状态。80—90 年代，贯彻“从严治警”方针，先后设立专职纪检员、监察员，建立局纪检组、纪委、监察室、警务督察队。进入 21 世纪，增设审计室。纪检、监察、督察、审计四部门合署办公，形成合力，发挥整体效能，有力地加强内部监督，推动各项公安工作的顺利进行。

## 第一节　党内纪检与行政监察

20 世纪 50—60 年代，纪检、监察工作由县公安局政治协理室具体负责。1990 年 5 月，经县委组织部批准，县公安局正式设立专职纪检员、专职监察员。1991 年 1 月，建立县公安局纪检组、监察室。1993 年 8 月，监察室与纪检组合署办公。1996 年 3 月，建立市公安局纪委。2013 年 10 月，建立市公安局机关党委纪委。2015 年 12 月，纪检、监察体制改革，实行上一级派驻制度，撤销局纪委、监察室，设立市纪检委、监委驻公安局纪检、监察组，以进一步提升对公安机关的纪检、监察工作的力度。

### 一、党内纪检

纪检工作的主要任务：维护党的章程和党内法规，协助党委加强党风建设，检查党的方针、政策和决议的执行情况。其经常性工作是：对党员进行遵守纪律的教育，作出维护党纪的决定；检查和处理党组织和党员违反党的章程和其他党内法规比较重要或复杂的案件，决定或取消对这些案件中党员的处分；受理党员的控告和申诉。同时履行监督职能、教育职能、惩处职能、保护职能。其职权主要有：监督权、检查权、调查权、建议权、处分权。任何人不得以任何理由拒绝、阻挠、干扰纪委行使其职责范围内的工作。

### 二、行政监察

监察工作的主要任务：加强监察工作，保证政令畅通；维护行政纪律，促进廉政建设；改善行政管理，提高行政效能。行政监察室主要职权有：检查权、调查权、建议权、决定权和其他一些权力。具体职责包括：检查国家行政机关在遵守和执行法律、法规和人民政府的决定、命令中的问题；受理对国家行政机关、国家公务员和国家行政机关任命的其他人员违反行政纪律行为的控告、检举；调查处理国家行政机关、国家公务员和国家行政机关任命的其他人员违反纪律的行为；受理国家公务员和国家行政机关任命的其他人员不服行政主管机关给予行政处分决定的申诉，以及法律、行政法规规定的其他由监察机关受理的申诉；法律、行政法规规定由监察机关履行的其他职责。

## 第二节　查处违法违纪案件

公安机关始终严肃查处自身队伍中发生的违法违纪案件，做到发生一起、查处一起，决不姑息迁就，以纯洁队伍，取信于民。

20 世纪 50 年代，县公安局成立之初，警力严重不足，为应对复杂的对敌斗争形势，留用少量旧警察，这些人员虽经人民政府多次教育，但身上恶习尚未得到改正，刑讯逼供、腐化堕落、贪污受贿等违法违纪现象时有发生。1950 年 7 月，乍浦派出所一名留用警员利用职权敲诈匪特钱财，先后敲诈大米 1 石、银元 27 块、黄金 4 钱。经教育，后清理回家劳动。12 月，黄姑派出所一名工作人员因作风散漫、擅自离职，给予开除处分。1954—1956年，县公安局查处民警违纪案件8起，处理8人，问题性质涉及贪污、侮辱女犯、乱搞男女关系、通奸、工作失职、泄密等。对违纪民警通过召开全局干警大会，进行批判，后报经上级批准，分别给予警告、记过、留团察看、开除团籍、调离公安队伍及开除等处分。1958年，开展民警队伍内部整风运动，通过内部整风，处理坏分子4人，民警队警士周某某因调戏玩弄女犯被行政开除，依法逮捕判刑5年，其余3名（武装民警1人、公安民警2人）民警因生活作风问题、泄密等被行政开除1人、开除党籍1人、送劳动教养处理1人。

1960年，城关派出所1名民警因生活作风问题被送劳动教养处理。1969年12月、1970年5月，县人民保卫组二办1名办事员和1名派出所民警均因生活腐化，先后经县革命委员会批准，开除公职，下放农村劳动。1973年1月7日，1名办事员因生活作风问题经县委批准开除党籍，动员回家。

进入80年代，公安机关民警队伍不断扩大，县公安局贯彻“从严治警”的方针，进一步加大对违法违纪案件的查处。1987—1989年，共查处民警违纪案件7起，分别为正式民警3人、合同制民警4人，问题性质涉及生活作风和利用工作之余经商、联系业务，捞取好处费等，3名正式民警分别给予党纪、政纪处分，4名合同制民警分别予以解聘、提前解聘及不予续聘等处理。

90年代，随着公安队伍的进一步壮大，内部监督机构不断健全，党内纪检、行政监察、警务督察等机构的先后建立，查处干警违法违纪案件的力度进一步提升。1991年，查处民警违法违纪案件6起，处理6人，问题性质涉及以权谋私、非法经商、违反纪律、赌博、乱搞男女关系及过失伤人等，分别给予行政记过、行政警告、党内警告、留党察看、解聘及追究刑事责任等处理。1994年，刑侦队一名民警在为他人办理证驾手续和为违法犯罪人员说情等收受贿赂，并参与赌博，局监察部门报局党委研究给予行政降一级处分，后又连续无故旷工累计102天，经市人事局批准给予辞退处理。是年，还对擅自插手经济纠纷和在办理案件中搞刑讯逼供的4名民警进行通报批评。1995年，白马乡派出所所长葛某某因犯贪污、受贿、非法拘禁罪被判处有期徒刑3年6个月，经市政府、市纪委批准开除公职、开除党籍。从1998年始，对违纪干警的处分除严格按党纪、政纪及国家有关法律处理外，为防微杜渐，同时还通过局纪局规，以警诫、诫勉谈话、待岗、离岗培训、通报批评等形式进行教育，把违纪苗头消除在萌芽状态。是年，共立案查处民警违法违纪案件5起5人，其中违反财经纪律2人、参与赌博1人、违反社会主义道德纪律2人，处以党内严重警告2人、行政警告1人、行政记过1人、警诫并通报批评1人。

进入21世纪，市公安局坚持“政治建警、从严治警、从优待警”的方针，以加强队伍规范化、正规化建设为主线，对民警开展经常性的思想纪律作风教育和整顿，定期分析队伍状况，并依靠社会、家庭，加强民警八小时之外的管理，有效杜绝队伍中违法违纪问题的发生，民警违法违纪案件尽管有所下降，但仍时有发生。2001年8月16日，林埭派出所一民警在参加嘉兴市公安局组织的警衔晋升培训期间，夜间外出嫖娼，被当地派出所当场抓获。对其处治安警告并处5000元罚款，后被开除党籍、作辞退处分。2012年后，民警违法违纪案件又有上升势头。2013年，当湖派出所一民警因从事高利借贷，钟埭派出所一民警因泄露公安工作秘密，对两人分别予以辞退处分。2014年12月，刑侦大队当湖片区刑侦队一民警因在执纪、行政执法、司法工作中失职、渎职被开除党籍、开除公职。2015年2月，钟埭派出所一民警因徇私舞弊、受贿罪被逮捕，依法追究刑事责任，判处有期徒刑1年8个月。市公安局纪委对其所在派出所所长、教导员予以问责，分别给予党内警告处分。2015年12月起，公安纪检监察工作实行上一级派驻制度，查处民警违法违纪案件力度进一步加大。

表 25-1　　　　1950—2015 年查处违法违纪民警情况一览表

| 年份 | 案件数 | | 党纪处分 | | | | | 政纪处分 | | | | | | | | 治安处罚 | 劳动教养 | 刑事处分 |
|---|---|---|---|---|---|---|---|---|---|---|---|---|---|---|---|---|---|---|
| | 起数 | 人数 | 小计 | 开除党籍 | 留党察看 | 严重警告 | 警告 | 小计 | 开除 | 撤职 | 降级 | 记大过 | 记过 | 警告 | 其他 | | | |
| 1950 | 2 | 2 | – | – | – | – | – | 2 | 1 | – | – | – | – | – | 1 | – | – | – |
| 1954 | 4 | 4 | – | – | – | – | – | 4 | – | – | – | – | 1 | 1 | 2 | – | – | – |
| 1955 | 2 | 2 | – | – | – | – | – | 2 | – | – | – | – | 1 | – | 1 | – | – | – |
| 1956 | 3 | 3 | 1 | – | 1 | – | – | 2 | – | – | – | 1 | – | – | 1 | – | – | – |
| 1958 | 4 | 4 | – | – | – | – | – | 2 | 1 | – | – | – | – | – | 1 | – | 1 | 1 |
| 1960 | 3 | 3 | – | – | – | – | – | 2 | – | – | – | – | – | – | 2 | – | 1 | – |
| 1963 | 1 | 1 | 1 | – | – | – | 1 | – | – | – | – | – | – | – | – | – | – | – |
| 1969 | 1 | 1 | – | – | – | – | – | 1 | 1 | – | – | – | – | – | – | – | – | – |
| 1970 | 1 | 1 | – | – | – | – | – | 1 | 1 | – | – | – | – | – | – | – | – | – |
| 1971 | 1 | 1 | 1 | | 1 | – | – | – | – | – | – | – | – | – | – | – | – | – |
| 1973 | 1 | 1 | 1 | 1 | – | – | – | – | – | – | – | – | – | – | – | – | – | – |
| 1975 | 1 | 1 | 1 | – | – | 1 | – | – | – | – | – | – | – | – | – | – | – | – |
| 1978 | 1 | 1 | 1 | – | – | 1 | – | – | – | – | – | – | – | – | – | – | – | – |
| 1986 | 1 | 1 | – | – | – | – | – | 1 | – | – | – | – | – | – | 1 | – | – | – |
| 1987 | 4 | 4 | 1 | – | – | – | 1 | 3 | – | – | – | 1 | – | – | 2 | – | – | – |
| 1988 | 3 | 3 | – | – | – | – | – | 3 | – | – | – | – | 1 | – | 2 | – | – | – |
| 1989 | 1 | 1 | 1 | – | – | 1 | – | 1 | – | – | – | 1 | – | – | – | – | – | – |
| 1991 | 6 | 6 | 2 | – | 1 | – | 1 | 5 | – | – | – | 2 | – | 1 | 2 | – | – | 1 |
| 1992 | 2 | 3 | 2 | – | – | 1 | 1 | 1 | – | – | – | 1 | – | – | – | – | – | – |
| 1993 | 1 | 1 | 1 | – | – | 1 | – | – | – | – | – | – | – | – | – | – | – | – |
| 1994 | 1 | 1 | – | – | – | – | – | 2 | – | – | 1 | – | – | – | 1 | – | – | – |
| 1995 | 2 | 2 | 1 | 1 | – | – | – | 2 | 1 | – | – | – | – | – | 1 | – | – | 1 |
| 1998 | 5 | 5 | 2 | – | – | 2 | – | 3 | – | – | – | – | 1 | 1 | 1 | – | – | – |
| 1999 | 1 | 1 | – | – | – | – | – | 1 | – | – | – | 1 | – | – | – | – | – | – |
| 2000 | 1 | 1 | – | – | – | – | – | 1 | – | – | – | – | – | – | 1 | 1 | – | – |
| 2001 | 1 | 1 | 1 | 1 | – | – | – | 1 | – | – | – | – | – | – | 1 | 1 | – | – |
| 2004 | 2 | 2 | – | – | – | – | – | 2 | – | – | 2 | – | – | – | – | – | – | – |
| 2005 | 1 | 1 | 1 | – | – | – | 1 | – | – | – | – | – | – | – | – | – | – | – |
| 2006 | 1 | 2 | – | – | – | – | – | 2 | – | – | – | – | 1 | 1 | – | – | – | – |
| 2008 | 1 | 1 | – | – | – | – | – | 1 | – | – | – | 1 | – | – | – | – | – | – |
| 2009 | 2 | 2 | 1 | – | – | 1 | – | 1 | – | – | – | – | 1 | – | – | – | – | – |
| 2012 | 1 | 2 | – | – | – | – | – | 2 | – | – | – | – | 2 | – | – | – | – | – |
| 2013 | 3 | 3 | – | – | – | – | – | 3 | – | – | – | – | – | 1 | 2 | – | – | – |
| 2014 | 3 | 5 | 1 | 1 | – | – | – | 5 | 1 | – | – | 1 | 3 | – | – | – | – | – |
| 2015 | 4 | 4 | 3 | – | – | 1 | 2 | – | – | – | – | – | – | – | – | – | – | 1 |

注：1. 表内小计数据含一人受一种以上处分。

2. 表内空缺年份为无原始资料查考。

3. 行政处分其他类含辞退、团内处分及合同制民警解聘等。

## 第三节　警务督察

警务督察是国家赋予公安机关加强队伍监督的重要手段，是新形势下确保公安队伍建设和公安执法工作的一项重要措施。平湖警务督察工作经验被省公安厅确定为“平湖经验”，向全省推广，曾先后在中央及浙江电视台播出，《人民公安报》及省、嘉兴市级报刊多次刊登介绍，成为平湖公安的一大亮点。2000 年 8 月 4 日，嘉兴市公安督察工作会议在平湖召开。2001—2003 年省公安厅先后 3 次在平湖召全省警务督察工作会议。2002 年 4 月，局警务督察队被嘉兴市公安局记集体三等功一次。2004 年 5 月，被省公安厅记集体二等功一次。

### 一、督察内容

公安内部督察内容主要有警令督察、执法督察和内务督察。警令督察是警务督察工作的重心，是对公安中心工作和重大警务活动执行力的督察；执法督察是警务督察工作的一个重要内容，通过对执法环节的跟踪督察，及时发现和纠正基层民警在执法过程中存在的问题和安全隐患；内务督察是督察部门的一项日常工作，以基层所队为重点，加强队伍规范化建设为目标，对民警日常行为规范、窗口服务、警务公开、执行条例条令及警用车辆管理等。市公安局警务督察队建立以来，坚持“抓早、抓小、抓苗头”，紧紧围绕各个时期公安中心工作，重大警务活动、执法工作、内务管理等开展专项督察，下发督察通知书，编发《督察通报》。1998—2015 年，共开展公安中心工作和重大警务活动现场督察 824 次，民警执法督察 428 次，内部管理现场督察 425 次，确保警令畅通，推进执法规范化建设，加强队伍管理，民警违纪案件逐年减少，信访投诉下降，树立了平湖公安的良好形象。

### 二、督察机制与信息化

#### 兼职督察员

1998 年 5 月，建队初期，聘请兼职督察员 9 人。1999 年，在当湖派出所、巡特警大队、交警大队等 5 个重点单位成立警务督察组（室），由单位指导员（教导员）兼任组长，配备 2 ～ 3 名兼职督察民警，负责本单位的执法、遵纪方面的督察工作。2006 年，开展警务大监督机制建设，在经侦、刑侦、治安、交警、出入境、禁毒、监管等部门设立兼职督察员。印发《兼职督察员工作制度（试行）》，规范全局兼职督察员的日常工作。2011 年 4 月，在交警大队、看守所及局机关等 14 个部门设立兼职督察员，负责本单位、本警种的督察工作，共确定兼职督察员 32 人（交警大队 6 人，其余每个部门各 2 人）。修订《兼职督察员工作制度》，明确兼职督察员的职责任务、工作权限、管理考核等。建立对条线业务工作每月督导工作不少于 2 次；对本单位的民警的督查每月不少于 2 次；对本单位语音、视频监控督察系统查听查看每日必查；每半年召开一次工作例会，听取工作汇报和意见、建议；每季对兼职督察员工作情况进行一次点评等工作制度。2012 年，兼职督察员扩展至各派出所，人数增至 57 人。

#### 领导轮值督察

2008 年，市公安局探索推行警务督察领导轮值制，建立局领导挂帅，科所队长带班，警务督察大队协调，各警种参与的警务督察工作新机制。每周列出督察工作计划，确定督察工作重点内容，由值班局领导挂帅，警务督察大队一名领导或民警带班，轮值周内带班督察不少于一次，中层干部每人全年参加督察工作至少一次。采用明查、暗访相结合，把全局各单位中层干部和民警的履职情况，特别是局党委部署的中心工作贯彻落实情况作为督察的重点，注意发现工作中存在的薄弱环节和队伍中的违法违纪苗头，使警务督察工作更具针对性和实效性，确保全年各项公安工作的顺利完成。

#### 异地交叉督察

2009 年，推行异地交叉督察工作方法，印发《异地交叉督察工作实施方案》，由专业督察民警与基层所队兼职督察民警一起异地开展交叉督察，使督察工作真正融入基层所队、融入群众。

#### 督察信息化

2002 年 8 月 6 日，贯彻公安部《关于公安机关实施留置措施备案规定》，在全局各执法单位建立利用计算机网络以电子邮件形式，对被留置人员的基本情况报督察队备案制度。11 月，为使网上报备与现场督察相衔接，加强对留置室的实时管理，探索创建留置室远程监控督察新模式，在全局5个留置室、管理员室、审查室原有闭路监控系统的基础上，借助局域网对全局留置室实施24小时远程监控，15天全程录像、声像同时传输。后延伸至全局11个处警室和18个枪库，构成“三室一库”远程监控模式，杜绝刑讯逼供等违法违纪事件和各类事故的发生。11月27—28日省公安厅在平湖召开现场会，全省推广平湖留置管理远程电子监控系统。

2007年，市公安局在全市10个公安派出所及出入境管理科、水警大队、交警大队的“三室一厅”安装摄像头58个，电话监控29门。同时，启动语音督察机制，建成警务督察信息平台，进一步提高运用科技，强化执法环节的监督。2008年，贯彻嘉兴市局下发的《关于进一步健全和完善内部大监督机制建设的意见》，明确三级监督，完善三级督察机制，建立网上实时监督，实现现场督察与网上督察相结合的新型督察模式，提高督察实效。

2009年，根据各执法单位需要，增设审讯、询问、调解、值班、办证室视频监控，在指挥中心、交警曹桥、钟埭、滨海中队等单位增设6部语音录音电话，全市视频监控室由65个增加至92个，语音录音电话由29门增至35门，实现对审讯、留置等重要执法环节实行即时、全天候、立体远程监控，扫除执法执勤安全盲区。同时，规定基层单位教导员负责将每天督察情况输入警务管理系统三级督察系统，以此促进单位内部安全管理、枪支管理、警车管理、执行五条禁令等，增强自我监督和自觉接受监督的意识，提高督察效能。

2010年，对新埭、钟埭、曹桥派出所审讯室进行改造，增设视频监控室，并由局监制20只标准化审讯椅发放各派出所，全市8个基层派出所及局机关执法单位的审讯、询问室全部纳入视频监控，确保执法安全。

2012年，进一步完善语音、视频监控督察系统的管理使用，将授权范围扩大至全局中层副职以上干部，要求各执法办案、窗口单位的值班领导借助视频监控督察系统做到每日必查，以进一步推进全局窗口单位各项服务举措的落实。

2014年下半年，市公安局投入25.8万元，购置专用视（音）频督察设备，配备专用服务器，建立嘉兴市首个网上督察中心。依托公安信息网资源，接入视频探头服务窗口46个、执法办案区335个、民警执法记录仪147台、看守所监控31个、警械武器室18个及街面社会监控3700个，导入装有GPS定位系统处警巡逻车26辆，纳入语音督察系统电话41门。配备专职视频督察队员2人，实行24小时实时监控，通过实时监控和回放，对全局相关单位的办案区、办事区和各窗口单位的工作规范及纪律进行全面督查，实现全方位无缝对接。

2015年1月1日，市公安局网上督察中心开始试运行。至12月31日，共查看视频73653个次，查听音频信息1936条，督察提醒重点执法环节报备信息25条，发现并纠正问题376个，下发《网上督察每周通报》50期、《每月网上督察情况分析》12期，推动公安执法规范化和队伍正规化建设。

### 三、受理查处群众检举、投诉

警务督察部门始终坚持客观、公正的原则，认真受理群众来信、来电、来访检举控告，及时调查、处理、反馈，切实维护群众的合法权益。

1998年警务督察队成立后，投诉量最高位2003年为173起，后逐年下降，2011年为37起。以后随着社会监督制度的进一步完善，群众来信、来访、来电诉求案（事）件呈回升趋势，2012年投诉量上升至136起，后又开始回落。2013—2015年，平均每年在55起上下。1998—2015年，共受理群众投诉案（事）件1065起，其中反映失实和无法查实的332起。

2002年，执行嘉兴市公安局《受理查处群众检举、投诉的范围、程序及方法》，进一步规范受理和核查工作，制订投诉出警、核查、回访、纠改工作制度，建立完善群众来电、来信、来访和110报警台受理群众投诉联动、核查分析、警示教育机制，定期对群众投诉举报案件核查情况进行分析，发现问题及时向有关部门通报。针对群众反映的热点、难点问题和民警违法违纪问题开展专项检查，特别是对影响大，群众反映强烈，问题突出的案件，及时采取果断措施予以查处，消除不良影响，维护公安机关良好形象。

2015年，贯彻落实《全省公安机关警务督察部门投诉件办理工作规范》，建立健全群众投诉办理长效机制，进一步加大对领导交办案件、涉警案（事）件的核查和督办工作，及时澄清不实投诉和处置公安民警违法违纪违规行为，严格责任追究，提高群众满意度和执法公信力。是年，受理群众来电来信来访投诉59起，办结59起，查处民警17人。

**四、民警正当执法权益保护**

进入21世纪，随着治安问题的增多，民警的执法难度增大，妨害民警依法执行公务案件时有发生，且逐年呈高发态势。公安督察部门坚持查纠与保护并举，依托民警正当执法权益保护委员会，积极做好对民警自身权益的维护。同时，及时总结针对执法执勤中易发生侵权案件的薄弱环节，协调配合有关部门采取改进措施，变事后查处为事前防范，努力消除发生侵害民警执法权益案件的隐患，维权案件有了明显下降。

2001年4月10日，市公安局成立民警正当执法权益保护委员会，印发《市公安局人民警察正当执法权益保护委员会工作细则》（以下简称《工作细则》），明确组织领导、工作职能、受理范围、办理程序和工作制度，对在正当执法和执行公务时受到人身伤害的民警进行慰问、奖励，对受到错告、诬告和恶意骚扰的民警进行安抚。建立“民警110信箱”“民警求助热线”和半年一次例会等制度。

2003年6月，根据《浙江省公安机关维护民警执法权益若干规定》，对原制订的《工作细则》进行修改完善，增加市人大、政法委、市纪委、市法院、检察院等有关部门为成员单位，使维权委员会组成人员更趋合理。

2007年9月，又增加政协、信访等部门为成员单位，形成党委领导，市人大、政协、政法委、纪委、监察、信访、检察、法院等多部门参与，督察部门牵头，相关警种通力协作的民警维权工作格局。

在民警维权工作中，建立健全联络员、联席会议、救护、上门慰问、正名、快速反应、协作联动等工作机制。一旦发生案（事）件，迅速启动维权程序，督察部门受理当事人的投诉，负责审查民警在执法过程中有无过错，对当事人做好反馈工作，治安、刑侦部门负责对维权案件的调查处理，法制部门先行加入，把好案件质量关，政工、督察等部门做好受伤遭污辱诬告民警的安抚慰问和正名工作，下发抚慰通知书和正名通知书。对妨害民警依法执行职务、暴力抗法等案件进行依法查处，予以严厉打击。

2001年3—4月，查处阻碍、妨碍民警执行公务案件2起，对3名谩骂并殴打民警的违法人员给予治安拘留。2002年，查处暴力妨害民警执行公务案件1起，依法对2名犯罪嫌疑人追究刑事责任。

2003年起，妨害民警依法执行职务、暴力抗法等案件直线上升，共发生12起，被追究刑事责任3人、取保候审1人、治安拘留8人。后连续多年高位徘徊，平均每年在13起左右。

2005—2007年，查处暴力阻碍执行公务等案件44起，对暴力阻碍执行公务、恶意诬告民警的144名违法犯罪嫌疑人进行查处，其中刑事拘留50人，治安处罚94人。以后几年此类案件有所下降。2011年，查处暴力阻碍执行公务等案件3起，刑事拘留2人，行政拘留1人。

2012年起，妨害民警依法执行职务、暴力抗法等案件又开始逐年上升。是年，查处暴力阻碍执行公务等案件10起，刑事拘留8人，行政拘留4人。2015年，查处暴力阻碍执行公务等案件22起，刑事拘留15人，行政处罚12人。

自2001年4月民警正当执法权益保护委员会成立至2015年，共查处民警维权案（事）件165起，对302名侵犯民警执法权益的违法犯罪人员依法作出处理，其中追究刑事责任100人。共安抚慰问民警、协警137人，为民警正名16人。

## 第四节 内部审计

1952年5月，县公安局针对建局以来会计财务制度不够健全，相关制度尚处在初建阶段，财务管理漏洞较多这一情况，专门抽调6名干部，分两个检查小组开展查账工作，分别检查局机关和劳改队两处账目，开始了公安局最早的内部审计工作。

1963年1月5日，县公安局印发《关于对拾遗和处理治安事件中所积存的物款的处理规定通知》，下发至各派出所、公安特派员，要求对1958年以来的拾遗和处理治安事件中所积存的物款进行一次认真清理，对有失主的及时归还，无人认领、无法归还的上报县局，由县局统一处理。并规定：今后凡由群众交来的各种拾遗物品，应认真做好失物招领工作；在侦察破案、处理各种治安事件中，应坚决执行中央指示，不准任何人任意没收物款；严格制度，建立经常性的登记制度，对无法归还处理的物品，应当每季度清点一次，列出清单上报县局统一处理。以严肃公安法制，防止贪污侵占，腐蚀干部。

20世纪90年代开始，为加强公安机关内部资金管理，县公安局建立内部审计制度。1990年8月，抽调后勤科出纳及一名中层干部对水上派出所财务进行审计，以规范该所内部财务管理。1991年，贯彻国务院关于加强廉政建设，纠正行业不正之风电话会议精神，组织各科、所、队开展各种行政事业性收费、罚款等项目的自查自纠工作，自查后发现由派出所自定的3项收费立即取消。5月6—16日，接受市审计局行业审计，抽查交警队、消防科及局机关5个科室、8个派出所，抽查面分别为机关科室和派出所的38.5%和35%，经审计未发现乱开支现象。1994年4月，为巩固反腐败斗争清理“三乱”的成果，市公安局组织力量开展一次内部审计工作，共抽审6个单位。经查，无乱收、乱罚、乱摊派的现象。1996年，抽调监察室民警会同装备科组成财务调研组，对全局有关科室、派出所的财务进行调研。通过调研，对存在的问题进行整改，对有关科、所、队的银行账户进行撤销合并，所建账册予以收回，由局财务统一管理，设立财务分户账，资金由局统一管理，统收统支，建立财务管理制度，实行“三个一”（每月一报表、每季一会议、每年一检查）制度。1998年7—8月，组织后勤、纪检、监察等部门，先后3次对派出所所长异地交流、调动、免职的所在单位账目进行清理，对有问题的单位提出处理意见和整改措施，并将清理情况在全局通报。2000年11月，开展对公安机关罚没款、暂扣款、保证金管理专项审计工作，及时发现问题，提出整改，规范公安执法行为，提高资金财物管理水平。12月，通过嘉兴市公安局对市局在执法过程中预交款、罚没款、保证金及暂扣物品收缴、保管、发还等环节的抽查。

进入21世纪，进一步完善派出所所长离任经济责任审计制度，尤其是对预算外资金的管理，确保账目清楚，为局党委考察使用干部提供客观、可靠的依据。同时，根据上级的统一部署，积极做好各项专项审计工作。

2002年5月，市公安局组织开展全局办案单位预交款、取保候审保证金的专项审计，采取审阅财务账册、业务台账，检查票据、案卷，盘点库存现金、发票等审计手段和方法，对各个环节进行详细检查，及时发现问题，提出相应的整改意见和建议。

2003年2月24日，下发《平湖市公安局领导干部经济责任审计制度》，规范对全局中层干部经济责任的审计、监督。规定全局各基层单位的中层领导在任期内或因辞职、辞聘、晋升、调任、转任等原因离任的，一般须先审计后离任。并对审计的主要内容、审计班子的人员组成及实施审计中发现问题的处理等均作了具体的规定。

2004年6月，市公安局开展对保安公司财务审计。通过审计，进一步规范保安公司内部的财务监督机制。2005年5—9月，根据嘉兴市公安局《全市公安机关监管场所专项审计工作方案》，对看守所、行政拘留所看守经费、生产经费、在押人犯伙食费、医药费等进行专项审计，以规范监管场所财务管理。

2008年，开展对全市公安派出所专项审计，重点检查派出所经费保障、财务管理、执收执罚、涉案财物管理、装备及固定资产管理等。通过检查，纠正派出所在财务管理上存在的问题，上缴一批挂账涉案财物。2010年，制订涉案财物管理规定，开展专项审计和审计检查，对2个基层单位进行财务审计。2011年3月，根据公安部的统一部署，市公安局组织开展“审计整改年”活动，加大对执法办案部门涉案财物的内部审计，进行多次自查与抽查，集中整改2008年以来审计发现的问题。是年，嘉兴市局审计组通过听取汇报、查阅案卷、检查台账、询问办案侦查人员等方式对经侦大队2010年以来已办结案件涉案财物进行检查，做到物案关联、物账一致，实现办案与管理分离、来源去向明晰、处理依法及时、监督检查到位，令人满意。

2012年，市公安局根据公安部下发的“审计整改年”回头看活动工作方案，由审计室牵头联合警务保障室、法制等相关部门组成联合审计调查组，组织开展对2010—2011年度公安特别业务费专项审计和公安机关执法环节涉案财物及保证金审计，帮助被审计单位建章立制，落实专人管理，对2011年涉案财物审计中发现的问题全部整改到位。是年，对6个派出所所长进行离任经济责任审计，出具审计意见书。

2014年，开展交通警察大队涉案财物专项审计、中央和省级转移支付资金专项审计调查、派出所所长离任经济责任审计、公安机关办公及业务技术用房权属审计调查、“三公”经费审计调查等。2015年，开展公务接待专项审计调查，对局机关食堂招待费进行专项审计，以进一步规范公务接待和“三公”经费使用。

# 第二十六章　人物

## 第一节　英烈简介

李继文　1974年3月生，浙江安吉人，中共党员，1993年12月入伍，生前系平湖市公安局消防大队副政治教导员兼平湖市公安消防中队政治指导员，武警上尉警衔。2007年9月13日在扑救平湖市林埭镇徐家埭集镇喜福门木门厂火灾时光荣牺牲。牺牲后，被共青团省委、省青年联合会追授“浙江青年五四奖章”，被省公安厅党委追授“优秀共产党员”称号，被省政府追授“人民卫士”称号。9月被公安部批准为烈士，11月被公安部追授“模范消防警官”称号并追授二级英模奖章。

潘志毅　1987年1月生，浙江杭州人，中共党员。2005年12月入伍，2006年12月入团，生前系平湖市公安消防中队战士、上等兵。2007年9月13日在扑救平湖市林埭镇徐家埭集镇喜福门木门厂火灾时光荣牺牲。牺牲后，被省公安厅党委追授为中共党员，被共青团省委、省青年联合会追授“浙江青年五四奖章”，被省政府追授“人民卫士”称号。9月被公安部批准为烈士，11月被公安部追授“杰出消防战士”称号并追授二级英模奖章。

## 第二节　历任局长、政委

### 一、历任局长

孙明成　1920年12月生，山东邹县城前乡雨山村人，中共党员。1943年3月参加革命，同年6月入党。1949年1月南下，6月任浙江省平湖县人民政府公安局副局长，1950年5月任局长。1953年5月调省人民政府公安厅任预审处科长，1954年11月任预审处副处长，1955年肃反审干运动中被错误处理。1963年8月，经省公安厅批准，转为行政22级干部，调杭州武林机械厂工作，1979年11月办理退休回原籍。1983年7月，省公安厅组织人员对其进行复查，1984年1月18日，经省委批准，撤销原处理结论，给予恢复党籍，按原工资（行政15级）改为离休。1990年3月在老家逝世。

刘德芳　1915年5月生，山东沂南县人，初识文化，中共党员。1938年2月入党，同年7月参加本区游击大队，1939年1月任乡青年干事，1942年2月任区组织干事、区公所公安特派员。1945年11月起历任沂南县公安局一股副股长、股长，蒙山县公安局预审股股长等职。1949年1月南下，6月任浙江省孝丰县公安局局长。1953年5月任平湖县公安局局长。1954年5月调省人民政府公安厅任一处科长，四处副处长、一处处长等职。1977年9月任省公安厅副厅长、厅党组副书记。1983年10月离休。1991年7月获得公安部一级金盾荣誉奖章。2000年3月逝世。

冯峰　1926年2月生，江苏如东县掘港镇人，高小文化，中共党员。1941年5月参加革命，1943年6月入党。历任新四军一师三旅特务连战士、副班长，一师三旅七团特务营机炮连副政治指导员、七团九连代政治指导员等职。1949年10月起历任浙江省海宁县公安局审讯股股长、嘉兴市公安局治安股股长、副局长兼政保股股长、局长、湖州市公安局局长等职。1957年1月任平湖县公安局局长。1961年10月调往嘉兴地区公安处，历任治安科科长、长岗农场场长，长兴农场副场长，浙江建设兵团三师十团副参谋长，长湖建筑材料厂副厂长，浙江钱江建筑工程公司副经理等职。1985年7月离休，享受副厅级待遇。1993年6月被司法部授予一级金盾荣誉奖章。2005年4月逝世。

姜魁钧　1921年8月生，山东海阳县里店乡人，文化程度相当初中，中共党员。1943年8月入党，1947年7月入伍。历任副班长、班长、副排长、排长、副连长、副中队长等职，1954年11月转业地方。历任浙江省平湖县工商科副科长，县委财贸部、组织部、农工部副部长，县人民委员会副县长、嘉兴龙港公司党总支书记等职。1961年12月任县公安局局长，1962年6月任县公安局教导员，1970年任乍浦镇党委副书记。1973年5月任海盐县公安局教导员，1981年7月任海盐县人大常委会委员。1986年1月离休，享受副处级政治、生活待遇。2000年8月逝世。

施来昌　1933年4月生，浙江平湖徐埭徐新村人，高小文化，中共党员。1949年11月参加工作，1953年8月入党。1953年8月起历任平湖县公安局政保股副股长、股长，县公安局副局长等职。1973年4月任县公安局局长，1978年5月任平湖县委常委。1978年12月任嘉兴地委政法委副书记、嘉兴检察分院党组书记、检察长。1983年8月任嘉兴市委政法委副书记、市公安局党委书记、局长，1986年12月任嘉兴市委常委。1988年9月任嘉兴市政法领导小组组长、市委政法委副书记、市公安局党委书记。1993年12月退休，享受副厅级待遇。

靳启明　1927年8月生，湖北当阳人，高小文化，中共党员。1942年2月入伍，1946年8月入党。在部队历任襄西指挥部通讯员、新四军五师抗大五分校学员，晋绥军区、西南军区、川西军区、眉山军分区报务员，空三师报务主任、副排长，浙江省军区文训队学员。1955年12月起历任浙江省孝丰县邮电局副局长、公安局局长、人民检察院检察长，嘉兴地区公安处水口硫磺厂负责人、晓市钢铁公司三矿副矿长，德清县人民检察院检察长、县文教局领导小组组长、县公安局局长等职。1979年10月任平湖县公安局局长，1984年2月任正局级巡视员（协理员，副县处级）。1987年12月离休，享受副司局级医疗待遇。1991年7月获得公安部一级金盾荣誉奖章。2019年6月逝世。

凌浙鹃　1945年1月生，浙江绍兴人，大专文化，中共党员，一级警督。1963年11月参加工作，1973年7月调入嘉兴县公安局任政保股民警，1978年10月入党。1984年8月任嘉兴市公安局政保科副科长。1984年10月任平湖县公安局局长、党委副书记。1990年2月任县委委员、公安局党委书记。1992年8月任嘉兴市公安局汽车驾驶员培训中心主任。1996年2月任嘉兴市公安局外事科科长（外事处处长、出入境管理处处长）、副处级侦察员等职。2005年4月退休。

袁来顺　1937年9月生，浙江平湖城北乡人，初中文化，中共党员，一级警督。1955年8月参加工作，1958年11月入党。1961年12月调入平湖县公安局任办事员。1965年11月起历任城郊派出所副指导员、政保股股长、县公安局副局长、党委副书记等职。1986年1月任县公安局局长，1987年8月任县公安局政治委员，1990年2月任县政法领导小组副组长、政法委副书记。1992年8月任平湖市公安局党委书记、局长。1995年8月任正局级巡视员（协理员）。1997年4月任平湖市人民政府顾问（副处级）。同年10月退休。

陆瀛　1955年4月生，浙江海宁人，大专文化，中共党员。1975年5月在平湖县曹桥公社严家门插队务农。1979年9月进平湖标准件厂务工。1979年12月调入平湖县公安局先后任乍浦派出所民警、政保科办事员。1985年9月入党。1984年11月起历任平湖县公安局秘书科副科长、副局长、党委副书记等职。1995年8月任平湖市公安局党委书记、局长。1997年1月任海盐县委常委、县公安局党委书记、局长。2003年1月任海盐县人大常委会副主任、党组书记（正县级）。2007年2月任海盐县政协主席。2015年6月退休。

宋家聪　1950年2月生，山东肥东人，大专文化，中共党员。1969年2月入伍，1970年7月入党。1971年10月起历任嘉兴县人武部政工科干事、正连、副营职干事、军事科科长（正营）等职。1990年12月调入平湖，历任县委常委、人武部部长、政法委书记、纪委书记等职。1996年12月任市委常委、市公安局党委书记、局长，1997年12月任市委副书记、政法委书记、市党校校长。1999年8月调入嘉兴市秀洲区，历任区委副书记、政法委书记、区公安局党委书记、政治委员等职。2001年3月任嘉兴市委统战部副部长、市工商联党组书记。2003年3月起历任嘉兴市委政法委副书记（正县处长级）、委务会议召集人、610办公室主任、市委社工委办公室副主任等职。2009年6月任嘉兴市委政法委调研员。2010年6月退休。

姚钰明　1962年2月生，浙江嘉善人，大学文化，中共党员，三级警监。1981年8月省公安干部学校毕业分配进嘉善县公安局刑侦队任侦察员，1986年8月入党。1985年6月起历任嘉善县公安局刑侦队副队长、队长、副科级侦察员、县公安局党委副书记、副局长等职。1997年12月任平湖市委常委、市公安局党委书记、局长。2000年5月任嘉兴市秀城区区委常委、区公安分局党委书记、局长。2002年2月任嘉兴市公安局党委委员、副局长，兼任秀城区区委常委、区公安分局党委书记、局长。2007年10月定为正处级领导干部。2014年任嘉兴市公安局党委副书记。2016年2月为正县处长级，3月任嘉兴市公安局常务副局长。

司宏毅　1955年8月生，祖籍山东，大学文化，中共党员，三级警监。1975年12月参加工作，1981年11月入党。1980年7月调入嘉兴县公安局治安股任民警。1986年2月起历任郊区（秀洲区）公安分局政工科副科长、秘书科科长、分局党委委员、副局长、党委副书记、副局长、局长等职。2000年6月任平湖市委常委、市公安局党委书记、局长（副县处级）。2006年12月任嘉兴市公安局党委委员、交警支队支队长（正处级）。2013年1月任嘉兴市公安局调研员。2015年9月退休。

刘国强　1957年3月生，浙江杭州人，大学文化，中共党员，一级警督。1976年2月在嘉兴县竹林公社知识青点务农，1978年7月进浙航嘉兴分公司船厂务工，1981年8月调入浙航嘉兴分公司航运派出所任民警，1987年7月入党。1984年7月起历任嘉兴市公安局城区（秀城）分局刑侦队副队长、装备科科长，嘉兴市公安局后勤处房管科科长、后勤处副处长、处长、交警支队支队长等职，2003年7月定为副处级领导干部。2006年12月任平湖市委常委、市公安局党委书记、局长。2011年11月调任嘉兴市公安局党委委员、警卫处处长（嘉兴市委警卫局局长）。2014年7月任嘉兴市公安局副调研员。2017年5月退休。

傅金明　1966年10月生，浙江萧山人，大学文化，中共党员，三级警监。1985年8月省人民警察学校毕业分配进嘉兴市公安局秀城分局东门派出所任民警，1995年12月入党。1990年8月起历任嘉兴市公安局秀城区分局刑侦大队副大队长、大队长，海盐县公安局副局长，嘉兴市公安局警务督察室主任、监察室副主任、督察支队支队长、嘉兴市看守所所长等职。2009年12月任平湖市公安局党委副书记、政治委员。2011年11月任平湖市委常委、市公安局党委书记、局长（副县处级）。2019年4月调任嘉兴市公安局党委委员，警卫处处长。11月任二级高级警长。

汤洪成　1971年9月生，浙江嘉兴人，大学文化，中共党员，一级警督。1991年8月浙江省人民警察学校毕业分配进嘉兴市公安局秀城区公安分局，先后在南湖派出所、分局刑侦大队任民警，1993年12月入党。1997年5月起先后任新嘉派出所、南湖派出所副所长，塘汇派出所所长，分局刑侦大队大队长等职。2003年9月起先后任秀城区（南湖区）公安分局副局长、常务副局长。2018年9月任嘉兴市公安局情指联勤中心主任，2019年4月任平湖市政府党组成员、副市长，市公安局党委书记、局长。

## 二、历任政委

李保云　1945年11月生，上海市金山县钱圩乡人，初中文化，中共党员，一级警督。1963年12月入伍，1968年5月退伍分配进海盐县公安局任民警，1971年8月入党。1972年5月起历任海盐县公安局政保科副科长、治安股股长、刑侦队队长、副局长，嘉兴市公安局刑侦大队大队长等职。1984年10月任平湖县公安局党委书记、政治委员。1986年2月任海盐县公安局党委副书记、副政委（正局级），1987年11月任政委。1991年1月任海盐县国家安全局局长。2000年12月任正局级巡视员（协理员）。2002年12月离岗退养。

徐士元　1943年9月生，浙江平湖新仓战斗村人，初中文化，中共党员。1959年1月参加工作，1971年10月入党。1978年1月起历任平湖县城关镇党委副书记、人武部部长、镇党委书记等职。1990年2月任县公安局党委副书记、政治委员。1990年5月任平湖县人民政府副县长。1993年4月任平湖市人大常委会副主任（副县级）。2004年1月退休，享受正处级政治、生活待遇。

袁伟成　1947年3月生，浙江平湖城关镇人，高中文化，中共党员，一级警督。1969年2月入伍，1969年11月入党。在部队历任战士、副班长、班长、排长、副政治指导员、连长、参谋、副营长、营长、团长等职。1985年12月起历任平湖县交通局党委书记、监察局党组书记、局长等职。1990年6月任县公安局党委副书记、政治委员。2002年12月任正局级巡视员（协理员）。2005年1月离岗退养，享受县处级正职政治、生活待遇。2007年4月正式办理退休手续。

高海忠　1961年9月生，浙江海宁人，大学文化，中共党员，一级警督。1982年8月浙江省人民警察学校毕业分配进海宁县公安局刑侦队任民警，1984年12月入党。1985年12月起历任海宁县公安局盐官派出所副所长、所长，海宁市公安局副局长等职。2002年5月任平湖市公安局党委副书记、政治委员。2006年11月任海盐县委常委、县公安局党委书记、局长（副县处级）。2010年4月任秀洲区委常委、区公安局党委书记、局长。2016年3月任秀洲区委常委、政法委书记。

顾照荣　1963年4月生，浙江平湖人，大学文化，中共党员，三级警监。1982年8月浙江省人民警察学校毕业分配进平湖县公安局刑侦队任民警，1985年5月入党。1986年2月起历任平湖县公安局刑侦队副队长、大队长，局长助理、副局长、常务副局长、党委副书记等职。2007年1月任平湖市公安局党委副书记、政治委员。2009年10月任嘉兴市公安局刑事侦察支队支队长（副县处级）。2013年1月任海宁市委常委、市公安局党委书记、局长。2019年4月任嘉兴市公安局党委委员、副局长。12月任三级调研员。

于智勇　1965年1月生，浙江平湖人，大专文化，中共党员，一级警督。1984年12月参加公安工作，1997年7月入党。1997年7月起历任平湖市公安局刑侦大队副大队长、乍浦刑侦队队长、当湖刑侦队队长、当湖派出所所长、交警大队大队长、副局长、常务副局长等职。2011年11月任平湖市公安局党委副书记、政治委员。2013年9月任嘉兴市南湖区公安分局党委副书记、政治委员。2016年3月任海盐县委常委、县公安局党委书记、局长。

夏中良　1961年8月生，浙江嘉善人，大专文化，中共党员，一级警督。1981年8月浙江省公安干部学校毕业分配进嘉善县公安局刑侦队任民警，1987年6月入党。1988年10月起历任嘉善县公安局刑侦队副队长、队长，局长助理、副局长、党委副书记、政委等职。2013年8月任副县处级领导干部。2013年9月任平湖市公安局党委副书记、政治委员。2016年10月调回嘉善县公安局。

潘新华　1969年9月生，浙江嘉兴人，大学文化，中共党员，一级警督。1989年8月浙江省人民警察学校毕业分配进嘉兴市公安局郊区公安分局七星派出所任民警，1992年12月入党。1998年8月起历任郊区七星派出所、秀城区新丰派出所、新嘉派出所所长，秀城区、南湖区公安分局副局长、嘉兴市公安局禁毒支队政委、城市管理机动警察支队支队长、治安支队政委等职。2016年9月晋升为副处级职级。10月任平湖市公安局党委副书记、政治委员。2019年3月任四级高级警长。

## 第三节　先进人物

### 一、全国先进工作者

王建林　1955年8月生，浙江平湖城关镇人，大专文化，中共党员，一级警督。1985年11月入党，1988年11月社会招考进入公安系统，长期在基层派出所工作，系当湖派出所社区民警。从警以来，时刻把人民的利益放在心中，为群众办好事、办实事。一名孤寡老人在他近十年的悉心照料下，得能安度晚年；67名不良青少年在他的帮教下走上正途。在工作中不断探索、勇于创新，组织居民区义务巡逻队开展群防群治得到全镇推广。勤奋好学，在全所第一个运用电脑管理社区警务，开辟社区警务管理的新模式。16年中协助查获500余起治安案件，破获300余起刑事案件。1999年4月，被公安部评为全国公安治安系统优秀户籍民警。2000年5月，被国务院妇女儿童工作委员会授予“2000年全国优秀儿童工作者”。1999年和2004年，分别获得嘉兴市、浙江省两级劳动模范。2005年4月，被国务院授予全国先进工作者。4月30日赴京出席全国劳动模范和先进工作者表彰大会，受到胡锦涛等党和国家领导人的亲切接见。

**二、全国先进个人**

孟鹏飞　1970年11月生，浙江平湖城关镇人，大专文化，中共党员，一级警督。1995年11月社会招考进入公安系统，先后在瓦山、乍浦派出所任民警，1998年3月入党。2007年5月任全塘派出所副所长，2008年9月调入治安管理大队任副大队长。从警以来，忘我工作，从不考虑个人得失，同事称他“拼命三郎”。在派出所工作时以所为家，让妻子辞去工作照顾年幼的女儿。任治安管理大队副大队长后，分管大型活动安保工作，更是尽心尽职做好本职工作，每次大型活动都亲自踏勘现场，制订详尽的安保方案，确保万无一失。在2010年上海世博会“环沪护城河”安保工作期间，他隐瞒其父患胰腺癌病史，依旧拼命工作，父亲病重直至病逝半年时间内仅在临终前一天请假半天，在父亲病床前还时刻不忘工作，用笔记本电脑修改安保方案，第二天坚持到岗执勤，未能见到父亲最后一面。2001年以来先后获嘉奖一次，记个人三等功2次。2010年获嘉兴市“平安世博之星”，12月，被中共中央、国务院授予上海世博会先进个人。12月17日，出席在北京人民大会堂隆重举行的中国2010年上海世博会总结表彰大会，受到国务委员、公安部党委书记、部长孟建柱的接见。

**三、全国优秀人民警察**

许春法　1960年4月生，浙江平湖新埭乡新埭村人，大专文化，中共党员，一级警督。1978年12月入伍，1982年7月入党。1986年10月从农村招聘进县公安局交警队，历任城关分队民警，城关中队副指导员、指导员，机动中队中队长等职。从警以来，热爱本职，长期超负荷工作，14年中累计加班7000多个小时，曾多次晕倒在工作岗位上。在交通执法中秉公办事，刚正不阿，清正廉洁，人称马路“黑脸”，纠正违章不分亲疏，坚持公正、公平，无群众投诉。群众有难热心相助，乐做好事。1988年以来先后4次被评为县、市两级优秀共产党员。先后获平湖百杰、职业道德明星、十大人民满意民警、十佳优秀民警、嘉兴市职工职业道德建设先进个人、交通安全先进工作者、人民满意民警及浙江省优秀交通民警、全省公安系统行风建设先进个人等称号。记个人三等功1次。2001年2月10日，被公安部授予2000年度全国优秀人民警察称号。

杨忠林　1965年6月生，浙江平湖共建乡新村人，大专文化，中共党员，一级警督。1986年8月从省人民警察学校毕业分配进平湖县公安局刑侦队任民警，2000年6月入党。1998年5月起历任城郊刑侦队副队长、刑侦大队副大队长兼任技术中队中队长、教导员等职。从警以来，长期从事刑事技术工作，作风踏实，经验丰富。2002年带领全体刑技人员自行开发刑事技术管理系统，投入使用后，收到显著效果。是年，由他本人直接参与勘查的案件现场有300余起，并成功串并刑事案件60多起，侦破一大批大案、要案，中队工作实绩处于嘉兴市领先水平，被评为省级优秀技术中队。1995年起，多次立功受奖，先后被评为平湖百杰、十佳优秀民警、十佳平湖卫士、市级机关人民满意公仆及嘉兴市人民满意政法干警。记个人三等功2次。2003年6月30日，被公安部授予2001—2002年度全国优秀人民警察称号。

于智勇　1965年1月生，浙江平湖城关镇人，大专文化，中共党员，一级警督。1984年12月参加公安工作，1997年7月入党。1997年7月起历任市公安局刑侦大队副大队长、乍浦刑侦队队长、当湖刑侦队队长及当湖派出所所长等职。在15年的刑警生涯中，亲手抓获的各类违法犯罪人员达1000多人，破获大小案件3000余起。工作中不断开拓创新，积极探索刑侦机制改革，破案实绩明显提高，责任区刑侦队先后被评为省、市优秀责任区刑侦队。调任当湖派出所所长后又屡创佳绩，派出所工作年年创优。1996年起，曾先后获平湖百杰、十佳青年、十大人民满意民警、十佳优秀民警、十佳平湖卫士、政法系统优秀干警。人民满意公仆，嘉兴市南湖俊杰、人民满意优秀民警、严打斗争先进个人及全省人民警察“严打”积极分子、全省优秀人民警察等称号。记个人三等功2次。2005年8月22日，被公安部授予2003—2004年度全国优秀人民警察称号。

金贤明　1982年6月生，浙江平湖曹桥严家门村人，大学本科，中共党员，二级警司。2006年7月浙江省科技学院毕业，11月社会招考进入公安系统，任平湖市公安局交警大队事故处理中队民警，2010年9月入党。2010年6月11日晚9时，在平兴公路钟南村路段处理交通事故时，面对高速冲入警戒区的车辆，为保护现场附近群众生命安全，舍己救人，英勇负伤，造成右下肢腓骨粉碎性骨折、左膝关节胫骨平台骨折，盆骨骨折，肾脏血肿。经住院抢救，多次手术，保住双腿，伤势鉴定为左下肢10级、右下肢9级。曾先后获平湖市政法系统优秀干警、嘉兴市首批“平安世博之星”和“敬业标兵”“标杆民警”，被省公安厅记一等功、二等功各1次。2012年5月2日，被公安部授予全国优秀人民警察称号。

汪东晓　1973年7月生，浙江平湖黄姑人，大专文化，中共党员，二级警督。1993年12月应征入伍，1996年5月入党，1998年12月退伍进入公安系统，长期在基层派出所工作，现为独山港派出所社区民警。他扎根社区，心系群众，有求必应，始终乐于做群众的贴心人，如帮助因病死亡的职工家属申请法律援助，帮助困难群众办理低保手续，解决生活出路等等。2015年4月被镇党委任命为星华村支部书记后，半年内将6家企业长期拖欠的53万元欠款全部收齐，将8家企业违法占地80余亩堆场全部清退完毕，星华村公路沿线违章整治工作在全镇考核中名列前茅，彻底改变了原村班子软弱懒散的作风，获得党委、政府和村民们的一致好评。通过20多年的实践和总结，形成了一套自己独有的工作法，其负责的辖区基础工作扎实，防控措施有力，治安秩序良好，群众安全感、满意度达100%。由于工作出色，自2011年以来先后被评为嘉兴市模范人民警察、浙江省劳动模范、全省政法系统先进个人、全省优秀人民警察，记个人二等功1次、三等功1次。2017年5月19日，被公安部授予全国优秀人民警察称号。

# 编后记

《平湖市公安志》的编纂工作早期始于20世纪80年代末90年代初。1989年4月，浙江省公安厅第四次全省公安史志工作会议要求各地公安机关在完成地方志公安篇任务的基础上，编纂当地公安专业志。1990年，县公安局在完成《平湖县志》公安篇的基础上，开始编纂《平湖县公安志》(1949—1989年)，至1995年完成明、清、民国时期及平湖解放后至1989年的大事记及部分史料的收集，以后由于人力、财力等多种原因，中断修志，错失第一轮修志的良好时机。

2009年7月，市公安局在完成第二轮《平湖市志》公安篇续修任务后，根据平湖市史志办关于开展第二轮专业志续修工作的要求，局党委决定重启编纂《平湖市公安志》，成立公安史志编纂委员会，下设办公室。实行两轮合并编修，时间跨度60年(1949—2009年)，以填补平湖公安史上无专业志书的空白。2010年12月7日，召开全局专题会议，开展《平湖市公安志》史实资料的收集和上报工作。

2011年2月，公安志编修工作正式启动。编者应邀返聘参与修志，其间3次参加由浙江省公安厅史志办在杭州及绍兴两地举办的公安志编写业务培训会，聆听专家讲座，丰富知识，熟悉业务。2012年5月，浙江省公安厅办公室及嘉兴市公安局办公室史志部门领导应邀亲临平湖，给予具体指导。2017年10月，经公安志编纂委员会办公室商定，将志书的下限调整至2015年，时间跨度增至66年，为保持记述的完整性，部分章节内容上、下限适当上溯下延，上限追溯至事物发端，以存历史全貌。为丰富志书的可读性，做到图文并茂，我们在编志过程中重视对卷首插页照片的采集，做到与志稿编写同步部署，制定入志照片选用标准，拟定专题编排方案，落实责任，由办公室和公关办共同负责。2012年12月，在全局离退休老干部中开展历史老照片征集及“我的从警生涯”有奖征文等活动。后又结合筹建公安陈列馆，发动全局在职民警及离退休老干部再次开展历史老照片的征集工作。2018年10月，完成卷首插页照片策划审定编排，共选用220张照片，其中部分是20世纪80年代时期的黑白照片，尚属可贵。插页分为6个专题，以反映平湖公安的发展史。

编纂公安志是一项政治性、政策性、业务性强的工作，尤其是两轮合并修志，时间跨度长，涉及面广，工程浩大。编纂一部高质量的志书，条目设置是关键，史料收集是根本。第一轮修志时靠手工摘抄形成的资料，由于中断年份太久，大部分已失散。这次重启修志，需重新收集史料，工作量大，任务艰巨。修志人员以强烈的使命感、责任感，不畏艰难，紧抓条目设置和史料收集两大难点，全力攻坚。将条目设置贯穿于编志的全过程，多次征求业务上级史志部门和平湖市史志办领导、专家意见。先后经过7次修改和调整。在史料收集上充分利用局综合档案室和各业务部门档案室，做到档案资料大翻身，同时还通过查阅浙江省及平湖市档案馆，平湖市图书馆(博物馆)的旧档案、旧县志、旧报刊和上海《申报》，查阅县(市)人民法院、嘉兴市中级人民法院的刑事判决档案，通过走访公安老前辈等方法来还原历史，存真求实，形成编志史料共计60余册，确保入志史料丰富、翔实。在全局各业务部门、派出所的密切配合以及历任局长、政委和离退休老同志的大力支持与帮助下，经过修志人员的坚守与艰辛付出，于2014年7月形成第一部86万余字上、下两册初稿，2017年10月形成第二部68万余字的送审稿，前后共花7年时间。其间，将志稿下发各科所队、离退休老干部、历任公安局老领导征求意见，先后经过2015年和2018年两轮内部审稿。同时，又组织修志人员专程去开化县公安局学习取经。

2020年1月，召开《平湖市公安志》评审会，邀请浙江省公安厅办公室、嘉兴市公安局办公室史志部门领导和平湖市史志办领导、专家参加，对志稿的政治观点、史实、体例、文风、保密等方面内容，卷首插页照片的选用、编排等进行评审。会上，上级领导和史志专家们对平湖公安志编纂工作和志稿质量给予充分肯定，认为志稿政治观点正确、条目设置合理，体例规范，内容齐全，资料丰富、行文流畅，是一部质量较高的志书，一致签署意见，同意通过评审。同时，按照“精品佳志”的要求，也提出了不少补充修改意见。2月，根据评审会形成的专家意见和建议，修改志稿。将篇目设置调整为章、节、目结构，全书共26章135节。8月，办公室组织人员分工负责，对修改稿进行审读修改。10月，形成第三部志稿样稿，进行总审把关，对错字、别字、标点符号及排版格式等修正，同时对入志案例通过法院开展二次复核，防止出现差错。2021年1月，第三部志稿正式脱稿，报送局党委、市史志办、市保密办审稿，形成终审稿。3月，将志稿送出版社审稿，根据出版社三审三校规定，对志稿作最后修改，确定最终志稿，由印刷单位印刷出版。

《平湖市公安志》的编纂工作在业务上级史志部门和平湖市史志办公室的悉心指导下，在历届局党委的高度重视下，在全局各业务部门、派出所的密切配合下，以及离退休老同志的大力支持与帮助下，数易其稿，终于编纂而成。在此，向为《平湖市公安志》编纂作出贡献的全体同志表示衷心的感谢！

本志是平湖公安史上首部专业志书，因时间跨度长，史料不全，加之编纂水平有限，难免有疏漏或不当之处，敬请读者多多指正。

编　者

2021年7月